W9-CCP-898

Merriam-Webster's Word-for-Word Spanish-English Dictionary

Merriam-Webster's Word-for-Word Spanish-English Dictionary

Merriam-Webster, Incorporated
Springfield, Massachusetts

A GENUINE MERRIAM-WEBSTER

The name *Webster* alone is no guarantee of excellence. It is used by a number of publishers and may serve mainly to mislead an unwary buyer.

Merriam-Webster™ is the name you should look for when you consider the purchase of dictionaries or other fine reference books. It carries the reputation of a company that has been publishing since 1831 and is your assurance of quality and authority.

Copyright © 2021 by Merriam-Webster, Incorporated

ISBN: 978-0-87779-299-4

All rights reserved. No part of this book covered by the copyrights hereon may be reproduced or copied in any form or by any means—graphic, electronic, or mechanical, including photocopying, taping, or information storage and retrieval systems—without written permission of the publisher.

Made in the United States of America

2nd printing OPM Dallas, PA November 2021 PDPS

Contents

Preface	9a
Using Your Dictionary	11a
English-Spanish Dictionary	1
Spanish-English Dictionary	403

Preface

Merriam-Webster's Word-for-Word Spanish-English Dictionary is intended for use by Spanish-speaking students who are English-language learners (ELL) in settings where a translations-only dictionary is allowed. It omits definitions, verbal illustrations, pronunciation guidance, and listings of synonyms and antonyms and thus fulfills the requirements for a dictionary that can be used by English-language learners while taking most standardized tests.

This dictionary is bidirectional, including both English-to-Spanish and Spanish-to-English sections. The two sections comprise more than 53,000 entries focusing on core vocabulary. Their content, derived from *Merriam-Webster's Spanish-English Dictionary*, is presented in a user-friendly format to make word searches quick and easy.

This dictionary draws on the work of an experienced staff of lexicographers and continues Merriam-Webster's long and proud tradition of excellence as the premier American publisher of dictionaries and other references.

Using Your Dictionary

In this shortened and simplified version of *Merriam-Webster's Spanish-English Dictionary*, the first major section is a listing of English words with their Spanish translations, and the second is a listing of Spanish words with their English translations. These notes will help the student understand how the dictionary functions.

Abbreviations: The following abbreviations are used in the dictionary:

adj	adjective
adv	adverb
art	article
aux	auxiliary
conj	conjunction
f	feminine
impers	impersonal
interj	interjection
m	masculine
n	noun
pl	plural
pp	past participle
pref	prefix
prep	preposition
pron	pronoun
s	singular
suf	suffix
v	verb
vr	reflexive verb

Translations: An entry may have one or several translations. Each is introduced by a boldface colon:

aghast *adj* **:** espantado **:** aterrado **:** horrorizado

Nouns: If a noun's plural is formed by simply adding *–s* or *–es*, the plural is not shown. In all other cases, the plural spelling is shown following the headword, often in cutback (shortened) form with the first part of the word omitted:

calumny *n, pl* **–nies** ...

Every Spanish noun that appears as a translation is followed by the label *m* or *f*. A Spanish noun that appears as a headword is followed by *nm* (*noun, masculine*) or *nf* (*noun, feminine*), unless both masculine and feminine endings are already shown in boldface type. Spanish nouns that may be either masculine or feminine without changing their endings are labeled *mf* or *nmf*. The labels *npl, mpl, fpl, nmpl,* and *nfpl* signify that the noun always appears in its plural form.

candle *n* **:** vela *f* **:** candela *f* **:** cirio *m*
escamocha *nf* **:** fruit salad
abogado, –da *n* **:** lawyer **:** attorney
artista *nmf* **:** artist **:** actor **:** actress *f*
pliers *npl* **:** alicates *mpl* **:** pinzas *fpl*
alicates *nmpl* **:** pliers

Verbs: Wherever an English verb's past tense and present participle are formed by simply adding *–ed* and *–ing*, those verb forms are not shown. Otherwise, both are shown in boldface type, sometimes in cutback (shortened) form:

map[1] *v* **mapped; mapping** ...
assemble *v* **–bled; –bling** ...

Adjectives: For adjectives whose comparative and superlative forms are formed in a regular way (by adding *–er* and *–est* or using *more* and *most*), the comparative and superlative forms are not shown. But wherever their spellings are in any way irregular, both appear in boldface type, often in cutback form:

hot *adj* **hotter; hottest** ...
silly *adj* **sillier; –est** ...

If a Spanish adjective has both masculine and feminine forms, both endings are shown:

debido, –da *adj* ...

Variants: Alternative spellings or forms of a headword (called *variants*) may follow it in boldface type:

angelic *or* **angelical** *adj*...

decor *or* **décor** *n* ...

Run-ons: Some entries end with boldface words that are closely related to the headword but represent different parts of speech. Most of these related words (called *run-ons*) are not defined because they are self-explanatory, but those that aren't self-explanatory are given definitions:

Belgian *n* **:** belga *mf* — **Belgian** *adj*
asolear *v* **:** to put in the sun — **asolearse** *vr* **:** to sunbathe

Cross-References: A boldface arrow (→) indicates that you should look up the word it points to. Entries with such arrows (called *cross-reference* entries) are used for irregular verb forms, variant spellings, and synonyms:

bought → buy[1]
centre → center
sundown → sunset
correduría *nf* **→ corretaje**

The symbol ~ is used to represent a headword when the headword is used with a single preposition:

candlelight *n* **by ~ : ...**
desembocar *v* **~ en** *or* **~ a : ...**

English-Spanish Dictionary

A

a (**an** *before vowel or silent h*) *art* : un *m* : una *f* : por : a la : al
a- *pref* : a-
aardvark *n* : oso *m* hormiguero
aback *adv* : por sorpresa
abacus *n, pl* **abaci** *or* **abacuses** : ábaco *m*
abaft *adv* : a popa
abandon[1] *v* : abandonar : desamparar : desertar de : renunciar a : suspender : evacuar : dejar
abandon[2] *n* : desenfreno *m*
abandoned *adj* : abandonado : desenfrenado : desinhibido
abandonment *n* : abandono *m* : desamparo *m*
abase *v* **abased; abasing** : degradar : humillar : rebajar
abash *v* : avergonzar : abochornar
abashed *adj* : avergonzado
abate *v* **abated; abating** : amainar : menguar : disminuir
abattoir *n* : matadero *m*
abbess *n* : abadesa *f*
abbey *n, pl* **-beys** : abadía *f*
abbot *n* : abad *m*
abbreviate *v* **-ated; -ating** : abreviar
abbreviation *n* : abreviación *f* : abreviatura *f*
ABC's *npl* : abecé *m*
abdicate *v* **-cated; -cating** : abdicar
abdication *n* : abdicación *f*
abdomen *n* : abdomen *m* : vientre *m*
abdominal *adj* : abdominal — **abdominally** *adv*
abduct *v* : raptar : secuestrar
abduction *n* : rapto *m* : secuestro *m*
abductor *n* : raptor *m*, -tora *f* : secuestrador *m*, -dora *f*
abed *adv & adj* : en cama
aberrant *adj* : anormal : aberrante : anómalo : atípico
aberration *n* : aberración *f* : perturbación *f* mental
abet *v* **abetted; abetting** : ayudar
abeyance *n* : desuso *m* : suspensión *f*
abhor *v* **-horred; -horring** : abominar : aborrecer
abhorrence *n* : aborrecimiento *m* : odio *m*
abhorrent *adj* : abominable : aborrecible : odioso
abide *v* **abode** *or* **abided; abiding** : soportar : tolerar : quedar : permanecer : morar : residir
ability *n, pl* **-ties** : aptitud *f* : capacidad *f* : facultad *f* : competencia *f* : talento *m* : don *m* : habilidad *f*
abject *adj* : miserable : desdichado : abatido : desesperado : servil — **abjectly** *adv*
abjure *v* **-jured; -juring** : abjurar de
ablaze *adj* : ardiendo : en llamas : resplandeciente : radiante
able *adj* **abler; ablest** : capaz : hábil : competente
-able *suf* : -able
ablution *n* : ablución *f*
ably *adv* : hábilmente : eficientemente
abnormal *adj* : anormal — **abnormally** *adv*
abnormality *n, pl* **-ties** : anormalidad *f*
aboard[1] *adv* : a bordo
aboard[2] *prep* : a bordo de
abode[1] → **abide**
abode[2] *n* : morada *f* : residencia *f* : vivienda *f*
abolish *v* : abolir : suprimir
abolition *n* : abolición *f* : supresión *f*
abominable *adj* : abominable : aborrecible : espantoso
abominate *v* **-nated; -nating** : abominar : aborrecer
abomination *n* : abominación *f*
aboriginal *adj* : aborigen : indígena
aborigine *n* : aborigen *mf* : indígena *mf*
abort *v* : abortar : suspender : abandonar : hacerse un aborto
abortion *n* : aborto *m*
abortive *adj* : fracasado : frustrado : malogrado
abound *v* **to abound in** : abundar en : estar lleno de

about[1] *adv* : aproximadamente : casi : más o menos : por todas partes : alrededor
about[2] *prep* : alrededor de : de : acerca de : sobre
about–face *n* : media vuelta *f* : cambio *m* total : giro *m* de 180 grados
above[1] *adv* : por encima : arriba : más arriba : más : sobre cero
above[2] *adj* : anterior : antedicho
above[3] *prep* : encima de : arriba de : sobre : superior a : por encima de : más de
aboveboard[1] *adv or* **open and aboveboard** : sin tapujos
aboveboard[2] *adj* : legítimo : sincero
aboveground *adj* : sobre el nivel del suelo
abrade *v* **abraded; abrading** : erosionar : corroer : raspar
abrasion *n* : raspadura *f* : rasguño *m* : erosión *f*
abrasive[1] *adj* : abrasivo : áspero : brusco : irritante
abrasive[2] *n* : abrasivo *m*
abreast *adv* : en fondo : al lado
abridge *v* **abridged; abridging** : compendiar : resumir
abridgment *or* **abridgement** *n* : compendio *m* : resumen *m*
abroad *adv* : por todas partes : en todas direcciones : en el extranjero : en el exterior
abrogate *v* **-gated; -gating** : abrogar
abrupt *adj* : abrupto : repentino : súbito : brusco : cortante — **abruptly** *adv*
abruptness *n* : lo repentino : brusquedad *f*
abscess *n* : absceso *m*
abscond *v* : huir : fugarse
absence *n* : ausencia *f* : falta *f* : carencia *f*
absent[1] *v* **to absent oneself** : ausentarse
absent[2] *adj* : ausente
absentee *n* : ausente *mf*
absentminded *adj* : distraído : despistado
absentmindedly *adv* : distraídamente
absentmindedness *n* : distracción *f* : despiste *m*
absolute *adj* : completo : pleno : perfecto : absoluto : incondicional : categórico : definitivo
absolutely *adv* : completamente : absolutamente : desde luego
absolution *n* : absolución *f*
absolutism *n* : absolutismo *m*
absolve *v* **-solved; -solving** : absolver : perdonar
absorb *v* : absorber : embeber : amortiguar : asimilar
absorbed *adj* : absorto : ensimismado
absorbency *n* : absorbencia *f*
absorbent *adj* : absorbente
absorbing *adj* : absorbente : fascinante
absorption *n* : absorción *f* : concentración *f*
abstain *v* : abstenerse
abstainer *n* : abstemio *m*, -mia *f*
abstemious *adj* : abstemio : sobrio — **abstemiously** *adv*
abstention *n* : abstención *f*
abstinence *n* : abstinencia *f*
abstract[1] *v* : abstraer : extraer : compendiar : resumir
abstract[2] *adj* : abstracto — **abstractly** *adv*
abstract[3] *n* : resumen *m* : compendio *m* : sumario *m*
abstraction *n* : abstracción *f* : idea *f* abstracta : distracción *f*
abstruse *adj* : abstruso : recóndito — **abstrusely** *adv*
absurd *adj* : absurdo : ridículo : disparatado — **absurdly** *adv*
absurdity *n, pl* **-ties** : absurdo *m* : disparate *m* : despropósito *m*
abundance *n* : abundancia *f*
abundant *adj* : abundante : cuantioso : copioso
abundantly *adv* : abundantemente : en abundancia
abuse[1] *v* **abused; abusing** : abusar de : maltratar : insultar : injuriar : denostar
abuse[2] *n* : abuso *m* : maltrato *m* : insultos *mpl* : improperios *mpl*
abuser *n* : abusador *m*, -dora *f*
abusive *adj* : abusivo : ofensivo : injurioso : insultante — **abusively** *adv*

abut *v* **abutted; abutting** : bordear **to abut on** : colindar con
abutment *n* : contrafuerte *m* : estribo *m*
abysmal *adj* : atroz : desastroso
abysmally *adv* : desastrosamente : terriblemente
abyss *n* : abismo *m* : sima *f*
acacia *n* : acacia *f*
academic[1] *adj* : académico : teórico — **academically** *adv*
academic[2] *n* : académico *m*, -ca *f*
academician *n* → **academic**
academy *n, pl* **-mies** : academia *f*
acanthus *n* : acanto *m*
accede *v* **-ceded; -ceding** : acceder : consentir : subir
accelerate *v* **-ated; -ating** : acelerar : apresurar
acceleration *n* : aceleración *f*
accelerator *n* : acelerador *m*
accent[1] *v* : acentuar
accent[2] *n* : acento *m* : énfasis *m*
accentuate *v* **-ated; -ating** : acentuar : poner énfasis en
accept *v* : aceptar : admitir : reconocer
acceptability *n* : aceptabilidad *f*
acceptable *adj* : aceptable : admisible — **acceptably** *adv*
acceptance *n* : aceptación *f* : aprobación *f*
access[1] *v* : obtener acceso a : entrar a
access[2] *n* : acceso *m*
accessibility *n, pl* **-ties** : accesibilidad *f*
accessible *adj* : accesible : asequible
accession *n* : ascenso *f* : subida *f* : adquisición *f*
accessory[1] *adj* : auxiliar
accessory[2] *n, pl* **-ries** : accesorio *m* : complemento *m* : cómplice *mf*
accident *n* : accidente *m* : casualidad *f*
accidental *adj* : accidental : casual : imprevisto : fortuito
accidentally *adv* : por casualidad : sin querer : involuntariamente
acclaim[1] *v* : aclamar : elogiar
acclaim[2] *n* : aclamación *f* : elogio *m*
acclamation *n* : aclamación *f*
acclimate → **acclimatize**
acclimatize *v* **-tized; -tizing** : aclimatar
accolade *n* : elogio *m* : galardón *m*
accommodate *v* **-dated; -dating** : acomodar : adaptar : tener en cuenta : satisfacer : dar cabida a : tener cabida para
accommodating *adj* : complaciente : acomodaticio
accommodation *n* : adaptación *f* : adecuación *f*; **accommodations** *npl* : alojamiento *m* : hospedaje *m*
accompaniment *n* : acompañamiento *m*
accompanist *n* : acompañante *mf*
accompany *v* **-nied; -nying** : acompañar
accomplice *n* : cómplice *mf*
accomplish *v* : efectuar : realizar : lograr : llevar a cabo
accomplished *adj* : consumado : logrado
accomplishment *n* : logro *m* : éxito *m* : destreza *f* : habilidad *f*
accord[1] *v* : conceder : otorgar **to accord with** : concordar con : conformarse con
accord[2] *n* : acuerdo *m* : convenio *m* : voluntad *f*
accordance *n* : acuerdo *m* : conformidad *f*
accordingly *adv* : en consecuencia : por consiguiente : por lo tanto
according to *prep* : según : de acuerdo con : conforme a
accordion *n* : acordeón *m*
accordionist *n* : acordeonista *mf*
accost *v* : abordar : dirigirse a
account[1] *v* : considerar : estimar **to account for** : dar cuenta de : explicar
account[2] *n* : cuenta *f* : versión *f* : explicación *f* : relato *m* : informe *m* : importancia *f*; **accounts** *npl* : contabilidad *f*
accountability *n* : responsabilidad *f*
accountable *adj* : responsable
accountancy *n* : contabilidad *f*
accountant *n* : contador *m*, -dora *f* : contable *mf*
accounting *n* : contabilidad *f*
accoutrements *or* **accouterments** *npl* : equipo *m* : avíos *mpl* : accesorios *mpl* : símbolos *mpl*
accredit *v* : acreditar : autorizar

accreditation *n* : acreditación *f* : homologación *f*
accrual *n* : incremento *m* : acumulación *f*
accrue *v* **-crued; -cruing** : acumularse : aumentarse
accumulate *v* **-lated; -lating** : acumular : amontonar : acumularse : amontonarse
accumulation *n* : acumulación *f* : amontonamiento *m*
accuracy *n* : exactitud *f* : precisión *f*
accurate *adj* : exacto : correcto : fiel : preciso — **accurately** *adv*
accusation *n* : acusación *f*
accusatory *adj* : acusatorio
accuse *v* **-cused; -cusing** : acusar : delatar : denunciar
accused *ns & pl* : acusado *m*, -da *f*
accuser *n* : acusador *m*, -dora *f*
accustom *v* : acostumbrar : habituar
ace *n* : as *m*
acerbic *adj* : acerbo : mordaz
acetate *n* : acetato *m*
acetone *n* : acetona *f*
acetylene *n* : acetileno *m*
ache[1] *v* **ached; aching** : doler
ache[2] *n* : dolor *m*
achieve *v* **achieved; achieving** : lograr : alcanzar : conseguir : realizar
achievement *n* : logro *m* : éxito *m* : realización *f*
Achilles' heel *n* : talón *m* de Aquiles
acid[1] *adj* : ácido : agrio : acerbo : mordaz — **acidly** *adv*
acid[2] *n* : ácido *m*
acidic *adj* : ácido
acidity *n, pl* **-ties** : acidez *f*
acid rain *n* : lluvia *f* ácida
acid test *n* : prueba *f* de fuego
acknowledge *v* **-edged; -edging** : reconocer : admitir
acknowledgment *n* : reconocimiento *m* : agradecimiento *m*
acme *n* : colmo *m* : apogeo *m* : cúspide *f*
acne *n* : acné *m*
acolyte *n* : acólito *m*
acorn *n* : bellota *f*
acoustic *or* **acoustical** *adj* : acústico — **acoustically** *adv*
acoustics *ns & pl* : acústica *f*
acquaint *v* : enterar : informar : familiarizar
acquaintance *n* : conocimiento *m* : conocido *m*, -da *f*
acquiesce *v* **-esced; -escing** : consentir : conformarse
acquiescence *n* : consentimiento *m* : aquiescencia *f*
acquiescent *adj* : acquiescente
acquire *v* **-quired; -quiring** : adquirir : obtener
acquisition *n* : adquisición *f*
acquisitive *adj* : adquisitivo : codicioso
acquit *v* **-quitted; -quitting** : absolver : exculpar
acquittal *n* : absolución *f* : exculpación *f*
acre *n* : acre *m*
acreage *n* : superficie *f* en acres
acrid *adj* : acre : mordaz — **acridly** *adv*
acrimonious *adj* : áspero : cáustico : sarcástico
acrimony *n, pl* **-nies** : acrimonia *f*
acrobat *n* : acróbata *mf* : saltimbanqui *mf*
acrobatic *adj* : acrobático
acrobatics *ns & pl* : acrobacia *f*
acronym *n* : acrónimo *m*
across[1] *adv* : al través : a través : del otro lado : de ancho
across[2] *prep* : al otro lado de : a través de
across–the–board *adj* : general : para todos
acrylic *n* : acrílico *m*
act[1] *v* : actuar : tomar medidas : comportarse : interpretar : fingir : simular : servir : funcionar
act[2] *n* : acto *m* : hecho *m* : acción *f* : ley *f* : decreto *m* : número *m* : fingimiento *m*
acting[1] *adj* : interino : en funciones
acting[2] *n* : interpretación *f* : actuación *f*
action *n* : acción *f* : acto *m* : hecho *m* : actuación *f* : comportamiento *m* : demanda *f* : movimiento *m* : combate *m* : trama *f* : mecanismo *m*
activate *v* **-vated; -vating** : activar
activation *n* : activación *f*

active *adj* : activo : en movimiento : vigoroso : enérgico : en actividad : vigente
actively *adv* : activamente : enérgicamente
activist *n* : activista *mf* — **activism** *n* — **activist** *adj*
activity *n, pl* **-ties** : actividad *f* : movimiento *m* : vigor *m* : energía *f* : ocupación *f*
actor *n* : actor *m* : artista *mf*
actress *n* : actriz *f*
actual *adj* : real : verdadero
actuality *n, pl* **-ties** : realidad *f*
actually *adv* : realmente : en realidad
actuary *n, pl* **-aries** : actuario *m*, -ria *f* de seguros — **actuarial** *adj*
acumen *n* : perspicacia *f*
acupuncture *n* : acupuntura *f*
acute *adj* **acuter; acutest** : agudo : perspicaz : sagaz : fino : muy desarrollado : grave
acutely *adv* : intensamente
acuteness *n* : agudeza *f*
ad → advertisement
adage *n* : adagio *m* : refrán *m* : dicho *m*
adamant *adj* : firme : categórico : inflexible — **adamantly** *adv*
Adam's apple *n* : nuez *f* de Adán
adapt *v* : adaptar : ajustar : adaptarse
adaptability *n* : adaptabilidad *f* : flexibilidad *f*
adaptable *adj* : adaptable : amoldable
adaptation *n* : adaptación *f* : modificación *f* : versión *f*
adapter *n* : adaptador *m*
add *v* : añadir : agregar : sumar : incluir
adder *n* : víbora *f*
addict[1] *v* : causar adicción en
addict[2] *n* : adicto *m*, -ta *f*
addicted *adj* : adicto
addiction *n* : adicción *f* : dependencia *f*
addictive *adj* : adictivo
addition *n* : adición *f* : añadidura *f*
additional *adj* : extra : adicional : de más
additionally *adv* : además : adicionalmente
additive *n* : aditivo *m*
addle *v* **-dled; -dling** : confundir : enturbiar
address[1] *v* : dirigirse a : pronunciar un discurso ante : dirigir : ponerle la dirección a
address[2] *n* : discurso *m* : alocución *f* : dirección *f*
addressee *n* : destinatario *m*, -ria *f*
adduce *v* **-duced; -ducing** : aducir
adenoids *npl* : adenoides *fpl*
adept *adj* : experto : hábil — **adeptly** *adv*
adequacy *n, pl* **-cies** : lo adecuado : lo suficiente
adequate *adj* : adecuado : suficiente : aceptable
adequately *adv* : suficientemente : apropiadamente
adhere *v* **-hered; -hering** : pegarse : adherirse
adherence *n* : adhesión *f* : adherencia *f* : observancia *f*
adherent[1] *adj* : adherente : adhesivo : pegajoso
adherent[2] *n* : adepto *m*, -ta *f* : partidario *m*, -ria *f*
adhesion *n* : adhesión *f* : adherencia *f*
adhesive[1] *adj* : adhesivo
adhesive[2] *n* : adhesivo *m* : pegamento *m*
adjacent *adj* : adyacente : colindante : contiguo
adjective *n* : adjetivo *m* — **adjectival** *adj*
adjoin *v* : lindar con : colindar con
adjoining *adj* : contiguo : colindante
adjourn *v* : levantar : suspender : aplazarse
adjournment *n* : suspensión *f* : aplazamiento *m*
adjudicate *v* **-cated; -cating** : juzgar : arbitrar
adjudication *n* : arbitrio *m* : fallo *m*
adjunct *n* : adjunto *m* : complemento *m*
adjust *v* : ajustar : arreglar : regular **to adjust to** : adaptarse a
adjustable *adj* : ajustable : regulable : graduable
adjustment *n* : ajuste *m* : modificación *f*

ad–lib[1] *v* **-libbed; -libbing** : improvisar
ad–lib[2] *adj* : improvisado
administer *v* : administrar
administration *n* : administración *f* : dirección *f* : gobierno *m*
administrative *adj* : administrativo — **administratively** *adv*
administrator *n* : administrador *m*, -dora *f*
admirable *adj* : admirable : loable — **admirably** *adv*
admiral *n* : almirante *mf*
admiralty *n* : almirantazgo *m*
admiration *n* : admiración *f*
admire *v* **-mired; -miring** : admirar
admirer *n* : admirador *m*, -dora *f*
admiring *adj* : admirativo : de admiración
admiringly *adv* : con admiración
admissible *adj* : admisible : aceptable
admission *n* : entrada *f* : admisión *f* : reconocimiento *m*
admit *v* **-mitted; -mitting** : admitir : dejar entrar : reconocer
admittance *n* : admisión *f* : entrada *f* : acceso *m*
admittedly *adv* : la verdad es que : lo cierto es que
admonish *v* : amonestar : reprender
admonition *n* : admonición *f*
ad nauseam *adv* : hasta la saciedad
ado *n* : ruido *m* : alboroto *m* : dificultad *f* : lío *m*
adobe *n* : adobe *m*
adolescence *n* : adolescencia *f*
adolescent[1] *adj* : adolescente : de adolescencia
adolescent[2] *n* : adolescente *mf*
adopt *v* : adoptar
adopted *adj* : adoptivo
adoption *n* : adopción *f*
adoptive *adj* : adoptivo
adorable *adj* : adorable : encantador
adorably *adv* : de manera adorable
adoration *n* : adoración *f*
adore *v* **adored; adoring** : adorar : querer : encantarle : gustarle mucho
adorn *v* : adornar : ornar : engalanar
adornment *n* : adorno *m* : decoración *f*
adrenaline *n* : adrenalina *f*
adrift *adj & adv* : a la deriva
adroit *adj* : diestro : hábil — **adroitly** *adv*
adroitness *n* : destreza *f* : habilidad *f*
adulation *n* : adulación *f*
adult[1] *adj* : adulto
adult[2] *n* : adulto *m*, -ta *f*
adulterate *v* **-ated; -ating** : adulterar — **adulteration** *n*
adulterer *n* : adúltero *m*, -ra *f*
adulterous *adj* : adúltero
adultery *n, pl* **-teries** : adulterio *m*
adulthood *n* : adultez *f* : edad *f* adulta
advance[1] *v* **-vanced; -vancing** : avanzar : adelantar : ascender : promover : proponer : presentar : anticipar : adelantarse : progresar
advance[2] *adj* : anticipado
advance[3] *n* : avance *m* : adelanto *m* : mejora *f* : progreso *m* : aumento *m* : alza *f* : anticipo *m* : préstamo *m*
advanced *adj* : avanzado : desarrollado : adelantado : precoz : superior
advancement *n* : fomento *m* : adelantamiento *m* : progreso *m* : ascenso *m*
advantage *n* : ventaja *f* : superioridad *f* : provecho *m* : partido *m*
advantageous *adj* : ventajoso : provechoso — **advantageously** *adv*
advent *n* : advenimiento *m* : venida *f*
adventure *n* : aventura *f*
adventurer *n* : aventurero *m*, -ra *f*
adventurous *adj* : intrépido : aventurero : arriesgado : aventurado
adverb *n* : adverbio *m* — **adverbial** *adj*
adversary *n, pl* **-saries** : adversario *m*, -ria *f*
adverse *adj* : opuesto : contrario : adverso : desfavorable — **adversely** *adv*
adversity *n, pl* **-ties** : adversidad *f*
advertise *v* **-tised; -tising** : anunciar : hacerle publicidad

a : hacer publicidad : hacer propaganda
advertisement *n* : anuncio *m* : aviso *m*
advertiser *n* : anunciante *mf*
advertising *n* : publicidad *f* : propaganda *f*
advice *n* : consejo *m* : recomendación *f*
advisability *n* : conveniencia *f*
advisable *adj* : aconsejable : recomendable : conveniente
advise *v* **-vised; -vising** : aconsejar : asesorar : recomendar : informar : notificar : dar consejo
adviser *or* **advisor** *n* : consejero *m*, -ra *f* : asesor *m*, -sora *f*
advisory *adj* : consultivo
advocacy *n* : promoción *f* : apoyo *m*
advocate[1] *v* **-cated; -cating** : recomendar : abogar por : ser partidario de
advocate[2] *n* : defensor *m*, -sora *f* : partidario *m*, -ria *f*
adze *n* : azuela *f*
aeon *n* : eón *m* : siglo *m* : eternidad *f*
aerate *v* **-ated; -ating** : gasear : oxigenar
aerial[1] *adj* : aéreo
aerial[2] *n* : antena *f*
aerie *n* : aguilera *f*
aerobic *adj* : aerobio : aeróbico
aerobics *ns & pl* : aeróbic *m*
aerodynamic *adj* : aerodinámico — **aerodynamically** *adv*
aerodynamics *n* : aerodinámica *f*
aeronautical *adj* : aeronáutico
aeronautics *n* : aeronáutica *f*
aerosol *n* : aerosol *m*
aerospace[1] *adj* : aeroespacial
aerospace[2] *n* : espacio *m*
aesthetic *adj* : estético — **aesthetically** *adv*
aesthetics *n* : estética *f*
afar *adv* : lejos : a lo lejos
affability *n* : afabilidad *f*
affable *adj* : afable — **affably** *adv*
affair *n* : asunto *m* : cuestión *f* : caso *m* : ocasión *f* : acontecimiento *m* : amorío *m* : aventura *f*
affect *v* : afectar : tocar : fingir
affectation *n* : afectación *f*
affected *adj* : afectado : fingido : conmovido
affecting *adj* : conmovedor
affection *n* : afecto *m* : cariño *m*
affectionate *adj* : afectuoso : cariñoso — **affectionately** *adv*
affidavit *n* : declaración *f* jurada : affidávit *m*
affiliate[1] *v* **-ated; -ating to be affiliated with** : estar afiliado a
affiliate[2] *n* : afiliado *m*, -da *f* : filial *f*
affiliation *n* : afiliación *f* : filiación *f*
affinity *n, pl* **-ties** : afinidad *f*
affirm *v* : afirmar : aseverar : declarar
affirmation *n* : afirmación *f* : aserto *m* : declaración *f*
affirmative[1] *adj* : afirmativo
affirmative[2] *n* : afirmativa *f*
affix *v* : fijar : poner : pegar
afflict *v* : afligir : aquejar
affliction *n* : tribulación *f* : enfermedad *f* : padecimiento *m*
affluence *n* : afluencia *f* : abundancia *f* : prosperidad *f*
affluent *adj* : próspero : adinerado
afford *v* : tener los recursos para : permitirse el lujo de : ofrecer : proporcionar : dar
affordable *adj* : asequible
affront[1] *v* : afrentar : insultar : ofender
affront[2] *n* : afrenta *f* : insulto *m* : ofensa *f*
Afghan *n* : afgano *m*, -na *f* — **Afghan** *adj*
afield *adv* **farther afield** : más lejos
afire *adj* : ardiendo : en llamas
aflame *adj* : llameante : en llamas
afloat *adv & adj* : a flote
afoot *adj* : a pie : andando : en marcha
aforementioned *adj* : antedicho : susodicho
aforesaid *adj* : antes mencionado : antedicho
afresh *adv* : de nuevo : otra vez
African *n* : africano *m*, -na *f* — **African** *adj*
African–American[1] *adj* : afroamericano
African–American[2] *n* : afroamericano *m*, -na *f*
Afro–American[1] *adj* → **African-American**[1]
Afro–American[2] *n* → **African-American**[2]

aft *adv* : a popa
after[1] *adv* : después : detrás : atrás
after[2] *adj* : posterior : siguiente
after[3] *conj* : después de : después de que
after[4] *prep* : después de : tras : detrás de : por : al estilo de
aftereffect *n* : efecto *m* secundario
afterlife *n* : vida *f* venidera : vida *f* después de la muerte
aftermath *n* : consecuencias *fpl* : resultados *mpl*
afternoon *n* : tarde *f*
aftershave *n* : aftershave *m* : loción *f* para después de afeitarse
aftershock *n* : réplica *f*
aftertaste *n* : resabio *m* : regusto *m*
afterthought *n* : ocurrencia *f* tardía : idea *f* tardía
afterward *or* **afterwards** *adv* : después : luego
again *adv* : de nuevo : otra vez : además
against *prep* : contra : en contra de
agape *adj* : boquiabierto
agate *n* : ágata *f*
age[1] *v* **aged; aging** : envejecer : madurar
age[2] *n* : edad *f* : era *f* : siglo *m* : época *f*; **ages** *npl* : siglos *mpl* : eternidad *f*
aged *adj* : anciano : viejo : vetusto
ageless *adj* : eternamente joven : eterno : perenne
agency *n, pl* **-cies** : agencia *f* : oficina *f*
agenda *n* : agenda *f* : orden *m* del día
agender *adj* : agénero
agent *n* : agente *m* : medio *m* : instrumento *m* : agente *mf* : representante *mf*
aggravate *v* **-vated; -vating** : agravar : empeorar : irritar : exasperar
aggravation *n* : empeoramiento *m* : molestia *f* : irritación *f* : exasperación *f*
aggregate[1] *v* **-gated; -gating** : juntar : sumar
aggregate[2] *adj* : total : global : conjunto
aggregate[3] *n* : agregado *m* : conglomerado *m* : total *m* : conjunto *m*
aggression *n* : agresión *f* : agresividad *f*
aggressive *adj* : agresivo — **aggressively** *adv*
aggressiveness *n* : agresividad *f*
aggressor *n* : agresor *m*, -sora *f*
aggrieved *adj* : ofendido : herido
aghast *adj* : espantado : aterrado : horrorizado
agile *adj* : ágil
agility *n, pl* **-ties** : agilidad *f*
aging[1] *adj* : envejecido : anticuado
aging[2] *n* : envejecimiento
agitate *v* **-tated; -tating** : agitar : inquietar : perturbar **to agitate against** : hacer campaña en contra de
agitated *adj* : agitado : inquieto
agitation *n* : agitación *f* : inquietud *f*
agitator *n* : agitador *m*, -dora *f*
agnostic *n* : agnóstico *m*, -ca *f*
ago *adv* : hace
agog *adj* : ansioso : curioso
agonize *v* **-nized; -nizing** : atormentarse : angustiarse
agonizing *adj* : angustioso : terrible — **agonizingly** *adv*
agony *n, pl* **-nies** : dolor *m* : angustia *f*
agrarian *adj* : agrario
agree *v* **agreed; agreeing** : estar de acuerdo : reconocer : admitir : acceder a : consentir en : concordar
agreeable *adj* : agradable : simpático : dispuesto : aceptable
agreeableness *n* : simpatía *f* : disposición *f* : buena voluntad *f* : aceptabilidad *f*
agreeably *adv* : agradablemente
agreement *n* : acuerdo *m* : conformidad *f* : pacto *m* : convenio *m* : concordia *f*
agribusiness *n* : agroindustria *f*
agricultural *n* : agrícola *f*
agriculture *n* : agricultura *f*
aground *adj* : encallado : varado
ahead *adv* : al frente : delante : adelante : por adelantado : con antelación : a la delantera
ahead of *prep* : al frente de : delante de : antes de
ahem *interj* : ¡ejem!
ahoy *interj* **ship ahoy!** : ¡barco a la vista!

aid[1] *v* : ayudar : auxiliar
aid[2] *n* : ayuda *f* : asistencia *f* : asistente *mf*
aide *n* : ayudante *mf*
AIDS *n* : SIDA *m* : sida *m*
ail *v* : molestar : afligir : sufrir : estar enfermo
aileron *n* : alerón *m*
ailment *n* : enfermedad *f* : dolencia *f* : achaque *m*
aim[1] *v* : apuntar : dirigir : proponerse : querer : aspirar
aim[2] *n* : puntería *f* : propósito *m* : objetivo *m* : fin *m*
aimless *adj* : sin rumbo : sin objeto
aimlessly *adv* : sin rumbo : sin objeto
ain't → be, have
air[1] *v* : airear : manifestar : comunicar : transmitir : emitir
air[2] *n* : aire *m* : aspecto *m*; **airs** *npl* : aires *mpl* : afectación *f*
airbag *n* : bolsa *f* de aire : airbag *m*
airbase *n* : base *f* aérea
airborne *adj* : aerotransportado : volando : en el aire
air–condition *v* : climatizar : condicionar con el aire
air–conditioned *adj* : climatizado : con aire acondicionado
air conditioner *n* : acondicionador *m* de aire
air–conditioning *n* : aire *m* acondicionado
aircraft *ns & pl* : avión *m* : aeronave *f*
airfield *n* : aeródromo *m* : campo *m* de aviación
air force *n* : fuerza *f* aérea
airlift *n* : puente *m* aéreo : transporte *m* aéreo
airline *n* : aerolínea *f* : línea *f* aérea
airliner *n* : avión *m* de pasajeros
airmail[1] *v* : enviar por vía aérea
airmail[2] *n* : correo *m* aéreo
airman *n, pl* **-men** : aviador *m*, -dora *f* : soldado *m* de la fuerza aérea
airplane *n* : avión *m*
airport *n* : aeropuerto *m*
airship *n* : dirigible *m* : zepelín *m*
airsick *adj* : mareado
airstrip *n* : pista *f* de aterrizaje
airtight *adj* : hermético : herméticamente cerrado
air vent → vent[2]
airwaves *npl* : radio *m* : televisión *f*
airy *adj* **airier; -est** : delicado : ligero : aireado : bien ventilado
aisle *n* : pasillo *m* : nave *f* lateral
ajar *adj* : entreabierto : entornado
akimbo *adj & adv* : en jarras
akin *adj* : emparentado : semejante : parecido
alabaster *n* : alabastro *m*
alacrity *n* : presteza *f* : prontitud *f*
alarm[1] *v* : alarmar : alertar : asustar
alarm[2] *n* : alarma *f* : alerta *f* : aprensión *f* : inquietud *f* : temor *m*
alarming *adj* : alarmante
alas *interj* : ¡ay!
Albanian *n* : albanés *m*, -nesa *f* — **Albanian** *adj*
albatross *n, pl* **-tross** *or* **-trosses** : albatros *m*
albeit *conj* : aunque
albino *n, pl* **-nos** : albino *m*, -na *f*
album *n* : álbum *m*
albumen *n* : clara *f* de huevo
albumin *n* : albúmina *f*
alchemist *n* : alquimista *mf*
alchemy *n, pl* **-mies** : alquimia *f*
alcohol *n* : alcohol *m* : etanol *m* : bebidas *fpl* alcohólicas
alcohol–free *adj* : sin alcohol
alcoholic[1] *adj* : alcohólico
alcoholic[2] *n* : alcohólico *m*, -ca *f*
alcoholism *n* : alcoholismo *m*
alcove *n* : nicho *m* : hueco *m*
alderman *n, pl* **-men** : concejal *mf*
ale *n* : cerveza *f*
alert[1] *v* : alertar : poner sobre aviso
alert[2] *adj* : alerta : vigilante : listo : vivo
alert[3] *n* : alerta *f* : alarma *f*
alertly *adv* : con listeza
alertness *n* : vigilancia *f* : listeza *f* : viveza *f*
alfalfa *n* : alfalfa *f*
alga *n, pl* **-gae** : alga *f*
algebra *n* : álgebra *m*
algebraic *adj* : algebraico — **algebraically** *adv*
Algerian *n* : argelino *m*, -na *f* — **Algerian** *adj*
algorithm *n* : algoritmo *m*
alias[1] *adv* : alias
alias[2] *n* : alias *m*
alibi[1] *v* : ofrecer una coartada

alibi[2] *n* : coartada *f* : pretexto *m* : excusa *f*
alien[1] *adj* : ajeno : extraño : extranjero : foráneo : extraterrestre
alien[2] *n* : extranjero *m*, -ra *f* : forastero *m* : extraterrestre *mf*
alienate *v* **-ated; -ating** : alienar : enajenar
alienation *n* : alienación *f* : enajenación *f*
alight *v* : bajarse : apearse : posarse : aterrizar
align *v* : alinear
alignment *n* : alineación *f* : alineamiento *m*
alike[1] *adv* : igual : del mismo modo
alike[2] *adj* : igual : semejante : parecido
alimentary *adj* : alimenticio
alimony *n, pl* **-nies** : pensión *f* alimenticia
alive *adj* : vivo : viviente : animado : activo : vigente : en uso : consciente
alkali *n, pl* **-lies** *or* **-lis** : álcali *m*
alkaline *adj* : alcalino
all[1] *adv* : todo : completamente : igual
all[2] *adj* : todo
all[3] *pron* : todo
Allah *n* : Alá *m*
all–around *adj* : completo : amplio
allay *v* : aliviar : mitigar : aquietar : calmar
allegation *n* : alegato *m* : acusación *f*
allege *v* **-leged; -leging** : alegar : afirmar
alleged *adj* : presunto : supuesto
allegedly *adv* : supuestamente : según se alega
allegiance *n* : lealtad *f* : fidelidad *f*
allegorical *adj* : alegórico
allegory *n, pl* **-ries** : alegoría *f*
alleluia → hallelujah
allergen *n* : alérgeno *m*
allergic *adj* : alérgico
allergy *n, pl* **-gies** : alergia *f*
alleviate *v* **-ated; -ating** : aliviar : mitigar : paliar
alleviation *n* : alivio *m*
alley *n, pl* **-leys** : callejón *m*
alliance *n* : alianza *f* : coalición *f*
alligator *n* : caimán *m*
all–important *adj* : crucial : de fundamental importancia
alliteration *n* : aliteración *f*
all–night *adj* : que dura toda la noche : que está abierto toda la noche
all–nighter *n* **to pull an all–nighter** : trasnochar
allocate *v* **-cated; -cating** : asignar : adjudicar
allocation *n* : asignación *f* : reparto *m* : distribución *f*
allot *v* **-lotted; -lotting** : repartir : distribuir : asignar
allotment *n* : reparto *m* : asignación *f* : distribución *f*
all–out *adj* : total : con todo
allow *v* : permitir : dejar : conceder : dar : admitir **to allow for** : tener en cuenta
allowable *adj* : permisible : lícito : deducible
allowance *n* : complemento *m* : mesada *f*
alloy *n* : aleación *f*
all–purpose *adj* : multiuso
all right[1] *adv* : sí : por supuesto : bien : ciertamente : sin duda
all right[2] *adj* : bien : bueno
all–round → all-around
allspice *n* : pimienta *f* de Jamaica
all–terrain vehicle *n* : todoterreno *m* : vehículo *m* todoterreno
all–time *adj* : de todos los tiempos : histórico
allude *v* **-luded; -luding** : aludir : referirse
allure[1] *v* **-lured; -luring** : cautivar : atraer
allure[2] *n* : atractivo *m* : encanto *m*
allusion *n* : alusión *f*
ally[1] *v* **-lied; -lying** : aliarse
ally[2] *n* : aliado *m*, -da *f*
almanac *n* : almanaque *m*
almighty *adj* : omnipotente : todopoderoso
almond *n* : almendra *f*
almost *adv* : casi : prácticamente
alms *ns & pl* : limosna *f* : caridad *f*
aloe *n* : áloe *m*
aloft *adv* : en alto : en el aire
alone[1] *adv* : sólo : solamente : únicamente

alone[2] *adj* : solo
along[1] *adv* : adelante
along[2] *prep* : por : a lo largo de : en : en el curso de
alongside[1] *adv* : al costado : al lado
alongside[2] *or* **alongside of** *prep* : junto a : al lado de
aloof *adj* : distante : reservado
aloofness *n* : reserva *f* : actitud *f* distante
aloud *adv* : en voz alta
alpaca *n* : alpaca *f*
alphabet *n* : alfabeto *m*
alphabetical *or* **alphabetic** *adj* : alfabético — **alphabetically** *adv*
alphabetize *v* **-ized; -izing** : alfabetizar : poner en orden alfabético
alpine *adj* : alpino
already *adv* : ya
also *adv* : también : además
altar *n* : altar *m*
alter *v* : alterar : cambiar : modificar
alteration *n* : alteración *f* : cambio *m* : modificación *f*
altercation *n* : altercado *m* : disputa *f*
alternate[1] *v* **-nated; -nating** : alternar
alternate[2] *adj* : alterno : uno sí y otro no
alternate[3] *n* : suplente *mf* : sustituto *m*, -ta *f*
alternately *adv* : alternativamente : por turno
alternating current *n* : corriente *f* alterna
alternation *n* : alternancia *f* : rotación *f*
alternative[1] *adj* : alternativo
alternative[2] *n* : alternativa *f*
alternator *n* : alternador *m*
although *conj* : aunque : a pesar de que
altitude *n* : altitud *f* : altura *f*
alto *n, pl* **-tos** : alto *mf* : contralto *mf*
altogether *adv* : completamente : totalmente : del todo : en suma : en general
altruism *n* : altruismo *m*
altruistic *adj* : altruista — **altruistically** *adv*
alum *n* : alumbre *m*
aluminum *n* : aluminio *m*
alumna *n, pl* **-nae** : ex-alumna *f*
alumnus *n, pl* **-ni** : ex-alumno *m*
always *adv* : siempre : invariablemente : para siempre
Alzheimer's *or* **Alzheimer's disease** *n* : (enfermedad *f* de) Alzheimer *m*
am → be
amalgam *n* : amalgama *f*
amalgamate *v* **-ated; -ating** : amalgamar : unir : fusionar
amalgamation *n* : fusión *f* : unión *f*
amaryllis *n* : amarilis *f*
amass *v* : amasar : acumular
amateur *n* : amateur *mf* : principiante *mf* : aficionado *m*, -da *f*
amateurish *adj* : amateur : inexperto
amaze *v* **amazed; amazing** : asombrar : maravillar : pasmar
amazement *n* : asombro *m* : sorpresa *f*
amazing *adj* : asombroso : sorprendente — **amazingly** *adv*
Amazon *n* : amazona *f*
Amazonian *adj* : amazónico
ambassador *n* : embajador *m*, -dora *f*
amber *n* : ámbar *m*
ambergris *n* : ámbar *m* gris
ambidextrous *adj* : ambidextro — **ambidextrously** *adv*
ambience *or* **ambiance** *n* : ambiente *m* : atmósfera *f*
ambiguity *n, pl* **-ties** : ambigüedad *f*
ambiguous *adj* : ambiguo
ambition *n* : ambición *f*
ambitious *adj* : ambicioso — **ambitiously** *adv*
ambivalence *n* : ambivalencia *f*
ambivalent *adj* : ambivalente
amble[1] *v* **-bled; -bling** : ir tranquilamente : pasearse despreocupadamente
amble[2] *n* : paseo *m* tranquilo
ambulance *n* : ambulancia *f*
ambush[1] *v* : emboscar
ambush[2] *n* : emboscada *f* : celada *f*
ameliorate *v* **-rated; -rating** : mejorar
amelioration *n* : mejora *f*
amen *interj* : amén
amenable *adj* : susceptible : receptivo : sensible

amend *v* : mejorar : enmendar : corregir
amendment *n* : enmienda *f*
amends *ns & pl* : compensación *f* : reparación *f* : desagravio *m*
amenity *n, pl* **-ties** : lo agradable : amenidad *f*; **amenities** *npl* : servicios *mpl* : comodidades *fpl*
American *n* : americano *m*, -na *f* — **American** *adj*
amethyst *n* : amatista *f*
amiability *n* : amabilidad *f* : afabilidad *f*
amiable *adj* : amable : afable — **amiably** *adv*
amicable *adj* : amigable : amistoso : cordial — **amicably** *adv*
amid *or* **amidst** *prep* : en medio de : entre
amino acid *n* : aminoácido *m*
amiss[1] *adv* : mal : fuera de lugar
amiss[2] *adj* : malo : inoportuno
ammeter *n* : amperímetro *m*
ammonia *n* : amoníaco *m*
ammunition *n* : municiones *fpl* : argumentos *mpl*
amnesia *n* : amnesia *f*
amnesiac *n* : amnésico *m*, -ca *f* — **amnesiac** *adj*
amnesty *n, pl* **-ties** : amnistía *f*
amoeba *n, pl* **-bas** *or* **-bae** : ameba *f* — **amoebic** *adj*
amok *adv* **to run amok** : correr a ciegas : enloquecerse : desbocarse
among *or* **amongst** *prep* : entre
amoral *adj* : amoral
amorous *adj* : apasionado : enamorado : amoroso : cariñoso
amorously *adv* : con cariño
amorphous *adj* : amorfo : informe
amortize *v* **-tized; -tizing** : amortizar
amount[1] *v* **to amount to** : equivaler a : significar : ascender
amount[2] *n* : cantidad *f* : suma *f*
ampere *n* : amperio *m*
ampersand *n* : el signo &
amphetamine *n* : anfetamina *f*
amphibian *n* : anfibio *m*
amphibious *adj* : anfibio
amphitheater *n* : anfiteatro *m*
ample *adj* **ampler; amplest** : amplio : extenso : grande : abundante : generoso
amplifier *n* : amplificador *m*
amplify *v* **-fied; -fying** : amplificar
amply *adv* : ampliamente : abundantemente : suficientemente
amputate *v* **-tated; -tating** : amputar
amputation *n* : amputación *f*
amuck → amok
amulet *n* : amuleto *m* : talismán *m*
amuse *v* **amused; amusing** : entretener : distraer : hacer reír : divertir
amusement *n* : diversión *f* : entretenimiento *m* : pasatiempo *m* : risa *f*
amusement park *n* : parque *m* de diversiones
an *art* → **a**[2]
anachronism *n* : anacronismo *m*
anachronistic *adj* : anacrónico
anaconda *n* : anaconda *f*
anagram *n* : anagrama *m*
anal *adj* : anal
analgesic *n* : analgésico *m*
analog *adj* : analógico
analogical *adj* : analógico — **analogically** *adv*
analogous *adj* : análogo
analogy *n, pl* **-gies** : analogía *f*
analysis *n, pl* **-yses** : análisis *m* : psicoanálisis *m*
analyst *n* : analista *mf* : psicoanalista *mf*
analytic *or* **analytical** *adj* : analítico — **analytically** *adv*
analyze *v* **-lyzed; -lyzing** : analizar
anarchic *adj* : anárquico — **anarchically** *adv*
anarchism *n* : anarquismo *m*
anarchist *n* : anarquista *mf*
anarchy *n* : anarquía *f*
anathema *n* : anatema *m*
anatomic *or* **anatomical** *adj* : anatómico — **anatomically** *adv*
anatomy *n, pl* **-mies** : anatomía *f*
ancestor *n* : antepasado *m*, -da *f* : antecesor *m*, -sora *f*
ancestral *adj* : ancestral : de los antepasados
ancestry *n* : ascendencia *f* : linaje *m* : abolengo *m* : antepasados *mpl*, -das *fpl*
anchor[1] *v* : anclar : fondear : sujetar : asegurar : fijar

anchor[2] *n* : ancla *f*
anchorage *n* : anclaje *m*
anchorman *n, pl* **-men** : presentador *m*
anchorwoman *n, pl* **-women** : presentadora *f*
anchovy *n, pl* **-vies** *or* **-vy** : anchoa *f* : boquerón *m*
ancient *adj* : antiguo : viejo
ancients *npl* : los antiguos *mpl*
and *conj* : y : con : a : de
Andalusian *n* : andaluz *m*, -luza *f* — **Andalusian** *adj*
Andean *adj* : andino
andiron *n* : morillo *m*
Andorran *n* : andorrano *m*, -na *f* — **Andorran** *adj*
androgynous *adj* : andrógino
anecdotal *adj* : anecdótico
anecdote *n* : anécdota *f*
anemia *n* : anemia *f*
anemic *adj* : anémico
anemone *n* : anémona *f*
anesthesia *n* : anestesia *f*
anesthetic[1] *adj* : anestésico
anesthetic[2] *n* : anestésico *m*
anesthetist *n* : anestesista *mf*
anesthetize *v* **-tize; -tized** : anestesiar
aneurysm *n* : aneurisma *mf*
anew *adv* : de nuevo : otra vez : nuevamente
angel *n* : ángel *m*
angelic *or* **angelical** *adj* : angélico : angelical — **angelically** *adv*
anger[1] *v* : enojar : enfadar
anger[2] *n* : enojo *m* : enfado *m* : ira *f* : cólera *f* : rabia *f*
angina *n* : angina *f*
angle[1] *v* **angled; angling** : orientar : dirigir : pescar
angle[2] *n* : ángulo *m* : perspectiva *f* : punto *m* de vista
angler *n* : pescador *m*, -dora *f*
Anglican *n* : anglicano *m*, -na *f* — **Anglican** *adj*
angling *n* : pesca *f* con caña
Anglo–Saxon[1] *adj* : anglosajón
Anglo–Saxon[2] *n* : anglosajón *m*, -jona *f*
Angolan *n* : angoleño *m*, -ña *f* — **Angolan** *adj*
angora *n* : angora *f*
angrily *adv* : furiosamente : con ira
angry *adj* **angrier; -est** : enojado : enfadado : furioso
anguish *n* : angustia *f* : congoja *f*
anguished *adj* : angustiado : acongojado
angular *adj* : angular : anguloso
animal *n* : animal *m* : bruto *m*, -ta *f*
animate[1] *v* **-mated; -mating** : animar
animate[2] *adj* : animado
animated *adj* : animado : vivo : vivaz
animation *n* : animación *f*
animosity *n, pl* **-ties** : animosidad *f* : animadversión *f*
anise *n* : anís *m*
aniseed *n* : anís *m* : semilla *f* de anís
ankle *n* : tobillo *m*
anklebone *n* : taba *f*
annals *npl* : anales *mpl* : crónica *f*
annatto *n* : achiote *m*
anneal *v* : templar : fortalecer
annex[1] *v* : anexar
annex[2] *n* : anexo *m* : anejo *m*
annexation *n* : anexión *f*
annihilate *v* **-lated; -lating** : aniquilar
annihilation *n* : aniquilación *f* : aniquilamiento *m*
anniversary *n, pl* **-ries** : aniversario *m*
annotate *v* **-tated; -tating** : anotar
annotation *n* : anotación *f*
announce *v* **-nounced; -nouncing** : anunciar
announcement *n* : anuncio *m*
announcer *n* : anunciador *m*, -dora *f* : comentarista *mf* : locutor *m*, -tora *f*
annoy *v* : molestar : fastidiar : irritar
annoyance *n* : irritación *f* : fastidio *m* : molestia *f*
annoying *adj* : molesto : fastidioso : engorroso — **annoyingly** *adv*
annual[1] *adj* : anual — **annually** *adv*
annual[2] *n* : planta *f* anual : anuario *m*
annuity *n, pl* **-ties** : anualidad *f*
annul *v* **anulled; anulling** : anular : invalidar
annulment *n* : anulación *f*
anode *n* : ánodo *m*

anoint *v* : ungir
anomalous *adj* : anómalo
anomaly *n, pl* **-lies** : anomalía *f*
anonymity *n* : anonimato *m*
anonymous *adj* : anónimo — **anonymously** *adv*
anorak *n* : anorak *m*
anorexia *n* : anorexia *f*
anorexic *adj* : anoréxico
another[1] *adj* : otro
another[2] *pron* : otro
answer[1] *v* : contestar : satisfacer : responder a : responder
answer[2] *n* : respuesta *f* : contestación *f* : solución *f*
answerable *adj* : responsable
answering machine *n* : contestador *m*
ant *n* : hormiga *f*
antacid *n* : antiácido *m*
antagonism *n* : antagonismo *m* : hostilidad *f*
antagonist *n* : antagonista *mf*
antagonistic *adj* : antagonista : hostil
antagonize *v* **-nized; -nizing** : antagonizar
antarctic *adj* : antártico
antarctic circle *n* : círculo *m* antártico
anteater *n* : oso *m* hormiguero
antebellum *adj* : prebélico
antecedent[1] *adj* : antecedente : precedente
antecedent[2] *n* : antecedente *mf* : precursor *m*, -sora *f*
antelope *n, pl* **-lope** *or* **-lopes** : antílope *m*
antenatal → **prenatal**
antenna *n, pl* **-nae** *or* **-nas** : antena *f*
anterior *adj* : anterior
anthem *n* : himno *m*
anther *n* : antera *f*
anthill *n* : hormiguero *m*
anthology *n, pl* **-gies** : antología *f*
anthracite *n* : antracita *f*
anthropoid[1] *adj* : antropoide
anthropoid[2] *n* : antropoide *mf*
anthropological *adj* : antropológico
anthropologist *n* : antropólogo *m*, -ga *f*
anthropology *n* : antropología *f*
anti- *pref* : anti-
antiabortion *adj* : antiaborto
antiaircraft *adj* : antiaéreo
anti–American *adj* : antiamericano
antibiotic[1] *adj* : antibiótico
antibiotic[2] *n* : antibiótico *m*
antibody *n, pl* **-bodies** : anticuerpo *m*
antic[1] *adj* : extravagante : juguetón
antic[2] *n* : payasada *f* : travesura *f*
anticipate *v* **-pated; -pating** : anticipar : prever : esperar : contar con
anticipation *n* : previsión *f* : anticipación *f* : expectación *f* : esperanza *f*
anticipatory *adj* : en anticipación : en previsión
anticlimactic *adj* : anticlimático : decepcionante
anticlimax *n* : anticlímax *m*
anticommunism *n* : anticomunismo *m*
anticommunist[1] *adj* : anticomunista
anticommunist[2] *n* : anticomunista *mf*
antidemocratic *adj* : antidemocrático
antidepressant *n* : antidepresivo *m* — **antidepressant** *adj*
antidote *n* : antídoto *m*
antidrug *adj* : antidrogas
antifascist *adj* : antifascista
antifeminist *adj* : antifeminista
antifreeze *n* : anticongelante *m*
antigen *n* : antígeno *m*
antihistamine *n* : antihistamínico *m*
anti–imperialism *n* : antiimperialismo *m*
anti–imperialist *adj* : antiimperialista
anti–inflammatory *adj* : antiinflamatorio
anti–inflationary *adj* : antiinflacionario
antimony *n* : antimonio *m*
antipathy *n, pl* **-thies** : antipatía *f* : aversión *f*
antiperspirant *n* : antitranspirante *m*
antiquarian[1] *adj* : antiguo : anticuario
antiquarian[2] *n* : anticuario *m*, -ria *f*
antiquary *n* → **antiquarian**[2]
antiquated *adj* : anticuado : pasado de moda

antique[1] *adj* : antiguo : de época : anticuado : pasado de moda
antique[2] *n* : antigüedad *f*
antiquity *n, pl* **-ties** : antigüedad
antirevolutionary *adj* : antirrevolucionario
anti–Semitic *adj* : antisemita
anti–Semitism *n* : antisemitismo *m*
antiseptic[1] *adj* : antiséptico — **antiseptically** *adv*
antiseptic[2] *n* : antiséptico *m*
antismoking *adj* : antitabaco
antisocial *adj* : antisocial : poco sociable
antiterrorist *adj* : antiterrorista
antitheft *adj* : antirrobo
antithesis *n, pl* **-eses** : antítesis *f*
antitoxin *n* : antitoxina *f*
antitrust *adj* : antimonopolista
antiviral *adj* : antiviral
antivirus *adj* → **antiviral**
antivirus software *n* : antivirus *m*
antler *n* : asta *f* : cuerno *m*
antonym *n* : antónimo *m*
anus *n* : ano *m*
anvil *n* : yunque *m*
anxiety *n, pl* **-eties** : inquietud *f* : preocupación *f* : ansiedad *f* : angustia *f*
anxious *adj* : inquieto : preocupado : ansioso : preocupante : inquietante : deseoso
anxiously *adv* : con inquietud : con ansiedad
any[1] *adv* : algo : para nada
any[2] *adj* : alguno : cualquier : todo : ningún
any[3] *pron* : alguno : ninguno
anybody → **anyone**
anyhow *adv* : de cualquier manera : de todos modos : en todo caso
anymore *adv* : ya : ya más : todavía
anyone *pron* : alguien : cualquiera : nadie
anyplace → **anywhere**
anything *pron* : algo : alguna cosa : nada : cualquier cosa
anytime *adv* : en cualquier momento : a cualquier hora : cuando sea
anyway *or* **anyways** → **anyhow**
anywhere *adv* : en algún sitio : en alguna parte : en ningún sitio : por ninguna parte : en cualquier parte : dondequiera : donde sea
aorta *n, pl* **-tas** *or* **-tae** : aorta *f*
Apache *n, pl* **Apache** *or* **Apaches** : apache *mf*
apart *adv* : aparte : separadamente : a un lado
apartheid *n* : apartheid *m*
apartment *n* : apartamento *m* : departamento *m* : piso *m*
apartment building *n* : bloque *m* de apartamentos/departamentos : bloque *m* de pisos
apathetic *adj* : apático : indiferente — **apathetically** *adv*
apathy *n* : apatía *f* : indiferencia *f*
ape[1] *v* **aped; aping** : imitar : remedar
ape[2] *n* : simio *m* : mono *m*, -na *f*
aperitif *n* : aperitivo *m*
aperture *n* : abertura *f* : rendija *f* : apertura *f*
apex *n, pl* **apexes** *or* **apices** : ápice *m* : cúspide *f* : cima *f*
aphid *n* : áfido *m*
aphorism *n* : aforismo *m*
aphrodisiac *n* : afrodisíaco *m*
apiary *n, pl* **-aries** : apiario *m* : colmenar *m*
apiece *adv* : cada uno
aplenty *adj* : en abundancia
aplomb *n* : aplomo *m*
apocalypse *n* : apocalipsis *m*
apocalyptic *adj* : apocalíptico
apocrypha *n* : textos *mpl* apócrifos
apocryphal *adj* : apócrifo
apolitical *adj* : apolítico
apologetic *adj* : lleno de disculpas
apologetically *adv* : disculpándose : con aire de disculpas
apologize *v* **-gized; -gizing** : disculparse : pedir perdón
apology *n, pl* **-gies** : disculpa *f* : excusa *f*
apoplectic *adj* : apoplético
apoplexy *n* : apoplejía *f*
apostasy *n, pl* **-sies** : apostasía *f*
apostate *n* : apóstata *mf*
apostle *n* : apóstol *m*
apostolic *adj* : apostólico
apostrophe *n* : apóstrofo *m*
apothecary *n, pl* **-caries** : boticario *m*, -ria *f*
app *n* : app *f* : aplicación *f*

appall *v* : consternar : horrorizar
appalling *adj* : atroz : horroroso
apparatus *n, pl* **-tuses** *or* **-tus** : aparato *m* : equipo *m*
apparel *n* : atavío *m* : ropa *f*
apparent *adj* : visible : claro : evidente : manifiesto : aparente : ostensible
apparently *adv* : aparentemente : al parecer
apparition *n* : aparición *f* : visión *f*
appeal[1] *v* : apelar
appeal[2] *n* : apelación *f* : ruego *m* : súplica *f* : atracción *f* : atractivo *m* : interés *m*
appear *v* : aparecer : aparecerse : presentarse : salir : publicarse : comparecer : actuar : parecer
appearance *n* : aparición *f* : presentación *f* : comparecencia *f* : publicación *f* : apariencia *f* : aspecto *m*
appease *v* **-peased; -peasing** : aplacar : apaciguar : sosegar : satisfacer : mitigar
appeasement *n* : aplacamiento *m* : apaciguamiento *m*
append *v* : agregar : añadir : adjuntar
appendage *n* : apéndice *m* : añadidura *f* : miembro *m* : extremidad *f*
appendectomy *n, pl* **-mies** : apendicectomía *f*
appendicitis *n* : apendicitis *f*
appendix *n, pl* **-dixes** *or* **-dices** : apéndice *m*
appetite *n* : apetito *m* : deseo *m* : ganas *fpl* : gusto *m* : preferencia *f*
appetizer *n* : aperitivo *m* : entremés *m* : botana *f* : tapa *f*
appetizing *adj* : apetecible : apetitoso — **appetizingly** *adv*
applaud *v* : aplaudir
applause *n* : aplauso *m*
apple *n* : manzana *f*
apple tree *n* : manzano *m*
appliance *n* : aparato *m*
applicability *n* : aplicabilidad *f*
applicable *adj* : aplicable : pertinente
applicant *n* : solicitante *mf* : aspirante *mf* : postulante *mf* : candidato *m*, -ta *f*
application *n* : aplicación *f* : empleo *m* : uso *m* : diligencia *f* : dedicación *f* : solicitud *f* : petición *f* : demanda *f* : app *f*
applicator *n* : aplicador *m*
appliqué[1] *v* : decorar con apliques
appliqué[2] *n* : aplique *m*
apply *v* **-plied; -plying** : aplicar : aplicarse : referirse
appoint *v* : nombrar : designar : fijar : señalar : equipar
appointee *n* : persona *f* designada
appointment *n* : nombramiento *m* : designación *f* : cita *f* : hora *f* : puesto *m*
apportion *v* : distribuir : repartir
apportionment *n* : distribución *f* : repartición *f* : reparto *m*
apposite *adj* : apropiado : oportuno : pertinente — **appositely** *adv*
appraisal *n* : evaluación *f* : valoración *f* : tasación *f* : apreciación *f*
appraise *v* **-praised; -praising** : evaluar : valorar : tasar : apreciar
appraiser *n* : tasador *m*, -dora *f*
appreciable *adj* : apreciable : sensible : considerable — **appreciably** *adv*
appreciate *v* **-ated; -ating** : apreciar : valorar : agradecer : darse cuenta de : entender : apreciarse : valorizarse
appreciation *n* : agradecimiento *m* : reconocimiento *m* : apreciación *f* : valoración *f* : estimación *f* : comprensión *f* : entendimiento *m*
appreciative *adj* : apreciativo : agradecido : de admiración
apprehend *v* : aprehender : detener : arrestar : temer : comprender : entender
apprehension *n* : arresto *m* : detención *f* : aprehensión *f* : aprensión *f* : ansiedad *f* : temor *m* : comprensión *f* : percepción *f*
apprehensive *adj* : aprensivo : inquieto — **apprehensively** *adv*
apprentice[1] *v* **-ticed; -ticing** : colocar de aprendiz
apprentice[2] *n* : aprendiz *m*, -diza *f*
apprenticeship *n* : aprendizaje *f*
apprise *v* **-prised; -prising** : informar : avisar

approach[1] *v* : acercarse a : aproximarse a : abordar : dirigirse a : enfocar : considerar : acercarse : aproximarse
approach[2] *n* : acercamiento *m* : aproximación *f* : enfoque *m* : planteamiento *m* : propuesta *f* : oferta *f* : acceso *m* : vía *f* de acceso
approachable *adj* : accesible : asequible
approbation *n* : aprobación *f*
appropriate[1] *v* **-ated; -ating** : apropiarse de : destinar : asignar
appropriate[2] *adj* : apropiado : adecuado : idóneo — **appropriately** *adv*
appropriateness *n* : idoneidad *f* : propiedad *f*
appropriation *n* : apropiación *f* : asignación *f*
approval *n* : aprobación *f* : visto *m* bueno
approve *v* **-proved; -proving** : aprobar : sancionar : darle el visto bueno a
approximate[1] *v* **-mated; -mating** : aproximarse a : acercarse a
approximate[2] *adj* : aproximado
approximately *adv* : aproximadamente : más o menos
approximation *n* : aproximación *f*
appurtenance *n* : accesorio *m*
apricot *n* : albaricoque *m* : chabacano *m*
April *n* : abril *m*
apron *n* : delantal *m* : mandil *m*
apropos[1] *adv* : a propósito
apropos[2] *adj* : pertinente : oportuno : acertado
apropos of *prep* : a propósito de
apt *adj* : apto : apropiado : acertado : oportuno : propenso : inclinado : listo : despierto
aptitude *n* : aptitud *f* : capacidad *f* : talento *m* : facilidad *f*
aptly *adv* : acertadamente
aqua *n* : color *m* aguamarina
aquamarine *n* : aguamarina *f*
aquarium *n, pl* **-iums** *or* **-ia** : acuario *m*
Aquarius *n* : Acuario *m* : Acuario *mf*
aquatic *adj* : acuático
aqueduct *n* : acueducto *m*
aqueous *adj* : acuoso
aquiline *adj* : aguileño
Arab[1] *adj* : árabe
Arab[2] *n* : árabe *mf*
arabesque *n* : arabesco *m*
Arabian[1] *adj* : árabe
Arabian[2] *n* → **Arab**[2]
Arabic[1] *adj* : árabe
Arabic[2] *n* : árabe *m*
arable *adj* : arable : cultivable
arbiter *n* : árbitro *m*, -tra *f*
arbitrariness *n* : arbitrariedad *f*
arbitrary *adj* : arbitrario — **arbitrarily** *adv*
arbitrate *v* **-trated; -trating** : arbitrar
arbitration *n* : arbitraje *m*
arbitrator *n* : árbitro *m*, -tra *f*
arbor *n* : cenador *m* : pérgola *f*
arboreal *adj* : arbóreo
arc[1] *v* **arced; arcing** : formar un arco
arc[2] *n* : arco *m*
arcade *n* : arcada *f* : galería *f* comercial
arcane *adj* : arcano : secreto : misterioso
arch[1] *v* : arquear : formar un arco : arquearse
arch[2] *adj* : principal : malicioso : pícaro
arch[3] *n* : arco *m*
archaeological *or* **archeological** *adj* : arqueológico
archaeologist *or* **archeologist** *n* : arqueólogo *m*, -ga *f*
archaeology *or* **archeology** *n* : arqueología *f*
archaic *adj* : arcaico — **archaically** *adv*
archangel *n* : arcángel *m*
archbishop *n* : arzobispo *m*
archbishopric *n* : arzobispado *m*
archdiocese *n* : arquidiócesis *f* : archidiócesis *f*
archer *n* : arquero *m*, -ra *f*
archery *n* : tiro *m* al arco
archetypal *adj* : arquetípico
archetype *n* : arquetipo *m*
archipelago *n, pl* **-goes** *or* **-gos** : archipiélago *m*
architect *n* : arquitecto *m*, -ta *f*
architectural *adj* : arquitectónico — **architecturally** *adv*

architecture *n* : arquitectura *f*
archive[1] *v* **archived; archiving** : archivar
archive[2] *n or* **archives** *npl* : archivo *m*
archivist *n* : archivero *m*, -ra *f* : archivista *mf*
archway *n* : arco *m* : pasadizo *m* abovedado
arctic *adj* : ártico : glacial
arctic circle *n* : círculo *m* ártico
ardent *adj* : ardiente : fogoso : apasionado : ferviente : fervoroso — **ardently** *adv*
ardor *n* : ardor *m* : pasión *f* : fervor *m*
arduous *adj* : arduo : duro : riguroso — **arduously** *adv*
arduousness *n* : dureza *f* : rigor *m*
are → be
area *n* : área *f* : superficie *f* : región *f* : zona *f* : terreno *m* : campo *m*
area code *n* : código *m* de la zona : prefijo *m*
arena *n* : arena *f* : estadio *m* : ruedo *m*
aren't → be
Argentine *or* **Argentinean** *or* **Argentinian** *n* : argentino *m*, -na *f* — **Argentine** *or* **Argentinean** *or* **Argentinian** *adj*
argon *n* : argón *m*
argot *n* : argot *m*
arguable *adj* : discutible — **arguably** *adv*
argue *v* **-gued; -guing** : argumentar : argüir : razonar : discutir : pelear(se) : alegar : sugerir : sostener : debatir
argument *n* : argumento *m* : razonamiento *m* : discusión *f* : debate *m* : pelea *f* : riña *f* : disputa *f*
argumentative *adj* : discutidor
argyle *n* : diseño *m* de rombos
aria *n* : aria *f*
arid *adj* : árido
aridity *n* : aridez *f*
Aries *n* : Aries *m* : Aries *mf*
arise *v* **arose; arisen; arising** : ascender : subir : elevarse : originarse : surgir : presentarse : levantarse
aristocracy *n, pl* **-cies** : aristocracia *f*
aristocrat *n* : aristócrata *mf*
aristocratic *adj* : aristocrático : noble
arithmetic[1] *or* **arithmetical** *adj* : aritmético
arithmetic[2] *n* : aritmética
ark *n* : arca *f*
arm[1] *v* : armar : armarse
arm[2] *n* : brazo *m* : manga *f* : rama *f* : sección *f* : arma *f*
armada *n* : armada *f* : flota *f*
armadillo *n, pl* **-los** : armadillo *m*
armament *n* : armamento *m*
armband *n* : brazalete *m*
armchair *n* : butaca *f* : sillón *m*
armed *adj* : armado : de brazos
Armenian *n* : armenio *m*, -nia *f* — **Armenian** *adj*
armistice *n* : armisticio *m*
armor *n* : armadura *f* : coraza *f*
armored *adj* : blindado : acorazado
armory *n, pl* **-mories** : arsenal *m* : armería *f* : fábrica *f* de armas
armpit *n* : axila *f* : sobaco *m*
armrest *n* : apoyabrazos *m*
army *n, pl* **-mies** : ejército *m* : legión *f* : multitud *f*
aroma *n* : aroma *f*
aromatic *adj* : aromático
around[1] *adv* : en un círculo : de circunferencia : alrededor : por ahí : por/en muchas partes : más o menos : aproximadamente
around[2] *prep* : alrededor de : en torno a : por : en : a la vuelta de : cerca de
arousal *n* : excitación *f*
arouse *v* **aroused; arousing** : despertar : suscitar : excitar
arraign *v* : hacer comparecer
arraignment *n* : orden *m* de comparecencia : acusación *f*
arrange *v* **-ranged; -ranging** : arreglar : poner en orden : disponer : fijar : concertar : adaptar
arrangement *n* : arreglo *m* : orden *m* : disposición *f* : acuerdo *m* : convenio *m*; **arrangements** *npl* : preparativos *mpl* : planes *mpl*
array[1] *v* : poner en orden : presentar : formar : vestir : ataviar : engalanar
array[2] *n* : orden *m* : formación *f* : atavío *m* : galas *mpl* : selección *f* : serie *f* : gama *f*

arrears *npl* : atrasos *mpl*
arrest[1] *v* : arrestar : detener : parar
arrest[2] *n* : arresto *m* : detención *f* : paro *m*
arrival *n* : llegada *f* : venida *f* : arribo *m*
arrive *v* **-rived; -riving** : llegar : arribar : triunfar : tener éxito
arrogance *n* : arrogancia *f* : soberbia *f* : altanería *f* : altivez *f*
arrogant *adj* : arrogante : soberbio : altanero : altivo — **arrogantly** *adv*
arrogate *v* **-gated; -gating**
to arrogate to oneself : arrogarse
arrow *n* : flecha *f*
arrowhead *n* : punta *f* de flecha
arroyo *n* : arroyo *m*
arsenal *n* : arsenal *m*
arsenic *n* : arsénico *m*
arson *n* : incendio *m* premeditado
arsonist *n* : incendiario *m*, -ria *f* : pirómano *m*, -na *f*
art *n* : arte *m* : destreza *f* : habilidad *f* : maña *f*; **arts** *npl* : letras *fpl*
arterial *adj* : arterial
arteriosclerosis *n* : arteriosclerosis *f*
artery *n, pl* **-teries** : arteria *f* : carretera *f* principal
artful *adj* : ingenioso : diestro : astuto : taimado : ladino : artero — **artfully** *adv*
art gallery → gallery
arthritic *adj* : artrítico
arthritis *n, pl* **-tides** : artritis *f*
arthropod *n* : artrópodo *m*
artichoke *n* : alcachofa *f*
article *n* : artículo *m* : objeto *m* : cláusula *f*
articulate[1] *v* **-lated; -lating** : articular : enunciar : expresar
articulate[2] *adj* **to be articulate** : poder articular palabras : expresarse bien
articulately *adv* : elocuentemente : con fluidez
articulateness *n* : elocuencia *f* : fluidez *f*
articulation *n* : articulación *f* : declaración *f* : pronunciación *f*
artifact *n* : artefacto *m*
artifice *n* : artificio *m*
artificial *adj* : artificial : sintético : falso : afectado
artificially *adv* : artificialmente : con afectación
artillery *n, pl* **-leries** : artillería *f*
artisan *n* : artesano *m*, -na *f*
artist *n* : artista *mf*
artistic *adj* : artístico — **artistically** *adv*
artistry *n* : maestría *f* : arte *m*
artless *adj* : sencillo : natural : ingenuo : cándido — **artlessly** *adv*
artlessness *n* : ingenuidad *f* : candidez *f*
artwork *n* : obra *f* de arte : arte *f* : obra *f* : material *m* gráfico
arty *or* **artsy** *adj* **artier; -est** : pretenciosamente artístico
as[1] *adv* : tan : tanto : como
as[2] *conj* : como : igual que : cuando : mientras : a la vez que : porque : aunque : por más que
as[3] *prep* : de : como
as[4] *pron* : que
asbestos *n* : asbesto *m* : amianto *m*
ascend *v* : ascender : subir : subir a : escalar
ascendancy *n* : ascendiente *m* : predominio *m*
ascendant[1] *adj* : ascendente : superior : dominante
ascendant[2] *n* **to be in the ascendant** : estar en alza : ir ganando predominio
ascension *n* : ascensión *f*
ascent *n* : ascensión *f* : subida *f* : ascenso *m* : cuesta *f* : pendiente *f*
ascertain *v* : determinar : establecer : averiguar
ascetic[1] *adj* : ascético
ascetic[2] *n* : asceta *mf*
asceticism *n* : ascetismo *m*
ascribable *adj* : atribuible : imputable
ascribe *v* **-cribed; -cribing** : atribuir : imputar
aseptic *adj* : aséptico
asexual *adj* : asexual
as for *prep* : en cuanto a : respecto a : para
ash *n* : ceniza *f* : fresno *m*
ashamed *adj* : avergonzado : abochornado : apenado — **ashamedly** *adv*

ashen *adj* : lívido : ceniciento : pálido
ashore *adv* : en tierra
ashtray *n* : cenicero *m*
Ash Wednesday *n* : Miércoles *m* de Ceniza
Asian[1] *adj* : asiático
Asian[2] *n* : asiático *m*, -ca *f*
aside *adv* : a un lado : de lado : aparte
aside from *prep* : además de : aparte de : menos
as if *conj* : como si
asinine *adj* : necio : estúpido
ask *v* : preguntar : pedir : solicitar : invitar
askance *adv* : de reojo : de soslayo : con recelo : con desconfianza
askew *adj* : torcido : ladeado
asleep *adj* : dormido : durmiendo
as of *prep* : desde : a partir de
asparagus *n* : espárrago *m*
aspect *n* : aspecto *m*
aspen *n* : álamo *m* temblón
asperity *n, pl* **-ties** : aspereza *f*
aspersion *n* : difamación *f* : calumnia *f*
asphalt *n* : asfalto *m*
asphyxia *n* : asfixia *f*
asphyxiate *v* **-ated; -ating** : asfixiar : asfixiarse
asphyxiation *n* : asfixia *f*
aspirant *n* : aspirante *mf* : pretendiente *mf*
aspiration *n* : aspiración *f* : anhelo *m* : ambición *f*
aspire *v* **-pired; -piring** : aspirar
aspirin *n, pl* **aspirin** *or* **aspirins** : aspirina *f*
ass *n* : asno *m* : imbécil *mf* : idiota *mf*
assail *v* : atacar : asaltar
assailant *n* : asaltante *mf* : atacante *mf*
assassin *n* : asesino *m*, -na *f*
assassinate *v* **-nated; -nating** : asesinar
assassination *n* : asesinato *m*
assault[1] *v* : atacar : asaltar : agredir
assault[2] *n* : ataque *m* : asalto *m* : agresión *f*
assay[1] *v* : ensayar
assay[2] *n* : ensayo *m*
assemble *v* **-bled; -bling** : reunir : recoger : juntar : ensamblar : montar : construir : reunirse : congregarse
assembly *n, pl* **-blies** : reunión *f* : ensamblaje *m* : montaje *m*
assembly line *n* : cadena *f* de montaje
assemblyman *n, pl* **-men** : asambleísta *m*
assemblywoman *n, pl* **-women** : asambleísta *f*
assent[1] *v* : asentir : consentir
assent[2] *n* : asentimiento *m* : aprobación *f*
assert *v* : afirmar : aseverar : mantener
assertion *n* : afirmación *f* : aseveración *f* : aserto *m*
assertive *adj* : firme : enérgico
assertiveness *n* : seguridad *f* en sí mismo
assess *v* : gravar : imponer : evaluar : valorar : aquilatar
assessment *n* : evaluación *f* : valoración *f*
assessor *n* : evaluador *m*, -dora *f* : tasador *m*
asset *n* : ventaja *f* : recurso *m*; **assets** *npl* : bienes *mpl* : activo *m*
assiduous *adj* : diligente : aplicado : asiduo — **assiduously** *adv*
assign *v* : designar : nombrar : asignar : señalar : atribuir : dar : conceder
assignment *n* : función *f* : tarea *f* : misión *f* : asignación *f* : deberes *mpl* : nombramiento *m*
assimilate *v* **-lated; -lating** : asimilar : adaptarse : integrarse
assimilation *n* : asimilación *f*
assist[1] *v* : asistir : ayudar
assist[2] *n* : asistencia *f* : contribución *f*
assistance *n* : asistencia *f* : ayuda *f* : auxilio *m*
assistant *n* : ayudante *mf* : asistente *mf*
associate[1] *v* **-ated; -ating** : asociar : relacionar **to associate with** : relacionarse con : frecuentar
associate[2] *n* : asociado *m*, -da *f* : colega *mf* : socio *m*, -cia *f*
association *n* : asociación *f* : sociedad *f* : relación *f*

as soon as *conj* : en cuanto : tan pronto como
assorted *adj* : surtido
assortment *n* : surtido *m* : variedad *f* : colección *f*
assuage *v* **-suaged; -suaging** : aliviar : mitigar : calmar : aplacar : saciar : satisfacer
assume *v* **-sumed; -suming** : suponer : asumir : encargarse de : adquirir : adoptar : tomar : afectar : simular
assumed *adj* : fingido : falso
assumption *n* : asunción *f* : presunción *f*
assurance *n* : certidumbre *f* : certeza *f* : confianza *f* : aplomo *m* : seguridad *f*
assure *v* **-sured; -suring** : asegurar : garantizar
assured *adj* : seguro : asegurado : confiado : seguro de sí mismo
aster *n* : aster *m*
asterisk *n* : asterisco *m*
astern *adv* : detrás : a popa : hacia atrás
asteroid *n* : asteroide *m*
asthma *n* : asma *m*
asthmatic *adj* : asmático
as though → as if
astigmatism *n* : astigmatismo *m*
as to *prep* : sobre : acerca de
astonish *v* : asombrar : sorprender : pasmar
astonishing *adj* : asombroso : sorprendente : increíble — **astonishingly** *adv*
astonishment *n* : asombro *m* : estupefacción *f* : sorpresa *f*
astound *v* : asombrar : pasmar : dejar estupefacto
astounding *adj* : asombroso : pasmoso — **astoundingly** *adv*
astraddle *adv* : a horcajadas
astral *adj* : astral
astray *adv & adj* : perdido : extraviado : descarriado
astride *adv* : a horcajadas
astringency *n* : astringencia *f*
astringent[1] *adj* : astringente
astringent[2] *n* : astringente *m*
astrologer *n* : astrólogo *m*, -ga *f*
astrological *adj* : astrológico
astrology *n* : astrología *f*
astronaut *n* : astronauta *mf*
astronautic *or* **astronautical** *adj* : astronáutico
astronautics *ns & pl* : astronáutica *f*
astronomer *n* : astrónomo *m*, -ma *f*
astronomical *adj* : astronómico : enorme : gigantesco
astronomy *n, pl* **-mies** : astronomía *f*
astute *adj* : astuto : sagaz : perspicaz — **astutely** *adv*
astuteness *n* : astucia *f* : sagacidad *f* : perspicacia *f*
asunder *adv* : en dos : en pedazos
as well as[1] *conj* : tanto como
as well as[2] *prep* : además de : aparte de
as yet *adv* : aún : todavía
asylum *n* : refugio *m* : santuario *m* : asilo *m*
asymmetrical *or* **asymmetric** *adj* : asimétrico
asymmetry *n* : asimetría *f*
at *prep* : en : a : arroba
at all *adv* : en absoluto : para nada
ate → eat
atheism *n* : ateísmo *m*
atheist *n* : ateo *m* : atea *f*
atheistic *adj* : ateo
athlete *n* : atleta *mf*
athletic *adj* : atlético
athletics *ns & pl* : atletismo *m*
Atlantic *adj* : atlántico
atlas *n* : atlas *m*
ATM *n* : cajero *m* automático
atmosphere *n* : atmósfera *f* : aire *m* : ambiente *m* : clima *m*
atmospheric *adj* : atmosférico — **atmospherically** *adv*
atoll *n* : atolón *m*
atom *n* : átomo *m* : ápice *m* : pizca *f*
atomic *adj* : atómico
atomic bomb *n* : bomba *f* atómica
atomizer *n* : atomizador *m* : pulverizador *m*
atone *v* **atoned; atoning**
to atone for : expiar
atonement *n* : expiación *f* : desagravio *m*
atop[1] *adj* : encima
atop[2] *prep* : encima de : sobre
atrium *n, pl* **atria** *or* **atriums** : atrio *m* : aurícula *f*

atrocious *adj* : atroz — **atrociously** *adv*
atrocity *n, pl* **-ties** : atrocidad *f*
atrophy[1] *v* **-phied; -phying** : atrofiar
atrophy[2] *n, pl* **-phies** : atrofia *f*
at sign *n* : arroba *f*
attach *v* : sujetar : atar : amarrar : pegar : juntar : adjuntar : dar : atribuir : embargar
attaché *n* : agregado *m*, -da *f*
attaché case *n* : maletín *m*
attachment *n* : accesorio *m* : conexión *f* : acoplamiento *m* : apego *m* : cariño *m* : afición *f* : adjunto *m*
attack[1] *v* : atacar : asaltar : agredir : acometer : combatir : enfrentarse con
attack[2] *n* : ataque *m*
attacker *n* : asaltante *mf*
attain *v* : lograr : conseguir : alcanzar : realizar : llegar a
attainable *adj* : realizable : asequible
attainment *n* : logro *m* : consecución *f* : realización *f*
attempt[1] *v* : intentar : tratar de
attempt[2] *n* : intento *m* : tentativa *f*
attend *v* : asistir a : atender : ocuparse de : cuidar : atender a : hacer caso de : acompañar
attendance *n* : asistencia *f* : concurrencia *f*
attendant[1] *adj* : concomitante : inherente
attendant[2] *n* : asistente *mf* : acompañante *mf* : guarda *mf*
attention *n* : atención *f*
attentive *adj* : atento — **attentively** *adv*
attentiveness *n* : cortesía *f* : consideración *f* : atención *f* : concentración *f*
attest *v* : atestiguar : dar fe de
attestation *n* : testimonio *m*
attic *n* : ático *m* : desván *m* : buhardilla *f*
attire[1] *v* **-tired; -tiring** : ataviar
attire[2] *n* : atuendo *m* : atavío *m*
attitude *n* : actitud *f* : postura *f*
attorney *n, pl* **-neys** : abogado *m*, -da *f*
attract *v* : atraer
attraction *n* : atracción *f* : atractivo *m*
attractive *adj* : atractivo : atrayente
attractively *adv* : de manera atractiva : de buen gusto : hermosamente
attractiveness *n* : atractivo *m*
attributable *adj* : atribuible : imputable
attribute[1] *v* **-tributed; -tributing** : atribuir
attribute[2] *n* : atributo *m* : cualidad *f*
attribution *n* : atribución *f*
attrition *n* : desgaste *m*
attune *v* **-tuned; -tuning** : adaptar : adecuar
ATV → all-terrain vehicle
atypical *adj* : atípico
aubergine → eggplant
auburn *adj* : castaño rojizo
auction[1] *v* : subastar : rematar
auction[2] *n* : subasta *f* : remate *m*
auctioneer *n* : subastador *m*, -dora *f* : rematador *m*
audacious *adj* : audaz : atrevido
audacity *n, pl* **-ties** : audacia *f* : atrevimiento *m* : descaro *m*
audible *adj* : audible — **audibly** *adv*
audience *n* : audiencia *f* : público *m* : auditorio *m* : espectadores *mpl*
audio[1] *adj* : de sonido : de audio
audio[2] *n* : audio *m*
audiobook *n* : audiolibro *m*
audiovisual *adj* : audiovisual
audit[1] *v* : auditar : asistir como oyente a
audit[2] *n* : auditoría *f*
audition[1] *v* : hacer una audición
audition[2] *n* : audición *f*
auditor *n* : auditor *m*, -tora *f* : oyente *mf*
auditorium *n, pl* **-riums** *or* **-ria** : auditorio *m* : sala *f*
auditory *adj* : auditivo
auger *n* : taladro *m* : barrena *f*
augment *v* : aumentar : incrementar
augmentation *n* : aumento *m* : incremento *m*
augmented reality *n* : realidad *f* aumentada
au gratin *adj* : gratinado
augur[1] *v* : augurar : presagiar **to augur well** : ser de buen agüero
augur[2] *n* : augur *m*

augury *n, pl* **-ries** : augurio *m* : presagio *m* : agüero *m*
august *adj* : augusto
August *n* : agosto *m*
auk *n* : alca *f*
aunt *n* : tía *f*
auntie *n* : tita *f*
aura *n* : aura *f*
aural *adj* : auditivo
auricle *n* : aurícula *f*
aurora borealis *n* : aurora *f* boreal
auspices *npl* : auspicios *mpl*
auspicious *adj* : prometedor : propicio : de buen augurio
austere *adj* : austero : severo : adusto — **austerely** *adv*
austerity *n, pl* **-ties** : austeridad *f*
Australian *n* : australiano *m*, -na *f* — **Australian** *adj*
Austrian *n* : austriaco *m*, -ca *f* — **Austrian** *adj*
authentic *adj* : auténtico : genuino — **authentically** *adv*
authenticate *v* **-cated; -cating** : autentīcar : autentificar
authenticity *n* : autenticidad *f*
author *n* : escritor *m*, -tora *f* : autor *m* : creador *m*, -dora *f*; artífice *mf*
authoritarian *adj* : autoritario
authoritative *adj* : fidedigno : autorizado : autoritario : dictatorial : imperioso
authoritatively *adv* : con autoridad : de manera autoritaria
authority *n, pl* **-ties** : autoridad *f* : autorización *f*
authorization *n* : autorización *f*
authorize *v* **-rized; -rizing** : autorizar : facultar
authorship *n* : autoría *f*
autism *n* : autismo *m*
autistic *adj* : autista
auto → automobile
auto- *pref* : auto- : automático
autobiographical *adj* : autobiográfico
autobiography *n, pl* **-phies** : autobiografía *f*
autocorrect *n* : autocorrector *m* : corrector *m* automático
autocracy *n, pl* **-cies** : autocracia *f*
autocrat *n* : autócrata *mf*
autocratic *adj* : autocrático — **autocratically** *adv*
autograph[1] *v* : autografiar
autograph[2] *n* : autógrafo *m*
automaker *n* : fabricante *mf* de autos : automotriz *f*
automate *v* **-mated; -mating** : automatizar
automatic *adj* : automático — **automatically** *adv*
automatic pilot → autopilot
automation *n* : automatización *f*
automaton *n, pl* **-atons** *or* **-ata** : autómata *m*
automobile *n* : automóvil *m* : auto *m* : carro *m* : coche *m*
automotive *adj* : automotor
autonomous *adj* : autónomo — **autonomously** *adv*
autonomy *n, pl* **-mies** : autonomía *f*
autopilot *n* : piloto *m* automático
autopsy *n, pl* **-sies** : autopsia *f*
autumn *n* : otoño *m*
autumnal *adj* : otoñal
auxiliary[1] *adj* : auxiliar
auxiliary[2] *n, pl* **-ries** : auxiliar *mf* : ayudante *mf*
avail[1] *v* **to avail oneself** : aprovecharse : valerse
avail[2] *n* : provecho *m* : utilidad *f*
availability *n, pl* **-ties** : disponibilidad *f*
available *adj* : disponible
avalanche *n* : avalancha *f* : alud *m*
avant–garde[1] *adj* : vanguardista
avant–garde[2] *n* : vanguardia *f* — **avant–gardist** *n*
avarice *n* : avaricia *f* : codicia *f*
avaricious *adj* : avaricioso : codicioso
avatar *n* : avatar *m*
avenge *v* **avenged; avenging** : vengar
avenue *n* : avenida *f* : vía *f* : camino *m*
average[1] *v* **-aged; -aging** : hacer un promedio de : calcular el promedio de : promediar
average[2] *adj* : medio : común : ordinario
average[3] *n* : promedio *m*
averse *adj* : reacio : opuesto
aversion *n* : aversión *f*
avert *v* : apartar : desviar : evitar : prevenir
aviary *n, pl* **-aries** : pajarera *f*
aviation *n* : aviación *f*

aviator *n* : aviador *m*, -dora *f*
avid *adj* : ávido : codicioso : entusiasta : ferviente — **avidly** *adv*
avocado *n, pl* **-dos** : aguacate *m* : palta *f*
avocation *n* : pasatiempo *m* : afición *f*
avoid *v* : evitar : eludir : abstenerse de
avoidable *adj* : evitable
avoidance *n* : el evitar
avoirdupois *n* : sistema *m* inglés de pesos y medidas
avow *v* : reconocer : confesar
avowal *n* : reconocimiento *m* : confesión *f*
await *v* : esperar
awake[1] *v* **awoke; awoken** *or* **awaked; awaking** : despertar
awake[2] *adj* : despierto
awaken → **awake**[1]
award[1] *v* : otorgar : conceder : conferir
award[2] *n* : premio *m* : galardón *m* : condecoración *f*
aware *adj* : consciente
awareness *n* : conciencia *f* : conocimiento *m*
awash *adj* : inundado
away[1] *adv* : de aquí : de allí : en un lugar seguro : sin parar : a un ritmo constante : fuera de casa
away[2] *adj* : ausente
awe[1] *v* **awed; awing** : abrumar : asombrar : impresionar
awe[2] *n* : asombro *m*
awesome *adj* : imponente : formidable : asombroso
awestruck *adj* : asombrado
awful *adj* : asombroso : horrible : terrible : atroz : enorme : tremendo
awfully *adv* : terriblemente : extremadamente : muy mal : espantosamente
awhile *adv* : un rato : algún tiempo
awkward *adj* : torpe : desmañado : embarazoso : delicado — **awkwardly** *adv*
awkwardness *n* : torpeza *f* : incomodidad *f*
awl *n* : punzón *m*
awning *n* : toldo *m*
awry *adj* : torcido
ax *or* **axe** *n* : hacha *m*
axiom *n* : axioma *m*
axiomatic *adj* : axiomático
axis *n, pl* **axes** : eje *m*
axle *n* : eje *m*
aye[1] *adv* : sí
aye[2] *n* : sí *m*
azalea *n* : azalea *f*
azimuth *n* : azimut *m* : acimut *m*
Aztec *n* : azteca *mf*
azure[1] *adj* : azur : celeste
azure[2] *n* : azur *m*

B

babble[1] *v* **-bled; -bling** : balbucear : parlotear : murmurar
babble[2] *n* : balbuceo *m* : parloteo *m* : murmullo *m*
babe *n* → **baby**[3]
baboon *n* : babuino *m*
baby[1] *v* **-bied; -bying** : mimar : consentir
baby[2] *adj* : de niño : pequeño : minúsculo
baby[3] *n, pl* **-bies** : bebé *m* : niño *m*, -ña *f* : bebe *m*, -ba *f*
babyhood *n* : niñez *f* : primera infancia *f*
babyish *adj* : infantil : pueril
baby–sit *v* **-sat; -sitting** : cuidar niños : hacer de canguro
baby–sitter *n* : niñero *m*, -ra *f* : canguro *mf*
baccalaureate *n* : licenciatura *f*
bachelor *n* : soltero *m* : licenciado *m*, -da *f*
back[1] *v* : estar detrás de : formar el fondo de : apostar por
back[2] *adv* : atrás : hacia atrás : detrás : antes : ya : de vuelta : de regreso : como respuesta : en cambio
back[3] *adj* : de atrás : posterior : trasero : atrasado

back[4] *n* : espalda *f* : lomo *m* : respaldo *m* : reverso *m* : dorso *m* : revés *m* : fondo *m* : parte *f* de atrás : defensa *mf*
backache *n* : dolor *m* de espalda
backbite *v* **-bit; -bitten; -biting** : calumniar : hablar mal de : murmurar
backbone *n* : columna *f* vertebral : firmeza *f* : carácter *m*
backdrop *n* : telón *m* de fondo
backer *n* : partidario *m*, -ria *f* : patrocinador *m*, -dora *f*
backfire[1] *v* **-fired; -firing** : petardear : fallar : salir el tiro por la culata
backfire[2] *n* : petardeo *m* : explosión *f*
background *n* : fondo *m* : segundo plano *m* : historial *m* : antecedentes *mpl*
backhand[1] *adv* : de revés : con el revés
backhand[2] *n* : revés *m*
backhanded *adj* : dado con el revés : de revés : indirecto : ambiguo
backing *n* : apoyo *m* : respaldo *m* : refuerzo *m* : partidarios *mpl*, -rias *fpl*
backlash *n* : reacción *f* violenta
backlog *n* : atraso *m* : trabajo *m* acumulado
backpack[1] *v* : viajar con mochila
backpack[2] *n* : mochila *f*
backrest *n* : respaldo *m*
backside *n* : trasero *m*
backslash *n* : barra *f* invertida : barra *f* inversa
backslide *v* **-slid; -slid** *or* **-slidden; -sliding** : recaer : reincidir
backstage *adv & adj* : entre bastidores
backstroke *n* : estilo *m* espalda : estilo *m* dorso
backtrack *v* : dar marcha atrás : volverse atrás
backup *n* : respaldo *m* : apoyo *m* : copia *f* de seguridad
backward[1] *or* **backwards** *adv* : hacia atrás : de espaldas : al revés
backward[2] *adj* : hacia atrás : retrasado : tímido : atrasado
backwardness *n* : atraso *m* : retraso *m*
backwoods *npl* : monte *m* : región *f* alejada
backyard *n* : jardín *m* trasero
bacon *n* : tocino *m* : tocineta *f* : bacon *m*
bacterial *adj* : bacteriano
bacterium *n, pl* **-ria** : bacteria *f*
bad[1] *adv* → **badly**
bad[2] *adj* : malo : podrido : grave : perjudicial : corrupto : travieso
bad[3] *n* : lo malo
bade → **bid**
badge *n* : insignia *f* : botón *m* : chapa *f*
badger[1] *v* : fastidiar : acosar : importunar
badger[2] *n* : tejón *m*
badly *adv* : mal : mucho : con urgencia : gravemente
bad–mannered *adj* : maleducado
badminton *n* : bádminton *m*
badness *n* : maldad *f*
bad–tempered *adj* : malhumorado
baffle *v* **-fled; -fling** : desconcertar : confundir : frustrar
bafflement *n* : desconcierto *m* : confusión *f*
bag[1] *v* **bagged; bagging** : formar bolsas : ensacar : poner en una bolsa : cobrar : cazar
bag[2] *n* : bolsa *f* : saco *m* : cartera *f* : bolso *m* : maleta *f* : valija *f*
bagel *n* : rosquilla *f* de pan
baggage *n* : equipaje *m*
baggie *n* : bolsita *f* de plástico
baggy *adj* **baggier; -est** : holgado : ancho
bagpipe *n or* **bagpipes** *npl* : gaita *f*
baguette *n* : baguette *f* : barra *f* de pan
bail[1] *v* : achicar
bail[2] *n* : fianza *f* : caución *f*
bailiff *n* : alguacil *mf*
bailiwick *n* : dominio *m*
bailout *n* : rescate *m*
bait[1] *v* : cebar : acosar
bait[2] *n* : cebo *m* : carnada *f*
bake *v* **baked; baking** : hornear : hacer al horno
baker *n* : panadero *m*, -ra *f*
baker's dozen *n* : docena *f* de fraile
bakery *n, pl* **-ries** : panadería *f*
bakeshop *n* : pastelería *f* : panadería *f*

baking powder *n* : levadura *f* en polvo
baking soda → sodium bicarbonate
balaclava *n* : pasamontañas *m*
balance[1] *v* **-anced; -ancing** : hacer el balance de : balancear : equilibrar : armonizar : balancearse
balance[2] *n* : balanza *f* : báscula *f* : contrapeso *m* : equilibrio *m* : balance *m* : resto *m*
balanced *adj* : equilibrado : balanceado
balboa *n* : balboa *f*
balcony *n, pl* **-nies** : balcón *m* : terraza *f* : galería *f*
bald *adj* : calvo : pelado : pelón : simple : puro
balding *adj* : quedándose calvo
baldly *adv* : sin reparos : sin rodeos : francamente
baldness *n* : calvicie *f*
bale[1] *v* **baled; baling** : empacar : hacer balas de
bale[2] *n* : bala *f* : fardo *m* : paca *f*
baleful *adj* : mortífero : siniestro : funesto : torvo
balk[1] *v* : obstaculizar : impedir : plantarse
balk[2] *n* : obstáculo *m*
Balkan *adj* : balcánico
balky *adj* **balkier; -est** : reacio : obstinado : terco
ball[1] *v* : apelotonar : ovillar
ball[2] *n* : pelota *f* : bola *f* : balón *m* : bollo *m* : baile *m* : bola *f* mala : parte *f* anterior de la planta
ballad *n* : romance *m* : balada *f*
balladeer *n* : cantante *mf* de baladas
ballast[1] *v* : lastrar
ballast[2] *n* : lastre *m*
ball bearing *n* : cojinete *m* de bola
ballerina *n* : bailarina *f*
ballet *n* : ballet *m*
ballet dancer *n* : bailarín *m*, -rina *f*
ball game *n* : partido *m* de beisbol
ballistic *adj* : balístico
ballistics *ns & pl* : balística *f*
balloon[1] *v* : viajar en globo : hincharse : inflarse
balloon[2] *n* : globo *m*
balloonist *n* : aeróstata *mf*
ballot[1] *v* : votar
ballot[2] *n* : papeleta *f* : boleta *f* electoral : votación *f* : voto *m*
ballot box *n* : urna *f*
ballpoint pen *n* : bolígrafo *m*
ballroom *n* : sala *f* de baile
ballyhoo *n* : propaganda *f* : publicidad *f* : bombo *m*
balm *n* : bálsamo *m* : ungüento *m*
balmy *adj* **balmier; -est** : templado : agradable : balsámico : chiflado : chalado
baloney *n* : tonterías *fpl* : estupideces *fpl*
balsa *n* : balsa *f*
balsam *or* **balsam fir** *n* : abeto *m* balsámico
Baltic *adj* : báltico
balustrade *n* : balaustrada *f*
bam[1] *n* : explosión *f* : estallido *m* : estampido *m*
bam[2] *interj* : ¡zas!
bamboo *n* : bambú *m*
bamboozle *v* **-zled; -zling** : engañar : embaucar
ban[1] *v* **banned; banning** : prohibir : proscribir
ban[2] *n* : prohibición *f* : proscripción *f*
banal *adj* : banal : trivial
banality *n, pl* **-ties** : banalidad *f* : trivialidad *f*
banana *n* : banano *m* : plátano *m* : banana *f* : cambur *m* : guineo *m*
band[1] *v* : fajar : atar
band[2] *n* : banda *f* : cinta *f* : franja *f* : anillo *m* : grupo *m* : conjunto *m*
bandage[1] *v* **-daged; -daging** : vendar
bandage[2] *n* : vendaje *m* : venda *f*
bandanna *or* **bandana** *n* : pañuelo *m*
bandit *n* : bandido *m*, -da *f* : bandolero *m*, -ra *f*
bandstand *n* : quiosco *m* de música
bandwagon *n* : carroza *f* de músicos
bandwidth *n* : ancho *m* de banda
bandy *v* **-died; -dying** : intercambiar
bane *n* : veneno *m* : ruina *f* : pesadilla *f*
baneful *adj* : nefasto : funesto
bang[1] *v* : golpear : darse : cerrar con/de un portazo : cerrarse de un golpe

bang[2] *adv* : directamente : exactamente
bang[3] *n* : golpe *m* : porrazo *m* : trancazo *m* : explosión *f* : estallido *m* : estampido *m* : portazo *m*; **bangs** *npl* : flequillo *m* : fleco *m*
bang[4] *interj* : ¡pum!
bangle *n* : brazalete *m* : pulsera *f*
banish *v* : desterrar : exiliar : expulsar
banishment *n* : destierro *m* : exilio *m* : expulsión *f*
banister *n* : pasamanos *m* : barandilla *f* : barandal *m*
banjo *n, pl* **-jos** : banjo *m*
bank[1] *v* : peraltar : ladear : amontonar : cubrir : depositar : ladearse : tener una cuenta
bank[2] *n* : montón *m* : montículo *m* : masa *f* : orilla *f* : ribera *f* : peralte *m* : banco *m* : banca *f*
bankbook *n* : libreta *f* bancaria : libreta *f* de ahorros
banker *n* : banquero *m*, -ra *f*
banking *n* : banca *f*
banknote *n* : billete *m* de banco
bankrupt[1] *v* : hacer quebrar : llevar a la quiebra : arruinar
bankrupt[2] *adj* : en bancarrota : en quiebra
bankrupt[3] *n* : fallido *m*, -da *f* : quebrado *m*
bankruptcy *n, pl* **-cies** : ruina *f* : quiebra *f* : bancarrota *f*
bank statement → statement
bank teller → teller
banner[1] *adj* : excelente
banner[2] *n* : estandarte *m* : bandera *f*
banns *npl* : amonestaciones *fpl*
banquet[1] *v* : celebrar un banquete
banquet[2] *n* : banquete *m*
banter[1] *v* : bromear : hacer bromas
banter[2] *n* : bromas *fpl*
baptism *n* : bautismo *m*
baptismal *adj* : bautismal
baptismal font → font
Baptist *n* : bautista *mf* : baptista *mf* — **Baptist** *adj*
baptize *v* **-tized; -tizing** : bautizar
bar[1] *v* **barred; barring** : obstruir : bloquear : excluir : prohibir : atrancar : asegurar
bar[2] *n* : barra *f* : barrote *m* : tranca *f* : barrera *f* : obstáculo *m* : abogacía *f* : franja *f* : mostrador *m* : bar *m* : taberna *f* : compás *m*
bar[3] *prep* : excepto : con excepción de
barb *n* : púa *f* : lengüeta *f* : pulla *f*
barbarian[1] *adj* : bárbaro : tosco : bruto
barbarian[2] *n* : bárbaro *m*, -ra *f*
barbaric *adj* : primitivo : brutal : cruel
barbarity *n, pl* **-ties** : barbaridad *f*
barbarous *adj* : bárbaro : despiadado : cruel
barbarously *adv* : bárbaramente
barbecue[1] *v* **-cued; -cuing** : asar a la parrilla
barbecue[2] *n* : barbacoa *f* : parrillada *f*
barbed *adj* : con púas : mordaz
barber *n* : barbero *m*, -ra *f*
barbershop *n* : peluquería *f* : barbería *f*
barbiturate *n* : barbitúrico *m*
bar code *n* : código *m* de barras
bard *n* : bardo *m*
bare[1] *v* **bared; baring** : desnudar
bare[2] *adj* : desnudo : descubierto : sin protección : desprovisto : vacío : mero : mínimo : puro : sencillo
bareback *or* **barebacked** *adv & adj* : a pelo
barefaced *adj* : descarado
barefoot *or* **barefooted** *adv & adj* : descalzo
bareheaded *adv & adj* : sin sombrero : con la cabeza descubierta
barely *adv* : apenas : por poco
bareness *n* : desnudez *f*
barf[1] *v* **→ vomit**[1]
barf[2] *n* **→ vomit**[2]
bargain[1] *v* : regatear : negociar : trocar : cambiar
bargain[2] *n* : acuerdo *m* : convenio *m* : ganga *f*
bargaining *n* : regateo *m* : negociación *f*
barge[1] *v* **barged; barging** : mover con torpeza
barge[2] *n* : barcaza *f* : gabarra *f*
bar graph *n* : gráfico *m* de barras

baritone *n* : barítono *m*
bark[1] *v* : ladrar *or* **to bark out** : gritar
bark[2] *n* : ladrido *m* : corteza *f*
barley *n* : cebada *f*
barmaid *n* : camarera *f*
barman *n, pl* **-men** → **bartender**
barn *n* : granero *m* : establo *m*
barnacle *n* : percebe *m*
barnyard *n* : corral *m*
barometer *n* : barómetro *m*
barometric *adj* : barométrico
baron *n* : barón *m* : magnate *mf*
baroness *n* : baronesa *f*
baronial *adj* : de barón : señorial : majestuoso
baroque *adj* : barroco
barracks *ns & pl* : cuartel *m*
barracuda *n, pl* **-da** *or* **-das** : barracuda *f*
barrage *n* : descarga *f* : aluvión *m*
barred *adj* : excluido : prohibido
barrel[1] *v* **-reled** *or* **-relled; -reling** *or* **-relling** : ir disparado
barrel[2] *n* : barril *m* : tonel *m* : cañón *m* : cilindro *m*
barren *adj* : estéril : árido : yermo : desierto
barrette *n* : pasador *m* : broche *m* para el cabello
barricade[1] *v* **-caded; -cading** : cerrar con barricadas
barricade[2] *n* : barricada *f*
barrier *n* : barrera *f* : obstáculo *m* : impedimento *m*
barring *prep* : excepto : salvo : a excepción de
barrio *n* : barrio *m*
barroom *n* : bar *m*
barrow → **wheelbarrow**
bartender *n* : camarero *m*, -ra *f* : barman *m*
barter[1] *v* : cambiar : trocar
barter[2] *n* : trueque *m* : permuta *f*
basalt *n* : basalto *m*
base[1] *v* **based; basing** : basar : fundamentar : establecer
base[2] *adj* **baser; basest** : de baja ley : vil : despreciable
base[3] *n, pl* **bases** : base *f* : pie *m*
baseball *n* : beisbol *m* : béisbol *m*
baseball cap *n* : gorra *f* de visera : gorra *f* de beisbol
baseless *adj* : infundado
basely *adv* : vilmente
basement *n* : sótano *m*
baseness *n* : vileza *f* : bajeza *f*
bash[1] *v* : golpear violentamente
bash[2] *n* : golpe *m* : porrazo *m* : madrazo *m* : fiesta *f* : juerga *f*
bashful *adj* : tímido : vergonzoso : penoso
bashfulness *n* : timidez *f*
basic[1] *adj* : básico : fundamental : elemental
basic[2] *n* : fundamento *m* : rudimento *m*
basically *adv* : fundamentalmente
basil *n* : albahaca *f*
basilica *n* : basílica *f*
basin *n* : palangana *f* : lavamanos *m* : lavabo *m* : cuenca *f*
basis *n, pl* **bases** : base *f* : pilar *m* : fundamento *m*
bask *v* : disfrutar : deleitarse
basket *n* : cesta *f* : cesto *m* : canasta *f*
basketball *n* : baloncesto *m* : basquetbol *m* : basket *m*
Basque *n* : Basque *mf* — **Basque** *adj*
bas–relief *n* : bajorrelieve *m*
bass[1] *adj* : de bajo
bass[2] *n, pl* **bass** *or* **basses** : róbalo *m*
bass[3] *n* : bajo *m*
bass drum *n* : bombo *m*
basset hound *n* : basset *m*
bass guitar *n* : bajo *m*
bassinet *n* : moisés *m* : cuna *f*
bassist *n* : bajista *mf*
bassoon *n* : fagot *m*
bass viol → **double bass**
bastard *adj* : bastardo
bastardize *v* **-ized; -izing** : degradar : envilecer
baste *v* **basted; basting** : hilvanar : bañar
bastion *n* : bastión *m* : baluarte *m*
bat[1] *v* **batted; batting** : batear
bat[2] *n* : murciélago *m* : bate *m*
batch *n* : hornada *f* : tanda *f* : grupo *m* : cantidad *f*
bate *v* **bated; bating** : aminorar : reducir
bath *n, pl* **baths** : baño *m* : cuarto *m* de baño : balneario *m* : pérdida *f*

bathe *v* **bathed; bathing** : bañar : lavar : poner en remojo : inundar : bañarse : ducharse
bather *n* : bañista *mf*
bathing suit → swimsuit
bathrobe *n* : bata *f*
bathroom *n* : baño *m* : cuarto *m* de baño
bathroom tissue → toilet paper
bathtub *n* : bañera *f* : tina *f*
baton *n* : batuta *f* : bastón *m*
battalion *n* : batallón *m*
batten *v* **to batten down the hatches** : cerrar las escotillas
batter[1] *v* : aporrear : golpear : maltratar
batter[2] *n* : masa *f* para rebozar : bateador *m*, -dora *f*
battered *adj* : maltratado : maltrecho : apaleado : aporreado
battering ram *n* : ariete *m*
battery *n, pl* **-teries** : lesiones *fpl* : batería *f* : pila *f* : serie *f*
batting *n* : bateo *m*
battle[1] *v* **-tled; -tling** : luchar : pelear
battle[2] *n* : batalla *f* : lucha *f* : pelea *f*
battle–ax *n* : hacha *f* de guerra
battlefield *n* : campo *m* de batalla
battleship *n* : acorazado *m*
batty *adj* **battier; -est** : chiflado : chalado
bauble *n* : chuchería *f* : baratija *f*
Bavarian *n* : bávaro *m*, -ra *f* — **Bavarian** *adj*
bawdiness *n* : picardía *f*
bawdy *adj* **bawdier; -est** : subido de tono : verde : colorado
bawl[1] *v* : llorar a gritos
bawl[2] *n* : grito *m* : alarido *m*
bawl out *v* : regañar
bay[1] *v* : aullar
bay[2] *adj* : castaño : zaino
bay[3] *n* : bahía *f* : laurel *m* : aullido *m* : saliente *m* : área *f* : compartimento *m*
bayonet[1] *v* **-neted; -neting** : herir con bayoneta
bayonet[2] *n* : bayoneta *f*
bayou *n* : pantano *m*
bazaar *n* : bazar *m* : venta *f* benéfica
bazooka *n* : bazuca *f*
BB *n* : balín *m*
bcc *v* **bcc'd; bcc'ing** : enviarle una copia oculta a : enviar una copia oculta de
be *v* **was; were; been; being; am; is; are** : ser : estar : quedar : existir : ir : venir : tener : costar : hacer : haber : poderse : deber
beach[1] *v* : hacer varar : hacer encallar
beach[2] *n* : playa *f*
beachcomber *n* : raquero *m*, -ra *f*
beachhead *n* : cabeza *f* de playa
beacon *n* : faro *m*
bead[1] *v* : formarse en gotas
bead[2] *n* : cuenta *f* : gota *f*; **beads** *npl* : collar *m*
beady *adj* **beadier; -est** : de forma de cuenta
beagle *n* : beagle *m*
beak *n* : pico *m*
beaker *n* : taza *f* alta : vaso *m* de precipitados
beam[1] *v* : brillar : sonreír radiantemente : transmitir : emitir
beam[2] *n* : viga *f* : barra *f* : rayo *m* : haz *m* de luz : haz *m* de radiofaro
bean *n* : habichuela *f* : frijol *m*
bear[1] *v* **bore; borne; bearing** : llevar : portar : dar a luz a : dar : soportar : resistir : aguantar : tener : doblar : dar la vuelta : girar
bear[2] *n, pl* **bears** *or* **bear** : oso *m* : osa *f*
bearable *adj* : soportable
beard *n* : barba *f* : arista *f*
bearded *adj* : barbudo : de barba
bearer *n* : portador *m*, -dora *f*
bearing *n* : comportamiento *m* : modales *mpl* : soporte *f* : relación *f* : importancia *f* : cojinete *m* : rodamiento *m* : dirección *f* : rumbo *m*
beast *n* : bestia *f* : fiera *f* : bruto *m*, -ta *f* : bestia *mf*
beastly *adj* : detestable : repugnante
beat[1] *v* **beat; beaten** *or* **beat; beating** : golpear : pegar : darle una paliza : vencer : derrotar : batir : superar : ser mejor que : anticiparse a : evitar : palpitar : latir
beat[2] *adj* : derrengado : muy cansado

beat[3] *n* : golpe *m* : redoble *m* : latido *m* : ritmo *m* : tiempo *m*
beater *n* : batidor *m*, -dora *f*
beatific *adj* : beatífico
beating *n* : paliza *f* : derrota *f*
beau *n, pl* **beaux** *or* **beaus** : pretendiente *m* : galán *m*
beautician *n* : esteticista *mf*
beautification *n* : embellecimiento *m*
beautiful *adj* : hermoso : bello : lindo : precioso
beautifully *adv* : hermosamente : maravillosamente : excelentemente
beautify *v* **-fied; -fying** : embellecer
beauty *n, pl* **-ties** : belleza *f* : hermosura *f* : beldad *f*
beauty shop *or* **beauty parlor** *or* **beauty salon** *n* : salón *m* de belleza
beauty spot *n* : lunar *m*
beaver *n* : castor *m*
because *conj* : porque
because of *prep* : por : a causa de : debido a
beck *n* **to be at the beck and call of** : estar a la entera disposición de : estar sometido a la voluntad de
beckon *v* **to beckon to someone** : hacerle señas a alguien
become *v* **-came; -come; -coming** : hacerse : volverse : ponerse : ser apropiado para : favorecer : quedarle bien
becoming *adj* : apropiado : favorecedor
bed[1] *v* **bedded; bedding** : acostar : acostarse
bed[2] *n* : cama *f* : lecho *m* : cauce *m* : fondo *m* : arriate *m* : capa *f* : estrato *m* : caja *f*
bed and breakfast *n* : pensión *f* con desayuno
bedbug *n* : chinche *f*
bedclothes *npl* : ropa *f* de cama : sábanas *fpl*
bedding *n* : cama *f*
bedeck *v* : adornar : engalanar
bedevil *v* **-iled** *or* **-illed; -iling** *or* **-illing** : acosar : plagar
bedlam *n* : locura *f* : caos *m* : alboroto *m*
bedraggled *adj* : desaliñado : despeinado
bedridden *adj* : postrado en cama
bedrock *n* : lecho *m* de roca
bedroom *n* : dormitorio *m* : habitación *f* : pieza *f* : recámara *f*
bedsheet → **sheet**
bedside table *n* : mesita *f* de noche
bedspread *n* : cubrecama *m* : colcha *f* : cobertor *m*
bedtime *n* : hora *f* de acostarse
bee *n* : abeja *f* : círculo *m* : reunión *f*
beech *n, pl* **beeches** *or* **beech** : haya *f*
beechnut *n* : hayuco *m*
beef[1] *v* **to beef up** : fortalecer : reforzar : quejarse
beef[2] *n, pl* **beefs** *or* **beeves** : carne *f* de vaca : carne *f* de res
beefsteak *n* : filete *m* : bistec *m*
beehive *n* : colmena *f*
beekeeper *n* : apicultor *m*, -tora *f*
beekeeping *n* : apicultura *f*
beeline *n* **to make a beeline for** : ir derecho a : ir directo hacia
been → **be**
beep[1] *v* : pitar
beep[2] *n* : pitido *m*
beeper *n* : buscapersonas *m* : busca *m*
beer *n* : cerveza *f*
beeswax *n* : cera *f* de abejas
beet *n* : remolacha *f* : betabel *m*
beetle *n* : escarabajo *m*
befall *v* **-fell; -fallen** : sucederle a : acontecerle a : acontecer
befit *v* **-fitted; -fitting** : convenir a : ser apropiado para
before[1] *adv* : antes : anterior
before[2] *conj* : antes que
before[3] *prep* : antes de : delante de : ante
beforehand *adv* : antes : por adelantado : de antemano : con anticipación
befriend *v* : hacerse amigo de
befuddle *v* **-dled; -dling** : aturdir : ofuscar : confundir
beg *v* **begged; begging** : mendigar : pedir : suplicar : pedir limosna
beget *v* **-got; -gotten** *or* **-got; -getting** : engendrar
beggar *n* : mendigo *m*, -ga *f* : pordiosero *m*, -ra *f*
begin *v* **-gan; -gun; -ginning** : empezar : comenzar : iniciar : iniciarse : nacer : originarse

beginner *n* : principiante *mf*
beginning *n* : principio *m* : comienzo *m*
begone *interj* : ¡fuera de aquí!
begonia *n* : begonia *f*
begrudge *v* **-grudged; -grudging** : dar/hacer de mala gana
beguile *v* **-guiled; -guiling** : engañar : divertir : entretener
behalf *n* : favor *m* : beneficio *m* : parte *f*
behave *v* **-haved; -having** : comportarse : portarse
behavior *n* : comportamiento *m* : conducta *f*
behead *v* : decapitar
behest *n* : mandato *m* : orden *f*
behind[1] *adv* : atrás : detrás
behind[2] *prep* : atrás de : detrás de : tras : atrasado con : después de : en apoyo de : detrás
behind[3] *n* : trasero *m*
behold *v* **-held; -holding** : contemplar
beholder *n* : observador *m*, -dora *f*
behoove *v* **-hooved; -hooving** : convenirle a : corresponderle a
beige[1] *adj* : beige
beige[2] *n* : beige *m*
being *n* : ser *m* : existencia *f* : ente *m*
belabor *v* **to belabor the point** : extenderse sobre el tema
belated *adj* : tardío : retrasado
belch[1] *v* : eructar : expulsar : arrojar
belch[2] *n* : eructo *m*
beleaguer *v* : asediar : sitiar : fastidiar : molestar
belfry *n, pl* **-fries** : campanario *m*
Belgian *n* : belga *mf* — **Belgian** *adj*
belie *v* **-lied; -lying** : falsear : ocultar : contradecir : desmentir
belief *n* : confianza *f* : creencia *f* : convicción *f* : fe *f*
believable *adj* : verosímil : creíble
believe *v* **-lieved; -lieving** : creer
believer *n* : creyente *mf* : partidario *m*, -ria *f* : entusiasta *mf*
belittle *v* **-littled; -littling** : menospreciar : denigrar : rebajar : minimizar : quitar importancia a
bell[1] *v* : ponerle un cascabel a
bell[2] *n* : campana *f* : cencerro *m* : cascabel *m* : timbre *m*
belle *n* : belleza *f* : beldad *f*
bellhop *n* : botones *m*
bellicose *adj* : belicoso *m*
belligerence *n* : agresividad *f* : beligerancia *f*
belligerent[1] *adj* : agresivo : beligerante
belligerent[2] *n* : beligerante *mf*
bellow[1] *v* : bramar : mugir : gritar
bellow[2] *n* : bramido *m* : grito *m*
bellows *ns & pl* : fuelle *m*
bellwether *n* : líder *mf*
belly[1] *v* **-lied; -lying** : hincharse : inflarse
belly[2] *n, pl* **-lies** : abdomen *m* : vientre *m* : barriga *f* : panza *f*
bellyache[1] *v* → **grouse**[1]
bellyache[2] → **stomachache**
belly button *n* : ombligo *m*
belong *v* : pertenecer : ser propiedad : ser parte : ser miembro : deber estar : ir
belongings *npl* : pertenencias *fpl* : efectos *mpl* personales
beloved[1] *adj* : querido : amado
beloved[2] *n* : amado *m*, -da *f* : enamorado *m* : amor *m*
below[1] *adv* : abajo : más abajo : más bajo : bajo cero
below[2] *prep* : abajo de : debajo de : por debajo de : bajo
belt[1] *v* : ceñir con un cinturón : ponerle un cinturón a : darle una paliza a : darle un trancazo a
belt[2] *n* : cinturón *m* : cinto *m* : cinta *f* : correa *f* : banda *f* : frente *m* : zona *f*
beltway *n* : carretera *f* de circunvalación : periférico *m* : libramiento *m*
bemoan *v* : lamentarse de
bemuse *v* **-mused; -musing** : confundir : desconcertar : absorber
bench *n* : banco *m* : escaño *m* : banca *f* : estrado *m* : tribunal *m*
bend[1] *v* **bent; bending** : torcer : doblar : curvar : flexionar : torcerse : agacharse : hacer una curva
bend[2] *n* : vuelta *f* : recodo *m* : curva *f* : ángulo *m* : codo *m*
beneath[1] *adv* : bajo : abajo : debajo

beneath[2] *prep* : bajo de : abajo de : por debajo de
benediction *n* : bendición *f*
benefactor *n* : benefactor *m*, -tora *f*
benefactress *n* : benefactora *f*
beneficial *adj* : beneficioso : provechoso — **beneficially** *adv*
beneficiary *n, pl* **-ries** : beneficiario *m*, -ria *f*
benefit[1] *v* : beneficiar : beneficiarse
benefit[2] *n* : beneficio *m* : ventaja *f* : provecho *m* : asistencia *f* : función *f* benéfica
benevolence *n* : bondad *f* : benevolencia *f*
benevolent *adj* : benévolo : bondadoso — **benevolently** *adv*
benign *adj* : benévolo : amable : propicio : favorable : benigno
bent *n* : aptitud *f* : inclinación *f*
benumb *v* : entumecer
bequeath *v* : legar : dejar en testamento
bequest *n* : legado *m*
berate *v* **-rated; -rating** : reprender : regañar
bereaved[1] *adj* : que está de luto : afligido
bereaved[2] *n* **the bereaved** : los deudos del difunto (o de la difunta)
bereavement *n* : dolor *m* : pesar *m* : pérdida *f*
bereft *adj* : privado : desprovisto
beret *n* : boina *f*
berm *n* : arcén *m*
Bermuda shorts *npl* : bermudas *fpl*
berry *n, pl* **-ries** : baya *f*
berserk *adj* : enloquecido
berth[1] *v* : atracar
berth[2] *n* : atracadero *m* : litera *f* : camarote *m* : trabajo *m* : puesto *m*
beseech *v* **-seeched** *or* **-sought; -seeching** : suplicar : implorar : rogar
beset *v* **-set; -setting** : acosar : rodear
beside *prep* : al lado de : junto a
besides[1] *adv* : además : también : aparte : por otra parte
besides[2] *prep* : además de : aparte de : excepto : fuera de
besiege *v* **-sieged; -sieging** : asediar : sitiar : cercar
besmirch *v* : ensuciar : mancillar
besotted *adj* : enamorado
best[1] *v* : superar : ganar a
best[2] *adv* : mejor
best[3] *adj* : mejor
best–case *adj* **a/the best–case scenario** : el mejor de los casos
bestial *adj* : bestial : brutal : salvaje
bestie *n* : mejor amigo *m* : mejor amiga *f*
best man *n* : padrino *m*
bestow *v* : conferir : otorgar : conceder
bestowal *n* : concesión *f* : otorgamiento *m*
best seller *n* : best-seller *m*
bet[1] *v* **bet; betting** : apostar
bet[2] *n* : apuesta *f*
beta *n* : beta *f*
betoken *v* : denotar : ser indicio de
betray *v* : traicionar : delatar : revelar
betrayal *n* : traición *f* : delación *f* : revelación *f*
betrothal *n* : esponsales *mpl* : compromiso *m*
betrothed *n* : prometido *m*, -da *f*
better[1] *v* : mejorar : superar
better[2] *adv* : mejor : más
better[3] *adj* : mejor : mayor
better[4] *n* : el mejor : la mejor
betterment *n* : mejoramiento *m* : mejora *f*
better off *adj* : mejor : más adinerado
betting *n* : apuestas *fpl*
bettor *or* **better** *n* : apostador *m*, -dora *f*
between[1] *adv* : en medio : por lo medio
between[2] *prep* : entre
bevel[1] *v* **-eled** *or* **-elled; -eling** *or* **-elling** : biselar : inclinarse
bevel[2] *n* : bisel *m*
beverage *n* : bebida *f*
bevy *n, pl* **bevies** : grupo *m* : bandada *f*
bewail *v* : lamentarse de : llorar
beware *v* **to beware of** : tener cuidado con : guardarse de : cuidarse de
bewilder *v* : desconcertar : dejar perplejo
bewilderment *n* : desconcierto *m* : perplejidad *f*

bewitch *v* : hechizar : embrujar : cautivar : encantar
bewitchment *n* : hechizo *m*
beyond[1] *adv* : más allá : más lejos : más adelante : más
beyond[2] *n* **the beyond** : el más allá : lo desconocido
beyond[3] *prep* : más allá de : fuera de : además de
BFF *n* : amigo *m* íntimo : amiga *f* íntima
bi- *pref* : bi-
biannual *adj* : bianual — **biannually** *adv*
bias[1] *v* **-ased** *or* **-assed; -asing** *or* **-assing** : predisponer : sesgar : influir en : afectar
bias[2] *n* : sesgo *m* : bies *m* : prejuicio *m* : inclinación *f* : tendencia *f*
biased *adj* : tendencioso : parcial
bib *n* : peto *m* : babero *m*
Bible *n* : Biblia *f*
biblical *adj* : bíblico
bibliographer *n* : bibliógrafo *m*, -fa *f*
bibliography *n, pl* **-phies** : bibliografía *f* — **bibliographic** *adj*
bicameral *adj* : bicameral
bicarbonate *n* : bicarbonato *m*
bicentennial *n* : bicentenario *m*
biceps *ns & pl* : bíceps *m*
bicker[1] *v* : pelear : discutir : reñir
bicker[2] *n* : pelea *f* : riña *f* : discusión *f*
bicuspid *n* : premolar *m*
bicycle[1] *v* **-cled; -cling** : ir en bicicleta
bicycle[2] *n* : bicicleta *f*
bicycling *n* : ciclismo *m*
bicyclist *n* : ciclista *mf*
bid[1] *v* **bade** *or* **bid; bidden** *or* **bid; bidding** : pedir : mandar : invitar : dar : decir : ofrecer : declarar
bid[2] *n* : oferta *f* : declaración *f* : invitación *f* : intento *m* : tentativa *f*
bidder *n* : postor *m*, -tora *f*
bide *v* **bode** *or* **bided; bided; biding** : esperar : aguardar : morar : vivir
bidet *n* : bidé *m* : bidet *m*
biennial *adj* : bienal — **biennially** *adv*
bier *n* : andas *fpl* : ataúd *m* : féretro *m*
bifocals *npl* : lentes *mpl* bifocales : bifocales *mpl* — **bifocal** *adj*
big *adj* **bigger; biggest** : grande : importante : popular : famoso : conocido : generoso
bigamist *n* : bígamo *m*, -ma *f*
bigamous *adj* : bígamo
bigamy *n* : bigamia *f*
Big Dipper → dipper
big–headed *adj* : creído
bight *n* : bahía *f* : ensenada *f* : golfo *m*
bigot *n* : intolerante *mf*
bigoted *adj* : intolerante : prejuiciado : fanático
bigotry *n, pl* **-tries** : intolerancia *f*
big picture *n* **to look at the big picture** : ver las cosas desde una perspectiva global
big shot *n* : pez *m* gordo : mandamás *mf*
big toe *n* : dedo *m* gordo
bigwig → big shot
bike *n* : bicicleta *f* : bici *f* : motocicleta *f* : moto *f*
bike lane *or* **bicycle lane** *n* : carril *m* para bicicletas
bikini *n* : bikini *m*
bilateral *adj* : bilateral — **bilaterally** *adv*
bile *n* : bilis *f* : mal genio *m*
bilingual *adj* : bilingüe
bilk *v* : burlar : estafar : defraudar
bill[1] *v* : pasarle la cuenta a : acariciar
bill[2] *n* : proyecto *m* de ley : ley *f* : cuenta *f* : factura *f* : cartel *m* : programa *m* : billete *m* : pico *m*
billboard *n* : cartelera *f*
billet[1] *v* : acuartelar : alojar
billet[2] *n* : alojamiento *m*
billfold *n* : billetera *f* : cartera *f*
billiard *adj* : de billar
billiards *n* : billar *m*
billion *n, pl* **billions** *or* **billion** : mil millones *mpl*
billionth *n* : milmillonésimo *m* — **billionth** *adj*
billow[1] *v* : hincharse : inflarse
billow[2] *n* : ola *f* : nube *f*
billowy *adj* : ondulante
billy goat *n* : macho *m* cabrío
bimonthly *adj* : bimensual : quincenal : bimestral

bin *n* : cubo *m* : cajón *m*
binary *adj* : binario *m*
binational *adj* : binacional
bind *v* **bound; binding** : atar : amarrar : obligar : aglutinar : ligar : unir : vendar : encuadernar
binder *n* : carpeta *f* : encuadernador *m*, -dora *f*
binding *n* : encuadernación *f* : cubierta *f* : forro *m*
binge *n* : juerga *f* : parranda *f*
bingo *n, pl* **-gos** : bingo *m*
binocular *adj* : binocular
binoculars *npl* : binoculares *mpl*
bio- *pref* : bio-
biochemical[1] *adj* : bioquímico
biochemical[2] *n* : bioquímico *m*
biochemist *n* : bioquímico *m*, -ca *f*
biochemistry *n* : bioquímica *f*
biodegradable *adj* : biodegradable
biodiversity *n, pl* **-ties** : biodiversidad *f*
biographer *n* : biógrafo *m*, -fa *f*
biographical *adj* : biográfico
biography *n, pl* **-phies** : biografía *f*
biologic *or* **biological** *adj* : biológico
biological weapon *n* : arma *f* biológica
biologist *n* : biólogo *m*, -ga *f*
biology *n* : biología *f*
biopsy *n, pl* **-sies** : biopsia *f*
biosphere *n* : biosfera *f* : biósfera *f*
biotechnology *n* : biotecnología *f* — **biotechnological** *adj*
bipartisan *adj* : bipartidista : de dos partidas
biped *n* : bípedo *m*
birch *n* : abedul *m*
bird *n* : pájaro *m* : ave *f*
birdbath *n* : pila *f* para pájaros
bird dog *n* : perro *m*, -rra *f* de caza
bird of prey *n* : ave *f* rapaz : ave *f* de presa
birdseed *n* : alpiste *m*
bird's–eye *adj* : visto desde arriba : rápido : somero
birdwatching *n* : observación *f* de aves
biretta *n* : birrete *m*
birth *n* : nacimiento *m* : parto *m* : origen *m*
birth certificate *n* : partida *f* de nacimiento : acta *f* de nacimiento : certificado *m* de nacimiento
birth control *n* : control *m* de natalidad
birthday *n* : cumpleaños *m* : aniversario *m*
birthmark *n* : mancha *f* de nacimiento
birthplace *n* : lugar *m* de nacimiento
birthrate *n* : índice *m* de natalidad
birthright *n* : derecho *m* de nacimiento
biscuit *n* : bizcocho *m*
bisect *v* : bisecar
bisexual *adj* : bisexual — **bisexuality** *n*
bishop *n* : obispo *m* : alfil *m*
bishopric *n* : obispado *m*
bison *ns & pl* : bisonte *m*
bistro *n, pl* **-tros** : bar *m* : restaurante *m* pequeño
bit *n* : pedazo *m* : trozo *m* : freno *m* : bocado *m* : broca *f* : bit *m* : rato *m* : momento *m* : sketch *m*
bitch[1] *v* : quejarse : reclamar
bitch[2] *n* : perra *f* : cosa *f* difícil
Bitcoin *n* : bitcoin *m*
bite[1] *v* **bit; bitten; biting** : morder : picar : punzar : pinchar : agarrar : cortar : agarrarse
bite[2] *n* : mordisco *m* : dentellada *f* : bocado *m* : picadura *f* : mordedura *f* : mordacidad *f* : penetración *f*
biting *adj* : cortante : penetrante : mordaz : sarcástico
bit part *n* : papel *m* secundario
bitter *adj* : amargo : acre : cortante : penetrante : duro : intenso : extremo : implacable
bitterly *adv* : amargamente
bitterness *n* : amargura *f*
bittersweet *adj* : agridulce
bizarre *adj* : extraño : singular : estrafalario : estrambótico — **bizarrely** *adv*
blab *v* **blabbed; blabbing** : parlotear : cotorrear
blabbermouth *n* : bocón *m*, -cona *f*
black[1] *v* : ennegrecer
black[2] *adj* : negro : sucio : oscuro : malvado : perverso : malo : sombrío : deprimente
black[3] *n* : negro *m* : negro *m*, -gra *f*
black–and–blue *adj* : amoratado

blackball *v* : hacerle el vacío a : aislar : boicotear
blackberry *n, pl* **-ries** : mora *f*
blackbird *n* : mirlo *m*
blackboard *n* : pizarra *f* : pizarrón *m*
black box *n* : caja *f* negra
blacken *v* : ennegrecer : deshonrar : difamar : manchar
black eye *n* : ojo *m* morado
blackhead *n* : espinilla *f* : punto *m* negro
black hole *n* : agujero *m* negro
blackish *adj* : negruzco
blackjack *n* : cachiporra *f* : veintiuna *f*
blacklist[1] *v* : poner en la lista negra
blacklist[2] *n* : lista *f* negra
blackmail[1] *v* : chantajear : hacer chantaje a
blackmail[2] *n* : chantaje *m*
blackmailer *n* : chantajista *mf*
blackness *n* : negrura *f*
blackout *n* : apagón *m* : desmayo *m* : desvanecimiento *m*
black out *v* : dejar sin luz : perder el conocimiento : desmayarse
black sheep *n* : oveja *f* negra
blacksmith *n* : herrero *m*
blacktop *n* : asfalto *m*
bladder *n* : vejiga *f*
blade *n* : hoja *f* : cuchilla *f* : pala *f* : brizna *f*
blamable *adj* : culpable
blame[1] *v* **blamed; blaming** : culpar : echar la culpa a
blame[2] *n* : culpa *f*
blameless *adj* : intachable : sin culpa : inocente — **blamelessly** *adv*
blameworthiness *n* : culpa *f* : culpabilidad *f*
blameworthy *adj* : culpable : reprochable : censurable
blanch *v* : blanquear : palidecer
bland *adj* : soso : insulso : desabrido
blandishments *npl* : lisonjas *fpl* : halagos *mpl*
blandly *adv* : de manera insulsa
blandness *n* : lo insulso : lo desabrido
blank[1] *v* : borrar
blank[2] *adj* : perplejo : desconcertado : sin expresión : inexpresivo : en blanco : liso : vacío
blank[3] *n* : espacio *m* en blanco : formulario *m* : cartucho *m* de fogueo
blank check *n* : cheque *m* en blanco : carta *f* blanca
blanket[1] *v* : cubrir
blanket[2] *adj* : global
blanket[3] *n* : manta *f* : cobija *f* : frazada *f*
blankly *adv* : sin comprender
blankness *n* : desconcierto *m* : perplejidad *f* : vacío *m* : vacuidad *f*
blare[1] *v* **blared; blaring** : resonar
blare[2] *n* : estruendo *m*
blarney *n* : labia *f*
blasé *adj* : displicente : indiferente
blaspheme *v* **-phemed; -pheming** : blasfemar
blasphemer *n* : blasfemo *m*, -ma *f*
blasphemous *adj* : blasfemo
blasphemy *n, pl* **-mies** : blasfemia *f*
blast[1] *v* : volar : hacer volar : atacar : arremeter contra
blast[2] *n* : ráfaga *f* : explosión *f*
blast–off *n* : despegue *m*
blast off *v* : despegar
blatant *adj* : descarado — **blatantly** *adv*
blaze[1] *v* **blazed; blazing** : arder : brillar : resplandecer : marcar : señalar
blaze[2] *n* : fuego *m* : resplandor *m* : brillantez *f* : arranque *m* : alarde *m* : llamarada *f*
blazer *n* : chaqueta *f* deportiva : blazer *m*
bleach[1] *v* : blanquear : decolorar
bleach[2] *n* : lejía *f* : blanqueador *m*
bleachers *ns & pl* : gradas *fpl* : tribuna *f* descubierta
bleak *adj* : inhóspito : sombrío : desolado : deprimente : triste
bleakly *adv* : sombríamente
bleakness *n* : lo inhóspito : lo sombrío
blear *adj* : empañado : nublado
bleary *adj* : adormilado : fatigado
bleat[1] *v* : balar
bleat[2] *n* : balido *m*
bleed *v* **bled; bleeding** : sangrar : sufrir : afligirse : exudar : correrse : purgar

blemish[1] *v* : manchar : marcar
blemish[2] *n* : imperfección *f* : mancha *f* : marca *f*
blend[1] *v* : mezclar : combinar : aunar
blend[2] *n* : mezcla *f* : combinación *f*
blender *n* : licuadora *f*
bless *v* **blessed; blessing** : bendecir
blessed *or* **blest** *adj* : bienaventurado : bendito : dichoso
blessedly *adv* : felizmente : alegremente : afortunadamente
blessing *n* : bendición *f* : aprobación *f* : consentimiento *m*
blew → **blow**
blight[1] *v* : arruinar : infestar
blight[2] *n* : añublo *m* : peste *f* : plaga *f* : deterioro *m* : ruina *f*
blimp *n* : dirigible *m*
blind[1] *v* : cegar : dejar ciego : deslumbrar
blind[2] *adj* : ciego : insensible : sin razón : sin salida
blind[3] *n* : persiana *f* : escondite *m* : escondrijo *m*
blind carbon copy *n* : copia *f* oculta
blind date *n* : cita *f* a ciegas
blinders *npl* : anteojeras *fpl*
blindfold[1] *v* : vendar los ojos
blindfold[2] *n* : venda *f*
blinding *adj* : enceguecedor : cegador
blindly *adv* : a ciegas : ciegamente
blindness *n* : ceguera *f*
blind spot *n* : ángulo *m* muerto : punto *m* débil
blink[1] *v* : pestañear : parpadear : brillar intermitentemente
blink[2] *n* : pestañeo *m* : parpadeo *m*
blinker *n* : intermitente *m* : direccional *f*
bliss *n* : dicha *f* : felicidad *f* absoluta : paraíso *m*
blissful *adj* : dichoso : feliz — **blissfully** *adv*
blister[1] *v* : ampollarse
blister[2] *n* : ampolla *f* : burbuja *f*
blithe *adj* **blither; blithest** : despreocupado : alegre : risueño — **blithely** *adv*
blitz[1] *v* : bombardear : atacar con rapidez
blitz[2] *n* : bombardeo *m* aéreo : ataque *m* : acometida *f*
blizzard *n* : tormenta *f* de nieve : ventisca *f*
bloat *v* : hincharse : inflarse
blob *n* : gota *f* : mancha *f* : borrón *m*
bloc *n* : bloque *m*
block[1] *v* : bloquear : impedir
block[2] *n* : bloque *m* : obstrucción *f* : bloqueo *m* : cuadra *f* : manzana *f* : edificio *m* : serie *f* : grupo *m*
blockade[1] *v* **-aded; -ading** : bloquear
blockade[2] *n* : bloqueo *m*
blockage *n* : bloqueo *m* : obstrucción *f*
blockbuster *n* : gran éxito *m*
blockhead *n* : bruto *m*, -ta *f* : estúpido *m*, -da *f*
block letters *npl* : letras *fpl* de molde/imprenta
blog *n* : blog *m* : bitácora *f*
blond[1] *or* **blonde** *adj* : rubio : güero : claro
blond[2] *or* **blonde** *n* : rubio *m*, -bia *f* : güero *m*, -ra *f*
blood *n* : sangre *f* : vida *f* : alma *f* : linaje *m*
blood bank *n* : banco *m* de sangre
bloodbath *n* : masacre *f* : baño *m* de sangre
bloodcurdling *adj* : espeluznante : aterrador
blood donor *n* : donador *m*, -dora *f* de sangre : donante *mf* de sangre
blooded *adj* : de sangre
blood group *n* : grupo *m* sanguíneo
bloodhound *n* : sabueso *m*
bloodless *adj* : incruento : sin derramamiento de sangre : desanimado : insípido : sin vida
bloodmobile *n* : unidad *f* móvil para donantes de sangre
blood pressure *n* : tensión *f* : presión *f*
bloodshed *n* : derramamiento *m* de sangre
bloodshot *adj* : inyectado de sangre
bloodstain *n* : mancha *f* de sangre
bloodstained *adj* : manchado de sangre

bloodstream *n* : torrente *m* sanguíneo : corriente *f* sanguínea
bloodsucker *n* : sanguijuela *f*
blood test *n* : análisis *m* de sangre
bloodthirsty *adj* : sanguinario
blood transfusion *n* : transfusión *f* de sangre
blood vessel *n* : vaso *m* sanguíneo
bloody *adj* **bloodier; -est** : ensangrentado : sangriento
bloom[1] *v* : florecer : madurar
bloom[2] *n* : flor *f* : floración *f* : rubor *m*
bloomers *npl* : bombachos *mpl*
blooper *n* : metedura *f* de pata
blossom[1] *v* : florecer : dar flor
blossom[2] *n* : flor *f*
blot[1] *v* **blotted; blotting** : emborronar : borronear : secar
blot[2] *n* : mancha *f* : borrón *m* : tacha *f*
blotch[1] *v* : emborronar : borronear
blotch[2] *n* : mancha *f* : borrón *m*
blotchy *adj* **blotchier; -est** : lleno de manchas
blotter *n* : hoja *f* de papel secante : secante *m*
blouse *n* : blusa *f*
blow[1] *v* **blew; blown; blowing** : soplar : agitarse con el viento : sonar : echar : tocar : dar forma a : echar a perder
blow[2] *n* : soplo *m* : soplido *m* : vendaval *f* : golpe *m* : desastre *m*
blow–dry *n, pl* **-dries** : secado *m*
blower *n* : ventilador *m*
blowout *n* : reventón *m*
blowtorch *n* : soplete *m*
blow up *v* : estallar : hacer explosión : volar : hacer volar
blubber[1] *v* : lloriquear
blubber[2] *n* : esperma *f* de ballena
bludgeon *v* : aporrear
blue[1] *adj* **bluer; bluest** : azul : melancólico : triste
blue[2] *n* : azul *m*
bluebell *n* : campanilla *f*
blueberry *n, pl* **-ries** : arándano *m*
bluebird *n* : azulejo *m*
blue cheese *n* : queso *m* azul
blue–collar *adj* : obrero
blueprint *n* : plano *m* : proyecto *m* : cianotipo *m* : anteproyecto *m* : programa *m*
blues *npl* : depresión *f* : melancolía *f* : blues *m*
bluff[1] *v* : hacer un farol : blofear
bluff[2] *adj* : escarpado : campechano : franco : directo
bluff[3] *n* : farol *m* : blof *m* : acantilado *m* : risco *m*
bluing *or* **blueing** *n* : añil *m* : azulete *m*
bluish *adj* : azulado
blunder[1] *v* : tropezar : dar traspiés : cometer un error : meter la pata
blunder[2] *n* : error *m* : fallo *m* garrafal : metedura *f* de pata
blunderbuss *n* : trabuco *m*
blunt[1] *v* : despuntar : desafilar : embotar : suavizar
blunt[2] *adj* : desafilado : despuntado : directo : franco : categórico
bluntly *adv* : sin rodeos : francamente : bruscamente
bluntness *n* : falta *f* de filo : franqueza *f*
blur[1] *v* **blurred; blurring** : desdibujar : hacer borroso
blur[2] *n* : mancha *f* : borrón *m* : aspecto *m* borroso
blurb *n* : propaganda *f* : nota *f* publicitaria
blurred *adj* : borroso
blurry *adj* : borroso
blurt *v* : espetar : decir impulsivamente
blush[1] *v* : ruborizarse : sonrojarse : hacerse colorado
blush[2] *n* : rubor *m* : sonrojo *m*
bluster[1] *v* : soplar con fuerza : fanfarronear : echar bravatas
bluster[2] *n* : fanfarronada *f* : bravatas *fpl*
blustery *adj* : borrascoso : tempestuoso
boa *n* : boa *f*
boar *n* : cerdo *m* macho : verraco *m*
board[1] *v* : embarcarse en : subir a bordo de : subir a : hospedar : dar hospedaje con comidas a
board[2] *n* : tabla *f* : tablón *m* : tablero *m* : comida *f* : junta *f* : consejo *m*
boarder *n* : huésped *m*, -peda *f*
board game *n* : juego *m* de mesa
boardinghouse *n* : casa *f* de huéspedes
boarding school *n* : internado *m*
boardroom *n* : sala *f* de juntas

boardwalk *n* : paseo *m* marítimo
boast[1] *v* : alardear : presumir : jactarse
boast[2] *n* : jactancia *f* : alarde *m*
boaster *n* : presumido *m*, -da *f* : fanfarrón *m*, -rrona *f*
boastful *adj* : jactancioso : fanfarrón
boastfully *adv* : de manera jactanciosa
boastfulness *n* : jactancia *f*
boat[1] *v* : transportar en barco : poner a bordo
boat[2] *n* : barco *m* : embarcación *f* : bote *m* : barca *f*
boatman *n, pl* **-men** : barquero *m*
boat person *n* : balsero *m*, -ra *f*
boatwoman *n, pl* **-women** : barquera *f*
bob[1] *v* **bobbed; bobbing** : balancearse : mecerse : inclinar : cortar : recortar
bob[2] *n* : inclinación *f* : sacudida *f* : flotador *m* : corcho *m* : pelo *m* corto
bobbin *n* : bobina *f* : carrete *m*
bobby pin *n* : horquilla *f*
bobcat *n* : lince *m* rojo
bobolink *n* : tordo *m* arrocero
bobsled *n* : bobsleigh *m*
bobwhite *n* : codorniz *m*
bode[1] *v* **boded; boding** : presagiar : augurar **to bode well** : ser de buen agüero
bode[2] → **bide**
bodice *n* : corpiño *m*
bodied *adj* : de cuerpo
bodiless *adj* : incorpóreo
bodily[1] *adv* : en peso
bodily[2] *adj* : corporal : del cuerpo
body *n, pl* **bodies** : cuerpo *m* : organismo *m* : cadáver *m* : persona *f* : ser *m* humano : nave *f* : carrocería : fuselaje *m* : casco *m* : conjunto *m* : grupo *m* : masa *f* : organización *f*
bodybuilding *n* : culturismo *m*
bodyguard *n* : guardaespaldas *mf*
bodywork *n* : carrocería *f*
bog[1] *v* **bogged; bogging** : estancar : paralizar **to bog down** : embarrancar : empantanarse : estancarse
bog[2] *n* : lodazal *m* : ciénaga *f* : cenagal *m*
bogey *n* : bogey *m*
bogeyman *n, pl* **-men** : coco *m* : cuco *m*
boggle *v* **-gled; -gling** : quedarse atónito : quedarse pasmado
boggy *adj* **boggier; -est** : cenagoso
bogus *adj* : falso : fingido : falaz
bohemian *n* : bohemio *m*, -mia *f* — **bohemian** *adj*
boil[1] *v* : hervir : hacer hervir : cocer
boil[2] *n* : hervor *m* : forúnculo *m*
boiler *n* : caldera *f*
boiling *adj* : hirviendo : caliente
boiling point *n* : punto *m* de ebullición
boisterous *adj* : bullicioso : escandaloso — **boisterously** *adv*
bold[1] *adj* : valiente : insolente : descarado : atrevido : audaz — **boldly** *adv*
bold[2] → **boldface**
boldface *or* **boldface type** *n* : negrita *f*
boldness *n* : valor *m* : coraje *m* : atrevimiento *m* : insolencia *f* : descaro *m* : audacia *f*
bolero *n, pl* **-ros** : bolero *m*
bolivar *n* : bolívar *m*
Bolivian *n* : boliviano *m*, -na *f* — **Bolivian** *adj*
boliviano *n* : boliviano *m*
boll *n* : cápsula *f*
boll weevil *n* : gorgojo *m* del algodón
bologna *n* : salchicha *f* ahumada
Bolshevik *n* : bolchevique *nmf* — **Bolshevik** *adj*
bolster[1] *v* **-stered; -stering** : reforzar : reafirmar
bolster[2] *n* : cabezal *m* : almohadón *m*
bolt[1] *v* : atornillar : sujetar con pernos : cerrar con pestillo : echar el cerrojo a : echar a correr : salir corriendo
bolt[2] *n* : pestillo *m* : cerrojo *m* : tornillo *m* : perno *m* : rollo *m*
bomb[1] *v* : bombardear
bomb[2] *n* : bomba *f* : desastre *m*
bombard *v* : bombardear
bombardment *n* : bombardeo *m*
bombast *n* : grandilocuencia *f* : ampulosidad *f*
bombastic *adj* : grandilocuente : ampuloso : bombástico

bomber *n* : bombardero *m*
bombing *n* : bombardeo *m*
bombproof *adj* : a prueba de bombas
bombshell *n* : bomba *f*
bona fide *adj* : de buena fe : genuino : auténtico
bonanza *n* : bonanza *f*
bon appétit *interj* : ¡buen provecho!
bonbon *n* : bombón *m*
bond[1] *v* : dar fianza a : asegurar : adherir : pegar : adherirse : pegarse
bond[2] *n* : vínculo *m* : lazo *m* : fianza *f* : caución *f* : bono *m*; **bonds** *npl* : cadenas *fpl*
bondage *n* : esclavitud *f*
bondholder *n* : tenedor *m*, -dora *f* de bonos
bondsman *n, pl* **-men** : esclavo *m* : fiador *m*, -dora *f*
bone[1] *v* **boned; boning** : deshuesar
bone[2] *n* : hueso *m*
boneless *adj* : sin huesos : sin espinas
boner *n* : metedura *f* de pata : metida *f* de pata
bonfire *n* : hoguera *f* : fogata *f* : fogón *m*
bongo *n* : bongó *m* : bongo *m*
bonito *n, pl* **-tos** *or* **-to** : bonito *m*
bonnet *n* : sombrero *m* : gorra *f*
bonus *n* : prima *f* : bonificación *f* : beneficio *m* : provecho *m*
bony *adj* **bonier; -est** : huesudo
boo[1] *v* : abuchear
boo[2] *n, pl* **boos** : abucheo *m*
booby *n, pl* **-bies** : bobo *m*, -ba *f* : tonto *m*, -ta *f*
boogeyman *n, pl* **-men** → **bogeyman**
book[1] *v* : reservar : hacer una reservación
book[2] *n* : libro *m*
bookcase *n* : estantería *f* : librero *m* : biblioteca *f*
bookend *n* : sujetalibros *m*
bookie → **bookmaker**
bookish *adj* : libresco
bookkeeper *n* : tenedor *m*, -dora *f* de libros : contable *mf*
bookkeeping *n* : contabilidad *f* : teneduría *f* de libros
booklet *n* : folleto *m*
bookmaker *n* : corredor *m*, -dora *f* de apuestas
bookmark[1] *n* : señalador *m* de libros : marcador *m* de libros : marcador *m*
bookmark[2] *v* : marcar
bookseller *n* : librero *m*, -ra *f*
bookshelf *n, pl* **-shelves** : estante *m*; **bookshelves** *npl* : estantería *f*
bookstore *n* : librería *f*
bookworm *n* : ratón *m* de biblioteca
boom[1] *v* : tronar : resonar : estar en auge : prosperar
boom[2] *n* : bramido *m* : estruendo *m* : auge *m*
boomerang *n* : bumerán *m*
boon[1] *adj* **boon companion** : amigo *m*, -ga *f* del alma
boon[2] *n* : ayuda *f* : beneficio *m* : adelanto *m*
boondocks *npl* : área *f* rural remota : región *f* alejada
boor *n* : grosero *m*, -ra *f*
boorish *adj* : grosero
boost[1] *v* : levantar : alzar : aumentar : incrementar : promover : fomentar : hacer publicidad por
boost[2] *n* : impulso *m* : empujón *m* : estímulo *m* : aliento *m* : aumento *m* : incremento *m*
booster *n* : partidario *m*, -ria *f*
boot[1] *v* : dar una patada a : patear
boot[2] *n* : bota *f* : botín *m* : puntapié *m* : patada *f*
bootee *or* **bootie** *n* : botita *f* : botín *m*
booth *n, pl* **booths** : cabina *f* : caseta *f* : barraca *f*
bootleg[1] *adj* : pirata
bootleg[2] *v* : piratear
bootlegger *n* : contrabandista *mf* del alcohol
bootlegging *n* : piratería *f*
booty *n, pl* **-ties** : botín *m*
booze *n* : alcohol *m*
border[1] *v* : ribetear : bordear : limitar con : lindar con : rayar : lindar
border[2] *n* : borde *m* : orilla *f* : ribete *m* : frontera *f*
borderline[1] *adj* : dudoso

borderline[2] *n* : límite *m*
bore[1] *v* **bored; boring** : taladrar : perforar : hacer : abrir : aburrir
bore[2] → **bear**[1]
bore[3] *n* : pesado *m*, -da *f* : pesadez *f* : lo aburrido : calibre *m*
bored *adj* : aburrido
boredom *n* : aburrimiento *m*
boring *adj* : aburrido : pesado
born *adj* : nacido : nato
borne *pp* → **bear**[1]
borough *n* : distrito *m* municipal
borrow *v* : pedir prestado : tomar prestado : apropiarse de : adoptar
borrower *n* : prestatario *m*, -ria *f*
borrowing *n* : préstamo *m*
Bosnian *n* : bosnio *m*, -nia *f* — **Bosnian** *adj*
bosom[1] *adj* : íntimo
bosom[2] *n* : pecho *m* : seno *m*
bosomed *adj* : con busto
boss[1] *v* : dirigir : supervisar
boss[2] *n* : jefe *m*, -fa *f* : patrón *m*, -trona *f*
bossy *adj* **bossier; -est** : mandón : autoritario : dominante
bot *n* : bot *m*
botanist *n* : botánico *m*, -ca *f*
botany *n* : botánica *f* — **botanical** *adj*
botch[1] *v* : hacer una chapuza de : estropear
botch[2] *n* : chapuza *f*
both[1] *adj* : ambos : ambas : los dos : las dos
both[2] *conj* : tanto como
both[3] *pron* : ambos ambas : los dos : las dos
bother[1] *v* : preocupar : molestar : fastidiar **to bother to** : molestarse en : tomar la molestia de
bother[2] *n* : molestia *f* : problemas *mpl* : fastidio *m*
bothersome *adj* : molesto : fastidioso
bottle[1] *v* **bottled; bottling** : embotellar : envasar
bottle[2] *n* : botella *f* : frasco *m*
bottleneck *n* : cuello *m* de botella : embotellamiento *m* : atasco *m* : obstáculo *m*
bottle opener *n* : abrebotellas *m*
bottom[1] *adj* : más bajo : inferior : de abajo
bottom[2] *n* : fondo *m* : pie *m* : asiento *m* : parte *f* de abajo : origen *m* : causa *f* : trasero *m* : nalgas *fpl*
bottomless *adj* : sin fondo : sin límites
bottom line *n* : balance *m* final
botulism *n* : botulismo *m*
boudoir *n* : tocador *m*
bough *n* : rama *f*
bought → **buy**[1]
bouillon *n* : caldo *m*
boulder *n* : canto *m* rodado : roca *f* grande
boulevard *n* : bulevar *m* : boulevard *m*
bounce[1] *v* **bounced; bouncing** : hacer rebotar : rebotar : ser devuelto
bounce[2] *n* : rebote *m*
bouncer *n* : portero *m* : patovica *m* : gorila *m*
bouncy *adj* **bouncier; -est** : vivo : exuberante : animado : elástico : flexible : que rebota
bound[1] *v* : delimitar : rodear : saltar : dar brincos
bound[2] *adj* : obligado : encuadernado : empastado : decidido : empeñado
bound[3] *n* : límite *m* : salto *m* : brinco *m*
boundary *n, pl* **-aries** : límite *m* : línea *f* divisoria : linde *mf*
boundless *adj* : sin límites : infinito
bounteous *adj* : generoso : copioso : abundante — **bounteously** *adv*
bountiful *adj* : pródigo : generoso : copioso : abundante
bounty *n, pl* **-ties** : generosidad *f* : recompensa *f*
bouquet *n* : ramo *m* : ramillete *m* : bouquet *m* : aroma *m*
bourbon *n* : bourbon *m* : whisky *m* americano
bourgeois[1] *adj* : burgués
bourgeois[2] *n* : burgués *m*, -guesa *f*
bourgeoisie *n* : burguesía *f*
bout *n* : encuentro *m* : combate *m* : ataque *m* : período *m*
boutique *n* : boutique *f*
bovine[1] *adj* : bovino : vacuno
bovine[2] *n* : bovino *m*

bow[1] *v* : hacer una reverencia : inclinarse : ceder : resignarse : someterse : inclinar : bajar : doblar
bow[2] *n* : reverencia *f* : inclinación *f* : proa *f*
bow[3] *v* : arquearse : doblarse
bow[4] *n* : arco *m* : curva *f* : lazo *m* : moño *m*
bowel *n* : intestino *m*
bower *n* : enramada *f*
bowl[1] *v* : jugar a los bolos
bowl[2] *n* : tazón *m* : cuenco *m* : bol *m*
bowler *n* : jugador *m*, -dora *f* de bolos
bowling *n* : bolos *mpl*
bowling alley *n* : bolera *f* : boliche *m*
bowling pin *n* : bolo *m*
bow tie *n* : corbata *f* de moño : pajarita *f*
box[1] *v* : empaquetar : embalar : encajonar : bofetear : cachetear : boxear
box[2] *n* : caja *f* : cajón *m* : compartimento *m* : palco *m* : bofetada *f* : cachetada *f*
boxcar *n* : vagón *m* de carga : furgón *m*
boxer *n* : boxeador *m*, -dora *f*; **boxers** *pl* → **boxer shorts**
boxer shorts *n* : boxers *mpl* : calzoncillos *mpl* : calzones *mpl*
boxing *n* : boxeo *m*
box–office *adj* : taquillero
box office *n* : taquilla *f* : boletería *f*
box spring *n* : somier *m*
boy *n* : chico *m* : muchacho *m* : hijo *m*
boycott[1] *v* : boicotear
boycott[2] *n* : boicot *m*
boyfriend *n* : amigo *m* : novio *m*
boyhood *n* : niñez *f*
boyish *adj* : de niño : juvenil
bra → **brassiere**
brace[1] *v* **braced; bracing** : apuntalar : apoyar : sostener : vigorizar : reforzar **to brace oneself** : prepararse
brace[2] *n* : abrazadera *f* : refuerzo *m*; **braces** *npl* : aparatos *mpl* : frenos *mpl*
bracelet *n* : brazalete *m* : pulsera *f*
bracken *n* : helecho *m*
bracket[1] *v* : asegurar : apuntalar : poner entre corchetes : catalogar : agrupar
bracket[2] *n* : soporte *m* : corchete *m* : clase *f* : categoría *f*
brackish *adj* : salobre
brad *n* : clavo *m* con cabeza pequeña : clavito *m*
brag[1] *v* **bragged; bragging** : alardear : fanfarronear : jactarse
brag[2] *n* : alarde *m* : jactancia *f* : fanfarronada *f*
braggart *n* : fanfarrón *m*, -rrona *f* : jactancioso *m*, -sa *f*
braid[1] *v* : trenzar
braid[2] *n* : trenza *f*
braille *n* : braille *m*
brain[1] *v* : romper la crisma a : aplastar el cráneo a
brain[2] *n* : cerebro *m*; **brains** *npl* : inteligencia *f* : sesos *mpl*
brainchild *n* : creación *f* : invento *m*
brainless *adj* : estúpido : tonto
brainstorm *n* : idea *f* brillante : idea *f* genial
brainy *adj* **brainier; -est** : inteligente : listo
braise *v* **braised; braising** : cocer a fuego lento : estofar
brake[1] *v* **braked; braking** : frenar
brake[2] *n* : freno *m*
bramble *n* : zarza *f* : zarzamora *f*
bran *n* : salvado *m*
branch[1] *v* : echar ramas
branch[2] *n* : rama *f* : ramal *m* : brazo : rama *f* : sucursal *f* : agencia *f*
brand[1] *v* : marcar : tachar : tildar
brand[2] *n* : marca *f* : estigma *m*
brandish *v* : blandir
brand–name *adj* : de marca
brand name *n* : marca *f*
brand–new *adj* : nuevo : flamante
brandy *n, pl* **-dies** : brandy *m*
brash *adj* : impulsivo : impetuoso : excesivamente desenvuelto : descarado
brass *n* : latón *m* : descaro *m* : cara *f* : mandamases *mpl* : metal *m* : metales *mpl*
brass band *n* : banda *f* de metales
brassiere *n* : sostén *m* : brasier *m*
brassy *adj* **brassier; -est** : dorado
brat *n disparaging* : mocoso *m*, -sa *f* : niño *m* mimado : niña *f* mimada

bravado *n, pl* **-does** *or* **-dos** : bravuconadas *fpl* : bravatas *fpl*
brave[1] *v* **braved; braving** : afrontar : hacer frente a
brave[2] *adj* **braver; bravest** : valiente : valeroso — **bravely** *adv*
brave[3] *n* : guerrero *m*
bravery *n* : valor *m* : valentía *f*
bravo *n, pl* **-vos** : bravo *m*
brawl[1] *v* : pelearse : pegarse
brawl[2] *n* : pelea *f* : reyerta *f*
brawn *n* : fuerza *f* muscular
brawny *adj* **brawnier; -est** : musculoso
bray[1] *v* : rebuznar
bray[2] *n* : rebuzno *m*
brazen *adj* : de latón : descarado : directo
brazenly *adv* : descaradamente : insolentemente
brazenness *n* : descaro *m* : atrevimiento *m*
brazier *n* : brasero *m*
Brazilian *n* : brasileño *m*, -ña *f* — **Brazilian** *adj*
Brazil nut *n* : nuez *f* de Brasil
breach[1] *v* : abrir una brecha en : penetrar : infringir : violar
breach[2] *n* : infracción *f* : violación *f* : brecha *f*
bread[1] *v* : empanar
bread[2] *n* : pan *m*
bread box *n* : panera *f*
breadstick *n* : palito *m* de pan : grisín *m* : colín *m*
breadth *n* : ancho *m* : anchura *f*
breadwinner *n* : sostén *m* de la familia
break[1] *v* **broke; broken; breaking** : romper : quebrar : descomponer : abrir : salir a : infringir : violar : faltar a : batir : superar : arruinar : deshacer : destrozar : dar : comunicar : interrumpir : cortar : hacer perder : perder : superar : amortiguar : esclarecer : descifrar : cambiar : romperse : quebrarse : disiparse : dividirse : desatarse : acabarse : entrecortarse : no poder resistir : bajar : parar : hacer una pausa : divulgarse : revelarse
break[2] *n* : ruptura *f* : rotura *f* : fractura *f* : claro *m* : cambio *m* : oportunidad *f* : descanso *m* : corte *m* : pausa *f*
breakable *adj* : quebradizo : frágil
breakage *n* : rotura *f* : destrozos *mpl* : daños *mpl*
breakdown *n* : avería *f* : interrupción *f* : fracaso *m* : análisis *m* : desglose *m*
break down *v* : estropearse : descomponerse : fracasar : echarse a llorar : derribar : echar abajo : vencer : disipar : analizar : descomponer
breaker *n* : ola *f* grande : interruptor *m* automático
breakfast[1] *v* : desayunar
breakfast[2] *n* : desayuno *m*
break–in *n* : robo *m*
breakneck *adj* **at breakneck speed** : a una velocidad vertiginosa
break out *v* : salirse : estallar : fugarse : escaparse
breakthrough *n* : avance *m*
breakup *n* : desintegración *f* : ruptura *f*
break up *v* : dividir : disolver : romperse : deshacerse : separarse
breakwater *n* : rompeolas *m* : malecón *m* : espigón *m*
breast *n* : pecho *m* : seno *m*
breastbone *n* : esternón *m*
breast–feed *v* **-fed; -feeding** : amamantar : darle de mamar
breaststroke *adj* : estilo *m* pecho : estilo *m* braza
breath *n* : aliento *m* : soplo *m*
breathe *v* **breathed; breathing** : respirar : vivir : aspirar : decir
breather *n* : respiro *m* : resuello *m*
breathing *n* : respiración *f*
breathless *adj* : sin aliento : jadeante
breathlessly *adv* : entrecortadamente : jadeando
breathlessness *n* : dificultad *f* al respirar
breathtaking *adj* : impresionante : imponente
breeches *npl* : pantalones *mpl* : calzones *mpl* : bombachos *mpl*
breed[1] *v* **bred; breeding** : criar : engendrar : producir : educar : reproducirse

breed[2] *n* : variedad *f* : raza *f* : clase *f* : tipo *m*
breeder *n* : criador *m*, -dora *f* : cultivador *m*
breeze[1] *v* **breezed; breezing** : pasar con ligereza
breeze[2] *n* : brisa *f* : soplo *m*
breezy *adj* **breezier; -est** : aireado : ventoso : animado : alegre : despreocupado
brethren → brother
brevity *n, pl* **-ties** : brevedad *f* : concisión *f*
brew[1] *v* : fabricar : elaborar : tramar : maquinar : fomentar : fabricar cerveza : amenazar
brew[2] *n* : cerveza *f* : brebaje *m*
brewer *n* : cervecero *m*, -ra *f*
brewery *n, pl* **-eries** : cervecería *f*
briar → brier
bribe[1] *v* **bribed; bribing** : sobornar : cohechar : coimear
bribe[2] *n* : soborno *m* : cohecho *m* : coima *f* : mordida *f*
bribery *n, pl* **-eries** : soborno *m* : cohecho *m* : coima *f* : mordida *f*
bric–a–brac *npl* : baratijas *fpl* : chucherías *fpl*
brick[1] *v* **to brick up** : tabicar : tapiar
brick[2] *n* : ladrillo *m*
bricklayer *n* : albañil *mf*
bricklaying *n* : albañilería *f*
bridal *adj* : nupcial : de novia
bride *n* : novia *f*
bridegroom *n* : novio *m*
bridesmaid *n* : dama *f* de honor
bridge[1] *v* **bridged; bridging** : tender un puente sobre
bridge[2] *n* : puente *m* : caballete *m* : puente *m* de mando : bridge *m*
bridle[1] *v* **-dled; -dling** : embridar : refrenar : dominar : contener **to bridle at** : molestarse por : picarse por
bridle[2] *n* : brida *f*
brief[1] *v* : dar órdenes a : instruir
brief[2] *adj* : breve : sucinto : conciso
brief[3] *n* : resumen *m* : sumario *m*; **briefs** *npl* : calzoncillos *mpl*
briefcase *n* : portafolio *m* : maletín *m*
briefing *n* : reunión *f* informativa
briefly *adv* : brevemente : por poco tiempo
brier *n* : zarza *f* : rosal *m* silvestre : brezo *m* veteado
brig *n* : bergantín *m* : calabozo *m*
brigade *n* : brigada *f*
brigadier *n* : brigadier *m*
brigadier general *n* : general *m* de brigada
brigand *n* : bandolero *m*, -ra *f* : forajido *m*, -da *f*
bright *adj* : brillante : vivo : claro : fuerte : alegre : animado : listo : inteligente
brighten *v* : iluminar : alegrar : animar : hacerse más brillante
brightly *adv* : vivamente : intensamente : alegremente
brightness *n* : luminosidad *f* : brillantez *f* : resplandor *m* : brillo *m* : alegría *f* : ánimo *m*
brilliance *n* : resplandor *m* : fulgor *m* : brillo *m* : brillantez *f* : inteligencia *f*
brilliancy → brilliance
brilliant *adj* : brillante
brilliantly *adv* : brillantemente : con brillantez
brim *n* : ala *f* : borde *m*
brimful *adj* : lleno hasta el borde : repleto : rebosante
brimless *adj* : sin ala
brimstone *n* : azufre *m*
brindled *adj* : manchado : pinto
brine *n* : salmuera *f* : escabeche *m* : océano *m* : mar *m*
bring *v* **brought; bringing** : traer : llevar : atraer : conseguir : dar : obtener : rendir : alcanzar : aportar : presentar
brininess *n* : salinidad *f*
brink *n* : borde *m*
briny *adj* **brinier; -est** : salobre
brisk *adj* : rápido : enérgico : brioso : fresco : estimulante
brisket *n* : falda *f*
briskly *adv* : rápidamente : enérgicamente : con brío
briskness *n* : brío *m* : rapidez *f*
bristle[1] *v* **-tled; -tling** : erizarse : ponerse de punta : enfurecerse : enojarse : estar plagado : estar repleto
bristle[2] *n* : cerda *f* : pelo *m*
bristly *adj* **bristlier; -est** : áspero y erizado

British[1] *adj* : británico
British[2] *n* **the British** : los británicos
brittle *adj* **brittler; brittlest** : frágil : quebradizo
brittleness *n* : fragilidad *f*
broach *v* : mencionar : abordar : sacar
broad *adj* : ancho : amplio : extenso : pleno : claro : evidente : tolerante : liberal : general : principal : esencial
broadband[1] *adj* : de banda ancha
broadband[2] *n* : banda *f* ancha
broad bean *n* : haba *f*
broadcast[1] *v* **-cast; -casting** : esparcir : diseminar : divulgar : difundir : propagar : transmitir : emitir
broadcast[2] *n* : transmisión *f* : emisión *f* : programa *m*
broadcaster *n* : presentador *m*, -dora *f* : locutor *m*, -tora *f*
broadcloth *n* : paño *m* fino
broaden *v* : ampliar : ensanchar : ampliarse : ensancharse
broadloom *adj* : tejido en telar ancho
broadly *adv* : en general : aproximadamente : extensivamente
broad–minded *adj* : tolerante : de amplias miras
broad–mindedness *n* : tolerancia *f*
broadside *n* : andanada *f* : ataque *m* : invectiva *f*
brocade *n* : brocado *m*
broccoli *n* : brócoli *m*
brochure *n* : folleto *m*
brogue *n* : acento *m* irlandés
broil[1] *v* : asar a la parrilla
broil[2] *n* : asado *m*
broiler *n* : parrilla *f* : pollo *m* para asar
broke[1] → **break**[1]
broke[2] *adj* : pelado : arruinado
broken *adj* : roto : quebrado : fracturado : accidentado : irregular : recortado : quebrantado : interrumpido : discontinuo : abatido : mal
brokenhearted *adj* : descorazonado : desconsolado
broker[1] *v* : hacer corretaje de
broker[2] *n* : agente *mf* : corredor *m*, -dora *f*
brokerage *n* : corretaje *m* : agencia *f* de corredores
bromine *n* : bromo *m*
bronchial *adj* : bronquial
bronchitis *n* : bronquitis *f*
bronze[1] *v* **bronzed; bronzing** : broncear
bronze[2] *n* : bronce *m*
brooch *n* : broche *m* : prendedor *m*
brood[1] *v* : empollar : incubar : sopesar : considerar : rumiar : reflexionar : ponerse melancólico : inquietarse
brood[2] *adj* : de cría
brood[3] *n* : nidada *f* : camada *f*
brooder *n* : pensador *m*, -dora *f* : incubadora *f*
brook[1] *v* : tolerar : admitir
brook[2] *n* : arroyo *m*
broom *n* : retama *f* : hiniesta *f* : escoba *f*
broomstick *n* : palo *m* de escoba
broth *n, pl* **broths** : caldo *m*
brothel *n* : burdel *m*
brother *n, pl* **brothers** *also* **brethren** : hermano *m* : pariente *m* : familiar *m*
brotherhood *n* : fraternidad *f* : hermandad *f*
brother–in–law *n, pl* **brothers–in–law** : cuñado *m*
brotherly *adj* : fraternal
brought → **bring**
brow *n* : ceja *f* : frente *f* : cima *f*
browbeat *v* **-beat; -beaten** *or* **-beat; -beating** : intimidar
brown[1] *v* : dorar : broncear : dorarse : broncearse
brown[2] *adj* : marrón : café : castaño : moreno
brown[3] *n* : marrón *m* : café *m*
brown bread *n* : pan *m* integral : pan *m* negro
brownie *n* : bizcocho *m* de chocolate y nueces
brownish *adj* : pardo
brown rice *n* : arroz *m* integral
browse *v* **browsed; browsing** : mirar : explorar : pacer : echar un vistazo : navegar
browser *or* **Web browser** *n* : navegador *m*

bruin *n* : oso *m*
bruise[1] *v* **bruised; bruising** : contusionar : machucar : magullar : dañar : majar : herir
bruise[2] *n* : moretón *m* : cardenal *m* : magulladura *f*
brunch *n* : combinación *f* de desayuno y almuerzo
brunet[1] *or* **brunette** *adj* : moreno
brunet[2] *or* **brunette** *n* : moreno *m*, -na *f*
brunt *n* **to bear the brunt of** : llevar el peso de : aguantar el mayor impacto de
brush[1] *v* : cepillar : quitar : sacudir : pintar : rozar **to brush up (on)** : repasar : refrescar : dar un repaso a
brush[2] *n* : maleza *f* : cepillo *m* : pincel *m* : brocha *f* : roce *m* : escaramuza *f*
brush–off *n* **to give the brush–off to** : dar calabazas a
brushstroke *n* : pincelada *f*
brusque *adj* : brusco — **brusquely** *adv*
brusqueness *n* : brusquedad *f*
brussels sprout *n* : col *f* de Bruselas
brutal *adj* : brutal : cruel : salvaje — **brutally** *adv*
brutality *n, pl* **-ties** : brutalidad *f*
brutalize *v* **-ized; -izing** : brutalizar : maltratar
brute[1] *adj* : bruto
brute[2] *n* : bestia *f* : animal *m* : bruto *m*, -ta *f* : bestia *mf*
brutish *adj* : de animal : brutal : salvaje : bruto : estúpido
bubble[1] *v* **-bled; -bling** : burbujear
bubble[2] *n* : burbuja *f*
bubble bath *n* : baño *m* de espuma/burbujas : espuma *f* de baño
bubble gum *n* : chicle *m* globo : chicle *m* bomba
bubbly *adj* **bubblier; -est** : burbujeante : vivaz : lleno de vida
bubonic plague *n* : peste *f* bubónica
buccaneer *n* : bucanero *m*
buck[1] *v* : corcovear : dar sacudidas : oponerse a : ir en contra de
buck[2] *n, pl* **buck** *or* **bucks** : animal *m* macho : ciervo *m* : dólar *m*
bucket *n* : balde *m* : cubo *m* : cubeta *f*
bucketful *n* : balde *m* lleno
buckle[1] *v* **-led; -ling** : abrochar : combar : torcer : combarse : torcerse : doblarse
buckle[2] *n* : hebilla *f* : torcedura *f*
buckshot *n* : perdigón *m*
buckskin *n* : gamuza *f*
buck tooth *n* : diente *m* saliente : diente *m* salido
bucktoothed *adj* : de dientes salientes : de dientes salidos
buckwheat *n* : alforfón *m* : trigo *m* sarraceno
bucolic *adj* : bucólico
bud[1] *v* **budded; budding** : injertar : brotar : hacer brotes
bud[2] *n* : brote *m* : yema *f* : capullo *m*
Buddhism *n* : budismo *m*
Buddhist *n* : budista *mf* — **Buddhist** *adj*
budding *adj* : en ciernes
buddy *n, pl* **-dies** : amigo *m*, -ga *f* : compinche *mf* : cuate *m*, -ta *f*
budge *v* **budged; budging** : moverse : desplazarse : ceder
budget[1] *v* : presupuestar : asignar : planear el presupuesto
budget[2] *n* : presupuesto
budgetary *adj* : presupuestario
buff[1] *v* : pulir : sacar brillo a : lustrar
buff[2] *adj* : beige : amarillento
buff[3] *n* : beige *m* : amarillento *m* : aficionado *m*, -da *f* : entusiasta *mf*
buffalo *n, pl* **-lo** *or* **-loes** : búfalo *m* : bisonte *m*
buffer *n* : barrera *f* : amortiguador *m*
buffet[1] *v* : golpear : zarandear : sacudir
buffet[2] *n* : golpe *m*
buffet[3] *n* : bufete *m* : bufé *m* : aparador *m*
buffoon *n* : bufón *m*, -fona *f* : payaso *m*, -sa *f*
bug[1] *v* **bugged; bugging** : fastidiar : molestar : ocultar micrófonos en
bug[2] *n* : bicho *m* : insecto *m* : defecto *m* : falla *f* : problema *m* : microbio *m* : virus *m* : micrófono *m*
bugaboo *n* : pesadilla *f* : terror *m* : coco *m*
bugbear *n* : problema *m* : obstáculo *f*

buggy *n, pl* **-gies** : calesa *f* : cochecito *m*
bugle *n* : clarín *m* : corneta *f*
bugler *n* : corneta *mf*
build[1] *v* **built; building** : construir : edificar : ensamblar : levantar : desarrollar : elaborar : forjar : incrementar : aumentar
build[2] *n* : físico *m* : complexión *f*
builder *n* : constructor *m*, -tora *f* : contratista *mf*
building *n* : edificio *m* : construcción *f*
buildup *n* : acumulación *f*
built–in *adj* : empotrado : incorporado : intrínseco
built–up *adj* : urbanizado
bulb *n* : bulbo *m* : cabeza *f* : cubeta *f* : bombilla *f* : foco *m* : bombillo *m*
bulbous *adj* : bulboso
Bulgarian *n* : búlgaro *m*, -ra *f* — **Bulgarian** *adj*
bulge[1] *v* **bulged; bulging** : abultar : sobresalir
bulge[2] *n* : bulto *m* : protuberancia *f*
bulk[1] *v* : hinchar : ampliarse : hincharse
bulk[2] *n* : volumen *m* : tamaño *m* : fibra *f* : mole *f*
bulkhead *n* : mamparo *m*
bulky *adj* **bulkier; -est** : voluminoso : grande
bull[1] *adj* : macho
bull[2] *n* : toro *m* : macho *m* : bula *f* : decreto *m* : edicto *m*
bulldog *n* : bulldog *m*
bulldoze *v* **-dozed; -dozing** : nivelar : derribar : forzar
bulldozer *n* : bulldozer *m*
bullet *n* : bala *f*
bulletin *n* : boletín *m*
bulletin board *n* : tablón *m* de anuncios
bulletproof *adj* : antibalas : a prueba de balas
bullfight *n* : corrida *f*
bullfighter *n* : torero *m*, -ra *f* : matador *m*
bullfighting *n* : lidia *f* : toreo *m*
bullfrog *n* : rana *f* toro
bullheaded *adj* : testarudo
bullion *n* : oro *m* en lingotes : plata *f* en lingotes
bullish *adj* : alcista
bullock *n* : buey *m* : toro *m* castrado : toro *m* joven : novillo *m*
bullring *n* : plaza *f* de toros : redondel *m* : ruedo *m*
bull's–eye *n, pl* **bull's–eyes** : diana *f* : blanco *m*
bully[1] *v* **-lied; -lying** : intimidar : amedrentar : mangonear
bully[2] *n, pl* **-lies** : matón *m* : bravucón *m*, -cona *f*
bullying *n* : bullying *m* : acoso *m*
bulrush *n* : especie *f* de junco
bulwark *n* : baluarte *m* : bastión *f*
bum[1] *v* **bummed; bumming** **to bum around** : vagabundear : vagar : gorronear : sablear
bum[2] *adj* : inútil : malo
bum[3] *n* : vago *m*, -ga *f* : vagabundo *m*, -da *f*
bumblebee *n* : abejorro *m*
bump[1] *v* : chocar contra : golpear contra : dar **to bump into** : encontrarse con : tropezarse con
bump[2] *n* : bulto *m* : protuberancia *f* : golpe *m* : choque *m* : sacudida *f*
bumper[1] *adj* : extraordinario : récord
bumper[2] *n* : parachoques *mpl*
bumpkin *n* : palurdo *m*, -da *f*
bumpy *adj* **bumpier; -est** : desigual : lleno de baches : agitado
bun *n* : bollo *m* : panecito *m* : moño *m* : chongo *m*
bunch[1] *v* : agrupar : amontonar **to bunch up** : amontonarse : agruparse : fruncirse
bunch[2] *n* : grupo *m* : montón *m* : ramo *m*
bundle[1] *v* **-dled; -dling** : liar : atar
bundle[2] *n* : fardo *m* : atado *m* : bulto *m* : haz *m* : paquete *m* : montón *m*
bungle[1] *v* **-gled; -gling** : echar a perder : malograr
bungle[2] *n* : chapuza *f* : desatino *m*
bungler *n* : chapucero *m*, -ra *f* : inepto *m*, -ta *f*
bunion *n* : juanete *m*
bunk[1] *v* : dormir
bunk[2] *n* : tonterías *fpl* : bobadas *fpl*
bunker *n* : carbonera *f* : búnker *m*
bunny *n, pl* **-nies** : conejo *m*, -ja *f*
buoy[1] *v* **to buoy up** : mantener a flote : animar : levantar el ánimo a

buoy[2] *n* : boya *f*
buoyancy *n* : flotabilidad *f* : confianza *f* : optimismo *m*
buoyant *adj* : boyante : flotante
bur *or* **burr** *n* : abrojo *m*
burden[1] *v* : cargar : oprimir
burden[2] *n* : carga *f* : peso *m*
burdensome *adj* : oneroso
bureau *n* : cómoda *f* : departamento *m* : agencia *f*
bureaucracy *n, pl* **-cies** : burocracia *f*
bureaucrat *n* : burócrata *mf*
bureaucratic *adj* : burocrático
burgeon *v* : florecer : retoñar : crecer
burger *n* : hamburguesa *f*
burglar *n* : ladrón *m*, -drona *f*
burglar alarm *n* : alarma *f* antirrobo
burglarize *v* **-ized; -izing** : robar
burglary *n, pl* **-glaries** : robo *m*
burgle *v* **-gled; -gling** : robar
burgundy *n, pl* **-dies** : borgoña *m* : vino *m* de Borgoña
burial *n* : entierro *m* : sepelio *m*
burlap *n* : arpillera *f*
burlesque[1] *v* **-lesqued; -lesquing** : parodiar
burlesque[2] *n* : parodia *f* : revista *f*
burly *adj* **burlier; -est** : fornido : corpulento : musculoso
Burmese *n* : birmano *m*, -na *f* — **Burmese** *adj*
burn[1] *v* **burned** *or* **burnt; burning** : quemar : hacer escocer : usar : gastar : estafar : timar : arder : quemarse : estar prendido : estar encendido
burn[2] *n* : quemadura *f*
burned out *or* **burnt out** *adj* : con el interior destruido : quemado : agotado
burner *n* : quemador *m*
burnish *v* : bruñir
burp[1] *v* : eructar : hacer eructar
burp[2] *n* : eructo *m*
burr → bur
burrito *n, pl* **-tos** : burrito *m*
burro *n, pl* **-os** : burro *m*
burrow[1] *v* : cavar : hacer una madriguera : excavar
burrow[2] *n* : madriguera *f* : conejera *f*
bursar *n* : administrador *m*, -dora *f*
burst[1] *v* **burst; bursting** : reventarse : estallar : romperse : reventar
burst[2] *n* : estallido *m* : explosión *f* : reventón *m* : arranque *m* : arrebato *m* : salva *f*
bury *v* **buried; burying** : enterrar : sepultar : esconder : ocultar
bus[1] *v* **bused** *or* **bussed; busing** *or* **bussing** : transportar en autobús : viajar en autobús
bus[2] *n* : autobús *m* : bus *m* : camión *m* : colectivo *m*
busboy *n* : ayudante *mf* de camarero
bus driver *n* : chofer *mf* : conductor *m*, -tora *f* : busero *m*, -ra *f*; camionero *m*, -ra *f*; colectivero *m*, -ra *f*
bush *n* : arbusto *m* : mata *f* : maleza *f* : matorral *m*
bushel *n* : medida de áridos igual a 35.24 litros
bushing *n* : cojinete *m*
bushy *adj* **bushier; -est** : espeso : poblado
busily *adv* : afanosamente : diligentemente
business *n* : ocupación *f* : oficio *m* : misión *f* : deber *m* : responsabilidad *f* : empresa *f* : firma *f* : negocio *m* : comercio *m* : negocios *mpl* : asunto *m* : cuestión *f* : cosa *f*
business class *n* : clase *f* ejecutiva : clase *f* preferente
business day *n* : día *m* hábil : día *m* laborable
businesslike *n* : profesional
businessman *n, pl* **-men** : empresario *m* : hombre *m* de negocios
businesswoman *n, pl* **-women** : empresaria *f* : mujer *f* de negocios
bus shelter *n* : marquesina *f*
bus station *n* : estación *f* de autobús : terminal *f* de autobús
bus stop *n* : parada *f* de autobús
bust[1] *v* : romper : estropear : destrozar : domar : amansar : romperse : estropearse
bust[2] *n* : busto *m* : pecho *m* : senos *mpl*

bustle[1] *v* **-tled; -tling** **to bustle about** : ir y venir : trajinar : ajetrearse
bustle[2] *n* : polisón *m*
busy[1] *v* **busied; busying** **to busy oneself with** : ocuparse con : ponerse a : entretenerse con
busy[2] *adj* **busier; -est** : ocupado : atareado : concurrido : animado
busybody *n, pl* **-bodies** : entrometido *m*, -da *f* : metiche *mf* : metomentodo *mf*
busy signal *n* : tono *m* de ocupado : señal *f* de comunicando
but[1] *conj* : pero : no obstante : sin embargo : que : sin que
but[2] *prep* : excepto : menos
butcher[1] *v* : matar : asesinar : masacrar : estropear : hacer una chapuza
butcher[2] *n* : carnicero *m*, -ra *f* : asesino *m*, -na *f* : chapucero *m*
butcher shop *n* : carnicería *f*
butler *n* : mayordomo *m*
butt[1] *v* : embestir : darle un cabezazo a : colindar con : bordear **to butt in** : interrumpir : entrometerse : meterse
butt[2] *n* : embestida *f* : cabezazo *m* : blanco *m* : extremo *m* : culata *f* : colilla *f*
butte *n* : colina *f* empinada y aislada
butter[1] *v* : untar con mantequilla
butter[2] *n* : mantequilla *f*
buttercup *n* : ranúnculo *m*
butterfat *n* : grasa *f* de la leche
butterfly *n, pl* **-flies** : mariposa *f*
buttermilk *n* : suero *m* de mantequilla/manteca
butternut *n* : nogal *m* ceniciento
buttery *adj* : mantecoso
buttock *n* : nalga *f*
button[1] *v* : abrochar : abotonar : abrocharse : abotonarse
button[2] *n* : botón *m*
buttonhole[1] *v* **-holed; -holing** : acorralar
buttonhole[2] *n* : ojal *m*
buttress[1] *v* : apoyar : reforzar
buttress[2] *n* : contrafuerte *m* : apoyo *m* : sostén *m*
buxom *adj* : con mucho busto : con mucho pecho
buy[1] *v* **bought; buying** : comprar : tragarse
buy[2] *n* : compra *f* : ganga *f*
buyer *n* : comprador *m*, -dora *f*
buzz[1] *v* : zumbar : sonar
buzz[2] *n* : zumbido *m* : murmullo *m* : rumor *m*
buzzard *n* : buitre *m* : zopilote *m*
buzzer *n* : timbre *m* : chicharra *f*
buzzword *n* : palabra *f* de moda
by[1] *adv* : cerca : pasando
by[2] *prep* : cerca de : al lado de : junto a : por : por delante de : de : durante : para : con : según : a
by and by *adv* : dentro de poco
bye *interj* : ¡adiós! : ¡chao! : ¡hasta luego!
bygone[1] *adj* : pasado
bygone[2] *n* **let bygones be bygones** : lo pasado : pasado está
bylaw *or* **byelaw** *n* : norma *f* : reglamento *m*
byline *n* : data *f*
bypass[1] *v* : evitar
bypass[2] *n* : carretera *f* de circunvalación : desvío *m*
by–product *n* : subproducto *m* : producto *m* derivado
bystander *n* : espectador *m*, -dora *f*
byte *n* : byte *m*
byway *n* : camino *m* : carretera *f* secundaria
byword *n* : proverbio *m* : refrán *m*

C

cab *n* : taxi *m* : cabina *f* : coche *m* de caballos
cabal *n* : conspiración *f* : complot *m* : intriga *f* : grupo *m* de conspiradores
cabaret *n* : cabaret *m*
cabbage *n* : col *f* : repollo *m*
cabbie *or* **cabby** *n* : taxista *mf*
cabin *n* : cabaña *f* : choza *f* : barraca *f* : camarote *m* : cabina *f*
cabinet *n* : armario *m* : gabinete *m* : consejo *m* de ministros
cabinetmaker *n* : ebanista *mf*
cable[1] *v* **-bled; -bling** : enviar un cable : telegrafiar
cable[2] *n* : cable *m* : cable *m* eléctrico
cable car *n* : funicular *m* : teleférico *m*
cable television *n* : cable *m* : televisión *f* por cable
caboose *n* : furgón *m* de cola : cabús *m*
cabstand *n* : parada *f* de taxis
cacao *n, pl* **cacaos** : cacao *m*
cache[1] *v* **cached; caching** : esconder : guardar en un escondrijo
cache[2] *n* : escondite *m* : escondrijo *m* : cache *m*
cachet *n* : caché *m* : prestigio *m*
cackle[1] *v* **-led; -ling** : cacarear : reírse o carcajearse estridentemente
cackle[2] *n* : cacareo *m* : risa *f* estridente
cacophony *n, pl* **-nies** : cacofonía *f*
cactus *n, pl* **cacti** *or* **-tuses** : cacto *m* : cactus *m*
cadaver *n* : cadáver *m*
cadaveric *adj* : cadavérico
cadaverous *adj* : cadavérico
caddie[1] *or* **caddy** *v* **caddied; caddying** : trabajar de caddie : hacer de caddie
caddie[2] *or* **caddy** *n, pl* **-dies** : caddie *mf*
caddy *n, pl* **-dies** : cajita *f* para té
cadence *n* : cadencia *f* : ritmo *m*
cadenced *adj* : cadencioso : rítmico
cadet *n* : cadete *mf*
cadmium *n* : cadmio *m*
cadre *n* : cuadro *m*
café *n* : café *m* : cafetería *f*
cafeteria *n* : cafetería *f* : restaurante *m* de autoservicio
caffeinated *adj* : con cafeína
caffeine *n* : cafeína *f*
cage[1] *v* **caged; caging** : enjaular
cage[2] *n* : jaula *f*
cagey *adj* **cagier; -est** : cauteloso : reservado : astuto : vivo — **cagily** *adv*
cahoots *n* **to be in cahoots** : estar confabulado
caisson *n* : cajón *m* de municiones : cajón *m* hidráulico
cajole *v* **-joled; -joling** : engatusar
cake[1] *v* **caked; caking** : cubrir : endurecerse
cake[2] *n* : torta *f* : bizcocho *m* : pastel *m* : pastilla *f*
calabash *n* : calabaza *f*
calamari *ns & pl* : calamares *mpl*
calamine *n* : calamina *f*
calamitous *adj* : desastroso : catastrófico : calamitoso — **calamitously** *adv*
calamity *n, pl* **-ties** : desastre *m* : desgracia *f* : calamidad *f*
calcium *n* : calcio *m*
calculate *v* **-lated; -lating** : calcular : computar : creer : planear : tener la intención de : hacer cálculos
calculated *adj* : calculado : intencional : premeditado : deliberado
calculating *adj* : calculador : astuto
calculation *n* : cálculo *m*
calculator *n* : calculadora *f*
calculus *n, pl* **-li** : cálculo *m* : sarro *m*
caldron → cauldron
calendar *n* : calendario *m* : programa *m* : agenda *f*
calf *n, pl* **calves** : becerro *m*, -rra *f* : ternero *m*, -ra *f* : cría *f* : pantorrilla *f*
calfskin *n* : piel *f* de becerro
caliber *or* **calibre** *n* : calibre *m* : valor *m* : capacidad *f*
calibrate *v* **-brated; -brating** : calibrar : graduar

calibration *n* : calibrado *m* : calibración *f*
calico *n, pl* **-coes** *or* **-cos** : calicó *m* : percal *m*
calipers *npl* : calibrador *m*
caliph *or* **calif** *n* : califa *m*
calisthenics *ns & pl* : calistenia *f*
calk → caulk
call[1] *v* : llamar : gritar : hacer visita : visitar : cantar : anunciar : leer : considerar : pronosticar : convocar : cancelar : cobrar
call[2] *n* : grito *m* : llamada *f* : reclamo *m* : llamado *m* : petición *f* : visita *f* : decisión *f* : aviso *m*
call center *n* : centro *m* de atención : centro *m* de llamadas
caller *n* : visita *f* : persona *f* que llama
calligraphy *n, pl* **-phies** : caligrafía *f*
calling *n* : vocación *f* : profesión *f*
calliope *n* : órgano *m* de vapor
callous *adj* : calloso : encallecido : insensible : desalmado : cruel
callously *adv* : cruelmente : insensiblemente
callousness *n* : insensibilidad *f* : crueldad *f*
callow *adj* : inexperto : inmaduro
callus *n* : callo *m*
callused *adj* : encallecido : calloso
calm[1] *v* : tranquilizar : calmar : sosegar *or* **to calm down** : tranquilizarse : calmarse
calm[2] *adj* : calmo : tranquilo : sereno : ecuánime : en calma : sin viento
calm[3] *n* : tranquilidad *f* : calma *f*
calmly *adv* : con calma : tranquilamente
calmness *n* : calma *f* : tranquilidad *f*
caloric *adj* : calórico : calorífico
calorie *n* : caloría *f*
calumniate *v* **-ated; -ating** : calumniar : difamar
calumny *n, pl* **-nies** : calumnia *f* : difamación *f*
calve *v* **calved; calving** : parir
calves → calf
calypso *n, pl* **-sos** : calipso *m*
calyx *n, pl* **-lyxes** *or* **-lyces** : cáliz *m*
cam *n* : leva *f*
camaraderie *n* : compañerismo *m* : camaradería *f*
Cambodian *n* : camboyano *m*, -na *f* — **Cambodian** *adj*
camcorder *n* : videocámara *f*
came → come
camel *n* : camello *m*
cameo *n, pl* **-eos** : camafeo *m*
camera *n* : cámara *f* : máquina *f* fotográfica
cameraman *n, pl* **-men** : cámara *m*
camerawoman *n, pl* **-women** : cámara *f*
camouflage[1] *v* **-flaged; -flaging** : camuflajear : camuflar
camouflage[2] *n* : camuflaje *m*
camp[1] *v* : acampar : ir de camping
camp[2] *n* : campamento *m* : campo *m* : bando *m*
campaign[1] *v* : hacer campaña
campaign[2] *n* : campaña *f*
campaigner *n* : defensor *m*, -sora *f*
campanile *n, pl* **-niles** *or* **-nili** : campanario *m*
camp bed *n* : cama *f* plegable
camper *n* : campista *mf* : cámper *m*
campfire *n* : fogata *f* : hoguera *f* : fogón *m*
campground *n* : campamento *m* : camping *m*
camphor *n* : alcanfor *m*
camping *n* : camping *m*
campsite *n* : campamento *m* : camping *m*
campus *n* : campus *m* : recinto *m* universitario
can[1] *v aux, past* **could;** *present s & pl* **can** : poder : saber
can[2] *v* **canned; canning** : enlatar : envasar : despedir : echar
can[3] *n* : lata *f* : envase *m* : cubo *m*
Canadian *n* : canadiense *mf* — **Canadian** *adj*
canal *n* : canal *m* : tubo *m*
canapé *n* : canapé *m*
canary *n, pl* **-naries** : canario *m*
cancel *v* **-celed** *or* **-celled; -celing** *or* **-celling** : cancelar
cancellation *n* : cancelación *f*
cancer *n* : cáncer *m*
Cancer *n* : Cáncer *m* : Cáncer *mf*
cancerous *adj* : canceroso
candelabrum *or* **candelabra** *n, pl* **-bra** *or* **-bras** : candelabro *m*
candid *adj* : franco : sincero : abierto : natural : espontáneo

candidacy *n, pl* **-cies** : candidatura *f*
candidate *n* : candidato *m*, -ta *f*
candidly *adv* : con franqueza
candied *adj* : confitado
candle *n* : vela *f* : candela *f* : cirio *m*
candlelight *n* **by ~** : a la luz de una vela
candlestick *n* : candelero *m*
candor *n* : franqueza *f*
candy *n, pl* **-dies** : dulce *m* : caramelo *m*
cane[1] *v* **caned; caning** : tapizar con mimbre : azotar con una vara
cane[2] *n* : bastón *m* : vara *f* : caña *f* : mimbre *m*
canine[1] *adj* : canino
canine[2] *n* : canino *m* : perro *m*, -rra *f*
canister *n* : lata *f* : bote *m*
canker *n* : úlcera *f* bucal
cannabis *n* : cannabis *m*
cannelloni *n* : canelones *mpl*
cannery *n, pl* **-ries** : fábrica *f* de conservas
cannibal *n* : caníbal *mf* : antropófago *m*, -ga *f*
cannibalism *n* : canibalismo *m* : antropofagia *f*
cannibalistic *adj* : antropófago : caníbal
cannily *adv* : astutamente : sagazmente
cannon *n, pl* **-nons** *or* **-non** : cañón *m*
cannot (can not) → can[1]
canny *adj* **-nier; -est** : astuto : sagaz
canoe[1] *v* **-noed; -noeing** : ir en canoa
canoe[2] *n* : canoa *f* : piragua *f*
canoeing *n* : piragüismo *m*
canoeist *or* **canoer** *n* : piragüista *mf*
canon *n* : canon *m* : canónigo *m* : norma *f*
canonical *adj* : canónico
canonize *v* **-ized; -izing** : canonizar
can opener *n* : abrelatas *m*
canopy *n, pl* **-pies** : dosel *m* : toldo *m*
cant[1] *v* : ladear : inclinar : ladearse : inclinarse : escorar : hablar insinceramente
cant[2] *n* : plano *m* inclinado : jerga *f* : palabras *fpl* insinceras
can't → can[1]
cantaloupe *n* : melón *m* : cantalupo *m*
cantankerous *adj* : irritable : irascible — **cantankerously** *adv*
cantankerousness *n* : irritabilidad *f* : irascibilidad *f*
cantata *n* : cantata *f*
canteen *n* : cantimplora *f* : cantina *f* : comedor *m* : club *m* para actividades sociales y recreativas
canter[1] *v* : ir a medio galope
canter[2] *n* : medio galope *m*
cantilever *n* : viga *f* voladiza
canto *n, pl* **-tos** : canto *m*
canton *n* : cantón *m*
Cantonese *n* : cantonés *m*, -nesa *f* — **Cantonese** *adj*
cantor *n* : solista *mf*
canvas *n* : lona *f* : velas *fpl* : lienzo *m* : tela *f* : pintura *f* : óleo *m* : cuadro *m*
canvass[1] *v* : solicitar votos o pedidos de : hacer campaña entre : sondear
canvass[2] *n* : sondeo *m* : encuesta *f*
canyon *n* : cañón *m*
cap[1] *v* **capped; capping** : tapar : enfundar : cubrir : coronar : ser el punto culminante de : limitar : poner un tope a
cap[2] *n* : gorra *f* : gorro *m* : cachucha *f* : tapa *f* : tapón *m* : corcholata *f* : tope *m* : límite *m*
capability *n, pl* **-ties** : capacidad *f* : habilidad *f* : competencia *f*
capable *adj* : competente : capaz : hábil — **capably** *adv*
capacious *adj* : amplio : espacioso : de gran capacidad
capacity[1] *adj* : completo : total
capacity[2] *n, pl* **-ties** : capacidad *f* : cabida *f* : espacio *m* : habilidad *f* : competencia *f* : calidad *f* : función *f*
cape *n* : capa *f* : cabo *m*
caper[1] *v* : dar saltos : correr y brincar
caper[2] *n* : alcaparra *f* : broma *f* : travesura *f* : brinco *m* : salto *m*
capful *n* : tapa *f* : tapita *f*
capillary[1] *adj* : capilar
capillary[2] *n, pl* **-ries** : capilar *m*
capital[1] *adj* : capital : mayúsculo : de capital : excelente : estupendo

capital[2] *n* : capital *m* : capitel *m*
capitalism *n* : capitalismo *m*
capitalist[1] *or* **capitalistic** *adj* : capitalista
capitalist[2] *n* : capitalista *mf*
capitalization *n* : capitalización *f*
capitalize *v* **-ized; -izing** : capitalizar : financiar : escribir con mayúscula **to capitalize on** : sacar partido de : aprovechar
capitol *n* : capitolio *m*
capitulate *v* **-lated; -lating** : capitular
capitulation *n* : capitulación *f*
capon *n* : capón *m*
cappuccino *n* : capuchino *m*
caprice *n* : capricho *m* : antojo *m*
capricious *adj* : caprichoso — **capriciously** *adv*
Capricorn *n* : Capricornio *m* : Capricornio *mf*
capsize *v* **-sized; -sizing** : volcar : volcarse : hacer volcar
capsule *n* : cápsula *f*
captain[1] *v* : capitanear
captain[2] *n* : capitán *m*, -tana *f* : jefe *m*, -fa *f* de comedor
caption[1] *v* : ponerle una leyenda a : titular : subtitular
caption[2] *n* : titular *m* : encabezamiento *m* : leyenda *f* : subtítulo *m*
captivate *v* **-vated; -vating** : cautivar : hechizar : encantar
captivating *adj* : cautivador : hechicero : encantador
captive[1] *adj* : cautivo
captive[2] *n* : cautivo *m*, -va *f*
captivity *n* : cautiverio *m*
captor *n* : captor *m*, -tora *f*
capture[1] *v* **-tured; -turing** : capturar : apresar : captar
capture[2] *n* : captura *f* : apresamiento *m*
car *n* : automóvil *m* : carro *m* : coche *m* : vagón *m* : cabina *f*
carafe *n* : garrafa *f*
caramel *n* : caramelo *m* : azúcar *f* quemada
carat *n* : quilate *m*
caravan *n* : caravana *f*
caraway *n* : alcaravea *f*
carb *n* → **carbohydrate**
carbine *n* : carabina *f*
carbohydrate *n* : carbohidrato *m* : hidrato *m* de carbono
car bomb *n* : carro *m* bomba : coche *m* bomba : auto *m* bomba
carbon *n* : carbono *m*
carbonated *adj* : carbonatado : gaseoso
carbon copy *n* : copia *f* al carbón : duplicado *m* : copia *f* exacta
carbon dioxide *n* : dióxido *m* de carbono
carbon footprint *n* : huella *f* de carbono
carbon monoxide *n* : monóxido *m* de carbono
carbon paper *n* : papel *m* carbón
carburetor *n* : carburador *m*
carcass *n* : cuerpo *m*
carcinogen *n* : carcinógeno *m* : cancerígeno *m*
carcinogenic *adj* : carcinogénico
carcinoma *n* : carcinoma *m*
card[1] *v* : cardar
card[2] *n* : carta *f* : naipe *m* : tarjeta *f*
cardboard *n* : cartón *m* : cartulina *f*
cardiac *adj* : cardíaco : cardiaco
cardigan *n* : cárdigan *m* : chaqueta *f* de punto
cardinal[1] *adj* : cardinal : fundamental
cardinal[2] *n* : cardenal *m*
cardinal number *n* : número *m* cardinal
cardinal point *n* : punto *m* cardinal
cardiologist *n* : cardiólogo *m*, -ga *f*
cardiology *n* : cardiología *f*
cardiopulmonary resuscitation *n* → **CPR**
cardiovascular *adj* : cardiovascular
care[1] *v* **cared; caring** : importarle a uno : querer : preocuparse : inquietarse : desear
care[2] *n* : inquietud *f* : preocupación *f* : cuidado *m* : atención *f* : cargo *m*
careen *v* : oscilar : balancearse : ir a toda velocidad
career[1] *v* : ir a toda velocidad
career[2] *n* : vocación *f* : profesión *f* : carrera *f*
carefree *adj* : despreocupado
careful *adj* : cuidadoso : cauteloso : esmerado : meticuloso
carefully *adv* : con cuidado : cuidadosamente

carefulness *n* : cuidado *m* : cautela *f* : esmero *m* : meticulosidad *f*
caregiver *n* : persona *f* que cuida a niños o enfermos
careless *adj* : descuidado : negligente — **carelessly** *adv*
carelessness *n* : descuido *m* : negligencia *f*
caress[1] *v* : acariciar
caress[2] *n* : caricia *f*
caret *n* : signo *m* de intercalación
caretaker *n* : conserje *mf* : velador *m*, -dora *f*
cargo *n, pl* **-goes** *or* **-gos** : cargamento *m* : carga *f*
Caribbean *adj* : caribeño
caribou *n, pl* **-bou** *or* **-bous** : caribú *m*
caricature[1] *v* **-tured; -turing** : caricaturizar
caricature[2] *n* : caricatura *f*
caricaturist *n* : caricaturista *mf*
caries *ns & pl* : caries *f*
caring *n* : cariñoso : solícito : bondadoso
carjacking *n* : robo *m* de un vehículo
carmine *n* : carmín *m*
carnage *n* : matanza *f* : carnicería *f*
carnal *adj* : carnal
carnation *n* : clavel *m*
carnival *n* : carnaval *m* : feria *f*
carnivore *n* : carnívoro *m*
carnivorous *adj* : carnívoro
carol[1] *v* **-oled** *or* **-olled; -oling** *or* **-olling** : cantar villancicos
carol[2] *n* : villancico *m*
caroler *or* **caroller** *n* : persona *f* que canta villancicos
carom[1] *v* : rebotar : hacer carambola
carom[2] *n* : carambola *f*
carouse *v* **-roused; -rousing** : irse de parranda : irse de juerga
carousel *or* **carrousel** *n* : carrusel *m* : tiovivo *m*
carouser *n* : juerguista *mf*
carp[1] *v* : quejarse
carp[2] *n, pl* **carp** *or* **carps** : carpa *f*
carpenter *n* : carpintero *m*, -ra *f*
carpentry *n* : carpintería *f*
carpet[1] *v* : alfombrar
carpet[2] *n* : alfombra *f*
carpeting *n* : alfombrado *m*
carport *n* : cochera *f* : garaje *m* abierto
carriage *n* : transporte *m* : porte *m* : postura *f*
carrier *n* : transportista *mf* : empresa *f* de transportes : portador *m*, -dora *f*
carrier pigeon *n* : paloma *f* mensajera
carrion *n* : carroña *f*
carrot *n* : zanahoria *f*
carry *v* **-ried; -rying** : llevar : cargar : transportar : tener : soportar : aguantar : resistir : vender : tener en abasto : implicar : acarrear : ganar : aprobar : estar embarazada de : portar : ser portador de : oírse : proyectarse
carryall *n* : bolsa *f* de viaje
carsick *adj* : mareado
cart[1] *v* : acarrear : llevar
cart[2] *n* : carreta *f* : carro *m*
carte blanche *n* : carta *f* blanca
cartel *n* : cártel *m*
cartilage *n* : cartílago *m*
cartographer *n* : cartógrafo *m*, -fa *f*
cartography *n* : cartografía *f*
carton *n* : caja *f* de cartón
cartoon *n* : chiste *m* : caricatura *f* : tira *f* cómica : historieta *f* : dibujo *m* animado
cartoonist *n* : caricaturista *mf* : dibujante *mf*
cartridge *n* : cartucho *m*
cartwheel *n* : voltereta *f* lateral
carve *v* **carved; carving** : tallar : esculpir : grabar : cortar : trinchar
carving *n* : talla *f* : escultura *f*
cascade[1] *v* **-caded; -cading** : caer en cascada
cascade[2] *n* : cascada *f* : salto *m* de agua
case[1] *v* **cased; casing** : embalar : encajonar : observar : inspeccionar
case[2] *n* : caso *m* : caja *f* : funda *f* : estuche *m* : maleta *f* : valija *f* : argumento *m*
casement *n* : ventana *f* con bisagras
cash[1] *v* : convertir en efectivo : cobrar : cambiar **to cash in on** : sacar partido de
cash[2] *n* : efectivo *m* : dinero *m* en efectivo
cashew *n* : anacardo *m*

cashier[1] *v* : destituir : despedir
cashier[2] *n* : cajero *m*, -ra *f*
cashmere *n* : cachemir *m*
cash register *n* : caja *f* registradora
casing *n* : caja *f* : cubierta *f* : casquillo *m* : marco *m*
casino *n, pl* **-nos** : casino *m*
cask *n* : tonel *m* : barrica *f* : barril *m*
casket *n* : ataúd *m* : féretro *m*
cassava *n* : mandioca *f* : yuca *f*
casserole *n* : cazuela *f* : guiso *m* : guisado *m*
cassette *n* : cassette *mf*
cassock *n* : sotana *f*
cast[1] *v* **cast; casting** : tirar : echar : arrojar : depositar : asignar : moldear : fundir : vaciar : proyectar
cast[2] *n* : lance *m* : lanzamiento *m* : aspecto *m* : forma *f* : elenco *m* : reparto *m* : molde *m* : yeso *m* : escayola *f*
castanet *n* : castañuela *f*
castaway[1] *adj* : náufrago
castaway[2] *n* : náufrago *m*, -ga *f*
caste *n* : casta *f*
caster *n* : ruedita *f*
castigate *v* **-gated; -gating** : castigar severamente : censurar : reprobar
Castilian *n* : castellano *m*, -na *f* — **Castilian** *adj*
cast iron *n* : hierro *m* fundido
castle *n* : castillo *m* : torre *f*
cast–off *adj* : desechado
castoff *n* : desecho *m*
castor oil *n* : aceite *m* de ricino
castrate *v* **-trated; -trating** : castrar
castration *n* : castración *f*
casual *adj* : casual : fortuito : indiferente : despreocupado : informal : eventual : ocasional — **casually** *adv*
casualness *n* : indiferencia *f* : despreocupación *f* : informalidad *f*
casualty *n, pl* **-ties** : accidente *m* serio : desastre *m* : víctima *f* : baja *f* : herido *m*, -da *f*
cat *n* : gato *m*, -ta *f*
cataclysm *n* : cataclismo *m*
cataclysmal *or* **cataclysmic** *adj* : catastrófico
catacombs *npl* : catacumbas *fpl*
Catalan *n* : catalán *m* : catalana *f* — **Catalan** *adj*
catalog[1] *or* **catalogue** *v* **-loged** *or* **-logued; -loging** *or* **-loguing** : catalogar
catalog[2] *n* : catálogo *m*
catalyst *n* : catalizador *m*
catalytic converter *n* : catalizador *m* : convertidor *m* catalítico
catamaran *n* : catamarán *m*
catapult[1] *v* : catapultar
catapult[2] *n* : catapulta *f*
cataract *n* : catarata *f*
catarrh *n* : catarro *m*
catastrophe *n* : catástrofe *f*
catastrophic *adj* : catastrófico — **catastrophically** *adv*
catcall *n* : rechifla *f* : abucheo *m*
catch[1] *v* **caught; catching** : agarrar : coger : capturar : atrapar : pillar : coger : enganchar : enredar : alcanzar : tomar : contagiarse de : llamar : captar : percibir : darse cuenta de : detectar : ver : ir a : engancharse : prender
catch[2] *n* : captura *f* : atrapada *f* : parada *f* : redada *f* : presa *f* : pestillo *m* : pasador *m* : problema *m* : trampa *f* : truco *m*
catcher *n* : catcher *mf* : receptor *m*, -tora *f*
catching *adj* : contagioso
catchphrase *n* : eslogan *m* : lema *m*
catchup → **ketchup**
catchword *n* : eslogan *m* : lema *m*
catchy *adj* **catchier; -est** : pegajoso
catechism *n* : catecismo *m*
categorical *adj* : categórico : absoluto : rotundo — **categorically** *adv*
categorize *v* **-rized; -rizing** : clasificar : catalogar
category *n, pl* **-ries** : categoría *f* : género *m* : clase *f*
cater *v* : proveer servicio de alimentos : proveer servicio de alimentos para
catercorner[1] *or* **cater–cornered** *adv* : diagonalmente : en diagonal
catercorner[2] *or* **cater–cornered** *adj* : diagonal
caterer *n* : proveedor *m*, -dora *f* de comida
catering *n* : servicio *m* de alimentos : catering *m*

caterpillar *n* : oruga *f*
catfish *n* : bagre *m*
catgut *n* : cuerda *f* de tripa
catharsis *n, pl* **catharses** : catarsis *f*
cathartic[1] *adj* : catártico
cathartic[2] *n* : purgante *m*
cathedral *n* : catedral *f*
catheter *n* : catéter *m* : sonda *f*
cathode *n* : cátodo *m*
catholic *adj* : liberal : universal
Catholic *n* : católico *m*, -ca *f*
Catholicism *n* : catolicismo *m*
catlike *adj* : felino
catnap[1] *v* **-napped; -napping** : tomarse una siestecita
catnap[2] *n* : siesta *f* breve : siestecita *f*
catnip *n* : nébeda *f*
catsup → ketchup
cattail *n* : espadaña *f* : anea *f*
cattiness *n* : malicia *f*
cattle *npl* : ganado *m* : reses *fpl*
cattleman *n, pl* **-men** : ganadero *m*
catty *adj* **cattier; -est** : malicioso : malintencionado
catwalk *n* : pasarela *f*
Caucasian[1] *adj* : caucásico
Caucasian[2] *n* : caucásico *m*, -ca *f*
caucus *n* : junta *f* de políticos
caught → catch
cauldron *n* : caldera *f*
cauliflower *n* : coliflor *f*
caulk[1] *v* : enmasillar
caulk[2] *n* : masilla *f*
causal *adj* : causal — **causality** *n*
cause[1] *v* **caused; causing** : causar : provocar : ocasionar
cause[2] *n* : causa *f* : origen *m* : razón *f* : motivo *m* : litigio *m* : pleito *m* : movimiento *m*
causeless *adj* : sin causa
causeway *n* : camino *m* elevado
caustic *adj* : cáustico : corrosivo : mordaz : sarcástico
cauterize *v* **-ized; -izing** : cauterizar
caution[1] *v* : advertir
caution[2] *n* : advertencia *f* : aviso *m* : precaución *f* : cuidado *m* : cautela *f*
cautionary *adj* : admonitorio
cautious *adj* : cauteloso : cuidadoso : precavido
cautiously *adv* : cautelosamente : con precaución
cautiousness *n* : cautela *f* : precaución *f*
cavalcade *n* : cabalgata *f* : serie *f*
cavalier[1] *adj* : altivo : desdeñoso — **cavalierly** *adv*
cavalier[2] *n* : caballero *m*
cavalry *n, pl* **-ries** : caballería *f*
cave[1] *v* **caved; caving** *or* **to cave in** : derrumbarse
cave[2] *n* : cueva *f*
caveman *n, pl* **-men** : cavernícola *m*
cavern *n* : caverna *f*
cavernous *adj* : cavernoso — **cavernously** *adv*
cavewoman *n, pl* **-women** : cavernícola *f*
caviar *or* **caviare** *n* : caviar *m*
cavity *n, pl* **-ties** : cavidad *f* : hueco *m* : caries *f*
cavort *v* : brincar : hacer cabriolas
caw[1] *v* : graznar
caw[2] *n* : graznido *m*
cayenne pepper *n* : pimienta *f* cayena : pimentón *m*
cc *v* **cc'd; cc'ing** : enviarle una copia a : enviar una copia de
CD *n* : CD *m* : disco *m* compacto
CD–ROM *n* : CD-ROM *m*
cease *v* **ceased; ceasing** : dejar de : cesar : pasarse
cease–fire *n* : alto *m* el fuego : cese *m* del fuego
ceaseless *adj* : incesante : continuo
cedar *n* : cedro *m*
cede *v* **ceded; ceding** : ceder : conceder
ceiling *n* : techo *m* : cielo *m* raso : límite *m* : tope *m*
celebrant *n* : celebrante *mf* : oficiante *mf*
celebrate *v* **-brated; -brating** : celebrar : oficiar : festejar : alabar : ensalzar : exaltar : estar de fiesta : divertirse
celebrated *adj* : célebre : famoso : renombrado
celebration *n* : celebración *f* : festejos *mpl*
celebrity *n, pl* **-ties** : fama *f* : renombre *m* : celebridad *f* : personaje *m*
celery *n, pl* **-eries** : apio *m*
celestial *adj* : celeste : celestial : paradisiaco

celibacy *n* : celibato *m*
celibate[1] *adj* : célibe
celibate[2] *n* : célibe *mf*
cell *n* : célula *f* : celda *f* : elemento *m*
cellar *n* : sótano *m* : bodega *f*
cellist *n* : violonchelista *mf*
cello *n, pl* **-los** : chelo *m* : violonchelo *m*
cellophane *n* : celofán *m*
cell phone *n* : teléfono *m* celular
cellular *adj* : celular
cellulite *n* : celulitis *f*
celluloid *n* : celuloide
cellulose *n* : celulosa *f*
Celsius *adj* : centígrado
Celt *n* : celta *mf*
Celtic[1] *adj* : celta
Celtic[2] *n* : celta *m*
cement[1] *v* : unir o cubrir algo con cemento : cementar
cement[2] *n* : cemento *m* : pegamento *m*
cement mixer *n* : hormigonera *f*
cemetery *n, pl* **-teries** : cementerio *m* : panteón *m*
censer *n* : incensario *m*
censor[1] *v* : censurar
censor[2] *n* : censor *m*, -sora *f*
censorious *adj* : de censura : crítico
censorship *n* : censura *f*
censure[1] *v* **-sured; -suring** : censurar : criticar : reprobar — **censurable** *adj*
censure[2] *n* : censura *f* : reproche *m* oficial
census *n* : censo *m*
cent *n* : centavo *m* : céntimo *m*
centaur *n* : centauro *m*
centavo *n* : centavo *m*
centennial[1] *adj* : del centenario
centennial[2] *n* : centenario *m*
center[1] *v* : centrar : concentrar : fijar : enfocar : centrarse : enfocarse
center[2] *n* : centro *m* : centro *mf* : pívot *mf*
centerpiece *n* : centro *m* de mesa
centesimo *n* : centésimo *m*
centi- *pref* : centi-
centigrade *adj* : centígrado
centigram *n* : centigramo *m*
centime *n* : céntimo *m*
centimeter *n* : centímetro *m*
centimo *n* : céntimo *m*
centipede *n* : ciempiés *m*
central *adj* : céntrico : central : fundamental : principal
Central American[1] *adj* : centroamericano
Central American[2] *n* : centroamericano *m*, -na *f*
centralist *n* : centralista *mf* — **centralist** *adj*
centralization *n* : centralización *f*
centralize *v* **-ized; -izing** : centralizar
centre → **center**
centrifugal force *n* : fuerza *f* centrífuga
centrist *n* : centrista *mf* — **centrist** *adj*
century *n, pl* **-ries** : siglo *m*
CEO *n* : director *m*, -tora *f* general
ceramic[1] *adj* : de cerámica
ceramic[2] *n* : objeto *m* de cerámica : cerámica *f*
cereal[1] *adj* : cereal
cereal[2] *n* : cereal *m*
cerebellum *n, pl* **-bellums** *or* **-bella** : cerebelo *m*
cerebral *adj* : cerebral
cerebral palsy *n* : parálisis *f* cerebral
cerebrum *n, pl* **-brums** *or* **-bra** : cerebro *m*
ceremonial[1] *adj* : ceremonial
ceremonial[2] *n* : ceremonial *m*
ceremonious *adj* : ceremonioso : formal : ceremonial
ceremony *n, pl* **-nies** : ceremonia *f*
cerise *n* : rojo *m* cereza
certain[1] *adj* : cierto : determinado : con certeza : alguno : seguro : inevitable : asegurado
certain[2] *pron* : ciertos : algunos
certainly *adv* : ciertamente : seguramente : por supuesto
certainty *n, pl* **-ties** : certeza *f* : certidumbre *f* : seguridad *f*
certifiable *adj* : certificable
certificate *n* : certificado *m* : acta *f*
certification *n* : certificación *f*
certified *adj* : acreditado : certificado : diplomado : titulado : verdadero : auténtico
certify *v* **-fied; -fying** : certificar : verificar : confirmar : constatar : endosar : aprobar oficialmente : acreditar : autorizar
certitude *n* : certeza *f* : certidumbre *f*

cervical *adj* : cervical : del cuello del útero
cervix *n, pl* **-vices** *or* **-vixes** : cuello *m* del útero
cesarean[1] *adj* : cesáreo
cesarean[2] *or* **cesarean section** *n* : cesárea *f*
cesium *n* : cesio *m*
cessation *n* : cesación *f* : cese *m*
cesspool *n* : pozo *m* séptico
chafe *v* **chafed; chafing** : enojarse : irritarse : rozar
chaff *n* : barcia *f* : granzas *fpl*
chagrin[1] *v* : desilusionar : avergonzar
chagrin[2] *n* : desilusión *f* : disgusto *m*
chain[1] *v* : encadenar
chain[2] *n* : cadena *f* : serie *f*; **chains** *npl* : grillos *mpl*
chain–smoke *n* : fumar un cigarrillo tras otro
chair[1] *v* : presidir : moderar
chair[2] *n* : silla *f* : presidencia *f*
chairlift *n* : telesilla *mf*
chairman *n, pl* **-men** : presidente *m*
chairmanship *n* : presidencia *f*
chairperson *n* : presidente *mf* : presidenta *f*
chairwoman *n, pl* **-women** : presidenta *f*
chalet *n* : chalet *m* : chalé *m*
chalice *n* : cáliz *m*
chalk[1] *v* : escribir con tiza
chalk[2] *n* : creta *f* : caliza *f* : tiza *f* : gis *m*
chalkboard → blackboard
chalk up *v* : atribuir : adscribir : apuntarse : anotarse
chalky *adj* **chalkier; -est** : pálido : polvoriento
challenge[1] *v* **-lenged; -lenging** : disputar : cuestionar : poner en duda : desafiar : retar : estimular : incentivar
challenge[2] *n* : reto *m* : desafío *m*
challenger *n* : retador *m*, -dora *f* : contendiente *mf*
challenging *adj* : exigente : desafiante : de desafío : estimulante : provocador
chamber *n* : cámara *f* : sala *f* : recámara *f*
chambermaid *n* : camarera *f*
chamber music *n* : música *f* de cámara
chamber pot *n* : bacinica *f*
chameleon *n* : camaleón *m*
chamois *n, pl* **chamois** : gamuza *f*
chamomile *n* : manzanilla *f* : camomila *f*
champ[1] *v* : masticar ruidosamente
champ[2] *n* : campeón *m*, -peona *f*
champagne *n* : champaña *m* : champán *m*
champion[1] *v* : defender : luchar por
champion[2] *n* : paladín *m* : campeón *m*, -peona *f* : defensor *m*, -sora *f*
championship *n* : campeonato *m*
chance[1] *v* **chanced; chancing** : ocurrir por casualidad : arriesgarse a
chance[2] *adj* : fortuito : casual
chance[3] *n* : azar *m* : suerte *f* : fortuna *f* : oportunidad *f* : ocasión *f* : probabilidad *f* : posibilidad *f* : riesgo *m* : boleto *m*
chancellor *n* : canciller *m* : rector *m*, -tora *f*
chancy *adj* **chancier; -est** : riesgoso : arriesgado
chandelier *n* : araña *f* de luces
change[1] *v* **changed; changing** : cambiar : cambiar de : cambiarse
change[2] *n* : cambio *m* : vuelto *m* : monedas *fpl*
changeable *adj* : cambiante : variable
changeless *adj* : invariable : constante
changeover *n* : cambio *m*
changing *adj* : cambiante : variable
changing room *n* : probador *m*
changing table *n* : cambiador *m*
channel[1] *v* **-neled** *or* **-nelled; -neling** *or* **-nelling** : encauzar : canalizar
channel[2] *n* : cauce *m* : canal *m* : estrecho *m* : vía *f* : conducto *m*
channel surfing *n* : zapping *m*
chant[1] *v* : salmodiar : cantar
chant[2] *n* : salmodia *f*
Chanukah → Hanukkah
chaos *n* : caos *m*
chaotic *adj* : caótico — **chaotically** *adv*
chap *n* : tipo *m* : hombre *m*
chapel *n* : capilla *f*
chaperon[1] *or* **chaperone** *v* **-oned; -oning** : ir de chaperón : acompañar

chaperon[2] *or* **chaperone** *n* : chaperón *m*, -rona *f* : acompañante *mf*
chaplain *n* : capellán *m*
chapped *adj* : agrietado
chapter *n* : capítulo *m* : sección *f* : división *f*
char *v* **charred; charring** : carbonizar : chamuscar : carbonizarse : chamuscarse
character *n* : carácter *m* : personalidad *f* : reputación *f* : tipo *m* : personaje *m* peculiar : personaje *m*
characteristic[1] *adj* : característico : típico — **characteristically** *adv*
characteristic[2] *n* : característica *f*
characterization *n* : caracterización *f*
characterize *v* **-ized; -izing** : caracterizar
charades *ns & pl* : charada *f*
charcoal *n* : carbón *m*
chard → Swiss chard
charge[1] *v* **charged; charging** : cargar : encomendar : encargar : ordenar : mandar : acusar : cargar a una cuenta : comprar a crédito : cobrar
charge[2] *n* : carga *f* : peso *m* : cargo *m* : responsabilidad *f* : persona *f* al cuidado de alguien : acusación *f* : costo *m* : cargo *m* : precio *m* : ataque *m*
chargeable *adj* : perseguible
charge card → credit card
charger *n* : corcel *m* : caballo *m*
chariot *n* : carro *m*
charisma *n* : carisma *m*
charismatic *adj* : carismático
charitable *adj* : caritativo : generoso : benévolo : comprensivo — **charitably** *adv*
charitableness *n* : caridad *f*
charity *n, pl* **-ties** : caridad *f* : limosna *f* : organización *f* benéfica : obra *f* de beneficencia
charlatan *n* : charlatán *m*, -tana *f* : farsante *mf*
charley horse *n* : calambre *m*
charm[1] *v* : encantar : cautivar : fascinar
charm[2] *n* : amuleto *m* : talismán *m* : encanto *m* : atractivo *m* : dije *m* : colgante *m*
charmer *n* : persona *f* encantadora
charming *adj* : encantador : fascinante
chart[1] *v* : trazar un mapa de : hacer un gráfico de : trazar : planear
chart[2] *n* : carta *f* : mapa *m* : gráfico *m* : cuadro *m* : tabla *f*
charter[1] *v* : establecer los estatutos de : alquilar : fletar
charter[2] *adj* : chárter
charter[3] *n* : estatutos *mpl* : carta *f* : constitución *f*
chartreuse *n* : color *m* verde-amarillo intenso
chary *adj* **charier; -est** : cauteloso : precavido : parco
chase[1] *v* **chased; chasing** : perseguir : ir a la caza de : ahuyentar : echar : grabar
chase[2] *n* : persecución *f* : caza *f*
chaser *n* : perseguidor *m*, -dora *f* : bebida *f* que se toma después de un trago de licor
chasm *n* : abismo *m* : sima *f*
chassis *n, pl* **chassis** : chasis *m* : armazón *m*
chaste *adj* **chaster; -est** : casto : modesto : puro : austero : sobrio
chastely *adv* : castamente
chasten *v* : castigar : sancionar
chasteness *n* : modestia *f* : castidad *f* : sobriedad *f* : austeridad *f*
chastise *v* **-tised; -tising** : reprender : corregir : reprobar : castigar
chastisement *n* : castigo *m* : corrección *f*
chastity *n* : castidad *f* : decencia *f* : modestia *f*
chat[1] *v* **chatted; chatting** : charlar : platicar
chat[2] *n* : charla *f* : plática *f*
château *n, pl* **-teaus** *or* **-teaux** : mansión *f* campestre
chat room *n* : chat *m* : sala *f* de chat
chattel *n* : bienes *fpl* muebles : enseres *mpl*
chatter[1] *v* : castañetear : parlotear : cotorrear
chatter[2] *n* : castañeteo *m* : parloteo *m* : cotorreo *m* : cháchara *f*
chatterbox *n* : parlanchín *m*, -china *f* : charlatán *m*, -tana *f* : hablador *m*, -dora *f*

chatty *adj* **chattier; -est** : parlanchín : charlatán : familiar : conversador
chauffeur[1] *v* : trabajar de chofer privado : hacer de chofer para
chauffeur[2] *n* : chofer *m* privado
chauvinism *n* : chauvinismo *m* : patriotería *f*
chauvinist *n* : chauvinista *mf* : patriotero *m*, -ra *f*
chauvinistic *adj* : chauvinista : patriotero
cheap[1] *adv* : barato
cheap[2] *adj* : barato : económico : mal hecho : tacaño : agarrado : codo
cheapen *v* : degradar : rebajar
cheaply *adv* : barato : a precio bajo
cheapness *n* : precio *m* bajo : tacañería *f*
cheapskate *n* : tacaño *m*, -ña *f* : codo *m*, -da *f*
cheat[1] *v* : defraudar : estafar : engañar : hacer trampa
cheat[2] *n* : engaño *m* : fraude *m* : trampa *f*
cheater *n* : estafador *m*, -dora *f* : tramposo *m*, -sa *f*
check[1] *v* : verificar : comprobar : revisar : chequear : inspeccionar : consultar : frenar : parar : detener : refrenar : contener : reprimir : marcar : señalar : marcar con cuadros
check[2] *n* : detención *f* súbita : parada *f* : control *m* : freno *m* : verificación *f* : comprobación *f* : inspección *f* : chequeo *m* : cheque *m* : resguardo *m* : comprobante *m* : cuenta *f* : jaque *m*
checkbook *n* : chequera *f*
checked *adj* : a/de cuadros
checker[1] *v* : marcar con cuadros
checker[2] *n* : pieza *f* : verificador *m*, -dora *f* : cajero *m*, -ra *f*
checkerboard *n* : tablero *m* de damas
checkered *adj* : accidentado
checkers *n* : damas *fpl*
check–in *n* : facturación *f*
checking account *n* : cuenta *f* corriente
checklist *n* : lista *f* de control
checkmate[1] *v* **-mated; -mating** : dar jaque mate a : frustrar : arruinar
checkmate[2] *n* : jaque mate *m*
checkout *n or* **checkout counter** : caja *f*
checkpoint *n* : puesto *m* de control
checkroom *n* : guardarropa *m*
checkup *n* : examen *m* médico : chequeo *m*
cheddar *n* : queso *m* Cheddar
cheek *n* : mejilla *f* : cachete *m* : insolencia *f* : descaro *m*
cheekbone *n* : pómulo *m*
cheeked *adj* : de mejillas
cheeky *adj* **cheekier; -est** : descarado : insolente : atrevido
cheep[1] *v* : piar
cheep[2] *n* : pío *m*
cheer[1] *v* : alentar : animar : alegrar : levantar el ánimo a : aclamar : vitorear : echar porras a
cheer[2] *n* : alegría *f* : buen humor *m* : jovialidad *f* : aclamación *f* : ovación *f* : aplausos *mpl*
cheerful *adj* : alegre : de buen humor
cheerfully *adv* : alegremente : jovialmente
cheerfulness *n* : buen humor *m* : alegría *f*
cheerily *adv* : alegremente
cheeriness *n* : buen humor *m* : alegría *f*
cheerleader *n* : porrista *mf*
cheerless *adj* : triste : sombrío
cheery *adj* **cheerier; -est** : alegre : de buen humor
cheese *n* : queso *m*
cheeseburger *n* : hamburguesa *f* con queso
cheesecake *n* : tarta *f* de queso
cheesecloth *n* : estopilla *f*
cheesy *adj* **cheesier; -est** : a queso : que contiene queso : barato : de mala calidad
cheetah *n* : guepardo *m*
chef *n* : chef *m*
chemical[1] *adj* : químico — **chemically** *adv*
chemical[2] *n* : sustancia *f* química
chemical weapon *n* : arma *f* química
chemise *n* : camiseta *f* : prenda *f* interior de una pieza : vestido *m* holgado
chemist *n* : químico *m*, -ca *f*

chemistry *n, pl* **-tries** : química *f*
chemotherapy *n, pl* **-pies** : quimioterapia *f*
cherish *v* : apreciar : valorar : abrigar : albergar
cherry *n, pl* **-ries** : cereza *f* : cerezo *m*
cherub *n, pl* **-ubim** : ángel *m* : querubín *m*; *pl* **-ubs** : niño *m* regordete : niña *f* regordeta
cherubic *adj* : querúbico : angelical
chess *n* : ajedrez *m*
chessboard *n* : tablero *m* de ajedrez
chessman *n, pl* **-men** : pieza *f* de ajedrez
chest *n* : cofre *m* : baúl *m* : pecho *m*
chestnut *n* : castaña *f* : castaño *m*
chest of drawers *n* : cómoda *f*
chevron *n* : galón *m*
chew[1] *v* : masticar : mascar **to chew on/over** : pensar
chew[2] *n* : algo que se masca
chewing gum *n* : goma *f* de mascar : chicle *m*
chewy *adj* **chewier; -est** : fibroso : pegajoso : chicloso
chic[1] *adj* : chic : elegante : de moda
chic[2] *n* : chic *m* : elegancia *f*
Chicana *n* : chicana *f*
Chicano *n* : chicano *m*, -na *f* — **Chicano** *adj*
chick *n* : pollito *m*, -ta *f* : polluelo *m*
chicken[1] *adj* : miedoso : cobarde
chicken[2] *n* : pollo *m* : cobarde *mf*
chickenhearted *adj* : miedoso : cobarde
chicken out *v* : acobardarse : rajarse
chicken pox *n* : varicela *f*
chickpea *n* : garbanzo *m*
chicle *n* : chicle *m*
chicory *n, pl* **-ries** : endibia *f* : achicoria *f*
chide *v* **chid** *or* **chided; chid** *or* **chidden** *or* **chided; chiding** : regañar : reprender
chief[1] *adj* : principal : capital — **chiefly** *adv*
chief[2] *n* : jefe *m*, -fa *f*
chief executive officer *n* → **CEO**
chieftain *n* : jefe *m*, -fa *f*
chiffon *n* : chifón *m*
chigger *n* : nigua *f*
chignon *n* : moño *m* : chongo *m*
child *n, pl* **children** : niño *m*, -ña *f* : criatura *f*; **children** *npl* : hijo *m*, -ja *f* : progenie *f*
childbearing[1] *adj* : relativo al parto
childbearing[2] → **childbirth**
childbirth *n* : parto *m*
childcare *n* : cuidado *m* de los niños : puericultura *f*
childhood *n* : infancia *f* : niñez *f*
childish *adj* : infantil : inmaduro — **childishly** *adv*
childishness *n* : inmadurez *f*
childless *adj* : sin hijos
childlike *adj* : infantil : inocente
childproof *adj* : a prueba de niños
Chilean *n* : chileno *m*, -na *f* — **Chilean** *adj*
chili *or* **chile** *or* **chilli** *n, pl* **chilies** *or* **chiles** *or* **chillies** : chile *m* con carne
chill[1] *v* : enfriar
chill[2] *adj* : frío : gélido
chill[3] *n* : fresco *m* : frío *m* : escalofrío *m* : enfriamiento *m*
chilliness *n* : frío *m* : fresco *m*
chilly *adj* **chillier; -est** : frío
chime[1] *v* **chimed; chiming** : hacer sonar : sonar una campana : dar campanadas
chime[2] *n* : juego *m* de campanitas sintonizadas : carillón *m* : tañido *m* : campanada *f*
chime in *v* : meterse en una conversación
chimera *or* **chimaera** *n* : quimera *f*
chimney *n, pl* **-neys** : chimenea *f*
chimney sweep *n* : deshollinador *m*, -dora *f*
chimp → **chimpanzee**
chimpanzee *n* : chimpancé *m*
chin *n* : barbilla *f* : mentón *m* : barba *f* : pera *f*
china *n* : porcelana *f* : loza *f* : vajilla *f*
chinchilla *n* : chinchilla *f*
Chinese[1] *adj* : chino
Chinese[2] *n* : chino *m*
chink *n* : grieta *f* : abertura *f*
chintz *n* : chintz *m* : chinz *m*
chip[1] *v* **chipped; chipping** : desportillar : desconchar : astillar : desportillarse : desconcharse : descascararse

chip[2] *n* : astilla *f* : lasca *f* : bocado *m* pequeño : ficha *f* : mella *f* : chip *m*
chip in *v* : contribuir
chipmunk *n* : ardilla *f* listada
chipotle *n* : chipotle *m*
chipper *adj* : alegre y vivaz
chiropodist *n* : podólogo *m*, -ga *f*
chiropody *n* : podología *f*
chiropractic *n* : quiropráctica *f*
chiropractor *n* : quiropráctico *m*, -ca *f*
chirp[1] *v* : gorjear : chirriar
chirp[2] *n* : gorjeo *m* : chirrido *m*
chisel[1] *v* **-eled** *or* **-elled; -eling** *or* **-elling** : cincelar : tallar : labrar : estafar : defraudar
chisel[2] *n* : cincel *m* : escoplo *m* : formón *m*
chiseler *n* : estafador *m*, -dora *f* : fraude *mf*
chit *n* : resguardo *m* : recibo *m*
chitchat *n* : cotorreo *m* : charla *f*
chivalric → chivalrous
chivalrous *adj* : caballeresco : relativo a la caballería : caballeroso : honesto : cortés
chivalrousness *n* : caballerosidad *f* : cortesía *f*
chivalry *n, pl* **-ries** : caballería *f* : caballerosidad *f* : nobleza *f* : cortesía *f*
chive *n* : cebollino *m*
chloride *n* : cloruro *m*
chlorinate *v* **-nated; -nating** : clorar
chlorination *n* : cloración *f*
chlorine *n* : cloro *m*
chloroform *n* : cloroformo *m*
chlorophyll *n* : clorofila *f*
chock–full *adj* : colmado : repleto
chocolate *n* : chocolate *m* : bombón *m* : color *m* chocolate : marrón *m*
choice[1] *adj* **choicer; choicest** : selecto : escogido : de primera calidad
choice[2] *n* : elección *f* : selección *f* : opción *f* : preferencia *f* : surtido *m*
choir *n* : coro *m*
choirboy *n* : niño *m* de coro
choke[1] *v* **choked; choking** : sofocar : asfixiar : ahogar : estrangular : tapar : obstruir : asfixiarse : sofocarse : ahogarse : taparse : obstruirse
choke[2] *n* : estrangulación *f* : choke *m* : estárter *m*
choker *n* : gargantilla *f*
cholera *n* : cólera *m*
cholesterol *n* : colesterol *m*
choose *v* **chose; chosen; choosing** : escoger : elegir : decidir : preferir
choosy *or* **choosey** *adj* **choosier; -est** : exigente : remilgado
chop[1] *v* **chopped; chopping** : picar : cortar : moler
chop[2] *n* : hachazo *m* : tajo *m* : golpe *m* : chuleta *f*
chopper → helicopter
choppy *adj* **choppier; -est** : agitado : picado : incoherente : inconexo
chops *npl* : quijada *f* : mandíbula *f* : boca *f*
chopsticks *npl* : palillos *mpl*
choral *adj* : coral
chorale *n* : coral *f* : coro *m*
chord *n* : acorde *m* : cuerda *f*
chore *n* : tarea *f* rutinaria : lata *f* : fastidio *m*; **chores** *npl* : quehaceres *mpl* : faenas *fpl*
choreograph *v* : coreografiar
choreographer *n* : coreógrafo *m*, -fa *f*
choreographic *adj* : coreográfico
choreography *n, pl* **-phies** : coreografía *f*
chorister *n* : corista *mf*
chorizo *n* : chorizo *m*
chortle[1] *v* **-tled; -tling** : reírse
chortle[2] *n* : risa *f*
chorus[1] *v* : corear
chorus[2] *n* : coro *m* : estribillo *m*
chose → choose
chosen *adj* : elegido : selecto
chow *n* : comida *f* : chow-chow *mf*
chowder *n* : sopa *f* de pescado
Christ *n* : Cristo *m*
christen *v* : bautizar : bautizar con el nombre de
Christendom *n* : cristiandad *f*
christening *n* : bautismo *m* : bautizo *m*
Christian[1] *adj* : cristiano
Christian[2] *n* : cristiano *m*, -na *f*
Christianity *n* : cristianismo *m*

Christian name *n* : nombre *m* de pila
Christmas *n* : Navidad *f*
Christmas carol *n* → **carol**[2]
Christmas eve *n* : Nochebuena *f*
chromatic *adj* : cromático
chrome *n* : cromo *m*
chromium *n* : cromo *m*
chromosome *n* : cromosoma *m*
chronic *adj* : crónico — **chronically** *adv*
chronicle[1] *v* **-cled; -cling** : escribir
chronicle[2] *n* : crónica *f* : historia *f*
chronicler *n* : historiador *m*, -dora *f* : cronista *mf*
chronological *adj* : cronológico — **chronologically** *adv*
chronology *n, pl* **-gies** : cronología *f*
chronometer *n* : cronómetro *m*
chrysalis *n, pl* **chrysalides** *or* **chrysalises** : crisálida *f*
chrysanthemum *n* : crisantemo *m*
chubbiness *n* : gordura *f*
chubby *adj* **chubbier; -est** : gordito : regordete : rechoncho
chuck[1] *v* : tirar : lanzar : aventar
chuck[2] *n* : mamola *f* : palmada *f* : lanzamiento *m*
chuckle[1] *v* **-led; -ling** : reírse entre dientes
chuckle[2] *n* : risita *f* : risa *f* ahogada
chug *v* **chugged; chugging** : resoplar : traquetear
chum[1] *v* **chummed; chumming** : ser camaradas : ser cuates
chum[2] *n* : amigo *m*, -ga *f* : camarada *mf* : compinche *mf*
chummy *adj* **chummier; -est** : amistoso
chump *n* : tonto *m*, -ta *f* : idiota *mf*
chunk *n* : cacho *m* : pedazo *m* : trozo *m* : cantidad *f* grande
chunky *adj* **chunkier; -est** : fornido : robusto : que contiene pedazos
church *n* : iglesia *f* : conjunto *m* de fieles cristianos : confesión *f* : secta *f* : feligreses *mpl* : fieles *mpl*
churchgoer *n* : practicante *mf*
churchyard *n* : cementerio *m*
churn[1] *v* : batir : hacer : agitar con fuerza : revolver : agitarse : arremolinarse
churn[2] *n* : mantequera *f*
chute *n* : conducto *m* inclinado : vertedero *m*
chutney *n, pl* **-neys** : chutney *m*
chutzpah *n* : descaro *m* : frescura *f* : cara *f*
cicada *n* : cigarra *f* : chicharra *f*
cider *n* : jugo *m*
cigar *n* : puro *m* : cigarro *m*
cigarette *n* : cigarrillo *m* : cigarro *m*
cilantro *n* : cilantro *m*
cinch[1] *v* : cinchar : asegurar
cinch[2] *n* : cincha *f* : algo fácil o seguro
cinchona *n* : quino *m*
cinder *n* : brasa *f* : ascua *f*; **cinders** *npl* : cenizas *fpl*
cinema *n* : cine *m*
cinematic *adj* : cinematográfico
cinematography *n* : cinematografía *f*
cinephile *n* : cinéfilo *m*, -fila *f*
cinnamon *n* : canela *f*
cipher *n* : cero *m* : cifra *f* : clave *f*
circa *prep* : alrededor de : hacia
circle[1] *v* **-cled; -cling** : encerrar en un círculo : poner un círculo alrededor de : girar alrededor de : dar vueltas a : dar vueltas
circle[2] *n* : círculo *m* : ciclo *m* : grupo *m*
circuit *n* : circuito *m* : perímetro *m* : recorrido *m* : tour *m*
circuitous *adj* : sinuoso : tortuoso
circuitry *n, pl* **-ries** : sistema *m* de circuitos
circular[1] *adj* : circular : redondo
circular[2] *n* : circular *f*
circulate *v* **-lated; -lating** : circular : hacer circular : divulgar
circulation *n* : circulación *f*
circulatory *adj* : circulatorio
circumcise *v* **-cised; -cising** : circuncidar
circumcision *n* : circuncisión *f*
circumference *n* : circunferencia *f*
circumflex *n* : acento *m* circunflejo
circumlocution *n* : circunlocución *f*
circumnavigate *v* **-gated; -gating** : circunnavegar
circumscribe *v* **-scribed; -scribing** : circunscribir : trazar una figura alrededor de : limitar
circumspect *adj* : circunspecto : prudente : cauto

circumstance *n* : circunstancia *f* : acontecimiento *m*; **circumstances** *npl* : circunstancias *fpl* : situación *f*; **circumstances** *npl* : situación *f* económica
circumstantial *adj* : circunstancial
circumvent *v* : evadir : burlar : sortear
circumvention *n* : evasión *f*
circus *n* : circo *m*
cirrhosis *n, pl* **-rhoses** : cirrosis *f*
cis → cisgender
cisgender *adj* : cisgénero
cistern *n* : cisterna *f* : aljibe *m*
citadel *n* : ciudadela *f* : fortaleza *f*
citation *n* : emplazamiento *m* : citación *f* : convocatoria *f* : cita *f* : elogio *m* : mención *f*
cite *v* **cited; citing** : emplazar : citar : hacer comparecer : elogiar : honrar
citizen *n* : ciudadano *m*, -na *f*
citizenry *n, pl* **-ries** : ciudadanía *f* : conjunto *m* de ciudadanos
citizenship *n* : ciudadanía *f*
citrus *n, pl* **-rus** *or* **-ruses** : cítrico *m*
city *n, pl* **cities** : ciudad *f*
civic *adj* : cívico
civic–minded *adj* : cívico
civics *ns & pl* : civismo *m*
civil *adj* : civil : cortés
civilian *n* : civil *mf*
civility *n, pl* **-ties** : cortesía *f* : educación *f*
civilization *n* : civilización *f*
civilize *v* **-lized; -lizing** : civilizar — **civilized** *adj*
civil liberties *npl* : derechos *mpl* civiles
civilly *adv* : cortésmente
civil rights *npl* : derechos *mpl* civiles
civil servant *n* : funcionario *m*, -ria *f*
civil service *n* : administración *f* pública
civil war *n* : guerra *f* civil
clack[1] *v* : tabletear
clack[2] *n* : tableteo *m*
clad *adj* : vestido : cubierto
claim[1] *v* : reclamar : reivindicar : afirmar : sostener
claim[2] *n* : demanda *f* : reclamación *f* : declaración *f* : afirmación *f*
claimant *n* : demandante *mf* : pretendiente *mf*
clairvoyance *n* : clarividencia *f*
clairvoyant[1] *adj* : clarividente
clairvoyant[2] *n* : clarividente *mf*
clam *n* : almeja *f*
clamber *v* : treparse o subirse torpemente
clammy *adj* **clammier; -est** : húmedo y algo frío
clamor[1] *v* : gritar : clamar
clamor[2] *n* : clamor *m*
clamorous *adj* : clamoroso : ruidoso : estrepitoso
clamp[1] *v* : sujetar con abrazaderas
clamp[2] *n* : abrazadera *f*
clam up *v* : callarse : negarse a hablar
clan *n* : clan *m*
clandestine *adj* : clandestino : secreto
clang[1] *v* : hacer resonar
clang[2] *n* : ruido *m* metálico fuerte
clangor *n* : estruendo *m* metálico
clank[1] *v* : producir un ruido metálico seco
clank[2] *n* : ruido *m* metálico seco
clap[1] *v* **clapped; clapping** : golpear ruidosamente : dar una palmada : aplaudir
clap[2] *n* : palmada *f* : golpecito *m* : ruido *m* seco
clapboard *n* : tabla *f* de madera
clapper *n* : badajo *m*
clapping *n* : aplausos *mpl*
clarification *n* : clarificación *f*
clarify *v* **-fied; -fying** : aclarar : clarificar
clarinet *n* : clarinete *m*
clarion *adj* : claro y sonoro
clarity *n* : claridad *f* : nitidez *f*
clash[1] *v* : sonar : chocarse : chocar : enfrentarse : estar en conflicto : oponerse : desentonar : coincidir
clash[2] *n* : ruido *m* : enfrentamiento *m* : conflicto *m* : choque *m*
clasp[1] *v* : sujetar : abrochar : agarrar : abrazar
clasp[2] *n* : broche *m* : cierre *m* : apretón *m* : abrazo *m*
class[1] *v* : clasificar : catalogar
class[2] *n* : clase *f* : tipo *m* : especie *f* : rango *m* social : curso *m* : estilo *m*

classic[1] *adj* : clásico
classic[2] *n* : clásico *m* : obra *f* clásica
classical *adj* : clásico — **classically** *adv*
classicism *n* : clasicismo *m*
classification *n* : clasificación *f*
classified *adj* : clasificado : confidencial : secreto
classify *v* **-fied; -fying** : clasificar : catalogar
classless *adj* : sin clases
classmate *n* : compañero *m*, -ra *f* de clase
classroom *n* : aula *f* : salón *m* de clase
classy *adj* **classier; -est** : con clase
clatter[1] *v* : traquetear : hacer ruido
clatter[2] *n* : traqueteo *m* : ruido *m* : estrépito *m*
clause *n* : cláusula *f*
claustrophobia *n* : claustrofobia *f*
claustrophobic *adj* : claustrofóbico
clavicle *n* : clavícula *f*
claw[1] *v* : arañar
claw[2] *n* : garra *f* : uña *f* : pinza *f*
clay *n* : arcilla *f* : barro *m*
clean[1] *v* : limpiar
clean[2] *adv* : limpio : limpiamente
clean[3] *adj* : limpio : puro : intachable : sin mancha : claro : nítido : decente : completo : absoluto
cleaner *n* : limpiador *m*, -dora *f* : producto *m* de limpieza : tintorería *f*
cleaning *n* : limpieza *f*
cleanliness *n* : limpieza *f* : aseo *m*
cleanly[1] *adv* : limpiamente : con limpieza
cleanly[2] *adj* **cleanlier; -est** : limpio : pulcro
cleanness *n* : limpieza *f*
cleanse *v* **cleansed; cleansing** : limpiar : purificar
cleanser *n* : limpiador *m* : purificador *m*
clean sweep *n* : barrida *f*
clear[1] *v* : aclarar : clarificar : despejar : desatascar : desmontar : vaciar : evacuar : absolver : limpiar el nombre de : ganar : sacar : pasar sin tocar : autorizar : irse : despejarse : disiparse : ser compensado
clear[2] *adv* : claro : claramente
clear[3] *adj* : claro : lúcido : despejado : transparente : translúcido : evidente : obvio : nítido : seguro
clearance *n* : despeje *m* : espacio *m* : margen *m* : autorización *f* : despacho *m*
clear–cut *adj* : bien definido
clearing *n* : claro *m*
clearly *adv* : claramente : directamente : obviamente : evidentemente
cleat *n* : taco *m*; **cleats** *npl* : zapatos *mpl* deportivos
cleavage *n* : hendidura *f* : raja *f* : escote *m*
cleave[1] *v* **cleaved** *or* **clove; cleaving** : adherirse : unirse
cleave[2] *v* **cleaved; cleaving** : hender : dividir : partir
cleaver *n* : cuchilla *f* de carnicero
clef *n* : clave *f*
cleft *n* : hendidura *f* : raja *f* : grieta *f*
clemency *n* : clemencia *f*
clement *adj* : clemente : piadoso : apacible
clench *v* : agarrar : apretar
clergy *n, pl* **-gies** : clero *m*
clergyman *n, pl* **-men** : clérigo *m*
cleric *n* : clérigo *m*, -ga *f*
clerical *adj* : clerical : de oficina
clerk[1] *v* : trabajar de oficinista : trabajar de dependiente
clerk[2] *n* : funcionario *m*, -ria *f* : oficinista *mf* : empleado *m*, -da *f* de oficina : dependiente *m*, -ta *f*
clever *adj* : ingenioso : hábil : listo : inteligente : astuto
cleverly *adv* : ingeniosamente : hábilmente : inteligentemente
cleverness *n* : ingenio *m* : habilidad *f* : inteligencia *f*
clew → clue
cliché *n* : cliché *m* : tópico *m*
click[1] *v* : chasquear : hacer clic/click en : hacer clic/click : tener éxito : congeniar : llevarse bien
click[2] *n* : chasquido *m* : clic *m* : click *m*
client *n* : cliente *m*, -ta *f*
clientele *n* : clientela *f*
cliff *n* : acantilado *m* : precipicio *m* : risco *m*
climate *n* : clima *m*

climatic *adj* : climático
climax[1] *v* : llegar al punto culminante : culminar : ser el punto culminante de
climax[2] *n* : clímax *m* : punto *m* culminante
climb[1] *v* : escalar : trepar a : subir a : subir : ascender : subirse : treparse
climb[2] *n* : ascenso *m* : subida *f*
climber *n* : escalador *m*, -dora *f* : trepadora *f*
climbing *n* : montañismo *m* : alpinismo *m*
clinch[1] *v* : remachar : afianzar : abrochar : decidir : cerrar
clinch[2] *n* : abrazo *m* : clinch *m*
clincher *n* : argumento *m* decisivo
cling *v* **clung; clinging** : adherirse : pegarse : aferrarse : agarrarse
clingy *adj* **clingier; -est** : ajustado : ceñido : pegajoso
clinic *n* : clínica *f*
clinical *adj* : clínico — **clinically** *adv*
clink[1] *v* : tintinear
clink[2] *n* : tintineo *m*
clip[1] *v* **clipped; clipping** : cortar : recortar : golpear : dar un puñetazo a : sujetar
clip[2] *n* : golpe *m* : puñetazo *m* : paso *m* rápido : clip *m*
clipper *n* : clíper *m*; **clippers** *npl* : tijeras *fpl*
clipping *n* : recorte *m* : pedazo *m* : trozo *m*
clique *n* : grupo *m* exclusivo : camarilla *f*
clitoris *n, pl* **clitorides** : clítoris *m*
cloak[1] *v* : encubrir : envolver
cloak[2] *n* : capa *f* : capote *m* : manto *m*
cloakroom *n* : guardarropa *m*
clobber *v* : dar una paliza a
clock[1] *v* : cronometrar
clock[2] *n* : reloj *m* : cronómetro *m*
clockmaker *n* : relojero *m*, -ra *f*
clockmaking *n* : relojería *f*
clockwise *adv & adj* : en la dirección de las manecillas del reloj
clockwork *n* : mecanismo *m* de relojería
clod *n* : terrón *m* : zoquete *mf*
clog[1] *v* **clogged; clogging** : estorbar : impedir : atascar : tapar : atascarse : taparse
clog[2] *n* : traba *f* : impedimento *m* : estorbo *m* : zueco *m*
cloister *n* : claustro *m*
clone[1] *v* : clonar
clone[2] *n* : clon *m* : copia *f* : reproducción *f*
close[1] *v* **closed; closing** : cerrar : hacer : reducir : cerrarse : concluirse : terminar
close[2] *adv* : cerca : de cerca
close[3] *adj* **closer; closest** : cercano : próximo : parecido : similar : estricto : detallado : de aire viciado o sofocante : apretado : entallado : ceñido : íntimo : fiel : exacto : reñido
close[4] *n* : fin *m* : final *m* : conclusión *f*
close–knit *adj* : unido : íntimo
closely *adv* : cerca : de cerca
closeness *n* : cercanía *f* : proximidad *f* : intimidad *f*
closet[1] *v* **to be closeted with** : estar encerrado con
closet[2] *n* : armario *m* : guardarropa *f* : clóset *m*
close–up *n* : primer plano *m*
closure *n* : cierre *m* : clausura *f* : fin *m*
clot[1] *v* **clotted; clotting** : coagular : cuajar : cuajarse : coagularse
clot[2] *n* : coágulo *m*
cloth *n, pl* **cloths** : tela *f* : trapo *m* : mantel *m*
clothe *v* **clothed** *or* **clad; clothing** : vestir : arropar : ataviar
clothes *npl* : ropa *f* : ropa *f* de cama
clothesline *n* : tendedero *m*
clothespin *n* : pinza *f*
clothing *n* : ropa *f* : indumentaria *f*
cloud[1] *v* : nublar : oscurecer **to cloud over** : nublarse
cloud[2] *n* : nube *f*
cloudburst *n* : chaparrón *m* : aguacero *m*
cloudiness *n* : nubosidad *f*
cloudless *adj* : despejado : claro
cloudy *adj* **cloudier; -est** : nublado : nuboso
clout[1] *v* : bofetear : dar un tortazo a
clout[2] *n* : golpe *m* : tortazo *m* : influencia *f* : palanca *f*
clove[1] *n* : diente *m* : clavo *m*

clove[2] → **cleave**
cloven hoof *n* : pezuña *f* hendida
clover *n* : trébol *m*
cloverleaf *n, pl* **-leafs** *or* **-leaves** : intersección *f* en trébol
clown[1] *v* : payasear : bromear
clown[2] *n* : payaso *m*, -sa *f*
clownish *adj* : de payaso : grosero — **clownishly** *adv*
cloying *adj* : empalagoso : meloso
club[1] *v* **clubbed; clubbing** : aporrear : dar garrotazos a
club[2] *n* : garrote *m* : porra *f* : palo *m* : trébol *m* : basto *m* : club *m*
clubfoot *n, pl* **-feet** : pie *m* deforme
clubhouse *n* : sede *f* de un club
cluck[1] *v* : cloquear : cacarear
cluck[2] *n* : cloqueo *m* : cacareo *m*
clue[1] *v* **clued; clueing** *or* **cluing** *or* **to clue in** : dar una pista a : informar
clue[2] *n* : pista *f* : indicio *m*
clump[1] *v* : caminar con pisadas fuertes : agruparse : aglutinarse : amontonar
clump[2] *n* : grupo *m* : terrón *m* : pisada *f* fuerte
clumsily *adv* : torpemente : sin gracia
clumsiness *n* : torpeza *f*
clumsy *adj* **clumsier; -est** : torpe : desmañado : carente de tacto : poco delicado
clung → **cling**
clunky *adj* : torpe : poco elegante
cluster[1] *v* : agrupar : juntar : agruparse : apiñarse : arracimarse
cluster[2] *n* : grupo *m* : conjunto *m* : racimo *m*
clutch[1] *v* : agarrar : asir **to clutch at** : tratar de agarrar
clutch[2] *n* : agarre *m* : apretón *m* : embrague *m* : clutch *m*; **clutches** *npl* : garras *fpl*
clutter[1] *v* : atiborrar o atestar de cosas : llenar desordenadamente
clutter[2] *n* : desorden *m* : revoltijo *m*
coach[1] *v* : entrenar : preparar
coach[2] *n* : coche *m* : carruaje *m* : carroza *f* : vagón *m* de pasajeros : autobús *m* : ómnibus *m* : pasaje *m* aéreo de segunda clase : entrenador *m*, -dora *f*
coagulate *v* **-lated; -lating** : coagular : cuajar : coagularse : cuajarse
coal *n* : ascua *f* : brasa *f* : carbón *m*
coalesce *v* **-alesced; -alescing** : unirse
coalition *n* : coalición *f*
coarse *adj* **coarser; coarsest** : grueso : basto : áspero : tosco : ordinario : grosero — **coarsely** *adv*
coarsen *v* : hacer áspero o basto : volverse áspero o basto
coarseness *n* : aspereza *f* : tosquedad *f*
coast[1] *v* : deslizarse : rodar sin impulso
coast[2] *n* : costa *f* : litoral *m*
coastal *adj* : costero
coaster *n* : posavasos *m*
coast guard *n* : guardia *f* costera : guardacostas *mpl*
coastline *n* : costa *f*
coat[1] *v* : cubrir : revestir : bañar
coat[2] *n* : abrigo *m* : pelaje *m* : capa *f* : mano *f*
coat check *n* : guardarropa *m*
coat hanger *n* : percha *f* : gancho *m*
coating *n* : capa *f*
coat of arms *n* : escudo *m* de armas
coatrack *n* : percha *f* : perchero *m*
coax *v* : engatusar : persuadir
cob → **corncob**
cobalt *n* : cobalto *m*
cobble *v* **cobbled; cobbling** : fabricar o remendar
cobbler *n* : zapatero *m*, -ra *f*
cobblestone *n* : adoquín *m*
cobra *n* : cobra *f*
cobweb *n* : telaraña *f*
coca *n* : coca *f*
cocaine *n* : cocaína *f*
cock[1] *v* : ladear : montar : amartillar
cock[2] *n* : gallo *m* : grifo *m* : llave *f* : martillo *m*
cockatoo *n, pl* **-toos** : cacatúa *f*
cockeyed *adj* : ladeado : torcido : chueco : disparatado : absurdo
cockfight *n* : pelea *f* de gallos
cockiness *n* : arrogancia *f*
cockle *n* : berberecho *m*
cockpit *n* : cabina *f*

cockroach *n* : cucaracha *f*
cocktail *n* : coctel *m* : cóctel *m* : aperitivo *m*
cocky *adj* **cockier; -est** : creído : engreído
cocoa *n* : cacao *m* : cocoa *f* : chocolate *m*
coconut *n* : coco *m*
cocoon *n* : capullo *m*
cod *n, pl* **cod** : bacalao *m*
coddle *v* **-dled; -dling** : mimar : consentir
code[1] *v* **coded; coding** : cifrar : codificar
code[2] *n* : código *m* : clave *f*
codeine *n* : codeína *f*
codex *n, pl* **-dexes** *or* **-dices** : códice *m*
codger *n* : viejo *m* : vejete *m*
codify *v* **-fied; -fying** : codificar
coeducational *adj* : mixto
coefficient *n* : coeficiente *m*
coerce *v* **-erced; -ercing** : coaccionar : forzar : obligar
coercion *n* : coacción *f*
coercive *adj* : coactivo
coexist *v* : coexistir
coexistence *n* : coexistencia *f*
coffee *n* : café *m*
coffeemaker *n* : cafetera *f*
coffeepot *n* : cafetera *f*
coffee table *n* : mesa *f* de centro
coffer *n* : cofre *m*
coffin *n* : ataúd *m* : féretro *m*
cog *n* : diente *m*
cogent *adj* : convincente : persuasivo
cogitate *v* **-tated; -tating** : reflexionar : meditar : discurrir
cogitation *n* : reflexión *f* : meditación *f*
cognac *n* : coñac *m*
cognate *adj* : relacionado : afín
cognition *n* : cognición *f*
cognitive *adj* : cognitivo
cogwheel *n* : rueda *f* dentada
cohabit *v* : cohabitar — **cohabitation** *n*
cohere *v* **-hered; -hering** : adherirse : pegarse : ser coherente o congruente
coherence *n* : coherencia *f* : congruencia *f*
coherent *adj* : coherente : congruente — **coherently** *adv*
cohesion *n* : cohesión *f*
cohesive *adj* : cohesivo
cohort *n* : cohorte *f* : compañero *m*, -ra *f* : colega *mf*
coiffure *n* : peinado *m*
coil[1] *v* : enrollar : enrollarse : enroscarse
coil[2] *n* : rollo *m* : espiral *f* : bobina *f*
coin[1] *v* : acuñar : crear : inventar
coin[2] *n* : moneda *f*
coincide *v* **-cided; -ciding** : coincidir
coincidence *n* : coincidencia *f* : casualidad *f*
coincident *adj* : coincidente : concurrente
coincidental *adj* : casual : accidental : fortuito
coitus *n* : coito *m*
coke *n* : coque *m*
cola *n* : refresco *m* de cola
colander *n* : colador *m*
cold[1] *adj* : frío
cold[2] *n* : frío *m* : resfriado *m* : catarro *m*
cold–blooded *adj* : cruel : despiadado : de sangre fría
cold cuts *npl* : fiambres *mpl*
coldly *adv* : fríamente : con frialdad
coldness *n* : frialdad *f* : frío *m*
cold sore *n* : fuego *m* : calentura *f*
coleslaw *n* : ensalada *f* de col
colic *n* : cólico *m*
coliseum *n* : coliseo *m* : arena *f*
collaborate *v* **-rated; -rating** : colaborar
collaboration *n* : colaboración *f*
collaborator *n* : colaborador *m*, -dora *f* : colaboracionista *mf*
collage *n* : collage *m*
collapse[1] *v* **-lapsed; -lapsing** : derrumbarse : desplomarse : hundirse : caerse : fracasar : quebrar : arruinarse : plegarse
collapse[2] *n* : derrumbe *m* : desplome *m* : fracaso *m* : colapso *m* : quiebra *f*
collapsible *adj* : plegable
collar[1] *v* : agarrar : atrapar
collar[2] *n* : cuello *m* : collar *m*
collarbone *n* : clavícula *f*
collate *v* **-lated; -lating** : cotejar : comparar : ordenar : recopilar
collateral[1] *adj* : colateral
collateral[2] *n* : garantía *f* : fianza *f* : prenda *f*

colleague *n* : colega *mf* : compañero *m*, -ra *f*
collect[1] *v* : recopilar : reunir : recoger : coleccionar : juntar : cobrar : recaudar : ir a buscar : percibir : acumularse : juntarse : congregarse : reunirse
collect[2] *adv & adj* : por cobrar : a cobro revertido
collectible *or* **collectable** *adj* : coleccionable
collection *n* : colecta *f* : cobro *m* : recaudación *f* : colección *f* : grupo *m*
collective[1] *adj* : colectivo — **collectively** *adv*
collective[2] *n* : colectivo *m*
collector *n* : coleccionista *mf* : cobrador *m*, -dora *f*
college *n* : universidad *f* : colegio *m*
collegiate *adj* : universitario
collide *v* **-lided; -liding** : chocar : colisionar : estrellarse
collie *n* : collie *mf*
collision *n* : choque *m* : colisión *f*
colloquial *adj* : coloquial
colloquialism *n* : expresión *f* coloquial
collusion *n* : colusión *f*
cologne *n* : colonia *f*
Colombian *n* : colombiano *m*, -na *f* — **Colombian** *adj*
colon[1] *n, pl* **colons** *or* **cola** : colon *m*
colon[2] *n, pl* **colons** : dos puntos *mpl*
colón *n, pl* **-lones** : colón *m*
colonel *n* : coronel *m*
colonial[1] *adj* : colonial
colonial[2] *n* : colono *m*, -na *f*
colonist *n* : colono *m*, -na *f* : colonizador *m*, -dora *f*
colonization *n* : colonización *f*
colonize *v* **-nized; -nizing** : establecer una colonia en : colonizar
colonnade *n* : columnata *f*
colony *n, pl* **-nies** : colonia *f*
color[1] *v* : colorear : pintar : influir en : influenciar : sonrojarse : ruborizarse
color[2] *n* : color *m* : colorido *m*
coloration *n* : coloración *f*
color–blind *adj* : daltónico
color blindness *n* : daltonismo *m*
colorfast *adj* : que no se destiñe
colorful *adj* : lleno de colorido : de colores vivos : pintoresco : llamativo
coloring *n* : color *m* : colorido *m*
colorless *adj* : incoloro : sin color : soso : aburrido
color scheme *n* : combinación *f* de colores : tonalidad *f*
colossal *adj* : colosal
colossus *n, pl* **-si** : coloso *m*
colt *n* : potro *m* : potranco *m*
column *n* : columna *f*
columnist *n* : columnista *mf*
coma *n* : coma *m* : estado *m* de coma
Comanche *n* : comanche *mf* — **Comanche** *adj*
comatose *adj* : comatoso : en estado de coma
comb[1] *v* : peinar : rastrear : registrar a fondo
comb[2] *n* : peine *m* : cresta *f*
combat[1] *v* **-bated** *or* **-batted; -bating** *or* **-batting** : combatir : luchar contra
combat[2] *n* : combate *m* : lucha *f*
combatant *n* : combatiente *mf*
combative *adj* : combativo
combination *n* : combinación *f*
combine[1] *v* **-bined; -bining** : combinar : aunar : combinarse : mezclarse
combine[2] *n* : alianza *f* comercial o política : cosechadora *f*
combustible *adj* : inflamable : combustible
combustion *n* : combustión *f*
come *v* **came; come; coming** : venir : aproximarse : llegar : ocurrir : pasar : estar : ir
comeback *n* : réplica *f* : respuesta *f* : retorno *m* : regreso *m*
comedian *n* : cómico *m*, -ca *f* : humorista *mf*
comedienne *n* : cómica *f* : humorista *f*
comedy *n, pl* **-dies** : comedia *f*
comely *adj* **comelier; -est** : bello : bonito
comet *n* : cometa *m*
comfort[1] *v* : confortar : alentar : consolar

comfort[2] *n* : consuelo *m* : confort *m* : bienestar *m* : comodidad *f*
comfortable *adj* : cómodo : confortable — **comfortably** *adv*
comforter *n* : edredón *m* : cobertor *m*
comic[1] *adj* : cómico : humorístico
comic[2] *n* : cómico *m*, -ca *f* : humorista *mf*
comical *adj* : cómico : gracioso : chistoso
comic strip *n* : tira *f* cómica : historieta *f*
coming[1] *adj* : siguiente : próximo : que viene
coming[2] *n* : llegada *f*
comma *n* : coma *f*
command[1] *v* : ordenar : mandar : comandar : tener el mando de : dar órdenes : estar al mando *m* : gobernar
command[2] *n* : mando *m* : control *m* : dirección *f* : orden *f* : mandato *m* : maestría *f* : destreza *f* : dominio *m* : tropa *f* asignada a un comandante
commandant *n* : comandante *mf*
commandeer *v* : piratear : secuestrar
commander *n* : comandante *mf*
commanding *adj* : autoritario : imperativo : imperioso
commandment *n* : mandamiento *m* : orden *f*
commando *n* : comando *m*
commemorate *v* **-rated; -rating** : conmemorar
commemoration *n* : conmemoración *f*
commemorative *adj* : conmemorativo
commence *v* **-menced; -mencing** : iniciar : comenzar : iniciarse
commencement *n* : inicio *m* : comienzo *m* : ceremonia *f* de graduación
commend *v* : encomendar : recomendar : elogiar : alabar
commendable *adj* : loable : meritorio : encomiable
commendation *n* : elogio *m* : encomio *m*
commensurate *adj* : proporcionado
comment[1] *v* : hacer comentarios — **commenter** *n*
comment[2] *n* : comentario *m* : observación *f*
commentary *n, pl* **-taries** : comentario *m* : crónica *f*
commentator *n* : comentarista *mf* : cronista *mf*
commerce *n* : comercio *m*
commercial[1] *adj* : comercial — **commercially** *adv*
commercial[2] *n* : comercial *m*
commercialize *v* **-ized; -izing** : comercializar
commiserate *v* **-ated; -ating** : compadecerse : consolarse
commiseration *n* : conmiseración *f*
commission[1] *v* : nombrar : comisionar : encargar
commission[2] *n* : nombramiento *m* : comisión *f* : comité *m* : realización *f*
commissioned officer *n* : oficial *mf*
commissioner *n* : comisionado *m*, -da *f* : miembro *m* de una comisión : comisario *m*, -ria *f*
commit *v* **-mitted; -mitting** : encomendar : confiar : internar : encarcelar : cometer
commitment *n* : compromiso *m* : responsabilidad *f* : dedicación *f* : devoción *f*
committee *n* : comité *m*
commodious *adj* : amplio : espacioso
commodity *n, pl* **-ties** : artículo *m* de comercio : mercancía *f* : mercadería *f*
commodore *n* : comodoro *m*
common[1] *adj* : común : público : general : ordinario : común y corriente
common[2] *n* : tierra *f* comunal
common cold *n* : resfriado *m* común
common denominator *n* : denominador *m* común
commoner *n* : plebeyo *m*, -ya *f*
common law *n* : derecho *m* consuetudinario
commonly *adv* : comúnmente : frecuentemente : normalmente
common noun *n* : nombre *m* común

commonplace[1] *adj* : común : ordinario
commonplace[2] *n* : cliché *m* : tópico *m*
common sense *n* : sentido *m* común
commonwealth *n* : entidad *f* política
commotion *n* : alboroto *m* : jaleo *m* : escándalo *m* : revuelo *m* : conmoción *f*
communal *adj* : comunal
commune[1] *v* **-muned; -muning** : estar en comunión
commune[2] *n* : comuna *f*
communicable *adj* : transmisible : contagioso
communicate *v* **-cated; -cating** : comunicar : expresar : hacer saber : transmitir : contagiar : comunicarse : expresarse
communication *n* : comunicación *f*
communicative *adj* : comunicativo
communion *n* : comunión *f*
communiqué *n* : comunicado *m*
communism *or* **Communism** *n* : comunismo *m*
communist[1] *or* **Communist** *adj* : comunista
communist[2] *or* **Communist** *n* : comunista *mf*
communistic *or* **Communistic** *adj* : comunista
community[1] *n, pl* **-ties** : comunidad *f*
community[2] *adj* : comunitario
commute *v* **-muted; -muting** : conmutar : reducir : viajar de la residencia al trabajo
commuter *n* : persona *f* que viaja diariamente al trabajo
compact[1] *v* : compactar : consolidar : comprimir
compact[2] *adj* : compacto : macizo : denso : breve : conciso
compact[3] *n* : acuerdo *m* : pacto *m* : polvera *f* : estuche *m* de maquillaje
compact disc *n* : disco *m* compacto : compact disc *m*
compactly *adv* : densamente : concisamente : brevemente
companion *n* : compañero *m*, -ra *f* : acompañante *mf* : pareja *f*
companionable *adj* : sociable : amigable
companionship *n* : compañerismo *m* : camaradería *f*
company *n, pl* **-nies** : compañía *f* : empresa *f* : visita *f*
comparable *adj* : comparable : parecido
comparative[1] *adj* : comparativo : relativo — **comparatively** *adv*
comparative[2] *n* : comparativo *m*
compare[1] *v* **-pared; -paring** : comparar **to compare with** : poder comparar con : tener comparación con
compare[2] *n* : comparación *f*
comparison *n* : comparación *f*
compartment *n* : compartimento *m* : compartimiento *m*
compass *n* : alcance *m* : extensión *f* : límites *mpl* : compás *m* : brújula *f*
compassion *n* : compasión *f* : piedad *f* : misericordia *f*
compassionate *adj* : compasivo
compatibility *n* : compatibilidad *f*
compatible *adj* : compatible : afín
compatriot *n* : compatriota *mf* : paisano *m*, -na *f*
compel *v* **-pelled; -pelling** : obligar : compeler
compelling *adj* : fuerte : absorbente : persuasivo : convincente
compendium *n, pl* **-diums** *or* **-dia** : compendio *m*
compensate *v* **-sated; -sating** **to compensate for** : compensar : indemnizar
compensation *n* : compensación *f* : indemnización *f*
compensatory *adj* : compensatorio
compete *v* **-peted; -peting** : competir : contender : rivalizar
competence *n* : competencia *f* : aptitud *f*
competency → competence
competent *adj* : competente : capaz
competition *n* : competencia *f* : concurso *m*
competitive *adj* : competitivo
competitively *adv* : competitivamente
competitiveness *n* : competitividad *f*

competitor *n* : competidor *m*, -dora *f*
compilation *n* : recopilación *f* : compilación *f*
compile *v* **-piled; -piling** : compilar : recopilar
complacency *n* : satisfacción *f* consigo mismo : suficiencia *f*
complacent *adj* : satisfecho de sí mismo : suficiente
complain *v* : quejarse : regañar : rezongar : reclamar : protestar
complaint *n* : queja *f* : afección *f* : dolencia *f* : reclamo *m* : acusación *f*
complement[1] *v* : complementar
complement[2] *n* : complemento *m*
complementary *adj* : complementario
complete[1] *v* **-pleted; -pleting** : completar : hacer entero : acabar : terminar
complete[2] *adj* **completer; -est** : completo : entero : íntegro : terminado : acabado : total : absoluto
completely *adv* : completamente : totalmente
completion *n* : finalización *f* : cumplimiento *m*
complex[1] *adj* : complejo : complicado
complex[2] *n* : complejo *m*
complexion *n* : cutis *m* : tez *f*
complexity *n, pl* **-ties** : complejidad *f*
compliance *n* : conformidad *f*
compliant *adj* : dócil : sumiso
complicate *v* **-cated; -cating** : complicar
complicated *adj* : complicado
complication *n* : complicación *f*
complicity *n, pl* **-ties** : complicidad *f*
compliment[1] *v* : halagar : florear
compliment[2] *n* : halago *m* : cumplido *m*; **compliments** *npl* : saludos *mpl*
complimentary *adj* : halagador : halagüeño : de cortesía : gratis
comply *v* **-plied; -plying** : cumplir : acceder : obedecer
component[1] *adj* : componente
component[2] *n* : componente *m* : elemento *m* : pieza *f*
compose *v* **-posed; -posing** : componer : crear : calmar : serenar : constar
composed *adj* : tranquilo
composer *n* : compositor *m*, -tora *f*
composite[1] *adj* : compuesto
composite[2] *n* : compuesto *m* : mezcla *f*
composition *n* : composición *f* : ensayo *m* : trabajo *m*
compost *n* : abono *m* vegetal
composure *n* : compostura *f* : serenidad *f*
compote *n* : compota *f*
compound[1] *v* : combinar : componer : agravar : aumentar
compound[2] *adj* : compuesto
compound[3] *n* : compuesto *m* : mezcla *f* : recinto *m*
comprehend *v* : comprender : entender : incluir : abarcar
comprehensible *adj* : comprensible
comprehension *n* : comprensión *f*
comprehensive *adj* : inclusivo : exhaustivo : extenso : amplio
compress[1] *v* : comprimir
compress[2] *n* : compresa *f*
compression *n* : compresión *f*
compressor *n* : compresor *m*
comprise *v* **-prised; -prising** : comprender : incluir : componerse de : constar de
compromise[1] *v* **-mised; -mising** : transigir : avenirse : comprometer : poner en peligro
compromise[2] *n* : acuerdo *m* mutuo : compromiso *m*
comptroller *n* : contralor *m*, -lora *f* : interventor *m*, -tora *f*
compulsion *n* : coacción *f* : compulsión *f* : impulso *m*
compulsive *adj* : compulsivo
compulsory *adj* : obligatorio
compunction *n* : reparo *m* : escrúpulo *m* : remordimiento *m*
computation *n* : cálculo *m* : cómputo *m*
compute *v* **-puted; -puting** : computar : calcular
computer *n* : computadora *f* : computador *m* : ordenador *m*
computerization *n* : informatización *f*
computerize *v* **-ized; -izing** : computarizar : informatizar

computer programmer → **programmer**
computer programming → **programming**
computer science *n* : informática *f*
computing *n* : informática *f*
comrade *n* : camarada *mf* : compañero *m*, -ra *f*
con[1] *v* **conned; conning** : estafar : timar
con[2] *adv* : contra
con[3] *n* : contra *m*
concave *adj* : cóncavo
conceal *v* : esconder : ocultar : disimular
concealment *n* : ocultación *f*
concede *v* **-ceded; -ceding** : conceder : reconocer
conceit *n* : engreimiento *m* : presunción *f*
conceited *adj* : presumido : engreído : presuntuoso
conceivable *adj* : concebible : imaginable
conceivably *adv* : posiblemente : de manera concebible
conceive *v* **-ceived; -ceiving** : concebir : embarazarse : imaginar
concentrate[1] *v* **-trated; -trating** : concentrar : concentrarse
concentrate[2] *n* : concentrado *m*
concentration *n* : concentración *f*
concentration camp *n* : campo *m* de concentración
concentric *adj* : concéntrico
concept *n* : concepto *m* : idea *f*
conception *n* : concepción *f* : concepto *m* : idea *f*
conceptual *adj* : conceptual — **conceptually** *adv*
conceptualize *v* **-ized; -izing** : conceptualizar : formarse un concepto de — **conceptualization** *n*
concern[1] *v* : tratarse de : tener que ver con : concernir : incumbir a : afectar
concern[2] *n* : asunto *m* : inquietud *f* : preocupación *f* : negocio *m*
concerned *adj* : preocupado : ansioso : interesado : afectado
concerning *prep* : con respecto a : acerca de : sobre
concert *n* : concierto *m* : acuerdo *m*
concerted *adj* : concertado : coordinado
concerto *n, pl* **-ti** *or* **-tos** : concierto *m*
concession *n* : concesión *f*
conch *n, pl* **conchs** *or* **conches** : caracol *m* : caracola *f*
conciliatory *adj* : conciliador : conciliatorio
concise *adj* : conciso : breve — **concisely** *adv*
conclave *n* : cónclave *m*
conclude *v* **-cluded; -cluding** : concluir : finalizar : llegar a la conclusión de : terminar
conclusion *n* : conclusión *f* : fin *m* : final *m*
conclusive *adj* : concluyente : decisivo — **conclusively** *adv*
concoct *v* : preparar : confeccionar : inventar : tramar
concoction *n* : invención *f* : mejunje *m* : brebaje *m*
concord *n* : concordia *f* : armonía *f* : acuerdo *m*
concordance *n* : concordancia *f*
concourse *n* : explanada *f* : salón *m*
concrete[1] *adj* : concreto : determinado : específico : de concreto : de hormigón
concrete[2] *n* : concreto *m* : hormigón *m*
concur *v* **concurred; concurring** : concurrir : coincidir : estar de acuerdo
concurrence *n* : coincidencia *f* : concurrencia *f* : concurso *m*
concurrent *adj* : concurrente : simultáneo
concussion *n* : conmoción *f* cerebral
condemn *v* : condenar : reprobar : censurar : declarar insalubre : declarar ruinoso
condemnation *n* : condena *f* : reprobación *f*
condensation *n* : condensación *f*
condense *v* **-densed; -densing** : condensar : resumir : condensarse
condescend *v* : condescender : dignarse
condescending *adj* : condescendiente
condescension *n* : condescendencia *f*

condiment *n* : condimento *m*
condition[1] *v* : condicionar : determinar : acondicionar : poner en forma
condition[2] *n* : condición *f* : estipulación *f* : estado *m*; **conditions** *npl* : condiciones *fpl* : situación *f*
conditional *adj* : condicional — **conditionally** *adv*
conditioner *n* : acondicionador *m*
condo → condominium
condolence *n* : condolencia *f*; **condolences** *npl* : pésame *m*
condom *n* : condón *m*
condominium *n, pl* **-ums** : condominio *m*
condone *v* **-doned; -doning** : aprobar : perdonar : tolerar
condor *n* : cóndor *m*
conducive *adj* : propicio : favorable
conduct[1] *v* : guiar : conducir : dirigir : realizar : llevar a cabo : transmitir
conduct[2] *n* : conducción *f* : dirección *f* : manejo *m* : conducta *f* : comportamiento *m*
conduction *n* : conducción *f*
conductivity *n, pl* **-ties** : conductividad *f*
conductor *n* : conductor *m*, -tora *f* : revisor *m*, -sora *f* : cobrador *m*, -dora *f* : director *m*, -tora *f* : conductor *m*
conduit *n* : conducto *m* : canal *m* : vía *f*
cone *n* : piña *f* : cono *m*
confection *n* : dulce *m*
confectioner *n* : confitero *m*, -ra *f*
confectionery *n, pl* **-eries** : dulces *mpl* : golosinas *fpl*
confederacy *n, pl* **-cies** : confederación *f*
confederate[1] *v* **-ated; -ating** : unir : confederar : confederarse : aliarse
confederate[2] *adj* : confederado
confederate[3] *n* : cómplice *mf* : aliado *m*, -da *f*
confederation *n* : confederación *f* : alianza *f*
confer *v* **-ferred; -ferring** : conferir : otorgar **to confer with** : consultar
conference *n* : conferencia *f*
confess *v* : confesar : confesarse
confession *n* : confesión *f*
confessional *n* : confesionario *m*
confessor *n* : confesor *m*
confetti *n* : confeti *m*
confidant *n* : confidente *mf*
confidante *n* : confidente *f*
confide *v* **-fided; -fiding** : confiar
confidence *n* : confianza *f* : confianza *f* en sí mismo : seguridad *f* en sí mismo : confidencia *f* : secreto *m*
confident *adj* : seguro : confiado : seguro de sí mismo
confidential *adj* : confidencial — **confidentially** *adv*
confidentiality *n* : confidencialidad *f*
confidently *adv* : con seguridad : con confianza
configuration *n* : configuración *f*
configure *v* : configurar
confine *v* **-fined; -fining** : confinar : restringir : limitar : recluir : encarcelar : encerrar
confined *adj* : limitado
confinement *n* : confinamiento *m* : reclusión *f* : encierro *m*
confines *npl* : límites *mpl* : confines *mpl*
confirm *v* : ratificar : confirmar : verificar
confirmation *n* : confirmación *f*
confiscate *v* **-cated; -cating** : confiscar : incautar : decomisar
confiscation *n* : confiscación *f* : incautación *f* : decomiso *m*
conflagration *n* : conflagración *f*
conflict[1] *v* : estar en conflicto : oponerse
conflict[2] *n* : conflicto *m*
confluence *n* : confluencia *f*
conform *v* : ajustarse : adaptarse : conformarse : corresponder : encajar
conformity *n, pl* **-ties** : conformidad *f*
confound *v* : confundir : desconcertar
confront *v* : afrontar : enfrentarse a : encarar
confrontation *n* : enfrentamiento *m* : confrontación *f*
confuse *v* **-fused; -fusing** : confundir : enturbiar : enredar : complicar
confused *adj* : confundido : confuso

confusing *adj* : complicado : que confunde
confusion *n* : confusión *f* : embrollo *m* : lío *m*
congeal *v* : congelarse : coagularse : cuajarse
congenial *adj* : agradable : simpático
congenital *adj* : congénito
congest *v* : congestionar : abarrotar : atestar : congestionarse
congested *adj* : congestionado
congestion *n* : congestión *f*
conglomerate[1] *adj* : conglomerado
conglomerate[2] *n* : conglomerado *m*
conglomeration *n* : conglomerado *m* : acumulación *f*
Congolese *n* : congoleño *m*, -ña *f* — **Congolese** *adj*
congratulate *v* **-lated; -lating** : felicitar
congratulation *n* : felicitación *f*
congregate *v* **-gated; -gating** : congregar : reunir : congregarse : reunirse
congregation *n* : congregación *f* : fieles *mpl* : feligreses *mpl*
congress *n* : congreso *m*
congressional *adj* : del congreso
congressman *n, pl* **-men** : congresista *m* : diputado *m*
congresswoman *n, pl* **-women** : congresista *f* : diputada *f*
congruence *n* : congruencia *f*
congruent *adj* : congruente
conic → **conical**
conical *adj* : cónico
conifer *n* : conífera *f*
coniferous *adj* : conífero
conjecture[1] *v* **-tured; -turing** : conjeturar
conjecture[2] *n* : conjetura *f* : presunción *f*
conjugal *adj* : conyugal
conjugate *v* **-gated; -gating** : conjugar
conjugation *n* : conjugación *f*
conjunction *n* : conjunción *f*
conjunctivitis *n* : conjuntivitis *f*
conjure *v* **-jured; -juring** : rogar : suplicar : practicar la magia
conjurer *or* **conjuror** *n* : mago *m*, -ga *f* : prestidigitador *m*, -dora *f*
con man *n* : timador *m*
connect *v* : conectar : comunicar : relacionar : asociar : comunicarse
connection *n* : conexión *f* : enlace *m*
connective *adj* : conectivo : conjuntivo — **connectivity** *n*
connector *n* : conector *m*
connivance *n* : connivencia *f* : complicidad *f*
connive *v* **-nived; -niving** : actuar en connivencia : confabularse : conspirar
connoisseur *n* : conocedor *m*, -dora *f* : entendido *m*, -da *f*
connotation *n* : connotación *f*
connote *v* **-noted; -noting** : connotar
conquer *v* : conquistar : vencer
conqueror *n* : conquistador *m*, -dora *f*
conquest *n* : conquista *f*
conscience *n* : conciencia *f* : consciencia *f*
conscientious *adj* : concienzudo — **conscientiously** *adv*
conscious *adj* : consciente : intencional : deliberado
consciously *adv* : intencionalmente : deliberadamente : a propósito
consciousness *n* : conciencia *f* : consciencia *f* : conocimiento *m*
conscript[1] *v* : reclutar : alistar : enrolar
conscript[2] *n* : conscripto *m*, -ta *f* : recluta *mf*
conscription *n* : conscripción *f*
consecrate *v* **-crated; -crating** : consagrar
consecration *n* : consagración *f* : dedicación *f*
consecutive *adj* : consecutivo : seguido
consecutively *adv* : consecutivamente
consensus *n* : consenso *m*
consent[1] *v* : acceder : ponerse de acuerdo
consent[2] *n* : consentimiento *m* : permiso *m*
consequence *n* : consecuencia *f* : secuela *f* : importancia *f* : trascendencia *f*
consequent *adj* : consiguiente

consequential *adj* : consiguiente : importante : trascendente : trascendental
consequently *adv* : por consiguiente : por ende : por lo tanto
conservation *n* : conservación *f* : protección *f*
conservationist *n* : conservacionista *mf*
conservatism *n* : conservadurismo *m*
conservative[1] *adj* : conservador : moderado : cauteloso
conservative[2] *n* : conservador *m*, -dora *f*
conservatory *n, pl* **-ries** : conservatorio *m*
conserve[1] *v* **-served; -serving** : conservar : preservar
conserve[2] *n* : confitura *f*
consider *v* : considerar : pensar en : tener en cuenta : estimar
considerable *adj* : considerable — **considerably** *adv*
considerate *adj* : considerado : atento
consideration *n* : consideración *f*
considering *prep* : teniendo en cuenta : visto
consign *v* : confiar : encomendar : consignar : transferir : enviar
consignment *n* : envío *m* : remesa *f*
consist *v* : consistir : constar : componerse
consistency *n, pl* **-cies** : consistencia *f* : coherencia *f* : regularidad *f* : uniformidad *f*
consistent *adj* : compatible : coincidente : uniforme : constante : regular — **consistently** *adv*
consolation *n* : consuelo *m*
console[1] *v* **-soled; -soling** : consolar
console[2] *n* : consola *f*
consolidate *v* **-dated; -dating** : consolidar : unir
consolidation *n* : consolidación *f*
consommé *n* : consomé *m*
consonant *n* : consonante *m*
consort[1] *v* : asociarse : relacionarse : tener trato
consort[2] *n* : consorte *mf*
consortium *n, pl* **-tia** *or* **-tiums** : consorcio *m*
conspicuous *adj* : visible : evidente : llamativo
conspicuously *adv* : de manera llamativa
conspiracy *n, pl* **-cies** : conspiración *f* : complot *m* : confabulación *f*
conspirator *n* : conspirador *m*, -dora *f*
conspire *v* **-spired; -spiring** : conspirar : confabularse
constable *n* : agente *mf* de policía
constancy *n, pl* **-cies** : constancia *f*
constant[1] *adj* : leal : fiel : constante : invariable : continuo
constant[2] *n* : constante *f*
constantly *adv* : constantemente : continuamente
constellation *n* : constelación *f*
consternation *n* : consternación *f*
constipate *v* **-pated; -pating** : estreñir
constipated *adj* : estreñido
constipation *n* : estreñimiento *m* : constipación *f*
constituency *n, pl* **-cies** : distrito *m* electoral : residentes *mpl* de un distrito electoral
constituent[1] *adj* : constituyente : componente : constitutivo
constituent[2] *n* : componente *m* : elector *m*, -tora *f* : votante *mf*
constitute *v* **-tuted; -tuting** : constituir : establecer : componer
constitution *n* : constitución *f*
constitutional *adj* : constitucional
constitutionality *n* : constitucionalidad *f*
constrain *v* : constreñir : obligar : limitar : restringir : contener : refrenar
constraint *n* : restricción *f* : limitación *f*
constrict *v* : estrechar : apretar : comprimir
constriction *n* : estrechamiento *m* : compresión *f*
construct *v* : construir
construction *n* : construcción *f*
constructive *adj* : constructivo
construe *v* **-strued; -struing** : interpretar
consul *n* : cónsul *mf*

consular *adj* : consular
consulate *n* : consulado *m*
consult *v* : consultar **to consult with** : consultar con : solicitar la opinión de
consultancy *n, pl* **-cies** : consultoría *f*
consultant *n* : consultor *m*, -tora *f* : asesor *m*, -sora *f*
consultation *n* : consulta *f*
consumable *adj* : consumible
consume *v* **-sumed; -suming** : consumir : usar : gastar
consumer *n* : consumidor *m*, -dora *f*
consumerism *n* : consumismo *m*
consummate[1] *v* **-mated; -mating** : consumar
consummate[2] *adj* : consumado : perfecto
consummation *n* : consumación *f*
consumption *n* : consumo *m* : uso *m*
contact[1] *v* : ponerse en contacto con : contactar
contact[2] *n* : contacto *m* : comunicación *f*
contact lens *n* : lente *mf* de contacto : pupilente *m*
contagion *n* : contagio *m*
contagious *adj* : contagioso
contain *v* : contener
container *n* : recipiente *m* : envase *m*
containment *n* : contención *f*
contaminant *n* : contaminante *m*
contaminate *v* **-nated; -nating** : contaminar
contamination *n* : contaminación *f*
contemplate *v* **-plated; -plating** : contemplar : considerar : proponerse : proyectar : pensar en : meditar
contemplation *n* : contemplación *f*
contemplative *adj* : contemplativo
contemporaneous *adj* → **contemporary**[1]
contemporary[1] *adj* : contemporáneo
contemporary[2] *n, pl* **-raries** : contemporáneo *m*, -nea *f*
contempt *n* : desprecio *m* : desdén *m* : desacato *m*
contemptible *adj* : despreciable : vil
contemptuous *adj* : despectivo : despreciativo : desdeñoso
contemptuously *adv* : despectivamente : con desprecio
contend *v* : luchar : lidiar : contender : competir : argüir : sostener : afirmar : protestar contra : disputar
contender *n* : contendiente *mf* : aspirante *mf* : competidor *m*, -dora *f*
content[1] *v* : contentar : satisfacer
content[2] *adj* : conforme : contento : satisfecho
content[3] *n* : contento *m* : satisfacción *f*
content[4] *n* : contenido *m* : significado *m* : proporción *f*; **contents** *npl* : sumario *m*
contented *adj* : conforme : satisfecho
contentedly *adv* : con satisfacción
contention *n* : disputa *f* : discusión *f* : competencia *f* : contienda *f* : argumento *m* : opinión *f*
contentious *adj* : controvertido : discutido : discutidor
contentment *n* : satisfacción *f* : contento *m*
contest[1] *v* : disputar : cuestionar : impugnar
contest[2] *n* : lucha *f* : contienda *f* : concurso *m* : competencia *f*
contestable *adj* : discutible : cuestionable
contestant *n* : concursante *mf* : competidor *m*, -dora *f*
context *n* : contexto *m*
contiguous *adj* : contiguo
continent[1] *adj* : continente
continent[2] *n* : continente *m* — **continental** *adj*
contingency *n, pl* **-cies** : contingencia *f* : eventualidad *f*
contingent[1] *adj* : contingente : eventual : fortuito : accidental
contingent[2] *n* : contingente *m*
continual *adj* : continuo : constante — **continually** *adv*
continuance *n* : continuación *f* : duración *f* : aplazamiento *m*
continuation *n* : continuación *f* : prolongación *f*
continue *v* **-tinued; -tinuing** : continuar : seguir : proseguir : prolongarse : durar : reanudarse : reanudar : prolongar

continuity *n, pl* **-ties** : continuidad *f*
continuous *adj* : continuo — **continuously** *adv*
contort *v* : torcer : retorcer : contraer : contraerse : demudarse
contortion *n* : contorsión *f*
contour *n* : contorno *m*; **contours** *npl* : forma *f* : curvas *fpl*
contraband *n* : contrabando *m*
contraception *n* : anticoncepción *f* : contracepción *f*
contraceptive[1] *adj* : anticonceptivo : contraceptivo
contraceptive[2] *n* : anticonceptivo *m* : contraceptivo *m*
contract[1] *v* : contratar : contraer : contraerse : reducirse
contract[2] *n* : contrato *m*
contraction *n* : contracción *f*
contractor *n* : contratista *mf*
contractual *adj* : contractual — **contractually** *adv*
contradict *v* : contradecir : desmentir
contradiction *n* : contradicción *f*
contradictory *adj* : contradictorio
contralto *n, pl* **-tos** : contralto *m* : contralto *mf*
contraption *n* : aparato *m* : artefacto *m*
contrary[1] *adj* : contrario : opuesto : terco : testarudo
contrary[2] *n, pl* **-traries** : lo contrario : lo opuesto
contrast[1] *v* : contrastar : diferir : comparar
contrast[2] *n* : contraste *m*
contravene *v* **-vened; -vening** : contravenir : infringir
contribute *v* **-uted; -uting** : contribuir : aportar
contribution *n* : contribución *f*
contributor *n* : contribuidor *m*, -dora *f* : colaborador *m*
contrite *adj* : contrito : arrepentido
contrition *n* : contrición *f* : arrepentimiento *m*
contrivance *n* : aparato *m* : artefacto *m* : artimaña *f* : treta *f* : ardid *m*
contrive *v* **-trived; -triving** : idear : ingeniar : maquinar : lograr : ingeniárselas para
control[1] *v* **-trolled; -trolling** : controlar — **controllable** *adj*
control[2] *n* : control *m* : dominio *m* : mando *m* : limitación *f* : dispositivo *m* de mando
controller *n* : controlador *m*, -dora *f*
controversial *adj* : controvertido
controversy *n, pl* **-sies** : controversia *f*
controvert *v* : controvertir : contradecir
contusion *n* : contusión *f* : moretón *m*
conundrum *n* : acertijo *m* : adivinanza *f*
convalesce *v* **-lesced; -lescing** : convalecer
convalescence *n* : convalecencia *f*
convalescent[1] *adj* : convaleciente
convalescent[2] *n* : convaleciente *mf*
convection *n* : convección *f*
convene *v* **-vened; -vening** : convocar : reunirse
convenience *n* : conveniencia *f* : comodidad *f*
convenience store *n* : tienda *f* de conveniencia
convenient *adj* : conveniente : cómodo — **conveniently** *adv*
convent *n* : convento *m*
convention *n* : convención *f* : convenio *m* : pacto *m* : congreso *m*
conventional *adj* : convencional — **conventionally** *adv*
converge *v* **-verged; -verging** : converger : convergir
convergence *n* : convergencia *f*
convergent *adj* : convergente
conversant *adj* **conversant with** : versado con : experto en
conversation *n* : conversación *f*
conversational *adj* : familiar
conversationalist *n* : conversador *m*, -dora *f*
converse[1] *v* **-versed; -versing** : conversar
converse[2] *adj* : contrario : opuesto : inverso
conversely *adv* : a la inversa
conversion *n* : conversión *f* : transformación *f* : cambio *m*
convert[1] *v* : convertir : cambiar : convertirse

convert[2] *n* : converso *m*, -sa *f*
converter *or* **convertor** *n* : convertidor *m*
convertible[1] *adj* : convertible
convertible[2] *n* : convertible *m* : descapotable *m*
convex *adj* : convexo
convey *v* : transportar : conducir : transmitir : comunicar : expresar
conveyance *n* : transporte *m* : transportación *f* : transmisión *f* : comunicación *f* : transferencia *f* : traspaso *m*
conveyor *n* : transportador *m*, -dora *f*
convict[1] *v* : declarar culpable
convict[2] *n* : preso *m*, -sa *f* : presidiario *m*, -ria *f* : recluso *m*, -sa *f*
conviction *n* : condena *f* : convicción *f* : creencia *f*
convince *v* **-vinced; -vincing** : convencer
convincing *adj* : convincente : persuasivo
convincingly *adv* : de forma convincente
convivial *adj* : jovial : festivo : alegre
conviviality *n, pl* **-ties** : jovialidad *f*
convoke *v* **-voked; -voking** : convocar
convoluted *adj* : intrincado : complicado
convoy *n* : convoy *m*
convulse *v* **-vulsed; -vulsing** : convulsionar : sufrir convulsiones
convulsion *n* : convulsión *f*
convulsive *adj* : convulsivo — **convulsively** *adv*
coo[1] *v* : arrullar
coo[2] *n* : arrullo *m*
cook[1] *v* : cocinar : preparar
cook[2] *n* : cocinero *m*, -ra *f*
cookbook *n* : libro *m* de cocina
cookery *n, pl* **-eries** : cocina *f*
cookie *or* **cooky** *n, pl* **-ies** : galleta *f*
cooking *n* : cocina *f* : cocción *f* : cocimiento *m*
cookout *n* : comida *f* al aire libre
cool[1] *v* : refrescar : enfriar : refrescarse : enfriarse : calmarse : tranquilizarse
cool[2] *adj* : fresco : frío : tranquilo : sereno : distante : muy en la onda : chévere : bacán; bacano; guay; chido /
cool[3] *n* : fresco *m* : calma *f* : serenidad *f*
coolant *n* : refrigerante *m*
cooler *n* : nevera *f* portátil
coolly *adv* : con calma : tranquilamente : fríamente : con frialdad
coolness *n* : frescura *f* : frescor *m* : tranquilidad *f* : serenidad *f* : frialdad *f* : indiferencia
coop[1] *v or* **to coop up** : encerrar
coop[2] *n* : gallinero *m*
co–op *n* → **cooperative**[2]
cooperate *v* **-ated; -ating** : cooperar : colaborar
cooperation *n* : cooperación *f* : colaboración *f*
cooperative[1] *adj* : cooperativo
cooperative[2] *n* : cooperativa *f*
co–opt *v* : nombrar como miembro : cooptar : apropiarse de
coordinate[1] *v* **-nated; -nating** : coordinar : coordinarse : combinar : acordar
coordinate[2] *adj* : coordinado : igual : semejante
coordinate[3] *n* : coordenada *f*
coordination *n* : coordinación *f*
coordinator *n* : coordinador *m*, -dora *f*
cop → **police officer**
cope *v* **coped; coping** : arreglárselas
copier *n* : copiadora *f* : fotocopiadora *f*
copilot *n* : copiloto *m*
copious *adj* : copioso : abundante — **copiously** *adv*
copiousness *n* : abundancia *f*
copper *n* : cobre *m*
coppery *adj* : cobrizo
copse *n* : soto *m* : matorral *m*
copulate *v* **-lated; -lating** : copular
copulation *n* : cópula *f* : relaciones *fpl* sexuales
copy[1] *v* **copied; copying** : hacer una copia de : duplicar : reproducir : copiar : imitar
copy[2] *n, pl* **copies** : copia *f* : duplicado *m* : reproducción *f* : ejemplar *m* : número *m* : manuscrito *m* : texto *m*
copycat *n* : copión *m*, -piona *f*

copyright[1] *v* : registrar los derechos de
copyright[2] *n* : derechos *mpl* de autor
coral[1] *adj* : de coral
coral[2] *n* : coral *m*
coral snake *n* : serpiente *f* de coral
cord *n* : cuerda *f* : cordón *m* : cordel *m* : médula *f*
cordial[1] *adj* : cordial — **cordially** *adv*
cordial[2] *n* : cordial *m*
cordiality *n* : cordialidad *f*
cordless *adj* : inalámbrico
córdoba *n* : córdoba *f*
cordon[1] *v* **to cordon off** : acordonar
cordon[2] *n* : cordón *m*
corduroy *n* : pana *f*; **corduroys** *npl* : pantalones *mpl* de pana
core[1] *v* **cored; coring** : quitar el corazón a
core[2] *n* : corazón *m* : centro *m* : núcleo *m* : meollo *m*
coriander *n* : cilantro *m*
cork[1] *v* : ponerle un corcho a
cork[2] *n* : corcho *m*
corkscrew *n* : tirabuzón *m* : sacacorchos *m*
cormorant *n* : cormorán *m*
corn[1] *v* : conservar en salmuera
corn[2] *n* : grano *m* : maíz *m* : choclo *m* : elote *m* : callo *m*
corncob *n* : mazorca *f* : choclo *m* : elote *m*
cornea *n* : córnea *f*
corner[1] *v* : acorralar : arrinconar : monopolizar : acaparar : tomar una curva : doblar una esquina
corner[2] *n* : rincón *m* : esquina *f* : ángulo *m* : curva *f* : aprieto *m* : impasse *m*
corner kick *n* : córner *m*
cornerstone *n* : piedra *f* angular
cornet *n* : corneta *f*
cornfield *n* : maizal *m* : milpa *f*
cornflakes *npl* : copos *mpl* de maíz
cornice *n* : cornisa *f*
cornmeal *n* : harina *f* de maíz
cornstalk *n* : tallo *m* del maíz
cornstarch *n* : maicena *f* : almidón *m* de maíz
cornucopia *n* : cornucopia *f*
corny *adj* **cornier; -est** : sentimental : cursi : tonto
corolla *n* : corola *f*
corollary *n, pl* **-laries** : corolario *m*
corona *n* : corona *f*
coronary[1] *adj* : coronario
coronary[2] *n, pl* **-naries** : trombosis *f* coronaria : infarto *m* : ataque *m* al corazón
coronation *n* : coronación *f*
coroner *n* : médico *m* forense
corporal[1] *adj* : corporal
corporal[2] *n* : cabo *m*
corporate *adj* : corporativo : empresarial
corporation *n* : sociedad *f* anónima : corporación *f* : empresa *f*
corporeal *adj* : corpóreo : material : tangible — **corporeally** *adv*
corps *n, pl* **corps** : cuerpo *m*
corpse *n* : cadáver *m*
corpulence *n* : obesidad *f* : gordura *f*
corpulent *adj* : obeso : gordo
corpuscle *n* : corpúsculo *m* : glóbulo *m*
corral[1] *v* **-ralled; -ralling** : acorralar
corral[2] *n* : corral *m*
correct[1] *v* : corregir : rectificar : reprender
correct[2] *adj* : correcto : exacto : apropiado
correction *n* : corrección *f*
corrective *adj* : correctivo
correctly *adv* : correctamente
correctness *n* : exactitud *f* : corrección *f*
correlate *v* **-lated; -lating** : relacionar : poner en correlación
correlation *n* : correlación *f*
correspond *v* : corresponder : concordar : coincidir : corresponderse : escribirse
correspondence *n* : correspondencia *f*
correspondent *n* : corresponsal *mf*
corresponding *adj* : correspondiente
correspondingly *adv* : en consecuencia : de la misma manera
corridor *n* : corredor *m* : pasillo *m*
corroborate *v* **-rated; -rating** : corroborar
corroboration *n* : corroboración *f*
corrode *v* **-roded; -roding** : corroer : corroerse
corrosion *n* : corrosión *f*

corrosive *adj* : corrosivo
corrugate *v* **-gated; -gating** : ondular : acanalar : corrugar
corrugated *adj* : ondulado : acanalado
corrupt[1] *v* : corromper : pervertir : degradar : sobornar
corrupt[2] *adj* : corrupto : corrompido
corruptible *adj* : corruptible
corruption *n* : corrupción *f*
corsage *n* : ramillete *m* que se lleva como adorno
corset *n* : corsé *m*
cortex *n, pl* **-tices** *or* **-texes** : corteza *f*
cortisone *n* : cortisona *f*
cosmetic[1] *adj* : cosmético
cosmetic[2] *n* : cosmético *m*
cosmic *adj* : cósmico : grandioso : inmenso : vasto
cosmonaut *n* : cosmonauta *mf*
cosmopolitan[1] *adj* : cosmopolita
cosmopolitan[2] *n* : cosmopolita *mf*
cosmos *n* : cosmos *m* : universo *m*
cost[1] *v* **cost; costing** : costar
cost[2] *n* : costo *m* : precio *m* : coste *m*
co–star *n* : coprotagonista *mf*
Costa Rican[1] *adj* : costarricense
Costa Rican[2] *n* : costarricense *mf*
costly *adj* : costoso : caro
costume *n* : traje *m* : disfraz *m* : vestimenta *f* : conjunto *m*
costume jewelry *n* : bisutería *f*
cosy → cozy
cot *n* : catre *m*
coterie *n* : tertulia *f* : círculo *m*
cottage *n* : casita *f*
cottage cheese *n* : requesón *m*
cotton *n* : algodón *m*
cotton batting → batting
cotton candy *n* : algodón *m* de azúcar
cottonmouth → moccasin
cottonseed *n* : semilla *f* de algodón
cotton swab → swab
cottontail *n* : conejo *m* de cola blanca
couch[1] *v* : expresar : formular
couch[2] *n* : sofá *m*
couch potato *n* : haragán *m*, -gana *f* : vago *m*, -ga *f*
cougar *n* : puma *m*
cough[1] *v* : toser
cough[2] *n* : tos *f*
could → can
council *n* : concejo *m* : junta *f* : consejo *m* : concilio *m*
councillor *or* **councilor** *n* : concejal *m*, -jala *f*
councilman *n, pl* **-men** : concejal *m*
councilwoman *n, pl* **-women** : concejala *f*
counsel[1] *v* **-seled** *or* **-selled; -seling** *or* **-selling** : aconsejar : asesorar : recomendar : consultar
counsel[2] *n* : consejo *m* : recomendación *f* : consulta *f*; **counsel** *ns & pl* : abogado *m*, -da *f*
counselor *or* **counsellor** *n* : consejero *m*, -ra *f* : consultor *m*, -tora *f* : asesor *m*, -sora *f*
count[1] *v* : contar : considerar : valer : importar
count[2] *n* : cómputo *m* : recuento *m* : cuenta *f* : cargo *m* : punto *m* : aspecto *m* : conde *m*
countable *adj* : numerable
countdown *n* : cuenta *f* atrás
countenance[1] *v* **-nanced; -nancing** : permitir : tolerar
countenance[2] *n* : semblante *m* : rostro *m*
counter[1] *v* : oponerse a : resistir : responder : contraatacar
counter[2] *adv* **counter to** : contrario a : en contra de
counter[3] *adj* : contrario : opuesto
counter[4] *n* : ficha *f* : mostrador *m* : ventanilla *f* : contador *m* : fuerza *f* opuesta : contrapeso *m*
counter- *pref* : contra-
counteract *v* : contrarrestar
counterattack *n* : contraataque *m*
counterbalance[1] *v* **-anced; -ancing** : contrapesar
counterbalance[2] *n* : contrapeso *m*
counterclockwise *adv & adj* : en el sentido opuesto al de las manecillas del reloj
counterfeit[1] *v* : falsificar : fingir : aparentar
counterfeit[2] *adj* : falso : inauténtico
counterfeit[3] *n* : falsificación *f*
counterfeiter *n* : falsificador *m*, -dora *f*

countermand *v* : contramandar
countermeasure *n* : contramedida *f*
counterpart *n* : homólogo *m* : contraparte *f*
counterpoint *n* : contrapunto *m*
counterproductive *adj* : contraproducente
counterrevolution *n* : contrarrevolución *f*
counterrevolutionary[1] *adj* : contrarrevolucionario
counterrevolutionary[2] *n, pl* **-ries** : contrarrevolucionario *m*, -ria *f*
countersign *n* : contraseña *f*
countess *n* : condesa *f*
countless *adj* : incontable : innumerable
country[1] *adj* : campestre : rural
country[2] *n, pl* **-tries** : país *m* : nación *f* : patria *f* : campo *m*
countryman *n, pl* **-men** : compatriota *mf* : paisano *m*, -na *f*
countryside *n* : campo *m* : campiña *f*
county *n, pl* **-ties** : condado *m*
coup *n, pl* **coups** : golpe *m* maestro
coup de grâce *or* **coup de grace** *ns & pl* : tiro *m* de gracia : golpe *m* de gracia
coup d'état *or* **coup d'etat** *n, pl* **coups d'état** *or* **coups d'etat** : golpe *m* : cuartelazo *m*
coupe *n* : cupé *m*
couple[1] *v* **-pled; -pling** : acoplar : enganchar : conectar
couple[2] *n* : par *m* : pareja *f*
coupling *n* : acoplamiento *m*
coupon *n* : cupón *m*
courage *n* : valor *m* : valentía *f* : coraje *m*
courageous *adj* : valiente : valeroso
courageously *adv* : con valor : con coraje
courier *n* : mensajero *m*, -ra *f*
course[1] *v* **coursed; coursing** : correr
course[2] *n* : curso *m* : transcurso *m* : rumbo *m* : derrota *f* : derrotero *m* : camino *m* : vía *f* : plato *m* : pista *f* : campo *m*
court[1] *v* : cortejar : galantear
court[2] *n* : palacio *m* : corte *f* : séquito *m* : patio *m* : cancha *f* : tribunal *m*
courteous *adj* : cortés : atento : educado — **courteously** *adv*
courtesan *n* : cortesana *f*
courtesy *n, pl* **-sies** : cortesía *f*
courthouse *n* : palacio *m* de justicia : juzgado *m*
courtier *n* : cortesano *m*, -na *f*
courtly *adj* **courtlier; -est** : distinguido : elegante : cortés
court–martial[1] *v* : someter a consejo de guerra
court–martial[2] *n, pl* **courts–martial** : consejo *m* de guerra
court order *n* : mandamiento *m* judicial
courtroom *n* : tribunal *m* : corte *f*
courtship *n* : cortejo *m* : noviazgo *m*
courtyard *n* : patio *m*
cousin *n* : primo *m*, -ma *f*
couture *n* : industria *f* de la moda
cove *n* : ensenada *f* : cala *f*
covenant *n* : pacto *m* : contrato *m*
cover[1] *v* : cubrir : tapar : tratar : asegurar : recorrer
cover[2] *n* : cubierta *f* : abrigo *m* : refugio *m* : tapa *f* : portada *f* : funda *f* : fachada *f*; **covers** *npl* : ropa *f* de cama : cobijas *fpl* : mantas *fpl*
coverage *n* : cobertura *f*
coveralls *npl* : overol *m*
covering *n* : cubierta *f*
coverlet *n* : cobertor *m*
cover letter *n* : carta *f* de presentación
covert[1] *adj* : encubierto : secreto
covert[2] *n* : espesura *f* : maleza *f*
cover–up *n* : encubrimiento *m*
covet *v* : codiciar
covetous *adj* : codicioso
covey *n, pl* **-eys** : bandada *f* pequeña : grupo *m*
cow[1] *v* : intimidar : acobardar
cow[2] *n* : vaca *f* : hembra *f*
coward *n* : cobarde *mf*
cowardice *n* : cobardía *f*
cowardly *adj* : cobarde
cowbell *n* : cencerro *m* : esquila *f*
cowboy *n* : vaquero *m* : cowboy *m*
cower *v* : encogerse : acobardarse
cowgirl *n* : vaquera *f*
cowherd *n* : vaquero *m*, -ra *f*
cowhide *n* : cuero *m* : piel *f* de vaca

cowl *n* : capucha *f*
cowlick *n* : remolino *m*
coworker *n* : colega *mf* : compañero *m*, -ra *f* de trabajo
cowpuncher → cowboy
cowslip *n* : prímula *f* : primavera *f*
coxswain *n* : timonel *m*
coy *adj* : tímido : cohibido : coqueto
coyote *n, pl* **coyotes** *or* **coyote** : coyote *m*
cozy *adj* **cozier; -est** : acogedor : cómodo
CPR *n* : resucitación *f* cardiopulmonar
CPU *n* : CPU *mf* : UPC *mf* : UCP *mf*
crab *n* : cangrejo *m* : jaiba *f*
crabby *adj* **crabbier; -est** : gruñón : malhumorado
crabgrass *n* : digitaria *f* : gramilla *f*
crack[1] *v* : chasquear : hacer restallar : rajar : agrietar : resquebrajar : romper : cascar : forzar : abrir : dejar entreabierta : resolver : descifrar : restallar : rajarse : resquebrajarse : agrietarse : quebrarse : dejar de resistirse
crack[2] *adj* : buenísimo : de primera
crack[3] *n* : chasquido *m* : restallido *m* : estallido *m* : crujido *m* : chiste *m* : ocurrencia *f* : salida *f* : raja *f* : grieta *f* : fisura *f* : golpe *m* : intento *m*
crackdown *n* : medidas *fpl* enérgicas
crack down *v* : tomar medidas enérgicas
cracker *n* : galleta *f*
crackle[1] *v* **-led; -ling** : chisporrotear : crujir
crackle[2] *n* : crujido *m*
crackpot *n* : excéntrico *m*, -ca *f* : chiflado *m*, -da *f*
crack–up *n* : choque *m* : estrellamiento *m* : crisis *f* nerviosa
crack up *v* : estrellar : hacer reír : elogiar : estrellarse : echarse a reír
cradle[1] *v* **-dled; -dling** : acunar : mecer
cradle[2] *n* : cuna *f*
craft *n* : oficio *m* : arte *m* : artesanía *f* : destreza *f* : astucia *f* : maña *f*; *pl usually* **craft** : barco *m* : embarcación *f*; *pl usually* **craft** : avión *m* : aeronave *f*
craftiness *n* : astucia *f* : maña *f*
craftsman *n, pl* **-men** : artesano *m*, -na *f*
craftsmanship *n* : artesanía *f* : destreza *f*
crafty *adj* **craftier; -est** : astuto : taimado
crag *n* : peñasco *m*
craggy *adj* **craggier; -est** : peñascoso
cram *v* **crammed; cramming** : embutir : meter : atiborrar : abarrotar : estudiar a última hora : memorizar
cramp[1] *v* : dar calambre en : limitar : restringir : entorpecer *or* **to cramp up** : acalambrarse
cramp[2] *n* : calambre *m* : espasmo *m*; **cramps** *npl* : retorcijones *mpl*
cranberry *n, pl* **-berries** : arándano *m*
crane[1] *v* **craned; craning** : estirar
crane[2] *n* : grulla *f* : grúa *f*
cranial *adj* : craneal : craneano
cranium *n, pl* **-niums** *or* **-nia** : cráneo *m*
crank[1] *v or* **to crank up** : arrancar
crank[2] *n* : manivela *f* : manubrio *m* : excéntrico *m*, -ca *f*
cranky *adj* **crankier; -est** : irritable : malhumorado
cranny *n, pl* **-nies** : grieta *f*
crash[1] *v* : caerse con estrépito : estrellarse : chocar : retumbar : resonar : estrellar
crash[2] *n* : estrépito *m* : choque *m* : colisión *f* : quiebra *f* : crac *m*
crash course *n* : curso *m* intensivo
crash helmet *n* : casco *m*
crass *adj* : grosero : de mal gusto
crate[1] *v* **crated; crating** : empacar en un cajón
crate[2] *n* : cajón *m*
crater *n* : cráter *m*
cravat *n* : corbata *f*
crave *v* **craved; craving** : ansiar : apetecer : tener muchas ganas de
craven *adj* : cobarde : pusilánime
craving *n* : ansia *f* : antojo *m* : deseo *m*

crawfish → crayfish
crawl[1] *v* : arrastrarse : gatear : estar plagado
crawl[2] *n* : paso *m* lento : crol *m*
crayfish *n* : ástaco *m* : langostino *m*
crayon *n* : crayón *m*
craze *n* : moda *f* pasajera : manía *f*
crazed *adj* : enloquecido
crazily *adv* : locamente : erráticamente : insensatamente
craziness *n* : locura *f* : demencia *f*
crazy *adj* **crazier; -est** : loco : insensato : absurdo : extraño : raro
creak[1] *v* : chirriar : rechinar : crujir
creak[2] *n* : chirrido *m* : crujido *m*
creaky *adj* **creakier; -est** : chirriante : que cruje
cream[1] *v* : batir : mezclar : preparar con crema
cream[2] *n* : crema *f* : nata *f* : loción *f* : elite *f*
cream cheese *n* : queso *m* crema
creamery *n, pl* **-eries** : fábrica *f* de productos lácteos
creamy *adj* **creamier; -est** : cremoso
crease[1] *v* **creased; creasing** : plegar : poner una raya en : arrugar
crease[2] *n* : pliegue *m* : doblez *m* : raya *f*
create *v* **-ated; -ating** : crear : hacer
creation *n* : creación *f*
creative *adj* : creativo : original
creatively *adv* : creativamente : con originalidad
creativity *n* : creatividad *f*
creator *n* : creador *m*, -dora *f*
creature *n* : ser *m* viviente : criatura *f* : animal *m*
crèche *n* : nacimiento *m*
credence *n* : crédito *m*
credentials *npl* : referencias *fpl* oficiales : cartas *fpl* credenciales
credibility *n* : credibilidad *f*
credible *adj* : creíble
credit[1] *v* : creer : dar crédito a : ingresar : abonar : atribuir
credit[2] *n* : saldo *m* positivo : saldo *m* a favor : crédito *m* : reconocimiento *m* : orgullo *m* : honor *m*; **credits** *npl* : créditos *mpl*
creditable *adj* : encomiable : loable — **creditably** *adv*
credit card *n* : tarjeta de crédito
creditor *n* : acreedor *m*, -dora *f*
credo *n* : credo *m*
credulity *n* : credulidad *f*
credulous *adj* : crédulo
creed *n* : credo *m*
creek *n* : arroyo *m* : riachuelo *m*
creel *n* : nasa *f* : cesta *f*
creep[1] *v* **crept; creeping** : arrastrarse : gatear : moverse lentamente o sigilosamente : trepar
creep[2] *n* : paso *m* lento : asqueroso *m*, -sa *f*; **creeps** *npl* : escalofríos *mpl*
creeper *n* : planta *f* trepadora : trepadora *f*
creepy *adj* : que da miedo : espeluznante : asqueroso
cremate *v* **-mated; -mating** : cremar
cremation *n* : cremación *f*
crematorium *n* : crematorio *m*
Creole *n* : criollo *m* : criolla *f* — **Creole** *adj*
crepe *or* **crêpe** *n* : crespón *m* : crepe *mf* : crepa *f*
crepe paper *n* : papel *m* crepé
crescendo *n, pl* **-dos** *or* **-does** : crescendo *m*
crescent *n* : creciente *m*
crest *n* : cresta *f* : penacho *m* : cima *f* : emblema *m*
crestfallen *adj* : alicaído : abatido
cretin *n* : cretino *m*, -na *f* : imbécil *mf*
crevasse *n* : grieta *f* : fisura *f*
crevice *n* : grieta *f* : hendidura *f*
crew *n* : tripulación *f* : equipo *m*
crew cut *n* : pelo *m* al rape : casquete *m* corto
crib *n* : pesebre *m* : granero *m* : cuna *f*
crick *n* : calambre *m* : espasmo *m* muscular
cricket *n* : grillo *m* : críquet *m*
crime *n* : crimen *m* : delito *m* : delincuencia *f*
criminal[1] *adj* : criminal
criminal[2] *n* : criminal *mf* : delincuente *mf*

crimp *v* : ondular : rizar : arrugar
crimson *n* : carmesí *m*
cringe *v* **cringed; cringing** : encogerse
crinkle[1] *v* **-kled; -kling** : arrugar : arrugarse
crinkle[2] *n* : arruga *f*
crinkly *adj* : arrugado
cripple *v* **-pled; -pling** : lisiar : dejar inválido : inutilizar : incapacitar
crisis *n, pl* **crises** : crisis *f*
crisp[1] *v* : tostar : hacer crujiente
crisp[2] *adj* : crujiente : crocante : firme : fresco : vivaz : alegre : vigorizante — **crisply** *adv*
crisp[3] *n* : postre *m* de fruta
crispy *adj* **crispier; -est** : crujiente
crisscross *v* : entrecruzar
criterion *n, pl* **-ria** : criterio *m*
critic *n* : crítico *m*, -ca *f* : detractor *m*, -tora *f* : criticón *m*, -cona *f*
critical *adj* : crítico
critically *adv* : críticamente
criticism *n* : crítica *f*
criticize *v* **-cized; -cizing** : criticar : analizar : evaluar : reprobar
critique *n* : crítica *f* : evaluación *f*
croak[1] *v* : croar
croak[2] *n* : croar *m* : canto *m*
Croatian *n* : croata *mf* — **Croatian** *adj*
crochet[1] *v* : tejer al croché
crochet[2] *n* : croché *m* : crochet *m*
crock *n* : vasija *f* de barro
crockery *n* : vajilla *f*
crocodile *n* : cocodrilo *m*
crocus *n, pl* **-cuses** : azafrán *m*
croissant *n* : croissant *m*
crone *n* : vieja *f* bruja
crony *n, pl* **-nies** : amigote *m* : compinche *mf*
crook[1] *v* : doblar
crook[2] *n* : cayado *m* : báculo *m* : ratero *m*, -ra *f* : ladrón *m*, -drona *f*
crooked *adj* : chueco : torcido : deshonesto
crookedness *n* : lo torcido : lo chueco : falta *f* de honradez
croon *v* : cantar suavemente
crop[1] *v* **cropped; cropping** : recortar : cortar **to crop up** : aparecer : surgir
crop[2] *n* : buche *m* : fusta *f* : cosecha *f* : cultivo *m*
croquet *n* : croquet *m*
croquette *n* : croqueta *f*
cross[1] *v* : cruzar : atravesar
cross[2] *adj* : que atraviesa : contrario : opuesto : enojado : de mal humor
cross[3] *n* : cruz *f* : cruza *f*
crossbar *n* : travesaño *m* : tranca *f*
crossbones *npl* : huesos *mpl* cruzados
crossbow *n* : ballesta *f*
crossbreed *v* **-bred; -breeding** : cruzar
cross–country *n* : cross *m*
crosscurrent *n* : contracorriente *f*
cross–examination *n* : repreguntas *fpl* : interrogatorio *m*
cross–examine *v* **-ined; -ining** : repreguntar
cross–eyed *adj* : bizco
crossfire *n* : fuego *m* cruzado
crossing *n* : cruce *m* : paso *m* : travesía *f*
cross–legged *adv* : con las piernas cruzadas
crossly *adv* : con enojo : con enfado
crosspiece *n* : travesaño *m*
cross–reference *n* : referencia *f* : remisión *f*
crossroads *n* : cruce *m* : encrucijada *f* : crucero *m*
cross section *n* : corte *m* transversal : muestra *f* representativa
crosswalk *n* : cruce *m* peatonal : paso *m* de peatones
crossways → **crosswise**
crosswise[1] *adv* : transversalmente : diagonalmente
crosswise[2] *adj* : transversal : diagonal
crossword *or* **crossword puzzle** *n* : crucigrama *m*
crotch *n* : entrepierna *f*
crotchety *adj* : malhumorado : irritable : enojadizo
crouch *v* : agacharse : ponerse de cuclillas
croup *n* : crup *m*
crouton *n* : crutón *m*
crow[1] *v* : cacarear : cantar : alardear : presumir
crow[2] *n* : cuervo *m* : cantar *m*
crowbar *n* : palanca *f*

crowd[1] *v* : aglomerarse : amontonarse : atestar : atiborrar : llenar
crowd[2] *n* : multitud *f* : muchedumbre *f* : gentío *m*
crowded *adj* : repleto : atestado : abarrotado
crown[1] *v* : coronar
crown[2] *n* : corona *f*
crow's–feet *npl* : patas *fpl* de gallo
crucial *adj* : crucial : decisivo
crucible *n* : crisol *m*
crucifix *n* : crucifijo *m*
crucifixion *n* : crucifixión *f*
crucify *v* **-fied; -fying** : crucificar
crude *adj* **cruder; -est** : crudo : sin refinar : grosero : de mal gusto : tosco : burdo : rudo
crudely *adv* : groseramente : burdamente : de manera rudimentaria
crudity *n, pl* **-ties** : grosería *f* : tosquedad *f* : rudeza *f*
cruel *adj* **crueler** *or* **crueller; cruelest** *or* **cruellest** : cruel
cruelly *adv* : cruelmente
cruelty *n, pl* **-ties** : crueldad *f*
cruet *n* : vinagrera *f* : aceitera *f*
cruise[1] *v* **cruised; cruising** : hacer un crucero : navegar o conducir a una velocidad constante
cruise[2] *n* : crucero *m*
cruiser *n* : crucero *m* : buque *m* de guerra : patrulla *f*
crumb *n* : miga *f* : migaja *f*
crumble *v* **-bled; -bling** : desmigajar : desmenuzar : desmigajarse : desmoronarse : desmenuzarse
crumbly *adj* : que se desmenuza fácilmente
crummy *adj* **crummier; -est** : malo
crumple *v* **-pled; -pling** : arrugar : arrugarse : desplomarse
crunch[1] *v* : ronzar : hacer crujir : crujir
crunch[2] *n* : crujido *m*
crunchy *adj* **crunchier; -est** : crujiente
crusade[1] *v* **-saded; -sading** : hacer una campaña
crusade[2] *n* : campaña *f*
crusader *n* : cruzado *m* : campeón *m*, -peona *f*
crush[1] *v* : aplastar : apachurrar : triturar : machacar : suprimir : darle una paliza a
crush[2] *n* : gentío *m* : multitud *f* : aglomeración *f* : enamoramiento *m*
crushing *adj* : aplastante : abrumador
crust *n* : corteza *f* : costra *f* : tapa *f* de masa : pasta *f* : capa *f*
crustacean *n* : crustáceo *m*
crusty *adj* **crustier; -est** : de corteza dura : enojado : malhumorado
crutch *n* : muleta *f*
crux *n, pl* **cruxes** : quid *m* : esencia *f* : meollo *m*
cry[1] *v* **cried; crying** : gritar : llorar
cry[2] *n, pl* **cries** : grito *m* : llanto *m* : chillido *m*
crybaby *n, pl* **-bies** : llorón *m*, -rona *f*
crypt *n* : cripta *f*
cryptic *adj* : enigmático : críptico
cryptocurrency *n, pl* **-cies** : criptomoneda *f* : criptodivisa *f*
crystal *n* : cristal *m*
crystalline *adj* : cristalino
crystallize *v* **-lized; -lizing** : cristalizar : materializar : cristalizarse
C–section → cesarean[2]
cub *n* : cachorro *m*
Cuban *n* : cubano *m*, -na *f* — **Cuban** *adj*
cubbyhole *n* : chiribitil *m*
cube[1] *v* **cubed; cubing** : elevar al cubo : cortar en cubos
cube[2] *n* : cubo *m*
cubic *adj* : cúbico
cubicle *n* : cubículo *m*
cuckoo[1] *adj* : loco : chiflado
cuckoo[2] *n, pl* **-oos** : cuco *m* : cuclillo *m*
cucumber *n* : pepino *m*
cud *n* **to chew the cud** : rumiar
cuddle[1] *v* **-dled; -dling** : abrazarse tiernamente : acurrucarse : abrazar
cuddle[2] *n* : abrazo *m*
cudgel[1] *v* **-geled** *or* **-gelled; -geling** *or* **-gelling** : apalear : aporrear
cudgel[2] *n* : garrote *m* : porra *f*
cue[1] *v* **cued; cuing** *or* **cueing** : darle el pie a : darle la señal a

cue[2] *n* : señal *f* : pie *m* : entrada *f* : taco *m*
cuff[1] *v* : bofetear : cachetear
cuff[2] *n* : puño *m* : vuelta *f* : bofetada *f* : cachetada *f*; **cuffs** *npl* : esposas *fpl*
cuff link *n* : gemelo *m*
cuisine *n* : cocina *f*
cul–de–sac *n* : calle *f* sin salida
culinary *adj* : culinario
cull *v* : seleccionar
culminate *v* **-nated; -nating** : culminar
culmination *n* : culminación *f* : punto *m* culminante
culpable *adj* : culpable
culprit *n* : culpable *mf*
cult *n* : culto *m*
cultivate *v* **-vated; -vating** : cultivar : labrar : fomentar : refinar
cultivation *n* : cultivo *m* : cultura *f* : refinamiento *m*
cultural *adj* : cultural — **culturally** *adv*
culture *n* : cultivo *m* : cultura *f* : educación *f* : refinamiento *m* : civilización *f*
cultured *adj* : culto : educado : refinado : de cultivo : cultivado
culvert *n* : alcantarilla *f*
cumbersome *adj* : torpe y pesado : difícil de manejar
cumin *n* : comino *m*
cumulative *adj* : acumulativo
cumulus *n, pl* **-li** : cúmulo *m*
cunning[1] *adj* : astuto : taimado : ingenioso : hábil : mono : gracioso : lindo
cunning[2] *n* : habilidad *f* : astucia *f* : maña *f*
cup[1] *v* **cupped; cupping** : ahuecar
cup[2] *n* : taza *f* : media pinta *f* : copa *f* : trofeo *m*
cupboard *n* : alacena *f* : armario *m*
cupcake *n* : pastelito *m*
cupful *n* : taza *f*
cupola *n* : cúpula *f*
cur *n* : perro *m* callejero : perro *m* corriente
curate *n* : cura *m* : párroco *m*
curator *n* : conservador *m*, -dora *f* : director *m*, -tora *f*
curb[1] *v* : refrenar : restringir : controlar
curb[2] *n* : freno *m* : control *m* : borde *m* de la acera
curd *n* : cuajada *f*
curdle *v* **-dled; -dling** : cuajarse : cuajar
curdled *adj* : cortado
cure[1] *v* **cured; curing** : curar : sanar : remediar
cure[2] *n* : curación *f* : recuperación *f* : cura *f* : remedio *m*
curfew *n* : toque *m* de queda
curio *n, pl* **-rios** : curiosidad *f* : objeto *m* curioso
curiosity *n, pl* **-ties** : curiosidad *f*
curious *adj* : curioso : raro
curl[1] *v* : rizar : ondular : enrollar : torcer : rizarse : ondularse
curl[2] *n* : rizo *m* : espiral *f* : rosca *f*
curler *n* : rulo *m*
curlew *n, pl* **-lews** *or* **-lew** : zarapito *m*
curly *adj* **curlier; -est** : rizado : crespo
curly brace *or* **curly bracket** *n* : llave *f*
currant *n* : grosella *f* : pasa *f* de Corinto
currency *n, pl* **-cies** : uso *m* : aceptación *f* : difusión *f* : moneda *f* : dinero *m*
current[1] *adj* : actual : corriente : común — **currently** *adv*
current[2] *n* : corriente *f*
curriculum *n, pl* **-la** : currículum *m* : currículo *m* : programa *m* de estudio
curriculum vitae *n, pl* **curricula vitae** : currículum *m* : currículo *m*
curry[1] *v* **-ried; -rying** : almohazar : condimentar con curry
curry[2] *n, pl* **-ries** : curry *m*
curse[1] *v* **cursed; cursing** : maldecir : injuriar : insultar : decir malas palabras a : afligir : decir malas palabras
curse[2] *n* : maldición *f* : aflicción *f* : cruz *f*
cursor *n* : cursor *m*
cursory *adj* : rápido : superficial : somero
curt *adj* : cortante : brusco : seco — **curtly** *adv*
curtail *v* : acortar : limitar : restringir

curtailment *n* : restricción *f* : limitación *f*
curtain *n* : cortina *f* : telón *m*
curtness *n* : brusquedad *f* : sequedad *f*
curtsy[1] *or* **curtsey** *v* **-sied** *or* **-seyed; -sying** *or* **-seying** : hacer una reverencia
curtsy[2] *or* **curtsey** *n, pl* **-sies** *or* **-seys** : reverencia *f*
curvature *n* : curvatura *f*
curve[1] *v* **curved; curving** : torcerse : describir una curva : encorvar
curve[2] *n* : curva *f*
curvy *adj* **curvier; -est** : con muchas curvas : sinuoso : curvilíneo
cushion[1] *v* : poner cojines o almohadones a : amortiguar : mitigar : suavizar
cushion[2] *n* : cojín *m* : almohadón *m* : colchón *m* : protección *f*
cusp *n* : cúspide *f* : cuerno *m*
cuspid *n* : diente *m* canino : colmillo *m*
custard *n* : natillas *fpl*
custodian *n* : custodio *m*, -dia *f* : guardián : -diana *f*
custody *n, pl* **-dies** : custodia *f* : cuidado *m*
custom[1] *adj* : a la medida : a la orden
custom[2] *n* : costumbre *f* : tradición *f*; **customs** *npl* : aduana *f*
customarily *adv* : habitualmente : normalmente : de costumbre
customary *adj* : tradicional : habitual : de costumbre
customer *n* : cliente *m*, -ta *f*
customize *v* **-ized; -izing** : adaptar a los requisitos de alguien : personalizar — **customization** *n*
custom–made *adj* : hecho a la medida
cut[1] *v* **cut; cutting** : cortar : cortarse : recortar : cruzar : atravesar : acortar : abreviar : reducir : rebajar : sacar : faltar a : apagar
cut[2] *n* : corte *m* : tajo *m* : cortadura *f* : rebaja *f* : reducción *f*
cutaneous *adj* : cutáneo
cutback *n* : recorte *m* : reducción *f*
cute *adj* **cuter; cutest** : mono : lindo
cuticle *n* : cutícula *f*
cutlass *n* : alfanje *m*
cutlery *n* : cubiertos *mpl*
cutlet *n* : chuleta *f*
cutoff *n* : corte *m* : interrupción *f* : fecha *f* límite : fecha *f* tope; **cutoffs** *npl* : shorts *mpl* de mezclilla
cut–rate *adj* : a precio rebajado
cutter *n* : cortadora *f* : cortador *m*, -dora *f* : cúter *m*
cutthroat *adj* : despiadado : desalmado
cutting[1] *adj* : cortante : mordaz
cutting[2] *n* : esqueje *m*
cuttlefish *n, pl* **-fish** *or* **-fishes** : jibia *f* : sepia *f*
cyanide *n* : cianuro *m*
cyber- *pref* : ciber- *m*
cyberbullying *n* : ciberacoso *m*
cybernetic *adj* : cibernético
cycle[1] *v* **-cled; -cling** : andar en bicicleta : ir en bicicleta
cycle[2] *n* : ciclo *m* : bicicleta *f* : motocicleta *f*
cyclic *or* **cyclical** *adj* : cíclico
cycling *n* : ciclismo *m*
cyclist *n* : ciclista *mf*
cyclone *n* : ciclón *m* : tornado *m*
cyclopedia *or* **cyclopaedia** → **encyclopedia**
cylinder *n* : cilindro *m*
cylindrical *adj* : cilíndrico
cymbal *n* : platillo *m* : címbalo *m*
cynic *n* : cínico *m*, -ca *f*
cynical *adj* : cínico
cynicism *n* : cinismo *m*
cypress *n* : ciprés *m*
cyst *n* : quiste *m*
czar *n* : zar *m*
czarina *n* : zarina *f*
Czech *n* : checo *m*, -ca *f* — **Czech** *adj*
Czechoslovak *or* **Czechoslovakian** *n* : checoslovaco *m*, -ca *f* — **Czechoslovak** *or* **Czechoslovakian** *adj*

D

dab[1] *v* **dabbed; dabbing** : darle toques ligeros a : aplicar suavemente
dab[2] *n* : toque *m* : pizca *f* : poco *m* : toque *m* ligero : golpecito *m*
dabble *v* **-bled; -bling** : salpicar : chapotear : jugar : interesarse superficialmente
dabbler *n* : diletante *mf*
dachshund *n* : perro *m* salchicha
dad *n* : papá *m*
daddy *n, pl* **-dies** : papi *m*
daddy longlegs *n, pl* **daddy longlegs** : segador *m*
daffodil *n* : narciso *m*
daft *adj* : tonto : bobo
dagger *n* : daga *f* : puñal *m*
dahlia *n* : dalia *f*
daily[1] *adv* : a diario : diariamente
daily[2] *adj* : diario : cotidiano
daily[3] *n, pl* **-lies** : diario *m* : periódico *m*
daintily *adv* : delicadamente : con delicadeza
daintiness *n* : delicadeza *f* : finura *f*
dainty[1] *adj* **daintier; -est** : delicado : remilgado : melindroso : exquisito : sabroso
dainty[2] *n, pl* **-ties** : exquisitez *f* : manjar *m*
dairy[1] *adj* : lácteo
dairy[2] *n, pl* **-ries** : (productos *mpl*) lácteos *mpl*
dairymaid *n* : lechera *f*
dairyman *n, pl* **-men** : lechero *m*
dais *n* : tarima *f* : estrado *m*
daisy *n, pl* **-sies** : margarita *f*
dale *n* : valle *m*
dally *v* **-lied; -lying** : juguetear : entretenerse : perder tiempo
dalmatian *n* : dálmata *m*
dam[1] *v* **dammed; damming** : represar
dam[2] *n* : represa *f* : dique *m* : madre *f*
damage[1] *v* **-aged; -aging** : dañar : perjudicar
damage[2] *n* : daño *m* : perjuicio *m*; **damages** *npl* : daños y perjuicios *mpl*
damaging *adj* : perjudicial
damask *n* : damasco *m*
dame *n* : dama *f* : señora *f*
damn[1] *v* : condenar : maldecir
damn[2] *or* **damned** *adj* : condenado : maldito
damn[3] *n* : pito *m* : bledo *m* : comino *m*
damnable *adj* : condenable : detestable
damnation *n* : condenación *f*
damned[1] *adv* : muy
damned[2] *adj* : extraordinario
damning *adj* : condenatorio
damp[1] *v* → **dampen**
damp[2] *adj* : húmedo
damp[3] *n* : humedad *f*
dampen *v* : humedecer : desalentar : desanimar
damper *n* : regulador *m* de tiro : sordina *f*
dampness *n* : humedad *f*
damsel *n* : damisela *f*
dance[1] *v* **danced; dancing** : bailar
dance[2] *n* : baile *m*
dancer *n* : bailarín *m*, -rina *f*
dandelion *n* : diente *m* de león
dandruff *n* : caspa *f*
dandy[1] *adj* **dandier; -est** : excelente : magnífico : macanudo
dandy[2] *n, pl* **-dies** : dandi *m* : algo *m* excelente
Dane *n* : danés *m*, -nesa *f*
danger *n* : peligro *m*
dangerous *adj* : peligroso
dangle *v* **-gled; -gling** : colgar : pender : hacer oscilar : ofrecer
Danish[1] *adj* : danés
Danish[2] *n* : danés *m*
dank *adj* : frío y húmedo
dapper *adj* : pulcro : atildado
dappled *adj* : moteado
dare[1] *v* **dared; daring** : osar : atreverse : desafiar : retar
dare[2] *n* : desafío *m* : reto *m*
daredevil *n* : persona *f* temeraria
daring[1] *adj* : osado : atrevido : audaz
daring[2] *n* : arrojo *m* : coraje *m* : audacia *f*
dark[1] *adj* : oscuro : moreno : sombrío : triste

dark[2] *n* : oscuridad *f* : tinieblas *f* : noche
dark chocolate *n* : chocolate *m* oscuro : chocolate *m* amargo : chocolate *m* negro
darken *v* : oscurecer : entristecer : ensombrecerse : nublarse
darkly *adv* : oscuramente : tristemente : misteriosamente : enigmáticamente
darkness *n* : oscuridad *f* : tinieblas *f*
darkroom *n* : cuarto *m* oscuro
darling[1] *adj* : querido : amado : encantador : mono
darling[2] *n* : querido *m*, -da *f* : amado *m* : cariño *m*, -ña *f* : preferido *m*, -da *f* : favorito *m*, -ta *f*
darn[1] *v* : zurcir
darn[2] *n* : zurcido *m*
dart[1] *v* : lanzar : tirar : lanzarse : precipitarse
dart[2] *n* : dardo *m*; **darts** *npl* : juego *m* de dardos
dash[1] *v* : romper : estrellar : arrojar : lanzar : salpicar : frustrar : romperse : estrellarse : lanzarse : irse apresuradamente
dash[2] *n* : arranque *m* : salpicadura *f* : guión *m* largo : gota *f* : pizca *f* : brío *m* : carrera *f*
dashboard *n* : tablero *m* de instrumentos
dashing *adj* : gallardo : apuesto
data *ns & pl* : datos *mpl* : información *f*
data bank *n* : banco *m* de datos
database *n* : base *f* de datos
data processing *n* : procesamiento *m* de datos
date[1] *v* **dated; dating** : fechar : datar : salir con
date[2] *n* : fecha *f* : época *f* : período *m* : cita *f* : acompañante *mf* : dátil *m*
dated *adj* : anticuado : pasado de moda
datum *n, pl* **-ta** *or* **-tums** : dato *m*
daub[1] *v* : embadurnar
daub[2] *n* : mancha *f*
daughter *n* : hija *f*
daughter–in–law *n, pl* **daughters–in–law** : nuera *f* : hija *f* política
daunt *v* : amilanar : acobardar : intimidar
daunting *adj* : desalentador
dauntless *adj* : intrépido : impávido
dawdle *v* **-dled; -dling** : demorarse : entretenerse : perder tiempo : vagar : holgazanear : haraganear
dawn[1] *v* : amanecer : alborear : despuntar
dawn[2] *n* : amanecer *m* : alba *f* : albor *m* : comienzo *m*
day *n* : día *m* : fecha *f* : tiempo *m* : jornada *f* laboral
daybreak *n* : alba *f* : amanecer *m*
day care *n* : servicio *m* de guardería infantil
daydream[1] *v* : soñar despierto : fantasear
daydream[2] *n* : ensueño *m* : ensoñación *f* : fantasía *f*
daylight *n* : luz *f* del día
daylight saving time *n* : hora *f* de verano
daytime *n* : horas *fpl* diurnas : día *m*
day–to–day *adj* : diario : cotidiano
daze[1] *v* **dazed; dazing** : aturdir : deslumbrar : ofuscar
daze[2] *n* : aturdimiento *m*
dazzle[1] *v* **-zled; -zling** : deslumbrar : ofuscar
dazzle[2] *n* : resplandor *m* : brillo *m*
dazzling *adj* : deslumbrante
de- *pref* : des-
deacon *n* : diácono *m*
deaconess *n* : diaconisa *f*
deactivate *v* **-vated; -vating** : desactivar
dead[1] *adv* : repentinamente : súbitamente : absolutamente : justo
dead[2] *adj* : muerto : entumecido : dormido : indiferente : frío : inactivo : desconectado : descargado : agotado : derrengado : obsoleto : exacto : de poco movimiento : perdido
deadbeat *n* : vago *m*, -ga *f* : holgazán *m*, -zana *f* : gorrón *m*, -rrona *f* : gorrero *m*, -ra *f*
deaden *v* : atenuar : entorpecer : deslustrar : desanimar : amortiguar : reducir
dead–end *adj* : sin salida : sin futuro
dead end *n* : callejón *m* sin salida

dead heat *n* : empate *m*
deadline *n* : fecha *f* límite : fecha *f* tope : plazo *m*
deadlock[1] *v* : estancar : estancarse : llegar a punto muerto
deadlock[2] *n* : punto *m* muerto : impasse *m*
deadly[1] *adv* : extremadamente : sumamente
deadly[2] *adj* **deadlier; -est** : mortal : letal : mortífero : certero : preciso : capital : funesto : aburrido : extremo : absoluto
deadpan[1] *adv* : de manera inexpresiva : sin expresión
deadpan[2] *adj* : inexpresivo : impasible
deaf *adj* : sordo
deafen *v* **-ened; -ening** : ensordecer
deafening *adj* : ensordecedor
deafness *n* : sordera *f*
deal[1] *v* **dealt; dealing** *or* **to deal out** : repartir : dar : asestar : propinar
deal[2] *n* : reparto *m* : trato *m* : acuerdo *m* : transacción *f* : ganga *f* : oferta *f*
dealer *n* : comerciante *mf* : traficante *mf*
dealership *n* : concesión *f*
dealings *npl* : relaciones *fpl* : negocios *mpl* : transacciones *fpl*
dean *n* : deán *m* : decano *m*, -na *f*
dear[1] *adj* : querido : estimado : caro : costoso
dear[2] *n* : querido *m*, -da *f* : amado *m*
dearly *adv* : mucho : caro
dearth *n* : escasez *f* : carestía *f*
death *n* : muerte *f* : fallecimiento *m* : víctima *f* : muerto *m*, -ta *f* : fin *m*
deathbed *n* : lecho *m* de muerte
deathblow *n* : golpe *m* mortal
death certificate *n* : certificado *m* de defunción : acta *f* de defunción
deathless *adj* : eterno : inmortal
deathly *adj* : de muerte : sepulcral : cadavérico
death penalty *n* : pena *f* de muerte
death trap *n* : trampa *f* mortal : vehículo *m* (o edificio *m*, etc.) peligroso
debacle *n* : desastre *m* : debacle *m* : fiasco *m*
debar *v* **-barred; -barring** : excluir : prohibir
debase *v* **-based; -basing** : degradar : envilecer
debatable *adj* : discutible
debate[1] *v* **-bated; -bating** : debatir : discutir
debate[2] *n* : debate *m* : discusión *f*
debauch *v* : pervertir : corromper
debauchery *n, pl* **-eries** : libertinaje *m* : intemperancia *f*
debilitate *v* **-tated; -tating** : debilitar
debility *n, pl* **-ties** : debilidad *f*
debit[1] *v* : adeudar : cargar : debitar
debit[2] *n* : débito *m* : cargo *m* : debe *m*
debit card *n* : tarjeta *f* de débito
debonair *adj* : elegante y desenvuelto : apuesto
debris *n, pl* **-bris** : escombros *mpl* : ruinas *fpl* : restos *mpl* : basura *f* : desechos *mpl*
debt *n* : deuda *f* : endeudamiento *m*
debtor *n* : deudor *m*, -dora *f*
debunk *v* : desacreditar : desprestigiar
debut[1] *v* : debutar
debut[2] *n* : debut *m* : estreno *m* : presentación *f*
debutante *n* : debutante *f*
decade *n* : década *f*
decadence *n* : decadencia *f*
decadent *adj* : decadente
decaf[1] **→ decaffeinated**
decaf[2] *n* : café *m* descafeinado
decaffeinated *adj* : descafeinado
decal *n* : calcomanía *f*
decamp *v* : irse : largarse
decanter *n* : licorera *f* : garrafa *f*
decapitate *v* **-tated; -tating** : decapitar
decay[1] *v* : descomponerse : pudrirse : deteriorarse : cariarse
decay[2] *n* : descomposición *f* : decadencia *f* : deterioro *m* : caries *f*
decease[1] *v* **-ceased; -ceasing** : morir : fallecer
decease[2] *n* : fallecimiento *m* : defunción *f* : deceso *m*
deceased *n* : difunto *m*, -ta *f*
deceit *n* : engaño *m* : deshonestidad *f*
deceitful *adj* : falso : embustero : engañoso : mentiroso

deceitfully *adv* : con engaño : con falsedad
deceitfulness *n* : falsedad *f* : engaño *m*
deceive *v* **-ceived; -ceiving** : engañar : burlar
deceiver *n* : impostor *m*, -tora *f*
decelerate *v* **-ated; -ating** : reducir la velocidad : desacelerar
December *n* : diciembre *m*
decency *n, pl* **-cies** : decencia *f* : decoro *m*
decent *adj* : decente : decoroso : correcto : vestido : presentable : púdico : modesto : adecuado
decently *adv* : decentemente
decentralize *v* **-lized; -lizing** : descentralizar : descentralizarse
deception *n* : engaño *m*
deceptive *adj* : engañoso : falaz — **deceptively** *adv*
decibel *n* : decibelio *m*
decide *v* **-cided; -ciding** : decidir : llegar a la conclusión de : determinar : resolver : decidirse
decided *adj* : indudable : decidido : resuelto — **decidedly** *adv*
deciduous *adj* : caduco : de hoja caduca
decimal[1] *adj* : decimal
decimal[2] *n* : número *m* decimal
decimal point *n* : punto *m* decimal : coma *f* decimal
decipher *v* : descifrar — **decipherable** *adj*
decision *n* : decisión *f* : determinación *f*
decisive *adj* : decisivo : concluyente : contundente : decidido : resuelto : firme
decisively *adv* : con decisión : de manera decisiva
decisiveness *n* : contundencia *f* : firmeza *f* : decisión *f* : determinación *f*
deck[1] *v* : tumbar : derribar
deck[2] *n* : cubierta *f*; *or* **deck of cards** : baraja *f*
deck chair *n* : silla *f* de playa
declaim *v* : declamar
declaration *n* : declaración *f* : pronunciamiento *m*
declare *v* **-clared; -claring** : declarar : manifestar
declassify *v* **-fied; -fying** : desclasificar
decline[1] *v* **-clined; -clining** : descender : deteriorarse : decaer : disminuir : decrecer : rehusar : declinar
decline[2] *n* : decadencia *f* : deterioro *m* : disminución *f* : descenso *m* : declive *m* : pendiente *f*
decode *v* **-coded; -coding** : descifrar : descodificar
decoder *n* : decodificador *m*
decompose *v* **-posed; -posing** : descomponer : pudrir : descomponerse : pudrirse
decomposition *n* : descomposición *f*
decongestant *n* : descongestionante *m*
decontaminate *v* **-nated; -nating** : descontaminar — **decontamination** *n*
decor *or* **décor** *n* : decoración *f*
decorate *v* **-rated; -rating** : decorar : adornar : condecorar
decoration *n* : decoración *f* : adorno *m* : condecoración *f*
decorative *adj* : decorativo : ornamental : de adorno
decorator *n* : decorador *m*, -dora *f*
decorum *n* : decoro *m*
decoy[1] *v* : atraer
decoy[2] *n* : señuelo *m* : reclamo *m*
decrease[1] *v* **-creased; -creasing** : decrecer : disminuir : bajar : reducir
decrease[2] *n* : disminución *f* : descenso *m* : bajada *f*
decree[1] *v* **-creed; -creeing** : decretar
decree[2] *n* : decreto *m*
decrepit *adj* : decrépito : débil : deteriorado : ruinoso
decry *v* **-cried; -crying** : censurar : criticar
dedicate *v* **-cated; -cating** : dedicar : consagrar
dedication *n* : dedicación *f* : devoción *f* : dedicatoria *f*
deduce *v* **-duced; -ducing** : deducir : inferir
deduct *v* : deducir : descontar : restar
deductible *adj* : deducible
deduction *n* : deducción *f*
deed[1] *v* : ceder : transferir

deed[2] *n* : acto *m* : acción *f* : hecho *m* : hazaña *f* : proeza *f* : escritura *f* : título *m*
deem *v* : considerar : juzgar
deep[1] *adv* : hondo : profundamente
deep[2] *adj* : hondo : profundo : de fondo : de profundidad : intenso : grave : serio : subido : absorto
deepen *v* : ahondar : profundizar : intensificar : hacerse más profundo : intensificarse
deeply *adv* : hondo : profundamente
deep–rooted *adj* : profundamente arraigado : enraizado
deep–seated *adj* : profundo
deer *ns & pl* : ciervo *m* : venado *m*
deerskin *n* : piel *f* de venado
deface *v* **-faced; -facing** : desfigurar
defamation *n* : difamación *f*
defamatory *adj* : difamatorio
defame *v* **-famed; -faming** : difamar : calumniar
default[1] *v* : no cumplir : no pagar : no presentarse
default[2] *n* : omisión *f* : negligencia *f* : impago *m* : falta *f* de pago
defaulter *n* : moroso *m*, -sa *f* : rebelde *mf*
defeat[1] *v* : frustrar : vencer : derrotar
defeat[2] *n* : derrota *f* : rechazo *m* : fracaso *m*
defeatist *n* : derrotista *mf* — **defeatist** *adj*
defecate *v* **-cated; -cating** : defecar
defect[1] *v* : desertar
defect[2] *n* : defecto *m*
defection *n* : deserción *f*
defective *adj* : defectuoso : deficiente
defector *n* : desertor *m*, -tora *f*
defend *v* : defender
defendant *n* : acusado *m*, -da *f* : demandado *m*
defender *n* : defensor *m*, -sora *f* : defensa *mf*
defense *n* : defensa *f*
defenseless *adj* : indefenso
defenselessness *n* : indefensión *f*
defensive[1] *adj* : defensivo
defensive[2] *n* **on the defensive** : a la defensiva
defer *v* **-ferred; -ferring** : diferir : aplazar : posponer **to defer to** : deferir a
deference *n* : deferencia *f*
deferential *adj* : respetuoso
deferment *n* : aplazamiento *m*
defiance *n* : desafío *m*
defiant *adj* : desafiante : insolente
deficiency *n, pl* **-cies** : deficiencia *f* : carencia *f*
deficient *adj* : deficiente : carente
deficit *n* : déficit *m*
defile *v* **-filed; -filing** : ensuciar : manchar : corromper : profanar : deshonrar
defilement *n* : profanación *f* : corrupción *f* : contaminación *f*
define *v* **-fined; -fining** : delimitar : demarcar : aclarar : definir
definite *adj* : definido : determinado : claro : explícito : seguro : incuestionable
definite article *n* : artículo *m* definido
definitely *adv* : indudablemente : sin duda : definitivamente : seguramente
definition *n* : definición *f*
definitive *adj* : definitivo : decisivo : de autoridad : autorizado — **definitively** *adv*
deflate *v* **-flated; -flating** : desinflar : rebajar : desinflarse
deflation *n* : deflación *f*
deflect *v* : desviar : desviarse
deforestation *n* : deforestación *f*
deform *v* : deformar
deformation *n* : deformación *f*
deformed *adj* : deforme
deformity *n, pl* **-ties** : deformidad *f*
defraud *v* : estafar : defraudar
defray *v* : sufragar : costear
defrost *v* : descongelar : deshelar : descongelarse : deshelarse
deft *adj* : hábil : diestro — **deftly** *adv*
defunct *adj* : difunto : fallecido : extinto : fenecido
defuse *v* : desactivar
defy *v* **-fied; -fying** : desafiar : retar : desobedecer : resistir : hacer imposible : hacer inútil
degenerate[1] *v* **-ated; -ating** : degenerar

degenerate[2] *adj* : degenerado
degeneration *n* : degeneración *f*
degenerative *adj* : degenerativo
degradation *n* : degradación *f*
degrade *v* **-graded; -grading** : degradar : envilecer
degrading *adj* : degradante
degree *n* : grado *m* : título *m*
dehydrate *v* **-drated; -drating** : deshidratar : deshidratarse
dehydration *n* : deshidratación *f*
deice *v* **-iced; -icing** : deshelar : descongelar
deify *v* **-fied; -fying** : deificar
deign *v* : dignarse : condescender
deity *n, pl* **-ties** : deidad *f* : dios *m* : diosa *f*
dejected *adj* : abatido : desalentado : desanimado
dejection *n* : abatimiento *m* : desaliento *m* : desánimo *m*
delay[1] *v* : posponer : postergar : retrasar : demorar : tardar
delay[2] *n* : tardanza *f* : demora *f* : retraso *m*
delectable *adj* : delicioso : exquisito : encantador
delegate[1] *v* **-gated; -gating** : delegar
delegate[2] *n* : delegado *m*, -da *f*
delegation *n* : delegación *f*
delete *v* **-leted; -leting** : suprimir : tachar : eliminar : borrar
delete key *n* : tecla *f* de borrar : tecla *f* de borrado
deletion *n* : supresión *f* : tachadura *f* : eliminación *f*
deli → delicatessen
deliberate[1] *v* **-ated; -ating** : deliberar sobre : reflexionar sobre : considerar : deliberar
deliberate[2] *adj* : reflexionado : premeditado : deliberado : intencional : lento : pausado
deliberately *adv* : adrede : a propósito : pausadamente : lentamente
deliberation *n* : deliberación *f* : consideración *f* : lentitud *f*
delicacy *n, pl* **-cies** : manjar *m* : exquisitez *f* : delicadeza *f* : fragilidad *f*
delicate *adj* : delicado : primoroso : fino : frágil
delicately *adv* : delicadamente : con delicadeza
delicatessen *n* : charcutería *f* : fiambrería *f* : salchichonería *f*
delicious *adj* : delicioso : exquisito : rico — **deliciously** *adv*
delight[1] *v* : deleitar : encantar **to delight in** : deleitarse con : complacerse en
delight[2] *n* : placer *m* : deleite *m* : gozo *m* : encanto *m*
delighted *adj* : encantado
delightful *adj* : delicioso : encantador
delightfully *adv* : de manera encantadora : de maravilla
delineate *v* **-eated; -eating** : delinear : trazar : bosquejar
delinquency *n, pl* **-cies** : delincuencia *f*
delinquent[1] *adj* : delincuente : vencido y sin pagar : moroso
delinquent[2] *n* : delincuente *mf*
delirious *adj* : delirante
delirium *n* : delirio *m* : desvarío *m*
deliver *v* : liberar : librar : entregar : repartir : asistir en el parto de : pronunciar : despachar : lanzar : propinar : asestar : hacer entregas : cumplir
deliverance *n* : liberación *f* : rescate *m* : salvación *f*
deliverer *n* : libertador *m*, -dora *f* : salvador *m*
delivery *n, pl* **-eries** : liberación *f* : entrega *f* : reparto *m* : parto *m* : alumbramiento *m* : expresión *f* oral : modo *m* de hablar : lanzamiento *m*
dell *n* : hondonada *f* : valle *m* pequeño
delta *n* : delta *m*
delude *v* **-luded; -luding** : engañar
deluge[1] *v* **-uged; -uging** : inundar : abrumar
deluge[2] *n* : inundación *f* : aguacero *m* : aluvión *m*
delusion *n* : ilusión *f*
deluxe *adj* : de lujo
delve *v* **delved; delving** : escarbar
demagogue *n* : demagogo *m* : demagoga *f*
demand[1] *v* : demandar : exigir : reclamar

demand[2] *n* : petición *f* : pedido *m* : demanda *f* : reclamación *f* : exigencia *f*
demanding *adj* : exigente
demarcate *v* **-cated; -cating** : demarcar : delimitar
demarcation *n* : demarcación *f* : deslinde *m*
demean *v* : degradar : rebajar
demeaning *adj* : degradante
demeanor *n* : comportamiento *m* : conducta *f*
demented *adj* : demente : loco
dementia *n* : demencia *f*
demerit *n* : demérito *m*
demigod *n* : semidiós *m*
demilitarize *v* **-rized; -rizing** : desmilitarizar
demise *n* : fallecimiento *m* : deceso *m* : hundimiento *m* : desaparición *f*
demitasse *n* : taza *f* pequeña
demo *n* : demostración *f*
demobilization *n* : desmovilización *f*
demobilize *v* **-lized; -lizing** : desmovilizar
democracy *n, pl* **-cies** : democracia *f*
democrat *n* : demócrata *mf*
democratic *adj* : democrático — **democratically** *adv*
democratize *v* **-tized; -tizing** : democratizar — **democratization** *n*
demographic[1] *adj* : demográfico
demographic[2] *n* : perfil *m* demográfico; **demographics** *npl* : estadísticas *fpl* demográficas : demografía *f*
demography *n* : demografía *f*
demolish *v* : demoler : derribar : arrasar : destruir : destrozar
demolition *n* : demolición *f* : derribo *m*
demon *n* : demonio *m* : diablo *m*
demoniac *or* **demoniacal** → **demonic**
demonic *adj* : demoníaco
demonstrably *adv* : manifiestamente : claramente
demonstrate *v* **-strated; -strating** : demostrar : probar : explicar : ilustrar : manifestarse
demonstration *n* : muestra *f* : demostración *f* : manifestación *f*
demonstrative *adj* : efusivo : expresivo : demostrativo
demonstrator *n* : manifestante *mf*
demoralize *v* **-ized; -izing** : desmoralizar
demoralizing *adj* : desmoralizador : desmoralizante
demote *v* **-moted; -moting** : degradar : bajar de categoría
demotion *n* : degradación *f* : descenso *m* de categoría
demur *v* **-murred; -murring** : oponerse
demure *adj* : recatado : modesto — **demurely** *adv*
demystify *v* **-fied; -fying** : desmitificar
den *n* : cubil *m* : madriguera *f* : guarida *f* : estudio *m* : gabinete *m*
denature *v* **-tured; -turing** : desnaturalizar
dengue *n* : dengue *m*
denial *n* : rechazo *m* : denegación *f* : negativa *f* : negación *f*
denigrate *v* **-grated; -grating** : denigrar
denim *n* : tela *f* vaquera : mezclilla *f*; **denims** *npl* → **jeans**
denizen *n* : habitante *mf* : morador *m*, -dora *f*
denomination *n* : confesión *f* : fe *f* : denominación *f* : valor *m*
denominator *n* : denominador *m*
denote *v* **-noted; -noting** : indicar : denotar : señalar : significar
denouement *n* : desenlace *m*
denounce *v* **-nounced; -nouncing** : denunciar : censurar : acusar : delatar
dense *adj* **denser; -est** : espeso : denso : estúpido : burro
densely *adv* : densamente : torpemente
denseness *n* : estupidez *f*
density *n, pl* **-ties** : densidad *f*
dent[1] *v* : abollar : mellar
dent[2] *n* : abolladura *f* : mella *f*
dental *adj* : dental
dental floss *n* : hilo *m* dental
dental surgeon *n* : odontólogo *m*, -ga *f*
dentifrice *n* : dentífrico *m* : pasta *f* de dientes
dentist *n* : dentista *mf*

dentistry *n* : odontología *f*
dentures *npl* : dentadura *f* postiza
denude *v* **-nuded; -nuding** : desnudar : despojar
denunciation *n* : denuncia *f* : acusación *f*
deny *v* **-nied; -nying** : desmentir : negar : renegar de : denegar
deodorant *n* : desodorante *m*
deodorize *v* **-ized; -izing** : eliminar los malos olores
depart *v* : salirse de : salir : partir : irse : morir
department *n* : sección *f* : departamento *m* : ministerio *m* : esfera *f* : campo *m* : competencia *f*
departmental *adj* : departamental
department chair → chair[2]
department store *n* : grandes almacenes *mpl*
departure *n* : salida *f* : partida *f* : desviación *f*
depend *v* : contar : confiar
dependable *adj* : responsable : digno de confianza : fiable
dependence *n* : dependencia *f*
dependency *n, pl* **-cies** : posesión *f*
dependent[1] *adj* : dependiente
dependent[2] *n* : persona *f* a cargo de alguien
depict *v* : representar : describir
depiction *n* : representación *f* : descripción *f*
deplete *v* **-pleted; -pleting** : agotar : reducir
depletion *n* : agotamiento *m* : reducción *f* : disminución *f*
deplorable *adj* : deplorable : despreciable : lamentable
deplore *v* **-plored; -ploring** : deplorar : lamentar : condenar
deploy *v* : desplegar
deployment *n* : despliegue *m*
deport *v* : deportar : expulsar
deportation *n* : deportación *f*
depose *v* **-posed; -posing** : deponer
deposit[1] *v* **-ited; -iting** : depositar
deposit[2] *n* : depósito *m* : entrega *f* inicial : yacimiento *m*
deposition *n* : deposición *f*
depository *n, pl* **-ries** : almacén *m* : depósito *m*
depot *n* : almacén *m* : depósito *m* : terminal *mf* : estación *f*
deprave *v* **-praved; -praving** : depravar : pervertir
depraved *adj* : depravado : degenerado
depravity *n, pl* **-ties** : depravación *f*
depreciate *v* **-ated; -ating** : depreciar : devaluar : menospreciar : despreciar : depreciarse : devaluarse
depreciation *n* : depreciación *f* : devaluación *f*
depress *v* : apretar : presionar : pulsar : reducir : hacer bajar : deprimir : abatir : entristecer : depreciar
depressant *n* : depresivo *m*
depressed *adj* : deprimido : abatido : en crisis
depressing *adj* : deprimente : triste
depression *n* : depresión *f* : abatimiento *m* : depresión : depresión *f* económica : crisis *f*
deprivation *n* : privación *f*
deprive *v* **-prived; -priving** : privar
depth *n, pl* **depths** : profundidad *f*
deputation *n* : diputación *f*
deputize *v* **-tized; -tizing** : nombrar como segundo
deputy *n, pl* **-ties** : suplente *mf* : sustituto *m*, -ta *f*
derail *v* : descarrilar
derailment *n* : descarrilamiento *m*
derange *v* **-ranged; -ranging** : desarreglar : desordenar : trastornar : perturbar : enloquecer : volver loco
deranged *adj* : trastornado : perturbado
derangement *n* : trastorno *m* : locura *f* : perturbación *f* mental
derby *n, pl* **-bies** : derby *m* : sombrero *m* hongo : bombín *m*
deregulate *v* **-lated; -lating** : desregular
deregulation *n* : desregulación *f*
derelict[1] *adj* : abandonado : en ruinas : negligente : remiso
derelict[2] *n* : propiedad *f* abandonada : vagabundo *m*, -da *f*
deride *v* **-rided; -riding** : ridiculizar : burlarse de

derision *n* : escarnio *m* : irrisión *f* : mofa *f*
derisive *adj* : burlón
derisory *adj* : irrisorio : mísero
derivation *n* : derivación *f*
derivative[1] *adj* : derivado : carente de originalidad : banal
derivative[2] *n* : derivado *m*
derive *v* **-rived; -riving** : obtener : sacar : deducir : inferir : provenir : derivar : proceder
dermatologist *n* : dermatólogo *m*, -ga *f*
dermatology *n* : dermatología *f*
derogatory *adj* : despectivo : despreciativo
derrick *n* : grúa *f* : torre *f* de perforación
descend *v* : descender : bajar : provenir : rebajarse
descendant[1] *adj* : descendente
descendant[2] *n* : descendiente *mf*
descent *n* : bajada *f* : descenso *m* : ascendencia *f* : linaje *f* : pendiente *f* : cuesta *f* : caída *f* : incursión *f* : ataque *m*
describe *v* **-scribed; -scribing** : describir
description *n* : descripción *f*
descriptive *adj* : descriptivo
desecrate *v* **-crated; -crating** : profanar
desecration *n* : profanación *f*
desegregate *v* **-gated; -gating** : eliminar la segregación racial de
desegregation *n* : eliminación *f* de la segregación racial
desert[1] *v* : abandonar : desertar de : desertar
desert[2] *adj* : desierto
desert[3] *n* : desierto *m* → **deserts**
deserted *adj* : desierto
deserter *n* : desertor *m*, -tora *f*
desertion *n* : abandono *m* : deserción *f*
deserts *npl* : merecido *m*
deserve *v* **-served; -serving** : merecer
deservedly *adv* : merecidamente
deserving *adj* : meritorio
desiccate *v* **-cated; -cating** : desecar : deshidratar
design[1] *v* : diseñar : concebir : idear : proyectar : trazar : bosquejar
design[2] *n* : plan *m* : proyecto *m* : diseño *m* : bosquejo *m* : estilo *m*; **designs** *npl* : propósitos *mpl* : designios *mpl*
designate *v* **-nated; -nating** : indicar : especificar : nombrar : designar
designation *n* : designación *f* : denominación *f* : nombre *m* : nombramiento *m*
designer[1] *adj* : de diseño : de marca
designer[2] *n* : diseñador *m*, -dora *f*
desirability *n, pl* **-ties** : conveniencia *f* : atractivo *m*
desirable *adj* : conveniente : aconsejable : deseable : atractivo
desire[1] *v* **-sired; -siring** : desear : rogar : solicitar
desire[2] *n* : deseo *m* : anhelo *m* : ansia *m*
desist *v* **to desist from** : desistir de : abstenerse de
desk *n* : escritorio *m* : pupitre *m*
desktop[1] *adj* : de escritorio
desktop[2] *or* **desktop computer** *n* : computadora *f* : computador *m* : ordenador *m*
desktop publishing *n* : autoedición *f*
desolate[1] *v* **-lated; -lating** : devastar : desolar
desolate[2] *adj* : desolado : desierto : yermo : desconsolado
desolation *n* : desolación *f*
despair[1] *v* : desesperar : perder las esperanzas
despair[2] *n* : desesperación *f* : desesperanza *f*
despairing *adj* : desesperado
desperate *adj* : desesperado : sin esperanzas : precipitado : grave : urgente : apremiante
desperately *adv* : desesperadamente : urgentemente
desperation *n* : desesperación *f*
despicable *adj* : vil : despreciable : infame
despise *v* **-spised; -spising** : despreciar
despite *prep* : a pesar de : aún con

despoil *v* : saquear
despondency *n* : desaliento *m* : desánimo *m* : depresión *f*
despondent *adj* : desalentado : desanimado
despot *n* : déspota *mf* : tirano *m*, -na *f*
despotic *adj* : despótico
despotism *n* : despotismo *m*
dessert *n* : postre *m*
dessertspoon *n* : cuchara *f* de postre
destination *n* : destino *m* : destinación *f*
destined *adj* : predestinado : destinado : con destino : con rumbo
destiny *n, pl* **-nies** : destino *m*
destitute *adj* : carente : desprovisto : indigente : en miseria
destitution *n* : indigencia *f* : miseria *f*
destroy *v* : matar : destruir : destrozar
destroyer *n* : destructor *m*
destruction *n* : destrucción *f* : ruina *f*
destructive *adj* : destructor : destructivo
desultory *adj* : sin rumbo : sin objeto : inconexo
detach *v* : separar : quitar : desprender
detached *adj* : separado : suelto : distante : indiferente : imparcial : objetivo
detachment *n* : separación *f* : destacamento *m* : reserva *f* : indiferencia *f* : imparcialidad *f*
detail[1] *v* : detallar : exponer en detalle
detail[2] *n* : detalle *m* : pormenor *m* : destacamento *m*
detailed *adj* : detallado : minucioso
detain *v* : detener : entretener : demorar : retrasar
detect *v* : detectar : descubrir
detection *n* : descubrimiento *m*
detective *n* : detective *mf*
detector *n* : detector *m*
detention *n* : detención *m*
deter *v* **-terred; -terring** : disuadir : impedir
detergent *n* : detergente *m*
deteriorate *v* **-rated; -rating** : deteriorarse : empeorar
deterioration *n* : deterioro *m* : empeoramiento *m*
determinant[1] *adj* : determinante
determinant[2] *n* : factor *m* determinante : determinante *m*
determination *n* : determinación *f* : decisión *f* : resolución *f*
determine *v* **-mined; -mining** : determinar : establecer : decidir : averiguar
determined *adj* : decidido : resuelto
deterrence *n* : disuasión *f*
deterrent *n* : medida *f* disuasiva
detest *v* : detestar : odiar : aborrecer
detestable *adj* : detestable : odioso : aborrecible
dethrone *v* **-throned; -throning** : destronar
detonate *v* **-nated; -nating** : hacer detonar : detonar : estallar
detonation *n* : detonación *f*
detonator *n* : detonador *m*
detour[1] *v* : desviarse
detour[2] *n* : desvío *m* : rodeo *m*
detox[1] *v* : desintoxicar : desintoxicarse
detox[2] *n* : desintoxicación *f*
detoxify *v* **-fied; -fying** : desintoxicar — **detoxification** *n*
detract *v* **to detract from** : restarle valor a : quitarle méritos a
detractor *n* : detractor *m*, -tora *f*
detriment *n* : detrimento *m* : perjuicio *m*
detrimental *adj* : perjudicial — **detrimentally** *adv*
devaluation *n* : devaluación *f*
devalue *v* **-ued; -uing** : devaluar : depreciar
devastate *v* **-tated; -tating** : devastar : arrasar : asolar
devastating *adj* : devastador : demoledor : aplastante : arrollador
devastation *n* : devastación *f* : estragos *mpl*
develop *v* : desarrollar : elaborar : formar : revelar : fomentar : explotar : urbanizar : adquirir

: contraer : desarrollarse : aparecer : surgir
developed *adj* : avanzado : desarrollado
developer *n* : inmobiliaria *f* : urbanizadora *f* : revelador *m*
developing *adj* : en vías de desarrollo
development *n* : desarrollo *m* : urbanización *f* : explotación *f* : creación *f* : acontecimiento *m* : suceso *m*
deviant *adj* : desviado : anormal
deviate *v* **-ated; -ating** : desviarse : apartarse : desviar
deviation *n* : desviación *f*
device *n* : dispositivo *m* : aparato *m* : mecanismo *m* : emblema *m*
devil[1] *v* **-iled** *or* **-illed; -iling** *or* **-illing** : sazonar con picante y especias : molestar
devil[2] *n* : el diablo : Satanás *m* : diablo *m* : demonio *m* : persona *f* diabólica : malvado *m*, -da *f* : persona *f*
devilish *adj* : diabólico
devilry *n, pl* **-ries** : diabluras *fpl* : travesuras *fpl*
devious *adj* : taimado : artero : tortuoso : sinuoso
devise *v* **-vised; -vising** : idear : concebir : inventar : tramar
devoid *adj* ~ **of** : carente de : desprovisto de
devote *v* **-voted; -voting** : consagrar : dedicar
devoted *adj* : leal : fiel
devotee *n* : devoto *m*, -ta *f*
devotion *n* : dedicación *f* : devoción *f*; **devotions** : oraciones *fpl* : devociones *fpl*
devour *v* : devorar
devout *adj* : devoto : piadoso : sincero : ferviente — **devoutly** *adv*
devoutness *n* : devoción *f* : piedad *f*
dew *n* : rocío *m*
dewlap *n* : papada *f*
dew point *n* : punto *m* de condensación
dewy *adj* **dewier; -est** : cubierto de rocío
dexterity *n, pl* **-ties** : destreza *f* : habilidad *f*
dexterous *adj* : diestro : hábil
dexterously *adv* : con destreza : con habilidad : hábilmente
diabetes *n* : diabetes *f*
diabetic[1] *adj* : diabético
diabetic[2] *n* : diabético *m*, -ca *f*
diabolic *or* **diabolical** *adj* : diabólico : satánico
diacritic *n* : diacrítico *m*
diacritical *or* **diacritic** *adj* : diacrítico
diadem *n* : diadema *f*
diagnose *v* **-nosed; -nosing** : diagnosticar
diagnosis *n, pl* **-noses** : diagnóstico *m*
diagnostic *adj* : diagnóstico
diagonal[1] *adj* : diagonal : en diagonal
diagonal[2] *n* : diagonal *f*
diagonally *adv* : diagonalmente : en diagonal
diagram[1] *v* **-gramed** *or* **-grammed; -graming** *or* **-gramming** : hacer un diagrama de
diagram[2] *n* : diagrama *m* : gráfico *m* : esquema *m*
dial[1] *v* **dialed** *or* **dialled; dialing** *or* **dialling** : marcar : discar
dial[2] *n* : esfera *f* : dial *m* : disco *m*
dialect *n* : dialecto *m*
dialogue *n* : diálogo *m*
dial tone *n* : tono *m*
diameter *n* : diámetro *m*
diamond *n* : diamante *m* : brillante *m* : rombo *m* : forma *f* de rombo : cuadro *m*
diaper *n* : pañal *m*
diaphragm *n* : diafragma *m*
diarrhea *n* : diarrea *f*
diary *n, pl* **-ries** : diario *m*
diatribe *n* : diatriba *f*
dice[1] *v* **diced; dicing** : cortar en cubos
dice[2] *ns & pl* : dados *mpl*
dicker *v* : regatear
dictate[1] *v* **-tated; -tating** : dictar : mandar : ordenar : dar órdenes
dictate[2] *n* : mandato *m* : orden *f*; **dictates** *npl* : dictados *mpl*
dictation *n* : dictado *m*
dictator *n* : dictador *m*, -dora *f*
dictatorial *adj* : dictatorial — **dictatorially** *adv*

dictatorship *n* : dictadura *f*
diction *n* : lenguaje *m* : estilo *m* : dicción *f* : articulación *f*
dictionary *n, pl* **-naries** : diccionario *m*
did → do
didactic *adj* : didáctico
die[1] *v* **died; dying** : morir : morirse : apagarse : dejar de funcionar
die[2] *n, pl* **dice** : dado *m*
die[3] *n, pl* **dies** : troquel *m* : cuño *m* : matriz *f* : molde *m*
diehard *adj* : fanático
diesel *n* : diesel *m*
diet[1] *v* : ponerse a régimen : hacer dieta
diet[2] *n* : régimen *m* : dieta *f*
dietary *adj* : alimenticio : dietético
dietitian *or* **dietician** *n* : dietista *mf*
differ *v* **-ferred; -ferring** : diferir : diferenciarse : variar : discrepar : no estar de acuerdo
difference *n* : diferencia *f* : desacuerdo *m*
different *adj* : distinto : diferente
differential[1] *adj* : diferencial
differential[2] *n* : diferencial *m*
differentiate *v* **-ated; -ating** : hacer diferente : distinguir : diferenciar
differentiation *n* : diferenciación *f*
differently *adv* : de otra manera : de otro modo : distintamente
difficult *adj* : difícil
difficulty *n, pl* **-ties** : dificultad *f* : problema *f*
diffidence *n* : retraimiento *m* : timidez *f* : apocamiento *m* : reticencia *f*
diffident *adj* : tímido : apocado : inseguro : reservado
diffuse[1] *v* **-fused; -fusing** : difundir : esparcir : difundirse : esparcirse
diffuse[2] *adj* : prolijo : verboso : difuso
diffusion *n* : difusión *f*
dig[1] *v* **dug; digging** : cavar : excavar : sacar : clavar : hincar
dig[2] *n* : codazo *m* : pulla *f* : excavación *f*
digest[1] *v* : digerir : asimilar : compendiar : resumir
digest[2] *n* : compendio *m* : resumen *m*
digestible *adj* : digerible
digestion *n* : digestión *f*
digestive *adj* : digestivo
digit *n* : dígito *m* : número *m* : dedo *m*
digital *adj* : digital — **digitally** *adv*
digitalize *v* **-ized; -izing** : digitalizar
dignified *adj* : digno : decoroso
dignify *v* **-fied; -fying** : dignificar : honrar
dignitary *n, pl* **-taries** : dignatario *m*, -ria *f*
dignity *n, pl* **-ties** : dignidad *f*
digress *v* : desviarse del tema : divagar
digression *n* : digresión *f*
dike *or* **dyke** *n* : dique *m*
dilapidated *adj* : ruinoso : desvencijado : destartalado
dilapidation *n* : deterioro *m* : estado *m* ruinoso
dilate *v* **-lated; -lating** : dilatar : dilatarse
dilemma *n* : dilema *m*
dilettante *n, pl* **-tantes** *or* **-tanti** : diletante *mf*
diligence *n* : diligencia *f* : aplicación *f*
diligent *adj* : diligente — **diligently** *adv*
dill *n* : eneldo *m*
dillydally *v* **-lied; -lying** : demorarse : perder tiempo
dilute *v* **-luted; -luting** : diluir : aguar
dilution *n* : dilución *f*
dim[1] *v* **dimmed; dimming** : atenuar : nublar : borrar : opacar : oscurecerse : apagarse
dim[2] *adj* **dimmer; dimmest** : oscuro : tenue : nublado : borrado : tonto : torpe
dime *n* : moneda *f* de diez centavos
dimension *n* : dimensión *f*; **dimensions** *npl* : dimensiones *fpl* : extensión *f* : medida *f*
diminish *v* : disminuir : reducir : amainar : menguar : reducirse
diminutive *adj* : diminutivo : minúsculo
dimly *adv* : indistintamente : débilmente
dimmer *n* : potenciómetro *m* : conmutador *m* de luces
dimness *n* : oscuridad *f* : debilidad *f* : imprecisión *f*

dimple *n* : hoyuelo *m*
din *n* : estrépito *m* : estruendo *m*
dine *v* **dined; dining** : cenar
diner *n* : comensal *mf* : vagón *m* restaurante : cafetería *f* : restaurante *m* barato
dinghy *n, pl* **-ghies** : bote *m*
dinginess *n* : suciedad *f* : lo gastado : lo deslucido
dingy *adj* **dingier; -est** : sucio : gastado : deslucido
dining car *n* : coche *m* comedor
dining room *n* : comedor *m*
dinner *n* : cena *f* : comida *f* : banquete *m*
dinner jacket *n* : esmoquin *m*
dinosaur *n* : dinosaurio *m*
dint *n* **by dint of** : a fuerza de
diocese *n, pl* **-ceses** : diócesis *f*
dip[1] *v* **dipped; dipping** : sumergir : mojar : meter : servir con cucharón : bajar : arriar : bajar en picada : descender : inclinarse
dip[2] *n* : chapuzón *m* : descenso *m* : caída *f* : cuesta *f* : declive *m* : salsa *f*
diphtheria *n* : difteria *f*
diphthong *n* : diptongo *m*
diploma *n, pl* **-mas** : diploma *m*
diplomacy *n* : diplomacia *f* : tacto *m* : discreción *f*
diplomat *n* : diplomático *m*, -ca *f* : persona *f* diplomática
diplomatic *adj* : diplomático
dipper *n* : cucharón *m* : cazo *m*
dipstick *n* : varilla *f* de medición
dire *adj* **direr; direst** : espantoso : terrible : horrendo : extremo
direct[1] *v* : dirigir : mandar : indicarle el camino : orientar : ordenar
direct[2] *adv* : directamente
direct[3] *adj* : directo : franco
direct debit *n* : débito *m* automático
direct current *n* : corriente *f* continua
direction *n* : dirección *f* : instrucción *f* : orden *f* : rumbo *m*
directional *adj* : direccional
directive *n* : directiva *f*
directly *adv* : directamente : francamente : exactamente : justo : en seguida : inmediatamente
directness *n* : franqueza *f*
director *n* : director *m*, -tora *f*
directory *n, pl* **-ries** : guía *f* : directorio *m*
dirge *n* : canto *m* fúnebre
dirigible *n* : dirigible *m* : zepelín *m*
dirt *n* : suciedad *f* : mugre *f* : porquería *f* : tierra *f*
dirt cheap *adj* : baratísimo : regalado
dirtiness *n* : suciedad *f*
dirty[1] *v* **dirtied; dirtying** : ensuciar : manchar
dirty[2] *adj* **dirtier; -est** : sucio : manchado : deshonesto : indecente : cochino
dis- *pref* : des-
disability *n, pl* **-ties** : minusvalía *f* : discapacidad *f* : invalidez *f*
disable *v* **-abled; -abling** : dejar inválido : inutilizar : incapacitar
disabled *adj* : minusválido : discapacitado
disabuse *v* **-bused; -busing** : desengañar : sacar del error
disadvantage *n* : desventaja *f*
disadvantageous *adj* : desventajoso : desfavorable
disagree *v* : discrepar : no coincidir : disentir : no estar de acuerdo
disagreeable *adj* : desagradable
disagreement *n* : desacuerdo *m* : discrepancia *f* : discusión *f* : altercado *m* : disputa *f*
disallow *v* : rechazar : desestimar : anular
disappear *v* : desaparecer : desvanecerse
disappearance *n* : desaparición *f*
disappoint *v* : decepcionar : defraudar : fallar
disappointing *adj* : decepcionante
disappointment *n* : decepción *f* : desilusión *f* : chasco *m*
disapproval *n* : desaprobación *f*
disapprove *v* **-proved; -proving** : desaprobar : estar en contra
disapprovingly *adv* : con desaprobación
disarm *v* : desarmar
disarmament *n* : desarme *m*
disarrange *v* **-ranged; -ranging** : desarreglar : desordenar
disarray *n* : desorden *m* : confusión *f* : desorganización *f*

disassemble *v* **-bled; -bling** : desarmar : desmontar : desarmarse : desmontarse
disassociate → dissociate
disaster *n* : desastre *m* : catástrofe *f*
disastrous *adj* : desastroso
disband *v* : disolver : disolverse : dispersarse
disbar *v* **-barred; -barring** : prohibir de ejercer la abogacía
disbelief *n* : incredulidad *f*
disbelieve *v* **-lieved; -lieving** : no creer : dudar
disburse *v* **-bursed; -bursing** : desembolsar
disbursement *n* : desembolso *m*
disc → disk
discard *v* : desechar : deshacerse de : botar : descartarse
discern *v* : discernir : distinguir : percibir
discernible *adj* : perceptible : visible
discerning *adj* : refinado : perspicaz : sagaz
discernment *n* : discernimiento *m* : criterio *m*
discharge[1] *v* **-charged; -charging** : descargar : desembarcar : disparar : liberar : poner en libertad : despedir : cumplir con : saldar : descargarse : supurar
discharge[2] *n* : descarga *f* : emisión *f* : despido *m* : baja *f* : secreción *f*
disciple *n* : discípulo *m*, -la *f*
discipline[1] *v* **-plined; -plining** : castigar : sancionar : disciplinar
discipline[2] *n* : disciplina *f* : campo *m* : castigo *m* : dominio *m* de sí mismo
disc jockey *n* : disc jockey *mf*
disclaim *v* : negar
disclose *v* **-closed; -closing** : revelar : poner en evidencia
disclosure *n* : revelación *f*
discolor *v* : decolorar : desteñir : manchar : decolorarse : desteñirse
discoloration *n* : mancha *f*
discomfort *n* : molestia *f* : malestar *m* : inquietud *f*
disconcert *v* : desconcertar
disconcerting *adj* : desconcertante
disconnect *v* : desconectar
disconnected *adj* : inconexo
disconsolate *adj* : desconsolado
discontent *n* : descontento *m*
discontented *adj* : descontento
discontinue *v* **-ued; -uing** : suspender : descontinuar
discontinuity *n, pl* **-ties** : discontinuidad *f*
discontinuous *adj* : discontinuo
discord *n* : discordia *f* : discordancia *f* : disonancia *f*
discordant *adj* : discordante — **discordantly** *adv*
discotheque *n* : discoteca *f*
discount[1] *v* : descontar : rebajar : descartar : ignorar
discount[2] *n* : descuento *m* : rebaja *f*
discourage *v* **-aged; -aging** : desalentar : desanimar : disuadir : impedir
discouragement *n* : desánimo *m* : desaliento *m*
discouraging *adj* : desalentador
discourse[1] *v* **-coursed; -coursing** : disertar : conversar
discourse[2] *n* : conversación *f* : discurso *m* : tratado *m*
discourteous *adj* : descortés — **discourteously** *adv*
discourtesy *n, pl* **-sies** : descortesía *f*
discover *v* : descubrir
discoverer *n* : descubridor *m*, -dora *f*
discovery *n, pl* **-ries** : descubrimiento *m*
discredit[1] *v* : no creer : dudar : desacreditar : desprestigiar : poner en duda
discredit[2] *n* : descrédito *m* : desprestigio *m* : duda *f*
discreet *adj* : discreto — **discreetly** *adv*
discrepancy *n, pl* **-cies** : discrepancia *f*
discretion *n* : discreción *f* : discernimiento *m* : criterio *m*
discretionary *adj* : discrecional
discriminate *v* **-nated; -nating** : distinguir : discriminar : diferenciar
discriminating *adj* : refinado : entendido

discrimination *n* : discriminación *f* : discernimiento *m*
discriminatory *adj* : discriminatorio
discus *n, pl* **-cuses** : disco *m*
discuss *v* : hablar de : discutir : tratar
discussion *n* : discusión *f* : debate *m* : conversación *f*
disdain[1] *v* : desdeñar : despreciar
disdain[2] *n* : desdén *m*
disdainful *adj* : desdeñoso — **disdainfully** *adv*
disease *n* : enfermedad *f* : mal *m* : dolencia *f*
diseased *adj* : enfermo
disembark *v* : desembarcar
disembarkation *n* : desembarco *m* : desembarque *m*
disembodied *adj* : incorpóreo
disenchant *v* : desilusionar : desencantar : desengañar
disenchanted *adj* : desilusionado : desencantado
disenchantment *n* : desencanto *m* : desilusión *f*
disenfranchise *v* **-chised; -chising** : privar del derecho a votar
disengage *v* **-gaged; -gaging** : soltar : desconectar
disentangle *v* **-gled; -gling** : desenredar : desenmarañar
disfavor *n* : desaprobación *f*
disfigure *v* **-ured; -uring** : desfigurar : afear
disgrace[1] *v* **-graced; -gracing** : deshonrar
disgrace[2] *n* : desgracia *f* : deshonra *f* : vergüenza *f*
disgraceful *adj* : vergonzoso : deshonroso : ignominioso
disgracefully *adv* : vergonzosamente
disgruntle *v* **-tled; -tling** : enfadar : contrariar
disgruntled *adj* : descontento : contrariado
disguise[1] *v* **-guised; -guising** : disfrazar : enmascarar : encubrir : disimular
disguise[2] *n* : disfraz *m*
disgust[1] *v* : darle asco : asquear : repugnar
disgust[2] *n* : asco *m* : repugnancia *f*
disgusting *adj* : asqueroso : repugnante — **disgustingly** *adv*
dish *n* : plato *m*
dishcloth *n* : paño *m* de cocina : trapo *m* de fregar
dishearten *v* : desanimar : desalentar
dishevel *v* **-eled** *or* **-elled; -eling** *or* **-elling** : desarreglar : despeinar
disheveled *or* **dishevelled** *adj* : despeinado : desarreglado : desaliñado
dishonest *adj* : deshonesto : fraudulento — **dishonestly** *adv*
dishonesty *n, pl* **-ties** : deshonestidad *f* : falta *f* de honradez
dishonor[1] *v* : deshonrar
dishonor[2] *n* : deshonra *f*
dishonorable *adj* : deshonroso — **dishonorably** *adv*
dishrag → **dishcloth**
dishtowel → **dishcloth**
dishwasher *n* : lavaplatos *m* : lavavajillas *m*
disillusion *v* : desilusionar : desencantar : desengañar
disillusionment *n* : desilusión *f* : desencanto *m*
disinclination *n* : aversión *f*
disinclined *adv* : poco dispuesto
disinfect *v* : desinfectar
disinfectant[1] *adj* : desinfectante
disinfectant[2] *n* : desinfectante *m*
disinherit *v* : desheredar
disintegrate *v* **-grated; -grating** : desintegrar : deshacer : desintegrarse : deshacerse
disintegration *n* : desintegración *f*
disinterested *adj* : indiferente : imparcial : desinteresado
disinterestedness *n* : desinterés *m*
disjointed *adj* : inconexo : incoherente
disk *or* **disc** *n* : disco *m*
diskette *n* : diskette *m* : disquete *m*
dislike[1] *v* **-liked; -liking** : tenerle aversión a : tenerle antipatía : no gustarle
dislike[2] *n* : aversión *f* : antipatía *f*
dislocate *v* **-cated; -cating** : dislocar
dislocation *n* : dislocación *f*
dislodge *v* **-lodged; -lodging** : sacar : desalojar : desplazar
disloyal *adj* : desleal

disloyalty *n, pl* **-ties** : deslealtad *f*
dismal *adj* : sombrío : lúgubre : tétrico : deprimente : triste
dismantle *v* **-tled; -tling** : desmantelar : desmontar : desarmar
dismay[1] *v* : consternar
dismay[2] *n* : consternación *f*
dismember *v* : desmembrar
dismiss *v* : dejar salir : darle permiso para retirarse : despedir : destituir : descartar : desechar : rechazar
dismissal *n* : permiso *m* para retirarse : despido *m* : destitución *f* : rechazo *m*
dismount *v* : desmontar : bajarse : apearse
disobedience *n* : desobediencia *f* — **disobedient** *adj*
disobey *v* : desobedecer
disorder[1] *v* : desordenar : desarreglar
disorder[2] *n* : desorden *m* : disturbios *mpl* : desórdenes *mpl* : afección *f* : indisposición *f* : dolencia *f*
disorderly *adj* : desordenado : desarreglado : indisciplinado : alborotado
disorganization *n* : desorganización *f*
disorganize *v* **-nized; -nizing** : desorganizar
disorient *v* : desorientar
disown *v* : renegar de : repudiar
disparage *v* **-aged; -aging** : menospreciar : denigrar
disparagement *n* : menosprecio *m*
disparate *adj* : dispar : diferente
disparity *n, pl* **-ties** : disparidad *f*
dispassionate *adj* : desapasionado : imparcial — **dispassionately** *adv*
dispatch[1] *v* : despachar : enviar : matar
dispatch[2] *n* : envío *m* : despacho *m* : reportaje *m* : parte *m* : prontitud *f* : rapidez *f*
dispel *v* **-pelled; -pelling** : disipar : desvanecer
dispensable *adj* : prescindible
dispensary *n, pl* **-ries** : dispensario *m*
dispensation *n* : exención *m* : dispensa *f*
dispense *v* **-pensed; -pensing** : repartir : distribuir : dar : administrar : conceder : preparar y despachar **to dispense with** : prescindir de
dispenser *n* : dispensador *m* : distribuidor *m* automático
dispersal *n* : dispersión *f*
disperse *v* **-persed; -persing** : dispersar : diseminar : dispersarse
dispersion *n* : dispersión *f*
dispirit *v* : desalentar : desanimar
dispirited *adj* : desanimado
displace *v* **-placed; -placing** : desplazar : reemplazar
displacement *n* : desplazamiento *m* : sustitución *f* : reemplazo *m*
display[1] *v* : exponer : exhibir : mostrar
display[2] *n* : muestra *f* : exposición *f* : alarde *m* : visualizador *m*
displease *v* **-pleased; -pleasing** : desagradar a : disgustar : contrariar
displeasure *n* : desagrado *m*
disposable *adj* : desechable : disponible
disposal *n* : disposición *f* : colocación *f* : eliminación *f*
dispose *v* **-posed; -posing** : disponer : colocar : predisponer
disposition *n* : disposición *f* : predisposición *f* : inclinación *f* : temperamento *m* : carácter *m*
dispossess *v* : desposeer
disproportion *n* : desproporción *f*
disproportionate *adj* : desproporcionado — **disproportionately** *adv*
disprove *v* **-proved; -proving** : rebatir : refutar
disputable *adj* : discutible
dispute[1] *v* **-puted; -puting** : discutir : cuestionar : combatir : resistir
dispute[2] *n* : debate *m* : discusión *f* : disputa *f*
disqualification *n* : descalificación *f*
disqualify *v* **-fied; -fying** : descalificar : inhabilitar
disquiet[1] *v* : inquietar

disquiet[2] *n* : ansiedad *f* : inquietud *f*
disregard[1] *v* : ignorar : no prestar atención a
disregard[2] *n* : indiferencia *f*
disrepair *n* : mal estado *m*
disreputable *adj* : de mala fama : vergonzoso
disreputably *adv* : vergonzosamente
disrepute *n* : descrédito *m* : mala fama *f* : deshonra *f*
disrespect *n* : falta *f* de respeto
disrespectful *adj* : irrespetuoso — **disrespectfully** *adv*
disrobe *v* **-robed; -robing** : desvestir : desnudar : desvestirse : desnudarse
disrupt *v* : trastornar : perturbar
disruption *n* : trastorno *m*
disruptive *adj* : perjudicial : perturbador — **disruptively** *adv*
dissatisfaction *n* : descontento *m* : insatisfacción *f*
dissatisfied *adj* : descontento : insatisfecho
dissatisfy *v* **-fied; -fying** : no contentar : no satisfacer
dissect *v* : disecar
dissection *n* : disección *f*
dissemble *v* **-bled; -bling** : ocultar : disimular : fingir
disseminate *v* **-nated; -nating** : diseminar : difundir : divulgar
dissemination *n* : diseminación *f* : difusión *f*
dissension *n* : disensión *f* : desacuerdo *m*
dissent[1] *v* : disentir
dissent[2] *n* : disentimiento *m* : disensión *f* : disenso *m*
dissertation *n* : disertación *f* : discurso *m* : tesis *f*
disservice *n* : perjuicio *m*
dissident[1] *adj* : disidente
dissident[2] *n* : disidente *mf*
dissimilar *adj* : distinto : diferente : disímil
dissipate *v* **-pated; -pating** : disipar : dispersar : malgastar : desperdiciar : derrochar
dissipation *n* : libertinaje *m*
dissociate *or* **disassociate** *v* **-ated; -ating** : disociar : disociarse
dissociation *n* : disociación *f*
dissolute *adj* : disoluto
dissolution *n* : disolución *f*
dissolve *v* **-solved; -solving** : disolver : disolverse
dissonance *n* : disonancia *f*
dissuade *v* **-suaded; -suading** : disuadir
distance[1] *v* **-tanced; -tancing to distance oneself** : distanciarse
distance[2] *n* : distancia *f* : actitud *f* distante : reserva *f*
distant *adj* : distante : lejano : remoto : frío
distantly *adv* : aproximadamente : vagamente : fríamente : con frialdad
distaste *n* : desagrado *m* : aversión *f*
distasteful *adj* : desagradable : de mal gusto
distemper *n* : moquillo *m*
distend *v* : dilatar : hinchar : dilatarse : hincharse
distill *v* : destilar
distillation *n* : destilación *f*
distiller *n* : destilador *m*, -dora *f*
distillery *n, pl* **-ries** : destilería *f*
distinct *adj* : distinto : diferente : marcado : claro : evidente
distinction *n* : distinción *f* : diferencia *f* : excelencia *f*
distinctive *adj* : distintivo : característico — **distinctively** *adv*
distinctiveness *n* : peculiaridad *f*
distinctly *adv* : claramente : con claridad
distinguish *v* : distinguir : diferenciar
distinguishable *adj* : distinguible
distinguished *adj* : distinguido
distinguishing *adj* : distintivo
distort *v* : distorsionar : tergiversar : deformar
distortion *n* : distorsión *f* : deformación *f* : tergiversación *f*
distract *v* : distraer : entretener
distracted *adj* : distraído
distraction *n* : distracción *f* : interrupción *f* : confusión *f* : diversión *f* : entretenimiento *m*
distraught *adj* : afligido : turbado
distress[1] *v* : afligir : darle pena : hacer sufrir

distress[2] *n* : dolor *m* : angustia *f* : aflicción *f*
distressful *adj* : doloroso : penoso
distressing *adj* : angustioso
distribute *v* **-uted; -uting** : distribuir : repartir
distribution *n* : distribución *f* : reparto *m*
distributive *adj* : distributivo
distributor *n* : distribuidor *m*, -dora *f*
district *n* : región *f* : zona *f* : barrio *m* : distrito *m*
district attorney *n* : fiscal *mf*
distrust[1] *v* : desconfiar de
distrust[2] *n* : desconfianza *f* : recelo *m*
distrustful *adj* : desconfiado : receloso : suspicaz
disturb *v* : molestar : perturbar : desordenar : inquietar : preocupar
disturbance *n* : alboroto *m* : disturbio *m* : interrupción *f*
disturbed *adj* : trastornado : inquieto : agitado
disturbing *adj* : inquietante
disuse *n* : desuso *m*
disused *adj* : abandonado : desusado
ditch[1] *v* : cavar zanjas en : deshacerse de : botar
ditch[2] *n* : zanja *f* : fosa *f* : cuneta *f*
dither *n* **to be in a dither** : estar nervioso : ponerse como loco
ditto *n, pl* **-tos** : lo mismo : ídem *m*
ditty *n, pl* **-ties** : canción *f* corta y simple
diurnal *adj* : diario : cotidiano : diurno
diva *n* : diva *f*
divan *n* : diván *m*
dive[1] *v* **dived** *or* **dove; dived; diving** : tirarse al agua : zambullirse : dar un clavado : sumergirse : bajar en picada : caer en picada : bucear : hacer submarinismo
dive[2] *n* : zambullida *f* : clavado *m* : descenso *m* en picada : antro *m*
diver *n* : saltador *m*, -dora *f* : clavadista *mf* : buceador *m* : buzo *mf*; submarinista *mf*
diverge *v* **-verged; -verging** : divergir : separarse : discrepar
divergence *n* : divergencia *f* — **divergent** *adj*
diverse *adj* : diverso : variado
diversification *n* : diversificación *f*
diversify *v* **-fied; -fying** : diversificar : variar
diversion *n* : desviación *f* : diversión *f* : distracción *f* : entretenimiento *m*
diversity *n, pl* **-ties** : diversidad *f*
divert *v* : desviar : distraer : divertir : entretener
divest *v* : desnudar : desvestir
divide *v* **-vided; -viding** : dividir : partir por la mitad : repartir : dividirse
dividend *n* : dividendo *m* : beneficio *m* : provecho *m*
divider *n* : separador *m*
divination *n* : adivinación *f*
divine[1] *adj* **diviner; -est** : divino : espléndido — **divinely** *adv*
divine[2] *n* : clérigo *m* : eclesiástico *m*
diving *n* : clavados *mpl* : buceo *m* : submarinismo *m*
diving board *n* : trampolín *m*
divinity *n, pl* **-ties** : divinidad *f*
divisible *adj* : divisible
division *n* : división *f* : reparto *m* : sección *f*
divisive *adj* : divisivo
divisor *n* : divisor *m*
divorce[1] *v* **-vorced; -vorcing** : divorciar : divorciarse
divorce[2] *n* : divorcio *m*
divorcé *n* : divorciado *m*
divorcée *n* : divorciada *f*
divorced *adj* : divorciado
divulge *v* **-vulged; -vulging** : revelar : divulgar
DIY[1] → **do-it-yourself**[1]
DIY[2] → **do-it-yourself**[2]
dizzily *adv* : vertiginosamente
dizziness *n* : mareo *m* : vahído *m* : vértigo *m*
dizzy *adj* **dizzier; -est** : mareado : vertiginoso
dizzying *adj* : vertiginoso
DNA *n* : ADN *m*
do[1] *v* **did; done; doing; does** : hacer : realizar : llevar a cabo : dedicarse a : trabajar en : preparar : arreglar : peinar : ir

a : visitar : lavar : limpiar : pintar : decorar : estar : ir : andar : servir : ser suficiente : alcanzar
do[2] *n* : do *m*
docile *adj* : dócil : sumiso
dock[1] *v* : cortar : descontar dinero de : fondear : atracar
dock[2] *n* : atracadero *m* : muelle *m* : banquillo *m* de los acusados
dockworker *n* : estibador *m*, -dora *f*
dockyard *n* : astillero *m*
doctor[1] *v* : tratar : curar : adulterar : alterar : falsificar
doctor[2] *n* : doctor *m*, -tora *f* : médico *m*, -ca *f*
doctorate *n* : doctorado *m*
doctrine *n* : doctrina *f*
document[1] *v* : documentar
document[2] *n* : documento *m*
documentary[1] *adj* : documental
documentary[2] *n, pl* **-ries** : documental *m*
documentation *n* : documentación *f*
dodge[1] *v* **dodged; dodging** : esquivar : eludir : evadir : echarse a un lado
dodge[2] *n* : truco *m* : treta *f* : artimaña *f* : regate *m* : evasión *f*
doe *n, pl* **does** *or* **doe** : gama *f* : cierva *f*
doer *n* : hacedor *m*, -dora *f*
does → do
doesn't → do
doff *v* : quitarse
dog[1] *v* **dogged; dogging** : seguir de cerca : perseguir : acosar
dog[2] *n* : perro *m*, -rra *f*
dogcatcher *n* : perrero *m*, -ra *f*
dog–eared *adj* : con las esquinas dobladas
dogged *adj* : tenaz : terco : obstinado
doggy *n, pl* **doggies** : perrito *m*, -ta *f*
doghouse *n* : casita *f* de perro
dogma *n* : dogma *m*
dogmatic *adj* : dogmático
dogmatism *n* : dogmatismo *m*
dogwood *n* : cornejo *m*
doily *n, pl* **-lies** : pañito *m*
doings *npl* : eventos *mpl* : actividades *fpl*
do–it–yourself[1] *n* : bricolaje *m*
do–it–yourself[2] *adj* : de bricolaje
doldrums *npl* : zona *f* de las calmas ecuatoriales
dole *n* : distribución *f* a los necesitados : limosna *f* : subsidios *mpl* de desempleo
doleful *adj* : triste : lúgubre
dolefully *adv* : con pesar : de manera triste
dole out *v* **doled out; doling out** : repartir
doll *n* : muñeco *m*, -ca *f*
dollar *n* : dólar *m*
dolly *n, pl* **-lies** : plataforma *f* rodante
dolphin *n* : delfín *m*
dolt *n* : imbécil *mf* : tonto *m*, -ta *f*
domain *n* : dominio *m* : territorio *m* : campo *m* : esfera *f* : ámbito *m*
dome *n* : cúpula *f* : bóveda *f*
domestic[1] *adj* : doméstico : casero : nacional : interno : domesticado
domestic[2] *n* : empleado *m* doméstico : empleada *f* doméstica
domestically *adv* : domésticamente
domesticate *v* **-cated; -cating** : domesticar
domicile *n* : domicilio *m*
dominance *n* : dominio *m* : dominación *f*
dominant *adj* : dominante
dominate *v* **-nated; -nating** : dominar
domination *n* : dominación *f*
domineer *v* : dominar sobre : avasallar : tiranizar
domineering *adj* : dominante
Dominican[1] *adj* : dominicano : dominico
Dominican[2] *n* : dominicano *m*, -na *f* : dominico *m*, -ca *f*
dominion *n* : dominio *m* : territorio *m*
domino *n, pl* **-noes** *or* **-nos** : dominó *m*
don *v* **donned; donning** : ponerse
donate *v* **-nated; -nating** : donar : hacer un donativo de
donation *n* : donación *f* : donativo *m*
done[1] **→ do**
done[2] *adj* : terminado : acabado : concluido : cocinado
donkey *n, pl* **-keys** : burro *m* : asno *m*

donor *n* : donante *mf* : donador *m*, -dora *f*
don't → do
donut → doughnut
doodle[1] *v* **-dled; -dling** : garabatear
doodle[2] *n* : garabato *m*
doom[1] *v* : condenar
doom[2] *n* : sentencia *f* : condena *f* : muerte *f* : destino *m* : perdición *f* : ruina *f*
door *n* : puerta *f* : entrada *f*
doorbell *n* : timbre *m*
doorknob *n* : pomo *m* : perilla *f*
doorman *n, pl* **-men** : portero *m*
doormat *n* : felpudo *m*
doorstep *n* : umbral *m*
doorstop *n* : tope *m* de puerta
doorway *n* : entrada *f* : portal *m*
do–over *n* : otra oportunidad *f* : otro intento *m*
dope[1] *v* **doped; doping** : drogar : narcotizar
dope[2] *n* : droga *f* : estupefaciente *m* : narcótico *m* : idiota *mf* : tonto *m*, -ta *f* : información *f*
dopey *adj* : atontado : grogui : tonto : drogado
doping *n* : doping *m*
dormant *adj* : inactivo : latente
dormer *n* : buhardilla *f*
dormitory *n, pl* **-ries** : dormitorio *m* : residencia *f* de estudiantes
dormouse *n* : lirón *m*
dorsal *adj* : dorsal — **dorsally** *adv*
dosage *n* : dosis *f*
dose[1] *v* **dosed; dosing** : medicinar
dose[2] *n* : dosis *f*
dossier *n* : dossier *m*
dot[1] *v* **dotted; dotting** : poner el punto sobre : esparcir : salpicar
dot[2] *n* : punto *m*
dot–com *n* : puntocom *m*
dote *v* **doted; doting** : chochear
double[1] *v* **-bled; -bling** : doblar : duplicar : redoblar : plegar : doblarse : duplicarse
double[2] *adj* : doble — **doubly** *adv*
double[3] *n* : doble *mf*
double bass *n* : contrabajo *m*
double–barreled *or* **double–barrelled** *adj* : de dos cañones : doble
double bed *n* : cama *f* de matrimonio
double–breasted *adj* : cruzado
double–check *v* : verificar dos veces
double chin *n* : papada *f*
double–click *v* : hacer doble clic
double–cross *v* : traicionar
double–crosser *n* : traidor *m*, -dora *f*
double entendre *n* : doble sentido *m*
double–glazed *n* : con doble acristalamiento
double–jointed *adj* : con articulaciones dobles
double–spaced *n* : a doble espacio
double–talk *n* : ambigüedades *fpl* : lenguaje *m* con doble sentido
doubt[1] *v* : dudar de : cuestionar : desconfiar de : dudar : creer poco probable
doubt[2] *n* : duda *f* : incertidumbre *f* : desconfianza *f* : escepticismo *m*
doubtful *adj* : dudoso : incierto
doubtfully *adv* : dudosamente : sin estar convencido
doubtless *or* **doubtlessly** *adv* : sin duda
douche[1] *v* **douched; douching** : irrigar
douche[2] *n* : ducha *f* : irrigación *f*
dough *n* : masa *f*
doughnut *or* **donut** *n* : rosquilla *f* : dona *f*
doughty *adj* **doughtier; -est** : fuerte : valiente
doughy *adj* **doughier; -est** : pastoso : pálido
dour *adj* : severo : adusto : hosco : taciturno — **dourly** *adv*
douse *v* **doused; dousing** : empapar : mojar : extinguir : apagar
dove[1] **→ dive**
dove[2] *n* : paloma *f*
dovetail *v* : encajar : enlazar
dowdy *adj* **dowdier; -est** : sin gracia : poco elegante
dowel *n* : clavija *f*
down[1] *v* : tumbar : derribar : abatir : derrotar
down[2] *adv* : hacia abajo : abajo : bajado : a : hacia : hacia el sur : hacia el fondo/lado : bien : completamente : en el estómago

down[3] *adj* : de bajada : abajo : bajado : reducido : rebajado : abatido : deprimido : inoperante : perdiendo : hecho : acabado
down[4] *n* : plumón *m*
down[5] *prep* : (hacia) abajo : por : a lo largo de : a través de
down–and–out *adj* : indigente
downcast *adj* : triste : abatido
downfall *n* : ruina *f* : perdición *f*
downgrade[1] *v* **-graded; -grading** : bajar de categoría
downgrade[2] *n* : bajada *f*
downhearted *adj* : desanimado : descorazonado
downhill *adv & adj* : cuesta abajo
download[1] *v* : descargar : bajar
download[2] *n* : descarga *f*
downloadable *adj* : descargable
down payment *n* : entrega *f* inicial
downplay *v* : minimizar
downpour *n* : aguacero *m* : chaparrón *m*
downright[1] *adv* : absolutamente : completamente
downright[2] *adj* : patente : manifiesto : absoluto
downside *n* : desventaja *f*
downsize *v* **-sized; -sizing** : recortar : reducir
downstairs[1] *adv* : abajo
downstairs[2] *adj* : del piso de abajo
downstairs[3] *n* : planta *f* baja
downstream *adv* : río abajo
Down syndrome *or* **Down's syndrome** *n* : síndrome *m* de Down
down–to–earth *adj* : práctico : realista
downtown[1] *adv* : hacia el centro : al centro : en el centro
downtown[2] *adj* : del centro
downtown[3] *n* : centro *m*
downtrodden *adj* : oprimido
downward *or* **downwards** *adv & adj* : hacia abajo
downwind *adv & adj* : en la dirección del viento
downy *adj* **downier; -est** : cubierto de plumón : plumoso : aterciopelado : velloso
dowry *n, pl* **-ries** : dote *f*
doze[1] *v* **dozed; dozing** : dormitar
doze[2] *n* : sueño *m* ligero : cabezada *f*
dozen *n, pl* **dozens** *or* **dozen** : docena *f*
drab *adj* **drabber; drabbest** : pardo : monótono : gris : deslustrado
draft[1] *v* : reclutar : hacer el borrador de : redactar
draft[2] *adj* : de barril : de tiro
draft[3] *n* : tiro *m* : trago *m* : bosquejo *m* : borrador *m* : versión *f* : corriente *f* de aire : chiflón *m* : conscripción *f*
draftee *n* : recluta *mf*
draftsman *n, pl* **-men** : dibujante *mf*
draftswoman *n, pl* **-women** : dibujante *f*
drafty *adj* **draftier; -est** : con corrientes de aire
drag[1] *v* **dragged; dragging** : arrastrar : dragar : meter : involucrar : arrastrarse : rezagarse : hacerse pesado/largo
drag[2] *n* : resistencia *f* : traba *f* : estorbo *m* : pesadez *f* : plomo *m* : chupada *f*
dragnet *n* : red *f* barredera : operativo *m* policial de captura
dragon *n* : dragón *m*
dragonfly *n, pl* **-flies** : libélula *f*
drain[1] *v* : vaciar : drenar : agotar : consumir : escurrir : escurrirse : desaguar
drain[2] *n* : desagüe *m* : alcantarilla *f* : sumidero *m* : resumidero *m* : rejilla *f* : agotamiento *m* : disminución *f*
drainage *n* : desagüe *m* : drenaje *m*
drainpipe *n* : tubo *m* de desagüe : caño *m*
drake *n* : pato *m*
drama *n* : drama *m* : teatro *m* : obra *f* de teatro
dramatic *adj* : dramático — **dramatically** *adv*
dramatist *n* : dramaturgo *m*, -ga *f*
dramatization *n* : dramatización *f*
dramatize *v* **-tized; -tizing** : dramatizar
drank → drink
drape[1] *v* **draped; draping** : cubrir : disponer los pliegues de

drape[2] *n* : caída *f*; **drapes** *npl* : cortinas *fpl*
drapery *n, pl* **-eries** : pañería *f* : tela *f* para cortinas; **draperies** *npl* : cortinas *fpl*
drastic *adj* : drástico : severo : radical : excepcional — **drastically** *adv*
draught *n* → **draft**[3]
draughty → **drafty**
draw[1] *v* **drew; drawn; drawing** : tirar de : jalar : correr : atraer : provocar : suscitar : aspirar : sacar : retirar : hacer : extender : cobrar : percibir : tensar : dibujar : trazar : formular : llegar a : tirar
draw[2] *n* : sorteo *m* : empate *m* : atracción *f* : chupada *f*
drawback *n* : desventaja *f* : inconveniente *m*
drawbridge *n* : puente *m* levadizo
drawer *n* : dibujante *mf* : gaveta *f* : cajón *m*; **drawers** *npl* : calzones *mpl*
drawing *n* : sorteo *m* : lotería *f* : dibujo *m* : bosquejo *m*
drawing room *n* : salón *m*
dread[1] *v* : tenerle pavor a : temer
dread[2] *adj* : pavoroso : aterrado
dread[3] *n* : pavor *m* : temor *m*
dreadful *adj* : pavoroso : espantoso : atroz : terrible — **dreadfully** *adv*
dream[1] *v* **dreamed** *or* **dreamt; dreaming** : soñar : fantasear : imaginarse
dream[2] *n* : sueño *m* : ensueño *m*
dreamer *n* : soñador *m*, -dora *f*
dreamlike *adj* : de ensueño
dreamy *adj* **dreamier; -est** : soñador : distraído : de ensueño : maravilloso
drearily *adv* : sombríamente
dreary *adj* **drearier; -est** : deprimente : lóbrego : sombrío
dredge[1] *v* **dredged; dredging** : dragar : espolvorear : enharinar
dredge[2] *n* : draga *f*
dredger *n* : draga *f*
dregs *npl* : posos *mpl* : heces *fpl* : escoria *f*
drench *v* : empapar : mojar : calar
dress[1] *v* : vestir : decorar : adornar : preparar : aliñar : curar : vendar : abonar : vestirse
dress[2] *n* : indumentaria *f* : ropa *f* : vestido *m* : traje *m*
dresser *n* : cómoda *f* con espejo
dressing *n* : vestirse *m* : relleno *m* : apósito *m* : vendaje *m* : gasa *f*
dressing gown *n* : bata *f*
dressing room *n* : probador *m* : camerino *m*
dressing table *n* : tocador *m*
dressmaker *n* : modista *mf*
dressmaking *n* : costura *f*
dress rehearsal *n* : ensayo *m* general
dressy *adj* **dressier; -est** : de mucho vestir : elegante
drew → **draw**
dribble[1] *v* **-bled; -bling** : gotear : babear : driblar
dribble[2] *n* : goteo *m* : hilo *m* : baba *f* : drible *m*
drier → **dry**[2], **dryer**
driest *adj* → **dry**[2]
drift[1] *v* : dejarse llevar por la corriente : ir a la deriva : ir sin rumbo : amontonarse : acumularse : apilarse
drift[2] *n* : deriva *f* : montón *m* : ventisquero *m* : sentido *m*
drifter *n* : vagabundo *m*, -da *f*
driftwood *n* : madera *f* flotante
drill[1] *v* : perforar : taladrar : instruir por repetición : entrenarse
drill[2] *n* : taladro *m* : barrena *f* : ejercicio *m* : instrucción *f*
drily → **dryly**
drink[1] *v* **drank; drunk** *or* **drank; drinking** : beber : tomar : beber alcohol
drink[2] *n* : bebida *f* : bebida *f* alcohólica
drinkable *adj* : potable
drinker *n* : bebedor *m*, -dora *f*
drinking water *n* : agua *f* potable
drinking straw → **straw**
drip[1] *v* **dripped; dripping** : gotear : chorrear
drip[2] *n* : gota *f* : goteo *m*
drip–dry *adj* : de lavar y poner
drippings *npl* : pringue *m* : jugo *m*
drive[1] *v* **drove; driven; driving** : manejar : conducir : llevar : impulsar : impeler : obligar : forzar : arrear : hacer funcionar

: clavar : hincar : hacer trabajar mucho : exigir mucho : lanzar : viajar

drive[2] *n* : viaje *m* : paseo *m* : campaña *f* : camino *m* de entrada : entrada *f* : transmisión *f* : dinamismo *m* : energía *f* : instinto *m* : necesidad *f* básica : empuje *m* : iniciativa *f* : disparo *m* fuerte : tiro *m* fuerte : ofensiva *f* : calle *f* : marcha *f* : unidad *f*

drive–in *n* : autocine *m*

drivel *n* : tontería *f* : estupidez *f*

driver *n* : conductor *m*, -tora *f* : chofer *m*

driveway *n* : camino *m* de entrada : entrada *f*

driving *adj* : torrencial : que azota

drizzle[1] *v* **-zled; -zling** : lloviznar : garuar

drizzle[2] *n* : llovizna *f* : garúa *f*

droll *adj* : cómico : gracioso : chistoso — **drolly** *adv*

dromedary *n, pl* **-daries** : dromedario *m*

drone[1] *v* **droned; droning** : zumbar : hablar con monotonía : murmurar

drone[2] *n* : zángano *m* : zumbido *m* : murmullo *m*

drool[1] *v* : babear

drool[2] *n* : baba *f*

droop[1] *v* : inclinarse : encorvarse : marchitarse : decaer : flaquear

droop[2] *n* : inclinación *f* : caída *f*

drop[1] *v* **dropped; dropping** : dejar caer : soltar : mandar : abandonar : dejar : bajar : omitir : reducir : rebajar : perder : gastar : gotear : caer(se)

drop[2] *n* : gota *f* : caída *f* : bajada *f* : descenso *m* : pendiente *f* : pastilla *f* : dulce *m*; **drops** *npl* : gotas *fpl*

droplet *n* : gotita *f*

dropper *n* : gotero *m* : cuentagotas *m*

dross *n* : escoria *f*

drought *n* : sequía *f*

drove[1] → **drive**

drove[2] *n* : multitud *f* : gentío *m* : manada *f*

drown *v* : ahogar : anegar : inundar : ahogarse

drowse[1] *v* **drowsed; drowsing** : dormitar

drowse[2] *n* : sueño *m* ligero : cabezada *f*

drowsiness *n* : somnolencia *f* : adormecimiento *m*

drowsy *adj* **drowsier; -est** : somnoliento : soñoliento

drub *v* **drubbed; drubbing** : golpear : apalear : derrotar por completo

drudge[1] *v* **drudged; drudging** : trabajar duro

drudge[2] *n* : esclavo *m*, -va *f* del trabajo

drudgery *n, pl* **-eries** : trabajo *m* pesado

drug[1] *v* **drugged; drugging** : drogar : narcotizar

drug[2] *n* : droga *f* : medicina *f* : medicamento *m* : narcótico *m* : estupefaciente *m*

drug addict → **addict**

druggist *n* : farmacéutico *m*, -ca *f*

drug pusher → **pusher**

drugstore *n* : farmacia *f* : botica *f* : droguería *f*

drum[1] *v* **drummed; drumming** : meter a fuerza : tocar el tambor

drum[2] *n* : tambor *m* : bidón *m*

drummer *n* : baterista *mf*

drumstick *n* : palillo *m* : baqueta *f* : muslo *m* de pollo

drunk[1] *pp* → **drink**[1]

drunk[2] *adj* : borracho : embriagado

drunk[3] *n* : borracho *m*, -cha *f*

drunkard *n* : borracho *m*, -cha *f*

drunken *adj* : borracho : ebrio

drunkenly *adv* : como un borracho

drunkenness *n* : borrachera *f* : embriaguez *f* : ebriedad *f*

dry[1] *v* **dried; drying** : secar

dry[2] *adj* **drier; driest** : seco : sediento : donde la venta de bebidas alcohólicas está prohibida : sin alcohol : aburrido : árido : sutil e irónico

dry–clean *v* : limpiar en seco

dry cleaner *n* : tintorería *f*

dry cleaning *n* : limpieza *f* en seco

dryer *n* **hair dryer** : secador *m* — **clothes dryer** : secadora *f*

dry goods *npl* : artículos *mpl* de confección

dry ice *n* : hielo *m* seco

dryly *adv* : secamente

dryness *n* : sequedad *f* : aridez *f*
dual *adj* : doble
dualism *n* : dualismo *m*
duality *n, pl* **-ties** : dualidad *f*
dub *v* **dubbed; dubbing** : apodar : doblar : mezclar
dubious *adj* : dudoso : indeciso : sospechoso : discutible
dubiously *adv* : dudosamente : con desconfianza : de modo sospechoso : con recelo
duchess *n* : duquesa *f*
duck[1] *v* : agachar : bajar : zambullir : eludir : evadir **to duck down** : agacharse
duck[2] *n, pl* **duck** *or* **ducks** : pato *m*, -ta *f*
duckling *n* : patito *m*, -ta *f*
duct *n* : conducto *m*
dud[1] *adj* : que fracasa : que no funciona
dud[2] *n* : fracaso *m* : cosa *f* que no funciona; **duds** *npl* : trapos *mpl* : ropa *f*
due *n* : tipo *m*
due[1] *adv* : justo a : derecho hacia
due[2] *adj* : pagadero : sin pagar : debido : apropiado : esperado
due[3] *n*; **dues** *npl* : cuota *f*
duel[1] *v* : batirse en duelo
duel[2] *n* : duelo *m*
duet *n* : dúo *m*
due to *prep* : debido a
duffel bag *or* **duffle bag** *n* : bolso *m*
duffle coat *or* **duffel coat** *n* : chaqueta *f* de lana : trenca *f*
dug → dig
dugout *n* : piragua *f* : refugio *m* subterráneo
duke *n* : duque *m*
dull[1] *v* : opacar : quitarle el brillo a : deslustrar : desafilar : despuntar : entorpecer : embotar : aliviar : amortiguar
dull[2] *adj* : torpe : lerdo : lento : desafilado : despuntado : sin brillo : deslustrado : aburrido : soso : pesado — **dully** *adv*
dullness *n* : estupidez *f* : monotonía *f* : lo aburrido : falta *f* de brillo : falta *f* de filo
duly *adv* : debidamente : a su debido tiempo
dumb *adj* : estúpido : tonto : bobo — **dumbly** *adv*
dumbbell *n* : pesa *f* : estúpido *m*, -da *f*
dumbfound *or* **dumfound** *v* : dejar atónito : dejar sin habla
dummy[1] *adj* : falso : de imitación : artificial
dummy[2] *n, pl* **-mies** : imitación *f* : sustituto *m* : muñeco *m* : maniquí *m* : tonto *m*, -ta *f* : idiota *mf*
dump[1] *v* : descargar : verter
dump[2] *n* : vertedero *m* : basural *m* : basurero *m* : botadero *m* : tiradero *m*
dumpling *n* : bola *f* de masa hervida
dumpy *adj* **dumpier; -est** : rechoncho : regordete
dun[1] *v* **dunned; dunning** : apremiar
dun[2] *adj* : pardo
dunce *n* : estúpido *m*, -da *f* : burro *m*, -rra *f*
dune *n* : duna *f*
dung *n* : excrementos *mpl* : estiércol *m*
dungeon *n* : mazmorra *f* : calabozo *m*
dunk *v* : mojar : ensopar
duo *n, pl* **duos** : dúo *m* : par *m*
dupe[1] *v* **duped; duping** : engañar : embaucar
dupe[2] *n* : inocentón *m*, -tona *f* : simple *mf*
duplex[1] *adj* : doble
duplex[2] *n* : casa *f* de dos viviendas : dúplex *m*
duplicate[1] *v* **-cated; -cating** : duplicar : hacer copias de : repetir : reproducir
duplicate[2] *adj* : duplicado
duplicate[3] *n* : duplicado *m* : copia *f*
duplication *n* : duplicación *f* : repetición *f* : copia *f* : duplicado *m*
duplicity *n, pl* **-ties** : duplicidad *f*
durability *n* : durabilidad *f* : permanencia *f*
durable *adj* : duradero
duration *n* : duración *f*
duress *n* : coacción *f*
during *prep* : durante
dusk *n* : anochecer *m* : crepúsculo *m*
dusky *adj* **duskier; -est** : oscuro

dust[1] *v* : quitar el polvo de : espolvorear
dust[2] *n* : polvo *m*
dustcover *n* : guardapolvo *m* : funda *f*
duster *n* : guardapolvo *m*
dust jacket *n* : sobrecubierta *f*
dustpan *n* : recogedor *m*
dusty *adj* **dustier; -est** : cubierto de polvo : polvoriento
Dutch[1] *adj* : holandés
Dutch[2] *n* : holandés *m*
Dutchman *n, pl* **-men** : holandés *m*
Dutch treat *n* : invitación o pago a escote
Dutchwoman *n, pl* **-women** : holandesa *f*
dutiful *adj* : motivado por sus deberes : responsable
duty *n, pl* **-ties** : deber *m* : obligación *f* : responsabilidad *f* : impuesto *m* : arancel *m*
duty–free *adj* : libre de impuestos
duvet *n* : edredón *m* : cobertor *m*
DVD *n* : DVD *m*
dwarf[1] *v* : arrestar el crecimiento de : hacer parecer pequeño
dwarf[2] *n, pl* **dwarfs** *or* **dwarves** : enano *m*, -na *f*
dwell *v* **dwelled** *or* **dwelt; dwelling** : residir : morar : vivir
dweller *n* : habitante *mf*
dwelling *n* : morada *f* : vivienda *f* : residencia *f*
dwindle *v* **-dled; -dling** : menguar : reducirse : disminuir
dye[1] *v* **dyed; dyeing** : teñir
dye[2] *n* : tintura *f* : tinte *m*
dying → die
dyke → dike
dynamic *adj* : dinámico
dynamics *npl* : dinámica *f*
dynamite[1] *v* **-mited; -miting** : dinamitar
dynamite[2] *n* : dinamita *f*
dynamo *n, pl* **-mos** : dínamo *m* : generador *m* de electricidad
dynasty *n, pl* **-ties** : dinastía *f*
dysentery *n, pl* **-teries** : disentería *f*
dysfunction *n* : disfunción *f* — **dysfunctional** *adj*
dyslexia *n* : dislexia *f* — **dyslexic** *adj*
dystrophy *n, pl* **-phies** : distrofia *f*

E

e- *pref* : electrónico
each[1] *adv* : cada uno
each[2] *adj* : cada
each[3] *pron* : cada uno : cada una
eager *adj* : entusiasta : ávido : deseoso : ansioso : impaciente
eagerly *adv* : con entusiasmo : ansiosamente
eagerness *n* : entusiasmo *m* : deseo *m* : impaciencia *f*
eagle *n* : águila *f*
ear *n* : oído *m* : oreja *f*
earache *n* : dolor *m* de oído(s)
earbud *n* : auricular *m* de tapón
eardrum *n* : tímpano *m*
earl *n* : conde *m*
earldom *n* : condado *m*
earliness *n* : lo temprano
earlobe *n* : lóbulo *m* de la oreja : perilla *f* de la oreja
early[1] *adv* **earlier; -est** : temprano : pronto
early[2] *adj* **earlier; -est** : primero : primitivo : antiguo : temprano : antes de la hora : prematuro
earmark *v* : destinar
earn *v* : ganar : ganarse
earner *n or* **wage earner** : asalariado *m*, -da *f*
earnest[1] *adj* : serio : sincero
earnest[2] *n* **in ~** : en serio : de verdad
earnestly *adv* : con seriedad : en serio : de todo corazón
earnestness *n* : seriedad *f* : sinceridad *f*
earnings *npl* : ingresos *mpl* : ganancias *fpl* : utilidades *fpl*
earphone *n* : audífono *m* : auricular *m*
earplug *n* : tapón *m* para el oído

earring *n* : zarcillo *m* : arete *m* : aro *m* : pendiente *m*
earshot *n* : alcance *m* del oído
earth *n* : tierra *f* : suelo *m*
earthen *adj* : de tierra : de barro
earthenware *n* : loza *f* : vajilla *f* de barro
earthly *adj* : terrenal : mundano
earthquake *n* : terremoto *m* : sismo *m*
earthworm *n* : lombriz *f*
earthy *adj* **earthier; -est** : terroso : realista : práctico : llano : basto : grosero : tosco
earwax *n* → **wax**[2]
earwig *n* : tijereta *f*
ease[1] *v* **eased; easing** : aliviar : calmar : paliar : reducir : aligerar : aflojar : relajar : mover con cuidado : moverse con cuidado
ease[2] *n* : tranquilidad *f* : comodidad *f* : desahogo *m* : facilidad *f*
easel *n* : caballete *m*
easily *adv* : fácilmente : con facilidad : con mucho : de lejos
easiness *n* : facilidad *f* : soltura *f*
east[1] *adv* : al este
east[2] *adj* : este : del este : oriental
east[3] *n* : este *m*
eastbound *adj* : que va hacia el este
Easter *n* : Pascua *f*
Easter egg *n* : huevo *m* de Pascua
easterly *adv* & *adj* : del este
eastern *adj* : Oriental : del Este : oriental : este
Easterner *n* : habitante *mf* del este
eastward *adv* & *adj* : hacia el este
easy *adj* **easier; -est** : fácil : cómodo : relajado
easy chair *n* : sillón *m* : butaca *f*
easygoing *adj* : tolerante : poco exigente
eat *v* **ate; eaten; eating** : comer : corroer
eatable[1] *adj* : comestible : comible
eatable[2] *n* : algo para comer; **eatables** *npl* : comestibles *mpl* : alimentos *mpl*
eater *n* : persona *f* o animal *m* que come
eaves *npl* : alero *m*
eavesdrop *v* **-dropped; -dropping** : escuchar a escondidas
eavesdropper *n* : persona *f* que escucha a escondidas
ebb[1] *v* : bajar : menguar : decaer : disminuir
ebb[2] *n* : reflujo *m* : decadencia *f* : declive *m* : disminución *f*
ebony[1] *adj* : de ébano : de color ébano : negro
ebony[2] *n, pl* **-nies** : ébano *m*
e–book *n* : libro *m* electrónico : e-book *m*
ebullience *n* : efervescencia *f* : vivacidad *f*
ebullient *adj* : efervescente : vivaz
eccentric[1] *adj* : excéntrico : extraño : raro — **eccentrically** *adv*
eccentric[2] *n* : excéntrico *m*, -ca *f*
eccentricity *n, pl* **-ties** : excentricidad *f*
ecclesiastic *n* : eclesiástico *m* : clérigo *m*
ecclesiastical *or* **ecclesiastic** *adj* : eclesiástico — **ecclesiastically** *adv*
echelon *n* : escalón *m* : nivel *m* : esfera *f* : estrato *m*
echo[1] *v* **echoed; echoing** : hacer eco : resonar : repetir : hacerse eco de
echo[2] *n, pl* **echoes** : eco *m*
e–cigarette → **electronic cigarette**
eclectic *adj* : ecléctico
eclipse[1] *v* **eclipsed; eclipsing** : eclipsar
eclipse[2] *n* : eclipse *m*
eco- *pref* : eco- : ecológico : ecológicamente
eco–friendly *adj* : ecológico
ecological *adj* : ecológico — **ecologically** *adv*
ecologist *n* : ecólogo *m*, -ga *f*
ecology *n, pl* **-gies** : ecología *f*
e–commerce *n* : comercio *m* electrónico
economic *adj* : económico
economical *adj* : económico — **economically** *adv*
economics *n* : economía *f*
economist *n* : economista *mf*
economize *v* **-mized; -mizing** : economizar : ahorrar
economy *n, pl* **-mies** : economía *f* : sistema *m* económico : ahorro *m*

ecosystem *n* : ecosistema *m*
ecotourism *n* : ecoturismo *m*
ecru *n* : color *m* crudo
ecstasy *n, pl* **-sies** : éxtasis *m*
ecstatic *adj* : extático
ecstatically *adv* : con éxtasis : con gran entusiasmo
Ecuadoran *or* **Ecuadorean** *or* **Ecuadorian** *n* : ecuatoriano *m*, -na *f* — **Ecuadorean** *or* **Ecuadorian** *adj*
ecumenical *adj* : ecuménico
eczema *n* : eczema *m*
edamame *n* : edamame *m* : habas *fpl* de soya/soja
eddy[1] *v* **eddied; eddying** : arremolinarse : formar remolinos
eddy[2] *n, pl* **-dies** : remolino *m*
edema *n* : edema *m*
Eden *n* : Edén *m*
edge[1] *v* **edged; edging** : bordear : ribetear : orlar : afilar : aguzar : ir avanzando
edge[2] *n* : borde *m* : filo *m* : margen *m* : orilla *f* : margen *f* : ventaja *f*
edgewise *adv* : de lado : de canto
edginess *n* : tensión *f* : nerviosismo *m*
edging *n* : borde *m*
edgy *adj* **edgier; -est** : tenso : nervioso
edible *adj* : comestible : comible
edict *n* : edicto *m* : mandato *m* : orden *f*
edification *n* : edificación *f* : instrucción *f*
edifice *n* : edificio *m*
edify *v* **-fied; -fying** : edificar
edit *v* : editar : corregir : dirigir
edition *n* : edición *f*
editor *n* : editor *m*, -tora *f* : redactor *m* : director *m*
editorial[1] *adj* : de redacción : editorial
editorial[2] *n* : editorial *m*
editorship *n* : dirección *f*
educate *v* **-cated; -cating** : educar : enseñar : formar : instruir : informar : concientizar
educated *adj* : culto
education *n* : educación *f*
educational *adj* : docente : de enseñanza : pedagógico : educativo : instructivo
educator *n* : educador *m*, -dora *f*
eel *n* : anguila *f*
eerie *adj* **eerier; -est** : que da miedo : espeluznante : fantasmagórico
eerily *adv* : de manera extraña y misteriosa
efface *v* **-faced; -facing** : borrar
effect[1] *v* : efectuar : llevar a cabo : lograr : realizar
effect[2] *n* : efecto *m* : resultado *m* : consecuencia *f* : sentido *m* : influencia *f*; **effects** *npl* : efectos *mpl*; **effects** *npl* : pertenencias *fpl*
effective *adj* : efectivo : eficaz : vigente
effectively *adv* : eficazmente : con eficacia : en realidad : de hecho
effectiveness *n* : eficacia *f* : efectividad *f*
effectual *adj* : eficaz : efectivo — **effectually** *adv*
effeminate *adj* : afeminado
effervesce *v* **-vesced; -vescing** : estar en efervescencia : burbujear : estar eufórico : estar muy animado
effervescence *n* : efervescencia *f* — **effervescent** *adj*
effete *adj* : desgastado : agotado : decadente : afeminado
efficacious *adj* : eficaz : efectivo
efficacy *n, pl* **-cies** : eficacia *f*
efficiency *n, pl* **-cies** : eficiencia *f* : rendimiento *m*
efficient *adj* : eficiente : de alto rendimiento — **efficiently** *adv*
effigy *n, pl* **-gies** : efigie *f*
effluent *n* : efluentes *mpl*
effort *n* : esfuerzo *m* : tentativa *f* : intento *m*
effortless *adj* : sin esfuerzo : natural
effortlessly *adv* : sin esfuerzo
effrontery *n, pl* **-teries** : insolencia *f* : desfachatez *f* : descaro *m*
effusive *adj* : efusivo — **effusively** *adv*
effusiveness *n* : efusión *f*
EFL *n* : inglés *m* como lengua extranjera
egalitarian *adj* : igualitario
egg[1] *v* **to egg on** : incitar : azuzar
egg[2] *n* : huevo *m* : óvulo *m*

eggbeater *n* : batidor *m*
eggnog *n* : ponche *m* de huevo : rompope *m*
eggplant *n* : berenjena *f*
eggshell *n* : cascarón *m*
ego *n, pl* **egos** : amor *m* propio : ego *m* : yo *m*
egocentric *adj* : egocéntrico
egoism *n* : egoísmo *m*
egoist *n* : egoísta *mf*
egoistic *adj* : egoísta
egotism *n* : egotismo *m*
egotist *n* : egotista *mf*
egotistic *or* **egotistical** *adj* : egotista — **egotistically** *adv*
egregious *adj* : atroz : flagrante : mayúsculo — **egregiously** *adv*
egress *n* : salida *f*
egret *n* : garceta *f*
Egyptian *n* : egipcio *m*, -cia *f* — **Egyptian** *adj*
eh *interj* : ¿eh? : ¿qué? : ¿no?
eiderdown *n* : plumón *m* : edredón *m*
eight[1] *adj* : ocho
eight[2] *n* : ocho *m*
eight[3] *pron* : ocho
eighteen[1] *adj & pron* : dieciocho
eighteen[2] *n* : dieciocho *m*
eighteenth[1] *adj* : decimoctavo
eighteenth[2] *n* : decimoctavo *m*, -va *f* : dieciochoavo *m* : dieciochoava parte *f*
eighth[1] *adv* : en octavo lugar
eighth[2] *adj* : octavo
eighth[3] *n* : octavo *m*, -va *f* : octava parte *f*
eight hundred[1] *adj & pron* : ochocientos
eight hundred[2] *n* : ochocientos *m*
eightieth[1] *adj* : octogésimo
eightieth[2] *n* : octogésimo *m*, -ma *f* : ochentavo *m* : ochentava parte *f*
eighty[1] *adj & pron* : ochenta
eighty[2] *n, pl* **eighties** : ochenta *m*
either[1] *adv* : tampoco
either[2] *adj* : cualquiera : ninguno de los dos : cada
either[3] *pron* : cualquiera : ninguno : alguno
either[4] *conj* : o : u : ni
ejaculate *v* **-lated; -lating** : eyacular : exclamar
ejaculation *n* : eyaculación *f* : exclamación *f*
eject *v* : expulsar : expeler : expulsarse
ejection *n* : expulsión *f*
eke out *v* **eked out; eking out** : estirar
elaborate[1] *v* **-rated; -rating** : elaborar **to elaborate on** : ampliar : entrar en detalles sobre
elaborate[2] *adj* : detallado : minucioso : muy elaborado : complicado — **elaborately** *adv*
elaboration *n* : elaboración *f*
elapse *v* **elapsed; elapsing** : transcurrir : pasar
elastic[1] *adj* : elástico : (de) elástico : elastizado
elastic[2] *n* : elástico *m*
elasticity *n, pl* **-ties** : elasticidad *f*
elated *adj* : eufórico
elation *n* : euforia *f* : júbilo *m* : alborozo *m*
elbow[1] *v* : darle un codazo a
elbow[2] *n* : codo *m*
elder[1] *adj* : mayor
elder[2] *n* : anciano *m*, -na *f* : miembro *m* del consejo : mayor *mf*
elderberry *n, pl* **-berries** : baya *f* de saúco : saúco *m*
elderly *adj* : mayor : de edad : anciano
eldest *adj* : mayor
elect[1] *v* : elegir
elect[2] *adj* : electo
elect[3] *npl* **the elect** : los elegidos *mpl*
election *n* : elección *f*
elective[1] *adj* : electivo : facultativo : optativo
elective[2] *n* : asignatura *f* electiva
electoral *adj* : electoral
electorate *n* : electorado *m*
electric *adj* : electrizante : emocionante
electric cord → cord
electrician *n* : electricista *mf*
electricity *n, pl* **-ties** : electricidad *f* : corriente *m* eléctrica
electric razor → razor
electric shock → shock[2]
electric socket → socket
electrification *n* : electrificación *f*
electrify *v* **-fied; -fying** : electrificar : electrizar : emocionar

electrocardiogram *n* : electrocardiograma *m*
electrocardiograph *n* : electrocardiógrafo *m*
electrocute *v* **-cuted; -cuting** : electrocutar
electrocution *n* : electrocución *f*
electrode *n* : electrodo *m*
electrolysis *n* : electrólisis *f*
electrolyte *n* : electrolito *m*
electromagnet *n* : electroimán *m*
electromagnetic *adj* : electromagnético — **electromagnetically** *adv*
electromagnetism *n* : electromagnetismo *m*
electron *n* : electrón *m*
electronic *adj* : electrónico — **electronically** *adv*
electronic cigarette *n* : cigarillo *m* electrónico : vaporizador *m* : vaporeador *m*
electronic mail *n* : correo *m* electrónico
electronics *n* : electrónica *f* : sistema *m* electrónico
electroplate *v* **-plated; -plating** : galvanizar mediante electrólisis
elegance *n* : elegancia *f*
elegant *adj* : elegante — **elegantly** *adv*
elegiac *adj* : elegíaco
elegy *n, pl* **-gies** : elegía *f*
element *n* : elemento *m* : factor *m* : medio *m* : grupo *m*; **elements** *npl* : elementos *mpl* : rudimentos *mpl*
elemental *adj* : elemental : primario
elementary *adj* : elemental : de enseñanza primaria
elephant *n* : elefante *m*, -ta *f*
elevate *v* **-vated; -vating** : elevar : levantar : alzar : ascender : aumentar
elevation *n* : elevación *f* : altura *f* : altitud *f* : ascenso *m*
elevator *n* : ascensor *m* : elevador *m*
eleven[1] *adj & pron* : once
eleven[2] *n* : once *m*
eleventh[1] *adj* : undécimo
eleventh[2] *n* : undécimo *m*, -ma *f* : onceavo *m* : onceava parte *f*
elf *n, pl* **elves** : elfo *m* : duende *m*
elfin *adj* : de elfo : menudo : mágico : encantador
elfish *adj* : de elfo : travieso
elicit *v* : provocar : obtener
eligibility *n, pl* **-ties** : elegibilidad *f*
eligible *adj* : que reúne los requisitos : elegible : idóneo
eliminate *v* **-nated; -nating** : eliminar : descartar
elimination *n* : eliminación *f*
elite[1] *n* : elite *f* : élite *f*
elite[2] *n* : de elite : de élite
elitist *n* : elitista *mf* — **elitist** *adj*
elixir *n* : elixir *m*
elk *n* : alce *m* : uapití *m*
ellipse *n* : elipse *f*
ellipsis *n, pl* **-lipses** : elipsis *f* : puntos *mpl* suspensivos
elliptical *or* **elliptic** *adj* : elíptico
elm *n* : olmo *m*
elocution *n* : elocución *f*
elongate *v* **-gated; -gating** : alargar
elongation *n* : alargamiento *m*
elope *v* **eloped; eloping** : fugarse
elopement *n* : fuga *f*
eloquence *n* : elocuencia *f*
eloquent *adj* : elocuente — **eloquently** *adv*
El Salvadoran *n* : salvadoreño *m*, -ña *f* — **El Salvadoran** *adj*
else *adj* : otro : más
elsewhere *adv* : en/a otra parte : en/a otro sitio/lugar
elucidate *v* **-dated; -dating** : dilucidar : elucidar : esclarecer
elucidation *n* : elucidación *f* : esclarecimiento *m*
elude *v* **eluded; eluding** : eludir : evadir
elusive *adj* : esquivo : escurridizo : difícil de precisar
elusively *adv* : de manera esquiva
elves → elf
em- → en-
'em → them
emaciate *v* **-ated; -ating** : enflaquecer
e-mail[1] *or* **email** *v* : enviarle/mandarle un email a : enviarle/mandarle un correo electrónico a : enviar/mandar por email : enviar/mandar por correo electrónico : enviar/mandar un email : enviar/mandar un correo electrónico

e–mail[2] *or* **email** *n* : email *m* : correo *m* electrónico
emanate *v* **-nated; -nating** : emanar : provenir : proceder
emanation *n* : emanación *f*
emancipate *v* **-pated; -pating** : emancipar
emancipation *n* : emancipación *f*
embalm *v* : embalsamar
embankment *n* : terraplén *m* : muro *m* de contención
embargo[1] *v* **-goed; -going** : imponer un embargo sobre
embargo[2] *n, pl* **-goes** : embargo *m*
embark *v* : embarcar : embarcarse
embarkation *n* : embarque *m* : embarco *m*
embarrass *v* : avergonzar : abochornar
embarrassed *adj* : embarazoso : violento
embarrassing *adj* : embarazoso : violento
embarrassment *n* : vergüenza *f* : bochorno *m* : pena *f*
embassy *n, pl* **-sies** : embajada *f*
embed *v* **-bedded; -bedding** : incrustar : empotrar : grabar
embellish *v* : adornar : embellecer
embellishment *n* : adorno *m*
ember *n* : ascua *f* : brasa *f*
embezzle *v* **-zled; -zling** : desfalcar : malversar
embezzlement *n* : desfalco *m* : malversación *f*
embezzler *n* : desfalcador *m*, -dora *f* : malversador *m*
embitter *v* : amargar
emblem *n* : emblema *m* : símbolo *m*
emblematic *adj* : emblemático : simbólico
embodiment *n* : encarnación *f* : personificación *f*
embody *v* **-bodied; -bodying** : encarnar : personificar : incorporar
embolism *n* : embolia *f*
emboss *v* : repujar : grabar en relieve
embrace[1] *v* **-braced; -bracing** : abrazar : adoptar : aceptar : aprovechar : abarcar : abrazarse
embrace[2] *n* : abrazo *m*
embroider *v* : bordar : adornar
embroidery *n, pl* **-deries** : bordado *m*
embroil *v* : enredar
embryo *n, pl* **embryos** : embrión *m*
embryonic *adj* : embrionario
emend *v* : enmendar : corregir
emendation *n* : enmienda *f*
emerald[1] *adj* : verde esmeralda
emerald[2] *n* : esmeralda *f*
emerge *v* **emerged; emerging** : salir : emerger : surgir : revelarse
emergence *n* : aparición *f* : surgimiento *m*
emergency *n, pl* **-cies** : emergencia *f* : urgencia *f*
emergency brake *n* : freno *m* de mano
emergency room *n* : sala *f* de urgencia(s) : sala *f* de emergencia(s)
emergent *adj* : emergente
emery *n, pl* **-eries** : esmeril *m*
emery board *n* : lima *f* de uñas
emigrant *n* : emigrante *mf*
emigrate *v* **-grated; -grating** : emigrar
emigration *n* : emigración *f*
eminence *n* : eminencia *f* : prestigio *m* : renombre *m* : dignatario *m*, -ria *f*
eminent *adj* : eminente : ilustre
eminently *adv* : sumamente
emissary *n, pl* **-saries** : emisario *m*, -ria *f*
emission *n* : emisión *f*
emit *v* **emitted; emitting** : emitir : despedir : producir
emoji *n, pl* **emoji** *or* **emojis** : emoji *m*
emote *v* **emoted; emoting** : exteriorizar las emociones
emoticon *n* : emoticono *m* : emoticón *m*
emotion *n* : emoción *f* : sentimiento *m*
emotional *adj* : emocional : afectivo : emotivo : sensible : conmovedor : emocionante
emotionally *adv* : emocionalmente
empathize *v* **-thized; -thizing** : sentir empatía
empathy *n* : empatía *f*
emperor *n* : emperador *m*

emphasis *n, pl* **-phases** : énfasis *m* : hincapié *m* : acento *m*
emphasize *v* **-sized; -sizing** : enfatizar : subrayar : recalcar : acentuar : resaltar
emphatic *adj* : enfático : enérgico : categórico — **emphatically** *adv*
empire *n* : imperio *m*
empirical *adj* : empírico — **empirically** *adv*
employ[1] *v* : usar : utilizar : emplear : contratar : dar empleo a : ocupar : dedicar
employ[2] *n* : puesto *m* : cargo *m* : ocupación *f*
employee *n* : empleado *m*, -da *f*
employer *n* : patrón *m*, -trona *f* : empleador *m*, -dora *f*
employment *n* : trabajo *m* : empleo *m*
employment agency *n* : agencia *f* de colocación : agencia *f* de trabajo
empower *v* : facultar : autorizar : conferirle poder a
empowerment *n* : autorización *f*
empress *n* : emperatriz *f*
emptiness *n* : vacío *m* : vacuidad *f*
empty[1] *v* **-tied; -tying** : vaciar
empty[2] *adj* **emptier; -est** : vacío : desocupado : libre : hueco : vano
empty[3] *n, pl* **-ties** : envase *m* vacío
empty–handed *adj* : con las manos vacías
empty–headed *adj* : cabeza hueca : tonto
emu *n* : emú *m*
emulate *v* **-lated; -lating** : emular
emulation *n* : emulación *f*
emulsifier *n* : emulsionante *m*
emulsify *v* **-fied; -fying** : emulsionar
emulsion *n* : emulsión *f*
en- *or* **em-** *pref* : en- : em-
enable *v* **-abled; -abling** : permitir : hacer posible : posibilitar : activar : habilitar
enact *v* : promulgar : representar
enactment *n* : promulgación *f*
enamel[1] *v* **-eled** *or* **-elled; -eling** *or* **-elling** : esmaltar
enamel[2] *n* : esmalte *m*
enamor *v* : enamorar
encamp *v* : acampar
encampment *n* : campamento *m*
encase *v* **-cased; -casing** : encerrar : revestir
-ence *suf* : -encia
encephalitis *n, pl* **-litides** : encefalitis *f*
enchant *v* : hechizar : encantar : embrujar : cautivar : fascinar
enchanting *adj* : encantador
enchanter *n* : mago *m* : encantador *m*
enchantment *n* : encanto *m* : hechizo *m*
enchantress *n* : maga *f* : hechicera *f* : mujer *f* cautivadora
enchilada *n* : enchilada *f*
encircle *v* **-cled; -cling** : rodear : ceñir : cercar
enclose *v* **-closed; -closing** : encerrar : cercar : rodear : incluir : adjuntar : acompañar
enclosure *n* : encierro *m* : cercado *m* : recinto *m* : anexo *m* : documento *m* adjunto
encode *v* : cifrar : codificar
encompass *v* : circundar : rodear : abarcar : comprender
encore *n* : bis *m*
encounter[1] *v* : encontrar : encontrarse con : toparse con : tropezar con : combatir : luchar contra
encounter[2] *n* : encuentro *m*
encourage *v* **-aged; -aging** : animar : alentar : fomentar : promover
encouragement *n* : ánimo *m* : aliento *m*
encouraging *adj* : alentador : esperanzador
encroach *v* **to encroach on/upon** : invadir : abusar : quitar
encroachment *n* : invasión *f* : usurpación *f*
encrust *v* : recubrir con una costra : incrustar
encrypt *v* : cifrar : encriptar
encumber *v* : obstruir : estorbar : cargar : gravar
encumbrance *n* : estorbo *m* : carga *f* : gravamen *m*
encyclopedia *n* : enciclopedia *f*
encyclopedic *adj* : enciclopédico
end[1] *v* : terminar : poner fin a : acabar con : concluir

: terminar(se) : acabar : concluir(se)
end[2] *n* : extremo *m* : punta *f* : final *m* : fin *m* : final *m* : objetivo *m* : ala *f*
endanger *v* : poner en peligro
endangered *adj* : en peligro
endear *v* **to endear oneself to** : ganarse la simpatía de : granjearse el cariño de
endearing *adj* : encantador
endearment *n* : expresión *f* de cariño
endeavor[1] *v* : intentar : esforzarse por
endeavor[2] *n* : intento *m* : esfuerzo *m*
ending *n* : final *m* : desenlace *m* : sufijo *m* : terminación *f*
endive *n* : endibia *f* : endivia *f*
endless *adj* : interminable : inacabable : sin fin : innumerable : incontable
endlessly *adv* : interminablemente : eternamente : sin parar
endocrine *adj* : endocrino
endorse *v* **-dorsed; -dorsing** : endosar : firmar : aprobar : respaldar : promocionar
endorsement *n* : endoso *m* : firma *f* : aprobación *f* : aval *m*
endow *v* : dotar
endowment *n* : dotación *f* : donación *f* : legado *m* : atributo *m* : dotes *fpl*
endurable *adj* : tolerable : soportable
endurance *n* : resistencia *f* : aguante *m*
endure *v* **-dured; -during** : resistir : soportar : aguantar : tolerar : durar : perdurar
enema *n* : enema *m* : lavativa *f*
enemy *n, pl* **-mies** : enemigo *m*, -ga *f*
energetic *adj* : enérgico : vigoroso — **energetically** *adv*
energize *v* **-gized; -gizing** : activar : vigorizar
energy *n, pl* **-gies** : energía *f* : energías *fpl* : esfuerzo *m*
enervate *v* **-vated; -vating** : enervar : debilitar
enfold *v* : envolver
enforce *v* **-forced; -forcing** : hacer respetar : hacer cumplir : imponer
enforcement *n* : imposición *f*
enfranchise *v* **-chised; -chising** : conceder el voto a
enfranchisement *n* : concesión *f* del voto
engage *v* **-gaged; -gaging** : captar : engranar : contratar : entablar combate con
engaged *adj* : comprometido : prometido
engagement *n* : compromiso *m* : cita *f* : noviazgo *m*
engaging *adj* : atractivo : encantador : interesante
engender *v* **-dered; -dering** : engendrar
engine *n* : motor *m* : locomotora *f* : máquina *f*
engineer[1] *v* : diseñar : construir : maquinar : tramar : fraguar
engineer[2] *n* : ingeniero *m*, -ra *f* : maquinista *mf*
engineering *n* : ingeniería *f*
English[1] *adj* : inglés
English[2] *n* : inglés *m*
Englishman *n, pl* **-men** : inglés *m*
English muffin *n* : panecillo *m*
Englishwoman *n, pl* **-women** : inglesa *f*
engrave *v* **-graved; -graving** : grabar
engraver *n* : grabador *m*, -dora *f*
engraving *n* : grabado *m*
engross *v* : absorber
engrossed *adj* : absorto
engrossing *adj* : fascinante : absorbente
engulf *v* : envolver : sepultar
enhance *v* **-hanced; -hancing** : realzar : aumentar : mejorar
enhancement *n* : mejora *f* : realce *m* : aumento *m*
enigma *n* : enigma *m*
enigmatic *adj* : enigmático — **enigmatically** *adv*
enjoin *v* : ordenar : imponer : prohibir : vedar
enjoy *v* : disfrutar : gozar de
enjoyable *adj* : agradable : placentero : divertido
enjoyment *n* : placer *m* : goce *m* : disfrute *m* : deleite *m*

enlarge *v* **-larged; -larging** : ampliar : agrandar : ampliarse
enlargement *n* : expansión *f* : ampliación *f*
enlighten *v* : ilustrar : iluminar
enlightenment *n* : ilustración *f* : aclaración *f*
enlist *v* : alistar : reclutar : conseguir : alistarse
enlisted man *n* : soldado *m* raso
enlistment *n* : alistamiento *m* : reclutamiento *m*
enliven *v* : animar : alegrar : darle vida a
en masse *adv* : en masa : masivamente
enmity *n, pl* **-ties** : enemistad *f* : animadversión *f*
ennoble *v* **-bled; -bling** : ennoblecer
ennui *n* : hastío *m* : tedio *m* : fastidio *m* : aburrimiento *m*
enormity *n, pl* **-ties** : atrocidad *f* : barbaridad *f* : enormidad *f* : inmensidad *f*
enormous *adj* : enorme : inmenso : tremendo — **enormously** *adv*
enough[1] *adv* : bastante : suficientemente
enough[2] *adj* : bastante : suficiente
enough[3] *pron* : (lo) suficiente : (lo) bastante
enquire, enquiry → inquire, inquiry
enrage *v* **-raged; -raging** : enfurecer : encolerizar
enraged *adj* : enfurecido : furioso
enrapture *v* **-tured; -turing** : cautivar : arrobar
enrich *v* : enriquecer
enrichment *n* : enriquecimiento *m*
enroll *or* **enrol** *v* **-rolled; -rolling** : matricular : inscribir : matricularse : inscribirse
enrollment *n* : matrícula *f* : inscripción *f*
en route *adv* : de camino : por el camino
ensconce *v* **-sconced; -sconcing** : acomodar : instalar : establecer cómodamente
ensemble *n* : conjunto *m*
enshrine *v* **-shrined; -shrining** : conservar religiosamente : preservar
ensign *n* : enseña *f* : pabellón *m* : alférez *mf*
enslave *v* **-slaved; -slaving** : esclavizar
enslavement *n* : esclavización *f*
ensnare *v* **-snared; -snaring** : atrapar
ensue *v* **-sued; -suing** : seguir : resultar
ensure *v* **-sured; -suring** : asegurar : garantizar
entail *v* : implicar : suponer : conllevar
entangle *v* **-gled; -gling** : enredar
entanglement *n* : enredo *m*
enter *v* : entrar en/a : incorporarse a : ingresar a : entrar en : anotar : inscribir : introducir : dar entrada a : presentar : presentarse a : inscribirse en : entrar
enterprise *n* : empresa *f* : firma *f* : iniciativa *f* : empuje *m*
enterprising *adj* : emprendedor
entertain *v* : recibir : agasajar : considerar : contemplar : entretener : divertir : tener invitados
entertainer *n* : artista *mf*
entertaining *adj* : entretenido : divertido
entertainment *n* : entretenimiento *m* : diversión *f* : espectáculo *m*
enthrall *or* **enthral** *v* **-thralled; -thralling** : cautivar : embelesar
enthuse *v* **-thused; -thusing** : entusiasmar : decir con entusiasmo **to enthuse over** : hablar con entusiasmo sobre
enthusiasm *n* : entusiasmo *m*
enthusiast *n* : entusiasta *mf* : aficionado *m*, -da *f*
enthusiastic *adj* : entusiasta : aficionado
enthusiastically *adv* : con entusiasmo
entice *v* **-ticed; -ticing** : atraer : tentar
enticement *n* : tentación *f* : atracción *f* : señuelo *m*
entire *adj* : entero : completo
entirely *adv* : completamente : totalmente
entirety *n, pl* **-ties** : totalidad *f*
entitle *v* **-tled; -tling** : titular : intitular : dar derecho a

entitlement *n* : derecho *m*
entity *n, pl* **-ties** : entidad *f* : ente *m*
entomologist *n* : entomólogo *m*, -ga *f*
entomology *n* : entomología *f*
entourage *n* : séquito *m*
entrails *npl* : entrañas *fpl* : vísceras *fpl*
entrance[1] *v* **-tranced; -trancing** : encantar : embelesar : fascinar
entrance[2] *n* : entrada *f* : ingreso *m*
entrant *n* : candidato *m*, -ta *f* : participante *mf*
entrap *v* **-trapped; -trapping** : atrapar : entrampar : hacer caer en una trampa
entrapment *n* : captura *f*
entreat *v* : suplicar : rogar
entreaty *n, pl* **-treaties** : ruego *m* : súplica *f*
entrée *or* **entree** *n* : plato *m* principal
entrench *v* : atrincherar : consolidar : afianzar
entrepreneur *n* : empresario *m*, -ria *f*
entrust *v* **to entrust something to someone** *or* **to entrust someone with something** : confiarle/encomendarle algo a alguien
entry *n, pl* **-tries** : entrada *f* : ingreso *m* : anotación *f* : partida *f* : participante *mf*
entwine *v* **-twined; -twining** : entrelazar : entretejer : entrecruzar
enumerate *v* **-ated; -ating** : enumerar : contar
enumeration *n* : enumeración *f* : lista *f*
enunciate *v* **-ated; -ating** : enunciar : decir : articular : pronunciar
enunciation *n* : enunciación *f* : declaración *f* : articulación *f* : pronunciación *f* : dicción *f*
envelop *v* : envolver : cubrir
envelope *n* : sobre *m*
enviable *adj* : envidiable
envious *adj* : envidioso — **enviously** *adv*
environment *n* : ambiente *m* : entorno *m*
environmental *adj* : ambiental : medioambiental
environmentalism *n* : ecologismo *m*
environmentalist *n* : ecologista *mf*
environmentally *adv* : ecológicamente
environs *npl* : alrededores *mpl* : entorno *m* : inmediaciones *fpl*
envisage *v* **-aged; -aging** : imaginarse : concebir : prever
envision *v* : imaginar
envoy *n* : enviado *m*, -da *f*
envy[1] *v* **-vied; -vying** : envidiar
envy[2] *n, pl* **envies** : envidia *f*
enzyme *n* : enzima *f*
eon → aeon
epaulet *n* : charretera *f*
ephemeral *adj* : efímero : fugaz
epic[1] *adj* : épico
epic[2] *n* : poema *m* épico : epopeya *f*
epicenter *n* : epicentro *m*
epicure *n* : epicúreo *m*, -rea *f* : gastrónomo *m*, -ma *f*
epicurean *adj* : epicúreo
epidemic[1] *adj* : epidémico
epidemic[2] *n* : epidemia *f*
epidemiology *n* : epidemiología *f* — **epidemiologic** *or* **epidemiological** *adj*
epigram *n* : epigrama *m*
epilepsy *n, pl* **-sies** : epilepsia *f*
epileptic[1] *adj* : epiléptico
epileptic[2] *n* : epiléptico *m*, -ca *f*
epilogue *n* : epílogo *m*
episcopal *adj* : episcopal
Episcopalian *n* : episcopaliano *m*, -na *f*
episode *n* : episodio *m*
episodic *adj* : episódico
epistle *n* : epístola *f* : carta *f*
epitaph *n* : epitafio *m*
epithet *n* : epíteto *m*
epitome *n* : epítome *m* : resumen *m* : personificación *f*
epitomize *v* **-mized; -mizing** : resumir : ser la personificación de : ser representativo de
epoch *n* : época *f* : era *f*
epoxy *n, pl* **epoxies** : resina *f* epoxídica
equable *adj* : ecuánime : estable : constante : uniforme
equably *adv* : con ecuanimidad
equal[1] *v* **equaled** *or* **equalled; equaling** *or* **equalling** : ser igual a : igualar

equal[2] *adj* : igual : adecuado : capaz
equal[3] *n* : igual *mf*
equality *n, pl* **-ties** : igualdad *f*
equalize *v* **-ized; -izing** : igualar : equiparar : empatar
equalizer *n* : gol *m* del empate
equally *adv* : igualmente : por igual
equal opportunity employer *n* : empresa *f* con una política de igualdad de oportunidades
equal sign *n* : signo *m* de igual
equanimity *n, pl* **-ties** : ecuanimidad *f*
equate *v* **equated; equating** : equiparar : identificar
equation *n* : ecuación *f*
equator *n* **the Equator** : el ecuador
equatorial *adj* : ecuatorial
equestrian[1] *adj* : ecuestre
equestrian[2] *n* : jinete *mf* : caballista *mf*
equilateral *adj* : equilátero
equilibrium *n, pl* **-riums** *or* **-ria** : equilibrio *m*
equine *adj* : equino : hípico
equinox *n* : equinoccio *m*
equip *v* **equipped; equipping** : equipar : preparar
equipment *n* : equipo *m*
equitable *adj* : equitativo : justo : imparcial
equity *n, pl* **-ties** : equidad *f* : imparcialidad *f* : valor *m* líquido
equivalence *n* : equivalencia *f*
equivalent[1] *adj* : equivalente
equivalent[2] *n* : equivalente *m*
equivocal *adj* : equívoco : ambiguo : incierto : dudoso : sospechoso
equivocate *v* **-cated; -cating** : usar lenguaje equívoco : contestar con evasivas
equivocation *n* : evasiva *f* : subterfugio *m*
-er *suf* : -ador *m*, -adora *f* : más
era *n* : era *f* : época *f*
eradicate *v* **-cated; -cating** : erradicar
erase *v* **erased; erasing** : borrar
eraser *n* : goma *f* de borrar : borrador *m*
erasure *n* : tachadura *f*
ere[1] *conj* : antes de que
ere[2] *prep* : antes de
e–reader *n* : lector *m* electrónico : lector *m* de libros electrónicos
erect[1] *v* : levantar : erigir : armar
erect[2] *adj* : erguido : derecho : erecto
erection *n* : erección *f* : construcción *f*
ergonomics *npl* : ergonomía *f*
ermine *n* : armiño *m*
erode *v* **eroded; eroding** : erosionar : corroer : erosionarse : corroerse
erosion *n* : erosión *f* : corrosión *f* : deterioro *m*
erotic *adj* : erótico — **erotically** *adv*
eroticism *n* : erotismo *m*
err *v* : equivocarse : errar
errand *n* : mandado *m* : encargo *m* : recado *m*
errant *adj* : errante : descarriado
erratic *adj* : errático : irregular : inconsistente : excéntrico : raro
erratically *adv* : erráticamente : de manera irregular
erroneous *adj* : erróneo — **erroneously** *adv*
error *n* : error *m* : equivocación *f*
ersatz *adj* : artificial : sustituto
erstwhile *adj* : antiguo
erudite *adj* : erudito : letrado
erudition *n* : erudición *f*
erupt *v* : hacer erupción : entrar en erupción : estallar
eruption *n* : erupción *f* : estallido *m* : brote *m*
eruptive *adj* : eruptivo
escalate *v* **-lated; -lating** : intensificar : aumentar : intensificarse : aumentarse
escalation *n* : intensificación *f* : escalada *f* : aumento *m* : subida *f*
escalator *n* : escalera *f* mecánica
escapade *n* : aventura *f*
escape[1] *v* **-caped; -caping** : escaparse de : escapar a : librarse de : salvarse de : escaparse : salvarse
escape[2] *n* : fuga *f* : huida *f* : escapada *f* : escape *m* : escapatoria *f* : evasión *f*
escapee *n* : fugitivo *m*, -va *f*
escapism *n* : escapismo *m* — **escapist** *adj*

escarole *n* : escarola *f*
escarpment *n* : escarpa *f*
eschew *v* : evitar : rehuir : abstenerse de
escort[1] *v* : escoltar : llevar : acompañar
escort[2] *n* : escolta *f* : acompañante *mf*
escrow *n* **in escrow** : en depósito : en custodia de un tercero
ESL *n* : inglés *m* como lengua extranjera
esophagus *n, pl* **-gi** : esófago *m*
esoteric *adj* : esotérico : hermético
espadrille *n* : alpargata *f* : sandalia *f*
especially *adv* : especialmente : particularmente : expresamente
espionage *n* : espionaje *m*
espouse *v* **espoused; espousing** : casarse con : apoyar : adherirse a : adoptar
espresso *n, pl* **-sos** : café *m* exprés
essay[1] *v* : intentar : tratar
essay[2] *n* : ensayo *m* : redacción *f* : trabajo *m* : intento *m*
essayist *n* : ensayista *mf*
essence *n* : esencia *f* : núcleo *m* : meollo *m* : extracto *m* : perfume *m*
essential[1] *adj* : esencial — **essentially** *adv*
essential[2] *n* : elemento *m* esencial
-est *suf* : (el/la/los/las) más
establish *v* : establecer : fundar : instaurar : instituir : demostrar
established *adj* : establecido : de amplia trayectoria : oficial
establishment *n* : establecimiento *m* : fundación *f* : instauración *f* : negocio *m*
estate *n* : bienes *mpl* : propiedad *f* : patrimonio *m* : hacienda *f* : finca *f*
esteem[1] *v* : estimar : apreciar
esteem[2] *n* : estima *f* : aprecio *m*
esthetic → **aesthetic**
estimable *adj* : estimable
estimate[1] *v* **-mated; -mating** : calcular : estimar
estimate[2] *n* : cálculo *m* aproximado : valoración *f* : estimación *f* : presupuesto *m*
estimation *n* : juicio *m* : opinión *f* : cálculo *m* aproximado
estimator *n* : tasador *m*, -dora *f*
Estonian *n* : estonio *m*, -nia *f* — **Estonian** *adj*
estrange *v* **-tranged; -tranging** : enajenar : apartar : alejar
estrangement *n* : alejamiento *m* : distanciamiento *m*
estrogen *n* : estrógeno *m*
estrus *n* : celo *m*
estuary *n, pl* **-aries** : estuario *m*
et cetera : etcétera
etcetera *noun* : etcétera
etch *v* : grabar al aguafuerte
etching *n* : aguafuerte *m* : grabado *m* al aguafuerte
eternal *adj* : eterno : constante : incesante
eternally *adv* : eternamente : para siempre
eternity *n, pl* **-ties** : eternidad *f*
ethanol *n* : etanol *m*
ether *n* : éter *m*
ethereal *adj* : etéreo : celeste : delicado
ethical *adj* : ético — **ethically** *adv*
ethics *ns & pl* : ética *f* : moralidad *f*
Ethiopian *n* : etíope *mf* — **Ethiopian** *adj*
ethnic *adj* : étnico
etiquette *n* : etiqueta *f* : protocolo *m*
etymological *adj* : etimológico
etymology *n, pl* **-gies** : etimología *f*
eucalyptus *n, pl* **-ti** *or* **-tuses** : eucalipto *m*
Eucharist *n* : Eucaristía *f*
eulogize *v* **-gized; -gizing** : elogiar : encomiar
eulogy *n, pl* **-gies** : panegírico *m*
eunuch *n* : eunuco *m*
euphemism *n* : eufemismo *m*
euphemistic *adj* : eufemístico
euphoria *n* : euforia *f*
euphoric *adj* : eufórico
euro *n, pl* **euros** *or* **euro** : euro *m*
European[1] *adj* : europeo
European[2] *n* : europeo *m*, -pea *f*
euthanasia *n* : eutanasia *f*
euthanize *v* **-nized; -nizing** : sacrificar
evacuate *v* **-ated; -ating** : evacuar : desalojar : retirarse
evacuation *n* : evacuación *f* : desalojo *m*
evade *v* **evaded; evading** : eludir
evaluate *v* **-ated; -ating** : evaluar : valorar : tasar

evaluation *n* : evaluación *f* : valoración *f* : tasación *f*
evangelical *adj* : evangélico
evangelism *n* : evangelismo *m*
evangelist *n* : evangelista *m* : predicador *m*, -dora *f*
evaporate *v* **-rated; -rating** : evaporarse : desvanecerse : esfumarse
evaporated milk *n* : leche *f* evaporada
evaporation *n* : evaporación *f*
evasion *n* : evasión *f*
evasive *adj* : evasivo
evasiveness *n* : carácter *m* evasivo
eve *n* : víspera *f*
even[1] *v* : allanar : nivelar : emparejar : igualar : equilibrar **to even out** : nivelarse : emparejarse
even[2] *adv* : hasta : incluso : ni siquiera : aún : todavía
even[3] *adj* : uniforme : liso : parejo : plano : llano : igual : igualado : regular : constante : exacto : justo : par
evening *n* : tarde *f* : noche *f* : velada *f*
evening gown *or* **evening dress** *n* : traje *m* de noche
evenings *adv* : por las noches
evenly *adv* : de modo uniforme : de manera constante : igualmente : equitativamente
evenness *n* : uniformidad *f* : igualdad *f* : regularidad *f*
event *n* : acontecimiento *m* : suceso *m* : prueba *f*
even–tempered *adj* : ecuánime
eventful *adj* : lleno de incidentes : memorable
eventual *adj* : final : consiguiente
eventuality *n, pl* **-ties** : eventualidad *f*
eventually *adv* : finalmente : al fin : con el tiempo
ever *adv* : siempre : alguna vez : algún día : nunca
evergreen[1] *adj* : de hoja perenne
evergreen[2] *n* : planta *f* de hoja perenne
everlasting *adj* : eterno : perpetuo : imperecedero
evermore *adv* : eternamente
every *adj* : cada : todo : pleno : entero
everybody *pron* : todos : todo el mundo
everyday *adj* : cotidiano : diario : corriente
everyone → everybody
everything *pron* : todo
everywhere *adv* : en todas partes : por todas partes : dondequiera
evict *v* : desalojar : desahuciar
eviction *n* : desalojo *m* : desahucio *m*
evidence *n* : indicios *mpl* : señales *mpl* : evidencia *f* : prueba *f* : testimonio *m* : declaración *f*
evident *adj* : evidente : patente : manifiesto
evidently *adv* : claramente : obviamente : aparentemente : evidentemente : al parecer
evil[1] *adj* **eviler** *or* **eviller; evilest** *or* **evillest** : malvado : maligno : maléfico
evil[2] *n* : mal *m* : maldad *f* : desgracia *f*
evildoer *n* : malhechor *m*, -chora *f* : malvado *m*, -da *f*
evil eye *n* **the evil eye** : el mal de ojo
evince *v* **evinced; evincing** : mostrar : manifestar : revelar
eviscerate *v* **-ated; -ating** : eviscerar
evocation *n* : evocación *f*
evocative *adj* : evocador
evoke *v* **evoked; evoking** : evocar : provocar
evolution *n* : evolución *f* : desarrollo *m*
evolutionary *adj* : evolutivo
evolve *v* **evolved; evolving** : evolucionar : desarrollarse
ewe *n* : oveja *f*
ex *n* : ex *mf*
ex- *pref* : ex- : ex
exacerbate *v* **-bated; -bating** : exacerbar
exact[1] *v* : exigir : imponer : arrancar
exact[2] *adj* : exacto : preciso
exacting *adj* : exigente : riguroso
exactitude *n* : exactitud *f* : precisión *f*
exactly *adv* : exactamente

exaggerate *v* **-ated; -ating** : exagerar
exaggerated *adj* : exagerado — **exaggeratedly** *adv*
exaggeration *n* : exageración *f*
exalt *v* : exaltar : ensalzar : glorificar
exaltation *n* : exaltación *f*
exam → examination
examination *n* : examen *m* : inspección *f* : revisión *f* : reconocimiento *m* : estudio *m*
examine *v* **-ined; -ining** : examinar : inspeccionar : revisar
example *n* : ejemplo *m*
exasperate *v* **-ated; -ating** : exasperar : sacar de quicio
exasperation *n* : exasperación *f*
excavate *v* **-vated; -vating** : excavar
excavation *n* : excavación *f*
excavator *n* : excavadora *f*
exceed *v* : exceder de : sobrepasar
exceedingly *adv* : extremadamente : sumamente
excel *v* **-celled; -celling** : destacar : sobresalir : superar
excellence *n* : excelencia *f*
excellency *n, pl* **-cies** : excelencia *f*
excellent *adj* : excelente : sobresaliente — **excellently** *adv*
except[1] *v* : exceptuar : excluir
except[2] *conj* : pero : si no fuera por
except[3] *prep* : excepto : menos : salvo
except for → except[3]
exception *n* : excepción *f*
exceptional *adj* : excepcional : extraordinario — **exceptionally** *adv*
excerpt[1] *v* : escoger : seleccionar
excerpt[2] *n* : pasaje *m* : selección *f*
excess[1] *adj* : excesivo : de sobra
excess[2] *n* : exceso *m* : superfluidad *f* : excedente *m* : sobrante *m*
excessive *adj* : excesivo : exagerado : desmesurado — **excessively** *adv*
exchange[1] *v* **-changed; -changing** : cambiar : intercambiar : canjear
exchange[2] *n* : cambio *m* : intercambio *m* : canje *m*
exchangeable *adj* : canjeable
exchange rate *n* : tasa *f* de cambio
exchequer *n* : erario *m* : tesoro *m* : fisco *m*
excise[1] *v* **-cised; -cising** : extirpar
excise[2] *n* **excise tax** : impuesto *m* interno : impuesto *m* sobre el consumo
excitability *n* : excitabilidad *f*
excitable *adj* : nervioso
excitation *n* : excitación *f*
excite *v* **-cited; -citing** : excitar : mover : estimular : entusiasmar : animar : provocar : despertar : suscitar
excited *adj* : excitado : entusiasmado : emocionado
excitedly *adv* : con excitación : con entusiasmo
excitement *n* : entusiasmo *m* : emoción *f* : agitación *f* : alboroto *m* : conmoción *f* : excitación *f*
exciting *adj* : emocionante : excitante
exclaim *v* : exclamar
exclamation *n* : exclamación *f*
exclamation point *n* : signo *m* de admiración
exclude *v* **-cluded; -cluding** : excluir : descartar : no admitir
excluding *prep* : excluyendo : sin incluir
exclusion *n* : exclusión *f*
exclusive[1] *adj* : exclusivo : único : selecto
exclusive[2] *n* : exclusiva *f*
exclusively *adv* : exclusivamente : únicamente
exclusiveness *n* : exclusividad *f*
excommunicate *v* **-cated; -cating** : excomulgar
excommunication *n* : excomunión *f*
excrement *n* : excremento *m*
excrete *v* **-creted; -creting** : excretar
excretion *n* : excreción *f*
excruciating *adj* : insoportable : atroz : terrible — **excruciatingly** *adv*
exculpate *v* **-pated; -pating** : exculpar
excursion *n* : excursión *f* : paseo *m* : digresión *f*
excusable *adj* : disculpable
excuse[1] *v* **-cused; -cusing** : disculpar : perdonar : dejar salir : eximir : excusar : justificar

excuse[2] *n* : excusa *f* : justificación *f* : pretexto *m*
execute *v* **-cuted; -cuting** : ejecutar : llevar a cabo : desempeñar : cumplir : ajusticiar
execution *n* : ejecución *f* : desempeño *m* : cumplimiento *m*
executioner *n* : verdugo *m*
executive[1] *adj* : ejecutivo
executive[2] *n* : ejecutivo *m*, -va *f*
executor *n* : albacea *mf* : testamentario *m*, -ria *f*
executrix *n, pl* **executrices** *or* **executrixes** : albacea *f* : testamentaria *f*
exemplary *adj* : ejemplar
exemplify *v* **-fied; -fying** : ejemplificar : ilustrar : demostrar
exempt[1] *v* : eximir
exempt[2] *adj* : exento
exemption *n* : exención *f*
exercise[1] *v* **-cised; -cising** : ejercitar : sacar a pasear : ejercer : hacer uso de : hacer ejercicio
exercise[2] *n* : ejercicio *m* : maniobra *f*; **exercises** *npl* : ceremonia *f*
exert *v* : ejercer : emplear
exertion *n* : ejercicio *m* : uso *m* : esfuerzo *m* : empeño *m*
exhalation *n* : exhalación *f*
exhale *v* **-haled; -haling** : exhalar : espirar : despedir : emitir
exhaust *v* : agotar : cansar : fatigar : vaciar
exhausted *adj* : agotado : derrengado
exhausting *adj* : extenuante : agotador
exhaustion *n* : agotamiento *m*
exhaustive *adj* : exhaustivo
exhibit[1] *v* : exhibir : exponer : mostrar : presentar
exhibit[2] *n* : objeto *m* expuesto : exposición *f* : exhibición *f* : prueba *f* instrumental
exhibition *n* : exposición *f* : exhibición *f*
exhibitor *n* : expositor *m*, -tora *f*
exhilarate *v* **-rated; -rating** : animar mucho : llenar de alegría : estimular
exhilaration *n* : alegría *f* : regocijo *m* : júbilo *m*
exhort *v* : exhortar
exhortation *n* : exhortación *f*
exhumation *n* : exhumación *f*
exhume *v* **-humed; -huming** : exhumar : desenterrar
ex–husband *n* : ex marido *m*
exigencies *npl* : exigencias *fpl*
exile[1] *v* **exiled; exiling** : exiliar : desterrar
exile[2] *n* : exilio *m* : destierro *m* : exiliado *m*, -da *f* : desterrado *m*
exist *v* : existir : subsistir : vivir
existence *n* : existencia *f*
existent *adj* : existente
existing *adj* : existente
exit[1] *v* : salir : hacer mutis : salir de
exit[2] *n* : salida *f* : partida *f*
exodus *n* : éxodo *m*
exonerate *v* **-ated; -ating** : exonerar : disculpar : absolver
exoneration *n* : exoneración *f*
exorbitant *adj* : exorbitante : excesivo
exorcise *v* **-cised; -cising** : exorcizar
exorcism *n* : exorcismo *m*
exotic[1] *adj* : exótico — **exotically** *adv*
exotic[2] *n* : planta *f* exótica
expand *v* : expandir : ampliar : extender : ampliarse : extenderse : expandirse : dilatarse
expanse *n* : extensión *f*
expansion *n* : expansión *f* : ampliación *f* : extensión *f*
expansive *adj* : expansivo : comunicativo : ancho : amplio — **expansively** *adv*
expatriate[1] *v* **-ated; -ating** : expatriar
expatriate[2] *adj* : expatriado
expatriate[3] *n* : expatriado *m*, -da *f*
expect *v* : suponer : imaginarse : esperar : contar con **to be expecting** : estar embarazada
expectancy *n, pl* **-cies** : expectación *f* : expectativa *f*
expectant *adj* : expectante : futuro
expectantly *adv* : con expectación
expectation *n* : expectación *f* : expectativa *f*
expedient[1] *adj* : conveniente : oportuno
expedient[2] *n* : expediente *m* : recurso *m*

expedite *v* **-dited; -diting** : facilitar : dar curso a : acelerar
expedition *n* : expedición *f*
expeditious *adj* : pronto : rápido
expel *v* **-pelled; -pelling** : expulsar : expeler
expend *v* : gastar : desembolsar : consumir : agotar
expendable *adj* : prescindible
expenditure *n* : gasto *m*
expense *n* : gasto *m*; **expenses** *npl* : gastos *mpl* : expensas *fpl*
expensive *adj* : costoso : caro — **expensively** *adv*
experience[1] *v* **-enced; -encing** : experimentar : tener : sufrir
experience[2] *n* : experiencia *f*
experienced *adj* : con experiencia : experimentado
experiment[1] *v* **to experiment on/with** : experimentar con : hacer experimentos con
experiment[2] *n* : experimento *m*
experimental *adj* : experimental — **experimentally** *adv*
experimentation *n* : experimentación *f*
expert[1] *adj* : experto : de experto — **expertly** *adv*
expert[2] *n* : experto *m*, -ta *f* : perito *m*
expertise *n* : pericia *f* : competencia *f*
expiate *v* **-ated; -ating** : expiar
expiation *n* : expiación *f*
expiration *n* : exhalación *f* : espiración *f* : muerte *f* : vencimiento *m* : caducidad *f*
expire *v* **-pired; -piring** : espirar : expirar : morir : caducar : vencer
explain *v* : explicar — **explainable** *adj*
explanation *n* : explicación *f*
explanatory *adj* : explicativo : aclaratorio
expletive *n* : improperio *m* : palabrota *f* : grosería *f*
explicable *adj* : explicable
explicit *adj* : explícito : claro : categórico : rotundo — **explicitly** *adv*
explicitness *n* : claridad *f* : carácter *m* explícito
explode *v* **-ploded; -ploding** : hacer explosionar : hacer explotar : rebatir : refutar : desmentir : explotar : estallar : reventar : dispararse
exploit[1] *v* : explotar : aprovecharse de
exploit[2] *n* : hazaña *f* : proeza *f*
exploitation *n* : explotación *f*
exploration *n* : exploración *f*
exploratory *adj* : exploratorio
explore *v* **-plored; -ploring** : explorar : investigar : examinar
explorer *n* : explorador *m*, -dora *f*
explosion *n* : explosión *f* : estallido *m*
explosive[1] *adj* : explosivo : fulminante — **explosively** *adv*
explosive[2] *n* : explosivo *m*
exponent *n* : exponente *m* : defensor *m*, -sora *f* : partidario *m*, -ria *f*
exponential *adj* : exponencial — **exponentially** *adv*
export[1] *v* : exportar
export[2] *n* : artículo *m* de exportación
exportation *n* : exportación *f*
exporter *n* : exportador *m*, -dora *f*
expose *v* **-posed; -posing** : exponer : revelar : develar : sacar a la luz : desenmascarar
exposé *or* **expose** *n* : exposición *f* : revelación *f*
exposed *adj* : expuesto : al descubierto
exposition *n* : exposición *f*
exposure *n* : exposición *f* : congelación *f* : revelación *f* : publicidad *f* : orientación *f*
expound *v* : exponer : explicar : hacer comentarios detallados
express[1] *v* : expresar : mandar/enviar por correo expreso
express[2] *adv* : por correo expreso : por correo urgente
express[3] *adj* : expreso : explícito : específico : rápido — **expressly** *adv*
express[4] *n* : expreso *m* : tren *m* expreso
expression *n* : expresión *f* : frase *f* : cara *f* : gesto *m*
expressionless *adj* : inexpresivo
expressive *adj* : expresivo
expressway *n* : autopista *f*

expropriate *v* **-ated; -ating** : expropiar
expulsion *n* : expulsión *f*
expurgate *v* **-gated; -gating** : expurgar
exquisite *adj* : exquisito : primoroso : intenso
exquisiteness *n* : exquisitez *f*
extant *adj* : existente
extemporaneous *adj* : improvisado — **extemporaneously** *adv*
extend *v* : extender : tender : prolongar : prorrogar : agrandar : ampliar : dar : presentar : extenderse
extendable *adj* : extensible
extended *adj* : prolongado : largo
extension *n* : extensión *f* : ampliación *f* : prórroga *f* : prolongación *f* : anexo *m* : interno *m*
extension cord *n* : extensión *f* : alargador *m* : alargue *m*
extensive *adj* : extenso : amplio : exhaustivo — **extensively** *adv*
extent *n* : extensión *f* : magnitud *f* : alcance *m* : grado *m*
extenuate *v* **-ated; -ating** : atenuar : aminorar : mitigar
exterior[1] *adj* : exterior
exterior[2] *n* : exterior *m*
exterminate *v* **-nated; -nating** : exterminar
extermination *n* : exterminación *f* : exterminio *m*
exterminator *n* : exterminador *m*, -dora *f* de plagas : fumigador *m*, -dora *f*
external *adj* : externo : exterior — **externally** *adv*
extinct *adj* : extinto
extinction *n* : extinción *f*
extinguish *v* : extinguir : apagar
extinguisher *n* : extinguidor *m* : extintor *m*
extirpate *v* **-pated; -pating** : extirpar : exterminar
extol *v* **-tolled; -tolling** : exaltar : ensalzar : alabar
extort *v* : extorsionar
extortion *n* : extorsión *f*
extra[1] *adv* : extra : más : super : excepcionalmente
extra[2] *adj* : adicional : suplementario : de más : superior
extra[3] *n* : extra *m* : extra *mf*
extra- *pref* : extra-
extract[1] *v* : extraer : sacar
extract[2] *n* : pasaje *m* : selección *f* : trozo *m* : extracto *m*
extraction *n* : extracción *f*
extractor *n* : extractor *m*
extracurricular *adj* : extracurricular
extradite *v* **-dited; -diting** : extraditar
extradition *n* : extradición *f*
extramarital *adj* : extramatrimonial
extraneous *adj* : externo : superfluo : ajeno — **extraneously** *adv*
extraordinary *adj* : extraordinario : excepcional — **extraordinarily** *adv*
extrapolate *v* **-lated; -lating** : extrapolar : hacer una extrapolación — **extrapolation** *n*
extrasensory *adj* : extrasensorial
extraterrestrial[1] *adj* : extraterrestre
extraterrestrial[2] *n* : extraterrestre *mf*
extravagance *n* : exceso *m* : extravagancia *f* : derroche *m* : despilfarro *m* : lujo *m*
extravagant *adj* : excesivo : exagerado : extravagante : despilfarrador : derrochador : gastador : costoso : exorbitante
extravagantly *adv* : a lo grande : exageradamente : desmesuradamente
extravaganza *n* : gran espectáculo *m*
extreme[1] *adj* : extremo : extremista : más lejos
extreme[2] *n* : extremo *m*
extremely *adv* : sumamente : extremadamente : terriblemente
extremist *n* : extremista *mf* — **extremist** *adj*
extremity *n, pl* **-ties** : extremo *m*; **extremities** *npl* : extremidades *fpl*
extricate *v* **-cated; -cating** : librar : sacar
extrovert *n* : extrovertido *m*, -da *f*
extroverted *adj* : extrovertido
extrude *v* **-truded; -truding** : extrudir : expulsar
exuberance *n* : euforia *f* : exaltación *f* : exuberancia *f* : vigor *m*

exuberant *adj* : eufórico : exuberante — **exuberantly** *adv*
exude *v* **-uded; -uding** : rezumar : exudar : emanar : irradiar
exult *v* : exultar : regocijarse
exultant *adj* : exultante : jubiloso — **exultantly** *adv*
exultation *n* : exultación *f* : júbilo *m* : alborozo *m*
ex–wife *n* : ex esposa *f*
eye[1] *v* **eyed; eyeing** *or* **eying** : mirar : observar
eye[2] *n* : ojo *m* : visión *f* : vista *f* : mirada *f* : ojeada *f* : atención *f* : punto *m* de vista
eyeball *n* : globo *m* ocular
eyebrow *n* : ceja *f*
eye–catching *adj* : llamativo
eyed *adj* : de ojos
eyedropper *n* : cuentagotas *f*
eyedrops *npl* : colirio *m*
eyeglasses *npl* : anteojos *mpl* : lentes *mpl* : espejuelos *mpl* : gafas *fpl*
eyelash *n* : pestaña *f*
eyelet *n* : ojete *m*
eyelid *n* : párpado *m*
eyeliner *n* : delineador *m*
eye–opener *n* : revelación *f* : sorpresa *f*
eye–opening *adj* : revelador
eyepiece *n* : ocular *m*
eye shadow *n* : sombra *f* de ojos
eyesight *n* : vista *f* : visión *f*
eyesore *n* : monstruosidad *f* : adefesio *m*
eyestrain *n* : fatiga *f* visual : vista *f* cansada
eyetooth *n* : colmillo *m*
eyewitness *n* : testigo *mf* ocular : testigo *mf* presencial
eyrie → aerie

F

fa *n* : fa *m*
fable *n* : fábula *f*
fabled *adj* : legendario : fabuloso
fabric *n* : tela *f* : tejido *m* : estructura *f*
fabricate *v* **-cated; -cating** : construir : fabricar : inventar
fabrication *n* : mentira *f* : invención *f* : fabricación *f*
fabulous *adj* : fabuloso : legendario : increíble : magnífico : estupendo — **fabulously** *adv*
facade *n* : fachada *f*
face[1] *v* **faced; facing** : recubrir : forrar : enfrentarse a : afrontar : hacer frente a : estar de cara a : estar enfrente de : dar a : mirar : estar orientado
face[2] *n* : cara *f* : rostro *m* : expresión *f* : mueca *f* : fisonomía *f* : aspecto *m* : prestigio *m* : esfera *f* : fachada *f* : pared *f* : superficie *f* : faz *f* : cara *f*
facedown *adv* : boca abajo
face–first *adv* : de bruces
faceless *adj* : anónimo
face–lift *n* : estiramiento *m* facial : renovación *f* : remozamiento *m*
face–off *n* : confrontación *f* : careo *m*
facet *n* : faceta *f* : aspecto *m*
facetious *adj* : gracioso : burlón : bromista
facetiously *adv* : en tono de burla
facetiousness *n* : jocosidad *f*
face–to–face *adv & adj* : cara a cara
faceup *adv* : boca arriba
face value *n* : valor *m* nominal
facial[1] *adj* : de la cara : facial
facial[2] *n* : tratamiento *m* facial : limpieza *f* de cutis
facile *adj* : superficial : simplista
facilitate *v* **-tated; -tating** : facilitar — **facilitator** *n*
facility *n, pl* **-ties** : facilidad *f* : centro *m* : complejo *m*; **facilities** *npl* : comodidades *fpl* : servicios *mpl*
facing *n* : entretela *f* : revestimiento *m*
facsimile *n* : facsímil *m*
fact *n* : hecho *m* : información *f* : datos *mpl* : realidad *f*
faction *n* : facción *m* : bando *m*

factional *adj* : entre facciones
factor *n* : factor *m*
factory *n, pl* **-ries** : fábrica *f*
factual *adj* : basado en hechos : objetivo
factually *adv* : en cuanto a los hechos
faculty *n, pl* **-ties** : facultad *f* : aptitud *f* : facilidad *f* : cuerpo *m* docente
fad *n* : moda *f* pasajera : manía *f*
fade *v* **faded; fading** : debilitarse : marchitarse : desteñirse : decolorarse : apagarse : perderse : fundirse : desvanecerse : decaer : desteñir
fag *v* **fagged; fagging** : cansar : fatigar
fagot *or* **faggot** *n* : haz *m* de leña
Fahrenheit *adj* : Fahrenheit
fail[1] *v* : fallar : deteriorarse : detenerse : fracasar : quebrar : reprobar : decepcionar
fail[2] *n* : fracaso *m*
failing *n* : defecto *m*
failure *n* : fracaso *m* : malogro *m* : bancarrota *f* : quiebra *f*
faint[1] *v* : desmayarse
faint[2] *adj* : cobarde : tímido : mareado : leve : ligero : vago : tenue : indistinto : apenas perceptible
faint[3] *n* : desmayo *m*
fainthearted *adj* : cobarde : pusilánime
faintly *adv* : débilmente : ligeramente : levemente
faintness *n* : lo débil : falta *f* de claridad : desmayo *m* : desfallecimiento *m*
fair[1] *adj* : bello : hermoso : atractivo : bueno : despejado : justo : adecuado : aceptable : rubio : blanco
fair[2] *n* : feria *f*
fairground *n* : parque *m* de diversiones
fair–haired *adj* : rubio
fairly *adv* : imparcialmente : limpiamente : equitativamente : bastante : medianamente
fairness *n* : imparcialidad *f* : justicia *f* : blancura *f* : lo rubio
fairy *n, pl* **fairies** : hada *f*
fairyland *n* : país *m* de las hadas : lugar *m* encantador
faith *n, pl* **faiths** : fe *f* : lealtad *f* : confianza *f* : religión *f*
faithful *adj* : fiel — **faithfully** *adv*
faithfulness *n* : fidelidad *f*
faithless *adj* : desleal : infiel — **faithlessly** *adv*
faithlessness *n* : deslealtad *f*
fake[1] *v* **faked; faking** : falsificar : falsear : fingir : hacer un engaño : hacer una finta
fake[2] *adj* : falso : fingido : postizo
fake[3] *n* : imitación *f* : falsificación *f* : impostor *m*, -tora *f* : charlatán *m*, -tana *f* : farsante *mf* : engaño *m* : finta *f*
faker *n* : impostor *m*, -tora *f* : charlatán *m*, -tana *f* : farsante *mf*
falcon *n* : halcón *m*
fall[1] *v* **fell; fallen; falling** : caer : caerse : bajar : reducirse : volverse : quedarse : rendirse
fall[2] *n* : caída *f* : derrumbe *m* : aguacero *m* : nevada *f* : bajada *f* : disminución *f* : otoño *m* : ruina *f*; **falls** *npl* : cascada *f* : catarata *f*
fallacious *adj* : erróneo : engañoso : falaz
fallacy *n, pl* **-cies** : falacia *f*
fall back *v* : retirarse : replegarse
fall guy *n* : chivo *m* expiatorio
fallible *adj* : falible
fallout *n* : lluvia *f* radioactiva : secuelas *fpl* : consecuencias *fpl*
fallow[1] *adj* **to lie fallow** : estar en barbecho
fallow[2] *n* : barbecho *m*
false *adj* **falser; falsest** : falso : erróneo : equivocado : postizo : infiel : fraudulento
falsehood *n* : mentira *f* : falsedad *f*
falsely *adv* : falsamente : con falsedad
falseness *n* : falsedad *f*
falsetto *n, pl* **-tos** : falsete *m*
falsification *n* : falsificación *f*
falsify *v* **-fied; fying** : falsificar : falsear
falsity *n, pl* **-ties** : falsedad *f*
falter *v* **-tered; -tering** : tambalearse : titubear : tartamudear : vacilar
faltering *adj* : titubeante : vacilante — **falteringly** *adv*

fame *n* : fama *f*
famed *adj* : famoso : célebre : afamado
familial *adj* : familiar
familiar[1] *adj* : familiar : conocido : informal : íntimo : de confianza : confianzudo : atrevido — **familiarly** *adv*
familiar[2] *n* : espíritu *m* guardián
familiarity *n, pl* **-ties** : conocimiento *m* : familiaridad *f* : confianza *f* : exceso *m* de confianza : descaro *m*
familiarize *v* **-ized; -izing** : familiarizar
family *n, pl* **-lies** : familia *f*
family name *n* : apellido *m*
family room *n* : living *m* : sala *f*
family tree *n* : árbol *m* genealógico
famine *n* : hambre *f* : hambruna *f*
famish *v* **to be famished** : estar famélico : estar hambriento : morir de hambre
famous *adj* : famoso
famously *adv* **to get on famously** : llevarse de maravilla
fan[1] *v* **fanned; fanning** : abanicar : avivar : estimular
fan[2] *n* : ventilador *m* : abanico *m* : aficionado *m*, -da *f* : entusiasta *mf* : admirador *m*, -dora *f*
fanatic[1] *or* **fanatical** *adj* : fanático
fanatic[2] *n* : fanático *m*, -ca *f*
fanaticism *n* : fanatismo *m*
fan belt *n* : correa *f* del ventilador
fanciful *adj* : caprichoso : fantástico : extravagante : imaginativo — **fancifully** *adv*
fancy[1] *v* **-cied; -cying** : imaginarse : figurarse : apetecer : tener ganas de
fancy[2] *adj* **fancier; -est** : elaborado : lujoso : elegante — **fancily** *adv*
fancy[3] *n, pl* **-cies** : gusto *m* : afición *f* : antojo *m* : capricho *m* : fantasía *f* : imaginación *f*
fandango *n, pl* **-gos** : fandango *m*
fanfare *n* : fanfarria *f*
fang *n* : colmillo *m* : diente *m*
fanlight *n* : tragaluz *m*
fantasia *n* : fantasía *f*
fantasize *v* **-sized; -sizing** : fantasear
fantastic *adj* : fantástico : increíble : extraño : fabuloso : inmenso : estupendo : fantástico : bárbaro : macanudo — **fantastically** *adv*
fantasy *n, pl* **-sies** : fantasía *f*
FAQ *n, pl* **FAQs** : FAQ *m*
far[1] *adv* **farther** *or* **further; farthest** *or* **furthest** : lejos : muy : mucho
far[2] *adj* **farther** *or* **further; farthest** *or* **furthest** : lejano : remoto : más lejano
faraway *adj* : remoto : lejano
farce *n* : farsa *f*
farcical *adj* : absurdo : ridículo
fare[1] *v* **fared; faring** : ir : salir
fare[2] *n* : pasaje *m* : billete *m* : boleto *m* : comida *f*
farewell[1] *adj* : de despedida
farewell[2] *n* : despedida *f*
far–fetched *adj* : improbable : exagerado
farina *n* : harina *f*
farm[1] *v* : cultivar : labrar : criar : ser agricultor
farm[2] *n* : granja *f* : hacienda *f* : finca *f* : estancia *f*
farmer *n* : agricultor *m* : granjero *m*
farmhand *n* : peón *m*
farmhouse *n* : granja *f* : vivienda *f* del granjero : casa *f* de hacienda
farming *n* : labranza *f* : cultivo *m* : crianza *f*
farmland *n* : tierras *fpl* de labranza
farmyard *n* : corral *m*
far–off *adj* : remoto : distante : lejano
far–reaching *adj* : de gran alcance
farsighted *adj* : hipermétrope : con visión de futuro : previsor : precavido
farsightedness *n* : hipermetropía *f* : previsión *f*
fart[1] *v often vulgar* : tirarse un pedo
fart[2] *n often vulgar* : pedo *m*
farther[1] *adv* : más lejos : más adelante : más
farther[2] *adj* : más lejano : más remoto
farthermost *adj* : (el) más lejano
farthest[1] *adv* : lo más lejos : lo más avanzado : más
farthest[2] *adj* : más lejano
fascinate *v* **-nated; -nating** : fascinar : cautivar

fascinating *adj* : fascinante
fascination *n* : fascinación *f*
fascism *n* : fascismo *m*
fascist[1] *adj* : fascista
fascist[2] *n* : fascista *mf*
fashion[1] *v* : formar : moldear
fashion[2] *n* : manera *f* : modo *m* : costumbre *f* : moda *f*
fashionable *adj* : de moda : chic
fashionably *adv* : a la moda
fashion show *n* : desfile *m* de modelos
fast[1] *v* : ayunar
fast[2] *adv* : firmemente : seguramente : rápidamente : rápido : de prisa : profundamente
fast[3] *adj* : firme : seguro : leal : rápido : veloz : adelantado : profundo : inalterable : que no destiñe : extravagante : disipado : disoluto
fast[4] *n* : ayuno *m*
fasten *v* : sujetar : atar : fijar : abrochar : cerrar : abrocharse : cerrar
fastener *n* : cierre *m* : sujetador *m*
fastening *n* : cierre *m* : sujetador *m*
fast food *n* : comida *f* rápida
fastidious *adj* : quisquilloso : exigente — **fastidiously** *adv*
fat[1] *adj* **fatter; fattest** : gordo : obeso : grueso
fat[2] *n* : grasa *f*
fatal *adj* : mortal : malhadado : fatal : fatídico
fatalism *n* : fatalismo *m*
fatalist *n* : fatalista *mf*
fatalistic *adj* : fatalista
fatality *n, pl* **-ties** : víctima *f* mortal
fatally *adv* : mortalmente
fate *n* : destino *m* : final *m* : suerte *f*
fated *adj* : predestinado
fateful *adj* : fatídico : aciago : profético — **fatefully** *adv*
father[1] *v* : engendrar
father[2] *n* : padre *m*
fatherhood *n* : paternidad *f*
father–in–law *n, pl* **fathers–in–law** : suegro *m*
fatherland *n* : patria *f*
fatherless *adj* : huérfano de padre : sin padre
fatherly *adj* : paternal
fathom[1] *v* : entender : comprender
fathom[2] *n* : braza *f*
fatigue[1] *v* **-tigued; -tiguing** : fatigar : cansar
fatigue[2] *n* : fatiga *f*
fatness *n* : gordura *f* : grosor *m*
fatten *v* : engordar : cebar
fattening *adj* : que engorda
fatty *adj* **fattier; -est** : graso : grasoso
fatuous *adj* : necio : fatuo — **fatuously** *adv*
faucet *n* : llave *f* : canilla *f* : grifo *m*
fault[1] *v* : encontrar defectos a
fault[2] *n* : defecto *m* : falta *f* : falla *f* : culpa *f*
faultfinder *n* : criticón *m*, -cona *f*
faultfinding *n* : crítica *f*
faultless *adj* : sin culpa : sin imperfecciones : impecable
faultlessly *adv* : impecablemente : perfectamente
faulty *adj* **faultier; -est** : defectuoso : imperfecto — **faultily** *adv*
fauna *n* : fauna *f*
faux *adj* : de imitación
faux pas *n, pl* **faux pas** : metedura *f* de pata
favor[1] *v* : estar a favor de : ser partidario de : apoyar : hacerle un favor a : preferir : parecerse a : salir a
favor[2] *n* : favor *m*
favorable *adj* : favorable : propicio
favorably *adv* : favorablemente : bien
favorite[1] *adj* : favorito : preferido
favorite[2] *n* : favorito *m*, -ta *f* : preferido *m*, -da *f*
favoritism *n* : favoritismo *m*
fawn[1] *v* : adular : lisonjear
fawn[2] *n* : cervato *m*
fax[1] *n* : facsímil *m* : facsímile *m*
fax[2] *v* : mandarle un fax a : enviar por fax
faze *v* **fazed; fazing** : desconcertar : perturbar
fear[1] *v* : temer : tener miedo de
fear[2] *n* : miedo *m* : temor *m*
fearful *adj* : espantoso : aterrador : horrible : temeroso : miedoso
fearfully *adv* : extremadamente : terriblemente : con temor
fearless *adj* : intrépido : impávido

fearlessly *adv* : sin temor
fearlessness *n* : intrepidez *f* : impavidez *f*
fearsome *adj* : aterrador
feasibility *n* : viabilidad *f* : factibilidad *f*
feasible *adj* : viable : factible : realizable
feast[1] *v* : banquetear : agasajar : festejar
feast[2] *n* : banquete *m* : festín *m* : fiesta *f*
feat *n* : proeza *f* : hazaña *f*
feather[1] *v* **to feather one's nest** : hacer su agosto
feather[2] *n* : pluma *f*
feathered *adj* : con plumas
feathery *adj* : plumoso : liviano
feature[1] *v* **-tured; -turing** : imaginarse : presentar : figurar
feature[2] *n* : característica *f* : rasgo *m* : largometraje *m* : artículo *m* : documental *m*; **features** *npl* : rasgos *mpl* : facciones *fpl*
February *n* : febrero *m*
fecal *adj* : fecal
feces *npl* : heces *fpl* : excrementos *mpl*
feckless *adj* : irresponsable
fecund *adj* : fecundo
fecundity *n* : fecundidad *f*
federal *adj* : federal
federalism *n* : federalismo *m*
federalist[1] *adj* : federalista
federalist[2] *n* : federalista *mf*
federate *v* **-ated; -ating** : federar
federation *n* : federación *f*
fed up *adj* : harto
fee *n* : honorarios *mpl*
feeble *adj* **feebler; feeblest** : débil : endeble : flojo : pobre : poco convincente
feebleminded *adj* : tonto
feebleness *n* : debilidad *f*
feebly *adv* : débilmente
feed[1] *v* **fed; feeding** : dar de comer a : nutrir : alimentar : proveer : introducir : comer : alimentarse
feed[2] *n* : alimento *m* : pienso *m* : alimentación *f* : transmisión *f* : fuente *f* : canal *m*
feedback *n* : retroalimentación *f* : reacción *f*
feeder *n* : comedero *m*
feel[1] *v* **felt; feeling** : sentirse : encontrarse : parecer : parecerse : opinar : pensar : tocar : palpar : sentir : creer : considerar
feel[2] *n* : sensación *f* : tacto *m* : ambiente *m* : atmósfera *f*
feeler *n* : antena *f* : tentáculo *m*
feeling *n* : sensación *f* : sensibilidad *f* : sentimiento *m* : opinión *f*; **feelings** *npl* : sentimientos *mpl*
feet → foot
feign *v* : simular : aparentar : fingir
feint[1] *v* : fintar : fintear
feint[2] *n* : finta *f*
felicitate *v* **-tated; -tating** : felicitar : congratular
felicitation *n* : felicitación *f*
felicitous *adj* : acertado : oportuno
feline[1] *adj* : felino
feline[2] *n* : felino *m*, -na *f*
fell[1] *v* : talar : derribar
fell[2] **→ fall**
fellow *n* : compañero *m*, -ra *f* : camarada *mf* : socio *m*, -cia *f* : tipo *m* : hombre *m*
fellowman *n, pl* **-men** : prójimo *m* : semejante *m*
fellowship *n* : camaradería *f* : compañerismo *m* : fraternidad *f* : beca *f*
felon *n* : malhechor *m*, -chora *f* : criminal *mf*
felonious *adj* : criminal
felony *n, pl* **-nies** : delito *m* grave
felt[1] *n* : fieltro *m*
felt[2] **→ feel**
felt–tip *or* **felt–tip pen** *n* : marcador *m* : rotulador *m*
female[1] *adj* : femenino
female[2] *n* : hembra *f* : mujer *f*
feminine *adj* : femenino
femininity *n* : feminidad *f* : femineidad *f*
feminism *n* : feminismo *m*
feminist[1] *adj* : feminista
feminist[2] *n* : feminista *mf*
femoral *adj* : femoral
femur *n, pl* **femurs** *or* **femora** : fémur *m*
fence[1] *v* **fenced; fencing** : vallar : cercar : hacer esgrima
fence[2] *n* : cerca *f* : valla *f* : cerco *m* : barda *f*

fencer *n* : esgrimista *mf*
fencing *n* : esgrima *m* : materiales *mpl* para cercas : cercado *m*
fend *v* **to fend off** : rechazar : parar : eludir **to fend for oneself** : arreglárselas sólo : valerse por sí mismo
fender *n* : guardabarros *mpl* : salpicadera *f*
fennel *n* : hinojo *m*
ferment[1] *v* : fermentar
ferment[2] *n* : fermento *m* : agitación *f* : conmoción *f*
fermentation *n* : fermentación *f*
fern *n* : helecho *m*
ferocious *adj* : feroz — **ferociously** *adv*
ferociousness *n* : ferocidad *f*
ferocity *n* : ferocidad *f*
ferret[1] *v* : hurgar : husmear **to ferret out** : descubrir
ferret[2] *n* : hurón *m*
Ferris wheel *n* : noria *f*
ferry[1] *v* **-ried; -rying** : llevar : transportar
ferry[2] *n, pl* **-ries** : transbordador *m* : ferry *m*
ferryboat *n* : transbordador *m* : ferry *m*
fertile *adj* : fértil : fecundo
fertility *n* : fertilidad *f*
fertilization *n* : fertilización *f* : fecundación
fertilize *v* **-ized; -izing** : fecundar : fertilizar : abonar
fertilizer *n* : fertilizante *m* : abono *m*
fervent *adj* : ferviente : fervoroso : ardiente — **fervently** *adv*
fervid *adj* : ardiente : apasionado — **fervidly** *adv*
fervor *n* : fervor *m* : ardor *m*
fester *v* : enconarse : supurar
festival *n* : fiesta *f* : festividad *f* : festival *m*
festive *adj* : festivo — **festively** *adv*
festivity *n, pl* **-ties** : festividad *f* : celebración *f*
festoon[1] *v* : adornar : engalanar
festoon[2] *n* : guirnalda *f*
fetal *adj* : fetal
fetch *v* : traer : recoger : ir a buscar : realizar : venderse por
fetching *adj* : atractivo : encantador
fête[1] *v* **fêted; fêting** : festejar : agasajar
fête[2] *n* : fiesta *f*
fetid *adj* : fétido
fetish *n* : fetiche *m*
fetlock *n* : espolón *m*
fetter *v* : encadenar : poner grillos a
fetters *npl* : grillos *mpl* : grilletes *mpl* : cadenas *fpl*
fettle *n* **in fine fettle** : en buena forma : en, plena forma
fetus *n* : feto *m*
feud[1] *v* : pelear : contender
feud[2] *n* : contienda *f* : enemistad *f*
feudal *adj* : feudal
feudalism *n* : feudalismo *m*
fever *n* : fiebre *f* : calentura *f*
feverish *adj* : afiebrado : con fiebre : febril : frenético
few[1] *adj* **fewer; fewest** : pocos
few[2] *pron* **fewer; fewest** : pocos
fiancé *n* : prometido *m* : novio *m*
fiancée *n* : prometida *f* : novia *f*
fiasco *n, pl* **-coes** : fiasco *m* : fracaso *m*
fiat *n* : decreto *m* : orden *m*
fib[1] *v* **fibbed; fibbing** : decir bolas
fib[2] *n* : bola *f* : mentira *f*
fibber *n* : mentirosillo *m*, -lla *f* : cuentista *mf*
fiber *or* **fibre** *n* : fibra *f*
fiberboard *n* : cartón *m* madera
fiberglass *n* : fibra *f* de vidrio
fibrous *adj* : fibroso
fibula *n, pl* **-lae** *or* **-las** : peroné *m*
fickle *adj* : inconstante : voluble : veleidoso
fickleness *n* : volubilidad *f* : inconstancia *f* : veleidad *f*
fiction *n* : ficción *f*
fictional *adj* : ficticio
fictitious *adj* : ficticio : imaginario : falso
fiddle[1] *v* **-dled; -dling** : tocar el violín
fiddle[2] *n* : violín *m*
fiddler *n* : violinista *mf*
fiddlesticks *interj* : ¡tonterías!
fidelity *n, pl* **-ties** : fidelidad *f*
fidget[1] *v* : moverse : estarse inquieto
fidget[2] *n* : persona *f* inquieta; **fidgets** *npl* : inquietud *f*
fidgety *adj* : inquieto

fiduciary[1] *adj* : fiduciario
fiduciary[2] *n, pl* **-ries** : fiduciario *m*, -ria *f*
field[1] *v* : interceptar y devolver : presentar : sortear
field[2] *adj* : de campaña : de campo
field[3] *n* : campo *m* : cancha *f* : esfera *f*
fielder *n* : jugador *m*, -dora *f* de campo : fildeador *m*, -dora *f*
field glasses *n* : binoculares *mpl* : gemelos *mpl*
field hockey *n* : hockey *m* sobre césped
fiend *n* : demonio *m* : persona *f* maligna : malvado *m*, -da *f* : fanático *m*, -ca *f*
fiendish *adj* : diabólico — **fiendishly** *adv*
fierce *adj* **fiercer; -est** : fiero : feroz : acalorado : intenso : violento : fuerte — **fiercely** *adv*
fierceness *n* : ferocidad *f* : fiereza *f* : intensidad *f* : violencia *f*
fieriness *n* : pasión *f* : ardor *m*
fiery *adj* **fierier; -est** : ardiente : llameante : encendido : acalorado : fogoso
fiesta *n* : fiesta *f*
fife *n* : pífano *m*
fifteen[1] *adj & pron* : quince
fifteen[2] *n* : quince *m*
fifteenth[1] *adj* : decimoquinto
fifteenth[2] *n* : decimoquinto *m*, -ta *f* : quinceavo *m* : quinceava parte *f*
fifth[1] *adv* : en quinto lugar
fifth[2] *adj* : quinto
fifth[3] *n* : quinto *m*, -ta *f* : quinta parte *f* : quinta *f*
fiftieth[1] *adj* : quincuagésimo
fiftieth[2] *n* : quincuagésimo *m*, -ma *f* : cincuentavo *m* : cincuentava parte *f*
fifty[1] *adj & pron* : cincuenta
fifty[2] *n, pl* **-ties** : cincuenta *m*
fifty–fifty *adv* : a medias : mitad y mitad
fig *n* : higo *m*
fight[1] *v* **fought; fighting** : luchar : combatir : pelear : luchar contra : combatir contra
fight[2] *n* : lucha *f* : pelea *f* : combate *m* : disputa *f* : pelea *f* : pleito *m*
fighter *n* : luchador *m*, -dora *f* : combatiente *mf* : boxeador *m*
figment *n* **figment of the imagination** : producto *m* de la imaginación
figurative *adj* : figurado : metafórico
figuratively *adv* : en sentido figurado : de manera metafórica
figure[1] *v* **-ured; -uring** : calcular : figurarse : figurar : destacar
figure[2] *n* : número *m* : cifra *f* : precio *m* : figura *f* : personaje *m* : tipo *m* : físico *m*; **figures** *npl* : aritmética *f*
figurehead *n* : testaferro *m* : líder *mf* sin poder
figure of speech *n* : figura *f* retórica : figura *f* de hablar
figure out *v* : entender : resolver
figurine *n* : estatuilla *f*
filament *n* : filamento *m*
filbert *n* : avellana *f*
filch *v* : hurtar : birlar
file[1] *v* **filed; filing** : clasificar : archivar : presentar : limar : desfilar : entrar (o salir) en fila
file[2] *n* : lima *f* : archivo *m* : fila *f*
filial *adj* : filial
filibuster[1] *v* : practicar el obstruccionismo
filibuster[2] *n* : obstruccionismo *m*
filibusterer *n* : obstruccionista *mf*
filigree *n* : filigrana *f*
filing cabinet *n* : archivador *m*
Filipino *n* : filipino *m*, -na *f* — **Filipino** *adj*
fill[1] *v* : llenar : ocupar : rellenar : tapar : empastar : cumplir con : satisfacer *or* **to fill up** : llenarse
fill[2] *n* : relleno *m*
filler *n* : relleno *m*
fillet[1] *v* : cortar en filetes
fillet[2] *n* : filete *m*
fill in *v* : informar : poner al corriente **to fill in for** : reemplazar a
filling *n* : relleno *m* : empaste *m*
filling station → gas station
filly *n, pl* **-lies** : potra *f* : potranca *f*
film[1] *v* : filmar : rodar
film[2] *n* : capa *f* : película *f* : filme *m*
filmmaker *n* : cineasta *mf*
filmy *adj* **filmier; -est** : diáfano : vaporoso : cubierto de una película
filter[1] *v* : filtrar

filter[2] *n* : filtro *m*
filth *n* : mugre *f* : porquería *f* : roña *f*
filthiness *n* : suciedad *f*
filthy *adj* **filthier; -est** : mugriento : sucio : obsceno : indecente
filtration *n* : filtración *f*
fin *n* : aleta *f* : alerón *m*
finagle *v* **-gled; -gling** : arreglárselas para conseguir
final[1] *adj* : definitivo : final : inapelable : último
final[2] *n* : final *f*; **finals** *npl* : exámenes *mpl* finales
finale *n* : final *m*
finalist *n* : finalista *mf*
finality *n, pl* **-ties** : finalidad *f*
finalize *v* **-ized; -izing** : finalizar
finally *adv* : por último : finalmente : por fin : al final : definitivamente
finance[1] *v* **-nanced; -nancing** : financiar
finance[2] *n* : finanzas *fpl*; **finances** *npl* : recursos *mpl* financieros
financial *adj* : financiero : económico
financially *adv* : económicamente
financier *n* : financiero *m*, -ra *f* : financista *mf*
financing *n* : financiación *f* : financiamiento *m*
finch *n* : pinzón *m*
find[1] *v* **found; finding** : encontrar : descubrir : obtener : declarar : hallar
find[2] *n* : hallazgo *m*
finder *n* : descubridor *m*, -dora *f*
finding *n* : hallazgo *m*; **findings** *npl* : conclusiones *fpl*
find out *v* : descubrir : averiguar : enterarse
fine[1] *v* **fined; fining** : multar
fine[2] *adj* **finer; finest** : puro : fino : delgado : pequeño : minúsculo : sutil : delicado : excelente : magnífico : selecto : bueno : exquisito
fine[3] *n* : multa *f*
finely *adv* : con arte : elegantemente : con precisión
fineness *n* : excelencia *f* : elegancia *f* : refinamiento *m* : delicadeza *f* : lo fino : precisión *f* : sutileza *f* : ley *f*
finery *n* : galas *fpl* : adornos *mpl*
finesse[1] *v* **-nessed; -nessing** : ingeniar
finesse[2] *n* : refinamiento *m* : finura *f* : delicadeza *f* : tacto *m* : diplomacia *f* : astucia *f*
fine–tune *v* : poner a punto : ajustar : afinar
finger[1] *v* : tocar : toquetear : acusar : delatar
finger[2] *n* : dedo *m*
fingerling *n* : pez *m* pequeño y joven
fingernail *n* : uña *f*
fingerprint[1] *v* : tomar las huellas digitales a
fingerprint[2] *n* : huella *f* digital
fingertip *n* : punta *f* del dedo : yema *f* del dedo
finicky *adj* : maniático : melindroso : mañoso
finish[1] *v* : acabar : terminar : aplicar un acabado a : acabar con
finish[2] *n* : fin *m* : final *m* : refinamiento *m* : acabado *m*
finish line *n* : línea *f* de meta
finite *adj* : finito
fink[1] *v* **to fink on someone** : delatar a alguien
fink[2] *n* : mequetrefe *mf*
Finn *n* : finlandés *m*, -desa *f*
Finnish[1] *adj* : finlandés
Finnish[2] *n* : finlandés *m*
fiord → fjord
fir *n* : abeto *m*
fire[1] *v* **fired; firing** : encender : animar : avivar : despedir : disparar : cocer
fire[2] *n* : fuego *m* : incendio *m* : ardor *m* : entusiasmo *m* : disparos *mpl*
firearm *n* : arma *f* de fuego
fireball *n* : bola *f* de fuego : bólido *m*
firebreak *n* : cortafuegos *m*
firebug *n* : pirómano *m*, -na *f* : incendiario *m*, -ria *f*
firecracker *n* : petardo *m*
fire door *n* : puerta *f* cortafuegos
fire engine *n* : coche *m* de bomberos : autobomba *f*
fire escape *n* : escalera *f* de incendios
fire exit *n* : salida *f* de incendios
fire extinguisher *n* : extinguidor *m* de incendios

firefighter *n* : bombero *m*, -ra *f*
firefly *n, pl* **-flies** : luciérnaga *f*
fireman *n, pl* **-men** : bombero *m*
fireplace *n* : hogar *m* : chimenea *f*
fireproof[1] *v* : hacer incombustible
fireproof[2] *adj* : incombustible : ignífugo
fireside[1] *adj* : informal
fireside[2] *n* : chimenea *f* : hogar *m* : casa *f*
fire station *n* : estación *f* de bomberos
fire truck *n* → **fire engine**
firewall *n* : cortafuegos *m*
firewood *n* : leña *f*
fireworks *npl* : fuegos *mpl* artificiales : pirotecnia *f*
firing squad *n* : pelotón *m* de ejecución
firm[1] *v or* **to firm up** : endurecer
firm[2] *adj* : fuerte : vigoroso : firme : duro : sólido : inalterable : resuelto
firm[3] *n* : empresa *f* : firma *f* : compañía *f*
firmament *n* : firmamento *m*
firmly *adv* : firmemente
firmness *n* : firmeza *f*
first[1] *adv* : primero : por primera vez
first[2] *adj & pron* : primero : principal
first[3] *n* : primero *m*, -ra *f*
first aid *n* : primeros auxilios *mpl*
firstborn *n* : primogénito *m*, -ta *f* — **firstborn** *adj*
first–class[1] *adv* : en primera
first–class[2] *adj* : de primera
first class *n* : primera clase *f*
firsthand[1] *adv* : directamente
firsthand[2] *adj* : de primera mano
first lady *n* : primera dama *f*
first lieutenant *n* : teniente *mf* : teniente primero *m* : teniente primera *f*
firstly *adv* : primeramente : principalmente : en primer lugar
first name *n* : nombre *m* de pila
first–rate[1] *adv* : muy bien
first–rate[2] *adj* : de primera : de primera clase
first sergeant *n* : sargento *mf*
firth *n* : estuario *m*
fiscal *adj* : fiscal — **fiscally** *adv*
fish[1] *v* : pescar
fish[2] *n, pl* **fish** *or* **fishes** : pez *m* : pescado *m*
fishbowl *n* : pecera *f*
fisherman *n, pl* **-men** : pescador *m*
fisherwoman *n, pl* **-women** : pescadora *f*
fishery *n, pl* **-eries** : zona *f* pesquera : pesquería *f*
fishhook *n* : anzuelo *m*
fishing *n* : pesca *f* : industria *f* pesquera
fishing pole *or* **fishing rod** *n* : caña *f* de pescar
fish market *n* : pescadería *f*
fish sticks *npl* : palitos *mpl* de pescado
fishy *adj* **fishier; -est** : a pescado : dudoso : sospechoso
fission *n* : fisión *f*
fissure *n* : fisura *f* : hendidura *f*
fist *n* : puño *m*
fist bump *n* : choque *m* de puños
fistful *n* : puñado *m*
fisticuffs *npl* : lucha *f* a puñetazos
fist pump *n* : acto *m* de batir un puño en el aire
fit[1] *v* **fitted; fitting** : corresponder a : coincidir con : quedar : caber : encajar en : poner : colocar : adecuar : ajustar : adaptar : entallar : encajar : cuadrar
fit[2] *adj* **fitter; fittest** : adecuado : apropiado : conveniente : calificado : competente : sano : en forma
fit[3] *n* : ataque *m* : acceso *m* : arranque *m*
fitful *adj* : irregular : intermitente — **fitfully** *adv*
fitness *n* : salud *f* : buena forma *f* : idoneidad *f*
fitting[1] *adj* : adecuado : apropiado
fitting[2] *n* : accesorio *m*
fitting room *n* : probador *m*
five[1] *adj* : cinco
five[2] *n* : cinco *m*
five[3] *pron* : cinco
five hundred[1] *adj & pron* : quinientos
five hundred[2] *n* : quinientos *m*
fiver *n* : billete *m* de cinco dólares
fix[1] *v* : sujetar : asegurar : fijar : concretar : arreglar : reparar : resolver : solucionar : preparar : amañar : castigar
fix[2] *n* : aprieto *m* : apuro *m* : posición *f*

fixate *v* **-ated; -ating** : obsesionarse
fixation *n* : fijación *f* : obsesión *f*
fixed *adj* : estacionario : inmóvil : fijo : inalterable
fixedly *adv* : fijamente
fixedness *n* : rigidez *f*
fixture *n* : parte *f* integrante : elemento *m* fijo; **fixtures** *npl* : instalaciones *fpl*
fizz[1] *v* : burbujear
fizz[2] *n* : efervescencia *f*
fizzle[1] *v* **-zled; -zling** : burbujear : fracasar
fizzle[2] *n* : fracaso *m* : fiasco *m*
fizzy *adj* **fizzier; -est** : gaseoso : efervescente
fjord *n* : fiordo *m*
flab *n* : gordura *f*
flabbergast *v* : asombrar : pasmar : dejar atónito
flabby *adj* **flabbier; -est** : blando : fofo : aguado
flaccid *adj* : fláccido
flag[1] *v* **flagged; flagging** : hacer señales con banderas : flaquear : desfallecer
flag[2] *n* : bandera *f* : pabellón *m* : estandarte *m*
flagon *n* : jarra *f* grande
flagpole *n* : asta *f* : mástil *m*
flagrant *adj* : flagrante — **flagrantly** *adv*
flagship *n* : buque *m* insignia
flagstaff → flagpole
flagstone *n* : losa *f* : piedra *f*
flail *v* : trillar : sacudir : agitar
flair *n* : don *m* : facilidad *f*
flak *ns & pl* : fuego *m* antiaéreo : críticas *fpl*
flake[1] *v* **flaked; flaking** : desmenuzarse : pelarse
flake[2] *n* : copo *m* : escama *f* : astilla *f*
flamboyance *n* : extravagancia *f*
flamboyant *adj* : exuberante : extravagante : rimbombante
flame[1] *v* **flamed; flaming** : arder : llamear : brillar : encenderse
flame[2] *n* : llama *f*
flamenco *n* : flamenco *m* — **flamenco** *adj*
flamethrower *n* : lanzallamas *m*
flamingo *n, pl* **-gos** : flamenco *m*
flammable *adj* : inflamable : flamable
flan *n* : flan *m*
flange *n* : reborde *m* : pestaña *f*
flank[1] *v* : flanquear : bordear
flank[2] *n* : ijada *f* : costado *m* : falda *f* : flanco *m*
flannel *n* : franela *f*
flap[1] *v* **flapped; flapping** : aletear : ondear : agitarse : batir : agitar
flap[2] *n* : aleteo *m* : soplada *f* : hoja *f* : faldón *m*
flapjack → pancake
flare[1] *v* **flared; flaring** : llamear : brillar
flare[2] *n* : destello *m* : (luz *f* de) bengala *f*
flare–up *n* : llamarada *f* : estallido *m* : brote *m* : empeoramiento *m*
flash[1] *v* : destellar : brillar : relampaguear : pasar como un relámpago : despedir : lanzar : transmitir
flash[2] *adj* : repentino
flash[3] *n* : destello *m* : fogonazo *m*
flashback *n* : flashback *m*
flash drive *n* : unidad *f* flash
flashiness *n* : ostentación *f*
flashlight *n* : linterna *f*
flash memory *n* : memoria *f* flash
flashy *adj* **flashier; -est** : llamativo : ostentoso
flask *n* : frasco *m*
flat[1] *v* **flatted; flatting** : aplanar : achatar : bajar de tono
flat[2] *adv* : exactamente : desafinado : demasiado bajo : completamente
flat[3] *adj* **flatter; flattest** : plano : llano : liso : bajo : tendido : extendido : categórico : rotundo : explícito : aburrido : soso : monótono : desinflado : pinchado : ponchado : bemol : sin efervescencia : mate
flat[4] *n* : llano *m* : terreno *m* llano : bemol *m* : apartamento *m* : departamento *m*; **flats** *npl* : zapatos *mpl* bajos
flatbed *n* : camión *m* de plataforma
flatcar *n* : vagón *m* abierto
flatfish *n* : platija *f*
flat–footed *adj* : de pies planos
flatly *adv* : categóricamente : rotundamente

flatness *n* : lo llano : lisura *f* : uniformidad *f* : monotonía *f*
flat–out *adj* : frenético : a toda máquina : descarado : rotundo : categórico
flatten *v* : aplanar : achatar
flatter *v* : adular : halagar : favorecer
flatterer *n* : adulador *m*, -dora *f*
flattering *adj* : halagador : favorecedor
flattery *n, pl* **-ries** : halagos *mpl*
flatulence *n* : flatulencia *f* : ventosidad *f*
flatulent *adj* : flatulento
flatware *n* : cubertería *f* : cubiertos *mpl*
flaunt[1] *v* : alardear : hacer alarde de
flaunt[2] *n* : alarde *m* : ostentación *f*
flavor[1] *v* : dar sabor a : sazonar
flavor[2] *n* : gusto *m* : sabor *m*
flavored *adj* : con sabor
flavorful *adj* : sabroso
flavoring *n* : condimento *m* : sazón *f*
flavorless *adj* : sin sabor
flaw *n* : falla *f* : defecto *m* : imperfección *f*
flawed *adj* : imperfecto : con defectos
flawless *adj* : impecable : perfecto — **flawlessly** *adv*
flax *n* : lino *m*
flaxen *adj* : rubio : blondo
flay *v* : desollar : despellejar : criticar con dureza : vilipendiar
flea *n* : pulga *f*
flea market *n* : mercado *m* de pulgas : tianguis *m* : mercadillo *m*
fleck[1] *v* : salpicar
fleck[2] *n* : mota *f* : pinta *f*
fledgling *n* : polluelo *m* : pollito *m*
flee *v* **fled; fleeing** : huir : escapar(se) : huir de
fleece[1] *v* **fleeced; fleecing** : esquilar : trasquilar : estafar : defraudar
fleece[2] *n* : lana *f* : vellón *m*
fleet[1] *v* : moverse con rapidez
fleet[2] *adj* : rápido : veloz
fleet[3] *n* : flota *f*
fleet admiral *n* : almirante *mf*
fleeting *adj* : fugaz : breve
Fleming *n* : flamenco *m*, -ca *f*
Flemish *n* : flamenco *m* — **Flemish** *adj*
flesh *n* : carne *f* : pulpa *f*
flesh out *v* : desarrollar : darle cuerpo a
fleshy *adj* **fleshier; -est** : gordo : carnoso
flew → fly
flex *v* : doblar : flexionar
flexibility *n, pl* **-ties** : flexibilidad *f* : elasticidad *f*
flexible *adj* : flexible — **flexibly** *adv*
flextime *n* : horario *m* flexible
flick[1] *v* : dar un capirotazo a : revolotear
flick[2] *n* : coletazo *m* : capirotazo *m*
flicker[1] *v* : revolotear : aletear : parpadear : titilar
flicker[2] *n* : parpadeo *m* : titileo *m* : indicio *m* : rastro *m*
flier *n* : aviador *m*, -dora *f* : folleto *m* publicitario : circular *f*
flight *n* : vuelo *m* : trayectoria *f* : bandada *f* : escuadrilla *f* : huida *f* : fuga *f*
flight attendant *n* : auxiliar *mf* de vuelo
flightless *adj* : no volador
flighty *adj* **flightier; -est** : caprichoso : frívolo
flimsy *adj* **flimsier; -est** : ligero : fino : endeble : poco sólido : pobre : flojo : poco convincente
flinch *v* : estremecerse : recular : retroceder
fling[1] *v* **flung; flinging** : lanzar : tirar : arrojar
fling[2] *n* : lanzamiento *m* : intento *m* : aventura *f* : juerga *f*
flint *n* : pedernal *m*
flinty *adj* **flintier; -est** : de pedernal : severo : inflexible
flip[1] *v* **flipped; flipping** : tirar : dar la vuelta a : voltear : moverse bruscamente
flip[2] *adj* : insolente : descarado
flip[3] *n* : capirotazo *m* : golpe *m* ligero : voltereta *f*
flip–flop *n* : giro *m* radical : chancla *f* : chancleta *f*
flippancy *n, pl* **-cies** : ligereza *f* : falta *f* de seriedad
flippant *adj* : ligero : frívolo : poco serio

flipper *n* : aleta *f*
flirt[1] *v* : coquetear : flirtear : jugar
flirt[2] *n* : coqueto *m*, -ta *f*
flirtation *n* : devaneo *m* : coqueteo *m*
flirtatious *adj* : insinuante : coqueto
flit *v* **flitted; flitting** : revolotear
float[1] *v* : flotar : vagar : errar : poner a flote : hacer flotar : emitir
float[2] *n* : flotador *m* : corcho *m* : boya *f* : carroza *f*
floating *adj* : flotante
flock[1] *v* : moverse en rebaño : congregarse : reunirse
flock[2] *n* : rebaño *m* : bandada *f*
floe *n* : témpano *m* de hielo
flog *v* **flogged; flogging** : azotar : fustigar
flood[1] *v* : inundar : anegar
flood[2] *n* : inundación *f* : avalancha *f* : diluvio *m* : torrente *m*
floodgate *n* : compuerta *f* : esclusa *f*
flooding *n* : inundación *f*
floodlight *n* : foco *m*
floodwater *n* : crecida *f* : creciente *f*
floor[1] *v* : solar : poner suelo a : derribar : echar al suelo : desconcertar : confundir : dejar perplejo
floor[2] *n* : suelo *m* : piso *m* : planta *f* : mínimo *m*
floorboard *n* : tabla *f* del suelo : suelo *m* : piso *m*
flooring *n* : entarimado *m*
floor show *n* : espectáculo *m*
floor tile → tile[2]
flop[1] *v* **flopped; flopping** : golpearse : agitarse : dejarse caer : desplomarse : fracasar
flop[2] *n* : fracaso *m*
floppy *adj* **floppier; -est** : blando : flexible
flora *n* : flora *f*
floral *adj* : floral : floreado
florid *adj* : florido : rojizo
florist *n* : florista *mf*
floss *v* : limpiarse los dientes con hilo dental
flotation *n* : flotación *f*
flotilla *n* : flotilla *f*
flotsam *n* : restos *mpl* flotantes
flounce[1] *v* **flounced; flouncing** : moverse haciendo aspavientos
flounce[2] *n* : volante *m* : aspaviento *m*
flounder[1] *v* : forcejear : no saber qué hacer o decir : perder el hilo
flounder[2] *n, pl* **flounder** *or* **flounders** : platija *f*
flour[1] *v* : enharinar
flour[2] *n* : harina *f*
flourish[1] *v* : florecer : prosperar : crecer : blandir
flourish[2] *n* : floritura *f* : floreo *m*
flourishing *adj* : floreciente : próspero
flout *v* : desobedecer descaradamente
flow[1] *v* : fluir : manar : correr : circular
flow[2] *n* : flujo *m* : circulación *f* : corriente *f* : chorro *m*
flow chart *n* : diagrama *m* : organigrama *m*
flower[1] *v* : florecer : florear
flower[2] *n* : flor *f*
flowerbed *n* : arriate *m* : cantero *m*
flowered *adj* : florido : floreado
floweriness *n* : floritura *f*
flowering[1] *adj* : floreciente
flowering[2] *n* : floración *f* : florecimiento *m*
flowerpot *n* : maceta *f* : tiesto *m* : macetero *m*
flowery *adj* : florido : floreado : de flores
flowing *adj* : fluido : corriente
flown → fly
flu *n* : gripe *f* : gripa *f*
fluctuate *v* **-ated; -ating** : fluctuar
fluctuation *n* : fluctuación *f*
flue *n* : tiro *m* : salida *f* de humos
fluency *n* : fluidez *f* : soltura *f*
fluent *adj* : fluido
fluently *adv* : con soltura : con fluidez
fluff[1] *v* : ahuecar : echar a perder : equivocarse
fluff[2] *n* : pelusa *f* : plumón *m*
fluffy *adj* **fluffier; -est** : lleno de pelusa : velloso : esponjoso
fluid[1] *adj* : fluido
fluid[2] *n* : fluido *m* : líquido *m*
fluidity *n* : fluidez *f*
fluid ounce *n* : onza *f* líquida
fluke *n* : golpe *m* de suerte : chiripa *f* : casualidad *f*

flummox *v* : desconcertar
flung → fling
flunk *v* : reprobar : salir reprobando
fluorescence *n* : fluorescencia — **fluorescent** *adj*
fluoride *n* : fluoruro *m*
fluorine *n* : flúor *m*
flurry *n, pl* **-ries** : ráfaga *f* : nevisca *f* : frenesí *m* : bullicio *m* : aluvión *m* : oleada *f*
flush[1] *v* : limpiar con agua : hacer salir : levantar : ruborizarse : sonrojarse
flush[2] *adv* : al mismo nivel : a ras
flush[3] *adj* : lleno a rebosar : copioso : abundante : adinerado : alineado : liso
flush[4] *n* : chorro *m* : flujo *m* rápido : arrebato *m* : arranque *m* : rubor *m* : sonrojo *m* : resplandor *m* : flor *f*
fluster[1] *v* : poner nervioso : aturdir
fluster[2] *n* : agitación *f* : confusión *f*
flute *n* : flauta *f*
fluted *adj* : acanalado : ondulado
fluting *n* : estrías *fpl*
flutist *n* : flautista *mf*
flutter[1] *v* : revolotear : ondear : palpitar con fuerza : sacudir : batir
flutter[2] *n* : revoloteo *m* : aleteo *m* : revuelo *m* : agitación *f*
flux *n* : flujo *m* : cambio *m*
fly[1] *v* **flew; flown; flying** : volar : ondear : huir : escapar : correr : irse volando : lanzarse : pasar : pilotar : hacer volar : transportar : llevar
fly[2] *n, pl* **flies** : mosca *f* : bragueta *f*
flyer → flier
flying saucer *n* : platillo *m* volador
flypaper *n* : papel *m* matamoscas
flyswatter *n* : matamoscas *m*
flywheel *n* : volante *m*
foal[1] *v* : parir
foal[2] *n* : potro *m*, -tra *f*
foam[1] *v* : hacer espuma
foam[2] *n* : espuma *f*
foam rubber *n* : goma *f* espuma : hule *m* espuma
foamy *adj* **foamier; -est** : espumoso
focal *adj* : focal : central
fo'c'sle → forecastle
focus[1] *v* **-cused** *or* **-cussed; -cusing** *or* **-cussing** : enfocar : concentrar : centrar : fijar la vista
focus[2] *n, pl* **-ci** : foco *m* : enfoque *m* : centro *m*
fodder *n* : pienso *m* : forraje *m*
foe *n* : enemigo *m*, -ga *f*
fog[1] *v* **fogged; fogging** : empañar **to fog up** : empañarse
fog[2] *n* : niebla *f* : neblina *f*
foggy *adj* **foggier; -est** : nebuloso : brumoso
foghorn *n* : sirena *f* de niebla
fogy *n, pl* **-gies** : carca *mf* : persona *f* chapada a la antigua
foible *n* : flaqueza *f* : debilidad *f*
foil[1] *v* : frustrar : hacer fracasar
foil[2] *n* : lámina *f* de metal : papel *m* de aluminio : contraste *m* : complemento *m* : florete *m*
foist *v* : encajar : endilgar : colocar
fold[1] *v* : doblar : plegar : cruzar : enlazar : plegar : estrechar : abrazar : fracasar : venirse abajo
fold[2] *n* : redil *m* : rebaño *m* : pliegue *m* : doblez *m*
-fold *suf* : (multiplicado) por
folder *n* : circular *f* : folleto *m* : carpeta *f* : directorio *m*
foliage *n* : follaje *m*
folio *n, pl* **-lios** : folio *m*
folk[1] *adj* : popular : folklórico
folk[2] *n, pl* **folk** *or* **folks** : gente *f* : folk *m* : música *f* folk; **folks** *npl* : familia *f* : padres *mpl*
folklore *n* : folklore *m*
folksy *adj* **folksier; -est** : campechano
follicle *n* : folículo *m*
follow *v* : seguir : perseguir : venir después de : seguir a : cumplir : entender
follower *n* : seguidor *m*, -dora *f*
following[1] *adj* : siguiente
following[2] *n* : seguidores *mpl*
following[3] *prep* : después de
follow–up *n* : continuación *f* : seguimiento *m*
folly *n, pl* **-lies** : locura *f* : desatino *m*
foment *v* : fomentar
fond *adj* : cariñoso : tierno : aficionado : ferviente : fervoroso
fondle *v* **-dled; -dling** : acariciar
fondly *adv* : cariñosamente : afectuosamente
fondness *n* : cariño *m* : afición *f*
fondue *n* : fondue *f*

font *n* : fuente *f*
food *n* : comida *f* : alimento *m*
food chain *n* : cadena *f* alimenticia
food poisoning *n* : intoxicación *f* alimenticia
food processor *n* : robot *m* de cocina
foodstuff *n* : comestible *m* : producto *m* alimenticio
fool[1] *v* : bromear : hacer el tonto : engañar : burlar
fool[2] *n* : idiota *mf* : tonto *m*, -ta *f* : bobo *m*, -ba *f* : bufón *m*, -fona *f*
foolhardiness *n* : imprudencia *f*
foolhardy *adj* : imprudente : temerario : precipitado
foolish *adj* : insensato : estúpido : idiota : tonto
foolishly *adv* : tontamente
foolishness *n* : insensatez *f* : estupidez *f* : tontería *f*
foolproof *adj* : infalible
foot *n, pl* **feet** : pie *m*
footage *n* : medida *f* en pies : metraje *m*
football *n* : futbol *m* americano : fútbol *m* americano
footbridge *n* : pasarela *f* : puente *m* peatonal
foothills *npl* : estribaciones *fpl*
foothold *n* : punto *m* de apoyo
footing *n* : equilibrio *m* : punto *m* de apoyo : base *f*
footlights *npl* : candilejas *fpl*
footlocker *n* : baúl *m* pequeño : cofre *m*
footloose *adj* : libre y sin compromiso
footman *n, pl* **-men** : lacayo *m*
footnote *n* : nota *f* al pie de la página
footpath *n* : sendero *m* : senda *f* : vereda *f*
footprint *n* : huella *f*
footrace *n* : carrera *f* pedestre
footrest *n* : apoyapiés *m* : reposapiés *m*
footstep *n* : paso *m* : huella *f*
footstool *n* : taburete *m* : escabel *m*
footwear *n* : calzado *m*
footwork *n* : juego *m* de piernas : juego *m* de pies
for[1] *conj* : puesto que : porque
for[2] *prep* : para : de : por : en beneficio de : a favor de : con respecto a : durante : con ocasión de
forage *v* **-aged; -aging** : hurgar : buscar
foray *n* : incursión *f*
forbear[1] *v* **-bore; -borne; -bearing** : abstenerse : tener paciencia
forbear[2] → **forbear**
forbearance *n* : abstención *f* : paciencia *f*
forbid *v* **-bade; -bidden; -bidding** : prohibir : impedir
forbidden *adj* : prohibido
forbidding *adj* : imponente : desagradable : ingrato : severo
force[1] *v* **forced; forcing** : obligar : forzar : imponer
force[2] *n* : fuerza *f*
forced *adj* : forzado : forzoso
forceful *adj* : fuerte : energético : contundente
forcefully *adv* : con energía : con fuerza
forcefulness *n* : contundencia *f* : fuerza *f*
forceps *ns & pl* : fórceps *m*
forcible *adj* : forzoso : contundente : convincente — **forcibly** *adv*
ford[1] *v* : vadear
ford[2] *n* : vado *m*
fore[1] *adv* : hacia adelante
fore[2] *adj* : delantero : de adelante : anterior
fore[3] *n* : frente *m* : delantera *f*
fore–and–aft *adj* : longitudinal
forearm *n* : antebrazo *m*
forebear *n* : antepasado *m*, -da *f*
foreboding *n* : premonición *f* : presentimiento *m*
forecast[1] *v* **-cast; -casting** : pronosticar : predecir
forecast[2] *n* : predicción *f* : pronóstico *m*
forecastle *n* : castillo *m* de proa
foreclose *v* **-closed; -closing** : ejecutar
forefather *n* : antepasado *m* : ancestro *m*
forefinger *n* : índice *m* : dedo *m* índice
forefoot *n* : pata *f* delantera
forefront *n* : frente *m* : vanguardia *f*

forego *v* **-went; -gone; -going** : preceder
foregoing *adj* : precedente : anterior
foregone *adj* : previsto
foreground *n* : primer plano *m*
forehand[1] *adj* : directo : derecho
forehand[2] *n* : golpe *m* del derecho
forehead *n* : frente *f*
foreign *adj* : extranjero : exterior : ajeno : extraño
foreigner *n* : extranjero *m*, -ra *f*
foreknowledge *n* : conocimiento *m* previo
foreleg *n* : pata *f* delantera
foreman *n, pl* **-men** : capataz *mf*
foremost[1] *adv* : en primer lugar
foremost[2] *adj* : más importante : principal : grande
forenoon *n* : mañana *m*
forensic *adj* : retórico : de argumentación : forense
foreordain *v* : predestinar : predeterminar
forequarter *n* : cuarto *m* delantero
forerunner *n* : precursor *m*, -sora *f*
foresee *v* **-saw; -seen; -seeing** : prever
foreseeable *adj* : previsible
foreshadow *v* : anunciar : prefigurar
foresight *n* : previsión *f*
foresighted *adj* : previsto
forest *n* : bosque *m* : selva *f*
forestall *v* : prevenir : impedir : adelantarse a
forested *adj* : arbolado
forester *n* : silvicultor *m*, -tora *f*
forestland *n* : zona *f* boscosa
forest ranger → ranger
forestry *n* : silvicultura *f* : ingeniería *f* forestal
foreswear → forswear
foretaste[1] *v* **-tasted; -tasting** : anticipar
foretaste[2] *n* : anticipo *m*
foretell *v* **-told; -telling** : predecir : pronosticar : profetizar
forethought *n* : previsión *f* : reflexión *f* previa
forever *adv* : para siempre : eternamente : siempre : constantemente
forevermore *adv* : por siempre jamás
forewarn *v* : prevenir : advertir
forewoman *n, pl* **-women** : capataz *f* : capataza *f*
foreword *n* : prólogo *m*
forfeit[1] *v* : perder el derecho a
forfeit[2] *n* : multa *f* : prenda *f*
forge[1] *v* **forged; forging** : forjar : falsificar **to forge ahead** : avanzar : seguir adelante
forge[2] *n* : forja *f*
forger *n* : falsificador *m*, -dora *f*
forgery *n, pl* **-eries** : falsificación *f*
forget *v* **-got; -gotten** *or* **-got; -getting** : olvidar **to forget about** : olvidarse de : no acordarse de
forgetful *adj* : olvidadizo
forgetfulness *n* : olvido *m* : mala memoria *f*
forget–me–not *n* : nomeolvides *mf*
forgettable *adj* : poco memorable
forgivable *adj* : perdonable
forgive *v* **-gave; -given; -giving** : perdonar
forgiveness *n* : perdón *m*
forgiving *adj* : indulgente : comprensivo : clemente
forgo *or* **forego** *v* **-went; -gone; -going** : privarse de : renunciar a
fork[1] *v* : ramificarse : bifurcarse : levantar
fork[2] *n* : tenedor *m* : horca *f* : horquilla *f* : bifurcación *f* : horqueta *f*
forked *adj* : bífido : ahorquillado
forklift *n* : carretilla *f* elevadora
forlorn *adj* : abandonado : desolado : desamparado : triste : desesperado
forlornly *adv* : con tristeza : sin ánimo
form[1] *v* : formar : moldear : desarrollar : constituir : adquirir : tomar forma : formarse
form[2] *n* : forma *f* : figura *f* : manera *f* : formulario *m* : molde *m* : clase *f* : tipo *m*
formal[1] *adj* : formal : de etiqueta : ceremonioso : oficial : de forma
formal[2] *n* : baile *m* formal : baile *m* de etiqueta
formaldehyde *n* : formaldehído *m*
formality *n, pl* **-ties** : formalidad *f*
formalize *v* **-ized; -izing** : formalizar

formally *adv* : formalmente
format[1] *v* **-matted; -matting** : formatear
format[2] *n* : formato *m*
formation *n* : formación *f* : forma *f*
formative *adj* : formativo
former *adj* : antiguo : anterior : primero
formerly *adv* : anteriormente : antes
formidable *adj* : formidable — **formidably** *adv*
formless *adj* : informe : amorfo
formula *n, pl* **-las** *or* **-lae** : fórmula *f*
formulate *v* **-lated; -lating** : formular : hacer
formulation *n* : formulación *f*
fornicate *v* **-cated; -cating** : fornicar
fornication *n* : fornicación *f*
forsake *v* **-sook; -saken; -saking** : abandonar : desamparar : renunciar a
forswear *v* **-swore; -sworn; -swearing** : renunciar a : perjurar
forsythia *n* : forsitia *f*
fort *n* : fuerte *m* : fortaleza *f* : fortín *m* : base *f* militar
forte *n* : fuerte *m*
forth *adv* : adelante
forthcoming *adj* : próximo : directo : franco : comunicativo
forthright *adj* : directo : franco — **forthrightly** *adv*
forthrightness *n* : franqueza *f*
forthwith *adv* : inmediatamente : en el acto : enseguida
fortieth[1] *adj* : cuadragésimo
fortieth[2] *n* : cuadragésimo *m*, -ma *f* : cuarentavo *m* : cuarentava parte *f*
fortification *n* : fortificación *f*
fortify *v* **-fied; -fying** : fortificar
fortitude *n* : fortaleza *f* : valor *m*
fortnight *n* : quince días *mpl* : dos semanas *fpl*
fortnightly[1] *adv* : cada quince días
fortnightly[2] *adj* : quincenal
fortress *n* : fortaleza *f*
fortuitous *adj* : fortuito : accidental
fortunate *adj* : afortunado
fortunately *adv* : afortunadamente : con suerte
fortune *n* : fortuna *f* : suerte *f* : destino *m* : buenaventura *f* : dineral *m* : platal *m*
fortune–teller *n* : adivino *m*, -na *f*
fortune–telling *n* : adivinación *f*
forty[1] *adj & pron* : cuarenta
forty[2] *n, pl* **forties** : cuarenta *m*
forum *n, pl* **-rums** : foro *m*
forward[1] *v* : promover : adelantar : fomentar : remitir : enviar
forward[2] *adv* : adelante : hacia adelante
forward[3] *adj* : hacia adelante : delantero : atrevido : descarado
forward[4] *n* : delantero *m*, -ra *f*
forwardness *n* : atrevimiento *m* : descaro *m*
forwards *adv* → **forward**[2]
fossil[1] *adj* : fósil
fossil[2] *n* : fósil *m*
fossilize *v* **-ized; -izing** : fosilizar : fosilizarse
foster[1] *v* : promover : fomentar
foster[2] *adj* : adoptivo
fought → **fight**
foul[1] *v* : cometer faltas : contaminar : ensuciar : enredar
foul[2] *adv* : contra las reglas
foul[3] *adj* : asqueroso : repugnante : atascado : obstruido : enredado : obsceno : malo : antirreglamentario
foul[4] *n* : falta *f* : faul *m*
foully *adv* : asquerosamente
foulmouthed *adj* : malhablado
foulness *n* : suciedad *f* : inclemencia *f* : obscenidad *f* : grosería *f*
foul play *n* : actos *mpl* criminales
foul shot *n* → **free throw**
foul–up *n* : lío *m* : confusión *f* : desastre *m*
foul up *v* : estropear : arruinar : echar todo a perder
found[1] → **find**
found[2] *v* : fundar : establecer
foundation *n* : fundación *f* : fundamento *m* : base *f* : cimientos *mpl*
founder[1] *v* : hundirse : irse a pique
founder[2] *n* : fundador *m*, -dora *f*
founding *adj* : fundador
foundling *n* : expósito *m*, -ta *f*
foundry *n, pl* **-dries** : fundición *f*
fount *n* : fuente *f* : origen *m*
fountain *n* : fuente *f* : manantial *m* : origen *m* : chorro *m* : surtidor *m*

fountain pen *n* : pluma *f* fuente : estilográfica *f*
four[1] *adj* : cuatro
four[2] *n* : cuatro *m*
four[3] *pron* : cuatro
four hundred[1] *adj & pron* : cuatrocientos
four hundred[2] *n* : cuatrocientos *m*
four–poster *n* : cama *f* de columnas
fourscore *adj* : ochenta
fourteen[1] *adj & pron* : catorce
fourteen[2] *n* : catorce *m*
fourteenth[1] *adj* : decimocuarto
fourteenth[2] *n* : decimocuarto *m*, -ta *f* : catorceavo *m* : catorceava parte *f*
fourth[1] *adv* : en cuarto lugar
fourth[2] *adj* : cuarto
fourth[3] *n* : cuarto *m*, -ta *f* : cuarta parte *f*
fowl *n, pl* **fowl** *or* **fowls** : ave *f* : pollo *m*
fox[1] *v* : engañar : confundir
fox[2] *n, pl* **foxes** : zorro *m*, -ra *f*
foxglove *n* : dedalera *f* : digital *f*
foxhole *n* : hoyo *m* para atrincherarse : trinchera *f* individual
foxy *adj* **foxier; -est** : astuto
foyer *n* : vestíbulo *m*
fracas *n, pl* **-cases** : altercado *m* : pelea *f* : reyerta *f*
fracking *n* : fracking *m* : fractura *f* hidráulica : fracturación *f* hidráulica : estimulación *f* hidráulica
fraction *n* : fracción *f* : quebrado *m* : porción *f* : parte *f*
fractional *adj* : fraccionario : minúsculo : mínimo : insignificante
fractious *adj* : rebelde : malhumorado : irritable
fracture[1] *v* **-tured; -turing** : fracturar
fracture[2] *n* : fractura *f* : fisura *f* : grieta *f* : falla *f*
fragile *adj* : frágil
fragility *n, pl* **-ties** : fragilidad *f*
fragment[1] *v* : fragmentar : fragmentarse : hacerse añicos
fragment[2] *n* : fragmento *m* : trozo *m* : pedazo *m*
fragmentary *adj* : fragmentario : incompleto
fragmentation *n* : fragmentación *f*
fragrance *n* : fragancia *f* : aroma *m*
fragrant *adj* : fragante : aromático — **fragrantly** *adv*
frail *adj* : débil : delicado
frailty *n, pl* **-ties** : debilidad *f* : flaqueza *f*
frame[1] *v* **framed; framing** : formular : elaborar : enmarcar : encuadrar : incriminar
frame[2] *n* : cuerpo *m* : armazón *f* : bastidor *m* : cuadro *m* : marco *m*; **frames** *npl* : armazón *mf* : montura *f*
framework *n* : armazón *f* : estructura *f* : marco *m*
franc *n* : franco *m*
franchise *n* : licencia *f* exclusiva : concesión *f* : sufragio *m*
franchisee *n* : concesionario *m*, -ria *f*
Franciscan *n* : franciscano *m*, -na *f* — **Franciscan** *adj*
frank[1] *v* : franquear
frank[2] *adj* : franco : sincero : cándido — **frankly** *adv*
frank[3] *n* : franqueo *m*
frankfurter *or* **frankfurt** *n* : salchicha *f* : perro *m* caliente
frankincense *n* : incienso *m*
frankness *n* : franqueza *f* : sinceridad *f* : candidez *f*
frantic *adj* : frenético : desesperado — **frantically** *adv*
fraternal *adj* : fraterno : fraternal
fraternity *n, pl* **-ties** : fraternidad *f*
fraternization *n* : fraternización *f* : confraternización *f*
fraternize *v* **-nized; -nizing** : fraternizar : confraternizar
fraud *n* : fraude *m* : estafa *f* : engaño *m* : impostor *m*, -tora *f* : farsante *mf*
fraudulent *adj* : fraudulento — **fraudulently** *adv*
fraught *adj* **fraught with** : lleno de : cargado de
fray[1] *v* : desgastar : deshilachar : crispar : irritar : desgastarse : deshilacharse
fray[2] *n* : pelea *f*
frazzle[1] *v* **-zled; -zling** : desgastar : deshilachar : agotar : fatigar
frazzle[2] *n* : agotamiento *m*

freak *n* : ejemplar *m* anormal : fenómeno *m* : rareza *f* : entusiasta *mf*
freakish *adj* : extraño : estrafalario : raro
freak out *v* : ponerse como loco : darle un ataque
freckle[1] *v* **-led; -ling** : cubrirse de pecas
freckle[2] *n* : peca *f*
free[1] *v* **freed; freeing** : libertar : liberar : poner en libertad : librar : eximir : desatar : soltar : desatascar : destapar
free[2] *adv* : libremente : gratuitamente : gratis
free[3] *adj* **freer; freest** : gratuito : gratis : libre : espontáneo : voluntario : desocupado : suelto : generoso
freeborn *adj* : nacido libre
freedom *n* : libertad *f*
free enterprise *n* : libre empresa *f*
free–for–all *n* : pelea *f* : batalla *f* campal
free gift *n* : obsequio *m*
freehand *adj* : a pulso : a mano alzada
free kick *n* : tiro *m* libre
freelance[1] *v* **-lanced; -lancing** : trabajar por cuenta propia
freelance[2] *adj* : por cuenta propia : freelance
freelancer *n* : trabajador *m*, -dora *f* por cuenta propia : freelance *mf*
freeload *v* : gorronear : gorrear
freeloader *n* : gorrón *m*, -rrona *f* : gorrero *m*, -ra *f* : vividor *m*, -dora *f*
freely *adv* : libremente : gratis : gratuitamente
Freemason *n* : francmasón *m* : masón *m*
Freemasonry *n* : francmasonería *f* : masonería *f*
free–range *adj* : de granja
freestanding *adj* : de pie : no empotrado : independiente
free throw *n* : tiro *m* libre
freeway *n* : autopista *f*
freewill *adj* : de propia voluntad
free will *n* : libre albedrío *m* : propia voluntad *f*
freeze[1] *v* **froze; frozen; freezing** : congelarse : helarse : quedarse inmóvil : bloquearse : helar : congelar : bloquear
freeze[2] *n* : helada *f* : congelación *f* : congelamiento *m*
freeze–dried *adj* : liofilizado
freeze–dry *v* **-dried; -drying** : liofilizar
freezer *n* : congelador *m*
freezing *adj* : helando
freezing point *n* : punto *m* de congelación
freight[1] *v* : enviar como carga
freight[2] *n* : transporte *m* : porte *m* : flete *m* : mercancías *fpl* : carga *f*
freighter *n* : carguero *m* : buque *m* de carga
freight train *n* : tren *m* de carga : tren *m* de mercancías
French[1] *adj* : francés
French[2] *n* : francés *m*
French doors *npl* : puerta *f* ventana
French dressing *n* : aderezo *m* cremoso con sabor a tomate : vinagreta *f*
french fries *npl* : papas *fpl* fritas : papas *fpl* a la francesa
Frenchman *n, pl* **-men** : francés *m*
French toast *n* : torreja *f* : torrija *f*
French windows *npl* → **French doors**
Frenchwoman *n, pl* **-women** : francesa *f*
frenemy *n, pl* **-mies** : amienemigo *m*, -ga *f*
frenetic *adj* : frenético — **frenetically** *adv*
frenzied *adj* : frenético
frenzy *n, pl* **-zies** : frenesí *m*
frequency *n, pl* **-cies** : frecuencia *f*
frequent[1] *v* : frecuentar
frequent[2] *adj* : frecuente — **frequently** *adv*
fresco *n, pl* **-coes** : fresco *m*
fresh *adj* : dulce : puro : fresco : limpio : nuevo : descansado : descarado : impertinente
freshen *v* : refrescar : arreglar **to freshen up** : arreglarse : lavarse
freshet *n* : arroyo *m* desbordado
freshly *adv* : recientemente : recién
freshman *n, pl* **-men** : estudiante *mf* de primer año universitario
freshness *n* : frescura *f*

freshwater *n* : agua *f* dulce
fret[1] *v* **fretted; fretting** : preocuparse : inquietarse
fret[2] *n* : irritación *f* : molestia *f* : preocupación *f* : traste *m*
fretful *adj* : fastidioso : quejoso : neurótico
fretfully *adv* : ansiosamente : fastidiosamente : inquieto
fretfulness *n* : inquietud *f* : irritabilidad *f*
friar *n* : fraile *m*
friction *n* : fricción *f* : roce *m*
Friday *n* : viernes *m*
fridge → refrigerator
fried *adj* : frito
friend[1] *n* : amigo *m*, -ga *f*
friend[2] *v* : agregar a su lista de amigos
friendless *adj* : sin amigos
friendliness *n* : simpatía *f* : amabilidad *f*
friendly *adj* **friendlier; -est** : simpático : amable : de amigo : agradable : acogedor : amigable : amistoso
friendship *n* : amistad *f*
frieze *n* : friso *m*
frigate *n* : fragata *f*
fright *n* : miedo *m* : susto *m*
frighten *v* : asustar : espantar
frightened *adj* : asustado : temeroso
frightening *adj* : espantoso : aterrador
frightful *adj* : espantoso : tremendo
frightfully *adv* : terriblemente : tremendamente
frigid *adj* : glacial : extremadamente frío
frigidity *n* : frialdad *f* : frigidez *f*
frill *n* : volante *m* : floritura *f* : adorno *m*
frilly *adj* **frillier; -est** : con volantes : recargado
fringe[1] *v* **fringed; fringing** : orlar : bordear
fringe[2] *n* : fleco *m* : orla *f* : periferia *f* : margen *m*
frisk *v* : retozar : juguetear : cachear : registrar
friskiness *n* : vivacidad *f*
frisky *adj* **friskier; -est** : retozón : juguetón
fritter[1] *v* : desperdiciar : malgastar
fritter[2] *n* : buñuelo *m*
frivolity *n, pl* **-ties** : frivolidad *f*
frivolous *adj* : frívolo : de poca importancia
frivolously *adv* : frívolamente : a la ligera
frizz[1] *v* : rizarse : encresparse : ponerse chino
frizz[2] *n* : rizos *mpl* muy apretados
frizzy *adj* **frizzier; -est** : rizado : crespo : chino
fro *adv* **to and fro** : de aquí para allá : de un lado para otro
frock *n* : vestido *m*
frog *n* : rana *f*
frogman *n, pl* **-men** : hombre *m* rana : submarinista *mf*
frolic[1] *v* **-icked; -icking** : retozar : juguetear
frolic[2] *n* : diversión *f*
frolicsome *adj* : juguetón
from *prep* : desde : de : a partir de
frond *n* : fronda *f* : hoja *f*
front[1] *v* : dar : estar orientado : servir de pantalla
front[2] *adj* : delantero : de adelante : primero
front[3] *n* : frente *m* : parte *f* de adelante : delantera *f* : zona *f* : fachada *f*
frontage *n* : fachada *f* : frente *m*
frontal *adj* : frontal : de frente
frontier *n* : frontera *f*
frontiersman *n, pl* **-men** : hombre *m* de la frontera
front–wheel drive *n* : tracción *f* delantera
frost[1] *v* : helar : bañar
frost[2] *n* : helada *f* : escarcha *f*
frostbite *n* : congelación *f*
frostbitten *adj* : congelado : quemado
frosting *n* : baño *m* : glaseado *m* : betún *m*
frosty *adj* **frostier; -est** : helado : frío : glacial
froth *n, pl* **froths** : espuma *f*
frothy *adj* **frothier; -est** : espumoso
frown[1] *v* : fruncir el ceño : fruncir el entrecejo
frown[2] *n* : ceño *m*
froze → freeze

frozen → freeze
frugal *adj* : frugal : ahorrativo : parco — **frugally** *adv*
frugality *n* : frugalidad *f*
fruit[1] *v* : dar fruto
fruit[2] *n* : fruta *f* : fruto *m*; **fruits** *npl* : frutos *mpl*
fruitcake *n* : pastel *m* de frutas
fruitful *adj* : fructífero : provechoso
fruition *n* : cumplimiento *m* : realización *f*
fruitless *adj* : infructuoso : inútil — **fruitlessly** *adv*
fruit salad *n* : ensalada *f* de frutas
fruity *adj* **fruitier; -est** : (con sabor) a fruta
frumpy *adj* **frumpier; -est** : anticuado y sin atractivo
frustrate *v* **-trated; -trating** : frustrar
frustrating *adj* : frustrante — **frustratingly** *adv*
frustration *n* : frustración *f*
fry[1] *v* **fried; frying** : freír
fry[2] *n, pl* **fries** : fritura *f* : plato *m* frito : fiesta *f* en que se sirven frituras; *pl* **fry** : alevín *m*; **fries** *npl* **→ French fries**
frying pan *n* : sartén *mf*
fuchsia *n* : fucsia *f* : fucsia *m*
fuddle *v* **-dled; -dling** : confundir : atontar
fuddy–duddy *n, pl* **-dies** : persona *f* chapada a la antigua : carca *mf*
fudge *v* **fudged; fudging** : amañar : falsificar : esquivar
fuel[1] *v* **-eled** *or* **-elled; -eling** *or* **-elling** : abastecer de combustible : estimular
fuel[2] *n* : combustible *m* : carburante *m*
fugitive[1] *adj* : fugitivo : efímero : pasajero : fugaz
fugitive[2] *n* : fugitivo *m*, -va *f*
fugue *n* : fuga *f*
fulcrum *n, pl* **-crums** *or* **-cra** : fulcro *m*
fulfill *or* **fulfil** *v* **-filled; -filling** : cumplir con : realizar : llevar a cabo : satisfacer
fulfillment *n* : cumplimiento *m* : ejecución *f* : satisfacción *f* : realización *f*
full[1] *adv* : muy : completamente : de lleno : directamente
full[2] *adj* : lleno : completo : detallado : todo : pleno : redondo : llenito : regordete : amplio
full–fledged *adj* : hecho y derecho
full–length *adj* : de cuerpo entero : largo : de extensión normal
full moon *n* : luna *f* llena
fullness *n* : plenitud *f* : abundancia *f* : amplitud *f*
full–scale *adj* : a escala natural : total
full–time[1] *adv* : a/de tiempo completo
full–time[2] *adj* : de tiempo completo
fully *adv* : completamente : totalmente : al menos : por lo menos
fulsome *adj* : excesivo : exagerado : efusivo
fumble[1] *v* **-bled; -bling** : dejar caer : fumblear : hurgar : tantear
fumble[2] *n* : fumble *m*
fume[1] *v* **fumed; fuming** : echar humo : humear : estar furioso
fume[2] *n* : gas *m* : humo *m* : vapor *m*
fumigate *v* **-gated; -gating** : fumigar
fumigation *n* : fumigación *m*
fun[1] *adj* : divertido : entretenido
fun[2] *n* : diversión *f* : entretenimiento *m* : disfrute *m*
function[1] *v* : funcionar : desempeñarse : servir
function[2] *n* : función *f* : reunión *f* social : recepción *f* : ceremonia *f* : acto *m*
functional *adj* : funcional — **functionally** *adv*
functionary *n, pl* **-aries** : funcionario *m*, -ria *f*
fund[1] *v* : financiar
fund[2] *n* : reserva *f* : cúmulo *m* : fondo *m*; **funds** *npl* : fondos *mpl*
fundamental[1] *adj* : fundamental : básico : esencial : principal : innato : intrínseco
fundamental[2] *n* : fundamento *m*
fundamentalism *n* : integrismo *m* : fundamentalismo *m*

fundamentalist *n* : integrista *mf* : fundamentalista *mf* — **fundamentalist** *adj*
fundamentally *adv* : fundamentalmente : básicamente
funding *n* : financiación *f*
fund–raiser *n* : función *f* para recaudar fondos
funeral[1] *adj* : funeral : funerario : fúnebre
funeral[2] *n* : funeral *m* : funerales *mpl*
funereal *adj* : fúnebre
fungicide *n* : fungicida *m*
fungus *n, pl* **fungi** : hongo *m*
funk *n* : miedo *m* : depresión *f*
funky *adj* **funkier; -est** : raro : extraño : original
funnel[1] *v* **-neled; -neling** : canalizar : encauzar
funnel[2] *n* : embudo *m* : chimenea *f*
funnies *npl* : tiras *fpl* cómicas
funny *adj* **funnier; -est** : divertido : cómico : extraño : raro
fur[1] *adj* : de piel
fur[2] *n* : pelaje *m* : piel *f* : prenda *f* de piel
furbish *v* : pulir : limpiar
furious *adj* : furioso : violento : frenético : vertiginoso
furiously *adv* : furiosamente : frenéticamente
furlong *n* : estadio *m*
furlough[1] *v* : dar permiso a : dar licencia a
furlough[2] *n* : permiso *m* : licencia *f*
furnace *n* : horno *m*
furnish *v* : proveer : suministrar : amueblar
furnishings *npl* : accesorios *mpl* : muebles *mpl* : mobiliario *m*
furniture *n* : muebles *mpl* : mobiliario *m*
furor *n* : furia *f* : rabia *f* : escándalo *m* : jaleo *m* : alboroto *m*
furrier *n* : peletero *m*, -ra *f*
furrow[1] *v* : surcar
furrow[2] *n* : surco *m* : arruga *f*
furry *adj* **furrier; -est** : peludo : peluche
further[1] *v* : promover : fomentar
further[2] *adv* : más lejos : más adelante : además : más
further[3] *adj* : más lejano : adicional : más
furtherance *n* : promoción *f* : fomento *m* : adelantamiento *m*
furthermore *adv* : además
furthermost *adj* : más lejano : más distante
furthest → farthest[1], **farthest**[2]
furtive *adj* : furtivo : sigiloso — **furtively** *adv*
furtiveness *n* : sigilo *m*
fury *n, pl* **-ries** : furia *f* : ira *f* : furor *m*
fuse[1] *or* **fuze** *v* **fused** *or* **fuzed; fusing** *or* **fuzing** : equipar con un fusible
fuse[2] *v* **fused; fusing** : fundir : fusionar : fundirse : fusionarse
fuse[3] *n* : fusible *m*
fuselage *n* : fuselaje *m*
fusillade *n* : descarga *f* de fusilería
fusion *n* : fusión *f*
fuss[1] *v* : preocuparse
fuss[2] *n* : alboroto *m* : escándalo *m* : atenciones *fpl* : quejas *fpl*
fussbudget *n* : quisquilloso *m*, -sa *f* : melindroso *m*
fussiness *n* : irritabilidad *f* : lo recargado : meticulosidad *f*
fussy *adj* **fussier; -est** : irritable : nervioso : recargado : meticuloso : quisquilloso : exigente
futile *adj* : inútil : vano
futility *n, pl* **-ties** : inutilidad *f*
futon *n* : futón *m*
future[1] *adj* : futuro
future[2] *n* : futuro *m*
futuristic *adj* : futurista
fuze → fuse[1]
fuzz *n* : pelusa *f*
fuzziness *n* : vellosidad *f* : falta *f* de claridad
fuzzy *adj* **fuzzier; -est** : con pelusa : peludo : indistinto : borroso

G

gab[1] *v* **gabbed; gabbing** : charlar : cotorrear : parlotear
gab[2] *n* : cotorreo *m* : parloteo *m*
gabardine *n* : gabardina *f*
gabby *adj* **gabbier; -est** : hablador : parlanchín
gable *n* : gablete *m* : aguilón *m*
Gabonese *n* : gabonés *m*, -nesa *f* — **Gabonese** *adj*
gad *v* **gadded; gadding** : deambular : vagar : callejear
gadfly *n, pl* **-flies** : tábano *m* : criticón *m*, -cona *f*
gadget *n* : artilugio *m* : aparato *m*
gadgetry *n* : artilugios *mpl* : aparatos *mpl*
Gaelic *n* : gaélico *m* — **Gaelic** *adj*
gaff *n* : garfio *m*
gaffe *n* : metedura *f* de pata
gag[1] *v* **gagged; gagging** : amordazar : atragantarse : hacer arcadas
gag[2] *n* : mordaza *f* : chiste *m*
gage → gauge
gaggle *n* : bandada *f* : manada *f*
gaiety *n, pl* **-eties** : juerga *f* : alegría *f* : regocijo *m*
gaily *adv* : alegremente
gain[1] *v* : ganar : obtener : adquirir : conseguir : alcanzar : llegar a : aumentar : adelantarse : beneficiarse
gain[2] *n* : beneficio *m* : ganancia *f* : lucro *m* : provecho *m* : aumento *m*
gainful *adj* : lucrativo : beneficioso : provechoso
gait *n* : paso *m* : andar *m* : manera *f* de caminar
gal *n* : muchacha *f*
gala[1] *adj* : de gala
gala[2] *n* : gala *f* : fiesta *f*
galactic *adj* : galáctico
galaxy *n, pl* **-axies** : galaxia *f*
gale *n* : vendaval *f* : viento *m* fuerte
Galician *n* : gallego *m*, -ga *f* — **Galician** *adj*
gall[1] *v* : rozar : irritar : molestar
gall[2] *n* : bilis *f* : hiel *f* : audacia *f* : insolencia *f* : descaro *m* : rozadura *f* : agalla *f*
gallant *adj* : valiente : gallardo : galante : cortés
gallantry *n, pl* **-ries** : galantería *f* : caballerosidad *f*
gallbladder *n* : vesícula *f* biliar
galleon *n* : galeón *m*
gallery *n, pl* **-leries** : galería *f* : pasillo *m* : corredor *m*
galley *n, pl* **-leys** : galera *f*
gallium *n* : galio *m*
gallivant *v* : callejear
gallon *n* : galón *m*
gallop[1] *v* : galopar
gallop[2] *n* : galope *m*
gallows *n, pl* **-lows** *or* **-lowses** : horca *f*
gallstone *n* : cálculo *m* biliar
galore *adj* : en abundancia
galoshes *npl* : galochas *fpl* : chanclos *mpl*
galvanize *v* **-nized; -nizing** : estimular : excitar : impulsar : galvanizar
Gambian *n* : gambiano *m*, -na *f* — **Gambian** *adj*
gambit *n* : gambito *m* : estratagema *f* : táctica *f*
gamble[1] *v* **-bled; -bling** : jugar : arriesgarse : apostar : jugarse : arriesgar
gamble[2] *n* : apuesta *f* : riesgo *m*
gambler *n* : jugador *m*, -dora *f*
gambling *n* : juego *m*
gambol *v* **-boled** *or* **-bolled; -boling** *or* **-bolling** : retozar : juguetear
game[1] *adj* : listo : dispuesto : cojo
game[2] *n* : juego *m* : partido *m* : partida *f* : caza *f*
gamecock *n* : gallo *m* de pelea
gamekeeper *n* : guardabosque *mf*
gamely *adv* : animosamente
gamer *n* : videojugador *m*, -dora *f*
gaming *n* : juego *m* : juegos *mpl*
gamma ray *n* : rayo *m* gamma
gamut *n* : gama *f* : espectro *m*
gamy *or* **gamey** *adj* **gamier; -est** : con sabor de animal de caza : fuerte
gander *n* : ganso *m* : mirada *f* : vistazo *m* : ojeada *f*

gang[1] *v* **to gang up** : agruparse : unirse
gang[2] *n* : banda *f* : pandilla *f*
gangland *n* : hampa *f*
gangling *adj* : larguirucho
ganglion *n, pl* **-glia** : ganglio *m*
gangplank *n* : pasarela *f*
gangrene *n* : gangrena *f*
gangster *n* : gángster *mf*
gangway *n* : pasarela *f*
gap *n* : espacio *m* : brecha *f* : abertura *f* : desfiladero *m* : barranco *m* : laguna *f* : pausa *f* : intervalo *m* : disparidad *f*
gape[1] *v* **gaped; gaping** : abrirse : estar abierto : mirar fijamente con la boca abierta : mirar boquiabierto
gape[2] *n* : abertura *f* : brecha *f* : mirada *f* boquiabierta
garage[1] *v* **-raged; -raging** : dejar en un garaje
garage[2] *n* : garaje *m* : cochera *f*
garb[1] *v* : vestir : ataviar
garb[2] *n* : vestimenta *f* : atuendo *f*
garbage *n* : basura *f* : desechos *mpl*
garbage can *n* : bote *m* de basura : basurero *m* : caneca *f* : cubo *m* de basura : tacho *m* de basura : tarro *m* de basura
garbage disposal *n* : trituradora *f* de basura
garbageman *n, pl* **-men** : basurero *m*
garbage truck *n* : camión *m* de la basura
garble *v* **-bled; -bling** : tergiversar : distorsionar
garbled *adj* : incoherente : incomprensible
garden[1] *v* : trabajar en el jardín
garden[2] *n* : jardín *m*
garden center *n* : centro *m* de jardinería *f*
gardener *n* : jardinero *m*, -ra *f*
gardenia *n* : gardenia *f*
gardening *n* : jardinería *f*
gargantuan *adj* : gigantesco : colosal
gargle[1] *v* **-gled; -gling** : hacer gárgaras : gargarizar
gargle[2] *n* : gárgara *f*
gargoyle *n* : gárgola *f*
garish *adj* : llamativo : chillón : charro — **garishly** *adv*
garland[1] *v* : adornar con guirnaldas
garland[2] *n* : guirnalda *f*
garlic *n* : ajo *m*
garment *n* : prenda *f*
garner *v* : recoger : cosechar
garnet *n* : granate *m*
garnish[1] *v* : aderezar : guarnecer
garnish[2] *n* : aderezo *m* : guarnición *f*
garret *n* : buhardilla *f* : desván *m*
garrison[1] *v* : acuartelar : guarnecer : ocupar
garrison[2] *n* : guarnición *f* : fortaleza *f* : poste *m* militar
garrulous *adj* : charlatán : parlanchín
garter *n* : liga *f*
gas[1] *v* **gassed; gassing** : gasear **to gas up** : llenar el tanque con gasolina
gas[2] *n, pl* **gases** : gas *m*
gaseous *adj* : gaseoso
gash[1] *v* : hacer un tajo en : cortar
gash[2] *n* : cuchillada *f* : tajo *m*
gasket *n* : junta *f*
gas mask *n* : máscara *f* antigás
gasoline *n* : gasolina *f* : nafta *f* : bencina *f*
gasp[1] *v* : boquear : jadear : respirar con dificultad
gasp[2] *n* : boqueada *f* : jadeo *m*
gas pedal *n* : acelerador *m*
gas station *n* : estación *f* de servicio : gasolinera *f* : bencinera *f* : bomba *f*
gas tank *n* : tanque *m* : depósito *m*
gastric *adj* : gástrico
gastronomic *adj* : gastronómico
gastronomy *n* : gastronomía *f*
gate *n* : portón *m* : verja *f* : puerta *f*
gatekeeper *n* : guarda *mf* : guardián *m*, -diana *f*
gateway *n* : puerta *f* : entrada *f*
gather *v* : juntar : recoger : reunir : cosechar : fruncir : deducir : suponer : reunirse : congregarse : acumularse
gathering *n* : reunión *f*
gauche *adj* : torpe : falto de tacto
gaucho *n* : gaucho *m*
gaudy *adj* **gaudier; -est** : chillón : llamativo
gauge[1] *v* **gauged; gauging** : medir : estimar : evaluar : juzgar

gauge[2] *n* : indicador *m* : calibre *m* : indicio *m* : muestra *f*
gaunt *adj* : demacrado : descarnado
gauntlet *n* : guante *m*
gauze *n* : gasa *f*
gauzy *adj* **gauzier; -est** : diáfano : vaporoso
gave → give
gavel *n* : martillo *m*
gawk *v* : mirar boquiabierto
gawker *n* : mirón *m*, -rona *f*
gawky *adj* **gawkier; -est** : desmañado : torpe : desgarbado
gay[1] *adj* : alegre : vistoso : vivo : homosexual
gay[2] *n* : homosexual *mf*
gaze[1] *v* **gazed; gazing** : mirar
gaze[2] *n* : mirada *f*
gazebo *n* : pabellón *m* : cenador *m* : glorieta *f*
gazelle *n* : gacela *f*
gazette *n* : gaceta *f*
gazetteer *n* : diccionario *m* geográfico
gazpacho *n* : gazpacho *m*
gear[1] *v* : adaptar : ajustar : orientar **to gear up** : prepararse
gear[2] *n* : ropa *f* : efectos *mpl* personales : equipo *m* : aparejo *m* : herramientas *fpl* : rueda *f* dentada : marcha *f* : velocidad *f*
gearbox *n* : caja *f* de cambios
gearshift *n* : palanca *f* de cambio : palanca *f* de velocidad
geek *n* : intelectual *mf* : fanático *m* -ca *f* : inadaptado *m*, -da *f*
geese → goose
Geiger counter *n* : contador *m* Geiger
gel *n* : gel *m*
gelatin *n* : gelatina *f*
gem *n* : joya *f* : gema *f* : alhaja *f*
Gemini *n* : Géminis *m* : Géminis *mf*
gemstone *n* : piedra *f* : gema *f*
gender *n* : sexo *m* : género *m*
gender identity *n* : identidad *f* de género
gender–neutral *adj* : de género neutro
gene *n* : gen *m* : gene *m*
genealogical *adj* : genealógico
genealogy *n, pl* **-gies** : genealogía *f*
genera → genus
general[1] *adj* : general
general[2] *n* : general *mf*
generality *n, pl* **-ties** : generalidad *f*
generalization *n* : generalización *f*
generalize *v* **-ized; -izing** : generalizar
generally *adv* : generalmente : por lo general : en general
general practitioner *n* : médico *m*, -ca *f* de cabecera
generate *v* **-ated; -ating** : generar : producir
generation *n* : generación *f* — **generational** *adj*
generator *n* : generador *m*
generic *adj* : genérico
generosity *n, pl* **-ties** : generosidad *f*
generous *adj* : generoso : dadivoso : desprendido : abundante : amplio — **generously** *adv*
genetic *adj* : genético — **genetically** *adv*
genetically modified *adj* : transgénico
geneticist *n* : genetista *mf*
genetics *n* : genética *f*
genial *adj* : simpático : cordial : afable — **genially** *adv*
geniality *n* : simpatía *f* : afabilidad *f*
genie *n* : genio *m*
genital *adj* : genital
genitals *npl* : genitales *mpl*
genius *n* : genio *m*
genocide *n* : genocidio *m*
genre *n* : género *m*
genteel *adj* : cortés : fino : refinado
gentile[1] *adj* : gentil
gentile[2] *n* : gentil *mf*
gentility *n, pl* **-ties** : nobleza *f* : cortesía *f* : refinamiento *m*
gentle *adj* **gentler; gentlest** : bien nacido : noble : dócil : manso : bondadoso : amable : suave : apacible : ligero : moderado : gradual
gentleman *n, pl* **-men** : caballero *m* : señor *m*
gentlemanly *adj* : caballeroso
gentleness *n* : delicadeza *f* : suavidad *f* : ternura *f*
gentlewoman *n, pl* **-women** : dama *f* : señora *f*
gently *adv* : con cuidado : suavemente : ligeramente : amablemente : con delicadeza

gentry *n, pl* **-tries** : aristocracia *f*
genuflect *v* : doblar la rodilla : hacer una genuflexión
genuflection *n* : genuflexión *f*
genuine *adj* : genuino : verdadero : auténtico : sincero — **genuinely** *adv*
genus *n, pl* **genera** : género *m*
geographer *n* : geógrafo *m*, -fa *f*
geographical *or* **geographic** *adj* : geográfico — **geographically** *adv*
geography *n, pl* **-phies** : geografía *f*
geologic *or* **geological** *adj* : geológico — **geologically** *adv*
geologist *n* : geólogo *m*, -ga *f*
geology *n* : geología *f*
geometric *or* **geometrical** *adj* : geométrico
geometry *n, pl* **-tries** : geometría *f*
geopolitical *adj* : geopolítico
Georgian *n* : georgiano *m* : georgiano *m*, -na *f* — **Georgian** *adj*
geranium *n* : geranio *m*
gerbil *n* : jerbo *m* : gerbo *m*
geriatric *adj* : geriátrico
geriatrics *n* : geriatría *f*
germ *n* : microbio *m* : germen *m* : principio *m*
German *n* : alemán *m*, -mana *f* — **German** *adj*
germane *adj* : relevante : pertinente
Germanic *adj* : germano
germanium *n* : germanio *m*
German measles *n* : rubéola *f*
German shepherd *n* : pastor *m* alemán
germ cell *n* : célula *f* germen
germicide *n* : germicida *m*
germinate *v* **-nated; -nating** : germinar : hacer germinar
germination *n* : germinación *f*
gerund *n* : gerundio *m*
gestation *n* : gestación *f*
gesticulate *v* **-lated; -lating** : gesticular — **gesticulation** *n*
gesture[1] *v* **-tured; -turing** : gesticular : hacer gestos
gesture[2] *n* : gesto *m* : ademán *m* : señal *f*
get *v* **got; got** *or* **gotten; getting** : conseguir : obtener : adquirir : recibir : ganar : traer : tomar : agarrar : capturar : mandar : hacer llegar : llevar : hacer ir/mover : hacer progresar : hacer entrar/pasar : contagiarse de : contraer : sufrir : preparar : tener : causar : provocar : contestar : abrir : molestar : irritar : entender : notar : ver : pillar : engañar : conmover : captar : dar : matar : acabar con : ponerse : volverse : hacerse : ir : avanzar : progresar : llegar
getaway *n* : fuga *f* : huida *f* : escapada *f*
get–go *n* **from the get–go** : desde el primer momento
get–together *n* : reunión *f*
geyser *n* : géiser *m*
Ghanaian *n* : ghanés *m*, -nesa *f* — **Ghanaian** *adj*
ghastly *adj* **ghastlier; -est** : horrible : espantoso : pálido : cadavérico
gherkin *n* : pepinillo *m*
ghetto *n, pl* **-tos** *or* **-toes** : gueto *m*
ghost *n* : fantasma *m* : espectro *m*
ghostly *adv* : fantasmal
ghoul *n* : demonio *m* : persona *f* de gustos macabros
giant[1] *adj* : gigante : gigantesco : enorme
giant[2] *n* : gigante *m*, -ta *f*
gibberish *n* : galimatías *m* : jerigonza *f*
gibbon *n* : gibón *m*
gibe[1] *v* **gibed; gibing** : mofarse : burlarse
gibe[2] *n* : pulla *f* : burla *f* : mofa *f*
giblets *npl* : menudos *mpl* : menudencias *fpl*
giddiness *n* : vértigo *m* : mareo *m* : frivolidad *f* : estupidez *f*
giddy *adj* **giddier; -est** : mareado : vertiginoso : frívolo : tonto
gift *n* : don *m* : talento *m* : dotes *fpl* : regalo *m* : obsequio *m*
gift card *n* : tarjeta *f* de regalo : tarjeta *f* regalo
gift certificate *n* : certificado *m* de regalo
gifted *adj* : talentoso
gig[1] *n* : trabajo *m*
gig[2] *n* : giga *mf* : gigabyte *m*
gigabyte *n* : gigabyte *m*

gigantic *adj* : gigantesco : enorme : colosal
giggle[1] *v* **-gled; -gling** : reírse tontamente
giggle[2] *n* : risita *f* : risa *f* tonta
gild *v* **gilded** *or* **gilt; gilding** : dorar
gill *n* : agalla *f* : branquia *f*
gilt[1] *adj* : dorado
gilt[2] *n* : dorado *m*
gimlet *n* : barrena *f* : bebida *f* de vodka o ginebra y limón
gimmick *n* : artilugio *m* : engaño *m* : trampa *f* : ardid *m* : truco *m*
gin *n* : ginebra *f*
ginger *n* : jengibre *m*
ginger ale *n* : gaseosa *f* de jengibre
gingerbread *n* : pan *m* de jengibre
gingerly *adv* : con cuidado : cautelosamente
gingham *n* : guinga *f*
ginseng *n* : ginseng *m*
giraffe *n* : jirafa *f*
gird *v* **girded** *or* **girt; girding** : ceñir : atar : rodear
girder *n* : viga *f*
girdle[1] *v* **-dled; -dling** : ceñir : atar : rodear : circundar
girdle[2] *n* : faja *f*
girl *n* : chica *f* : muchacha *f* : novia *f* : hija *f*
girlfriend *n* : novia *f* : amiga *f*
girlhood *n* : niñez *f* : juventud *f*
girlish *adj* : de niña
girth *n* : circunferencia *f* : cintura *f* : cincha *f*
gist *n* : quid *m* : meollo *m*
give[1] *v* **gave; given; giving** : dar : entregar : regalar : donar : pagar : dictar : causar : ocasionar : otorgar : hacer regalos
give[2] *n* : flexibilidad *f* : elasticidad *f*
give–and–take *n* : toma y daca *m*
giveaway *n* : revelación *f* involuntaria : regalo *m* : obsequio *m*
given *adj* : dado : inclinado : determinado
given name *n* : nombre *m* de pila
give or take *adv* : más o menos
gizzard *n* : molleja *f*
glacial *adj* : glacial — **glacially** *adv*
glacier *n* : glaciar *m*
glad *adj* **gladder; gladdest** : alegre : contento : feliz : agradable : dispuesto : gustoso
gladden *v* : alegrar
glade *n* : claro *m*
gladiator *n* : gladiador *m*
gladiolus *n, pl* **-li** : gladiolo *m* : gladíolo *m*
gladly *adv* : con mucho gusto
gladness *n* : alegría *f* : gozo *m*
glamor *or* **glamour** *n* : atractivo *m* : hechizo *m* : encanto *m*
glamorous *adj* : atractivo : encantador
glamping *n* : glamping *m* : camping *m* de lujo
glance[1] *v* **glanced; glancing** : rebotar
glance[2] *n* : mirada *f* : vistazo *m* : ojeada *f*
gland *n* : glándula *f*
glandular *adj* : glandular
glare[1] *v* **glared; glaring** : brillar : relumbrar : mirar con ira : lanzar una mirada feroz
glare[2] *n* : resplandor *m* : luz *f* deslumbrante : mirada *f* feroz
glaring *adj* : deslumbrante : brillante : flagrante : manifiesto
glass *n* : vidrio *m* : cristal *m* : vaso *m*; **glasses** *npl* : gafas *fpl* : anteojos *mpl* : lentes *mpl* : espejuelos *mpl*
glassblowing *n* : soplado *m* del vidrio
glassful *n* : vaso *m* : copa *f*
glassware *n* : cristalería *f*
glassy *adj* **glassier; -est** : vítreo : vidrioso
glaucoma *n* : glaucoma *m*
glaze[1] *v* **glazed; glazing** : ponerle vidrios a : vidriar : glasear
glaze[2] *n* : vidriado *m* : glaseado *m* : barniz *m*
glazier *n* : vidriero *m*, -ra *f*
glazing *n* : vidrios *mpl* : acristalamiento *m*
gleam[1] *v* : brillar : destellar : relucir
gleam[2] *n* : luz *f* : destello *m* : rayo *m* : vislumbre *f*
glean *v* : recoger : espigar
glee *n* : alegría *f* : júbilo *m* : regocijo *m*
gleeful *adj* : lleno de alegría
glen *n* : cañada *f*
glib *adj* **glibber; glibbest** : simplista : con mucha labia

glibly *adv* : con mucha labia
glide[1] *v* **glided; gliding** : deslizarse : planear
glide[2] *n* : planeo *m*
glider *n* : planeador *m* : mecedor *m*
glimmer[1] *v* : brillar con luz trémula
glimmer[2] *n* : luz *f* trémula : luz *f* tenue : rayo *m* : vislumbre *f*
glimpse[1] *v* **glimpsed; glimpsing** : vislumbrar : entrever
glimpse[2] *n* : mirada *f* breve
glint[1] *v* : destellar
glint[2] *n* : destello *m* : centelleo *m*
glisten[1] *v* : brillar : centellear
glisten[2] *n* : brillo *m* : centelleo *m*
glitch *n* : mal funcionamiento *m* : problema *m* : complicación *f*
glitter[1] *v* : destellar : relucir : brillar : relampaguear
glitter[2] *n* : brillo *m* : purpurina *f*
glitz *n* : oropel *m*
gloat *v* **to gloat over** : regodearse en
glob *n* : plasta *f* : masa *f* : grumo *m*
global *adj* : global : mundial — **globally** *adv* — **globalization** *n*
global warming *n* : calentamiento *m* global
globe *n* : esfera *f* : globo *m* : Tierra *f* : globo *m* terráqueo
globe–trotter *n* : trotamundos *mf*
globule *n* : glóbulo *m*
gloom *n* : penumbra *f* : oscuridad *f* : melancolía *f* : tristeza *f*
gloomily *adv* : tristemente
gloomy *adj* **gloomier; -est** : oscuro : tenebroso : melancólico : pesimista : deprimente : lúgubre
glorification *n* : glorificación *f*
glorify *v* **-fied; -fying** : glorificar
glorious *adj* : glorioso : ilustre : magnífico : espléndido : maravilloso — **gloriously** *adv*
glory[1] *v* **-ried; -rying** : exultar : regocijarse
glory[2] *n, pl* **-ries** : gloria *f* : fama *f* : honor *m* : magnificencia *f* : esplendor *m*
gloss[1] *v* : glosar : explicar : lustrar : pulir
gloss[2] *n* : lustre *m* : brillo *m* : glosa *f* : explicación *f* breve
glossary *n, pl* **-ries** : glosario *m*
glossy *adj* **glossier; -est** : brillante : lustroso : satinado
glove *n* : guante *m*
glove compartment *n* : guantera *f*
glow[1] *v* : brillar : resplandecer : rebosar
glow[2] *n* : resplandor *m* : brillo *m* : luminosidad *f* : sensación *f* : oleada *f* : incandescencia *f*
glower *v* : fruncir el ceño
glowworm *n* : luciérnaga *f*
glucose *n* : glucosa *f*
glue[1] *v* **glued; gluing** *or* **glueing** : pegar con cola
glue[2] *n* : pegamento *m* : cola *f*
gluey *adj* **gluier; -est** : pegajoso
glum *adj* **glummer; glummest** : hosco : sombrío : triste : melancólico
glut[1] *v* **glutted; glutting** : saciar : hartar : inundar
glut[2] *n* : exceso *m* : superabundancia *f*
glutinous *adj* : pegajoso : glutinoso
glutton *n* : glotón *m*, -tona *f*
gluttonous *adj* : glotón
gluttony *n, pl* **-tonies** : glotonería *f* : gula *f*
glycerin *or* **glycerine** *n* : glicerina *f*
gnarled *adj* : nudoso : retorcido
gnash *v* : hacer rechinar
gnat *n* : jején *m*
gnaw *v* : roer
gnome *n* : gnomo *m*
gnu *n, pl* **gnu** *or* **gnus** : ñu *m*
go[1] *v* **went; gone; going; goes** : ir : irse : marcharse : salir : pasarse : morir : extenderse : llegar : dar : funcionar : marchar : venderse : fallarse : gastarse : estropearse : ceder : romperse : andar : seguir : volverse : quedarse : caber : pasar : sonar **to be going to** : ir a
go[2] *n, pl* **goes** : intento *m* : éxito *m* : energía *f* : empuje *m*
goad[1] *v* : aguijonear : incitar
goad[2] *n* : aguijón *m*
go–ahead *n* : luz *f* verde
goal *n* : portería *f* : arco *m* : marco *m* : gol *m* : meta *m* : objetivo *m*
goalie → goalkeeper
goalkeeper *n* : portero *m*, -ra *f* : guardameta *mf* : arquero *m*, -ra *f*
goalpost *n* : poste *m*
goaltender → goalkeeper

goat *n* : cabra *f*
goatee *n* : barbita *f* de chivo : perilla *f* : pera *f* : piocha *f*
goatskin *n* : piel *f* de cabra
gob *n* : masa *f* : grumo *m*
gobble *v* **-bled; -bling** **to gobble up/down** : tragar : engullir : hacer ruidos de pavo
gobbledygook *n* : jerigonza *f*
go–between *n* : intermediario *m*, -ria *f* : mediador *m*, -dora *f*
goblet *n* : copa *f*
goblin *n* : duende *m* : trasgo *m*
god *n* : dios *m*
godchild *n, pl* **-children** : ahijado *m*, -da *f*
goddaughter *n* : ahijada *f*
goddess *n* : diosa *f*
godfather *n* : padrino *m*
godless *adj* : ateo
godlike *adj* : divino
godly *adj* **godlier; -est** : divino : piadoso : devoto : beato
godmother *n* : madrina *f*
godparent *n* : padrino *m* : madrina *f*
godsend *n* : bendición *f* : regalo *m* divino
godson *n* : ahijado *m*
goes → go
go–getter *n* : persona *f* ambiciosa : buscavidas *mf*
goggle *v* **-gled; -gling** : mirar con ojos desorbitados
goggles *npl* : gafas *fpl* : anteojos *mpl*
going *n* : salida *f* : partida *f*
goings–on *npl* : sucesos *mpl* : ocurrencias *fpl*
goiter *n* : bocio *m*
gold[1] *adj* : (hecho) de oro : dorado : de color oro
gold[2] *n* : oro *m*
golden *adj* : (hecho) de oro : dorado : de color oro : próspero : favorable : excelente
goldenrod *n* : vara *f* de oro
golden rule *n* : regla *f* de oro
goldfinch *n* : jilguero *m*
goldfish *n* : pez *m* de colores
gold mine *n* : mina *f* de oro
goldsmith *n* : orífice *mf* : orfebre *mf*
golf[1] *v* : jugar golf
golf[2] *n* : golf *m*
golf ball *n* : pelota *f* de golf
golf cart *n* : carrito *m* de golf
golf club *n* : palo *m* de golf : club *m* de golf
golf course *n* : campo *m* de golf : cancha *f* de golf
golfer *n* : golfista *mf*
gondola *n* : góndola *f*
gone *adj* : muerto : pasado : ido : perdido : desaparecido
goner *n* **to be a goner** : estar en las últimas
gong *n* : gong *m*
gonorrhea *n* : gonorrea *f*
good[1] *adv* : bien
good[2] *adj* **better; best** : bueno : aceptable : agradable : sensato : completo : entero : bastante : amable : íntimo : fiel : hábil : satisfecho : fresco : gracioso
good[3] *n* : bien *m* : bondad *f* : provecho *m*; **goods** *npl* : efectos *mpl* personales : posesiones *fpl*; **goods** *npl* : mercancía *f* : mercadería *f* : artículos *mpl*
good–bye *or* **good–by** *n* : adiós *m*
good–for–nothing *n* : inútil *mf* : haragán *m*, -gana *f* : holgazán *m*, -zana *f*
Good Friday *n* : Viernes *m* Santo
good–hearted *adj* : bondadoso : benévolo : de buen corazón
good–looking *adj* : bello : bonito : guapo
goodly *adj* **goodlier; -est** : considerable : importante
good–natured *adj* : amigable : amistoso : bonachón
goodness *n* : bondad *f*
good–tempered *adj* : de buen genio
goodwill *n* : benevolencia *f* : buena voluntad *f* : buen nombre *m* : renombre *m* comercial
goody *n, pl* **goodies** : cosa *f* rica para comer : golosina *f*
gooey *adj* **gooier; gooiest** : pegajoso
goof *n* : bobo *m*, -ba *f* : tonto *m*, -ta *f* : error *m* : planchazo *m*
goofy *adj* **goofier; -est** : tonto : bobo
google *or* **Google** *v* **-gled; -gling** : googlear

goose *n, pl* **geese** : ganso *m*, -sa *f* : ánsar *m* : oca *f*
gooseberry *n, pl* **-berries** : grosella *f* espinosa
goose bumps *npl* : carne *f* de gallina
gooseflesh → goose bumps
goose pimples → goose bumps
gopher *n* : taltuza *f*
gore[1] *v* **gored; goring** : cornear
gore[2] *n* : sangre *f*
gorge[1] *v* **gorged; gorging** : saciar : hartar
gorge[2] *n* : desfiladero *m*
gorgeous *adj* : hermoso : espléndido : magnífico
gorilla *n* : gorila *m*
gory *adj* **gorier; -est** : sangriento
gosh *interj* : ¡caramba!
gosling *n* : ansarino *m*
gossamer *adj* : tenue : sutil
gossip[1] *v* : chismear : contar chismes
gossip[2] *n* : chismoso *m*, -sa *f* : cotilla *mf* : chisme *m* : rumor *m*
gossiper *n* : chismoso *m*, -sa *f* : cotilla *mf*
gossipy *adj* : chismoso
got → get
Gothic *adj* : gótico
gotten → get
gouge[1] *v* **gouged; gouging** : excavar : estafar : extorsionar
gouge[2] *n* : formón *m* : ranura *f* : hoyo *m*
gourd *n* : calabaza *f*
gourmand *n* : glotón *m*, -tona *f*
gourmet *n* : gourmet *mf* : gastrónomo *m*, -ma *f*
gout *n* : gota *f*
govern *v* : gobernar : determinar : controlar : guiar : dominar
governess *n* : institutriz *f*
government *n* : gobierno *m*
governmental *adj* : gubernamental : gubernativo
governor *n* : gobernador *m*, -dora *f* : regulador *m*
governorship *n* : cargo *m* de gobernador
gown *n* : vestido *m* : toga *f*
GPS *n* : GPS *m*
grab *v* **grabbed; grabbing** : agarrar : arrebatar : agarrarse
grace[1] *v* **graced; gracing** : honrar : adornar : embellecer
grace[2] *n* : gracia *f* : bendición *f* : plazo *m* : gentileza *f* : cortesía *f* : elegancia *f*
graceful *adj* : lleno de gracia : garboso : grácil
gracefully *adv* : con gracia : con garbo
gracefulness *n* : gracilidad *f* : apostura *f* : gallardía *f*
graceless *adj* : descortés : torpe : desgarbado : poco elegante
gracious *adj* : cortés : gentil : cordial
graciously *adv* : gentilmente
graciousness *n* : gentileza *f*
gradation *n* : gradación *f*
grade[1] *v* **graded; grading** : clasificar : nivelar : calificar
grade[2] *n* : categoría *f* : calidad *f* : grado *m* : rango *m* : curso *m* : año *m* : nota *f* : calificación *f* : cuesta *f* : pendiente *f* : gradiente *f*
gradient *n* : gradiente *f*
gradual *adj* : gradual : paulatino
gradually *adv* : gradualmente : poco a poco
graduate[1] *v* **-ated; -ating** : graduarse : licenciarse : graduar
graduate[2] *adj* : de postgrado
graduate[3] *n* : licenciado *m*, -da *f* : graduado *m* : bachiller *mf*
graduate student *n* : postgraduado *m*, -da *f*
graduation *n* : graduación *f*
graffiti *npl* : pintadas *fpl* : graffiti *mpl*
graft[1] *v* : injertar
graft[2] *n* : injerto *m* : soborno *m* : ganancia *f* ilegal
grain *n* : grano *m* : cereales *mpl* : veta *f* : vena *f* : pizca *f* : ápice *m* grano *m*
grainy *adj* **grainier; -est** : granuloso : granulado : granular
gram *n* : gramo *m*
grammar *n* : gramática *f*
grammatical *adj* : gramatical — **grammatically** *adv*
gran → grandma
granary *n, pl* **-ries** : granero *m*

grand *adj* : grande : impresionante : magnífico : grandioso : suntuoso : lujoso : fabuloso
grandchild *n, pl* **-children** : nieto *m*, -ta *f*
granddad → grandpa
granddaughter *n* : nieta *f*
grandeur *n* : grandiosidad *f* : esplendor *m*
grandfather *n* : abuelo *m*
grandiose *adj* : imponente : grandioso : pomposo : presuntuoso
grandma *n* : abuelita *f* : nana *f* : yaya *f*
grandmother *n* : abuela *f*
grandpa *n* : abuelito *m* : yayo *m*
grandparents *npl* : abuelos *mpl*
grand piano *n* : piano *m* de cola
grandson *n* : nieto *m*
grandstand *n* : tribuna *f*
granite *n* : granito *m*
granny *n, pl* **-nies → grandma**
grant[1] *v* : conceder : dar : otorgar : reconocer : admitir
grant[2] *n* : concesión *f* : otorgamiento *m* : beca *f* : subvención *f*
granular *adj* : granular
granulated *adj* : granulado
grape *n* : uva *f*
grapefruit *n* : toronja *f* : pomelo *m*
grapevine *n* : vid *f* : parra *f*
graph *n* : gráfica *f* : gráfico *m*
graphic[1] *adj* : vívido : gráfico
graphic[2] *n* : gráfica *f* : gráfico *m*; **graphics** *npl* : gráficos *mpl* : infografía *f*
graphically *adv* : gráficamente
graphic arts *npl* : artes *fpl* gráficas
graphite *n* : grafito *m*
grapple *v* **-pled; -pling** : agarrar : forcejear : luchar
grasp[1] *v* : agarrar : asir : entender : comprender **to grasp at** : aprovechar
grasp[2] *n* : agarre *m* : control *m* : garras *fpl* : alcance *m* : comprensión *f* : entendimiento *m*
grasping *adj* : avaricioso
grass *n* : hierba *f* : pasto *m* : zacate *m* : césped *m*
grasshopper *n* : saltamontes *m*
grassland *n* : pradera *f*
grassroots *adj* : de base
grass roots *npl* : las bases
grassy *adj* **grassier; -est** : cubierto de hierba
grate[1] *v* **grated; -ing** : rallar : rascar : chirriar : irritar
grate[2] *n* : parrilla *f* : reja *f* : rejilla *f* : verja *f*
grateful *adj* : agradecido
gratefully *adv* : con agradecimiento
gratefulness *n* : gratitud *f* : agradecimiento *m*
grater *n* : rallador *m*
gratification *n* : gratificación *f*
gratify *v* **-fied; -fying** : complacer : satisfacer : gratificar
grating *n* : reja *f* : rejilla *f*
gratis[1] *adv* : gratis : gratuitamente
gratis[2] *adj* : gratis : gratuito
gratitude *n* : gratitud *f* : agradecimiento *m*
gratuitous *adj* : gratuito : injustificado — **gratuitously** *adv*
gratuity *n, pl* **-ities** : propina *f*
grave[1] *adj* **graver; gravest** : grave : de mucha gravedad : serio
grave[2] *n* : tumba *f* : sepultura *f*
gravel *n* : grava *f* : gravilla *f*
gravelly *adj* : de grava : áspero
gravely *adv* : gravemente
gravestone *n* : lápida *f*
graveyard *n* : cementerio *m* : panteón *m* : camposanto *m*
gravitate *v* **-tated; -tating** : gravitar
gravitation *n* : gravitación *f*
gravitational *adj* : gravitacional
gravity *n, pl* **-ties** : gravedad *f* : seriedad *f*
gravy *n, pl* **-vies** : salsa *f*
gray[1] *v* : hacer gris : encanecer : ponerse gris
gray[2] *adj* : gris : cano : canoso : triste
gray[3] *n* : gris *m*
grayish *adj* : grisáceo
graze *v* **grazed; grazing** : pastar : pacer : pastorear : rozar : raspar
grease[1] *v* **greased; greasing** : engrasar : lubricar
grease[2] *n* : grasa *f*
greasy *adj* **greasier; -est** : grasiento : graso : grasoso
great *adj* : grande : intenso : fuerte : excelente : estupendo : fabuloso : bis-

great–aunt *n* : tía *f* abuela
greater *adj* : mayor
greatest *adj* : el mayor : la mayor
great–grandchild *n, pl* **-children** : bisnieto *m*, -ta *f*
great–grandfather *n* : bisabuelo *m*
great–grandmother *n* : bisabuela *f*
greatly *adv* : mucho : sumamente : muy
greatness *n* : grandeza *f*
great–uncle *n* : tío *m* abuelo
grebe *n* : somorgujo *m*
greed *n* : avaricia *f* : codicia *f* : glotonería *f* : gula *f*
greedily *adv* : con avaricia : con gula
greediness → greed
greedy *adj* **greedier; -est** : codicioso : avaricioso : glotón
Greek *n* : griego *m*, -ga *f* — **Greek** *adj*
green[1] *adj* : verde : inmaduro : novato
green[2] *n* : verde *m*; **greens** *npl* : verduras *fpl*
greenback *n* : billete *m*
green card *n* : permiso *m* de residencia y trabajo
greenery *n, pl* **-eries** : plantas *fpl* verdes : vegetación *f*
greengrocer *n* : verdulero *m*, -ra *f*
greenhorn *n* : novato *m*, -ta *f*
greenhouse *n* : invernadero *m*
greenhouse effect *n* : efecto *m* invernadero
greenish *adj* : verdoso
Greenlander *n* : groenlandés *m*, -desa *f*
greenness *n* : verdor *m* : inexperiencia *f*
greet *v* : saludar : acoger : recibir
greeting *n* : saludo *m*; **greetings** *npl* : saludos *mpl* : recuerdos *mpl*
greeting card *n* : tarjeta *f* de felicitación
gregarious *adj* : gregario : sociable — **gregariously** *adv*
gregariousness *n* : sociabilidad *f*
gremlin *n* : duende *m*
grenade *n* : granada *f*
Grenadian *n* : granadino *m*, -na *f* — **Grenadian** *adj*
grew → grow
grey → gray
greyhound *n* : galgo *m*
grid *n* : rejilla *f* : red *f* : cuadriculado *m*
griddle *n* : plancha *f*
griddle cake → pancake
gridiron *n* : parrilla *f* : campo *m* de futbol americano
gridlock *n* : atasco *m* completo
grief *n* : dolor *m* : pena *f* : problemas *mpl* : molestia *f*
grief–stricken *adj* : afligido : desconsolado
grievance *n* : queja *f*
grieve *v* **grieved; grieving** : afligir : entristecer : apenar : sufrir : afligirse
grievous *adj* : gravoso : opresivo : severo : grave : doloroso
grievously *adv* : gravemente : de gravedad
grill[1] *v* : asar : interrogar
grill[2] *n* : parrilla *f* : parrillada *f*
grille *or* **grill** *n* : reja *f* : enrejado *m*
grim *adj* **grimmer; grimmest** : cruel : feroz : adusto : severo : sombrío : deprimente : macabro : siniestro : inflexible : persistente
grimace[1] *v* **-maced; -macing** : hacer muecas
grimace[2] *n* : mueca *f*
grime *n* : mugre *f* : suciedad *f*
grimly *adv* : severamente : inexorablemente
grimy *adj* **grimier; -est** : mugriento : sucio
grin[1] *v* **grinned; grinning** : sonreír abiertamente
grin[2] *n* : sonrisa *f* abierta
grind[1] *v* **ground; grinding** : moler : machacar : triturar : afilar : pulir : funcionar con dificultad : rechinar : estudiar mucho
grind[2] *n* : trabajo *m* pesado
grinder *n* : molinillo *m*
grindstone *n* : piedra *m* de afilar
grip[1] *v* **gripped; gripping** : agarrar : asir : captar el interés de
grip[2] *n* : agarre *m* : asidero *m* : control *m* : dominio *m* : comprensión *f* : entendimiento *m* : empuñadura *f*
gripe[1] *v* **griped; griping** : irritar : fastidiar : molestar : quejarse : rezongar
gripe[2] *n* : queja *f*
grippe *n* : influenza *f* : gripe *f* : gripa *f*
gripping *adj* : apasionante

grisly *adj* **grislier; -est** : horripilante : horroroso : truculento
grist *n* : molienda *f*
gristle *n* : cartílago *m*
gristly *adj* **gristlier; -est** : duro : con mucho cartílago
grit[1] *v* **gritted; gritting** : hacer rechinar
grit[2] *n* : arena *f* : grava *f* : valor *m* : coraje *m*; **grits** *npl* : sémola *f* de maíz
gritty *adj* **grittier; -est** : arenoso : valiente
grizzled *adj* : entrecano
grizzly bear *n* : oso *m* pardo
groan[1] *v* : gemir : quejarse : crujir
groan[2] *n* : gemido *m* : quejido *m* : crujido *m*
grocer *n* : tendero *m*, -ra *f*
grocery *n, pl* **-ceries**; **groceries** *npl* : comestibles *mpl* : abarrotes *mpl*
groggy *adj* **groggier; -est** : atontado : grogui : tambaleante
groin *n* : ingle *f*
grommet *n* : arandela *f*
groom[1] *v* : cepillar : almohazar : arreglar : cuidar : preparar
groom[2] *n* : mozo *m*, -za *f* de cuadra : novio *m*
groove[1] *v* **grooved; grooving** : acanalar : hacer ranuras en : surcar
groove[2] *n* : ranura *f* : surco *m* : rutina *f*
grope *v* **groped; groping** : andar a tientas : tantear **to grope one's way** : avanzar a tientas
gross[1] *v* : tener entrada bruta de : recaudar en bruto
gross[2] *adj* : flagrante : grave : muy gordo : obeso : bruto : grosero : basto : asqueroso
gross[3] *n, pl* **gross** : gruesa *f*
grossly *adv* : extremadamente : groseramente
grotesque *adj* : grotesco
grotesquely *adv* : de forma grotesca
grotto *n, pl* **-toes** : gruta *f*
grouch[1] *v* : refunfuñar : rezongar
grouch[2] *n* : queja *f* : gruñón *m*, -ñona *f* : cascarrabias *mf*
grouchy *adj* **grouchier; -est** : malhumorado : gruñón
ground[1] *v* : fundar : basar : enseñar los conocimientos básicos a : conectar a tierra : varar : hacer encallar : restringir a la tierra : no dejar salir
ground[2] *n* : suelo *m* : tierra *f* : terreno *m* : razón *f* : motivo *m* : información *f* : fondo *m* : campo *m* : plaza *f*; **grounds** *npl* : recinto *m*; **grounds** *npl* : posos *mpl*
ground[3] → **grind**
groundhog *n* : marmota *f*
grounding *n* : conocimientos *mpl* básicos
groundless *adj* : infundado
groundwork *n* : fundamento *m* : base *f* : trabajo *m* preparatorio
group[1] *v* : agrupar
group[2] *n* : grupo *m* : agrupación *f* : conjunto *m* : compañía *f*
grouper *n* : mero *m*
grouse[1] *v* **groused; grousing** : quejarse : rezongar : refunfuñar
grouse[2] *n, pl* **grouse** *or* **grouses** : urogallo *m*
grout *n* : lechada *f*
grove *n* : bosquecillo *m* : arboleda *f* : soto *m*
grovel *v* **-eled** *or* **-elled; -eling** *or* **-elling** : arrastrarse : humillarse : postrarse
grow *v* **grew; grown; growing** : crecer : desarrollarse : madurar : aumentar : hacerse : volverse : ponerse : cultivar : dejar crecer : expansionar : desarrollar
grower *n* : cultivador *m*, -dora *f*
growl[1] *v* : gruñir : refunfuñar
growl[2] *n* : gruñido *m*
grown → **grown-up**[1]
grown–up[1] *adj* : adulto : mayor
grown–up[2] *n* : adulto *m*, -ta *f* : persona *f* mayor
growth *n* : crecimiento *m* : aumento *m* : expansión *f* : desarrollo *m* : bulto *m* : tumor *m*
grub[1] *v* **grubbed; grubbing** : escarbar : hurgar : buscar : trabajar duro
grub[2] *n* : larva *f* : esclavo *m*, -va *f* del trabajo : comida *f*
grubby *adj* **grubbier; -est** : mugriento : sucio

grudge[1] *v* **grudged; grudging** : dar/hacer de mala gana
grudge[2] *n* : rencor *m* : resentimiento *m*
grueling *or* **gruelling** *adj* : extenuante : agotador : duro
gruesome *adj* : horripilante : truculento : horroroso
gruff *adj* : brusco : ronco — **gruffly** *adv*
grumble[1] *v* **-bled; -bling** : refunfuñar : rezongar : quejarse : hacer un ruido sordo : retumbar
grumble[2] *n* : queja *f* : ruido *m* sordo : estruendo *m*
grumbler *n* : gruñón *m*, -ñona *f*
grumpy *adj* **grumpier; -est** : malhumorado : gruñón
grungy *adj* : sucio
grunt[1] *v* : gruñir
grunt[2] *n* : gruñido *m*
guacamole *n* : guacamole *m* : guacamol *m*
guanaco *n* : guanaco *m*
guano *n* : guano *m*
guarani *n, pl* **-nies** *or* **-nis** : guaraní *m*
Guarani *n* : guaraní *m*; *pl* **-ni** *or* **-nis** : guaraní *mf*
guarantee[1] *v* **-teed; -teeing** : asegurar : prometer : poner bajo garantía : garantizar
guarantee[2] *n* : garantía *f* : promesa *f*
guarantor *n* : garante *mf* : fiador *m*, -dora *f*
guaranty → guarantee
guard[1] *v* : defender : proteger : guardar : vigilar : custodiar **to guard against** : protegerse contra : evitar
guard[2] *n* : guarda *mf* : guardia *f* : vigilancia *f* : salvaguardia *f* : dispositivo *m* de seguridad : precaución *f* : protección *f* : guardia *mf*
guard dog *n* : perro *m* guardián
guarded *adj* : cauteloso
guardhouse *n* : cuartel *m* de la guardia
guardian *n* : guardián *m*, -diana *f* : custodio *m*, -dia *f* : tutor *m*, -tora *f*
guardianship *n* : custodia *f* : tutela *f*
guardrail *n* : antepecho *m* : barrera *f* de contención
Guatemalan *n* : guatemalteco *m*, -ca *f* — **Guatemalan** *adj*
guava *n* : guayaba *f*
gubernatorial *adj* : del gobernador
guerrilla *or* **guerilla** *n* : guerrillero *m*, -ra *f*
guess[1] *v* : adivinar : conjeturar : pensar : creer : suponer : adivinar correctamente : acertar
guess[2] *n* : conjetura *f* : suposición *f*
guesswork *n* : suposiciones *fpl* : conjeturas *fpl*
guest *n* : huésped *mf* : invitado *m*, -da *f*
guffaw[1] *v* : reírse a carcajadas : carcajearse
guffaw[2] *n* : carcajada *f* : risotada *f*
guidance *n* : orientación *f* : consejos *mpl*
guide[1] *v* **guided; guiding** : guiar : dirigir : conducir : aconsejar : orientar
guide[2] *n* : guía *f*
guidebook *n* : guía *f*
guide dog *n* : perro *m* guía : perro *m* lazarillo
guideline *n* : pauta *f* : directriz *f*
guild *n* : gremio *m* : sindicato *m* : asociación *f*
guile *n* : astucia *f* : engaño *m*
guileless *adj* : inocente : cándido : sin malicia
guillotine[1] *v* **-tined; -tining** : guillotinar
guillotine[2] *n* : guillotina *f*
guilt *n* : culpa *f* : culpabilidad *f*
guilty *adj* **guiltier; -est** : culpable
guinea fowl *n* : gallina *f* de Guinea
guinea pig *n* : conejillo *m* de Indias : cobaya *f*
guise *n* : apariencia *f* : aspecto *m* : forma *f*
guitar *n* : guitarra *f*
guitarist *n* : guitarrista *mf*
gulch *n* : barranco *m* : quebrada *f*
gulf *n* : golfo *m* : brecha *f* : abismo *m*
gull *n* : gaviota *f*
gullet *n* : garganta *f*
gullible *adj* : crédulo
gully *n, pl* **-lies** : barranco *m* : hondonada *f*

gulp[1] *v* : engullir : tragar : suprimir : reprimir : tragar saliva : tener un nudo en la garganta
gulp[2] *n* : trago *m*
gum *n* : goma *f* de mascar : chicle *m*; **gums** *npl* : encías *fpl*
gumbo *n* : sopa *f* de quingombó
gumdrop *n* : pastilla *f* de goma
gummy *adj* **gummier; -est** : gomoso
gumption *n* : iniciativa *f* : agallas *fpl*
gun[1] *v* **gunned; gunning** : acelerar
gun[2] *n* : cañón *m* : arma *f* de fuego : pistola *f*
gunboat *n* : cañonero *m*
gunfight *n* : tiroteo *m* : balacera *f*
gunfire *n* : disparos *mpl*
gunman *n, pl* **-men** : pistolero *m* : gatillero *m*
gunner *n* : artillero *m*, -ra *f*
gunnysack *n* : saco *m* de yute
gunpoint *n* **at ~** : a punta de pistola
gunpowder *n* : pólvora *f*
gunshot *n* : disparo *m* : tiro *m* : balazo *m*
gunsmith *n* : armero *m*, -ra *f*
gunwale *n* : borda *f*
guppy *n, pl* **-pies** : guppy *m*
gurgle[1] *v* **-gled; -gling** : borbotar : gorgotear : gorjear
gurgle[2] *n* : borboteo *m* : gorgoteo *m* : gorjeo *m*
gush *v* : surgir : salir a chorros : chorrear : hablar con entusiasmo efusivo
gust *n* : ráfaga *f* : racha *f*
gusto *n, pl* **gustoes** : entusiasmo *m*
gusty *adj* **gustier; -est** : racheado
gut[1] *v* **gutted; gutting** : limpiar : destruir el interior de
gut[2] *n* : intestino *m*; **guts** *npl* : tripas *fpl* : entrañas *fpl*; **guts** *npl* : valentía *f* : agallas *fpl*
gutter *n* : canal *mf* : canaleta *f* : cuneta *f* : arroyo *m*
guttural *adj* : gutural
guy *n* : tipo *m* : hombre *m*
guyline *n* : cable *m* tensor
guzzle *v* **-zled; -zling** : chupar : tragarse
gym → gymnasium
gymnasium *n, pl* **-siums** *or* **-sia** : gimnasio *m*
gymnast *n* : gimnasta *mf*
gymnastic *adj* : gimnástico
gymnastics *ns & pl* : gimnasia *f*
gynecologic *or* **gynecological** *adj* : ginecológico
gynecologist *n* : ginecólogo *m*, -ga *f*
gynecology *n* : ginecología *f*
gypsum *n* : yeso *m*
gyrate *v* **-rated; -rating** : girar : rotar
gyration *n* : giro *m* : rotación *f*
gyroscope *n* : giroscopio *m* : giróscopo *m*

H

ha *interj* : ¡ja!
habit *n* : hábito *m* : costumbre *f* : dependencia *f* : adicción *f*
habitable *adj* : habitable
habitat *n* : hábitat *m*
habitation *n* : habitación *f* : residencia *f* : morada *f*
habit–forming *adj* : que crea dependencia
habitual *adj* : habitual : acostumbrado : incorregible : empedernido — **habitually** *adv*
habituate *v* **-ated; -ating** : habituar : acostumbrar
hack[1] *v* : cortar : tajear : entrar en : hackear : hacer tajos : toser
hack[2] *n* : hachazo *m* : tajo *m* : caballo *m* de alquiler : escritor *m*, -tora *f* a sueldo : escritorzuelo *m*, -la *f* : tos *f* seca
hacker *n* : pirata *m* informático : pirata *f* informática : hacker *mf*
hackles *npl* : pluma *f* erizada : pelo *m* erizado
hackney *n, pl* **-neys** : caballo *m* de silla : caballo *m* de tiro
hackneyed *adj* : trillado : gastado
hacksaw *n* : sierra *f* para metales
had → have

haddock *ns & pl* : eglefino *m*
hadn't → have
haggard *adj* : demacrado : macilento — **haggardly** *adv*
haggle *v* **-gled; -gling** : regatear
ha–ha *or* **ha ha** *interj* : ¡ja : ja!
hail[1] *v* : saludar : llamar : aclamar : granizar
hail[2] *n* : granizo *m* : aluvión *m* : lluvia *f*
hail[3] *interj* : ¡salve!
hailstone *n* : granizo *m* : piedra *f* de granizo
hailstorm *n* : granizada *f*
hair *n* : pelo *m* : cabello *m* : vello *m*
hairbreadth *or* **hairsbreadth** *n* **by a hairbreadth** : por un pelo
hairbrush *n* : cepillo *m*
haircut *n* : corte *m* de pelo
hairdo *n, pl* **-dos** : peinado *m*
hairdresser *n* : peluquero *m*, -ra *f*
hairdressing *n* : peluquería *f*
haired *adj* : de pelo
hairiness *n* : vellosidad *f*
hairless *adj* : sin pelo : calvo : pelón
hairline *n* : línea *f* delgada : nacimiento *m* del pelo
hairpiece *n* : bisoñé *m* : peluquín *m*
hairpin *n* : horquilla *f*
hair–raising *adj* : espeluznante
hair spray *n* : laca *f* : fijador *m*
hairstyle *n* : peinado *m*
hairy *adj* **hairier; -est** : peludo : velludo
Haitian *n* : haitiano *m*, -na *f* — **Haitian** *adj*
hake *n* : merluza *f*
hale[1] *v* **haled; haling** : arrastrar : halar
hale[2] *adj* : saludable : robusto
half[1] *adv* : medio : a medias
half[2] *adj* : medio : a medias
half[3] *n, pl* **halves** : mitad *f* : tiempo *m*
half[4] *pron* : la mitad
half brother *n* : medio hermano *m* : hermanastro *m*
halfhearted *adj* : sin ánimo : poco entusiasta
halfheartedly *adv* : con poco entusiasmo : sin ánimo
half–life *n, pl* **half–lives** : media vida *f*
half–mast *n* **at ~** : a media asta
half–moon *n, pl* **half–moons** : media luna *f*
half note *n* : blanca *f*
half–price *adj & adv* : a mitad de precio
half price *n* : mitad *f* de precio
half sister *n* : media hermana *f* : hermanastra *f*
halftime *n* : descanso *m* : medio tiempo *m*
half–truth *n* : verdad *f* a medias
halfway[1] *adv* : a medio camino : a mitad de camino
halfway[2] *adj* : medio : intermedio
half–wit *n* : tonto *m*, -ta *f* : imbécil *mf*
half–witted *adj* : estúpido
halibut *ns & pl* : halibut *m*
hall *n* : residencia *f* estudiantil : facultad *f* : entrada *f* : vestíbulo *m* : zaguán *m* : corredor *m* : pasillo *m* : sala *f* : salón *m*
hallelujah *interj* : ¡aleluya!
hallmark *n* : sello *m*
hallow *v* : santificar : consagrar
hallowed *adj* : sagrado
Halloween *n* : víspera *f* de Todos los Santos
hallucinate *v* **-nated; -nating** : alucinar
hallucination *n* : alucinación *f*
hallucinatory *adj* : alucinante
hallucinogen *n* : alucinógeno *m*
hallucinogenic *adj* : alucinógeno
hallway *n* : entrada *f* : corredor *m* : pasillo *m*
halo *n, pl* **-los** *or* **-loes** : aureola *f* : halo *m*
halt[1] *v* : detenerse : pararse : detener : parar : interrumpir
halt[2] *n* : alto *m* : parada *f*
halter *n* : cabestro *m* : ronzal *m* : blusa *f* sin espalda
halting *adj* : vacilante : titubeante — **haltingly** *adv*
halve *v* **halved; halving** : partir por la mitad : reducir a la mitad
halves → half
ham *n* : jamón *m* : payaso *m*, -sa *f* : persona *f* graciosa; **hams** *npl* : ancas *fpl*
hamburger *or* **hamburg** *n* : carne *f* molida : hamburguesa *f*
hamlet *n* : aldea *f* : poblado *m*
hammer[1] *v* : clavar : golpear : martillar : darle una paliza a
hammer[2] *n* : martillo *m* : percusor *m* : percutor *m*
hammock *n* : hamaca *f*
hamper[1] *v* : obstaculizar : dificultar

hamper[2] *n* : cesto *m* : canasta *f*
hamster *n* : hámster *m*
hamstring *v* **-strung; -stringing** : cortarle el tendón del corvejón a : incapacitar : inutilizar
hand[1] *v* : pasar : dar : entregar
hand[2] *n* : mano *f* : manecilla *f* : aguja *f* : lado *m* : letra *f* : escritura *f* : aplauso *m* : cartas *fpl* : obrero *m*, -ra *f* : trabajador *m*, -dora *f*; **hands** *npl* : manos *fpl*
handbag *n* : cartera *f* : bolso *m* : bolsa *f*
handball *n* : frontón *m* : pelota *f*
handbill *n* : folleto *m* : volante *m*
handbook *n* : manual *m*
handbrake *n* : freno *m* de mano
handcuff *v* : esposar : ponerle esposas
handcuffs *npl* : esposas *fpl*
handful *n* : puñado *m*
handgun *n* : pistola *f* : revólver *m*
handheld *adj* : de mano
handicap[1] *v* **-capped; -capping** : asignar un handicap a : obstaculizar : poner en desventaja
handicap[2] *n* : desventaja *f* : handicap *m*
handicraft *n* : artesanía *f*
handily *adv* : fácilmente : con facilidad
handiwork *n* : trabajo *m* : artesanías *fpl*
handkerchief *n, pl* **-chiefs** : pañuelo *m*
handle[1] *v* **-dled; -dling** : tocar : tratar : manejar : despachar : comerciar con : vender : responder : conducirse
handle[2] *n* : asa *m* : asidero *m* : mango *m* : pomo *m* : tirador *m*
handlebars *npl* : manubrio *m* : manillar *m*
handler *n* : cuidador *m*, -dora *f*
handling *n* : manejo *m* : manoseo *m*
handmade *adj* : hecho a mano
hand–me–downs *npl* : ropa *f* usada
handout *n* : dádiva *f* : limosna *f* : folleto *m*
handpick *v* : seleccionar con cuidado
handrail *n* : pasamanos *m* : barandilla *f* : barandal *m*
handsaw *n* : serrucho *m*
hands down *adv* : con facilidad : con mucho : de lejos
hands–free *adj* : (de) manos libres
handshake *n* : apretón *m* de manos
handsome *adj* **handsomer; -est** : apuesto : guapo : atractivo : generoso : considerable
handsomely *adv* : elegantemente : con generosidad
handspring *n* : voltereta *f*
handstand *n* **to do a handstand** : pararse de manos
hand–to–hand *adj* : cuerpo a cuerpo
hand truck → truck[2]
handwriting *n* : letra *f* : escritura *f*
handwritten *adj* : escrito a mano
handy *adj* **handier; -est** : a mano : cercano : útil : práctico : hábil
handyman *n, pl* **-men** : hombre *m* que hace pequeños arreglos del hogar : manitas *m*
handywoman *n, pl* **-women** : mujer *f* que hace pequeños arreglos del hogar : manitas *f*
hang[1] *v* **hung; hanging** : colgar : tender : colocar; *past tense often* **hanged** : ahorcar : caer : flotar : sostenerse en el aire : ser ahorcado : inclinarse
hang[2] *n* : caída *f*
hangar *n* : hangar *m*
hanger *n* : percha *f* : gancho *m*
hang glider *n* : ala *f* delta : deslizador *m*
hang gliding *n* : ala *f* delta : aladeltismo *m*
hangman *n, pl* **-men** : verdugo *m*
hangnail *n* : padrastro *m*
hangout *n* : lugar *m* popular : sitio *m* muy frecuentado
hangover *n* : resaca *f*
hank *n* : madeja *f*
hanker *v* **to hanker for** : tener ansias de : tener ganas de
hankering *n* : ansia *f* : anhelo *m*
hankie *or* **hanky** *n, pl* **-kies** : pañuelo *m*
Hanukkah *n* : Janucá : Januká : Hanukkah

haphazard *adj* : casual : fortuito : al azar — **haphazardly** *adv*
hapless *adj* : desafortunado : desventurado — **haplessly** *adv*
happen *v* : pasar : ocurrir : suceder : tener lugar : acontecer : resultar : ocurrir por casualidad
happening *n* : suceso *m* : acontecimiento *m*
happiness *n* : felicidad *f* : dicha *f*
happy *adj* **happier; -est** : feliz : contento : alegre : afortunado — **happily** *adv*
happy–go–lucky *adj* : despreocupado
harangue[1] *v* **-rangued; -ranguing** : arengar
harangue[2] *n* : arenga *f*
harass *v* : acosar : asediar : hostigar : molestar
harassment *n* : acoso *m* : hostigamiento *m*
harbinger *n* : heraldo *m* : precursor *m* : presagio *m*
harbor[1] *v* : dar refugio a : albergar : abrigar : guardar
harbor[2] *n* : refugio *m* : puerto *m*
hard[1] *adv* : fuerte : con fuerza : duro : mucho
hard[2] *adj* : duro : firme : sólido : difícil : arduo : severo : insensible : diligente : fuerte : definido
hardback *n* : libro *m* de tapa dura
hard–boiled *adj* : duro
hard copy *n* : copia *f* impresa
hardcover[1] *adj* : de pasta dura : de tapa dura
hardcover[2] *n* : libro *m* de pasta/tapa dura
hard disk *n* : disco *m* duro
hard drive *n* : (unidad *f* de) disco *m* duro
harden *v* : endurecer : hacer duro : reforzar : fortalecer : endurecerse : reforzarse : fortalecerse : hacerse duro
hard–fought *adj* : muy reñido
hardheaded *adj* : testarudo : terco : realista : práctico — **hardheadedly** *adv*
hard–hearted *adj* : despiadado : insensible — **hard–heartedly** *adv*
hard–heartedness *n* : dureza *f* de corazón
hardly *adv* : apenas : casi : difícilmente : poco : no
hardness *n* : dureza *f* : dificultad *f* : severidad *f*
hardship *n* : dificultad *f* : privación *f*
hardware *n* : ferretería *f* : hardware *m*
hardware store *n* : ferretería *f*
hardwired *adj* : integrado : mentalmente programado
hardwood *n* : madera *f* dura : madera *f* noble
hardworking *adj* : trabajador
hardy *adj* **hardier; -est** : fuerte : robusto : resistente — **hardily** *adv*
hare *n, pl* **hare** *or* **hares** : liebre *f*
harebrained *adj* : estúpido : absurdo : disparatado
harem *n* : harén *m*
hark *v* : escuchar
harlequin *n* : arlequín *m*
harlot *n* : ramera *f*
harm[1] *v* : hacerle daño a : perjudicar
harm[2] *n* : daño *m* : perjuicio *m*
harmful *adj* : dañino : perjudicial — **harmfully** *adv*
harmless *adj* : inofensivo : inocuo — **harmlessly** *adv*
harmlessness *n* : inocuidad *f*
harmonic *adj* : armónico — **harmonically** *adv*
harmonica *n* : armónica *f*
harmonious *adj* : armonioso — **harmoniously** *adv*
harmonize *v* **-nized; -nizing** : armonizar
harmony *n, pl* **-nies** : armonía *f*
harness[1] *v* : enjaezar : utilizar : aprovechar
harness[2] *n* : arreos *mpl* : guarniciones *fpl* : arnés *m*
harp[1] *v* **to harp on** : insistir sobre : machacar sobre
harp[2] *n* : arpa *m*
harpist *n* : arpista *mf*
harpoon[1] *v* : aponear
harpoon[2] *n* : arpón *m*
harpsichord *n* : clavicémbalo *m*
harrow[1] *v* : gradar : labrar : atormentar
harrow[2] *n* : grada *f* : rastra *f*
harry *v* **-ried; -rying** : acosar : hostigar

harsh *adj* : áspero : duro : severo : discordante — **harshly** *adv*
harshness *n* : aspereza *f* : dureza *f* : severidad *f*
harvest[1] *v* : cosechar
harvest[2] *n* : siega *f* : recolección *f* : cosecha *f*
harvester *n* : segador *m*, -dora *f* : cosechadora *f*
has → have
has–been *n* : vieja gloria *f*
hash[1] *v* : picar
hash[2] *n* : picadillo *m* : revoltijo *m* : fárrago *m*
hashish *n* : hachís *m*
hashtag *n* : hashtag *m* : etiqueta *f*
hasn't → has
hasp *n* : picaporte *m* : pestillo *m*
hassle[1] *v* **-sled; -sling** : fastidiar : molestar
hassle[2] *n* : discusión *f* : disputa *f* : bronca *f* : pelea *f* : riña *f* : problemas *mpl* : lío *m*
hassock *n* : almohadón *m* : cojín *m* : escabel *m*
haste *n* : prisa *f* : apuro *m*
hasten *v* : acelerar : precipitar : apresurarse : apurarse
hasty *adj* **hastier; -est** : rápido : apresurado : apurado : precipitado — **hastily** *adv*
hat *n* : sombrero *m*
hatch[1] *v* : incubar : empollar : idear : tramar : salir del cascarón
hatch[2] *n* : escotilla *f*
hatchback *n* : hatchback *m* : puerta *f* trasera
hatchery *n, pl* **-ries** : criadero *m*
hatchet *n* : hacha *f*
hatchway *n* : escotilla *f*
hate[1] *v* **hated; hating** : odiar : aborrecer : detestar
hate[2] *n* : odio *m*
hateful *adj* : odioso : aborrecible : detestable — **hatefully** *adv*
hatred *n* : odio *m*
hatter *n* : sombrerero *m*, -ra *f*
haughtiness *n* : altanería *f* : altivez *f*
haughty *adj* **haughtier; -est** : altanero : altivo — **haughtily** *adv*
haul[1] *v* : arrastrar : jalar : transportar
haul[2] *n* : tirón *m* : jalón *m* : redada *f* : viaje *m* : trayecto *m*
haulage *n* : transporte *m* : tiro *m*
hauler *n* : transportista *mf*
haunch *n* : cadera *f*; **haunches** *npl* : ancas *fpl* : cuartos *mpl* traseros
haunt[1] *v* : rondar : habitar : frecuentar : perseguir : obsesionar
haunt[2] *n* : guarida *f* : lugar *m* predilecto
haunted *adj* : embrujado : encantado
haunting *adj* : inolvidable — **hauntingly** *adv*
haute *adj* : de moda : de categoría
have *v* **had; having; has** : tener : conseguir : incluir : comer : tomar : recibir : permitir : tolerar : hacer : haber
haven *n* : refugio *m*
havoc *n* : estragos *mpl* : destrucción *f* : desorden *m* : caos *m*
Hawaiian[1] *adj* : hawaiano
Hawaiian[2] *n* : hawaiano *m*, -na *f*
hawk[1] *v* : pregonar : vender en la calle
hawk[2] *n* : halcón *m*
hawker *n* : vendedor *m*, -dora *f* ambulante
hawthorn *n* : espino *m*
hay *n* : heno *m*
hay fever *n* : fiebre *f* del heno
hayloft *n* : pajar *m*
hayseed *n* : palurdo *m*, -da *f*
haystack *n* : almiar *m*
haywire *adj* : descompuesto : desbaratado
hazard[1] *v* : arriesgar : aventurar
hazard[2] *n* : peligro *m* : riesgo *m* : azar *m*
hazardous *adj* : arriesgado : peligroso
haze[1] *v* **hazed; hazing** : abrumar : acosar
haze[2] *n* : bruma *f* : neblina *f*
hazel *n* : avellano *m* : color *m* avellana
hazelnut *n* : avellana *f*
haziness *n* : nebulosidad *f* : vaguedad *f*
hazy *adj* **hazier; -est** : brumoso : neblinoso : nebuloso : vago : confuso
he *pron* : él
head[1] *v* : encabezar : dirigir : dirigirse

head[2] *adj* : principal
head[3] *n* : cabeza *f* : mente *f* : cabecera *f* : punta *f* : flor *m* : encabezamiento *m* : espuma *f* : director *m*, -tora *f* : jefe *m*, -fa *f* : cara *f* : cabeza *f*
headache *n* : dolor *m* de cabeza : jaqueca *f*
headband *n* : cinta *f* del pelo
headboard *n* : cabecera *f*
headdress *n* : tocado *m*
headfirst *adv* : de cabeza
headgear *n* : gorro *m* : casco *m* : sombrero *m*
heading *n* : dirección *f* : encabezamiento *m* : título *m* : membrete *m*
headland *n* : cabo *m*
headlight *n* : faro *m* : foco *m* : farol *m*
headline *n* : titular *m*
headlong[1] *adv* : de cabeza : precipitadamente
headlong[2] *adj* : precipitado
headmaster *n* : director *m*
headmistress *n* : directora *f*
head–on *adv* & *adj* : de frente
headphones *npl* : audífonos *mpl* : cascos *mpl*
headquarters *ns* & *pl* : oficina *f* central : sede *f* : cuartel *m* general
headrest *n* : apoyacabezas *m*
headroom *n* : espacio *m* libre entre la cabeza y el techo
headset *n* : audífonos *mpl* : cascos *mpl*
headship *n* : dirección *f*
head start *n* : ventaja *f*
headstone *n* : lápida *f*
headstrong *adj* : testarudo : obstinado : empecinado
heads–up *n* : aviso *m*
headwaiter *n* : jefe *m*, -fa *f* de comedor
headwaters *npl* : cabecera *f*
headway *n* : progreso *m*
heady *adj* **headier; -est** : embriagador : excitante : astuto : sagaz
heal *v* : curar : sanar : curarse
healer *n* : curandero *m*, -dera *f* : curador *m*, -dora *f*
health *n* : salud *f*
healthful *adj* : saludable : salubre — **healthfully** *adv*
healthiness *n* : lozanía *f*
healthy *adj* **healthier; -est** : sano : bien — **healthily** *adv*
heap[1] *v* : amontonar : apilar : colmar
heap[2] *n* : montón *m* : pila *f*
hear *v* **heard; hearing** : oír : prestar atención a : enterarse de
hearing *n* : oído *m* : vista *f* : consideración *f* : oportunidad *f* de expresarse : alcance *m* del oído
hearing aid *n* : audífono *m*
hearken *v* : escuchar
hearsay *n* : rumores *mpl*
hearse *n* : coche *m* fúnebre
heart *n* : corazón *m* : centro *m* : sentimientos *mpl* : valor *m*
heartache *n* : pena *f* : angustia *f*
heart attack *n* : infarto *m* : ataque *m* al corazón
heartbeat *n* : latido *m*
heartbreak *n* : congoja *f* : angustia *f*
heartbreaker *n* : rompecorazones *mf*
heartbreaking *adj* : desgarrador : que parte el corazón
heartbroken *adj* : desconsolado : destrozado
heartburn *n* : acidez *f* estomacal
hearten *v* : alentar : animar
heartfelt *adj* : sentido
hearth *n* : hogar *m* : chimenea *f*
heartily *adv* : de buena gana : con entusiasmo : totalmente : completamente
heartless *adj* : desalmado : despiadado : cruel
heart of palm *n* : palmito *m*
heartsick *adj* : abatido : desconsolado
heartstrings *npl* : fibras *fpl* del corazón
heartwarming *adj* : conmovedor : emocionante
hearty *adj* **heartier; -est** : cordial : caluroso : fuerte : abundante : sustancioso
heat[1] *v* : calentar
heat[2] *n* : calor *m* : calefacción *f* : entusiasmo *m* : celo *m*
heated *adj* : calentado : acalorado : apasionado
heater *n* : calentador *m* : estufa *f* : calefactor *m*
heath *n* : páramo *m* : brezo *m*

heather *n* : brezo *m*
heating *n* : calefacción *f*
heat wave *n* : ola *f* de calor
heave[1] *v* **heaved** *or* **hove; heaving** : levantar con esfuerzo : lanzar : tirar : subir y bajar : palpitar
heave[2] *n* : gran esfuerzo *m* : lanzamiento *m*
heaven *n* : cielo *m*
heavenly *adj* : celestial : celeste : divino : encantador
heavily *adv* : mucho : muy : pesadamente
heaviness *n* : peso *m* : pesadez *f*
heavy *adj* **heavier; -est** : pesado : denso : espeso : grueso : grande : alto : intenso : fuerte : severo : serio : importante : profundo : lento : tardo : corpulento
heavy–duty *adj* : muy resistente : fuerte
heavyweight *n* : peso *m* pesado
Hebrew[1] *adj* : hebreo
Hebrew[2] *n* : hebreo *m*, -brea *f*
heck *n* : ¡caramba! : ¡caray!
heckle *v* **-led; -ling** : interrumpir
hectare *n* : hectárea *f*
hectic *adj* : agitado : ajetreado — **hectically** *adv*
he'd → have, will
hedge[1] *v* **hedged; hedging** : cercar con un seto : dar rodeos : contestar con evasivas
hedge[2] *n* : seto *m* vivo : salvaguardia *f* : protección *f*
hedgehog *n* : erizo *m*
heed[1] *v* : prestar atención a : hacer caso de
heed[2] *n* : atención *f*
heedless *adj* : descuidado : despreocupado : inconsciente — **heedlessly** *adv*
heel[1] *v* : inclinarse
heel[2] *n* : talón *m* : tacón *m*
heft *v* : sopesar
hefty *adj* **heftier; -est** : robusto : fornido : pesado
hegemony *n, pl* **-nies** : hegemonía *f*
heifer *n* : novilla *f*
height *n* : cumbre *f* : cima *f* : punto *m* alto : estatura *f* : altura *f*
heighten *v* : hacer más alto : aumentar : intensificar : aumentarse : intensificarse
heinous *adj* : atroz : abominable : nefando
heir *n* : heredero *m*, -ra *f*
heiress *n* : heredera *f*
heirloom *n* : reliquia *f* de familia
heist *n* : golpe *m* : asalto *m* : atraco *m*
held → hold
helicopter *n* : helicóptero *m*
heliport *n* : helipuerto *m*
helium *n* : helio *m*
helix *n, pl* **helices** *or* **helixes** : hélice *f*
hell *n* : infierno *m*
he'll → will
hellhole *n* : infierno *m*
hellish *adj* : horroroso : infernal
hello *interj* : ¡hola!
helm *n* : timón *m*
helmet *n* : casco *m*
help[1] *v* : ayudar : aliviar : servir : evitar
help[2] *n* : ayuda *f* : personal *m* : servicio *m* doméstico
help desk *n* : servicio *m* de asistencia : soporte *m* técnico
helper *n* : ayudante *mf*
helpful *adj* : servicial : amable : atento : útil : práctico — **helpfully** *adv*
helpfulness *n* : bondad *f* : amabilidad *f* : utilidad *f*
helping *n* : porción *f*
helpless *adj* : incapaz : impotente : indefenso
helplessly *adv* : en vano : inútilmente
helplessness *n* : incapacidad *f* : impotencia *f*
helter–skelter *adv* : atropelladamente : precipitadamente
hem[1] *v* **hemmed; hemming** : hacerle el dobladillo a
hem[2] *n* : dobladillo *m*
he–man *n, pl* **-men** : macho *m* : machote *m*
hematoma *n* : hematoma *m*
hemisphere *n* : hemisferio *m*
hemispheric *or* **hemispherical** *adj* : hemisférico
hemline *n* : bajo *m*
hemlock *n* : cicuta *f*
hemoglobin *n* : hemoglobina *f*
hemophilia *n* : hemofilia *f*

hemophiliac *n* : hemofílico *m*, -ca *f* — **hemophiliac** *adj*
hemorrhage[1] *v* **-rhaged; -rhaging** : sufrir una hemorragia
hemorrhage[2] *n* : hemorragia *f*
hemorrhoids *npl* : hemorroides *fpl* : almorranas *fpl*
hemp *n* : cáñamo *m*
hen *n* : gallina *f*
hence *adv* : de aquí : de ahí : por lo tanto : por consiguiente
henceforth *adv* : de ahora en adelante
henchman *n, pl* **-men** : secuaz *mf* : esbirro *m*
henpeck *v* : dominar
hepatitis *n, pl* **-titides** : hepatitis *f*
her[1] *adj* : su : sus : de ella
her[2] *pron* : la : le : se : ella
herald[1] *v* : anunciar : proclamar
herald[2] *n* : heraldo *m* : precursor *m*
heraldic *adj* : heráldico
heraldry *n, pl* **-ries** : heráldica *f*
herb *n* : hierba *f*
herbal *adj* : herbario
herbicide *n* : herbicida *m*
herbivore *n* : herbívoro *m*
herbivorous *adj* : herbívoro
herculean *adj* : hercúleo : sobrehumano
herd[1] *v* : reunir en manada : conducir en manada : ir en manada : apiñarse
herd[2] *n* : manada *f*
herder → herdsman
herdsman *n, pl* **-men** : vaquero *m* : pastor *m*
here *adv* : aquí : acá : en este momento : ahora : ya : en este punto
hereabouts *or* **hereabout** *adv* : por aquí
hereafter[1] *adv* : de aquí en adelante : a continuación : en el futuro
hereafter[2] *n* **the hereafter** : el más allá
hereby *adv* : por este medio
hereditary *adj* : hereditario
heredity *n* : herencia *f*
herein *adv* : aquí
hereof *adv* : de aquí
hereon *adv* : sobre esto
heresy *n, pl* **-sies** : herejía *f*
heretic *n* : hereje *mf*
heretical *adj* : herético
hereto *adv* : a esto
heretofore *adv* : hasta ahora
hereunder *adv* : a continuación : abajo
hereupon *adv* : con esto : en ese momento
herewith *adv* : adjunto
heritage *n* : patrimonio *m*
hermaphrodite *n* : hermafrodita *mf*
hermetic *adj* : hermético — **hermetically** *adv*
hermit *n* : ermitaño *m*, -ña *f* : eremita *mf*
hernia *n, pl* **-nias** *or* **-niae** : hernia *f*
hero *n, pl* **-roes** : héroe *m* : protagonista *mf*
heroic *adj* : heroico — **heroically** *adv*
heroics *npl* : actos *mpl* heroicos
heroin *n* : heroína *f*
heroine *n* : heroína *f* : protagonista *f*
heroism *n* : heroísmo *m*
heron *n* : garza *f*
herpes *n* : herpes *m*
herring *n, pl* **-ring** *or* **-rings** : arenque *m*
hers *pron* : suyo : de ella
herself *pron* : se : ella misma
hertz *ns & pl* : hercio *m*
he's → be, have
hesitancy *n, pl* **-cies** : vacilación *f* : titubeo *m* : indecisión *f*
hesitant *adj* : titubeante : vacilante — **hesitantly** *adv*
hesitate *v* **-tated; -tating** : vacilar : titubear
hesitation *n* : vacilación *f* : indecisión *f* : titubeo *m*
heterogeneous *adj* : heterogéneo
heterosexual[1] *adj* : heterosexual
heterosexual[2] *n* : heterosexual *mf*
heterosexuality *n* : heterosexualidad *f*
hew *v* **hewed; hewed** *or* **hewn; hewing** : cortar : talar : labrar : tallar : conformarse : ceñirse
hex[1] *v* : hacerle un maleficio
hex[2] *n* : maleficio *m*
hexagon *n* : hexágono *m*
hexagonal *adj* : hexagonal
hey *interj* : ¡eh! : ¡oye!
heyday *n* : auge *m* : apogeo *m*

hi *interj* : ¡hola!
hiatus *n* : hiato *m* : pausa *f*
hibernate *v* **-nated; -nating** : hibernar : invernar
hibernation *n* : hibernación *f*
hiccup[1] *v* **-cuped; -cuping** : hipar : tener hipo
hiccup[2] *n* : hipo *m*
hick *n* : palurdo *m*, -da *f*
hickory *n, pl* **-ries** : nogal *m* americano
hidden *adj* : oculto
hide[1] *v* **hid; hidden** *or* **hid; hiding** : esconder : ocultar : tapar : no dejar ver : esconderse
hide[2] *n* : piel *f* : cuero *m*
hide–and–seek *n* **to play hide–and–seek** : jugar a las escondidas
hidebound *adj* : rígido : conservador
hideous *adj* : horrible : horroroso : espantoso — **hideously** *adv*
hideout *n* : guarida *f* : escondrijo *m*
hiding *n* : paliza *f*
hierarchical *adj* : jerárquico
hierarchy *n, pl* **-chies** : jerarquía *f*
hieroglyphic *n* : jeroglífico *m*
hi–fi *n* : equipo *m* de alta fidelidad
high[1] *adv* : alto
high[2] *adj* : alto : elevado : grande : bueno : favorable : fuerte : pleno : borracho : drogado
high[3] *n* : récord *m* : punto *m* máximo : zona *f* de alta presión
highbrow *n* : intelectual *mf*
high chair *n* : silla *f* alta : periquera *f* : trona *f*
high–definition *adj* : de alta definición
high–end *adj* : de lujo
higher *adj* : superior
high fidelity *n* : alta fidelidad *f*
high–flown *adj* : altisonante
high–handed *adj* : arbitrario
high–heeled *adj* : de tacón alto
highlands *npl* : tierras *fpl* altas : altiplano *m*
high–level *adj* : de alta nivel
highlight[1] *v* : destacar : poner en relieve : subrayar : ser el punto culminante de
highlight[2] *n* : punto *m* culminante
highlighter *n* : marcador *m* : rotulador *m*
highly *adv* : muy : sumamente : muy bien
highness *n* : altura *f*
high–pitched *adj* : agudo
high–rise *adj* : alto : de muchas plantas
high school *n* : escuela *f* superior : escuela *f* secundaria
high seas *npl* : alta mar *f*
high–speed *adj* : de alta velocidad
high–spirited *adj* : vivaz : muy animado : brioso
high–strung *adj* : nervioso
high–tech *adj* : de alta tecnología
high–tension *adj* : de alta tensión
high–voltage *adj* : de alto voltaje
highway *n* : carretera *f*
highwayman *n, pl* **-men** : salteador *m* : bandido *m*
hijab *n* : hiyab *m* : hijab *m*
hijack[1] *v* : secuestrar
hijack[2] *n* : secuestro *m*
hijacker *n* : secuestrador *m*, -dora *f*
hike[1] *v* **hiked; hiking** : hacer una caminata : subir
hike[2] *n* : caminata *f* : excursión *f* : subida *f*
hiker *n* : excursionista *mf*
hilarious *adj* : muy divertido : hilarante
hilarity *n* : hilaridad *f*
hill *n* : colina *f* : cerro *m* : cuesta *f* : pendiente *f*
hillock *n* : loma *f* : altozano *m* : otero *m*
hillside *n* : ladera *f* : cuesta *f*
hilltop *n* : cima *f* : cumbre *f*
hilly *adj* **hillier; -est** : montañoso : accidentado
hilt *n* : puño *m* : empuñadura *f*
him *pron* : lo : le : se : él
himself *pron* : se : él mismo
hind[1] *adj* : trasero : posterior
hind[2] *n* : cierva *f*
hinder *v* : dificultar : impedir : estorbar
Hindi *n* : hindi *m*
hindquarters *npl* : cuartos *mpl* traseros
hindrance *n* : estorbo *m* : obstáculo *m* : impedimento *m*
hindsight *n* : retrospectiva *f*
Hindu[1] *adj* : hindú
Hindu[2] *n* : hindú *mf*

Hinduism *n* : hinduismo *m*
hinge[1] *v* **hinged; hinging** : unir con bisagras **to hinge on/upon** : depender de
hinge[2] *n* : bisagra *f* : gozne *m*
hint[1] *v* : insinuar : dar a entender : soltar indirectas
hint[2] *n* : insinuación *f* : indirecta *f* : consejo *m* : sugerencia *f* : pizca *f* : indicio *m*
hinterland *n* : interior *m*
hip *n* : cadera *f*
hip–hop *n* : hip-hop *m*
hippie *n* : hippie *mf* : hippy *mf*
hippo *n, pl* **hippos** → **hippopotamus**
hippopotamus *n, pl* **-muses** *or* **-mi** : hipopótamo *m*
hire[1] *v* **hired; hiring** : contratar : emplear : alquilar : arrendar
hire[2] *n* : alquiler *m* : paga *f* : sueldo *m* : empleado *m*, -da *f*
his[1] *adj* : su : sus : de él
his[2] *pron* : suyo : de él
Hispanic[1] *adj* : hispano : hispánico
Hispanic[2] *n* : hispano *m*, -na *f* : hispánico *m*, -ca *f*
hiss[1] *v* : sisear : silbar : decir entre dientes
hiss[2] *n* : siseo *m* : silbido *m*
historian *n* : historiador *m*, -dora *f*
historic *or* **historical** *adj* : histórico — **historically** *adv*
history *n, pl* **-ries** : historia *f* : historial *m*
histrionics *ns & pl* : histrionismo *m*
hit[1] *v* **hit; hitting** : golpear : pegarle a : batear : chocar contra : dar con : dar en : apretar : darle a : atacar : afectar : tropezar con : toparse con : ocurrírsele a uno : llegar a : alcanzar : hacer
hit[2] *n* : golpe *m* : impacto *m* : éxito *m* : visita *f*
hit–and–run *adj* : en que el conductor culpable se da a la fuga : fugitivo
hitch[1] *v* : mover con sacudidas : enganchar : atar : amarrar → **hitchhike**
hitch[2] *n* : tirón *m* : jalón *m* : obstáculo *m* : impedimento *m* : tropiezo *m*
hitchhike *v* **-hiked; -hiking** : hacer autostop : ir de aventón
hitchhiker *n* : autostopista *mf*
hither *adv* : acá : por aquí
hitherto *adv* : hasta ahora
hit man *n* : sicario *m*, -ria *f* : asesino *m*, -na *f*
hitter *n* : bateador *m*, -dora *f*
HIV *n* : VIH *m* : virus *m* del sida
hive *n* : colmena *f* : enjambre *m* : lugar *m* muy activo
hives *ns & pl* : urticaria *f*
hoard[1] *v* : acumular : atesorar
hoard[2] *n* : tesoro *m* : reserva *f* : provisión *f*
hoarfrost *n* : escarcha *f*
hoarse *adj* **hoarser; hoarsest** : ronco — **hoarsely** *adv*
hoarseness *n* : ronquera *f*
hoary *adj* **hoarier; -est** : cano : canoso : vetusto : antiguo
hoax[1] *v* : engañar : embaucar : bromear
hoax[2] *n* : engaño *m* : broma *f*
hobble[1] *v* **-bled; -bling** : cojear : renguear
hobble[2] *n* : cojera *f* : rengo *m*
hobby *n, pl* **-bies** : pasatiempo *m* : afición *f*
hobgoblin *n* : duende *m*
hobnail *n* : tachuela *f*
hobnob *v* **-nobbed; -nobbing** : codearse
hobo *n, pl* **-boes** : vagabundo *m*, -da *f*
hock[1] *v* : empeñar
hock[2] *n* **in hock** : empeñado
hockey *n* : hockey *m*
hodgepodge *n* : mezcolanza *f*
hoe[1] *v* **hoed; hoeing** : remover con una azada
hoe[2] *n* : azada *f*
hog[1] *v* **hogged; hogging** : acaparar : monopolizar
hog[2] *n* : cerdo *m*, -da *f* : glotón *m*, -tona *f*
hogshead *n* : tonel *m*
hoist[1] *v* : levantar : alzar : izar
hoist[2] *n* : grúa *f*
hold[1] *v* **held; holding** : tener : detener : controlar : agarrar : coger : llevar : sujetar : mantener fijo : dar cabida a : tener capacidad para : tener una capacidad de : aguantar : sostener : considerar : celebrar : realizar

: mantener : guardar : mantener : resistir : ser válido : valer
hold[2] *n* : agarre *m* : llave *f* : control *m* : dominio *m* : demora *f* : bodega *f*
holder *n* : poseedor *m*, -dora *f* : titular *mf*
holdings *npl* : propiedades *fpl*
holdup *n* : atraco *m* : retraso *m* : demora *f*
hole *n* : agujero *m* : hoyo *m*
holiday *n* : día *m* feriado : fiesta *f* : vacaciones *fpl*
holiness *n* : santidad *f*
holistic *adj* : holístico
holler[1] *v* : gritar : chillar
holler[2] *n* : grito *m* : chillido *m*
hollow[1] *v or* **to hollow out** : ahuecar
hollow[2] *adj* **hollower; -est** : hueco : hundido : cavernoso : vacío : falso
hollow[3] *n* : hueco *m* : depresión *f* : cavidad *f* : hondonada *f* : valle *m*
hollowness *n* : hueco *m* : cavidad *f* : falsedad *f* : vacuidad *f*
holly *n, pl* **-lies** : acebo *m*
holocaust *n* : holocausto *m*
hologram *n* : holograma *m*
holster *n* : pistolera *f*
holy *adj* **holier; -est** : santo : sagrado
Holy Ghost → Holy Spirit
holy orders → order[2]
Holy Spirit *n* **the Holy Spirit** : el Espíritu Santo
homage *n* : homenaje *m*
home *n* : hogar *m* : casa *f* : domicilio *m* : sede *f* : hábitat *m* : residencia *f* : asilo *m*
homebody *n, pl* **-dies** : persona *f* hogareña
homecoming *n* : regreso *m*
home game *n* : partido *m* en casa
homegrown *adj* : de cosecha propia : local
homeland *n* : patria *f* : tierra *f* natal : terruño *m*
homeless *adj* : sin hogar : sin techo
homely *adj* **homelier; -est** : casero : hogareño : feo : poco atractivo
homemade *adj* : casero : hecho en casa
homemaker *n* : ama *f* de casa : persona *f* que se ocupa de la casa
homeopathy *n* : homeopatía *f* — **homeopathic** *adj*
home page *n* : página *f* de inicio
home plate *n* : base *f* del bateador
home run *n* : jonrón *m*
homesick *adj* : nostálgico
homesickness *n* : nostalgia *f* : morriña *f*
homespun *adj* : simple : sencillo
homestead *n* : estancia *f* : hacienda *f*
hometown *n* : ciudad *f* natal : pueblo *m* natal
homeward[1] *or* **homewards** *adv* : de vuelta a casa : hacia casa
homeward[2] *adj* : de vuelta : de regreso
homework *n* : tarea *f* : deberes *mpl* : asignación *f*
homey *adj* **homier; -est** : hogareño
homicidal *adj* : homicida
homicide *n* : homicidio *m*
homily *n, pl* **-lies** : homilía *f*
hominy *n* : maíz *m* descascarado
homogeneity *n, pl* **-ties** : homogeneidad *f*
homogeneous *adj* : homogéneo — **homogeneously** *adv*
homogenize *v* **-nized; -nizing** : homogeneizar
homograph *n* : homógrafo *m*
homologous *adj* : homólogo
homonym *n* : homónimo *m*
homophone *n* : homófono *m*
homosexual[1] *adj* : homosexual
homosexual[2] *n* : homosexual *mf*
homosexuality *n* : homosexualidad *f*
honcho *n* : pez *m* gordo
Honduran *n* : hondureño *m*, -ña *f* — **Honduran** *adj*
hone *v* **honed; honing** : afilar
honest *adj* : honesto : honrado — **honestly** *adv*
honesty *n, pl* **-ties** : honestidad *f* : honradez *f*
honey *n, pl* **-eys** : miel *f*
honeybee *n* : abeja *f*
honeycomb *n* : panal *m*
honeymoon[1] *v* : pasar la luna de miel
honeymoon[2] *n* : luna *f* de miel
honeysuckle *n* : madreselva *f*
honk[1] *v* : graznar : tocar la bocina : pitar

honk[2] *n* : graznido *m* : bocinazo *m*
honor[1] *v* : honrar : cumplir con : aceptar
honor[2] *n* : honor *m*; **honors** *npl* : honores *mpl* : condecoraciones *fpl*
honorable *adj* : honorable : honroso — **honorably** *adv*
honorary *adj* : honorario
hood *n* : capucha *f* : capó *m* : bonete *m*
hooded *adj* : encapuchado
hoodie *n* : sudadera *f* : buzo *m*
hoodlum *n* : maleante *mf* : matón *m*
hoodwink *v* : engañar
hoof *n, pl* **hooves** *or* **hoofs** : pezuña *f* : casco *m*
hoofed *adj* : ungulado
hook[1] *v* : enganchar : pescar : abrocharse : engancharse
hook[2] *n* : gancho *m* : percha *f*
hooked *adj* : en forma de gancho
hooker *n* : prostituta *f* : fulana *f*
hookworm *n* : anquilostoma *m*
hooligan *n* : gamberro *m*, -rra *f*
hoop *n* : aro *m*
hooray → hurrah
hoot[1] *v* : gritar : ulular : tocar la bocina : silbar
hoot[2] *n* : ululato *m* : silbido *m* : bocinazo *m* : carcajada *f* : risotada *f*
hop[1] *v* **hopped; hopping** : brincar : saltar
hop[2] *n* : salto *m* : brinco *m* : vuelo *m* corto : lúpulo *m*
hope[1] *v* **hoped; hoping** : esperar : esperar que
hope[2] *n* : esperanza *f*
hopeful *adj* : esperanzado
hopefully *adj* : con esperanza
hopeless *adj* : desesperado : imposible
hopelessly *adv* : sin esperanzas : desesperadamente : totalmente : completamente : imposiblemente
hopelessness *n* : desesperanza *f*
hopper *n* : tolva *f*
hopping[1] *adv* **to be hopping mad** : estar furioso
hopping[2] *adj* : animado : concurrido
hopscotch *n* : tejo *m*
horde *n* : horda *f* : multitud *f*
horizon *n* : horizonte *m*
horizontal *adj* : horizontal — **horizontally** *adv*
hormone *n* : hormona *f* — **hormonal** *adj*
horn *n* : cuerno *m* : trompa *f* : bocina *f* : claxon *m*
horned *adj* : cornudo : astado : con cuernos
hornet *n* : avispón *m*
horny *adj* **hornier; -est** : calloso : caliente
horoscope *n* : horóscopo *m*
horrendous *adj* : horrendo : horroroso : atroz
horrible *adj* : horrible : espantoso : horroroso — **horribly** *adv*
horrid *adj* : horroroso : horrible — **horridly** *adv*
horrific *adj* : terrorífico : horroroso
horrify *v* **-fied; -fying** : horrorizar
horrifying *adj* : horripilante : horroroso
horror *n* : horror *m*
hors d'oeuvre *n, pl* **hors d'oeuvres** : entremés *m*
horse *n* : caballo *m*
horseback *n* **on ~** : a caballo
horseback riding *n* : equitación *f*
horse chestnut *n* : castaña *f* de Indias
horsefly *n, pl* **-flies** : tábano *m*
horsehair *n* : crin *f*
horseman *n, pl* **-men** : jinete *m* : caballista *m*
horsemanship *n* : equitación *f*
horseplay *n* : payasadas *fpl*
horsepower *n* : caballo *m* de fuerza
horse racing *n* : carreras *fpl* de caballos
horseradish *n* : rábano *m* picante
horseshoe *n* : herradura *f*
horsewhip *v* **-whipped; -whipping** : azotar
horsewoman *n, pl* **-women** : amazona *f* : jinete *f* : caballista *f*
horsey *or* **horsy** *adj* **horsier; -est** : relacionado a los caballos : caballar
horticultural *adj* : hortícola
horticulture *n* : horticultura *f*
hose[1] *v* **hosed; hosing** : regar o lavar con manguera
hose[2] *n, pl* **hoses** : manguera *f* : manga *f*

hosiery *n* : calcetería *f* : medias *fpl*
hospice *n* : centro *m* de cuidados paliativos
hospitable *adj* : hospitalario — **hospitably** *adv*
hospital *n* : hospital *m*
hospitality *n, pl* **-ties** : hospitalidad *f*
hospitalization *n* : hospitalización *f*
hospitalize *v* **-ized; -izing** : hospitalizar
host[1] *v* : presentar
host[2] *n* : anfitrión *m*, -triona *f* : presentador *m*, -dora *f* : huestes *fpl* : multitud *f* : hostia *f* : Eucaristía *f*
hostage *n* : rehén *m*
hostel *n* : albergue *m* juvenil
hostess *n* : anfitriona *f* : presentadora *f*
hostile *adj* : hostil — **hostilely** *adv*
hostility *n, pl* **-ties** : hostilidad *f*
hot *adj* **hotter; hottest** : caliente : cálido : caluroso : ardiente : acalorado : picante : reciente : nuevo : ávido : robado : guapo : bueno — **hotly** *adv*
hot air *n* : palabrería *f*
hotbed *n* : semillero *m* : hervidero *m*
hot chocolate *n* : chocolate *m* : cocoa *f* : cacao *m*
hot dog *n* : perro *m* caliente : pancho *m*
hotel *n* : hotel *m*
hotelier *n* : hotelero *m*, -ra *f*
hot flash *n* : bochorno *m* : sofoco *m*
hothead *n* : exaltado *m*, -da *f*
hotheaded *adj* : exaltado
hothouse *n* : invernadero *m*
hot plate *n* : placa *f*
hot rod *n* : coche *m* con motor modificado
hot tub *n* : bañera *f* de hidromasaje
hot water *n* **to get into hot water** : meterse en un lío
hot–water bottle *n* : bolsa *f* de agua caliente
hound[1] *v* : acosar : perseguir
hound[2] *n* : perro *m*
hour *n* : hora *f*; **hours** *npl* : horas *pl* : horario *m*
hourglass *n* : reloj *m* de arena
hourly *adv & adj* : cada hora : por hora
house[1] *v* **housed; housing** : albergar : alojar : hospedar
house[2] *n, pl* **houses** : casa *f* : cámara *f* : empresa *f*
houseboat *n* : casa *f* flotante
housebroken *adj* : enseñado
housecoat *n* : bata *f* : guardapolvo *m*
housefly *n, pl* **-flies** : mosca *f* común
household[1] *adj* : doméstico : de la casa : conocido por todos
household[2] *n* : casa *f* : familia *f*
householder *n* : dueño *m*, -ña *f* de casa
housekeeper *n* : ama *f* de llaves
housekeeping *n* : gobierno *m* de la casa : quehaceres *mpl* domésticos
housemaid *n* : criada *f* : mucama *f* : muchacha *f* : sirvienta *f*
houseplant *n* : planta *f* de interior
housewarming *n* : fiesta *f* de estreno de una casa
housewife *n, pl* **-wives** : ama *f* de casa
housework *n* : faenas *fpl* domésticas : quehaceres *mpl* domésticos
housing *n* : vivienda *f* : caja *f* protectora
hove → **heave**
hovel *n* : casucha *f* : tugurio *m*
hover *v* : cernerse : sostenerse en el aire
hovercraft *n* : aerodeslizador *m*
how *adv* : cómo : qué : cuánto
however[1] *adv* : por mucho que : por más que : sin embargo : no obstante
however[2] *conj* : comoquiera que : de cualquier manera que
howl[1] *v* : aullar
howl[2] *n* : aullido *m* : alarido *m*
hub *n* : centro *m* : cubo *m*
hubbub *n* : algarabía *f* : alboroto *m* : jaleo *m*
hubcap *n* : tapacubos *m*
huckster *n* : buhonero *m*, -ra *f* : vendedor *m*, -dora *f* ambulante
huddle[1] *v* **-dled; -dling** : apiñarse : amontonarse
huddle[2] *n* : grupo *m*
hue *n* : color *m* : tono *m*
huff *n* : enojo *m* : enfado *m*
huffy *adj* **huffier; -est** : enojado : enfadado
hug[1] *v* **hugged; hugging** : abrazar : ir pegado a

hug[2] *n* : abrazo *m*
huge *adj* **huger; hugest** : inmenso : enorme — **hugely** *adv*
hugeness *n* : lo grande
huh *interj* : ¿eh? : ¿qué? : ¿no? : ¡vaya! : ¡anda! : ¡bah!
hulk *n* : persona *f* fornida : casco *m* : armatoste *m*
hulking *adj* : grande : pesado
hull[1] *v* : pelar
hull[2] *n* : cáscara *f* : casco *m*
hullabaloo *n, pl* **-loos** : alboroto *m* : jaleo *m*
hum[1] *v* **hummed; humming** : zumbar : estar muy activo : moverse : tararear
hum[2] *n* : zumbido *m* : murmullo *m*
human[1] *adj* : humano — **humanly** *adv*
human[2] *n* : humano *m*
human being *n* : ser *m* humano
humane *adj* : humano : humanitario — **humanely** *adv*
humanism *n* : humanismo *m*
humanist[1] *n* : humanista *mf*
humanist[2] *or* **humanistic** *adj* : humanístico
humanitarian[1] *adj* : humanitario
humanitarian[2] *n* : humanitario *m*, -ria *f*
humanity *n, pl* **-ties** : humanidad *f*
humanize *v* **-ized; -izing** : humanizar
humankind *n* : género *m* humano
humble[1] *v* **-bled; -bling** : humillar
humble[2] *adj* **humbler; humblest** : humilde : modesto — **humbly** *adv*
humbug *n* : charlatán *m*, -tana *f* : farsante *mf* : patrañas *fpl* : tonterías *fpl*
humdrum *adj* : monótono : rutinario
humid *adj* : húmedo
humidifier *n* : humidificador *m*
humidify *v* **-fied; -fying** : humidificar
humidity *n, pl* **-ties** : humedad *f*
humiliate *v* **-ated; -ating** : humillar
humiliating *adj* : humillante
humiliation *n* : humillación *f*
humility *n* : humildad *f*
hummingbird *n* : colibrí *m* : picaflor *m*
hummock *n* : montículo *m*
humor[1] *v* : seguir el humor a : complacer
humor[2] *n* : humor *m*
humorist *n* : humorista *mf*
humorless *adj* : sin sentido del humor
humorous *adj* : humorístico : cómico — **humorously** *adv*
hump *n* : joroba *f* : giba *f*
humpback *n* : joroba *f* : giba *f*
humpbacked *adj* : jorobado : giboso
humus *n* : humus *m*
hunch[1] *v* : encorvar; *or* **to hunch up** : encorvarse
hunch[2] *n* : presentimiento *m*
hunchback *n* : joroba *f* : giba *f*
hunchbacked *adj* : jorobado : giboso
hundred[1] *adj* : cien : ciento
hundred[2] *n, pl* **-dreds** *or* **-dred** : cien *m* : ciento *m* : billete *m* de cien dólares
hundredth[1] *adv* : en centésimo lugar
hundredth[2] *adj* : centésimo
hundredth[3] *n* : centésimo *m*, -ma *f* : centésima parte *f*
hundredweight *n* : quintal *m*
hung → **hang**
Hungarian *n* : húngaro *m*, -ra *f* — **Hungarian** *adj*
hunger[1] *v* : tener hambre
hunger[2] *n* : hambre *m*
hungrily *adv* : ávidamente
hungry *adj* **hungrier; -est** : hambriento
hunk *n* : trozo *m* : pedazo *m*
hunt[1] *v* : cazar
hunt[2] *n* : caza *f* : cacería *f* : búsqueda *f* : busca *f*
hunter *n* : cazador *m*, -dora *f*
hunting *n* : caza *f*
hurdle[1] *v* **-dled; -dling** : saltar : salvar
hurdle[2] *n* : valla *f* : obstáculo *m*
hurl *v* : arrojar : tirar : lanzar
hurrah *interj* : ¡hurra!
hurricane *n* : huracán *m*
hurried *adj* : apresurado : precipitado
hurriedly *adv* : apresuradamente : de prisa

hurry[1] *v* **-ried; -rying** : apurarse : darse prisa : apresurarse : apurar : darle prisa
hurry[2] *n* : prisa *f* : apuro *f*
hurt[1] *v* **hurt; hurting** : hacer daño a : herir : lastimar : hacer sufrir : ofender : doler
hurt[2] *n* : herida *f* : dolor *m* : pena *f*
hurtful *adj* : hiriente : doloroso
hurtle *v* **-tled; -tling** : lanzarse : precipitarse
husband[1] *v* : economizar : bien administrar
husband[2] *n* : esposo *m* : marido *m*
husbandry *n* : economía *f* : buena administración *f* : agricultura *f*
hush[1] *v* : hacer callar : acallar : calmar : apaciguar
hush[2] *n* : silencio *m*
hush–hush *adj* : muy secreto : confidencial
husk[1] *v* : descascarar
husk[2] *n* : cáscara *f*
huskily *adv* : con voz ronca
husky[1] *adj* **huskier; -est** : ronco : fornido
husky[2] *n, pl* **-kies** : perro *m*, -rra *f* esquimal
hustle[1] *v* **-tled; -tling** : darle prisa : apurar : apurarse : ajetrearse
hustle[2] *n or* **hustle and bustle** : bullicio *m* : ajetreo *m*
hut *n* : cabaña *f* : choza *f* : barraca *f* : bohío *m*
hutch *n* : alacena *f*
hyacinth *n* : jacinto *m*
hybrid[1] *adj* : híbrido
hybrid[2] *n* : híbrido *m*
hydrant *n* : boca *f* de riego : hidrante *m*
hydraulic *adj* : hidráulico — **hydraulically** *adv*
hydrocarbon *n* : hidrocarburo *m*
hydrochloric acid *n* : ácido *m* clorhídrico
hydroelectric *adj* : hidroeléctrico
hydrofoil *n* : hidroala *m* : aliscafo *m*
hydrogen *n* : hidrógeno *m*
hydrogen bomb *n* : bomba *f* de hidrógeno
hydrogen peroxide *n* : agua *f* oxigenada : peróxido *m* de hidrógeno
hydrophobia *n* : hidrofobia *f* : rabia *f*
hydroplane *n* : hidroplano *m*
hyena *n* : hiena *f*
hygiene *n* : higiene *f*
hygienic *adj* : higiénico — **hygienically** *adv*
hygienist *n* : higienista *mf*
hygrometer *n* : higrómetro *m*
hymn *n* : himno *m*
hymnal *n* : himnario *m*
hype[1] *n* : bombo *m* publicitario
hype[2] *v* **hyped; hyping** : promocionar con bombos y platillos
hyperactive *adj* : hiperactivo
hyperactivity *n, pl* **-ties** : hiperactividad *f*
hyperbole *n* : hipérbole *f*
hyperbolic *adj* : hiperbólico
hypercritical *adj* : hipercrítico
hyperlink *n* : hiperenlace *m*
hypermarket *n* : hipermercado *m*
hypersensitivity *n* : hipersensibilidad *f*
hypertension *n* : hipertensión *f*
hyphen *n* : guión *m*
hyphenate *v* **-ated; -ating** : escribir con guión
hypnosis *n, pl* **-noses** : hipnosis *f*
hypnotic *adj* : hipnótico : hipnotizador
hypnotism *n* : hipnotismo *m*
hypnotist *n* : hipnotizador *m*, -dora *f*
hypnotize *v* **-tized; -tizing** : hipnotizar
hypochondria *n* : hipocondría *f*
hypochondriac *n* : hipocondríaco *m*, -ca *f*
hypocrisy *n, pl* **-sies** : hipocresía *f*
hypocrite *n* : hipócrita *mf*
hypocritical *adj* : hipócrita
hypodermic[1] *adj* : hipodérmico
hypodermic[2] *n* : aguja *f* hipodérmica
hypotenuse *n* : hipotenusa *f*
hypothermia *n* : hipotermia *f*
hypothesis *n, pl* **-eses** : hipótesis *f*
hypothetical *adj* : hipotético — **hypothetically** *adv*
hysterectomy *n, pl* **-mies** : histerectomía *f*
hysteria *n* : histeria *f* : histerismo *m*
hysterical *adj* : histérico — **hysterically** *adv*
hysterics *n* : histeria *f* : histerismo *m*

I

I *pron* : yo
Iberian *adj* : ibérico
-ible *suf* : -ible
ice[1] *v* **iced; icing** : congelar : helar : enfriar : helarse : congelarse
ice[2] *n* : hielo *m* : sorbete *m* : nieve *f*
iceberg *n* : iceberg *m*
icebox → refrigerator
icebreaker *n* : rompehielos *m*
ice cap *n* : casquete *m* glaciar
ice–cold *adj* : helado
ice cream *n* : helado *m* : mantecado *m*
ice–cream soda → soda
ice hockey *n* : hockey *m* sobre hielo
Icelander *n* : islandés *m*, -desa *f*
Icelandic[1] *adj* : islandés
Icelandic[2] *n* : islandés *m*
ice–skate *v* **-skated; -skating** : patinar
ice skater *n* : patinador *m*, -dora *f*
icicle *n* : carámbano *m*
icily *adv* : fríamente : con frialdad
icing *n* : baño *m* : glaseado *m* : betún *m*
icon *n* : icono *m*
iconoclasm *n* : iconoclasia *f*
iconoclast *n* : iconoclasta *mf*
icy *adj* **icier; -est** : cubierto de hielo : helado : gélido : glacial : frío : distante
id *n* : id *m*
I'd → have, will
ID *n, pl* **ID's** *or* **IDs → identification**
ID card → identification card
idea *n* : idea *f*
ideal[1] *adj* : ideal
ideal[2] *n* : ideal *m*
idealism *n* : idealismo *m*
idealist *n* : idealista *mf*
idealistic *adj* : idealista
idealistically *adv* : con idealismo
idealization *n* : idealización *f*
idealize *v* **-ized; -izing** : idealizar
ideally *adv* : perfectamente
identical *adj* : idéntico — **identically** *adv*
identifiable *adj* : identificable
identification *n* : identificación *f*
identification card *n* : carnet *m* : cédula *f* de identidad : tarjeta *f* de identificación/identidad
identify *v* **-fied; -fying** : identificar
to identify with : identificarse con
identity *n, pl* **-ties** : identidad *f*
identity card → identification card
identity theft *n* : robo *m* de identidad : suplantación *f* de identidad
ideological *adj* : ideológico — **ideologically** *adv*
ideologue *n* : ideólogo *m*, -ga *f*
ideology *n, pl* **-gies** : ideología *f*
idiocy *n, pl* **-cies** : estupidez *f* : tontería *f*
idiom *n* : lenguaje *m* : modismo *m* : expresión *f* idiomática
idiomatic *adj* : idiomático
idiosyncrasy *n, pl* **-sies** : idiosincrasia *f*
idiosyncratic *adj* : idiosincrásico — **idiosyncratically** *adv*
idiot *n* : tonto *m*, -ta *f*
idiotic *adj* : estúpido : idiota
idiotically *adv* : estúpidamente
idle[1] *v* **idled; idling** : holgazanear : flojear : haraganear : andar al ralentí : marchar en vacío : dejar sin trabajo
idle[2] *adj* **idler; idlest** : frívolo : vano : infundado : inactivo : parado : desocupado : holgazán : haragán : perezoso
idleness *n* : inactividad *f* : ociosidad *f* : holgazanería *f* : flojera *f* : pereza *f*
idler *n* : haragán *m*, -gana *f* : holgazán *m*, -zana *f*
idly *adv* : ociosamente
idol *n* : ídolo *m*
idolater *or* **idolator** *n* : idólatra *mf*
idolatrous *adj* : idólatra
idolatry *n, pl* **-tries** : idolatría *f*
idolize *v* **-ized; -izing** : idolatrar
idyll *n* : idilio *m*
idyllic *adj* : idílico
if *conj* : si : aunque : si bien
igloo *n, pl* **-loos** : iglú *m*
ignite *v* **-nited; -niting** : prenderle fuego a : encender : prender : encenderse
ignition *n* : ignición *f* : encendido *m*

ignoble *adj* : innoble — **ignobly** *adv*
ignominious *adj* : ignominioso : deshonroso — **ignominiously** *adv*
ignominy *n, pl* **-nies** : ignominia *f*
ignoramus *n* : ignorante *mf* : bestia *mf* : bruto *m*, -ta *f*
ignorance *n* : ignorancia *f*
ignorant *adj* : ignorante
ignorantly *adv* : ignorantemente : con ignorancia
ignore *v* **-nored; -noring** : ignorar : hacer caso omiso de : no hacer caso de : no hacerle caso
iguana *n* : iguana *f* : garrobo *f*
il- → **in-**
ilk *n* : tipo *m* : clase *f* : índole *f*
ill[1] *adv* **worse; worst** : mal
ill[2] *adj* **worse; worst** : enfermo : malo
ill[3] *n* : mal *m* : desgracia *f* : enfermedad *f*
I'll → **will**
ill–advised *adj* : poco aconsejable : imprudente
ill at ease *adj* : incómodo
ill–bred *adj* : malcriado
illegal *adj* : ilegal — **illegally** *adv*
illegality *n* : ilegalidad *f*
illegibility *n, pl* **-ties** : ilegibilidad *f*
illegible *adj* : ilegible — **illegibly** *adv*
illegitimacy *n* : ilegitimidad *f*
illegitimate *adj* : ilegítimo : bastardo : ilegal — **illegitimately** *adv*
ill–fated *adj* : malhadado : infortunado : desventurado
ill–gotten *adj* : mal habido
illicit *adj* : ilícito — **illicitly** *adv*
illiteracy *n, pl* **-cies** : analfabetismo *m*
illiterate[1] *adj* : analfabeto
illiterate[2] *n* : analfabeto *m*, -ta *f*
ill–mannered *adj* : descortés : maleducado
ill–natured *adj* : desagradable : de mal genio
ill–naturedly *adv* : desagradablemente
illness *n* : enfermedad *f*
illogical *adj* : ilógico — **illogically** *adv*
ill–tempered → **ill-natured**
ill–treat *v* : maltratar
ill–treatment *n* : maltrato *m*
illuminate *v* **-nated; -nating** : iluminar : alumbrar : esclarecer : elucidar
illumination *n* : iluminación *f* : luz *f* : esclarecimiento *m* : elucidación *f*
ill–use → **ill-treat**
illusion *n* : ilusión *f*
illusory *adj* : engañoso : ilusorio
illustrate *v* **-trated; -trating** : ilustrar
illustration *n* : ilustración *f* : ejemplo *m*
illustrative *adj* : ilustrativo — **illustratively** *adv*
illustrator *n* : ilustrador *m*, -dora *f* : dibujante *mf*
illustrious *adj* : ilustre : eminente : glorioso
illustriousness *n* : eminencia *f* : prestigio *m*
ill will *n* : animosidad *f* : malquerencia *f* : mala voluntad *f*
IM *v* **IM'd; IM'ing** : enviarle un mensaje instantáneo a : enviar un mensaje instantáneo
I'm → **be**
im- → **in-**
image[1] *v* **-aged; -aging** : imaginar : crear una imagen de
image[2] *n* : imagen *f*
imagery *n, pl* **-eries** : imágenes *fpl* : imaginería *f*
imaginable *adj* : imaginable — **imaginably** *adv*
imaginary *adj* : imaginario
imagination *n* : imaginación *f*
imaginative *adj* : imaginativo — **imaginatively** *adv*
imagine *v* **-ined; -ining** : imaginar(se) : imaginar : creer : imaginarse
imbalance *n* : desajuste *m* : desbalance *m* : desequilibrio *m*
imbecile[1] *or* **imbecilic** *adj* : estúpido
imbecile[2] *n* : estúpido *m*, -da *f*
imbecility *n, pl* **-ties** : estupidez
imbibe *v* **-bibed; -bibing** : beber : absorber : embeber
imbue *v* **-bued; -buing** : imbuir
imitate *v* **-tated; -tating** : imitar : remedar

imitation[1] *adj* : de imitación : artificial
imitation[2] *n* : imitación *f*
imitative *adj* : imitativo : imitador : poco original
imitator *n* : imitador *m*, -dora *f*
immaculate *adj* : inmaculado : puro : impecable : intachable — **immaculately** *adv*
immaterial *adj* : incorpóreo : irrelevante : sin importancia
immature *adj* : inmaduro : verde
immaturity *n, pl* **-ties** : inmadurez *f* : falta *f* de madurez
immeasurable *adj* : inconmensurable : incalculable — **immeasurably** *adv*
immediacy *n* : inmediatez *f*
immediate *adj* : inmediato : instantáneo : directo : urgente : apremiante : cercano : próximo
immediately *adv* : inmediatamente : enseguida
immemorial *adj* : inmemorial
immense *adj* : inmenso : enorme — **immensely** *adv*
immensity *n, pl* **-ties** : inmensidad *f*
immerse *v* **-mersed; -mersing** : sumergir
immersion *n* : inmersión *f* : absorción *f*
immigrant *n* : inmigrante *mf*
immigrate *v* **-grated; -grating** : inmigrar
immigration *n* : inmigración *f*
imminence *n* : inminencia *f*
imminent *adj* : inminente — **imminently** *adv*
immobile *adj* : inmovible : fijo : inmóvil
immobility *n, pl* **-ties** : inmovilidad *f*
immobilize *v* **-lized; -lizing** : inmovilizar : paralizar — **immobilization** *n*
immoderate *adj* : inmoderado : desmesurado : desmedido : excesivo — **immoderately** *adv*
immodest *adj* : inmodesto : indecente : impúdico : presuntuoso : engreído — **immodestly** *adv*
immodesty *n* : inmodestia *f*
immoral *adj* : inmoral
immorality *n, pl* **-ties** : inmoralidad *f*
immorally *adv* : de manera inmoral
immortal[1] *adj* : inmortal
immortal[2] *n* : inmortal *mf*
immortality *n* : inmortalidad *f*
immortalize *v* **-ized; -izing** : inmortalizar
immovable *adj* : fijo : inmovible : inflexible
immune *adj* : inmune : exento
immune system *n* : sistema *m* inmunológico
immunity *n, pl* **-ties** : inmunidad *f* : exención *f*
immunization *n* : inmunización *f*
immunize *v* **-nized; -nizing** : inmunizar
immunology *n* : inmunología *f*
immutable *adj* : inmutable
imp *n* : diablillo *m* : pillo *m*, -lla *f*
impact[1] *v* : chocar con : impactar : afectar : impresionar : hacer impacto : golpear
impact[2] *n* : impacto *m* : choque *m* : colisión *f* : efecto *m* : consecuencias *fpl*
impacted *adj* : impactado : incrustado
impair *v* : perjudicar : dañar : afectar
impairment *n* : perjuicio *m* : daño *m*
impala *n, pl* **impalas** *or* **impala** : impala *m*
impale *v* **-paled; -paling** : empalar
impalpable *adj* : impalpable : intangible
impanel *v* **-eled** *or* **-elled; -eling** *or* **-elling** : elegir
impart *v* : impartir : dar : conferir : revelar : divulgar
impartial *adj* : imparcial — **impartially** *adv*
impartiality *n, pl* **-ties** : imparcialidad *f*
impassable *adj* : infranqueable : intransitable — **impassably** *adv*
impasse *n* : impasse *m* : punto *m* muerto : callejón *m* sin salida
impassioned *adj* : apasionado : vehemente
impassive *adj* : impasible : indiferente
impassively *adv* : impasiblemente : sin emoción
impatience *n* : impaciencia *f*
impatient *adj* : impaciente — **impatiently** *adv*

impeach *v* : destituir de su cargo
impeachment *n* : acusación *f* : destitución *f*
impeccable *adj* : impecable — **impeccably** *adv*
impecunious *adj* : falto de dinero
impede *v* **-peded; -peding** : impedir : dificultar : obstaculizar
impediment *n* : impedimento *m* : obstáculo *m*
impel *v* **-pelled; -pelling** : impeler
impending *adj* : inminente
impenetrable *adj* : impenetrable : incomprensible : inescrutable — **impenetrably** *adv*
imperative[1] *adj* : imperativo : imperioso : imprescindible — **imperatively** *adv*
imperative[2] *n* : imperativo *m*
imperceptible *adj* : imperceptible — **imperceptibly** *adv*
imperfect *adj* : imperfecto : defectuoso — **imperfectly** *adv*
imperfection *n* : imperfección *f* : defecto *m*
imperial *adj* : imperial : soberano : imperioso : señorial
imperialism *n* : imperialismo *m*
imperialist[1] *adj* : imperialista
imperialist[2] *n* : imperialista *mf*
imperialistic *adj* : imperialista
imperil *v* **-iled** *or* **-illed; -iling** *or* **-illing** : poner en peligro
imperious *adj* : imperioso — **imperiously** *adv*
imperishable *adj* : imperecedero
impermanent *adj* : pasajero : inestable : efímero — **impermanently** *adv*
impermeable *adj* : impermeable
impersonal *adj* : impersonal — **impersonally** *adv*
impersonate *v* **-ated; -ating** : hacerse pasar por : imitar
impersonation *n* : imitación *f*
impersonator *n* : imitador *m*, -dora *f*
impertinence *n* : impertinencia *f*
impertinent *adj* : impertinente : irrelevante : insolente
impertinently *adv* : con impertinencia : impertinentemente
imperturbable *adj* : imperturbable
impervious *adj* : impermeable : insensible
impetuous *adj* : impetuoso : impulsivo
impetuously *adv* : de manera impulsiva : impetuosamente
impetus *n* : ímpetu *m* : impulso *m*
impiety *n, pl* **-ties** : impiedad *f*
impious *adj* : impío : irreverente
impish *adj* : pícaro : travieso
impishly *adv* : con picardía
implacable *adj* : implacable — **implacably** *adv*
implant[1] *v* : inculcar : implantar : insertar
implant[2] *n* : implante *m* : injerto *m*
implantation *n* : implantación *f*
implausibility *n, pl* **-ties** : inverosimilitud *f*
implausible *adj* : inverosímil : poco convincente
implement[1] *v* : poner en práctica : implementar
implement[2] *n* : utensilio *m* : instrumento *m* : implemento *m*
implementation *n* : implementación *f* : ejecución *f* : cumplimiento *m*
implicate *v* **-cated; -cating** : implicar : involucrar
implication *n* : implicación *f* : consecuencia *f* : insinuación *f* : inferencia *f*
implicit *adj* : implícito : tácito : absoluto : completo — **implicitly** *adv*
implied *adj* : implícito : tácito
implode *v* **-ploded; -ploding** : implosionar
implore *v* **-plored; -ploring** : implorar : suplicar
implosion *n* : implosión *f*
imply *v* **-plied; -plying** : insinuar : dar a entender : implicar : suponer
impolite *adj* : descortés : maleducado
impoliteness *n* : descortesía *f* : falta *f* de educación
impolitic *adj* : imprudente : poco político
imponderable[1] *adj* : imponderable
imponderable[2] *n* : imponderable *m*
import[1] *v* : significar : importar
import[2] *n* : importancia *f* : significación *f*

importance *n* : importancia *f*
important *adj* : importante
importantly *adv* : con importancia
importation *n* : importación *f*
importer *n* : importador *m*, -dora *f*
importune *v* **-tuned; -tuning** : importunar : implorar
impose *v* **-posed; -posing** : imponer **to impose on** : abusar de : molestar
imposing *adj* : imponente : impresionante
imposition *n* : imposición *f*
impossibility *n, pl* **-ties** : imposibilidad *f*
impossible *adj* : imposible : inaceptable
impossibly *adv* : imposiblemente : increíblemente
impostor *or* **imposter** *n* : impostor *m*, -tora *f*
impotence *n* : impotencia *f*
impotency → impotence
impotent *adj* : impotente
impound *v* : incautar : embargar : confiscar
impoverish *v* : empobrecer
impoverished *adj* : empobrecido
impoverishment *n* : empobrecimiento *m*
impracticable *adj* : impracticable
impractical *adj* : poco práctico
imprecise *adj* : impreciso
imprecisely *adv* : con imprecisión
impreciseness → imprecision
imprecision *n* : imprecisión *f* : falta de precisión *f*
impregnable *adj* : inexpugnable : impenetrable : inconquistable
impregnate *v* **-nated; -nating** : fecundar : impregnar : empapar : saturar
impresario *n, pl* **-rios** : empresario *m*, -ria *f*
impress *v* : imprimir : estampar : impresionar : causar impresión a : hacer una impresión
impression *n* : marca *f* : huella *f* : molde *m* : impresión *f* : efecto *m* : impacto *m* : noción *f*
impressionable *adj* : impresionable
impressionism *n* : impresionismo *m*
impressionist *n* : impresionista *mf* — **impressionist** *adj*
impressive *adj* : impresionante — **impressively** *adv*
impressiveness *n* : calidad de ser impresionante
imprint[1] *v* : imprimir : estampar
imprint[2] *n* : marca *f* : huella *f*
imprison *v* : encarcelar : aprisionar : recluir : encerrar
imprisonment *n* : encarcelamiento *m*
improbability *n, pl* **-ties** : improbabilidad *f* : inverosimilitud *f*
improbable *adj* : improbable : inverosímil
impromptu[1] *adv* : sin preparación : espontáneamente
impromptu[2] *adj* : espontáneo : improvisado
impromptu[3] *n* : improvisación *f*
improper *adj* : incorrecto : impropio : indecoroso
improperly *adv* : incorrectamente : indebidamente
impropriety *n, pl* **-eties** : indecoro *m* : falta *f* de decoro : impropiedad *f* : incorrección *f*
improve *v* **-proved; -proving** : mejorar
improvement *n* : mejoramiento *m* : mejora *f*
improvidence *n* : imprevisión *f*
improvisation *n* : improvisación *f*
improvise *v* **-vised; -vising** : improvisar
imprudence *n* : imprudencia *f* : indiscreción *f*
imprudent *adj* : imprudente : indiscreto
impudence *n* : insolencia *f* : descaro *m*
impudent *adj* : insolente : descarado — **impudently** *adv*
impugn *v* : impugnar
impulse *n* : impulso *m*
impulsive *adj* : impulsivo — **impulsively** *adv*
impulsiveness *n* : impulsividad *f*
impunity *n* : impunidad *f*
impure *adj* : impuro : con impurezas
impurity *n, pl* **-ties** : impureza *f*
impute *v* **-puted; -puting** : imputar : atribuir
in[1] *adv* : dentro : adentro

in[2] *adj* : interior : de moda
in[3] *prep* : de : en : a : por : durante : dentro de : con
in[4] *n* **ins and outs** : pormenores *mpl*
in- *or* **im-** *or* **il-** *pref* : in- : im- : i-
inability *n, pl* **-ties** : incapacidad *f*
inaccessibility *n, pl* **-ties** : inaccesibilidad *f*
inaccessible *adj* : inaccesible
inaccuracy *n, pl* **-cies** : inexactitud *f* : error *m*
inaccurate *adj* : inexacto : erróneo : incorrecto
inaccurately *adv* : incorrectamente : con inexactitud
inaction *n* : inactividad *f* : inacción *f*
inactive *adj* : inactivo
inactivity *n, pl* **-ties** : inactividad *f* : ociosidad *f*
inadequacy *n, pl* **-cies** : insuficiencia *f* : ineptitud *f* : incompetencia *f*
inadequate *adj* : insuficiente : inadecuado : inepto : incompetente
inadmissible *adj* : inadmisible
inadvertent *adj* : inadvertido : involuntario — **inadvertently** *adv*
inadvisable *adj* : desaconsejable
inalienable *adj* : inalienable
inane *adj* **inaner; -est** : estúpido : idiota : necio
inanimate *adj* : inanimado : exánime
inanity *n, pl* **-ties** : estupidez *f* : idiotez *f* : disparate *m*
inapplicable *adj* : inaplicable : irrelevante
inappropriate *adj* : inapropiado : inadecuado : impropio
inappropriateness *n* : lo inapropiado : impropiedad *f*
inapt *adj* : inadecuado : inapropiado : inepto
inarticulate *adj* : inarticulado : incapaz de expresarse
inarticulately *adv* : inarticuladamente
inasmuch as *conj* : ya que : dado que : puesto que
inattention *n* : falta *f* de atención : distracción *f*
inattentive *adj* : distraído : despistado
inattentively *adv* : distraídamente : sin prestar atención
inaudible *adj* : inaudible
inaudibly *adv* : de forma inaudible
inaugural[1] *adj* : inaugural : de investidura
inaugural[2] *n* : investidura *f*
inaugurate *v* **-rated; -rating** : inaugurar : investir
inauguration *n* : inauguración *f* : investidura *f*
inauspicious *adj* : desfavorable : poco propicio
inauthentic *adj* : inauténtico
inborn *adj* : innato : congénito : hereditario
inbound *adj* : que llega : de llegada
in–box *n* : bandeja *f* de entrada
inbred *adj* : engendrado por endogamia : innato
inbreed *v* **-bred; -breeding** : engendrar por endogamia
inbreeding *n* : endogamia *f*
Inca *n* : inca *mf*
incalculable *adj* : incalculable — **incalculably** *adv*
Incan *adj* : incaico
incandescence *n* : incandescencia *f*
incandescent *adj* : incandescente : brillante
incantation *n* : conjuro *m* : ensalmo *m*
incapable *adj* : incapaz
incapacitate *v* **-tated; -tating** : incapacitar
incapacity *n, pl* **-ties** : incapacidad *f*
incarcerate *v* **-ated; -ating** : encarcelar
incarceration *n* : encarcelamiento *m* : encarcelación *f*
incarnate[1] *v* **-nated; -nating** : encarnar
incarnate[2] *adj* : encarnado
incarnation *n* : encarnación *f*
incendiary[1] *adj* : incendiario
incendiary[2] *n, pl* **-aries** : incendiario *m*, -ria *f* : pirómano *m*, -na *f*
incense[1] *v* **-censed; -censing** : indignar : enfadar : enfurecer
incense[2] *n* : incienso *m*
incentive *n* : incentivo *m* : aliciente *m* : motivación *f* : acicate *m*

inception *n* : comienzo *m* : principio *m*
incessant *adj* : incesante : continuo — **incessantly** *adv*
incest *n* : incesto *m*
incestuous *adj* : incestuoso
inch[1] *v* : avanzar poco a poco
inch[2] *n* : pulgada *f*
incidence *n* : frecuencia *f* : índice *m*
incident[1] *adj* : incidente
incident[2] *n* : incidente *m* : incidencia *f* : episodio *m*
incidental[1] *adj* : incidental : secundario : casual : fortuito
incidental[2] *n* : algo incidental; **incidentals** *npl* : imprevistos *mpl*
incidentally *adv* : incidentalmente : casualmente : a propósito : por cierto
incinerate *v* **-ated; -ating** : incinerar
incinerator *n* : incinerador *m*
incipient *adj* : incipiente : naciente
incise *v* **-cised; -cising** : grabar : cincelar : inscribir : hacer una incisión en
incision *n* : incisión *f*
incisive *adj* : incisivo : penetrante
incisively *adv* : con agudeza
incisor *n* : incisivo *m*
incite *v* **-cited; -citing** : incitar : instigar
incitement *n* : incitación *f*
inclemency *n, pl* **-cies** : inclemencia *f*
inclement *adj* : inclemente : tormentoso
inclination *n* : inclinación *f* : tendencia *f* : deseo *m* : ganas *fpl*
incline[1] *v* **-clined; -clining** : inclinarse : tender : inclinar : bajar : predisponer
incline[2] *n* : inclinación *f* : pendiente *f*
inclined *adj* : inclinado : prono : dispuesto : dado
inclose, inclosure → enclose, enclosure
include *v* **-cluded; -cluding** : incluir : comprender
including *prep* : incluyendo
inclusion *n* : inclusión *f*
inclusive *adj* : inclusivo
incognito *adv & adj* : de incógnito
incoherence *n* : incoherencia *f*
incoherent *adj* : incoherente — **incoherently** *adv*
incombustible *adj* : incombustible
income *n* : ingresos *mpl* : entradas *fpl*
income tax *n* : impuesto *m* sobre la renta
incoming *adj* : que se recibe : que llega : ascendente : nuevo : entrante
incommunicado *adj* : incomunicado
incomparable *adj* : incomparable : sin igual
incompatibility *n, pl* **-ties** : incompatibilidad *f*
incompatible *adj* : incompatible
incompetence *n* : incompetencia *f* : impericia *f* : ineptitud *f*
incompetent *n* : incompetente *mf* : inepto *m*, -ta *f* — **incompetent** *adj*
incomplete *adj* : incompleto — **incompletely** *adv*
incomprehensible *adj* : incomprensible
incomprehension *n* : incomprensión *f*
inconceivable *adj* : incomprensible : inconcebible : increíble
inconceivably *adv* : inconcebiblemente : increíblemente
inconclusive *adj* : no concluyente : no decisivo
incongruity *n, pl* **-ties** : incongruencia *f*
incongruous *adj* : incongruente : inapropiado : fuera de lugar
incongruously *adv* : de manera incongruente : inapropiadamente
inconsequential *adj* : intrascendente : de poco importancia
inconsiderable *adj* : insignificante
inconsiderate *adj* : desconsiderado : sin consideración — **inconsiderately** *adv*
inconsistency *n, pl* **-cies** : inconsecuencia *f* : inconsistencia *f*
inconsistent *adj* : inconsecuente : inconsistente

inconsolable *adj* : inconsolable — **inconsolably** *adv*
inconspicuous *adj* : discreto : no conspicuo : que no llama la atención
inconspicuously *adv* : discretamente : sin llamar la atención
incontestable *adj* : incontestable : indiscutible — **incontestably** *adv*
incontinence *n* : incontinencia *f*
incontinent *adj* : incontinente
inconvenience[1] *v* **-nienced; -niencing** : importunar : incomodar : molestar
inconvenience[2] *n* : incomodidad *f* : molestia *f*
inconvenient *adj* : inconveniente : importuno : incómodo — **inconveniently** *adv*
incorporate *v* **-rated; -rating** : incorporar : incluir : constituir en sociedad
incorporation *n* : incorporación *f*
incorporeal *adj* : incorpóreo
incorrect *adj* : incorrecto : equivocado : erróneo : impropio — **incorrectly** *adv*
incorrigible *adj* : incorregible
incorruptible *adj* : incorruptible
increase[1] *v* **-creased; -creasing** : aumentar : crecer : subir : acrecentar
increase[2] *n* : aumento *m* : incremento *m* : subida *f*
increasing *adj* : creciente
increasingly *adv* : cada vez más
incredible *adj* : increíble — **incredibly** *adv*
incredulity *n* : incredulidad *f*
incredulous *adj* : incrédulo : escéptico
incredulously *adv* : con incredulidad
increment *n* : incremento *m* : aumento *m*
incremental *adj* : de incremento
incriminate *v* **-nated; -nating** : incriminar
incrimination *n* : incriminación *f*
incriminatory *adj* : incriminatorio
incubate *v* **-bated; -bating** : incubar : empollar : incubar(se)
incubation *n* : incubación *f*
incubator *n* : incubadora *f*
inculcate *v* **-cated; -cating** : inculcar
incumbency *n, pl* **-cies** : incumbencia *f* : mandato *m*
incumbent[1] *adj* : obligatorio
incumbent[2] *n* : titular *mf*
incur *v* **incurred; incurring** : provocar : incurrir en
incurable *adj* : incurable : sin remedio
incursion *n* : incursión *f*
indebted *adj* : endeudado
indebtedness *n* : endeudamiento *m*
indecency *n, pl* **-cies** : indecencia *f*
indecent *adj* : indecente — **indecently** *adv*
indecipherable *adj* : indescifrable
indecision *n* : indecisión *f* : irresolución *f*
indecisive *adj* : indeciso : que no es decisivo : irresoluto : vacilante : indefinido — **indecisively** *adv*
indecorous *adj* : indecoroso — **indecorously** *adv*
indecorousness *n* : indecoro *m*
indeed *adv* : efectivamente
indefatigable *adj* : incansable : infatigable — **indefatigably** *adv*
indefensible *adj* : indefendible : vulnerable : inexcusable
indefinable *adj* : indefinible
indefinite *adj* : indefinido : indeterminado : vago : impreciso
indefinitely *adv* : indefinidamente : por un tiempo indefinido
indelible *adj* : indeleble : imborrable — **indelibly** *adv*
indelicacy *n* : falta *f* de delicadeza
indelicate *adj* : indelicado : indecoroso : indiscreto : falto de tacto
indemnify *v* **-fied; -fying** : asegurar : indemnizar : compensar
indemnity *n, pl* **-ties** : indemnidad *f* : indemnización *f*
indent *v* : sangrar
indentation *n* : muesca *f* : mella *f* : sangría *f*
indenture[1] *v* **-tured; -turing** : ligar por contrato
indenture[2] *n* : contrato de aprendizaje

independence *n* : independencia *f*
Independence Day *n* : día *m* de la Independencia
independent[1] *adj* : independiente — **independently** *adv*
independent[2] *n* : independiente *mf*
in–depth *adj* : a fondo : exhaustivo
indescribable *adj* : indescriptible : incalificable — **indescribably** *adv*
indestructible *adj* : indestructible
indeterminate *adj* : vago : impreciso : indeterminado : indefinido
index[1] *v* : ponerle un índice a : incluir en un índice : indicar : señalar : indexar : indiciar
index[2] *n, pl* **-dexes** *or* **-dices** : índice *m* : indicio *m* : señal *f*
index finger *n* : dedo *m* índice
Indian *n* : indio *m*, -dia *f* — **Indian** *adj*
indicate *v* **-cated; -cating** : indicar : señalar : ser indicio de : ser señal de : expresar : marcar : poner
indication *n* : indicio *m* : señal *f*
indicative *adj* : indicativo
indicator *n* : indicador *m*
indict *v* : acusar : procesar
indictment *n* : acusación *f*
indifference *n* : indiferencia *f*
indifferent *adj* : indiferente : mediocre
indifferently *adv* : con indiferencia : indiferentemente : de modo regular : más o menos
indigence *n* : indigencia *f*
indigenous *adj* : indígena : nativo
indigent *adj* : indigente : pobre
indigestible *adj* : difícil de digerir
indigestion *n* : indigestión *f* : empacho *m*
indignant *adj* : indignado
indignantly *adv* : con indignación
indignation *n* : indignación *f*
indignity *n, pl* **-ties** : indignidad *f*
indigo *n, pl* **-gos** *or* **-goes** : añil *m* : índigo *m*
indirect *adj* : indirecto — **indirectly** *adv*
indiscernible *adj* : imperceptible
indiscreet *adj* : indiscreto — **indiscreetly** *adv*
indiscretion *n* : indiscreción *f*
indiscriminate *adj* : indiscriminado
indiscriminately *adv* : sin discriminación : sin discernimiento
indispensable *adj* : indispensable : necesario : imprescindible — **indispensably** *adv*
indisposed *adj* : indispuesto : enfermo : opuesto : reacio
indisputable *adj* : indiscutible : incuestionable : incontestable — **indisputably** *adv*
indistinct *adj* : indistinto — **indistinctly** *adv*
indistinctness *n* : falta *f* de claridad
indistinguishable *adj* : indistinguible
individual[1] *adj* : individual : personal : separado : particular : propio
individual[2] *n* : individuo *m*
individualism *n* : individualismo *m*
individualist *n* : individualista *mf*
individualistic *adj* : individualista
individuality *n, pl* **-ties** : individualidad *f*
individualize *v* **-ized; -izing** : individualizar
individually *adv* : individualmente
indivisible *adj* : indivisible
indoctrinate *v* **-nated; -nating** : enseñar : instruir : adoctrinar
indoctrination *n* : adoctrinamiento *m*
indolence *n* : indolencia *f*
indolent *adj* : indolente
indomitable *adj* : invencible : indomable : indómito — **indomitably** *adv*
Indonesian *n* : indonesio *m*, -sia *f* — **Indonesian** *adj*
indoor *adj* : interior : para estar en casa : cubierto : bajo techo
indoors *adv* : adentro : dentro
indubitable *adj* : indudable : incuestionable : indiscutible
indubitably *adv* : indudablemente
induce *v* **-duced; -ducing** : persuadir : inducir : provocar
inducement *n* : incentivo *m* : aliciente *m* : inducción *f* : provocación *f*
induct *v* : instalar : investir : admitir : reclutar
inductee *n* : recluta *mf* : conscripto *m*, -ta *f*

induction *n* : iniciación *f* : introducción *f* : inducción *f*
inductive *adj* : inductivo
indulge *v* **-dulged; -dulging** : gratificar : satisfacer : consentir : mimar **to indulge in** : permitirse
indulgence *n* : satisfacción *f* : gratificación *f* : complacencia *f* : indulgencia *f* : consentimiento *m*
indulgent *adj* : indulgente : consentido — **indulgently** *adv*
industrial *adj* : industrial — **industrially** *adv*
industrialist *n* : industrial *mf*
industrialization *n* : industrialización *f*
industrialize *v* **-ized; -izing** : industrializar
industrious *adj* : diligente : industrioso : trabajador
industriously *adv* : con diligencia : con aplicación
industriousness *n* : diligencia *f* : aplicación *f*
industry *n, pl* **-tries** : diligencia *f* : aplicación *f* : industria *f*
inebriated *adj* : ebrio : embriagado
inebriation *n* : ebriedad *f* : embriaguez *f*
inedible *adj* : incomible
ineffable *adj* : inefable — **ineffably** *adv*
ineffective *adj* : ineficaz : inútil : incompetente : ineficiente : incapaz
ineffectively *adv* : ineficazmente : infructuosamente
ineffectual *adj* : inútil : ineficaz — **ineffectually** *adv*
inefficiency *n, pl* **-cies** : ineficiencia *f* : ineficacia *f*
inefficient *adj* : ineficiente : ineficaz : incompetente : incapaz — **inefficiently** *adv*
inelegance *n* : inelegancia *f*
inelegant *adj* : inelegante : poco elegante
ineligibility *n* : inelegibilidad *f*
ineligible *adj* : inelegible
inept *adj* : inepto
ineptitude *n* : ineptitud *f* : incompetencia *f* : incapacidad *f*
inequality *n, pl* **-ties** : desigualdad *f*
inequitable *adj* : inequitativo
inequity *n, pl* **-ties** : inequidad *f*
inert *adj* : inerte : inactivo : lento
inertia *n* : inercia *f*
inescapable *adj* : inevitable : ineludible — **inescapably** *adv*
inessential *adj* : que no es esencial : innecesario
inestimable *adj* : inestimable : inapreciable
inevitability *n, pl* **-ties** : inevitabilidad *f*
inevitable *adj* : inevitable — **inevitably** *adv*
inexact *adj* : inexacto
inexactly *adv* : sin exactitud
inexcusable *adj* : inexcusable : imperdonable — **inexcusably** *adv*
inexhaustible *adj* : infatigable : incansable : inagotable — **inexhaustibly** *adv*
inexorable *adj* : inexorable — **inexorably** *adv*
inexpensive *adj* : barato : económico
inexperience *n* : inexperiencia *f*
inexperienced *adj* : inexperto : novato
inexplicable *adj* : inexplicable — **inexplicably** *adv*
inexpressible *adj* : inexpresable : inefable
inextricable *adj* : inextricable — **inextricably** *adv*
infallibility *n* : infalibilidad *f*
infallible *adj* : infalible — **infallibly** *adv*
infamous *adj* : infame — **infamously** *adv*
infamy *n, pl* **-mies** : infamia *f*
infancy *n, pl* **-cies** : infancia *f*
infant *n* : bebé *m* : niño *m*, -ña *f*
infantile *adj* : infantil : pueril
infantile paralysis → poliomyelitis
infantry *n, pl* **-tries** : infantería *f*
infatuated *adj* **to be infatuated with** : estar encaprichado con
infatuation *n* : encaprichamiento *m* : enamoramiento *m*
infect *v* : infectar : contagiar
infection *n* : infección *f* : contagio *m*
infectious *adj* : infeccioso : contagioso
infer *v* **inferred; inferring** : deducir : inferir : concluir : suponer : tener entendido : sugerir : insinuar

inference *n* : deducción *f* : inferencia *f* : conclusión *f*
inferior[1] *adj* : inferior : malo
inferior[2] *n* : inferior *mf*
inferiority *n, pl* **-ties** : inferioridad *f*
infernal *adj* : infernal : diabólico : maldito : condenado
inferno *n, pl* **-nos** : infierno *m*
infertile *adj* : estéril : infecundo
infertility *n* : esterilidad *f* : infecundidad *f*
infest *v* : infestar : plagar
infestation *n* : infestación *f* : plaga *f*
infidel *n* : infiel *mf*
infidelity *n, pl* **-ties** : infidelidad *f* : deslealtad *f*
infield *n* : cuadro *m* : diamante *m*
infighting *n* : disputas *fpl* internas : luchas *fpl* internas
infiltrate *v* **-trated; -trating** : infiltrar : infiltrarse
infiltration *n* : infiltración *f*
infiltrator *n* : infiltrado *m*, -da *f*
infinite *adj* : infinito : sin límites : vasto : extenso
infinitely *adv* : infinitamente
infinitesimal *adj* : infinitesimal — **infinitesimally** *adv*
infinitive *n* : infinitivo *m*
infinity *n, pl* **-ties** : infinito *m* : infinidad *f*
infirm *adj* : enfermizo : endeble : inseguro
infirmary *n, pl* **-ries** : enfermería *f* : hospital *m*
infirmity *n, pl* **-ties** : debilidad *f* : enfermedad *f* : dolencia *f*
inflame *v* **-flamed; -flaming** : inflamar : encender : provocar : inflamarse
inflammable *adj* : inflamable : irascible : explosivo
inflammation *n* : inflamación *f*
inflammatory *adj* : inflamatorio : incendiario
inflatable *adj* : inflable
inflate *v* **-flated; -flating** : inflar : hinchar
inflation *n* : inflación *f*
inflationary *adj* : inflacionario : inflacionista
inflect *v* : conjugar : declinar : modular
inflection *n* : inflexión *f*
inflexibility *n, pl* **-ties** : inflexibilidad *f*
inflexible *adj* : inflexible
inflict *v* : infligir : causar : imponer
infliction *n* : imposición *f*
influence[1] *v* **-enced; -encing** : influenciar : influir en
influence[2] *n* : influencia *f* : influjo *m*
influential *adj* : influyente
influenza *n* : gripe *f* : influenza *f* : gripa *f*
influx *n* : afluencia *f* : entrada *f* : llegada *f*
info *n* → **information**
inform *v* : informar : notificar : avisar **to inform on** : delatar : denunciar
informal *adj* : sin ceremonia : sin etiqueta : informal : familiar : extraoficial
informality *n, pl* **-ties** : informalidad *f* : familiaridad *f* : falta *f* de ceremonia
informally *adv* : sin ceremonias : de manera informal : informalmente
informant *n* : informante *mf* : informador *m*, -dora *f*
information *n* : información *f*
informational *adj* : informativo
information technology *n* : informática *f*
informative *adj* : informativo : instructivo
informer *n* : informante *mf* : informador *m*, -dora *f*
infraction *n* : infracción *f* : violación *f* : transgresión *f*
infrared *adj* : infrarrojo
infrastructure *n* : infraestructura *f*
infrequent *adj* : infrecuente : raro
infrequently *adv* : raramente : con poca frecuencia
infringe *v* **-fringed; -fringing** : infringir : violar **to infringe on** : abusar de
infringement *n* : violación *f* : incumplimiento *m* : usurpación *f*
infuriate *v* **-ated; -ating** : enfurecer : poner furioso
infuriating *adj* : indignante : exasperante
infuse *v* **-fused; -fusing** : infundir : hacer una infusión de

infusion *n* : infusión *f*
ingenious *adj* : ingenioso — **ingeniously** *adv*
ingenue *or* **ingénue** *n* : ingenua *f*
ingenuity *n, pl* **-ities** : ingenio *m*
ingenuous *adj* : cándido : franco : ingenuo — **ingenuously** *adv*
ingenuousness *n* : candidez *f* : candor *m* : ingenuidad *f*
ingest *v* : ingerir
ingestion *n* : ingestión *f*
inglorious *adj* : deshonroso : ignominioso
ingot *n* : lingote *m*
ingrained *adj* : arraigado
ingrate *n* : ingrato *m*, -ta *f*
ingratiate *v* **-ated; -ating** : conseguir la benevolencia de
ingratiating *adj* : halagador : zalamero : obsequioso
ingratitude *n* : ingratitud *f*
ingredient *n* : ingrediente *m* : componente *m*
ingrown *adj* : crecido hacia adentro
inhabit *v* : vivir en : habitar : ocupar
inhabitable *adj* : habitable
inhabitant *n* : habitante *mf*
inhalant *n* : inhalante *m*
inhalation *n* : inhalación *f*
inhale *v* **-haled; -haling** : inhalar : aspirar : inspirar
inhaler *n* : inhalador *m*
inhere *v* **-hered; -hering** : ser inherente
inherent *adj* : inherente : intrínseco — **inherently** *adv*
inherit *v* : heredar
inheritance *n* : herencia *f*
inheritor *n* : heredero *m*, -ra *f*
inhibit *v* : inhibir : impedir
inhibition *n* : inhibición *f* : cohibición *f*
inhospitable *adj* : inhóspito
inhuman *adj* : inhumano : cruel — **inhumanly** *adv*
inhumane *adj* : inhumano : cruel
inhumanity *n, pl* **-ties** : inhumanidad *f* : crueldad *f*
inimical *adj* : adverso : desfavorable : hostil — **inimically** *adv*
inimitable *adj* : inimitable
iniquitous *adj* : inicuo : malvado
iniquity *n, pl* **-ties** : iniquidad *f*
initial[1] *v* **-tialed** *or* **-tialled; -tialing** *or* **-tialling** : poner las iniciales a : firmar con las iniciales
initial[2] *adj* : inicial : primero — **initially** *adv*
initial[3] *n* : inicial *f*
initiate[1] *v* **-ated; -ating** : comenzar : iniciar : instruir : introducir
initiate[2] *n* : iniciado *m*, -da *f*
initiation *n* : iniciación *f*
initiative *n* : iniciativa *f*
initiatory *adj* : introductorio : de iniciación
inject *v* : inyectar
injection *n* : inyección *f*
injudicious *adj* : imprudente : indiscreto : poco juicioso
injunction *n* : orden *f* : mandato *m* : mandamiento *m* judicial
injure *v* **-jured; -juring** : herir : lesionar : lastimar : dañar
injurious *adj* : perjudicial
injury *n, pl* **-ries** : mal *m* : injusticia *f* : herida *f* : daño *m* : perjuicio *m*
injustice *n* : injusticia *f*
ink[1] *v* : entintar
ink[2] *n* : tinta *f*
inkjet printer *n* : impresora *f* de inyección de tinta
inkling *n* : presentimiento *m* : indicio *m* : sospecha *f*
ink pad *n* : tampón *m*
inkwell *n* : tintero *m*
inky *adj* : manchado de tinta : negro : impenetrable
inland[1] *adv* : hacia el interior : tierra adentro
inland[2] *adj* : interior
inland[3] *n* : interior *m*
in–law *n* : pariente *m* político; **in–laws** *npl* : suegros *mpl*
inlay[1] *v* **-laid; -laying** : incrustar
inlay[2] *n* : incrustación *f* : empaste *m*
inlet *n* : cala *f* : ensenada *f* : brazo *m* del mar
in–line skate *n* : patín *m* en línea
inmate *n* : paciente *mf* : preso *m*, -sa *f* : interno *m*, -na *f*
in memoriam *prep* : en memoria de
inmost → **innermost**
inn *n* : posada *f* : hostería *f* : fonda *f* : taberna *f*
innards *npl* : entrañas *fpl* : tripas *fpl*
innate *adj* : innato : inherente

inner *adj* : interior : interno
inner city *n* : barrios *mpl* pobres
innermost *adj* : más íntimo : más profundo
innersole → insole
inner tube → tube
inning *n* : entrada *f*
innkeeper *n* : posadero *m*, -ra *f*
innocence *n* : inocencia *f*
innocent[1] *adj* : inocente — **innocently** *adv*
innocent[2] *n* : inocente *mf*
innocuous *adj* : inocuo : inofensivo
innovate *v* **-vated; -vating** : innovar
innovation *n* : innovación *f* : novedad *f*
innovative *adj* : innovador
innovator *n* : innovador *m*, -dora *f*
innuendo *n, pl* **-dos** *or* **-does** : insinuación *f* : indirecta *f*
innumerable *adj* : innumerable
inoculate *v* **-lated; -lating** : inocular
inoculation *n* : inoculación *f*
inoffensive *adj* : inofensivo
inoperable *adj* : inoperable
inoperative *adj* : inoperante
inopportune *adj* : inoportuno — **inopportunely** *adv*
inordinate *adj* : excesivo : inmoderado : desmesurado — **inordinately** *adv*
inorganic *adj* : inorgánico
inpatient *n* : paciente *mf* hospitalizado
input[1] *v* **inputted** *or* **input; inputting** : entrar
input[2] *n* : aportación *f* : contribución *f* : entrada *f* : consejos *mpl* : opinión *f*
inquest *n* : investigación *f* : pesquisa *f* : indagatoria *f*
inquire *v* **-quired; -quiring** : preguntar : informarse de : inquirir : informarse
inquiringly *adv* : inquisitivamente
inquiry *n, pl* **-ries** : pregunta *f* : investigación *f* : inquisición *f* : pesquisa *f*
inquisition *n* : inquisición *f* : interrogatorio *m* : investigación *f*
inquisitive *adj* : inquisidor : inquisitivo : curioso — **inquisitively** *adv*
inquisitiveness *n* : curiosidad *f*
inquisitor *n* : inquisidor *m*, -dora *f* : interrogador *m*
inroad *n* : invasión *f* : incursión *f*
insane *adj* : loco : demente : absurdo : insensato
insanely *adv* : como un loco
insanity *n, pl* **-ties** : locura *f* : insensatez *f*
insatiable *adj* : insaciable — **insatiably** *adv*
inscribe *v* **-scribed; -scribing** : inscribir : grabar : dedicar
inscription *n* : inscripción *f* : dedicación *f* : leyenda *f*
inscrutable *adj* : inescrutable : misterioso — **inscrutably** *adv*
inseam *n* : entrepierna *f*
insect *n* : insecto *m*
insecticidal *adj* : insecticida
insecticide *n* : insecticida *m*
insecure *adj* : inseguro : poco seguro
insecurely *adv* : inseguramente
insecurity *n, pl* **-ties** : inseguridad *f*
inseminate *v* **-nated; -nating** : inseminar
insemination *n* : inseminación *f*
insensibility *n, pl* **-ties** : insensibilidad *f*
insensible *adj* : inconsciente : sin conocimiento : insensible : entumecido
insensitive *adj* : insensible
insensitivity *n, pl* **-ties** : insensibilidad *f*
inseparable *adj* : inseparable
insert[1] *v* : insertar : introducir : poner : meter : interpolar : intercalar
insert[2] *n* : inserción *f* : hoja *f* insertada
insertion *n* : inserción *f*
inshore[1] *adv* : hacia la costa
inshore[2] *adj* : cercano a la costa : costero
inside[1] *adv* : adentro : dentro
inside[2] *adj* : interior : de adentro : de dentro : confidencial
inside[3] *n* : interior *m* : parte *f* de adentro; **insides** *npl* : tripas *fpl*
inside[4] *prep* : al interior de : dentro de : en menos de
inside of *prep* : dentro de
insider *n* : persona *f* enterada

insidious *adj* : insidioso — **insidiously** *adv*
insidiousness *n* : insidia *f*
insight *n* : perspicacia *f* : penetración *f*
insightful *adj* : perspicaz
insignia *or* **insigne** *n, pl* **-nia** *or* **-nias** : insignia *f* : enseña *f*
insignificance *n* : insignificancia *f*
insignificant *adj* : insignificante
insincere *adj* : insincero : poco sincero
insincerely *adv* : con poca sinceridad
insincerity *n, pl* **-ties** : insinceridad *f*
insinuate *v* **-ated; -ating** : insinuar
insinuation *n* : insinuación *f*
insipid *adj* : insípido
insist *v* : insistir
insistence *n* : insistencia *f*
insistent *adj* : insistente — **insistently** *adv*
insofar as *conj* : en la medida en que : en tanto que : en cuanto a
insole *n* : plantilla *f*
insolence *n* : insolencia *f*
insolent *adj* : insolente
insolubility *n* : insolubilidad *f*
insoluble *adj* : insoluble
insolvency *n, pl* **-cies** : insolvencia *f*
insolvent *adj* : insolvente
insomnia *n* : insomnio *m*
insomniac *n* : insomne *mf* — **insomniac** *adj*
insomuch as → **inasmuch as**
insomuch that *conj* : así que : de manera que
inspect *v* : inspeccionar : examinar : revisar
inspection *n* : inspección *f* : examen *m* : revisión *f* : revista *f*
inspector *n* : inspector *m*, -tora *f*
inspiration *n* : inspiración *f*
inspirational *adj* : inspirador
inspire *v* **-spired; -spiring** : inhalar : aspirar : estimular : animar : inspirar : infundir
instability *n, pl* **-ties** : inestabilidad *f*
install *v* **-stalled; -stalling** : instalar : investir
installation *n* : instalación *f*
installment *n* : plazo *m* : cuota *f* : entrega *f* : instalación *f*
instance *n* : instancia *f* : ejemplo *m* : caso *m* : ocasión *f*
instant[1] *adj* : inmediato : instantáneo
instant[2] *n* : momento *m* : instante *m*
instantaneous *adj* : instantáneo
instantaneously *adv* : instantáneamente : al instante
instantly *adv* : al instante : instantáneamente
instant message *n* : mensaje *m* instantáneo
instant messaging *n* : mensajería *f* instantánea
instead *adv* : en cambio : en lugar de eso : en su lugar : al contrario
instead of *prep* : en vez de : en lugar de
instep *n* : empeine *m*
instigate *v* **-gated; -gating** : instigar : incitar : provocar : fomentar
instigation *n* : instancia *f* : incitación *f*
instigator *n* : instigador *m*, -dora *f* : incitador *m*
instill *v* **-stilled; -stilling** : inculcar : infundir
instinct *n* : instinto *m* : don *m*
instinctive *adj* : instintivo
instinctively *adv* : instintivamente : por instinto
instinctual *adj* : instintivo
institute[1] *v* **-tuted; -tuting** : establecer : instituir : fundar : iniciar : empezar : entablar
institute[2] *n* : instituto *m*
institution *n* : institución *f* : establecimiento *m* : tradición *f* : organismo *m* : asilo *m*
institutional *adj* : institucional
institutionalize *v* **-ized; -izing** : institucionalizar : internar
instruct *v* : instruir : adiestrar : enseñar : mandar : ordenar : dar instrucciones a
instruction *n* : instrucción *f* : enseñanza *f* : orden *f*; **instructions** *npl* : instrucciones *fpl* : modo *m* de empleo
instructional *adj* : instructivo : educativo
instructive *adj* : instructivo
instructor *n* : instructor *m*, -tora *f*
instrument *n* : instrumento *m*

instrumental *adj* : instrumental
instrumentalist *n* : instrumentista *mf*
insubordinate *adj* : insubordinado
insubordination *n* : insubordinación *f*
insubstantial *adj* : insustancial : poco nutritivo : poco sólido
insufferable *adj* : insufrible : intolerable : inaguantable : insoportable — **insufferably** *adv*
insufficiency *n, pl* **-cies** : insuficiencia *f*
insufficient *adj* : insuficiente — **insufficiently** *adv*
insular *adj* : isleño : insular : de miras estrechas
insularity *n* : insularidad *f*
insulate *v* **-lated; -lating** : aislar
insulation *n* : aislamiento *m*
insulator *n* : aislador *m* : aislante *m*
insulin *n* : insulina *f*
insult[1] *v* : insultar : ofender : injuriar
insult[2] *n* : insulto *m* : injuria *f* : agravio *m*
insulting *adj* : ofensivo : injurioso : insultante
insultingly *adv* : ofensivamente : de manera insultante
insurance *n* : seguro *m*
insure *v* **-sured; -suring** : asegurar : garantizar
insured *n* : asegurado *m*, -da *f*
insurer *n* : asegurador *m*, -dora *f*
insurgent[1] *adj* : insurgente
insurgent[2] *n* : insurgente *mf*
insurmountable *adj* : insuperable : insalvable — **insurmountably** *adv*
insurrection *n* : insurrección *f* : levantamiento *m* : alzamiento *m*
intact *adj* : intacto
intake *n* : entrada *f* : toma *f* : consumo *m*
intangible *adj* : intangible : impalpable — **intangibly** *adv*
integer *n* : entero *m*
integral *adj* : integral : esencial
integrate *v* **-grated; -grating** : integrar : unir : eliminar la segregación de : integrarse
integration *n* : integración *f*
integrity *n* : integridad *f*
intellect *n* : intelecto *m* : inteligencia *f* : capacidad *f* intelectual
intellectual[1] *adj* : intelectual — **intellectually** *adv*
intellectual[2] *n* : intelectual *mf*
intelligence *n* : inteligencia *f* : información *f* : noticias *fpl*
intelligent *adj* : inteligente — **intelligently** *adv*
intelligentsia *ns & pl* : intelectualidad *f*
intelligibility *n* : inteligibilidad *f*
intelligible *adj* : inteligible : comprensible — **intelligibly** *adv*
intemperance *n* : inmoderación *f* : intemperancia *f*
intemperate *adj* : excesivo : inmoderado : desmedido
intend *v* : querer : tener la intención de : querer decir : pensar : tener planeado : proyectar : proponerse
intended *adj* : previsto : proyectado : intencional : deliberado
intense *adj* : intenso : extremo : profundo
intensely *adv* : sumamente : profundamente : intensamente
intensification *n* : intensificación *f*
intensifier *n* : intensificador *m*
intensify *v* **-fied; -fying** : intensificar : redoblar : agudizar : intensificarse : hacerse más intenso
intensity *n, pl* **-ties** : intensidad *f*
intensive *adj* : intensivo — **intensively** *adv*
intent[1] *adj* : concentrado : fijo
intent[2] *n* : intención *f* : propósito *m*
intention *n* : intención *f* : propósito *m*
intentional *adj* : intencional : deliberado
intentionally *adv* : a propósito : adrede
intently *adv* : atentamente : fijamente
inter *v* **-terred; -terring** : enterrar : inhumar
inter- *pref* : inter-
interact *v* : interactuar : actuar recíprocamente : relacionarse
interaction *n* : interacción *f* : interrelación *f*
interactive *adj* : interactivo
interbreed *v* **-bred; -breeding** : cruzar : cruzarse
intercede *v* **-ceded; -ceding** : interceder

intercept *v* : interceptar
interception *n* : intercepción *f*
intercession *n* : intercesión *f*
interchange[1] *v* **-changed; -changing** : intercambiar
interchange[2] *n* : intercambio *m* : cambio *m* : empalme *m* : enlace *m* de carreteras
interchangeable *adj* : intercambiable
intercity *adj* : interurbano
intercollegiate *adj* : interuniversitario
intercom *n* : interfono *m* : interfón *m*
interconnect *v* : conectar : interconectar : interrelacionar : interrelacionarse
intercontinental *adj* : intercontinental
intercourse *n* : relaciones *fpl* : trato *m* : acto *m* sexual : relaciones *fpl* sexuales : coito *m*
interdenominational *adj* : interconfesional
interdepartmental *adj* : interdepartamental
interdependence *n* : interdependencia *f*
interdependent *adj* : interdependiente
interdict *v* : prohibir : cortar
interdisciplinary *adj* : interdisciplinario
interest[1] *v* : interesar
interest[2] *n* : interés *m* : participación *f* : provecho *m* : beneficio *m* : cargo *m* : curiosidad *f* : color *m* : afición *f*
interested *adj* : interesado
interesting *adj* : interesante — **interestingly** *adv*
interface *n* : interfaz *f* : interfase *f* : punto *m* de contacto
interfere *v* **-fered; -fering** : interponerse : hacer interferencia : entrometerse : interferir : intervenir
interference *n* : interferencia *f* : intromisión *f*
intergalactic *adj* : intergaláctico
intergovernmental *adj* : intergubernamental
interim[1] *adj* : interino : provisional
interim[2] *n* : interín *m* : intervalo *m*
interior[1] *adj* : interior
interior[2] *n* : interior *m*
interject *v* : interponer : agregar
interjection *n* : interjección *f* : exclamación *f* : interrupción *f*
interlace *v* **-laced; -lacing** : entrelazar : intercalar
interlock *v* : trabar : unir : engranar : entrelazarse : trabarse
interloper *n* : intruso *m*, -sa *f* : entrometido *m*, -da *f*
interlude *n* : intervalo *m* : intermedio *m* : interludio *m*
intermarriage *n* : matrimonio *m* mixto : matrimonio *m* entre miembros del mismo grupo
intermarry *v* **-married; -marrying** : casarse : casarse entre sí
intermediary[1] *adj* : intermediario
intermediary[2] *n, pl* **-aries** : intermediario *m*, -ria *f*
intermediate[1] *adj* : intermedio
intermediate[2] *n* : intermediario *m*, -ria *f* : mediador *m*, -dora *f*
interment *n* : entierro *m*
interminable *adj* : interminable : constante — **interminably** *adv*
intermingle *v* **-mingled; -mingling** : entremezclar : mezclar : entremezclarse
intermission *n* : intermisión *f* : intervalo *m* : intermedio *m*
intermittent *adj* : intermitente — **intermittently** *adv*
intermix *v* : entremezclar
intern[1] *v* : confinar : servir de interno : hacer las prácticas
intern[2] *n* : interno *m*, -na *f*
internal *adj* : interno : interior — **internally** *adv*
international *adj* : internacional — **internationally** *adv*
internationalize *v* **-ized; -izing** : internacionalizar
internecine *adj* : intestino : interno
Internet *n* : Internet *mf*
Internet café *n* : cibercafé *m*
Internet service provider → ISP
internist *n* : internista *mf*
internment *n* : internamiento *m*
interpersonal *adj* : interpersonal
interplay *n* : interacción *f* : juego *m*
interpolate *v* **-lated; -lating** : interpolar

interpose *v* **-posed; -posing** : interponer : interrumpir con : interponerse
interpret *v* : interpretar
interpretation *n* : interpretación *f*
interpretative *adj* : interpretativo
interpreter *n* : intérprete *mf*
interpretive *adj* : interpretativo
interracial *adj* : interracial
interrelate *v* **-related; -relating** : interrelacionar
interrelationship *n* : interrelación *f*
interrogate *v* **-gated; -gating** : interrogar : someter a un interrogatorio
interrogation *n* : interrogatorio *m* : interrogación *f*
interrogative[1] *adj* : interrogativo
interrogative[2] *n* : interrogativo *m*
interrogator *n* : interrogador *m*, -dora *f*
interrogatory *adj* → **interrogative**[1]
interrupt *v* : interrumpir
interruption *n* : interrupción *f*
intersect *v* : cruzar : cortar : cruzarse : intersecarse : cortarse
intersection *n* : intersección *f* : cruce *m*
intersperse *v* **-spersed; -spersing** : intercalar : entremezclar
interstate *adj* : interestatal
interstellar *adj* : interestelar
interstice *n, pl* **-stices** : intersticio *m*
intertwine *v* **-twined; -twining** : entrelazarse
interval *n* : intervalo *m*
intervene *v* **-vened; -vening** : transcurrir : pasar : intervenir : interceder : mediar
intervention *n* : intervención *f*
interview[1] *v* : entrevistar : hacer entrevistas
interview[2] *n* : entrevista *f*
interviewer *n* : entrevistador *m*, -dora *f*
interweave *v* **-wove; -woven; -weaving** : entretejer : entrelazar : entrelazarse : entretejerse
interwoven *adj* : entretejido
intestate *adj* : intestado
intestinal *adj* : intestinal
intestine *n* : intestino *m*
intimacy *n, pl* **-cies** : intimidad *f* : familiaridad *f*
intimate[1] *v* **-mated; -mating** : insinuar : dar a entender
intimate[2] *adj* : íntimo : de confianza : privado : secreto
intimate[3] *n* : amigo *m* íntimo : amiga *f* íntima
intimidate *v* **-dated; -dating** : intimidar
intimidation *n* : intimidación *f*
into *prep* : en : a : contra : dentro de
intolerable *adj* : intolerable — **intolerably** *adv*
intolerance *n* : intolerancia *f*
intolerant *adj* : intolerante
intonation *n* : entonación *f*
intone *v* **-toned; -toning** : entonar
intoxicant *n* : bebida *f* alcohólica
intoxicate *v* **-cated; -cating** : emborrachar : embriagar
intoxicated *adj* : borracho : embriagado
intoxicating *adj* : embriagador
intoxication *n* : embriaguez *f*
intractable *adj* : obstinado : intratable
intramural *adj* : interno : dentro de la universidad
intransigence *n* : intransigencia *f*
intransigent *adj* : intransigente
intransitive *adj* : intransitivo
intrauterine device *n* : dispositivo *m* intrauterino : DIU *m*
intravenous *adj* : intravenoso — **intravenously** *adv*
intrepid *adj* : intrépido
intricacy *n, pl* **-cies** : complejidad *f* : lo intrincado
intricate *adj* : intrincado : complicado — **intricately** *adv*
intrigue[1] *v* **-trigued; -triguing** : intrigar
intrigue[2] *n* : intriga *f*
intriguing *adj* : intrigante : fascinante
intrinsic *adj* : intrínseco : esencial — **intrinsically** *adv*
intro *n* → **introduction**
introduce *v* **-duced; -ducing** : presentar : introducir : lanzar : presentar : proponer
introduction *n* : introducción *f* : presentación *f*
introductory *adj* : introductorio : preliminar : de introducción

introspection *n* : introspección *f*
introspective *adj* : introspectivo — **introspectively** *adv*
introvert *n* : introvertido *m*, -da *f*
introverted *adj* : introvertido
intrude *v* **-truded; -truding** : inmiscuirse : entrometerse : molestar : estorbar : interrumpir : introducir por fuerza
intruder *n* : intruso *m*, -sa *f*
intrusion *n* : intrusión *f*
intrusive *adj* : intruso
intuit *v* : intuir
intuition *n* : intuición *f*
intuitive *adj* : intuitivo — **intuitively** *adv*
inundate *v* **-dated; -dating** : inundar
inundation *n* : inundación *f*
inure *v* **-ured; -uring** : acostumbrar : habituar
invade *v* **-vaded; -vading** : invadir
invader *n* : invasor *m*, -sora *f*
invalid[1] *adj* : inválido : nulo
invalid[2] *adj* : inválido : discapacitado
invalid[3] *n* : inválido *m*, -da *f*
invalidate *v* **-dated; -dating** : invalidar
invalidity *n, pl* **-ties** : invalidez *f* : falta de validez *f*
invaluable *adj* : invalorable : inestimable : inapreciable
invariable *adj* : invariable : constante — **invariably** *adv*
invasion *n* : invasión *f*
invasive *adj* : invasivo
invective *n* : invectiva *f* : improperio *m*
inveigh *v* **to inveigh against** : arremeter contra : lanzar invectivas contra
inveigle *v* **-gled; -gling** : engatusar : embaucar : persuadir con engaños
invent *v* : inventar
invention *n* : invención *f* : invento *m*
inventive *adj* : inventivo
inventiveness *n* : ingenio *m* : inventiva *f*
inventor *n* : inventor *m*, -tora *f*
inventory[1] *v* **-ried; -rying** : inventariar
inventory[2] *n, pl* **-ries** : inventario *m* : existencias *fpl*
inverse[1] *adj* : inverso — **inversely** *adv*
inverse[2] *n* : inverso *m*
inversion *n* : inversión *f*
invert *v* : invertir
invertebrate[1] *adj* : invertebrado
invertebrate[2] *n* : invertebrado *m*
invest *v* : investir : autorizar : conferir : invertir : dedicar
investigate *v* **-gated; -gating** : investigar
investigation *n* : investigación *f* : estudio *m*
investigative *adj* : investigador
investigator *n* : investigador *m*, -dora *f*
investiture *n* : investidura *f*
investment *n* : inversión *f*
investor *n* : inversor *m*, -sora *f* : inversionista *mf*
inveterate *adj* : inveterado : enraizado : empedernido : incorregible
invidious *adj* : repugnante : odioso : injusto — **invidiously** *adv*
invigorate *v* **-rated; -rating** : vigorizar : animar
invigorating *adj* : vigorizante : estimulante
invincibility *n* : invencibilidad *f*
invincible *adj* : invencible — **invincibly** *adv*
inviolable *adj* : inviolable
inviolate *adj* : inviolado : puro
invisibility *n* : invisibilidad *f*
invisible *adj* : invisible — **invisibly** *adv*
invitation *n* : invitación *f*
invite *v* **-vited; -viting** : atraer : tentar : provocar : buscar : invitar : solicitar
inviting *adj* : atractivo : atrayente
invocation *n* : invocación *f*
invoice[1] *v* **-voiced; -voicing** : facturar
invoice[2] *n* : factura *f*
invoke *v* **-voked; -voking** : invocar : apelar a : citar : hacer aparecer
involuntary *adj* : involuntario — **involuntarily** *adv*
involve *v* **-volved; -volving** : ocupar : involucrar : enredar : implicar : concernir : afectar : conectar : relacionar : suponer : incluir : consistir en

involved *adj* : complicado : complejo : interesado : afectado
involvement *n* : participación *f* : complicidad *f* : relación *f*
invulnerable *adj* : invulnerable
inward[1] *or* **inwards** *adv* : hacia adentro : hacia el interior
inward[2] *adj* : interior : interno
inwardly *adv* : por dentro : internamente : interiormente : para sus adentros : para sí
iodine *n* : yodo *m* : tintura *f* de yodo
ion *n* : ion *m*
ionic *adj* : iónico
ionize *v* **ionized; ionizing** : ionizar
ionosphere *n* : ionosfera *f*
iota *n* : pizca *f* : ápice *m*
IOU *n* : pagaré *m* : vale *m*
IPA *n* : AFI *m*
IQ *n* : CI *m* : coeficiente *m* intelectual
Iranian *n* : iraní *mf* — **Iranian** *adj*
Iraqi *n* : iraquí *mf* — **Iraqi** *adj*
irascibility *n* : irascibilidad *f*
irascible *adj* : irascible
irate *adj* : furioso : airado : iracundo — **irately** *adv*
ire *n* : ira *f* : cólera *f*
iridescence *n* : iridiscencia *f*
iridescent *adj* : iridiscente
iridium *n* : iridio *m*
iris *n, pl* **irises** *or* **irides** : iris *m* : lirio *m*
Irish[1] *adj* : irlandés
Irish[2] *n* : irlandés *m*
Irishman *n, pl* **-men** : irlandés *m*
Irishwoman *n, pl* **-women** : irlandesa *f*
irk *v* : fastidiar : irritar : preocupar
irksome *adj* : irritante : fastidioso — **irksomely** *adv*
iron[1] *v* : planchar
iron[2] *n* : hierro *m* : fierro *m* : plancha *f*
ironclad *adj* : acorazado : blindado : riguroso : estricto
ironic *or* **ironical** *adj* : irónico — **ironically** *adv*
ironing *n* : planchada *f* : ropa *f* para planchar
ironing board *n* : tabla *f*
ironwork *n* : obra *f* de hierro; **ironworks** *npl* : fundición *f*
irony *n, pl* **-nies** : ironía *f*
irradiate *v* **-ated; -ating** : irradiar : radiar
irradiation *n* : irradiación *f* : radiación *f*
irrational *adj* : irracional — **irrationally** *adv*
irrationality *n, pl* **-ties** : irracionalidad *f*
irreconcilable *adj* : irreconciliable
irrecoverable *adj* : irrecuperable — **irrecoverably** *adv*
irredeemable *adj* : irredimible : irremediable : irreparable
irrefutable *adj* : irrefutable
irregular[1] *adj* : irregular — **irregularly** *adv*
irregular[2] *n* : soldado *m* irregular; **irregulars** *npl* : artículos *mpl* defectuosos
irregularity *n, pl* **-ties** : irregularidad *f*
irrelevance *n* : irrelevancia *f*
irrelevant *adj* : irrelevante
irreligious *adj* : irreligioso
irreparable *adj* : irreparable
irreplaceable *adj* : irreemplazable : insustituible
irrepressible *adj* : incontenible : incontrolable
irreproachable *adj* : irreprochable : intachable
irresistible *adj* : irresistible — **irresistibly** *adv*
irresolute *adj* : irresoluto : indeciso
irresolutely *adv* : de manera indecisa
irresolution *n* : irresolución *f*
irrespective of *prep* : sin tomar en consideración : sin tener en cuenta
irresponsibility *n, pl* **-ties** : irresponsabilidad *f* : falta *f* de responsabilidad
irresponsible *adj* : irresponsable — **irresponsibly** *adv*
irretrievable *adj* : irrecuperable
irreverence *n* : irreverencia *f* : falta *f* de respeto
irreverent *adj* : irreverente : irrespetuoso
irreversible *adj* : irreversible
irrevocable *adj* : irrevocable — **irrevocably** *adv*
irrigate *v* **-gated; -gating** : irrigar : regar

irrigation *n* : irrigación *f* : riego *m*
irritability *n, pl* **-ties** : irritabilidad *f*
irritable *adj* : irritable : colérico
irritably *adv* : con irritación
irritant[1] *adj* : irritante
irritant[2] *n* : agente *m* irritante
irritate *v* **-tated; -tating** : irritar : molestar
irritating *adj* : irritante
irritatingly *adv* : de modo irritante : fastidiosamente
irritation *n* : irritación *f*
is → be
Islam *n* : el Islam
Islamic *adj* : islámico
Islamism *n* : islamismo *m* — **Islamist** *n*
island *n* : isla *f*
islander *n* : isleño *m*, -ña *f*
isle *n* : isla *f* : islote *m*
islet *n* : islote *m*
isn't → be
isolate *v* **-lated; -lating** : aislar
isolated *adj* : aislado : solo
isolation *n* : aislamiento *m*
isometric *adj* : isométrico
isometrics *ns & pl* : isometría *f*
isosceles *adj* : isósceles
isotope *n* : isótopo *m*
ISP *n* : PSI *m* : proveedor *m* de servicios de Internet
Israeli *n* : israelí *mf* — **Israeli** *adj*
issue[1] *v* **-sued; -suing** : emerger : salir : fluir : descender : emanar : surgir : resultar : emitir : distribuir : publicar
issue[2] *n* : emergencia *f* : flujo *m* : descendencia *f* : progenie *f* : desenlace *m* : resultado *m* : consecuencia *f* : asunto *m* : cuestión *f* : publicación *f* : distribución *f* : emisión *f* : número *m*
isthmus *n* : istmo *m*
it *pron* : él : ella : ello : le : lo : la
Italian *n* : italiano *m*, -na *f* — **Italian** *adj*
italic[1] *adj* : en cursiva : en bastardilla
italic[2] *n* : cursiva *f* : bastardilla *f*
italicize *v* **-cized; -cizing** : poner en cursiva
itch[1] *v* : picar : morirse : dar picazón : hacer picar
itch[2] *n* : picazón *f* : picor *m* : comezón *f* : sarpullido *m* : erupción *f* : ansia *f* : deseo *m*
itchiness *n* : picazón *f* : picor *m* : comezón *f*
itchy *adj* **itchier; -est** : que pica : que da comezón
it'd → have, will
item *n* : artículo *m* : pieza *f* : punto *m* : número *m* : ítem *m*
itemize *v* **-ized; -izing** : detallar : enumerar : listar
itemization *n* : desglose *m*
itinerant *adj* : itinerante : ambulante
itinerary *n, pl* **-aries** : itinerario *m*
it'll → will
its *adj* : su : sus
it's → be, have
itself *pron* : se : (él) mismo : (ella) misma : sí : solo
IUD *n* : DIU *m* : dispositivo *m* intrauterino
I've → have
ivory *n, pl* **-ries** : marfil *m* : color *m* de marfil
ivy *n, pl* **ivies** : hiedra *f* : yedra *f*

J

jab[1] *v* **jabbed; jabbing** : clavar : pinchar : dar : golpear
jab[2] *n* : pinchazo *m* : golpe *m* abrupto
jabber *v* : farfullar
jack[1] *v* **to jack up** : levantar : subir : aumentar
jack[2] *n* : gato *m* : cric *m* : pabellón *m* : enchufe *m* hembra : jota *f* : valet *m*; **jacks** *npl* : cantillos *mpl*
jackal *n* : chacal *m*
jackass *n* : asno *m* : burro *m*
jacket *n* : chaqueta *f* : sobrecubierta *f* : carátula *f*
jackhammer *n* : martillo *m* neumático
jack–in–the–box *n* : caja *f* de sorpresa
jackknife[1] *v* **-knifed; -knifing** : doblarse como una navaja : plegarse
jackknife[2] *n* : navaja *f*
jack–of–all–trades *n* : persona *f* que sabe un poco de todo : persona *f* de muchos oficios
jack–o'–lantern *n* : linterna *f* hecha de una calabaza
jackpot *n* : primer premio *m* : gordo *m*
jade *n* : jade *m*
jaded *adj* : agotado : hastiado
jagged *adj* : dentado : mellado
jaguar *n* : jaguar *m*
jai alai *n* : jai alai *m* : pelota *f* vasca
jail[1] *v* : encarcelar
jail[2] *n* : cárcel *f*
jailbreak *n* : fuga *f* : huida *f*
jailer *or* **jailor** *n* : carcelero *m*, -ra *f*
jalapeño *n* : jalapeño *m*
jalopy *n, pl* **-lopies** : cacharro *m* : carro *m* destartalado
jalousie *n* : celosía *f*
jam[1] *v* **jammed; jamming** : apiñar : embutir : atiborrar : meter : atascar : atorar : interferir : atascarse : atrancarse : bloquearse : tocar
jam[2] *n* : lío *m* : aprieto *m* : apuro *m* : mermelada *f*
Jamaican *n* : jamaiquino *m*, -na *f* : jamaicano *m* — **Jamaican** *adj*
jamb *n* : jamba *f*
jamboree *n* : fiesta *f* grande
jam–packed *adj* : repleto : hasta el tope : atestado
jangle[1] *v* **-gled; -gling** : hacer un ruido metálico : hacer sonar
jangle[2] *n* : ruido *m* metálico
janitor *n* : portero *m*, -ra *f* : conserje *mf*
January *n* : enero *m*
Japanese[1] *adj* : japonés
Japanese[2] *n* : japonés *m*
jar[1] *v* **jarred; jarring** : chirriar : desentonar : sacudirse : sacudir
jar[2] *n* : chirrido *m* : vibración *f* : sacudida *f* : tarro *m* : bote *m* : pote *m*
jargon *n* : jerga *f*
jasmine *n* : jazmín *m*
jasper *n* : jaspe *m*
jaundice *n* : ictericia *f*
jaundiced *adj* : ictérico : amargado : resentido : negativo
jaunt *n* : excursión *f* : paseo *m*
jauntily *adv* : animadamente
jauntiness *n* : animación *f* : vivacidad *f*
jaunty *adj* **jauntier; -est** : animado : alegre : desenvuelto : desenfadado
java *n* → **coffee**
Javanese *n* : javanés *m* : javanés *m*, -nesa *f* — **Javanese** *adj*
javelin *n* : jabalina *f*
jaw[1] *v* : cotorrear : parlotear
jaw[2] *n* : mandíbula *f* : quijada *f* : mordaza *f*
jawbone *n* : mandíbula *f*
jay *n* : arrendajo *m* : chara *f* : azulejo *m*
jaybird → **jay**
jaywalk *v* : cruzar la calle sin prudencia
jaywalker *n* : peatón *m* imprudente
jazz[1] *v* **to jazz up** : animar : alegrar
jazz[2] *n* : jazz *m*
jazzy *adj* **jazzier; -est** : con ritmo de jazz : llamativo : ostentoso
jealous *adj* : celoso : envidioso — **jealously** *adv*
jealousy *n* : celos *mpl* : envidia *f*

jeans *npl* : jeans *mpl* : vaqueros *mpl* : tejanos *mpl* : pantalones *mpl* de mezclilla
jeep *n* : jeep *m*
jeer[1] *v* : abuchear : mofarse : burlarse : mofarse de : burlarse de
jeer[2] *n* : abucheo *m* : mofa *f* : burla *f*
Jehovah *n* : Jehová *m*
jell *v* : gelificarse : cuajar : formarse
jelly *n, pl* **-lies** : jalea *f* : gelatina *f*
jellyfish *n* : medusa *f*
jeopardize *v* **-dized; -dizing** : arriesgar : poner en peligro
jeopardy *n* : peligro *m* : riesgo *m*
jerk[1] *v* : sacudir : darle un tirón a : dar sacudidas
jerk[2] *n* : tirón *m* : jalón *m* : sacudida *f* brusca : estúpido *m*, -da *f* : idiota *mf*
jerkin *n* : chaqueta *f* sin mangas : chaleco *m*
jerky[1] *adj* **jerkier; -est** : espasmódico : inconexo — **jerkily** *adv*
jerky[2] *n* : cecina *f* : tasajo *m* : charqui *m*
jerry–built *adj* : mal construido : chapucero
jersey *n, pl* **-seys** : jersey *m*
jest[1] *v* : bromear
jest[2] *n* : broma *f* : chiste *m*
jester *n* : bufón *m*, -fona *f*
Jesuit *n* : jesuita *m* — **Jesuit** *adj*
Jesus *n* : Jesús *m*
jet[1] *v* **jetted; jetting** : arrojar a chorros : salir a chorros : chorrear : viajar en avión : volar
jet[2] *n* : chorro *m* : azabache *m*
jet–black *adj* : negro azabache
jet black *n* : negro *m* azabache
jet engine *n* : reactor *m* : motor *m* a reacción
jet lag *n* : desfase *m* horario
jet–propelled *adj* : a reacción
jetsam *n* **flotsam and jetsam** : restos *mpl* : desechos *mpl*
jettison *v* : echar al mar : desechar : deshacerse de
jetty *n, pl* **-ties** : embarcadero *m* : muelle *m* : malecón *m* : rompeolas *m*
Jew *n* : judío *m*, -día *f*
jewel *n* : joya *f* : alhaja *f* : piedra *f* preciosa : gema *f* : rubí *m* : tesoro *m*
jeweler *or* **jeweller** *n* : joyero *m*, -ra *f*
jewelry *n* : joyas *fpl* : alhajas *fpl*
Jewish *adj* : judío
jibe *v* **jibed; jibing** : concordar
jicama *n* : jícama *f*
jiffy *n, pl* **-fies** : santiamén *m* : segundo *m* : momento *m*
jig[1] *v* **jigged; jigging** : bailar la giga
jig[2] *n* : giga *f*
jigger *n* : medida de 1 a 2 onzas
jiggle[1] *v* **-gled; -gling** : agitar o sacudir ligeramente : agitarse : vibrar
jiggle[2] *n* : sacudida *f* : vibración *f*
jigsaw *n* : sierra *f* de vaivén
jihad *n* : yihad *mf* : jihad *mf* — **jihadist** *n*
jilt *v* : dejar plantado : dar calabazas a
jimmy[1] *v* **-mied; -mying** : forzar con una palanqueta
jimmy[2] *n, pl* **-mies** : palanqueta *f*
jingle[1] *v* **-gled; -gling** : tintinear : hacer sonar
jingle[2] *n* : tintineo *m* : retintín *m* : canción *f* rimada
jingoism *n* : jingoísmo *m* : patriotería *f*
jingoistic *or* **jingoist** *adj* : jingoísta : patriotero
jinx[1] *v* : traer mala suerte a : salar
jinx[2] *n* : cenizo *m*, -za *f*
jitters *npl* : nervios *mpl*
jittery *adj* : nervioso
Jivaro *n* : jíbaro *m*, -ra *f*
job *n* : trabajo *m* : tarea *f* : quehacer *m* : empleo *m* : puesto *m*
jobber *n* : intermediario *m*, -ria *f*
jobless *adj* : desempleado
jock *n* : deportista *mf* : atleta *mf*
jockey[1] *v* **-eyed; -eying** : manipular : maniobrar **to jockey for position** : maniobrar para conseguir algo
jockey[2] *n, pl* **-eys** : jockey *mf*
jocose *adj* : jocoso
jocular *adj* : jocoso — **jocularly** *adv*
jocularity *n* : jocosidad *f*
jodhpurs *npl* : pantalones *mpl* de montar
joe *n* : tipo *m*
jog[1] *v* **jogged; jogging** : dar : empujar : codear : correr despacio : trotar : hacer footing : andar a trote corto

jog[2] *n* : empujoncito *m* : sacudida *f* leve : trote *m* corto : footing *m* : recodo *m* : vuelta *f* : curva *f*
jogger *n* : persona *f* que hace footing
jogging *n* : footing *m* : jogging *m*
john *n* : inodoro *m*
join[1] *v* : unir : juntar : lindar con : colindar con : reunirse con : encontrarse con : acompañar : hacerse socio de : afiliarse a : entrar en : unirse : empalmar : confluir : hacerse socio : afiliarse : entrar
join[2] *n* : juntura *f* : unión *f*
joiner *n* : carpintero *m*, -ra *f* : persona *f* que se une a varios grupos
joint[1] *adj* : conjunto : colectivo : mutuo — **jointly** *adv*
joint[2] *n* : articulación *f* : coyuntura *f* : asado *m* : juntura *f* : unión *f* : antro *m* : tasca *f* : porro *m*
joist *n* : viga *f*
joke[1] *v* **joked; joking** : bromear
joke[2] *n* : chiste *m* : broma *f*
joker *n* : bromista *mf* : comodín *m*
jokingly *adv* : en broma
jollity *n, pl* **-ties** : alegría *f* : regocijo *m*
jolly *adj* **jollier; -est** : alegre : jovial
jolt[1] *v* : dar tumbos : dar sacudidas : sacudir
jolt[2] *n* : sacudida *f* brusca : golpe *m*
jonquil *n* : junquillo *m*
Jordanian *n* : jordano *m*, -na *f* — **Jordanian** *adj*
josh *v* : tomarle el pelo : bromear
jostle *v* **-tled; -tling** : empujar : dar empellones : competir
jot[1] *v* **jotted; jotting** : anotar : apuntar
jot[2] *n* : ápice *m* : jota *f* : pizca *f*
jounce[1] *v* **jounced; jouncing** : sacudir : dar tumbos : dar sacudidas
jounce[2] *n* : sacudida *f* : tumbo *m*
journal *n* : diario *m* : revista *f* : publicación *f* periódica : periódico *m*
journalism *n* : periodismo *m*
journalist *n* : periodista *mf*
journalistic *adj* : periodístico
journey[1] *v* **-neyed; -neying** : viajar
journey[2] *n, pl* **-neys** : viaje *m*
journeyman *n, pl* **-men** : oficial *m*
joust[1] *v* : justar
joust[2] *n* : justa *f*
jovial *adj* : jovial — **jovially** *adv*
joviality *n* : jovialidad *f*
jowl *n* : mandíbula *f* : mejilla *f* : cachete *m*
joy *n* : gozo *m* : alegría *f* : felicidad *f* : placer *m* : deleite *m*
joyful *adj* : gozoso : alegre : feliz — **joyfully** *adv*
joyless *adj* : sin alegría : triste
joyous *adj* : alegre : feliz : eufórico — **joyously** *adv*
joyousness *n* : alegría *f* : felicidad *f* : euforia *f*
joyride *n* : paseo *m* en coche a alta velocidad : paseo *m* en un coche robado
joyriding *n* **to go joyriding** : pasear en coche a alta velocidad : pasear en un coche robado
joystick *n* : joystick *m*
jubilant *adj* : jubiloso : alborozado — **jubilantly** *adv*
jubilation *n* : júbilo *m*
jubilee *n* : quincuagésimo aniversario *m* : celebración *f* : festejos *mpl*
Judaic *adj* : judaico
Judaism *n* : judaísmo *m*
judge[1] *v* **judged; judging** : evaluar : juzgar : considerar
judge[2] *n* : juez *mf* : jueza *f* : jurado *mf*
judge's chambers → chamber
judgment *or* **judgement** *n* : fallo *m* : sentencia *f* : opinión *f* : juicio *m* : discernimiento *m*
judgmental *adj* : crítico — **judgmentally** *adv*
judicature *n* : judicatura *f*
judicial *adj* : judicial — **judicially** *adv*
judiciary[1] *adj* : judicial
judiciary[2] *n* : judicatura *f* : poder *m* judicial
judicious *adj* : juicioso : sensato — **judiciously** *adv*
judo *n* : judo *m*
jug *n* : jarra *f* : jarro *m* : cántaro *m* : cárcel *f* : chirona *f*
juggernaut *n* : gigante *m* : fuerza *f* irresistible
juggle *v* **-gled; -gling** : hacer juegos malabares con : manipular : jugar con : hacer juegos malabares

juggler *n* : malabarista *mf*
jugular *adj* : yugular
juice *n* : jugo *m m* : zumo *m* : electricidad *f* : luz *f*
juicer *n* : exprimidor *m*
juiciness *n* : jugosidad *f*
juicy *adj* **juicier; -est** : jugoso : suculento : lucrativo : picante
jukebox *n* : rocola *f* : máquina *f* de discos
July *n* : julio *m*
jumble[1] *v* **-bled; -bling** : mezclar : revolver
jumble[2] *n* : revoltijo *m* : fárrago *m* : embrollo *m*
jumbo[1] *adj* : gigante : enorme : de tamaño extra grande
jumbo[2] *n, pl* **-bos** : coloso *m* : cosa *f* de tamaño extra grande
jump[1] *v* : saltar : brincar : levantarse de un salto : sobresaltarse : moverse : pasar : dar un salto : aumentarse de golpe : subir bruscamente : animarse : ajetrearse : saltarse : atacar : asaltar
jump[2] *n* : salto *m* : sobresalto *m* : respingo *m* : subida *f* brusca : aumento *m* : ventaja *f*
jumper *n* : saltador *m*, -dora *f* : jumper *m* : vestido *m* sin mangas
jumper cables *npl* : cables *mpl* de arranque : cables *mpl* pasacorriente
jump–start *v* : arrancar haciendo puente
jumpy *adj* **jumpier; -est** : asustadizo : nervioso
junction *n* : unión *f* : cruce *m* : empalme *m* : confluencia *f*
juncture *n* : juntura *f* : unión *f* : coyuntura *f*
June *n* : junio *m*
jungle *n* : jungla *f* : selva *f*
junior[1] *adj* : más joven : subordinado : subalterno
junior[2] *n* : persona *f* de menor edad : subalterno *m*, -na *f* : subordinado *m*, -da *f* : estudiante *mf* de penúltimo año
junior high school *n* : primer ciclo *m* de la educación secundaria en los EEUU
juniper *n* : enebro *m*
junk[1] *v* : echar a la basura
junk[2] *n* : desechos *mpl* : desperdicios *mpl* : trastos *mpl* : cachivaches *mpl*
junket *n* : viaje *m*
junk food *n* : comida *f* basura : comida *f* chatarra
junkie *n* : drogadicto *m*, -ta *f*
junk mail *n* : correo *m* basura : propaganda *f*
junta *n* : junta *f* militar
Jupiter *n* : Júpiter *m*
jurisdiction *n* : jurisdicción *f* — **jurisdictional** *adj*
jurisprudence *n* : jurisprudencia *f*
jurist *n* : jurista *mf* : magistrado *m*, -da *f*
juror *n* : jurado *m*, -da *f*
jury *n, pl* **-ries** : jurado *m*
just[1] *adv* : justo : precisamente : exactamente : posiblemente : apenas : sólo : solamente : nada más
just[2] *adj* : justo — **justly** *adv*
justice *n* : justicia *f* : juez *mf* : jueza *f*
justice of the peace *n* : juez *mf* de paz : jueza *f* de paz
justification *n* : justificación *f*
justify *v* **-fied; -fying** : justificar — **justifiable** *adj*
jut *v* **jutted; jutting** : sobresalir
jute *n* : yute *m*
juvenile[1] *adj* : juvenil : infantil
juvenile[2] *n* : menor *mf*
juxtapose *v* **-posed; -posing** : yuxtaponer
juxtaposition *n* : yuxtaposición *f*

K

kabob → kebab
kaiser *n* : káiser *m*
kale *n* : col *f* rizada
kaleidoscope *n* : calidoscopio *m*
kamikaze *n* : kamikaze *m* — **kamikaze** *adj*
kangaroo *n, pl* **-roos** : canguro *m*
karaoke *n* : karaoke *m*
karat *n* : quilate *m*
karate *n* : karate *m*
katydid *n* : saltamontes *m*
kayak *n* : kayac *m* : kayak *m*
kebab *n* : kebab *m*
keel[1] *v* **to keel over** : volcar : desplomarse
keel[2] *n* : quilla *f*
keen *adj* : afilado : filoso : cortante : penetrante : entusiasta : agudo : fino
keenly *adv* : con entusiasmo : vivamente : profundamente
keenness *n* : lo afilado : lo filoso : entusiasmo *m* : agudeza *f*
keep[1] *v* **kept; keeping** : guardar : conservar : quedarse con : mantener : retener : detener : cumplir : acudir a : ocultar : observar : cuidar : llevar : escribir : criar : conservarse
keep[2] *n* : torreón *m* : torre *f* del homenaje : manutención *f* : sustento *m*
keeper *n* : guarda *mf* : conservador *m*, -dora *f* : guardabosque *mf*
keeping *n* : conformidad *f* : acuerdo *m* : cuidado *m*
keepsake *n* : recuerdo *m*
keg *n* : barril *m*
kelp *n* : alga *f* marina
ken *n* : vista *f* : alcance *m* de la vista : comprensión *f* : alcance *m* del conocimiento
kennel *n* : caseta *f* para perros : perrera *f*
Kenyan *n* : keniano *m*, -na *f* — **Kenyan** *adj*
kept → keep
kerchief *n* : pañuelo *m*
kernel *n* : almendra *f* : grano *m* : meollo *m*
kerosene *or* **kerosine** *n* : queroseno *m* : kerosén *m* : kerosene *m*
ketchup *n* : salsa *f* catsup
kettle *n* : hervidor *m* : pava *f*
kettledrum *n* : timbal *m*
key[1] *v* : adaptar : adecuar
key[2] *adj* : clave : fundamental
key[3] *n* : llave *f* : clave *f* : soluciones *fpl* : tecla *f* : tono *m* : tonalidad *f* : cayo *m* : islote *m*
keyboard *n* : teclado *m*
key chain *n* : llavero *m*
keyhole *n* : bocallave *f* : ojo *m*
keynote[1] *v* **-noted; -noting** : establecer la tónica de : pronunciar el discurso principal de
keynote[2] *n* : tónica *f* : idea *f* fundamental
keypad *n* : teclado *m* numérico
key ring *n* : llavero *m*
keystroke *n* : pulsación *f*
khaki *n* : caqui *m*
khan *n* : kan *m*
kibbutz *n, pl* **-butzim** : kibutz *m*
kibitz *v* : dar consejos molestos
kibitzer *n* : persona *f* que da consejos molestos
kick[1] *v* : dar patadas : cocear : patalear : protestar : dar un culatazo : patear : darle una patada : dejar : perder
kick[2] *n* : patada *f* : puntapié *m* : coz *f* : culatazo *m* : fuerza *f*
kicker *n* : pateador *m*, -dora *f*
kickoff *n* : saque *m*
kid[1] *v* **kidded; kidding** : engañar : tomarle el pelo : bromear
kid[2] *n* : chivo *m*, -va *f* : cabrito *m*, -ta *f* : chico *m*, -ca *f* : niño *m*, -ña *f*
kidder *n* : bromista *mf*
kiddingly *adv* : en broma
kidnap *v* **-napped** *or* **-naped; -napping** *or* **-naping** : secuestrar : raptar
kidnapper *or* **kidnaper** *n* : secuestrador *m*, -dora *f* : raptor *m*, -tora *f*
kidnapping *n* : secuestro *m*
kidney *n, pl* **-neys** : riñón *m*
kidney bean *n* : frijol *m*
kill[1] *v* : matar : acabar con : poner fin a

kill[2] *n* : matanza *f* : presa *f*
killer *n* : asesino *m*, -na *f*
killer whale *n* : orca *f*
killing *n* : asesinato *m* : matanza *f*
killjoy *n* : aguafiestas *mf*
kiln *n* : horno *m*
kilo *n, pl* **-los** : kilo *m*
kilobyte *n* : kilobyte *m*
kilocycle *n* : kilociclo *m*
kilogram *n* : kilogramo *m*
kilohertz *n* : kilohertzio *m*
kilometer *n* : kilómetro *m*
kilowatt *n* : kilovatio *m*
kilt *n* : falda *f* escocesa
kilter *n* : buen estado *m*
kimono *n, pl* **-nos** : kimono *m* : quimono *m*
kin *n* : familiares *mpl* : parientes *mpl*
kind[1] *adj* : amable : bondadoso : benévolo
kind[2] *n* : esencia *f* : especie *f* : género *m* : clase *f* : tipo *m* : índole *f*
kindergarten *n* : kinder *m* : kindergarten *m* : jardín *m* de infantes : jardín *m* de niños
kindhearted *adj* : bondadoso : de buen corazón
kindle *v* **-dled; -dling** : encender : despertar : suscitar : encenderse
kindliness *n* : bondad *f*
kindling *n* : astillas *fpl* : leña *f*
kindly[1] *adv* : amablemente : bondadosamente : cortésmente : con cortesía : por favor
kindly[2] *adj* **kindlier; -est** : bondadoso : amable
kindness *n* : bondad *f*
kind of *adv* : un tanto : algo
kindred[1] *adj* : similar : afín
kindred[2] *n* : familia *f* : parentela *f*
kinfolk *or* **kinfolks** *npl* → **kin**
king *n* : rey *m*
kingdom *n* : reino *m*
kingfisher *n* : martín *m* pescador
kingly *adj* **kinglier; -est** : regio : real
king–size *or* **king–sized** *adj* : de tamaño muy grande : extra largo
kink *n* : rizo *m* : vuelta *f* : calambre *m*
kinky *adj* **kinkier; -est** : rizado : enroscado
kinship *n* : parentesco *m*
kinsman *n, pl* **-men** : familiar *m* : pariente *m*
kinswoman *n, pl* **-women** : familiar *f* : pariente *f*
kiosk *n* : quiosco *m*
kipper *n* : arenque *m* ahumado
kiss[1] *v* : besar : besarse
kiss[2] *n* : beso *m*
kit *n* : juego *m* : kit *m* : estuche *m* : caja *f*
kitchen *n* : cocina *f*
kitchenette *n* : cocineta *f*
kite *n* : cometa *f* : papalote *m*
kith *n* : amigos *mpl*
kitten *n* : gatito *m*, -ta *f*
kitty *n, pl* **-ties** : bote *m* : fondo *m* común : gato *m* : gatito *m*
kitty–corner *or* **kitty–cornered** → **catercorner**
kiwi *or* **kiwifruit** *n* : kiwi *m*
kleptomania *n* : cleptomanía *f*
kleptomaniac *n* : cleptómano *m*, -na *f*
klutz *n* : torpe *mf*
knack *n* : maña *f* : facilidad *f*
knapsack *n* : mochila *f* : morral *m*
knave *n* : bellaco *m* : pícaro *m*
knead *v* : amasar : sobar : masajear
knee *n* : rodilla *f*
kneecap *n* : rótula *f*
kneel *v* **knelt** *or* **kneeled; kneeling** : arrodillarse : ponerse de rodillas
knell *n* : doble *m* : toque *m*
knew → **know**
knickers *npl* : pantalones *mpl* bombachos de media pierna
knickknack *n* : chuchería *f* : baratija *f*
knife[1] *v* **knifed; knifing** : acuchillar : apuñalar
knife[2] *n, pl* **knives** : cuchillo *m*
knight[1] *v* : conceder el título de *Sir* a
knight[2] *n* : caballero *m* : caballo *m* : uno que tiene el título de *Sir*
knighthood *n* : caballería *f* : título *m* de *Sir*
knightly *adj* : caballeresco
knit[1] *v* **knit** *or* **knitted; knitting** : unir : enlazar : tejer : soldarse
knit[2] *n* : prenda *f* tejida
knitter *n* : tejedor *m*, -dora *f*
knitwear *n* : ropa *f* de punto
knob *n* : bulto *m* : protuberancia *f* : perilla *f* : tirador *m* : botón *m*

knobbed *adj* : nudoso : que tiene perilla o botón
knobby *adj* **knobbier; -est** : nudoso
knock[1] *v* : golpear : golpetear : hacer chocar : criticar : dar un golpe : llamar : darse : chocar
knock[2] *n* : golpe *m* : llamada *f* : golpeteo *m*
knocker *n* : aldaba *f* : llamador *m*
knock–kneed *adj* : patizambo
knockout *n* : nocaut *m* : knockout *m*
knoll *n* : loma *f* : otero *m* : montículo *m*
knot[1] *v* **knotted; knotting** : anudar : anudarse
knot[2] *n* : nudo *m* : nódulo *m* : grupo *m*
knotty *adj* **knottier; -est** : nudoso : espinoso : enredado : complejo
know *v* **knew; known; knowing** : saber : conocer
knowable *adj* : conocible
know–how *n* : pericia *f*
knowing *adj* : informado : astuto : deliberado : intencional — **knowingly** *adv*
know–it–all *n* : sabelotodo *mf*
knowledge *n* : conocimiento *m* : conocimientos *mpl* : saber *m*
knowledgeable *adj* : informado : entendido : enterado
known *adj* : conocido : familiar
knuckle *n* : nudillo *m*
KO[1] *v* **KO'd; KO'ing** : noquear
KO[2] *n* : nocaut *m* : knockout *m*
koala *n* : koala *m*
Koran *n* **the Koran** : el Corán
Korean *n* : coreano *m*, -na *f* — **Korean** *adj*
kosher *adj* : aprobado por la ley judía
kowtow *v* **to kowtow to** : humillarse ante : doblegarse ante
krypton *n* : criptón *m*
kudos *n* : fama *f* : renombre *m*
kumquat *n* : naranjita *f* china
Kurd *n* : kurdo *m*, -da *f*
Kurdish *adj* : kurdo
Kuwaiti *n* : kuwaití *mf* — **Kuwaiti** *adj*

L

la *n* : la *m*
lab → **laboratory**
label[1] *v* **-beled** *or* **-belled; -beling** *or* **-belling** : etiquetar : poner etiqueta a : calificar : tildar : tachar
label[2] *n* : etiqueta *f* : rótulo *m* : calificación *f* : descripción *f* : marca *f*
labial *adj* : labial
labor[1] *v* : trabajar : avanzar penosamente : funcionar con dificultad : insistir en : extenderse sobre
labor[2] *n* : trabajo *m* : esfuerzos *mpl* : parto *m* : tarea *f* : labor *m* : mano *f* de obra
laboratory *n, pl* **-ries** : laboratorio *m*
Labor Day *n* : Día *m* del Trabajo
laborer *n* : peón *m* : trabajador *m*, -dora *f*
laborious *adj* : laborioso : difícil
laboriously *adv* : laboriosamente : trabajosamente
labor union → **union**
labyrinth *n* : laberinto *m*
labyrinthine *adj* : laberíntico
lace[1] *v* **laced; lacing** : acordonar : atar los cordones de : adornar de encaje : echar licor a
lace[2] *n* : encaje *m* : cordón *m* : agujeta *f*
lacerate *v* **-ated; -ating** : lacerar
laceration *n* : laceración *f*
lack[1] *v* : carecer de : no tener : faltar
lack[2] *n* : falta *f* : carencia *f*
lackadaisical *adj* : apático : indiferente : lánguido — **lackadaisically** *adv*
lackey *n, pl* **-eys** : lacayo *m* : adulador *m*, -dora *f*
lackluster *adj* : sin brillo : apagado : deslustrado : deslucido : mediocre
laconic *adj* : lacónico — **laconically** *adv*
lacquer[1] *v* : laquear : pintar con laca
lacquer[2] *n* : laca *f*

lacrosse *n* : lacrosse *m*
lacy *adj* **lacier; -est** : de encaje : como de encaje
lad *n* : muchacho *m* : niño *m*
ladder *n* : escalera *f*
laden *adj* : cargado
ladle[1] *v* **-dled; -dling** : servir con cucharón
ladle[2] *n* : cucharón *m* : cazo *m*
lady *n, pl* **-dies** : señora *f* : dama *f* : mujer *f*
ladybird → ladybug
ladybug *n* : mariquita *f*
lag[1] *v* **lagged; lagging**
to lag behind : quedarse atrás : quedarse rezagado : ir a la zaga : atrasarse : retrasarse
lag[2] *n* : retraso *m* : demora *f* : lapso *m* : intervalo *m*
lager *n* : cerveza *f* rubia
laggard[1] *adj* : retardado : retrasado
laggard[2] *n* : rezagado *m*, -da *f*
lagoon *n* : laguna *f*
laid → lay[1]
laid–back *adj* : tranquilo : relajado
lain *pp* **→ lie**[1]
lair *n* : guarida *f* : madriguera *f*
laissez–faire *n* : liberalismo *m* económico
laity *n* **the laity** : los laicos : el laicado
lake *n* : lago *m*
lama *n* : lama *m*
lamb *n* : cordero *m* : borrego *m* : carne *f* de cordero
lambaste *or* **lambast** *v* **-basted; -basting** : golpear : azotar : darle una paliza : arremeter contra : censurar
lame[1] *v* **lamed; laming** : lisiar : hacer cojo
lame[2] *adj* **lamer; lamest** : cojo : renco : rengo : pobre : débil : poco convincente
lame duck *n* : persona *f* sin poder
lamely *adv* : sin convicción
lameness *n* : cojera *f* : renquera *f* : falta *f* de convicción : debilidad *f* : pobreza *f*
lament[1] *v* : llorar : llorar por : lamentar : deplorar
lament[2] *n* : lamento *m*
lamentable *adj* : lamentable : deplorable — **lamentably** *adv*
lamentation *n* : lamentación *f* : lamento *m*
laminate[1] *v* **-nated; -nating** : laminar
laminate[2] *n* : laminado *m*
laminated *adj* : laminado
lamp *n* : lámpara *f*
lampoon[1] *v* : satirizar
lampoon[2] *n* : sátira *f*
lamppost *n* : farol *m* : farola *f*
lamprey *n, pl* **-preys** : lamprea *f*
lampshade *n* : pantalla *f*
lance[1] *v* **lanced; lancing** : sajar
lance[2] *n* : lanza *f*
lance corporal *n* : cabo *m* interino : soldado *m* de primera clase
land[1] *v* : desembarcar : hacer aterrizar : pescar : sacar del agua : conseguir : ganar : dar : asestar : aterrizar : tomar tierra : atracar : posarse : caer : ir a parar
land[2] *n* : tierra *f* : terreno *m* : país *m* : nación *f* : mundo *m* : dominio *m*
landfill *n* : vertedero *m*
landing *n* : aterrizaje *m* : desembarco *m* : descanso *m* : descansillo *m*
landing field *n* : campo *m* de aterrizaje
landing pad *n* : plataforma *f* de aterrizaje
landing strip → airstrip
landlady *n, pl* **-dies** : casera *f* : dueña *f* : arrendadora *f*
landless *adj* : sin tierra
landlocked *adj* : sin salida al mar
landlord *n* : dueño *m* : casero *m* : arrendador *m*
landlubber *n* : marinero *m* de agua dulce
landmark *n* : señal *f* : punto *m* de referencia : hito *m* : monumento *m* histórico
landowner *n* : hacendado *m*, -da *f* : terrateniente *mf*
landscape[1] *v* **-scaped; -scaping** : ajardinar
landscape[2] *n* : paisaje *m*
landscaper *n* : paisajista *mf*
landscaping *n* : paisajismo *m*
landslide *n* : desprendimiento *m* de tierras : derrumbe *m*
landward *adv* : en dirección de la tierra : hacia tierra

lane *n* : camino *m* : sendero *m* : carril *m*
language *n* : idioma *m* : lengua *f* : lenguaje *m*
languid *adj* : lánguido — **languidly** *adv*
languish *v* : languidecer : debilitarse : consumirse : suspirar
languor *n* : languidez *f*
languorous *adj* : lánguido — **languorously** *adv*
lank *adj* : delgado : larguirucho : lacio
lanky *adj* **lankier; -est** : delgado : larguirucho
lanolin *n* : lanolina *f*
lantern *n* : linterna *f* : farol *m*
Laotian *n* : laosiano *m*, -na *f* — **Laotian** *adj*
lap[1] *v* **lapped; lapping** : plegar : doblar : envolver : lamer : besar : traslaparse
lap[2] *n* : falda *f* : regazo *m* : traslapo *m* : vuelta *f* : etapa *f*
lapdog *n* : perro *m* faldero
lapel *n* : solapa *f*
lapp *n* : lapón *m*, -pona *f* — **Lapp** *adj*
lapse[1] *v* **lapsed; lapsing** : caer : decaer : desvanecerse : cancelarse : perderse : transcurrir : pasar : caducar
lapse[2] *n* : lapsus *m* : desliz *m* : falla *f* : lapso *m* : intervalo *m* : período *m* : caducidad *f*
laptop[1] *adj* : portátil : laptop
laptop[2] *n* : laptop *m*
larcenous *adj* : de robo
larceny *n, pl* **-nies** : robo *m* : hurto *m*
larch *n* : alerce *m*
lard *n* : manteca *f* de cerdo
larder *n* : despensa *f* : alacena *f*
large *adj* **larger; largest** : grande : amplio : extenso
largely *adv* : en gran parte : en su mayoría
largeness *n* : lo grande
largesse *or* **largess** *n* : generosidad *f* : largueza *f*
lariat *n* : lazo *m*
lark *n* : diversión *f* : alondra *f*
larva *n, pl* **-vae** : larva *f* — **larval** *adj*
laryngitis *n* : laringitis *f*
larynx *n, pl* **-rynges** *or* **-ynxes** : laringe *f*
lasagna *n* : lasaña *f*
lascivious *adj* : lascivo
lasciviousness *n* : lascivia *f* : lujuria *f*
laser *n* : láser *m*
laser disc *n* : disco *m* láser
laser printer *n* : impresora *f* láser
lash[1] *v* : azotar : atar : amarrar
lash[2] *n* : látigo *m* : latigazo *m* : pestaña *f*
lass *or* **lassie** *n* : muchacha *f* : chica *f*
lasso[1] *v* : lazar
lasso[2] *n, pl* **-sos** *or* **-soes** : lazo *m* : reata *f*
last[1] *v* : durar : aguantar : sobrevivir : bastar
last[2] *adv* : en último lugar : al último : por última vez : la última vez : por último : en conclusión
last[3] *adj* : último : final : pasado
last[4] *n* : el último : la última : lo último : horma *f*
last–ditch *adj* : desesperado : último
lasting *adj* : perdurable : duradero : estable
lastly *adv* : por último : finalmente
last–minute *adj* : de última hora
latch[1] *v* : cerrar con picaporte
latch[2] *n* : picaporte *m* : pestillo *m* : pasador *m*
late[1] *adv* **later; latest** : tarde : a última hora : a finales : recién : últimamente
late[2] *adj* **later; latest** : tardío : avanzado : difunto : fallecido : reciente : último
latecomer *n* : rezagado *m*, -da *f*
lately *adv* : recientemente : últimamente
lateness *n* : retraso *m* : atraso *m* : tardanza *f* : lo avanzado
latent *adj* : latente — **latently** *adv*
later[1] *adv* : más tarde : después
later[2] *adj* : posterior : ulterior
lateral *adj* : lateral — **laterally** *adv*
latest[1] *adj* : último
latest[2] *n* : lo último
latex *n, pl* **-tices** *or* **-texes** : látex *m*
lath *n, pl* **laths** *or* **lath** : listón *m*
lathe *n* : torno *m*
lather[1] *v* : enjabonar : espumar : hacer espuma

lather[2] *n* : espuma *f* : sudor *m*
Latin[1] *adj* : latino
Latin[2] *n* : latín *m*
Latin–American *adj* : latinoamericano
Latin American *n* : latinoamericano *m*, -na *f*
latitude *n* : latitud *f*
latrine *n* : letrina *f*
latte *n* : café *m* con leche
latter *adj* : segundo : último
lattice *n* : enrejado *m* : celosía *f*
Latvian *n* : letón *m*, -tona *f* — **Latvian** *adj*
laud[1] *v* : alabar : loar
laud[2] *n* : alabanza *f* : loa *f*
laudable *adj* : loable — **laudably** *adv*
laugh[1] *v* : reír : reírse **to laugh off** : tomar en/a broma
laugh[2] *n* : risa *f* : chiste *m* : broma *f*
laughable *adj* : risible : de risa
laughingstock *n* : hazmerreír *m*
laughter *n* : risa *f* : risas *fpl*
launch[1] *v* : lanzar : botar : iniciar : empezar : abrir
launch[2] *n* : lancha *f* : lanzamiento *m*
launchpad *n* : plataforma *f* de lanzamiento
launder *v* : lavar y planchar : blanquear : lavar
launderer *n* : lavandero *m*, -ra *f*
laundress *n* : lavandera *f*
laundry *n, pl* **laundries** : ropa *f* sucia : ropa *f* para lavar : lavandería *f*
laureate *n* : laureado *m*, -da *f*
laurel *n* : laurel *m*; **laurels** *npl* : laureles *mpl*
lava *n* : lava *f*
lavatory *n, pl* **-ries** : baño *m* : cuarto *m* de baño
lavender *n* : lavanda *f* : espliego *m*
lavish[1] *v* : prodigar : colmar
lavish[2] *adj* : pródigo : generoso : derrochador : abundante : lujoso : espléndido
lavishly *adv* : con generosidad : espléndidamente
lavishness *n* : generosidad *f* : esplendidez *f*
law *n* : ley *f* : derecho *m* : abogacía *f*
law–abiding *adj* : observante de la ley
lawbreaker *n* : infractor *m*, -tora *f* de la ley
lawful *adj* : legal : legítimo : lícito — **lawfully** *adv*
lawgiver *n* : legislador *m*, -dora *f*
lawless *adj* : anárquico : ingobernable — **lawlessly** *adv*
lawlessness *n* : anarquía *f* : desorden *m*
lawmaker *n* : legislador *m*, -dora *f*
lawman *n, pl* **-men** : agente *m* del orden
lawn *n* : césped *m* : pasto *m*
lawn mower *n* : cortadora *f* de césped
lawsuit *n* : pleito *m* : litigio *m* : demanda *f*
lawyer *n* : abogado *m*, -da *f*
lax *adj* : laxo : relajado — **laxly** *adv*
laxative *n* : laxante *m*
laxity *n* : relajación *f* : descuido *m* : falta *f* de rigor
lay[1] *v* **laid; laying** : poner : colocar : tender : preparar : apostar
lay[2] → **lie**[1]
lay[3] *adj* : laico : lego
lay[4] *n* : disposición *f* : configuración *f* : romance *m* : balada *f*
layer *n* : capa *f* : estrato *m* : gallina *f* ponedora
layman *n, pl* **-men** : laico *m* : lego *m*, -ga *f* : seglar *mf* : profano *m*, -na *f*
layoff *n* : despido *m*
layout *n* : disposición *f* : distribución *f* : trazado *m*
layover *n* : escala *f*
layperson *n* : laico *m*, -ca *f* : lego *m*, -ga *f* : seglar *mf* : profano *m*, -na *f*
laywoman *n, pl* **-women** : laica *f* : lega *f*
laziness *n* : pereza *f* : flojera *f*
laze *v* **lazed; lazing** *or* **to laze around** : holgazanear
lazy *adj* **lazier; -est** : perezoso : holgazán — **lazily** *adv*
lazybones *n* : gandul *m*, -dula *f*
LCD *n* : LCD *m* : pantalla *f* de cristal líquido
leach *v* : filtrar
lead[1] *v* **led; leading** : conducir : llevar : guiar : dirigir : encabezar : ir al frente de : ir a la cabeza : ir en cabeza

lead[2] *n* : delantera *f* : primer lugar *m* : pista *f* : correa *f*
lead[3] *n* : plomo *m* : mina *f*
leaden *adj* : plomizo : pesado
leader *n* : jefe *m*, -fa *f* : líder *mf* : dirigente *mf* : gobernante *mf*
leadership *n* : mando *m* : dirección *f*
leading *adj* : principal : importante : más importante
leaf[1] *v* : echar hojas
leaf[2] *n, pl* **leaves** : hoja *f*
leafless *adj* : sin hojas : pelado
leaflet *n* : folleto *m*
leafy *adj* **leafier; -est** : frondoso
league[1] *v* **leagued; leaguing** : aliar : unir : aliarse : unirse
league[2] *n* : legua *f* : alianza *f* : sociedad *f* : liga *f*
leak[1] *v* : perder : dejar escapar : filtrar : gotear : escaparse : fugarse : hacer agua : filtrarse : divulgarse
leak[2] *n* : agujero *m* : gotera *f* : fuga *f* : escape *m* : filtración *f*
leakage *n* : escape *m* : fuga *f*
leaky *adj* **leakier; -est** : agujereado : que hace agua : con goteras
lean[1] *v* : inclinarse : ladearse : reclinarse : apoyarse : depender : tender : apoyar
lean[2] *adj* : delgado : flaco : sin grasa : magro
leaning *n* : inclinación *f*
leanness *n* : delgadez *f*
lean–to *n* : cobertizo *m*
leap[1] *v* **leaped** *or* **leapt; leaping** : saltar : brincar
leap[2] *n* : salto *m* : brinco *m*
leap year *n* : año *m* bisiesto
learn *v* : aprender : aprender de memoria : saber : enterarse de : enterarse
learned *adj* : erudito
learner *n* : principiante *mf* : estudiante *mf*
learning *n* : erudición *f* : saber *m*
lease[1] *v* **leased; leasing** : arrendar
lease[2] *n* : contrato *m* de arrendamiento
leash *n* : traílla *f*
least[1] *adv* : menos
least[2] *adj* : menor : más mínimo
leather *n* : cuero *m*
leathery *adj* : curtido : correoso
leave[1] *v* **left; leaving** : salir(se) de : ir(se) de : dejar : legar : irse : salir : partir : marcharse
leave[2] *n* : permiso *m*
leaven *n* : levadura *f*
leaves → leaf[2]
leaving *n* : salida *f* : partida *f*; **leavings** *npl* : restos *mpl* : sobras *fpl*
Lebanese *n* : libanés *m*, -nesa *f* — **Lebanese** *adj*
lecherous *adj* : lascivo : libidinoso — **lecherously** *adv*
lechery *n* : lascivia *f* : lujuria *f*
lectern *n* : atril *m*
lecture[1] *v* **-tured; -turing** : dar clase : dictar clase : dar una conferencia : sermonear : echar una reprimenda a : regañar
lecture[2] *n* : conferencia *f* : reprimenda *f*
lecturer *n* : conferenciante *mf* : profesor *m*, -sora *f*
led → lead[1]
LED *n* : LED *m* : led *m*
ledge *n* : repisa *f* : antepecho *m* : saliente *m*
ledger *n* : libro *m* mayor : libro *m* de contabilidad
lee[1] *adj* : de sotavento
lee[2] *n* : sotavento *m*
leech *n* : sanguijuela *f*
leek *n* : puerro *m*
leer[1] *v* : mirar con lascivia
leer[2] *n* : mirada *f* lasciva
leery *adj* : receloso
lees *npl* : posos *mpl* : heces *fpl*
leeward[1] *adj* : de sotavento
leeward[2] *n* : sotavento *m*
leeway *n* : libertad *f* : margen *m*
left[1] *adv* : hacia la izquierda
left[2] **→ leave**[1]
left[3] *adj* : izquierdo
left[4] *n* : izquierda *f*
left–click *v* : hacer clic/click izquierdo : hacer clic/click izquierdo en
left–hand *adj* : de la izquierda
left–handed *adj* : zurdo : con doble sentido
leftist *n* : izquierdista *mf* — **leftist** *adj*
leftover *adj* : sobrante : que sobra
leftovers *npl* : restos *mpl* : sobras *fpl*

left wing *n* **the left wing** : la izquierda
left–winger *n* : izquierdista *mf*
leg *n* : pierna *f* : pata *f* : etapa *f* : vuelta *f*
legacy *n, pl* **-cies** : legado *m* : herencia *f*
legal *adj* : legal : jurídico : legítimo
legalistic *adj* : legalista
legality *n, pl* **-ties** : legalidad *f*
legalize *v* **-ized; -izing** : legalizar
legally *adv* : legalmente
legate *n* : legado *m*
legation *n* : legación *f*
legend *n* : leyenda *f* : inscripción *f* : signos *mpl* convencionales
legendary *adj* : legendario
legerdemain → sleight of hand
leggings *npl* : mallas *fpl*
legibility *n* : legibilidad *f*
legible *adj* : legible
legibly *adv* : de manera legible
legion *n* : legión *f*
legionnaire *n* : legionario *m*, -ria *f*
legislate *v* **-lated; -lating** : legislar
legislation *n* : legislación *f*
legislative *adj* : legislativo : legislador
legislator *n* : legislador *m*, -dora *f*
legislature *n* : asamblea *f* legislativa
legitimacy *n* : legitimidad *f*
legitimate *adj* : legítimo : válido : justificado : legal
legitimately *adv* : legítimamente
legitimize *v* **-mized; -mizing** : legitimar : hacer legítimo
legume *n* : legumbre *f*
leisure *n* : ocio *m* : tiempo *m* libre
leisurely *adj & adv* : lento : sin prisas
lemming *n* : lemming *m*
lemon *n* : limón *m*
lemonade *n* : limonada *f*
lemony *adj* : a limón
lempira *n* : lempira *f*
lend *v* **lent; lending** : prestar : dar
length *n* : longitud *f* : largo *m* : duración *f* : trozo *m* : corte *m*
lengthen *v* : alargar : prolongar : extender : alargarse : crecer
lengthways → lengthwise
lengthwise *adv* : a lo largo : longitudinalmente
lengthy *adj* **lengthier; -est** : largo y pesado : prolongado : largo
leniency *n, pl* **-cies** : lenidad *f* : indulgencia *f*
lenient *adj* : indulgente : poco severo
leniently *adv* : con lenidad : con indulgencia
lens *n* : cristalino *m* : lente *mf*
lent → lend
Lent *n* : Cuaresma *f*
lentil *n* : lenteja *f*
Leo *n* : Leo *m* : Leo *mf*
leopard *n* : leopardo *m*
leotard *n* : leotardo *m* : malla *f*
leper *n* : leproso *m*, -sa *f*
leprechaun *n* : duende *m*
leprosy *n* : lepra *f* — **leprous** *adj*
lesbian[1] *adj* : lesbiano
lesbian[2] *n* : lesbiana *f*
lesbianism *n* : lesbianismo *m*
lesion *n* : lesión *f*
less[1] *adv* : menos
less[2] *adj* : menos
less[3] *pron* : menos
less[4] *prep* : menos
-less *suf* : sin
lessee *n* : arrendatario *m*, -ria *f*
lessen *v* : disminuir : reducir : reducirse
lesser *adj* : menor
lesson *n* : clase *f* : curso *m* : lección *f*
lessor *n* : arrendador *m*, -dora *f*
lest *conj* : para no
let *v* **let; letting** : dejar : permitir : hacer : alquilar
letdown *n* : chasco *m* : decepción *f*
lethal *adj* : letal — **lethally** *adv*
lethargic *adj* : letárgico
lethargy *n* : letargo *m*
let's → let
letter[1] *v* : marcar con letras : inscribir letras en
letter[2] *n* : letra *f* : carta *f*; **letters** *npl* : letras *fpl*
letter bomb *n* : carta *f* bomba
letterhead *n* : membrete *m* : papel *m* con membrete
lettering *n* : letra *f*
lettuce *n* : lechuga *f*
letup *n* : pausa *f* : respiro *m*
leukemia *n* : leucemia *f*
levee *n* : dique *m*
level[1] *v* **-eled** *or* **-elled; -eling** *or* **-elling** : apuntar : dirigir : rasar : arrasar

level[2] *adj* : llano : plano : parejo : tranquilo
level[3] *n* : nivel *m*
leveler *n* : nivelador *m*, -dora *f*
levelheaded *adj* : sensato : equilibrado
levelly *adv* : con ecuanimidad *f* : con calma
levelness *n* : uniformidad *f*
lever *n* : palanca *f*
leverage *n* : apalancamiento *m* : influencia *f* : palanca *f*
leviathan *n* : leviatán *m* : gigante *m*
levitate *v* **-tated; -tating** : levitar : hacer levitar
levity *n* : ligereza *f* : frivolidad *f*
levy[1] *v* **levied; levying** : imponer : exigir : gravar : recaudar
levy[2] *n, pl* **levies** : impuesto *m* : gravamen *m*
lewd *adj* : lascivo — **lewdly** *adv*
lewdness *n* : lascivia *f*
lexical *adj* : léxico
lexicographer *n* : lexicógrafo *m*, -fa *f*
lexicographical *or* **lexicographic** *adj* : lexicográfico
lexicography *n* : lexicografía *f*
lexicon *n, pl* **-ica** *or* **-icons** : léxico *m*
liability *n, pl* **-ties** : responsabilidad *f* : propensión *f* : desventaja *f*; **liabilities** *npl* : deudas *fpl* : pasivo *m*
liable *adj* : responsable : propenso : probable
liaison *n* : enlace *m* : relación *f* : amorío *m* : aventura *f*
liar *n* : mentiroso *m*, -sa *f* : embustero *m*, -ra *f*
libel[1] *v* **-beled** *or* **-belled; -beling** *or* **-belling** : difamar : calumniar
libel[2] *n* : difamación *f* : calumnia *f*
libelous *or* **libellous** *adj* : difamatorio : calumnioso : injurioso
liberal[1] *adj* : liberal : tolerante : generoso : abundante
liberal[2] *n* : liberal *mf*
liberalism *n* : liberalismo *m*
liberality *n, pl* **-ties** : liberalidad *f* : generosidad *f*
liberalize *v* **-ized; -izing** : liberalizar
liberally *adv* : generosamente : abundantemente : libremente
liberate *v* **-ated; -ating** : liberar : libertar
liberation *n* : liberación *f*
liberator *n* : libertador *m*, -dora *f*
Liberian *n* : liberiano *m*, -na *f* — **Liberian** *adj*
libertarian *adj & n* : libertario *m*, -ria *f*
libertine *n* : libertino *m*, -na *f*
liberty *n, pl* **-ties** : libertad *f*
libido *n, pl* **-dos** : libido *f* — **libidinous** *adj*
Libra *n* : Libra *m* : Libra *mf*
librarian *n* : bibliotecario *m*, -ria *f*
library *n, pl* **-braries** : biblioteca *f*
librettist *n* : libretista *mf*
libretto *n, pl* **-tos** *or* **-ti** : libreto *m*
Libyan *n* : libio *m*, -bia *f* — **Libyan** *adj*
lice → **louse**
license[1] *v* **licensed; licensing** : licenciar : autorizar : dar permiso a
license[2] *or* **licence** *n* : licencia *f* : permiso *m* : carnet *m* : libertad *f* : libertinaje *m*
licensed *adj* : autorizado : certificado : licenciado
license plate *n* : placa *f* de matrícula : chapa *f* : patente *f*
licentious *adj* : licencioso : disoluto — **licentiously** *adv*
licentiousness *n* : libertinaje *m*
lichen *n* : liquen *m*
licit *adj* : lícito
lick[1] *v* : lamer : darle una paliza
lick[2] *n* : lamida *f* : lengüetada *f* : pizca *f* : ápice *m*
licorice *n* : regaliz *m* : dulce *m* de regaliz
lid *n* : tapa *f* : párpado *m*
lie[1] *v* **lay; lain; lying** : estar : estar situado : encontrarse : consistir
lie[2] *v* **lied; lying** : mentir
lie[3] *n* : mentira *f* : posición *f*
liege *n* : señor *m* feudal
lien *n* : derecho *m* de retención
lieu *n* **in lieu of** : en lugar de
lieutenant *n* : teniente *mf*
life *n, pl* **lives** : vida *f* : biografía *f* : duración *f* : vivacidad *f* : animación *f*
lifeblood *n* : parte *f* vital : sustento *m*
lifeboat *n* : bote *m* salvavidas
life cycle *n* : ciclo *m* vital

life expectancy *n* : esperanza *f* de vida : expectativa *f* de vida : expectativas *fpl* de vida
lifeguard *n* : socorrista *mf* : salvavidas *mf* : bañero *m*, -ra *f*
life insurance *n* : seguro *m* de vida
life jacket *n* : chaleco *m* salvavidas
lifeless *adj* : sin vida : muerto
lifelike *adj* : que parece vivo : natural : verosímil
lifeline *n* : cuerda *f* de salvamento : sustento *m*
lifelong *adj* : de toda la vida
life preserver *n* : salvavidas *m*
lifesaver *n* : salvación *f*
lifesaving *n* : socorrismo *m*
life sentence *n* : cadena *f* perpetua
life–size *or* **life–sized** *adj* : de tamaño natural
lifespan *n* : vida *f*
lifestyle *n* : estilo *m* de vida
lifetime *n* : vida *f* : curso *m* de la vida
lift[1] *v* : levantar : alzar : subir : levantarse : alzarse : despejar
lift[2] *n* : levantamiento *m* : alzamiento *m* : impulso *m* : estímulo *m*
liftoff *n* : despegue *m*
ligament *n* : ligamento *m*
ligature *n* : ligadura *f*
light[1] *v* **lit** *or* **lighted; lighting** : iluminar : alumbrar : encender : prenderle fuego a : encenderse : prender
light[2] *v* **lighted** *or* **lit; lighting** : posarse : bajarse : apearse
light[3] *adv* : suavemente : ligeramente
light[4] *adj* : ligero : liviano : poco pesado : fácil : fino : suave : leve : bajo : de poca importancia : superficial : brillante : luminosa : claro : rubio
light[5] *n* : luz *f* : luz *f* del día : amanecer *m* : madrugada *f* : lámpara *f* : aspecto *m* : fósforo *m* : cerillo *m*
lightbulb *n* : bombilla *f* : foco *m* : bombillo *m* : bombita *f*
lighten *v* : iluminar : dar más luz a : aclararse : aligerar : aliviar : alegrar
lighter *n* : encendedor *m*
light–headed *adj* : mareado
lighthearted *adj* : alegre : despreocupado : desenfadado — **lightheartedly** *adv*
lightheartedness *n* : desenfado *m* : alegría *f*
lighthouse *n* : faro *m*
lighting *n* : iluminación *f*
lightly *adv* : suavemente : ligeramente : a la ligera
lightness *n* : luminosidad *f* : claridad *f* : ligereza *f* : suavidad *f* : delicadeza *f* : liviandad *f*
lightning *n* : relámpago *m* : rayo *m*
lightning bug → firefly
lightproof *adj* : impenetrable por la luz : opaco
lightweight[1] *adj* : ligero : liviano : de poco peso
lightweight[2] *n* : peso *m* ligero
light–year *n* : año *m* luz
likable *or* **likeable** *adj* : simpático : agradable
like[1] *v* **liked; liking** : gustarle : querer : desear
like[2] *adj* : parecido : semejante : similar
like[3] *n* : preferencia *f* : gusto *m*
like[4] *conj* : como si : como : igual que
like[5] *prep* : como : parecido a : propio de : típico de
-like *suf* : como : parecido a : propio de
likelihood *n* : probabilidad *f*
likely[1] *adv* : probablemente
likely[2] *adj* **likelier; -est** : probable : apropiado : adecuado : verosímil : creíble : prometedor
liken *v* : comparar
likeness *n* : semejanza *f* : parecido *m* : retrato *m*
likewise *adv* : de la misma manera : asimismo : también : además
liking *n* : afición *f* : simpatía *f* : gusto *m*
lilac *n* : lila *f* — **lilac** *adj*
lilt *n* : cadencia *f* : ritmo *m* alegre
lily *n, pl* **lilies** : lirio *m* : azucena *f*
lily pad *n* : hoja *f* grande
lima bean *n* : frijol *m* de media luna
limb *n* : miembro *m* : extremidad *f* : rama *f*
limber[1] *v or* **to limber up** : calentarse : prepararse

limber[2] *adj* : ágil : flexible
limbo *n, pl* **-bos** : limbo *m* : olvido *m*
lime *n* : cal *f* : lima *f* : limón *m* verde
limelight *n* **to be in the limelight** : ser el centro de atención : estar en el candelero
limestone *n* : piedra *f* caliza : caliza *f*
limit[1] *v* : limitar : restringir
limit[2] *n* : límite *m* : máximo *m*; **limits** *npl* : límites *mpl* : confines *mpl*
limitation *n* : limitación *f* : restricción *f*
limited *adj* : limitado : restringido
limitless *adj* : ilimitado : sin límites
limousine *n* : limusina *f*
limp[1] *v* : cojear
limp[2] *adj* : fláccido : lacio : débil
limp[3] *n* : cojera *f*
limpet *n* : lapa *f*
limpid *adj* : límpido : claro
limply *adv* : sin fuerzas
limpness *n* : flaccidez *f* : debilidad *f*
limy *adj* : calizo
linden *n* : tilo *m*
line[1] *v* **lined; lining** : forrar : cubrir : rayar : trazar líneas en : bordear **to line up** : ponerse en fila : hacer cola
line[2] *n* : línea *f* : raya *f* : límite *m* : fila *f* : hilera *f* : cola *f*; **lines** *npl* : líneas *fpl* : cuerda *f* : cable *m* : verso *m* : nota *f*; **lines** *npl* : diálogo *m* : comentario *m* : arruga *f* : cadena *f* : serie *f* : linaje *m* : ocupación *f* : rama *f* : especialidad *f*; **lines** *npl* : filas *fpl* : conformidad *f*
lineage *n* : linaje *m* : abolengo *m*
lineal *adj* : en línea directa
lineaments *npl* : facciones *fpl* : rasgos *mpl*
linear *adj* : lineal
lined *adj* : de rayas : arrugado
linen *n* : lino *m*
liner *n* : forro *m* : buque *m* : transatlántico *m*
lineup *n* : fila *f* de sospechosos : formación *f* : alineación *f*
linger *v* : quedarse : entretenerse : rezagarse : persistir : sobrevivir
lingerie *n* : ropa *f* íntima femenina : lencería *f*
lingo *n, pl* **-goes** : idioma *m* : jerga *f*
linguist *n* : lingüista *mf*
linguistic *adj* : lingüístico
linguistics *n* : lingüística *f*
liniment *n* : linimento *m*
lining *n* : forro *m*
link[1] *v* : unir : enlazar : conectar **to link up** : unirse
link[2] *n* : eslabón *m* : conexión *f* : lazo *m* : vínculo *m* : enlace *m*
linkage *n* : conexión *f* : unión *f* : enlace *m*
links *n* : campo *m* de golf : cancha *f* de golf
linoleum *n* : linóleo *m*
lint *n* : pelusa *f*
lintel *n* : dintel *m*
lion *n* : león *m*
lioness *n* : leona *f*
lionize *v* **-ized; -izing** : tratar a una persona como muy importante
lip *n* : labio *m* : pico *m* : borde *m*
lip–read *v* : leer los labios
lipreading *n* : lectura *f* de los labios
lipstick *n* : lápiz *m* labial : barra *f* de labios
liquefy *v* **-fied; -fying** : licuar : licuarse
liqueur *n* : licor *m*
liquid[1] *adj* : líquido
liquid[2] *n* : líquido *m*
liquidate *v* **-dated; -dating** : liquidar
liquidation *n* : liquidación *f*
liquidity *n* : liquidez *f*
liquor *n* : alcohol *m* : bebidas *fpl* alcohólicas : licor *m*
lisp[1] *v* : cecear
lisp[2] *n* : ceceo *m*
lissome *adj* : flexible : ágil y grácil
list[1] *v* : hacer una lista de : enumerar : poner en una lista : incluir : escorar
list[2] *n* : lista *f*
listen *v* : escuchar : oír
listener *n* : oyente *mf* : persona *f* que sabe escuchar
listless *adj* : lánguido : apático — **listlessly** *adv*
listlessness *n* : apatía *f* : languidez *f* : desgana *f*
lit → light
litany *n, pl* **-nies** : letanía *f*
liter *n* : litro *m*
literacy *n* : alfabetismo *m*
literal *adj* : literal — **literally** *adv*

literary *adj* : literario
literate *adj* : alfabetizado
literature *n* : literatura *f*
lithe *adj* : ágil y grácil
lithesome → **lissome**
lithium *n* : litio *m*
lithograph *n* : litografía *f*
lithographer *n* : litógrafo *m*, -fa *f*
lithography *n* : litografía *f*
lithosphere *n* : litosfera *f*
Lithuanian *n* : lituano *m* : lituano *m*, -na *f* — **Lithuanian** *adj*
litigant *n* : litigante *mf*
litigate *v* **-gated; -gating** : litigar
litigation *n* : litigio *m*
litmus *n* : tornasol *m*
litmus paper *n* : papel *m* de tornasol
litmus test *n* : prueba *f* decisiva
litter[1] *v* : tirar basura en : ensuciar : tirar basura
litter[2] *n* : camada *f* : cría *f* : camilla *f* : basura *f* : arena *f* higiénica
little[1] *adv* **less; least** : poco
little[2] *adj* **littler** *or* **less** *or* **lesser; littlest** *or* **least** : pequeño : poco : sin importancia : trivial
little[3] *n* : poco *m*
Little Dipper → **dipper**
little person *n, pl* **little people** : persona *f* pequeña : enano *m*, -na *f*
liturgical *adj* : litúrgico — **liturgically** *adv*
liturgy *n, pl* **-gies** : liturgia *f*
livable *adj* : habitable
live[1] *v* **lived; living** : vivir : llevar una vida : mantenerse : residir : llevar
live[2] *adj* : vivo : encendido : con corriente : cargado : sin estallar : de actualidad : en vivo : en directo
livelihood *n* : sustento *m* : vida *f* : medio *m* de vida
liveliness *n* : animación *f* : vivacidad *f*
livelong *adj* : entero : completo
lively *adj* **livelier; -est** : animado : vivaz : vivo : enérgico
liven *v* : animar : animarse
liver *n* : hígado *m*
livery *n, pl* **-eries** : librea *f*
lives → **life**
livestock *n* : ganado *m*
livestream[1] *v* : hacer streaming en vivo
livestream[2] *n* : streaming *m* en vivo
livid *adj* : amoratado : lívido : furioso
living[1] *adj* : vivo
living[2] *n* **to make a living** : ganarse la vida
living room *n* : living *m* : sala *f* de estar
lizard *n* : lagarto *m*
llama *n* : llama *f*
load[1] *v* : cargar : embarcar : sobrecargar
load[2] *n* : carga *f* : peso *m*; **loads** *npl* : montón *m* : pila *f* : cantidad *f*
loaded *adj* : cargado : muy rico : borracho : chupado
loaf[1] *v* : holgazanear : flojear : haraganear
loaf[2] *n, pl* **loaves** : pan *m* : pan *m* de molde : barra *f* de pan
loafer *n* : holgazán *m*, -zana *f* : haragán *m*, -gana *f* : vago *m*, -ga *f*
loan[1] *v* : prestar
loan[2] *n* : préstamo *m* : empréstito *m*
loanword *n* : préstamo *m* : barbarismo *m*
loath *adj* : poco dispuesto
loathe *v* **loathed; loathing** : odiar : aborrecer
loathing *n* : aversión *f* : odio *m* : aborrecimiento *m*
loathsome *adj* : odioso : repugnante
lob[1] *v* **lobbed; lobbing** : hacerle un globo
lob[2] *n* : globo *m*
lobby[1] *v* **-bied; -bying** : presionar : ejercer presión sobre **to lobby for** : presionar para
lobby[2] *n, pl* **-bies** : vestíbulo *m* : grupo *m* de presión : lobby *m*
lobbyist *n* : miembro *m* de un lobby
lobe *n* : lóbulo *m*
lobed *adj* : lobulado
lobotomy *n, pl* **-mies** : lobotomía *f*
lobster *n* : langosta *f*
local[1] *adj* : local
local[2] *n* : anestesia *f* local
locale *n* : lugar *m* : escenario *m*
locality *n, pl* **-ties** : localidad *f*
localization *n* : localización *f*

localize *v* **-ized; -izing** : localizar
locally *adv* : en la localidad : en la zona
locate *v* **-cated; -cating** : situar : ubicar : localizar : establecerse
location *n* : posición *f* : emplazamiento *m* : ubicación *f* : lugar *m* : sitio *m*
loch *n* : lago *m*
lock[1] *v* : cerrar : encerrar : bloquear : cerrarse : trabarse : bloquearse
lock[2] *n* : mechón *m* : cerradura *f* : cerrojo *m* : chapa *f* : esclusa *f*
locker *n* : armario *m* : cajón *m* con llave : lócker *m*
locker room *n* : vestuario *m* : camarín *m*
locket *n* : medallón *m* : guardapelo *m* : relicario *m*
lockjaw *n* : tétano *m*
lockout *n* : cierre *m* patronal
locksmith *n* : cerrajero *m*, -ra *f*
lockup *n* : cárcel *f*
locomotion *n* : locomoción *f*
locomotive[1] *adj* : locomotor
locomotive[2] *n* : locomotora *f*
locust *n* : langosta *f* : chapulín *m* : cigarra *f* : chicharra *f* : acacia *f* blanca
locution *n* : locución *f*
lode *n* : veta *f* : vena *f* : filón *m*
lodestar *n* : estrella *f* polar
lodestone *n* : piedra *f* imán
lodge[1] *v* **lodged; lodging** : hospedar : alojar : presentar : posarse : meterse : hospedarse : alojarse
lodge[2] *n* : pabellón *m* : casa *f* de campo : madriguera *f* : logia *f*
lodger *n* : inquilino *m*, -na *f* : huésped *m*, -peda *f*
lodging *n* : alojamiento *m*; **lodgings** *npl* : habitaciones *fpl*
loft *n* : desván *m* : ático *m* : buhardilla *f* : piso *m* superior : pajar *m* : galería *f*
loftily *adv* : altaneramente : con altivez
loftiness *n* : nobleza *f* : altanería *f* : arrogancia *f* : altura *f* : elevación *f*
lofty *adj* **loftier; -est** : noble : elevado : altivo : arrogante : altanero : majestuoso
log[1] *v* **logged; logging** : talar : registrar : anotar
log[2] *n* : tronco *m* : leño *m* : diario *m*
logarithm *n* : logaritmo *m*
logger *n* : leñador *m*, -dora *f*
loggerhead *n* : tortuga *f* boba
logic *n* : lógica *f* — **logical** *adj* — **logically** *adv*
logistic *adj* : logístico
logistics *ns & pl* : logística *f*
logo *n, pl* **logos** : logotipo *m*
loin *n* : lomo *m*; **loins** *npl* : lomos *mpl*
loincloth *n* : taparrabos *m*
loiter *v* : vagar : perder el tiempo
loll *v* : repantigarse : holgazanear : hacer el vago
lollipop *or* **lollypop** *n* : dulce *m* en palito : chupete *m* : paleta *f*
Londoner *n* : londinense *mf*
lone *adj* : solitario : único
loneliness *n* : soledad *f*
lonely *adj* **lonelier; -est** : solitario : aislado : solo
loner *n* : solitario *m*, -ria *f* : recluso *m*, -sa *f*
lonesome *adj* : solo : solitario
long[1] *adv* : mucho : mucho tiempo
long[2] *adj* **longer; longest** : largo : prolongado
long–distance *adj* : de larga distancia : a larga distancia
longevity *n* : longevidad *f*
long–haired *adj* : melenudo
longhand *n* : escritura *f* a mano : escritura *f* cursiva
long–haul *adj* : de larga distancia
longing *n* : vivo deseo *m* : ansia *f* : anhelo *m*
longingly *adv* : ansiosamente : con ansia
longitude *n* : longitud *f*
longitudinal *adj* : longitudinal — **longitudinally** *adv*
long jump *n* : salto *m* de longitud : salto *m* largo
long–lived *adj* : longevo
long–range *adj* : de largo alcance : a largo plazo
longshoreman *n, pl* **-men** : estibador *m*, -dora *f*
longshorewoman *n, pl* **-women** : cargadora *f*
long–standing *adj* : de larga data
long–suffering *adj* : paciente : sufrido
long–term *adj* : a largo plazo

long–winded *adj* : prolijo
look[1] *v* : mirar : buscar : parecer : dar a : esperar
look[2] *n* : mirada *f* : cara *f* : aspecto *m* : apariencia *f* : aire *m*; **looks** *npl* : belleza *f*
looker *n* **to be a looker** : ser guapísimo
looking *adj* : de aspecto
lookout *n* : centinela *mf* : vigía *mf*
loom[1] *v* : aparecer : surgir : amenazar : ser inminente
loom[2] *n* : telar *m*
loon *n* : somorgujo *m* : somormujo *m*
loony *or* **looney** *adj* **loonier; -est** : loco : chiflado
loop[1] *v* : hacer lazadas con : rizar el rizo : serpentear
loop[2] *n* : lazada *f* : curva *f* : circuito *m* cerrado : rizo *m*
loophole *n* : escapatoria *f* : pretexto *m*
loose[1] *v* **loosed; loosing** : poner en libertad : soltar : deshacer : desatar : descargar
loose[2] → **loosely**
loose[3] *adj* **looser; -est** : flojo : suelto : poco seguro : holgado : abierto : flexible : libre : aproximado
loosely *adv* : sin apretar : aproximadamente : más o menos
loose–leaf *adj* : de hojas sueltas
loosen *v* : aflojar : aflojarse
looseness *n* : holgura *f* : imprecisión *f*
loot[1] *v* : saquear : robar
loot[2] *n* : botín *m*
looter *n* : saqueador *m*, -dora *f*
lop *v* **lopped; lopping** : cortar : podar
lope[1] *v* **loped; loping** : correr a paso largo
lope[2] *n* : paso *m* largo
lopsided *adj* : torcido : chueco : ladeado : asimétrico
loquacious *adj* : locuaz
lord *n* : señor *m* : noble *m* : lord *m*
lordly *adj* **lordlier; -est** : arrogante : altanero
lordship *n* : señoría *f*
Lord's Supper *n* : Eucaristía *f*
lore *n* : saber *m* popular : tradición *f*
lose *v* **lost; losing** : perder : costar : hacer perder : atrasar : confundir : deshacerse de
loser *n* : perdedor *m*, -dora *f*
loss *n* : pérdida *f* : derrota *f* : juego *m* perdido; **losses** *npl* : muertos *mpl*
lost *adj* : perdido
lot *n* : sorteo *m* : parte *f* : porción *f* : suerte *f* : terreno *m* : solar *m* : lote *m* : parcela *f*
loth → **loath**
lotion *n* : loción *f*
lottery *n, pl* **-teries** : lotería *f*
lotus *n* : loto *m*
loud[1] *adv* : alto : fuerte
loud[2] *adj* : alto : fuerte : ruidoso : llamativo : chillón
loudly *adv* : alto : fuerte : en voz alta
loudmouth *n* : bocón *m*, -cona *f*
loudness *n* : volumen *m* : fuerza *f*
loudspeaker *n* : altavoz *m* : altoparlante *m*
lounge[1] *v* **lounged; lounging** : holgazanear : gandulear
lounge[2] *n* : salón *m* : sala *f* de estar
louse *n, pl* **lice** : piojo *m*
lousy *adj* **lousier; -est** : piojoso : lleno de piojos : pésimo : muy malo
lout *n* : bruto *m* : patán *m*
louver *or* **louvre** *n* : persiana *f* : listón *m* de persiana
lovable *adj* : adorable : amoroso : encantador
love[1] *v* **loved; loving** : querer : amar : encantarle a alguien : ser aficionado a : gustarle mucho a uno
love[2] *n* : amor *m* : cariño *m* : afición *m* : gusto *m* : amado *m*, -da *f* : enamorado *m*, -da *f* : recuerdos *mpl*
loveless *adj* : sin amor
loveliness *n* : belleza *f* : hermosura *f*
lovelorn *adj* : herido de amor : perdidamente enamorado
lovely *adj* **lovelier; -est** : hermoso : bello : lindo : precioso
lover *n* : amante *mf* : aficionado *m*, -da *f*
loving *adj* : amoroso : cariñoso
lovingly *adv* : cariñosamente
low[1] *v* : mugir
low[2] *adv* : bajo : profundo
low[3] *adj* **lower; lowest** : bajo : poco profundo : flojo : tenue : suave

: grave : profundo : humilde : modesto : deprimido : bajo de moral : inferior : mal : escotado
low[4] *n* : punto *m* bajo : mugido *m*
low–class *adj* → **lower-class**
low–cut *adj* : escotado
lower[1] *v* : bajar : arriar : reducir
lower[2] *adj* : inferior : más bajo : de abajo
lowercase[1] *adj* : minúsculo
lowercase[2] *n* **in lowercase** : en minúsculas
lower–class *adj* : de clase baja
lower class *n* : clase *f* baja
low–key *adj* : informal : sin ceremonias
lowland *n* : tierras *fpl* bajas
lowliness *n* : humildad *f* : bajeza *f*
lowly *adj* **lowlier; -est** : humilde : modesto
loyal *adj* : leal : fiel — **loyally** *adv*
loyalist *n* : partidario *m*, -ria *f* del régimen
loyalty *n, pl* **-ties** : lealtad *f* : fidelidad *f*
loyalty card *n* : tarjeta *f* de cliente
lozenge *n* : pastilla *f*
LSD *n* : LSD *m*
lubricant *n* : lubricante *m*
lubricate *v* **-cated; -cating** : lubricar — **lubrication** *n*
lucid *adj* : lúcido : claro — **lucidly** *adv*
lucidity *n* : lucidez *f*
luck *n* : suerte *f*
luckily *adv* : afortunadamente : por suerte
luckless *adj* : desafortunado
lucky *adj* **luckier; -est** : afortunado : que tiene suerte : fortuito : de suerte : oportuno
lucrative *adj* : lucrativo : provechoso — **lucratively** *adv*
ludicrous *adj* : ridículo : absurdo — **ludicrously** *adv*
ludicrousness *n* : ridiculez *f* : absurdo *m*
lug *v* **lugged; lugging** : arrastrar : transportar con dificultad
luggage *n* : equipaje *m*
lugubrious *adj* : lúgubre — **lugubriously** *adv*
lukewarm *adj* : tibio : poco entusiasta
lull[1] *v* : calmar : sosegar
lull[2] *n* : calma *f* : pausa *f*
lullaby *n, pl* **-bies** : canción *f* de cuna : arrullo *m* : nana *f*
lumbago *n* : lumbago *m*
lumbar *adj* : lumbar
lumber[1] *v* : aserrar : moverse pesadamente
lumber[2] *n* : madera *f*
lumberjack *n* : leñador *m*, -dora *f*
lumberyard *n* : almacén *m* de maderas
luminary *n, pl* **-naries** : lumbrera *f* : luminaria *f*
luminescence *n* : luminiscencia *f* — **luminescent** *adj*
luminosity *n, pl* **-ties** : luminosidad *f*
luminous *adj* : luminoso — **luminously** *adv*
lump[1] *v or* **to lump together** : juntar : agrupar : amontonar : agruparse : aglutinarse
lump[2] *n* : grumo *m* : pedazo *m* : trozo *m* : terrón *m* : bulto *m* : hinchazón *f* : protuberancia *f*
lump sum *n* : cantidad *f* global : pago *m* único
lumpy *adj* **lumpier; -est** : lleno de grumos : desigual : disparejo
lunacy *n, pl* **-cies** : locura *f*
lunar *adj* : lunar
lunch[1] *v* : almorzar : comer
lunch[2] *n* : almuerzo *m* : comida *f* : lonche *m*
luncheon *n* : comida *f* : almuerzo *m*
lunchroom *n* : merendero *m* : cafetería *f*
lunchtime *n* : hora *f* del almuerzo
lung *n* : pulmón *m*
lunge[1] *v* **lunged; lunging** : atacar
lunge[2] *n* : arremetida *f* : embestida *f* : estocada *f*
lurch[1] *v* : cabecear : dar bandazos : dar sacudidas : tambalearse
lurch[2] *n* : sacudida *f* : bandazo *m* : tambaleo *m*
lure[1] *v* **lured; luring** : atraer
lure[2] *n* : atractivo *m* : señuelo *m* : aliciente *m* : cebo *m* artificial
lurid *adj* : espeluznante : horripilante : sensacionalista : chocante : chillón
lurk *v* : estar al acecho

luscious *adj* : delicioso : exquisito : seductor : cautivador
lush *adj* : exuberante : lozano : suntuoso : lujoso — **lushness** *n*
lust[1] *v* **to lust after** : desear : codiciar
lust[2] *n* : lujuria *f* : lascivia *f* : deseo *m* : ansia *f* : anhelo *m*
luster *or* **lustre** *n* : lustre *m* : brillo *m* : esplendor *m*
lusterless *adj* : deslustrado : sin brillo
lustful *adj* : lujurioso : lascivo : lleno de deseo
lustrous *adj* : brillante : brilloso : lustroso
lusty *adj* **lustier; -est** : fuerte : robusto : vigoroso — **lustily** *adv*
lute *n* : laúd *m*
luxuriance *n* : lozanía *f* : exuberancia *f*
luxuriant *adj* : exuberante : lozano : abundante y hermoso — **luxuriantly** *adv*
luxuriate *v* **-ated; -ating** : disfrutar
luxurious *adj* : lujoso : suntuoso — **luxuriously** *adv*
luxury *n, pl* **-ries** : lujo *m*
-ly *suf* : -mente
lye *n* : lejía *f*
lying → lie[1], **lie**[2]
lymph *n* : linfa *f*
lymphatic *adj* : linfático
lynch *v* : linchar
lynx *n, pl* **lynx** *or* **lynxes** : lince *m*
lyre *n* : lira *f*
lyric[1] *adj* : lírico
lyric[2] *n* : poema *m* lírico; **lyrics** *npl* : letra *f*
lyrical *adj* : lírico : elocuente
lyricist *n* : letrista *mf*

M

ma'am → madam
macabre *adj* : macabro
macadam *n* : macadán *m*
macaroni *n* : macarrones *mpl*
macaroon *n* : macarrón *m* : mostachón *m*
macaw *n* : guacamayo *m*
mace *n* : maza *f* : macis *f*
machete *n* : machete *m*
machination *n* : maquinación *f* : intriga *f*
machine[1] *v* **-chined; -chining** : trabajar a máquina
machine[2] *n* : máquina *f* : aparato *m* : maquinaria *f*
machine gun *n* : ametralladora *f*
machinery *n, pl* **-eries** : maquinaria *f* : mecanismo *m*
machinist *n* : maquinista *mf*
machismo *n* : machismo *m* : masculinidad *f*
macho *adj* : machote : macho
mackerel *n, pl* **-el** *or* **-els** : caballa *f*
mad *adj* **madder; maddest** : loco : demente : rabioso : tonto : insensato : enojado : furioso
Madagascan *n* : malgache *mf* — **Madagascan** *adj*
madam *n, pl* **mesdames** : señora *f*
madcap[1] *adj* : alocado : disparatado
madcap[2] *n* : alocado *m*, -da *f*
madden *v* : enloquecer : enfurecer
maddening *adj* : enloquecedor : exasperante
made → make[1]
made–to–measure *adj* : hecho a la medida
made–up *adj* : maquillado : inventado
madhouse *n* : manicomio *m* : casa *f* de locos
madly *adv* : como un loco : locamente
madman *n, pl* **-men** : loco *m* : demente *m*
madness *n* : locura *f* : demencia *f*
madwoman *n, pl* **-women** : loca *f* : demente *f*
maelstrom *n* : remolino *m* : vorágine *f*
maestro *n, pl* **-stros** *or* **-stri** : maestro *m*
Mafia *n* : Mafia *f*

mafioso *n* : mafioso *m*, -sa *f*
magazine *n* : almacén *m* : polvorín *m* : revista *f* : cargador *m*
magenta *n* : magenta *f* : color *m* magenta
maggot *n* : gusano *m*
Magi *npl* **the Magi** : los Reyes Magos
magic[1] *or* **magical** *adj* : mágico
magic[2] *n* : magia *f*
magically *adv* : mágicamente
magician *n* : mago *m*, -ga *f* : prestidigitador *m*, -dora *f*
magistrate *n* : magistrado *m*, -da *f*
magma *n* : magma *m*
magnanimity *n, pl* **-ties** : magnanimidad *f*
magnanimous *adj* : magnánimo : generoso — **magnanimously** *adv*
magnate *n* : magnate *mf*
magnesium *n* : magnesio *m*
magnet *n* : imán *m*
magnetic *adj* : magnético — **magnetically** *adv*
magnetic field *n* : campo *m* magnético
magnetism *n* : magnetismo *m*
magnetize *v* **-tized; -tizing** : magnetizar : imantar : atraer
magnification *n* : aumento *m* : ampliación *f*
magnificence *n* : magnificencia *f*
magnificent *adj* : magnífico — **magnificently** *adv*
magnify *v* **-fied; -fying** : ampliar : magnificar : exagerar
magnifying glass *n* : lupa *f*
magnitude *n* : magnitud *f* : grandeza *f* : cantidad *f* : envergadura *f*
magnolia *n* : magnolia *f* : magnolio *m*
magpie *n* : urraca *f*
maguey *n* : maguey *m*
mahogany *n, pl* **-nies** : caoba *f*
maid *n* : doncella *f*
maiden[1] *adj* : soltera : primero
maiden[2] *n* : doncella *f*
maiden name *n* : nombre *m* de soltera
mail[1] *v* : enviar por correo : echar al correo
mail[2] *n* : correo *m* : malla *f*
mailbox *n* : buzón *m*
mailing list *n* : lista *f* de correo(s) : lista *f* de direcciones
mailman *n, pl* **-men** : cartero *m*
mail order *n* : venta *f* por correo
maim *v* : mutilar : desfigurar : lisiar
main[1] *adj* : principal : central
main[2] *n* : alta mar *f* : tubería *f* principal : cable *m* principal
mainframe *n* : mainframe *m* : computadora *f* central
mainland *n* : continente *m*
mainly *adv* : principalmente : en primer lugar : en la mayor parte
mainstay *n* : pilar *m* : sostén *m* principal
mainstream[1] *adj* : dominante : corriente : convencional
mainstream[2] *n* : corriente *f* principal
maintain *v* : dar mantenimiento a : mantener : conservar : sostener : afirmar
maintenance *n* : mantenimiento *m*
maize *n* : maíz *m*
majestic *adj* : majestuoso — **majestically** *adv*
majesty *n, pl* **-ties** : majestad *f* : majestuosidad *f* : esplendor *m*
major[1] *v* **-jored; -joring** : especializarse
major[2] *adj* : mayor : notable : grave
major[3] *n* : mayor *mf* : comandante *mf* : especialidad *f*
Majorcan *n* : mallorquín *m*, -quina *f* — **Majorcan** *adj*
major general *n* : general *mf* de división
majority *n, pl* **-ties** : mayoría *f* de edad : mayoría *f* : mayor parte *f*
make[1] *v* **made; making** : hacer : fabricar : promulgar : preparar : poner : convertir en : ser : marcar : no perder : cumplir con : llegar a : asistir a : forzar : obligar : ir : dirigirse
make[2] *n* : marca *f*
make–believe[1] *adj* : imaginario
make–believe[2] *n* : fantasía *f* : invención *f*
make out *v* : hacer : distinguir : divisar : comprender : entender : arreglárselas
makeover *n* : cambio *m* de imagen : reformas *fpl* : remodelación *f*
maker *n* : fabricante *mf*
makeshift *adj* : provisional : improvisado

makeup *n* : composición *f* : carácter *m* : temperamento *m* : maquillaje *m*
make up *v* : inventar : recuperar : hacer las paces : reconciliarse
making *n* : creación *f* : producción *f*
maladjusted *adj* : inadaptado
maladjustment *n* : desajuste *m*
malady *n, pl* **-dies** : dolencia *f* : enfermedad *f* : mal *m*
malaise *n* : malestar *m*
malaria *n* : malaria *f* : paludismo *m*
Malawian *n* : malauiano *m*, -na *f* — **Malawian** *adj*
Malay *n* : malayo *m* — **Malay** *or* **Malayan** *adj*
Malaysian *n* : malasio *m*, -sia *f* : malaisio *m* — **Malaysian** *adj*
male[1] *adj* : macho : masculino
male[2] *n* : macho *m* : varón *m*
malefactor *n* : malhechor *m*, -chora *f*
maleness *n* : masculinidad *f*
malevolence *n* : malevolencia *f*
malevolent *adj* : malévolo
malformation *n* : malformación *f*
malformed *adj* : mal formado : deforme
malfunction[1] *v* : funcionar mal
malfunction[2] *n* : mal funcionamiento *m*
malice *n* : malicia *f* : malevolencia *f*
malicious *adj* : malicioso : malévolo — **maliciously** *adv*
malign[1] *v* : calumniar : difamar
malign[2] *adj* : maligno
malignancy *n, pl* **-cies** : malignidad *f*
malignant *adj* : maligno
malinger *v* : fingirse enfermo
mall *n* : alameda *f* : paseo *m* : centro *m* comercial
mallard *n, pl* **-lard** *or* **-lards** : pato *m* real : ánade *mf* real
malleable *adj* : maleable
mallet *n* : mazo *m*
malnourished *adj* : desnutrido : malnutrido
malnutrition *n* : desnutrición *f* : malnutrición *f*
malodorous *adj* : maloliente
malpractice *n* : mala práctica *f* : negligencia *f*
malt *n* : malta *f*
maltreat *v* : maltratar
malware *n* : malware *m*
mama *or* **mamma** *n* : mamá *f*
mambo *n* : mambo *m*
mammal *n* : mamífero *m*
mammalian *adj* : mamífero
mammary *adj* : mamario
mammogram *n* : mamografía *f*
mammoth[1] *adj* : colosal : gigantesco
mammoth[2] *n* : mamut *m*
man[1] *v* **manned; manning** : tripular : encargarse de
man[2] *n, pl* **men** : hombre *m* : persona *f* : humanidad *f* : marido *m* : novio *m*; **men** *npl* : trabajadores *mpl* : soldados *mpl*
manacles *npl* : esposas *fpl*
manage *v* **-aged; -aging** : controlar : manejar : administrar : dirigir : lograr : ingeniárselas para : arreglárselas
manageable *adj* : manejable
management *n* : administración *f* : gestión *f* : dirección *f* : manejo *m* : gerencia *f*
manager *n* : director *m*, -tora *f* : gerente *mf* : administrador *m*, -dora *f*
managerial *adj* : directivo : gerencial
managing director *n* : director *m* gerente : directora *f* gerente
manatee *n* : manatí *m*
mandarin *n* : mandarín *m*
mandate *n* : mandato *m*
mandatory *adj* : obligatorio
mandible *n* : mandíbula *f*
mandolin *n* : mandolina *f*
mane *n* : crin *f* : melena *f*
maneuver[1] *v* : maniobrar : posicionar : colocar : manipular
maneuver[2] *n* : maniobra *f*
manfully *adj* : valientemente
manganese *n* : manganeso *m*
mange *n* : sarna *f*
manger *n* : pesebre *m*
mangle *v* **-gled; -gling** : aplastar : despedazar : destrozar : mutilar
mango *n, pl* **-goes** : mango *m*
mangrove *n* : mangle *m*
mangy *adj* **mangier; -est** : sarnoso : gastado
manhole *n* : boca *f* de alcantarilla
manhood *n* : madurez *f* : hombría *f* : valor *m* : hombres *mpl*
manhunt *n* : búsqueda *f*
mania *n* : manía *f*

maniac *n* : maníaco *m*, -ca *f* : maniático *m*
maniacal *adj* : maníaco : maniaco
manic *adj* : maníaco : maniaco
manicure[1] *v* **-cured; -curing** : hacer la manicura a : recortar
manicure[2] *n* : manicura *f*
manicurist *n* : manicuro *m*, -ra *f*
manifest[1] *v* : manifestar
manifest[2] *adj* : manifiesto : patente — **manifestly** *adv*
manifestation *n* : manifestación *f*
manifesto *n, pl* **-tos** *or* **-toes** : manifiesto *m*
manifold[1] *adj* : diverso : variado
manifold[2] *n* : colector *m*
manioc *n* : mandioca *f* : yuca *f*
manipulate *v* **-lated; -lating** : manipular
manipulation *n* : manipulación *f*
manipulative *adj* : manipulador
manipulator *n* : manipulador *m*, -dora *f*
mankind *n* : género *m* humano : humanidad *f*
manliness *n* : hombría *f* : masculinidad *f*
manly *adj* **manlier; -est** : varonil : viril
man–made *adj* : artificial
manna *n* : maná *m*
mannequin *n* : maniquí *m* : modelo *mf*
manner *n* : tipo *m* : clase *f* : manera *f* : modo *m* : estilo *m*; **manners** *npl* : costumbres *fpl*; **manners** *npl* : modales *mpl* : educación *f* : etiqueta *f*
mannered *adj* : amanerado : afectado
mannerism *n* : peculiaridad *f* : gesto *m* particular
mannish *adj* : masculino : hombruno
man–of–war *n, pl* **men–of–war** : buque *m* de guerra
manor *n* : casa *f* solariega : casa *f* señorial : señorío *m*
manpower *n* : personal *m* : mano *f* de obra
mansion *n* : mansión *f*
manslaughter *n* : homicidio *m* sin premeditación
mantel *n* : repisa *f* de chimenea
mantelpiece → **mantel**
mantis *n, pl* **-tises** *or* **-tes** : mantis *f* religiosa
mantle *n* : manto *m*
manual[1] *adj* : manual — **manually** *adv*
manual[2] *n* : manual *m*
manufacture[1] *v* **-tured; -turing** : fabricar : manufacturar : confeccionar : elaborar
manufacture[2] *n* : manufactura *f* : fabricación *f* : confección *f* : elaboración *f*
manufacturer *n* : fabricante *m* : manufacturero *m*, -ra *f*
manure *n* : estiércol *m*
manuscript *n* : manuscrito *m*
many[1] *adj* **more; most** : muchos
many[2] *pron* : muchos
map[1] *v* **mapped; mapping** : trazar el mapa de : planear : proyectar
map[2] *n* : mapa *m*
maple *n* : arce *m*
mar *v* **marred; marring** : estropear : echar a perder : desfigurar
maraca *n* : maraca *f*
maraschino *n, pl* **-nos** : cereza *f* al marrasquino
marathon *n* : maratón *m* : competencia *f* de resistencia
maraud *v* : merodear
marauder *n* : merodeador *m*, -dora *f*
marble *n* : mármol *m* : canica *f* : bolita *f*
march[1] *v* : marchar : desfilar : caminar con resolución
march[2] *n* : marcha *f* : paso *m* : avance *m* : progreso *m*
March *n* : marzo *m*
marchioness *n* : marquesa *f*
Mardi Gras *n* : martes *m* de Carnaval
mare *n* : yegua *f*
margarine *n* : margarina *f*
margarita *n* : margarita *f*
margin *n* : margen *m*
marginal *adj* : marginal : mínimo — **marginally** *adv*
marginalization *n* : marginación *f*
marigold *n* : maravilla *f* : caléndula *f*
marijuana *or* **marihuana** *n* : marihuana *f*
marimba *n* : marimba *f*
marina *n* : puerto *m* deportivo

marinade *n* : adobo *m* : marinada *f*
marinate *v* **-nated; -nating** : marinar
marine[1] *adj* : marino : náutico : marítimo : de la infantería de marina
marine[2] *n* : soldado *m* de marina
mariner *n* : marinero *m* : marino *m*
marionette *n* : marioneta *f* : títere *m*
marital *adj* : matrimonial
maritime *adj* : marítimo
marjoram *n* : mejorana *f*
mark[1] *v* : marcar : dejar marca en : caracterizar : señalar : corregir
mark[2] *n* : blanco *m* : marca *f* : señal *f* : indicio *m* : nota *f* : nivel *m* : huella *f* : imperfección *f*
marked *adj* : marcado : notable — **markedly** *adv*
marker *n* : marcador *m*
market[1] *v* : poner en venta : comercializar
market[2] *n* : mercado *m* : demanda *f* : tienda *f*
marketable *adj* : vendible
marketing *n* : mercadotecnia *f* : mercadeo *m*
marketplace *n* : mercado *m*
market research *n* : estudio *m* de mercado
marking *n* : corrección *f* : marca *f* : señal *f* : pinta *f* : mancha *f*
marksman *n, pl* **-men** : tirador *m*
marksmanship *n* : puntería *f*
markswoman *n, pl* **-women** : tiradora *f*
marmalade *n* : mermelada *f*
marmoset *n* : tití *m*
marmot *n* : marmota *f*
maroon[1] *v* : abandonar : aislar
maroon[2] *n* : rojo *m* oscuro : granate *m*
marquee *n* : marquesina *f*
marquess *or* **marquis** *n, pl* **-quesses** *or* **-quises** *or* **-quis** : marqués *m*
marquise → marchioness
marriage *n* : matrimonio *m* : casamiento *m* : boda *f*
marriageable *adj* **of marriageable age** : de edad de casarse
marriage certificate *n* : certificado *m* de matrimonio : acta *f* de matrimonio
married *adj* : casado
marrow *n* : médula *f* : tuétano *m*
marry *v* **-ried; -rying** : casar : casarse con
Mars *n* : Marte *m*
marsh *n* : pantano *m*
marshal[1] *v* **-shaled** *or* **-shalled; -shaling** *or* **-shalling** : poner en orden : reunir : conducir
marshal[2] *n* : maestro *m* de ceremonias : mariscal *m* : jefe *m*, -fa *f*
marshmallow *n* : malvavisco *m*
marshy *adj* **marshier; -est** : pantanoso
marsupial *n* : marsupial *m*
mart *n* : mercado *m*
marten *n, pl* **-ten** *or* **-tens** : marta *f*
martial *adj* : marcial
Martian *n* : marciano *m*, -na *f* — **Martian** *adj*
martin *n* : golondrina *f* : vencejo *m*
martyr[1] *v* : martirizar
martyr[2] *n* : mártir *mf*
martyrdom *n* : martirio *m*
marvel[1] *v* **-veled** *or* **-velled; -veling** *or* **-velling** : maravillarse
marvel[2] *n* : maravilla *f*
marvelous *or* **marvellous** *adj* : maravilloso — **marvelously** *adv*
Marxism *n* : marxismo *m*
Marxist[1] *adj* : marxista
Marxist[2] *n* : marxista *mf*
marzipan *n* : mazapán *m*
mascara *n* : rímel *m* : rimel *m*
mascot *n* : mascota *f*
masculine *adj* : masculino
masculinity *n* : masculinidad *f*
mash[1] *v* : hacer puré de : aplastar : majar
mash[2] *n* : afrecho *m* : malta *f* : papilla *f* : pasta *f*
mask[1] *v* : enmascarar : ocultar : cubrir : tapar
mask[2] *n* : máscara *f* : careta *f* : mascarilla *f*
masochism *n* : masoquismo *m*
masochist *n* : masoquista *mf*
masochistic *adj* : masoquista
mason *n* : albañil *mf*; **Mason → freemason**
Masonic *adj* : masónico
masonry *n, pl* **-ries** : albañilería *f*
masquerade[1] *v* **-aded; -ading** : disfrazarse : hacerse pasar : asistir a una mascarada

masquerade[2] *n* : mascarada *f* : baile *m* de disfraces : farsa *f* : fachada *f*
mass[1] *v* : concentrarse : juntarse en masa : concentrar
mass[2] *n* : masa *f* : mole *f* : volumen *m* : cantidad *f* : montón *m* : multitud *f*
Mass *n* : misa *f*
massacre[1] *v* **-cred; -cring** : masacrar
massacre[2] *n* : masacre *f*
massage[1] *v* **-saged; -saging** : masajear
massage[2] *n* : masaje *m*
masseur *n* : masajista *m*
masseuse *n* : masajista *f*
massive *adj* : voluminoso : macizo : masivo : enorme — **massively** *adv*
mass media *npl* : medios *mpl* de comunicación masiva : medios *mpl* de comunicación de masas
mass–produce *v* : producir en masa : fabricar en serie
mass production *n* : producción *f* en masa : fabricación *f* en serie
mass transit *n* : transporte *m* público
mast *n* : mástil *m* : palo *m*
master[1] *v* : dominar : llegar a dominar
master[2] *n* : maestro *m* : profesor *m* : experto *m*, -ta *f* : maestro *m*, -tra *f* : amo *m* : señor *m*
masterful *adj* : autoritario : imperioso : dominante : magistral — **masterfully** *adv*
masterly *adj* : magistral
mastermind[1] *n* : cerebro *m* : artífice *mf*
mastermind[2] *v* : ser el cerebro de : planear : organizar
masterpiece *n* : obra *f* maestra
masterwork → masterpiece
mastery *n* : dominio *m* : autoridad *f* : superioridad *f* : maestría *f*
masticate *v* **-cated; -cating** : masticar
mastiff *n* : mastín *m*
mastodon *n* : mastodonte *m*
masturbate *v* **-bated; -bating** : masturbarse
masturbation *n* : masturbación *f*
mat[1] *v* **matted; matting** : enmarañar : enmarañarse
mat[2] *n* : estera *f* : maraña *f* : colchoneta *f*
mat[3] **→ matte**
matador *n* : matador *m*
match[1] *v* : enfrentar : oponer : igualar : corresponder a : coincidir con : combinar con : hacer juego con : concordar : coincidir : hacer juego
match[2] *n* : igual *mf* : partido *m* : combate *m* : matrimonio *m* : casamiento *m* : fósforo *m* : cerilla *f* : cerillo *m*
matchbox *n* : caja *f* de cerillas
matchless *adj* : sin igual : sin par
matchmaker *n* : casamentero *m*, -ra *f*
mate[1] *v* **mated; mating** : encajar : emparejarse : aparearse : copular : aparear : acoplar
mate[2] *n* : compañero *m*, -ra *f* : camarada *mf* : macho *m* : hembra *f* : oficial *mf* : pareja *f*
maté *n* : yerba *f* : mate *m*
material[1] *adj* : material : físico : importante : esencial
material[2] *n* : material *m* : tejido *m* : tela *f*
materialism *n* : materialismo *m*
materialist *n* : materialista *mf*
materialistic *adj* : materialista
materialize *v* **-ized; -izing** : materializar : hacer aparecer : materializarse : aparecer
maternal *adj* : maternal — **maternally** *adv*
maternity[1] *adj* : de maternidad
maternity[2] *n, pl* **-ties** : maternidad *f*
math → mathematics
mathematical *adj* : matemático — **mathematically** *adv*
mathematician *n* : matemático *m*, -ca *f*
mathematics *ns & pl* : matemáticas *fpl* : matemática *f*
matinee *or* **matinée** *n* : matiné *f*
matriarch *n* : matriarca *f*
matriarchy *n, pl* **-chies** : matriarcado *m*
matriculate *v* **-lated; -lating** : matricular : matricularse
matriculation *n* : matrícula *f* : matriculación *f*
matrimony *n* : matrimonio *m* — **matrimonial** *adj*

matrix *n, pl* **-trices** *or* **-trixes** : matriz *f*
matron *n* : matrona *f*
matronly *adj* : de matrona : matronal
matte *adj* : mate : de acabado mate
matter[1] *v* : importar
matter[2] *n* : asunto *m* : cuestión *f* : materia *f* : sustancia *f*; **matters** *npl* : situación *f* : cosas *fpl*
matter–of–fact *adj* : práctico : realista
mattress *n* : colchón *m*
mature[1] *v* **-tured; -turing** : madurar : vencer
mature[2] *adj* **maturer; -est** : maduro : vencido
maturity *n* : madurez *f*
maudlin *adj* : sensiblero
maul[1] *v* : golpear : pegar : mutilar : maltratar
maul[2] *n* : mazo *m*
Mauritanian *n* : mauritano *m*, -na *f* — **Mauritanian** *adj*
mausoleum *n, pl* **-leums** *or* **-lea** : mausoleo *m*
mauve *n* : malva *m*
maven *or* **mavin** *n* : experto *m*, -ta *f*
maverick *n* : ternero *m* sin marcar : inconformista *mf* : disidente *mf*
maw *n* : fauces *fpl*
mawkish *adj* : sensiblero
maxim *n* : máxima *f*
maximize *v* **-mized; -mizing** : maximizar : llevar al máximo
maximum[1] *adj* : máximo
maximum[2] *n, pl* **-ma** *or* **-mums** : máximo *m*
may *v aux, past* **might;** *present s & pl* **may** : poder
May *n* : mayo *m*
Maya *or* **Mayan** *n* : maya *mf* — **Maya** *or* **Mayan** *adj*
maybe *adv* : quizás : tal vez
mayfly *n, pl* **-flies** : efímera *f*
mayhem *n* : mutilación *f* : estragos *mpl*
mayonnaise *n* : mayonesa *f*
mayor *n* : alcalde *m*, -desa *f*
mayoral *adj* : de alcalde
maze *n* : laberinto *m*
me *pron* : me : mí : yo
meadow *n* : prado *m* : pradera *f*
meadowland *n* : pradera *f*
meager *or* **meagre** *adj* : magro : flaco : exiguo : escaso : pobre
meagerly *adv* : pobremente
meagerness *n* : escasez *f* : pobreza *f*
meal *n* : comida *f* : harina *f*
mealtime *n* : hora *f* de comer
mean[1] *v* **meant; meaning** : querer : pensar : tener la intención de : querer decir : significar : importar
mean[2] *adj* : humilde : despreciable : mezquino : tacaño : malo : cruel : medio
mean[3] *n* : término *m* medio : promedio *m* : media *f* aritmética; **means** *npl* : medio *m* : manera *f* : vía *f*; **means** *npl* : medios *mpl* : recursos *mpl*
meander *v* **-dered; -dering** : serpentear : vagar : andar sin rumbo fijo
meaning *n* : significado *m* : sentido *m* : intención *f* : propósito *m*
meaningful *adj* : significativo — **meaningfully** *adv*
meaningless *adj* : sin sentido
meanness *n* : crueldad *f* : mezquindad *f* : tacañería *f*
meantime[1] *adv* → **meanwhile**[1]
meantime[2] *n* : interín *m*
meanwhile[1] *adv* : entretanto : mientras tanto
meanwhile[2] *n* → **meantime**[2]
measles *ns & pl* : sarampión *m*
measly *adj* **measlier; -est** : miserable : mezquino
measurable *adj* : mensurable — **measurably** *adv*
measure[1] *v* **-sured; -suring** : medir
measure[2] *n* : medida *f* : cantidad *f* : tamaño *m* : regla *f* : medición *f*; **measures** *npl* : medidas *fpl*
measureless *adj* : inmensurable
measurement *n* : medición *f* : medida *f*
measure up *v* **to measure up to** : estar a la altura de
meat *n* : comida *f* : carne *f* : sustancia *f* : esencia *f*
meatball *n* : albóndiga *f*
meaty *adj* **meatier; -est** : con mucha carne : carnoso
mechanic *n* : mecánico *m*, -ca *f*
mechanical *adj* : mecánico — **mechanically** *adv*

mechanics *ns & pl* : mecánica *f* : mecanismos *mpl* : aspectos *mpl* prácticos
mechanism *n* : mecanismo *m*
mechanization *n* : mecanización *f*
mechanize *v* **-nized; -nizing** : mecanizar
medal *n* : medalla *f* : condecoración *f*
medalist *or* **medallist** *n* : medallista *mf*
medallion *n* : medallón *m*
meddle *v* **-dled; -dling** : meterse : entrometerse
meddler *n* : entrometido *m*, -da *f*
meddlesome *adj* : entrometido
media *npl* : medios *mpl* de comunicación
median[1] *adj* : medio
median[2] *n* : valor *m* medio
mediate *v* **-ated; -ating** : mediar
mediation *n* : mediación *f*
mediator *n* : mediador *m*, -dora *f*
medical *adj* : médico
medicate *v* **-cated; -cating** : medicar
medication *n* : tratamiento *m* : medicación *f* : medicamento *m*
medicinal *adj* : medicinal
medicine *n* : medicina *f* : medicamento *m*
medicine man *n* : hechicero *m*
medieval *or* **mediaeval** *adj* : medieval
mediocre *adj* : mediocre
mediocrity *n, pl* **-ties** : mediocridad *f*
meditate *v* **-tated; -tating** : meditar
meditation *n* : meditación *f*
meditative *adj* : meditabundo
Mediterranean *adj* : mediterráneo
medium[1] *adj* : mediano
medium[2] *n, pl* **-diums** *or* **-dia** : punto *m* medio : término *m* medio : medio *m* : sustancia *f* : medio *m* de comunicación; *pl* **mediums** : médium *mf*
medley *n, pl* **-leys** : popurrí *m*
meek *adj* : paciente : sufrido : sumiso : dócil : manso
meekly *adv* : dócilmente
meekness *n* : mansedumbre *f* : docilidad *f*
meet[1] *v* **met; meeting** : encontrarse con : unirse con : enfrentarse a : encontrar : satisfacer : cumplir con : alcanzar : igualar : conocer : encontrarse : reunirse : congregarse : enfrentarse : conocerse : unirse : cerrarse : tocar
meet[2] *n* : encuentro *m*
meeting *n* : reunión *f* : encuentro *m* : entrevista *f*
meetinghouse *n* : iglesia *f*
megabyte *n* : megabyte *m*
megahertz *n* : megahercio *m*
megaphone *n* : megáfono *m*
megaton *n* : megatón *m*
megawatt *n* : megavatio *m*
melancholy[1] *adj* : melancólico : triste : sombrío
melancholy[2] *n, pl* **-cholies** : melancolía *f*
melanoma *n, pl* **-mas** : melanoma *m*
meld *v* : fusionar : unir : fusionarse : unirse
melee *n* : reyerta *f* : riña *f* : pelea *f*
meliorate → ameliorate
mellow[1] *v* : suavizar : endulzar : suavizarse : endulzarse
mellow[2] *adj* : maduro : apacible : suave : dulce
mellowness *n* : suavidad *f* : dulzura *f*
melodic *adj* : melódico — **melodically** *adv*
melodious *adj* : melodioso — **melodiously** *adv*
melodiousness *n* : calidad *f* de melódico
melodrama *n* : melodrama *m*
melodramatic *adj* : melodramático — **melodramatically** *adv*
melody *n, pl* **-dies** : melodía *f* : tonada *f*
melon *n* : melón *m*
melt *v* : derretir : disolver : ablandar : derretirse : disolverse : ablandarse : desvanecerse : esfumarse
melting point *n* : punto *m* de fusión
member *n* : miembro *m* : socio *m*, -cia *f* : parte *f*
membership *n* : membresía *f* : miembros *mpl* : socios *mpl*
membrane *n* : membrana *f* — **membranous** *adj*
memento *n, pl* **-tos** *or* **-toes** : recuerdo *m*
memo *n, pl* **memos** : memorándum *m*

memoirs *npl* : memorias *fpl* : autobiografía *f*
memorable *adj* : memorable : notable — **memorably** *adv*
memorandum *n, pl* **-dums** *or* **-da** : memorándum *m*
memorial[1] *adj* : conmemorativo
memorial[2] *n* : monumento *m* conmemorativo
memorialize *v* **-ized; -izing** : conmemorar
memorization *n* : memorización *f*
memorize *v* **-rized; -rizing** : memorizar : aprender de memoria
memory *n, pl* **-ries** : memoria *f* : recuerdo *m* : conmemoración *f*
men → man[2]
menace[1] *v* **-aced; -acing** : amenazar : poner en peligro
menace[2] *n* : amenaza *f*
menacing *adj* : amenazador : amenazante
mend[1] *v* : enmendar : corregir : remendar : arreglar : reparar : curarse
mend[2] *n* : remiendo *m*
mendicant *n* : mendigo *m*, -ga *f*
menial[1] *adj* : servil : bajo
menial[2] *n* : sirviente *m*, -ta *f*
meningitis *n, pl* **-gitides** : meningitis *f*
menopausal *adj* : menopáusico
menopause *n* : menopausia *f*
menorah *n* : candelabro *m*
men's room *n* : servicios *mpl* de caballeros
menstrual *adj* : menstrual
menstruate *v* **-ated; -ating** : menstruar
menstruation *n* : menstruación *f*
menswear *n* : ropa *f* de caballero
-ment *suf* : -miento
mental *adj* : mental — **mentally** *adv*
mentality *n, pl* **-ties** : mentalidad *f*
menthol *n* : mentol *m* — **mentholated** *adj*
mention[1] *v* : mencionar : mentar : referirse a
mention[2] *n* : mención *f*
mentor *n* : mentor *m*
menu *n* : menú *m* : carta *f*
meow[1] *v* : maullar
meow[2] *n* : maullido *m* : miau *m*
mercantile *adj* : mercantil
mercenary[1] *adj* : mercenario
mercenary[2] *n, pl* **-naries** : mercenario *m*, -ria *f*
merchandise *n* : mercancía *f* : mercadería *f*
merchandiser *n* : comerciante *mf* : vendedor *m*, -dora *f*
merchant *n* : comerciante *mf*
merchant marine *n* : marina *f* mercante
merciful *adj* : misericordioso : clemente
mercifully *adv* : con misericordia : con compasión : afortunadamente
merciless *adj* : despiadado — **mercilessly** *adv*
mercurial *adj* : temperamental : volátil
mercury *n, pl* **-ries** : mercurio *m*
Mercury *n* : Mercurio *m*
mercy *n, pl* **-cies** : misericordia *f* : clemencia *f* : bendición *f*
mere *adj, superlative* **merest** : mero : simple
merely *adv* : solamente : simplemente
merengue *n* : merengue *m*
merge *v* **merged; merging** : unirse : fusionarse : confluir : unir : fusionar : combinar
merger *n* : unión *f* : fusión *f*
meridian *n* : meridiano *m*
meringue *n* : merengue *m*
merit[1] *v* : merecer : ser digno de
merit[2] *n* : mérito *m* : valor *m*
meritorious *adj* : meritorio
mermaid *n* : sirena *f*
merriment *n* : alegría *f* : júbilo *m* : regocijo *m*
merry *adj* **merrier; -est** : alegre — **merrily** *adv*
merry–go–round *n* : carrusel *m* : tiovivo *m*
merrymaker *n* : juerguista *mf*
merrymaking *n* : juerga *f*
mesa *n* : mesa *f*
mesdames → madam, Mrs.
mesh[1] *v* : engranar : enredarse : coordinarse : combinar
mesh[2] *n* : malla *f* : red *f* : engranaje *m*
mesmerize *v* **-ized; -izing** : hipnotizar : cautivar : embelesar : fascinar

mess *n* : rancho *m* : desorden *m* : confusión *f* : embrollo *m* : lío *m*
message[1] *v* **-saged; -saging** : mensajear
message[2] *n* : mensaje *m* : recado *m*
messaging *n* : mensajería *f*
messenger *n* : mensajero *m*, -ra *f*
Messiah *n* : Mesías *m*
Messrs. → **Mr.**
messy *adj* **messier; -est** : desordenado : sucio — **messily** *adv*
mestizo *n* : mestizo *m*, -za *f* : ladino *m*, -na *f* — **mestizo** *adj*
met → **meet**
metabolic *adj* : metabólico
metabolism *n* : metabolismo *m*
metabolize *v* **-lized; -lizing** : metabolizar
metal *n* : metal *m*
metallic *adj* : metálico
metallurgical *adj* : metalúrgico
metallurgy *n* : metalurgia *f*
metalwork *n* : objeto *m* de metal
metalworker *n* : metalúrgico *m*, -ca *f*
metalworking *n* : metalistería *f*
metamorphosis *n, pl* **-phoses** : metamorfosis *f*
metaphor *n* : metáfora *f*
metaphoric *or* **metaphorical** *adj* : metafórico
metaphysical *adj* : metafísico
metaphysics *n* : metafísica *f*
mete *v* **meted; meting** : repartir : distribuir
meteor *n* : meteoro *m*
meteoric *adj* : meteórico
meteorite *n* : meteorito *m*
meteorologic *or* **meteorological** *adj* : meteorológico
meteorologist *n* : meteorólogo *m*, -ga *f*
meteorology *n* : meteorología *f*
meter *n* : metro *m* : contador *m* : medidor *m*
methane *n* : metano *m*
method *n* : método *m*
methodical *adj* : metódico — **methodically** *adv*
Methodist *n* : metodista *mf* — **Methodist** *adj*
methodology *n, pl* **-gies** : metodología *f*
meticulous *adj* : meticuloso — **meticulously** *adv*
meticulousness *n* : meticulosidad *f*
metric *or* **metrical** *adj* : métrico
metric system *n* : sistema *m* métrico
metro *n* : metro *m* : subterráneo *m*
metronome *n* : metrónomo *m*
metropolis *n* : metrópoli *f* : metrópolis *f*
metropolitan *adj* : metropolitano
mettle *n* : temple *m* : valor *m*
Mexican *n* : mexicano *m*, -na *f* — **Mexican** *adj*
mezzanine *n* : entrepiso *m* : primer piso *m*
mi *n* : mi *m*
miasma *n* : miasma *m*
mica *n* : mica *f*
mice → **mouse**
micro *adj* : muy pequeño : microscópico
micro- *pref* : micro-
microbe *n* : microbio *m*
microbiology *n* : microbiología *f*
microchip *n* : microchip *m*
microcomputer *n* : microcomputadora *f*
microcosm *n* : microcosmos *m*
microfilm *n* : microfilm *m*
micrometer *n* : micrómetro *m*
microorganism *n* : microorganismo *m* : microbio *m*
microphone *n* : micrófono *m*
microprocessor *n* : microprocesador *m*
microscope *n* : microscopio *m*
microscopic *adj* : microscópico
microwave *n* : microonda *f*
mid *adj* : medio
midair *n* **in ~** : en el aire
midday *n* : mediodía *m*
middle[1] *adj* : medio : del medio : de en medio : intermedio : mediano
middle[2] *n* : medio *m* : centro *m*
Middle Ages *npl* : Edad *f* Media
middle–class *adj* : de clase media
middle class *n* : clase *f* media
middleman *n, pl* **-men** : intermediario *m*, -ria *f*
middle school *n* : colegio *m* para niños de 10 a 14 años
middling *adj* : mediano : mediocre : regular

midfielder *n* : mediocampista *mf*
midget *n* : cosa *f* diminuta
midland *n* : región *f* central
midnight *n* : medianoche *f*
midpoint *n* : punto *m* medio : término *m* medio
midriff *n* : diafragma *m*
midshipman *n, pl* **-men** : guardiamarina *m*
midst[1] *n* : medio *m*
midst[2] *prep* : entre
midstream *n* : medio *m* de la corriente
midsummer *n* : pleno verano *m*
midtown *n* : centro *m*
midway *adv* : a mitad de camino
midweek *n* : medio *m* de la semana
midwife *n, pl* **-wives** : partera *f* : comadrona *f*
midwinter *n* : pleno invierno *m*
midyear *n* : medio *m* del año
mien *n* : semblante *m*
miff *v* : ofender
might[1] *v* → may
might[2] *n* : fuerza *f* : poder *m*
mightily *adv* : con mucha fuerza : poderosamente
mighty[1] *adv* : muy
mighty[2] *adj* **mightier; -est** : poderoso : potente : grande : imponente
migraine *n* : jaqueca *f* : migraña *f*
migrant *n* : trabajador *m*, -dora *f* ambulante
migrate *v* **-grated; -grating** : emigrar : migrar
migration *n* : migración *f*
migratory *adj* : migratorio
mike *n* → **microphone**
mild *adj* : apacible : suave : leve : ligero : templado — **mildly** *adv*
mildew[1] *v* : enmohecerse
mildew[2] *n* : moho *m*
mildness *n* : suavidad *f*
mile *n* : milla *f*
mileage *n* : viáticos *mpl* : distancia *f* recorrida : kilometraje *m*
milestone *n* : hito *m* : jalón *m*
milieu *n, pl* **-lieus** *or* **-lieux** : entorno *m* : medio *m* : ambiente *m*
militancy *n, pl* **-cies** : militancia *f*
militant[1] *adj* : militante : combativo
militant[2] *n* : militante *mf*
militarism *n* : militarismo *m*
militaristic *adj* : militarista
militarize *v* **-rized; -rizing** : militarizar
military[1] *adj* : militar
military[2] *n* **the military** : las fuerzas armadas
militia *n* : milicia *f*
milk[1] *v* : ordeñar : explotar
milk[2] *n* : leche *f*
milk chocolate *n* : chocolate *m* con leche
milkman *n, pl* **-men** : lechero *m*
milk of magnesia *n* : leche *f* de magnesia
milk shake *n* : batido *m* : licuado *m*
milkweed *n* : algodoncillo *m*
milky *adj* **milkier; -est** : lechoso
Milky Way *n* : Vía *f* Láctea
mill[1] *v* : moler : acordonar **to mill about/around** : arremolinarse
mill[2] *n* : molino *m* : fábrica *f* : molinillo *m*
millennial[1] *adj* : milenario
millennial[2] *n* : milenario *m*, -ria *f* : milenial *mf*
millennium *n, pl* **-nia** *or* **-niums** : milenio *m*
miller *n* : molinero *m*, -ra *f*
millet *n* : mijo *m*
milligram *n* : miligramo *m*
milliliter *n* : mililitro *m*
millimeter *n* : milímetro *m*
milliner *n* : sombrerero *m*, -ra *f*
millinery *n* : sombreros *mpl* de señora
million[1] *adj* **a million** : un millón de
million[2] *n, pl* **millions** *or* **million** : millón *m*
millionaire *n* : millonario *m*, -ria *f*
millionth[1] *adj* : millonésimo
millionth[2] *n* : millonésimo *m*
millipede *n* : milpiés *m*
millstone *n* : rueda *f* de molino : muela *f*
mime[1] *v* **mimed; miming** : imitar : remedar : hacer la mímica
mime[2] *n* : mimo *mf* : pantomima *f*
mimeograph *n* : mimeógrafo *m*
mimic[1] *v* **-icked; -icking** : imitar : remedar
mimic[2] *n* : imitador *m*, -dora *f*
mimicry *n, pl* **-ries** : mímica *f* : imitación *f*

minaret *n* : alminar *m* : minarete *m*
mince *v* **minced; mincing** : picar : moler : caminar de manera afectada
mind[1] *v* : cuidar : atender : obedecer : preocuparse por : sentirse molestado por : tener cuidado con : importarle a uno
mind[2] *n* : mente *f* : intención *f* : propósito *m* : razón *f* : opinión *f* : atención *f*
minded *adj* : inclinado
mindful *adj* : consciente — **mindfully** *adv*
mindless *adj* : estúpido : sin sentido : inconsciente
mindlessly *adv* : sin sentido : inconscientemente
mine[1] *v* **mined; mining** : extraer : minar
mine[2] *n* : mina *f*
mine[3] *pron* : mío
minefield *n* : campo *m* de minas
miner *n* : minero *m*, -ra *f*
mineral *n* : mineral *m* — **mineral** *adj*
mineralogy *n* : mineralogía *f*
mine shaft → shaft
mingle *v* **-gled; -gling** : mezclar : mezclarse : circular
mini- *pref* : mini-
miniature[1] *adj* : en miniatura : diminuto
miniature[2] *n* : miniatura *f*
minibus *n* : microbús *m* : pesera *f* : buseta *f*
minicomputer *n* : minicomputadora *f*
minimal *adj* : mínimo
minimally *adv* : en grado mínimo
minimize *v* **-mized; -mizing** : minimizar
minimum[1] *adj* : mínimo
minimum[2] *n, pl* **-ma** *or* **-mums** : mínimo *m*
mining *n* : minería *f*
miniseries *n* : miniserie *f*
miniskirt *n* : minifalda *f*
minister[1] *v* **to minister to** : cuidar : atender a
minister[2] *n* : pastor *m*, -tora *f* : ministro *m*, -tra *f*
ministerial *adj* : ministerial
ministry *n, pl* **-tries** : ministerio *m* : sacerdocio *m* : clerecía *f*
minivan *n* : minivan *f*
mink *n, pl* **mink** *or* **minks** : visón *m*
minor[1] *adj* : menor
minor[2] *n* : menor *mf* : asignatura *f* secundaria
minority *n, pl* **-ties** : minoría *f*
minstrel *n* : juglar *m* : trovador *m*
mint[1] *v* : acuñar
mint[2] *adj* : sin usar
mint[3] *n* : menta *f* : pastilla *f* de menta : casa *f* de la moneda : dineral *m* : fortuna *f*
minuet *n* : minué *m*
minus[1] *n* : cantidad *f* negativa
minus[2] *prep* : menos : sin
minuscule *or* **miniscule** *adj* : minúsculo
minute[1] *adj* **minuter; -est** : diminuto : minúsculo : minucioso
minute[2] *n* : minuto *m* : momento *m*; **minutes** *npl* : actas *fpl*
minute hand *n* : minutero *m*
minutely *adv* : minuciosamente
miracle *n* : milagro *m*
miraculous *adj* : milagroso — **miraculously** *adv*
mirage *n* : espejismo *m*
mire[1] *v* **mired; miring** : atascarse
mire[2] *n* : barro *m* : lodo *m* : atolladero *m*
mirror[1] *v* : reflejar
mirror[2] *n* : espejo *m*
mirth *n* : alegría *f* : regocijo *m*
mirthful *adj* : alegre : regocijado
misadventure *n* : malaventura *f* : desventura *f*
misanthrope *n* : misántropo *m*, -pa *f*
misanthropic *adj* : misantrópico
misanthropy *n* : misantropía *f*
misapprehend *v* : entender mal
misapprehension *n* : malentendido *m*
misappropriate *v* **-ated; -ating** : malversar
misappropriation *n* : malversación *f*
misbegotten *adj* : ilegítimo : mal concebido
misbehave *v* **-haved; -having** : portarse mal
misbehavior *n* : mala conducta *f*
miscalculate *v* **-lated; -lating** : calcular mal
miscalculation *n* : error *m* de cálculo : mal cálculo *m*
miscarriage *n* : aborto *m* : fracaso *m* : malogro *m*

miscarry *v* **-ried; -rying** : abortar : malograrse : fracasar
miscellaneous *adj* : misceláneo
miscellany *n, pl* **-nies** : miscelánea *f*
mischance *n* : desgracia *f* : infortunio *m* : mala suerte *f*
mischief *n* : diabluras *fpl* : travesuras *fpl*
mischievous *adj* : travieso : pícaro
mischievously *adv* : de manera traviesa
misconception *n* : concepto *m* erróneo : idea *f* falsa
misconduct *n* : mala conducta *f*
misconstrue *v* **-strued; -struing** : malinterpretar
misdeed *n* : fechoría *f*
misdemeanor *n* : delito *m* menor
miser *n* : avaro *m*, -ra *f* : tacaño *m*, -ña *f*
miserable *adj* : triste : desdichado : miserable : desgraciado : desagradable : malo : despreciable : mísero
miserably *adv* : tristemente : miserablemente : lamentablemente : desgraciadamente
miserly *adj* : avaro : tacaño
misery *n, pl* **-eries** : miseria *f* : sufrimiento *m*
misfire *v* **-fired; -firing** : fallar
misfit *n* : inadaptado *m*, -da *f*
misfortune *n* : desgracia *f* : desventura *f* : infortunio *m*
misgiving *n* : duda *f* : recelo *m*
misguided *adj* : desacertado : equivocado : mal informado
mishap *n* : contratiempo *m* : percance *m* : accidente *m*
misinform *v* : informar mal
misinterpret *v* : malinterpretar
misinterpretation *n* : mala interpretación *f* : malentendido *m*
misjudge *v* **-judged; -judging** : juzgar mal
mislay *v* **-laid; -laying** : extraviar : perder
mislead *v* **-led; -leading** : engañar
misleading *adj* : engañoso
mismanage *v* **-aged; -aging** : administrar mal
mismanagement *n* : mala administración *f*
misnomer *n* : nombre *m* inapropiado
misogynist *n* : misógino *m*
misogyny *n* : misoginia *f*
misplace *v* **-placed; -placing** : extraviar : perder
misprint *n* : errata *f* : error *m* de imprenta
mispronounce *v* **-nounced; -nouncing** : pronunciar mal
mispronunciation *n* : pronunciación *f* incorrecta
misquote *v* **-quoted; -quoting** : citar incorrectamente
misread *v* **-read; -reading** : leer mal : malinterpretar
misrepresent *v* : distorsionar : falsear : tergiversar
miss[1] *v* : errar : faltar : no encontrar : perder : echar de menos : extrañar : pasar por alto : no enterarse de : no oír : perderse : faltar a : evitar : saltarse
miss[2] *n* : fallo *m* : fracaso *m* : señorita *f*
misshapen *adj* : deforme
missile *n* : misil *m* : proyectil *m*
missing *adj* : ausente : perdido : desaparecido
mission *n* : misión *f* : delegación *f* : embajada *f*
missionary[1] *adj* : misionero
missionary[2] *n, pl* **-aries** : misionero *m*, -ra *f*
missive *n* : misiva *f*
misspell *v* : escribir mal
misspelling *n* : falta *f* de ortografía
misstep *n* : traspié *m* : tropezón *m*
mist *n* : neblina *f* : niebla *f* : rocío *m*
mistake[1] *v* **-took; -taken; -taking** : malinterpretar : confundir
mistake[2] *n* : malentendido *m* : confusión *f* : error *m*
mistaken *adj* : equivocado — **mistakenly** *adv*
mister *n* : señor *m*
mistiness *n* : nebulosidad *f*
mistletoe *n* : muérdago *m*
mistreat *v* : maltratar
mistreatment *n* : maltrato *m* : abuso *m*
mistress *n* : dueña *f* : señora *f* : amante *f*
mistrust[1] *v* : desconfiar de
mistrust[2] *n* : desconfianza *f*

mistrustful *adj* : desconfiado
misty *adj* **mistier; -est** : neblinoso : nebuloso : lloroso
misunderstand *v* **-stood; -standing** : entender mal : malinterpretar
misunderstanding *n* : malentendido *m* : disputa *f* : discusión *f*
misuse[1] *v* **-used; -using** : emplear mal : abusar de : maltratar
misuse[2] *n* : mal empleo *m* : mal uso *m* : derroche *m* : despilfarro *m* : abuso *m*
mite *n* : ácaro *m* : poco *m*
miter *or* **mitre** *n* : mitra *f*
mitigate *v* **-gated; -gating** : mitigar : aliviar
mitigation *n* : mitigación *f* : alivio *m*
mitosis *n, pl* **-toses** : mitosis *f*
mitt *n* : manopla *f* : guante *m* : mano *f* : manaza *f*
mitten *n* : manopla *f*
mix[1] *v* : mezclar : remover : revolver : mezclarse
mix[2] *n* : mezcla *f*
mixed *adj* : mezclado : variado
mixed–up *adj* : confundido : con problemas : confuso
mixer *n* : batidora *f*
mixture *n* : mezcla *f*
mix–up *n* : confusión *f* : lío *m*
mnemonic *adj* : mnemónico
moan[1] *v* : gemir
moan[2] *n* : gemido *m*
moat *n* : foso *m*
mob[1] *v* **mobbed; mobbing** : atacar en masa : acosar : rodear
mob[2] *n* : multitud *f* : turba *f* : muchedumbre *f* : pandilla *f*
mobile[1] *adj* : móvil
mobile[2] *n* : móvil *m*
mobile phone → cell phone
mobility *n* : movilidad *f*
mobilize *v* **-lized; -lizing** : movilizar
mocha *n* : mezcla *f* de café y chocolate : color *m* chocolate
mock[1] *v* : burlarse de : mofarse de : imitar : remedar
mock[2] *adj* : simulado : falso
mockery *n, pl* **-eries** : burla *f* : mofa *f* : imitación *f*
mockingbird *n* : sinsonte *m*
mode *n* : modo *m* : forma *f* : manera *f* : estilo *m* : moda *f*
model[1] *v* **-eled** *or* **-elled; -eling** *or* **-elling** : modelar : trabajar de modelo
model[2] *adj* : modelo : ejemplar : en miniatura
model[3] *n* : modelo *m* : miniatura *f* : ejemplo *m* : modelo *mf*
modem *n* : módem *m*
moderate[1] *v* **-ated; -ating** : moderar : temperar : moderarse : calmarse : fungir como moderador
moderate[2] *adj* : moderado
moderate[3] *n* : moderado *m*, -da *f*
moderately *adv* : con moderación : medianamente
moderation *n* : moderación *f*
moderator *n* : moderador *m*, -dora *f*
modern *adj* : moderno
modernism *n* : modernismo *m*
modernist *n* : modernista *mf* — **modernist** *adj*
modernity *n* : modernidad *f*
modernization *n* : modernización *f*
modernize *v* **-ized; -izing** : modernizar : modernizarse
modest *adj* : modesto : recatado : pudoroso : moderado — **modestly** *adv*
modesty *n* : modestia *f*
modicum *n* : mínimo *m* : pizca *f*
modification *n* : modificación *f*
modifier *n* : modificante *m* : modificador *m*
modify *v* **-fied; -fying** : modificar : calificar
modish *adj* : a la moda : de moda
modular *adj* : modular
modulate *v* **-lated; -lating** : modular
modulation *n* : modulación *f*
module *n* : módulo *m*
mogul *n* : magnate *mf* : potentado *m*, -da *f*
moist *adj* : húmedo
moisten *v* : humedecer
moistness *n* : humedad *f*
moisture *n* : humedad *f*
moisturize *v* **-ized; -izing** : humedecer : hidratar
moisturizer *n* : crema *f* hidratante : crema *f* humectante
molar *n* : muela *f* : molar *m*

molasses *n* : melaza *f*
mold[1] *v* : moldear : formar : enmohecerse
mold[2] *n* : molde *m* : moho *m*
molder *v* : desmoronarse
molding *n* : moldura *f*
moldy *adj* **moldier; -est** : mohoso
mole *n* : lunar *m* : topo *m*
molecule *n* : molécula *f* — **molecular** *adj*
molehill *n* **to make a mountain out of a molehill** : ahogarse en un vaso de agua
molest *v* : molestar : abusar
mollify *v* **-fied; -fying** : apaciguar : aplacar
mollusk *or* **mollusc** *n* : molusco *m*
mollycoddle *v* **-dled; -dling** : consentir : mimar
molt *v* : mudar : hacer la muda
molten *adj* : fundido
mom *n* : mamá *f*
moment *n* : momento *m*
momentarily *adv* : momentáneamente : dentro de poco : pronto
momentary *adj* : momentáneo
momentous *adj* : de suma importancia : fatídico
momentum *n, pl* **-ta** *or* **-tums** : momento *m* : ímpetu *m* : impulso *m*
mommy *n* : mami *f*
monarch *n* : monarca *mf*
monarchist *n* : monárquico *m*, -ca *f*
monarchy *n, pl* **-chies** : monarquía *f*
monastery *n, pl* **-teries** : monasterio *m*
monastic *adj* : monástico — **monastically** *adv*
Monday *n* : lunes *m*
monetary *adj* : monetario
money *n, pl* **-eys** *or* **-ies** : dinero *m* : plata *f*; **monies** *npl* : sumas *fpl* de dinero
money changer *n* : cambista *mf*
moneyed *adj* : adinerado
moneylender *n* : prestamista *mf*
money order *n* : giro *m* postal
Mongol → Mongolian
Mongolian *n* : mongol *m*, -gola *f* — **Mongolian** *adj*
mongoose *n, pl* **-gooses** : mangosta *f*
mongrel *n* : perro *m* mestizo : perro *m* corriente : híbrido *m*
monitor[1] *v* : controlar : monitorear
monitor[2] *n* : ayudante *mf* : monitor *m*
monk *n* : monje *m*
monkey *n, pl* **-keys** : mono *m*, -na *f*
monkeyshines *npl* : picardías *fpl* : travesuras *fpl*
monkey wrench *n* **→ wrench**[2]
monocle *n* : monóculo *m*
monogamous *adj* : monógamo
monogamy *n* : monogamia *f*
monogram[1] *v* **-grammed; -gramming** : marcar con monograma
monogram[2] *n* : monograma *m*
monograph *n* : monografía *f*
monolingual *adj* : monolingüe
monolith *n* : monolito *m*
monolithic *adj* : monolítico
monologue *n* : monólogo *m*
monopolize *v* **-lized; -lizing** : monopolizar
monopoly *n, pl* **-lies** : monopolio *m*
monosyllabic *adj* : monosilábico
monosyllable *n* : monosílabo *m*
monotheism *n* : monoteísmo *m* — **monotheist** *n*
monotheistic *adj* : monoteísta
monotone *n* : voz *f* monótona
monotonous *adj* : monótono — **monotonously** *adv*
monotony *n* : monotonía *f* : uniformidad *f*
monsignor *n* : monseñor *m*
monsoon *n* : monzón *m*
monster *n* : monstruo *m*
monstrosity *n, pl* **-ties** : monstruosidad *f*
monstrous *adj* : monstruoso — **monstrously** *adv*
montage *n* : montaje *m*
month *n* : mes *m*
monthly[1] *adv* : mensualmente
monthly[2] *adj* : mensual
monthly[3] *n, pl* **-lies** : publicación *f* mensual
monument *n* : monumento *m*
monumental *adj* : monumental — **monumentally** *adv*
moo[1] *v* : mugir
moo[2] *n* : mugido *m*
mood *n* : humor *m*

moodiness *n* : melancolía *f* : tristeza *f* : cambios *mpl* de humor : carácter *m* temperamental
moody *adj* **moodier; -est** : melancólico : deprimido : temperamental : de humor variable
moon *n* : luna *f*
moonbeam *n* : rayo *m* de luna
moonlight[1] *v* : estar pluriempleado
moonlight[2] *n* : claro *m* de luna : luz *f* de la luna
moonlit *adj* : iluminado por la luna
moor[1] *v* : amarrar
moor[2] *n* : páramo *m*
Moor *n* : moro *m*, -ra *f*
mooring *n* : atracadero *m*
Moorish *adj* : moro
moose *ns & pl* : alce *m*
moot *adj* : discutible
mop[1] *v* **mopped; mopping** : trapear : trapear el suelo
mop[2] *n* : trapeador *m*
mope *v* **moped; moping** : andar deprimido : quedar abatido
moped *n* : ciclomotor *m*
moraine *n* : morena *f*
moral[1] *adj* : moral — **morally** *adv*
moral[2] *n* : moraleja *f*; **morals** *npl* : moral *f* : moralidad *f*
morale *n* : moral *f*
moralist *n* : moralista *mf*
moralistic *adj* : moralista
morality *n, pl* **-ties** : moralidad *f*
morass *n* : ciénaga *f* : pantano *m* : lío *m* : embrollo *m*
moratorium *n, pl* **-riums** *or* **-ria** : moratoria *f*
moray *n* : morena *f*
morbid *adj* : mórbido : morboso : horripilante
morbidity *n, pl* **-ties** : morbosidad *f*
more[1] *adv* : más
more[2] *adj* : más
more[3] *n* : más *m*
more[4] *pron* : más
morello *n* : guinda *f*
moreover *adv* : además
mores *npl* : costumbres *fpl* : tradiciones *fpl*
morgue *n* : morgue *f*
moribund *adj* : moribundo
Mormon *n* : mormón *m*, -mona *f* — **Mormon** *adj*
morn → morning
morning *n* : mañana *f*
morning sickness *n* : náuseas *fpl* matutinas
Moroccan *n* : marroquí *mf* — **Moroccan** *adj*
moron *n* : estúpido *m*, -da *f* : tonto *m*, -ta *f*
morose *adj* : hosco : sombrío — **morosely** *adv*
moroseness *n* : malhumor *m*
morphine *n* : morfina *f*
morphology *n, pl* **-gies** : morfología *f*
morrow *n* : día *m* siguiente
Morse code *n* : código *m* morse
morsel *n* : bocado *m* : pedazo *m*
mortadella *n* : mortadela *f*
mortal[1] *adj* : mortal — **mortally** *adv*
mortal[2] *n* : mortal *mf*
mortality *n* : mortalidad *f*
mortar *n* : mortero *m* : molcajete *m* : argamasa *f*
mortarboard *n* : bonete *m* : birrete *m*
mortgage[1] *v* **-gaged; -gaging** : hipotecar
mortgage[2] *n* : hipoteca *f*
mortification *n* : mortificación *f* : humillación *f* : vergüenza *f*
mortify *v* **-fied; -fying** : mortificar : humillar : avergonzar
mortuary *n, pl* **-aries** : funeraria *f*
mosaic *n* : mosaico *m*
Moslem → Muslim
mosque *n* : mezquita *f*
mosquito *n, pl* **-toes** : mosquito *m* : zancudo *m*
moss *n* : musgo *m*
mossy *adj* **mossier; -est** : musgoso
most[1] *adv* : más
most[2] *adj* : la mayoría de : la mayor parte de : más : mayor
most[3] *n* : más *m* : máximo *m*
most[4] *pron* : la mayoría : la mayor parte
mostly *adv* : en su mayor parte : principalmente
mote *n* : mota *f*
motel *n* : motel *m*
moth *n* : palomilla *f* : polilla *f*
mothball *n* : bola *f* de naftalina
mother[1] *v* : dar a luz a : cuidar de : proteger

mother[2] *n* : madre *f*
motherhood *n* : maternidad *f*
mother–in–law *n, pl* **mothers–in–law** : suegra *f*
motherland *n* : patria *f*
motherly *adj* : maternal
mother–of–pearl *n* : nácar *m* : madreperla *f*
mother–to–be *n* : futura madre *f*
mother tongue *n* : lengua *f* materna
motif *n* : motivo *m*
motion[1] *v* : hacerle señas
motion[2] *n* : movimiento *m* : moción *f*
motionless *adj* : inmóvil : quieto
motion picture *n* : película *f*
motivate *v* **-vated; -vating** : motivar : mover : inducir
motivation *n* : motivación *f*
motive[1] *adj* : motor
motive[2] *n* : motivo *m* : móvil *m*
motley *adj* : abigarrado : variopinto
motor[1] *v* : viajar en coche
motor[2] *n* : motor *m*
motorbike *n* : motocicleta *f* : moto *f*
motorboat *n* : bote *m* a motor : lancha *f* motora
motorcar *n* : automóvil *m*
motorcycle *n* : motocicleta *f*
motorcycling *n* : motociclismo *m*
motorcyclist *n* : motociclista *mf*
motorist *n* : automovilista *mf* : motorista *mf*
motorized *adj* : motorizado
motor racing *n* : carreras *fpl* de coches
motor vehicle → vehicle
mottled *adj* : manchado : moteado
motto *n, pl* **-toes** : lema *m*
mould → mold
mound *n* : montón *m* : montículo *m*
mount[1] *v* : montar a : montar en : subir a : montar : aumentar
mount[2] *n* : soporte *m* : caballería *f* : montura *f* : monte *m* : montaña *f*
mountain *n* : montaña *f*
mountain bike *n* : bicicleta *f* de montaña
mountaineer *n* : alpinista *mf* : montañero *m*, -ra *f*
mountaineering *n* : montañismo *m* : alpinismo *m*
mountainous *adj* : montañoso
mountaintop *n* : cima *f* : cumbre *f*
mourn *v* : llorar : lamentar : estar de luto
mourner *n* : doliente *mf*
mournful *adj* : lloroso : plañidero : triste : deprimente — **mournfully** *adv*
mourning *n* : duelo *m* : luto *m*
mouse *n, pl* **mice** : ratón *m*, -tona *f*
mouse pad *n* : alfombrilla *f* de/para ratón : almohadilla *f* de/para ratón
mousetrap *n* : ratonera *f*
mousse *n* : mousse *mf*
moustache → mustache
mouth[1] *v* : decir con poca sinceridad : repetir sin comprensión : articular en silencio
mouth[2] *n* : boca *f* : entrada *f* : desembocadura *f*
mouthed *adj* : de boca
mouthful *n* : bocado *m* : bocanada *f*
mouth organ *n* **→ harmonica**
mouthpiece *n* : boquilla *f*
mouth–to–mouth resuscitation *or* **mouth–to–mouth** *n* : respiración *f* boca a boca : el boca a boca
mouthwash *n* : enjuague *m* bucal
mouth–watering *n* : delicioso
movable *or* **moveable** *adj* : movible : móvil
move[1] *v* **moved; moving** : ir : mudarse : trasladarse : moverse : actuar : mover : trasladar : inducir : persuadir : conmover : proponer
move[2] *n* : movimiento *m* : mudanza *f* : traslado *m* : paso *m*
movement *n* : movimiento *m*
mover *n* : persona *f* que hace mudanzas
movie *n* : película *f*; **movies** *npl* : cine *m*
movie theater *n* : cine *m*
moving *adj* : en movimiento : conmovedor : emocionante
mow[1] *v* **mowed; mowed** *or* **mown; mowing** : cortar
mow[2] *n* : pajar *m*
mower → lawn mower
MP3 *n* : MP3 *m*
Mr. *n, pl* **Messrs.** : señor *m*
Mrs. *n, pl* **Mesdames** : señora *f*
Ms. *n* : señora *f* : señorita *f*
much[1] *adv* **more; most** : mucho : muy : casi
much[2] *adj* **more; most** : mucho

much[3] *pron* : mucho
mucilage *n* : mucílago *m*
muck *n* : estiércol *m* : mugre *f* : suciedad *f* : barro *m* : fango *m* : lodo *m*
mucous *adj* : mucoso
mucus *n* : mucosidad *f*
mud *n* : barro *m* : fango *m* : lodo *m*
muddle[1] *v* **-dled; -dling** : confundir : andar confundido
muddle[2] *n* : confusión *f* : embrollo *m* : lío *m*
muddleheaded *adj* : confuso : despistado
muddy[1] *v* **-died; -dying** : llenar de barro
muddy[2] *adj* **muddier; -est** : barroso : fangoso : lodoso : enlodado
mudguard *n* : guardabarros *m*
muff[1] *v* : echar a perder : fallar
muff[2] *n* : manguito *m*
muffin *n* : magdalena *f*
muffle *v* **-fled; -fling** : cubrir : tapar : amortiguar
muffler *n* : bufanda *f* : silenciador *m* : mofle *m*
mug[1] *v* **mugged; mugging** : posar : hacer muecas : asaltar : atracar
mug[2] *n* : tazón *m*
mugger *n* : atracador *m*, -dora *f*
mugginess *n* : bochorno *m*
mugging *n* : atraco *m*
muggy *adj* **muggier; -est** : bochornoso
mulberry *n, pl* **-ries** : morera *f* : mora *f*
mulch[1] *v* : cubrir con pajote
mulch[2] *n* : pajote *m*
mule *n* : mula *f* : obstinado *m*, -da *f* : terco *m*, -ca *f*
mulish *adj* : obstinado : terco
mull *v* **to mull over** : reflexionar sobre
mullet *n, pl* **-let** *or* **-lets** : mújol *m*
multi- *pref* : multi-
multicolored *adj* : multicolor : abigarrado
multicultural *adj* : multicultural — **multiculturalism** *n*
multidisciplinary *adj* : multidisciplinario
multifaceted *adj* : multifacético
multifamily *adj* : multifamiliar
multifarious *adj* : diverso : variado
multilateral *adj* : multilateral
multimedia *adj* : multimedia
multimillionaire *adj* : multimillonario
multinational *adj* : multinacional
multiple[1] *adj* : múltiple
multiple[2] *n* : múltiplo *m*
multiple sclerosis *n* : esclerosis *f* múltiple
multiplex *n* : multicine *m*
multiplication *n* : multiplicación *f*
multiplicity *n, pl* **-ties** : multiplicidad *f*
multiply *v* **-plied; -plying** : multiplicar : multiplicarse
multipurpose *adj* : multiuso
multistory *adj* : de varias plantas : de varios pisos
multitask *v* : hacer multitarea
multitasking *n* : multitarea *f*
multitude *n* : multitud *f* : muchedumbre *f* : gran cantidad *f*
multivitamin *adj* : multivitamínico
mum[1] *adj* : callado
mum[2] *n* → **chrysanthemum**
mumble[1] *v* **-bled; -bling** : mascullar : musitar : hablar entre dientes : murmurar
mumble[2] *n* **to speak in a mumble** : hablar entre dientes
mumbo jumbo *n* : jerigonza *f*
mummy *n, pl* **-mies** : momia *f*
mumps *ns & pl* : paperas *fpl*
munch *v* : mascar : masticar
mundane *adj* : mundano : terrenal : rutinario : ordinario
municipal *adj* : municipal
municipality *n, pl* **-ties** : municipio *m*
munitions *npl* : municiones *fpl*
mural[1] *adj* : mural
mural[2] *n* : mural *m*
murder[1] *v* : asesinar : matar
murder[2] *n* : asesinato *m* : homicidio *m*
murderer *n* : asesino *m*, -na *f* : homicida *mf*
murderess *n* : asesina *f* : homicida *f*
murderous *adj* : asesino : homicida
murk *n* : oscuridad *f* : tinieblas *fpl*
murkiness *n* : oscuridad *f* : tenebrosidad *f*
murky *adj* **murkier; -est** : oscuro : tenebroso
murmur[1] *v* : murmurar : refunfuñar : regañar : rezongar

murmur[2] *n* : queja *f* : murmullo *m* : rumor *m*
muscle[1] *v* **-cled; -cling** : meterse
muscle[2] *n* : músculo *m* : fuerza *f*
muscular *adj* : muscular : musculoso
muscular dystrophy *n* : distrofia *f* muscular
musculature *n* : musculatura *f*
muse[1] *v* **mused; musing** : cavilar : meditar : reflexionar
muse[2] *n* : musa *f*
museum *n* : museo *m*
mush *n* : gachas *fpl* : sensiblería *f*
mushroom[1] *v* : crecer rápidamente : multiplicarse
mushroom[2] *n* : hongo *m* : champiñón *m* : seta *f* : callampa *f*
mushy *adj* **mushier; -est** : blando : sensiblero
music *n* : música *f*
musical[1] *adj* : musical : de música — **musically** *adv*
musical[2] *n* : comedia *f* musical
music box *n* : cajita *f* de música
musician *n* : músico *m*, -ca *f*
musk *n* : almizcle *m*
musket *n* : mosquete *m*
musketeer *n* : mosquetero *m*
muskrat *n, pl* **-rat** *or* **-rats** : rata *f* almizclera
Muslim[1] *adj* : musulmán
Muslim[2] *n* : musulmán *m*, -mana *f*
muslin *n* : muselina *f*
muss[1] *v* : desordenar : despeinar
muss[2] *n* : desorden *m*
mussel *n* : mejillón *m*
must[1] *v aux* : deber : tener que : haber de
must[2] *n* : necesidad *f* : mosto *m*
mustache *n* : bigote *m* : bigotes *mpl*
mustang *n* : caballo *m* mesteño
mustard *n* : mostaza *f*
muster[1] *v* : reunir
muster[2] *n* : revista *f* : colección *f*
mustiness *n* : lo mohoso
musty *adj* **mustier; -est** : mohoso : que huele a moho : que huele a encerrado
mutant[1] *adj* : mutante
mutant[2] *n* : mutante *m*
mutate *v* **-tated; -tating** : mutar : transformarse
mutation *n* : mutación *f*
mute[1] *v* **muted; muting** : amortiguar : ponerle sordina a
mute[2] *adj* **muter; mutest** : mudo — **mutely** *adv*
mute[3] *n* : sordina *f*
muted *adj* : apagado : sordo : contenido : débil
mutilate *v* **-lated; -lating** : mutilar
mutilation *n* : mutilación *f*
mutineer *n* : amotinado *m*, -da *f*
mutinous *adj* : amotinado
mutiny[1] *v* **-nied; -nying** : amotinarse
mutiny[2] *n, pl* **-nies** : amotinamiento *m* : motín *m*
mutt *n* : perro *m* mestizo : perro *m* corriente
mutter *v* : mascullar : hablar entre dientes : murmurar : refunfuñar : regañar : rezongar
mutton *n* : carne *f* de carnero
mutual *adj* : mutuo : común
mutually *adv* : mutuamente : conjuntamente
muzzle[1] *v* **-zled; -zling** : ponerle un bozal a : amordazar
muzzle[2] *n* : hocico *m* : bozal *m* : boca *f*
my[1] *adj* : mi
my[2] *interj* : ¡caramba! : ¡Dios mío!
myopia *n* : miopía *f*
myopic *adj* : miope
myriad[1] *adj* : innumerable
myriad[2] *n* : miríada *f*
myrrh *n* : mirra *f*
myrtle *n* : mirto *m* : arrayán *m*
myself *pron* : me : yo mismo : yo misma
mysterious *adj* : misterioso — **mysteriously** *adv*
mysteriousness *n* : lo misterioso
mystery *n, pl* **-teries** : misterio *m*
mystic[1] *adj* : místico
mystic[2] *n* : místico *m*, -ca *f*
mystical *adj* : místico — **mystically** *adv*
mysticism *n* : misticismo *m*
mystify *v* **-fied; -fying** : dejar perplejo : confundir
mystique *n* : aura *f* de misterio
myth *n* : mito *m*
mythic *adj* : mítico
mythical *adj* : mítico
mythological *adj* : mitológico
mythology *n, pl* **-gies** : mitología *f*

N

nab *v* **nabbed; nabbing** : prender : pillar : pescar
nadir *n* : nadir *m* : punto *m* más bajo
nag[1] *v* **nagged; nagging** : quejarse : rezongar : molestar : fastidiar : regañar : estarle encima a
nag[2] *n* : gruñón *m*, -ñona *f* : jamelgo *m*
nail[1] *v* : clavar : sujetar con clavos
nail[2] *n* : uña *f* : clavo *m*
naive *or* **naïve** *adj* **naiver; -est** : ingenuo : cándido : crédulo
naively *adv* : ingenuamente
naïveté *n* : ingenuidad *f*
naked *adj* : desnudo : desenvainado : pelado : expuesto al aire : manifiesto : puro
nakedly *adv* : manifiestamente
nakedness *n* : desnudez *f*
name[1] *v* **named; naming** : llamar : bautizar : ponerle nombre a : mentar : mencionar : dar el nombre de : nombrar
name[2] *adj* : de renombre : de prestigio
name[3] *n* : nombre *m* : epíteto *m* : fama *f* : reputación *f*
name–brand *adj* : de marca conocida
name brand *n* : marca *f* conocida
nameless *adj* : anónimo : indecible : indescriptible
namelessly *adv* : anónimamente
namely *adv* : a saber
namesake *n* : tocayo *m*, -ya *f* : homónimo *m*, -ma *f*
Namibian *n* : namibio *m*, -bia *f* — **Namibian** *adj*
nanny *n, pl* **nannies** : niñera *f* : nana *f*
nanotechnology *n, pl* **-gies** : nanotecnología *f*
nap[1] *v* **napped; napping** : dormir : dormir la siesta
nap[2] *n* : siesta *f* : pelo *m* : pelusa *f*
nape *n* : nuca *f* : cerviz *f* : cogote *m*
naphtha *n* : nafta *f*
napkin *n* : servilleta *f*
narcissism *n* : narcisismo *m*
narcissist *n* : narcisista *mf*
narcissistic *adj* : narcisista
narcissus *n, pl* **-cissus** *or* **-cissuses** *or* **-cissi** : narciso *m*
narcotic[1] *adj* : narcótico
narcotic[2] *n* : narcótico *m* : estupefaciente *m*
narrate *v* **-rated; -rating** : narrar : relatar
narration *n* : narración *f*
narrative[1] *adj* : narrativo
narrative[2] *n* : narración *f* : narrativa *f* : relato *m*
narrator *n* : narrador *m*, -dora *f*
narrow[1] *v* : estrecharse : angostarse : estrechar : angostar : restringir : limitar
narrow[2] *adj* : estrecho : angosto : estricto : limitado
narrowly *adv* : por poco : de cerca
narrow–minded *adj* : de miras estrechas
narrowness *n* : estrechez *f*
narrows *npl* : estrecho *m*
nasal *adj* : nasal
nasally *adv* : por la nariz : con voz nasal
nastily *adv* : con maldad : cruelmente
nastiness *n* : porquería *f*
nasty *adj* **nastier; -est** : sucio : mugriento : obsceno : malo : malicioso : desagradable : feo : asqueroso : repugnante
natal *adj* : natal
nation *n* : nación *f*
national[1] *adj* : nacional
national[2] *n* : ciudadano *m*, -na *f* : nacional *mf*
national anthem *n* : himno *m* nacional
nationalism *n* : nacionalismo *m*
nationalist[1] *adj* : nacionalista
nationalist[2] *n* : nacionalista *mf*
nationalistic *adj* : nacionalista
nationality *n, pl* **-ties** : nacionalidad *f*
nationalization *n* : nacionalización *f*
nationalize *v* **-ized; -izing** : nacionalizar
nationally *adv* : a escala nacional : a nivel nacional

national park *n* : parque *m* nacional
nationwide *adj* : en toda la nación : por todo el país
native[1] *adj* : innato : natal : indígena : autóctono
native[2] *n* : nativo *m*, -va *f* : indígena *mf* : natural *m*
Native American *n* : nativo *m* americano : nativa *f* americana : indígena *m* : indígena *f* — **Native American** *adj*
nativity *n, pl* **-ties** : navidad *f*
natty *adj* **nattier; -est** : elegante : garboso
natural[1] *adj* : natural : de la naturaleza : innato : sin afectación : vivo
natural[2] *n* **to be a natural** : tener un talento innato
natural gas *n* : gas *m* natural
natural history *n* : historia *f* natural
naturalism *n* : naturalismo *m*
naturalist *n* : naturalista *mf* — **naturalist** *adj*
naturalistic *adj* : naturalista
naturalization *n* : naturalización *f*
naturalize *v* **-ized; -izing** : naturalizar
naturally *adv* : naturalmente : intrínsecamente : de manera natural : por supuesto
naturalness *n* : naturalidad *f*
natural science *n* : ciencias *fpl* naturales
nature *n* : naturaleza *f* : índole *f* : clase *f* : carácter *m* : natural *m*
naught *n* : nada *f* : cero *m*
naughtily *adv* : traviesamente : con malicia
naughtiness *n* : mala conducta *f* : travesuras *fpl* : malicia *f*
naughty *adj* **naughtier; -est** : travieso : pícaro : picante : subido de tono
nausea *n* : náuseas *fpl* : asco *m*
nauseate *v* **-ated; -ating** : darle náuseas : asquear : darle asco
nauseating *adj* : nauseabundo : repugnante
nauseatingly *adv* : hasta el punto de dar asco
nauseous *adj* : mareado : con náuseas : nauseabundo
nautical *adj* : náutico
nautilus *n, pl* **-luses** *or* **-li** : nautilo *m*
Navajo *n* : navajo *m*, -ja *f* — **Navajo** *adj*
naval *adj* : naval
nave *n* : nave *f*
navel *n* : ombligo *m*
navigability *n* : navegabilidad *f*
navigable *adj* : navegable
navigate *v* **-gated; -gating** : navegar : gobernar : pilotar : navegar por
navigation *n* : navegación *f*
navigator *n* : navegante *mf*
navy *n, pl* **-vies** : flota *f* : marina *f* de guerra : armada *f*
nay[1] *adv* : no
nay[2] *n* : no *m* : voto *m* en contra
Nazi *n* : nazi *mf*
Nazism *or* **Naziism** *n* : nazismo *m*
Neanderthal *n* : neandertal *m*
near[1] *v* : acercarse a : estar a punto de
near[2] *adv* : cerca : casi
near[3] *adj* : cercano : próximo : más cercano : más próximo
near[4] *prep* : cerca de
nearby[1] *adv* : cerca
nearby[2] *adj* : cercano
nearly *adv* : casi
nearness *n* : proximidad *f*
nearsighted *adj* : miope : corto de vista
nearsightedly *adv* : con miopía
nearsightedness *n* : miopía *f*
neat *adj* : ordenado : pulcro : limpio : solo : sin diluir : sencillo y de buen gusto : hábil : ingenioso : genial : estupendo
neaten *v* : arreglar : ordenar : poner en orden **to neaten up** : poner las cosas en orden
neatly *adv* : ordenadamente : ingeniosamente
neatness *n* : pulcritud *f* : limpieza *f* : orden *m*
nebula *n, pl* **-lae** : nebulosa *f*
nebulous *adj* : nebuloso : vago
necessarily *adv* : necesariamente : forzosamente
necessary[1] *adj* : inevitable : necesario : obligatorio : imprescindible : preciso

necessary[2] *n, pl* **-saries** : lo esencial : lo necesario
necessitate *v* **-tated; -tating** : necesitar : requerir
necessity *n, pl* **-ties** : necesidad *f* : requisito *m* indispensable : indigencia *f* : inevitabilidad *f*
neck[1] *v* : besuquearse
neck[2] *n* : cuello *m* : pescuezo *m* : mástil *m*
necklace *n* : collar *m*
neckline *n* : escote *m*
necktie *n* : corbata *f*
nectar *n* : néctar *m*
nectarine *n* : nectarina *f*
née *or* **nee** *adj* : de soltera
need[1] *v* : necesitar : requerir : exigir : tener que : deber
need[2] *n* : necesidad *f* : falta *f* : indigencia *f*; **needs** *npl* : requisitos *mpl* : carencias *fpl*
needful *adj* : necesario
needle[1] *v* **-dled; -dling** : pinchar
needle[2] *n* : aguja *f* : indicador *m*
needlepoint *n* : encaje *m* de mano : bordado *m*
needless *adj* : innecesario
needlessly *adv* : sin ninguna necesidad : innecesariamente
needlework *n* : bordado *m*
needn't → need
needy[1] *adj* **needier; -est** : necesitado
needy[2] *n* **the needy** : los necesitados *mpl*
nefarious *adj* : nefario : nefando : infame
negate *v* **-gated; -gating** : negar : invalidar : anular
negation *n* : negación *f*
negative[1] *adj* : negativo
negative[2] *n* : negación *f* : negativa *f* : término *m* negativo : negativo *m* : imagen *f* en negativo
negatively *adv* : negativamente
neglect[1] *v* : desatender : descuidar : no cumplir con : faltar a
neglect[2] *n* : negligencia *f* : descuido *m* : incumplimiento *m*
neglected *adj* : abandonado : descuidado
neglectful *adj* : descuidado *m*
negligee *n* : negligé *m*
negligence *n* : descuido *m* : negligencia *f*
negligent *adj* : negligente : descuidado — **negligently** *adv*
negligible *adj* : insignificante : despreciable
negotiable *adj* : negociable
negotiate *v* **-ated; -ating** : negociar : gestionar : salvar : franquear
negotiation *n* : negociación *f*
negotiator *n* : negociador *m*, -dora *f*
neigh[1] *v* : relinchar
neigh[2] *n* : relincho *m*
neighbor[1] *v* : ser vecino de : estar junto a : estar cercano : lindar : colindar
neighbor[2] *n* : vecino *m*, -na *f*
neighborhood *n* : barrio *m* : vecindad *f* : vecindario *m*
neighboring *adj* : vecino
neighborly *adv* : amable : de buena vecindad
neither[1] *adj* : ninguno
neither[2] *conj* : ni
neither[3] *pron* : ninguno
nemesis *n, pl* **-eses** : rival *mf* : justo castigo *m*
neologism *n* : neologismo *m*
neon[1] *adj* : de neón
neon[2] *n* : neón *m*
neophyte *n* : neófito *m*, -ta *f*
Nepali *n* : nepalés *m*, -lesa *f* — **Nepali** *adj*
nephew *n* : sobrino *m*
nepotism *n* : nepotismo *m*
Neptune *n* : Neptuno *m*
nerd *n* : ganso *m*, -sa *f*
nerve *n* : nervio *m* : coraje *m* : valor *m* : fuerza *f* de la voluntad : atrevimiento *m* : descaro *m*; **nerves** *npl* : nervios *mpl*
nerve–racking *or* **nerve–wracking** *adj* : estresante : desesperante : angustioso
nervous *adj* : nervioso : miedoso : temeroso
nervous breakdown *n* → **breakdown**
nervously *adv* : nerviosamente
nervousness *n* : nerviosismo *m* : nerviosidad *f* : ansiedad *f*
nervy *adj* **nervier; -est** : valiente : atrevido : descarado : fresco : nervioso
nest[1] *v* : anidar

nest[2] *n* : nido *m* : avispero *m* : madriguera *f* : refugio *m* : juego *m*
nestle *v* **-tled; -tling** : acurrucarse : arrimarse cómodamente
net[1] *v* **netted; netting** : pescar : atrapar con una red : ganar neto : producir neto
net[2] *adj* : neto
net[3] *n* : red *f* : malla *f*
nether *adj* : inferior : más bajo
nettle[1] *v* **-tled; -tling** : irritar : provocar : molestar
nettle[2] *n* : ortiga *f*
network *n* : red *f* : cadena *f*
neural *adj* : neural
neuralgia *n* : neuralgia *f*
neuritis *n, pl* **-ritides** *or* **-ritises** : neuritis *f*
neurological *or* **neurologic** *adj* : neurológico
neurologist *n* : neurólogo *m*, -ga *f*
neurology *n* : neurología *f*
neurosis *n, pl* **-roses** : neurosis *f*
neurotic[1] *adj* : neurótico
neurotic[2] *n* : neurótico *m*, -ca *f*
neuter[1] *v* : castrar
neuter[2] *adj* : neutro
neutral[1] *adj* : neutral : imparcial : neutro
neutral[2] *n* : punto *m* muerto
neutrality *n* : neutralidad *f*
neutralization *n* : neutralización *f*
neutralize *v* **-ized; -izing** : neutralizar
neutron *n* : neutrón *m*
never *adv* : nunca : jamás
never–ending *adj* : interminable : inacabable : sin fin
nevermore *adv* : nunca más
nevertheless *adv* : sin embargo : no obstante
new *adj* : nuevo : reciente : distinto
newborn *adj* : recién nacido
newcomer *n* : recién llegado *m* : recién llegada *f*
newfangled *adj* : novedoso
newfound *adj* : recién descubierto
newly *adv* : recién : recientemente
newlywed *n* : recién casado *m*, -da *f*
new moon *n* : luna *f* nueva
newness *n* : novedad *f*
news *n* : noticias *fpl* : noticiero *m* : informativo *m* : noticiario *m*
newscast *n* : noticiero *m* : informativo *m* : noticiario *m*
newscaster *n* : presentador *m*, -dora *f* : locutor *m*, -tora *f*
newsgroup *n* : grupo *m* de noticias
newsletter *n* : boletín *m* informativo
newsman *n, pl* **-men** : periodista *m* : reportero *m*
newspaper *n* : periódico *m* : diario *m* : papel *m* de periódico
newspaperman *n, pl* **-men** : periodista *m* : reportero *m* : dueño *m* de un periódico
newsprint *n* : papel *m* de prensa
newsstand *n* : quiosco *m* : puesto *m* de periódicos
newswoman *n, pl* **-women** : periodista *f* : reportera *f*
newsworthy *adj* : de interés periodístico
newsy *adj* **newsier; -est** : lleno de noticias
newt *n* : tritón *m*
New Testament *n* : Nuevo Testamento *m*
New Year *n* : Año *m* Nuevo
New Year's Day *n* : día *m* del Año Nuevo
New Year's Eve *n* : noche *f* de Fin de Año : Nochevieja *f*
New Yorker *n* : neoyorquino *m*, -na *f*
New Zealander *n* : neozelandés *m*, -desa *f*
next[1] *adv* : después : luego : ahora : entonces : la próxima vez
next[2] *adj* : contiguo : de al lado : que viene : próximo : siguiente
next–door *adj* : de al lado
next–of–kin *n, pl* **next–of–kin** : familiar *m* más cercano : pariente *m* más cercano
next to[1] *adv* : casi : prácticamente
next to[2] *prep* : junto a : al lado de
nexus *n* : nexo *m*
nib *n* : plumilla *f*
nibble[1] *v* **-bled; -bling** : pellizcar : mordisquear : picar
nibble[2] *n* : mordisco *m*
Nicaraguan *n* : nicaragüense *mf* — **Nicaraguan** *adj*
nice *adj* **nicer; nicest** : pulido : refinado : fino : sutil : agradable : bueno : lindo : decente

nicely *adv* : amablemente : con buenos modales : de buen gusto
niceness *n* : simpatía *f* : amabilidad *f*
nicety *n, pl* **-ties** : sutileza *f* : detalle *m*; **niceties** *npl* : lujos *mpl* : detalles *mpl*
niche *n* : nicho *m* : hornacina *f* : hueco *m*
nick[1] *v* : cortar : hacer una muesca en
nick[2] *n* : corte *m* : muesca *f*
nickel *n* : níquel *m* : moneda *f* de cinco centavos
nickname[1] *v* **-named; -naming** : apodar
nickname[2] *n* : apodo *m* : mote *m* : sobrenombre *m*
nicotine *n* : nicotina *f*
niece *n* : sobrina *f*
Nigerian *n* : nigeriano *m*, -na *f* — **Nigerian** *adj*
niggardly *adj* : mezquino : tacaño
niggling *adj* : insignificante : constante : persistente
nigh[1] *adv* : casi
nigh[2] *adj* : cercano : próximo
night[1] *adj* : nocturno : de la noche
night[2] *n* : noche *f* : oscuridad *f*
nightclothes *npl* : ropa *f* de dormir
nightclub *n* : cabaret *m* : club *m* nocturno : boliche *m*
night crawler *n* : lombriz *f*
nightdress → nightgown
nightfall *n* : anochecer *m*
nightgown *n* : camisón *m*
nightie *n* : camisón *m* corto
nightingale *n* : ruiseñor *m*
nightlife *n* : vida *f* nocturna
nightly[1] *adv* : cada noche : todas las noches
nightly[2] *adj* : de todas las noches
nightmare *n* : pesadilla *f*
nightmarish *adj* : de pesadilla
night owl *n* : noctámbulo *m*, -la *f*
night school *n* : escuela *f* nocturna : clases *fpl* nocturnas
nightshade *n* : hierba *f* mora
nightshirt *n* : camisa *f* de dormir
nightstick *n* : porra *f*
night table *or* **nightstand** *n* : mesita *f* : mesilla *f*
nighttime *n* : noche *f*
nihilism *n* : nihilismo *m*
nil *n* : nada *f* : cero *m*
nimble *adj* **nimbler; -blest** : ágil : hábil : ingenioso
nimbleness *n* : agilidad *f*
nimbly *adv* : con agilidad : ágilmente
nincompoop *n* : tonto *m*, -ta *f* : bobo *m*, -ba *f*
nine[1] *adj* : nueve
nine[2] *n* : nueve *m*
nine[3] *pron* : nueve
nine hundred[1] *adj* : novecientos
nine hundred[2] *n* : novecientos *m*
ninepins *n* : bolos *mpl*
nineteen[1] *adj & pron* : diecinueve
nineteen[2] *n* : diecinueve *m*
nineteenth[1] *adj* : decimonoveno : decimonono
nineteenth[2] *n* : decimonoveno *m*, -na *f* : decimonono *m* : diecinueveavo *m* : diecinueveava parte *f*
ninetieth[1] *adj* : nonagésimo
ninetieth[2] *n* : nonagésimo *m*, -ma *f* : noventavo *m* : noventava parte *f*
ninety[1] *adj & pron* : noventa
ninety[2] *n, pl* **-ties** : noventa *m*
ninny *n, pl* **ninnies** : tonto *m*, -ta *f* : bobo *m*, -ba *f*
ninth[1] *adv* : en noveno lugar
ninth[2] *adj* : noveno
ninth[3] *n* : noveno *m*, -na *f* : novena parte *f*
nip[1] *v* **nipped; nipping** : pellizcar : morder : mordisquear
nip[2] *n* : sabor *m* fuerte : pellizco *m* : mordisco *m* : trago *m* : traguito *m*
nipple *n* : pezón *m* : tetilla *f*
nippy *adj* **nippier; -est** : fuerte : picante : frío
nit *n* : liendre *f*
nitrate *n* : nitrato *m*
nitric acid *n* : ácido *m* nítrico
nitrogen *n* : nitrógeno *m*
nitroglycerin *or* **nitroglycerine** *n* : nitroglicerina *f*
nitwit *n* : zonzo *m*, -za *f* : bobo *m*, -ba *f*
no[1] *adv* : no
no[2] *adj* : ninguno
no[3] *n, pl* **noes** *or* **nos** : no *m* : vota *f* en contra
nobility *n* : nobleza *f*
noble[1] *adj* **nobler; -blest** : noble : glorioso : majestuoso : magnífico : elevado

noble[2] *n* : noble *mf* : aristócrata *mf*
nobleman *n, pl* **-men** : noble *m* : aristócrata *m*
nobleness *n* : nobleza *f*
noblewoman *n, pl* **-women** : noble *f* : aristócrata *f*
nobly *adv* : noblemente
nobody[1] *n, pl* **-bodies** : don nadie *m*
nobody[2] *pron* : nadie
nocturnal *adj* : nocturno
nocturne *n* : nocturno *m*
nod[1] *v* **nodded; nodding** : saludar con la cabeza : asentir con la cabeza : inclinar
nod[2] *n* : saludo *m* con la cabeza : señal *m* con la cabeza : señal *m* de asentimiento
node *n* : nudo *m*
nodule *n* : nódulo *m*
noel *n* : villancico *m* de Navidad
noes → no[3]
noise *n* : ruido *m*
noiseless *adj* : silencioso : sin ruido
noiselessly *adv* : silenciosamente
noisemaker *n* : matraca *f*
noisiness *n* : ruido *m*
noisy *adj* **noisier; -est** : ruidoso — **noisily** *adv*
nomad[1] **→ nomadic**
nomad[2] *n* : nómada *mf*
nomadic *adj* : nómada
nomenclature *n* : nomenclatura *f*
nominal *adj* : nominal : insignificante
nominally *adv* : sólo de nombre : nominalmente
nominate *v* **-nated; -nating** : proponer : nominar : nombrar
nomination *n* : propuesta *f* : postulación *f* : nombramiento *m*
nominative[1] *adj* : nominativo
nominative[2] *n or* **nominative case** : nominativo *m*
nominee *n* : candidato *m*, -ta *f*
non- *pref* : no
nonaddictive *adj* : que no crea dependencia
nonalcoholic *adj* : sin alcohol : no alcohólico
nonaligned *adj* : no alineado
nonbeliever *n* : no creyente *mf*
nonbreakable *adj* : irrompible
nonce *n* **for the nonce** : por el momento
nonchalance *n* : indiferencia *f* : despreocupación *f*
nonchalant *adj* : indiferente : despreocupado : impasible
nonchalantly *adv* : con aire despreocupado : con indiferencia
noncombatant *n* : no combatiente *mf*
noncommissioned officer *n* : suboficial *mf*
noncommittal *adj* : evasivo : que no se compromete
nonconductor *n* : aislante *m*
nonconformist *n* : inconformista *mf* : inconforme *mf*
nonconformity *n* : inconformidad *f* : no conformidad *f*
noncontagious *adj* : no contagioso
nondenominational *adj* : no sectario
nondescript *adj* : anodino : soso
nondiscriminatory *adj* : no discriminatorio
nondrinker *n* : abstemio *m*, -mia *f*
none[1] *adv* : de ninguna manera : de ningún modo : nada
none[2] *pron* : ninguno : nada : ninguna parte
nonentity *n, pl* **-ties** : persona *f* insignificante : nulidad *f*
nonessential *adj* : secundario : no esencial
nonessentials *npl* : cosas *fpl* secundarias : cosas *fpl* accesorias
nonetheless *adv* : sin embargo : no obstante
nonexistence *n* : inexistencia *f*
nonexistent *adj* : inexistente
nonfat *adj* : sin grasa
nonfattening *adj* : que no engorda
nonfiction *n* : no ficción *f*
nonflammable *adj* : no inflamable
nonintervention *n* : no intervención *f*
noninvasive *adj* : no invasivo
nonmalignant *adj* : no maligno : benigno
nonnegotiable *adj* : no negociable
nonpareil[1] *adj* : sin parangón : sin par
nonpareil[2] *n* : persona *f* sin igual : cosa *f* sin par
nonpartisan *adj* : imparcial

nonpaying *adj* : que no paga
nonpayment *n* : impago *m* : falta *f* de pago
nonperson *n* : persona *f* sin derechos
nonplus *v* **-plussed; -plussing** : confundir : desconcertar : dejar perplejo
nonprescription *adj* : disponible sin receta del médico
nonproductive *adj* : improductivo
nonprofit *adj* : sin fines lucrativos
nonproliferation *adj* : no proliferación
nonresident *n* : no residente *mf*
nonscheduled *adj* : no programado : no regular
nonsectarian *adj* : no sectario
nonsense *n* : tonterías *fpl* : disparates *mpl*
nonsensical *adj* : absurdo : disparatado — **nonsensically** *adv*
nonsmoker *n* : no fumador *m*, -dora *f* : persona *f* que no fuma
nonsmoking *adj* : que no fuma : no fumador
nonstandard *adj* : no regular : no estándar
nonstick *adj* : antiadherente
nonstop[1] *adv* : sin parar
nonstop[2] *adj* : directo : sin escalas
nonsupport *n* : falta *f* de manutención
nontaxable *adj* : exento de impuestos
nontoxic *adj* : no tóxico
nontransferable *adj* : intransferible
nonviolence *n* : no violencia *f*
nonviolent *adj* : pacífico : no violento
noodle *n* : fideo *m* : tallarín *m*
nook *n* : rincón *m* : recoveco *m* : escondrijo *m*
noon *n* : mediodía *m*
noonday *n* : mediodía *m*
no one *pron* : nadie
noontime *n* : mediodía *m*
noose *n* : lazo *m* : cuerda *f*
nope *adv* → **no**[1]
nor *conj* : ni
Nordic *adj* : nórdico
norm *n* : norma *f* : modelo *m* : regla *f* general : lo normal
normal *adj* : normal — **normally** *adv*
normalcy *n* : normalidad *f*
normality *n* : normalidad *f*
normalization *n* : normalización *f* : regularización *f*
normalize *v* : normalizar
Norse *adj* : nórdico
north[1] *adv* : al norte
north[2] *adj* : norte : del norte
north[3] *n* : norte *m*
North American *n* : norteamericano *m*, -na *f* — **North American** *adj*
northbound[1] *adv* : con rumbo al norte
northbound[2] *adj* : que va hacia el norte
northeast[1] *adv* : hacia el nordeste
northeast[2] *adj* : nordeste : del nordeste
northeast[3] *n* : nordeste *m* : noreste *m*
northeasterly[1] *adv* : hacia el nordeste
northeasterly[2] *adj* : nordeste : del nordeste
northeastern *adj* : nordeste : del nordeste
northerly[1] *adv* : hacia el norte
northerly[2] *adj* : del norte
northern *adj* : norte : norteño : septentrional
Northerner *n* : norteño *m*, -ña *f*
northern lights → **aurora borealis**
North Pole *n* : Polo *m* Norte
North Star *n* : estrella *f* polar
northward *adv & adj* : hacia el norte
northwest[1] *adv* : hacia el noroeste
northwest[2] *adj* : del noroeste
northwest[3] *n* : noroeste *m*
northwesterly[1] *adv* : hacia el noroeste
northwesterly[2] *adj* : del noroeste
northwestern *adj* : noroeste : del noroeste
Norwegian *n* : noruego *m*, -ga *f* — **Norwegian** *adj*
nose[1] *v* **nosed; nosing** : olfatear : empujar con el hocico : mover poco a poco : entrometerse : meter las narices : avanzar poco a poco

nose[2] *n* : nariz *f* : hocico *m* : olfato *m* : sentido *m* del olfato : parte *f* delantera : proa *f*
nosebleed *n* : hemorragia *f* nasal
nosed *adj* : de nariz
nosedive *n* : descenso *m* en picada : caída *f* súbita
nose–dive *v* : descender en picada : caer en picada
no–smoking *adj* : de no fumar : de/para no fumadores
nostalgia *n* : nostalgia *f*
nostalgic *adj* : nostálgico
nostril *n* : ventana *f* de la nariz
nostrum *n* : panacea *f*
nosy *or* **nosey** *adj* **nosier; -est** : entrometido
not *adv* : no : menos de
notable[1] *adj* : notable : de notar : distinguido : destacado
notable[2] *n* : persona *f* importante : personaje *m*
notably *adv* : notablemente : particularmente
notarize *v* **-rized; -rizing** : autenticar : autorizar
notary *or* **notary public** *n, pl* **notaries** *or* **notaries public** *or* **notary publics** : notario *m*, -ria *f* : escribano *m*, -na *f*
notation *n* : anotación *f* : nota *f* : notación *f*
notch[1] *v* : hacer una muesca en : cortar
notch[2] *n* : muesca *f* : corte *m*
note[1] *v* **noted; noting** : notar : observar : tomar nota de : anotar : apuntar
note[2] *n* : nota *f* : comentario *m* : apunte *m* : cartita *f* : prestigio *m* : atención *f* : dejo *m*
notebook *n* : libreta *f* : cuaderno *m* : notebook *m*
noted *adj* : renombrado : eminente : celebrado
notepad *n* : bloc *m* de notas
notepaper *n* : papel *m* de escribir
noteworthy *adj* : notable : de notar : de interés
nothing[1] *adv* : de ninguna manera
nothing[2] *n* : nada *f* : cero *m* : persona *f* de poca importancia : nimiedad *f*
nothing[3] *pron* : nada
nothingness *n* : vacío *m* : nada *f* : inexistencia *f* : nimiedad *f*
notice[1] *v* **-ticed; -ticing** : notar : observar : advertir : darse cuenta de
notice[2] *n* : aviso *m* : notificación *f* : atención *f*
noticeable *adj* : evidente : perceptible — **noticeably** *adv*
notification *n* : notificación *f* : aviso *m*
notify *v* **-fied; -fying** : notificar : avisar
notion *n* : idea *f* : noción *f* : capricho *m* : antojo *m*; **notions** *npl* : artículos *mpl* de mercería
notoriety *n* : mala fama *f* : notoriedad *f*
notorious *adj* : de mala fama : célebre : bien conocido
notwithstanding[1] *adv* : no obstante : sin embargo
notwithstanding[2] *conj* : a pesar de que
notwithstanding[3] *prep* : a pesar de : no obstante
nougat *n* : turrón *m*
nought → naught
noun *n* : nombre *m* : sustantivo *m*
nourish *v* : alimentar : nutrir : sustentar : fomentar : alentar
nourishing *adj* : alimenticio : nutritivo
nourishment *n* : nutrición *f* : alimento *m* : sustento *m*
novel[1] *adj* : original : novedoso
novel[2] *n* : novela *f*
novelist *n* : novelista *mf*
novelty *n, pl* **-ties** : novedad *f*; **novelties** *npl* : baratijas *fpl* : chucherías *fpl*
November *n* : noviembre *m*
novena *n* : novena *f*
novice *n* : novato *m*, -ta *f* : principiante *mf* : novicio *m*, -cia *f*
novocaine *n* : novocaína *f*
now[1] *adv* : ahora : ya : actualmente : dentro de poco : pronto : como están las cosas : inmediatamente : entonces
now[2] *conj* **now that** : ahora que : ya que
nowadays *adv* : hoy en día : actualmente : en la actualidad

nowhere[1] *adv* : en ninguna parte : a ningún lado
nowhere[2] *n* : ninguna parte *f*
noxious *adj* : nocivo : dañino : tóxico
nozzle *n* : boca *f* : boquilla *f*
nth *adj* : enésimo
nuance *n* : matiz *m*
nub *n* : protuberancia *f* : nudo *m* : quid *m* : meollo *m*
nuclear *adj* : nuclear
nucleus *n, pl* **-clei** : núcleo *m*
nude[1] *adj* **nuder; nudest** : desnudo
nude[2] *n* : desnudo *m*
nudge[1] *v* **nudged; nudging** : darle con el codo
nudge[2] *n* : toque *m* que se da con el codo
nudism *n* : nudismo *m*
nudist *n* : nudista *mf*
nudity *n* : desnudez *f*
nugget *n* : pepita *f*
nuisance *n* : fastidio *m* : molestia *f* : lata *f* : pesado *m*, -da *f*
nuke[1] *v* **nuked; nuking** : atacar con armas nucleares : cocinar en el microondas
nuke[2] *n* : arma *m* nuclear
null *adj* : nulo
nullify *v* **-fied; -fying** : invalidar : anular
nullity *n, pl* **-ties** : nulidad *f*
numb[1] *v* : entumecer : adormecer
numb[2] *adj* : entumecido : dormido
number[1] *v* : contar : incluir : numerar : ascender a : sumar
number[2] *n* : número *m*
numberless *adj* : innumerable : sin número
numbness *n* : entumecimiento *m*
numeral *n* : número *m*
numerator *n* : numerador *m*
numeric *adj* : numérico
numerical *adj* : numérico — **numerically** *adv*
numerous *adj* : numeroso
numismatics *n* : numismática *f*
numskull *n* : tonto *m*, -ta *f* : mentecato *m* : zoquete *m*
nun *n* : monja *f*
nuptial *adj* : nupcial
nuptials *npl* : nupcias *fpl* : boda *f*
nurse[1] *v* **nursed; nursing** : amamantar : cuidar : atender
nurse[2] *n* : enfermero *m*, -ra *f*
nursemaid *n* : niñera *f*
nursery *n, pl* **-eries** : vivero *m*
nursery rhyme *n* : canción *f* infantil
nursery school *n* : parvulario *m*
nursing *n* : profesión *f* de enfermero
nursing home *n* : hogar *m* de ancianos : clínica *f* de reposo
nurture[1] *v* **-tured; -turing** : nutrir : alimentar : criar : educar : fomentar
nurture[2] *n* : crianza *f* : educación *f* : alimento *m*
nut *n* : nuez *f* : tuerca *f* : loco *m*, -ca *f* : chiflado *m*, -da *f* : fanático *m* : entusiasta *mf*
nutcracker *n* : cascanueces *m*
nuthatch *n* : trepador *m*
nutmeg *n* : nuez *f* moscada
nutria *n* : nutria *f*
nutrient *n* : nutriente *m* : alimento *m* nutritivo
nutriment *n* : nutrimento *m*
nutrition *n* : nutrición *f*
nutritional *adj* : alimenticio
nutritionist *n* : nutricionista *mf*
nutritious *adj* : nutritivo : alimenticio
nuts *adj* : fanático : loco : chiflado
nutshell *n* : cáscara *f* de nuez
nutty *adj* **nuttier; -est** : loco : chiflado
nuzzle *v* **-zled; -zling** : acurrucarse : arrimarse : acariciar con el hocico
nylon *n* : nilón *m*; **nylons** *npl* : medias *fpl* de nilón
nymph *n* : ninfa *f*

O

O → oh
oaf *n* : zoquete *m* : bruto *m*, -ta *f*
oafish *adj* : torpe : lerdo
oak *n, pl* **oaks** *or* **oak** : roble *m*
oaken *adj* : de roble
oar *n* : remo *m*
oarlock *n* : tolete *m*
oasis *n, pl* **oases** : oasis *m*
oat *n* : avena *f*
oath *n, pl* **oaths** : juramento *m* : mala palabra *f* : palabrota *f*
oatmeal *n* : avena *f*
obdurate *adj* : inflexible : firme : obstinado
obedience *n* : obediencia *f*
obedient *adj* : obediente — **obediently** *adv*
obelisk *n* : obelisco *m*
obese *adj* : obeso
obesity *n* : obesidad *f*
obey *v* **obeyed; obeying** : obedecer
obfuscate *v* **-cated; -cating** : ofuscar : confundir
obituary *n, pl* **-aries** : obituario *m* : necrología *f*
object[1] *v* : objetar : oponerse : poner reparos : hacer objeciones
object[2] *n* : objeto *m* : objetivo *m* : propósito *m* : complemento *m*
objection *n* : objeción *f*
objectionable *adj* : ofensivo : indeseable — **objectionably** *adv*
objective[1] *adj* : objetivo : imparcial : de complemento : directo
objective[2] *n* : objetivo *m*
objectively *adv* : objetivamente
objectivity *n, pl* **-ties** : objetividad *f*
objector *n* : objetor *m*, -tora *f*
obligate *v* **-gated; -gating** : obligar
obligation *n* : obligación *f*
obligatory *adj* : obligatorio
oblige *v* **obliged; obliging** : obligar : hacerle un favor : complacer
obliging *adj* : servicial : complaciente — **obligingly** *adv*
oblique *adj* : oblicuo : indirecto — **obliquely** *adv*
obliterate *v* **-ated; -ating** : obliterar : borrar : destruir : eliminar
obliteration *n* : obliteración *f*
oblivion *n* : olvido *m*
oblivious *adj* : inconsciente — **obliviously** *adv*
oblong[1] *adj* : oblongo
oblong[2] *n* : figura *f* oblonga : rectángulo *m*
obnoxious *adj* : repugnante : odioso — **obnoxiously** *adv*
oboe *n* : oboe *m*
oboist *n* : oboe *mf*
obscene *adj* : obsceno : indecente — **obscenely** *adv*
obscenity *n, pl* **-ties** : obscenidad *f*
obscure[1] *v* **-scured; -scuring** : oscurecer : nublar : ocultar
obscure[2] *adj* : oscuro : recóndito : confuso : vago : desconocido — **obscurely** *adv*
obscurity *n, pl* **-ties** : oscuridad *f*
obsequious *adj* : servil : excesivamente atento
observable *adj* : observable : perceptible
observance *n* : observancia *f* : cumplimiento *m* : práctica *f*
observant *adj* : observador
observation *n* : observación *f*
observatory *n, pl* **-ries** : observatorio *m*
observe *v* **-served; -serving** : observar : obedecer : celebrar : guardar : mirar : comentar
observer *n* : observador *m*, -dora *f*
obsess *v* : obsesionar
obsession *n* : obsesión *f*
obsessive *adj* : obsesivo — **obsessively** *adv*
obsolescence *n* : obsolescencia *f*
obsolescent *adj* : obsolescente
obsolete *adj* : obsoleto : anticuado
obstacle *n* : obstáculo *m* : impedimento *m*
obstetric *or* **obstetrical** *adj* : obstétrico
obstetrician *n* : obstetra *mf* : tocólogo *m*, -ga *f*
obstetrics *ns & pl* : obstetricia *f* : tocología *f*
obstinacy *n, pl* **-cies** : obstinación *f* : terquedad *f*

obstinate *adj* : obstinado : terco — **obstinately** *adv*
obstreperous *adj* : ruidoso : clamoroso : rebelde : indisciplinado
obstruct *v* : obstruir : bloquear
obstruction *n* : obstrucción *f* : bloqueo *m*
obstructive *adj* : obstructor
obtain *v* : obtener : conseguir : imperar : prevalecer
obtainable *adj* : obtenible : asequible
obtrusive *adj* : impertinente : entrometido : prominente
obtuse *adj* : obtuso : torpe
obtuse angle *n* : ángulo obtuso
obvious *adj* : obvio : evidente : manifiesto
obviously *adv* : obviamente : evidentemente : claro : por supuesto
occasion[1] *v* : ocasionar : causar
occasion[2] *n* : oportunidad *f* : ocasión *f* : motivo *m* : razón *f* : acontecimiento *m*
occasional *adj* : ocasional
occasionally *adv* : de vez en cuando : ocasionalmente
occult[1] *adj* : oculto : secreto : arcano : esotérico
occult[2] *n* **the occult** : las ciencias ocultas
occupancy *n, pl* **-cies** : ocupación *f* : habitación *f*
occupant *n* : ocupante *mf*
occupation *n* : ocupación *f* : profesión *f* : oficio *m*
occupational *adj* : ocupacional
occupier *n* : ocupante *mf*
occupy *v* **-pied; -pying** : ocupar
occur *v* **occurred; occurring** : encontrarse : existir : ocurrir : acontecer : suceder : tener lugar : ocurrirse
occurrence *n* : acontecimiento *m* : suceso *m* : ocurrencia *f*
ocean *n* : océano *m*
oceanic *adj* : oceánico
oceanography *n* : oceanografía *f* — **oceanographic** *adj*
ocelot *n* : ocelote *m*
ocher *or* **ochre** *n* : ocre *m*
octagon *n* : octágono *m*
octagonal *adj* : octagonal
octave *n* : octava *f*
October *n* : octubre *m*
octopus *n, pl* **-puses** *or* **-pi** : pulpo *m*
ocular *adj* : ocular
oculist *n* : oftalmólogo *m*, -ga *f* : oculista *mf* : optometrista *mf*
odd *adj* : sin pareja : suelto : impar : y pico : y tantos : alguno : uno que otro : extraño : raro
oddball *n* : excéntrico *m*, -ca *f* : persona *f* rara
oddity *n, pl* **-ties** : rareza *f* : cosa *f* rara
oddly *adv* : de manera extraña
oddness *n* : rareza *f* : excentricidad *f*
odds *npl* : probabilidades *fpl* : puntos *mpl* de ventaja
odds and ends *npl* : costillas *fpl* : cosas *fpl* sueltas : cachivaches *mpl*
ode *n* : oda *f*
odious *adj* : odioso — **odiously** *adv*
odometer *n* : cuentakilómetros *m* : odómetro *m*
odor *n* : olor *m*
odorless *adj* : inodoro : sin olor
odyssey *n, pl* **-seys** : odisea *f*
o'er → over
of *prep* : de : de parte de : sobre : por : a
off[1] *adj* : más remoto : distante : empezado : apagado : cancelado : suspendido : erróneo : incorrecto : remoto : lejano : libre : estropeado : cortado
off[2] *prep* : de : a la costa de : a expensas de : por debajo de
offal *n* : desechos *mpl* : desperdicios *mpl* : vísceras *fpl* : asaduras *fpl*
off–balance *adj* : desequilibrado
off–color *adj* : subido de tono : pícaro : picante
offend *v* : violar : atentar contra : ofender
offender *n* : delincuente *mf* : infractor *m*, -tora *f*
offense *or* **offence** *n* : ofensa *f* : injuria *f* : agravio *m* : ataque *m* : ofensiva *f* : infracción *f* : delito *m*
offensive[1] *adj* : ofensivo — **offensively** *adv*

offensive[2] *n* : ofensiva *f*
offer[1] *v* : ofrecer : proponer : sugerir : mostrar
offer[2] *n* : oferta *f* : ofrecimiento *m* : propuesta *f*
offering *n* : ofrenda *f*
offhand[1] *adv* : sin preparación : sin pensarlo
offhand[2] *adj* : improvisado : brusco
office *n* : cargo *m* : oficina *f* : despacho *m* : gabinete *m*
officeholder *n* : titular *mf*
office hours *n* : horas *fpl* de oficina
officer *n* : oficial *mf* : funcionario *m*, -ria *f* : director *m*, -tora *f* : oficial *mf*
office worker *n* : oficinista *mf*
official[1] *adj* : oficial — **officially** *adv*
official[2] *n* : funcionario *m*, -ria *f* : oficial *mf*
officiate *v* **-ated; -ating** : arbitrar
officious *adj* : oficioso
offing *n* **in the offing** : en perspectiva
off–key *adj* : desafinado
off–line *adj* : fuera de línea
off–peak *adj* : fuera de las horas pico
off–putting *adj* : desagradable : repelente
offset *v* **-set; -setting** : compensar
offshoot *n* : producto *m* : resultado *m* : retoño *m* : rama *f* : vástago *m*
offshore[1] *adv* : a una distancia de la costa
offshore[2] *adj* : de tierra : (de) costa afuera : cercano a la costa
offside *adj* : fuera de juego
offspring *ns & pl* : crías *fpl* : prole *f* : progenie *f*
off–white *adj* : blancuzco
often *adv* : muchas veces : a menudo : seguido
oftentimes *or* **ofttimes** → **often**
ogle *v* **ogled; ogling** : comerse con los ojos : quedarse mirando a
ogre *n* : ogro *m*
oh *interj* : ¡oh! : ¡ah! : ¡ay!
ohm *n* : ohm *m* : ohmio *m*
oil[1] *v* : lubricar : engrasar : aceitar
oil[2] *n* : aceite *m* : petróleo *m*
oilcan *n* : aceitera *f*
oilcloth *n* : hule *m*
oiliness *n* : lo aceitoso
oil rig → **rig**[2]
oilskin *n* : hule *m*; **oilskins** *npl* : impermeable *m*
oil slick *n* : marea *f* negra
oil well *n* : pozo *m* petrolero
oily *adj* **oilier; -est** : aceitoso : grasiento : grasoso
ointment *n* : ungüento *m* : pomada *f*
OK[1] *v* **OK'd** *or* **okayed; OK'ing** *or* **okaying** : dar el visto bueno a : autorizar : aprobar
OK[2] *or* **okay** *adv* : bien : sí : por supuesto
OK[3] *adj* : bien
OK[4] *n* : autorización *f* : visto *m* bueno
okra *n* : quingombó *m*
old *adj* : antiguo : viejo : anciano : gastado
old age *n* : vejez *f*
olden *adj* : de antaño : de antigüedad
old–fashioned *adj* : anticuado : pasado de moda
Old Testament *n* : Antiguo Testamento *m*
old–time *adj* : antiguo
old–timer *n* : veterano *m*, -na *f*
old–world *adj* : pintoresco
oleander *n* : adelfa *f*
oleomargarine → **margarine**
olfactory *adj* : olfativo
oligarchy *n, pl* **-chies** : oligarquía *f*
olive *n* : aceituna *f* : oliva *f* : olivo *m*
olive oil *n* : aceite *m* de oliva
Olmec *n* : olmeca *mf* — **Olmec** *adj*
Olympiad *n* : olimpiada *f*
Olympic *adj* : olímpico
Olympic Games *npl* : Juegos *mpl* Olímpicos
Olympics *npl* : olimpiadas *fpl*
Omani *n* : omaní *mf* — **Omani** *adj*
ombudsman *n, pl* **-men** : ombudsman *m*
omelet *or* **omelette** *n* : omelette *mf* : tortilla *f*
omen *n* : presagio *m* : augurio *m* : agüero *m*
ominous *adj* : ominoso : agorero : de mal agüero
ominously *adv* : de manera amenazadora
omission *n* : omisión *f*
omit *v* **omitted; omitting** : omitir : excluir

omnipotence *n* : omnipotencia *f* — **omnipotent** *adj*
omnipresence *n* : omnipresencia *f*
omnipresent *adj* : omnipresente
omniscient *adj* : omnisciente
omnivorous *adj* : omnívoro : ávido : voraz
on *prep* : en : sobre : encima de : junto a : al lado de : a : por : de : según : tomando
once[1] *adv* : una vez : alguna vez : antes : anteriormente
once[2] *adj* : antiguo
once[3] *n* : una vez
once[4] *conj* : una vez que : tan pronto como
once–over *n* **to give someone the once–over** : echarle un vistazo a alguien
oncoming *adj* : que viene
one[1] *adj* : un : una : mismo : misma : alguno : alguna
one[2] *n* : uno *m*
one[3] *pron* : uno
one–handed *adj & adv* : con una sola mano
one–on–one *adj* : uno a uno — **one–on–one** *adv*
onerous *adj* : oneroso : gravoso
oneself *pron* : se : sí mismo : uno mismo
one–sided *adj* : de un solo lado : asimétrico : parcial : tendencioso : unilateral
onetime *adj* : antiguo
one–way *adj* : de sentido único : de una sola dirección : de ida : sencillo
one–way mirror *n* : espejo *m* polarizado
ongoing *adj* : en curso : corriente : en desarrollo
onion *n* : cebolla *f*
online *adj & adv* : en línea : online
onlooker *n* : espectador *m*, -dora *f* : circunstante *mf*
only[1] *adv* : sólo : solamente : nomás : únicamente
only[2] *adj* : único
only[3] *conj* : pero
onset *n* : comienzo *m* : llegada *f*
onslaught *n* : arremetida *f* : embestida *f* : embate *m*
onto *prep* : sobre
onus *n* : responsabilidad *f* : carga *f*
onward[1] *or* **onwards** *adv* : adelante : hacia adelante
onward[2] *adj* : hacia adelante
onyx *n* : ónix *m*
oops *interj* : ¡huy!
ooze[1] *v* **oozed; oozing** : rezumar : irradiar : rebosar
ooze[2] *n* : cieno *m* : limo *m*
opacity *n, pl* **-ties** : opacidad *f*
opal *n* : ópalo *m*
opaque *adj* : opaco : poco claro
open[1] *v* : abrir : destapar : desplegar : inaugurar : iniciar : entablar : abrirse : empezar : comenzar
open[2] *adj* : abierto : franco : directo : descubierto : extendido : libre : pendiente : por decidir : sin resolver : vacante : expuesto : vulnerable
open[3] *n* **in the open** : al aire libre : conocido : sacado a la luz
open–air *adj* : al aire libre
open–and–shut *adj* : claro : evidente
opener *n* : destapador *m* : abrelatas *m* : abridor *m*
openhanded *adj* : generoso : liberal
open–heart *adj* : de corazón abierto
openhearted *adj* : franco : sincero : generoso : de gran corazón
opening *n* : comienzo *m* : principio *m* : apertura *f* : abertura *f* : brecha *f* : claro *m* : oportunidad *f*
openly *adv* : abiertamente : francamente : públicamente : declaradamente
open–minded *adj* : sin prejuicios : de actitud abierta
open–mouthed *adj* : boquiabierto
openness *n* : franqueza *f*
opera *n* : ópera *f*
opera glasses *npl* : gemelos *mpl* de teatro
operate *v* **-ated; -ating** : operar : funcionar : actuar : manejar : hacer funcionar : administrar
operatic *adj* : operístico
operating room *n* : quirófano *m*
operation *n* : funcionamiento *m* : uso *m* : manejo *m* : operación *f* : intervención *f* quirúrgica

operational *adj* : operacional : de operación
operative *adj* : vigente : en vigor : operativo : quirúrgico
operator *n* : operador *m*, -dora *f*
operetta *n* : opereta *f*
ophthalmologist *n* : oftalmólogo *m*, -ga *f*
ophthalmology *n* : oftalmología *f*
opiate *n* : opiato *m*
opine *v* : opinar
opinion *n* : opinión *f*
opinionated *adj* : testarudo : dogmático
opinion poll *n* : sondeo *m* : encuesta *f* de opinión
opium *n* : opio *m*
opossum *n* : zarigüeya *f* : oposum *m*
opponent *n* : oponente *mf* : opositor *m*, -tora *f* : contrincante *mf*
opportune *adj* : oportuno — **opportunely** *adv*
opportunism *n* : oportunismo *m*
opportunist *n* : oportunista *mf*
opportunistic *adj* : oportunista *mf*
opportunity *n, pl* **-ties** : oportunidad *f* : ocasión *f* : chance *m* : posibilidades *fpl*
oppose *v* **-posed; -posing** : ir en contra de : oponerse a : luchar contra : combatir : resistir
opposite[1] *adv* : enfrente
opposite[2] *adj* : de enfrente : opuesto : contrario
opposite[3] *n* : lo contrario : lo opuesto
opposite[4] *prep* : enfrente de : frente a
opposition *n* : oposición *f* : resistencia *f*
oppress *v* : oprimir : perseguir : agobiar
oppression *n* : opresión *f*
oppressive *adj* : opresivo : severo : agobiante : sofocante
oppressor *n* : opresor *m*, -sora *f*
opprobrium *n* : oprobio *m*
opt *v* : optar
optic *or* **optical** *adj* : óptico
optical disk *n* : disco *m* óptico
optician *n* : óptico *m*, -ca *f*
optics *npl* : óptica *f*
optimal *adj* : óptimo
optimism *n* : optimismo *m*
optimist *n* : optimista *mf*
optimistic *adj* : optimista
optimistically *adv* : con optimismo : positivamente
optimum[1] *adj* → **optimal**
optimum[2] *n, pl* **-ma** : lo óptimo : lo ideal
option *n* : opción *f*
optional *adj* : facultativo : optativo
optometrist *n* : optometrista *mf*
optometry *n* : optometría *f*
opulence *n* : opulencia *f*
opulent *adj* : opulento
opus *n, pl* **opera** : opus *m* : obra *f*
or *conj* : o : ni
oracle *n* : oráculo *m*
oral *adj* : oral — **orally** *adv*
orange *n* : naranja *f* : china *f* : naranja *m* : color *m* de china
orangeade *n* : naranjada *f*
orangutan *n* : orangután *m*
oration *n* : oración *f* : discurso *m*
orator *n* : orador *m*, -dora *f*
oratorio *n, pl* **-rios** : oratorio *m*
oratory *n, pl* **-ries** : oratoria *f*
orb *n* : orbe *m*
orbit[1] *v* : girar alrededor de : orbitar : poner en órbita
orbit[2] *n* : órbita *f*
orbital *adj* : orbital
orca *n* : orca *f*
orchard *n* : huerto *m*
orchestra *n* : orquesta *f*
orchestral *adj* : orquestal
orchestrate *v* **-trated; -trating** : orquestar : instrumentar : arreglar : organizar
orchestration *n* : orquestación *f*
orchid *n* : orquídea *f*
ordain *v* : ordenar : decretar
ordeal *n* : prueba *f* dura : experiencia *f* terrible
order[1] *v* : arreglar : ordenar : poner en orden : mandar : pedir : encargar : hacer un pedido
order[2] *n* : orden *f* : mandato *m* : pedido *m* : porción *f* : ración *f* : orden *m*
orderliness *n* : orden *m*
orderly[1] *adj* : ordenado : metódico : pacífico : disciplinado
orderly[2] *n, pl* **-lies** : ordenanza *m* : camillero *m*
ordinal *n or* **ordinal number** : ordinal *m* : número *m* ordinal

ordinance *n* : ordenanza *f* : reglamento *m*
ordinarily *adv* : ordinariamente : por lo general
ordinary *adj* : normal : usual : común y corriente : mediocre : ordinario
ordination *n* : ordenación *f*
ordnance *n* : artillería *f*
ore *n* : mineral *m* : mena *f*
oregano *n* : orégano *m*
organ *n* : órgano *m* : publicación *f* periódica
organic *adj* : orgánico — **organically** *adv*
organism *n* : organismo *m*
organist *n* : organista *mf*
organization *n* : organización *f* : organismo *m*
organizational *adj* : organizativo
organize *v* **-nized; -nizing** : organizar : arreglar : poner en orden
organizer *n* : organizador *m*, -dora *f*
orgasm *n* : orgasmo *m*
orgy *n, pl* **-gies** : orgía *f*
orient *v* : orientar
Orient *n* **the Orient** : el Oriente
oriental *adj dated, now usually offensive when used of people* : del Oriente : oriental *dated, now sometimes offensive when used of people*
orientation *n* : orientación *f*
orifice *n* : orificio *m*
origin *n* : origen *m* : ascendencia *f* : raíz *f* : fuente *f*
original[1] *adj* : original
original[2] *n* : original *m*
originality *n* : originalidad *f*
originally *adv* : al principio : originariamente : originalmente : con originalidad
originate *v* **-nated; -nating** : originar : iniciar : crear : originarse : empezar : provenir : proceder : derivarse
originator *n* : creador *m*, -dora *f* : inventor *m*, -tora *f*
oriole *n* : oropéndola *f*
ornament[1] *v* : adornar : decorar : ornamentar
ornament[2] *n* : ornamento *m* : adorno *m* : decoración *f*
ornamental *adj* : ornamental : de adorno : decorativo
ornamentation *n* : ornamentación *f*
ornate *adj* : elaborado : recargado
ornery *adj* **ornerier; -est** : de mal genio : malhumorado
ornithologist *n* : ornitólogo *m*, -ga *f*
ornithology *n, pl* **-gies** : ornitología *f*
orphan[1] *v* : dejar huérfano
orphan[2] *n* : huérfano *m*, -na *f*
orphanage *n* : orfelinato *m* : orfanato *m*
orthodontics *n* : ortodoncia *f*
orthodontist *n* : ortodoncista *mf*
orthodox *adj* : ortodoxo
orthodoxy *n, pl* **-doxies** : ortodoxia *f*
orthographic *adj* : ortográfico
orthography *n, pl* **-phies** : ortografía *f*
orthopedic *adj* : ortopédico
orthopedics *ns & pl* : ortopedia *f*
orthopedist *n* : ortopedista *mf*
oscillate *v* **-lated; -lating** : oscilar
oscillation *n* : oscilación *f*
osmosis *n* : ósmosis *f* : osmosis *f*
osprey *n* : pigargo *m*
ostensible *adj* : aparente : ostensible — **ostensibly** *adv*
ostentation *n* : ostentación *f* : boato *m*
ostentatious *adj* : ostentoso — **ostentatiously** *adv*
osteopath *n* : osteópata *f*
osteopathy *n* : osteopatía *f*
osteoporosis *n, pl* **-roses** : osteoporosis *f*
ostracism *n* : ostracismo *m*
ostracize *v* **-cized; -cizing** : condenar al ostracismo : marginar : aislar
ostrich *n* : avestruz *m*
other[1] *adv* **other than** : aparte de : fuera de
other[2] *adj* : otro
other[3] *pron* : otro
otherwise[1] *adv* : de otro modo : de manera distinta : eso aparte : por lo demás : de lo contrario : si no
otherwise[2] *adj* : diferente : distinto
otitis *n* : otitis *f*
otter *n* : nutria *f*
Ottoman *n* : otomano *m*, -na *f* : otomana *f* — **Ottoman** *adj*
ouch *interj* : ¡ay! : ¡huy!

ought *v aux* : deber
oughtn't → **ought**
ounce *n* : onza *f*
our *adj* : nuestro
ours *pron* : nuestro
ourselves *pron* : nos : nosotros : nosotras : nosotros mismos : nosotras mismas
oust *v* : desbancar : expulsar
ouster *n* : expulsión *f* : destitución *f*
out[1] *v* : revelarse : hacerse conocido
out[2] *adv* : para afuera : fuera : afuera : en voz alta : en alto : inconsciente
out[3] *adj* : externo : exterior : alejado : distante : ausente : fuera de moda : apagado : declarado
out[4] *prep* : por
out–and–out *adj* : redomado : absoluto
outback *n* **the outback** : el interior
outboard motor *n* : motor *m* fuera de borde
outbound *adj* : que sale : de salida
out–box *n* : bandeja *f* de salida
outbreak *n* : brote *m* : comienzo *m* : ola *f* : erupción *f*
outbuilding *n* : edificio *m* anexo
outburst *n* : arranque *m* : arrebato *m*
outcast *n* : marginado *m*, -da *f* : paria *mf*
outcome *n* : resultado *m* : desenlace *m* : consecuencia *f*
outcry *n, pl* **-cries** : clamor *m* : protesta *f*
outdated *adj* : anticuado : fuera de moda
outdistance *v* **-tanced; -tancing** : aventajar : dejar atrás
outdo *v* **-did; -done; -doing; -does** : superar
outdoor *adj* : al aire libre
outdoors[1] *adv* : afuera : al aire libre
outdoors[2] *n* : aire *m* libre
outer *adj* : exterior : externo
outermost *adj* : más remoto : más exterior : extremo
outfield *n* **the outfield** : los jardines
outfielder *n* : jardinero *m*, -ra *f*
outfit[1] *v* **-fitted; -fitting** : equipar
outfit[2] *n* : equipo *m* : traje *m* : conjunto *m*
outgo *n, pl* **outgoes** : gasto *m*
outgoing *adj* : que sale : saliente : extrovertido : expansivo
outgrow *v* **-grew; -grown; -growing** : crecer más que
outgrowth *n* : brote *m* : vástago *m* : consecuencia *f* : producto *m* : resultado *m*
outing *n* : excursión *f*
outlandish *adj* : descabellado : muy extraño
outlast *v* : durar más que
outlaw[1] *v* : hacerse ilegal : declarar fuera de la ley : prohibir
outlaw[2] *n* : bandido *m*, -da *f* : bandolero *m*, -ra *f* : forajido *m*, -da *f*
outlay *n* : gasto *m* : desembolso *m*
outlet *n* : salida *f* : escape *m* : desahogo *m* : mercado *m*
outline[1] *v* **-lined; -lining** : diseñar : esbozar : bosquejar : perfilar : delinear : explicar
outline[2] *n* : perfil *m* : silueta *f* : contorno *m* : bosquejo *m* : boceto *m* : esquema *m* : resumen *m* : sinopsis *m*
outlive *v* **-lived; -living** : sobrevivir a
outlook *n* : vista *f* : panorama *f* : punto *m* de vista : perspectivas *fpl*
outlying *adj* : alejado : distante : remoto
outmoded *adj* : pasado de moda : anticuado
outnumber *v* : superar en número a : ser más numeroso de
out of *prep* : de : por : sin
out–of–bounds *adj* : fuera de juego
out–of–date *adj* : anticuado : obsoleto : pasado de moda
out–of–door *or* **out–of–doors** → **outdoor**
out–of–doors *n* → **outdoors**[2]
out–of–the–way *adj* : alejado : distante : remoto
outpatient *n* : paciente *m* externo : paciente *f* externa
outpost *n* : puesto *m* avanzado
output[1] *v* **-putted** *or* **-put; -putting** : producir
output[2] *n* : producción *f* : rendimiento *m* : productividad *f*

outrage[1] *v* **-raged; -raging** : ultrajar : injuriar : indignar : enfurecer
outrage[2] *n* : atropello *m* : atrocidad *f* : atentado *m* : escándalo *m* : ira *f* : furia *f*
outrageous *adj* : escandaloso : ofensivo : atroz : poco convencional : extravagante : exorbitante : excesivo
outright[1] *adv* : por completo : totalmente : directamente : sin reserva : al instante : en el acto
outright[2] *adj* : completo : absoluto : categórico : sin reservas
outset *n* : comienzo *m* : principio *m*
outshine *v* **-shone** *or* **-shined; -shining** : eclipsar
outside[1] *adv* : fuera : afuera
outside[2] *adj* : exterior : externo : remoto
outside[3] *n* : parte *f* de afuera : exterior *m* : máximo *m*
outside[4] *prep* : fuera de : afuera de
outsider *n* : forastero *m*, -ra *f*
outsize *also* **outsized** *adj* : enorme
outskirts *npl* : afueras *fpl* : alrededores *mpl*
outsmart → **outwit**
outsource *v* : externalizar
outsourcing *n* : externalización *f*
outspoken *adj* : franco : directo
outstanding *adj* : pendiente : destacado : notable : excepcional : sobresaliente
outstandingly *adv* : excepcionalmente
outstretched *adj* : extendido
outstrip *v* **-stripped** *or* **-stript; -stripping** : aventajar : dejar atrás : sobrepasar
outward[1] *or* **outwards** *adv* : hacia afuera : hacia el exterior
outward[2] *adj* : hacia afuera : externo
outwardly *adv* : exteriormente : aparentemente
outweigh *v* : pesar más que : ser mayor que
outwit *v* **-witted; -witting** : ser más listo que
ova → **ovum**
oval[1] *adj* : ovalado : oval
oval[2] *n* : óvalo *m*
ovarian *adj* : ovárico
ovary *n, pl* **-ries** : ovario *m*
ovation *n* : ovación *f*
oven *n* : horno *m*
over[1] *adv* : bien : por encima
over[2] *adj* : superior : sobrante : que sobra : terminado : acabado
over[3] *prep* : encima de : arriba de : sobre : más de : por : por encima de : más allá de : en : durante : terminado con : a pesar de
over- *pref* : demasiado : excesivamente
overabundance *n* : superabundancia *f*
overabundant *adj* : superabundante
overactive *adj* : hiperactivo
overall *adj* : total : global : de conjunto
overalls *npl* : overol *m*
overawe *v* **-awed; -awing** : intimidar : impresionar
overbearing *adj* : dominante : imperioso : prepotente
overblown *adj* : inflado : exagerado : grandilocuente : rimbombante
overboard *adv* : por la borda : al agua
overburden *v* : sobrecargar : agobiar
overcast *adj* : nublado
overcharge *v* **-charged; -charging** : cobrarle de más
overcoat *n* : abrigo *m*
overcome *v* **-came; -come; -coming** : vencer : derrotar : superar : abrumar : agobiar
overconfidence *n* : exceso *m* de confianza
overconfident *adj* : demasiado confiado
overcook *v* : recocer : cocer demasiado
overcrowded *adj* : abarrotado : atestado de gente : superpoblado
overcrowding *n* : hacinamiento *m* : masificación *f* : superpoblación *f*
overdo *v* **-did; -done; -doing; -does** : hacer demasiado : exagerar : recocer
overdose *n* : sobredosis *f*
overdraft *n* : sobregiro *m* : descubierto *m*
overdraw *v* **-drew; -drawn; -drawing** : sobregirar : exagerar

overdue *adj* : vencido y sin pagar : de retraso : tardío
overeat *v* **-ate; -eaten; -eating** : comer demasiado
overelaborate *adj* : recargado
overestimate *v* **-mated; -mating** : sobreestimar
overexcited *adj* : sobreexcitado
overexpose *v* **-posed; -posing** : sobreexponer
overfeed *v* **-fed; -feeding** : sobrealimentar
overflow[1] *v* : desbordar : inundar : desbordarse : rebosar
overflow[2] *n* : derrame *m* : desbordamiento *m* : exceso *m* : excedente *m*
overfly *v* **-flew; -flown; -flying** : sobrevolar
overgrown *adj* : cubierto : demasiado grande
overhand[1] *adv* : por encima de la cabeza
overhand[2] *adj* : por lo alto
overhang[1] *v* **-hung; -hanging** : sobresalir por encima de : amenazar : sobresalir
overhang[2] *n* : saliente *mf*
overhaul *v* : revisar : adelantar
overhead[1] *adv* : por encima : arriba : por lo alto
overhead[2] *adj* : de arriba
overhead[3] *n* : gastos *mpl* generales
overhear *v* **-heard; -hearing** : oír por casualidad
overheat *v* : recalentar : sobrecalentar : calentar demasiado
overjoyed *adj* : rebosante de alegría
overkill *n* : exceso *m* : excedente *m*
overland[1] *adv* : por tierra
overland[2] *adj* : terrestre : por tierra
overlap[1] *v* **-lapped; -lapping** : traslapar : traslaparse : solaparse
overlap[2] *n* : traslapo *m*
overlay[1] *v* **-laid; -laying** : recubrir : revestir
overlay[2] *n* : revestimiento *m*
overload *v* : sobrecargar
overlong *adj* : excesivamente largo : largo y pesado
overlook *v* : inspeccionar : revisar : tener vista a : dar a : pasar por alto : dejar pasar : disculpar
overly *adv* : demasiado
overnight[1] *adv* : por la noche : durante la noche : de la noche a la mañana
overnight[2] *adj* : de noche : repentino
overpass *n* : paso *m* elevado : paso *m* a desnivel
overpay *v* **-paid; -paying** : pagarle demasiado a : pagar demasiado
overpopulated *adj* : superpoblado : sobrepoblado
overpopulation *n* : superpoblación *f* : sobrepoblación *f*
overpower *v* : vencer : superar : abrumar : agobiar
overpraise *v* **-praised; -praising** : adular
overprotective *adj* : sobreprotector
overrate *v* **-rated; -rating** : sobrevalorar : sobrevaluar
overreact *v* : reaccionar de forma exagerada
override *v* **-rode; -ridden; -riding** : predominar sobre : contar más que : anular : invalidar
overripe *adj* : pasado
overrule *v* **-ruled; -ruling** : anular : desautorizar : denegar
overrun *v* **-ran; -running** : invadir : infestar : plagar : exceder : rebasar : rebasar el tiempo previsto
overseas[1] *adv* : en el extranjero
overseas[2] *adj* : extranjero : exterior
oversee *v* **-saw; -seen; -seeing** : supervisar
overseer *n* : supervisor *m*, -sora *f* : capataz *mf*
oversell *v* : sobrevender
overshadow *v* : oscurecer : ensombrecer : eclipsar
overshoe *n* : chanclo *m*
overshoot *v* **-shot; -shooting** : pasarse de
oversight *n* : descuido *m* : inadvertencia *f*
oversleep *v* **-slept; -sleeping** : no despertarse a tiempo : quedarse dormido
overspread *v* **-spread; -spreading** : extenderse sobre
overstaffed *adj* : con exceso de personal

overstate *v* **-stated; -stating** : exagerar
overstatement *n* : exageración *f*
overstep *v* **-stepped; -stepping** : sobrepasar : traspasar : exceder
overt *adj* : evidente : manifiesto : patente
overtake *v* **-took; -taken; -taking** : pasar : adelantar : rebasar
overthrow[1] *v* **-threw; -thrown; -throwing** : dar la vuelta a : volcar : derrocar : derribar : deponer
overthrow[2] *n* : derrocamiento *m* : caída *f*
overtime *n* : horas *fpl* extras : prórroga *f* : alargue *m*
overtly *adv* : abiertamente
overtone *n* : armónico *m* : tinte *m* : insinuación *f*
overture *n* : propuesta *f* : obertura *f*
overturn *v* : dar la vuelta a : volcar : anular : invalidar : dar un vuelco
overuse *v* **-used; -using** : abusar de
overview *n* : resumen *m* : visión *f* general
overweening *adj* : arrogante : soberbio : desmesurado
overweight *adj* : demasiado gordo : demasiado pesado
overwhelm *v* : aplastar : arrollar : inundar : sumergir : abrumar : agobiar
overwhelming *adj* : abrumador : apabullante : arrollador : aplastante
overwork *v* : hacer trabajar demasiado : abusar de : trabajar demasiado
overwrought *adj* : alterado : sobreexcitado
ovoid *or* **ovoidal** *adj* : ovoide
ovulate *v* **-lated; -lating** : ovular
ovulation *n* : ovulación *f*
ovum *n, pl* **ova** : óvulo *m*
ow *interj* : ¡ay! : ¡huy! : ¡uy!
owe *v* **owed; owing** : deber
owing to *prep* : debido a
owl *n* : búho *m* : lechuza *f* : tecolote *m*
own[1] *v* : poseer : tener : ser dueño de : reconocer : admitir
own[2] *adj* : propio : personal : particular
owner *n* : dueño *m*, -ña *f* : propietario *m*, -ria *f*
ownership *n* : propiedad *f*
ox *n, pl* **oxen** : buey *m*
oxidation *n* : oxidación *f*
oxide *n* : óxido *m*
oxidize *v* **-dized; -dizing** : oxidar
oxygen *n* : oxígeno *m*
oxygenate *v* **-nated; -nating** : oxigenar
oyster *n* : ostra *f* : ostión *m*
ozone *n* : ozono *m*

P

PA *n* : altavoces *mpl* : altoparlantes *mpl*
pace[1] *v* **paced; pacing** : caminar : ir y venir : caminar por
pace[2] *n* : paso *m* : ritmo *m*
pacemaker *n* : marcapasos *m*
pacific *adj* : pacífico
pacifier *n* : chupete *m* : chupón *m* : mamila *f*
pacifism *n* : pacifismo *m*
pacifist *n* : pacifista *mf*
pacify *v* **-fied; -fying** : apaciguar : pacificar — **pacification** *n*
pack[1] *v* : empaquetar : embalar : envasar : empacar : meter : llenar : abarrotar : apisonar : compactar; *or* **to pack up** : hacer las maletas
pack[2] *n* : bulto *m* : fardo *m* : mochila *f* : paquete *m* : cajetilla *f* : manada *f* : jauría *f* : baraja *f*
package[1] *v* **-aged; -aging** : empaquetar : embalar
package[2] *n* : paquete *m* : bulto *m*
packaging *n* : embalaje *m* : envoltorio *m*
packer *n* : empacador *m*, -dora *f*
packet *n* : paquete *m*
packing *n* : embalaje *m*
pact *n* : pacto *m* : acuerdo *m*

pad[1] *v* **padded; padding** : rellenar : acolchar : meter paja en
pad[2] *n* : almohadilla *f* : bloc *m*
padding *n* : relleno *m* : paja *f*
paddle[1] *v* **-dled; -dling** : hacer avanzar con canalete : azotar : darle nalgadas a : remar : chapotear : mojarse los pies
paddle[2] *n* : canalete *m* : zagual *m* : pala *f* : paleta *f*
paddock *n* : potrero *m* : paddock *m* : cercado *m*
paddy *n, pl* **-dies** : arrozal *m*
padlock[1] *v* : cerrar con candado
padlock[2] *n* : candado *m*
paella *n* : paella *f*
pagan[1] *adj* : pagano
pagan[2] *n* : pagano *m*, -na *f*
paganism *n* : paganismo *m*
page[1] *v* **paged; paging** : llamar por altavoz
page[2] *n* : botones *m* : página *f*
pageant *n* : espectáculo *m* : desfile *m*
pageantry *n* : pompa *f* : fausto *m*
pager *n* : buscapersonas *m*
pagoda *n* : pagoda *f*
paid → **pay**
pail *n* : balde *m* : cubo *m* : cubeta *f*
pailful *n* : balde *m* : cubo *m* : cubeta *f*
pain[1] *v* : doler
pain[2] *n* : pena *f* : dolor *m* : malestar *m*; **pains** *npl* : esmero *m* : esfuerzo *m* : molestia *f* : fastidio *m*
painful *adj* : doloroso — **painfully** *adv*
painkiller *n* : analgésico *m*
painless *adj* : indoloro : sin dolor
painlessly *adv* : sin dolor
painstaking *adj* : esmerado : cuidadoso : meticuloso — **painstakingly** *adv*
paint[1] *v* : pintar
paint[2] *n* : pintura *f*
paintbrush *n* : pincel *m* : brocha *f*
painter *n* : pintor *m*, -tora *f*
painting *n* : pintura *f*
pair[1] *v* : emparejar : poner en parejas : emparejarse
pair[2] *n* : par *m* : pareja *f*
pajamas *npl* : pijama *m* : piyama *mf*
Pakistani *n* : paquistaní *mf* — **Pakistani** *adj*
pal *n* : amigo *m*, -ga *f* : compinche *mf* : chamo *m*, -ma *f* : cuate *m*, -ta *f*
palace *n* : palacio *m*
palatable *adj* : sabroso
palate *n* : paladar *m* : gusto *m*
palatial *adj* : suntuoso : espléndido
palaver *n* : palabrería *f*
pale[1] *v* **paled; paling** : palidecer : hacer pálido
pale[2] *adj* **paler; palest** : pálido : claro
paleness *n* : palidez *f*
paleontologist *n* : paleontólogo *m*, -ga *f*
paleontology *n* : paleontología *f*
Palestinian *n* : palestino *m*, -na *f* — **Palestinian** *adj*
palette *n* : paleta *f*
palisade *n* : empalizada *f* : estacada *f* : acantilado *m*
pall[1] *v* : perder su sabor : dejar de gustar
pall[2] *n* : paño *m* funerario : cortina *f*
pallbearer *n* : portador *m*, -dora *f* del féretro
pallet *n* : camastro *m* : plataforma *f* de carga
palliative *adj* : paliativo
pallid *adj* : pálido
pallor *n* : palidez *f*
palm[1] *v* : escamotear
palm[2] *n* : palma *f*
palmistry *n* : quiromancia *f*
Palm Sunday *n* : Domingo *m* de Ramos
palomino *n, pl* **-nos** : caballo *m* de color dorado
palpable *adj* : palpable — **palpably** *adv*
palpitate *v* **-tated; -tating** : palpitar
palpitation *n* : palpitación *f*
palsy *n, pl* **-sies** : parálisis *f*
paltry *adj* **paltrier; -est** : mísero : mezquino : insignificante
pampas *npl* : pampa *f*
pamper *v* : mimar : consentir : chiquear
pamphlet *n* : panfleto *m* : folleto *m*
pan[1] *v* **panned; panning** : poner por los suelos
pan[2] *n* : cacerola *f* : cazuela *f*
pan- *pref* : pan-
panacea *n* : panacea *f*
Panamanian *n* : panameño *m*, -ña *f* — **Panamanian** *adj*

pancake *n* : panqueque *m*
pancreas *n* : páncreas *m*
panda *n* : panda *mf*
pandemonium *n* : pandemonio *m* : pandemónium *m*
pander *v* **to pander to** : satisfacer : complacer
pane *n* : cristal *m* : vidrio *m*
panel[1] *v* **-eled** *or* **-elled; -eling** *or* **-elling** : adornar con paneles
panel[2] *n* : lista *f* de nombres : grupo *m* : panel *m* : jurado *m* : tablero *m*
paneling *n* : paneles *mpl*
pang *n* : puntada *f* : punzada *f*
panhandler *n* : mendigo *m*, -ga *f*
panic[1] *v* **-icked; -icking** : llenar de pánico : ser presa de pánico
panic[2] *n* : pánico *m*
panicky *adj* : presa del pánico
panic–stricken *adj* : presa del pánico
panini *n, pl* **-ni** *or* **-nis** : panini *m*
panorama *n* : panorama *m*
panoramic *adj* : panorámico
pansexual *adj* : pansexual
pansy *n, pl* **-sies** : pensamiento *m*
pant[1] *v* : jadear : resoplar
pant[2] *adj* : del pantalón
pant[3] *n* : jadeo *m* : resoplo *m*
pantaloons → pants
pantheon *n* : panteón *m*
panther *n* : pantera *f*
panties *npl* : calzones *mpl* : pantaletas *fpl* : bombacha *f* : panties *mfpl* : bragas *fpl*
pantomime[1] *v* **-mimed; -miming** : representar mediante la pantomima : hacer la mímica
pantomime[2] *n* : pantomima *f*
pantry *n, pl* **-tries** : despensa *f*
pants *npl* : pantalón *m* : pantalones *mpl*
pantsuit *n* : traje *m* pantalón
panty hose *ns & pl* : medias *fpl* : panties *mfpl* : pantimedias *fpl*
pap *n* : papilla *f*
papa *n* : papá *m*
papal *adj* : papal
papaya *n* : papaya *f*
paper[1] *v* : empapelar
paper[2] *adj* : de papel
paper[3] *n* : papel *m* : documento *m* : periódico *m* : diario *m* : ensayo *m*
paperback *n* : libro *m* en rústica
paper clip *n* : clip *m* : sujetapapeles *m*
paperweight *n* : pisapapeles *m*
paperwork *n* : papeleo *m*
papery *adj* : parecido al papel
papier–mâché *n* : papel *m* maché
paprika *n* : pimentón *m* : paprika *f*
Pap smear *n* : Papanicolau *m*
papyrus *n, pl* **-ruses** *or* **-ri** : papiro *m*
par *n* : valor *m* : par *f* : igualdad *f* : par *m*
parable *n* : parábola *f*
parabola *n* : parábola *f*
parachute[1] *v* **-chuted; -chuting** : lanzarse en paracaídas
parachute[2] *n* : paracaídas *m*
parachutist *n* : paracaidista *mf*
parade[1] *v* **-raded; -rading** : desfilar : pavonearse : lucirse
parade[2] *n* : desfile *m* : alarde *m*
paradigm *n* : paradigma *m*
paradise *n* : paraíso *m*
paradox *n* : paradoja *f*
paradoxical *adj* : paradójico — **paradoxically** *adv*
paraffin *n* : parafina *f*
paragliding *n* : parapente *m*
paragon *n* : dechado *m*
paragraph[1] *v* : dividir en párrafos
paragraph[2] *n* : párrafo *m* : acápite *m*
Paraguayan *n* : paraguayo *m*, -ya *f* — **Paraguayan** *adj*
parakeet *n* : periquito *m*
paralegal *n* : asistente *mf* de abogado
parallel[1] *v* : ser paralelo a : ser análogo a : corresponder con : extenderse en línea paralela con
parallel[2] *adj* : paralelo
parallel[3] *n* : línea *f* paralela : superficie *f* paralela : paralelo *m* : paralelismo *m* : semejanza *f*
parallelogram *n* : paralelogramo *m*
paralysis *n, pl* **-yses** : parálisis *f*
paralyze *v* **-lyzed; -lyzing** : paralizar
paramedic *n* : paramédico *m*, -ca *f*
parameter *n* : parámetro *m*
paramount *adj* : supremo
paranoia *n* : paranoia *f*
paranoid *adj* : paranoico
paranormal *adj* : paranormal
parapet *n* : parapeto *m*
paraphernalia *ns & pl* : parafernalia *f*

paraphrase[1] *v* **-phrased; -phrasing** : parafrasear
paraphrase[2] *n* : paráfrasis *f*
paraplegic[1] *adj* : parapléjico
paraplegic[2] *n* : parapléjico *m*, -ca *f*
parasite *n* : parásito *m*
parasitic *adj* : parasitario
parasol *n* : sombrilla *f* : quitasol *m* : parasol *m*
paratrooper *n* : paracaidista *mf*
parboil *v* : sancochar : cocer a medias
parcel[1] *v* **-celed** *or* **-celled; -celing** *or* **-celling** *or* **to parcel out** : repartir : parcelar
parcel[2] *n* : parcela *f* : lote *m* : paquete *m* : bulto *m*
parch *v* : resecar
parched *adj* : muy seco : quemado : seco
parchment *n* : pergamino *m*
pardon[1] *v* : perdonar : disculpar : indultar
pardon[2] *n* : perdón *m* : indulto *m*
pardonable *adj* : perdonable
pare *v* **pared; paring** : pelar : recortar : reducir
parent *n* : madre *f* : padre *m*; **parents** *npl* : padres *mpl*
parentage *n* : linaje *m* : abolengo *m* : origen *m*
parental *adj* : de los padres
parenthesis *n, pl* **-theses** : paréntesis *m*
parenthetic *or* **parenthetical** *adj* : parentético — **parenthetically** *adv*
parenthood *n* : paternidad *f*
parfait *n* : postre *m* elaborado con frutas y helado
pariah *n* : paria *mf*
parish *n* : parroquia *f*
parishioner *n* : feligrés *m*, -gresa *f*
parity *n, pl* **-ties** : paridad *f*
park[1] *v* : estacionar : parquear : aparcar : estacionarse : parquearse
park[2] *n* : parque *m*
parka *n* : parka *f*
parking *n* : estacionamiento *m* : aparcamiento *m*
parking lot *n* : estacionamiento *m* : parking *m* : aparcamiento *m*
parking meter *n* : parquímetro *m*
parking ticket *n* : multa *f*
parkour *n* : parkour *m*
parkway *n* : carretera *f* ajardinada : bulevar *m*
parley[1] *v* : parlamentar : negociar
parley[2] *n, pl* **-leys** : negociación *f* : parlamento *m*
parliament *n* : parlamento *m*
parliamentary *adj* : parlamentario
parlor *n* : sala *f* : salón *m*
parochial *adj* : parroquial : pueblerino : de miras estrechas
parody[1] *v* **-died; -dying** : parodiar
parody[2] *n, pl* **-dies** : parodia *f*
parole *n* : libertad *f* condicional
paroxysm *n* : paroxismo *m*
parquet *n* : parquet *m* : parqué *m*
parrakeet → **parakeet**
parrot *n* : loro *m* : papagayo *m*
parry[1] *v* **-ried; -rying** : parar un golpe : esquivar
parry[2] *n, pl* **-ries** : parada *f*
parsimonious *adj* : tacaño : mezquino
parsley *n* : perejil *m*
parsnip *n* : chirivía *f*
parson *n* : pastor *m*, -tora *f* : clérigo *m*
parsonage *n* : rectoría *f* : casa *f* del párroco
part[1] *v* : separarse : despedirse : abrirse : separar
part[2] *n* : parte *f* : sección *f* : pieza *f* : papel *m* : raya *f*
partial *adj* : parcial : tendencioso : incompleto
partiality *n, pl* **-ties** : parcialidad *f*
partially *adv* : parcialmente
participant *n* : participante *mf*
participate *v* **-pated; -pating** : participar
participation *n* : participación *f*
participle *n* : participio *m*
particle *n* : partícula *f*
particular[1] *adj* : particular : en particular : especial : exigente : maniático
particular[2] *n* : detalle *m* : sentido *m*
particularly *adv* : particularmente : especialmente : específicamente : en especial
partisan *n* : partidario *m*, -ria *f* : partisano *m*, -na *f* : guerrillero *m*, -ra *f*
partition[1] *v* : dividir

partition[2] *n* : partición *f* : división *f* : reparto *m* : tabique *m* : mampara *f* : biombo *m*
partly *adv* : en parte : parcialmente
partner *n* : compañero *m*, -ra *f* : pareja *f* : socio *m*, -cia *f* : asociado *m*, -da *f*
partnership *n* : asociación *f* : compañerismo *m* : sociedad *f*
part of speech *n* : categoría *f* gramatical
partridge *n, pl* **-tridge** *or* **-tridges** : perdiz *f*
part–time[1] *adv* : medio tiempo : a tiempo parcial
part–time[2] *adj* : de medio tiempo : a tiempo parcial
party *n, pl* **-ties** : partido *m* : parte *f* : participante *mf* : grupo *m* : fiesta *f*
parvenu *n* : advenedizo *m*, -za *f*
pass[1] *v* : pasar : cruzarse : pasarse : transcurrir : ocurrir : aprobar : pasar por : adelantar
pass[2] *n* : paso *m* : desfiladero *m* : puerto *m* : pase *m* : permiso *m* : situación *f*
passable *adj* : adecuado : pasable : transitable
passably *adv* : pasablemente
passage *n* : paso *m* : pasillo *m* : pasaje *m* : travesía *f* : viaje *m* : aprobación *f*
passageway *n* : pasillo *m* : pasadizo *m* : corredor *m*
passbook *n* : libreta *f* de ahorros
passé *adj* : pasado de moda
passenger *n* : pasajero *m*, -ra *f*
passerby *n, pl* **passersby** : transeúnte *mf*
passing[1] *adj* : que pasa : pasajero : somero : ligero : superficial : satisfactorio
passing[2] *n* : fallecimiento *m* : paso *m* : aprobación *f*
passion *n* : pasión *f* : ardor *m*
passionate *adj* : irascible : iracundo : apasionado : ardiente : ferviente : fogoso
passionately *adv* : apasionadamente : fervientemente : con pasión
passionflower *n* : pasionaria *f* : pasiflora *f*
passive[1] *adj* : pasivo — **passively** *adv*
passive[2] *n* : voz *f* pasiva
Passover *n* : Pascua *f*
passport *n* : pasaporte *m*
password *n* : contraseña *f*
past[1] *adv* : por delante
past[2] *adj* : hace : último : pasado
past[3] *n* : pasado *m*
past[4] *prep* : por : por delante de : más allá de : después de
pasta *n* : pasta *f*
paste[1] *v* **pasted; pasting** : pegar
paste[2] *n* : pasta *f* : engrudo *m*
pasteboard *n* : cartón *m* : cartulina *f*
pastel *n* : pastel *m* — **pastel** *adj*
pasteurization *n* : pasteurización *f*
pasteurize *v* **-ized; -izing** : pasteurizar
pastime *n* : pasatiempo *m*
pastor *n* : pastor *m*, -tora *f*
pastoral *adj* : pastoral
past participle *n* : participio *m* pasado
pastry *n, pl* **-ries** : pasta *f* : masa *f*; **pastries** *npl* : pasteles *mpl*
pasture[1] *v* **-tured; -turing** : pacer : pastar : apacentar
pasture[2] *n* : pastizal *m* : potrero *m* : pasto *m*
pasty *adj* **pastier; -est** : pastoso : pálido
pat[1] *v* **patted; patting** : dar palmaditas a : tocar
pat[2] *adv* : de memoria
pat[3] *adj* : apto : apropiado : fácil : firme
pat[4] *n* : golpecito *m* : palmadita *f* : caricia *f* : porción *f*
patch[1] *v* : remendar : parchar : ponerle un parche a
patch[2] *n* : parche *m* : remiendo *m* : mancha *f* : trozo *m* : parcela *f* : terreno *m* : período *m*
patchwork *n* : labor *f* de retazos
patchy *adj* **patchier; -est** : irregular : desigual : parcial : incompleto
pâté *n* : paté *m*
patent[1] *v* : patentar
patent[2] *adj* : patente : evidente : patentado
patent[3] *n* : patente *f*
patent leather *n* : charol *m*

patently *adv* : patentemente : evidentemente
paternal *adj* : paternal : paterno
paternity *n* : paternidad *f*
path *n* : camino *m* : sendero *m* : senda *f* : recorrido *m* : trayecto *m* : trayectoria *f*
pathetic *adj* : patético — **pathetically** *adv*
pathological *adj* : patológico
pathologist *n* : patólogo *m*, -ga *f*
pathology *n, pl* **-gies** : patología *f*
pathos *n* : patetismo *m*
pathway *n* : camino *m* : sendero *m* : senda *f* : vereda *f*
patience *n* : paciencia *f*
patient[1] *adj* : paciente — **patiently** *adv*
patient[2] *n* : paciente *mf*
patina *n* : pátina *f*
patio *n, pl* **-tios** : patio *m*
patriarch *n* : patriarca *m*
patriarchy *n, pl* **-chies** : patriarcado *m*
patrimony *n, pl* **-nies** : patrimonio *m*
patriot *n* : patriota *mf*
patriotic *adj* : patriótico — **patriotically** *adv*
patriotism *n* : patriotismo *m*
patrol[1] *v* **-trolled; -trolling** : patrullar
patrol[2] *n* : patrulla *f*
patrol car *n* : patrulla *f* : patrullero *m*
patrolman *n, pl* **-men** : policía *mf* : guardia *mf*
patron *n* : patrocinador *m*, -dora *f* : cliente *m*, -ta *f*
patronage *n* : patrocinio *m* : clientela *f* : influencia *f*
patronize *v* **-ized; -izing** : patrocinar : ser cliente de : tratar con condescendencia
patronizing *adj* : condescendiente
patter[1] *v* : golpetear : tamborilear
patter[2] *n* : golpeteo *m* : tamborileo *m* : correteo *m* : palabrería *f* : parloteo *m*
pattern[1] *v* : basar
pattern[2] *n* : modelo *m* : patrón *m* : diseño *m* : dibujo *m* : estampado *m* : pauta *f* : norma *f* : patrón *m*
patty *n, pl* **-ties** : porción *f* de carne picada en forma de ruedita
paucity *n* : escasez *f*
paunch *n* : panza *f* : barriga *f*
pauper *n* : pobre *mf* : indigente *mf*
pause[1] *v* **paused; pausing** : hacer una pausa : pararse
pause[2] *n* : pausa *f*
pave *v* **paved; paving** : pavimentar
pavement *n* : pavimento *m* : empedrado *m*
pavilion *n* : pabellón *m*
paving → pavement
paw[1] *v* : tocar : manosear : sobar
paw[2] *n* : pata *f* : garra *f* : zarpa *f*
pawn[1] *v* : empeñar : prendar
pawn[2] *n* : prenda *f* : empeño *m* : peón *m*
pawnbroker *n* : prestamista *mf*
pawnshop *n* : casa *f* de empeños : monte *m* de piedad
pay[1] *v* **paid; paying** : pagar : valer la pena
pay[2] *n* : paga *f*
payable *adj* : pagadero
paycheck *n* : sueldo *m* : cheque *m* del sueldo
payday *n* : día *m* de pago/paga
payee *n* : beneficiario *m*, -ria *f*
payer *n* : pagador *m*, -dora *f*
payment *n* : pago *m* : plazo *m* : cuota *f* : recompensa *f*
payoff *n* : recompensa *f* : ganancia *f* : soborno *m*
pay phone *n* : teléfono *m* público
payroll *n* : nómina *f*
PC *n, pl* **PCs** *or* **PC's** : PC *mf* : computadora *f* personal
PDA *n, pl* **PDAs** *or* **PDA's** : PDA *m*
pea *n* : chícharo *m* : guisante *m* : arveja *f*
peace *n* : paz *f* : orden *m*
peaceable *adj* : pacífico — **peaceably** *adv*
peaceful *adj* : pacífico : tranquilo : sosegado — **peacefully** *adv*
peacemaker *n* : conciliador *m*, -dora *f* : mediador *m*
peacetime *n* : tiempos *mpl* de paz
peach *n* : durazno *m* : melocotón *m*
peacock *n* : pavo *m* real
peak[1] *v* : alcanzar su nivel máximo
peak[2] *adj* : máximo
peak[3] *n* : punta *f* : cima *f* : cumbre *f* : cúspide *f* : apogeo *m* : nivel *m* máximo

peaked *adj* : pálido
peal[1] *v* : repicar
peal[2] *n* : repique *m* : tañido *m*
peanut *n* : maní *m* : cacahuate *m* : cacahuete *m*
peanut butter *n* : mantequilla/crema *f* de maní : manteca *f* de maní : crema/mantequilla *f* de cacahuate : mantequilla/crema *f* de cacahuete
pear *n* : pera *f*
pearl *n* : perla *f*
pearly *adj* **pearlier; -est** : nacarado
peasant *n* : campesino *m*, -na *f*
peat *n* : turba *f*
pebble *n* : guijarro *m* : piedrecita *f* : piedrita *f*
pecan *n* : pacana *f* : nuez *f*
peccary *n, pl* **-ries** : pécari *m* : pecarí *m*
peck[1] *v* : picar : picotear
peck[2] *n* : medida *f* de áridos equivalente a 8.810 litros : picotazo *m*
pectoral *adj* : pectoral
peculiar *adj* : propio : peculiar : característico : extraño : raro — **peculiarly** *adv*
peculiarity *n, pl* **-ties** : peculiaridad *f* : rareza *f* : idiosincrasia *f* : excentricidad *f*
pecuniary *adj* : pecuniario
pedagogical *or* **pedagogic** *adj* : pedagógico
pedagogy *n* : pedagogía *f*
pedal[1] *v* **-aled** *or* **-alled; -aling** *or* **-alling** : pedalear : darle a los pedales de
pedal[2] *n* : pedal *m*
pedant *n* : pedante *mf*
pedantic *adj* : pedante
pedantry *n, pl* **-ries** : pedantería *f*
peddle *v* **-dled; -dling** : vender
peddler *n* : vendedor *m*, -dora *f* ambulante : mercachifle *m*
pedestal *n* : pedestal *m*
pedestrian[1] *adj* : pedestre : ordinario : de peatón : peatonal
pedestrian[2] *n* : peatón *m*, -tona *f*
pediatric *adj* : pediátrico
pediatrician *n* : pediatra *mf*
pediatrics *ns & pl* : pediatría *f*
pedigree *n* : árbol *m* genealógico : pedigrí *m* : linaje *m*
pee[1] *v* : hacer pipí
pee[2] *n* : pipí *m*
peek[1] *v* : espiar : mirar furtivamente : echar un vistazo
peek[2] *n* : miradita *f* : vistazo *m* : ojeada *f*
peel[1] *v* : pelar : pelarse : desconcharse
peel[2] *n* : cáscara *f*
peeler *n* : pelador *m* : pelapapas *mpl*
peep[1] *v* : espiar : mirar furtivamente : piar
peep[2] *n* : pío *m* : vistazo *m* : ojeada *f*
peer[1] *v* : mirar detenidamente : mirar con atención
peer[2] *n* : par *m* : igual *mf* : noble *mf*
peerage *n* : nobleza *f*
peerless *adj* : sin par : incomparable
peeve[1] *v* **peeved; peeving** : fastidiar : irritar : molestar
peeve[2] *n* : queja *f*
peevish *adj* : quejoso : fastidioso — **peevishly** *adv*
peevishness *n* : irritabilidad *f*
peg[1] *v* **pegged; pegging** : tapar : sujetar
peg[2] *n* : estaquilla *f* : clavija *f*
pejorative *adj* : peyorativo — **pejoratively** *adv*
pelican *n* : pelícano *m*
pellagra *n* : pelagra *f*
pellet *n* : bolita *f* : perdigón *m*
pell–mell *adv* : desordenadamente : atropelladamente
pelt[1] *v* : lanzar : tirar : golpear con fuerza : ir a todo correr
pelt[2] *n* : piel *f* : pellejo *m*
pelvic *adj* : pélvico
pelvis *n, pl* **-vises** *or* **-ves** : pelvis *f*
pen[1] *v* **penned; penning** : escribir
pen[2] *n* : corral *m* : redil *m* : pluma *f*
penal *adj* : penal
penalize *v* **-ized; -izing** : penalizar : sancionar : penar
penalty *n, pl* **-ties** : pena *f* : castigo *m* : desventaja *f* : penalty *m* : multa *f*
penance *n* : penitencia *f*
pence → penny
penchant *n* : inclinación *f* : afición *f*
pencil[1] *v* **-ciled** *or* **-cilled; -ciling** *or* **-cilling** : escribir con lápiz : dibujar con lápiz

pencil[2] *n* : lápiz *m*
pencil case *n* : estuche *m*
pencil sharpener *n* : sacapuntas *m*
pencil skirt *n* : falda *f* de tubo
pendant *n* : colgante *m*
pending[1] *adj* : pendiente
pending[2] *prep* : durante : en espera de
pendulum *n* : péndulo *m*
penetrate *v* **-trated; -trating** : penetrar
penetrating *adj* : penetrante : cortante
penetration *n* : penetración *f*
penguin *n* : pingüino *m*
penicillin *n* : penicilina *f*
peninsula *n* : península *f*
penis *n, pl* **-nes** *or* **-nises** : pene *m*
penitence *n* : arrepentimiento *m* : penitencia *f*
penitent[1] *adj* : arrepentido : penitente
penitent[2] *n* : penitente *mf*
penitentiary *n, pl* **-ries** : penitenciaría *f* : prisión *m* : presidio *m*
penknife *n* : navaja *f*
penmanship *n* : escritura *f* : caligrafía *f*
pen name *n* : seudónimo *m*
pennant *n* : gallardete *m* : banderín *m*
penniless *adj* : sin un centavo
penny *n, pl* **-nies** *or* **pence** : penique *m*; *pl* **-nies** : centavo *m*
pen pal *n* : amigo *m*, -ga *f* por correspondencia
pension[1] *v or* **to pension off** : jubilar
pension[2] *n* : pensión *m* : jubilación *f*
pensioner *n* : pensionista *mf*
pensive *adj* : pensativo : meditabundo — **pensively** *adv*
pentagon *n* : pentágono *m*
pentagonal *adj* : pentagonal
penthouse *n* : ático *m* : penthouse *m*
pent–up *adj* : encerrado
penultimate *adj* : penúltimo
penury *n* : penuria *f* : miseria *f*
peon *n, pl* **-ons** *or* **-ones** : peón *m*
peony *n, pl* **-nies** : peonía *f*
people[1] *v* **-pled; -pling** : poblar
people[2] *ns & pl* **people** *npl* : gente *f* : personas *fpl*; *pl* **peoples** : pueblo *m*
pep[1] *v* **pepped; pepping** *or* **to pep up** : animar
pep[2] *n* : energía *f* : vigor *m*
pepper[1] *v* : añadir pimienta a : acribillar : salpicar
pepper[2] *n* : pimienta *f* : pimiento *m* : pimentón *m*
peppermint *n* : menta *f*
pepper shaker *n* : pimentero *m*
peppery *adj* : picante
peppy *adj* **peppier; -est** : lleno de energía : vivaz
pep rally *n* : reunión *f*
pep talk *n* : plática *f* : charla *f*
peptic *adj* **peptic ulcer** : úlcera *f* estomacal
per *prep* : por : según
per annum *adv* : al año : por año
percale *n* : percal *m*
per capita *adv & adj* : per cápita
perceive *v* **-ceived; -ceiving** : percatarse de : concientizarse de : darse cuenta de : percibir : notar
percent[1] *adv* : por ciento
percent[2] *n, pl* **-cent** *or* **-cents** : por ciento
percentage *n* : porcentaje *m*
perceptible *adj* : perceptible — **perceptibly** *adv*
perception *n* : percepción *f* : perspicacia *f* : idea *f* : imagen *f*
perceptive *adj* : perspicaz
perceptively *adv* : con perspicacia
perch[1] *v* : posarse : sentarse : posar : colocar
perch[2] *n* : percha *f*; *pl* **perch** *or* **perches** : perca *f*
percolate *v* **-lated; -lating** : colarse : filtrarse
percolator *n* : cafetera *f* de filtro
percussion *n* : percusión *f*
peremptory *adj* : perentorio
perennial[1] *adj* : perenne : vivaz : continuo
perennial[2] *n* : planta *f* perenne : planta *f* vivaz
perfect[1] *v* : perfeccionar
perfect[2] *adj* : perfecto — **perfectly** *adv*
perfection *n* : perfección *f*
perfectionism *n* : perfeccionismo *m*
perfectionist *n* : perfeccionista *mf*
perfidious *adj* : pérfido

perforate *v* **-rated; -rating** : perforar
perforation *n* : perforación *f*
perform *v* : realizar : hacer : desempeñar : representar : dar : actuar : cantar : tocar : bailar : funcionar
performance *n* : ejecución *f* : realización *f* : desempeño *m* : rendimiento *m* : interpretación *f* : representación *f* : función *f*
performer *n* : artista *mf* : actor *m*, -triz *f* : intérprete *mf*
perfume[1] *v* **-fumed; -fuming** : perfumar
perfume[2] *n* : perfume *m*
perfunctory *adj* : mecánico : superficial : somero
perhaps *adv* : tal vez : quizá : quizás : a lo mejor
peril *n* : peligro *m*
perilous *adj* : peligroso — **perilously** *adv*
perimeter *n* : perímetro *m*
period *n* : punto *m* : período *m* : época *f* : fase *f* : etapa *f* : regla *f* : hora *f*
periodic *or* **periodical** *adj* : periódico — **periodically** *adv*
periodical *n* : publicación *f* periódica : revista *f*
peripheral *adj* : periférico
periphery *n, pl* **-eries** : periferia *f*
periscope *n* : periscopio *m*
perish *v* : perecer : morirse
perishable[1] *adj* : perecedero
perishable[2] *n* : producto *m* perecedero
perjure *v* **-jured; -juring to perjure oneself** : perjurar : perjurarse
perjury *n* : perjurio *m*
perk[1] *v* : levantar **to perk up** : animarse : reanimarse
perk[2] *n* : extra *m*
perky *adj* **perkier; -est** : animado : alegre : lleno de vida
perm *n* : permanente *f*
permanence *n* : permanencia *f*
permanent[1] *adj* : permanente — **permanently** *adv*
permanent[2] *n* : permanente *f*
permeability *n* : permeabilidad *f*
permeable *adj* : permeable
permeate *v* **-ated; -ating** : penetrar : impregnar : difundirse por
permissible *adj* : permisible : lícito
permission *n* : permiso *m*
permissive *adj* : permisivo
permissiveness *adj* : permisividad *f*
permit[1] *v* **-mitted; -mitting** : permitir : dejar
permit[2] *n* : permiso *m* : licencia *f*
permutation *n* : permutación *f*
pernicious *adj* : pernicioso
peroxide *n* : peróxido *m*
perpendicular[1] *adj* : vertical : perpendicular — **perpendicularly** *adv*
perpendicular[2] *n* : perpendicular *f*
perpetrate *v* **-trated; -trating** : perpetrar : cometer
perpetrator *n* : autor *m*, -tora *f*
perpetual *adj* : perpetuo : eterno : continuo : constante
perpetually *adv* : para siempre : eternamente
perpetuate *v* **-ated; -ating** : perpetuar
perpetuity *n, pl* **-ties** : perpetuidad *f*
perplex *v* : dejar perplejo : confundir
perplexed *adj* : perplejo
perplexity *n, pl* **-ties** : perplejidad *f* : confusión *f*
per se *adv* : per se : de por sí : en sí
persecute *v* **-cuted; -cuting** : perseguir
persecution *n* : persecución *f*
persecutor *n* : perseguidor *m*, -dora *f*
perseverance *n* : perseverancia *f*
persevere *v* **-vered; -vering** : perseverar
Persian *n* : persa *mf* : persa *m* — **Persian** *adj*
persist *v* : persistir
persistence *n* : persistencia *f* : perseverancia *f* : tenacidad *f*
persistent *adj* : persistente — **persistently** *adv*
person *n, pl* **people** *or* **persons** : persona *f* : individuo *m* : ser *m* humano
personable *adj* : agradable
personage *n* : personaje *m*
personal *adj* : personal : particular : privado : en persona : íntimo : indiscreto

personal assistant *n* : secretario *m*, -ria *f* personal
personal computer *n* : computadora *f* personal : ordenador *m* personal
personality *n, pl* **-ties** : personalidad *f* : temperamento *m* : personaje *m* : celebridad *f*
personalize *v* **-ized; -izing** : personalizar
personally *adv* : personalmente : en persona : como persona
personification *n* : personificación *f*
personify *v* **-fied; -fying** : personificar
personnel *n* : personal *m*
perspective *n* : perspectiva *f*
perspicacious *adj* : perspicaz
perspicacity *n* : clarividencia *f* : perspicacia *f*
perspiration *n* : transpiración *f* : sudor *m*
perspire *v* **-spired; -spiring** : transpirar : sudar
persuade *v* **-suaded; -suading** : persuadir : convencer
persuasion *n* : persuasión *f*
persuasive *adj* : persuasivo — **persuasively** *adv*
persuasiveness *n* : persuasión *f*
pert *adj* : descarado : impertinente : alegre : animado
pertain *v* : pertenecer : estar relacionado
pertinence *n* : pertinencia *f*
pertinent *adj* : pertinente
perturb *v* : perturbar
perusal *n* : lectura *f* cuidadosa
peruse *v* **-rused; -rusing** : leer con cuidado : recorrer con la vista
Peruvian *n* : peruano *m*, -na *f* — **Peruvian** *adj*
pervade *v* **-vaded; -vading** : penetrar : difundirse por
pervasive *adj* : penetrante
perverse *adj* : perverso : corrompido : obstinado : porfiado : terco — **perversely** *adv*
perversion *n* : perversión *f*
perversity *n, pl* **-ties** : corrupción *f* : obstinación *f* : terquedad *f*
pervert[1] *v* : pervertir : distorsionar : corromper
pervert[2] *n* : pervertido *m*, -da *f*
peseta *n* : peseta *f*
pesky *adj* : molestoso : molesto
peso *n, pl* **-sos** : peso *m*
pessimism *n* : pesimismo *m*
pessimist *n* : pesimista *mf*
pessimistic *adj* : pesimista
pest *n* : peste *f* : latoso *m*, -sa *f* : insecto *m* nocivo : animal *m* nocivo
pester *v* **-tered; -tering** : molestar : fastidiar
pesticide *n* : pesticida *m*
pestilence *n* : pestilencia *f* : peste *f*
pestle *n* : mano *f* de mortero : mazo *m* : maja *f*
pet[1] *v* **petted; petting** : acariciar
pet[2] *n* : animal *m* doméstico : mascota *f* : favorito *m*, -ta *f*
pet[3] *adj* : preferido : favorito
petal *n* : pétalo *m*
peter *v* **to peter out** : agotarse : apagarse : disminuir
petite *adj* : pequeña : menuda : chiquita
petition[1] *v* : peticionar
petition[2] *n* : petición *f*
petitioner *n* : peticionario *m*, -ria *f*
petrify *v* **-fied; -fying** : petrificar
petroleum *n* : petróleo *m*
petroleum jelly *n* : vaselina *f*
petticoat *n* : enagua *f* : fondo *m*
pettiness *n* : insignificancia *f* : mezquindad *f*
petty *adj* **pettier; -est** : menor : insignificante : trivial : nimio : mezquino
petty officer *n* : suboficial *mf*
petulance *n* : irritabilidad *f* : mal genio *m*
petulant *adj* : irritable : de mal genio
petunia *n* : petunia *f*
pew *n* : banco *m*
pewter *n* : peltre *m*
pH *n* : pH *m*
phallic *adj* : fálico
phallus *n, pl* **-li** *or* **-luses** : falo *m*
phantasy → fantasy
phantom *n* : fantasma *m*
pharaoh *n* : faraón *m*
pharmaceutical *adj* : farmacéutico
pharmacist *n* : farmacéutico *m*, -ca *f*

pharmacology *n* : farmacología *f*
pharmacy *n, pl* **-cies** : farmacia *f*
pharynx *n, pl* **pharynges** : faringe *f*
phase[1] *v* **phased; phasing** : sincronizar : poner en fase : escalonar
phase[2] *n* : fase *f* : etapa *f*
pheasant *n, pl* **-ant** *or* **-ants** : faisán *m*
phenomenal *adj* : extraordinario : excepcional
phenomenon *n, pl* **-na** *or* **-nons** : fenómeno *m*; *pl* **-nons** : prodigio *m*
phew *interj* : ¡uf!
philanthropic *adj* : filantrópico
philanthropist *n* : filántropo *m*, -pa *f*
philanthropy *n, pl* **-pies** : filantropía *f*
philately *n* : filatelia *f*
philharmonic *n* : filarmónica *f*
philosopher *n* : filósofo *m*, -fa *f*
philosophic *or* **philosophical** *adj* : filosófico — **philosophically** *adv*
philosophize *v* **-phized; -phizing** : filosofar
philosophy *n, pl* **-phies** : filosofía *f*
phishing *n* : phishing *m* : suplantación *f* de identidad
phlegm *n* : flema *f*
phlegmatic *adj* : flemático
phlox *n, pl* **phlox** *or* **phloxes** : polemonio *m*
phobia *n* : fobia *f*
phoenix *n* : fénix *m*
phone[1] *v* → **telephone**[1]
phone[2] *n* → **telephone**[2]
phone book *n* : guía *f* telefónica
phone call → **call**[2]
phone card *n* : tarjeta *f* telefónica
phoneme *n* : fonema *m*
phone number → **number**[2]
phonetic *adj* : fonético
phonetics *n* : fonética *f*
phonics *n* : método *m* fonético de aprender a leer
phony[1] *or* **phoney** *adj* **phonier; -est** : falso
phony[2] *or* **phoney** *n, pl* **-nies** : farsante *mf* : charlatán *m*, -tana *f*
phosphate *n* : fosfato *m*
phosphorescence *n* : fosforescencia *f*
phosphorescent *adj* : fosforescente — **phosphorescently** *adv*
phosphorus *n* : fósforo *m*
photo *n, pl* **-tos** : foto *f*
photocopier *n* : fotocopiadora *f*
photocopy[1] *v* **-copied; -copying** : fotocopiar
photocopy[2] *n, pl* **-copies** : fotocopia *f*
photoelectric *adj* : fotoeléctrico
photogenic *adj* : fotogénico
photograph[1] *v* : fotografiar
photograph[2] *n* : fotografía *f* : foto *f*
photographer *n* : fotógrafo *m*, -fa *f*
photographic *adj* : fotográfico — **photographically** *adv*
photography *n* : fotografía *f*
photojournalist *n* : reportero *m* gráfico : reportera *f* gráfica
photoshop *or* **Photoshop** *v* : editar
photosynthesis *n* : fotosíntesis *f*
phrasal verb *n* : verbo *m* con partícula(s)
phrase[1] *v* **phrased; phrasing** : expresar
phrase[2] *n* : frase *f* : locución *f*
phrase book *n* : guía *f* de conversación
phylum *n, pl* **-la** : phylum *m*
phys ed *n* → **physical education**
physical[1] *adj* : físico : material : corpóreo — **physically** *adv*
physical[2] *n* : chequeo *m* : reconocimiento *m* médico
physical education *n* : educación *f* física
physical therapist *n* : fisioterapeuta *mf*
physical therapy *n* : fisioterapia *f*
physician *n* : médico *m*, -ca *f*
physicist *n* : físico *m*, -ca *f*
physics *ns & pl* : física *f*
physiognomy *n, pl* **-mies** : fisonomía *f*
physiological *or* **physiologic** *adj* : fisiológico
physiologist *n* : fisiólogo *m*, -ga *f*
physiology *n* : fisiología *f*
physique *n* : físico *m*
pi *n, pl* **pis** : pi *f*
pianist *n* : pianista *mf*
piano *n, pl* **-anos** : piano *m*
piazza *n, pl* **-zas** *or* **-ze** : plaza *f*

picador *n* : picador *m*, -dora *f*
picaresque *adj* : picaresco
picayune *adj* : trivial : nimio : insignificante
piccolo *n, pl* **-los** : flautín *m*
pick[1] *v* : escoger : elegir : quitar : sacar : recoger : arrancar : provocar : hurgarse : escarbarse : picar : picotear
pick[2] *n* : selección *f* : lo mejor : púa *f*
pickax *n* : pico *m* : zapapico *m* : piqueta *f*
pickerel *n, pl* **-el** *or* **-els** : lucio *m* pequeño
picket[1] *v* : piquetear
picket[2] *n* : estaca *f* : huelguista *mf* : integrante *mf* de un piquete
picketer *n* : piquete *nm*
pickle[1] *v* **-led; -ling** : encurtir : escabechar
pickle[2] *n* : escabeche *m* : pepinillo *m* : lío *m* : apuro *m*
pickpocket *n* : carterista *mf*
pickup *n* : mejora *f*
picky *adj* : quisquilloso : melindroso : mañoso
picnic[1] *v* **-nicked; -nicking** : ir de picnic
picnic[2] *n* : picnic *m*
pictorial *adj* : pictórico
picture[1] *v* **-tured; -turing** : representar : imaginarse
picture[2] *n* : cuadro *m* : ilustración *f* : fotografía *f* : descripción *f* : imagen *f* : película *f* : idea *f* : situación *f*
picturesque *adj* : pintoresco
pie *n* : pastel *m* : empanada *f*
piece[1] *v* **pieced; piecing** : parchar : arreglar
piece[2] *n* : pedazo *m* : trozo *m* : pieza *f* : obra *f* : ficha *f* : figura *f* : artículo *m* : moneda *f* : pistola *f* : trecho *m*
piecemeal[1] *adv* : poco a poco : por partes
piecemeal[2] *adj* : hecho poco a poco : poco sistemático
piecework *n* : trabajo *m* a destajo
pied *adj* : pío
pier *n* : pila *f* : muelle *m* : atracadero *m* : embarcadero *m* : pilar *m*
pierce *v* **pierced; piercing** : atravesar : traspasar : penetrar : perforar : agujerear
piety *n, pl* **-eties** : piedad *f*
pig *n* : cerdo *m*, -da *f* : puerco *m*, -ca *f* : persona *f* desaliñada : glotón *m*, -tona *f*
pigeon *n* : paloma *f*
pigeonhole *n* : casilla *f*
piggish *adj* : glotón : cochino : sucio
piggyback *adv & adj* : a cuestas
piggy bank *n* : alcancía *f*
pigheaded *adj* : terco : obstinado
piglet *n* : cochinillo *m* : lechón *m*, -chona *f*
pigment *n* : pigmento *m*
pigmentation *n* : pigmentación *f*
pigmy → pygmy
pig out *v* **to pig out (on)** : darse un atracón
pigpen *n* : chiquero *m* : pocilga *f*
pigsty → pigpen
pigtail *n* : coleta *f* : trenza *f*
pike *n, pl* **pike** *or* **pikes** : lucio *m* : pica *f*
pile[1] *v* **piled; piling** : amontonar : apilar **to pile up** : amontonarse : acumularse
pile[2] *n* : pilote *m* : montón *m* : pila *f* : pelo *m*
pileup *n* : choque *m* en cadena
piles *npl* : hemorroides *fpl* : almorranas *fpl*
pilfer *v* : robar : ratear
pilgrim *n* : peregrino *m*, -na *f*
pilgrimage *n* : peregrinación *f*
pill *n* : pastilla *f* : píldora *f*
pillage[1] *v* **-laged; -laging** : saquear
pillage[2] *n* : saqueo *m*
pillar *n* : pilar *m* : columna *f*
pillory *n, pl* **-ries** : picota *f*
pillow *n* : almohada *f*
pillowcase *n* : funda *f*
pilot[1] *v* : pilotar : pilotear
pilot[2] *n* : piloto *mf*
pilot light *n* : piloto *m*
pimento → pimiento
pimiento *n, pl* **-tos** : pimiento *m* morrón
pimp *n* : proxeneta *m*
pimple *n* : grano *m*
pimply *adj* **pimplier; -est** : cubierto de granos

pin[1] *v* **pinned; pinning** : prender : sujetar : inmovilizar
pin[2] *n* : alfiler *m* : broche *m* : prendedor *m*
pinafore *n* : delantal *m*
piñata *n* : piñata *f*
pinball *n* : pinball *m*
pincer *n* : pinza *f*; **pincers** *npl* : pinzas *fpl* : tenazas *fpl* : tenaza *f*
pinch[1] *v* : pellizcar : robar : apretar
pinch[2] *n* : emergencia *f* : dolor *m* : tormento *m* : pellizco *m* : pizca *f*
pinch hitter *n* : sustituto *m*, -ta *f* : bateador *m* emergente
pincushion *n* : acerico *m* : alfiletero *m*
pine *n* : pino *m* : madera *f* de pino
pineapple *n* : piña *f* : ananá *m* : ananás *m*
pine cone *n* : piña *f*
ping *n* : sonido *m* metálico
pinion[1] *v* : sujetar los brazos de : inmovilizar
pinion[2] *n* : piñón *m*
pink[1] *adj* : rosa : rosado
pink[2] *n* : clavelito *m* : rosa *m* : rosado *m*
pinkeye *n* : conjuntivitis *f* aguda
pinkie *or* **pinky** *n* : meñique *m*
pinkish *adj* : rosáceo
pinnacle *n* : pináculo *m* : cima *f* : cumbre *f* : cúspide *f* : apogeo *m*
pinpoint *v* : precisar : localizar con precisión
pint *n* : pinta *f*
pinto *n, pl* **pintos** : caballo *m* pinto
pinworm *n* : oxiuro *m*
pioneer[1] *v* : promover : iniciar : introducir
pioneer[2] *n* : pionero *m*, -ra *f*
pious *adj* : piadoso : devoto : beato : santurrón — **piously** *adv*
pip *n* : pepita *f*
pipe[1] *v* **piped; piping** : hablar en voz chillona : tocar : conducir por tuberías
pipe[2] *n* : caramillo *m* : gaita *f* : tubo *m* : caño *m* : pipa *f*
pipe dream *n* : quimera *f* : sueño *m* imposible
pipeline *n* : conducto *m* : oleoducto *m* : gasoducto *m* : vía *f*
piping *n* : música *f* del caramillo o de la gaita : cordoncillo *m* : ribete *m* con cordón
piping hot *adj* : muy caliente
piquant *adj* : picante : intrigante : estimulante
pique[1] *v* **piqued; piquing** : picar : irritar : despertar
pique[2] *n* : pique *m* : resentimiento *m*
piracy *n, pl* **-cies** : piratería *f*
piranha *n* : piraña *f*
pirate[1] *n* : pirata *mf*
pirate[2] *v* **-rated; -rating** : piratear
pirouette *n* : pirueta *f*
pis → pi
Pisces *n* : Piscis *m* : Piscis *mf*
pistachio *n, pl* **-chios** : pistacho *m*
pistil *n* : pistilo *m*
pistol *n* : pistola *f*
piston *n* : pistón *m* : émbolo *m*
pit[1] *v* **pitted; pitting** : marcar de hoyos : picar : deshuesar : quedar marcado
pit[2] *n* : fosa *f* : hoyo *m* : mina *f* : foso *m* : marca *f* : cicatriz *f* de viruela : hueso *m* : pepa *f*
pita *or* **pita bread** *n* : pita *f* : pan *m* pita : pan *m* árabe
pitch[1] *v* : montar : armar : lanzar : arrojar : dar el tono de : cabecear : dar bandazos
pitch[2] *n* : cabezada *f* : cabeceo *m* : (grado de) inclinación *f* : pendiente *f* : tono *m* : lanzamiento *m* : grado *m* : nivel *m* : punto *m* : pez *f* : brea *f*
pitch–black *adj* : muy oscuro : oscuro como boca de lobo
pitcher *n* : jarra *f* : jarro *m* : cántaro *m* : pichel *m* : lanzador *m*, -dora *f*
pitchfork *n* : horquilla *f* : horca *f*
piteous *adj* : lastimoso : lastimero — **piteously** *adv*
pitfall *n* : peligro *m* : dificultad *f*
pith *n* : médula *f* : meollo *m* : entraña *f*
pithy *adj* **pithier; -est** : conciso y sustancioso
pitiable → pitiful
pitiful *adj* : lastimero : lastimoso : lamentable : despreciable — **pitifully** *adv*
pitiless *adj* : despiadado — **pitilessly** *adv*
pittance *n* : miseria *f*

pituitary *adj* : pituitario
pity[1] *v* **pitied; pitying** : compadecer : compadecerse de
pity[2] *n, pl* **pities** : compasión *f* : piedad *f* : lástima *f* : pena *f*
pivot[1] *v* : girar sobre un eje
pivot[2] *n* : pivote *m*
pivotal *adj* : fundamental : central
pixie *or* **pixy** *n, pl* **pixies** : elfo *m* : hada *f*
pizza *n* : pizza *f*
pizzazz *or* **pizazz** *n* : encanto *m* : animación *f* : vitalidad *f*
pizzeria *n* : pizzería *f*
placard *n* : cartel *m* : póster *m* : afiche *m*
placate *v* **-cated; -cating** : aplacar : apaciguar
place[1] *v* **placed; placing** : poner : colocar : situar : ubicar : emplazar : identificar : recordar
place[2] *n* : sitio *m* : lugar *m* : parte *f* : casa *f* : asiento *m* : puesto *m* : papel *m*
placebo *n, pl* **-bos** : placebo *m*
place mat *n* : individual *m* : mantel *m* individual
placement *n* : colocación *f*
placenta *n, pl* **-tas** *or* **-tae** : placenta *f*
placid *adj* : plácido : tranquilo — **placidly** *adv*
plagiarism *n* : plagio *m*
plagiarist *n* : plagiario *m*, -ria *f*
plagiarize *v* **-rized; -rizing** : plagiar
plague[1] *v* **plagued; plaguing** : plagar : afligir : acosar : atormentar
plague[2] *n* : plaga *f* : peste *f*
plaid[1] *adj* : escocés : de cuadros
plaid[2] *n* : tela *f* escocesa : tartán *m*
plain[1] *adj* : liso : sencillo : sin adornos : claro : franco : puro : ordinario : poco atractivo
plain[2] *n* : llanura *f* : llano *m* : planicie *f*
plainclothes *adj* : de civil : de paisano : de particular
plainly *adv* : claramente : francamente : con franqueza : sencillamente
plaintiff *n* : demandante *mf*
plaintive *adj* : lastimero : plañidero
plait[1] *v* : plisar : trenzar
plait[2] *n* : pliegue *m* : trenza *f*
plan[1] *v* **planned; planning** : planear : proyectar : planificar : tener planeado : hacer planes
plan[2] *n* : plano *m* : esquema *m* : plan *m* : proyecto *m* : programa *m*
plane[1] *v* **planed; planing** : cepillar
plane[2] *adj* : plano
plane[3] *n* : plano *m* : nivel *m* : cepillo *m*
planet *n* : planeta *f*
planetarium *n, pl* **-iums** *or* **-ia** : planetario *m*
planetary *adj* : planetario
plank *n* : tablón *m* : tabla *f* : artículo *m* : punto *m*
plankton *n* : plancton *m*
planner *n* : planificador *m*, -dora *f*
plant[1] *v* : plantar : sembrar : colocar
plant[2] *n* : planta *f* : fábrica *f* : maquinaria *f* : equipo *m*
plantain *n* : llantén *m* : plátano *m* : plátano *m* macho
plantation *n* : plantación *f* : hacienda *f*
planter *n* : hacendado *m*, -da *f* : tiesto *m* : maceta *f*
plaque *n* : placa *f*
plasma *n* : plasma *m*
plaster[1] *v* : enyesar : revocar : cubrir : llenar
plaster[2] *n* : yeso *m* : revoque *m* : escayola *f*
plastered *adj* : colocado
plastic[1] *adj* : de plástico : plástico : flexible
plastic[2] *n* : plástico *m*
plasticity *n, pl* **-ties** : plasticidad *f*
plastic surgery *n* : cirugía *f* plástica
plastic wrap *n* : papel *m* film
plate[1] *v* **plated; plating** : chapar
plate[2] *n* : placa *f* : vajilla *f* : plato *m* : dentadura *f* postiza : lámina *f*
plateau *n, pl* **-teaus** *or* **-teaux** : meseta *f*
platform *n* : plataforma *f* : estrado *m* : tribuna *f* : andén *m*
plating *n* : enchapado *m*
platinum *n* : platino *m*
platitude *n* : lugar *m* común : perogrullada *f*

platonic *adj* : platónico
platoon *n* : sección *f*
platter *n* : fuente *f*
platypus *n, pl* **platypuses** *or* **platypi** : ornitorrinco *m*
plausibility *n, pl* **-ties** : credibilidad *f* : verosimilitud *f*
plausible *adj* : creíble : convincente : verosímil — **plausibly** *adv*
play[1] *v* : jugar : tocar : sonar : actuar : hacerse : jugar a : jugar contra : tirar : mover : tirar/patear : tocar en : poner : poner/pasar : dar : interpretar : hacer el papel de : representar : desempeñar : manipular : hacer : gastar
play[2] *n* : juego *m* : obra *f* de teatro : pieza *f*
playacting *n* : actuación *f* : teatro *m*
playboy *n* : playboy *m*
player *n* : jugador *m*, -dora *f* : actor *m* : actriz *f* : músico *m*, -ca *f* : reproductor *m*
playful *adj* : juguetón : jocoso — **playfully** *adv*
playfulness *n* : lo juguetón : jocosidad *f* : alegría *f*
playground *n* : patio *m* de recreo : jardín *m* para jugar
playgroup *n* : grupo *m* de recreo para niños
playhouse *n* : teatro *m* : casita *f* de juguete
playing card *n* : naipe *m* : carta *f*
playing field *n* : campo *m* de juego
playmate *n* : compañero *m*, -ra *f* de juego
play–off *n* : desempate *m*
playpen *n* : corral *m*
playroom *n* : cuarto *m* de juegos
plaything *n* : juguete *m*
playtime *n* : hora *f* de recreo
playwright *n* : dramaturgo *m*, -ga *f*
plaza *n* : plaza *f*
plea *n* : acto *m* de declararse : ruego *m* : súplica *f*
plead *v* **pleaded** *or* **pled; pleading** : declararse : alegar : pretextar
pleasant *adj* : agradable : grato : bueno — **pleasantly** *adv*
pleasantness *n* : lo agradable : amenidad *f*
pleasantries *npl* : cumplidos *mpl* : cortesías *fpl*
please[1] *v* **pleased; pleasing** : complacer : contentar : satisfacer : agradar : querer
please[2] *adv* : por favor
pleased *adj* : contento : satisfecho : alegre
pleasing *adj* : agradable — **pleasingly** *adv*
pleasurable *adj* : agradable
pleasure *n* : deseo *m* : voluntad *f* : placer *m* : disfrute *m* : goce *m* : gusto *m*
pleat[1] *v* : plisar
pleat[2] *n* : pliegue *m*
plebeian *adj* : ordinario : plebeyo
pledge[1] *v* **pledged; pledging** : empeñar : prendar : prometer : jurar
pledge[2] *n* : garantía *f* : prenda *f* : promesa *f*
plenteous *adj* : copioso : abundante
plentiful *adj* : abundante — **plentifully** *adv*
plenty *n* : abundancia *f*
plethora *n* : plétora *f*
pleurisy *n* : pleuresía *f*
plexiglass *n* : acrílico *m* : plexiglás *m*
pliable *adj* : flexible : maleable
pliant → pliable
pliers *npl* : alicates *mpl* : pinzas *fpl*
plight *n* : situación *f* difícil : apuro *m*
plonk → plunk
plot[1] *v* **plotted; plotting** : tramar : conspirar
plot[2] *n* : terreno *m* : parcela *f* : lote *m* : argumento *m* : trama *f* : complot *m* : intriga *f*
plotter *n* : conspirador *m*, -dora *f* : intrigante *mf*
plow[1] *or* **plough** *v* : arar
plow[2] *or* **plough** *n* : arado *m*
plowshare *n* : reja *f* del arado
ploy *n* : estratagema *f* : maniobra *f*
pluck[1] *v* : arrancar : desplumar **to pluck at** : tirar de
pluck[2] *n* : tirón *m* : valor *m* : ánimo *m*
plucky *adj* **pluckier; -est** : valiente : animoso
plug[1] *v* **plugged; plugging** : tapar : hacerle publicidad a : promocionar

plug[2] *n* : tapón *m* : enchufe *m* : publicidad *f* : propaganda *f*
plum *n* : ciruela *f* : color *m* ciruela : premio *m* : algo muy atractivo
plumage *n* : plumaje *m*
plumb[1] *v* : aplomar : sondear : sondar
plumb[2] *adv* : a plomo : verticalmente : justo : exactamente : completamente : absolutamente
plumb[3] *adj* : a plomo
plumb[4] *n or* **plumb line** : plomada *f*
plumber *n* : plomero *m*, -ra *f* : fontanero *m*
plumbing *n* : plomería *f* : fontanería *f* : cañería *f* : tubería *f*
plume *n* : pluma *f* : penacho *m*
plumed *adj* : con plumas
plummet *v* : caer en picada : desplomarse
plump[1] *v or* **to plump down** : dejarse caer
plump[2] *adv* : a plomo : directamente : sin rodeos
plump[3] *adj* : llenito : regordete : rechoncho
plumpness *n* : gordura *f*
plunder[1] *v* : saquear : robar
plunder[2] *n* : botín *m*
plunderer *n* : saqueador *m*, -dora *f*
plunge[1] *v* **plunged; plunging** : sumergir : hundir : clavar : zambullirse : meterse precipitadamente o violentamente : descender en picada
plunge[2] *n* : zambullida *f* : descenso *m* abrupto
plunger *n* : desatorador *m* : desatascador *m* : destapacaños *m* : bomba *f* : sopapa *f*
plunk *or* **plonk** *v* : dejar caer **to plunk down** : dejarse caer
pluperfect *n* : pluscuamperfecto *m*
plural[1] *adj* : plural
plural[2] *n* : plural *m*
plurality *n, pl* **-ties** : pluralidad *f*
pluralize *v* **-ized; -izing** : pluralizar
plus[1] *adj* : positivo
plus[2] *n* : ventaja *f*
plus[3] *prep* : más
plus[4] *conj* : y
plush[1] *adj* : afelpado : lujoso
plush[2] *n* : felpa *f* : peluche *m*
plushy *adj* **plushier; -est** : lujoso
plus–size *adj* : de talla grande
Pluto *n* : Plutón *m*
plutocracy *n, pl* **-cies** : plutocracia *f*
plutonium *n* : plutonio *m*
ply[1] *v* **plied; plying** : manejar : ejercer
ply[2] *n, pl* **plies** : chapa *f* : capa *f* : cabo *m*
plywood *n* : contrachapado *m*
PMS → premenstrual syndrome
pneumatic *adj* : neumático
pneumonia *n* : pulmonía *f* : neumonía *f*
poach *v* : cocer a fuego lento : cazar ilegalmente
poacher *n* : cazador *m* furtivo : cazadora *f* furtiva
P.O. Box *n* : apartado *m* postal : casilla *f* de correos
pock *n* : pústula *f*
pocket[1] *v* : meterse en el bolsillo : embolsarse
pocket[2] *n* : bolsillo *m* : bolsa *f* : foco *m* : centro *m*
pocketbook *n* : cartera *f* : bolso *m* : bolsa *f* : recursos *mpl*
pocketknife *n, pl* **-knives** : navaja *f*
pocket money *n* : dinero *m* de bolsillo
pocket–size *adj* : de bolsillo
pockmark *n* : cicatriz *f* de viruela : viruela *f*
pod *n* : vaina *f*
podcast *n* : podcast *m*
podiatrist *n* : podólogo *m*, -ga *f*
podiatry *n* : podología *f* : podiatría *f*
podium *n, pl* **-diums** *or* **-dia** : podio *m* : estrado *m* : tarima *f*
poem *n* : poema *m* : poesía *f*
poet *n* : poeta *mf*
poetess *n* : poetisa *f*
poetic *or* **poetical** *adj* : poético
poetry *n* : poesía *f*
pogrom *n* : pogrom *m*
poignancy *n, pl* **-cies** : lo conmovedor
poignant *adj* : penoso : doloroso : conmovedor : emocionante
poinsettia *n* : flor *f* de Nochebuena
point[1] *v* : apuntar : señalar con : encaminar : señalar : indicar : afilar
point[2] *n* : punto *m* : argumento *m* : observación *f* : fin *m* : propósito

m : cualidad *f* : lugar *m* : momento *m* : coyuntura *f* : punta *f* : cabo *m*
point–blank[1] *adv* : a quemarropa : a bocajarro : sin rodeos : francamente
point–blank[2] *adj* : a quemarropa : directo : franco
pointed *adj* : puntiagudo : atinado : marcado : manifiesto
pointedly *adv* : intencionadamente : directamente
pointer *n* : puntero *m* : indicador *m* : aguja *f* : perro *m* de muestra : consejo *m*
pointless *adj* : inútil : ocioso : vano
point of view *n* : perspectiva *f* : punto *m* de vista
pointy *adj* : puntiagudo
poise[1] *v* **poised; poising** : equilibrar : balancear
poise[2] *n* : aplomo *m* : compostura *f*
poison[1] *v* : envenenar : intoxicar : corromper
poison[2] *n* : veneno *m*
poisoning *n* : envenenamiento *m*
poison ivy *n* : hiedra *f* venenosa
poisonous *adj* : venenoso : tóxico : ponzoñoso
poke[1] *v* **poked; poking** : golpear : dar : introducir : asomar
poke[2] *n* : golpe *m* abrupto
poker *n* : atizador *m* : póker *m* : poker *m*
poky *adj* : lento : diminuto
polar *adj* : polar
polar bear *n* : oso *m* blanco
Polaris → North Star
polarize *v* **-ized; -izing** : polarizar
pole *n* : palo *m* : poste *m* : vara *f* : polo *m*
Pole *n* : polaco *m*, -ca *f*
polecat *n, pl* **polecats** *or* **polecat** : turón *m* : mofeta *f* : zorrillo *m*
polemical *adj* : polémico
polemics *ns & pl* : polémica *f*
polestar → North Star
pole vault *n* : salto *m* con/de pértiga : salto *m* con/de garrocha
police[1] *v* **-liced; -licing** : mantener el orden en
police[2] *ns & pl* : policía *f* : policías *mfpl*
police car *n* : patrulla *f* : patrullero *m*
police force *n* : fuerza *f* policial : cuerpo *m* policial
policeman *n, pl* **-men** : policía *m*
police officer *n* : policía *mf* : agente *mf* de policía
police station *n* : comisaría *f*
policewoman *n, pl* **-women** : policía *f* : mujer *f* policía
policy *n, pl* **-cies** : política *f*
polio[1] *adj* : de polio
polio[2] *n* **→ poliomyelitis**
poliomyelitis *n* : poliomielitis *f* : polio *f*
polish[1] *v* : pulir : lustrar : sacar brillo a : perfeccionar
polish[2] *n* : brillo *m* : lustre *m* : refinamiento *m* : betún *m* : cera *f* : esmalte *m*
Polish[1] *adj* : polaco
Polish[2] *n* : polaco *m*
polite *adj* **politer; -est** : cortés : correcto : educado
politely *adv* : cortésmente : correctamente : con buenos modales
politeness *n* : cortesía *f*
politic *adj* : diplomático : prudente
political *adj* : político — **politically** *adv*
politically correct *adj* : políticamente correcto
politician *n* : político *m*, -ca *f*
politics *ns & pl* : política *f*
polka *n* : polka *f*
polka dot *n* : lunar *m*
poll[1] *v* : obtener : encuestar : sondear : obtener votos
poll[2] *n* : encuesta *f* : sondeo *m*; **polls** *npl* : urnas *fpl*
pollen *n* : polen *m*
pollinate *v* **-nated; -nating** : polinizar
pollination *n* : polinización *f*
polling place *n* : centro *m* de votación
pollster *n* : encuestador *m*, -dora *f*
pollutant *n* : contaminante *m*
pollute *v* **-luted; -luting** : contaminar
pollution *n* : contaminación *f*
pollywog *or* **polliwog** *n* : renacuajo *m*
polo *n* : polo *m*
poltergeist *n* : fantasma *m* travieso

polyester *n* : poliéster *m*
polygamist *n* : polígamo *m*, -ma *f*
polygamous *adj* : polígamo
polygamy *n* : poligamia *f*
polygon *n* : polígono *m* — **polygonal** *adj*
polymer *n* : polímero *m*
Polynesian *n* : polinesio *m*, -sia *f* — **Polynesian** *adj*
polytheism *n* : politeísmo *m*
polyunsaturated *adj* : poliinsaturado
pomegranate *n* : granada *f*
pommel[1] *v* → **pummel**
pommel[2] *n* : pomo *m* : perilla *f*
pomp *n* : pompa *f* : esplendor *m* : boato *m* : ostentación *f*
pom–pom *n* : borla *f* : pompón *m*
pomposity *n, pl* **-ties** : pomposidad *f*
pompous *adj* : pomposo — **pompously** *adv*
poncho *n, pl* **-chos** : poncho *m*
pond *n* : charca *f* : estanque *m*
ponder *v* : reflexionar : considerar **to ponder over** : reflexionar sobre : sopesar
ponderous *adj* : pesado
pontiff *n* : pontífice *m*
pontificate *v* **-cated; -cating** : pontificar
pontoon *n* : pontón *m*
pony *n, pl* **-nies** : poni *m* : poney *m* : jaca *f*
ponytail *n* : cola *f* de caballo : coleta *f*
poodle *n* : caniche *m*
pool[1] *v* : mancomunar : hacer un fondo común de : encharcarse
pool[2] *n* : charca *f* : charco *m* : fondo *m* común : reserva *f* : billar *m*
poop[1] *v* : hacerse caca
poop[2] *n* : caca *f*
poor *adj* : pobre : escaso : malo
poorly *adv* : mal
pop[1] *v* **popped; popping** : reventarse : estallar : saltar : ir, venir, o aparecer abruptamente : reventar : sacar o meter abruptamente
pop[2] *adj* : popular
pop[3] *n* : estallido *m* pequeño : refresco *m* : gaseosa *f*
popcorn *n* : palomitas *fpl*
pope *n* : papa *m*
poplar *n* : álamo *m*
poplin *n* : popelín *m* : popelina *f*
poppy *n, pl* **-pies** : amapola *f*
populace *n* : pueblo *m* : población *f*
popular *adj* : popular : generalizado : común : de gran popularidad
popularity *n* : popularidad *f*
popularize *v* **-ized; -izing** : popularizar
popularly *adv* : popularmente : vulgarmente
populate *v* **-lated; -lating** : poblar
population *n* : población *f*
populist *n* : populista *mf* — **populist** *adj*
populous *adj* : populoso
pop–up *n* : ventana *f* emergente
porcelain *n* : porcelana *f*
porch *n* : porche *m*
porcupine *n* : puerco *m* espín
pore[1] *v* **pored; poring** : mirar
pore[2] *n* : poro *m*
pork *n* : carne *f* de cerdo : carne *f* de puerco
pornographic *adj* : pornográfico
pornography *n* : pornografía *f*
porous *adj* : poroso
porpoise *n* : marsopa *f* : delfín *m*
porridge *n* : sopa *f* espesa de harina : gachas *fpl*
port[1] *adj* : de babor
port[2] *n* : puerto *m* : orificio *m* : portilla *f* : oporto *m*
portable *adj* : portátil
portal *n* : portal *m*
portend *v* : presagiar : augurar
portent *n* : presagio *m* : augurio *m*
portentous *adj* : profético : que presagia
porter *n* : maletero *m* : mozo *m*
portfolio *n, pl* **-lios** : cartera *f* : carpeta *f*
porthole *n* : portilla *f* : ventanilla *f*
portico *n, pl* **-coes** *or* **-cos** : pórtico *m*
portion[1] *v* : repartir
portion[2] *n* : porción *f* : parte *f*
portly *adj* **portlier; -est** : corpulento
portrait *n* : retrato *m*
portray *v* : representar : retratar : describir : interpretar
portrayal *n* : representación *f* : retrato *m*

Portuguese[1] *adj* : portugués
Portuguese[2] *n* : portugués *m*
pose[1] *v* **posed; posing** : plantear : representar : posar
pose[2] *n* : pose *f* : afectación *f*
posh *adj* : elegante : de lujo
position[1] *v* : colocar : situar : ubicar
position[2] *n* : posición *f* : ubicación *f* : postura *f* : planteamiento *m* : puesto *m* : situación *f*
positive *adj* : incuestionable : inequívoco : seguro : positivo : afirmativo
positively *adv* : favorablemente : positivamente : definitivamente : en forma concluyente : realmente : verdaderamente
posse *n* : partida *f* : patrulla *f* : grupo *m* de amigos/seguidores : grupo *m*
possess *v* : poseer : tener : apoderarse de
possession *n* : posesión *f*; **possessions** *npl* : bienes *mpl* : propiedad *f*
possessive[1] *adj* : posesivo : celoso
possessive[2] *n or* **possessive case** : posesivo *m*
possessor *n* : poseedor *m*, -dora *f*
possibility *n, pl* **-ties** : posibilidad *f*
possible *adj* : posible
possibly *adv* : posiblemente : quizás
possum → opossum
post[1] *v* : echar al correo : mandar por correo : postear : publicar en la red : anunciar : fijar : poner : apostar
post[2] *n* : poste *m* : palo *m* : puesto *m* : empleo *m* : cargo *m* : post *m* : posteo *m* : mensaje *m* en internet
post- *pref* : pos- : post-
postage *n* : franqueo *m*
postage stamp → stamp[2]
postal *adj* : postal
postcard *n* : postal *f* : tarjeta *f* postal
postdate *v* **-dated; -dating** : posfechar
poster *n* : póster *m* : cartel *m* : afiche *m*
posterior[1] *adj* : posterior
posterior[2] *n* : trasero *m* : nalgas *fpl* : asentaderas *fpl*
posterity *n* : posteridad *f*
postgraduate[1] *adj* : de postgrado
postgraduate[2] *n* : postgraduado *m*, -da *f*
posthaste *adv* : a toda prisa
posthumous *adj* : póstumo — **posthumously** *adv*
postman *n, pl* **-men → mailman**
postmark[1] *v* : matasellar
postmark[2] *n* : matasellos *m*
postmaster *n* : administrador *m*, -dora *f* de correos
postmodern *adj* : posmoderno
postmortem *n* : autopsia *f*
postnatal *adj* : postnatal
postnatal depression → postpartum depression
post office *n* : correo *m* : oficina *f* de correos
post office box → P.O. Box
postoperative *adj* : posoperatorio
postpaid *adv* : con franqueo pagado
postpartum depression *n* : depresión *f* posparto
postpone *v* **-poned; -poning** : postergar : aplazar : posponer
postponement *n* : postergación *f* : aplazamiento *m*
postscript *n* : postdata *f* : posdata *f*
postulate *v* **-lated; -lating** : postular
posture[1] *v* **-tured; -turing** : posar : asumir una pose
posture[2] *n* : postura *f*
postwar *adj* : de posguerra
posy *n, pl* **-sies** : flor *f* : ramo *m* : ramillete *m*
pot[1] *v* **potted; potting** : plantar
pot[2] *n* : olla *f*
potable *adj* : potable
potash *n* : potasa *f*
potassium *n* : potasio *m*
potato *n, pl* **-toes** : papa *f* : patata *f*
potato chips *npl* : papas *fpl* fritas
potbellied *adj* : panzón : barrigón
potbelly *n* : panza *f* : barriga *f*
potency *n, pl* **-cies** : fuerza *f* : potencia *f* : eficacia *f*
potent *adj* : potente : poderoso : eficaz
potential[1] *adj* : potencial : posible
potential[2] *n* : potencial *m* — **potentially** *adv*

potful *n* : contenido *m* de una olla
pothole *n* : bache *m*
potion *n* : brebaje *m* : poción *f*
potluck *n* **to take potluck** : tomar lo que haya
potpourri *n* : popurrí *m*
potshot *n* : tiro *m* al azar : crítica *f*
potter[1] *n* : alfarero *m*, -ra *f*
potter[2] → **putter**
pottery *n, pl* **-teries** : cerámica *f*
potty *n* : bacinica *f*
pouch *n* : bolsa *f* pequeña : bolsa *f*
poultice *n* : emplasto *m* : cataplasma *f*
poultry *n* : aves *fpl* de corral
pounce *v* **pounced; pouncing** : abalanzarse
pound[1] *v* : machacar : machucar : majar : golpear : palpitar : retumbar : resonar : andar con paso pesado
pound[2] *n* : libra *f*
pour *v* : echar : verter : servir : proveer con abundancia : manar : fluir : salir
pout[1] *v* : hacer pucheros
pout[2] *n* : puchero *m*
poverty *n* : pobreza *f* : indigencia *f*
poverty–stricken *adj* : necesitado : paupérrimo
powder[1] *v* : empolvar : pulverizar
powder[2] *n* : polvo *m* : polvos *mpl*
powdery *adj* : polvoriento : como polvo
power[1] *v* : impulsar : propulsar
power[2] *n* : poder *m* : autoridad *f* : capacidad *f* : potencia *f* : fuerza *f* : electricidad *f* : luz *f*
powerful *adj* : poderoso : potente — **powerfully** *adv*
powerhouse *n* : persona *f* dinámica
powerless *adj* : impotente
powerlessness *n* : impotencia *f*
power plant *n* : central *f* eléctrica
powwow *n* : conferencia *f*
pox *n, pl* **pox** *or* **poxes** : varicela *f* : sífilis *f*
PR → **public relations**
practicable *adj* : practicable : viable : factible
practical *adj* : práctico
practicality *n, pl* **-ties** : factibilidad *f* : viabilidad *f*
practical joke *n* : broma *f*
practically *adv* : de manera práctica : casi : prácticamente
practice[1] *or* **practise** *v* **-ticed** *or* **-tised; -ticing** *or* **-tising** : practicar : ensayar : entrenar : ejercer
practice[2] *n* : práctica *f* : costumbre *f* : ejercicio *m*
practitioner *n* : profesional *mf*
pragmatic *adj* : pragmático — **pragmatically** *adv*
pragmatism *n* : pragmatismo
prairie *n* : pradera *f* : llanura *f*
praise[1] *v* **praised; praising** : elogiar : alabar
praise[2] *n* : elogio *m* : alabanza *f*
praiseworthy *adj* : digno de alabanza : loable
prance[1] *v* **pranced; prancing** : hacer cabriolas : cabriolar : pavonearse
prance[2] *n* : cabriola *f*
prank *n* : broma *f* : travesura *f*
prankster *n* : bromista *mf*
prattle[1] *v* **-tled; -tling** : parlotear : cotorrear : balbucear
prattle[2] *n* : parloteo *m* : cotorreo *m* : cháchara *f*
prawn *n* : langostino *m* : camarón *m* : gamba *f*
pray *v* : rogar : suplicar : rezar
prayer *n* : plegaria *f* : oración *f* : rezo *m*
praying mantis → **mantis**
pre- *pref* : antes de : con antelación
preach *v* : predicar : abogar por
preacher *n* : predicador *m*, -dora *f* : pastor *m*, -tora *f*
preamble *n* : preámbulo *m*
prearrange *v* **-ranged; -ranging** : arreglar de antemano
precarious *adj* : precario — **precariously** *adv*
precariousness *n* : precariedad *f*
precaution *n* : precaución *f*
precautionary *adj* : preventivo : cautelar : precautorio
precede *v* **-ceded; -ceding** : preceder a
precedence *n* : precedencia *f*
precedent *n* : precedente *m*
precept *n* : precepto *m*
precinct *n* : distrito *m*; **precincts** *npl* : recinto *m* : predio *m* : límites *mpl*

precious *adj* : precioso : querido : afectado
precipice *n* : precipicio *m*
precipitate *v* **-tated; -tating** : precipitar : provocar : arrojar : precipitarse : condensarse
precipitation *n* : precipitación *f* : prisa *f* : precipitaciones *fpl*
precipitous *adj* : precipitado : escarpado : empinado
précis *n, pl* **précis** : resumen *m*
precise *adj* : preciso : explícito : exacto — **precisely** *adv*
preciseness *n* : precisión *f* : exactitud *f*
precision *n* : precisión *f*
preclude *v* **-cluded; -cluding** : evitar : impedir : excluir
precocious *adj* : precoz — **precociously** *adv*
precocity *n* : precocidad *f*
preconceived *adj* : preconcebido
preconception *n* : idea *f* preconcebida
precondition *n* : precondición *f* : condición *f* previa
precook *v* : precocinar
precursor *n* : precursor *m*, -sora *f*
predator *n* : depredador *m*, -dora *f*
predatory *adj* : depredador
predecessor *n* : antecesor *m*, -sora *f* : predecesor *m*
predestination *n* : predestinación *f*
predestine *v* **-tined; -tining** : predestinar
predetermine *v* **-mined; -mining** : predeterminar
predicament *n* : apuro *m* : aprieto *m*
predicate[1] *v* **-cated; -cating** : afirmar : aseverar
predicate[2] *n* : predicado *m*
predict *v* : pronosticar : predecir
predictable *adj* : previsible — **predictably** *adv*
prediction *n* : pronóstico *m* : predicción *f*
predilection *n* : predilección *f*
predispose *v* **-posed; -posing** : predisponer
predisposition *n* : predisposición *f*
predominance *n* : predominio *m*
predominant *adj* : predominante — **predominantly** *adv*
predominate *v* **-nated; -nating** : predominar : prevalecer
preeminence *n* : preeminencia *f*
preeminent *adj* : preeminente
preeminently *adv* : especialmente
preempt *v* : apoderarse de : apropiarse de : reemplazar : adelantarse a
preemptive *adj* : preventivo
preen *v* : arreglarse
prefabricated *adj* : prefabricado
preface *n* : prefacio *m* : prólogo *m*
prefatory *adj* : preliminar
prefect *n* : prefecto *m* : monitor *m*, -tora *f*
prefer *v* **-ferred; -ferring** : preferir
preferable *adj* : preferible
preferably *adv* : preferentemente : de preferencia
preference *n* : preferencia *f* : gusto *m*
preferential *adj* : preferencial : preferente
prefigure *v* **-ured; -uring** : prefigurar : anunciar
prefix *n* : prefijo *m*
pregnancy *n, pl* **-cies** : embarazo *m* : preñez *f*
pregnant *adj* : embarazada : preñada : significativo
preheat *v* : precalentar
prehensile *adj* : prensil
prehistoric *or* **prehistorical** *adj* : prehistórico
prejudge *v* **-judged; -judging** : prejuzgar
prejudice[1] *v* **-diced; -dicing** : perjudicar : predisponer : influir en
prejudice[2] *n* : perjuicio *m* : prejuicio *m*
prelate *n* : prelado *m*
preliminary[1] *adj* : preliminar
preliminary[2] *n, pl* **-naries** : preámbulo *m* : preludio *m*; **preliminaries** *npl* : preliminares *mpl*
prelude *n* : preludio *m*
premarital *adj* : prematrimonial
premature *adj* : prematuro — **prematurely** *adv*
premeditate *v* **-tated; -tating** : premeditar
premeditation *n* : premeditación *f*
premenstrual *adj* : premenstrual
premenstrual syndrome *n* : síndrome *m* premenstrual : SPM *m*
premier[1] *adj* : principal
premier[2] *n* : primer ministro *m* : primera ministra *f*

premiere[1] *v* **-miered; -miering** : estrenar
premiere[2] *n* : estreno *m*
premise *n* : premisa *f*; **premises** *npl* : recinto *m* : local *m*
premium *n* : prima *f* : recargo *m*
premonition *n* : presentimiento *m* : premonición *f*
prenatal *adj* : prenatal
preoccupation *n* : preocupación *f*
preoccupied *adj* : abstraído : ensimismado : preocupado
preoccupy *v* **-pied; -pying** : preocupar
preparation *n* : preparación *f* : preparado *m*; **preparations** *npl* : preparativos *mpl*
preparatory *adj* : preparatorio
preparatory school → prep school
prepare *v* **-pared; -paring** : preparar : prepararse
prepay *v* **-paid; -paying** : pagar por adelantado
preponderance *n* : preponderancia *f*
preponderant *adj* : preponderante — **preponderantly** *adv*
preposition *n* : preposición *f*
prepositional *adj* : preposicional
prepossessing *adj* : atractivo : agradable
preposterous *adj* : absurdo : ridículo
prep school *n* : escuela *f* secundaria privada
prerecorded *adj* : pregrabado
prerequisite[1] *adj* : necesario : esencial
prerequisite[2] *n* : condición *f* necesario : requisito *m* previo
prerogative *n* : prerrogativa *f*
presage *v* **-saged; -saging** : presagiar
preschool *adj* : preescolar
preschooler *n* : párvulo *m*, -la *f* : estudiante *mf* de preescolar
prescient *adj* : profético
prescribe *v* **-scribed; -scribing** : prescribir : ordenar : recetar
prescription *n* : receta *f*
presence *n* : presencia *f*
presence of mind *n* : aplomo *m*
present[1] *v* : presentar : entregar : regalar : obsequiar : ofrecer
present[2] *adj* : actual : presente
present[3] *n* : regalo *m* : obsequio *m* : presente *m*
presentable *adj* : presentable
presentation *n* : presentación *f*
present–day *adj* : actual : de hoy en día
presenter *n* : presentador *m*, -dora *f*
presentiment *n* : presentimiento *m* : premonición *f*
presently *adv* : pronto : dentro de poco : actualmente : ahora
present participle *n* : participio *m* presente : participio *m* activo
preservation *n* : conservación *f* : preservación *f*
preservative *n* : conservante *m*
preserve[1] *v* **-served; -serving** : proteger : preservar : conservar : mantener
preserve[2] *n* : coto *n*; *or* **preserves** *npl* : conserva *f*
presidency *n, pl* **-cies** : presidencia *f*
president *n* : presidente *m*, -ta *f*
presidential *adj* : presidencial
press[1] *v* : apretar : prensar : planchar : instar : apremiar : recalcar : imponer : apiñarse : abrirse paso : presionar
press[2] *n* : multitud *f* : imprenta *f* : prensa *f* : urgencia *f* : prisa *f* : editorial *f*
press conference *n* : conferencia *f* de prensa : rueda *f* de prensa
pressing *adj* : urgente
press release *n* : boletín *m* de prensa
pressure[1] *v* **-sured; -suring** : presionar : apremiar
pressure[2] *n* : presión *f*
pressure cooker *n* : olla *f* a presión
pressure group *n* : grupo *m* de presión
pressurize *v* **-ized; -izing** : presurizar
prestige *n* : prestigio *m*
prestigious *adj* : prestigioso
presto *adv* : de pronto
presumably *adv* : es de suponer : supuestamente
presume *v* **-sumed; -suming** : suponer : asumir : presumir

presumption *n* : atrevimiento *m* : osadía *f* : presunción *f* : suposición *f*
presumptuous *adj* : descarado : atrevido
presuppose *v* **-posed; -posing** : presuponer
preteen *n* : preadolescente *nmf*
pretend *v* : pretender : fingir : simular
pretender *n* : pretendiente *mf*
pretense *or* **pretence** *n* : afirmación *f* : pretensión *f* : fingimiento *m* : simulación *f* : pretexto *m*
pretension *n* : pretensión *f* : afirmación *f* : aspiración *f* : ambición *f* : pretensiones *fpl* : presunción *f*
pretentious *adj* : pretencioso
pretentiousness *n* : presunción *f* : pretensiones *fpl*
preterit *nm* : pretérito *m*
pretext *n* : pretexto *m* : excusa *f*
prettily *adv* : atractivamente
prettiness *n* : lindeza *f*
pretty[1] *adv* : bastante : bien
pretty[2] *adj* **prettier; -est** : bonito : lindo : guapo
pretzel *n* : galleta *f* salada
prevail *v* : prevalecer : predominar
prevailing *adj* : imperante : prevaleciente
prevalence *n* : preponderancia *f* : predominio *m*
prevalent *adj* : común y corriente : general : extendido
prevaricate *v* **-cated; -cating** : mentir
prevarication *n* : mentira *f*
prevent *v* : prevenir : evitar : impedir
preventable *adj* : evitable
preventative → preventive
prevention *n* : prevención *f*
preventive *adj* : preventivo
preview *n* : preestreno *m*
previous *adj* : previo : anterior
previously *adv* : antes
prewar *adj* : de antes de la guerra
prey *n, pl* **preys** : presa *f*
prey on *v* : cazar : alimentarse de
price[1] *v* **priced; pricing** : poner un precio a
price[2] *n* : precio *m*
priceless *adj* : inestimable : inapreciable
pricey *adj* : caro
prick[1] *v* : pinchar
prick[2] *n* : pinchazo *m*
pricker *n* : espina *f*
prickle[1] *v* **-led; -ling** : sentir un cosquilleo : tener un hormigueo
prickle[2] *n* : espina *f* : cosquilleo *m* : hormigueo *m*
prickly *adj* : espinoso : que pica
prickly pear *n* : nopal *m* : tuna *f* : higo *m* chumbo
pride[1] *v* **prided; priding** : estar orgulloso de
pride[2] *n* : orgullo *m*
priest *n* : sacerdote *m* : cura *m*
priestess *n* : sacerdotisa *f*
priesthood *n* : sacerdocio *m*
priestly *adj* : sacerdotal
prig *n* : mojigato *m*, -ta *f* : gazmoño *m*, -ña *f*
prim *adj* **primmer; primmest** : remilgado : mojigato : gazmoño
prima ballerina *n* : prima bailarina *f*
prima donna *n* : divo *m* : diva *f*
primarily *adv* : principalmente : fundamentalmente
primary[1] *adj* : primario : principal : fundamental
primary[2] *n, pl* **-ries** : elección *f* primaria
primary color *n* : color *m* primario
primate *n* : primado *m* : primate *m*
prime[1] *v* **primed; priming** : cebar : preparar
prime[2] *adj* : principal : primero : de primera : excelente
prime[3] *n* **the prime of one's life** : la flor de la vida
prime minister *n* : primer ministro *m* : primera ministra *f*
prime number *n* : número *m* primo
primer[1] *n* : cartilla *f* : manual *m*
primer[2] *n* : cebo *m* : base *f*
prime time *n* : horas *fpl* de mayor audiencia
primeval *adj* : primitivo : primigenio
primitive *adj* : primitivo
primly *adv* : mojigatamente
primness *n* : mojigatería *f* : gazmoñería *f*

primordial *adj* : primordial : fundamental
primp *v* : arreglarse : acicalarse
primrose *n* : primavera *f* : prímula *f*
prince *n* : príncipe *m*
princely *adj* : principesco
princess *n* : princesa *f*
principal[1] *adj* : principal — **principally** *adv*
principal[2] *n* : protagonista *mf* : director *m*, -tora *f* : principal *m* : capital *m*
principality *n, pl* **-ties** : principado *m*
principle *n* : principio *m*
print[1] *v* : imprimir : publicar : estampar : escribir con letra de molde/imprenta
print[2] *n* : marca *f* : huella *f* : impresión *f* : texto *m* impreso : letra *f* : grabado *m* : copia *f* : estampado *m*
printer *n* : impresor *m*, -sora *f* : impresora *f*
printing *n* : impresión *f* : imprenta *f* : letras *fpl* de molde
printing press *n* : prensa *f*
print out *v* : imprimir
printout *n* : copia *f* impresa
prior[1] *adj* : previo
prior[2] *n* : prior *m*
prioress *n* : priora *f*
priority *n, pl* **-ties** : prioridad *f*
priory *n, pl* **-ries** : priorato *m*
prism *n* : prisma *m*
prison *n* : prisión *f* : cárcel *f*
prisoner *n* : preso *m*, -sa *f* : recluso *m*
prison warden → warden
prissy *adj* **prissier; -est** : remilgado : melindroso
pristine *adj* : puro : prístino
privacy *n, pl* **-cies** : privacidad *f*
private[1] *adj* : privado : particular : independiente : secreto : aislado : reservado — **privately** *adv*
private[2] *n* : soldado *m* raso
private detective → private investigator
private enterprise → free enterprise
private eye → private investigator
private investigator *n* : investigador *m* privado : investigadora *f* privada : detective *m* privado : detective *f* privada
private school *n* : escuela *f* privada
privation *n* : privación *f*
privatize *v* **-ized; -izing** : privatizar
privilege *n* : privilegio *m*
privileged *adj* : privilegiado
privy[1] *adj* **to be privy to** : estar enterado de
privy[2] *n, pl* **privies** : excusado *m* : retrete *m*
prize[1] *v* **prized; prizing** : valorar : apreciar
prize[2] *adj* : premiado : de primera : excepcional
prize[3] *n* : premio *m* : joya *f* : tesoro *m*
prizefighter *n* : boxeador *m*, -dora *f* profesional
prizewinner *n* : premiado *m*, -da *f*
prizewinning *adj* : premiado : galardonado
pro[1] *adv* : a favor
pro[2] *adj* → **professional**[1]
pro[3] *n* : pro *m*
pro- *pref* : pro-
probability *n, pl* **-ties** : probabilidad *f*
probable *adj* : probable — **probably** *adv*
probate[1] *v* **-bated; -bating** : autenticar
probate[2] *n* : autenticación *f*
probation *n* : período *m* de prueba : libertad *f* condicional
probationary *adj* : de prueba
probe[1] *v* **probed; probing** : sondar : investigar : sondear
probe[2] *n* : sonda *f* : investigación *f* : sondeo *m*
probity *n* : probidad *f*
problem[1] *adj* : difícil
problem[2] *n* : problema *m*
problematic *or* **problematical** *adj* : problemático
proboscis *n, pl* **-cises** *also* **-cides** : trompa *f* : probóscide *f*
procedural *adj* : de procedimiento
procedure *n* : procedimiento *m*
proceed *v* : proceder : continuar : proseguir : seguir : avanzar
proceeding *n* : procedimiento *m*; **proceedings** *npl* : acontecimientos *mpl*; **proceedings** *npl* : actas *fpl*
proceeds *npl* : ganancias *fpl*
process[1] *v* : procesar : tratar

process[2] *n, pl* **-cesses** : proceso *m* : método *m* : acción *f* judicial : citación *f* : protuberancia *f*
processing *n* : procesamiento *m*
procession *n* : procesión *f* : desfile *m*
processional *n* : himno *m* para una procesión
processor *n* : procesador *m*
proclaim *v* : proclamar
proclamation *n* : proclamación *f*
proclivity *n, pl* **-ties** : proclividad *f*
procrastinate *v* **-nated; -nating** : demorar : aplazar las responsabilidades
procrastination *n* : aplazamiento *m* : demora *f* : dilación *f*
procreate *v* **-ated; -ating** : procrear
procreation *n* : procreación *f*
proctor[1] *v* : supervisar
proctor[2] *n* : supervisor *m*, -sora *f*
procure *v* **-cured; -curing** : procurar : obtener : provocar : lograr : conseguir
procurement *n* : obtención *f*
prod[1] *v* **prodded; prodding** : pinchar : golpear : incitar : estimular
prod[2] *n* : golpe *m* : pinchazo *m* : estímulo *m*
prodigal[1] *adj* : pródigo : despilfarrador : derrochador
prodigal[2] *n* : pródigo *m*, -ga *f* : derrochador *m*, -dora *f*
prodigious *adj* : prodigioso : maravilloso : enorme : vasto — **prodigiously** *adv*
prodigy *n, pl* **-gies** : prodigio *m*
produce[1] *v* **-duced; -ducing** : presentar : mostrar : producir : causar : poner en escena
produce[2] *n* : productos *mpl* agrícolas
producer *n* : productor *m*, -tora *f*
product *n* : producto *m*
production *n* : producción *f*
productive *adj* : productivo
productivity *n* : productividad *f*
profane[1] *v* **-faned; -faning** : profanar
profane[2] *adj* : profano : irreverente : impío
profanity *n, pl* **-ties** : irreverencia *f* : impiedad *f* : blasfemias *fpl* : obscenidades *fpl*
profess *v* : declarar : manifestar : pretender : profesar
professedly *adv* : declaradamente : supuestamente
profession *n* : profesión *f*
professional[1] *adj* : profesional — **professionally** *adv*
professional[2] *n* : profesional *mf*
professionalism *n* : profesionalismo *m*
professor *n* : profesor *m* : profesora *f* : catedrático *m*, -ca *f*
professorship *n* : cátedra *f*
proffer *v* **-fered; -fering** : ofrecer : dar
proficiency *n* : competencia *f* : capacidad *f*
proficient *adj* : competente : experto — **proficiently** *adv*
profile *n* : perfil *m*
profit[1] *v* : sacar provecho : beneficiarse
profit[2] *n* : provecho *m* : partido *m* : beneficio *m* : utilidad *f* : ganancia *f*
profitability *n* : rentabilidad *f*
profitable *adj* : rentable : lucrativo — **profitably** *adv*
profitless *adj* : infructuoso : inútil
profligate *adj* : disoluto : licencioso : despilfarrador : derrochador : pródigo
profound *adj* : profundo
profoundly *adv* : profundamente : en profundidad
profundity *n, pl* **-ties** : profundidad *f*
profuse *adj* : profuso : copioso : pródigo — **profusely** *adv*
profusion *n* : abundancia *f* : profusión *f*
progenitor *n* : progenitor *m*, -tora *f*
progeny *n, pl* **-nies** : progenie *f*
progesterone *n* : progesterona *f*
prognosis *n, pl* **-noses** : pronóstico *m*
program[1] *v* **-grammed** *or* **-gramed; -gramming** *or* **-graming** : programar
program[2] *n* : programa *m*
programmable *adj* : programable
programmer *n* : programador *m*, -dora *f*
programming *n* : programación *f*
progress[1] *v* : progresar : adelantar : mejorar

progress[2] *n* : progreso *m* : adelanto *m* : avance *m* : mejora *f* : mejoramiento *m*
progression *n* : avance *m* : desarrollo *m*
progressive *adj* : progresista : progresivo
progressively *adv* : progresivamente : poco a poco
prohibit *v* : prohibir
prohibition *n* : prohibición *f*
prohibitive *adj* : prohibitivo
project[1] *v* : proyectar : planear : sobresalir : salir
project[2] *n* : proyecto *m* : trabajo *m*
projectile *n* : proyectil *m*
projection *n* : plan *m* : proyección *f* : saliente *m*
projectionist *n* : proyeccionista *mf* : operador *m*, -dora *f*
projector *n* : proyector *m*
proletarian[1] *adj* : proletario
proletarian[2] *n* : proletario *m*, -ria *f*
proletariat *n* : proletariado *m*
proliferate *v* **-ated; -ating** : proliferar
proliferation *n* : proliferación *f*
prolific *adj* : prolífico
prologue *n* : prólogo *m*
prolong *v* : prolongar
prolongation *n* : prolongación *f*
prom *n* : baile *m* formal
promenade[1] *v* **-naded; -nading** : pasear : pasearse : dar un paseo
promenade[2] *n* : paseo *m*
prominence *n* : prominencia *f* : eminencia *f* : prestigio *m*
prominent *adj* : prominente : destacado : saliente
prominently *adv* : destacadamente : prominentemente
promiscuity *n, pl* **-ties** : promiscuidad *f*
promiscuous *adj* : promiscuo — **promiscuously** *adv*
promise[1] *v* **-ised; -ising** : prometer
promise[2] *n* : promesa *f*
promising *adj* : prometedor
promissory *adj* : que promete
promontory *n, pl* **-ries** : promontorio *m*
promote *v* **-moted; -moting** : ascender : promocionar : hacerle publicidad a : promover : fomentar
promoter *n* : promotor *m*, -tora *f* : empresario *m*, -ria *f*
promotion *n* : ascenso *m* : promoción *f* : fomento *m* : publicidad *f* : propaganda *f*
promotional *adj* : promocional
prompt[1] *v* : provocar : inducir : apuntar
prompt[2] *adj* : pronto : rápido
prompter *n* : apuntador *m*, -dora *f*
promptly *adv* : inmediatamente : rápidamente
promptness *n* : prontitud *f* : rapidez *f*
promulgate *v* **-gated; -gating** : promulgar
prone *adj* : propenso : proclive : boca abajo : decúbito prono
prong *n* : punta *f* : diente *m*
pronoun *n* : pronombre *m*
pronounce *v* **-nounced; -nouncing** : pronunciar : declarar
pronounced *adj* : pronunciado : marcado
pronouncement *n* : declaración *f*
pronunciation *n* : pronunciación *f*
proof[1] *adj* : a prueba
proof[2] *n* : prueba *f*
proofread *v* **-read; -reading** : corregir : corregir pruebas
proofreader *n* : corrector *m*, -tora *f*
prop *n* : puntal *m* : apoyo *m* : soporte *m* : accesorio *m*
propaganda *n* : propaganda *f*
propagandize *v* **-dized; -dizing** : someter a propaganda : hacer propaganda
propagate *v* **-gated; -gating** : propagarse : propagar
propagation *n* : propagación *f*
propane *n* : propano *m*
propel *v* **-pelled; -pelling** : impulsar : propulsar : impeler
propellant *or* **propellent** *n* : propulsor *m*
propeller *n* : hélice *f*
propensity *n, pl* **-ties** : propensión *f* : tendencia *f* : inclinación *f*
proper *adj* : apropiado : adecuado : propio : mismo : correcto : fino : refinado : cortés — **properly** *adv*
proper noun *or* **proper name** *n* : nombre *m* propio
property *n, pl* **-ties** : característica *f* : propiedad *f* : inmueble *m*

: terreno *m* : lote *m* : parcela *f* : accesorio *m*
prophecy *n, pl* **-cies** : profecía *f* : vaticinio *m*
prophesy *v* **-sied; -sying** : profetizar : predecir : vaticinar : hacer profecías
prophet *n* : profeta *m*
prophetic *or* **prophetical** *adj* : profético — **prophetically** *adv*
propitiate *v* **-ated; -ating** : propiciar
propitious *adj* : propicio
proponent *n* : defensor *m*, -sora *f* : partidario *m*, -ria *f*
proportion[1] *v* : proporcionar
proportion[2] *n* : proporción *f* : simetría *f* : parte *f*; **proportions** *npl* : dimensiones *fpl*
proportional *adj* : proporcional — **proportionally** *adv*
proportionate *adj* : proporcional — **proportionately** *adv*
proposal *n* : propuesta *f* : proposición *f* : proyecto *m*
propose *v* **-posed; -posing** : proponer matrimonio : pensar : proponerse : proponer
proposition *n* : proposición *f* : propuesta *f*
propound *v* : proponer : exponer
proprietary *adj* : propietario : patentado
proprietor *n* : propietario *m*, -ria *f*
propriety *n, pl* **-eties** : decencia *f* : decoro *m*; **proprieties** *npl* : convenciones *fpl* : cánones *mpl* sociales
propulsion *n* : propulsión *f*
prosaic *adj* : prosaico
proscribe *v* **-scribed; -scribing** : proscribir
prose *n* : prosa *f*
prosecute *v* **-cuted; -cuting** : llevar a cabo : procesar : enjuiciar
prosecution *n* : procesamiento *m* : acusación *f*
prosecutor *n* : acusador *m*, -dora *f* : fiscal *mf*
prospect[1] *v* : prospectar
prospect[2] *n* : vista *f* : panorama *m* : posibilidad *f* : perspectiva *f* : candidato *m*, -ta *f*
prospective *adj* : futuro : potencial : posible
prospector *n* : prospector *m*, -tora *f* : explorador *m*, -dora *f*
prospectus *n* : prospecto *m*
prosper *v* : prosperar
prosperity *n* : prosperidad *f*
prosperous *adj* : próspero
prostate *n* : próstata *f*
prosthesis *n, pl* **-theses** : prótesis *f*
prostitute[1] *v* **-tuted; -tuting** : prostituir
prostitute[2] *n* : prostituto *m*, -ta *f*
prostitution *n* : prostitución *f*
prostrate[1] *v* **-trated; -trating** : postrar
prostrate[2] *adj* : postrado
prostration *n* : postración *f*
protagonist *n* : protagonista *mf*
protect *v* : proteger
protection *n* : protección *f*
protective *adj* : protector
protector *n* : protector *m*, -tora *f*
protectorate *n* : protectorado *m*
protégé *n* : protegido *m*, -da *f*
protein *n* : proteína *f*
protest[1] *v* : afirmar : declarar : protestar **to protest against** : protestar contra
protest[2] *n* : manifestación *f* : queja *f* : protesta *f*
Protestant *n* : protestante *mf*
Protestantism *n* : protestantismo *m*
protester *n* : manifestante *mf*
protocol *n* : protocolo *m*
proton *n* : protón *m*
protoplasm *n* : protoplasma *m*
prototype *n* : prototipo *m*
protract *v* : prolongar
protractor *n* : transportador *m*
protrude *v* **-truded; -truding** : salir : sobresalir
protrusion *n* : protuberancia *f* : saliente *m*
protuberance *n* : protuberancia *f*
proud *adj* : altanero : orgulloso : arrogante : glorioso — **proudly** *adv*
provable *adj* : comprobable
prove *v* **proved; proved** *or* **proven; proving** : probar : demostrar : resultar
Provençal *n* : provenzal *mf* : provenzal *m* — **Provençal** *adj*
proverb *n* : proverbio *m* : refrán *m*
proverbial *adj* : proverbial

provide *v* **-vided; -viding** : estipular : proveer
provided *or* **provided that** *conj* : con tal que : siempre que
providence *n* : previsión *f* : prudencia *f*
provident *adj* : previsor : prudente : frugal : ahorrativo
providential *adj* : providencial
provider *n* : proveedor *m*, -dora *f* : sostén *m*
providing that → provided
province *n* : provincia *f* : campo *m* : competencia *f*
provincial *adj* : provincial : provinciano : pueblerino
provision[1] *v* : aprovisionar : abastecer
provision[2] *n* : provisión *f* : suministro *m* : condición *f* : salvedad *f* : estipulación *f*; **provisions** *npl* : despensa *f* : víveres *mpl* : provisiones *fpl*
provisional *adj* : provisional : provisorio — **provisionally** *adv*
proviso *n, pl* **-sos** *or* **-soes** : condición *f* : salvedad *f* : estipulación *f*
provocation *n* : provocación *f*
provocative *adj* : provocador : provocativo : insinuante : que hace pensar
provoke *v* **-voked; -voking** : provocar
prow *n* : proa *f*
prowess *n* : valor *m* : valentía *f* : habilidad *f* : destreza *f*
prowl *v* : merodear : rondar : rondar por
prowler *n* : merodeador *m*, -dora *f*
proximity *n* : proximidad *f*
proxy *n, pl* **proxies** : poder *m* : apoderado *m*, -da *f* : representante *mf*
prude *n* : mojigato *m*, -ta *f* : gazmoño *m*, -ña *f*
prudence *n* : prudencia *f* : sagacidad *f* : cautela *f* : frugalidad *f*
prudent *adj* : prudente : sagaz : previsor : precavido : frugal : ahorrativo — **prudently** *adv*
prudery *n, pl* **-eries** : mojigatería *f* : gazmoñería *f*
prudish *adj* : mojigato : gazmoño
prune[1] *v* **pruned; pruning** : podar : acortar : recortar
prune[2] *n* : ciruela *f* pasa
prurient *adj* : lascivo
pry *v* **pried; prying** : curiosear : huronear; *or* **to pry open** : abrir : apalancar
psalm *n* : salmo *m*
pseudonym *n* : seudónimo *m*
psoriasis *n* : soriasis *f* : psoriasis *f*
psyche *n* : psique *f* : psiquis *f*
psychedelic[1] *adj* : psicodélico
psychedelic[2] *n* : droga *f* psicodélica
psychiatric *adj* : psiquiátrico : siquiátrico
psychiatrist *n* : psiquiatra *mf* : siquiatra *mf*
psychiatry *n* : psiquiatría *f* : siquiatría *f*
psychic[1] *adj* : psíquico : síquico : clarividente
psychic[2] *n* : vidente *mf* : clarividente *mf*
psychoanalysis *n, pl* **-yses** : psicoanálisis *m* : sicoanálisis *m*
psychoanalyst *n* : psicoanalista *mf* : sicoanalista *mf*
psychoanalytic *adj* : psicoanalítico : sicoanalítico
psychoanalyze *v* **-lyzed; -lyzing** : psicoanalizar : sicoanalizar
psychological *adj* : psicológico : sicológico — **psychologically** *adv*
psychologist *n* : psicólogo *m*, -ga *f* : sicólogo *m*
psychology *n, pl* **-gies** : psicología *f* : sicología *f*
psychopath *n* : psicópata *mf* : sicópata *mf*
psychopathic *adj* : psicopático : sicopático
psychosis *n, pl* **-choses** : psicosis *f* : sicosis *f*
psychosomatic *adj* : psicosomático : sicosomático
psychotherapist *n* : psicoterapeuta *mf* : sicoterapeuta *mf*
psychotherapy *n, pl* **-pies** : psicoterapia *f* : sicoterapia *f*
psychotic[1] *adj* : psicótico : sicótico
psychotic[2] *n* : psicótico *m*, -ca *f* : sicótico *m*

pub *n* : cervecería *f* : taberna *m* : bar *m*
puberty *n* : pubertad *f*
pubic *adj* : pubiano : púbico
public[1] *adj* : público — **publicly** *adv*
public[2] *n* : público *m*
publication *n* : publicación *f*
publicist *n* : publicista *mf*
publicity *n* : publicidad *f*
publicize *v* **-cized; -cizing** : publicitar
public relations *npl* : relaciones *fpl* públicas
public school *n* : escuela *f* pública
public–spirited *adj* : de espíritu cívico
public transit *n* : transporte *m* público
publish *v* : publicar
publisher *n* : casa *f* editorial : editor *m*, -tora *f*
publishing *n* : industria *f* editorial
pucker[1] *v* : fruncir : arrugar : arrugarse
pucker[2] *n* : arruga *f* : fruncido *m*
pudding *n* : budín *m* : pudín *m*
puddle *n* : charco *m*
pudgy *adj* **pudgier; -est** : regordete : rechoncho : gordinflón
puerile *adj* : pueril
Puerto Rican[1] *adj* : puertorriqueño
Puerto Rican[2] *n* : puertorriqueño *m*, -ña *f*
puff[1] *v* : soplar : resoplar : jadear : inflar : hinchar
puff[2] *n* : soplo *m* : ráfaga *f* : bocanada *f* : chupada *f* : hinchazón *f*
puff pastry *n* : hojaldre *m*
puffy *adj* **puffier; -est** : hinchado : inflado : esponjoso : suave
pug *n* : doguillo *m*
pugnacious *adj* : pugnaz : agresivo
pug–nosed *adj* : de nariz chata
puke *v* **puked; puking** : vomitar : devolver
pull[1] *v* : tirar de : jalar : sacar : extraer : desgarrarse : hacer : tirar
pull[2] *n* : tirón *m* : jalón *m* : atracción *f* : fuerza *f* : influencia *f* : tirador *m*
pullet *n* : polla *f* : gallina *f*
pulley *n*, *pl* **-leys** : polea *f*
pullover *n* : suéter *m*
pulmonary *adj* : pulmonar
pulp *n* : pulpa *f* : papilla *f* : pasta *f*
pulpit *n* : púlpito *m*
pulsate *v* **-sated; -sating** : latir : palpitar : vibrar
pulsation *n* : pulsación *f*
pulse *n* : pulso *m*
pulverize *v* **-ized; -izing** : pulverizar
puma *n* : puma *m* : león *m* : leona *f*
pumice *n* : piedra *f* pómez
pummel *v* **-meled; -meling** : aporrear : apalear
pump[1] *v* : bombear : mover de arriba abajo
pump[2] *n* : bomba *f* : zapato *m* de tacón
pumpernickel *n* : pan *m* negro de centeno
pumpkin *n* : calabaza *f* : zapallo *m*
pun[1] *v* **punned; punning** : hacer juegos de palabras
pun[2] *n* : juego *m* de palabras : albur *m*
punch[1] *v* : darle un puñetazo : golpear : perforar : picar
punch[2] *n* : perforadora *f* : golpe *m* : puñetazo *m* : ponche *m*
punch line *n* : remate *m*
punctilious *adj* : puntilloso
punctual *adj* : puntual
punctuality *n* : puntualidad *f*
punctually *adv* : puntualmente : a tiempo
punctuate *v* **-ated; -ating** : puntuar
punctuation *n* : puntuación *f*
punctuation mark *n* : signo *m* de puntuación
puncture[1] *v* **-tured; -turing** : pinchar : punzar : perforar : ponchar
puncture[2] *n* : pinchazo *m* : ponchadura *f*
pundit *n* : experto *m*, -ta *f*
pungency *n* : acritud *f* : acrimonia *f*
pungent *adj* : acre
punish *v* : castigar
punishable *adj* : punible
punishment *n* : castigo *m*
punitive *adj* : punitivo
punk[1] *adj* : punk
punk[2] *n* : matón *m* : maleante *mf*
punt[1] *v* : impulsar con una pértiga : despejar

punt[2] *n* : batea *f* : patada *f* de despeje
puny *adj* **punier; -est** : enclenque : endeble
pup *n* : cachorro *m*, -rra *f* : cría *f*
pupa *n, pl* **-pae** *or* **-pas** : crisálida *f* : pupa *f*
pupil *n* : alumno *m*, -na *f* : pupila *f*
puppet *n* : títere *m* : marioneta *f*
puppeteer *n* : titiritero *m*, -ra *f*
puppy *n, pl* **-pies** : cachorro *m*, -rra *f*
purchase[1] *v* **-chased; -chasing** : comprar — **purchaser** *n*
purchase[2] *n* : compra *f* : adquisición *f* : agarre *m* : asidero *m*
purchase order *n* : orden *f* de compra
pure *adj* **purer; purest** : puro
purebred *adj* : de pura raza
puree[1] *v* **-reed; -reeing** : hacer un puré con
puree[2] *n* : puré *m*
purely *adv* : puramente : completamente : sencillamente : meramente
purgative *n* : purgante *m*
purgatory *n, pl* **-ries** : purgatorio *m*
purge[1] *v* **purged; purging** : purgar
purge[2] *n* : purga *f*
purification *n* : purificación *f*
purifier *n* : purificador *m*
purify *v* **-fied; -fying** : purificar
puritan *n* : puritano *m*, -na *f* — **puritan** *adj*
puritanical *adj* : puritano
purity *n* : pureza *f*
purl[1] *v* : tejer al revés : tejer del revés
purl[2] *n* : punto *m* del revés
purloin *v* : hurtar : robar
purple *n* : morado *m* : color *m* púrpura
purport *v* : pretender
purpose *n* : propósito *m* : intención *f* : función *f* : resolución *f* : determinación *f*
purposeful *adj* : determinado : decidido : resuelto
purposefully *adv* : decididamente : resueltamente
purposely *adv* : intencionadamente : a propósito : adrede
purr[1] *v* : ronronear
purr[2] *n* : ronroneo *m*
purse[1] *v* **pursed; pursing** : fruncir
purse[2] *n* : cartera *f* : bolso *m* : bolsa *f* : fondos *mpl* : premio *m*
purser *n* : sobrecargo *mf*
pursue *v* **-sued; -suing** : perseguir : buscar : tratar de encontrar : seguir : dedicarse a
pursuer *n* : perseguidor *m*, -dora *f*
pursuit *n* : persecución *f* : búsqueda *f* : busca *f* : actividad *f* : pasatiempo *m*
purveyor *n* : proveedor *m*, -dora *f*
pus *n* : pus *m*
push[1] *v* : empujar : apretar : pulsar : presionar : recalcar : provocar : fastidiar : hacer cambiar : promocionar : pasar : rayar : rozar : insistir
push[2] *n* : empujón *m* : empuje *m* : energía *f* : dinamismo *m* : esfuerzo *m*
push–button *adj* : de botones
pusher *n* : camello *m*
push–up *n* : flexión *f*
pushy *adj* **pushier; -est** : mandón : prepotente
pussy *n, pl* **pussies** : gatito *m*, -ta *f* : minino *m*, -na *f*
pussy willow *n* : sauce *m* blanco
pustule *n* : pústula *f*
put *v* **put; putting** : poner : colocar : meter : imponer : someter : expresar : decir : aplicar : dar : presentar : exponer
putrefy *v* **-fied; -fying** : pudrir : pudrirse
putrid *adj* : putrefacto : pútrido
putter *v or* **to putter around** : entretenerse
putty[1] *v* **-tied; -tying** : poner masilla en
putty[2] *n, pl* **-ties** : masilla *f*
puzzle[1] *v* **-zled; -zling** : confundir : dejar perplejo
puzzle[2] *n* : rompecabezas *m* : misterio *m* : enigma *m*
puzzlement *n* : desconcierto *m* : perplejidad *f*
puzzling *adj* : desconcertante
pygmy *adj* : enano : pigmeo
Pygmy *n, pl* **-mies** : pigmeo *m*, -mea *f*

pylon *n* : torre *f* de conducta eléctrica : pilón *m*
pyramid *n* : pirámide *f*
pyre *n* : pira *f*
pyromania *n* : piromanía *f*
pyromaniac *n* : pirómano *m*, -na *f*
pyrotechnics *npl* : fuegos *mpl* artificiales : espectáculo *m* : muestra *f* de virtuosismo — **pyrotechnic** *adj*
Pyrrhic *adj* : pírrico
python *n* : pitón *f* : serpiente *f* pitón

Q

q *n, pl* **q's** *or* **qs** : decimoséptima letra del alfabeto inglés
quack[1] *v* : graznar
quack[2] *n* : graznido *m* : curandero *m*, -ra *f* : matasanos *m*
quad → quadrangle
quadrangle *n* : patio *m* interior
quadrant *n* : cuadrante *m*
quadrilateral *n* : cuadrilátero *m*
quadruple[1] *v* **-pled; -pling** : cuadruplicar : cuadruplicarse
quadruple[2] *adj* : cuádruple
quadruplet *n* : cuatrillizo *m*, -za *f*
quagmire *n* : lodazal *m* : barrizal *m* : atolladero *m*
quail *n, pl* **quail** *or* **quails** : codorniz *f*
quaint *adj* : extraño : curioso : pintoresco — **quaintly** *adv*
quake[1] *v* **quaked; quaking** : temblar
quake[2] *n* : temblor *m* : terremoto *m*
Quaker *n* : cuáquero *m*, -ra *f* — **Quaker** *adj*
qualification *n* : reserva *f* : limitación *f* : requisito *m*; **qualifications** *npl* : aptitud *f* : capacidad *f*
qualified *adj* : capacitado : habilitado : limitado
qualifier *n* : clasificado *m*, -da *f* : calificativo *m*
qualify *v* **-fied; -fying** : matizar : calificar : habilitar : capacitar : obtener el título : recibirse : tener derecho : clasificarse
qualitative *adj* : cualitativo
quality *n, pl* **-ties** : carácter *m* : cualidad *f* : calidad *f*
qualm *n* : duda *f* : aprensión *f* : escrúpulo *m* : reparo *m*
quandary *n, pl* **-ries** : dilema *m*
quantify *v* **-fied; -fying** : cuantificar
quantitative *adj* : cuantitativo
quantity *n, pl* **-ties** : cantidad *f*
quantum[1] *n* : cuanto *m*
quantum[2] *adj* : cuántico
quarantine[1] *v* **-tined; -tining** : poner en cuarentena
quarantine[2] *n* : cuarentena *f*
quarrel[1] *v* **-reled** *or* **-relled; -reling** *or* **-relling** : pelearse : reñir : discutir
quarrel[2] *n* : pelea *f* : riña *f* : disputa *f*
quarrelsome *adj* : pendenciero : discutidor
quarry[1] *v* **quarried; quarrying** : extraer : excavar
quarry[2] *n, pl* **quarries** : cantera *f* : presa *f*
quart *n* : cuarto *m* de galón
quarter[1] *v* : dividir en cuatro partes : alojar : acuartelar
quarter[2] *adj* : cuarto
quarter[3] *n* : cuarto *m* : cuarta parte *f* : moneda *f* de 25 centavos : cuarto *m* de dólar : barrio *m* : parte *f* : clemencia *f* : cuartel *m*; **quarters** *npl* : alojamiento *m*
quarterback *n* : mariscal *m* de campo
quarterfinal *n* : cuarto *m* de final
quarterly[1] *adv* : cada tres meses : trimestralmente
quarterly[2] *adj* : trimestral
quarterly[3] *n, pl* **-lies** : publicación *f* trimestral
quartermaster *n* : intendente *mf*
quarter note *n* : negra *f*
quartet *n* : cuarteto *m*
quartz *n* : cuarzo *m*
quash *v* : anular : sofocar : aplastar
quasi- *pref* : cuasi-

quaver[1] *v* : temblar : trinar
quaver[2] *n* : temblor *m*
quay *n* : muelle *m*
queasiness *n* : mareo *m* : náusea *f*
queasy *adj* **queasier; -est** : mareado
quebracho *or* **quebracho tree** *n* : quebracho *m*
queen *n* : reina *f*
queenly *adj* **queenlier; -est** : de reina : regio
quell *v* : aplastar : sofocar
quench *v* : apagar : sofocar : saciar : satisfacer
query[1] *v* **-ried; -rying** : preguntar : interrogar : cuestionar
query[2] *n, pl* **-ries** : pregunta *f* : duda *f*
quesadilla *n* : quesadilla *f*
quest[1] *v* : buscar
quest[2] *n* : búsqueda *f*
question[1] *v* : preguntar : poner en duda : cuestionar : interrogar : inquirir
question[2] *n* : pregunta *f* : cuestión *f* : asunto *m* : problema *f* : posibilidad *f* : duda *f*
questionable *adj* : cuestionable
questioner *n* : interrogador *m*, -dora *f*
questioning[1] *adj* : inquisitivo
questioning[2] *n* : interrogatorio *m* : interrogación *f*
question mark *n* : signo *m* de interrogación
questionnaire *n* : cuestionario *m*
quetzal *n, pl* **-zals** *or* **-zales** : quetzal *m*
queue[1] *v* **queued; queuing** *or* **queueing** : hacer cola
queue[2] *n* : cola *f* : fila *f*
quibble[1] *v* **-bled; -bling** : quejarse por nimiedades
quibble[2] *n* : queja *f*
quiche *n* : quiche *f*
quick[1] *adv* : rápidamente
quick[2] *adj* : rápido : listo : vivo : agudo
quick[3] *n* : carne *f* viva
quicken *v* : resucitar : estimular : despertar : acelerar
quickly *adv* : rápidamente : rápido
quickness *n* : rapidez *f*
quicksand *n* : arena *f* movediza
quick–tempered *adj* : de genio vivo
quick–witted *adj* : agudo
quid *n* : libra *f*
quiet[1] *v* : hacer callar : acallar : calmar : tranquilizar **to quiet down** : calmarse : tranquilizarse
quiet[2] *adv* : silenciosamente
quiet[3] *adj* : silencioso : tranquilo : callado : sosegado : suave : discreto : aislado — **quietly** *adv*
quiet[4] *n* : calma *f* : tranquilidad *f* : silencio *m*
quietness *n* : suavidad *f* : quietud *f*
quietude *n* : quietud *f* : reposo *m*
quill *n* : púa *f* : pluma *f* de ave
quilt[1] *v* : acolchar
quilt[2] *n* : colcha *f* : edredón *m*
quince *n* : membrillo *m*
quinine *n* : quinina *f*
quintessence *n* : quintaesencia *f*
quintessential *adj* : arquetípico
quintet *n* : quinteto *m*
quintuple *adj* : quíntuplo
quintuplet *n* : quintillizo *m*, -za *f*
quip[1] *v* **quipped; quipping** : bromear
quip[2] *n* : ocurrencia *f* : salida *f*
quirk *n* : peculiaridad *f* : rareza *f*
quirky *adj* **quirkier; -est** : peculiar : raro
quit *v* **quit; quitting** : dejar : abandonar : parar : dimitir : renunciar
quite *adv* : muy : bastante : completamente : totalmente : exactamente
quits *adj* **to call it quits** : quedar en paz
quitter *n* : derrotista *mf*
quiver[1] *v* : temblar : estremecerse : vibrar
quiver[2] *n* : carcaj *m* : aljaba *f* : temblor *m* : estremecimiento *m*
quixotic *adj* : quijotesco
quiz[1] *v* **quizzed; quizzing** : interrogar : hacerle una prueba a : examinar
quiz[2] *n, pl* **quizzes** : examen *m* corto : prueba *f*
quizzical *adj* : curioso : interrogativo
quorum *n* : quórum *m*
quota *n* : cuota *f* : cupo *m*
quotable *adj* : citable

quotation *n* : cita *f* : presupuesto *m* : estimación *f* : cotización *f*
quotation marks *npl* : comillas *fpl*
quote[1] *v* **quoted; quoting** : citar : cotizar
quote[2] *n* : presupuesto *m*; **quotes** *npl* → **quotation marks**
quotient *n* : cociente *m*
quotidian *adj* : cotidiano
Quran *or* **Qur'an** → **Koran**

R

rabbi *n* : rabino *m*, -na *f*
rabbit *n, pl* **-bit** *or* **-bits** : conejo *m*, -ja *f*
rabble *n* : populacho *m* : chusma *f* : gentuza *f*
rabid *adj* : rabioso : afectado con la rabia : furioso : fanático
rabies *ns & pl* : rabia *f*
raccoon *n, pl* **-coon** *or* **-coons** : mapache *m*
race[1] *v* **raced; racing** : correr : competir : ir a toda prisa : ir corriendo
race[2] *n* : corriente *f* : carrera *f* : raza *f*
race car *n* : carro/auto/coche *m* de carreras
race course *n* : pista *f*
racehorse *n* : caballo *m* de carreras
racer *n* : corredor *m*, -dora *f*
racetrack *n* : pista *f*
racial *adj* : racial — **racially** *adv*
racing *n* : carreras *fpl*
racing shell → **shell**[2]
racism *n* : racismo *m*
racist *n* : racista *mf*
rack[1] *v* : atormentar
rack[2] *n* : estante *m*
racket *n* : estruendo *m* : bulla *f* : jaleo *m* : estafa *f* : timo *m*
racketeer *n* : estafador *m*, -dora *f*
racy *adj* **racier; -est** : subido de tono : picante
radar *n* : radar *m*
radial *adj* : radial
radiance *n* : resplandor *m*
radiant *adj* : radiante — **radiantly** *adv*
radiate *v* **-ated; -ating** : irradiar : emitir
radiation *n* : radiación *f*
radiator *n* : radiador *m*
radical[1] *adj* : radical — **radically** *adv*
radical[2] *n* : radical *mf*
radicalism *n* : radicalismo *m*
radii → **radius**
radio[1] *v* : llamar por radio : transmitir por radio
radio[2] *n, pl* **-dios** : radio *m* : radio *f*
radioactive *adj* : radiactivo : radioactivo
radioactivity *n, pl* **-ties** : radiactividad *f* : radioactividad *f*
radio–controlled *adj* : teledirigido
radiologist *n* : radiólogo *m*, -ga *f*
radiology *n* : radiología *f*
radio station *n* : emisora *f*
radish *n* : rábano *m*
radium *n* : radio *m*
radius *n, pl* **radii** : radio *m*
radon *n* : radón *m*
raffle[1] *v* **-fled; -fling** : rifar : sortear
raffle[2] *n* : rifa *f* : sorteo *m*
raft *n* : balsa *f* : montón *m*
rafter *n* : par *m* : viga *f*
rafting *n* : rafting *m*
rag *n* : trapo *m*; **rags** *npl* : harapos *mpl* : andrajos *mpl*
ragamuffin *n* : pilluelo *m*, -la *f*
rage[1] *v* **raged; raging** : estar furioso : rabiar : seguir de manera violenta
rage[2] *n* : furia *f* : ira *f* : cólera *f* : moda *f* : furor *m*
ragged *adj* : irregular : desigual : hecho jirones : andrajoso : harapiento
ragtime *n* : ragtime *m*
raid[1] *v* : invadir : hacer una incursión en : asaltar : atracar : allanar : hacer una redada en
raid[2] *n* : invasión *f* : asalto *m* : redada *f* : batida *f* : allanamiento *m*
raider *n* : asaltante *mf* : invasor *m*, -sora *f*

rail *n* : barra *f* : barrera *f* : pasamanos *m* : barandilla *f* : riel *m* : ferrocarril *m*
railing *n* : baranda *f* : verja *f*
raillery *n, pl* **-leries** : bromas *fpl*
railroad *n* : ferrocarril *m*
railroad tie → tie[2]
railroad track → track[2]
railway → railroad
raiment *n* : vestiduras *fpl*
rain[1] *v* : llover
rain[2] *n* : lluvia *f*
rainbow *n* : arco *m* iris
raincoat *n* : impermeable *m*
raindrop *n* : gota *f* de lluvia
rainfall *n* : lluvia *f* : precipitación *f*
rain forest *n* : bosque *m* tropical
rainstorm *n* : temporal *m*
rainwater *n* : agua *f* de lluvia
rainy *adj* **rainier; -est** : lluvioso
raise[1] *v* **raised; raising** : levantar : subir : alzar : erigir : recaudar : criar : cultivar : aumentar : ascender : provocar : sacar
raise[2] *n* : aumento *m*
raisin *n* : pasa *f*
raja *or* **rajah** *n* : rajá *m*
rake[1] *v* **raked; raking** : rastrillar : barrer **to rake through** : revolver : hurgar en
rake[2] *n* : rastrillo *m* : libertino *m*, -na *f* : calavera *m*
rakish *adj* : desenvuelto : desenfadado : libertino : disoluto
rally[1] *v* **-lied; -lying** : reunirse : congregarse : recuperarse : reunir : recobrar
rally[2] *n, pl* **-lies** : reunión *f* : mitin *m* : manifestación *f*
ram[1] *v* **rammed; ramming** : hincar : clavar : estrellar : embestir : chocar : estrellarse
ram[2] *n* : carnero *m*
RAM *n* : RAM *f* : memoria *f* de acceso aleatorio
Ramadan *n* : Ramadán *m*
ramble[1] *v* **-bled; -bling** : pasear : deambular : trepar
ramble[2] *n* : paseo *m* : excursión *f*
rambler *n* : excursionista *mf* : rosa *f* trepadora
rambling *adj* : laberíntico : inconexo : incoherente
rambunctious *adj* : alborotado
ramification *n* : ramificación *f*
ramp *n* : rampa *f*
rampage[1] *v* **-paged; -paging** : andar arrasando todo : correr destrozando
rampage[2] *n* : alboroto *m* : frenesí *m*
rampant *adj* : desenfrenado
rampart *n* : terraplén *m* : muralla *f*
ramrod *n* : baqueta *f*
ramshackle *adj* : destartalado
ran → run
ranch[1] *v* : trabajar en una hacienda *f* : criar
ranch[2] *n* : hacienda *f* : rancho *m* : finca *f* ganadera
ranch dressing *n* : aderezo *m* a base de leche de manteca, mayonesa, y hierbas
rancher *n* : estanciero *m*, -ra *f* : ranchero *m*
rancid *adj* : rancio
rancor *n* : rencor *m* — **rancorous** *adj*
random *adj* : fortuito : aleatorio — **randomly** *adv*
random–access memory *n* : memoria *f* de acceso aleatorio : RAM *f*
rang → ring
range[1] *v* **ranged; ranging** : alinear : ordenar : arreglar : deambular : extenderse : variar
range[2] *n* : fila *f* : hilera *f* : pradera *f* : pampa *f* : cocina *f* : variedad *f* : gama *f* : ámbito *m* : esfera *f* : campo *m* : registro *m* : alcance *m*
ranger *n or* **forest ranger** : guardabosque *mf*
rangy *adj* **rangier; -est** : alto y delgado
rank[1] *v* : alinear : ordenar : poner en fila : clasificar
rank[2] *adj* : fétido : maloliente : completo : absoluto
rank[3] *n* : fila *f* : grado *m* : rango *m* : categoría *f* : clase *f*; **ranks** *npl* : soldados *mpl* rasos
rank and file *n* : soldados *mpl* rasos : bases *fpl*
rankle *v* **-kled; -kling** : doler : irritar : herir
ransack *v* : revolver : desvalijar : registrar de arriba abajo
ransom[1] *v* : rescatar : pagar un rescate por

ransom[2] *n* : rescate *m*
ransomware *n* : ransomware *m* : virus *m* de secuestro de datos
rant *v or* **to rant and rave** : despotricar : desvariar
rap[1] *v* **rapped; rapping** : golpetear : dar un golpe en : criticar : charlar : cotorrear : dar un golpe
rap[2] *n* : golpe *m* : golpecito *m* : charla *f*
rapacious *adj* : avaricioso : codicioso
rape[1] *v* **raped; raping** : violar
rape[2] *n* : colza *f* : violación *f*
rapid *adj* : rápido — **rapidly** *adv*
rapidity *n* : rapidez *f*
rapids *npl* : rápidos *mpl*
rapier *n* : estoque *m*
rapist *n* : violador *m*, -dora *f*
rapper *n* : cantante *mf* de rap : rapero *m*, -ra *f*
rapport *n* : relación *f* armoniosa : entendimiento *m*
rapprochement *n* : acercamiento *m* : aproximación *f*
rapt *adj* : absorto : embelesado
rapture *n* : éxtasis *m*
rapturous *adj* : extasiado : embelesado
rare *adj* **rarer; rarest** : excelente : excepcional : raro : poco común : poco cocido
rarefy *v* **-fied; -fying** : enrarecer
rarely *adv* : pocas veces : rara vez
raring *adj* : lleno de entusiasmo : con muchas ganas
rarity *n, pl* **-ties** : rareza *f*
rascal *n* : pillo *m*, -lla *f* : pícaro *m*, -ra *f*
rash[1] *adj* : imprudente : precipitado — **rashly** *adv*
rash[2] *n* : sarpullido *m* : erupción *f*
rashness *n* : precipitación *f*
rasp[1] *v* : raspar : decir en voz áspera : hacer un ruido áspero
rasp[2] *n* : escofina *f*
raspberry *n, pl* **-ries** : frambuesa *f*
rat *n* : rata *f*
ratchet *n* : trinquete *m*
rate[1] *v* **rated; rating** : considerar : estimar : merecer
rate[2] *n* : velocidad *f* : ritmo *m* : índice *m* : tasa *f* : precio *m* : tarifa *f*
rather *adv* : sino que : más que : al contrario : algo : un tanto : bastante
ratification *n* : ratificación *f*
ratify *v* **-fied; -fying** : ratificar
rating *n* : clasificación *f* : posición *f*; **ratings** *npl* : índice *m* de audiencia
ratio *n, pl* **-tios** : proporción *f* : relación *f*
ration[1] *v* : racionar
ration[2] *n* : ración *f*; **rations** *npl* : víveres *mpl*
rational *adj* : racional : razonable — **rationally** *adv* — **rationality** *n*
rationale *n* : explicación *f* : base *f* : razones *fpl*
rationalize *v* **-ized; -izing** : racionalizar — **rationalization** *n*
rat race *n* : competencia *f* laboral
rattle[1] *v* **-tled; -tling** : traquetear : hacer ruido : hacer sonar : agitar : desconcertar : poner nervioso
rattle[2] *n* : traqueteo *m* : ruido *m* : sonajero *m* : cascabel *m*
rattler → rattlesnake
rattlesnake *n* : serpiente *f* de cascabel
ratty *adj* **rattier; -est** : raído : andrajoso
raucous *adj* : ronco : escandaloso : bullicioso — **raucously** *adv*
ravage[1] *v* **-aged; -aging** : devastar : arrasar : hacer estragos
ravage[2] *n* : destrozo *m* : destrucción *f*
rave *v* **raved; raving** : delirar : desvariar
ravel *v* **-eled** *or* **-elled; -eling** *or* **-elling** : desenredar : desenmarañar : deshilacharse
raven *n* : cuervo *m*
ravenous *adj* : hambriento : voraz — **ravenously** *adv*
ravine *n* : barranco *m* : quebrada *f*
ravings *npl* : desvaríos *mpl* : delirios *mpl*
ravioli *ns & pl* : raviolis *mpl* : ravioles *mpl*
ravish *v* : saquear : embelesar : cautivar : encantar
ravishing *adj* : deslumbrante : impresionante
raw *adj* **rawer; rawest** : crudo : sin tratar : sin refinar : puro : novato

: inexperto : en carne viva : frío y húmedo : injusto
rawhide *n* : cuero *m* sin curtir
ray *n* : rayo *m* : raya *f*
rayon *n* : rayón *m*
raze *v* **razed; razing** : arrasar : demoler
razor *n* : maquinilla *f* : afeitadora *f*
re *n* : re *m*
re- *pref* : re-
reach[1] *v* : extender : alargar : alcanzar : llegar a/hasta : contactar : ponerse en contacto con : extenderse
reach[2] *n* : alcance *m* : extensión *f*
react *v* : reaccionar
reaction *n* : reacción *f*
reactionary[1] *adj* : reaccionario
reactionary[2] *n, pl* **-ries** : reaccionario *m*, -ria *f*
reactivate *v* **-vated; -vating** : reactivar — **reactivation** *n*
reactor *n* : reactor *m*
read[1] *v* **read; -ing** : leer : decir : interpretar : poner : marcar
read[2] *n* **to be a good read** : ser una lectura amena
readable *adj* : legible
reader *n* : lector *m*, -tora *f*
readership *n* : lectores *mpl*
readily *adv* : de buena gana : con gusto : fácilmente : con facilidad
readiness *n* : buena disposición *f*
reading *n* : lectura *f*
readjust *v* : reajustar : volverse a adaptar
readjustment *n* : reajuste *m*
readout *n* : lectura *f*
ready[1] *v* **readied; readying** : preparar
ready[2] *adj* **readier; -est** : listo : preparado : dispuesto : a punto de : disponible : vivo : agudo
ready–made *adj* : preparado : confeccionado
reaffirm *v* : reafirmar
real[1] *adv* : muy
real[2] *adj* : inmobiliario : auténtico : genuino : real : verdadero
real[3] *n, pl* **reais** *or* **reis** : real *m*
real estate *n* : propiedad *f* inmobiliaria : bienes *mpl* raíces
real estate agent *n* : agente *m* inmobiliario : agente *f* inmobiliaria
realign *v* : realinear — **realignment** *n*
realism *n* : realismo *m*
realist *n* : realista *mf*
realistic *adj* : realista
realistically *adv* : de manera realista
reality *n, pl* **-ties** : realidad *f*
reality TV *or* **reality television** *n* : telerrealidad *f*
realizable *adj* : realizable : asequible
realization *n* : realización *f*
realize *v* **-ized; -izing** : darse cuenta de : saber : realizar : llevar a cabo : obtener
really *adv* : de verdad : en realidad : verdaderamente : realmente : francamente : en serio
realm *n* : reino *m* : esfera *f* : campo *m*
ream *n* : resma *f*; **reams** *npl* : montones *mpl*
reap *v* : cosechar
reaper *n* : cosechador *m*, -dora *f* : cosechadora *f*
reappear *v* : reaparecer
reappearance *n* : reaparición *f*
rear[1] *v* : levantar : criar; *or* **to rear up** : encabritarse
rear[2] *adj* : trasero : posterior : de atrás
rear[3] *n* : parte *f* de atrás
rear admiral *n* : contraalmirante *mf*
rearrange *v* **-ranged; -ranging** : colocar de otra manera : volver a arreglar : reorganizar
rearview mirror *n* : retrovisor *m*
reason[1] *v* : pensar : razonar — **reasoned** *adj*
reason[2] *n* : razón *f* : motivo *m*
reasonable *adj* : razonable : barato : económico
reasonably *adv* : razonablemente : bastante
reasoning *n* : razonamiento *m* : raciocinio *m* : argumentos *mpl*
reassess *v* : revaluar : reconsiderar
reassurance *n* : consuelo *m* : palabras *fpl* alentadoras
reassure *v* **-sured; -suring** : tranquilizar
reassuring *adj* : tranquilizador
reawaken *v* : volver a despertar : reavivar

rebate *n* : reembolso *m* : devolución *f*
rebel[1] *v* **-belled; -belling** : rebelarse : sublevarse
rebel[2] *adj* : rebelde
rebel[3] *n* : rebelde *mf*
rebellion *n* : rebelión *f*
rebellious *adj* : rebelde
rebelliousness *n* : rebeldía *f*
rebirth *n* : renacimiento *m*
reboot *v* : reiniciar
reborn *adj* **to be reborn** : renacer
rebound[1] *v* : rebotar
rebound[2] *n* : rebote *m*
rebuff[1] *v* : desairar : rechazar
rebuff[2] *n* : desaire *m* : rechazo *m*
rebuild *v* **-built; -building** : reconstruir
rebuke[1] *v* **-buked; -buking** : reprender : regañar
rebuke[2] *n* : reprimenda *f* : reproche *m*
rebut *v* **-butted; -butting** : rebatir : refutar
rebuttal *n* : refutación *f*
recalcitrant *adj* : recalcitrante
recall[1] *v* : llamar : retirar : recordar : acordarse de : revocar
recall[2] *n* : retirada *f* : memoria *f*
recant *v* : retractarse de : retractarse : renegar
recap[1] *v* **-capped; -capping** → **recapitulate**
recap[2] *n* : resumen *m*
recapitulate *v* **-lated; -lating** : resumir : recapitular
recapture *v* **-tured; -turing** : volver a capturar : recuperar
recast *v* **-cast; -casting** : cambiar el reparto de : cambiarle el papel a : refundir
recede *v* **-ceded; -ceding** : retirarse : retroceder : desvanecerse : alejarse : inclinarse
receipt *n* : recibo *m* : boleta *f* : ticket *m*; **receipts** *npl* : ingresos *mpl* : entradas *fpl*
receivable *adj* **accounts receivable** : cuentas por cobrar
receive *v* **-ceived; -ceiving** : recibir : acoger : captar
receiver *n* : receptor *m*, -tora *f*
recent *adj* : reciente — **recently** *adv*
receptacle *n* : receptáculo *m* : recipiente *m*
reception *n* : recepción *f*
receptionist *n* : recepcionista *mf*
receptive *adj* : receptivo — **receptivity** *n*
receptiveness *n* : receptividad *f*
recess[1] *v* : suspender : levantar
recess[2] *n* : hueco *m* : nicho *m* : receso *m* : descanso *m* : recreo *m*
recessed *adj* : empotrado
recession *n* : recesión *f* : depresión *f* económica
recessive *adj* : recesivo
recharge *v* **-charged; -charging** : recargar
rechargeable *adj* : recargable
recidivism *n* : reincidencia *f*
recidivist *n* : reincidente *mf* — **recidivist** *adj*
recipe *n* : receta *f*
recipient *n* : recipiente *mf*
reciprocal *adj* : recíproco
reciprocate *v* **-cated; -cating** : reciprocar
reciprocity *n, pl* **-ties** : reciprocidad *f*
recital *n* : recital *m* : relato *m* : enumeración *f*
recitation *n* : recitación *f*
recite *v* **-cited; -citing** : recitar : enumerar
reckless *adj* : imprudente : temerario — **recklessly** *adv*
recklessness *n* : imprudencia *f* : temeridad *f*
reckon *v* : creer : calcular : contar : considerar
reckoning *n* : cálculo *m* : ajuste *m* de cuentas
reclaim *v* : ganar : recobrar : reciclar : reclamar : recuperar
recline *v* **-clined; -clining** : reclinarse : recostarse
reclining *adj* : reclinable
recluse *n* : solitario *m*, -ria *f*
recognition *n* : reconocimiento *m*
recognizable *adj* : reconocible
recognize *v* **-nized; -nizing** : reconocer
recoil[1] *v* : retroceder : dar un culatazo
recoil[2] *n* : retroceso *m* : culatazo *m*

recollect *v* : recordar
recollection *n* : recuerdo *m*
recommend *v* : recomendar : aconsejar
recommendation *n* : recomendación *f*
recompense[1] *v* **-pensed; -pensing** : indemnizar : recompensar
recompense[2] *n* : indemnización *f* : compensación *f*
reconcile *v* **-ciled; -ciling** : reconciliar : conciliar : reconciliarse : hacer las paces
reconciliation *n* : reconciliación *f* : conciliación *f*
recondition *v* : reacondicionar
reconnaissance *n* : reconocimiento *m*
reconnoiter *or* **reconnoitre** *v* **-tered** *or* **-tred; -tering** *or* **-tring** : reconocer : hacer un reconocimiento
reconquer *v* : reconquistar
reconquest *n* : reconquista *f*
reconsider *v* : reconsiderar : repensar
reconsideration *n* : reconsideración *f*
reconstruct *v* : reconstruir
reconstruction *n* : reconstrucción *f*
reconstructive *adj* : reconstructivo
record[1] *v* : anotar : apuntar : registrar : hacer constar : marcar : grabar
record[2] *adj* : récord
record[3] *n* : registro *m* : documento *m* oficial : historial *m* : récord *m* : disco *m*
recorder *n* : flauta *f* dulce
recording *n* : grabación *f*
record player *n* : tocadiscos *m*
recount[1] *v* : narrar : relatar : volver a contar
recount[2] *n* : recuento *m*
recoup *v* : recuperar : recobrar
recourse *n* : recurso *m*
recover *v* : recobrar : recuperar : rescatar : recuperarse
recovery *n, pl* **-eries** : recuperación *f*
re–create *v* **-ated; -ating** : recrear — **re–creation** *n*
recreation *n* : recreo *m* : esparcimiento *m* : diversión *f*
recreational *adj* : recreativo : de recreo
recreational vehicle *n* : vehículo *m* de recreo
recrimination *n* : recriminación *f*
recruit[1] *v* : reclutar
recruit[2] *n* : recluta *mf*
recruitment *n* : reclutamiento *m* : alistamiento *m*
rectal *adj* : rectal
rectangle *n* : rectángulo *m*
rectangular *adj* : rectangular
rectify *v* **-fied; -fying** : rectificar — **rectification** *n*
rectitude *n* : rectitud *f*
rector *n* : rector *m*, -tora *f*
rectory *n, pl* **-ries** : rectoría *f*
rectum *n, pl* **-tums** *or* **-ta** : recto *m*
recuperate *v* **-ated; -ating** : recuperar : recuperarse : restablecerse
recuperation *n* : recuperación *f*
recur *v* **-curred; -curring** : volver a ocurrir : volver a producirse : repetirse
recurrence *n* : repetición *f* : reaparición *f*
recurrent *adj* : recurrente : que se repite
recyclable *adj* : reciclable
recycle *v* **-cled; -cling** : reciclar
recycling *n* : reciclaje *m*
red[1] *adj* : rojo : colorado : comunista
red[2] *n* : rojo *m* : colorado *m*
red blood cell *n* : glóbulo *m* rojo
red–blooded *adj* : vigoroso
redden *v* : enrojecer : enrojecerse : ruborizarse
reddish *adj* : rojizo
redecorate *v* **-rated; -rating** : renovar : pintar de nuevo
redeem *v* : rescatar : salvar : desempeñar : redimir : canjear : vender
redeemer *n* : redentor *m*, -tora *f*
redeeming *adj* : positivo
redefine *v* : redefinir
redemption *n* : redención *f*
redesign *v* : rediseñar
red–eye *or* **red–eye flight** *n* : vuelo *m* nocturno
red–haired *adj* : pelirrojo
red–handed *adv* : in fraganti

redhead *n* : pelirrojo *m*, -ja *f*
redheaded → **red-haired**
red herring *n* : trampa *f*
red–hot *adj* : al rojo vivo : candente : de candente actualidad : de gran popularidad
redirect *v* : desviar
rediscover *v* : redescubrir
redistribute *v* **-uted; -uting** : redistribuir
red–letter day *n* : día *m* memorable
redness *n* : rojez *f*
redo *v* **-did; -done; -doing** : hacer de nuevo
redolence *n* : fragancia *f*
redolent *adj* : fragante : oloroso : evocador
redouble *v* **-bled; -bling** : redoblar : intensificar
redress *v* : reparar : remediar : enmendar
red snapper *n* : pargo *m* : huachinango *m*
red tape *n* : papeleo *m*
reduce *v* **-duced; -ducing** : reducir : disminuir : rebajar : bajar de categoría : degradar : dejar reducir : adelgazar
reduction *n* : reducción *f* : rebaja *f*
redundancy *n, pl* **-cies** : superfluidad *f* : redundancia *f*
redundant *adj* : superfluo : redundante
redwood *n* : secoya *f*
reed *n* : caña *f* : carrizo *m* : junco *m* : lengüeta *f*
reef *n* : arrecife *m* : escollo *m*
reek[1] *v* : apestar
reek[2] *n* : hedor *m*
reel[1] *v* : girar : dar vueltas : tambalearse
reel[2] *n* : carrete *m* : baile *m* escocés : tambaleo *m*
reelect *v* : reelegir
reenact *v* : representar de nuevo : reconstruir
reenter *v* : volver a entrar
reestablish *v* : restablecer — **reestablishment** *n*
reevaluate *v* **-ated; -ating** : revaluar
reevaluation *n* : revaluación *f*
reexamine *v* **-ined; -ining** : volver a examinar : reexaminar
ref → **referee**[2]
refer *v* **-ferred; -ferring** : remitir : enviar **to refer to** : referirse a : aludir a
referee[1] *v* **-eed; -eeing** : arbitrar
referee[2] *n* : árbitro *m*, -tra *f* : réferi *mf*
reference *n* : referencia *f* : alusión *f* : consulta *f* : informe *m* : recomendación *f*
referendum *n, pl* **-da** *or* **-dums** : referéndum *m*
refill[1] *v* : rellenar
refill[2] *n* : recambio *m*
refinance *v* **-nanced; -nancing** : refinanciar
refine *v* **-fined; -fining** : refinar : perfeccionar : pulir
refined *adj* : refinado : culto : educado
refinement *n* : refinamiento *m* : fineza *f* : finura *f*
refinery *n, pl* **-eries** : refinería *f*
reflect *v* : reflejar : reflejarse
reflection *n* : reflexión *f* : reflejo *m* : meditación *f*
reflective *adj* : reflexivo : pensativo : reflectante
reflector *n* : reflector *m*
reflex *n* : reflejo *m*
reflexive *adj* : reflexivo
reform[1] *v* : reformar : reformarse
reform[2] *n* : reforma *f*
reformation *n* : reforma *f*
reform school *n* : reformatorio *m*
reformer *n* : reformador *m*, -dora *f*
refract *v* : refractar : refractarse
refraction *n* : refracción *f*
refrain[1] *v* **to refrain from** : abstenerse de
refrain[2] *n* : estribillo *m*
refresh *v* : refrescar
refreshing *adj* : refrescante
refreshment *n* : refresco *m*; **refreshments** *npl* : refrigerio *m*
refried *adj* : refrito
refrigerate *v* **-ated; -ating** : refrigerar
refrigeration *n* : refrigeración *f*
refrigerator *n* : refrigerador *m*, -dora *f* : nevera *f*
refuel *v* **-eled** *or* **-elled; -eling** *or* **-elling** : repostar : llenar de combustible
refuge *n* : refugio *m*

refugee *n* : refugiado *m*, -da *f*
refund[1] *v* : reembolsar : devolver
refund[2] *n* : reembolso *m* : devolución *f*
refundable *adj* : reembolsable
refurbish *v* : renovar : restaurar
refusal *n* : negativa *f* : rechazo *m* : denegación *f*
refuse[1] *v* **-fused; -fusing** : rechazar : rehusar : negar : denegar
refuse[2] *n* : basura *f* : desechos *mpl* : desperdicios *mpl*
refutation *n* : refutación *f*
refute *v* **-futed; -futing** : desmentir : negar : refutar : rebatir
regain *v* : recuperar : recobrar : alcanzar
regal *adj* : real : regio
regale *v* **-galed; -galing** : agasajar : entretener : deleitar : divertir
regalia *n* : ropaje *m* : vestiduras *fpl* : adornos *mpl*
regard[1] *v* : observar : mirar : tener en cuenta : hacer caso de : considerar : respetar
regard[2] *n* : consideración *f* : respeto *m* : estima *f* : aspecto *m* : sentido *m*; **regards** *npl* : saludos *mpl* : recuerdos *mpl*
regarding *prep* : con respecto a : en cuanto a
regardless *adv* : a pesar de todo
regardless of *prep* : a pesar de : sin tener en cuenta
regatta *n* : regata *f*
regency *n, pl* **-cies** : regencia *f*
regenerate *v* **-ated; -ating** : regenerar : regenerarse
regeneration *n* : regeneración *f*
regent *n* : regente *mf* : miembro *m* de la junta directiva
reggae *n* : reggae *m*
regime *n* : régimen *m*
regimen *n* : régimen *m*
regiment[1] *v* : reglamentar
regiment[2] *n* : regimiento *m*
region *n* : región *f*
regional *adj* : regional — **regionally** *adv*
register[1] *v* : registrar : inscribir : matricular : marcar : manifestar : acusar : certificar : inscribirse : matricularse
register[2] *n* : registro *m*
registrar *n* : registrador *m*, -dora *f* oficial
registration *n* : inscripción *f* : matriculación *f* : registro *m*
registry *n, pl* **-tries** : registro *m*
regress *v* : retroceder
regression *n* : retroceso *m* : regresión *f*
regressive *adj* : regresivo
regret[1] *v* **-gretted; -gretting** : arrepentirse de : lamentar
regret[2] *n* : arrepentimiento *m* : remordimientos *mpl* : pesar *m* : dolor *m*; **regrets** *npl* : excusas *fpl*
regretful *adj* : arrepentido : pesaroso
regretfully *adv* : con pesar
regrettable *adj* : lamentable — **regrettably** *adv*
regroup *v* : reagruparse : tomarse un respiro
regular[1] *adj* : normal : regular : habitual : verdadero
regular[2] *n* : cliente *mf* habitual
regularity *n, pl* **-ties** : regularidad *f*
regularly *adv* : regularmente : con regularidad
regulate *v* **-lated; -lating** : regular
regulation *n* : regulación *f* : regla *f* : reglamento *m* : norma *f*
regulator *n* : regulador *m* : persona *f* que regula
regulatory *adj* : regulador
regurgitate *v* **-tated; -tating** : regurgitar : vomitar
rehab → rehabilitate, rehabilitation
rehabilitate *v* **-tated; -tating** : rehabilitar
rehabilitation *n* : rehabilitación *f*
rehearsal *n* : ensayo *m*
rehearse *v* **-hearsed; -hearsing** : ensayar
reheat *v* : recalentar
reign[1] *v* : reinar : predominar
reign[2] *n* : reinado *m*
reimburse *v* **-bursed; -bursing** : reembolsar
reimbursement *n* : reembolso *m*
rein[1] *v* : refrenar
rein[2] *n* : rienda *f* : control *m*
reincarnation *n* : reencarnación *f*
reindeer *n* : reno *m*
reinforce *v* **-forced; -forcing** : reforzar

reinforcement *n* : refuerzo *m*
reinstall *v* **-stalled; -stalling** : reinstalar
reinstate *v* **-stated; -stating** : reintegrar : restituir : restablecer
reinstatement *n* : reintegración *f* : restitución *f* : restablecimiento *m*
reintegrate *v* **-ated; -ating** : reintegrar — **reintegration** *n*
reintroduce *v* **-duced; -ducing** : reintroducir
reiterate *v* **-ated; -ating** : reiterar : repetir
reiteration *n* : reiteración *f* : repetición *f*
reject[1] *v* : rechazar
reject[2] *n* : desecho *m* : persona *f* rechazada
rejection *n* : rechazo *m*
rejoice *v* **-joiced; -joicing** : alegrarse : regocijarse
rejoin *v* : reincorporarse a : reintegrarse a : replicar
rejoinder *n* : réplica *f*
rejuvenate *v* **-nated; -nating** : rejuvenecer
rejuvenation *n* : rejuvenecimiento *m*
rekindle *v* **-dled; -dling** : reavivar
relapse[1] *v* **-lapsed; -lapsing** : recaer : volver a caer
relapse[2] *n* : recaída *f*
relate *v* **-lated; -lating** : relatar : contar : relacionar : asociar : relacionarse : llevarse bien
related *adj* : emparentado
relation *n* : relato *m* : narración *f* : pariente *mf* : familiar *mf* : relación *f*; **relations** *npl* : relaciones *fpl*
relationship *n* : relación *f* : parentesco *m*
relative[1] *adj* : relativo — **relatively** *adv*
relative[2] *n* : pariente *mf* : familiar *mf*
relativism *n* : relativismo *m*
relativity *n, pl* **-ties** : relatividad *f*
relaunch *v* : relanzar
relax *v* : relajar : aflojar : relajarse
relaxation *n* : relajación *f* : esparcimiento *m* : distracción *f*
relaxing *adj* : relajante
relay[1] *v* **-layed; -laying** : transmitir
relay[2] *n* : relevo *m*
release[1] *v* **-leased; -leasing** : liberar : poner en libertad : soltar : aflojar : despedir : emitir : divulgar : renunciar a : ceder : publicar : estrenar : sacar
release[2] *n* : liberación *f* : puesta *f* en libertad : cesión *f* : estreno *m* : puesta *f* en venta : publicación *f* : escape *m* : fuga *f*
relegate *v* **-gated; -gating** : relegar
relent *v* : ablandarse : ceder
relentless *adj* : implacable : sin tregua
relentlessly *adv* : implacablemente
relevance *n* : pertinencia *f* : relación *f*
relevant *adj* : pertinente — **relevantly** *adv*
reliability *n, pl* **-ties** : fiabilidad *f* : seguridad *f* : formalidad *f* : seriedad *f*
reliable *adj* : confiable : fiable : fidedigno : seguro
reliably *adv* : sin fallar
reliance *n* : dependencia *f* : confianza *f*
reliant *adj* : dependiente
relic *n* : reliquia *f* : vestigio *m*
relief *n* : alivio *m* : desahogo *m* : ayuda *f* : asistencia *f* social : relieve *m* : relevo *m*
relieve *v* **-lieved; -lieving** : aliviar : mitigar : liberar : eximir : relevar : romper
religion *n* : religión *f*
religious *adj* : religioso — **religiously** *adv*
relinquish *v* : renunciar a : abandonar : soltar
relish[1] *v* : saborear : disfrutar con
relish[2] *n* : gusto *m* : deleite *m* : salsa *f* de pepinillos en vinagre
relive *v* **-lived; -living** : revivir
reload *v* : recargar
relocate *v* **-cated; -cating** : reubicar : trasladar : trasladarse
relocation *n* : reubicación *f* : traslado *m*
reluctance *n* : renuencia *f* : reticencia *f* : desgana *f*
reluctant *adj* : renuente : reacio : reticente
reluctantly *adv* : a regañadientes
rely *v* **-lied; -lying** : depender : contar : confiar
remain *v* : quedar : quedarse : permanecer : seguir : continuar

remainder *n* : resto *m* : remanente *m*
remains *npl* : restos *mpl*
remake[1] *v* **-made; -making** : rehacer : hacer una nueva versión de
remake[2] *n* : nueva versión *f*
remand *v* : devolver a otro tribunal
remark[1] *v* : observar : comentar **to remark on** : hacer observaciones sobre
remark[2] *n* : comentario *m* : observación *f*
remarkable *adj* : extraordinario : notable — **remarkably** *adv*
remarry *v* **-ried; -rying** : volver a casarse : volver a casarse con
rematch *n* : revancha *f*
remedial *adj* : correctivo
remedy[1] *v* **-died; -dying** : remediar
remedy[2] *n, pl* **-dies** : remedio *m* : medicamento *m*
remember *v* : acordarse de : recordar : no olvidar : dar saludos : dar recuerdos : conmemorar
remembrance *n* : recuerdo *m*
remind *v* : recordar
reminder *n* : recuerdo *m*
reminisce *v* **-nisced; -niscing** : rememorar los viejos tiempos
reminiscence *n* : recuerdo *m* : reminiscencia *f*
reminiscent *adj* : nostálgico : evocador : que recuerda — **reminiscently** *adv*
remiss *adj* : negligente : descuidado : remiso
remission *n* : remisión *f*
remit *v* **-mitted; -mitting** : perdonar : remitir : enviar
remittance *n* : remesa *f*
remnant *n* : restos *mpl* : vestigio *m*
remodel *v* **-eled** *or* **-elled; -eling** *or* **-elling** : remodelar : reformar
remonstrate *v* **-strated; -strating** : protestar
remorse *n* : remordimiento *m*
remorseful *adj* : arrepentido : lleno de remordimiento
remorseless *adj* : despiadado : implacable
remote[1] *adj* **remoter; -est** : lejano : remoto : recóndito : a distancia : distante
remote[2] *or* **remote control** *n* : control *m* remoto
remote–controlled *adj* : teledirigido
remotely *adv* : remotamente : en un lugar remoto : muy lejos
remoteness *n* : lejanía *f*
removable *adj* : removible
removal *n* : separación *f* : extracción *f* : supresión *f* : eliminación *f*
remove *v* **-moved; -moving** : quitar : quitarse : sacar : extraer : eliminar : disipar
remunerate *v* **-ated; -ating** : remunerar
remuneration *n* : remuneración *f*
renaissance *n* : renacimiento *m*
renal *adj* : renal
rename *v* **-named; -naming** : ponerle un nombre nuevo a
rend *v* **rent; rending** : desgarrar
render *v* : derretir : prestar : dar : hacer : volver : dejar : traducir : verter
rendezvous *ns & pl* : encuentro *m* : cita *f*
rendition *n* : interpretación *f*
renegade *n* : renegado *m*, -da *f*
renege *v* **-neged; -neging to renege on** : incumplir : no cumplir
renew *v* : renovar : reanudar
renewable *adj* : renovable
renewal *n* : renovación *f*
renounce *v* **-nounced; -nouncing** : renunciar a
renovate *v* **-vated; -vating** : restaurar : renovar
renovation *n* : restauración *f* : renovación *f*
renown *n* : renombre *m* : fama *f* : celebridad *f*
renowned *adj* : renombrado : célebre : famoso
rent[1] *v* : rentar : alquilar
rent[2] *n* : renta *f* : alquiler *m* : rasgadura *f*
rental[1] *adj* : de alquiler
rental[2] *n* : alquiler *m*
renter *n* : arrendatario *m*, -ria *f*
renunciation *n* : renuncia *f*
reopen *v* : volver a abrir
reorganization *n* : reorganización *f*
reorganize *v* **-nized; -nizing** : reorganizar

rep *n* → **representative**[2]
repair[1] *v* : reparar : arreglar : refaccionar
repair[2] *n* : reparación *f* : arreglo *m* : estado *m*
repairman *n, pl* **-men** : mecánico *m* : técnico *m*
reparation *n* : reparación *f*; **reparations** *npl* : indemnización *f*
repartee *n* : intercambio *m* de réplicas ingeniosas
repast *n* : comida *f*
repatriate *v* **-ated; -ating** : repatriar
repay *v* **-paid; -paying** : pagar : devolver
repayment *n* : pago *m*
repeal[1] *v* : abrogar : revocar
repeal[2] *n* : abrogación *f* : revocación *f*
repeat[1] *v* : repetir
repeat[2] *n* : repetición *f*
repeatedly *adv* : repetidamente : repetidas veces
repel *v* **-pelled; -pelling** : repeler : rechazar : repugnar : darle asco
repellent *or* **repellant** *n* : repelente *m*
repent *v* : arrepentirse
repentance *n* : arrepentimiento *m*
repentant *adj* : arrepentido
repercussion *n* : repercusión *f*
repertoire *n* : repertorio *m*
repertory *n, pl* **-ries** : repertorio *m*
repetition *n* : repetición *f*
repetitious *adj* : repetitivo : reiterativo — **repetitiously** *adv*
repetitive *adj* : repetitivo : reiterativo
repetitive stress *or* **repetitive strain** *n* : esfuerzo *m* repetitivo
rephrase *v* **-phrased; -phrasing** : expresar de otra forma
replace *v* **-placed; -placing** : volver a poner : reemplazar : sustituir : reponer
replaceable *adj* : reemplazable
replacement *n* : reemplazo *m* : sustitución *f* : sustituto *m*, -ta *f* : suplente *mf*
replay[1] *v* : volver a poner : volver a jugar
replay[2] *n* : repetición *f*
replenish *v* : rellenar : llenar de nuevo
replenishment *n* : reabastecimiento *m*
replete *adj* : repleto : lleno
replica *n* : réplica *f* : reproducción *f*
replicate *v* **-cated; -cating** : duplicar : repetir : duplicarse
replication *n* : reproducción *f* : repetición *f* : replicación *f*
reply[1] *v* **-plied; -plying** : contestar : responder
reply[2] *n, pl* **-plies** : respuesta *f* : contestación *f*
report[1] *v* : informar sobre : anunciar : decir : afirmar : dar parte de : reportar : denunciar : informar
report[2] *n* : informe *m* : reportaje *m* : rumor *m* : estallido *m*
report card *n* : boletín *m* de calificaciones : boletín *m* de notas : boleta *f* de calificaciones
reportedly *adv* : según se dice : según se informa
reporter *n* : periodista *mf* : reportero *m*, -ra *f*
repose[1] *v* **-posed; -posing** : reposar : descansar
repose[2] *n* : reposo *m* : descanso *m* : calma *f* : tranquilidad *f*
repository *n, pl* **-ries** : depósito *m*
repossess *v* : recuperar : recobrar la posesión de
repost *v* : repostear
reprehensible *adj* : reprensible — **reprehensibly** *adv*
represent *v* : representar : ser un representante de : presentar
representation *n* : representación *f*
representative[1] *adj* : representativo
representative[2] *n* : representante *mf* : diputado *m*, -da *f*
repress *v* : reprimir
repression *n* : represión *f*
repressive *adj* : represivo
reprieve[1] *v* **-prieved; -prieving** : indultar
reprieve[2] *n* : indulto *m*
reprimand[1] *v* : reprender
reprimand[2] *n* : reprimenda *f*
reprint[1] *v* : reimprimir
reprint[2] *n* : reedición *f*
reprisal *n* : represalia *f*
reproach[1] *v* : reprochar
reproach[2] *n* : deshonra *f* : reproche *m* : recriminación *f*

reproachful *adj* : de reproche
reproduce *v* **-duced; -ducing** : reproducir : reproducirse
reproduction *n* : reproducción *f*
reproductive *adj* : reproductor
reproof *n* : reprobación *f* : reprimenda *f* : reproche *m*
reprove *v* **-proved; -proving** : reprender : censurar
reptile *n* : reptil *m*
reptilian *n* : reptil
republic *n* : república *f*
republican[1] *adj* : republicano
republican[2] *n* : republicano *m*, -na *f* — **Republicanism** *n*
repudiate *v* **-ated; -ating** : rechazar : repudiar : renegar de
repudiation *n* : rechazo *m* : repudio *m*
repugnance *n* : repugnancia *f*
repugnant *adj* : repugnante : asqueroso
repulse[1] *v* **-pulsed; -pulsing** : repeler : desairar : rechazar
repulse[2] *n* : rechazo *m*
repulsive *adj* : repulsivo : repugnante : asqueroso — **repulsively** *adv*
reputable *adj* : acreditado : de buena reputación
reputation *n* : reputación *f* : fama *f*
repute *n* : reputación *f* : fama *f*
reputed *adj* : reputado : supuesto
reputedly *adv* : supuestamente : según se dice
request[1] *v* : pedir : solicitar : rogar
request[2] *n* : petición *f* : solicitud *f* : pedido *m*
requiem *n* : réquiem *m*
require *v* **-quired; -quiring** : requerir : exigir : necesitar
requirement *n* : necesidad *f* : requisito *m* : demanda *f*
requisite[1] *adj* : esencial : necesario
requisite[2] *n* : requisito *m* : necesidad *f*
requisition[1] *v* : requisar
requisition[2] *n* : requisa *f*
reread *v* **-read; -reading** : releer
reroute *v* **-routed; -routing** : desviar
rerun[1] *v* **-ran; -run; -running** : reponer
rerun[2] *n* : reposición *f* : repetición *f*
resale *n* : reventa *f*
reschedule *v* **-duled; -duling** : cambiar la hora/fecha de
rescind *v* : rescindir : cancelar : abrogar : revocar
rescue[1] *v* **-cued; -cuing** : rescatar : salvar
rescue[2] *n* : rescate *m*
rescuer *n* : salvador *m*, -dora *f*
research[1] *v* : investigar
research[2] *n* : investigación *f*
researcher *n* : investigador *m*, -dora *f*
resell *v* **-sold; -selling** : revender
resemblance *n* : semejanza *f* : parecido *m*
resemble *v* **-sembled; -sembling** : parecerse a : asemejarse a
resent *v* : molestarse por : ofenderse por : guardarle rencor a
resentful *adj* : resentido : rencoroso — **resentfully** *adv*
resentment *n* : resentimiento *m*
reservation *n* : reservación *f* : reserva *f* : duda *f*
reserve[1] *v* **-served; -serving** : reservar
reserve[2] *n* : reserva *f* : moderación *f*; **reserves** *npl* : reservas *fpl*
reserved *adj* : reservado
reservoir *n* : embalse *m*
reset *v* **-set; -setting** : poner en hora : poner a cero : reiniciar : borrar
reside *v* **-sided; -siding** : residir : radicar
residence *n* : residencia *f*
resident[1] *adj* : residente
resident[2] *n* : residente *mf*
residential *adj* : residencial
residual *adj* : residual
residue *n* : residuo *m* : resto *m*
resign *v* : dimitir : renunciar
resignation *n* : resignación *f*
resilience *n* : capacidad *f* de recuperación : adaptabilidad *f* : elasticidad *f*
resiliency → resilience
resilient *adj* : resistente : fuerte : elástico
resin *n* : resina *f*
resist *v* : resistir : oponerse a : resistirse

resistance *n* : resistencia *f*
resistant *adj* : resistente
resolute *adj* : firme : resuelto : decidido
resolutely *adv* : resueltamente : firmemente
resolution *n* : solución *f* : resolución *f* : determinación *f* : propósito *m* : decisión *f* : moción *f*
resolve[1] *v* **-solved; -solving** : resolver : solucionar
resolve[2] *n* : resolución *f* : determinación *f*
resonance *n* : resonancia *f*
resonant *adj* : resonante
resort[1] *v* **to resort to** : recurrir a
resort[2] *n* : recurso *m* : lugar *m* popular : lugar *m* muy frecuentado : lugar *m* de vacaciones
resound *v* : retumbar : resonar
resounding *adj* : resonante : rotundo : tremendo
resource *n* : ingenio *m* : recursos *mpl*; **resources** *npl* : medios *mpl* : fondos *mpl*
resourceful *adj* : ingenioso
resourcefulness *n* : ingenio *m* : recursos *mpl* : inventiva *f*
respect[1] *v* : respetar : estimar
respect[2] *n* : relación *f* : respecto *m* : respeto *m* : aspecto *m* : sentido *m*; **respects** *npl* : respetos *mpl*
respectability *n* : respetabilidad *f*
respectable *adj* : respetable : decente : considerable — **respectably** *adv*
respectful *adj* : respetuoso — **respectfully** *adv*
respectfulness *n* : respetuosidad *f*
respective *adj* : respectivo — **respectively** *adv*
respiration *n* : respiración *f*
respirator *n* : respirador *m*
respiratory *adj* : respiratorio
respite *n* : respiro *m* : tregua *f*
resplendent *adj* : resplandeciente — **resplendently** *adv*
respond *v* : contestar : responder : reaccionar
response *n* : respuesta *f*
responsibility *n, pl* **-ties** : responsabilidad *f*
responsible *adj* : responsable — **responsibly** *adv*
responsive *adj* : que responde : sensible : receptivo
responsiveness *n* : receptividad *f* : sensibilidad *f*
rest[1] *v* : descansar : pararse : detenerse : basarse : depender : apoyar
rest[2] *n* : descanso *m* : reposo *m* : soporte *m* : apoyo *m* : silencio *m* : resto *m*
rest area → rest stop
restart *v* : volver a empezar : reanudar : volver a arrancar : reiniciar : reanudarse
restate *v* **-stated; -stating** : replantear : repetir
restatement *n* : repetición *f*
restaurant *n* : restaurante *m*
restful *adj* : relajante : tranquilo : sosegado
rest home → nursing home
restitution *n* : restitución *f*
restive *adj* : inquieto : nervioso
restless *adj* : inquieto : agitado : impaciente : desvelado
restlessly *adv* : nerviosamente
restlessness *n* : inquietud *f* : agitación *f*
restoration *n* : restauración *f* : restablecimiento *m*
restore *v* **-stored; -storing** : devolver : restituir : restablecer : recuperar : restaurar : restaurar
restrain *v* : refrenar : contener
restrained *adj* : comedido : templado : contenido
restraint *n* : restricción *f* : limitación *f* : control *m* : encierro *m* : reserva *f* : control *m* de sí mismo
restrict *v* : restringir : limitar : constreñir
restricted *adj* : limitado : restringido : secreto : confidencial
restriction *n* : restricción *f*
restrictive *adj* : restrictivo — **restrictively** *adv*
restroom *n* : servicios *mpl* : baño *m*
restructure *v* **-tured; -turing** : reestructurar
rest stop *n* : área *f* de descanso
result[1] *v* : resultar
result[2] *n* : resultado *m* : consecuencia *f*

resultant *adj* : resultante
resume *v* **-sumed; -suming** : reanudar : reanudarse
résumé *or* **resume** *or* **resumé** *n* : resumen *m* : currículum *m* : currículo *m*
resumption *n* : reanudación *f*
resurface *v* **-faced; -facing** : pavimentar de nuevo : volver a salir a la superficie : resurgir : reaparecer
resurgence *n* : resurgimiento *m*
resurrect *v* : resucitar : desempolvar
resurrection *n* : resurrección *f*
resuscitate *v* **-tated; -tating** : resucitar : revivir
resuscitation *n* : reanimación *f* : resucitación *f*
retail[1] *v* : vender al por menor : vender al detalle
retail[2] *adv* : al por menor : al detalle
retail[3] *adj* : detallista : minorista
retail[4] *n* : venta *f* al detalle : venta *f* al por menor
retailer *n* : detallista *mf* : minorista *mf*
retain *v* : retener : conservar : guardar
retainer *n* : criado *m*, -da *f* : anticipo *m*
retaliate *v* **-ated; -ating** : responder : contraatacar : tomar represalias
retaliation *n* : represalia *f* : retaliación *f*
retard *v* : retardar : retrasar
retch *v* : hacer arcadas
retention *n* : retención *f*
retentive *adj* : retentivo
rethink *v* **-thought; -thinking** : reconsiderar : repensar
reticence *n* : reticencia *f*
reticent *adj* : reticente
retina *n, pl* **-nas** *or* **-nae** : retina *f*
retinue *n* : séquito *m* : comitiva *f* : cortejo *m*
retire *v* **-tired; -tiring** : retirarse : retraerse : jubilarse : acostarse : irse a dormir
retiree *n* : jubilado *m*, -da *f*
retirement *n* : jubilación *f*
retiring *adj* : retraído
retort[1] *v* : replicar
retort[2] *n* : réplica *f*
retrace *v* **-traced; -tracing** : volver sobre : desandar
retract *v* : retirar : retractarse de : retraer : retractarse
retractable *adj* : retractable
retraction *n* : retracción *f* : retractación *f*
retrain *v* : reciclar : reconvertir
retreat[1] *v* : retirarse : batirse en retirada
retreat[2] *n* : retirada *f* : retiro *m* : refugio *m*
retrial *n* : nuevo juicio *m*
retribution *n* : castigo *m*
retrieval *n* : recuperación *f*
retrieve *v* **-trieved; -trieving** : recuperar : ir a buscar : cobrar
retriever *n* : perro *m* cobrador
retroactive *adj* : retroactivo — **retroactively** *adv*
retrograde *adj* : retrógrado
retrospect *n* **in retrospect** : mirando hacia atrás : retrospectivamente
retrospective *adj* : retrospectivo
return[1] *v* : volver : regresar : reaparecer : resurgir : responder : emitir : devolver : restituir : producir : redituar : rendir : corresponder a
return[2] *adj* : de vuelta
return[3] *n* : regreso *m* : vuelta *f* : retorno *m* : rédito *m* : rendimiento *m* : ganancia *f*; **returns** *npl* : resultados *mpl* : datos *mpl*
retweet *v* : retuitear
reunion *n* : reunión *f* : reencuentro *m*
reunite *v* **-nited; -niting** : (volver a) reunir : (volver a) reunirse
reusable *adj* : reutilizable
reuse *v* **-used; -using** : reutilizar : usar de nuevo
rev[1] *v* **revved; revving** **to rev up** : prepararse
rev[2] *n* : revolución *f*
revamp *v* : renovar
reveal *v* : revelar : divulgar : manifestar : mostrar : dejar ver
revealing *adj* : revelador
reveille *n* : toque *m* de diana
revel[1] *v* **-eled** *or* **-elled; -eling** *or* **-elling** : ir de juerga

revel[2] *n* : juerga *f* : parranda *f*
revelation *n* : revelación *f*
reveler *or* **reveller** *n* : juerguista *mf*
revelry *n, pl* **-ries** : juerga *f* : parranda *f* : jarana *f*
revenge[1] *v* **-venged; -venging to revenge oneself on** : vengarse de
revenge[2] *n* : venganza *f*
revenue *n* : ingresos *mpl* : rentas *fpl*
reverberate *v* **-ated; -ating** : reverberar
reverberation *n* : reverberación *f*
revere *v* **-vered; -vering** : reverenciar : venerar
reverence *n* : reverencia *f* : veneración *f*
reverend *adj* : reverendo
reverent *adj* : reverente — **reverently** *adv*
reverie *n, pl* **-eries** : ensueño *m*
reversal *n* : inversión *f* : cambio *m* total : revés *m* : contratiempo *m*
reverse[1] *v* **-versed; -versing** : invertir : cambiar totalmente : reparar : revertir : revocar : dar marcha atrás
reverse[2] *adj* : inverso : contrario : opuesto
reverse[3] *n* : reverso *m* : dorso *m* : revés *m* : contratiempo *m*
reversible *adj* : reversible
reversion *n* : reversión *f* : vuelta *f*
revert *v* : revertir : volver
review[1] *v* : volver a examinar : repasar : reseñar : hacer una crítica de : examinar : analizar
review[2] *n* : revista *f* : resumen *m* : análisis *m* : reseña *f* : crítica *f* : repaso *m*
reviewer *n* : crítico *m*, -ca *f*
revile *v* **-viled; -viling** : injuriar : denostar
revise *v* **-vised; -vising** : revisar : corregir : refundir
revision *n* : revisión *f*
revitalize *v* **-ized; -izing** : resucitar : revitalizar
revival *n* : renacimiento *m* : restablecimiento *m* : reactivación *f* : reanimación *f* : resucitación *f*
revive *v* **-vived; -viving** : reavivar : reanimar : reactivar : resucitar : restablecer : renacer : reanimarse : reactivarse : recobrar el sentido : volver en sí
revoke *v* **-voked; -voking** : revocar — **revocation** *n*
revolt[1] *v* : rebelarse : sublevarse : darle asco : repugnar
revolt[2] *n* : rebelión *f* : revuelta *f* : sublevación *f*
revolting *adj* : asqueroso : repugnante
revolution *n* : revolución *f*
revolutionary[1] *adj* : revolucionario
revolutionary[2] *n, pl* **-aries** : revolucionario *m*, -ria *f*
revolutionize *v* **-ized; -izing** : cambiar radicalmente : revolucionar
revolve *v* **-volved; -volving** : hacer girar : girar
revolver *n* : revólver *m*
revolving *adj* : giratorio
revue *n* : revista *f*
revulsion *n* : repugnancia *f*
reward[1] *v* : recompensar : premiar
reward[2] *n* : recompensa *f*
rewarding *adj* : gratificante : rentable
rewarm *v* : recalentar
rewind *v* : rebobinar
reword *v* : expresar de otra forma
rewrite *v* **-wrote; -written; -writing** : escribir de nuevo : volver a escribir
rhapsody *n, pl* **-dies** : elogio *m* excesivo : rapsodia *f*
rhea *n* : ñandú *m*
rhetoric *n* : retórica *f*
rhetorical *adj* : retórico
rheumatic *adj* : reumático
rheumatism *n* : reumatismo *m*
rhinestone *n* : diamante *m* de imitación
rhino *n, pl* **rhino** *or* **rhinos** → **rhinoceros**
rhinoceros *n, pl* **-eroses** *or* **-eros** *or* **-eri** : rinoceronte *m*
rhododendron *n* : rododendro *m*
rhombus *n, pl* **-buses** *or* **-bi** : rombo *m*
rhubarb *n* : ruibarbo *m*
rhyme[1] *v* **rhymed; rhyming** : rimar
rhyme[2] *n* : rima *f* : verso *m*
rhythm *n* : ritmo *m*
rhythmic *or* **rhythmical** *adj* : rítmico — **rhythmically** *adv*

rib[1] *v* **ribbed; ribbing** : hacer en canalé : tomarle el pelo
rib[2] *n* : costilla *f* : nervio *m* : varilla *f* : canalé *m*
ribald *adj* : escabroso : procaz
ribbon *n* : cinta *f*
rib cage *n* : caja *f* torácica
rice *n* : arroz *m*
rich *adj* : rico : suntuoso : lujoso : pesado : abundante : vivo : intenso : fértil
riches *npl* : riquezas *fpl*
richly *adv* : suntuosamente : ricamente : abundantemente
richness *n* : riqueza *f*
rickets *n* : raquitismo *m*
rickety *adj* : desvencijado : destartalado
rickshaw *n* : rickshaw *m*
ricochet[1] *v* **-cheted** *or* **-chetted; -cheting** *or* **-chetting** : rebotar
ricochet[2] *n* : rebote *m*
rid *v* **rid; ridding** : librar
riddance *n* : libramiento *m*
riddle[1] *v* **-dled; -dling** : acribillar
riddle[2] *n* : acertijo *m* : adivinanza *f*
ride[1] *v* **rode; ridden; riding** : montar : ir : andar : recorrer : burlarse de : ridiculizar : montar a caballo : cabalgar : viajar : marchar
ride[2] *n* : paseo *m* : vuelta *f* : aparato *m* : juego *m*
rider *n* : jinete *mf* : ciclista *mf* : motociclista *mf* : cláusula *f* añadida
ridge *n* : cadena *f* : caballete *m* : cresta *f* : cordoncillo *m*
ridicule[1] *v* **-culed; -culing** : burlarse de : mofarse de : ridiculizar
ridicule[2] *n* : burlas *fpl*
ridiculous *adj* : ridículo : absurdo
ridiculously *adv* : de forma ridícula
rife *adj* : abundante : común
riffraff *n* : chusma *f* : gentuza *f*
rifle[1] *v* **-fled; -fling** : desvalijar : saquear **to rifle through** : revolver
rifle[2] *n* : rifle *m* : fusil *m*
rift *n* : grieta *f* : fisura *f* : ruptura *f* : división *f*
rig[1] *v* **rigged; rigging** : aparejar : equipar : amañar
rig[2] *n* : aparejo *m*
rigamarole → rigmarole
rigging *n* : jarcia *f* : aparejo *m*
right[1] *v* : reparar : enderezar
right[2] *adv* : justo : derecho : directamente : correctamente : bien : inmediatamente : completamente : a la derecha
right[3] *adj* : justo : correcto : apropiado : adecuado : bien : bueno : derecho
right[4] *n* : bien *m* : derecha *f* : derecho *m*; **rights** *npl* : derechos *mpl*
right angle *n* : ángulo *m* recto
right–click *v* : hacer clic/click derecho : hacer clic/click derecho en
righteous *adj* : recto : honrado — **righteously** *adv*
righteousness *n* : rectitud *f* : honradez *f*
rightful *adj* : justo : legítimo — **rightfully** *adv*
right–hand *adj* : situado a la derecha : para la mano derecha : con la mano derecha
right–handed *adj* : diestro : para la mano derecha : con la mano derecha : en la dirección de las manecillas del reloj
rightist *n* : derechista *mf* — **rightist** *adj*
rightly *adv* : justamente : con razón : debidamente : apropiadamente : correctamente
right–of–way *n, pl* **rights–of–way** : preferencia : derecho *m* de paso
right triangle *n* : triángulo *m* rectángulo
rightward *adj* : a la derecha : hacia la derecha
right–wing *adj* : derechista
right wing *n* **the right wing** : la derecha
right–winger *n* : derechista *mf*
rigid *adj* : rígido — **rigidly** *adv*
rigidity *n, pl* **-ties** : rigidez *f*
rigmarole *n* : galimatías *m* : disparates *mpl* : trámites *mpl*
rigor *n* : rigor *m*
rigor mortis *n* : rigidez *f* cadavérica
rigorous *adj* : riguroso — **rigorously** *adv*

rile *v* **riled; riling** : irritar
rill *n* : riachuelo *m*
rim *n* : borde *m* : llanta *f* : rin *m* : montura *f*
rime *n* : escarcha *f*
rind *n* : corteza *f*
ring[1] *v* **rang; rung; ringing** : sonar : resonar : parecer : tocar : hacer sonar : cercar : rodear
ring[2] *n* : anillo *m* : sortija *f* : aro *m* : círculo *m* : arena *f* : ruedo *m* : banda *f* : timbre *m* : sonido *m* : llamada *f*
ringer *n* **to be a dead ringer for** : ser un vivo retrato de
ringing *adj* : de timbre : de campana : sonoro : categórico
ringleader *n* : cabecilla *mf*
ringlet *n* : sortija *f* : rizo *m*
ringtone *n* : tono *m* de llamada : ringtone *m*
ringworm *n* : tiña *f*
rink *n* : pista *f*
rinse[1] *v* **rinsed; rinsing** : enjuagar
rinse[2] *n* : enjuague *m*
riot[1] *v* : amotinarse
riot[2] *n* : motín *m* : tumulto *m* : alboroto *m*
rioter *n* : alborotador *m*, -dora *f*
riotous *adj* : desenfrenado : alborotado : abundante
rip[1] *v* **ripped; ripping** : rasgar : arrancar : desgarrar : rasgarse : desgarrarse
rip[2] *n* : rasgón *m* : desgarrón *m*
ripe *adj* **riper; ripest** : maduro : listo : preparado
ripen *v* : madurar
ripeness *n* : madurez *f*
rip–off *n* : robo *m* : estafa *f* : timo *m* : copia *f*
rip off *v* : rasgar : arrancar : desgarrar : estafar : timar
ripple[1] *v* **-pled; -pling** : rizarse : ondear : ondular : rizar
ripple[2] *n* : onda *f* : ondulación *f*
rise[1] *v* **rose; risen; rising** : levantarse : elevarse : alzarse : salir : subir : aumentar : nacer : proceder
rise[2] *n* : ascensión *f* : subida *f* : origen *m* : elevación *f* : aumento *m* : alzamiento *m* : pendiente *f* : cuesta *f*
riser *n* : contrahuella *f*
risk[1] *v* : arriesgar : arriesgarse
risk[2] *n* : riesgo *m* : peligro *m*
risky *adj* **riskier; -est** : arriesgado : peligroso : riesgoso
risqué *adj* : escabroso : picante : subido de tono
rite *n* : rito *m*
ritual[1] *adj* : ritual — **ritually** *adv*
ritual[2] *n* : ritual *m*
rival[1] *v* **-valed** *or* **-valled; -valing** *or* **-valling** : rivalizar con : competir con
rival[2] *adj* : competidor : rival
rival[3] *n* : rival *mf* : competidor *m*, -dora *f*
rivalry *n, pl* **-ries** : rivalidad *f*
river *n* : río *m*
riverbank *n* : ribera *f* : orilla *f*
riverbed *n* : cauce *m* : lecho *m*
riverside *n* : ribera *f* : orilla *f*
rivet[1] *v* : remachar : fijar : fascinar : cautivar
rivet[2] *n* : remache *m*
riveting *adj* : fascinante
rivulet *n* : arroyo *m* : riachuelo *m*
roach → cockroach
road *n* : carretera *f* : calle *f* : camino *m* : sendero *m* : vía *f*
roadblock *n* : control *m*
roadrunner *n* : correcaminos *m*
roadside *n* : borde *m* de la carretera
road sign *n* : señal *f* de tráfico : señal *f* de tránsito
roadway *n* : carretera *f* : calzada *f*
roadwork *n* : obras *fpl*
roam *v* : vagar : deambular : errar : vagar por
roar[1] *v* : rugir : bramar : decir a gritos
roar[2] *n* : rugido *m* : bramido *m* : clamor *m* : fragor *m* : estruendo *m*
roaring *adj* : estruendoso : atronador : vivo : caudaloso : pujante
roast[1] *v* : asar : tostar : asarse
roast[2] *adj* : asado
roast[3] *n* : asado *m*
roaster *n* : asador *m* : tostador *m* : pollo *m*
rob *v* **robbed; robbing** : robar : privar : quitar

robber *n* : ladrón *m*, -drona *f*
robbery *n, pl* **-beries** : robo *m*
robe[1] *v* **robed; robing** : vestirse
robe[2] *n* : toga *f* : sotana *f* : bata *f*
robin *n* : petirrojo *m*
robot *n* : robot *m* — **robotic** *adj*
robotics *ns & pl* : robótica *f*
robust *adj* : robusto : fuerte — **robustly** *adv*
robustness *n* : robustez *f* : lozanía *f*
rock[1] *v* : acunar : mecer : sacudir : conmocionar : mecerse : balancearse
rock[2] *n* : roca *f* : piedra *f* : balanceo *m*
rock and roll *n* : rock and roll *m*
rock bottom *n* **to hit/reach rock bottom** : tocar fondo
rocker *n* : balancín *m*
rocket[1] *v* : dispararse : subir rápidamente
rocket[2] *n* : cohete *m*
rocking horse *n* : caballito *m*
rock salt *n* : sal *f* gema
rocky *adj* **rockier; -est** : rocoso : pedregoso : inestable
rod *n* : barra *f* : varilla *f* : vara *f* : medida *f* de longitud equivalente a 5.03 metros
rode → ride[1]
rodent *n* : roedor *m*
rodeo *n, pl* **-deos** : rodeo *m*
roe *n* : hueva *f*
rogue *n* : pícaro *m*, -ra *f* : pillo *m*, -lla *f*
roguish *adj* : pícaro : travieso
role *n* : papel *m* : función *f* : rol *m*
role model *n* : modelo *m* de conducta
roll[1] *v* : rodar : resbalar : ir : balancearse : tronar : redoblar : hacer rodar : hacer volcar : liar
roll[2] *n* : lista *f* : panecito *m* : bolillo *m* : rollo *m* : redoble *m* : retumbo *m* : balanceo *m*
roller *n* : rodillo *m* : rulo *m*
roller coaster *n* : montaña *f* rusa
roller–skate *v* **-skated; -skating** : patinar
roller skate *n* : patín *m*
rollicking *adj* : animado : alegre
rolling *adj* : ondulante
rolling pin *n* : rodillo *m*
ROM *n* : ROM *f*
Roman[1] *adj* : romano
Roman[2] *n* : romano *m*, -na *f*
Roman Catholic *n* : católico *m*, -ca *f* — **Roman Catholic** *adj*
Roman Catholicism *n* : catolicismo *m*
romance[1] *v* **-manced; -mancing** : fantasear
romance[2] *n* : romance *m* : novela *f* de caballerías : novela *f* de amor : novela *f* romántica : amorío *m*
Romanian *n* : rumano *m*, -na *f* — **Romanian** *adj*
Roman numeral *n* : número *m* romano
romantic *adj* : romántico — **romantic** *n* — **romantically** *adv*
romanticism *n* : romanticismo *m*
romp[1] *v* : retozar : juguetear
romp[2] *n* : retozo *m*
roof[1] *v* : techar
roof[2] *n, pl* **roofs** : techo *m* : tejado *m* : techado *m*
roofing *n* : techumbre *f*
roof rack *n* : portaequipajes *m*
rooftop *n* : tejado *m*
rook[1] *v* : defraudar : estafar : timar
rook[2] *n* : grajo *m* : torre *f*
rookie *n* : novato *m*, -ta *f*
room[1] *v* : alojarse : hospedarse
room[2] *n* : espacio *m* : sitio *m* : lugar *m* : cuarto *m* : habitación *f* : sala *f* : dormitorio *m* : habitación *f* : pieza *f*
room divider → divider
roomer *n* : inquilino *m*, -na *f*
roomie *n* **→ roommate**
rooming house *n* : pensión *f*
roommate *n* : compañero *m*, -ra *f* de cuarto
room service *n* : servicio *m* de habitaciones : servicio *m* a la habitación
roomy *adj* **roomier; -est** : espacioso : amplio : suelto : holgado
roost[1] *v* : posarse : dormir
roost[2] *n* : percha *f*
rooster *n* : gallo *m*
root[1] *v* : arraigar : hozar **to root out** : desarraigar : extirpar
root[2] *n* : raíz *f* : origen *m* : centro *m* : núcleo *m*
root beer *n* : refresco *m* hecho de raíces e hierbas

rootless *adj* : desarraigado
rope[1] *v* **roped; roping** : amarrar : atar : lazar
rope[2] *n* : soga *f* : cuerda *f*
rosary *n, pl* **-ries** : rosario *m*
rose[1] → **rise**[1]
rose[2] *adj* : rosa : color de rosa
rose[3] *n* : rosal *m* : rosa *f* : rosa *m*
rosé *n* : vino *m* rosado
rosebush *n* : rosal *m*
rosemary *n, pl* **-maries** : romero *m*
rosette *n* : escarapela *f* : roseta *f*
rosin *n* : colofonia *f*
roster *n* : lista *f*
rostrum *n, pl* **-trums** *or* **-tra** : tribuna *f* : estrado *m*
rosy *adj* **rosier; -est** : sonrosado : de color rosa : prometedor
rot[1] *v* **rotted; rotting** : pudrirse : descomponerse : pudrir : descomponer
rot[2] *n* : putrefacción *f* : descomposición *f* : podredumbre *f*
rotary[1] *adj* : rotativo : rotatorio
rotary[2] *n, pl* **-ries** : máquina *f* rotativa : rotonda *f* : glorieta *f*
rotate *v* **-tated; -tating** : girar : rotar : hacer girar : darle vueltas a : alternar
rotation *n* : rotación *f*
rote *n* **to learn by rote** : aprender de memoria
rotisserie *n* : asador *m*
rotor *n* : rotor *m*
rotten *adj* : podrido : putrefacto : corrompido : malo
rottenness *n* : podredumbre *f*
rotund *adj* : redondeado : regordete : llenito
rotunda *n* : rotonda *f*
rouge *n* : colorete *m*
rough[1] *v* : poner áspero
rough[2] *adj* : áspero : basto : desigual : escabroso : accidentado : agitado : tempestuoso : violento : violento : brutal : duro : difícil : rudo : tosco : burdo : aproximado
roughage *n* : fibra *f*
roughen *v* : poner áspero : ponerse áspero
roughly *adv* : bruscamente : burdamente : aproximadamente : más o menos
roughneck *n* : matón *m*
roughness *n* : rudeza *f* : aspereza *f*
roulette *n* : ruleta *f*
round[1] *v* : doblar : redondear
round[2] *adv* → **around**[1]
round[3] *adj* : redondo : circular : cilíndrico : redondeado
round[4] *n* : círculo *m* : serie *f* : sucesión *f* : asalto *m* : recorrido *m* : vuelta *f* : salva *f* : ronda *f*; **rounds** *npl* : recorridos *mpl* : rondas *fpl* : visitas *fpl*
round[5] *prep* → **around**[2]
roundabout *adj* : indirecto
roundly *adv* : completamente : francamente : rotundamente : con vigor
roundness *n* : redondez *f*
round–shouldered *adj* : cargado de hombros
round–trip *adj* : de ida y vuelta
roundup *n* : rodeo *m* : redada *f* : resumen *m*
roundworm *n* : lombriz *f* intestinal
rouse *v* **roused; rousing** : despertar : excitar
rout[1] *v* : derrotar : aplastar
rout[2] *n* : desbandada *f* : dispersión *f* : derrota *f* aplastante
route[1] *v* **routed; routing** : dirigir : enviar : encaminar
route[2] *n* : camino *m* : ruta *f* : recorrido *m*
router *n* : router *m*
routine[1] *adj* : rutinario — **routinely** *adv*
routine[2] *n* : rutina *f*
rove *v* **roved; roving** : vagar : errar : errar por
rover *n* : vagabundo *m*, -da *f* : explorador *m*
row[1] *v* : avanzar a remo : llevar a remo : remar
row[2] *n* : paseo *m* en barca : fila *f* : hilera *f* : serie *f* : estruendo *m* : bulla *f* : pelea *f* : riña *f*
rowboat *n* : bote *m* de remos
rowdiness *n* : bulla *f*
rowdy[1] *adj* **rowdier; -est** : escandaloso : alborotador
rowdy[2] *n, pl* **-dies** : alborotador *m*, -dora *f*
rower *n* : remero *m*, -ra *f*
row house *n* : casa *f* adosada

royal[1] *adj* : real — **royally** *adv*
royal[2] *n* : persona de linaje real : miembro de la familia real
royalist *n* : realista *mf* — **royalism** *n* — **royalist** *adj*
royalty *n, pl* **-ties** : realeza *f* : miembros *mpl* de la familia real; **royalties** *npl* : derechos *mpl* de autor
rub[1] *v* **rubbed; rubbing** : frotar : restregar : friccionar : rozar : pulir : fregar
rub[2] *n* : fricción *f* : friega *f*
rubber *n* : goma *f* : caucho *m* : hule *m*; **rubbers** *npl* : chanclos *mpl*
rubber band *n* : goma *f* : gomita *f*
rubber–stamp *v* : aprobar : autorizar : sellar
rubber stamp *n* : sello *m*
rubbery *adj* : gomoso
rubbish *n* : basura *f* : desechos *mpl* : desperdicios *mpl*
rubble *n* : escombros *mpl* : ripio *m*
rubella *n* : rubéola *f*
ruble *n* : rublo *m*
ruby *n, pl* **-bies** : rubí *m* : color *m* de rubí
rucksack *n* : mochila *f*
ruckus *n* : alboroto *m* : bullicio *m*
rudder *n* : timón *m*
ruddy *adj* **ruddier; -est** : rubicundo : sanguíneo
rude *adj* **ruder; rudest** : tosco : rústico : grosero : descortés : maleducado : brusco
rudely *adv* : groseramente
rudeness *n* : grosería *f* : descortesía *f* : falta *f* de educación : tosquedad *f* : brusquedad *f*
rudiment *n* : rudimento *m* : noción *f* básica
rudimentary *adj* : rudimentario : básico
rue *v* **rued; ruing** : lamentar : arrepentirse de
rueful *adj* : lastimoso : arrepentido : pesaroso
ruffian *n* : matón *m*
ruffle[1] *v* **-fled; -fling** : agitar : rizar : arrugar : despeinar : erizar : alterar : irritar : perturbar : fruncir volantes en
ruffle[2] *n* : volante *m*
ruffly *adj* : con volantes
rug *n* : alfombra *f* : tapete *m*
rugby *n* : rugby *m*
rugged *adj* : accidentado : escabroso : duro : severo : robusto : fuerte
ruin[1] *v* : destruir : arruinar : hacer quebrar
ruin[2] *n* : ruina *f* : perdición *f*; **ruins** *npl* : ruinas *fpl* : restos *mpl*
ruinous *adj* : ruinoso
rule[1] *v* **ruled; ruling** : gobernar : controlar : decidir : fallar : trazar con una regla : reinar : prevalecer : imperar
rule[2] *n* : regla *f* : norma *f* : regla *f* general : gobierno *m* : dominio *m*
ruler *n* : gobernante *mf* : soberano *m*, -na *f* : regla *f*
ruling *n* : resolución *f* : fallo *m*
rum *n* : ron *m*
Rumanian → Romanian
rumba *n* : rumba *f*
rumble[1] *v* **-bled; -bling** : retumbar : hacer ruidos
rumble[2] *n* : estruendo *m* : ruido *m* sordo : retumbo *m*
ruminant[1] *adj* : rumiante
ruminant[2] *n* : rumiante *m*
ruminate *v* **-nated; -nating** : rumiar : reflexionar
rummage *v* **-maged; -maging** : hurgar
rummage sale *n* : venta *f* de beneficencia
rummy *n* : rummy *m*
rumor[1] *v* : rumorear
rumor[2] *n* : rumor *m*
rump *n* : ancas *fpl* : grupa *f* : cadera *f*
rumple *v* **-pled; -pling** : arrugar : despeinar
run[1] *v* **ran; run; running** : correr : circular : funcionar : ir : durar : desteñir : despintar : extenderse : pasar : llevar : hacer funcionar : realizar : echar : dirigir : tender
run[2] *n* : carrera *f* : vuelta *f* : paseo *m* : viaje *m* : serie *f* : gran demanda *f* : tipo *m*
runaway[1] *adj* : fugitivo : incontrolable : fuera de control
runaway[2] *n* : fugitivo *m*, -va *f*
rundown *n* : resumen *m*
run–down *adj* : ruinoso : destartalado : cansado : débil
rung[1] *pp* → **ring**[1]
rung[2] *n* : peldaño *m* : escalón *m*

run–in *n* : disputa *f* : altercado *m*
runner *n* : corredor *m*, -dora *f* : mensajero *m*, -ra *f* : riel *m* : patín *m* : cuchilla *f* : estolón *m*
runner–up *n, pl* **runners–up** : subcampeón *m*, -peona *f*
running *adj* : corriente : continuo : seguido
runny *adj* **runnier; -est** : caldoso
run–of–the–mill *adj* : normal y corriente : común
runt *n* : animal *m* pequeño
runway *n* : pista *f* de aterrizaje
rupee *n* : rupia *f*
rupture[1] *v* **-tured; -turing** : romper : reventar : causar una hernia en : reventarse
rupture[2] *n* : ruptura *f* : hernia *f*
rural *adj* : rural : campestre
ruse *n* : treta *f* : ardid *m* : estratagema *f*
rush[1] *v* : correr : ir de prisa : correr con fuerza : apresurar : apurar : llevar o enviar urgentemente : abalanzarse sobre : asaltar
rush[2] *adj* : urgente
rush[3] *n* : prisa *f* : apuro *m* : ráfaga *f* : torrente *m* : avalancha *f* : demanda *f* : carga *f* : junco *m*
rush hour *n* : hora *f* pico
russet *n* : color *m* rojizo
Russian *n* : ruso *m*, -sa *f* — **Russian** *adj*
rust[1] *v* : oxidarse : oxidar
rust[2] *n* : herrumbre *f* : orín *m* : óxido *m* : roya *f*
rustic[1] *adj* : rústico : campestre
rustic[2] *n* : rústico *m*, -ca *f* : campesino *m*, -na *f*
rustle[1] *v* **rustled; rustling** : hacer susurrar : hacer crujir : robar : susurrar : crujir
rustle[2] *n* : murmullo *m* : susurro *m* : crujido *m*
rustler *n* : ladrón *m*, -drona *f* de ganado
rustproof *adj* : inoxidable
rusty *adj* **rustier; -est** : oxidado : herrumbroso
rut *n* : rodada *f* : surco *m*
ruthless *adj* : despiadado : cruel — **ruthlessly** *adv*
ruthlessness *n* : crueldad *f* : falta *f* de piedad
RV → recreational vehicle
Rwandan *n* : ruandés *m*, -desa *f* — **Rwandan** *adj*
rye *n* : centeno *m*

S

Sabbath *n* : sábado *m* : domingo *m*
sabbatical *n* : sabático *m*
saber *n* : sable *m*
sable *n* : negro *m* : marta *f* cebellina
sabotage[1] *v* **-taged; -taging** : sabotear
sabotage[2] *n* : sabotaje *m*
saboteur *n* : saboteador *m*, -dora *f*
sac *n* : saco *m*
saccharin *n* : sacarina *f*
saccharine *adj* : meloso : empalagoso
sachet *n* : bolsita *f*
sack[1] *v* : echar : despedir : saquear
sack[2] *n* : saco *m*
sacrament *n* : sacramento *m*
sacramental *adj* : sacramental
sacred *adj* : sagrado : sacro
sacrifice[1] *v* **-ficed; -ficing** : sacrificar
sacrifice[2] *n* : sacrificio *m*
sacrilege *n* : sacrilegio *m*
sacrilegious *adj* : sacrílego
sacrosanct *adj* : sacrosanto
sad *adj* **sadder; saddest** : triste — **sadly** *adv*
sadden *v* : entristecer
saddle[1] *v* **-dled; -dling** : ensillar
saddle[2] *n* : silla *f*
saddlebag *n* : alforja *f*
sadism *n* : sadismo *m*
sadist *n* : sádico *m*, -ca *f*
sadistic *adj* : sádico — **sadistically** *adv*
sadness *n* : tristeza *f*
safari *n* : safari *m*
safe[1] *adj* **safer; safest** : ileso : seguro : prudente

safe[2] *n* : caja *f* fuerte
safe–conduct *n* : salvoconducto *m*
safe–deposit box *n* : caja *f* de seguridad
safeguard[1] *v* : salvaguardar : proteger
safeguard[2] *n* : salvaguarda *f* : protección *f*
safekeeping *n* : custodia *f* : protección *f*
safely *adv* : sin incidentes : sin novedades : con toda seguridad : sin peligro : sin temor a equivocarse
safety *n, pl* **-ties** : seguridad *f*
safety belt *n* : cinturón *m* de seguridad
safety net *n* : red *f* de seguridad : protección *f*
safety pin *n* : alfiler *m* de gancho : alfiler *m* de seguridad : imperdible *m*
safety razor → razor
saffron *n* : azafrán *m*
sag[1] *v* **sagged; sagging** : combarse : hundirse : inclinarse : colgar : caer : flaquear : decaer
sag[2] *n* : comba *f*
saga *n* : saga *f*
sagacious *adj* : sagaz
sage[1] *adj* **sager; sagest** : sabio — **sagely** *adv*
sage[2] *n* : sabio *m*, -bia *f* : salvia *f*
sagebrush *n* : artemisa *f*
Sagittarius *n* : Sagitario *m* : Sagitario *mf*
said → say
sail[1] *v* : navegar : ir/marchar fácilmente : gobernar
sail[2] *n* : vela *f* : viaje *m* en velero
sailboat *n* : velero *m* : barco *m* de vela
sailfish *n* : pez *m* vela
sailing *n* : navegación *f* : vela *f*
sailing ship *n* : barco *m* de vela
sailor *n* : marinero *m*
saint *n* : santo *m*, -ta *f*
saintliness *n* : santidad *f*
saintly *adj* **saintlier; -est** : santo
sake *n* : bien *m*
salable *or* **saleable** *adj* : vendible
salacious *adj* : salaz — **salaciously** *adv*
salad *n* : ensalada *f*
salad dressing → dressing
salamander *n* : salamandra *f*
salami *n* : salami *m*
salary *n, pl* **-ries** : sueldo *m*
sale *n* : venta *f* : liquidación *f* : rebajas *fpl*; **sales** *npl* : ventas *fpl*
salesman *n, pl* **-men** : vendedor *m* : dependiente *m*
salesperson *n* : vendedor *m*, -dora *f* : dependiente *m*, -ta *f*
sales pitch → pitch[2]
saleswoman *n, pl* **-women** : vendedora *f* : dependienta *f*
salient *adj* : saliente : sobresaliente
saline *adj* : salino
salinity *n* : salinidad *f*
saliva *n* : saliva *f*
salivary *adj* : salival
salivate *v* **-vated; -vating** : salivar
sallow *adj* : amarillento
sally[1] *v* **-lied; -lying** : salir : hacer una salida
sally[2] *n, pl* **-lies** : salida *f* : misión *f* : ocurrencia *f*
salmon *ns & pl* : salmón *m* : color *m* salmón
salon *n* : salón *m*
saloon *n* : salón *m* : bar *m*
salsa *n* : salsa *f* mexicana : salsa *f* picante
salt[1] *v* : salar : echarle sal a
salt[2] *adj* : salado
salt[3] *n* : sal *f*
saltiness *adj* : lo salado : salinidad *f*
salt shaker *n* : salero *m*
saltwater *adj* : de agua salada
salty *adj* **saltier; -est** : salado
salubrious *adj* : salubre
salutary *adj* : saludable : salubre
salutation *n* : saludo *m* : salutación *f*
salute[1] *v* **-luted; -luting** : saludar : reconocer : aclamar : hacer un saludo
salute[2] *n* : saludo *m* : salva *f* : reconocimiento *m* : homenaje *m*
Salvadoran → El Salvadoran
salvage[1] *v* **-vaged; -vaging** : salvar : rescatar
salvage[2] *n* : salvamento *m* : rescate *m* : objetos *mpl* salvados
salvation *n* : salvación *f*
salve[1] *v* **salved; salving** : calmar : apaciguar

salve[2] *n* : ungüento *m*
salvo *n, pl* **-vos** *or* **-voes** : salva *f*
samba *n* : samba *f*
same *adj* : mismo : igual
sameness *n* : identidad *f* : semejanza *f* : monotonía *f*
same–sex *adj* : del mismo sexo
sample[1] *v* **-pled; -pling** : probar
sample[2] *n* : muestra *f* : prueba *f*
sampler *n* : dechado *m* : colección *f* : surtido *m*
sanatorium *n, pl* **-riums** *or* **-ria** : sanatorio *m*
sanctify *v* **-fied; -fying** : santificar
sanctimonious *adj* : beato : santurrón
sanction[1] *v* : sancionar : aprobar
sanction[2] *n* : sanción *f* : autorización *f*; **sanctions** *npl* : sanciones *fpl*
sanctity *n, pl* **-ties** : santidad *f*
sanctuary *n, pl* **-aries** : presbiterio *m* : refugio *m* : asilo *m*
sand[1] *v* : lijar
sand[2] *n* : arena *f*
sandal *n* : sandalia *f*
sandalwood *n* : sándalo *m*
sandbank *n* : banco *m* de arena
sandbar *n* : banco *m* de arena
sandbox *n* : cajón *m* de arena
sand castle *n* : castillo *m* de arena
sand dune *n* → **dune**
sandpaper *n* : papel *m* de lija
sandstone *n* : arenisca *f*
sandstorm *n* : tormenta *f* de arena
sandwich[1] *v* : intercalar : encajonar : meter
sandwich[2] *n* : sandwich *m* : emparedado *m* : bocadillo *m*
sandy *adj* **sandier; -est** : arenoso
sane *adj* **saner; sanest** : cuerdo : sensato : razonable
sang → **sing**
sangria *n* : sangría *f*
sanguine *adj* : sanguíneo : rubicundo : optimista
sanitarium *n, pl* **-iums** *or* **-ia** → **sanatorium**
sanitary *adj* : sanitario : higiénico
sanitation *n* : sanidad *f*
sanitize *v* **-tized; -tizing** : desinfectar : expurgar
sanity *n* : cordura *f* : razón *f*
sank → **sink**
Santa Claus *n* : Papá Noel : San Nicolás
sap[1] *v* **sapped; sapping** : socavar : minar : debilitar
sap[2] *n* : savia *f* : inocentón *m*, -tona *f*
sapling *n* : árbol *m* joven
sapphire *n* : zafiro *m*
sarcasm *n* : sarcasmo *m*
sarcastic *adj* : sarcástico — **sarcastically** *adv*
sarcophagus *n, pl* **-gi** : sarcófago *m*
sardine *n* : sardina *f*
sardonic *adj* : sardónico — **sardonically** *adv*
sari *n* : sari *m*
sarsaparilla *n* : zarzaparrilla *f*
sash *n* : faja *f* : fajín *m*; *pl* **sash** : marco *m*
sassafras *n* : sasafrás *m*
sassy *adj* **sassier; -est** : fresco : descarado : impertinente : moderno : llamativo : vivaz
sat → **sit**
Satan *n* : Satanás *m* : Satán *m*
satanic *adj* : satánico — **satanically** *adv*
satchel *n* : cartera *f* : saco *m*
sate *v* **sated; sating** : saciar
satellite *n* : satélite *m*
satellite dish *n* : antena *m* parabólica
satiate *v* **-ated; -ating** : saciar : hartar
satin *n* : raso *m* : satín *m* : satén *m*
satire *n* : sátira *f*
satiric *or* **satirical** *adj* : satírico
satirize *v* **-rized; -rizing** : satirizar
satisfaction *n* : satisfacción *f*
satisfactory *adj* : satisfactorio : bueno — **satisfactorily** *adv*
satisfy *v* **-fied; -fying** : satisfacer : contentar : convencer : cumplir con : llenar : pagar : saldar : bastar
satisfying *adj* : satisfactorio
saturate *v* **-rated; -rating** : empapar : saturar
saturation *n* : saturación *f*
Saturday *n* : sábado *m*
Saturn *n* : Saturno *m*
satyr *n* : sátiro *m*
sauce *n* : salsa *f*

saucepan *n* : cacerola *f* : cazo *m* : cazuela *f*
saucer *n* : platillo *m*
sauciness *n* : descaro *m* : frescura *f*
saucy *adj* **saucier; -est** : descarado : fresco — **saucily** *adv*
Saudi → Saudi Arabian
Saudi Arabian *n* : saudita *mf* : saudí *mf* — **Saudi Arabian** *adj*
sauna *n* : sauna *mf*
saunter *v* : pasear : pasearse
sausage *n* : salchicha *f* : embutido *m*
sauté *v* **-téed** *or* **-téd; -téing** : saltear : sofreír
savage[1] *adj* : salvaje : feroz — **savagely** *adv*
savage[2] *n* : salvaje *mf*
savagery *n, pl* **-ries** : ferocidad *f* : salvajada *f* : atrocidad *f* : crueldad *f*
savanna *n* : sabana *f*
save[1] *v* **saved; saving** : salvar : rescatar : preservar : conservar : guardar : ahorrar : almacenar
save[2] *prep* : salvo : excepto : menos
savings *n* : ahorros *mpl*
savings account *n* : cuenta *f* de ahorro(s)
savings bank *n* : caja *f* de ahorros
savior *n* : salvador *m*, -dora *f*
savor[1] *v* : saborear
savor[2] *n* : sabor *m*
savory *adj* : sabroso
saw[1] **→ see**
saw[2] *v* **sawed; sawed** *or* **sawn; sawing** : serrar : cortar
saw[3] *n* : sierra *f*
sawdust *n* : aserrín *m* : serrín *m*
sawhorse *n* : caballete *m* : burro *m*
sawmill *n* : aserradero *m*
sax *n* : saxo *m*
saxophone *n* : saxofón *m* — **saxophonist** *n*
say[1] *v* **said; saying; says** : decir : expresar : marcar : poner : revelar : saber : mandar : pronunciar : suponer
say[2] *n, pl* **says** : voz *f* : opinión *f*
saying *n* : dicho *m* : refrán *m*
scab *n* : costra *f* : postilla *f* : rompehuelgas *mf* : esquirol *mf*
scabbard *n* : vaina *f* : funda *f*
scabby *adj* **scabbier; -est** : lleno de costras
scaffold *n* : patíbulo *m* : cadalso *m*; *or* **scaffolding** : andiamo *m*
scald *v* : escaldar : calentar
scale[1] *v* **scaled; scaling** : escamar : escalar : pesar
scale[2] *n* : escama *f* : escala *f* : proporción *f*; *or* **scales** *npl* : balanza *f* : báscula *f* : baremo *m*
scallion *n* : cebollino *m* : cebolleta *f*
scallop *n* : vieira *f* : festón *m*
scalp[1] *v* : arrancar la cabellera a : revender
scalp[2] *n* : cuero *m* cabelludo
scalpel *n* : bisturí *m* : escalpelo *m*
scalper *n* : revendedor *m*, -dora *f*
scaly *adj* **scalier; -est** : escamoso
scam *n* : estafa *f* : timo *m* : chanchullo *m*
scamp *n* : bribón *m*, -bona *f* : granuja *mf* : travieso *m*, -sa *f*
scamper *v* : corretear
scan[1] *v* **scanned; scanning** : escandir : escudriñar : escrutar : echarle un vistazo a : explorar : hacer un escáner de : escanear
scan[2] *n* : ecografía *f* : examen *m* ultrasónico : escáner *m* : imagen *f* escaneada
scandal *n* : escándalo *m* : habladurías *fpl* : chismes *mpl*
scandalize *v* **-ized; -izing** : escandalizar
scandalous *adj* : de escándalo
Scandinavian[1] *adj* : escandinavo
Scandinavian[2] *n* : escandinavo *m*, -va *f*
scanner *n* : escáner *m* : scanner *m*
scant *adj* : escaso
scanty *adj* **scantier; -est** : exiguo : escaso — **scantily** *adv*
scapegoat *n* : chivo *m* expiatorio : cabeza *f* de turco
scapula *n, pl* **-las** *or* **-las → shoulder blade**
scar[1] *v* **scarred; scarring** : dejar una cicatriz en : cicatrizar
scar[2] *n* : cicatriz *f* : marca *f*
scarab *n* : escarabajo *m*
scarce *adj* **scarcer; -est** : escaso
scarcely *adv* : apenas : ni mucho menos : ni nada que se le parezca

scarcity *n, pl* **-ties** : escasez *f*
scare[1] *v* **scared; scaring** : asustar : espantar
scare[2] *n* : susto *m* : sobresalto *m* : pánico *m*
scarecrow *n* : espantapájaros *m* : espantajo *m*
scared *n* : asustado
scarf *n, pl* **scarves** *or* **scarfs** : bufanda *f* : pañuelo *m*
scarlet *n* : escarlata *f* — **scarlet** *adj*
scarlet fever *n* : escarlatina *f*
scary *adj* **scarier; -est** : espantoso : pavoroso
scathing *adj* : mordaz : cáustico
scatter *v* : esparcir : desparramar : dispersarse
scatterbrained *adj* : atolondrado : despistado : alocado
scavenge *v* **-venged; -venging** : rescatar : pepenar : rebuscar : hurgar en la basura
scavenger *n* : persona *f* que rebusca en las basuras : pepenador *m*, -dora *f* : carroñero *m*, -ra *f*
scenario *n, pl* **-ios** : argumento *m* : guión *m* : situación *f* hipotética
scene *n* : escena *f* : decorado *m* : escenario *m* : escándalo *m*
scenery *n, pl* **-eries** : decorado *m* : paisaje *m*
scenic *adj* : pintoresco
scent[1] *v* : oler : olfatear : perfumar : sentir : percibir
scent[2] *n* : olor *m* : aroma *m* : olfato *m* : perfume *m*
scented *adj* : perfumado
scepter *n* : cetro *m*
sceptic → skeptic
schedule[1] *v* **-uled; -uling** : planear : programar
schedule[2] *n* : programa *m* : plan *m* : horario *m*
schematic[1] *adj* : esquemático
schematic[2] *n* : plano *m* : esquema *m*
scheme[1] *v* **schemed; scheming** : intrigar : conspirar
scheme[2] *n* : plan *m* : proyecto *m* : intriga *f* : ardid *m* : esquema *m*
schemer *n* : intrigante *mf*
schism *n* : cisma *m*
schizophrenia *n* : esquizofrenia *f*
schizophrenic *n* : esquizofrénico *m*, -ca *f* — **schizophrenic** *adj*
scholar *n* : escolar *mf* : alumno *m*, -na *f* : especialista *mf*
scholarly *adj* : erudito
scholarship *n* : erudición *f* : beca *f*
scholastic *adj* : académico
school[1] *v* : instruir : enseñar
school[2] *n* : escuela *f* : colegio *m* : estudiantes y profesores
schoolbook *n* : libro *m* de texto
schoolboy *n* : escolar *m* : colegial *m*
schoolchild *n* : colegial *m*, -giala *f* : escolar *mf*
schoolgirl *n* : escolar *f* : colegiala *f*
schoolhouse *n* : escuela *f*
schooling *n* : educación *f* escolar
schoolmate *n* : compañero *m*, -ra *f* de escuela
schoolroom → classroom
schoolteacher *n* : maestro *m*, -tra *f* : profesor *m*, -sora *f*
schoolwork *n* : trabajo *m* escolar
schooner *n* : goleta *f*
science *n* : ciencia *f*
science fiction *n* : ciencia ficción *f*
scientific *adj* : científico — **scientifically** *adv*
scientist *n* : científico *m*, -ca *f*
sci–fi → science fiction
scintillating *adj* : chispeante : brillante
scissors *npl* : tijeras *fpl*
sclerosis *n, pl* **-roses** : esclerosis *f*
scoff *v* **to scoff at** : burlarse de : mofarse de
scold *v* : regañar : reprender : reñir
scoop[1] *v* : sacar
scoop[2] *n* : pala *f* : cucharón *m* : bola *f* : cucharada *f*
scoot *v* : ir rápidamente
scooter *n* : patineta *f* : monopatín *m* : patinete *m*
scope *n* : alcance *m* : ámbito *m* : extensión *f* : posibilidades *fpl* : libertad *f*
scorch *v* : chamuscar : quemar : chamuscarse : quemarse
score[1] *v* **scored; scoring** : anotar : marcar : rayar : meter : ganar : apuntarse : calificar : instrumentar : orquestar : obtener una puntuación

score[2] *n, pl* **scores** *or pl* **score** : veintena *f* : línea *f* : marca *f* : resultado *m* : calificación *f* : puntuación *f* : cuenta *f* : partitura *f*
scoreboard *n* : marcador *m* : tanteador *m* : pizarra *f*
scorer *n* : anotador *m*, -dora *f* : goleador *m*
scorn[1] *v* : despreciar : menospreciar : desdeñar
scorn[2] *n* : desprecio *m* : menosprecio *m* : desdén *m*
scornful *adj* : desdeñoso : despreciativo — **scornfully** *adv*
Scorpio *n* : Escorpio *m* : Escorpión *m* : Escorpio *mf* : Escorpión *mf*
scorpion *n* : alacrán *m* : escorpión *m*
Scot *n* : escocés *m*, -cesa *f*
Scotch[1] *adj* → **Scottish**[1]
Scotch[2] *npl* **the Scotch** : los escoceses
scot–free *adj* **to get off scot–free** : salir impune : quedar sin castigo
Scots *n* : escocés *m*
Scottish[1] *adj* : escocés
Scottish[2] *n* → **Scots**
scoundrel *n* : sinvergüenza *mf* : bellaco *m*, -ca *f*
scour *v* : registrar : revisar : fregar : restregar
scourge[1] *v* **scourged; scourging** : azotar
scourge[2] *n* : azote *m*
scout[1] *v* : reconocer
scout[2] *n* : explorador *m*, -dora *f*
scowl[1] *v* : fruncir el ceño
scowl[2] *n* : ceño *m* fruncido
scrabble *v* **scrabbled; -bling** : escarbar/hurgar frenéticamente
scram *v* **scrammed; scramming** : largarse
scramble[1] *v* **scrambled; -bling** : trepar : gatear : hacer/ir frenéticamente : pelearse : mezclar : codificar : cifrar : encriptar
scramble[2] *n* : rebatiña *f* : pelea *f*
scrambled eggs *npl* : huevos *mpl* revueltos
scrap[1] *v* **scrapped; scrapping** : desechar : pelearse
scrap[2] *n* : pedazo *m* : trozo *m* : pelea *f*; **scraps** *npl* : restos *mpl* : sobras *fpl*
scrapbook *n* : álbum *m* de recortes
scrape[1] *v* **scraped; scraping** : rozar : rascar : raspar
scrape[2] *n* : raspadura *f* : rasguño *m* : apuro *m* : aprieto *m*
scraping *n* : raspadura *f*
scrap paper *n* : papel para borrador : papel usado
scratch[1] *v* : rascarse : arañar : rasguñar : rayar : marcar
scratch[2] *n* : rasguño *m* : arañazo *m* : raya *f* : rayón *m* : sonido *m* rasposo
scratchy *adj* **scratchier; -est** : áspero : que pica
scrawl[1] *v* : garabatear
scrawl[2] *n* : garabato *m*
scrawny *adj* **scrawnier; -est** : flaco : escuálido
scream[1] *v* : chillar : gritar
scream[2] *n* : chillido *m* : grito *m*
screech[1] *v* : chillar : chirriar
screech[2] *n* : chillido *m* : grito *m* : chirrido *m*
screen[1] *v* : proteger : tapar : ocultar : someter a pruebas preventivas o de detección : revisar : seleccionar : filtrar : cribar : emitir : proyectar
screen[2] *n* : biombo *m* : pantalla *f* : criba *f* : cine *m*
screening *n* : proyección *f* : emisión *f* : acto *m* de hacer pruebas médicas : control *m* : selección *f*
screenplay *n* : guión *m*
screen saver *n* : protector *m* de pantalla : salvapantallas *m*
screw[1] *v* : atornillar : sujetar : enroscar
screw[2] *n* : tornillo *m* : vuelta *f* : hélice *f*
screwdriver *n* : destornillador *m* : desarmador *m*
scribble[1] *v* **-bled; -bling** : garabatear
scribble[2] *n* : garabato *m*
scribe *n* : escriba *m*
scrimmage *n* : escaramuza *f*
script *n* : letra *f* : escritura *f* : guión *m*
scriptural *adj* : bíblico
scripture *n* : escritos *mpl* sagrados; **the Scriptures** *npl* : las Sagradas Escrituras

scriptwriter *n* : guionista *mf* : libretista *mf*
scroll[1] *n* : rollo *m* : voluta *f*
scroll[2] *v* : desplazarse : desplazar
scrotum *n, pl* **scrota** *or* **scrotums** : escroto *m*
scrounge *v* **scrounged; scrounging** : gorrear : sablear
scrounger *n* : gorrón *m*, -rrona *f*
scrub[1] *v* **scrubbed; scrubbing** : restregar : fregar
scrub[2] *n* : maleza *f* : matorral *m* : matorrales *mpl* : fregado *m* : restregadura *f*
scrubby *adj* **scrubbier; -est** : achaparrado : cubierto de maleza
scruff *n* **by the scruff of the neck** : por el cogote : por el pescuezo
scruffy *adj* **scruffier; -est** : dejado : desaliñado
scrumptious *adj* : delicioso : muy rico
scruple *n* : escrúpulo *m*
scrupulous *adj* : escrupuloso — **scrupulously** *adv*
scrutinize *v* **-nized; -nizing** : escrutar : escudriñar
scrutiny *n, pl* **-nies** : escrutinio *m* : inspección *f*
scuff *v* : rayar : raspar
scuffle[1] *v* **-fled; -fling** : pelearse : caminar arrastrando los pies
scuffle[2] *n* : refriega *f* : pelea *f* : arrastre *m* de los pies
sculpt *v* : esculpir
sculptor *n* : escultor *m*, -tora *f*
sculptural *adj* : escultórico
sculpture[1] *v* **-tured; -turing** : esculpir
sculpture[2] *n* : escultura *f*
scum *n* : espuma *f* : nata *f* : verdín *m*
scurrilous *adj* : difamatorio : calumnioso : injurioso
scurry *v* **-ried; -rying** : corretear
scurvy *n* : escorbuto *m*
scuttle[1] *v* **-tled; -tling** : hundir : corretear
scuttle[2] *n* : cubo *m*
scythe *n* : guadaña *f*
sea[1] *adj* : del mar
sea[2] *n* : mar *mf* : mar *m* : multitud *f*
sea bass *n* : lubina *f*
seabed *n* : fondo *m* del mar
seabird *n* : ave *f* marina
seaboard *n* : litoral *m*
seacoast *n* : costa *f* : litoral *m*
seafarer *n* : marinero *m*
seafaring[1] *adj* : marinero
seafaring[2] *n* : navegación *f*
seafood *n* : mariscos *mpl*
seafront *n* : paseo *m* marítimo
seagull *n* : gaviota *f*
sea horse *n* : hipocampo *m* : caballito *m* de mar
seal[1] *v* : sellar : cerrar
seal[2] *n* : foca *f* : sello *m* : cierre *m* : precinto *m*
sea level *n* : nivel *m* del mar
sea lion *n* : león *m* marino
sealskin *n* : piel *f* de foca
seam[1] *v* : unir con costuras : marcar
seam[2] *n* : costura *f* : veta *f* : filón *m*
seaman *n, pl* **-men** : marinero *m* : marino *m*
seamless *adj* : sin costuras : de una pieza : perfecto
seamstress *n* : costurera *f*
seamy *adj* **seamier; -est** : sórdido
séance *n* : sesión *f* de espiritismo
seaplane *n* : hidroavión *m*
seaport *n* : puerto *m* marítimo
sear *v* : secar : resecar : chamuscar : quemar
search[1] *v* : registrar : cachear : buscar en **to search for** : buscar
search[2] *n* : búsqueda *f* : registro *m* : cacheo *m*
search engine *n* : buscador *m*
searching *adj* : inquisitivo : penetrante
searchlight *n* : reflector *m*
seashell *n* : concha *f*
seashore *n* : orilla *f* del mar
seasick *adj* : mareado
seasickness *n* : mareo *m*
seaside → **seacoast**
season[1] *v* : sazonar : condimentar : curar : secar
season[2] *n* : estación *f* : temporada *f* : celo *m*
seasonable *adj* : propio de la estación : oportuno
seasonal *adj* : estacional — **seasonally** *adv*
seasoned *adj* : condimentado : sazonado : veterano : curado : seco

seasoning *n* : condimento *m* : sazón *f*
season ticket *n* : abono *m*
seat[1] *v* : sentar : tener cabida para
seat[2] *n* : asiento *m* : plaza *f* : fondillos *mpl* : trasero *m* : sede *f* : centro *m*
seat belt *n* : cinturón *m* de seguridad
seating *n* : asientos *mpl* : turno *m*
sea urchin *n* : erizo *m* de mar
seawall *n* : rompeolas *m* : dique *m* marítimo
seawater *n* : agua *f* de mar
seaweed *n* : alga *f* marina
seaworthy *adj* : en condiciones de navegar
secede *v* **-ceded; -ceding** : separarse
seclude *v* **-cluded; -cluding** : aislar
seclusion *n* : aislamiento *m*
second[1] *v* : secundar : apoyar
second[2] *or* **secondly** *adv* : en segundo lugar
second[3] *adj* : segundo : otro
second[4] *n* : segundo *m*, -da *f* : ayudante *m* : momento *m*; **seconds** *npl* : segunda ración *f*
secondary *adj* : secundario
secondary school *n* : escuela *f* de enseñanza secundaria
second–class *adj* : de segunda clase/categoría : mediocre
secondhand *adj* : de segunda mano
second lieutenant *n* : alférez *mf* : subteniente *mf*
second–rate *adj* : mediocre : de segunda categoría
second thought *n* : duda *f*
secrecy *n, pl* **-cies** : secreto *m*
secret[1] *adj* : secreto — **secretly** *adv*
secret[2] *n* : secreto *m*
secretarial *adj* : de secretario : de oficina
secretariat *n* : secretaría *f* : secretariado *m*
secretary *n, pl* **-taries** : secretario *m*, -ria *f* : ministro *m*, -tra *f*
secrete *v* **-creted; -creting** : secretar : segregar : ocultar
secretion *n* : secreción *f*
secretive *adj* : reservado : callado : secreto
sect *n* : secta *f*
sectarian *adj* : sectario
section[1] *v* : dividir
section[2] *n* : sección *f* : parte *f* : sector *m* : barrio *m*
sectional *adj* : en sección : en corte : de grupo : entre facciones : modular
sector *n* : sector *m*
secular *adj* : secular : laico : seglar
secure[1] *v* **-cured; -curing** : asegurar : sujetar : conseguir
secure[2] *adj* **securer; -est** : seguro — **securely** *adv*
security *n, pl* **-ties** : seguridad *f* : garantía *f*; **securities** *npl* : valores *mpl*
security guard *n* : guardia *mf* de seguridad : guarda *mf* de seguridad
sedan *n* : sedán *m*
sedate[1] *v* **-dated; -dating** : sedar
sedate[2] *adj* : sosegado — **sedately** *adv*
sedation *n* : sedación *f*
sedative[1] *adj* : sedante
sedative[2] *n* : sedante *m* : calmante *m*
sedentary *adj* : sedentario
sedge *n* : juncia *f*
sediment *n* : sedimento *m* : poso *m* — **sedimentary** *adj* — **sedimentation** *n*
sedition *n* : sedición *f*
seditious *adj* : sedicioso
seduce *v* **-duced; -ducing** : seducir
seduction *n* : seducción *f*
seductive *adj* : seductor : seductivo
seducer *n* : seductor *m*, -tora *f*
see[1] *v* **saw; seen; seeing** : ver : leer : conocer : entender : imaginar : asegurarse : acompañar
see[2] *n* : sede *f*
seed[1] *v* : sembrar : quitarle las semillas a
seed[2] *n, pl* **seed** *or* **seeds** : semilla *f* : pepita *f* : germen *m*
seedless *adj* : sin semillas
seedling *n* : plantón *m*
seedpod → **pod**
seedy *adj* **seedier; -est** : lleno de semillas : raído : ruinoso : sórdido

seek *v* **sought; seeking** : buscar : solicitar : pedir
seem *v* : parecer
seeming *adj* : aparente : ostensible
seemingly *adv* : aparentemente : según parece
seemly *adj* **seemlier; -est** : apropiado : decoroso
seep *v* : filtrarse
seer *n* : vidente *mf* : clarividente *mf*
seesaw[1] *v* : jugar en un subibaja : vacilar : oscilar
seesaw[2] *n* : balancín *m* : subibaja *m*
seethe *v* **seethed; seething** : bullir : hervir
segment *n* : segmento *m*
segmented *adj* : segmentado
segregate *v* **-gated; -gating** : segregar
segregation *n* : segregación *f*
seismic *adj* : sísmico
seismograph *n* : sismógrafo *m*
seize *v* **seized; seizing** : capturar : tomar : apoderarse de : detener : agarrar : coger : aprovechar; *or* **to seize up** : agarrotarse
seizure *n* : toma *f* : captura *f* : detención *f* : ataque *m*
seldom *adv* : pocas veces : rara vez : casi nunca
select[1] *v* : escoger : elegir : seleccionar
select[2] *adj* : selecto
selection *n* : selección *f* : elección *f*
selective *adj* : selectivo
selenium *n* : selenio *m*
self *n, pl* **selves** : ser *m* : persona *f* : lado
self- *pref* : auto-
self–addressed *adj* : con la dirección del remitente
self–appointed *adj* : autoproclamado : autonombrado
self–assurance *n* : seguridad *f* en sí mismo
self–assured *adj* : seguro de sí mismo
self–care *n* : cuidado *m* personal
self–centered *adj* : egocéntrico
self–confidence *n* : confianza *f* en sí mismo
self–confident *adj* : seguro de sí mismo
self–conscious *adj* : cohibido : tímido
self–consciously *adv* : de manera cohibida
self–consciousness *n* : vergüenza *f* : timidez *f*
self–contained *adj* : independiente : reservado
self–control *n* : autocontrol *m* : control *m* de sí mismo
self–defense *n* : defensa *f* propia : defensa *f* personal
self–denial *n* : abnegación *f*
self–destructive *adj* : autodestructivo — **self–destruction** *n*
self–determination *n* : autodeterminación *f*
self–discipline *n* : autodisciplina *f*
self–esteem *n* : autoestima *f* : amor *m* propio
self–evident *adj* : evidente : manifiesto
self–explanatory *adj* : fácil de entender : evidente
self–expression *n* : expresión *f* personal
self–government *n* : autogobierno *m*
self–help *n* : autoayuda *f*
selfie *n, pl* **-fies** : selfie *m* : selfi *m* : autofoto *f*
self–important *adj* : vanidoso : presumido : arrogante
self–indulgent *adj* : que se permite excesos
self–inflicted *adj* : autoinfligido
self–interest *n* : interés *m* personal
selfish *adj* : egoísta
selfishly *adv* : de manera egoísta
selfishness *n* : egoísmo *m*
selfless *adj* : desinteresado
self–pity *n, pl* **-ties** : autocompasión *f*
self–portrait *n* : autorretrato *m*
self–proclaimed *adj* : autoproclamado
self–propelled *adj* : autopropulsado
self–reliance *n* : independencia *f* : autosuficiencia *f*
self–respect *n* : autoestima *f* : amor *m* propio
self–restraint *n* : autocontrol *m* : moderación *f*

self–righteous *adj* : santurrón : moralista
self–sacrifice *n* : abnegación *f*
self–sacrificing *adj* : abnegado
selfsame *adj* : mismo
self–satisfaction *n* : suficiencia *f*
self–satisfied *adj* : ufano
self–seeking *adj* : interesado
self–service *adj* : de autoservicio
self–sufficiency *n* : autosuficiencia *f*
self–sufficient *adj* : autosuficiente
self–taught *adj* : autodidacta
sell *v* **sold; selling** : vender : venderse
seller *n* : vendedor *m*, -dora *f*
selves → self
semantic *adj* : semántico
semantics *ns & pl* : semántica *f*
semaphore *n* : semáforo *m*
semblance *n* : apariencia *f*
semen *n* : semen *m*
semester *n* : semestre *m*
semi- *pref* : semi-
semiannual *adj* : semestral
semicircle *n* : semicírculo *m*
semicolon *n* : punto y coma *m*
semiconductor *n* : semiconductor *m*
semifinal *n* : semifinal *f*
semimonthly *adj* : bimensual : quincenal
seminar *n* : seminario *m*
seminary *n, pl* **-naries** : seminario *m*
semiprecious *adj* : semiprecioso
Semite *n* : semita *mf* — **Semitic** *adj*
semolina *n* : sémola *f*
senate *n* : senado *m*
senator *n* : senador *m*, -dora *f*
send *v* **sent; sending** : mandar : enviar : lanzar
sender *n* : remitente *mf*
send–off *n* : despedida *f*
Senegalese *n* : senegalés *m*, -lesa *f* — **Senegalese** *adj*
senile *adj* : senil
senility *n* : senilidad *f*
senior[1] *adj* : mayor : superior : más antiguo
senior[2] *n* : superior *m*
senior citizen *n* : persona *f* de la tercera edad
seniority *n* : antigüedad *f*
sensation *n* : sensación *f*
sensational *adj* : que causa sensación
sensationalism *n* : sensacionalismo *m*
sensationalist *or* **sensationalistic** *adj* : sensacionalista
sense[1] *v* **sensed; sensing** : sentir
sense[2] *n* : sentido *m* : significado *m* : sensación *f* : sensatez *f* : tino *m*
senseless *adj* : sin sentido : sin razón : inconsciente
senselessly *adv* : sin sentido
sensibility *n, pl* **-ties** : sensibilidad *f*
sensible *adj* : sensible : perceptible : consciente : sensato — **sensibly** *adv*
sensibleness *n* : sensatez *f* : solidez *f*
sensitive *adj* : sensible : delicado : susceptible : sensibilizado : de mucha sensibilidad : controvertido : confidencial
sensitiveness → sensitivity
sensitivity *n, pl* **-ties** : sensibilidad *f*
sensitize *v* **-tized; -tizing** : sensibilizar
sensor *n* : sensor *m*
sensory *adj* : sensorial
sensual *adj* : sensual — **sensually** *adv*
sensuality *n, pl* **-ties** : sensualidad *f*
sensuous *adj* : sensual
sent → send
sentence[1] *v* **-tenced; -tencing** : sentenciar
sentence[2] *n* : sentencia *f* : oración *f* : frase *f*
sentient *adj* : sensitivo : sensible
sentiment *n* : opinión *f* : sentimiento *m*
sentimental *adj* : sentimental
sentimentality *n, pl* **-ties** : sentimentalismo *m* : sensiblería *f*
sentinel *n* : centinela *mf* : guardia *mf*
sentry *n, pl* **-tries** : centinela *mf*
separate[1] *v* **-rated; -rating** : separar : diferenciar : distinguir : separarse
separate[2] *adj* : separado : aparte : distinto

separately *adv* : por separado : separadamente : aparte
separation *n* : separación *f*
sepia *n* : color *m* sepia
September *n* : septiembre *m* : setiembre *m*
septic *adj* : séptico
sepulchre *n* : sepulcro *m*
sequel *n* : secuela *f* : consecuencia *f* : continuación *f*
sequence *n* : serie *f* : sucesión *f* : secuencia *f* : orden *m*
sequester *v* : aislar
sequin *n* : lentejuela *f*
sequoia *n* : secoya *f* : secuoya *f*
sera → serum
Serb *or* **Serbian** *n* : serbio *m*, -bia *f* — **Serb** *or* **Serbian** *adj*
Serbo–Croatian *n* : serbocroata *m* — **Serbo–Croatian** *adj*
serenade[1] *v* **-naded; -nading** : darle una serenata
serenade[2] *n* : serenata *f*
serene *adj* : sereno — **serenely** *adv*
serendipity *n* : suerte *f* : fortuna *f*
serenity *n* : serenidad *f*
serf *n* : siervo *m*, -va *f*
serge *n* : sarga *f*
sergeant *n* : sargento *mf*
serial[1] *adj* : seriado
serial[2] *n* : serie *f* : serial *m* : publicación *f* por entregas
serially *adv* : en serie
serial number *n* : número *m* de serie
series *n, pl* **series** : serie *f* : sucesión *f*
serious *adj* : serio : dedicado : grave
seriously *adv* : seriamente : con seriedad : en serio : gravemente
seriousness *n* : seriedad *f* : gravedad *f*
sermon *n* : sermón *m*
serpent *n* : serpiente *f*
serrated *adj* : dentado : serrado
serum *n, pl* **serums** *or* **sera** : suero *m*
servant *n* : criado *m*, -da *f* : sirviente *m*, -ta *f*
serve *v* **served; serving** : servir : sacar : abastecer : cumplir : hacer
server *n* : camarero *m*, -ra *f* : mesero *m* : servidor *m*
service[1] *v* **-viced; -vicing** : darle mantenimiento a : revisar : arreglar : reparar
service[2] *n* : servicio *m* : oficio *m* : juego *m* : mantenimiento *m* : revisión *f* : saque *m*
serviceable *adj* : útil : duradero
service charge *n* : servicio *m*
serviceman *n, pl* **-men** : militar *m*
service station → gas station
servicewoman *n, pl* **-women** : militar *f*
servile *adj* : servil
servility *n* : servilismo *m*
serving *n* : porción *f* : ración *f*
servitude *n* : servidumbre *f*
sesame *n* : ajonjolí *m* : sésamo *m*
session *n* : sesión *f*
set[1] *v* **set; setting** : poner : colocar : engarzar : montar : fijar : establecer : tender : hacer : ambientar : componer : tensar : marcar : fraguar : cuajar : ponerse
set[2] *adj* : fijo : establecido : inflexible : listo : preparado
set[3] *n* : juego *m* : aparato *m* : conjunto *m*
setback *n* : revés *m* : contratiempo *m*
settee *n* : sofá *m*
setter *n* : setter *mf*
setting *n* : posición *f* : ajuste *m* : montura *f* : escenario *m* : ambiente *m* : entorno *m* : marco *m*
settle *v* **settled; settling** : posarse : depositarse : asentarse : acomodarse : resolver una disputa : decidir : instalarse : establecerse : fijar : acordar : resolver : solucionar : pagar : calmar : asentar : acomodar : poner : colonizar
settlement *n* : pago *m* : liquidación *f* : asentamiento *m* : acuerdo *m*
settler *n* : poblador *m*, -dora *f* : colono *m*, -na *f*
setup *n* : montaje *m* : ensamblaje *m* : disposición *f* : preparación *f* : encerrona *f*
seven[1] *adj* : siete

seven[2] *n* : siete *m*
seven[3] *pron* : siete
seven hundred[1] *adj & pron* : setecientos
seven hundred[2] *n* : setecientos *m*
seventeen[1] *adj & pron* : diecisiete
seventeen[2] *n* : diecisiete *m*
seventeenth[1] *adj* : decimoséptimo
seventeenth[2] *n* : decimoséptimo *m*, -ma *f* : diecisieteavo *m* : diecisieteava parte *f*
seventh[1] *adv* : en séptimo lugar
seventh[2] *adj* : séptimo
seventh[3] *n* : séptimo *m*, -ma *f* : séptima parte *f*
seventieth[1] *adj* : septuagésimo
seventieth[2] *n* : septuagésimo *m*, -ma *f* : setentavo *m* : setentava parte *f* : septuagésima parte *f*
seventy[1] *adj & pron* : setenta
seventy[2] *n, pl* **-ties** : setenta *m*
sever *v* **-ered; -ering** : cortar : romper
several[1] *adj* : distinto : varios
several[2] *pron* : varios
severance *n* : ruptura *f*
severe *adj* **severer; -est** : severo : sobrio : austero : grave : duro : difícil — **severely** *adv*
severity *n* : severidad *f* : sobriedad *f* : austeridad *f* : gravedad *f*
sew *v* **sewed; sewn** *or* **sewed; sewing** : coser
sewage *n* : aguas *fpl* negras : aguas *fpl* residuales
sewer[1] *n* : uno que cose
sewer[2] *n* : alcantarilla *f* : cloaca *f*
sewing *n* : costura *f*
sewing machine *n* : máquina *f* de coser
sex *n* : sexo *m* : relaciones *fpl* sexuales
sexism *n* : sexismo *m*
sexist[1] *adj* : sexista
sexist[2] *n* : sexista *mf*
sextant *n* : sextante *m*
sextet *n* : sexteto *m*
sexton *n* : sacristán *m*
sexual *adj* : sexual — **sexually** *adv*
sexuality *n* : sexualidad *f*
sexy *adj* **sexier; -est** : sexy
sh *or* **ssh** *or* **sssh** *interj* : chis! : chist!
shabbily *adv* : pobremente : mal : injustamente
shabbiness *n* : lo gastado : lo mal vestido : injusticia *f*
shabby *adj* **shabbier; -est** : gastado : mal vestido : malo : injusto
shack *n* : choza *f* : rancho *m*
shackle[1] *v* **-led; -ling** : ponerle grilletes
shackle[2] *n* : grillete *m*
shad *n* : sábalo *m*
shade[1] *v* **shaded; shading** : proteger : convertirse gradualmente
shade[2] *n* : sombra *f* : tono *m* : matiz *m* : pantalla *f* : persiana *f*
shadow[1] *v* : ensombrecer : seguir de cerca : seguirle la pista
shadow[2] *n* : sombra *f* : oscuridad *f* : atisbo *m* : indicio *m*
shadowy *adj* : vago : indistinto : oscuro
shady *adj* **shadier; -est** : sombreado : que da sombra : sospechoso : turbio
shaft *n* : asta *f* : astil *m* : mango *m*
shaggy *adj* **shaggier; -est** : peludo : enmarañado : despeinado
shake[1] *v* **shook; shaken; shaking** : sacudir : agitar : hacer temblar : debilitar : hacer flaquear : afectar : alterar : temblar : sacudirse
shake[2] *n* : sacudida *f* : apretón *m*
shake–up *n* : reorganización *f*
shakily *adv* : temblorosamente
shaky *adj* **shakier; -est** : tembloroso : poco firme : inestable : precario : incierto : dudoso : cuestionable
shale *n* : esquisto *m*
shallow *adj* : poco profundo : superficial
shallows *npl* : bajío *m* : bajos *mpl*
sham[1] *v* **shammed; shamming** : fingir
sham[2] *adj* : falso : fingido
sham[3] *n* : farsa *f* : simulación *f* : imitación *f* : impostor *m*, -tora *f* : farsante *mf*
shamble *v* **-bled; -bling** : caminar arrastrando los pies
shambles *ns & pl* : caos *m* : desorden *m* : confusión *f*
shame[1] *v* **shamed; shaming** : avergonzar : deshonrar

shame[2] *n* : vergüenza *f* : deshonra *f* : lástima *f* : pena *f*
shamefaced *adj* : avergonzado
shameful *adj* : vergonzoso — **shamefully** *adv*
shameless *adj* : descarado : desvergonzado — **shamelessly** *adv*
shampoo[1] *v* : lavar
shampoo[2] *n, pl* **-poos** : champú *m*
shamrock *n* : trébol *m*
shank *n* : parte *f* baja de la pierna
shanty *n, pl* **-ties** : choza *f* : rancho *m*
shantytown *n* : barriada *f* : cinturón *m* de miseria : ciudad *f* perdida : villa *f* miseria : villa *f* de emergencia : pueblo *m* joven : población *f* callampa : barrio *m* de invasión : barrio *m* de chabolas
shape[1] *v* **shaped; shaping** : dar forma a : modelar : tallar : formar : decidir : determinar; *or* **to shape up** : tomar forma
shape[2] *n* : forma *f* : figura *f* : estado *m* : condiciones *fpl*
-shaped *suf* : en forma de
shapeless *adj* : informe
shapely *adj* **shapelier; -est** : curvilíneo : bien proporcionado
shard *n* : fragmento *m* : casco *m*
share[1] *v* **shared; sharing** : dividir : repartir : compartir
share[2] *n* : parte *f* : porción *f* : acción *f*
sharecropper *n* : aparcero *m*, -ra *f*
shareholder *n* : accionista *mf*
shark *n* : tiburón *m*
sharp[1] *adv* : en punto
sharp[2] *adj* : afilado : filoso : cortante : fuerte : agudo : listo : perspicaz : duro : severo : brusco : repentino : nítido : definido : anguloso : sostenido
sharp[3] *n* : sostenido *m*
sharpen *v* : afilar : aguzar
sharpener *n* : afilador *m* : sacapuntas *m*
sharply *adv* : bruscamente : claramente : marcadamente
sharpness *n* : lo afilado : agudeza *f* : intensidad *f* : dureza *f* : severidad *f* : brusquedad *f* : nitidez *f*
sharpshooter *n* : tirador *m*, -dora *f* de primera
shatter *v* : hacer añicos : hacerse añicos : romperse en pedazos
shave[1] *v* **shaved; shaved** *or* **shaven; shaving** : afeitar : rasurar : cortar : afeitarse : rasurarse
shave[2] *n* : afeitada *f* : rasurada *f*
shaver *n* : afeitadora *f* : máquina *f* de afeitar : rasuradora *f*
shaving *n* : viruta *f*
shaving cream *n* : crema *f* de afeitar
shawl *n* : chal *m* : mantón *m* : rebozo *m*
she *pron* : ella
sheaf *n, pl* **sheaves** : gavilla *f* : haz *m* : fajo *m*
shear *v* **sheared; sheared** *or* **shorn; shearing** : esquilar : trasquilar : cortar
shears *npl* : tijeras *fpl*
sheath *n, pl* **sheaths** : funda *f* : vaina *f*
sheathe *v* **sheathed; sheathing** : envainar : enfundar
shed[1] *v* **shed; shedding** : derramar : emitir : mudar
shed[2] *n* : cobertizo *m*
she'd → have, will
sheen *n* : brillo *m* : lustre *m*
sheep *ns & pl* : oveja *f*
sheepdog *n* : perro *m* pastor
sheepfold *n* : redil *m*
sheepish *adj* : avergonzado
sheepskin *n* : piel *f* de oveja : piel *f* de borrego
sheer[1] *adv* : completamente : totalmente : verticalmente
sheer[2] *adj* : vaporoso : transparente : puro : escarpado : vertical
sheet *n* : hoja *f* : capa *f* : lámina *f* : placa *f* : plancha *f*
sheikh *or* **sheik** *n* : jeque *m*
shelf *n, pl* **shelves** : estante *m* : anaquel *m* : banco *m* : arrecife *m*
shell[1] *v* : pelar : bombardear
shell[2] *n* : concha *f* : cáscara *f* : vaina *f* : caparazón *m* : cartucho *m* : casquillo *m*
she'll → will
shellac[1] *v* **-lacked; -lacking** : laquear : darle una paliza : derrotar

shellac[2] *n* : laca *f*
shellfish *n* : marisco *m*
shelter[1] *v* : proteger : abrigar : dar refugio a : albergar
shelter[2] *n* : refugio *m* : abrigo *m*
shelve *v* **shelved; shelving** : poner en estantes : dar carpetazo a
shenanigans *npl* : artimañas *fpl* : travesuras *fpl*
shepherd[1] *v* : cuidar : conducir : guiar
shepherd[2] *n* : pastor *m*
shepherdess *n* : pastora *f*
sherbet *or* **sherbert** *n* : sorbete *m* : nieve *f*
sheriff *n* : sheriff *mf*
sherry *n, pl* **-ries** : jerez *m*
she's → be, have
Shia *or* **Shi'a** *n* : chiismo *m*; *pl* **Shia** *or* **Shi'a** *or* **Shias** *or* **Shi'as** : chií *mf* : chiita *mf*
shield[1] *v* : proteger : ocultar
shield[2] *n* : escudo *m* : protección *f* : blindaje *m*
shier, shiest → shy
shift[1] *v* : cambiar : mover : transferir : moverse
shift[2] *n* : cambio *m* : turno *m* : vestido *m*
shiftless *adj* : perezoso : vago : holgazán
shifty *adj* **shiftier; -est** : taimado : artero
Shiite *or* **Shi'ite** *n* : chií *mf* : chiita *mf* — **Shiite** *or* **Shi'ite** *adj*
shilling *n* : chelín *m*
shimmer *v* : brillar con luz trémula
shin[1] *v* **shinned; shinning** : trepar : subir
shin[2] *n* : espinilla *f* : canilla *f*
shine[1] *v* **shone** *or* **shined; shining** : brillar : relucir : lucirse : alumbrar : sacarle brillo a : lustrar
shine[2] *n* : brillo *m* : lustre *m*
shingle[1] *v* **-gled; -gling** : techar
shingle[2] *n* : tablilla *f*
shingles *npl* : herpes *m*
shinny *v* **-nied; -nying → shin**[1]
shiny *adj* **shinier; -est** : brillante
ship[1] *v* **shipped; shipping** : embarcar : transportar : enviar
ship[2] *n* : barco *m* : buque *m*
shipboard *n* **on ~** : a bordo
shipbuilder *n* : constructor *m*, -tora *f* naval
shipment *n* : transporte *m* : embarque *m* : envío *m* : remesa *f*
shipper *n* : exportador *m*, -dora *f*
shipping *n* : barcos *mpl* : embarcaciones *fpl* : transporte *m*
shipshape *adj* : ordenado
shipwreck[1] *v* **to be shipwrecked** : naufragar
shipwreck[2] *n* : naufragio *m*
shipyard *n* : astillero *m*
shirk *v* : eludir : rehuir
shirt *n* : camisa *f*
shiver[1] *v* : tiritar : estremecerse : temblar
shiver[2] *n* : escalofrío *m* : estremecimiento *m*
shoal *n* : banco *m* : bajío *m*
shock[1] *v* : conmover : conmocionar : asustar : sobresaltar : escandalizar : darle una descarga eléctrica a
shock[2] *n* : choque *m* : sacudida *f* : shock *m* : golpe *m* : gavillas *fpl*
shock absorber *n* : amortiguador *m*
shocker *n* : bomba *f* : bombazo *m*
shocking *adj* : chocante
shoddy *adj* **shoddier; -est** : de mala calidad
shoe[1] *v* **shod; shoeing** : herrar
shoe[2] *n* : zapato *m* : herradura *f*
shoehorn *n* : calzador *m*
shoelace *n* : cordón *m*
shoemaker *n* : zapatero *m*, -ra *f*
shoe polish *n* : betún *m* : grasa *f*
shoeshine *n* : acto *m* de limpiar o lustrar los zapatos
shoe store *n* : zapatería *f*
shone → shine
shoo *v* **to shoo away/off/out (etc.)** : espantar : mandar a otra parte
shook → shake
shoot[1] *v* **shot; shooting** : disparar : tirar : pegarle un tiro a : darle un balazo a : balacear : balear : lanzar : anotar : jugar a : fotografiar : filmar : ir rápidamente
shoot[2] *n* : brote *m* : retoño *m* : vástago *m*
shooting *n* : baleo *m* : tiroteo *m*
shooting star *n* : estrella *f* fugaz
shoot–out *n* : balacera *f* : baleo *m* : tiroteo *m*

shop[1] *v* **shopped; shopping** : hacer compras
shop[2] *n* : taller *m* : tienda *f*
shopkeeper *n* : tendero *m*, -ra *f*
shoplift *v* : hurtar mercancía : hurtar
shoplifter *n* : ladrón *m*, -drona *f*
shopper *n* : comprador *m*, -dora *f*
shopping bag *n* : bolsa *f*
shopping cart *n* : carrito/carro *m* de compras : carrito *m* de la compra : carro *m* de la compra
shopping center *or* **shopping plaza** *n* : centro *m* comercial
shopping mall *n* : centro *m* comercial
shop window *n* : vitrina *f* : escaparate *m* : aparador *m*
shore[1] *v* **shored; shoring** : apuntalar
shore[2] *n* : orilla *f* : puntal *m*
shoreline *n* : orilla *f*
shorn → shear
short[1] *v* **→ short-circuit**
short[2] *adv* : repentinamente : súbitamente
short[3] *adj* : corto : bajo : abreviado : brusco : cortante : seco
short[4] *n* **shorts** *npl* : shorts *mpl* : pantalones *mpl* cortos : cortometraje *m*
shortage *n* : falta *f* : escasez *f* : carencia *f*
shortbread *n* : galleta *f* dulce de mantequilla, harina, y azúcar
shortcake *n* : tarta *f* de fruta
shortchange *v* **-changed; -changing** : darle mal el cambio
short–circuit *v* : provocar un cortocircuito en : provocar un cortocircuito : hacer cortocircuito
short circuit *n* : cortocircuito *m* : corto *m*
shortcoming *n* : defecto *m*
shortcut *n* : atajo *m* : alternativa *f* fácil : método *m* rápido
shorten *v* : acortar : acortarse
shortfall *n* : déficit *m*
shorthand *n* : taquigrafía *f*
short list *n* : lista *f* de candidatos finales
short–lived *adj* : efímero
shortly *adv* : brevemente : dentro de poco
shortness *n* : lo corto : brevedad *f* : brusquedad *f* : falta *f* : escasez *f* : carencia *f*
shortsighted → nearsighted
short–sleeved *adj* : de manga corta
short–staffed *adj* **to be short–staffed** : faltarle personal a
shortstop *n* : torpedero *m*, -ra *f* : parador *m*, -dora *f* en corto
short story *n* : cuento *m*
short–tempered *adj* : de mal genio
short–term *adj* : a corto plazo
shorty *n* : enano *m*, -na *f often disparaging* : petiso *m*, -sa *f*
shot *n* : disparo *m* : tiro *m* : perdigones *mpl* : intento *m* : tentativa *f* : posibilidad *f* : chance *m* : foto *f* : inyección *f* : trago *m* : tirador *m*, -dora *f*
shotgun *n* : escopeta *f*
shot put *n* : lanzamiento *m* de bala
shoulder[1] *v* : empujar : ponerse al hombro : cargar con
shoulder[2] *n* : hombro *m* : arcén *m* : banquina *f* : berma *f*
shoulder bag *n* : cartera *f* : bolso *m* : bolsa *f*
shoulder blade *n* : omóplato *m* : omoplato *m* : escápula *f*
shoulder–length *n* : hasta los hombros
shoulder strap *n* : tirante *m*
shout[1] *v* : gritar : vocear
shout[2] *n* : grito *m*
shove[1] *v* **shoved; shoving** : empujar bruscamente
shove[2] *n* : empujón *m* : empellón *m*
shovel[1] *v* **-veled** *or* **-velled; -veling** *or* **-velling** : mover con pala : cavar
shovel[2] *n* : pala *f*
show[1] *v* **showed; shown** *or* **showed; showing** : mostrar : enseñar : demostrar : manifestar : revelar : probar : representar : marcar : indicar : llevar : conducir : proyectar : dar : notarse : verse : aparecer : dejarse ver
show[2] *n* : demostración *f* : exposición *f* : exhibición *f* : espectáculo *m* : programa *m* : apariencia *f*

show business *n* : mundo *m* del espectáculo
showcase *n* : vitrina *f*
showdown *n* : confrontación *f*
shower[1] *v* : regar : mojar : colmar : ducharse : darse una ducha : llover
shower[2] *n* : chaparrón *m* : chubasco *m* : ducha *f* : fiesta *f*
shower cap *n* : gorro *m* de ducha
showing *n* : exposición *f*
show–off *n* : fanfarrón *m*, -rrona *f*
show off *v* : hacer alarde de : ostentar : lucirse
showroom *n* : sala *f* de exposición
show up *v* : aparecer : revelar
showy *adj* **showier; -est** : llamativo : ostentoso — **showily** *adv*
shrank → shrink
shrapnel *ns & pl* : metralla *f*
shred[1] *v* **shredded; shredding** : hacer trizas : desmenuzar : triturar
shred[2] *n* : tira *f* : jirón *m* : pizca *f*
shredder *n* : trituradora *f*
shrew *n* : musaraña *f* : mujer *f* regañona
shrewd *adj* : astuto : inteligente : sagaz — **shrewdly** *adv*
shrewdness *n* : astucia *f*
shriek[1] *v* : chillar : gritar
shriek[2] *n* : chillido *m* : alarido *m* : grito *m*
shrill *adj* : agudo : estridente
shrilly *adv* : agudamente
shrimp *n* : camarón *m* : langostino *m* : gamba *f* : enano *m*, -na *f* *usually disparaging* : petiso *m*, -sa *f*
shrine *n* : sepulcro *m* : lugar *m* sagrado : santuario *m*
shrink *v* **shrank** *or* **shrunk; shrunk** *or* **shrunken; shrinking** : retroceder : encogerse
shrinkage *n* : encogimiento *m* : contracción *f* : reducción *f*
shrivel *v* **-veled** *or* **-velled; -veling** *or* **-velling** : arrugarse : marchitarse
shroud[1] *v* : envolver
shroud[2] *n* : sudario *m* : mortaja *f* : velo *m*
shrub *n* : arbusto *m* : mata *f*
shrubbery *n, pl* **-beries** : arbustos *mpl* : matas *fpl*
shrug *v* **shrugged; shrugging** : encogerse de hombros **to shrug off** : hacer caso omiso de
shrunk → shrink
shuck *v* : pelar : abrir
shudder[1] *v* : estremecerse
shudder[2] *n* : estremecimiento *m* : escalofrío *m*
shuffle[1] *v* **-fled; -fling** : mezclar : revolver : barajar : caminar arrastrando los pies
shuffle[2] *n* : acto *m* de revolver : revoltijo *m* : el arrastrar los pies
shun *v* **shunned; shunning** : evitar : esquivar : eludir
shunt *v* : desviar : cambiar de vía
shut *v* **shut; shutting** : cerrar : cerrarse
shut–in *n* : inválido *m*, -da *f*
shutter *n* : contraventana *f* : postigo *m* : obturador *m*
shuttle[1] *v* **-tled; -tling** : transportar : ir y venir
shuttle[2] *n* : lanzadera *f* : vehículo *m* que hace recorridos cortos
shuttlecock *n* : volante *m*
shy[1] *v* **shied; shying** : retroceder : asustarse
shy[2] *adj* **shier** *or* **shyer; shiest** *or* **shyest** : tímido : cauteloso : corto
shyly *adv* : tímidamente
shyness *n* : timidez *f*
Siamese[1] *adj* : siamés
Siamese[2] *n* : siamés *m*, -mesa *f*
sibling *n* : hermano *m* : hermana *f*
Sicilian *n* : siciliano *m*, -na *f* — **Sicilian** *adj*
sick *adj* : enfermo : mareado : con náuseas : para uso de enfermos
sickbed *n* : lecho *m* de enfermo
sicken *v* : poner enfermo : darle asco : enfermar(se) : caer enfermo
sickening *adj* : asqueroso : repugnante : nauseabundo
sickle *n* : hoz *f*
sick leave *n* : baja *f* por enfermedad
sickly *adj* **sicklier; -est** : enfermizo
sickness *n* : enfermedad *f* : náuseas *fpl*
side[1] *n* : lado *m* : cara *f* : falda *f* : costado *m* : ijada *f* : parte *f* : aspecto *m*
side[2] *v* **sided; siding** : instalar revestimiento exterior en

sideboard *n* : aparador *m*
sideburns *npl* : patillas *fpl*
sided *adj* : que tiene lados
side effect *n* : efecto *m* secundario
sideline *n* : línea *f* de banda : actividad *f* suplementaria
sidelong *adj* : de reojo : de soslayo
sideshow *n* : espectáculo *m* secundario : atracción *f* secundaria
sidestep *v* **-stepped; -stepping** : dar un paso hacia un lado : esquivar : eludir
side street *n* : calle *f* lateral
sidetrack *v* : desviar : distraer
sidewalk *n* : acera *f* : vereda *f* : andén *m* : banqueta *f*
sideways[1] *adv* : hacia un lado : de lado : de costado
sideways[2] *adj* : hacia un lado
siding *n* : revestimiento *m* exterior
sidle *v* **-dled; -dling** : moverse furtivamente
siege *n* : sitio *m*
siesta *n* : siesta *f*
sieve *n* : tamiz *m* : cedazo *m* : criba *f*
sift *v* : tamizar : cerner
sifter *n* : tamiz *m* : cedazo *m*
sigh[1] *v* : suspirar
sigh[2] *n* : suspiro *m*
sight[1] *v* : ver : divisar
sight[2] *n* : vista *f* : algo visto : lugar *m* de interés : mira *f* : mirada *f* breve
sighting *n* : avistamiento *m*
sightless *adj* : invidente : ciego
sightseeing *n* : acto *m* de visitar los lugares de interés
sightseer *n* : turista *mf*
sign[1] *v* : firmar : hacer una seña : comunicarse por señas
sign[2] *n* : símbolo *m* : signo *m* : seña *f* : señal *f* : gesto *m* : letrero *m* : cartel *m* : indicio *m*
signage *n* : señalización *f*
signal[1] *v* **-naled** *or* **-nalled; -naling** *or* **-nalling** : hacerle señas : señalar : indicar : hacer señas : comunicar por señas
signal[2] *adj* : señalado : notable
signal[3] *n* : señal *f*
signatory *n, pl* **-ries** : firmante *mf* : signatario *m*, -ria *f*
signature *n* : firma *f*
signer *n* : firmante *mf*
signet *n* : sello *m*
significance *n* : significado *m* : importancia *f*
significant *adj* : importante : significativo — **significantly** *adv*
signify *v* **-fied; -fying** : indicar : significar
sign language *n* : lenguaje *m* por señas
signpost *n* : poste *m* indicador
silence[1] *v* **-lenced; -lencing** : silenciar : acallar
silence[2] *n* : silencio *m*
silencer *n* : silenciador *m*
silent *adj* : callado : silencioso : mudo
silently *adv* : silenciosamente : calladamente
silhouette[1] *v* **-etted; -etting** : destacar la silueta de
silhouette[2] *n* : silueta *f*
silica *n* : sílice *f*
silicon *n* : silicio *m*
silk *n* : seda *f*
silk–cotton tree *n* : ceiba *f*
silken *adj* : de seda : sedoso
silkworm *n* : gusano *m* de seda
silky *adj* **silkier; -est** : sedoso
sill *n* : alféizar *m* : umbral *m*
silliness *n* : tontería *f* : estupidez *f*
silly *adj* **sillier; -est** : tonto : estúpido : ridículo
silo *n, pl* **silos** : silo *m*
silt *n* : cieno *m*
silver[1] *adj* : de plata
silver[2] *n* : plata *f* : monedas *fpl* : color *m* plata
silver–plated *adj* : plateado
silversmith *n* : orfebre *mf*
silverware *n* : artículos *mpl* de plata : platería *f* : cubertería *f*
silvery *adj* : plateado
similar *adj* : similar : parecido : semejante
similarity *n, pl* **-ties** : semejanza *f* : parecido *m*
similarly *adv* : de manera similar
simile *n* : símil *m*
simmer *v* : hervir a fuego lento
simper[1] *v* : sonreír como un tonto
simper[2] *n* : sonrisa *f* tonta
simple *adj* **simpler; simplest** : inocente : sencillo : simple : fácil : puro : ingenuo

simpleminded *adj* : simple
simpleton *n* : bobo *m*, -ba *f* : tonto *m*, -ta *f*
simplicity *n* : simplicidad *f* : sencillez *f*
simplification *n* : simplificación *f*
simplify *v* **-fied; -fying** : simplificar
simplistic *n* : simplista
simply *adv* : sencillamente : simplemente : sólo : absolutamente
simulate *v* **-lated; -lating** : simular
simulation *n* : simulación *f*
simultaneous *adj* : simultáneo — **simultaneously** *adv*
sin[1] *v* **sinned; sinning** : pecar
sin[2] *n* : pecado *m*
since[1] *adv* : desde entonces : hace
since[2] *conj* : desde que : ya que : puesto que : dado que
since[3] *prep* : desde
sincere *adj* **-cerer; -est** : sincero — **sincerely** *adv*
sincerity *n* : sinceridad *f*
sinew *n* : tendón *m* : nervio *m* : fuerza *f*
sinewy *adj* : fibroso : fuerte : nervudo
sinful *adj* : pecador : pecaminoso
sing *v* **sang** *or* **sung; sung; singing** : cantar
singe *v* **singed; singeing** : chamuscar : quemar
singer *n* : cantante *mf*
singer–songwriter *n* : cantautor *m*, -tora *f*
single[1] *v* **-gled; -gling** *or* **to single out** : escoger : señalar
single[2] *adj* : soltero : solo
single[3] *n* : soltero *m*, -ra *f* : billete *m* de un dólar
single file[1] *adv* : en fila india
single file[2] *n* **in single file** : en fila india
single–handed *adj* : sin ayuda : solo
single–minded *adj* : resuelto
singly *adv* : individualmente : uno por uno
singular[1] *adj* : singular : sobresaliente : extraño
singular[2] *n* : singular *m*
singularity *n, pl* **-ties** : singularidad *f*
singularly *adv* : singularmente
sinister *adj* : siniestro
sink[1] *v* **sank** *or* **sunk; sunk; sinking** : hundirse : descender : caer : bajar : irse a pique : rebajarse : hundir : excavar : perforar : clavar : hincar : invertir : meter
sink[2] *n* : plomo *m* : plomada *f*
sinker *n* : plomada *f* : plomo *m*
sinner *n* : pecador *m*, -dora *f*
sinuous *adj* : sinuoso — **sinuously** *adv*
sinus *n* : seno *m*
sip[1] *v* **sipped; sipping** : sorber : beber a sorbos
sip[2] *n* : sorbo *m*
siphon[1] *v* : sacar con sifón
siphon[2] *n* : sifón *m*
sir *n* : sir *m* : señor *m*
sire[1] *v* **sired; siring** : engendrar : ser el padre de
sire[2] *n* : padre *m*
siren *n* : sirena *f*
sirloin *n* : solomillo *m*
sirup → syrup
sissy *n, pl* **-sies** *disparaging* : mariquita *f*
sister *n* : hermana *f*
sisterhood *n* : condición *f* de ser hermana : sociedad *f* de mujeres
sister–in–law *n, pl* **sisters–in–law** : cuñada *f*
sisterly *adj* : de hermana
sit *v* **sat; sitting** : sentarse : estar sentado : posarse : sesionar : posar : estar : sentar : colocar
sitcom → situation comedy
site *n* : sitio *m* : lugar *m* : emplazamiento *m* : ubicación *f* : escena *f* : escenario *m*
sitter → baby-sitter
sitting *n* : turno *m* : sesión *f*
sitting room → living room
situate *v* **-ated; -ating** : situar : ubicar : poner : colocar
situated *adj* : ubicado : situado
situation *n* : situación *f* : ubicación *f* : emplazamiento *m* : empleo *m*
situation comedy *n* : comedia *f* de situación
six[1] *adj* : seis
six[2] *n* : seis *m*
six[3] *pron* : seis

six–gun *n* : revólver *m*
six hundred[1] *adj & pron* : seiscientos
six hundred[2] *n* : seiscientos *m*
six–shooter → six-gun
sixteen[1] *adj & pron* : dieciséis
sixteen[2] *n* : dieciséis *m*
sixteenth[1] *adj* : decimosexto
sixteenth[2] *n* : decimosexto *m*, -ta *f* : dieciseisavo *m* : dieciseisava parte *f*
sixth[1] *adv* : en sexto lugar
sixth[2] *adj* : sexto
sixth[3] *n* : sexto *m*, -ta *f* : sexta parte *f*
sixtieth[1] *adj* : sexagésimo
sixtieth[2] *n* : sexagésimo *m*, -ma *f* : sesentavo *m* : sesentava parte *f*
sixty[1] *adj & pron* : sesenta
sixty[2] *n, pl* **-ties** : sesenta *m*
sizable *or* **sizeable** *adj* : considerable
size[1] *v* **sized; sizing** : clasificar según el tamaño
size[2] *n* : tamaño *m* : talla *f* : número *m* : magnitud *f*
sized *adj* : de tamaño
sizzle *v* **-zled; -zling** : chisporrotear
skate[1] *v* **skated; skating** : patinar
skate[2] *n* : patín *m* : raya *f*
skateboard *n* : monopatín *m* : patineta *f* : skateboard *m*
skateboarding *n* : monopatinaje *m* : skateboarding *m*
skater *n* : patinador *m*, -dora *f*
skating *n* : patinaje *m*
skating rink *n* : pista *f* de patinaje
skein *n* : madeja *f*
skeletal *adj* : óseo : esquelético
skeleton *n* : esqueleto *m* : armazón *mf*
skeleton key *n* : llave *f* maestra
skeptic *n* : escéptico *m*, -ca *f*
skeptical *adj* : escéptico
skepticism *n* : escepticismo *m*
sketch[1] *v* : bosquejar : hacer bosquejos
sketch[2] *n* : esbozo *m* : bosquejo *m* : ensayo *m*
sketchy *adj* **sketchier; -est** : incompleto : poco detallado
skewer[1] *v* : ensartar
skewer[2] *n* : brocheta *f* : broqueta *f*
ski[1] *v* **skied; skiing** : esquiar
ski[2] *n, pl* **skis** : esquí *m*
ski boot *n* : bota *f* de esquiar
skid[1] *v* **skidded; skidding** : derrapar : patinar
skid[2] *n* : derrape *m* : patinazo *m*
skier *n* : esquiador *m*, -dora *f*
skiing *n* : esquí *m*
ski jump *n* : trampolín *m*
ski lift *n* : telesquí *m* : telesilla *f*
skill *n* : habilidad *f* : destreza *f* : capacidad *f* : arte *m* : técnica *f*
skilled *adj* : hábil : experto
skillet *n* : sartén *mf*
skillful *adj* : hábil : diestro
skillfully *adv* : con habilidad : con destreza
skim[1] *v* **skimmed; skimming** : espumar : quitar : echarle un vistazo a : pasar rozando
skim[2] *adj* : descremado
ski mask *n* : pasamontañas *m*
skimp *v* **to skimp on** : escatimar
skimpy *adj* **skimpier; -est** : exiguo : escaso : raquítico
skin[1] *v* **skinned; skinning** : despellejar : desollar
skin[2] *n* : piel *f* : cutis *m*
skin–deep *adj* : superficial
skin diving *n* : buceo *m* : submarinismo *m*
skinflint *n* : tacaño *m*, -ña *f*
skinhead *n* : cabeza *mf* rapada
skinned *adj* : de piel
skinny *adj* **skinnier; -est** : flaco
skip[1] *v* **skipped; skipping** : ir dando brincos : saltarse
skip[2] *n* : brinco *m* : salto *m*
skipper *n* : capitán *m*, -tana *f*
ski pole *n* : bastón *m*
skirmish[1] *v* : escaramuzar
skirmish[2] *n* : escaramuza *f* : refriega *f*
skirt[1] *v* : bordear : evadir : esquivar
skirt[2] *n* : falda *f* : pollera *f*
skit *n* : sketch *m*
skittish *adj* : asustadizo : nervioso
skulk *v* : merodear
skull *n* : cráneo *m* : calavera *f*
skullcap *n* : casquete *m*
skunk *n* : zorrillo *m* : mofeta *f*
sky *n, pl* **skies** : cielo *m*
skylark *n* : alondra *f*
skylight *n* : claraboya *f* : tragaluz *m*
skyline *n* : horizonte *m*

skyrocket *v* : dispararse
skyscraper *n* : rascacielos *m*
slab *n* : losa *f* : tabla *f* : pedazo *m* grueso
slack[1] *adj* : descuidado : negligente : flojo : de poco movimiento
slack[2] *n* : parte *f* floja; **slacks** *npl* : pantalones *mpl*
slacken *v* : aflojar : aflojarse
slacker *n* : vago *m*, -ga *f* : holgazán *m*, -zana *f*
slackness *n* : soltura *f* : laxitud *f*
slag *n* : escoria *f*
slain → slay
slake *v* **slaked; slaking** : saciar : satisfacer
slam[1] *v* **slammed; slamming** : cerrar de golpe : tirar o dejar caer de golpe : cerrarse de golpe
slam[2] *n* : golpe *m* : portazo *m*
slam dunk *n* : clavada *f* : mate *m* : donqueo *m*
slander[1] *v* : calumniar : difamar
slander[2] *n* : calumnia *f* : difamación *f*
slanderous *adj* : difamatorio : calumnioso
slang *n* : argot *m* : jerga *f*
slant[1] *v* : inclinarse : ladearse : inclinar : sesgar : orientar : dirigir
slant[2] *n* : inclinación *f* : perspectiva *f* : enfoque *m*
slap[1] *v* **slapped; slapping** : bofetear : cachetear : golpear : tirar : poner
slap[2] *n* : bofetada *f* : cachetada *f* : palmada *f*
slapdash *adj* : chapucero
slapstick *n* : payasadas *fpl* : bufonadas *fpl*
slash[1] *v* : cortar : hacer un tajo en : reducir : rebajar
slash[2] *n* : tajo *m* : corte *m*
slat *n* : tablilla *f* : listón *m*
slate *n* : pizarra *f* : lista *f* de candidatos
slaughter[1] *v* : matar : masacrar
slaughter[2] *n* : matanza *f* : masacre *f* : carnicería *f*
slaughterhouse *n* : matadero *m*
Slav *n* : eslavo *m*, -va *f*
slave[1] *v* **slaved; slaving** : trabajar como un burro
slave[2] *n* : esclavo *m*, -va *f*
slaver *v* : babear
slavery *n* : esclavitud *f*
Slavic *adj* : eslavo
slavish *adj* : servil : poco original
slay *v* **slew; slain; slaying** : asesinar : matar
slayer *n* : asesino *m*, -na *f*
sleazy *adj* **sleazier; -est** : chapucero : de mala calidad : ruinoso : de mala fama
sled[1] *v* **sledded; sledding** : ir en trineo : transportar en trineo
sled[2] *n* : trineo *m*
sledge *n* : trineo *m*
sledgehammer *n* : almádena *f* : combo *m*
sleek[1] *v* : alisar
sleek[2] *adj* : liso y brillante
sleep[1] *v* **slept; sleeping** : dormir
sleep[2] *n* : sueño *m* : legañas *fpl*
sleeper *n* : durmiente *mf*
sleepily *adv* : de manera somnolienta
sleepiness *n* : somnolencia *f*
sleeping bag *n* : saco *m* de dormir
sleeping pill *n* : pastilla *f* para dormir
sleepless *adj* : sin dormir : desvelado
sleepwalk *v* : caminar dormido
sleepwalker *n* : sonámbulo *m*, -la *f*
sleepwalking *n* : sonambulismo *m*
sleepy *adj* **sleepier; -est** : somnoliento : soñoliento : aletargado : letárgico
sleet[1] *v* **to be sleeting** : caer aguanieve
sleet[2] *n* : aguanieve *f*
sleeve *n* : manga *f*
sleeveless *adj* : sin mangas
sleigh[1] *v* : ir en trineo
sleigh[2] *n* : trineo *m*
sleight of hand *n* : prestidigitación *f* : juegos *mpl* de manos
slender *adj* : esbelto : delgado : exiguo : escaso
sleuth *n* : detective *mf* : sabueso *m*
slew → slay
slice[1] *v* **sliced; slicing** : cortar
slice[2] *n* : rebanada *f* : tajada *f* : lonja *f* : rodaja *f* : trozo *m*
slicer *n* : cortadora *f* : rebanadora *f*
slick[1] *v* : alisar
slick[2] *adj* : resbaladizo : resbaloso : astuto : taimado

slicker *n* : impermeable *m*
slide[1] *v* **slid; sliding** : resbalar : deslizarse : bajar : correr : deslizar
slide[2] *n* : deslizamiento *m* : resbalón *m* : tobogán *m* : diapositiva *f* : descenso *m*
slider *n* : slider *m* : hamburguesa *f* pequeña : sandwich *m* pequeño
slier, sliest → sly
slight[1] *v* : desairar : despreciar
slight[2] *adj* : esbelto : delgado : endeble : leve : insignificante : pequeño : ligero
slight[3] *n* : desaire *m*
slightly *adv* : ligeramente : un poco
slim[1] *v* **slimmed; slimming** : adelgazar
slim[2] *adj* **slimmer; slimmest** : esbelto : delgado : exiguo : escaso
slime *n* : baba *f* : fango *m* : cieno *m*
slimy *adj* **slimier; -est** : viscoso
sling[1] *v* **slung; slinging** : lanzar : tirar : colgar
sling[2] *n* : honda *f* : cabestrillo *m*
slingshot *n* : tiragomas *m* : resortera *f*
slink *v* **slunk; slinking** : caminar furtivamente
slip[1] *v* **slipped; slipping** : ir sigilosamente : resbalarse : deslizarse : caer : empeorar : bajar : meter : poner : pasar : escaparse de
slip[2] *n* : atracadero *m* : percance *m* : contratiempo *m* : error *m* : desliz *m* : enagua *f* : injerto *m* : esqueje *m* : recibo *m* : boleta *f* : ticket *m*
slipknot *n* : nudo *m* corredizo
slipper *n* : zapatilla *f* : pantufla *f*
slipperiness *n* : lo resbaloso : lo resbaladizo : astucia *f*
slippery *adj* **slipperier; -est** : resbaloso : resbaladizo : artero : astuto : taimado : huidizo : escurridizo
slipshod *adj* : descuidado : chapucero
slipup *n* : patinazo *m*
slip up *v* : equivocarse
slit[1] *v* **slit; slitting** : cortar : abrir por lo largo
slit[2] *n* : abertura *f* : rendija *f* : corte *m* : raja *f* : tajo *m*
slither *v* : deslizarse
sliver *n* : astilla *f*
slob *n* : persona *f* desaliñada
slobber[1] *v* : babear
slobber[2] *n* : baba *f*
slog[1] *v* : trabajar duro
slog[2] *n* : trabajo *m* largo y arduo
slogan *n* : lema *m* : eslogan *m*
sloop *n* : balandra *f*
slop[1] *v* **slopped; slopping** : derramar : derramarse
slop[2] *n* : bazofia *f*
slope[1] *v* **sloped; sloping** : inclinarse
slope[2] *n* : inclinación *f* : pendiente *f* : declive *m*
sloppiness *n* : falta *f* de cuidado : desaliño *m*
sloppy *adj* **sloppier; -est** : que chorrea : descuidado : desaliñado
slot *n* : ranura *f*
sloth *n* : pereza *f* : perezoso *m*
slot machine *n* : tragamonedas *mf* : tragaperras *mf*
slotted spoon *n* : espumadera *f*
slouch[1] *v* : andar con los hombros caídos : repantigarse
slouch[2] *n* : mala postura *f* : haragán *m*, -gana *f* : inepto *m*, -ta *f*
slough[1] *v* : mudar de
slough[2] *n* : ciénaga *f*
Slovak *or* **Slovakian** *n* : eslovaco *m*, -ca *f* — **Slovak** *or* **Slovakian** *adj*
Slovene *or* **Slovenian** *n* : esloveno *m*, -na *f* — **Slovene** *or* **Slovenian** *adj*
slovenliness *adj* : falta *f* de cuidado : desaliño *m*
slovenly *adj* : descuidado : desaliñado
slow[1] *v* : retrasar : reducir la marcha de : ir más despacio
slow[2] *adv* : despacio : lentamente
slow[3] *adj* : lento : atrasado : poco activo : torpe : corto de alcances
slow cooker *n* : olla *f* de cocción lenta : olla *f* de cocimiento lento
slowly *adv* : lentamente : despacio
slow motion *n* : cámara *f* lenta
slowness *n* : lentitud *f* : torpeza *f*
slow–witted *adj* : limitado : lento : lerdo

sludge *n* : aguas *fpl* negras : aguas *fpl* residuales
slug[1] *v* **slugged; slugging** : pegarle un porrazo
slug[2] *n* : babosa *f* : bala *f* : ficha *f* : porrazo *m* : puñetazo *m*
sluggish *adj* : aletargado : lento
sluice[1] *v* **sluiced; sluicing** : lavar en agua corriente
sluice[2] *n* : canal *m*
slum *n* : barriada *f* : barrio *m* bajo
slumber[1] *v* : dormir
slumber[2] *n* : sueño *m*
slump[1] *v* : disminuir : bajar : encorvarse : dejarse caer
slump[2] *n* : bajón *m* : declive *m*
slung → sling
slunk → slink
slur[1] *v* **slurred; slurring** : ligar : tragarse
slur[2] *n* : ligado *m* : mala pronunciación *f* : calumnia *f* : difamación *f*
slurp[1] *v* : beber o comer haciendo ruido : sorber ruidosamente
slurp[2] *n* : sorbo *m*
slush *n* : nieve *f* medio derretida
sly *adj* **slier; sliest** : astuto : taimado : solapado — **slyly** *adv*
slyness *n* : astucia *f*
smack[1] *v* **to smack of** : oler a : saber a : besar : plantarle un beso : pegarle una bofetada
smack[2] *adv* : justo : exactamente
smack[3] *n* : sabor *m* : indicio *m* : chasquido *m* : bofetada *f* : beso *m*
small *adj* : pequeño : chico : insignificante
smallness *n* : pequeñez *f*
smallpox *n* : viruela *f*
small talk *n* **to make small talk** : hablar de cosas sin importancia
smart[1] *v* : escocer : picar : arder : dolerse : resentirse
smart[2] *adj* : listo : vivo : inteligente : elegante — **smartly** *adv*
smart[3] *n* : escozor *m* : dolor *m*; **smarts** *npl* : inteligencia *f*
smarten up *v* : atildar : arreglar : atildarse : arreglarse
smartness *n* : inteligencia *f* : elegancia *f*
smartphone *n* : smartphone *m* : teléfono *m* inteligente
smash[1] *v* : romper : quebrar : hacer pedazos : destrozar : arruinar : estrellar : chocar : hacerse pedazos : hacerse añicos : estrellarse
smash[2] *n* : golpe *m* : choque *m* : estrépito *m* : exitazo *m*
smattering *n* : nociones *fpl* : un poco : unos cuantos
smear[1] *v* : embadurnar : untar : emborronar : calumniar : difamar
smear[2] *n* : mancha *f* : calumnia *f*
smell[1] *v* **smelled** *or* **smelt; smelling** : oler : olfatear
smell[2] *n* : olfato *m* : sentido *m* del olfato : olor *m*
smelly *adj* **smellier; -est** : maloliente
smelt[1] *v* : fundir
smelt[2] *n, pl* **smelts** *or* **smelt** : eperlano *m*
smidgen *or* **smidge** *or* **smidgeon** *n* : poquito *m*
smile[1] *v* **smiled; smiling** : sonreír
smile[2] *n* : sonrisa *f*
smiley face *n* : carita *f* sonriente
smirk[1] *v* : sonreír con suficiencia
smirk[2] *n* : sonrisa *f* satisfecha
smite *v* **smote; smitten** *or* **smote; smiting** : golpear : afligir
smith *n* : herrero *m*, -ra *f*
smithereens *npl* : añicos *mpl*
smithy *n, pl* **smithies** : herrería *f*
smock *n* : bata *f* : blusón *m*
smog *n* : smog *m*
smoke[1] *v* **smoked; smoking** : echar humo : humear : fumar : ahumar
smoke[2] *n* : humo *m*
smoked *adj* : ahumado
smoke detector *n* : detector *m* de humo
smoker *n* : fumador *m*, -dora *f*
smokescreen *n* : cortina *f* de humo
smoke signal *n* : señal *f* de humo
smokestack *n* : chimenea *f*
smoky *adj* **smokier; -est** : humeante : a humo : lleno de humo
smolder *v* : arder sin llama : arder
smooch *v* : besuquearse
smooth[1] *v* : alisar : extender
smooth[2] *adj* : liso : suave : sin grumos : fluido

smoothly *adv* : suavemente : con facilidad : sin problemas
smoothness *n* : suavidad *f*
smother *v* : ahogar : sofocar : cubrir : contener : asfixiarse
smudge[1] *v* **smudged; smudging** : emborronar : correrse
smudge[2] *n* : mancha *f* : borrón *m*
smug *adj* **smugger; smuggest** : suficiente : pagado de sí mismo
smuggle *v* **-gled; -gling** : contrabandear : pasar de contrabando
smuggler *n* : contrabandista *mf*
smuggling *n* : contrabando *m*
smugly *adv* : con suficiencia
smut *n* : tizne *m* : hollín *m* : obscenidad *f* : inmundicia *f*
smutty *adj* **smuttier; -est** : tiznado : obsceno : indecente
snack *n* : refrigerio *m* : bocado *m* : tentempié *m*
snack bar *n* : cafetería *f*
snag[1] *v* **snagged; snagging** : enganchar : engancharse
snag[2] *n* : problema *m* : inconveniente *m*
snail *n* : caracol *m*
snake *n* : culebra *f* : serpiente *f*
snakebite *n* : mordedura *f* de serpiente
snap[1] *v* **snapped; snapping** : romperse : quebrarse : intentar morder : hablar con severidad : moverse de un golpe : partir : quebrar : hacer de un golpe : decir bruscamente : chasquear
snap[2] *n* : chasquido *m* : broche *m* : cosa *f* fácil
snapdragon *n* : dragón *m*
snapper → red snapper
snappy *adj* **snappier; -est** : rápido : vivaz : frío : elegante
snapshot *n* : instantánea *f*
snare[1] *v* **snared; snaring** : atrapar
snare[2] *n* : trampa *f* : red *f*
snare drum *n* : tambor *m* con bordón
snarl[1] *v* : enmarañar : enredar : gruñir
snarl[2] *n* : enredo *m* : maraña *f* : gruñido *m*
snatch[1] *v* : arrebatar
snatch[2] *n* : fragmento *m*
sneak[1] *v* : ir a hurtadillas : hacer furtivamente
sneak[2] *n* : soplón *m*, -plona *f*
sneaker *npl* : tenis *m* : zapatilla *f*
sneaky *adj* **sneakier; -est** : solapado
sneer[1] *v* : sonreír con desprecio
sneer[2] *n* : sonrisa *f* de desprecio
sneeze[1] *v* **sneezed; sneezing** : estornudar
sneeze[2] *n* : estornudo *m*
snicker[1] *v* : reírse
snicker[2] *n* : risita *f*
snide *adj* : sarcástico
sniff[1] *v* : oler : husmear
sniff[2] *n* : aspiración *f* por la nariz : olor *m*
sniffle *v* **-fled; -fling** : respirar con la nariz congestionada
sniffles *npl* : resfriado *m*
snigger[1] → **snicker**[1]
snigger[2] → **snicker**[2]
snip[1] *v* **snipped; snipping** : cortar
snip[2] *n* : tijeretada *f* : recorte *m*
snipe[1] *v* **sniped; sniping** : disparar
snipe[2] *n, pl* **snipes** *or* **snipe** : agachadiza *f*
sniper *n* : francotirador *m*, -dora *f*
snippet *n* : fragmento *m*
snitch[1] *v* : cantar : robar
snitch[2] *n* : chivato *m*, -ta *f*
snivel *v* **-veled** *or* **-velled; -veling** *or* **-velling** : lloriquear
snob *n* : esnob *mf* : snob *mf*
snobbery *n, pl* **-beries** : esnobismo *m*
snobbish *adj* : esnob : snob
snobbishness *n* : esnobismo *m*
snoop[1] *v* : husmear : curiosear
snoop[2] *n* : fisgón *m*, -gona *f*
snooty *adj* **snootier; -est** : esnob : snob : altanero : altivo
snooze[1] *v* **snoozed; snoozing** : dormitar
snooze[2] *n* : siestecita *f* : siestita *f*
snore[1] *v* **snored; snoring** : roncar
snore[2] *n* : ronquido *m*
snorkel[1] *v* : bucear con esnórquel
snorkel[2] *n* : esnórquel *m* : snorkel *m* : tubo *m* respiratorio/respirador
snort[1] *v* : bufar : resoplar
snort[2] *n* : bufido *m* : resoplo *m*
snot *n* : mocos *mpl*
snotty *adj* **snottier; -est** : lleno de mocos

snout *n* : hocico *m* : morro *m*
snow[1] *v* : nevar
snow[2] *n* : nieve *f*
snowball[1] *v* : aumentar : agravarse
snowball[2] *n* : bola *f* de nieve
snowboard *n* : snowboard *m*
snowboarding *n* : snowboard *m*
snowcapped *adj* : nevado
snowdrift *n* : ventisquero *m*
snowdrop *n* : campanilla *f* blanca
snowfall *n* : nevada *f*
snowflake *n* : copo *m* de nieve
snowman *n, pl* **-men** : muñeco *m* de nieve
snowplow *n* : quitanieves *m*
snowshoe *n* : raqueta *f*
snowstorm *n* : tormenta *f* de nieve : ventisca *f*
snow–white *adj* : blanco como la nieve
snowy *adj* **snowier; -est** : nevoso
snub[1] *v* **snubbed; snubbing** : desairar
snub[2] *n* : desaire *m*
snub–nosed *adj* : de nariz respingada
snuff[1] *v* : apagar : sorber por la nariz
snuff[2] *n* : rapé *m*
snuffle *v* **-fled; -fling** : respirar con la nariz congestionada
snug *adj* **snugger; snuggest** : cómodo : ajustado : ceñido
snuggle *v* **-gled; -gling** : acurrucarse
snugly *adv* : cómodamente : de manera ajustada
so[1] *adv* : tan : tanto : también : así : de esta manera : por lo tanto
so[2] *adj* : cierto : verdad
so[3] *conj* : así que
soak[1] *v* : estar en remojo : poner en remojo : empapar
soak[2] *n* : remojo *m*
so–and–so *n* : fulano *m*, -na *f*
soap[1] *v* : enjabonar
soap[2] *n* : jabón *m*
soap opera *n* : culebrón *m* : telenovela *f*
soapsuds → suds
soapy *adj* **soapier; -est** : jabonoso
soar *v* : volar : remontar el vuelo
sob[1] *v* **sobbed; sobbing** : sollozar
sob[2] *n* : sollozo *m*
sober[1] *adj* : sobrio : serio
sober[2] *v* : entristecer — **soberly** *adv*
sobriety *n* : sobriedad *f* : seriedad *f*
so–called *adj* : supuesto : presunto
soccer *n* : futbol *m* : fútbol *m*
sociability *n* : sociabilidad *f*
sociable *adj* : sociable
social[1] *adj* : social — **socially** *adv*
social[2] *n* : reunión *f* social
socialism *n* : socialismo *m*
socialist[1] *adj* : socialista
socialist[2] *n* : socialista *mf*
socialize *v* **-ized; -izing** : nacionalizar : socializar : alternar : circular
social media *ns & pl* : redes *fpl* sociales : medios *mpl* sociales
social networking *n* : establecimiento *m* y mantenimiento *m* de una red de contactos en línea
social security *n* : seguridad *f* social
social work *n* : asistencia *f* social
social worker *n* : asistente *m*, -ta *f* social
society *n, pl* **-eties** : compañía *f* : sociedad *f* : asociación *f*
socioeconomic *adj* : socioeconómico
sociological *adj* : sociológico
sociologist *n* : sociólogo *m*, -ga *f*
sociology *n* : sociología *f*
sock[1] *v* : pegar : golpear
sock[2] *n, pl* **socks** *or* **sox** : calcetín *m* : media *f*; *pl* **socks** : puñetazo *m*
socket *n* : glena *f*
sod[1] *v* **sodded; sodding** : cubrir de césped
sod[2] *n* : césped *m* : tepe *m*
soda *n* : gaseosa *f* : refresco *m* : soda *f*
sodden *adj* : empapado
sodium *n* : sodio *m*
sodium bicarbonate *n* : bicarbonato *m* de soda
sodium chloride → salt
sofa *n* : sofá *m*
soft *adj* : blando : suave : no alcohólico
softball *n* : softbol *m*
soft–boiled *adj* : pasado por agua

soften *v* : ablandar : suavizar : amortiguar : ablandarse : suavizarse
softener *n* : suavizante *m*
softly *adv* : suavemente
softness *n* : blandura *f* : lo blando : suavidad *f*
soft–spoken *adj* : de voz suave
software *n* : software *m*
soggy *adj* **soggier; -est** : empapado
soil[1] *v* : ensuciar : ensuciarse
soil[2] *n* : suciedad *f* : suelo *m* : tierra *f* : patria *f*
sojourn[1] *v* : pasar una temporada
sojourn[2] *n* : estadía *f* : estancia *f* : permanencia *f*
sol *n* : sol *m*
solace *n* : consuelo *m*
solar *adj* : solar
sold → sell
solder[1] *v* : soldar
solder[2] *n* : soldadura *f*
soldier[1] *v* : servir como soldado
soldier[2] *n* : soldado *mf*
sole[1] *adj* : único
sole[2] *n* : suela *f* : lenguado *m*
solely *adv* : únicamente : sólo
solemn *adj* : solemne : serio — **solemnly** *adv*
solemnity *n, pl* **-ties** : solemnidad *f*
sol–fa *n* : solfeo *m*
solicit *v* : solicitar
solicitous *adj* : solícito
solicitude *n* : solicitud *f*
solid[1] *adj* : macizo : tridimensional : compacto : denso : sólido : seguido : continuo : unánime : serio : fiable : puro
solid[2] *n* : sólido *m*
solidarity *n* : solidaridad *f*
solidify *v* **-fied; -fying** : solidificar : solidificarse
solidity *n, pl* **-ties** : solidez *f*
solidly *adv* : sólidamente : unánimemente
soliloquy *n, pl* **-quies** : soliloquio *m*
solitaire *n* : solitario *m*
solitary *adj* : solitario : apartado : retirado : solo
solitude *n* : soledad *f*
solo[1] *v* : volar en solitario
solo[2] *adv & adj* : en solitario : a solas
solo[3] *n, pl* **solos** : solo *m*
soloist *n* : solista *mf*
solstice *n* : solsticio *m*
soluble *adj* : soluble
solution *n* : solución *f*
solve *v* **solved; solving** : resolver : solucionar
solvency *n* : solvencia *f*
solvent *n* : solvente *m*
somber *adj* : sombrío : oscuro : serio : lúgubre
sombrero *n, pl* **-ros** : sombrero *m*
some[1] *adv* : unos : unas : un poco
some[2] *adj* : un : algún : algo de : un poco de : unos
some[3] *pron* : algunos : un poco : algo
somebody *pron* : alguien
someday *adv* : algún día
somehow *adv* : de alguna manera : de algún modo : por alguna razón
someone *pron* : alguien
someplace → somewhere
somersault[1] *v* : dar volteretas : dar un salto mortal
somersault[2] *n* : voltereta *f* : salto *m* mortal
something *pron* : algo
sometime *adv* : algún día : en algún momento
sometimes *adv* : a veces : algunas veces : de vez en cuando
somewhat *adv* : algo : un tanto
somewhere *adv* : en algún lugar : a algún lugar : alrededor de
son *n* : hijo *m*
sonar *n* : sonar *m*
sonata *n* : sonata *f*
song *n* : canción *f* : canto *m*
songbird *n* : pájaro *m* cantor
songbook *n* : cancionero *m*
songwriter *n* : compositor *m*, -tora *f*
sonic *adj* : sónico
son–in–law *n, pl* **sons–in–law** : yerno *m* : hijo *m* político
sonnet *n* : soneto *m*
sonorous *adj* : sonoro
soon *adv* : pronto : dentro de poco : de buena gana
soot *n* : hollín *m* : tizne *m*
soothe *v* **soothed; soothing** : calmar : tranquilizar : aliviar
soothsayer *n* : adivino *m*, -na *f*

sooty *adj* **sootier; -est** : cubierto de hollín : tiznado
sop[1] *v* **sopped; sopping** : mojar : empapar
sop[2] *n* : concesión *f* : soborno *m*
sophisticated *adj* : sofisticado : complejo
sophistication *n* : complejidad *f* : sofisticación *f*
sophomore *n* : estudiante *mf* de segundo año
sophistry *n* : sofistería *f*
soporific *adj* : soporífero
soprano *n, pl* **-nos** : soprano *mf*
sorbet *n* : sorbete *m*
sorcerer *n* : hechicero *m* : brujo *m* : mago *m*
sorceress *n* : hechicera *f* : bruja *f* : maga *f*
sorcery *n* : hechicería *f* : brujería *f*
sordid *adj* : sórdido
sore[1] *adj* **sorer; sorest** : dolorido : doloroso : extremo : grande : enojado : enfadado
sore[2] *n* : llaga *f*
sorely *adv* : muchísimo
soreness *n* : dolor *m*
sorghum *n* : sorgo *m*
sorority *n, pl* **-ties** : hermandad *f*
sorrel *n* : alazán *m* : acedera *f*
sorrow *n* : pesar *m* : dolor *m* : pena *f*
sorrowful *adj* : triste : afligido : apenado
sorrowfully *adv* : con tristeza
sorry *adj* **sorrier; -est** : lastimero : lastimoso
sort[1] *v* : dividir en grupos : clasificar
sort[2] *n* : tipo *m* : clase *f* : índole *f*
sortie *n* : salida *f*
SOS *n* : SOS *m*
so–so *adj & adv* : así así : de modo regular
soufflé *n* : suflé *m*
sought → seek
soul *n* : alma *f* : esencia *f* : persona *f*
soulful *adj* : conmovedor : lleno de emoción
sound[1] *v* : sondar : hacer sonar : tocar : sonar : parecer
sound[2] *adj* : sano : sólido : lógico : sensato : profundo
sound[3] *adv* : profundamente
sound[4] *n* : sonido *m* : ruido *m* : brazo *m* de mar : canal *m*
soundless *adj* : sordo
soundlessly *adv* : silenciosamente
soundly *adv* : sólidamente : lógicamente : sensatamente : profundamente
soundness *n* : solidez *f* : sensatez *f*
soundproof *adj* : insonorizado
sound system *n* : equipo *m* de sonido
soundtrack *n* : banda *f* sonora
sound wave *n* : onda *f* sonora
soup *n* : sopa *f*
sour[1] *v* : agriarse : cortarse : agriar : cortar
sour[2] *adj* : agrio : ácido : cortado : desagradable
source *n* : fuente *f* : origen *m* : nacimiento *m*
sourness *n* : acidez *f*
soursop *n* : guanábana *f*
south[1] *adv* : al sur : hacia el sur
south[2] *adj* : sur : del sur
south[3] *n* : sur *m*
South African *n* : sudafricano *m*, -na *f* — **South African** *adj*
South American[1] *adj* : sudamericano : suramericano
South American[2] *n* : sudamericano *m*, -na *f* : suramericano *m*
southbound *adj* : con rumbo al sur
southeast[1] *adj* : sureste : sudeste : del sureste
southeast[2] *n* : sureste *m* : sudeste *m*
southeasterly *adv & adj* : del sureste : hacia el sureste
southeastern *adj* → **southeast**[1]
southerly *adv & adj* : del sur
southern *adj* : sur : sureño : meridional : austral
Southerner *n* : sureño *m*, -ña *f*
South Pole *n* : Polo *m* Sur
southward *or* **southwards** *adv & adj* : hacia el sur
southwest[1] *adj* : suroeste : sudoeste : del suroeste
southwest[2] *n* : suroeste *m* : sudoeste *m*
southwesterly *adv & adj* : del suroeste : hacia el suroeste
southwestern *adj* → **southwest**[1]

souvenir *n* : recuerdo *m* : souvenir *m*
sovereign[1] *adj* : soberano
sovereign[2] *n* : soberano *m*, -na *f*
sovereignty *n, pl* **-ties** : soberanía *f*
Soviet *adj* : soviético
sow[1] *v* **sowed; sown** *or* **sowed; sowing** : sembrar : esparcir
sow[2] *n* : cerda *f*
sox → sock
soy *n* : soya *f* : soja *f*
soybean *n* : soya *f* : soja *f*
spa *n* : balneario *m*
space[1] *v* **spaced; spacing** : espaciar
space[2] *n* : espacio *m* : lapso *m* : período *m* : sitio *m* : lugar *m* : plaza *f*
spacecraft *n* : nave *f* espacial
spaceflight *n* : vuelo *m* espacial
spaceman *n, pl* **-men** : astronauta *m* : cosmonauta *m*
spaceship *n* : nave *f* espacial
space shuttle *n* : transbordador *m* espacial
space station *n* : estación *f* espacial
space suit *n* : traje *m* espacial
spacious *adj* : espacioso : amplio
spade[1] *v* **spaded; spading** : palear : usar una pala
spade[2] *n* : pala *f* : pica *f*
spaghetti *n* : espagueti *m* : espaguetis *mpl* : spaghetti *mpl*
spam[1] *v* **spammed; spamming** : enviarle spam a
spam[2] *n* : spam *m* : correo *m* electrónico no solicitado
span[1] *v* **spanned; spanning** : abarcar : extenderse sobre
span[2] *n* : lapso *m* : espacio *m* : luz *f*
spangle *n* : lentejuela *f*
Spaniard *n* : español *m*, -ñola *f*
spaniel *n* : spaniel *m*
Spanish[1] *adj* : español
Spanish[2] *n* : español *m*
spank *v* : darle nalgadas
spar[1] *v* **sparred; sparring** : entrenarse
spar[2] *n* : palo *m* : verga *f*
spare[1] *v* **spared; sparing** : perdonar : ahorrar : evitar : prescindir de : escatimar
spare[2] *adj* **sparer; sparest** : de repuesto : de recambio : de más : de sobra : libre : delgado
spare[3] *n or* **spare part** : repuesto *m* : recambio *m*
sparing *adj* : parco : económico — **sparingly** *adv*
spark[1] *v* : chispear : echar chispas : despertar : provocar
spark[2] *n* : chispa *f* : destello *m* : pizca *f*
sparkle[1] *v* **-kled; -kling** : destellar : centellear : brillar : estar muy animado
sparkle[2] *n* : destello *m* : centelleo *m*
sparkler *n* : luz *f* de bengala
spark plug *n* : bujía *f*
sparrow *n* : gorrión *m*
sparse *adj* **sparser; sparsest** : escaso — **sparsely** *adv*
spasm *n* : espasmo *m* : arrebato *m*
spasmodic *adj* : espasmódico : irregular : esporádico — **spasmodically** *adv*
spastic *adj* : espástico
spat[1] **→ spit**[1]
spat[2] *n* : discusión *f* : disputa *f* : pelea *f*
spate *n* : avalancha *f* : torrente *m*
spatial *adj* : espacial
spatter[1] *v* : salpicar
spatter[2] *n* : salpicadura *f*
spatula *n* : espátula *f* : paleta *f*
spawn[1] *v* : desovar : generar : producir
spawn[2] *n* : hueva *f*
spay *v* : esterilizar
speak *v* **spoke; spoken; speaking** : hablar : decir
speaker *n* : hablante *mf* : orador *m*, -dora *f* : altavoz *m* : altoparlante *m*
spear[1] *v* : atravesar con una lanza
spear[2] *n* : lanza *f*
spearhead[1] *v* : encabezar
spearhead[2] *n* : punta *f* de lanza
spearmint *n* : menta *f* verde
special *adj* : especial — **specially** *adv*
special delivery *n* : correo *m* urgente
special effects *npl* : efectos *mpl* especiales
specialist *n* : especialista *mf*

specialization *n* : especialización *f*
specialize *v* **-ized; -izing** : especializarse
specialty *n, pl* **-ties** : especialidad *f*
species *ns & pl* : especie *f*
specific *adj* : específico : determinado — **specifically** *adv*
specification *n* : especificación *f*
specify *v* **-fied; -fying** : especificar
specimen *n* : espécimen *m* : muestra *f* : ejemplar *m*
speck *n* : manchita *f* : mota *f* : pizca *f* : ápice *m*
speckled *adj* : moteado
spectacle *n* : espectáculo *m*; **spectacles** *npl* : lentes *fpl* : gafas *fpl* : anteojos *mpl* : espejuelos *mpl*
spectacular *adj* : espectacular
spectator *n* : espectador *m*, -dora *f*
specter *or* **spectre** *n* : espectro *m* : fantasma *m*
spectrum *n, pl* **spectra** *or* **spectrums** : espectro *m* : gama *f* : abanico *m*
speculate *v* **-lated; -lating** : especular : preguntarse : hacer conjeturas
speculation *n* : especulación *f*
speculative *adj* : especulativo
speculator *n* : especulador *m*, -dora *f*
speech *n* : habla *f* : modo *m* de hablar : expresión *f* : discurso *m*
speechless *adj* : enmudecido : estupefacto
speed[1] *v* **sped** *or* **speeded; speeding** : ir a toda velocidad : correr a toda prisa : conducir a exceso de velocidad **to speed up** : acelerar
speed[2] *n* : rapidez *f* : velocidad *f*
speedboat *n* : lancha *f* motora : deslizador *m*
speed bump *n* : badén *m*
speeding *n* : exceso *m* de velocidad
speed limit *n* : velocidad *f* máxima : límite *m* de velocidad
speedometer *n* : velocímetro *m*
speedup *n* : aceleración *f*
speedy *adj* **speedier; -est** : rápido — **speedily** *adv*
spell[1] *v* : escribir : deletrear : significar : relevar : escribir correctamente
spell[2] *n* : turno *m* : período *m* : condición *f* pasajera : encanto *m* : hechizo *m* : maleficio *m*
spellbinding *adj* : hipnotizador
spellbound *adj* : embelesado
spell–check[1] *v* : corregir : pasar el corrector ortográfico a
spell–check[2] *n* : corrección *f* ortográfica
spellchecker *n* : corrector *m* ortográfico
speller *n* : persona *f* que escribe
spelling *n* : ortografía *f*
spend *v* **spent; spending** : gastar : pasar
spendthrift *n* : derrochador *m*, -dora *f* : despilfarrador *m*
sperm *n, pl* **sperm** *or* **sperms** : esperma *mf*
sperm whale *n* : cachalote *m*
spew *v* : salir a chorros : vomitar : arrojar
sphere *n* : esfera *f*
spherical *adj* : esférico
sphinx *n* : esfinge *f*
spice[1] *v* **spiced; spicing** : condimentar : sazonar
spice[2] *n* : especia *f* : sabor *m*
spick–and–span *adj* : limpio y ordenado
spiciness *n* : picante *m* : lo picante
spicy *adj* **spicier; -est** : condimentado : sazonado : picante
spider *n* : araña *f*
spiderweb *n* : telaraña *f* : tela *f* de araña
spiel *n* : rollo *m* : perorata *f*
spigot *n* : llave *f* : grifo *m* : canilla *f*
spike[1] *v* **spiked; spiking** : clavar : atravesar : añadir alcohol a
spike[2] *n* : clavo *m* grande : clavo *m* : remache *m* : pico *m*
spill[1] *v* : derramar : verter : revelar : divulgar : derramarse
spill[2] *n* : derrame *m* : vertido *m* : caída *f*
spin[1] *v* **spun; spinning** : hilar : girar : dar vueltas : tejer : hacer girar : darle un sesgo positivo a
spin[2] *n* : vuelta *f* : giro *m*
spinach *n* : espinacas *fpl* : espinaca *f*
spinal *adj* : espinal

spinal column *n* : columna *f* vertebral
spinal cord *n* : médula *f* espinal
spindle *n* : huso *m* : eje *m*
spindly *adj* : larguirucho : largo y débil
spin doctor *n* : portavoz *mf*
spine *n* : columna *f* vertebral : espina *f* dorsal : púa *f* : espina *f* : lomo *m*
spineless *adj* : sin púas : sin espinas : invertebrado : débil
spinster *n* : soltera *f*
spiny *adj* **spinier; -est** : con púas : espinoso
spiral[1] *v* **-raled** *or* **-ralled; -raling** *or* **-ralling** : ir en espiral
spiral[2] *adj* : espiral : en espiral
spiral[3] *n* : espiral *f*
spire *n* : aguja *f*
spirit[1] *v* **to spirit away** : hacer desaparecer
spirit[2] *n* : espíritu *m* : fantasma *m* : humor *m* : ánimo *m* : brío *m*; **spirits** *npl* : licores *mpl*
spirited *adj* : animado : energético
spiritless *adj* : desanimado
spiritual[1] *adj* : espiritual — **spiritually** *adv*
spiritual[2] *n* : espiritual *m*
spiritualism *n* : espiritismo *m*
spiritualist *n* : médium *mf* : espiritista *mf*
spirituality *n, pl* **-ties** : espiritualidad *f*
spit[1] *v* **spit** *or* **spat; spitting** : escupir
spit[2] *n* : saliva *f* : asador *m* : lengua *f*
spite[1] *v* **spited; spiting** : fastidiar : molestar
spite[2] *n* : despecho *m* : rencor *m*
spiteful *adj* : malicioso : rencoroso
spitting image *n* **to be the spitting image of** : ser el vivo retrato de
spittle *n* : saliva *f*
splash[1] *v* : salpicar
splash[2] *n* : salpicadura *f* : chorrito *m* : mancha *f*
splatter → **spatter**
splay *v* : extender : extenderse
spleen *n* : bazo *m* : ira *f* : rencor *m*
splendid *adj* : espléndido — **splendidly** *adv*
splendor *n* : esplendor *m*
splice[1] *v* **spliced; splicing** : empalmar : unir
splice[2] *n* : empalme *m* : unión *f*
splint *n* : tablilla *f*
splinter[1] *v* : astillar : astillarse
splinter[2] *n* : astilla *f*
split[1] *v* **split; splitting** : partir : hender : romper : rajar : dividir : repartir : partirse : romperse : rajarse
split[2] *n* : rajadura *f* : rotura *f* : división *f* : escisión *f*
splurge[1] *v* **splurged; splurging** : derrochar : derrochar dinero
splurge[2] *n* : derroche *m*
splutter *v* : balbucear : petardear
spoil[1] *v* : saquear : estropear : arruinar : consentir : mimar : estropearse : echarse a perder
spoil[2] *n* : botín *m*
spoiled *adj* : estropeado : cortado : consentido
spoilsport *n* : aguafiestas *mf*
spoke[1] → **speak**
spoke[2] *n* : rayo *m*
spoken → **speak**
spokesman *n, pl* **-men** : portavoz *mf* : vocero *m*, -ra *f*
spokesperson *n* : portavoz *mf* : vocero *m*, -ra *f*
spokeswoman *n, pl* **-women** : portavoz *f* : vocera *f*
sponge[1] *v* **sponged; sponging** : limpiar con una esponja : gorrear : sablear **to sponge off someone** : vivir a costa de alguien
sponge[2] *n* : esponja *f*
sponge cake *n* : bizcocho *m*
sponger *n* : gorrero *m*, -ra *f* : vividor *m*, -dora *f* : sanguijuela *f* : arrimado *m*, -da *f*
spongy *adj* **spongier; -est** : esponjoso
sponsor[1] *v* : patrocinar : auspiciar : apadrinar
sponsor[2] *n* : patrocinador *m*, -dora *f* : padrino *m* : madrina *f*
sponsorship *n* : patrocinio *m*
spontaneity *n* : espontaneidad *f*
spontaneous *adj* : espontáneo — **spontaneously** *adv*
spoof *n* : burla *f* : parodia *f*
spook[1] *v* : asustar

spook[2] *n* : fantasma *m* : espíritu *m* : espectro *m*
spooky *adj* **spookier; -est** : que da miedo : espeluznante
spool *n* : carrete *m* : bobina *f*
spoon[1] *v* : comer, servir, o echar con cuchara
spoon[2] *n* : cuchara *f*
spoonful *n* : cucharada *f*
spoor *n* : rastro *m* : pista *f*
sporadic *adj* : esporádico — **sporadically** *adv*
spore *n* : espora *f*
sport[1] *v* : retozar : juguetear : lucir : ostentar
sport[2] *n* : deporte *m* : broma *f*
sporting *adj* : deportivo
sports car *n* : carro *m* sport : auto *m* sport : coche *m* deportivo
sports center *n* : centro *m* deportivo
sportsman *n, pl* **-men** : deportista *m*
sportsmanship *n* : espíritu *m* deportivo : deportividad *f*
sportswear *n* : ropa *f* deportiva
sportswoman *n, pl* **-women** : deportista *f*
sport–utility vehicle *n* → **SUV**
sporty *adj* **sportier; -est** : deportivo
spot[1] *v* **spotted; spotting** : manchar : ver : reconocer : mancharse
spot[2] *adj* : hecho al azar
spot[3] *n* : mancha *f* : punto *m* : grano *m* : apuro *m* : aprieto *m* : lío *m* : lugar *m* : sitio *m*
spotless *adj* : impecable : inmaculado — **spotlessly** *adv*
spotlight[1] *v* **-lighted** *or* **-lit; -lighting** : iluminar : destacar : poner en relieve
spotlight[2] *n* : reflector *m* : foco *m*
spotty *adj* **spottier; -est** : irregular : desigual
spouse *n* : cónyuge *mf*
spout[1] *v* : lanzar chorros de : declamar : salir a chorros
spout[2] *n* : pico *m* : chorro *m*
sprain[1] *v* : sufrir un esguince en
sprain[2] *n* : esguince *m* : torcedura *f*
sprawl[1] *v* : tumbarse : echarse : despatarrarse : extenderse
sprawl[2] *n* : postura *f* despatarrada : extensión *f* : expansión *f*
spray[1] *v* : rociar : pulverizar
spray[2] *n* : ramillete *m* : rocío *m* : atomizador *m* : pulverizador *m*
spray gun *n* : pistola *f*
spread[1] *v* **spread; spreading** : esparcir : untar : difundir : sembrar : propagar : difundirse : correr : propagarse : extenderse
spread[2] *n* : extensión *f* : difusión *f* : propagación *f* : colcha *f* : mantel *m* : pasta *f*
spreadsheet *n* : hoja *f* de cálculo
spree *n* : acción *f* desenfrenada : parranda *f* : juerga *f*
sprig *n* : ramita *f* : ramito *m*
sprightly *adj* **sprightlier; -est** : vivo : animado
spring[1] *v* **sprang** *or* **sprung; sprung; springing** : saltar : mover rápidamente : soltar : accionar
spring[2] *n* : fuente *f* : origen *m* : manantial *m* : primavera *f* : resorte *m* : muelle *m* : salto *m* : brinco *m* : elasticidad *f*
springboard *n* : trampolín *m*
spring cleaning *n* : limpieza *f* a fondo
springtime *n* : primavera *f*
springy *adj* **springier; -est** : elástico : enérgico
sprinkle[1] *v* **-kled; -kling** : rociar : espolvorear : salpicar
sprinkle[2] *n* : llovizna *f*
sprinkler *n* : rociador *m* : aspersor *m*
sprint[1] *v* : echar la carrera : esprintar
sprint[2] *n* : esprint *m*
sprinter *n* : esprínter *mf*
sprite *n* : hada *f* : elfo *m*
sprocket *n* : diente *m*
sprout[1] *v* : brotar
sprout[2] *n* : brote *m* : retoño *m* : vástago *m*
spruce[1] *v* **spruced; sprucing** : arreglar; *or* **to spruce up** : arreglarse : acicalarse
spruce[2] *adj* **sprucer; sprucest** : pulcro : arreglado
spruce[3] *n* : picea *f*
spry *adj* **sprier** *or* **spryer; spriest** *or* **spryest** : ágil : activo
spun → spin
spunk *n* : valor *m* : coraje *m* : agallas *fpl*

spunky *adj* **spunkier; -est** : animoso : corajudo
spur[1] *v* **spurred; spurring** *or* **to spur on** : espolear : motivar
spur[2] *n* : espuela *f* : acicate *m* : espolón *m* : ramal *m*
spurious *adj* : espurio
spurn *v* : desdeñar : rechazar
spurt[1] *v* : lanzar un chorro de : salir a chorros
spurt[2] *n* : actividad *f* repentina : chorro *m*
sputter[1] *v* : farfullar : petardear
sputter[2] *n* : petardeo *m*
spy[1] *v* **spied; spying** : ver : divisar : espiar
spy[2] *n* : espía *mf*
squab *n, pl* **squabs** *or* **squab** : pichón *m*
squabble[1] *v* **-bled; -bling** : reñir : pelearse : discutir
squabble[2] *n* : riña *f* : pelea *f* : discusión *f*
squad *n* : pelotón *m* : brigada *f* : cuadrilla *f*
squadron *n* : escuadrón *m* : escuadrilla *f* : escuadra *f*
squalid *adj* : miserable
squall *n* : aguacero *m* tormentoso : chubasco *m* tormentoso
squalor *n* : miseria *f*
squander *v* : derrochar : desaprovechar : desperdiciar
square[1] *v* **squared; squaring** : cuadrar : elevar al cuadrado : conciliar : ajustar : saldar
square[2] *adj* **squarer; -est** : cuadrado : a escuadra : en ángulo recto : justo
square[3] *n* : escuadra *f* : cuadrado *m* : cuadro *m* : plaza *f*
squarely *adv* : exactamente : directamente : justo : honradamente : justamente
square root *n* : raíz *f* cuadrada
squash[1] *v* : aplastar : acallar : sofocar
squash[2] *n, pl* **squashes** *or* **squash** : calabaza *f*
squat[1] *v* **squatted; squatting** : agacharse : ponerse en cuclillas : ocupar un lugar sin derecho
squat[2] *adj* **squatter; squattest** : bajo y ancho : rechoncho
squat[3] *n* : posición *f* en cuclillas : flexión *f* : ocupación *f* ilegal
squatter *n* : okupa *mf*
squawk[1] *v* : graznar : chillar
squawk[2] *n* : graznido *m* : chillido *m*
squeak[1] *v* : chillar : chirriar
squeak[2] *n* : chillido *m* : chirrido *m*
squeaky *adj* **squeakier; -est** : chirriante
squeal[1] *v* : chillar : chirriar : quejarse : cantar
squeal[2] *n* : chillido *m* : chirrido *m*
squeamish *adj* : impresionable : sensible
squeeze[1] *v* **squeezed; squeezing** : apretar : exprimir : extraer : meter
squeeze[2] *n* : apretón *m*
squelch *v* : aplastar
squid *n, pl* **squid** *or* **squids** : calamar *m*
squint[1] *v* : mirar con los ojos entornados
squint[2] *adj or* **squint–eyed** : bizco
squint[3] *n* : estrabismo *m*
squire *n* : hacendado *m*, -da *f* : terrateniente *mf*
squirm *v* : retorcerse
squirrel *n* : ardilla *f*
squirt[1] *v* : lanzar un chorro de : salir a chorros
squirt[2] *n* : chorrito *m*
stab[1] *v* **stabbed; stabbing** : acuchillar : apuñalar : clavar : golpear
stab[2] *n* : puñalada *f* : cuchillada *f* : pinchazo *m* : golpe *m*
stability *n, pl* **-ties** : estabilidad *f*
stabilize *v* **-lized; -lizing** : estabilizar : estabilizarse — **stabilization** *n* — **stabilizer** *n*
stable[1] *v* **-bled; -bling** : poner en un establo : poner en una caballeriza
stable[2] *adj* **stabler; -blest** : fijo : sólido : estable : perdurable : estacionario : equilibrado
stable[3] *n* : establo *m* : caballeriza *f* o cuadra *f*
staccato *adj* : staccato
stack[1] *v* : amontonar : apilar : cubrir : llenar
stack[2] *n* : montón *m* : pila *f* : chimenea *f*

stadium *n, pl* **-dia** *or* **-diums** : estadio *m*
staff[1] *v* : proveer de personal
staff[2] *n, pl* **staffs** *or* **staves** : bastón *m* : báculo *m*; *pl* **staffs** : personal *m*
stag[1] *adv* : solo : sin pareja
stag[2] *adj* : sólo para hombres
stag[3] *n, pl* **stags** *or* **stag** : ciervo *m* : venado *m*
stage[1] *v* **staged; staging** : poner en escena
stage[2] *n* : estrado *m* : tablado *m* : escenario *m* : fase *f* : etapa *f*
stagecoach *n* : diligencia *f*
stage fright *n* : miedo *m* escénico : pánico *m* escénico
stage set → set[3]
stagger[1] *v* : tambalearse : alternar : escalonar : hacer tambalear
stagger[2] *n* : tambaleo *m*
staggering *adj* : asombroso
stagnant *adj* : estancado
stagnate *v* **-nated; -nating** : estancarse
stagnation *n* : estancamiento *m*
staid *adj* : serio : sobrio
stain[1] *v* : manchar : teñir : empañar
stain[2] *n* : mancha *f* : tinte *m* : tintura *f* : mácula *f*
stained glass *n* : vidrio *m* de color
stainless *adj* : sin mancha
stair *n* : escalón *m* : peldaño *m*; **stairs** *npl* : escalera *f* : escaleras *fpl*
staircase *n* : escalera *f* : escaleras *fpl*
stairway *n* : escalera *f* : escaleras *fpl*
stairwell *n* : caja *f* : hueco *m*
stake[1] *v* **staked; staking** : estacar : marcar con estacas : jugarse : apostar
stake[2] *n* : estaca *f* : apuesta *f* : interés *m* : participación *f*
stalactite *n* : estalactita *f*
stalagmite *n* : estalagmita *f*
stale *adj* **staler; stalest** : viejo
stalemate *n* : punto *m* muerto : impasse *m*
stalk[1] *v* : acechar : caminar rígidamente
stalk[2] *n* : tallo *m*
stall[1] *v* : parar : entretener : demorar : pararse : andar con rodeos
stall[2] *n* : compartimiento *m* : puesto *m*
stallion *n* : caballo *m* semental
stalwart *adj* : fuerte : valiente : valeroso
stamen *n* : estambre *m*
stamina *n* : resistencia *f*
stammer[1] *v* : tartamudear : titubear
stammer[2] *n* : tartamudeo *m* : titubeo *m*
stamp[1] *v* : pisotear : sellar : acuñar : franquear : ponerle estampillas a
stamp[2] *n* : sello *m* : cuño *m*
stampede[1] *v* **-peded; -peding** : salir en estampida
stampede[2] *n* : estampida *f*
stance *n* : postura *f*
stanch *v* : detener : estancar
stand[1] *v* **stood; standing** : estar de pie : estar parado : ponerse : pararse : estar : seguir : medir : poner : colocar : aguantar : soportar : resistir : beneficiarse de
stand[2] *n* : resistencia *f* : stand *m* : puesto *m* : quiosco *m* : pie *m* : base *f* : grupo *m* : posición *f* : postura *f*; **stands** *npl* : tribuna *f*
standard[1] *adj* : estándar : oficial : normal : común : clásico
standard[2] *n* : estandarte *m* : criterio *m* : estándar *m* : norma *f* : regla *f* : nivel *m* : poste *m* : soporte *m*
standard–bearer *n* : abanderado *m*, -da *f*
standardization *n* : estandarización *f*
standardize *v* **-ized; -izing** : estandarizar
standard time *n* : hora *f* oficial
stand by *v* : atenerse a : cumplir con : mantenerse aparte : estar preparado : estar listo
stand for *v* : significar : permitir : tolerar
stand–in *n* : doble *m* : sustituto *m*, -ta *f*
standing[1] *adj* : de pie : parado : estancado : en pie : fijo : permanente
standing[2] *n* : posición *f* : duración *f*
stand out *v* : destacar(se)
standpoint *n* : punto *m* de vista
standstill *n* : detención *f* : paro *m* : punto *m* muerto : impasse *m*

stand up *v* : dejar plantado : durar : resistir
stank → stink
stanza *n* : estrofa *f*
staple[1] *v* **-pled; -pling** : engrapar : grapar
staple[2] *adj* : principal : básico
staple[3] *n* : producto *m* principal : producto *m* de primera necesidad : grapa *f* : broche *m*
stapler *n* : engrapadora *f* : grapadora *f*
star[1] *v* **starred; starring** : marcar con una estrella o un asterisco : estar protagonizado por : tener el papel principal
star[2] *n* : estrella *f* : asterisco *m*
starboard *n* : estribor *m*
starch[1] *v* : almidonar
starch[2] *n* : almidón *m* : fécula *f*
starchy *adj* **starchier; -est** : lleno de almidón
stardom *n* : estrellato *m*
stare[1] *v* **stared; staring** : mirar fijamente
stare[2] *n* : mirada *f* fija
starfish *n* : estrella *f* de mar
stark[1] *adv* : completamente
stark[2] *adj* : absoluto : desolado : desierto : desnudo : severo : duro
starlight *n* : luz *f* de las estrellas
starling *n* : estornino *m*
starry *adj* **starrier; -est** : estrellado
start[1] *v* : sobresaltarse : dar un respingo : empezar : comenzar : iniciar : provocar : causar : hacer : poner : fundar : montar : establecer : arrancar : poner en marcha : encender
start[2] *n* : sobresalto *m* : respingo *m* : principio *m* : comienzo *m*
starter *n* : participante *mf* : jugador *m* titular : jugadora *f* titular : entremés *m* : aperitivo *m*
starting point *n* : punto *m* de partida
startle *v* **-tled; -tling** : asustar : sobresaltar
start–up *adj* : de puesta en marcha
starvation *n* : inanición *f* : hambre *f*
starve *v* **starved; starving** : morirse de hambre : privar de comida
stash *v* : esconder : guardar
stat → statistic
state[1] *v* **stated; stating** : puntualizar : exponer : establecer : fijar
state[2] *n* : estado *m* : condición *f* : nación *f*
stateliness *n* : majestuosidad *f*
stately *adj* **statelier; -est** : majestuoso
statement *n* : declaración *f* : afirmación *f*
stateroom *n* : camarote *m*
statesman *n, pl* **-men** : estadista *mf*
static[1] *adj* : estático
static[2] *n* : estática *f* : interferencia *f*
station[1] *v* : apostar : estacionar
station[2] *n* : estación *f* : condición *f* : canal *m* : estación *f* o emisora *f*
stationary *adj* : estacionario : inmovible : inmutable : inalterable
stationery *n* : papel y sobres
station wagon *n* : camioneta *f* ranchera : camioneta *f* guayín
statistic *n* : estadística *f*
statistical *adj* : estadístico
statistician *n* : estadístico *m*, -ca *f*
statue *n* : estatua *f*
statuesque *adj* : escultural
statuette *n* : estatuilla *f*
stature *n* : estatura *f* : talla *f* : prestigio *m*
status *n* : condición *f* : situación *f* : estatus *m*
status quo *n* : statu quo *m*
status symbol *n* : símbolo *m* de estatus
statute *n* : ley *f* : estatuto *m*
statutory *adj* : estatutario
staunch *adj* : acérrimo : incondicional : leal — **staunchly** *adv*
staves → staff
stay[1] *v* : quedarse : permanecer : seguir : hospedarse : alojarse : detener : suspender
stay[2] *n* : estadía *f* : estancia *f* : permanencia *f* : suspensión *f* : soporte *m*
stead *n* : lugar *m*
steadfast *adj* : firme : resuelto
steadily *adv* : continuamente : sin parar : con firmeza : fijamente
steady[1] *v* **steadied; steadying** : sujetar : estabilizarse

steady[2] *adj* **steadier; -est** : seguro : firme : fijo : tranquilo : ecuánime : responsable : fiable : constante
steak *n* : bistec *m* : filete *m* : churrasco *m* : bife *m*
steal *v* **stole; stolen; stealing** : robar : hurtar : ir sigilosamente
stealth *n* : sigilo *m*
stealthily *adv* : furtivamente
stealthy *adj* **stealthier; -est** : furtivo : sigiloso
steam[1] *v* : echar vapor : cocer al vapor
steam[2] *n* : vapor *m*
steamboat → steamship
steamed *adj* : cocido al vapor : furioso
steam engine *n* : motor *m* de vapor
steamer *n* : vaporera : olla vaporera : almeja *f* de Nueva Inglaterra
steamroller *n* : apisonadora *f*
steamship *n* : vapor *m* : barco *m* de vapor
steamy *adj* **steamier; -est** : lleno de vapor : erótico
steed *n* : corcel *m*
steel[1] *v* **to steel oneself** : armarse de valor
steel[2] *adj* : de acero
steel[3] *n* : acero *m*
steely *adj* **steelier; -est** : como acero
steep[1] *v* : remojar : dejar en infusión
steep[2] *adj* : empinado : escarpado : considerable : marcado : excesivo
steeple *n* : aguja *f* : campanario *m*
steeplechase *n* : carrera *f* de obstáculos
steeply *adv* : abruptamente
steer[1] *v* : manejar : conducir : gobernar : dirigir : guiar **to steer clear of** : evitar
steer[2] *n* : buey *m*
steering *n* : dirección *f*
steering wheel → wheel
stein *n* : jarra *f*
stellar *adj* : estelar
stem[1] *v* **stemmed; stemming** : detener : contener : parar **to stem from** : provenir de : ser el resultado de
stem[2] *n* : tallo *m*
stem cell *n* : célula *f* madre
stench *n* : hedor *m* : mal olor *m*
stencil[1] *v* **-ciled** *or* **-cilled; -ciling** *or* **-cilling** : marcar utilizando una plantilla
stencil[2] *n* : plantilla *f*
stenographer *n* : taquígrafo *m*, -fa *f*
stenographic *adj* : taquigráfico
stenography *n* : taquigrafía *f*
step[1] *v* **stepped; stepping** : dar un paso
step[2] *n* : paso *m* : huella *f* : escalón *m* : peldaño *m* : travesaño *m* : peldaño *m* : escalón *m* : medida *f*
stepbrother *n* : hermanastro *m*
stepchild *n* : hijastro *m*, -tra *f* : entenado *m*, -da *f*
stepdaughter *n* : hijastra *f*
stepfather *n* : padrastro *m*
stepladder *n* : escalera *f* de tijera
stepmother *n* : madrastra *f*
steppe *n* : estepa *f*
stepping–stone *n* : piedra *f* : trampolín *m*
stepsister *n* : hermanastra *f*
stepson *n* : hijastro *m*
step up *v* : aumentar
stereo[1] *adj* : estéreo
stereo[2] *n, pl* **stereos** : estéreo *m*
stereophonic *adj* : estereofónico
stereotype[1] *v* **-typed; -typing** : estereotipar
stereotype[2] *n* : estereotipo *m*
sterile *adj* : estéril
sterility *n* : esterilidad *f*
sterilization *n* : esterilización *f*
sterilize *v* **-ized; -izing** : esterilizar
sterling *adj* : de ley : excelente
stern[1] *adj* : severo : adusto — **sternly** *adv*
stern[2] *n* : popa *f*
sternness *n* : severidad *f*
sternum *n, pl* **sternums** *or* **sterna** : esternón *m*
steroid *n, pl* **steroids** : esteroide *m*
stethoscope *n* : estetoscopio *m*
stevedore *n* : estibador *m*, -dora *f*
stew[1] *v* : estofar : guisar : cocer : preocuparse
stew[2] *n* : estofado *m* : guiso *m*
steward *n* : administrador *m* : auxiliar *m* de vuelo : camarero *m*
stewardess *n* : administradora *f* : camarera *f* : auxiliar *f* de vuelo : azafata *f* : aeromoza *f*

stick[1] *v* **stuck; sticking** : clavar : pegar : poner : meter : pegarse : adherirse : atascarse
stick[2] *n* : ramita *f* : palo *m* : vara *f*
sticker *n* : etiqueta *f* adhesiva
stick–in–the–mud *n* : aguafiestas *mf*
stickler *n* : persona *f* exigente
sticky *adj* **stickier; -est** : pegajoso : adhesivo : bochornoso : difícil
stiff *adj* : rígido : tieso : agarrotado : entumecido : acartonado : poco natural : fuerte : severo : difícil : duro
stiffen *v* : fortalecer : reforzar : hacer más duro : endurecerse : entumecerse
stiffly *adv* : rígidamente : con frialdad
stiffness *n* : rigidez *f* : frialdad *f* : severidad *f*
stifle *v* **-fled; -fling** : sofocar : reprimir : contener
stifling *adj* : sofocante
stigma *n, pl* **stigmata** *or* **stigmas** : estigma *m*
stigmatize *v* **-tized; -tizing** : estigmatizar
stile *n* : escalones *mpl* para cruzar un cerco
stiletto *n, pl* **-tos** *or* **-toes** : estilete *m*
still[1] *v* : pacificar : apaciguar : pacificarse : apaciguarse
still[2] *adv* : quieto : de todos modos : aún : todavía : aún así
still[3] *adj* : quieto : inmóvil : callado
still[4] *n* : quietud *f* : calma *f* : alambique *m*
stillborn *adj* : nacido muerto
still life *n* : naturaleza *f* muerta : bodegón *m*
stillness *n* : calma *f* : silencio *m*
stilt *n* : zanco *m*
stilted *adj* : afectado : poco natural
stimulant *n* : estimulante *m* — **stimulant** *adj*
stimulate *v* **-lated; -lating** : estimular
stimulation *n* : estimulación *f* : estímulo *m*
stimulus *n, pl* **-li** : estímulo *m* : acicate *m*
sting[1] *v* **stung; stinging** : picar : hacer escocer : herir : escocer : arder
sting[2] *n* : picadura *f* : escozor *m*
stinger *n* : aguijón *m*
stinginess *n* : tacañería *f*
stingy *adj* **stingier; -est** : tacaño : avaro : mezquino : mísero
stink[1] *v* **stank** *or* **stunk; stunk; stinking** : apestar : oler mal
stink[2] *n* : hedor *m* : mal olor *m* : peste *f*
stint[1] *v* : escatimar
stint[2] *n* : período *m*
stipend *n* : estipendio *m*
stipulate *v* **-lated; -lating** : estipular
stipulation *n* : estipulación *f*
stir[1] *v* **stirred; stirring** : mover : agitar : revolver : remover : incitar : impulsar : motivar : moverse : agitarse
stir[2] *n* : movimiento *m* : revuelo *m*
stirrup *n* : estribo *m*
stitch[1] *v* : coser : bordar
stitch[2] *n* : puntada *f* : punzada *f*
stock[1] *v* : surtir : abastecer : vender **to stock up** : abastecerse
stock[2] *n* : reserva *f* : existencias *fpl* : acciones *fpl* : valores *mpl* : ganado *m* : linaje *m* : estirpe *f* : caldo *m*
stockade *n* : estacada *f*
stockbroker *n* : corredor *m*, -dora *f* de bolsa
stock exchange *n* : bolsa *f*
stockholder *n* : accionista *mf*
stocking *n* : media *f*
stock market *n* : mercado *m* de valores : bolsa *f* de valores
stockpile[1] *v* **-piled; -piling** : acumular : almacenar
stockpile[2] *n* : reservas *fpl*
stocky *adj* **stockier; -est** : robusto : fornido
stockyard *n* : corral *m*
stodgy *adj* **stodgier; -est** : aburrido : pesado : anticuado
stoic[1] *or* **stoical** *adj* : estoico — **stoically** *adv*
stoic[2] *n* : estoico *m*, -ca *f*
stoicism *n* : estoicismo *m*
stoke *v* **stoked; stoking** : atizar : echarle carbón a
stole[1] → **steal**
stole[2] *n* : estola *f*
stolen → **steal**
stolid *adj* : impasible : imperturbable — **stolidly** *adv*

stomach[1] *v* : aguantar : soportar
stomach[2] *n* : estómago *m* : vientre *m* : barriga *f* : panza *f* : ganas *fpl*
stomachache *n* : dolor *m* de estómago
stomp *v* : pisotear : pisar fuerte
stone[1] *v* **stoned; stoning** : apedrear : lapidar
stone[2] *n* : piedra *f* : hueso *m* : pepa *f*
Stone Age *n* : Edad *f* de Piedra
stoned *adj* : drogado
stonemason → mason
stonemasonry → masonry
stony *adj* **stonier; -est** : pedregoso : insensible : frío
stood → stand
stool *n* : taburete *m* : banco *m* : escabel *m* : deposición *f* de heces
stoop[1] *v* : agacharse
stoop[2] *n* : espaldas *fpl* encorvadas : entrada *f*
stop[1] *v* **stopped; stopping** : impedir : evitar : parar : detener : dejar de : terminar : detenerse : pararse : cesar : quedarse
stop[2] *n* : tapón *m* : parada *f* : alto *m*
stopgap *n* : arreglo *m* provisorio
stoplight *n* : semáforo *m*
stopover *n* : escala *f*
stoppage *n* : acto *m* de parar
stopper *n* : tapón *m*
stopwatch *n* : cronómetro *m*
storage *n* : almacenamiento *m* : almacenaje *m*
storage battery *n* : acumulador *m*
store[1] *v* **stored; storing** : guardar : almacenar
store[2] *n* : reserva *f* : tienda *f*
storehouse *n* : almacén *m* : depósito *m*
storekeeper *n* : tendero *m*, -ra *f*
storeroom *n* : almacén *m* : depósito *m*
stork *n* : cigüeña *f*
storm[1] *v* : llover o nevar tormentosamente : ponerse furioso : vociferar : asaltar
storm[2] *n* : tormenta *f* : tempestad *f* : alboroto *m* : revuelo *m* : escándalo *m*
stormy *adj* **stormier; -est** : tormentoso — **stormily** *adv*
story *n, pl* **stories** : cuento *m* : relato *m* : historia *f* : artículo *m* : mentira *f* : información *f* : piso *m* : planta *f*
stout *adj* : firme : resuelto : fuerte : robusto : sólido : corpulento : gordo
stoutness *n* : firmeza *f* : fuerza *f* : robustez *f* : solidez *f* : corpulencia *f* : gordura *f*
stove *n* : cocina *f* : estufa *f*
stow *v* : poner : meter : guardar : cargar **to stow away** : viajar de polizón
stowaway *n* : polizón *m*
straddle *v* **-dled; -dling** : sentarse a horcajadas sobre
straggle *v* **-gled; -gling** : rezagarse : quedarse atrás
straggler *n* : rezagado *m*, -da *f*
straight[1] *adv* : derecho : directamente : honestamente : con claridad : francamente : con franqueza
straight[2] *adj* : recto : derecho : lacio : honesto : justo : arreglado : ordenado : solo
straightaway *adv* : inmediatamente
straightforward *adj* : franco : sincero : puro : simple : claro
straight razor *n* : navaja *f*
strain[1] *v* : forzar : colar : filtrar : lastimarse : hacerse daño en **to strain to do something** : esforzarse por hacer algo
strain[2] *n* : linaje *m* : abolengo *m* : veta *f* : tipo *m* : variedad *f* : tensión *f* : presión *f* : esguince *m* : torcedura *f*; **strains** *npl* : melodía *f* : acordes *mpl* : compases *fpl*
strained *adj* : forzado : preocupado : cansado : tenso
strainer *n* : colador *m*
strait *n* : estrecho *m*; **straits** *npl* : aprietos *mpl* : apuros *mpl*
straitened *adj* **in straitened circumstances** : en apuros económicos
straitjacket *n* : camisa *f* de fuerza
strand[1] *v* : varar
strand[2] *n* : hebra *f* : playa *f*
strange *adj* **stranger; -est** : extraño : raro : desconocido : nuevo

strangely *adv* : de manera extraña
strangeness *n* : rareza *f* : lo desconocido
stranger *n* : desconocido *m*, -da *f* : extraño *m*, -ña *f*
strangle *v* **-gled; -gling** : estrangular
strangler *n* : estrangulador *m*, -dora *f*
strangulation *n* : estrangulamiento *m*
strap[1] *v* **strapped; strapping** : sujetar con una correa : azotar
strap[2] *n* : correa *f*
strapless *n* : sin tirantes
strapping *adj* : robusto : fornido
stratagem *n* : estratagema *f* : artimaña *f*
strategic *adj* : estratégico
strategist *n* : estratega *mf*
strategy *n, pl* **-gies** : estrategia *f*
stratified *adj* : estratificado
stratosphere *n* : estratosfera *f*
stratospheric *adj* : estratosférico
stratum *n, pl* **strata** : estrato *m* : capa *f*
straw *n* : paja *f*
strawberry *n, pl* **-ries** : fresa *f*
stray[1] *v* : alejarse : extraviarse : desviarse : divagar
stray[2] *adj* : perdido : callejero : descarriado
stray[3] *n* : animal *m* perdido : animal *m* callejero
streak[1] *v* : hacer rayas en : ir como una flecha
streak[2] *n* : raya *f* : veta *f* : mechón *m* : rayo *m* : racha *f*
stream[1] *v* : correr : salir a chorros : derramar : dejar correr : transmitir en streaming : ver o escuchar en streaming
stream[2] *n* : arroyo *m* : riachuelo *m* : río *m* : corriente *f* : chorro *m* : serie *f* : sarta *f*
streamer *n* : banderín *m* : serpentina *f* : cinta *f*
streaming[1] *adj* : de streaming
streaming[2] *n* : streaming *m*
streamline *v* : racionalizar
streamlined *adj* : aerodinámico : eficiente : racionalizado
street *n* : calle *f*
streetcar *n* : tranvía *m*
streetlight *or* **streetlamp** *n* : farol *m* : farola *f*
strength *n* : fuerza *f* : poder *m* : fortaleza *f* : solidez *f* : resistencia *f* : dureza *f* : intensidad *f* : lo fuerte : concentración *f* : potencia *f* : fuerte *m* : punto *m* fuerte : número *m* : complemento *m*
strengthen *v* : fortalecer : reforzar : intensificar : redoblar : fortalecerse : hacerse más fuerte : intensificarse
strenuous *adj* : vigoroso : enérgico : duro : riguroso
strenuously *adv* : vigorosamente : duro
stress[1] *v* : someter a tensión : enfatizar : recalcar
stress[2] *n* : tensión *f* : énfasis *m* : acento *m* : estrés *m*
stressful *adj* : estresante
stretch[1] *v* : estirar : extender : desplegar : extenderse
stretch[2] *n* : extensión *f* : estiramiento *m* : elasticidad *f* : tramo *m* : trecho *m* : período *m*
stretcher *n* : camilla *f*
strew *v* **strewed; strewed** *or* **strewn; strewing** : esparcir : desparramar
stricken *adj* **stricken with** : aquejado de : afligido por
strict *adj* : estricto — **strictly** *adv*
strictness *n* : severidad *f* : lo estricto
stricture *n* : crítica *f* : censura *f*
stride[1] *v* **strode; stridden; striding** : ir dando trancos : ir dando zancadas
stride[2] *n* : tranco *m* : zancada *f*
strident *adj* : estridente
strife *n* : conflictos *mpl* : disensión *f*
strike[1] *v* **struck; striking** : golpear : pegarle : chocar contra : dar contra : suprimir : tachar : acuñar : dar : sobrevenir : impresionar : parecer : ocurrírsele a : encender : descubrir : adoptar : tocar : llegar a : alcanzar : atacar : declararse en huelga
strike[2] *n* : golpe *m* : huelga *f* : paro *m* : ataque *m*
strikebreaker *n* : rompehuelgas *mf* : esquirol *mf*

strike out *v* : salir : ser ponchado
striker *n* : huelguista *mf*
strike up *v* : entablar : empezar
striking *adj* : notable : sorprendente : llamativo — **strikingly** *adv*
string[1] *v* **strung; stringing** : ensartar : colgar
string[2] *n* : cordel *m* : cuerda *f* : serie *f* : sarta *f*; **strings** *npl* : cuerdas *fpl*; **strings** *npl* : influencias *fpl*; **strings** *npl* : compromisos *mpl*
string bean *n* : judía *f* : ejote *m*
stringent *adj* : estricto : severo
stringy *adj* **stringier; -est** : fibroso
strip[1] *v* **stripped; stripping** : quitar : desnudar : despojar : desnudarse
strip[2] *n* : tira *f*
stripe[1] *v* **striped; striping** : marcar con rayas o listas
stripe[2] *n* : raya *f* : lista *f* : franja *f*
striped *adj* : a rayas : de rayas : rayado : listado
strode → stride
stroke[1] *v* **stroked; stroking** : acariciar
stroke[2] *n* : apoplejía *f* : derrame *m* cerebral : pincelada *f* : trazo *m* : estilo *m* : movimiento *m* : batir *m* : brazada *f* : remada *f* : caricia *f* : golpe *m* : campanada *f*
stroll[1] *v* : pasear : pasearse : dar un paseo
stroll[2] *n* : paseo *m*
stroller *n* : cochecito *m*
strong *adj* : fuerte : resistente : sano : marcado : firme : poderoso : convincente : concentrado : con mucho aumento
strongbox *n* : caja *f* fuerte
stronghold *n* : fortaleza *f* : fuerte *m* : bastión *m*
strongly *adv* : fuerte : con fuerza : fuertemente : sólidamente : intensamente : profundamente : totalmente : enérgicamente
struck → strike[1]
structural *adj* : estructural
structure[1] *v* **-tured; -turing** : estructurar
structure[2] *n* : construcción *f* : estructura *f*
struggle[1] *v* **-gled; -gling** : forcejear : luchar : contender : hacer con dificultad
struggle[2] *n* : lucha *f* : pelea *f*
strum *v* **strummed; strumming** : rasguear
strung → string[1]
strut[1] *v* **strutted; strutting** : pavonearse
strut[2] *n* : pavoneo *m* : puntal *m*
stub *n* : colilla *f* : cabo *m* : talón *m*
stubble *n* : rastrojo *m* : barba *f*
stubborn *adj* : terco : obstinado : empecinado : pertinaz : persistente — **stubbornly** *adv*
stubbornness *n* : terquedad *f* : obstinación *f* : persistencia *f*
stubby *adj* **stubbier; -est** : corto y grueso
stucco *n, pl* **stuccos** *or* **stuccoes** : estuco *m*
stuck → stick[1]
stuck–up *adj* : engreído : creído
stud[1] *v* **studded; studding** : tachonar : salpicar
stud[2] *n* : montante *m* : tachuela *f* : tachón *m*
student *n* : estudiante *mf* : alumno *m*, -na *f*
studied *adj* : intencionado : premeditado
studio *n, pl* **studios** : estudio *m*
studious *adj* : estudioso — **studiously** *adv*
study[1] *v* **studied; studying** : estudiar : examinar
study[2] *n, pl* **studies** : estudio *m* : gabinete *m* : investigación *f*
stuff[1] *v* : rellenar : llenar : atiborrar
stuff[2] *n* : cosas *fpl* : cosa *f* : esencia *f*
stuffing *n* : relleno *m*
stuffy *adj* **stuffier; -est** : viciado : cargado : tapado : pesado : aburrido
stumble[1] *v* **-bled; -bling** : tropezar : dar un traspié : quedarse sin saber qué hacer o decir
stumble[2] *n* : tropezón *m* : traspié *m*
stumbling block *n* : obstáculo *m*
stump[1] *v* : dejar perplejo
stump[2] *n* : muñón *m* : cabo *m*
stun *v* **stunned; stunning** : aturdir : dejar estupefacto : dejar atónito

stung → sting[1]
stunk → stink[1]
stunning *adj* : asombroso : pasmoso : increíble : imponente : impresionante
stunt[1] *v* : atrofiar
stunt[2] *n* : proeza *f*
stupefy *v* **-fied; -fying** : aturdir : atontar : dejar estupefacto : dejar atónito
stupendous *adj* : estupendo : maravilloso : tremendo — **stupendously** *adv*
stupid *adj* : tonto : bobo : estúpido : lento : torpe : lerdo
stupidity *n* : tontería *f* : estupidez *f*
stupidly *adv* : estúpidamente : tontamente : torpemente
stupor *n* : estupor *m*
sturdily *adv* : sólidamente
sturdiness *n* : solidez *f* : robustez *f*
sturdy *adj* **sturdier; -est** : fuerte : robusto : sólido
sturgeon *n* : esturión *m*
stutter[1] *v* : tartamudear
stutter[2] *n* : tartamudeo *m*
sty *n, pl* **sties** : chiquero *m* : pocilga *f*
style[1] *v* **styled; styling** : llamar : peinar : diseñar
style[2] *n* : estilo *m* : moda *f*
stylish *adj* : de moda : elegante : chic
stylishly *adv* : con estilo
stylishness *n* : estilo *m*
stylist *n* : estilista *mf*
stylize *v* : estilizar
stylus *n, pl* **styli** : estilo *m* : aguja *f*
stymie *v* **-mied; -mieing** : obstaculizar
suave *adj* : fino : urbano
sub *v* **subbed; subbing → substitute**[1]
sub- *pref* : sub-
subcommittee *n* : subcomité *m*
subconscious[1] *adj* : subconsciente — **subconsciously** *adv*
subconscious[2] *n* : subconsciente *m*
subcontract *v* : subcontratar
subcontractor *n* : subcontratista *mf*
subculture *n* : subcultura *f*
subdivide *v* **-vided; -viding** : subdividir
subdivision *n* : subdivisión *f*
subdue *v* **-dued; -duing** : sojuzgar : vencer : superar : dominar : suavizar : atenuar : moderar
subgroup *n* : subgrupo *m*
subhead *or* **subheading** *n* : subtítulo *m*
subhuman *adj* : infrahumano
subject[1] *v* : controlar : dominar : someter
subject[2] *adj* : subyugado : sometido : sujeto : propenso
subject[3] *n* : súbdito *m*, -ta *f* : sujeto *m*
subjection *n* : sometimiento *m*
subjective *adj* : subjetivo — **subjectively** *adv*
subjectivity *n* : subjetividad *f*
subjugate *v* **-gated; -gating** : subyugar : someter : sojuzgar
subjunctive *n* : subjuntivo *m* — **subjunctive** *adj*
sublet *v* **-let; -letting** : subarrendar
sublimate *v* **-mated; -mating** : sublimar — **sublimation** *n*
sublime *adj* : sublime
sublimely *adv* : de manera sublime : absolutamente : completamente
submarine[1] *adj* : submarino
submarine[2] *n* : submarino *m*
submachine gun *n* : metralleta *f*
submerge *v* **-merged; -merging** : sumergir : sumergirse
submission *n* : sumisión *f* : presentación *f*
submissive *adj* : sumiso : dócil
submissiveness *n* : sumisión *f*
submit *v* **-mitted; -mitting** : rendirse : presentar
subnormal *adj* : por debajo de lo normal
subordinate[1] *v* **-nated; -nating** : subordinar
subordinate[2] *adj* : subordinado
subordinate[3] *n* : subordinado *m*, -da *f* : subalterno *m*, -na *f*
subordination *n* : subordinación *f*
subpoena[1] *v* **-naed; -naing** : citar
subpoena[2] *n* : citación *f* : citatorio *m*
subscribe *v* **-scribed; -scribing** : suscribirse
subscriber *n* : suscriptor *m*, -tora *f* : abonado *m*, -da *f*

subscription *n* : suscripción *f*
subsection *n* : inciso *m*
subsequent *adj* : subsiguiente
subsequently *adv* : posteriormente
subservient *adj* : servil
subside *v* **-sided; -siding** : hundirse : descender : calmarse : amainar
subsidiary[1] *adj* : secundario
subsidiary[2] *n, pl* **-ries** : filial *f* : subsidiaria *f*
subsidize *v* **-dized; -dizing** : subvencionar : subsidiar
subsidy *n, pl* **-dies** : subvención *f* : subsidio *m*
subsist *v* : subsistir : mantenerse : vivir
subsistence *n* : subsistencia *f*
substance *n* : sustancia *f* : esencia *f* : riqueza *f*
substandard *adj* : inferior : deficiente
substantial *adj* : sustancioso : considerable : apreciable : sólido
substantially *adv* : considerablemente
substantiate *v* **-ated; -ating** : confirmar : probar : justificar
substitute[1] *v* **-tuted; -tuting** : sustituir
substitute[2] *n* : sustituto *m*, -ta *f* : suplente *mf* : sucedáneo *m*
substitute teacher *n* : profesor *m*, -sora *f* suplente
substitution *n* : sustitución *f*
subterfuge *n* : subterfugio *m*
subterranean *adj* : subterráneo
subtitle *n* : subtítulo *m*
subtle *adj* **subtler; subtlest** : sutil : delicado : ingenioso
subtlety *n, pl* **-ties** : sutileza *f*
subtly *adv* : sutilmente
subtotal *n* : subtotal *m*
subtract *v* : restar : sustraer
subtraction *n* : resta *f* : sustracción *f*
suburb *n* : municipio *m* periférico : suburbio *m*
suburban *adj* : de las afueras : suburbano
suburbia *n* : municipios *mpl* periféricos : suburbios *mpl*
subversion *n* : subversión *f*
subversive *adj* : subversivo
subvert *v* : subvertir
subway *n* : metro *m* : subterráneo *m*
succeed *v* : suceder a : tener éxito : dar resultado : subir : acceder : suceder
success *n* : éxito *m*
successful *adj* : exitoso : logrado — **successfully** *adv*
succession *n* : sucesión *f*
successive *adj* : sucesivo : consecutivo — **successively** *adv*
successor *n* : sucesor *m*, -sora *f*
succinct *adj* : sucinto — **succinctly** *adv*
succor[1] *v* : socorrer
succor[2] *n* : socorro *m*
succotash *n* : guiso *m* de maíz y frijoles
succulent[1] *adj* : suculento : jugoso
succulent[2] *n* : suculenta *f*
succumb *v* : sucumbir
such[1] *adv* : tan
such[2] *adj* : tal : tal … que : tanto … que
such[3] *pron* : tal : algo o alguien semejante
such–and–such *adj* : tal : cual
suck *v* : chupar : aspirar : mamar : apestar : ser una lata : ser malísimo : sorber : arrastrar
sucker *n* : ventosa *f* : chupón *m* : tonto *m*, -ta *f* : idiota *mf*
suckle *v* **-led; -ling** : amamantar : mamar
suckling *n* : lactante *mf*
sucrose *n* : sacarosa *f*
suction *n* : succión *f*
Sudanese[1] *adj* : sudanés
Sudanese[2] *n* **the Sudanese** : los sudaneses
sudden *adj* : repentino : súbito : inesperado : improviso : precipitado : brusco
suddenly *adv* : de repente : de pronto : bruscamente
suddenness *n* : lo repentino : brusquedad *f* : lo precipitado
suds *npl* : espuma *f*
sue *v* **sued; suing** : demandar **to sue for** : demandar por
suede *n* : ante *m* : gamuza *f*
suet *n* : sebo *m*
suffer *v* : sufrir : padecer : permitir : dejar

sufferer *n* : persona que padece
suffering *n* : sufrimiento *m*
suffice *v* **-ficed; -ficing** : ser suficiente : bastar
sufficient *adj* : suficiente
sufficiently *adv* : (lo) suficientemente : bastante
suffix *n* : sufijo *m*
suffocate *v* **-cated; -cating** : asfixiar : ahogar : asfixiarse : ahogarse
suffocation *n* : asfixia *f* : ahogo *m*
suffrage *n* : sufragio *m* : derecho *m* al voto
suffuse *v* **-fused; -fusing** : impregnar : bañar : teñir : llenar
sugar[1] *v* : azucarar
sugar[2] *n* : azúcar *mf*
sugarcane *n* : caña *f* de azúcar
sugary *adj* : azucarado : empalagoso
suggest *v* : sugerir : indicar : dar a entender
suggestible *adj* : influenciable
suggestion *n* : sugerencia *f* : indicio *m* : insinuación *f*
suggestive *adj* : insinuante — **suggestively** *adv*
suicidal *adj* : suicida
suicide *n* : suicidio *m* : suicida *mf*
suit[1] *v* : adaptar : convenir a : ser apropiado a : favorecer : quedarle bien : agradecer : satisfacer : convenirle bien
suit[2] *n* : pleito *m* : litigio *m* : traje *m* : palo *m*
suitability *n* : idoneidad *f* : lo apropiado
suitable *adj* : apropiado : idóneo — **suitably** *adv*
suitcase *n* : maleta *f* : valija *f* : petaca *f*
suite *n* : suite *f* : juego *m*
suitor *n* : pretendiente *m*
sulfur *n* : azufre *m*
sulfuric acid *adj* : ácido *m* sulfúrico
sulk[1] *v* : estar de mal humor : enfurruñarse
sulk[2] *n* : mal humor *m*
sulky *adj* **sulkier; -est** : malhumorado : taimado
sullen *adj* : hosco : taciturno : sombrío : deprimente
sullenly *adv* : hoscamente : sombríamente
sully *v* **sullied; sullying** : manchar : empañar
sultan *n* : sultán *m*
sultry *adj* **sultrier; -est** : bochornoso : sensual : seductor
sum[1] *v* **summed; summing** : sumar
sum[2] *n* : suma *f* : cantidad *f* : total *f* : adición *f*
sumac *n* : zumaque *m*
summarize *v* **-rized; -rizing** : resumir : compendiar
summary[1] *adj* : breve : conciso : inmediato — **summarily** *adv*
summary[2] *n, pl* **-ries** : resumen *m* : compendio *m*
summation *n* : resumen *m*
summer *n* : verano *m*
summertime *n* : verano *m* : estío *m*
summery *adj* : veraniego
summit *n* : cumbre *f* : cima *f*
summon *v* : convocar : llamar : citar
summons *n, pl* **summonses** : citación *f* : citatorio *m* : llamada *f* : llamamiento *m*
sumptuous *adj* : suntuoso — **sumptuously** *adv*
sum up *v* : resumir : evaluar : recapitular
sun[1] *v* **sunned; sunning** : poner al sol
sun[2] *n* : sol *m* : luz *f* del sol
sunbathe *v* **-bathed; -bathing** : asolearse : tomar el sol
sunbeam *n* : rayo *m* de sol
sunblock *n* : filtro *m* solar
sunburn[1] *v* **-burned** *or* **-burnt; -burning** : quemarse por el sol
sunburn[2] *n* : quemadura *f* de sol
sundae *n* : postre *m* de helado
Sunday *n* : domingo *m*
sundial *n* : reloj *m* de sol
sundown → sunset
sundries *npl* : artículos *mpl* diversos
sundry *adj* : varios : diversos
sunflower *n* : girasol *m* : mirasol *m*
sung → sing
sunglasses *npl* : gafas *fpl* de sol : lentes *mpl* de sol
sunk → sink[1]
sunken *adj* : hundido
sunlight *n* : sol *m* : luz *f* del sol

Sunni *n* : sunita *mf*
sunny *adj* **sunnier; -est** : soleado
sunrise *n* : salida *f* del sol
sunroof *n* : techo *m* corredizo
sunscreen *n* : filtro *m* solar
sunset *n* : puesta *f* del sol
sunshine *n* : sol *m* : luz *f* del sol
sunspot *n* : mancha *f* solar
sunstroke *n* : insolación *f*
suntan *n* : bronceado *m*
suntanned *adj* : bronceado
sup *v* **supped; supping** : cenar
super *adj* : súper
super- *pref* : super-
superb *adj* : magnífico : espléndido — **superbly** *adv*
supercilious *adj* : altivo : altanero : desdeñoso
supercomputer *n* : supercomputadora *f*
superficial *adj* : superficial — **superficially** *adv* — **superficiality** *n*
superfluous *adj* : superfluo — **superfluity** *n*
superhighway *n* : autopista *f*
superhuman *adj* : sobrenatural : sobrehumano
superimpose *v* **-posed; -posing** : superponer : sobreponer
superintend *v* : supervisar
superintendent *n* : portero *m*, -ra *f* : director *m*, -tora *f* : superintendente *mf*
superior[1] *adj* : superior : altivo : altanero
superior[2] *n* : superior *m*
superiority *n, pl* **-ties** : superioridad *f*
superlative[1] *adj* : superlativo : supremo : excelente : excepcional
superlative[2] *n* : superlativo *m*
supermarket *n* : supermercado *m*
supernatural *adj* : sobrenatural
supernaturally *adv* : de manera sobrenatural
superpower *n* : superpotencia *f*
supersede *v* **-seded; -seding** : suplantar : reemplazar : sustituir
supersonic *adj* : supersónico
superstar *n* : superestrella *f*
superstition *n* : superstición *f*
superstitious *adj* : supersticioso
superstore *n* : hipermercado *m*
superstructure *n* : superestructura *f*
supervise *v* **-vised; -vising** : supervisar : dirigir
supervision *n* : supervisión *f* : dirección *f*
supervisor *n* : supervisor *m*, -sora *f*
supervisory *adj* : de supervisor
supine *adj* : en decúbito supino : en decúbito dorsal : indiferente : apático
supper *n* : cena *f* : comida *f*
supplant *v* : suplantar
supple *adj* **suppler; supplest** : flexible
supplement[1] *v* : complementar : completar
supplement[2] *n* : complemento *m* : suplemento *m*
supplementary *adj* : suplementario
supplicate *v* **-cated; -cating** : rezar : suplicar
supplier *n* : proveedor *m*, -dora *f* : abastecedor *m*
supply[1] *v* **-plied; -plying** : suministrar : proveer de : proporcionar
supply[2] *n, pl* **-plies** : provisión *f* : suministro *m* : reserva *f* : existencias *fpl*; **supplies** *npl* : provisiones *fpl* : víveres *mpl* : despensa *f*
support[1] *v* : apoyar : respaldar : mantener : sostener : sustentar : apuntalar : soportar
support[2] *n* : apoyo *m* : ayuda *f* : soporte *m*
supporter *n* : partidario *m*, -ria *f*
supportive *adj* : que apoya
suppose *v* **-posed; -posing** : suponer : imaginarse : creer
supposed *adj* : supuesto — **supposedly** *adv*
supposition *n* : suposición *f*
suppository *n, pl* **-ries** : supositorio *m*
suppress *v* : sofocar : suprimir : reprimir : ocultar : contener
suppression *n* : represión *f* : supresión *f* : inhibición *f*
supremacy *n, pl* **-cies** : supremacía *f*
supreme *adj* : supremo
Supreme Being *n* : Ser *m* Supremo

supremely *adv* : totalmente : sumamente
surcharge *n* : recargo *m*
sure[1] *adv* : por supuesto : claro
sure[2] *adj* **surer; -est** : seguro
surely *adv* : seguramente
sureness *n* : certeza *f* : seguridad *f*
surety *n, pl* **-ties** : fianza *f* : garantía *f*
surf[1] *v* : hacer surf : navegar
surf[2] *n* : oleaje *m* : espuma *f*
surface[1] *v* **-faced; -facing** : salir a la superficie : revestir
surface[2] *n* : superficie *f*
surfboard *n* : tabla *f* de surf : tabla *f* de surfing
surfeit *n* : exceso *m*
surfer *n* : surfista *mf*
surfing *n* : surf *m* : surfing *m*
surge[1] *v* **surged; surging** : hincharse : levantarse : salir en tropel
surge[2] *n* : oleaje *m* : oleada *f* : arranque *m* : arrebato *m* : aumento *m*
surgeon *n* : cirujano *m*, -na *f*
surgery *n, pl* **-geries** : cirugía *f*
surgical *adj* : quirúrgico — **surgically** *adv*
surly *adj* **surlier; -est** : hosco : arisco
surmise[1] *v* **-mised; -mising** : conjeturar : suponer : concluir
surmise[2] *n* : conjetura *f*
surmount *v* : superar : vencer : salvar : escalar : coronar
surname *n* : apellido *m*
surpass *v* : superar : exceder : rebasar : sobrepasar
surplus *n* : excedente *m* : sobrante *m* : superávit *m*
surprise[1] *v* **-prised; -prising** : sorprender
surprise[2] *n* : sorpresa *f*
surprising *adj* : sorprendente — **surprisingly** *adv*
surreal *adj* : surrealista
surrealism *n* : surrealismo *m*
surrealist *n* : surrealista *mf*
surrealistic *adj* : surrealista
surrender[1] *v* : entregar : rendir : rendirse
surrender[2] *n* : rendición *m* : entrega *f*
surreptitious *adj* : subrepticio — **surreptitiously** *adv*
surrogate *n* : sustituto *m*
surround *v* : rodear
surroundings *npl* : ambiente *m* : entorno *m*
surveillance *n* : vigilancia *f*
survey[1] *v* **-veyed; -veying** : medir : inspeccionar : examinar : revisar : hacer una encuesta de : sondear
survey[2] *n, pl* **-veys** : inspección *f* : revisión *f* : medición *f* : encuesta *f* : sondeo *m*
surveyor *n* : agrimensor *m*, -sora *f*
survival *n* : supervivencia *f* : sobrevivencia *f*
survive *v* **-vived; -viving** : sobrevivir : sobrevivir a
survivor *n* : superviviente *mf* : sobreviviente *mf*
susceptibility *n, pl* **-ties** : vulnerabilidad *f* : propensión *f*
susceptible *adj* : vulnerable : sensible : propenso
suspect[1] *v* : dudar de : sospechar : sospechar de : imaginarse : creer
suspect[2] *adj* : sospechoso : dudoso : cuestionable
suspect[3] *n* : sospechoso *m*, -sa *f*
suspend *v* : suspender
suspenders *npl* : tirantes *mpl*
suspense *n* : incertidumbre *f* : suspenso *m*
suspenseful *adj* : de suspenso
suspension *n* : suspensión *f*
suspension bridge *n* : puente *m* colgante
suspicion *n* : sospecha *f* : pizca *f* : atisbo *m*
suspicious *adj* : sospechoso : dudoso : suspicaz : desconfiado
suspiciously *adv* : de modo sospechoso : con recelo
sustain *v* : sustentar : sostener : sufrir : apoyar : respaldar
sustainable *adj* : sostenible
sustenance *n* : sustento *m* : sostén *m*
suture *n* : sutura *f*
SUV *n* : SUV *m* : vehículo *m* deportivo utilitario
svelte *adj* : esbelto
swab[1] *v* **swabbed; swabbing** : lavar : limpiar : aplicar a

swab[2] *n or* **cotton swab** : hisopo *m* : bastoncillo *m* : cotonete *m*
swaddle *v* **-dled; -dling** : envolver
swagger[1] *v* : pavonearse
swagger[2] *n* : pavoneo *m*
swallow[1] *v* : tragar : tragarse : envolver
swallow[2] *n* : golondrina *f* : trago *m*
swam → swim[1]
swamp[1] *v* : inundar
swamp[2] *n* : pantano *m* : ciénaga *f*
swampy *adj* **swampier; -est** : pantanoso : cenagoso
swan *n* : cisne *f*
swap[1] *v* **swapped; swapping** : cambiar : intercambiar
swap[2] *n* : cambio *m* : intercambio *m*
swarm[1] *v* : enjambrar
swarm[2] *n* : enjambre *m*
swarthy *adj* **swarthier; -est** : moreno
swashbuckling *adj* : de aventurero
swastika *n* : esvástica *f*
swat[1] *v* **swatted; swatting** : aplastar : darle una palmada
swat[2] *n* : palmada *f* : golpe *m*
swatch *n* : muestra *f*
swath *or* **swathe** *n* : franja *f*
swathe *v* **swathed; swathing** : envolver
swatter → flyswatter
sway[1] *v* : balancearse : mecerse : influir en : convencer
sway[2] *n* : balanceo *m* : influjo *m*
swear *v* **swore; sworn; swearing** : jurar : decir palabrotas
swearword *n* : mala palabra *f* : palabrota *f*
sweat[1] *v* **sweat** *or* **sweated; sweating** : sudar : transpirar : rezumar
sweat[2] *n* : sudor *m* : transpiración *f*
sweater *n* : suéter *m* : buzo *m*
sweatpants *n* : pantalón *m* de ejercicio : jogging *m* : pants *m*
sweatshirt *n* : sudadera *f* : buzo *m* : polerón *m*
sweatsuit *n* : sudadera *f* : buzo *m* : jogging *m* : pants *m* : chándal *m*
sweaty *adj* **sweatier; -est** : sudoroso : sudado : transpirado
Swede *n* : sueco *m*, -ca *f*
Swedish[1] *adj* : sueco
Swedish[2] *n* : sueco *m*
sweep[1] *v* **swept; sweeping** : barrer : limpiar : arrastrar : recorrer : peinar : ir : barrer con : barrer en : arrasar en : extenderse : describir una curva
sweep[2] *n* : barrido *m* : barrida *f* : movimiento *m* circular : alcance *m*
sweeper *n* : barrendero *m*, -ra *f*
sweeping *adj* : amplio : extenso : radical : indiscriminado : demasiado general : arrollador : aplastante
sweepstakes *ns & pl* : carrera *f* : lotería *f*
sweet[1] *adj* : dulce : fresco : sin sal : agradable : querido
sweet[2] *n* : dulce *m*
sweet–and–sour *adj* : agridulce
sweeten *v* : endulzar
sweetener *n* : endulzante *m*
sweetheart *n* : novio *m*, -via *f*
sweetly *adv* : dulcemente
sweetness *n* : dulzura *f*
sweet potato *n* : batata *f* : boniato *m*
swell[1] *v* **swelled; swelled** *or* **swollen; swelling** : aumentar : crecer
swell[2] *n* : oleaje *m*
swelling *n* : hinchazón *f*
swelter *v* : sofocarse de calor
swept → sweep[1]
swerve[1] *v* **swerved; swerving** : virar bruscamente
swerve[2] *n* : viraje *m* brusco
swift[1] *adj* : rápido : veloz : repentino : súbito — **swiftly** *adv*
swift[2] *n* : vencejo *m*
swiftness *n* : rapidez *f* : velocidad *f*
swig[1] *v* **swigged; swigging** : tomar a tragos : beber a tragos
swig[2] *n* : trago *m*
swill[1] *v* : chupar : beber a tragos grandes
swill[2] *n* : bazofia *f* : basura *f*
swim[1] *v* **swam; swum; swimming** : nadar : flotar : dar vueltas
swim[2] *n* : baño *m* : chapuzón *m*
swimmer *n* : nadador *m*, -dora *f*
swimming *n* : natación *f*
swimming pool *n* : piscina *f*
swimming trunks *n* : traje *m* de baño : malla *f* de baño : bañador *m*
swimsuit *n* : traje *m* de baño : malla *f* de baño : bañador *m*

swindle[1] *v* **-dled; -dling** : estafar : timar
swindle[2] *n* : estafa *f* : timo *m*
swindler *n* : estafador *m*, -dora *f* : timador *m*
swine *ns & pl* : cerdo *m*, -da *f*
swing[1] *v* **swung; swinging** : describir una curva con : balancear : hacer oscilar : colgar : arreglar : balancearse : oscilar : columpiarse : mecerse : girar : virar : cambiar : intentar darle a algo/alguien
swing[2] *n* : vaivén *m* : balanceo *m* : viraje *m* : movimiento *m* : columpio *m*
swipe[1] *v* **swiped; swiping** : dar : pegar : limpiar : birlar : robar
swipe[2] *n* : golpe *m*
swirl[1] *v* : arremolinarse
swirl[2] *n* : remolino *m* : espiral *f*
swish[1] *v* : mover : moverse
swish[2] *n* : silbido *m* : susurro *m* : crujido *m*
Swiss[1] *adj* : suizo
Swiss[2] *n* **the Swiss** : los suizos
swiss chard *n* : acelga *f*
switch[1] *v* : azotar : cambiar de : intercambiar : moverse de un lado al otro : cambiar : intercambiarse
switch[2] *n* : vara *f* : cambio *m* : interruptor *m* : llave *f*
switchblade *n* : navaja *f* de muelle
switchboard *n* : conmutador *m* : centralita *f*
swivel[1] *v* **-veled** *or* **-velled; -veling** *or* **-velling** : girar
swivel[2] *n* : base *f* giratoria
swollen *pp* → **swell**[1]
swoon[1] *v* : desvanecerse : desmayarse
swoon[2] *n* : desvanecimiento *m* : desmayo *m*
swoop[1] *v* : abatirse : descender en picada
swoop[2] *n* : descenso *m* en picada
sword *n* : espada *f*
swordfish *n* : pez *m* espada
swore, sworn → **swear**
swum *pp* → **swim**[1]
swung → **swing**[1]
sycamore *n* : sicomoro *m*
sycophant *n* : adulador *m*, -dora *f*
syllabic *adj* : silábico
syllable *n* : sílaba *f*
syllabus *n, pl* **-bi** *or* **-buses** : programa *m*
symbol *n* : símbolo *m*
symbolic *adj* : simbólico — **symbolically** *adv*
symbolism *n* : simbolismo *m*
symbolize *v* **-ized; -izing** : simbolizar
symmetrical *or* **symmetric** *adj* : simétrico — **symmetrically** *adv*
symmetry *n, pl* **-tries** : simetría *f*
sympathetic *adj* : agradable : receptivo : favorable : comprensivo : compasivo
sympathetically *adv* : con compasión : con comprensión
sympathize *v* **-thized; -thizing** : compadecer
sympathizer *n* : simpatizante *mf*
sympathy *n, pl* **-thies** : compasión *f* : comprensión *f* : solidaridad *f* : pésame *m* : condolencias *fpl*
symphonic *adj* : sinfónico
symphony *n, pl* **-nies** : sinfonía *f*
symposium *n, pl* **-sia** *or* **-siums** : simposio *m*
symptom *n* : síntoma *m*
symptomatic *adj* : sintomático
synagogue *n* : sinagoga *f*
sync *n* : sincronización *f*
synchronize *v* **-nized; -nizing** : estar sincronizado : sincronizar
syncopate *v* **-pated; -pating** : sincopar
syncopation *n* : síncopa *f*
syndicate[1] *v* **-cated; -cating** : formar una asociación
syndicate[2] *n* : asociación *f* : agrupación *f*
syndrome *n* : síndrome *m*
synonym *n* : sinónimo *m*
synonymous *adj* : sinónimo
synopsis *n, pl* **-opses** : sinopsis *f*
syntactic *adj* : sintáctico
syntax *n* : sintaxis *f*
synthesis *n, pl* **-theses** : síntesis *f*
synthesize *v* **-sized; -sizing** : sintetizar
synthesizer *n* : sintetizador *m*
synthetic[1] *adj* : sintético : artificial — **synthetically** *adv*
synthetic[2] *n* : producto *m* sintético
syphilis *n* : sífilis *f*

Syrian *n* : sirio *m*, -ria *f* — **Syrian** *adj*
syringe *n* : jeringa *f* : jeringuilla *f*
syrup *n* : jarabe *m* : almíbar *m*
system *n* : sistema *m* : método *m* : instalación *f* : aparato *m* : organismo *m* : cuerpo *m* : red *f*
systematic *adj* : sistemático — **systematically** *adv*
systematize *v* **-tized; -tizing** : sistematizar
systemic *adj* : sistémico
systems analyst *n* : analista *mf* de sistemas

T

tab[1] *n* : lengüeta *f* : etiqueta *f* : pestaña *f* : cuenta *f*
tab[2] *v* **tabbed; tabbing** : usar el tabulador : usar la tecla Tab
tabby *n, pl* **-bies** : gata *f*
tabernacle *n* : tabernáculo *m*
table *n* : mesa *f* : tabla *f*
tableau *n, pl* **-leaux** : retablo *m* : cuadro *m* vivo
tablecloth *n* : mantel *m*
tablespoon *n* : cuchara *f*
tablespoonful *n* : cucharada *f*
tablet *n* : placa *f* : bloc *m* : tableta *f* : pastilla *f* : píldora *f* : tablet *f*
table tennis *n* : tenis *m* de mesa
tableware *n* : vajillas *fpl* : cubiertos *mpl*
tabloid *n* : tabloide *m*
taboo[1] *adj* : tabú
taboo[2] *n* : tabú *m*
tabular *adj* : tabular
tabulate *v* **-lated; -lating** : tabular
tabulator *n* : tabulador *m*
tacit *adj* : tácito : implícito — **tacitly** *adv*
taciturn *adj* : taciturno
tack[1] *v* : sujetar con tachuelas
tack[2] *n* : tachuela *f* : rumbo *m*
tackle[1] *v* **-led; -ling** : taclear : abordar : enfrentar : emprender
tackle[2] *n* : equipo *m* : aparejo *m* : tacleada *f*
tacky *adj* **tackier; -est** : pegajoso : de mal gusto : naco
taco *n, pl* **tacos** : taco *m*
tact *n* : tacto *m* : delicadeza *f* : discreción *f*
tactful *adj* : discreto : diplomático : de mucho tacto
tactfully *adv* : discretamente : con mucho tacto
tactic *n* : táctica *f*
tactical *adj* : táctico : estratégico
tactics *ns & pl* : táctica *f* : estrategia *f*
tactile *adj* : táctil
tactless *adj* : indiscreto : poco delicado
tactlessly *adv* : rudamente : sin tacto
tadpole *n* : renacuajo *m*
taffeta *n* : tafetán *m* : tafeta *f*
tag[1] *v* **tagged; tagging** : etiquetar : seguir de cerca : tocar **to tag along** : pegarse : acompañar
tag[2] *n* : etiqueta *f* : dicho *m* : refrán *m*
tail[1] *v* : seguir de cerca : pegarse
tail[2] *n* : cola *f* : rabo *m* : parte *f* posterior; **tails** *npl* : cruz *f*; **tails** *npl* → **tailcoat**
tailcoat *n* : frac *m*
tailed *adj* : que tiene cola : de cola
tail end *n* : final *m* : últimos momentos *mpl* : cola *f*
tailgate[1] *v* **-gated; -gating** : seguir a un vehículo demasiado de cerca
tailgate[2] *n* : puerta *f* trasera
taillight *n* : luz *f* trasera : calavera *f*
tailor[1] *v* : confeccionar o alterar : adaptar : ajustar
tailor[2] *n* : sastre *m*, -tra *f*
tailor–made *adj* : hecho a la medida
tailpipe *n* : tubo *m* de escape
tailspin *n* : barrena *f*
taint[1] *v* : contaminar : corromper
taint[2] *n* : corrupción *f* : impureza *f*
take[1] *v* **took; taken; taking** : tomar : agarrar : llevar : sacar : cargar : extraer : encantar : fascinar : llevarse : requerir : ocupar

: ingerir : coger : soportar : aguantar : resistir : aceptar : seguir : cargar con : adoptar : interpretar : sentir : suponer : mirar : ganar : prender

take[2] *n* : recaudación *f* : ingresos *mpl* : ganancias *fpl* : toma *f*

takeoff *n* : parodia *f* : despegue *m*

takeout *n* : comida *f* para llevar

takeover *n* : toma *f* : adquisición *f*

taker *n* : persona *f* interesada

takings *n* : recaudación *f*

talc *n* : talco *m*

talcum powder *n* : talco *m* : polvos *mpl* de talco

tale *n* : cuento *m* : relato *m* : anécdota *f* : mentira *f*

talent *n* : talento *m* : don *m*

talented *adj* : talentoso

talent scout → scout[2]

talisman *n, pl* **-mans** : talismán *m*

talk[1] *v* : hablar : charlar : platicar

talk[2] *n* : charla *f* : plática *f* : conversación *f* : chisme *m* : rumores *mpl*

talkative *adj* : locuaz : parlanchín : charlatán

talker *n* : conversador *m*, -dora *f* : hablador *m*

talk show *n* : programa *m* de entrevistas

tall *adj* : alto

tallow *n* : sebo *m*

tall tale *adj* : cuento *m* chino

tally[1] *v* **-lied; -lying** : contar : hacer una cuenta de : concordar : corresponder : cuadrar

tally[2] *n, pl* **-lies** : cuenta *f*

talon *n* : garra *f*

tamale *n* : tamal *m*

tamarind *n* : tamarindo *m*

tambourine *n* : pandero *m* : pandereta *f*

tame[1] *v* **tamed; taming** : domar : amansar : domesticar

tame[2] *adj* **tamer; -est** : domesticado : manso : dócil : aburrido : soso

tamely *adv* : mansamente : dócilmente

tamer *n* : domador *m*, -dora *f*

tamp *v* : apisonar

tamper *v* **to tamper with** : adulterar : forzar : falsear : manipular

tampon *n* : tampón *m*

tan[1] *v* **tanned; tanning** : curtir : broncear : broncearse

tan[2] *n* : bronceado *m* : color *m* canela : color *m* café con leche

tandem[1] *adv or* **in tandem** : en tándem

tandem[2] *n* : tándem *m*

tang *n* : sabor *m* fuerte

tangent *n* : tangente *f*

tangerine *n* : mandarina *f*

tangible *adj* : tangible : palpable — **tangibly** *adv*

tangle[1] *v* **-gled; -gling** : enredar : enmarañar : enredarse

tangle[2] *n* : enredo *m* : maraña *f*

tango[1] *v* : bailar el tango

tango[2] *n, pl* **-gos** : tango *m*

tangy *adj* **tangier; -est** : que tiene un sabor fuerte

tank *n* : tanque *m* : depósito *m* : bombona *f*

tankard *n* : jarra *f*

tanker *n* : buque *m* cisterna : camión *m* cisterna : avión *m* cisterna

tanner *n* : curtidor *m*, -dora *f*

tannery *n, pl* **-neries** : curtiduría *f* : tenería *f*

tannin *n* : tanino *m*

tantalize *v* **-lized; -lizing** : tentar : atormentar

tantalizing *adj* : tentador : seductor

tantamount *adj* : equivalente

tantrum *n* : rabieta *f* : berrinche *m*

tap[1] *v* **tapped; tapping** : ponerle una espita a : sacar líquido de : intervenir : pinchar *fam* : tocar : golpear ligeramente

tap[2] *n* : llave *f* : grifo *m* : extracción *f* : golpecito *m* : toque *m*

tape[1] *v* **taped; taping** : sujetar o arreglar con cinta adhesiva : grabar

tape[2] *n* : cinta *f*

tape measure *n* : cinta *f* métrica

taper[1] *v* : estrecharse gradualmente

taper[2] *n* : vela *f* larga y delgada : estrechamiento *m* gradual

tape recorder *n* : grabadora *f* : grabador *m*

tapestry *n, pl* **-tries** : tapiz *m*

tapeworm *n* : solitaria *f* : tenia *f*

tapioca *n* : tapioca *f*

tapir *n* : tapir *m*

tar[1] *v* **tarred; tarring** : alquitranar
tar[2] *n* : alquitrán *m* : brea *f* : chapopote *m*
tarantula *n* : tarántula *f*
tardiness *n* : tardanza *f* : retraso *m*
tardy *adj* **tardier; -est** : tardío : de retraso
target[1] *v* : fijar como objetivo : dirigir : destinar
target[2] *n* : blanco *m* : meta *f* : objetivo *m*
tariff *n* : tarifa *f* : arancel *m*
tarmac *n* : pista *f*
tarnish[1] *v* : deslustrar : empañar : manchar : deslustrarse
tarnish[2] *n* : deslustre *m*
taro *n* : taro *m* : malanga *f*
tarpaulin *n* : lona *f*
tarragon *n* : estragón *m*
tarry[1] *v* **-ried; -rying** : demorarse : entretenerse
tarry[2] *adj* : parecido al alquitrán : cubierto de alquitrán
tart[1] *adj* : ácido : agrio : mordaz : acrimonioso — **tartly** *adv*
tart[2] *n* : tartaleta *f*
tartan *n* : tartán *m*
tartar *n* : tártaro *m* : sarro *m*
tartness *n* : acidez *f* : mordacidad *f* : acrimonia *f* : acritud *f*
task *n* : tarea *f* : trabajo *m*
taskmaster *n* **to be a hard taskmaster** : ser exigente : ser muy estricto
tassel *n* : borla *f*
taste[1] *v* **tasted; tasting** : probar : degustar : catar : saber
taste[2] *n* : prueba *f* : bocado *m* : trago *m* : gusto *m* : sabor *m*
taste bud *n* : papila *f* gustativa
tasteful *adj* : de buen gusto
tastefully *adv* : con buen gusto
tasteless *adj* : sin sabor : soso : insípido : de mal gusto
taster *n* : degustador *m*, -dora *f* : catador *m*
tastiness *n* : lo sabroso
tasty *adj* **tastier; -est** : sabroso : gustoso
tatter *n* : tira *f* : jirón *m*; **tatters** *npl* : andrajos *mpl* : harapos *mpl*
tattered *adj* : andrajoso : en jirones
tattle *v* **-tled; -tling** : parlotear : cotorrear
tattletale *n* : soplón *m*, -plona *f*
tattoo[1] *v* : tatuar
tattoo[2] *n* : tatuaje *m*
tatty *adj* **tattier; -est** : gastado
taught → teach
taunt[1] *v* : mofarse de : burlarse de
taunt[2] *n* : mofa *f* : burla *f*
Taurus *n* : Tauro *m* : Tauro *mf*
taut *adj* : tirante : tenso — **tautly** *adv*
tautness *n* : tirantez *f* : tensión *f*
tavern *n* : taberna *f*
tawdry *adj* **tawdrier; -est** : chabacano : vulgar
tawny *adj* **tawnier; -est** : leonado
tax[1] *v* : gravar : cobrar un impuesto sobre : acusar
tax[2] *n* : impuesto *m* : tributo *m* : carga *f*
taxable *adj* : sujeto a un impuesto
taxation *n* : impuestos *mpl*
tax–exempt *adj* : libre de impuestos
taxi[1] *v* **taxied; taxiing** *or* **taxying; taxis** *or* **taxies** : ir en taxi : rodar sobre la pista de aterrizaje
taxi[2] *n, pl* **taxis** : taxi *m* : libre *m*
taxicab *n* **→ taxi**[2]
taxidermist *n* : taxidermista *mf*
taxidermy *n* : taxidermia *f*
taxi driver *n* : taxista *mf*
taxpayer *n* : contribuyente *mf* : causante *mf*
tax return → return[3]
TB → tuberculosis
tea *n* : té *m* : merienda *f*
tea bag *n* : bolsita *f* de té
teach *v* **taught; teaching** : enseñar : dar clases de : dar clases
teacher *n* : maestro *m*, -tra *f* : profesor *m*, -sora *f*
teaching *n* : enseñanza *f*
teacup *n* : taza *f* para té
teak *n* : teca *f*
teakettle *n* : tetera *f*
teal *n, pl* **teal** *or* **teals** : cerceta *f*
team[1] *v or* **to team up** : formar un equipo : asociarse : juntarse : unirse
team[2] *adj* : de equipo
team[3] *n* : tiro *m* : yunta *f* : equipo *m*
teammate *n* : compañero *m*, -ra *f* de equipo
teamster *n* : camionero *m*, -ra *f*

teamwork *n* : trabajo *m* en equipo : cooperación *f*
teapot *n* : tetera *f*
tear[1] *v* **tore; torn; tearing** : desgarrar : romper : rasgar : arrancar : desgarrarse : romperse : ir a gran velocidad
tear[2] *n* : desgarradura *f* : rotura *f* : desgarro *m*
tear[3] *n* : lágrima *f*
teardrop *n* → **tear**[3]
tearful *adj* : lloroso : triste — **tearfully** *adv*
tear gas *n* : gas *m* lacrimógeno
tearoom *n* : salón *m* de té : confitería *f*
tease[1] *v* **teased; teasing** : burlarse de : mofarse de : irritar : fastidiar
tease[2] *n* : burla *f* : mofa *f* : bromista *mf* : guasón *m*, -sona *f*
teaspoon *n* : cucharita *f*
teaspoonful *n, pl* **-spoonfuls** *or* **-spoonsful** : cucharadita *f*
teat *n* : tetilla *f*
technical *adj* : técnico — **technically** *adv*
technicality *n, pl* **-ties** : detalle *m* técnico
technician *n* : técnico *m*, -ca *f*
technique *n* : técnica *f*
technological *adj* : tecnológico
technology *n, pl* **-gies** : tecnología *f*
teddy bear *n* : oso *m* de peluche
tedious *adj* : aburrido : pesado : monótono — **tediously** *adv*
tediousness *n* : lo aburrido : lo pesado
tedium *n* : tedio *m* : pesadez *f*
tee *n* : tee *m*
teem *v* **to teem with** : estar repleto de : estar lleno de
teen → **teenager**
teenage *or* **teenaged** *adj* : adolescente : de adolescencia
teenager *n* : adolescente *mf*
teens *npl* : adolescencia *f*
teepee → **tepee**
teeter[1] *v* : balancearse : tambalearse
teeter[2] *or* **teeter–totter** *n* → **seesaw**
teeth → **tooth**
teethe *v* **teethed; teething** : formársele a uno los dientes
teetotal *adj* : abstemio
teetotaler *n* : abstemio *m*, -mia *f*
telecast[1] *v* **-cast; -casting** : televisar : transmitir por televisión
telecast[2] *n* : transmisión *f* por televisión
telecommunication *n* : telecomunicación *f*
teleconference *n* : teleconferencia *f*
telegram *n* : telegrama *m*
telegraph[1] *v* : telegrafiar
telegraph[2] *n* : telégrafo *m*
telemarketing *n* : telemárketing *m*
telepathic *adj* : telepático — **telepathically** *adv*
telepathy *n* : telepatía *f*
telephone[1] *v* **-phoned; -phoning** : llamar por teléfono a : telefonear
telephone[2] *n* : teléfono *m*
telephone book → **phone book**
telephone call → **call**[2]
telephone directory → **phone book**
telephone exchange → **exchange**[2]
telephone number → **number**[2]
telephone receiver → **receiver**
telescope[1] *v* **-scoped; -scoping** : plegarse
telescope[2] *n* : telescopio *m*
telescopic *adj* : telescópico
televise *v* **-vised; -vising** : televisar
television *n* : televisión *f*
tell *v* **told; telling** : decir : contar : discernir : notar : indicar : señalar : saber : notarse : hacerse sentir
teller *n* : narrador *m*, -dora *f*
telltale *adj* : revelador
temerity *n, pl* **-ties** : temeridad *f*
temp[1] *n* : empleado *m*, -da *f* temporal
temp[2] *v* : hacer trabajo temporal
temper[1] *v* : moderar : temperar : templar
temper[2] *n* : carácter *m* : genio *m* : temple *m* : dureza *f* : calma *f* : serenidad *f* : furia *f*
temperament *n* : temperamento *m*
temperamental *adj* : temperamental
temperance *n* : templanza *f* : temperancia *f*
temperate *adj* : templado : moderado

temperature *n* : temperatura *f* : calentura *f* : fiebre *f*
tempest *n* : tempestad *f*
tempestuous *adj* : tempestuoso
template *n* : plantilla *f*
temple *n* : templo *m* : sien *f*
tempo *n, pl* **-pi** *or* **-pos** : ritmo *m* : tempo *m*
temporal *adj* : temporal
temporarily *adv* : temporalmente : provisionalmente
temporary *adj* : temporal : provisional : provisorio
tempt *v* : tentar
temptation *n* : tentación *f*
tempter *n* : tentador *m*
temptress *n* : tentadora *f*
ten[1] *adj* : diez
ten[2] *n* : diez *m* : decena *f*
ten[3] *pron* : diez
tenable *adj* : sostenible : defendible
tenacious *adj* : tenaz — **tenaciously** *adv*
tenacity *n* : tenacidad *f*
tenancy *n, pl* **-cies** : tenencia *f* : inquilinato *m*
tenant *n* : inquilino *m*, -na *f* : arrendatario *m*, -ria *f*
tend *v* : atender : cuidar : ocuparse de : tender
tendency *n, pl* **-cies** : tendencia *f* : proclividad *f* : inclinación *f*
tender[1] *v* : entregar : presentar
tender[2] *adj* : tierno : blando : cariñoso : afectuoso : sensible : delicado
tender[3] *n* : propuesta *f* : oferta *f*
tenderize *v* **-ized; -izing** : ablandar
tenderloin *n* : lomo *f*
tenderly *adv* : tiernamente : con ternura
tenderness *n* : ternura *f*
tendon *n* : tendón *m*
tendril *n* : zarcillo *m*
tenement *n* : casa *f* de vecindad
tenet *n* : principio *m*
tennis *n* : tenis *m*
tenor *n* : tenor *m* : significado *m*
tenpins *npl* : bolos *mpl* : boliche *m*
tense[1] *v* **tensed; tensing** : tensar : tensarse : ponerse tenso
tense[2] *adj* **tenser; tensest** : tenso : tirante : nervioso
tense[3] *n* : tiempo *m*
tensely *adv* : tensamente
tenseness → tension
tension *n* : tensión *f* : tirantez *f* : nerviosismo *m* : estrés *m*
tent *n* : tienda *f* de campaña
tentacle *n* : tentáculo *m*
tentative *adj* : indeciso : vacilante : sujeto a cambios : provisional
tentatively *adv* : provisionalmente
tenth[1] *adv* : en décimo lugar
tenth[2] *adj* : décimo
tenth[3] *n* : décimo *m*, -ma *f* : décima parte *f*
tenuous *adj* : tenue : débil
tenuously *adv* : ligeramente : débilmente
tenure *n* : tenencia *f* : titularidad *f*
tepee *n* : tipi *m*
tepid *adj* : tibio
tequila *n* : tequila *m*
term[1] *v* : calificar de : llamar : nombrar
term[2] *n* : término *m* : plazo *m* : período *m* : vocablo *m*; **terms** *npl* : términos *mpl* : condiciones *fpl*; **terms** *npl* : relaciones *fpl*
terminal[1] *adj* : terminal
terminal[2] *n* : terminal *m* : polo *m* : terminal *f* : estación *f*
terminate *v* **-nated; -nating** : terminar(se) : concluirse : terminar : poner fin a
termination *n* : cese *m* : terminación *f*
terminology *n, pl* **-gies** : terminología *f*
terminus *n, pl* **-ni** *or* **-nuses** : término *m* : fin *m* : terminal *f*
termite *n* : termita *f*
tern *n* : golondrina *f* de mar
terrace[1] *v* **-raced; -racing** : formar en terrazas : disponer en bancales
terrace[2] *n* : terraza *f* : patio *m* : terraplén *m* : bancal *m*
terra–cotta *n* : terracota *f*
terrain *n* : terreno *m*
terrapin *n* : galápago *m* norteamericano
terrestrial *adj* : terrestre
terrible *adj* : atroz : horrible : terrible
terribly *adv* : muy mal : terriblemente : extremadamente
terrier *n* : terrier *mf*

terrific *adj* : aterrador : extraordinario : excepcional : excelente : estupendo
terrify *v* **-fied; -fying** : aterrorizar : aterrar : espantar
terrifying *adj* : espantoso : aterrador
territory *n, pl* **-ries** : territorio *m* — **territorial** *adj*
terror *n* : terror *m*
terrorism *n* : terrorismo *m*
terrorist[1] *adj* : terrorista
terrorist[2] *n* : terrorista *mf*
terrorize *v* **-ized; -izing** : aterrorizar
terry *n, pl* **-ries** *or* **terry cloth** : (tela de) toalla *f*
terse *adj* **terser; tersest** : lacónico : conciso : seco — **tersely** *adv*
tertiary *adj* : terciario
test[1] *v* : examinar : evaluar : hacerle un análisis a : hacerle una prueba a : someter a pruebas : analizar : probar : experimentar : poner a prueba : hacer pruebas
test[2] *n* : prueba *f* : examen *m* : test *m*
testament *n* : testamento *m* : Testamento *m*
tester *n* : probador *m*, -dora *f* : verificador *m*
testicle *n* : testículo *m*
testify *v* **-fied; -fying** : testificar : atestar : testimoniar
testimonial *n* : recomendación *f* : homenaje *m* : tributo *m*
testimony *n, pl* **-nies** : testimonio *m* : declaración *f*
test tube *n* : probeta *f* : tubo *m* de ensayo
testy *adj* **testier; -est** : irritable
tetanus *n* : tétano *m* : tétanos *m*
tête–à–tête *n* : conversación *f* en privado
tether[1] *v* : atar : amarrar
tether[2] *n* : atadura *f* : cadena *f* : correa *f*
text[1] *n* : texto *m* : tema *m*
text[2] *v* : mandar un mensaje de texto : mensajear : textear : mandarle un mensaje de texto a
textbook *n* : libro *m* de texto
texting *or* **text messaging** *n* : mensajería *f* de texto
textile *n* : textil *m* : tela *f*
textual *adj* : textual
texture *n* : textura *f*
Thai *n* : tailandés *m*, -desa *f* — **Thai** *adj*
than[1] *conj* : que : de
than[2] *prep* : que : de
thank *v* : agradecer : darle gracias
thankful *adj* : agradecido
thankfully *adv* : con agradecimiento : afortunadamente : por suerte
thankfulness *n* : agradecimiento *m* : gratitud *f*
thankless *adj* : ingrato
thanks *npl* : agradecimiento *m*
Thanksgiving *n* : el día de Acción de Gracias
that[1] *adv* : tan
that[2] *adj, pl* **those** : ese : esa : aquel : aquella
that[3] *conj & pron* : que
that[4] *pron, pl* **those** : ese/ése : esa/ésa : eso; **those** *pl* : aquel/aquél : aquella/aquélla : aquello
thatch[1] *v* : cubrir o techar con paja, hojas, etc.
thatch[2] *n* : paja *f* : hojas *fpl*
thaw[1] *v* : descongelar : derretirse : descongelarse
thaw[2] *n* : deshielo *m*
the[1] *adv* : cuanto
the[2] *art* : el : la : los : las : lo
theater *or* **theatre** *n* : teatro *m* : drama *m*
theatrical *adj* : teatral : dramático
thee *pron* : te : ti
theft *n* : robo *m* : hurto *m*
their *adj* : su
theirs *pron* : (el) suyo : (la) suya : (los) suyos : (las) suyas
them *pron* : los : les : se : ellos : ellas
thematic *adj* : temático
theme *n* : tema *m* : composición *f* : trabajo *m*
theme park *n* : parque *m* temático
themselves *pron* : se : sí : ellos mismos : ellas mismas
then[1] *adv* : entonces : en ese tiempo : después : luego : además : aparte : en ese caso
then[2] *adj* : entonces
thence *adv* : de ahí : de ahí en adelante

theologian *n* : teólogo *m*, -ga *f*
theological *adj* : teológico
theology *n, pl* **-gies** : teología *f*
theorem *n* : teorema *m*
theoretical *adj* : teórico — **theoretically** *adv*
theorist *n* : teórico *m*, -ca *f*
theorize *v* **-rized; -rizing** : teorizar
theory *n, pl* **-ries** : teoría *f*
therapeutic *adj* : terapéutico — **therapeutically** *adv*
therapist *n* : terapeuta *mf*
therapy *n, pl* **-pies** : terapia *f*
there *adv* : ahí : allí : allá : en esto : en eso : entonces
thereabouts *or* **thereabout** *adv* **or thereabouts** : por ahí : más o menos
thereafter *adv* : después
thereby *adv* : de tal modo : de esa manera : así
therefore *adv* : por lo tanto : por consiguiente
therein *adv* : allí adentro : ahí adentro : allí : en ese aspecto
thereof *adv* : de eso : de esto
thereupon *adv* : acto seguido : inmediatamente
therewith *adv* : con eso : con ello
thermal *adj* : térmico : termal
thermodynamics *ns & pl* : termodinámica *f*
thermometer *n* : termómetro *m*
thermos *n* : termo *m*
thermostat *n* : termostato *m*
thesaurus *n, pl* **-sauri** *or* **-sauruses** : diccionario *m* de sinónimos
these → this
thesis *n, pl* **theses** : tesis *f*
they *pron* : ellos : ellas
they'd → have, will
they'll → will
they're → be
they've → have
thiamine *n* : tiamina *f*
thick *adj* : grueso : espeso : denso — **thickly** *adv*
thicken *v* : espesar : espesarse
thickener *n* : espesante *m*
thicket *n* : matorral *m* : maleza *f* : espesura *f*
thickness *n* : grosor *m* : grueso *m* : espesor *m*
thickset *adj* : robusto : fornido
thick–skinned *adj* : poco sensible : que no se ofende fácilmente
thief *n, pl* **thieves** : ladrón *m*, -drona *f*
thieve *v* **thieved; thieving** : hurtar : robar
thievery *n* : hurto *m* : robo *m* : latrocinio *m*
thigh *n* : muslo *m*
thighbone *n* : fémur *m*
thimble *n* : dedal *m*
thin[1] *v* **thinned; thinning** : hacer menos denso : diluir : aguar : enrarecer : diluirse : aguarse : enrarecerse
thin[2] *adj* **thinner; thinnest** : delgado : esbelto : flaco : ralo : escaso : claro : aguado : diluido : fino
thing *n* : cosa *f*
thingamajig *or* **thingamabob** *n* : cosa *f* : vaina *f* : chisme *m*
think *v* **thought; thinking** : pensar : creer : opinar : acordarse de
thinker *n* : pensador *m*, -dora *f*
thinly *adv* : ligeramente : escasamente : apenas
thinness *n* : delgadez *f*
thin–skinned *adj* : susceptible : muy sensible
third[1] *or* **thirdly** *adv* : en tercer lugar
third[2] *adj* : tercero
third[3] *n* : tercero *m*, -ra *f* : tercera parte *f*
thirst[1] *v* : tener sed
thirst[2] *n* : sed *f*
thirsty *adj* **thirstier; -est** : sediento : que tiene sed
thirteen[1] *adj & pron* : trece
thirteen[2] *n* : trece *m*
thirteenth[1] *adj* : décimo tercero
thirteenth[2] *n* : decimotercero *m*, -ra *f* : treceavo *m* : treceava parte *f*
thirtieth[1] *adj* : trigésimo
thirtieth[2] *n* : trigésimo *m*, -ma *f* : treintavo *m* : treintava parte *f*
thirty[1] *adj & pron* : treinta
thirty[2] *n, pl* **thirties** : treinta *m*
this[1] *adv* : así : a tal punto
this[2] *adj, pl* **these** : este
this[3] *pron, pl* **these** : este/éste : esta/ésta : esto

thistle *n* : cardo *m*
thong *n* : correa *f* : tira *f* : chancla *f* : chancleta *f*
thorax *n, pl* **-raxes** *or* **-races** : tórax *m*
thorn *n* : espina *f*
thorny *adj* **thornier; -est** : espinoso
thorough *adj* : concienzudo : meticuloso : absoluto : completo — **thoroughly** *adv*
thoroughbred *adj* : de pura sangre
Thoroughbred *n or* **Thoroughbred horse** : pura sangre *mf*
thoroughfare *n* : vía *f* pública : carretera *f*
thoroughness *n* : esmero *m* : meticulosidad *f*
those → that
thou *pron* : tú
though[1] *adv* : sin embargo : no obstante
though[2] *conj* : aunque : a pesar de
thought[1] **→ think**
thought[2] *n* : pensamiento *m* : ideas *fpl* : reflexión *f* : raciocinio *m* : idea *f* : ocurrencia *f*
thoughtful *adj* : pensativo : meditabundo : considerado : atento : cortés — **thoughtfully** *adv*
thoughtfulness *n* : consideración *f* : atención *f* : cortesía *f*
thoughtless *adj* : descuidado : negligente : desconsiderado — **thoughtlessly** *adv*
thoughtlessness *n* : descuido *m* : irreflexión *f* : imprevisión *f* : falta *f* de consideración
thousand[1] *adj & pron* : mil
thousand[2] *n, pl* **-sands** *or* **-sand** : mil *m*
thousandth[1] *adj* : milésimo
thousandth[2] *n* : milésimo *m*, -ma *f* : milésima parte *f*
thrash *v* : golpear : azotar : darle una paliza : sacudir : agitar bruscamente
thread[1] *v* : enhilar : enhebrar : ensartar
thread[2] *n* : hilo *m* : hebra *f* : rosca *f* : filete *m*
threadbare *adj* : raído : gastado : trillado : tópico : manido
threat *n* : amenaza *f*
threaten *v* : amenazar
threatening *adj* : amenazador — **threateningly** *adv*
three[1] *adj* : tres
three[2] *n* : tres *m*
three[3] *pron* : tres
3–D *adj* **→ three-dimensional**
three–dimensional *adj* : tridimensional
threefold *adj* : triple
three hundred[1] *adj & pron* : trescientos
three hundred[2] *n* : trescientos *m*
three–piece suit *n* : terno *m* : tresillo *m*
threescore *adj* : sesenta
thresh *v* : trillar
thresher *n* : trilladora *f*
threshold *n* : umbral *m*
threw → throw[1]
thrice *adv* : tres veces
thrift *n* : economía *f* : frugalidad *f*
thriftless *adj* : despilfarrador : manirroto
thrifty *adj* **thriftier; -est** : económico : frugal — **thriftily** *adv*
thrill[1] *v* : emocionar **to thrill to** : dejarse conmover por : estremecerse con
thrill[2] *n* : emoción *f*
thriller *n* : evento *m* emocionante : obra *f* de suspenso
thrilling *adj* : emocionante : excitante
thrive *v* **throve** *or* **thrived; thriven** : florecer : crecer abundantemente : prosperar
throat *n* : garganta *f*
throaty *adj* **throatier; -est** : ronco
throb[1] *v* **throbbed; throbbing** : palpitar : latir : vibrar
throb[2] *n* : palpitación *f* : latido *m* : vibración *f*
throe *n* : espasmo *m* : dolor *m*; **throes** *npl* : lucha *f* larga y ardua
thrombosis *n* : trombosis *f*
throne *n* : trono *m*
throng[1] *v* : atestar : atiborrar : llenar : aglomerarse : amontonarse
throng[2] *n* : muchedumbre *f* : gentío *m* : multitud *f*
throttle[1] *v* **-tled; -tling** : estrangular : ahogar

throttle[2] *n* : válvula *f* reguladora
through[1] *adv* : a través : de un lado a otro : de principio a fin : completamente
through[2] *adj* : directo : terminado : acabado
through[3] *prep* : a través de : por : entre : a causa de : como consecuencia de : durante : a : hasta
throughout[1] *adv* : por todas partes : desde el principio hasta el fin de
throughout[2] *prep* : en todas partes de : a través de : de principio a fin de : durante
throve → thrive
throw[1] *v* **threw; thrown; throwing** : tirar : lanzar : echar : arrojar : aventar : desmontar : proyectar **to throw up** : vomitar : devolver
throw[2] *n* : tiro *m* : tirada *f* : lanzamiento *m* : lance *m*
thrower *n* : lanzador *m*, -dora *f*
thrush *n* : tordo *m* : zorzal *m*
thrust[1] *v* **thrust; thrusting** : empujar bruscamente : apuñalar : clavar
thrust[2] *n* : empujón *m* : empellón *m* : estocada *f* : ímpetu *m* : impulso *m* : propulsión *f*
thud[1] *v* **thudded; thudding** : producir un ruido sordo
thud[2] *n* : ruido *m* sordo
thug *n* : matón *m*
thumb[1] *v* : hojear
thumb[2] *n* : pulgar *m* : dedo *m* pulgar
thumbnail *n* : uña *f* del pulgar : thumbnail *m* : miniatura *f*
thumbtack *n* : tachuela *f* : chinche *f*
thump[1] *v* : golpear : aporrear : latir con vehemencia
thump[2] *n* : ruido *m* sordo
thunder[1] *v* : tronar : retumbar : bramar : resonar : decir a gritos : vociferar
thunder[2] *n* : truenos *mpl*
thunderbolt *n* : rayo *m*
thunderclap *n* : trueno *m*
thunderous *adj* : atronador : ensordecedor : estruendoso
thundershower *n* : lluvia *f* con truenos y relámpagos
thunderstorm *n* : tormenta *f* con truenos y relámpagos
thunderstruck *adj* : atónito
Thursday *n* : jueves *m*
thus *adv* : así : de esta manera : hasta : por consiguiente : por lo tanto
thwart *v* : frustrar
thy *adj* : tu
thyme *n* : tomillo *m*
thyroid *n or* **thyroid gland** : tiroides *mf* : glándula *f* tiroidea
thyself *pron* : ti : ti mismo
ti *n* : si *m*
tiara *n* : diadema *f*
Tibetan *n* : tibetano *m*, -na *f* — **Tibetan** *adj*
tibia *n, pl* **-iae** : tibia *f*
tic *n* : tic *m*
tick[1] *v* : hacer tictac : operar : andar; *or* **to tick off** : marcar
tick[2] *n* : tictac *m* : marca *f* : garrapata *f*
ticket[1] *v* : etiquetar
ticket[2] *n* : boleto *m* : boleta *f* : entrada *f* : pasaje *m* : lista *f* de candidatos
ticket collector *n* : revisor *m*, -sora *f*
ticket office *n* : taquilla *f*
tickle[1] *v* **-led; -ling** : divertir : hacerle gracia : hacerle cosquillas : picar
tickle[2] *n* : cosquilleo *m* : cosquillas *fpl* : picor *m*
ticklish *adj* : cosquilloso : delicado : peliagudo
tick–tock *n* : tictac *m*
tidal *adj* : de marea : relativo a la marea
tidal wave *n* : maremoto *m*
tidbit *n* : bocado *m* : golosina *f* : dato *m* o noticia *f* interesante
tide[1] *v* **tided; tiding** *or* **to tide over** : proveer lo necesario para aguantar una dificultad
tide[2] *n* : marea *f* : corriente *f*
tidily *adv* : ordenadamente
tidiness *n* : aseo *m* : limpieza *f* : orden *m*
tidings *npl* : nuevas *fpl*
tidy[1] *v* **-died; -dying** : asear : limpiar : poner en orden **to tidy up** : poner las cosas en orden
tidy[2] *adj* **tidier; -est** : limpio : aseado : en orden : grande : considerable

tie[1] *v* **tied; tying** *or* **tieing** : atar : amarrar : ligar : empatar
tie[2] *n* : ligadura *f* : cuerda *f* : cordón *m* : atadura *f* : vínculo *m* : lazo *m* : empate *m* : corbata *f*
tiebreaker *n* : desempate *m*
tier *n* : hilera *f* : escalón *m*
tiff *n* : disgusto *m* : disputa *f*
tiger *n* : tigre *m*
tight[1] *adv* : bien : fuerte
tight[2] *adj* : bien cerrado : hermético : estricto : severo : tirante : tenso : apretado : ajustado : ceñido : difícil : avaro : agarrado : reñido : escaso
tighten *v* : tensar : apretar : apretarse : reforzar
tightfisted *adj* : apretado : avaro : agarrado
tightly *adv* : bien : fuerte
tightness *n* : lo apretado : lo tenso : tensión *f*
tightrope *n* : cuerda *f* floja
tights *npl* : leotardo *m* : malla *f*
tightwad *n* : avaro *m*, -ra *f* : tacaño *m*, -ña *f*
tigress *n* : tigresa *f*
tilde *n* : tilde *mf*
tile[1] *v* **tiled; tiling** : embaldosar : revestir de azulejos : tejar
tile[2] *n* : azulejo *m* : teja *f*
till[1] *v* : cultivar : labrar
till[2] *n* : caja *f* : caja *f* registradora
till[3] *prep & conj* → **until**
tiller *n* : cultivador *m*, -dora *f* : caña *f* del timón
tilt[1] *v* : ladear : inclinar : ladearse : inclinarse
tilt[2] *n* : inclinación *f*
timber *n* : madera *f* : viga *f*
timberland *n* : bosque *m* maderero
timbre *n* : timbre *m*
time[1] *v* **timed; timing** : fijar la hora de : calcular el momento oportuno para : cronometrar : medir el tiempo de
time[2] *n* : tiempo *m* : momento *m* : vez *f* : era *f* : ritmo *m* : hora *f* : época *f* : rato *m* : experiencia *f*
time bomb *n* : bomba *f* de tiempo : bomba *f* de relojería
timekeeper *n* : cronometrador *m*, -dora *f*
timeless *adj* : eterno
time limit *n* : plazo *m*
timely *adj* **timelier; -est** : oportuno
timepiece *n* : reloj *m*
timer *n* : temporizador *m* : cronómetro *m*
times *prep* : por
timeshare *n* : multipropiedad *f* : tiempo *m* compartido
time slot → **slot**
timetable *n* : horario *m*
time zone *n* : huso *m* horario
timid *adj* : tímido — **timidly** *adv*
timidity *n* : timidez *f*
timorous *adj* : timorato : miedoso
timpani *npl* : timbales *mpl*
tin *n* : estaño *m* : hojalata *f* : lata *f* : bote *m* : envase *m*
tincture *n* : tintura *f*
tinder *n* : yesca *f*
tine *n* : diente *m*
tinfoil *n* : papel *m* aluminio
tinge[1] *v* **tinged; tingeing** *or* **tinging** : matizar : teñir ligeramente
tinge[2] *n* : matiz *m* : tinte *m* sutil : dejo *m* : sensación *f* ligera
tingle[1] *v* **-gled; -gling** : sentir hormigueo : sentir cosquilleo
tingle[2] *n* : hormigueo *m* : cosquilleo *m*
tinker *v* **to tinker with** : arreglar con pequeños ajustes : toquetear
tinkle[1] *v* **-kled; -kling** : tintinear
tinkle[2] *n* : tintineo *m*
tinplate *n* : hojalata *f*
tinsel *n* : oropel *m*
tint[1] *v* : teñir : colorear
tint[2] *n* : tinte *m*
tiny *adj* **tinier; -est** : diminuto : minúsculo
tip[1] *v* **tipped; tipping** : ladear : inclinar : tocar : golpear ligeramente : darle una propina : adornar o cubrir la punta de : ladearse : inclinarse
tip[2] *n* : punta *f* : extremo *m* : propina *f* : consejo *m* : información *f*
tip–off *n* : indicación *f* : señal *f* : información *f*
tipple *v* **-pled; -pling** : tomarse unas copas
tipsy *adj* **tipsier; -est** : achispado
tiptoe[1] *v* **-toed; -toeing** : caminar de puntillas

tiptoe[2] *adv* : de puntillas
tiptoe[3] *n* : punta *f* del pie
tip–top[1] *adj* : excelente
tip–top[2] *n* : cumbre *f* : cima *f*
tirade *n* : diatriba *f*
tire[1] *v* **tired; tiring** : cansar : cansarse
tire[2] *n* : llanta *f* : neumático *m* : goma *f*
tired *adj* : cansado
tiredness *n* : cansancio *m*
tireless *adj* : incansable : infatigable — **tirelessly** *adv*
tiresome *adj* : fastidioso : pesado : tedioso — **tiresomely** *adv*
tissue *n* : pañuelo *m* de papel : tejido *m*
tissue paper *n* : papel *m* de seda
titanic *adj* : titánico : gigantesco
titanium *n* : titanio *m*
titillate *v* **-lated; -lating** : excitar : estimular placenteramente
title[1] *v* **-tled; -tling** : titular : intitular
title[2] *n* : título *m*
titter[1] *v* : reírse tontamente
titter[2] *n* : risita *f* : risa *f* tonta
titular *adj* : titular
tizzy *n, pl* **tizzies** : estado *m* agitado o nervioso
TNT *n* : TNT *m*
to[1] *adv* : a un estado consciente
to[2] *prep* : a : hacia : hasta : de : con : de acuerdo con : para : en cada : por
toad *n* : sapo *m*
toadstool *n* : hongo *m*
toady *n, pl* **toadies** : adulador *m*, -dora *f*
toast[1] *v* : tostar : brindar por : calentar
toast[2] *n* : pan *m* tostado : tostadas *fpl* : brindis *m*
toaster *n* : tostador *m*
tobacco *n, pl* **-cos** : tabaco *m*
toboggan[1] *v* : deslizarse en tobogán
toboggan[2] *n* : tobogán *m*
today[1] *adv* : hoy : hoy en día
today[2] *n* : hoy *m*
toddle *v* **-dled; -dling** : hacer pininos : hacer pinitos
toddler *n* : niño *m* pequeño : niña *f* pequeña
to–do *n, pl* **to–dos** : lío *m* : alboroto *m*
toe[1] *v* **toed; toeing to toe the line** : acatar la disciplina
toe[2] *n* : dedo *m* del pie
toenail *n* : uña *f* del pie
toga *n* : toga *f*
together *adv* : juntamente : juntos
togetherness *n* : unión *f* : compañerismo *m*
togs *npl* : ropa *f*
toil[1] *v* : trabajar arduamente
toil[2] *n* : trabajo *m* arduo
toilet *n* : arreglo *m* personal : (cuarto de) baño *m* : servicios *mpl* : sanitario *m* : inodoro *m*
toilet paper *n* : papel *m* higiénico
toiletries *npl* : artículos *mpl* de tocador
token[1] *adj* : simbólico
token[2] *n* : prueba *f* : muestra *f* : señal *m* : símbolo *m* : recuerdo *m* : ficha *f*
told → tell
tolerable *adj* : tolerable — **tolerably** *adv*
tolerance *n* : tolerancia *f*
tolerant *adj* : tolerante — **tolerantly** *adv*
tolerate *v* **-ated; -ating** : tolerar : aceptar : aguantar : soportar
toleration *n* : tolerancia *f*
toll[1] *v* : tañer : sonar : doblar
toll[2] *n* : peaje *m* : pérdida *f* : número *m* de víctimas : tañido *m*
tollbooth *n* : caseta *f* de peaje : caseta *f* de cobro
toll–free *adj* : gratuito
tollgate *n* : barrera *f* de peaje
tomahawk *n* : hacha *f* de guerra
tomato *n, pl* **-toes** : tomate *m*
tomb *n* : sepulcro *m* : tumba *f*
tomboy *n* : marimacho *mf* : niña *f* que se porta como muchacho
tombstone *n* : lápida *f*
tomcat *n* : gato *m*
tome *n* : tomo *m*
tomorrow[1] *adv* : mañana
tomorrow[2] *n* : mañana *m*
tom–tom *n* : tam-tam *m*
ton *n* : tonelada *f*
tone *n* : tono *m*
tongs *npl* : tenazas *fpl*
tongue *n* : lengua *f* : idioma *m*
tongue–tied *adj* **to get tongue–tied** : trabársele la lengua a uno

tongue–twister *n* : trabalenguas *m*
tonic[1] *adj* : tónico
tonic[2] *n* : tónico *m*
tonight[1] *adv* : esta noche
tonight[2] *n* : esta noche *f*
tonnage *n* : tonelaje *m*
tonsil *n* : amígdala *f* : angina *f*
tonsillitis *n* : amigdalitis *f* : anginas *fpl*
too *adv* : también : demasiado
took → take[1]
tool[1] *v* : fabricar : confeccionar : instalar maquinaria en
tool[2] *n* : herramienta *f*
toolbar *n* : barra *f* de herramientas
toolbox *n* : caja *f* de herramientas
tool kit *n* : juego *m* de herramientas
toot[1] *v* : sonar
toot[2] *n* : pitido *m* : bocinazo *m*
tooth *n, pl* **teeth** : diente *m*
toothache *n* : dolor *m* de muelas
toothbrush *n* : cepillo *m* de dientes
toothed *adj* : dentado : de dientes
toothless *adj* : desdentado
toothpaste *n* : pasta *f* de dientes : crema *f* dental : dentífrico *m*
toothpick *n* : palillo *m* : mondadientes *m*
top[1] *v* **topped; topping** : cubrir : coronar : sobrepasar : superar : pasar por encima de : encabezar
top[2] *adj* : superior
top[3] *n* : parte *f* superior : cumbre *f* : cima *f* : tapa *f* : cubierta *f* : trompo *m*
topaz *n* : topacio *m*
topcoat *n* : sobretodo *m* : abrigo *m*
top hat *n* : sombrero *m* de copa
topic *n* : tema *m* : tópico *m*
topical *adj* : de interés actual
topless *adj* : sin camisa
topmost *adj* : más alto
top–notch *adj* : de lo mejor : de primera categoría
topographic *or* **topographical** *adj* : topográfico
topography *n, pl* **-phies** : topografía *f*
topple *v* **-pled; -pling** : caerse : venirse abajo : volcar : derrocar
top secret *adj* : ultrasecreto
topsoil *n* : capa *f* superior del suelo
topsy–turvy *adv & adj* : patas arriba : al revés
torch *n* : antorcha *f*
tore → tear[1]
torment[1] *v* : atormentar : torturar : martirizar
torment[2] *n* : tormento *m* : suplicio *m* : martirio *m*
tormentor *n* : atormentador *m*, -dora *f*
torn *pp* **→ tear**[1]
tornado *n, pl* **-does** *or* **-dos** : tornado *m*
torpedo[1] *v* : torpedear
torpedo[2] *n, pl* **-does** : torpedo *m*
torpid *adj* : aletargado : apático
torpor *n* : letargo *m* : apatía *f*
torrent *n* : torrente *m*
torrential *adj* : torrencial
torrid *adj* : tórrido
torso *n, pl* **-sos** *or* **-si** : torso *m*
tortilla *n* : tortilla *f*
tortoise *n* : tortuga *f*
tortoiseshell *n* : carey *m* : concha *f*
tortuous *adj* : tortuoso
torture[1] *v* **-tured; -turing** : torturar : atormentar
torture[2] *n* : tortura *f* : tormento *m*
torturer *n* : torturador *m*, -dora *f*
toss[1] *v* : sacudir : agitar : tirar : echar : lanzar : sacudirse
toss[2] *n* : lanzamiento *m* : tiro *m* : tirada *f* : lance *m*
toss–up *n* : posibilidad *f* igual
tot *n* : pequeño *m*, -ña *f*
total[1] *v* **-taled** *or* **-talled; -taling** *or* **-talling** : ascender a : llegar a : destrozar
total[2] *adj* : total : completo : absoluto — **totally** *adv*
total[3] *n* : total *m*
totalitarian *adj* : totalitario
totalitarianism *n* : totalitarismo *m*
totality *n, pl* **-ties** : totalidad *f*
tote *v* **toted; toting** : cargar : llevar
totem *n* : tótem *m*
totter *v* : tambalearse
touch[1] *v* : tocar : tentar : conmover : afectar : tocarse
touch[2] *n* : tacto *m* : toque *m* : detalle *m* : pizca *f* : gota *f* : poco *m* : habilidad *f* : contacto *m* : comunicación *f*
touch–and–go *adj* : poco seguro : poco cierto
touchdown *n* : touchdown *m*

touching *adj* : conmovedor
touchline *n* : banda *f* : línea *f* de banda
touchscreen *n* : pantalla *f* táctil
touchstone *n* : piedra *f* de toque
touch–up *n* : retoque *m*
touchy *adj* **touchier; -est** : sensible : susceptible : delicado
tough[1] *adj* : fuerte : resistente : correoso : robusto : severo : exigente : difícil : terco : obstinado
tough[2] *n* : matón *m* : persona *f* ruda y brusca
toughen *v* : fortalecer : endurecer : endurecerse : hacerse más fuerte
toughness *n* : dureza *f*
toupee *n* : peluquín *m* : bisoñé *m*
tour[1] *v* : tomar una excursión : viajar : recorrer : hacer una gira por
tour[2] *n* : gira *f* : tour *m* : excursión *f*
tourism *n* : turismo *m*
tourist *n* : turista *mf*
tournament *n* : torneo *m*
tourniquet *n* : torniquete *m*
tousle *v* **-sled; -sling** : desarreglar : despeinar
tout *v* : promocionar : elogiar
tow[1] *v* : remolcar
tow[2] *n* : remolque *m*
toward *or* **towards** *prep* : hacia : rumbo a : alrededor de : con respecto a : para : como pago parcial de
towel *n* : toalla *f*
tower[1] *v* **to tower over** : descollar sobre : elevarse sobre : dominar
tower[2] *n* : torre *f*
towering *adj* : altísimo : imponente
town *n* : pueblo *m* : ciudad *f*
town hall *n* : ayuntamiento *m*
township *n* : municipio *m*
tow truck *n* : grúa *f*
toxic *adj* : tóxico
toxicity *n, pl* **-ties** : toxicidad *f*
toxin *n* : toxina *f*
toy[1] *v* : juguetear : jugar
toy[2] *adj* : de juguete
toy[3] *n* : juguete *m*
trace[1] *v* **traced; tracing** : calcar : delinear : trazar : describir : localizar : ubicar
trace[2] *n* : huella *f* : rastro *m* : indicio *m* : vestigio *m* : pizca *f* : ápice *m* : dejo *m*
trachea *n, pl* **-cheae** : tráquea *f*
tracing paper *n* : papel *m* de calcar
track[1] *v* : seguir la pista de : rastrear : dejar huellas de
track[2] *n* : rastro *m* : huella *f* : pista *f* : sendero *m* : camino *m* : oruga *f* : atletismo *m*
track–and–field *adj* : de pista y campo
tracksuit *n* : sudadera *f* : buzo *m* : jogging *m* : pants *m* : chándal *m*
tract *n* : terreno *m* : extensión *f* : área *f* : tracto *m* : panfleto *m* : folleto *m*
traction *n* : tracción *f*
tractor *n* : tractor *m* : camión *m*
trade[1] *v* **traded; trading** : comerciar : negociar : hacer un cambio : cambiar : intercambiar : canjear
trade[2] *n* : oficio *m* : profesión *f* : ocupación *f* : comercio *m* : industria *f* : intercambio *m* : canje *m*
trade–in *n* : artículo *m* que se canjea por otro
trademark *n* : marca *f* : sello *m* característico
trader *n* : negociante *mf* : tratante *mf* : comerciante *mf*
tradesman *n, pl* **-men** : artesano *m*, -na *f* : tendero *m*, -ra *f* : comerciante *mf*
tradition *n* : tradición *f*
traditional *adj* : tradicional — **traditionally** *adv*
traffic[1] *v* **trafficked; trafficking** : traficar
traffic[2] *n* : tráfico *m* : comercio *m* : tránsito *m* : circulación *f*
traffic circle *n* : rotonda *f* : glorieta *f*
traffic jam → jam[2]
trafficker *n* : traficante *mf*
traffic light *n* : semáforo *m* : luz *f*
tragedy *n, pl* **-dies** : tragedia *f*
tragic *adj* : trágico — **tragically** *adv*
trail[1] *v* : arrastrarse : quedarse atrás : retrasarse : arrastrar : perseguir : seguir la pista de
trail[2] *n* : rastro *m* : huella *f* : pista *f* : cola *f* : estela *f* : sendero *m* : camino *m* : vereda *f*

trailer *n* : remolque *m* : tráiler *m* : caravana *f*
train[1] *v* : adiestrar : entrenar : capacitar : amaestrar : apuntar : entrenar(se) : prepararse
train[2] *n* : cola *f* : cortejo *m* : séquito *m* : serie *f* : tren *m*
trainee *n* : aprendiz *m*, -diza *f*
trainer *n* : entrenador *m*, -dora *f*
training *n* : adiestramiento *m* : entrenamiento *m* : capacitación *f*
traipse *v* **traipsed; traipsing** : andar de un lado para otro : vagar
trait *n* : rasgo *m* : característica *f*
traitor *n* : traidor *m*, -dora *f*
traitorous *adj* : traidor
trajectory *n, pl* **-ries** : trayectoria *f*
tramp[1] *v* : caminar : deambular por : vagar por
tramp[2] *n* : vagabundo *m*, -da *f* : caminata *f*
trample *v* **-pled; -pling** : pisotear : hollar
trampoline *n* : trampolín *m* : cama *f* elástica
trance *n* : trance *m*
tranquil *adj* : calmo : tranquilo : sereno — **tranquilly** *adv*
tranquilize *v* **-ized; -izing** : tranquilizar
tranquilizer *n* : tranquilizante *m*
tranquillity *or* **tranquility** *n* : sosiego *m* : tranquilidad *f*
trans *adj* : trans : transgénero : transexual
transact *v* : negociar : gestionar : hacer
transaction *n* : transacción *f* : negocio *m* : operación *f*; **transactions** *npl* : actas *fpl*
transatlantic *adj* : transatlántico
transcend *v* : trascender : sobrepasar
transcendent *adj* : trascendente — **transcendence** *n*
transcendental *adj* : trascendental
transcribe *v* **-scribed; -scribing** : transcribir
transcript *n* : copia *f* oficial
transcription *n* : transcripción *f*
transfer[1] *v* **-ferred; -ferring** : trasladar : transferir : traspasar : ceder : imprimir : trasladarse : cambiarse : transbordar : cambiar
transfer[2] *n* : transferencia *f* : traslado *m* : calcomanía *f* : boleto *m*
transferable *adj* : transferible
transference *n* : transferencia *f*
transfigure *v* **-ured; -uring** : transfigurar : transformar
transfix *v* : traspasar : atravesar : paralizar
transform *v* : transformar
transformation *n* : transformación *f*
transformer *n* : transformador *m*
transfusion *n* : transfusión *f*
transgender *adj* : transgénero
transgress *v* : transgredir : infringir — **transgression** *n* — **transgressor** *n*
transient[1] *adj* : pasajero : transitorio — **transiently** *adv*
transient[2] *n* : transeúnte *mf*
transistor *n* : transistor *m*
transit *n* : pasaje *m* : tránsito *m* : transporte *m*
transition *n* : transición *f*
transitional *adj* : de transición
transitive *adj* : transitivo
transitory *adj* : transitorio
translatable *adj* : traducible
translate *v* **-lated; -lating** : traducir
translation *n* : traducción *f*
translator *n* : traductor *m*, -tora *f*
translucent *adj* : translúcido
transmissible *adj* : transmisible
transmission *n* : transmisión *f*
transmit *v* **-mitted; -mitting** : transmitir
transmitter *n* : transmisor *m* : emisor *m*
transom *n* : montante *m* : travesaño *m*
transparency *n, pl* **-cies** : transparencia *f*
transparent *adj* : transparente : traslúcido : obvio : claro — **transparently** *adv*
transpiration *n* : transpiración *f*
transpire *v* **-spired; -spiring** : transpirar : resultar : suceder : ocurrir : tener lugar
transplant[1] *v* : trasplantar
transplant[2] *n* : trasplante *m*
transport[1] *v* : transportar : acarrear

transport[2] *n* : transporte *m* : transportación *f* : éxtasis *m*
transportation *n* : transporte *m* : transportación *f*
transpose *v* **-posed; -posing** : trasponer : trasladar : transportar
transsexual *n* : transexual *mf* — **transsexual** *adj*
transverse *adj* : transversal : transverso : oblicuo — **transversely** *adv*
transvestite *n* : travesti *mf* : travestí *mf* — **transvestite** *adj*
trap[1] *v* **trapped; trapping** : atrapar : apresar
trap[2] *n* : trampa *f*
trapdoor *n* : trampilla *f*
trapeze *n* : trapecio *m*
trapezoid *n* : trapezoide *m* : trapecio *m*
trapper *n* : trampero *m*, -ra *f* : cazador *m*, -dora *f*
trappings *npl* : arreos *mpl* : jaeces *mpl* : adornos *mpl* : pompa *f*
trash *n* : basura *f*
trash can → garbage can
trashy *adj* : de pacotilla
trauma *n* : trauma *m*
traumatic *adj* : traumático
travel[1] *v* **-eled** *or* **-elled; -eling** *or* **-elling** : viajar : desplazarse : moverse : ir
travel[2] *n or* **travels** *npl* : viajes *mpl*
travel agency *n* : agencia *f* de viajes
travel agent *n* : agente *mf* de viajes
traveler *or* **traveller** *n* : viajero *m*, -ra *f*
traveler's check *or* **traveller's check** *n* : cheque *m* de viajero
traverse *v* **-versed; -versing** : atravesar : extenderse a través de : cruzar
travesty *n, pl* **-ties** : parodia *f*
trawl[1] *v* : pescar con red de arrastre : rastrear
trawl[2] *n or* **trawl net** : red *f* de arrastre
trawler *n* : barco *m* de pesca
tray *n* : bandeja *f* : charola *f*
treacherous *adj* : traicionero : traidor : peligroso
treacherously *adv* : a traición
treachery *n, pl* **-eries** : traición *f*
tread[1] *v* **trod; trodden** *or* **trod; treading** : pisotear : hollar : caminar : andar
tread[2] *n* : paso *m* : andar *m* : banda *f* de rodadura : escalón *m*
treadle *n* : pedal *m*
treadmill *n* : rueda *f* de andar : rutina *f*
treason *n* : traición *f*
treasure[1] *v* **-sured; -suring** : apreciar : valorar
treasure[2] *n* : tesoro *m*
treasurer *n* : tesorero *m*, -ra *f*
treasury *n, pl* **-suries** : tesorería *f* : tesoro *m*
treat[1] *v* : tratar : manejar : invitar : convidar : atender — **treatable** *adj*
treat[2] *n* : gusto *m* : placer *m*
treatise *n* : tratado *m* : estudio *m*
treatment *n* : trato *m* : tratamiento *m*
treaty *n, pl* **-ties** : tratado *m* : convenio *m*
treble[1] *v* **-bled; -bling** : triplicar
treble[2] *adj* : de tiple : soprano
treble[3] *n* : tiple *m* : parte *f* de soprano
tree *n* : árbol *m*
treeless *adj* : carente de árboles
tree–lined *adj* : bordeado de árboles
tree stump → stump[2]
trek[1] *v* **trekked; trekking** : hacer un viaje largo y difícil
trek[2] *n* : viaje *m* largo y difícil
trellis *n* : enrejado *m* : celosía *f*
tremble *v* **-bled; -bling** : temblar
tremendous *adj* : tremendo — **tremendously** *adv*
tremor *n* : temblor *m*
tremulous *adj* : trémulo : tembloroso
trench *n* : zanja *f* : trinchera *f*
trenchant *adj* : cortante : mordaz
trend[1] *v* : tender : inclinarse
trend[2] *n* : tendencia *f* : moda *f*
trendy *adj* **trendier; -est** : de moda
trepidation *n* : inquietud *f* : ansiedad *f*
trespass[1] *v* : pecar : transgredir : entrar ilegalmente
trespass[2] *n* : pecado *m* : transgresión *f* : entrada *f* ilegal

tress *n* : mechón *m*
trestle *n* : caballete *m*
tri- *pref* : tri-
triad *n* : tríada *f*
trial[1] *adj* : de prueba
trial[2] *n* : juicio *m* : proceso *m* : aflicción *f* : tribulación *f* : prueba *f* : ensayo *m*
triangle *n* : triángulo *m*
triangular *adj* : triangular
tribal *adj* : tribal
tribe *n* : tribu *f*
tribesman *n, pl* **-men** : miembro *m* de una tribu
tribulation *n* : tribulación *f*
tribunal *n* : tribunal *m* : corte *f*
tributary *n, pl* **-taries** : afluente *m*
tribute *n* : tributo *m*
trick[1] *v* : engañar : embaucar
trick[2] *n* : trampa *f* : treta *f* : artimaña *f* : broma *f* : truco *m* : peculiaridad *f* : manía *f* : baza *f*
trickery *n* : engaños *mpl* : trampas *fpl*
trickle[1] *v* **-led; -ling** : gotear : chorrear
trickle[2] *n* : goteo *m* : hilo *m*
trickster *n* : estafador *m*, -dora *f* : embaucador *m*
tricky *adj* **trickier; -est** : astuto : taimado : delicado : peliagudo : difícil
tricolor *adj* : tricolor
tricycle *n* : triciclo *m*
trident *n* : tridente *m*
triennial *adj* : trienal
trifle[1] *v* **-fled; -fling** : jugar : juguetear
trifle[2] *n* : nimiedad *f* : insignificancia *f*
trifling *adj* : trivial : insignificante
trigger[1] *v* : causar : provocar
trigger[2] *n* : gatillo *m*
trigonometry *n* : trigonometría *f*
trill[1] *v* : trinar : gorjear : vibrar
trill[2] *n* : trino *m* : gorjeo *m* : vibración *f*
trillion *n* : billón *m*
trilogy *n, pl* **-gies** : trilogía *f*
trim[1] *v* **trimmed; trimming** : adornar : decorar : recortar : reducir
trim[2] *adj* **trimmer; trimmest** : esbelto : limpio y arreglado : bien cuidado
trim[3] *n* : condición *f* : estado *m* : recorte *m* : adornos *mpl*
trimester *n* : trimestre *m*
trimming *n* : adornos *mpl* : accesorios *mpl*
Trinity *n* : Trinidad *f*
trinket *n* : chucheria *f* : baratija *f*
trio *n, pl* **trios** : trío *m*
trip[1] *v* **tripped; tripping** : caminar : tropezar : hacerle una zancadilla : activar
trip[2] *n* : viaje *m* : tropiezo *m* : traspié *m*
tripartite *adj* : tripartito
tripe *n* : mondongo *m* : callos *mpl* : pancita *f* : porquería *f*
triple[1] *v* **-pled; -pling** : triplicar
triple[2] *adj* : triple
triple[3] *n* : triple *m*
triplet *n* : terceto *m* : trillizo *m*, -za *f*
triplicate *n* : triplicado *m*
tripod *n* : trípode *m*
trite *adj* **triter; tritest** : trillado : tópico : manido
triumph[1] *v* : triunfar
triumph[2] *n* : triunfo *m*
triumphal *adj* : triunfal
triumphant *adj* : triunfante : triunfal — **triumphantly** *adv*
triumvirate *n* : triunvirato *m*
trivet *n* : salvamanteles *m*
trivia *ns & pl* : trivialidades *fpl* : nimiedades *fpl*
trivial *adj* : trivial : intrascendente : insignificante
triviality *n, pl* **-ties** : trivialidad *f*
trod, trodden → **tread**[1]
troll *n* : duende *m* o gigante *m* de cuentos folklóricos
trolley *n, pl* **-leys** : tranvía *m*
trombone *n* : trombón *m*
trombonist *n* : trombón *m*
troop[1] *v* : desfilar : ir en tropel
troop[2] *n* : escuadrón *m* : grupo *m* : banda *f*; **troops** *npl* : tropas *fpl* : soldados *mpl*
trooper *n* : soldado *m* : policía *m* montado : policía *m*
trophy *n, pl* **-phies** : trofeo *m*
tropic[1] *or* **tropical** *adj* : tropical
tropic[2] *n* : trópico *m*
trot[1] *v* **trotted; trotting** : trotar
trot[2] *n* : trote *m*
troubadour *n* : trovador *m*, -dora *f*
trouble[1] *v* **-bled; -bling** : molestar : perturbar : inquietar : afligir

: afectar : molestarse : hacer un esfuerzo
trouble[2] *n* : problemas *mpl* : dificultades *fpl* : molestia *f* : esfuerzo *m*
troublemaker *n* : agitador *m*, -dora *f* : alborotador *m*
troubleshooter *n* : persona *f* que resuelve problemas
troublesome *adj* : problemático : dificultoso — **troublesomely** *adv*
trough *n, pl* **troughs** : comedero *m* : bebedero *m* : depresión *f* : seno *m*
trounce *v* **trounced; trouncing** : apalear : darle una paliza : derrotar contundentemente
troupe *n* : troupe *f*
trouser *adj* : del pantalón
trousers *npl* : pantalón *m* : pantalones *mpl*
trousseau *n* : ajuar *m*
trout *ns & pl* : trucha *f*
trowel *n* : llana *f* : paleta *f* : desplantador *m*
truant *n* : alumno *m*, -na *f* que falta a clase sin permiso
truce *n* : tregua *f* : armisticio *m*
truck[1] *v* : transportar en camión
truck[2] *n* : camión *m* : carro *m* : tratos *mpl*
trucker *n* : camionero *m*, -ra *f*
truculent *adj* : agresivo : beligerante
trudge *v* **trudged; trudging** : caminar a paso pesado
true[1] *v* **trued; trueing** : aplomar : nivelar : centrar
true[2] *adv* : lealmente : sinceramente : exactamente : certeramente
true[3] *adj* **truer; truest** : fiel : leal : cierto : verdadero : verídico : auténtico : genuino — **truly** *adv*
true–blue *adj* : leal : fiel
truffle *n* : trufa *f*
truism *n* : perogrullada *f* : verdad *f* obvia
trump[1] *v* : matar
trump[2] *n* : triunfo *m*
trumped–up *adj* : inventado : fabricado
trumpet[1] *v* : sonar una trompeta : berrear : bramar : proclamar a los cuatro vientos
trumpet[2] *n* : trompeta *f*
trumpeter *n* : trompetista *mf*
truncate *v* **-cated; -cating** : truncar
trundle *v* **-dled; -dling** : rodar lentamente : hacer rodar : empujar lentamente
trunk *n* : tronco *m* : trompa *f* : baúl *m* : maletero *m* : cajuela *f*; **trunks** *npl* → **swimming trunks**
truss[1] *v* : atar
truss[2] *n* : armazón *m* : braguero *m*
trust[1] *v* : confiar : esperar : encomendar : confiar en : tenerle confianza a
trust[2] *n* : confianza *f* : esperanza *f* : fe *f* : crédito *m* : fideicomiso *m* : trust *m* : responsabilidad *f* : custodia *f*
trustee *n* : fideicomisario *m*, -ria *f* : fiduciario *m*
trustful *adj* : confiado — **trustfully** *adv*
trustworthiness *n* : integridad *f* : honradez *f*
trustworthy *adj* : digno de confianza : confiable
trusty *adj* **trustier; -est** : fiel : confiable
truth *n, pl* **truths** : verdad *f*
truthful *adj* : sincero : veraz — **truthfully** *adv*
truthfulness *n* : sinceridad *f* : veracidad *f*
try[1] *v* **tried; trying** : enjuiciar : juzgar : procesar : probar : tentar : poner a prueba : tratar : intentar
try[2] *n, pl* **tries** : intento *m* : tentativa *f*
tryout *n* : prueba *f*
tsar → **czar**
T–shirt *n* : camiseta *f*
tub *n* : cuba *f* : barril *m* : tonel *m* : envase *m* : tina *f* : bañera *f*
tuba *n* : tuba *f*
tube *n* : tubo *m* : trompa *f* : metro *m* : subterráneo *m*
tubeless *adj* : sin cámara
tuber *n* : tubérculo *m*
tubercular → **tuberculous**
tuberculosis *n, pl* **-loses** : tuberculosis *f*
tuberculous *adj* : tuberculoso
tuberous *adj* : tuberoso
tubing *n* : tubería *f*
tubular *adj* : tubular

tuck[1] *v* : meter : colocar : guardar : esconder
tuck[2] *n* : pliegue *m* : alforza *f*
Tuesday *n* : martes *m*
tuft *n* : penacho *m* : copete *m*
tug[1] *v* **tugged; tugging** : tirar : jalar : dar un tirón : arrastrar : remolcar
tug[2] *n* : tirón *m* : jalón *m*
tugboat *n* : remolcador *m*
tug–of–war *n, pl* **tugs–of–war** : juego *m* de tirar de la cuerda : lucha *f*
tuition *n or* **tuition fees** : tasas *fpl* de matrícula : colegiatura *f*
tulip *n* : tulipán *m*
tulle *n* : tul *m*
tumble[1] *v* **-bled; -bling** : dar volteretas : caerse : venirse abajo : volcar : hacer girar
tumble[2] *n* : voltereta *f* : caída *f*
tumbledown *adj* : en ruinas
tumbler *n* : acróbata *mf* : saltimbanqui *mf* : vaso *m* : clavija *f*
tummy *n, pl* **-mies** : panza *f* : vientre *m*
tumor *n* : tumor *m*
tumult *n* : tumulto *m* : alboroto *m*
tumultuous *adj* : tumultuoso
tuna *n, pl* **-na** *or* **-nas** : atún *m*
tundra *n* : tundra *f*
tune[1] *v* **tuned; tuning** : ajustar : hacer más preciso : afinar : sintonizar
tune[2] *n* : tonada *f* : canción *f* : melodía *f*
tuneful *adj* : armonioso : melódico
tuner *n* : afinador *m*, -dora *f* : sintonizador *m*
tune–up *n* : afinado *m* : afinación *f* : puesta *f* a punto
tungsten *n* : tungsteno *m*
tunic *n* : túnica *f*
tuning fork *n* : diapasón *m*
Tunisian *n* : tunecino *m*, -na *f* — **Tunisian** *adj*
tunnel[1] *v* **-neled** *or* **-nelled; -neling** *or* **-nelling** : hacer un túnel
tunnel[2] *n* : túnel *m*
turban *n* : turbante *m*
turbid *adj* : turbio
turbine *n* : turbina *f*
turbulence *n* : turbulencia *f*
turbulent *adj* : turbulento — **turbulently** *adv*
tureen *n* : sopera *f*
turf *n* : tepe *m*
turgid *adj* : turgente : ampuloso : hinchado
Turk *n* : turco *m*, -ca *f*
turkey *n, pl* **-keys** : pavo *m*
Turkish[1] *adj* : turco
Turkish[2] *n* : turco *m*
turmoil *n* : agitación *f* : desorden *m* : confusión *f*
turn[1] *v* : girar : voltear : volver : darle vuelta(s) a : hacer girar : darle vuelta a : dar vuelta : poner : torcer : dislocar : dirigir : revolver : convertir : tornear : dar vueltas : doblar : dar una vuelta : volverse : darse la vuelta : voltearse : hacerse : ponerse : cambiar : agriarse : cortarse
turn[2] *n* : vuelta *f* : giro *m* : cambio *m* : bocacalle *f* : curva *f* : turno *m*
turnaround *n* : procesamiento *m*
turncoat *n* : traidor *m*, -dora *f*
turning point *n* : momento *m* decisivo
turnip *n* : nabo *m*
turnout *n* : concurrencia *f*
turnover *n* : empanada *f* : volumen *m* : rotación *f*
turnpike *n* : carretera *f* de peaje
turnstile *n* : torniquete *m*
turntable *n* : tornamesa *mf*
turpentine *n* : aguarrás *m* : trementina *f*
turquoise *n* : turquesa *f*
turret *n* : torre *f* pequeña : torreta *f*
turtle *n* : tortuga *f*
turtledove *n* : tórtola *f*
turtleneck *n* : cuello *m* de tortuga : cuello *m* alto
tusk *n* : colmillo *m*
tussle[1] *v* **-sled; -sling** : pelearse : reñir
tussle[2] *n* : riña *f* : pelea *f*
tutelage *n* : tutela *f*
tutor[1] *v* : darle clases particulares
tutor[2] *n* : tutor *m*, -tora *f* : maestro *m*, -tra *f*
tutorial *n* : tutorial *m* : clase *f*
tuxedo *n, pl* **-dos** *or* **-does** : esmoquin *m* : smoking *m*
TV → television
twain *n* : dos *m*
twang[1] *v* : pulsar la cuerda de : hablar en tono nasal

twang[2] *n* : tañido *m* : tono *m* nasal
tweak[1] *v* : pellizcar
tweak[2] *n* : pellizco *m*
tweed *n* : tweed *m*
tweet[1] *v* : piar : tuitear : twittear
tweet[2] *n* : gorjeo *m* : pío *m* : tuit *m* : tweet *m*
tweezers *npl* : pinzas *fpl*
twelfth[1] *adj* : duodécimo
twelfth[2] *n* : duodécimo *m*, -ma *f* : doceavo *m* : doceava parte *f*
twelve[1] *adj & pron* : doce
twelve[2] *n* : doce *m*
twentieth[1] *adj* : vigésimo
twentieth[2] *n* : vigésimo *m*, -ma *f* : veinteavo *m* : veinteava parte *f*
twenty[1] *adj & pron* : veinte
twenty[2] *n, pl* **-ties** : veinte *m*
twice *adv* : dos veces
twig *n* : ramita *f*
twilight *n* : crepúsculo *m*
twill *n* : sarga *f* : tela *f* cruzada
twin[1] *adj* : gemelo : mellizo : doble
twin[2] *n* : gemelo *m*, -la *f* : mellizo *m*, -za *f*
twin bed *n* : cama *f* individual
twine[1] *v* **twined; twining** : entrelazar : entrecruzar : enroscarse
twine[2] *n* : cordel *m* : cuerda *f* : mecate *m*
twinge[1] *v* **twinged; twinging** *or* **twingeing** : sentir punzadas
twinge[2] *n* : punzada *f* : dolor *m* agudo
twinkle[1] *v* **-kled; -kling** : centellear : titilar : chispear : brillar
twinkle[2] *n* : centelleo *m* : brillo *m*
twirl[1] *v* : girar : darle vueltas a : dar vueltas
twirl[2] *n* : giro *m* : vuelta *f*
twist[1] *v* : torcer : retorcer : tergiversar : retorcerse : enroscarse : serpentear
twist[2] *n* : vuelta *f* : recodo *m* : giro *m* : espiral *f* : giro *m* inesperado
twisted *adj* : retorcido
twitch[1] *v* : moverse nerviosamente : contraerse espasmódicamente
twitch[2] *n* : espasmo *m* : sacudida *f*
twitter[1] *v* : gorjear : cantar
twitter[2] *n* : gorjeo *m*
two[1] *adj* : dos
two[2] *n, pl* **twos** : dos *m*
two[3] *pron* : dos
two–faced *adj* : hipócrita
twofold[1] *adv* : al doble
twofold[2] *adj* : doble
two hundred[1] *adj & pron* : doscientos
two hundred[2] *n* : doscientos *m*
two–piece *adj* : de dos piezas
twosome *n* : pareja *f*
two–tone *adj* : bicolor
two–way *adj* : de doble sentido : de doble dirección : mutuo : bidireccional
two–way mirror → one-way mirror
tycoon *n* : magnate *mf*
tying → tie[1]
type[1] *v* **typed; typing** : escribir a máquina : pasar a máquina : categorizar : identificar
type[2] *n* : tipo *m* : clase *f* : categoría *f*
typeface *n* : tipo *m* de imprenta
typewrite *v* **-wrote; -written** : escribir a máquina
typewriter *n* : máquina *f* de escribir
typhoid[1] *adj* : relativo al tifus o a la tifoidea
typhoid[2] *n or* **typhoid fever** : tifoidea *f*
typhoon *n* : tifón *m*
typhus *n* : tifus *m*
typical *adj* : típico : característico — **typically** *adv*
typify *v* **-fied; -fying** : ser típico o representativo de
typing *n* : mecanografía *f*
typist *n* : mecanógrafo *m*, -fa *f*
typographer *n* : tipógrafo *m*, -fa *f*
typographic *or* **typographical** *adj* : tipográfico — **typographically** *adv*
typography *n* : tipografía *f*
tyrannical *adj* : tiránico — **tyrannically** *adv*
tyrannize *v* **-nized; -nizing** : tiranizar
tyranny *n, pl* **-nies** : tiranía *f*
tyrant *n* : tirano *m*, -na *f*
Tyrolean *adj* : tirolés
tzar → czar

U

ubiquitous *adj* : ubicuo : omnipresente
udder *n* : ubre *f*
UFO *n, pl* **UFO's** *or* **UFOs** : ovni *m* : OVNI *m*
Ugandan *n* : ugandés *m*, -desa *f* — **Ugandan** *adj*
ugliness *n* : fealdad *f*
ugly *adj* **uglier; -est** : feo : desagradable
Ukrainian *n* : ucraniano *m*, -na *f* — **Ukrainian** *adj*
ukulele *n* : ukelele *m*
ulcer *n* : úlcera *f* : llaga *f*
ulcerate *v* **-ated; -ating** : ulcerarse
ulcerous *adj* : ulceroso
ulna *n* : cúbito *m*
ulterior *adj* : oculto
ultimate *adj* : último : final : supremo : máximo : fundamental : esencial
ultimately *adv* : por último : finalmente : a la larga : con el tiempo
ultimatum *n, pl* **-tums** *or* **-ta** : ultimátum *m*
ultra- *pref* : ultra- : super-
ultrasonic *adj* : ultrasónico
ultrasound *n* : ultrasonido *m* : ecografía *f*
ultraviolet *adj* : ultravioleta
umbilical cord *n* : cordón *m* umbilical
umbrage *n* **to take umbrage at** : ofenderse por
umbrella *n* : paraguas *m*
umpire[1] *v* **-pired; -piring** : arbitrar
umpire[2] *n* : árbitro *m*, -tra *f*
umpteen *adj* : miles de : un millón de
umpteenth *adj* : enésimo
un- *pref* : in- : im- : ir- : i- : des- : poco : no
unable *adj* : incapaz
unabridged *adj* : íntegro
unacceptable *adj* : inaceptable
unaccompanied *adj* : solo : sin acompañamiento
unaccountable *adj* : inexplicable : incomprensible — **unaccountably** *adv*
unaccustomed *adj* : desacostumbrado : inusual : inhabituado
unacquainted *adj* **to be unacquainted with** : desconocer : ignorar
unadorned *adj* : sin adornos : puro y simple
unadulterated *adj* : puro : completo : absoluto
unaffected *adj* : no afectado : indiferente : sin afectación : natural
unaffectedly *adv* : de manera natural
unafraid *adj* : sin miedo
unaided *adj* : sin ayuda : solo
unalterable *adj* : inalterable
unambiguous *adj* : inequívoco
unanimity *n* : unanimidad *f*
unanimous *adj* : unánime — **unanimously** *adv*
unannounced *adj* : sin dar aviso
unanswerable *adj* : incontestable : irrefutable : irrebatible
unanswered *adj* : sin contestar
unappealing *adj* : desagradable
unarmed *adj* : sin armas : desarmado
unashamed *adj* : sin vergüenza
unassailable *adj* : irrefutable : irrebatible
unassisted *adj* : sin ayuda
unassuming *adj* : modesto : sin pretensiones
unattached *adj* : suelto : independiente : solo
unattainable *adj* : inalcanzable : inasequible
unattended *adj* : desatendido
unattractive *adj* : poco atractivo
unauthorized *adj* : sin autorización : no autorizado
unavailable *adj* : no disponible
unavoidable *adj* : inevitable : ineludible — **unavoidably** *adv*
unaware[1] *adv* → **unawares**
unaware[2] *adj* : inconsciente
unawares *adv* : por sorpresa : inconscientemente : inadvertidamente

unbalance *v* : desequilibrar
unbalanced *adj* : desequilibrado
unbearable *adj* : insoportable : inaguantable — **unbearably** *adv*
unbeatable *adj* : insuperable
unbeaten *adj* : invicto
unbecoming *adj* : impropio : indecoroso : poco favorecedor
unbeknownst *adj* **unbeknownst to** : sin el conocimiento de
unbelievable *adj* : increíble — **unbelievably** *adv*
unbend *v* **-bent; -bending** : relajarse
unbending *adj* : inflexible
unbiased *adj* : imparcial : objetivo
unblock *v* : desatascar : destapar
unbolt *v* : abrir el cerrojo de : descorrer el pestillo de
unborn *adj* : aún no nacido : que va a nacer
unbosom *v* : revelar : divulgar
unbreakable *adj* : irrompible
unbreathable *adj* : irrespirable
unbridled *adj* : desenfrenado
unbroken *adj* : intacto : sano : continuo : ininterrumpido
unbuckle *v* **-led; -ling** : desabrochar
unburden *v* : descargar
unbutton *v* : desabrochar : desabotonar
uncalled–for *adj* : inapropiado : innecesario
uncanny *adj* **uncannier; -est** : extraño : raro : extraordinario — **uncannily** *adv*
uncaring *adj* : indiferente
unceasing *adj* : incesante : continuo — **unceasingly** *adv*
unceremonious *adj* : sin ceremonia : sin pompa : abrupto : brusco — **unceremoniously** *adv*
uncertain *adj* : indeterminado : incierto : dudoso : inestable : variable : indeciso : poco claro
uncertainly *adv* : dudosamente : con desconfianza
uncertainty *n, pl* **-ties** : duda *f* : incertidumbre *f*
unchain *v* : desencadenar
unchangeable *adj* : inalterable : inmutable
unchanged *adj* : sin cambiar
unchanging *adj* : inalterable : inmutable : firme
uncharacteristic *adj* : inusual : desacostumbrado
uncharged *adj* : sin carga
uncharitable *adj* : poco caritativo
unchecked *adj* : sin freno : sin obstáculos
uncivilized *adj* : incivilizado : bárbaro : salvaje
uncle *n* : tío *m*
unclean *adj* : impuro : sucio
unclear *adj* : confuso : borroso : poco claro
Uncle Sam *n* : el Tío Sam
unclog *v* **-clogged; -clogging** : desatascar : destapar
unclothed *adj* : desnudo
uncluttered *adj* : despejado
uncoil *v* : desenroscarse : desenroscar
uncomfortable *adj* : incómodo : inquieto — **uncomfortably** *adv*
uncommitted *adj* : sin compromisos
uncommon *adj* : raro : poco común : excepcional : extraordinario
uncommonly *adv* : extraordinariamente
uncommunicative *adj* : poco comunicativo
uncomplaining *adj* : que no se queja
uncomplicated *adj* : sencillo
uncompromising *adj* : inflexible : intransigente
unconcerned *adj* : indiferente — **unconcernedly** *adv*
unconditional *adj* : incondicional — **unconditionally** *adv*
unconnected *adj* : no relacionado : sin conexión : desconectado
unconscious[1] *adj* : inconsciente — **unconsciously** *adv*
unconscious[2] *n* : inconsciente *m*
unconsciousness *n* : inconsciencia *f*
unconstitutional *adj* : inconstitucional — **unconstitutionality** *n*
uncontrollable *adj* : incontrolable : incontenible — **uncontrollably** *adv*
uncontrolled *adj* : incontrolado

unconventional *adj* : poco convencional
unconvinced *adj* : no convencido : escéptico
unconvincing *adj* : poco convincente
uncoordinated *adj* : no coordinado : torpe
uncork *v* : descorchar
uncorroborated *adj* : no corroborado
uncountable *adj* : no contable
uncouple *v* : desenganchar
uncouth *adj* : grosero : rudo
uncover *v* : destapar : dejar al descubierto : descubrir : revelar : exponer
uncultivated *adj* : inculto
uncultured *adj* : inculto
uncurl *v* : desenrollar : desenrollarse
uncut *adj* : sin cortar : sin tallar : en bruto : completo : íntegro
undamaged *adj* : intacto : no dañado
undaunted *adj* : impávido
undecided *adj* : indeciso : irresoluto : pendiente : no resuelto
undefeated *adj* : invicto
undefined *adj* : indefinido
undemanding *adj* : que exige poco
undeniable *adj* : innegable — **undeniably** *adv*
under[1] *adv* : menos : debajo del agua : bajo los efectos de la anestesia
under[2] *adj* : (más) bajo : inferior : insuficiente
under[3] *prep* : debajo de : abajo de : menos de : bajo : en : según : de acuerdo con : conforme a
under- *pref* : sub- : abajo : insuficientemente
underage *adj* : menor de edad
underarm[1] *adj* : de axila : para las axilas
underarm[2] *n* : axila *f* : sobaco *m*
underbrush *n* : maleza *f*
undercarriage *n* : chassis *m* : armazón *m* : tren *f* de aterrizaje
undercharge *v* : cobrarle de menos a
underclass *n* : clases *fpl* marginadas
underclothes → underwear
underclothing → underwear
undercoat *n* : primera capa *f*
undercooked *adj* : medio crudo : poco cocinado
undercover *adj* : secreto : clandestino
undercurrent *n* : corriente *f* submarina : corriente *f* oculta : trasfondo *m*
undercut *v* **-cut; -cutting** : vender más barato que
underdeveloped *adj* : subdesarrollado : atrasado
underdevelopment *n* : subdesarrollo *m*
underdog *n* : persona *f* que tiene menos posibilidades
underdone *adj* : poco cocido
underestimate *v* **-mated; -mating** : subestimar : menospreciar
underexpose *v* : subexponer
underexposure *v* : subexposición *f*
underfoot *adv* : bajo los pies
undergarment *n* : prenda *f* íntima
undergo *v* **-went; -gone; -going** : sufrir : experimentar
undergraduate *n* : estudiante *m* universitario : estudiante *f* universitaria
underground[1] *adv* : bajo tierra : clandestinamente : en secreto
underground[2] *adj* : subterráneo : secreto : clandestino
underground[3] *n* : movimiento *m* o grupo *m* clandestino
undergrowth *n* : maleza *f* : broza *f*
underhand[1] *adv* : de manera clandestina
underhand[2] *adj* : solapado : por debajo del hombro
underhanded *adj* : solapado : turbio : poco limpio
underlie *v* **-lay; -lain; -lying** : subyacer en/a
underline *v* **-lined; -lining** : subrayar : acentuar : hacer hincapié en
underling *n* : subordinado *m*, -da *f* : inferior *mf*
underlying *adj* : subyacente : fundamental : esencial
undermine *v* **-mined; -mining** : socavar : minar : debilitar

underneath[1] *adv* : debajo : abajo
underneath[2] *prep* : debajo de : abajo de
undernourished *adj* : desnutrido
underpaid *adj* : mal pagado
underpants *npl* : calzoncillos *mpl* : calzones *mpl*
underpass *n* : paso *m* a desnivel
underpay *v* **-paid; -paying** : pagarle mal a : pagar mal
underprivileged *adj* : desfavorecido
underrate *v* **-rated; -rating** : subestimar : menospreciar
underscore *v* **-scored; -scoring** → **underline**
undersea[1] *or* **underseas** *adv* : bajo la superficie del mar
undersea[2] *adj* : submarino
undersecretary *n, pl* **-ries** : subsecretario *m*, -ria *f*
undersell *v* **-sold; -selling** : vender más barato que
undeserved *adj* : inmerecido
undershirt *n* : camiseta *f*
undershorts *npl* : calzoncillos *mpl*
underside *n* : parte *f* de abajo
undersigned *n* **the undersigned** : el abajo firmante : la abajo firmante : los abajo firmantes : las abajo firmantes
undersized *adj* : más pequeño de lo normal
understand *v* **-stood; -standing** : comprender : entender : tener entendido
understandable *adj* : comprensible
understanding[1] *adj* : comprensivo : compasivo
understanding[2] *n* : comprensión *f* : entendimiento *m* : interpretación *f* : acuerdo *m* : arreglo *m*
understate *v* **-stated; -stating** : minimizar : subestimar
understatement *n* : atenuación *f*
understudy *n, pl* **-dies** : sobresaliente *mf* : suplente *mf*
undertake *v* **-took; -taken; -taking** : emprender : asumir : comprometerse
undertaker *n* : director *m*, -tora *f* de funeraria
undertaking *n* : empresa *f* : tarea *f* : promesa *f* : garantía *f*
undertone *n* : voz *f* baja : trasfondo *m* : matiz *m*
undertow *n* : resaca *f*
undervalue *v* **-ued; -uing** : menospreciar : subestimar
underwater[1] *adv* : debajo
underwater[2] *adj* : submarino
under way *adv* : en marcha : en camino
underwear *n* : ropa *f* interior : ropa *f* íntima
underworld *n* : infierno *m*
underwrite *v* **-wrote; -written; -writing** : asegurar : financiar : suscribir : respaldar
underwriter *n* : asegurador *m*, -dora *f*
undeserving *adj* : indigno
undesirable[1] *adj* : indeseable
undesirable[2] *n* : indeseable *mf*
undeveloped *adj* : sin desarrollar : sin revelar
undies → **underwear**
undignified *adj* : indecoroso
undiluted *adj* : sin diluir : concentrado
undisciplined *adj* : indisciplinado
undiscovered *adj* : no descubierto
undisputed *adj* : indiscutible
undisturbed *adj* : tranquilo : sin tocar
undivided *adj* : íntegro : completo
undo *v* **-did; -done; -doing** : desabrochar : desatar : abrir : anular : deshacer : reparar : arruinar : destruir
undoing *n* : ruina *f* : perdición *f*
undoubted *adj* : cierto : indudable — **undoubtedly** *adv*
undress *v* : desvestir : desabrigar : desnudar : desvestirse : desnudarse
undue *adj* : excesivo : indebido — **unduly** *adv*
undulate *v* **-lated; -lating** : ondular
undulation *n* : ondulación *f*
undying *adj* : perpetuo : imperecedero
unearth *v* : desenterrar : exhumar : descubrir
unearthly *adj* **unearthlier; -est** : sobrenatural : de otro mundo
unease *n* : inquietud *f*
uneasily *adv* : inquietamente : con inquietud

uneasiness *n* : inquietud *f*
uneasy *adj* **uneasier; -est** : incómodo : preocupado : inquieto : agitado
uneducated *adj* : inculto : sin educación
unemotional *adj* : frío : indiferente : imparcial : objetivo
unemployed *adj* : desempleado
unemployment *n* : desempleo *m*
unending *adj* : interminable : inacabable : sin fin
unenthusiastic *adj* : poco entusiasta : tibio
unenviable *adj* : nada envidiable
unequal *adj* : desigual : incapaz : incompetente
unequaled *or* **unequalled** *adj* : sin igual
unequivocal *adj* : inequívoco : claro — **unequivocally** *adv*
unerring *adj* : infalible
unethical *adj* : poco ético
uneven *adj* : impar : desigual : disparejo : desnivelado : irregular — **unevenly** *adv*
unevenness *n* : lo desigual : lo desnivelado : irregularidad *f*
uneventful *adj* : sin incidentes : tranquilo
unexpected *adj* : imprevisto : inesperado — **unexpectedly** *adv*
unexplored *adj* : inexplorado
unfailing *adj* : constante : inagotable : a toda prueba : indefectible
unfair *adj* : injusto — **unfairly** *adv*
unfairness *n* : injusticia *f*
unfaithful *adj* : desleal : infiel — **unfaithfully** *adv*
unfaithfulness *n* : infidelidad *f* : deslealtad *f*
unfamiliar *adj* : desconocido : extraño
unfamiliarity *n* : falta *f* de familiaridad
unfashionable *adj* : fuera de moda
unfasten *v* : desabrochar : desatar : abrir
unfavorable *adj* : desfavorable : mal — **unfavorably** *adv*
unfeeling *adj* : insensible — **unfeelingly** *adv*
unfinished *adj* : inacabado : incompleto
unfit *adj* : inadecuado : impropio : no apto : incapaz : incapacitado
unflagging *adj* : inagotable
unflappable *adj* : imperturbable
unflattering *adj* : poco favorecedor
unfold *v* : desplegar : desdoblar : extender : revelar : exponer : desarrollarse : desenvolverse : extenderse : desplegarse
unforeseeable *adj* : imprevisible
unforeseen *adj* : imprevisto
unforgettable *adj* : inolvidable : memorable — **unforgettably** *adv*
unforgivable *adj* : imperdonable
unfortunate[1] *adj* : desgraciado : infortunado : desafortunado : inoportuno
unfortunate[2] *n* : desgraciado *m*, -da *f*
unfortunately *adv* : desafortunadamente
unfounded *adj* : infundado
unfreeze *v* **-froze; -frozen; -freezing** : descongelar : descongelarse
unfriend *v* : eliminar de sus amigos
unfriendliness *n* : hostilidad *f* : antipatía *f*
unfriendly *adj* **unfriendlier; -est** : poco amistoso : hostil
unfulfilled *adj* : insatisfecho : no realizado
unfurl *v* : desplegar : desdoblar : desplegarse
unfurnished *adj* : desamueblado
ungainly *adj* : desgarbado
ungodly *adj* : impío : atroz : terrible
ungovernable *adj* : ingobernable
ungracious *adj* : descortés
ungrateful *adj* : desagradecido : ingrato — **ungratefully** *adv*
ungratefulness *n* : ingratitud *f*
unguarded *adj* : irreflexivo : desprevenido : sin vigilancia : no vigilado
unhappily *adv* : tristemente : desafortunadamente : lamentablemente
unhappiness *n* : infelicidad *f* : tristeza *f* : desdicha *f*
unhappy *adj* **unhappier; -est** : desafortunado : desventurado : infeliz : triste : desdichado : inoportuno : poco feliz

unharmed *adj* : salvo : ileso
unhealthy *adj* **unhealthier; -est** : insalubre : malsano : nocivo a la salud : de mala salud : enfermizo
unheard–of *adj* : sin precedente : inaudito : insólito
unhelpful *adj* : poco servicial : inútil
unhinge *v* **-hinged; -hinging** : desquiciar : trastornar : perturbar
unhitch *v* : desenganchar
unholy *adj* **unholier; -est** : profano : impío : atroz : terrible
unhook *v* : desenganchar : descolgar : desabrochar
unhurried *adj* : lento : sin prisas
unhurt *adj* : ileso
unhygienic *adj* : antihigiénico
unicorn *n* : unicornio *m*
unidentified *adj* : no identificado
unification *n* : unificación *f*
uniform[1] *adj* : uniforme : homogéneo : constante — **uniformly** *adv*
uniform[2] *n* : uniforme *m*
uniformed *adj* : uniformado
uniformity *n, pl* **-ties** : uniformidad *f*
unify *v* **-fied; -fying** : unificar : unir
unilateral *adj* : unilateral — **unilaterally** *adv*
unimaginable *adj* : inimaginable : inconcebible
unimaginative *adj* : poco imaginativo
unimportant *adj* : intrascendente : insignificante : sin importancia
unimpressive *adj* : mediocre
uninformed *adj* : no enterado
uninhabitable *adj* : inhabitable
uninhabited *adj* : deshabitado : desierto : despoblado
uninhibited *adj* : desenfadado : desinhibido : sin reservas
uninjured *adj* : ileso
unintelligent *adj* : poco inteligente
unintelligible *adj* : ininteligible : incomprensible
unintentional *adj* : no deliberado : involuntario
unintentionally *adv* : involuntariamente : sin querer
uninterested *adj* : indiferente
uninteresting *adj* : poco interesante : sin interés
uninterrupted *adj* : ininterrumpido : continuo
uninvited *adj* : no invitado
uninviting *adj* : poco acogedor : poco atractivo
union *n* : unión *f*
unionism *n* : sindicalismo *m* — **unionist** *n*
unionize *v* **-ized; -izing** : sindicalizar : sindicar : sindicalizarse
unique *adj* : único : solo : extraordinario
uniquely *adv* : exclusivamente : excepcionalmente
uniqueness *n* : singularidad *f*
unison *n* : unísono *m* : acuerdo *m* : armonía *f* : concordia *f*
unit *n* : unidad *f* : módulo *m*
unitary *adj* : unitario
unite *v* **united; uniting** : unir : juntar : combinar : unirse : juntarse
unity *n, pl* **-ties** : unidad *f* : unión *f* : armonía *f* : acuerdo *m*
universal *adj* : general : universal : mundial — **universality** *n* — **universally** *adv*
universe *n* : universo *m*
university *n, pl* **-ties** : universidad *f*
unjust *adj* : injusto — **unjustly** *adv*
unjustifiable *adj* : injustificable — **unjustifiably** *adv*
unjustified *adj* : injustificado
unkempt *adj* : descuidado : desaliñado : despeinado
unkind *adj* : poco amable : cruel — **unkindly** *adv*
unkindness *n* : crueldad *f* : falta *f* de amabilidad
unknowing *adj* : inconsciente : ignorante — **unknowingly** *adv*
unknown *adj* : desconocido
unlawful *adj* : ilícito : ilegal — **unlawfully** *adv*
unleaded *adj* : sin plomo
unleash *v* : soltar : desatar
unless *conj* : a menos que : salvo que : a no ser que
unlike[1] *adj* : diferente : distinto : desigual
unlike[2] *prep* : diferente de : distinto de : a diferencia de
unlikelihood *n* : improbabilidad *f*

unlikely *adj* **unlikelier; -est** : improbable : poco probable : poco prometedor
unlimited *adj* : ilimitado
unlisted *adj* : que no aparece en la guía telefónica
unload *v* : descargar : desembarcar : deshacerse de
unlock *v* : abrir : revelar
unluckily *adv* : desgraciadamente
unlucky *adj* **unluckier; -est** : de mala suerte : desgraciado : desafortunado : desfavorable : poco propicio : lamentable
unmanageable *adj* : difícil de controlar : poco manejable : ingobernable
unmanned *adj* : no tripulado : sin tripulación
unmarried *adj* : soltero
unmask *v* : desenmascarar
unmerciful *adj* : despiadado — **unmercifully** *adv*
unmistakable *adj* : evidente : inconfundible : obvio — **unmistakably** *adv*
unmotivated *adj* : inmotivado
unmoved *adj* : impasible
unnatural *adj* : anormal : poco natural : poco normal : afectado : forzado : perverso : antinatural
unnecessary *adj* : innecesario — **unnecessarily** *adv*
unnerve *v* **-nerved; -nerving** : turbar : desconcertar : poner nervioso
unnoticed *adj* : inadvertido
unobjectionable *adj* : inobjetable
unobstructed *adj* : libre : despejado
unobtainable *adj* : inasequible
unobtrusive *adj* : discreto
unoccupied *adj* : desempleado : desocupado : libre : deshabitado
unofficial *adj* : extraoficial : no oficial : oficioso
unopened *adj* : sin abrir
unorganized *adj* : desorganizado
unorthodox *adj* : poco ortodoxo : poco convencional
unpack *v* : desempacar : deshacer las maletas
unpaid *adj* : no remunerado : no retribuido
unparalleled *adj* : sin igual
unpatriotic *adj* : antipatriótico
unpayable *adj* : impagable
unpleasant *adj* : desagradable — **unpleasantly** *adv*
unplug *v* **-plugged; -plugging** : destapar : desatascar : desconectar : desenchufar
unpolished *adj* : poco pulido
unpopular *adj* : impopular : poco popular
unprecedented *adj* : sin precedentes : inaudito : nuevo
unpredictable *adj* : impredecible
unprejudiced *adj* : imparcial : objetivo
unprepared *adj* : no preparado
unpretentious *adj* : modesto : sin pretensiones
unprincipled *adj* : sin principios : carente de escrúpulos
unproductive *adj* : improductivo
unprofessional *adj* : poco profesional
unprofitable *adj* : no rentable : poco provechoso
unpromising *adj* : poco prometedor
unprotected *adj* : sin protección : desprotegido
unproven *adj* : no demostrado
unprovoked *adj* : no provocado
unpublished *adj* : inédito
unpunished *adj* : impune
unqualified *adj* : no calificado : sin título : completo : absoluto
unquestionable *adj* : incuestionable : indudable : indiscutible — **unquestionably** *adv*
unquestioning *adj* : incondicional : absoluto : ciego
unravel *v* **-eled** *or* **-elled; -eling** *or* **-elling** : desenmarañar : desenredar : aclarar : desentrañar : deshacerse
unreachable *adj* : inalcanzable
unreadable *adj* : ilegible : difícil de leer
unreal *adj* : irreal
unrealistic *adj* : poco realista
unreasonable *adj* : poco razonable : irrazonable : irracional : excesivo
unreasonably *adv* : irracionalmente : de manera irrazonable : excesivamente

unrecognizable *adj* : irreconocible
unrefined *adj* : no refinado : sin refinar : poco refinado : inculto
unrelated *adj* : no relacionado : inconexo
unrelenting *adj* : severo : inexorable : constante : implacable
unreliable *adj* : que no es de fiar : de poca confianza : inestable
unrepeatable *adj* : irrepetible
unrepentant *adj* : impenitente
unrepresentative *adj* : poco representativo
unrequited *adj* : no correspondido
unreserved *adv* : sin reservas : sin reservar
unresolved *adj* : pendiente : no resuelto
unresponsive *adj* : indiferente : insensible : inconsciente
unrest *n* : inquietud *f* : malestar *m*
unrestrained *adj* : desenfrenado : incontrolado
unrestricted *adj* : sin restricción
unrewarding *adj* : ingrato
unripe *adj* : inmaduro : verde
unrivaled *or* **unrivalled** *adj* : incomparable
unroll *v* : desenrollar : desenrollarse
unruffled *adj* : sereno : tranquilo : liso
unruliness *n* : indisciplina *f*
unruly *adj* : indisciplinado : díscolo : rebelde
unsafe *adj* : inseguro
unsaid *adj* : sin decir
unsalted *adj* : sin sal
unsanitary *adj* : antihigiénico
unsatisfactory *adj* : insatisfactorio
unsatisfied *adj* : insatisfecho
unsavory *adj* : desagradable
unscathed *adj* : ileso
unscheduled *adj* : no programado : imprevisto
unscientific *adj* : poco científico
unscramble *v* : descifrar : descodificar
unscrew *v* : quitar : destornillar
unscrupulous *adj* : inescrupuloso : sin escrúpulos — **unscrupulously** *adv*
unseal *v* : abrir : quitarle el sello a
unseasonable *adj* : extemporáneo : inoportuno
unseat *v* : derribar : derrocar
unseemly *adj* **unseemlier; -est** : indecoroso : impropio : inapropiado
unseen *adj* : inadvertido : oculto : invisible
unselfish *adj* : generoso : desinteresado — **unselfishly** *adv*
unselfishness *n* : generosidad *f* : desinterés *m*
unsentimental *adj* : poco sentimental
unsettle *v* **-tled; -tling** : trastornar : alterar : perturbar
unsettled *adj* : inestable : variable : agitado : inquieto : pendiente : indeciso : sin saldar : despoblado : no colonizado
unsettling *adj* : inquietante
unshakable *adj* : inquebrantable
unshaped *adj* : sin forma : informe
unshaven *adj* : sin afeitar : sin rasurar
unsheathe *v* : desenvainar
unsightly *adj* : feo : de aspecto malo
unsigned *adj* : sin firmar
unskilled *adj* : no calificado
unsmiling *adj* : de aspecto serio
unsnap *v* **-snapped; -snapping** : desabrochar
unsociable *adj* : poco sociable
unsolicited *adj* : no solicitado
unsolved *adj* : no resuelto : sin resolver
unsophisticated *adj* : ingenuo : de poco mundo : simple : poco sofisticado : rudimentario
unsound *adj* : enfermizo : de mala salud : poco sólido : defectuoso : inválido : erróneo
unspeakable *adj* : indecible : inexpresable : incalificable : atroz : nefando : abominable — **unspeakably** *adv*
unspecified *adj* : indeterminado : sin especificar
unspoiled *adj* : conservado : sin estropear : que no está mimado
unspoken *adj* : tácito
unstable *adj* : variable : inestable : cambiable : poco sólido

unsteadily *adv* : de modo inestable
unsteadiness *n* : inestabilidad *f* : inseguridad *f*
unsteady *adj* : inestable : variable : tembloroso
unstoppable *adj* : irrefrenable : incontenible
unsubscribe *v* **-scribed; -scribing** : darse de baja : cancelar la suscripción
unsubstantiated *adj* : no corroborado : no demostrado
unsuccessful *adj* : fracasado : infructuoso
unsuitable *adj* : inadecuado : impropio : inapropiado
unsuited *adj* : inadecuado : inepto
unsung *adj* : olvidado
unsure *adj* : incierto : dudoso
unsurpassed *adj* : sin par : sin igual
unsuspecting *adj* : desprevenido : desapercibido : confiado
unsweetened *adj* : sin endulzar
unsympathetic *adj* : poco comprensivo : indiferente
untamed *adj* : indómito : agreste
untangle *v* **-gled; -gling** : desenmarañar : desenredar
untapped *adj* : sin explotar
untenable *adj* : insostenible
unthinkable *adj* : inconcebible : impensable
unthinking *adj* : irreflexivo : inconsciente — **unthinkingly** *adv*
untidiness *n* : desarreglo *m*
untidy *adj* : desaliñado : desordenado : desarreglado — **untidily** *adv*
untie *v* **-tied; -tying** *or* **-tieing** : desatar : deshacer
until[1] *prep* : hasta
until[2] *conj* : hasta que
untimely *adj* : prematuro : inoportuno : intempestivo
untold *adj* : nunca dicho : incalculable : indecible
untouchable *adj* : intocable
untouched *adj* : intacto : sin tocar : sin probar : insensible : indiferente
untoward *adj* : indecoroso : impropio : desafortunado : adverso
untrained *adj* : inexperto : no capacitado
untreated *adj* : no tratado : sin tratar
untroubled *adj* : tranquilo
untrue *adj* : infiel : falso
untrustworthy *adj* : de poca confianza : no fidedigno
untruth *n* : mentira *f* : falsedad *f*
untruthful *adj* : mentiroso : falso
unusable *adj* : inútil : inservible
unused *adj* : inhabituado : nuevo : no utilizado : restante
unusual *adj* : inusual : poco común : raro
unusually *adv* : excepcionalmente : extraordinariamente : fuera de lo común
unveil *v* : revelar : develar : descubrir
unwanted *adj* : superfluo : de sobre
unwarranted *adj* : injustificado
unwary *adj* : incauto
unwashed *adj* : sin lavar : sucio
unwavering *adj* : firme : inquebrantable
unwed *adj* : soltero
unwelcome *adj* : importuno : molesto
unwell *adj* : enfermo : mal
unwholesome *adj* : malsano : insalubre : pernicioso : repugnante : muy desagradable
unwieldy *adj* : difícil de manejar : torpe y pesado
unwilling *adj* : poco dispuesto
unwillingly *adv* : a regañadientes : de mala gana
unwillingness *n* : desgana *f* : renuencia *f*
unwind *v* **-wound; -winding** : desenrollar : desenrollarse : relajarse
unwise *adj* : imprudente : desacertado : poco aconsejable
unwisely *adv* : imprudentemente
unwitting *adj* : inconsciente : involuntario : inadvertido — **unwittingly** *adv*
unworkable *adj* : impracticable
unworthiness *n* : falta *f* de valía
unworthy *adj* : indigno : inmerecido
unwrap *v* **-wrapped; -wrapping** : desenvolver : deshacer

unwritten *adj* : no escrito
unyielding *adj* : firme : inflexible : rígido
unzip *v* **-zipped; -zipping** : abrir el cierre de
up[1] *v* **upped; upping; ups** : aumentar : subir **to up and** : agarrar y
up[2] *adv* : arriba : en lo alto : hacia arriba : completamente : en pedazos
up[3] *adj* : despierto : levantado : construido : abierto : enterado : al día : al corriente : preparado : capaz : funcionando : ganando : terminado : acabado
up[4] *prep* : a lo largo : por
up–and–coming *adj* : prometedor
upbraid *v* : reprender : regañar
upbringing *n* : crianza *f* : educación *f*
upcoming *adj* : próximo
update[1] *v* **-dated; -dating** : poner al día : poner al corriente : actualizar
update[2] *n* : actualización *f* : puesta *f* al día
upend *v* : poner vertical : volcar
upgrade[1] *v* **-graded; -grading** : ascender : mejorar
upgrade[2] *n* : cuesta *f* : pendiente *f* : aumento *m* de categoría : ascenso *m* : mejoramiento *m*
upheaval *n* : levantamiento *m* : trastorno *m* : agitación *f* : conmoción *f*
uphill[1] *adv* : cuesta arriba
uphill[2] *adj* : en subida : difícil : arduo
uphold *v* **-held; -holding** : sostener : apoyar : mantener : levantar : confirmar
upholster *v* : tapizar
upholsterer *n* : tapicero *m*, -ra *f*
upholstery *n, pl* **-steries** : tapicería *f*
upkeep *n* : mantenimiento *m*
upland *n* : altiplanicie *f* : altiplano *m*
uplift[1] *v* : elevar : levantar : animar
uplift[2] *n* : elevación *f*
uplifting *adj* : inspirador
upload *v* : cargar : subir
upon *prep* : en : sobre
upper[1] *adj* : superior : alto
upper[2] *n* : parte *f* superior
uppercase[1] *adj* : mayúsculo
uppercase[2] *n* **in uppercase** : en mayúsculas
upper–class *adj* : de clase alta
upper class *n* : clase *f* alta
upper hand *n* : ventaja *f* : dominio *m*
uppermost *adj* : más alto
upright[1] *adj* : vertical : erguido : derecho : recto : honesto : justo
upright[2] *n* : montante *m* : poste *m* : soporte *m*
uprising *n* : insurrección *f* : revuelta *f* : alzamiento *m*
uproar *n* : alboroto *m* : jaleo *m* : escándalo *m*
uproarious *adj* : estrepitoso : clamoroso : muy divertido : hilarante — **uproariously** *adv*
uproot *v* : desarraigar
upset[1] *v* **-set; -setting** : volcar : derramar : perturbar : disgustar : inquietar : alterar : sentar mal a : trastornar : desbaratar : derrotar
upset[2] *adj* : disgustado : alterado
upset[3] *n* : vuelco *m* : trastorno *m* : derrota *f*
upshot *n* : resultado *m* final
upside–down *adj* : al revés
upside down *adv* : al revés : en confusión : en desorden
upstairs[1] *adv* : arriba : en el piso superior
upstairs[2] *adj* : de arriba
upstairs[3] *ns & pl* : piso *m* de arriba : planta *f* de arriba
upstanding *adj* : honesto : íntegro : recto
upstart *n* : advenedizo *m*, -za *f*
upstream *adv* : río arriba
upsurge *n* : aumento *m* apreciable
upswing *n* : alza *f* : mejora *f* notable
uptight *adj* : tenso : nervioso
up to *prep* : hasta
up–to–date *adj* : corriente : al día : moderno
uptown *adv* : hacia la parte alta de la ciudad : hacia el distrito residencial
upturn *n* : mejora *f* : auge *m*
upward[1] *or* **upwards** *adv* : hacia arriba
upward[2] *adj* : ascendente : hacia arriba

upwind *adv & adj* : contra el viento
uranium *n* : uranio *m*
Uranus *n* : Urano *m*
urban *adj* : urbano
urbane *adj* : urbano : cortés
urchin *n* : granuja *mf* : pillo *m*, -lla *f*
urethra *n, pl* **-thras** *or* **-threae** : uretra *f*
urge[1] *v* **urged; urging** : instar : apremiar : insistir : recomendar : abogar por
urge[2] *n* : impulso *m* : ganas *fpl* : compulsión *f*
urgency *n, pl* **-cies** : urgencia *f*
urgent *adj* : urgente : apremiante : insistente
urgently *adv* : urgentemente
urinal *n* : orinal *m*
urinary *adj* : urinario
urinate *v* **-nated; -nating** : orinar
urination *n* : orinación *f*
urine *n* : orina *f*
urn *n* : urna *f* : recipiente *m*
Uruguayan *n* : uruguayo *m*, -ya *f* — **Uruguayan** *adj*
us *pron* : nos : nosotros : nosotras
usable *adj* : utilizable
usage *n* : costumbre *f* : hábito *m* : uso *m*
use[1] *v* **used; using** : usar : utilizar : emplear : consumir : tomar : tratar : beneficiarse de : soler : acostumbrar
use[2] *n* : uso *m* : empleo *m* : utilización *f* : utilidad *f*
used *adj* : usado : de segunda mano : acostumbrado
useful *adj* : útil : práctico — **usefully** *adv*
usefulness *n* : utilidad *f*
useless *adj* : inútil — **uselessly** *adv*
uselessness *n* : inutilidad *f*
user *n* : usuario *m*, -ria *f*
user–friendly *adj* : fácil de usar
user name *n* : nombre *m* de usuario
usher[1] *v* : acompañar : conducir
usher[2] *n* : acomodador *m*, -dora *f*
usherette *n* : acomodadora *f*
usual *adj* : usual : normal : acostumbrado : habitual : de costumbre : ordinario : típico
usually *adv* : usualmente : normalmente
usurp *v* : usurpar
usurper *n* : usurpador *m*, -dora *f*
usury *n* : usura *f*
utensil *n* : utensilio *m* : implemento *m* : útil *m*
uterine *adj* : uterino
uterus *n, pl* **uteri** : útero *m* : matriz *f*
utilitarian *adj* : utilitario
utility *n, pl* **-ties** : utilidad *f*
utilization *n* : utilización *f*
utilize *v* **-lized; -lizing** : utilizar : hacer uso de
utmost[1] *adj* : extremo : más lejano : sumo : mayor
utmost[2] *n* : lo más posible
utopia *n* : utopía *f*
utopian *adj* : utópico
utter[1] *v* : decir : articular : pronunciar
utter[2] *adj* : absoluto — **utterly** *adv*
utterance *n* : declaración *f* : articulación *f*
U–turn *n* : giro *m* en U : vuelta *f* en U : cambio *m* de sentido : giro *m* de 180 grados
uvula *n* : campanilla *f*

V

vacancy *n, pl* **-cies** : vacío *m* : vacuidad *f* : vacante *f* : puesto *m* vacante : habitación *f* libre
vacant *adj* : libre : desocupado : vacante : vacío : ausente
vacate *v* **-cated; -cating** : desalojar : desocupar
vacation[1] *v* : pasar las vacaciones : vacacionar
vacation[2] *n* : vacaciones *fpl*
vacationer *n* : turista *mf* : veraneante *mf* : vacacionista *mf*
vaccinate *v* **-nated; -nating** : vacunar
vaccination *n* : vacunación *f*
vaccine *n* : vacuna *f*
vacillate *v* **-lated; -lating** : vacilar : oscilar
vacillation *n* : indecisión *f* : vacilación *f*
vacuous *adj* : vacío : vacuo : necio : estúpido
vacuousness *n* : vacuidad *f*
vacuum[1] *v* : limpiar con aspiradora : pasar la aspiradora por
vacuum[2] *n, pl* **vacuums** *or* **vacua** : vacío *m*
vacuum cleaner *n* : aspiradora *f*
vagabond[1] *adj* : vagabundo
vagabond[2] *n* : vagabundo *m*, -da *f*
vagary *n, pl* **-ries** : capricho *m*
vagina *n, pl* **-nae** *or* **-nas** : vagina *f*
vagrancy *n, pl* **-cies** : vagancia *f*
vagrant[1] *adj* : vagabundo
vagrant[2] *n* : vagabundo *m*, -da *f*
vague *adj* **vaguer; vaguest** : vago : impreciso : borroso : poco claro : distraído
vaguely *adv* : vagamente : de manera imprecisa
vagueness *n* : vaguedad *f* : imprecisión *f*
vain *adj* : vano : inútil : vanidoso : presumido
vainly *adv* : en vano : vanamente : inútilmente
valance *n* : volante *m* : galería *f* de cortina
vale *n* : valle *m*
valedictory *adj* : de despedida
Valentine's Day *n* : Día *m* de los Enamorados
valet *n* : ayuda *m* de cámara
valiant *adj* : valiente : valeroso
valiantly *adv* : con valor : valientemente
valid *adj* : válido
validate *v* **-dated; -dating** : validar : dar validez a
validity *n* : validez *f*
valise *n* : maleta *f*
valley *n, pl* **-leys** : valle *m*
valor *n* : valor *m* : valentía *f*
valuable[1] *adj* : valioso : de valor : apreciable
valuable[2] *n* : objeto *m* de valor
valuation *n* : valoración *f* : tasación *f* : valuación *f*
value[1] *v* **-ued; -uing** : valorar : avaluar : tasar : apreciar
value[2] *n* : valor *m*; **values** *npl* : valores *mpl* : principios *mpl*
valueless *adj* : sin valor
valve *n* : válvula *f*
vampire *n* : vampiro *m*
van[1] → **vanguard**
van[2] *n* : furgoneta *f* : camioneta *f*
vandal *n* : vándalo *m*
vandalism *n* : vandalismo *m*
vandalize *v* : destrozar : destruir : estropear
vane *n or* **weather vane** : veleta *f*
vanguard *n* : vanguardia *f*
vanilla *n* : vainilla *f*
vanish *v* : desaparecer : disiparse : desvanecerse
vanity *n, pl* **-ties** : vanidad *f*
vanquish *v* : vencer : conquistar
vantage point *n* : posición *f* ventajosa
vape *v* **vaped; vaping** : vapear
vapid *adj* : insípido : insulso
vapor *n* : vapor *m*
vaporize *v* **-rized; -rizing** : vaporizar : vaporizarse : evaporarse
vaporizer *n* : vaporizador *m*
variability *n, pl* **-ties** : variabilidad *f*
variable[1] *adj* : variable
variable[2] *n* : variable *f* : factor *m*
variance *n* : varianza *f* : discrepancia *f* : desacuerdo *m*
variant[1] *adj* : variante : divergente

variant[2] *n* : variante *f*
variation *n* : variación *f* : diferencias *fpl*
varicose *adj* : varicoso
varicose veins *npl* : varices *fpl* : vários *fpl*
varied *adj* : variado : dispar : diferente
variegated *adj* : abigarrado : multicolor
variety *n, pl* **-ties** : diversidad *f* : variedad *f* : surtido *m* : clase *f*
various *adj* : varios : diversos
varnish[1] *v* : barnizar
varnish[2] *n* : barniz *f*
varsity *n, pl* **-ties** : equipo *m* universitario
vary *v* **varied; varying** : variar : diversificar : cambiar : desviarse
vascular *adj* : vascular
vase *n* : jarrón *m* : florero *m*
vassal *n* : vasallo *m*, -lla *f*
vast *adj* : inmenso : enorme : vasto
vastly *adv* : enormemente
vastness *n* : vastedad *f* : inmensidad *f*
vat *n* : cuba *f* : tina *f*
vaudeville *n* : vodevil *m*
vault[1] *v* : saltar
vault[2] *n* : salto *m* : bóveda *f* : bodega *f* : bóveda *f* de seguridad : cripta *f*
vaulted *adj* : abovedado
vaunted *adj* : cacareado : alardeado
VCR *n* : video *m* : videocasetera *f*
veal *n* : ternera *f* : carne *f* de ternera
veer *v* : virar : girar : torcer
vegan *n* : vegetariano *m* estricto : vegetariana *f* estricta
vegetable[1] *adj* : vegetal
vegetable[2] *n* : vegetal *m* : verdura *f* : hortaliza *f*
vegetarian *n* : vegetariano *mf* — **vegetarian** *adj* — **vegetarianism** *n*
vegetate *v* **-tated; -tating** : vegetar
vegetation *n* : vegetación *f*
vegetative *adj* : vegetativo
veggie *n* : verdura *f* : hortaliza *f*
vehemence *n* : intensidad *f* : vehemencia *f*
vehement *adj* : intenso : vehemente
vehemently *adv* : vehementemente : con vehemencia
vehicle *n* : vehículo *m* : medio *m*
vehicular *adj* : vehicular
veil[1] *v* : velar : disimular : cubrir con un velo
veil[2] *n* : velo *m*
vein *n* : vena *f* : veta *f* : filón *m*
veined *adj* : veteado
velocity *n, pl* **-ties** : velocidad *f*
velour *or* **velours** *n* : velour *m*
velvet[1] *adj* : de terciopelo
velvet[2] *n* : terciopelo *m*
velvety *adj* : aterciopelado
venal *adj* : venal
vend *v* : vender
vendetta *n* : vendetta *f*
vending machine *n* : máquina *f* expendedora
vendor *n* : vendedor *m*, -dora *f* : puestero *m*, -ra *f*
veneer *n* : enchapado *m* : chapa *f* : apariencia *f* : barniz *m*
venerable *adj* : venerable
venerate *v* **-ated; -ating** : venerar
veneration *n* : veneración *f*
venereal disease *n* : enfermedad *f* venérea
venetian blind *n* : persiana *f*
Venezuelan *n* : venezolano *m*, -na *f* — **Venezuelan** *adj*
vengeance *n* : venganza *f*
vengeful *adj* : vengativo
venial *adj* : venial
venison *n* : venado *m* : carne *f* de venado
venom *n* : veneno *m* : malevolencia *f*
venomous *adj* : venenoso
vent[1] *v* : desahogar : dar salida a
vent[2] *n* : abertura *f* : orificio *m* : desahogo *m*
ventilate *v* **-lated; -lating** : ventilar
ventilation *n* : ventilación *f*
ventilator *n* : ventilador *m*
ventricle *n* : ventrículo *m*
ventriloquism *n* : ventriloquia *f*
ventriloquist *n* : ventrílocuo *m*, -cua *f*
venture[1] *v* **-tured; -turing** : arriesgar : aventurar : arriesgarse : atreverse : aventurarse
venture[2] *n* : empresa *f* : aventura *f* : riesgo *m*
venturesome *adj* : audaz : atrevido : arriesgado

venue *n* : lugar *m* : jurisdicción *f*
Venus *n* : Venus *m*
veracity *n, pl* **-ties** : veracidad *f*
veranda *or* **verandah** *n* : terraza *f* : veranda *f*
verb *n* : verbo *m*
verbal *adj* : verbal
verbalize *v* **-ized; -izing** : expresar con palabras : verbalizar
verbally *adv* : verbalmente : de palabra
verbatim[1] *adv* : palabra por palabra : textualmente
verbatim[2] *adj* : literal : textual
verbose *adj* : verboso : prolijo
verdant *adj* : verde : verdeante
verdict *n* : veredicto *m* : juicio *m* : opinión *f*
verge[1] *v* **verged; verging** : estar al borde : rayar
verge[2] *n* : borde *m*
verification *n* : verificación *f*
verify *v* **-fied; -fying** : verificar : comprobar : confirmar
veritable *adj* : verdadero — **veritably** *adv*
vermicelli *n* : fideos *mpl* finos
vermin *ns & pl* : alimañas *fpl* : bichos *mpl* : sabandijas *fpl*
vermouth *n* : vermut *m*
vernacular[1] *adj* : vernáculo
vernacular[2] *n* : lengua *f* vernácula
vernal *adj* : vernal
versatile *adj* : versátil
versatility *n* : versatilidad *f*
verse *n* : verso *m* : estrofa *f* : poesía *f* : versículo *m*
versed *adj* : versado
version *n* : versión *f*
versus *prep* : versus
vertebra *n, pl* **-brae** *or* **-bras** : vértebra *f*
vertebrate[1] *adj* : vertebrado
vertebrate[2] *n* : vertebrado *m*
vertex *n, pl* **vertices** : vértice *m* : ápice *m* : cumbre *f* : cima *f*
vertical[1] *adj* : vertical — **vertically** *adv*
vertical[2] *n* : vertical *f*
vertigo *n, pl* **-goes** *or* **-gos** : vértigo *m*
verve *n* : brío *m*
very[1] *adv* : muy : sumamente
very[2] *adj* **verier; -est** : mismo : exacto : solo : mero : extremo : de todo
vesicle *n* : vesícula *f*
vespers *npl* : vísperas *fpl*
vessel *n* : vasija *f* : recipiente *m* : nave *f* : barco *m* : buque *m* : vaso *m*
vest[1] *v* : conferir : vestir
vest[2] *n* : chaleco *m* : camiseta *f*
vestibule *n* : vestíbulo *m*
vestige *n* : vestigio *m* : rastro *m*
vestments *npl* : vestiduras *fpl*
vestry *n, pl* **-tries** : sacristía *f*
veteran[1] *adj* : veterano
veteran[2] *n* : veterano *m*, -na *f*
Veterans Day *n* : día *m* del Armisticio
veterinarian *n* : veterinario *m*, -ria *f*
veterinary *adj* : veterinario
veto[1] *v* : prohibir : vetar
veto[2] *n, pl* **-toes** : veto *m* : prohibición *f*
vex *v* : contrariar : molestar : irritar
vexation *n* : contrariedad *f* : irritación *f*
via *prep* : por : vía
viability *n* : viabilidad *f*
viable *adj* : viable
viaduct *n* : viaducto *m*
vial *n* : frasco *m*
vibrant *adj* : vibrante : animado : dinámico : fuerte : vivo
vibrate *v* **-brated; -brating** : vibrar : oscilar : bullir
vibration *n* : vibración *f*
vibrator *n* : vibrador *m*
vicar *n* : vicario *m*, -ria *f*
vicarious *adj* : indirecto — **vicariously** *adv*
vice *n* : vicio *m*
vice- *pref* : vice-
vice admiral *n* : vicealmirante *mf*
vice president *n* : vicepresidente *m*, -ta *f*
viceroy *n* : virrey *m*, -rreina *f*
vice versa *adv* : viceversa
vicinity *n, pl* **-ties** : vecindad *f* : inmediaciones *fpl* : proximidad *f*
vicious *adj* : depravado : malo : fiero : salvaje : malicioso
vicious circle *n* : círculo *m* vicioso
viciously *adv* : con saña : brutalmente
viciousness *n* : brutalidad *f* : ferocidad *f* : malevolencia *f*
vicissitude *n* : vicisitud *f*

victim *n* : víctima *f*
victimize *v* **-mized; -mizing** : tomar como víctima : perseguir : victimizar
victor *n* : vencedor *m*, -dora *f*
Victorian *adj* : victoriano
victorious *adj* : victorioso — **victoriously** *adv*
victory *n, pl* **-ries** : victoria *f* : triunfo *m*
video[1] *adj* : de video
video[2] *n* : video *m*
video camera *n* : videocámara *f*
videocassette *n* : videocasete *m* : videocassette *m*
videocassette recorder → VCR
videoconferencing *n* : uso *m* de videoconferencias — **videoconference** *n*
video game *n* : videojuego *m* : juego *m* de video
video recorder → VCR
videotape[1] *v* **-taped; -taping** : grabar en video : videograbar
videotape[2] *n* : videocinta *f*
vie *v* **vied; vying** : competir : rivalizar
Vietnamese *n* : vietnamita *mf* : vietnamita *m* — **Vietnamese** *adj*
view[1] *v* : mirar : ver : observar : considerar : contemplar
view[2] *n* : vista *f* : opinión *f* : parecer *m* : actitud *f* : panorama *f* : idea *f*
viewer *n* : televidente *mf* : telespectador *m*, -dora *f*
viewfinder *n* : visor *m*
viewpoint *n* : punto *m* de vista
vigil *n* : vigilia *f* : vela *f*
vigilance *n* : vigilancia *f*
vigilant *adj* : vigilante
vigilante *n* : integrante *mf* de un comité de vigilancia
vigilantly *adv* : con vigilancia
vigor *n* : vigor *m* : energía *f* : fuerza *f*
vigorous *adj* : vigoroso : enérgico — **vigorously** *adv*
Viking *n* : vikingo *m*, -ga *f*
vile *adj* **viler; vilest** : vil : infame : asqueroso : repugnante : horrible : atroz
vileness *n* : vileza *f*
vilify *v* **-fied; -fying** : vilipendiar : denigrar : difamar
villa *n* : casa *f* de campo : quinta *f*
village *n* : pueblo *m* : aldea *f*
villager *n* : vecino *m*, -na *f* : aldeano *m*
villain *n* : villano *m*, -na *f* : malo *m*, -la *f*
villainess *n* : villana *f*
villainous *adj* : infame : malvado
villainy *n, pl* **-lainies** : vileza *f* : maldad *f*
vim *n* : brío *m* : vigor *m* : energía *f*
vinaigrette *n* : vinagreta *f*
vindicate *v* **-cated; -cating** : vindicar : disculpar : justificar
vindication *n* : vindicación *f* : justificación *f*
vindictive *adj* : vengativo
vine *n* : vid *f* : parra *f* : planta *f* trepadora : enredadera *f*
vinegar *n* : vinagre *m*
vinegary *adj* : avinagrado
vineyard *n* : viña *f* : viñedo *m*
vintage[1] *adj* : añejo : clásico : de época
vintage[2] *n* : cosecha *f* : época *f* : era *f*
vinyl *n* : vinilo
viola *n* : viola *f*
violate *v* **-lated; -lating** : infringir : violar : quebrantar : profanar
violation *n* : violación *f* : infracción *f* : profanación *f*
violator *n* : infractor *m*, -tora *f*
violence *n* : violencia *f*
violent *adj* : violento
violently *adv* : violentamente : con violencia
violet *n* : violeta *f*
violin *n* : violín *m*
violinist *n* : violinista *mf*
violoncello → cello
VIP *n, pl* **VIPs** : VIP *mf* : persona *f* de categoría
viper *n* : víbora *f*
viral *adj* : viral : vírico
virgin[1] *adj* : virginal : virgen : intacto
virgin[2] *n* : virgen *mf*
virginal *adj* : virginal
virginity *n* : virginidad *f*
Virgo *n* : Virgo *m* : Virgo *mf*
virile *adj* : viril : varonil
virility *n* : virilidad *f*
virtual *adj* : virtual

virtually *adv* : en realidad : de hecho : casi
virtue *n* : virtud *f*
virtuosity *n, pl* **-ties** : virtuosismo *m*
virtuoso *n, pl* **-sos** *or* **-si** : virtuoso *m*, -sa *f*
virtuous *adj* : virtuoso : bueno — **virtuously** *adv*
virulence *n* : virulencia *f*
virulent *adj* : virulento
virus *n* : virus *m*
visa *n* : visa *f*
vis–à–vis *prep* : con relación a : con respecto a
viscera *npl* : vísceras *fpl*
visceral *adj* : visceral
viscosity *n, pl* **-ties** : viscosidad *f*
viscous *adj* : viscoso
vise *n* : torno *m* de banco : tornillo *m* de banco
visibility *n, pl* **-ties** : visibilidad *f*
visible *adj* : visible : evidente : patente
visibly *adv* : visiblemente
vision *n* : vista *f* : visión *f* : aparición *f* : previsión *f* : imagen *f*
visionary[1] *adj* : visionario : con visión de futuro : utópico : poco realista
visionary[2] *n, pl* **-ries** : visionario *m*, -ria *f*
visit[1] *v* : visitar : ir a ver : azotar : afligir : hacer visita
visit[2] *n* : visita *f*
visitor *n* : visitante *mf* : visita *f*
visor *n* : visera *f*
vista *n* : vista *f*
visual *adj* : visual — **visually** *adv*
visualize *v* **-ized; -izing** : visualizar : imaginarse : hacerse una idea de — **visualization** *n*
vital *adj* : vital : esencial : crucial : decisivo : enérgico : lleno de vida
vitality *n, pl* **-ties** : vitalidad *f* : energía *f*
vitally *adv* : sumamente
vital statistics *npl* : estadísticas *fpl* demográficas
vitamin *n* : vitamina *f*
vitriol *n* : vitriolo *m*
vitriolic *adj* : mordaz : virulento
vivacious *adj* : vivaz : animado : lleno de vida
vivaciously *adv* : con vivacidad : animadamente
vivacity *n* : vivacidad *f*
vivid *adj* : lleno de vitalidad : vivo : intenso : vívido : gráfico
vividly *adv* : con colores vivos : vívidamente
vividness *n* : intensidad *f* : viveza *f* : lo gráfico : nitidez *f*
vivisection *n* : vivisección *f*
vixen *n* : zorra *f* : raposa *f*
V–neck *n* : escote *m* en V : cuello *m* en V : camisa *f* con escote/cuello en V
vocabulary *n, pl* **-laries** : vocabulario *m* : léxico *m*
vocal *adj* : vocal : ruidoso : muy franco
vocal cords *npl* : cuerdas *fpl* vocales
vocalist *n* : cantante *mf* : vocalista *mf*
vocalize *v* **-ized; -izing** : vocalizar
vocation *n* : vocación *f*
vocational *adj* : profesional
vociferous *adj* : ruidoso : vociferante
vodka *n* : vodka *m*
vogue *n* : moda *f* : boga *f*
voice[1] *v* **voiced; voicing** : expresar
voice[2] *n* : voz *f*
voice box → larynx
voiced *adj* : sonoro
voice mail *n* : correo *m* de voz : buzón *m* de voz
void[1] *v* : anular : invalidar
void[2] *adj* : vacío : desprovisto : inválido : nulo
void[3] *n* : vacío *m*
volatile *adj* : volátil : inestable
volatility *n* : volatilidad *f* : inestabilidad *f*
volcanic *adj* : volcánico
volcano *n, pl* **-noes** *or* **-nos** : volcán *m*
vole *n* : campañol *m*
volition *n* : volición *f* : voluntad *f*
volley *n, pl* **-leys** : descarga *f* : torrente *m* : lluvia *f* : salva *f* : volea *f*
volleyball *n* : voleibol *m* : volibol *m*
volt *n* : voltio *m*
voltage *n* : voltaje *m*
voluble *adj* : locuaz
volume *n* : volumen *m* : tomo *m* : capacidad *f* : cantidad *f*
voluminous *adj* : voluminoso

voluntary *adj* : voluntario — **voluntarily** *adv*
volunteer[1] *v* : ofrecer : dar : ofrecerse : alistarse como voluntario
volunteer[2] *n* : voluntario *m*, -ria *f*
voluptuous *adj* : voluptuoso
voluptuousness *n* : voluptuosidad *f*
vomit[1] *v* : vomitar
vomit[2] *n* : vómito *m*
voodoo *n, pl* **voodoos** : vudú *m*
voracious *adj* : voraz
voraciously *adv* : vorazmente : con voracidad
voracity *n* : voracidad *f*
vortex *n, pl* **vortices** : vórtice *m*
vote[1] *v* **voted; voting** : votar
vote[2] *n* : voto *m* : sufragio *m* : derecho *m* al voto
voter *n* : votante *mf*
voting *n* : votación *f*
vouch *v* **to vouch for** : garantizar : responder de : responder por
voucher *n* : comprobante *m* : vale *m*
vow[1] *v* : jurar : prometer : hacer voto de
vow[2] *n* : promesa *f* : voto *m*
vowel *n* : vocal *m*
voyage[1] *v* **-aged; -aging** : viajar
voyage[2] *n* : viaje *m*
voyager *n* : viajero *m*, -ra *f*
voyeur *n* : mirón *m*, -rona *f*
vulgar *adj* : ordinario : populachero : del vulgo : grosero : de mal gusto : majadero : indecente : colorado
vulgarity *n, pl* **-ties** : grosería *f* : vulgaridad *f*
vulgarly *adv* : vulgarmente : groseramente
vulnerability *n, pl* **-ties** : vulnerabilidad *f*
vulnerable *adj* : vulnerable
vulture *n* : buitre *m* : zopilote *m*
vying → vie

W

wad[1] *v* **wadded; wadding** : hacer un taco con : formar en una masa : rellenar
wad[2] *n* : taco *m* : bola *f* : fajo *m*
waddle[1] *v* **-dled; -dling** : andar como un pato
waddle[2] *n* : andar *m* de pato
wade *v* **waded; wading** : caminar por el agua; *or* **to wade across** : vadear
wading bird *n* : zancuda *f* : ave *f* zancuda
wafer *n* : barquillo *m* : galleta *f* de barquillo
waffle[1] *v* **waffled; waffling** : vacilar
waffle[2] *n* : wafle *m*
waft *v* : llevar por el aire : flotar
wag[1] *v* **wagged; wagging** : menear : menearse : moverse
wag[2] *n* : meneo *m* : bromista *mf*
wage[1] *v* **waged; waging** : hacer : librar
wage[2] *n* : salario *m*; *or* **wages** *npl* : sueldo *m*
wage earner → earner
wager[1] *v* : apostar
wager[2] *n* : apuesta *f*
waggish *adj* : burlón : bromista : chistoso
waggle *v* **-gled; -gling** : menear : mover
wagon *n* : carro *m* : carrito *m*
waif *n* : niño *m* abandonado : animal *m* sin hogar
wail[1] *v* : gemir : lamentarse
wail[2] *n* : gemido *m* : lamento *m*
wainscot *or* **wainscoting** *n* : revestimiento *m* de paneles de madera
waist *n* : cintura *f* : talle *m*
waistband *n* : cinturilla *f*
waistline → waist
wait[1] *v* : esperar : servir : atender
wait[2] *n* : espera *f*
waiter *n* : mesero *m* : camarero *m* : mozo *m*
waiting list *n* : lista *f* de espera
waiting room *n* : sala *f* de espera
waitress *n* : mesera *f* : camarera *f* : moza *f*

waive *v* **waived; waiving** : renunciar a
waiver *n* : renuncia *f*
wake[1] *v* **woke; woken** *or* **waked; waking** *or* **to wake up** : despertar(se)
wake[2] *n* : velatorio *m* : velorio *m* : estela *f* : consecuencias *fpl*
wakeful *adj* : desvelado : alerta : vigilante
wakefulness *n* : vigilia *f*
waken → awake
walk[1] *v* : caminar : andar : pasear : ir andando : ir a pie : recibir una base por bolas : recorrer : acompañar : sacar a pasear : darle una base por bolas
walk[2] *n* : paseo *m* : caminata *f* : camino *m* : andar *m* : marcha *f*
walker *n* : paseante *mf* : excursionista *mf* : andador *m*
walking *n* : (el) caminar : (el) andar
walking stick *n* : bastón *m*
walkout *n* : huelga *f*
walk out *v* : declararse en huelga : salir : irse
walkway *n* : acera *f* : sendero *m* : pasadizo *m*
wall *n* : pared *f* : muro *m* : barda *f* : barrera *f*
walled *adj* : amurallado
wallet *n* : billetera *f* : cartera *f*
wallflower *n* : alhelí *m*
wallop[1] *v* : darle una paliza : pegar fuerte
wallop[2] *n* : golpe *m* fuerte : golpazo *m*
wallow *v* : revolcarse : deleitarse
wallpaper[1] *v* : empapelar
wallpaper[2] *n* : papel *m* pintado
wall–to–wall *adj* : lleno
walnut *n* : nuez *f* : nogal *m*
walrus *n, pl* **-rus** *or* **-ruses** : morsa *f*
waltz[1] *v* : bailar el vals : pasar con ligereza
waltz[2] *n* : vals *m*
wan *adj* **wanner; wannest** : pálido : tenue : lánguido — **wanly** *adv*
wand *n* : varita *f*
wander *v* : deambular : vagar : vagabundear : alejarse : desviarse : divagar : recorrer
wanderer *n* : vagabundo *m*, -da *f* : viajero *m*, -ra *f*
wanderlust *n* : pasión *f* por viajar
wane[1] *v* **waned; waning** : menguar : disminuir : decaer
wane[2] *n* **on the wane** : decayendo : en decadencia
wangle *v* **-gled; -gling** : arreglárselas para conseguir
wannabe *n* : aspirante *mf* : imitador *m*, -dora *f*
want[1] *v* : faltar : requerir : necesitar : querer : desear
want[2] *n* : falta *f* : indigencia *f* : miseria *f* : deseo *m* : necesidad *f*
wanting *adj* : ausente : deficiente
wanton *adj* : lascivo : lujurioso : licencioso : despiadado
wapiti *n, pl* **-ti** *or* **-tis** : uapití *m* : wapití *m*
war[1] *v* **warred; warring** : combatir : batallar : hacer la guerra
war[2] *n* : guerra *f*
warble[1] *v* **-bled; -bling** : gorjear : trinar
warble[2] *n* : trino *m* : gorjeo *m*
warbler *n* : curruca *f*
ward[1] *v* **to ward off** : desviar : protegerse contra
ward[2] *n* : sala *f* : distrito *m* electoral o administrativo : pupilo *m*, -la *f*
warden *n* : guarda *mf* : guardián *m*, -diana *f*
wardrobe *n* : armario *m* : vestuario *m* : guardarropa *f*
ware *n* : cerámica *f*; **wares** *npl* : mercancía *f* : mercadería *f*
warehouse *n* : depósito *m* : almacén *m* : bodega *f*
warfare *n* : guerra *f* : lucha *f*
warhead *n* : ojiva *f* : cabeza *f*
warily *adv* : cautelosamente : con cautela
wariness *n* : cautela *f*
warlike *adj* : belicoso : guerrero
warm[1] *v* : calentar : recalentar : calentarse
warm[2] *adj* : tibio : templado : caliente : cálido : caluroso : que abriga : cariñoso : cordial : fresco : reciente
warm–blooded *adj* : de sangre caliente
warmhearted *adj* : cariñoso
warmly *adv* : calurosamente : afectuosamente

warmonger *n* : belicista *mf*
warmth *n* : calor *m* : cariño *m* : afecto *m* : ardor *m* : entusiasmo *m*
warm–up *n* : calentamiento *m*
warn *v* : advertir : alertar : avisar : informar
warning *n* : advertencia *f* : aviso *m* : alerta *f* : alarma *f*
warp[1] *v* : alabear : combar : pervertir : deformar : pandearse : alabearse : combarse
warp[2] *n* : urdimbre *f* : alabeo *m*
warrant[1] *v* : asegurar : garantizar : justificar : merecer
warrant[2] *n* : autorización *f* : permiso *m* : justificación *f*
warranty *n, pl* **-ties** : garantía *f*
warren *n* : madriguera *f*
warrior *n* : guerrero *m*, -ra *f*
warship *n* : buque *m* de guerra
wart *n* : verruga *f*
wartime *n* : tiempo *m* de guerra
wary *adj* **warier; -est** : cauteloso : receloso
was → be
wash[1] *v* : lavar(se) : limpiar : fregar : mojar : bañar : arrastrar
wash[2] *n* : lavado *m* : artículos *mpl* para lavar : ropa *f* sucia : estela *f*
washable *adj* : lavable
washboard *n* : tabla *f* de lavar
washbowl *n* : lavabo *m* : lavamanos *m*
washcloth *n* : toallita *f*
washed–out *adj* : desvaído : agotado : desanimado
washed–up *adj* : acabado : fracasado
washer *n* : arandela *f*
washing *n* : ropa *f* para lavar
washing machine *n* : máquina *f* de lavar : lavadora *f*
washout *n* : erosión *f* : fracaso *m*
washroom *n* : servicios *mpl* : baño *m* : sanitario *m*
wasn't → be
wasp *n* : avispa *f*
waspish *adj* : irritable : irascible : cáustico : mordaz
waste[1] *v* **wasted; wasting** : arrasar : arruinar : devastar : desperdiciar : despilfarrar : malgastar; *or* **to waste away** : consumirse : chuparse
waste[2] *adj* : yermo : baldío : de desecho : sobrante
waste[3] *n* : derroche *m* : desperdicio *m* : despilfarro *m* : basura *f* : desechos *mpl* : desperdicios *mpl* : excremento *m*
wastebasket *or* **wastepaper basket** *n* : cesto *m* : papelera *f* : zafacón *m*
wasteful *adj* : despilfarrador : derrochador : pródigo
wastefulness *n* : derroche *m* : despilfarro *m*
wasteland *n* : baldío *m* : yermo *m* : desierto *m*
wastepaper *n* : papel *m* de desecho
wastepaper basket → wastebasket
watch[1] *v* : mirar : observar : vigilar : tener cuidado de : ver
watch[2] *n* : guardia *f* : vigilancia *f* : guardia *mf* : centinela *mf* : vigía *mf* : reloj *m*
watchdog *n* : perro *m* guardián
watcher *n* : observador *m*, -dora *f*
watchful *adj* : alerta : vigilante : atento
watchfulness *n* : vigilancia *f*
watchmaker *n* : relojero *m*, -ra *f*
watchmaking *n* : relojería *f*
watchman *n, pl* **-men** : vigilante *m* : guarda *m*
watchtower *n* : atalaya *f*
watchword *n* : contraseña *f* : lema *m* : eslogan *m*
water[1] *v* : regar : lagrimear : hacérsele agua la boca a uno
water[2] *n* : agua *f*; **waters** *npl* : aguas *fpl*
water buffalo *n* : búfalo *m* de agua
watercolor *n* : acuarela *f*
watercourse *n* : curso *m* de agua
watercress *n* : berro *m*
waterfall *n* : cascada *f* : salto *m* de agua : catarata *f*
waterfowl *n* : ave *f* acuática
waterfront *n* : tierra *f* que bordea un río, un lago, o un mar : muelle *m*
water heater *n* : calentador *m* de agua : bóiler *m*
watering can *n* : regadera *f*
water lily *n* : nenúfar *m*
waterlogged *adj* : lleno de agua : empapado : inundado

watermark *n* : marca *f* del nivel de agua : filigrana *f*
watermelon *n* : sandía *f*
water moccasin → moccasin
waterpower *n* : energía *f* hidráulica
waterproof[1] *v* : hacer impermeable : impermeabilizar
waterproof[2] *adj* : impermeable : a prueba de agua
waterproofing *n* : impermeabilizante *nm*
water repellent *n* : impermeabilizante *nm*
water–resistant *or* **water–repellent** *adj* : hidrófugo : impermeabilizado
watershed *n* : línea *f* divisoria de aguas : cuenca *f*
waterskiing *n* : esquí *m* acuático
waterspout *n* : tromba *f* marina
watertight *adj* : hermético : irrebatible : irrefutable
waterwheel *n* : noria *f*
waterway *n* : vía *f* navegable
waterworks *npl* : central *f* de abastecimiento de agua
watery *adj* : acuoso : como agua : aguado : diluido : lloroso : desvaído
watt *n* : vatio *m*
wattage *n* : vataje *m*
wave[1] *v* **waved; waving** : saludar con la mano : hacer señas con la mano : ondear : agitarse : ondular : agitar : blandir : marcar : hacerle señas a
wave[2] *n* : ola *f* : onda *f* : oleada *f* : señal *f* con la mano : saludo *m* con la mano
wavelength *n* : longitud *f* de onda
waver *v* : vacilar : fluctuar : parpadear : titilar : oscilar : flaquear : tambalearse
wavy *adj* **wavier; -est** : ondulado
wax[1] *v* : crecer : volverse : ponerse : encerar
wax[2] *n* : cera *f*
waxen *adj* : de cera
waxy *adj* **waxier; -est** : ceroso
way *n* : camino *m* : vía *f* : ruta *f* : línea *f* de conducta : manera *f* : modo *m* : forma *f* : aspecto *m* : sentido *m* : costumbre *f* : distancia *f* : dirección *f*
wayfarer *n* : caminante *mf*
waylay *v* **-laid; -laying** : abordar
wayside *n* : borde *m* del camino
wayward *adj* : díscolo : rebelde : adverso
we *pron* : nosotros : nosotras
weak *adj* : débil : flojo : leve : endeble : aguado : diluido : tenue : poco pronunciado : regular
weaken *v* : debilitar : debilitarse : flaquear
weakling *n* : alfeñique *m* : debilucho *m*, -cha *f*
weakly[1] *adv* : débilmente
weakly[2] *adj* **weaklier; -est** : débil : enclenque
weakness *n* : debilidad *f* : flaqueza *f* : punto *m* débil
wealth *n* : riqueza *f* : abundancia *f* : profusión *f*
wealthy *adj* **wealthier; -est** : rico : acaudalado : adinerado
wean *v* : destetar
weapon *n* : arma *f*
weaponless *adj* : desarmado
weaponry *n* : armamento *m*
wear[1] *v* **wore; worn; wearing** : llevar : calzar : hacer : durar
wear[2] *n* : uso *m* : ropa *f* : desgaste *m*
wearable *adj* : que puede ponerse
wear and tear *n* : desgaste *m*
weariness *n* : fatiga *f* : cansancio *m*
wearisome *adj* : aburrido : pesado : cansado
weary[1] *v* **-ried; -rying** : cansar : fatigar : hastiar : aburrir : cansarse
weary[2] *adj* **wearier; -est** : cansado : harto : aburrido
weasel *n* : comadreja *f*
weather[1] *v* : erosionar : desgastar : aguantar : sobrellevar : capear
weather[2] *n* : tiempo *m*
weather–beaten *adj* : curtido
weatherman *n, pl* **-men** : meteorólogo *m*, -ga *f*
weatherproof *adj* : que resiste a la intemperie : impermeable
weather vane → vane
weave[1] *v* **wove** *or* **weaved; woven** *or* **weaved; weaving** : tejer : entretejer : entrelazar : serpentear : zigzaguear
weave[2] *n* : tejido *m* : trama *f*

weaver *n* : tejedor *m*, -dora *f*
web[1] *v* **webbed; webbing** : cubrir o proveer con una red
web[2] *n* : telaraña *f* : tela *f* de araña : red *f* : enredo *m* : membrana *f* interdigital
webbed *adj* : palmeado
webcam *n* : webcam *f*
weblog → blog
webmaster *or* **Webmaster** *n* : webmaster *mf*
web page *or* **Web page** *n* : página *f* web
web site *or* **Web site** *n* : sitio *m* web
wed *v* **wedded; wedding** : casarse con : ligar : unir
we'd → have, will
wedding *n* : boda *f* : casamiento *m*
wedge[1] *v* **wedged; wedging** : apretar : meter : embutir
wedge[2] *n* : cuña *f* : porción *f* : trozo *m*
wedlock → marriage
Wednesday *n* : miércoles *m*
wee *adj* : pequeño : minúsculo
weed[1] *v* : desherbar
weed[2] *n* : mala hierba *f*
weed killer *n* : herbicida *m*
weedy *adj* **weedier; -est** : cubierto de malas hierbas : flaco : larguirucho
week *n* : semana *f*
weekday *n* : día *m* laborable
weekend *n* : fin *m* de semana
weekly[1] *adv* : semanalmente
weekly[2] *adj* : semanal
weekly[3] *n, pl* **-lies** : semanario *m*
weep *v* **wept; weeping** : llorar
weeping willow *n* : sauce *m* llorón
weepy *adj* **weepier; -est** : lloroso : triste
weevil *n* : gorgojo *m*
weft *n* : trama *f*
weigh *v* : pesar : considerar : sopesar : tener importancia : contar
weight[1] *v or* **to weight down** : poner peso en : sujetar con un peso : cargar : oprimir
weight[2] *n* : peso *m* : pesa *f* : plomo *m* : plomada *f* : carga *f* : influencia *f* : autoridad *f*
weightless *adj* : ingrávido
weight lifting *n* : halterofilia *f* : levantamiento *m* de pesas
weighty *adj* **weightier; -est** : pesado : importante : de peso
weir *n* : dique *m*
weird *adj* : misterioso : extraño : raro — **weirdly** *adv*
weirdo *n, pl* **weirdos** : bicho *m* raro
welcome[1] *v* **-comed; -coming** : darle la bienvenida a : recibir
welcome[2] *adj* : bienvenido
welcome[3] *n* : bienvenida *f* : recibimiento *m* : acogida *f*
weld[1] *v* : soldar
weld[2] *n* : soldadura *f*
welder *n* : soldador *m*, -dora *f*
welfare *n* : bienestar *m* : asistencia *f* social
well[1] *v or* **to well up** : brotar : manar
well[2] *adv* **better; best** : bien : correctamente : completamente : muy : bastante
well[3] *adj* : bien : conveniente : sano
well[4] *n* : pozo *m* : aljibe *m* : fuente *f*
well[5] *interj* : bueno : ¡vaya!
we'll → will
well–adjusted *adj* : equilibrado
well–balanced *adj* : equilibrado
well–behaved *adj* : (bien) educado : que se porta bien
well–being *n* : bienestar *m*
well–bred *adj* : fino : educado
well–built *adj* : fornido
well–defined *adj* : bien definido
well–done *adj* : bien hecho : bien cocido
well–dressed *adj* : bien vestido
well–founded *adj* : bien fundado
well–informed *adj* : bien informado
well–kept *adj* : bien cuidado
well–known *adj* : famoso : bien conocido
well–made *adj* : sólido
well–mannered *adj* : (bien) educado : de buenos modales
well–meaning *adj* : bienintencionado : que tiene buenas intenciones
well–nigh *adv* : casi
well–off *adj* : afortunado
well–read *adj* : culto
well–rounded *adj* : completo : equilibrado

well–to–do *adj* : próspero : adinerado : rico
well–worn *adj* : muy gastado
Welsh *n* : galés *m* : galesa *f* — **Welsh** *adj*
Welshman *n, pl* **-men** : galés *m*
Welshwoman *n, pl* **-women** : galesa *f*
welt *n* : verdugón *m*
welter *n* : fárrago *m* : revoltijo *m*
wend *v* **to wend one's way** : ponerse en camino : encaminar sus pasos
went → go[1]
wept → weep
were → be
we're → be
weren't → be
werewolf *n, pl* **-wolves** : hombre *m* lobo
west[1] *adv* : al oeste
west[2] *adj* : oeste : del oeste : occidental
west[3] *n* : oeste *m*
westbound *adj* : que va hacia el oeste
westerly *adv & adj* : del oeste
western[1] *adj* : Occidental : del Oeste : occidental : oeste
western[2] *n* : western *m*
Westerner *n* : habitante *mf* del oeste
West Indian *n* : antillano *m*, -na *f* — **West Indian** *adj*
westward *adv & adj* : hacia el oeste
wet[1] *v* **wet** *or* **wetted; wetting** : mojar : humedecer
wet[2] *adj* **wetter; wettest** : mojado : húmedo : lluvioso
wet[3] *n* : humedad *f* : lluvia *f*
wet blanket *n* : aguafiestas *mf*
wet nurse *n* : nodriza *f*
wet suit *n* : traje *m* de neopreno : traje *m* de buzo
we've → have
whack[1] *v* : golpear : aporrear
whack[2] *n* : golpe *m* fuerte : porrazo *m* : intento *m* : tentativa *f*
whale[1] *v* **whaled; whaling** : cazar ballenas
whale[2] *n, pl* **whales** *or* **whale** : ballena *f*
whaleboat *n* : ballenero *m*
whalebone *n* : barba *f* de ballena
whaler *n* : ballenero *m*, -ra *f*
wham *interj* : zas!
wharf *n, pl* **wharves** : muelle *m* : embarcadero *m*
what[1] *adv* : cómo : qué : cuánto
what[2] *adj* : qué : cualquier
what[3] *pron* : qué : lo que
whatever[1] *adj* : cualquier : cualquier ... que
whatever[2] *pron* : (todo) lo que : qué
whatnot *pron* : y qué sé yo
what's–her–name *n* : fulana *f*
what's–his–name *n* : fulano *m*
whatsoever[1] *adj* → **whatever**[1]
whatsoever[2] *pron* → **whatever**[2]
wheat *n* : trigo *m*
wheaten *adj* : de trigo
wheedle *v* **-dled; -dling** : engatusar
wheel[1] *v* : empujar : mover : girar : rotar
wheel[2] *n* : rueda *f*; **wheels** *npl* : maquinaria *f* : fuerza *f* impulsora
wheelbarrow *n* : carretilla *f*
wheelchair *n* : silla *f* de ruedas
wheeze[1] *v* **wheezed; wheezing** : resollar : respirar con dificultad
wheeze[2] *n* : resuello *m*
whelp[1] *v* : parir
whelp[2] *n* : cachorro *m*, -rra *f*
when[1] *adv* : cuándo
when[2] *conj* : cuando : en que : si
when[3] *pron* : cuándo
whence *adv* : de donde
whenever[1] *adv* : cuando sea : cuándo
whenever[2] *conj* : siempre que : cada vez que : cuando
where[1] *adv* : dónde : adónde
where[2] *conj* : donde : adonde
where[3] *pron* : donde
whereabouts[1] *adv* : dónde : por dónde
whereabouts[2] *ns & pl* : paradero *m*
whereas *conj* : considerando que : mientras que
whereby *adv* : por lo cual
wherefore *adv* : por qué
wherein *adv* : en el cual : en el que
whereof *conj* : de lo cual
whereupon *conj* : con lo cual : después de lo cual
wherever[1] *adv* : dónde : adónde : en cualquier parte

wherever[2] *conj* : dondequiera que : donde sea
wherewithal *n* : medios *mpl* : recursos *mpl*
whet *v* **whetted; whetting** : afilar : estimular
whether *conj* : si
whetstone *n* : piedra *f* de afilar
whey *n* : suero *m*
which[1] *adj* : qué : cuál
which[2] *pron* : cuál : que : el cual : la cual : los cuales : las cuales
whichever[1] *adj* : el que : cualquiera que
whichever[2] *pron* : el que : la que : cualquiera que
whiff[1] *v* : soplar
whiff[2] *n* : soplo *m* : ráfaga *f* : olor *m* : dejo *m* : pizca *f*
while[1] *v* **whiled; whiling** : pasar
while[2] *n* : rato *m* : tiempo *m*
while[3] *conj* : mientras : mientras que : aunque
whim *n* : capricho *m* : antojo *m*
whimper[1] *v* : lloriquear : gimotear
whimper[2] *n* : quejido *m*
whimsical *adj* : caprichoso : fantasioso : errático — **whimsically** *adv*
whine[1] *v* **whined; whining** : lloriquear : gimotear : gemir : quejarse
whine[2] *n* : quejido *m* : gemido *m*
whiner *n* : llorón *m*, -rona *f*
whiny *adj* **whinier; -est** : ñoño
whinny[1] *v* **-nied; -nying** : relinchar
whinny[2] *n, pl* **-nies** : relincho *m*
whip[1] *v* **whipped; whipping** : arrebatar : azotar : agitar : lanzar : tirar : vencer : derrotar : incitar : despertar : provocar : batir : agitarse : ir rápidamente
whip[2] *n* : látigo *m* : azote *m* : fusta *f* : miembro *m* de un cuerpo legislativo encargado de disciplina
whiplash *n or* **whiplash injury** : traumatismo *m* cervical
whippet *n* : galgo *m* pequeño : galgo *m* inglés
whir[1] *v* **whirred; whirring** : zumbar
whir[2] *n* : zumbido *m*
whirl[1] *v* : dar vueltas : girar
whirl[2] *n* : giro *m* : vuelta *f* : remolino *m* : bullicio *m* : torbellino *m*
whirlpool *n* : vorágine *f* : remolino *m*
whirlwind[1] *n* : remolino *m* : torbellino *m* : tromba *f*
whirlwind[2] *adj* : muy rápido
whisk[1] *v* : llevar : batir
whisk[2] *n* : sacudida *f* : batidor *m*
whisk broom *n* : escobilla *f*
whisker *n* : pelo *m*; **whiskers** *npl* : bigotes *mpl*
whiskey *or* **whisky** *n, pl* **-keys** *or* **-kies** : whisky *m*
whisper[1] *v* : cuchichear : susurrar : decir en voz baja
whisper[2] *n* : susurro *m* : cuchicheo *m* : rumor *m* : dejo *m* : pizca *f*
whistle[1] *v* **-tled; -tling** : silbar : chiflar : pitar
whistle[2] *n* : chiflido *m* : silbido *m* : silbato *m* : pito *m*
whit *n* : ápice *m* : pizca *f*
white[1] *adj* **whiter; whitest** : blanco
white[2] *n* : blanco *m* : clara *f*
white blood cell *n* : glóbulo *m* blanco
white chocolate *n* : chocolate *m* blanco
white–collar *adj* : de oficina
whitefish *n* : pescado *m* blanco
white–hot *adj* : candente
white lie *n* : mentira *f* piadosa
whiten *v* : blanquear : ponerse blanco
whitener *n* : blanqueador *m*
whiteness *n* : blancura *f*
white–tailed deer *n* : ciervo *f* de Virginia
whitewash[1] *v* : enjalbegar : blanquear : encubrir
whitewash[2] *n* : jalbegue *m* : lechada *f* : encubrimiento *m*
whither *adv* : adónde
whittle *v* **-tled; -tling** : tallar
whiz[1] *or* **whizz** *v* **whizzed; whizzing** : zumbar
whiz[2] *or* **whizz** *n, pl* **whizzes** : zumbido *m*
whiz kid *or* **whizz kid** *n* : prodigio *m* : genio *m*
who *pron* : quién : que : quien
whodunit *n* : novela *f* policíaca
whoever *pron* : quienquiera que : quien : quién
whole[1] *adj* : ileso : intacto : sano : entero : íntegro

whole[2] *n* : todo *m*
wholehearted *adj* : sin reservas : incondicional — **wholeheartedly** *adv*
whole note *n* : semibreve *f* : redonda *f*
whole number *n* : entero *m*
wholesale[1] *v* **-saled; -saling** : vender al por mayor : venderse al por mayor
wholesale[2] *adv* : al por mayor
wholesale[3] *adj* : al por mayor : total : absoluto
wholesale[4] *n* : mayoreo *m*
wholesaler *n* : mayorista *mf*
wholesome *adj* : sano : saludable
whole wheat *adj* : de trigo integral
wholly *adv* : completamente : exclusivamente : únicamente
whom *pron* : a quién : de quién : con quién : en quién : que : a quien
whomever *pron* : quienquiera : quien
whoop[1] *v* : gritar : chillar
whoop[2] *n* : grito *m*
whooping cough *n* : tos *f* ferina
whopper *n* : cosa *f* enorme : mentira *f* colosal
whopping *adj* : enorme
whorl *n* : espiral *f* : línea *f*
whose[1] *adj* : de quién : cuyo
whose[2] *pron* : de quién
why[1] *adv* : por qué
why[2] *n, pl* **whys** : porqué *m* : razón *f*
why[3] *conj* : por qué
why[4] *interj* : ¡vaya! : ¡mira!
Wicca *n* : wicca *f*
Wiccan *n* : wiccano *m*, -na *f* — **Wiccan** *adj*
wick *n* : mecha *f*
wicked *adj* : malo : malvado : travieso : pícaro : terrible : horrible
wickedly *adv* : con maldad
wickedness *n* : maldad *f*
wicker[1] *adj* : de mimbre
wicker[2] *n* : mimbre *m*
wickerwork *n* : artículos *mpl* de mimbre
wicket *n* : ventanilla *f* : aro *m* : palos *mpl*
wide[1] *adv* **wider; widest** : por todas partes : completamente : totalmente
wide[2] *adj* **wider; widest** : vasto : extensivo : ancho : amplio
wide–awake *adj* : (completamente) despierto
wide–eyed *adj* : con los ojos muy abiertos : inocente : ingenuo
widely *adv* : extensivamente : por todas partes
widen *v* : ampliar : ensanchar : ampliarse : ensancharse
wide–ranging *adj* : amplio : diverso
widescreen *adj* : de pantalla ancha
widespread *adj* : extendido : extenso : difuso
widow[1] *v* : dejar viudo/viuda
widow[2] *n* : viuda *f*
widower *n* : viudo *m*
width *n* : ancho *m* : anchura *f*
wield *v* : usar : manejar : ejercer
wiener → frankfurter
wife *n, pl* **wives** : esposa *f* : mujer *f*
wifely *adj* : de esposa : conyugal
wig *n* : peluca *f*
wiggle[1] *v* **-gled; -gling** : menear : mover : menearse : contonearse : retorcerse
wiggle[2] *n* : meneo *m* : contoneo *m*
wiggly *adj* **wigglier; -est** : que se menea : ondulado
wigwag *v* **-wagged; -wagging** : comunicar por señales
wigwam *n* : wigwam *m*
wild[1] *adj* : salvaje : silvestre : cimarrón : yermo : agreste : desenfrenado : loco : fantástico : bárbaro : errático : frenético : extravagante
wild[2] *n* **→ wilderness**
wild boar *n* : jabalí *m*
wild card *n* : factor *m* desconocido : comodín *m*
wildcat *n* : gato *m* montés : lince *m* rojo
wilderness *n* : yermo *m* : desierto *m*
wildfire *n* : fuego *m* descontrolado
wildflower *n* : flor *f* silvestre
wildfowl *n* : ave *f* de caza
wild goose chase *n* : misión *f* imposible o inútil
wildlife *n* : fauna *f*
wildly *adv* : frenéticamente : como un loco : extremadamente
wile[1] *v* **wiled; wiling** : atraer

wile[2] *n* : ardid *m* : artimaña *f*
will[1] *v, past* **would**; *present s & pl* **will** : querer
will[2] *v* : disponer : decretar : lograr a fuerza de voluntad : legar
will[3] *n* : deseo *m* : voluntad *f* : fuerza *f* de voluntad : testamento *m*
willful *or* **wilful** *adj* : obstinado : terco : intencionado : deliberado — **willfully** *adv*
willing *adj* : listo : dispuesto : servicial : complaciente
willingly *adv* : con gusto
willingness *n* : buena voluntad *f*
willow *n* : sauce *m*
willowy *adj* : esbelto
willpower *n* : voluntad *f* : fuerza *f* de voluntad
willy–nilly *adv* : de cualquier manera
wilt *v* : marchitarse : debilitarse : languidecer
wily *adj* **wilier; -est** : artero : astuto
wimp *n* : gallina *f* : cobarde *mf* : debilucho *m*, -cha *f* : alfeñique *m*
win[1] *v* **won; winning** : ganar : conseguir
win[2] *n* : triunfo *m* : victoria *f*
wince[1] *v* **winced; wincing** : estremecerse : hacer una mueca de dolor
wince[2] *n* : mueca *f* de dolor
winch *n* : torno *m*
wind[1] *v* : dejar sin aliento
wind[2] *v* **wound; winding** : serpentear : envolver : enrollar : hacer girar
wind[3] *n* : viento *m* : aliento *m* : flatulencia *f* : ventosidad *f*
wind[4] *n* : vuelta *f* : recodo *m* : curva *f*
windbreak *n* : barrera *f* contra el viento : abrigadero *m*
windfall *n* : fruta *f* caída : beneficio *m* imprevisto
wind instrument *n* : instrumento *m* de viento
windmill *n* : molino *m* de viento
window *n* : ventana *f* : ventanilla *f* : vitrina *f*
window box *n* : jardinera *f* de ventana
windowpane *n* : vidrio *m*
window screen → **screen**[2]
window–shop *v* **-shopped; -shopping** : mirar las vitrinas
windowsill *n* : alféizar *m* de la ventana
windpipe *n* : tráquea *f*
windshield *n* : parabrisas *m*
windsurfing *n* : windsurf *m*
windswept *adj* : azotado por el viento : despeinado
windup *n* : conclusión *f*
windy *adj* **windier; -est** : ventoso : verboso : prolijo
wine[1] *v* **wined; wining** : beber vino
to wine and dine : agasajar
wine[2] *n* : vino *m*
wineglass *n* : copa *f*
winery *n, pl* **-eries** : bodega *f*
wineskin *n* : odre *m* : bota *f*
wine tasting *n* : degustación *f* de vinos
wing[1] *v* : volar
wing[2] *n* : ala *f*; **wings** *npl* : bastidores *mpl*
winged *adj* : alado
wink[1] *v* : guiñar el ojo : pestañear : parpadear : titilar
wink[2] *n* : guiño *m* : siesta *f*
winner *n* : ganador *m*, -dora *f*
winning *adj* : ganador : encantador
winnings *npl* : ganancias *fpl*
winnow *v* : aventar
winsome *adj* : encantador
winter[1] *adj* : invernal : de invierno
winter[2] *n* : invierno *m*
wintertime *n* : invierno *m*
wintry *adj* **wintrier; -est** : invernal : de invierno : frío
wipe[1] *v* **wiped; wiping** : limpiar
to wipe out : caerse
wipe[2] *n* : pasada *f*
wire[1] *v* **wired; wiring** : instalar el cableado en : atar con alambre : telegrafiar : mandarle un telegrama
wire[2] *n* : alambre *m* : cable *m* : telegrama *m*
wireless *adj* : inalámbrico
wiretap[1] *v* : intervenir : pinchar
wiretap[2] *n* : micrófono *m* oculto
wiretapping *n* : intervención *f* telefónica
wiring *n* : cableado *m*
wiry *adj* **wirier; -est** : hirsuto : tieso : esbelto y musculoso

wisdom *n* : sabiduría *f* : sensatez *f*
wisdom tooth *n* : muela *f* de juicio
wise[1] *adj* **wiser; wisest** : sabio : sensato : prudente : entendido : enterado
wise[2] *n* : manera *f* : modo *m*
wisecrack *n* : broma *f* : chiste *m*
wisely *adv* : sabiamente : sensatamente
wish[1] *v* : pedir : desear : querer : pedir un deseo
wish[2] *n* : deseo *m*; **wishes** *npl* : saludos *mpl* : recuerdos *mpl*
wishbone *n* : espoleta *f*
wishful *adj* : deseoso : lleno de esperanza
wishy–washy *adj* : insípido : soso
wisp *n* : manojo *m* : mechón *m* : voluta *f*
wispy *adj* **wispier; -est** : tenue : ralo
wisteria *n* : glicinia *f*
wistful *adj* : anhelante : melancólico — **wistfully** *adv*
wistfulness *n* : añoranza *f* : melancolía *f*
wit *n* : inteligencia *f* : ingenio *m* : gracia *f* : agudeza *f* : humorismo *m* : chistoso *m*, -sa *f*; **wits** *npl* : razón *f* : buen juicio *m*
witch *n* : bruja *f*
witchcraft *n* : brujería *f* : hechicería *f*
witch doctor *n* : hechicero *m*, -ra *f*
witchery *n, pl* **-eries** : brujería *f* : hechicería *f* : encanto *m*
witch–hunt *n* : caza *f* de brujas
with *prep* : con : de : a pesar de : aún con : con respecto a : según
withdraw *v* **-drew; -drawn; -drawing** : retirar : apartar : sacar : retractarse de : retirarse : recluirse
withdrawal *n* : retirada *f* : retiro *m* : retraimiento *m* : retractación *f*
withdrawn *adj* : retraído : reservado : introvertido
wither *v* : marchitar : agostar : marchitarse : decaer : debilitarse
withhold *v* **-held; -holding** : retener : aplazar : negar
within[1] *adv* : dentro
within[2] *prep* : dentro de : a menos de
without[1] *adv* : fuera
without[2] *prep* : fuera de : sin
withstand *v* **-stood; -standing** : aguantar : soportar : resistir : resistirse a
witless *adj* : estúpido : tonto
witness[1] *v* : presenciar : ver : ser testigo de : atestiguar : testimoniar
witness[2] *n* : testimonio *m* : testigo *mf*
witness stand *n* : estrado *m*
witticism *n* : agudeza *f* : ocurrencia *f*
witty *adj* **wittier; -est** : ingenioso : ocurrente : gracioso
wives → wife
wizard *n* : mago *m* : brujo *m* : hechicero *m* : genio *m*
wizened *adj* : arrugado : marchito
wobble[1] *v* **-bled; -bling** : bambolearse : tambalearse : temblar
wobble[2] *n* : tambaleo *m* : bamboleo *m*
wobbly *adj* **wobblier; -est** : que se tambalea : inestable
woe *n* : desgracia *f* : infortunio *m* : aflicción *f*; **woes** *npl* : penas *fpl* : males *mpl*
woeful *adj* : afligido : apenado : triste : desgraciado : infortunado : lamentable
woke[1], **woken → wake**[1]
woke[2] *adj* : consciente de y sensible a los asuntos de justicia racial y social
wolf[1] *v or* **to wolf down** : engullir
wolf[2] *n, pl* **wolves** : lobo *m*, -ba *f*
wolfram → tungsten
wolverine *n* : glotón *m*
woman *n, pl* **women** : mujer *f*
womanhood *n* : condición *f* de mujer : mujeres *fpl*
womanizer *n* : picaflor *m*
womanly *adj* : femenino
womb *n* : útero *m* : matriz *f*
won → win
wonder[1] *v* : preguntarse : pensar : asombrarse : maravillarse
wonder[2] *n* : maravilla *f* : milagro *m* : asombro *m*
wonderful *adj* : maravilloso : estupendo
wonderfully *adv* : maravillosamente : de maravilla

wonderland *n* : país *m* de las maravillas
wonderment *n* : asombro *m*
wondrous → **wonderful**
wont[1] *adj* : acostumbrado : habituado
wont[2] *n* : hábito *m* : costumbre *f*
won't → **will**[1]
woo *v* : cortejar : buscar el apoyo de
wood[1] *adj* : de madera
wood[2] *n* : madera *f* : leña *f*; *or* **woods** *npl* : bosque *m*
woodchuck *n* : marmota *f* de América
woodcut *n* : plancha *f* de madera : grabado *m* en madera
woodcutter *n* : leñador *m*, -dora *f*
wooded *adj* : arbolado : boscoso
wooden *adj* : de madera : rígido : inexpresivo
woodland *n* : bosque *m*
woodpecker *n* : pájaro *m* carpintero
woodshed *n* : leñera *f*
woodsman *n, pl* **-men** → **woodcutter**
woodwind *n* : instrumento *m* de viento de madera
woodwork *n* : carpintería *f*
woodworking *n* : carpintería *f*
woody *adj* **woodier; -est** : leñoso : a madera
woof → **weft**
wool *n* : lana *f*
woolen[1] *or* **woollen** *adj* : de lana
woolen[2] *or* **woollen** *n* : lana *f*; **woolens** *npl* : prendas *fpl* de lana
woolly *adj* **woollier; -est** : lanudo : confuso : vago
woozy *adj* **woozier; -est** : mareado
word[1] *v* : expresar : formular : redactar
word[2] *n* : palabra *f* : vocablo *m* : voz *f* : orden *f* : noticias *fpl*; **words** *npl* : riña *f*; **words** *npl* : letra *f*
wordiness *n* : verbosidad *f*
wording *n* : redacción *f* : lenguaje *m*
word processing *n* : procesamiento *m* de textos
word processor *n* : procesador *m* de textos
wordy *adj* **wordier; -est** : verboso : prolijo
wore → **wear**[1]
work[1] *v* **worked** *or* **wrought; working** : trabajar : funcionar : servir : labrar : hacer trabajar : operar : hacer/conseguir con esfuerzo : efectuar : llevar a cabo : obrar : formar : manejar
work[2] *adj* : laboral
work[3] *n* : trabajo *m* : empleo *m* : obra *f* : labor *f* : obras *fpl*; **works** *npl* : fábrica *f*; **works** *npl* : mecanismo *m*
workable *adj* : explotable : factible : realizable
workaday *adj* : ordinario : banal
workaholic *n* : adicto *m*, -ta *f* al trabajo
workbench *n* : mesa *f* de trabajo
workday *n* : jornada *f* laboral : día *m* hábil : día *m* laborable
worked up *adj* : agitado
worker *n* : trabajador *m*, -dora *f* : obrero *m*, -ra *f*
workforce *n* : mano *f* de obra : fuerza *f* de trabajo : fuerza *f* laboral
working *adj* : que trabaja : de trabajo : que funciona : operativo : suficiente
working–class *adj* : obrero
workingman *n, pl* **-men** : obrero *m*
workload *n* : cantidad *f* de trabajo
workman *n, pl* **-men** : artesano *m*
workmanlike *adj* : bien hecho : competente
workmanship *n* : ejecución *f* : trabajo *m* : artesanía *f* : destreza *f*
workout *n* : ejercicios *mpl* físicos : entrenamiento *m*
workplace *n* : lugar *m* de trabajo
workroom *n* : taller *m*
worksheet *n* : hoja *f* de ejercicios : hoja *f* de cálculo
workshop *n* : taller *m*
workstation *n* : estación *f* de trabajo
world[1] *adj* : mundial : del mundo
world[2] *n* : mundo *m* : gente *f* : vida *f* : planeta *f*
world–famous *adj* : mundialmente famoso : de fama mundial
worldly *adj* **worldlier; -est** : mundano : sofisticado : de mundo

worldwide[1] *adv* : mundialmente : en todo el mundo
worldwide[2] *adj* : global : mundial
World Wide Web *n* : World Wide Web *f* : Red *f* mundial
worm[1] *v* : arrastrarse : deslizarse : desparasitar
worm[2] *n* : gusano *m* : lombriz *f*; **worms** *npl* : lombrices *fpl*
worm–eaten *adj* : carcomido
wormy *adj* **wormier; -est** : infestado de gusanos
worn *pp* → **wear**[1]
worn–out *adj* : gastado : desgastado : agotado
worried *adj* : inquieto : preocupado
worrier *n* : persona *f* que se preocupa mucho
worrisome *adj* : preocupante : inquietante : que se preocupa mucho
worry[1] *v* **-ried; -rying** : preocupar : inquietar : preocuparse : inquietarse : angustiarse
worry[2] *n, pl* **-ries** : preocupación *f* : inquietud *f* : angustia *f*
worrying *adj* : preocupante : inquietante
worse[1] *adv* : peor
worse[2] *adj* : peor
worse[3] *n* : estado *m* peor
worsen *v* : empeorar : empeorar(se)
worship[1] *v* **-shiped** *or* **-shipped; -shiping** *or* **-shipping** : adorar : venerar : practicar una religión
worship[2] *n* : adoración *f* : culto *m*
worshiper *or* **worshipper** *n* : devoto *m*, -ta *f* : adorador *m*, -dora *f*
worst[1] *v* : derrotar
worst[2] *adv* : peor
worst[3] *adj* : peor
worst[4] *n* **the worst** : lo peor : el/la peor
worst–case *adj* **a/the worst–case scenario** : el peor de los casos
worsted *n* : estambre *m*
worth[1] *n* : valor *m* : mérito *m* : valía *f*
worth[2] *prep* **to be worth** : valer
worthiness *n* : mérito *m*
worthless *adj* : sin valor : inútil
worthwhile *adj* : que vale la pena
worthy *adj* **worthier; -est** : digno : meritorio : encomiable
would → **will**[1]
would–be *adj* : potencial
wouldn't → **would**
wound[1] *v* : herir
wound[2] *n* : herida *f*
wound[3] → **wind**[2]
wove, woven → **weave**[1]
wow *interj* : ¡guau! : ¡híjole! : ¡hala!
wrangle[1] *v* **-gled; -gling** : discutir
wrangle[2] *n* : riña *f* : disputa *f*
wrap[1] *v* **wrapped; wrapping** : envolver : cubrir : rodear : ceñir : envolverse : enroscarse
wrap[2] *n* : envoltura *f* : prenda *f* que envuelve
wrapper *n* : envoltura *f* : envoltorio *m*
wrapping *n* : envoltura *f* : envoltorio *m*
wrath *n* : ira *f* : cólera *f*
wrathful *adj* : iracundo
wreak *v* : infligir : causar
wreath *n, pl* **wreaths** : corona *f*
wreathe *v* **wreathed; wreathing** : coronar : envolver
wreck[1] *v* : destruir : arruinar : estrellar : naufragar
wreck[2] *n* : restos *mpl* : ruina *f* : desastre *m*
wreckage *n* : restos *mpl* : ruinas *fpl*
wrecker *n* : grúa *f*
wren *n* : chochín *m*
wrench[1] *v* : arrancar : torcerse
wrench[2] *n* : tirón *m* : jalón *m* : torcedura *f*
wrest *v* : arrancar
wrestle[1] *v* **-tled; -tling** : luchar : practicar la lucha : luchar contra
wrestle[2] *n* : lucha *f*
wrestler *n* : luchador *m*, -dora *f*
wrestling *n* : lucha *f*
wretch *n* : infeliz *mf* : desgraciado *m*, -da *f*
wretched *adj* : desdichado : afligido : miserable : desgraciado : lastimoso : inferior : malo
wretchedly *adv* : miserablemente : lamentablemente
wriggle *v* **-gled; -gling** : retorcerse : menearse
wring *v* **wrung; wringing** : arrancar : sacar : torcer : retorcer
wringer *n* : escurridor *m*

wrinkle[1] *v* **-kled; -kling** : arrugar : arrugarse
wrinkle[2] *n* : arruga *f*
wrinkly *adj* **wrinklier; -est** : arrugado
wrist *n* : muñeca *f*
wristwatch *n* : reloj *m* de pulsera
writ *n* : orden *f*
write *v* **wrote; written; writing** : escribir
write–off *n* : cancelación *f* : siniestro *m* total : pérdida *f* total
writer *n* : escritor *m*, -tora *f*
writhe *v* **writhed; writhing** : retorcerse
writing *n* : escritura *f* : letra *f*; **writings** *npl* : escritos *mpl* : obra *f*
writing paper *n* : papel *m* de carta
wrong[1] *v* **wronged; wronging** : ofender : ser injusto con
wrong[2] *adv* : mal : incorrectamente
wrong[3] *adj* **wronger; wrongest** : malo : injusto : inmoral : inadecuado : inapropiado : equivocado : incorrecto : erróneo
wrong[4] *n* : injusticia *f* : mal *m* : ofensa *f* : agravio *m*
wrongdoer *n* : malhechor *m*, -chora *f*
wrongdoing *n* : fechoría *f* : maldad *f*
wrongful *adj* : injusto : ilegal
wrongly *adv* : injustamente : erróneamente : incorrectamente
wrote → write
wrought *adj* : formado : forjado
wrung → wring
wry *adj* **wrier; wriest** : torcido : irónico : sardónico

X

x *v* **x–ed; x–ing** *or* **x'ing** : tachar
xenon *n* : xenón *m*
xenophobe *n* : xenófobo *m*, -ba *f*
xenophobia *n* : xenofobia *f*
xenophobic *adj* : xenófobo
xerox *v* : xerografiar
Xmas *n* : Navidad *f*
x–ray *v* : radiografiar
X ray *n* : rayo *m* X : radiografía *f*
xylophone *n* : xilófono *m*

Y

yacht[1] *v* : navegar : ir en yate
yacht[2] *n* : yate *m*
yak *n* : yac *m*
yam *n* : ñame *m* : batata *f* : boniato *m*
yang *n* : yang *m*
yank[1] *v* : tirar de : jalar : darle un tirón a
yank[2] *n* : tirón *m*
Yankee *n* : yanqui *mf*
yap[1] *v* **yapped; yapping** : ladrar : gañir : cotorrear : parlotear
yap[2] *n* : ladrido *m* : gañido *m*
yard *n* : yarda *f* : verga *f* : patio *m* : jardín *m* : depósito *m*
yardage *n* : medida *f* en yardas
yardarm *n* : penol *m*
yardstick *n* : vara *f* : criterio *m* : norma *f*
yarn *n* : hilado *m* : historia *f* : cuento *m*
yawn[1] *v* : bostezar : abrirse
yawn[2] *n* : bostezo *m*
ye *pron* : vosotros : vosotras
yea[1] *adv* : sí
yea[2] *n* : voto *m* a favor
yeah *adv* : sí
year *n* : año *m* : curso *m*; **years** *npl* : siglos *mpl* : años *mpl*
yearbook *n* : anuario *m*
year–end *adj* : de fin de año
yearling *n* : animal *m* menor de dos años

yearly[1] *adv* : cada año : anualmente
yearly[2] *adj* : anual
yearn *v* : anhelar : ansiar
yearning *n* : anhelo *m*
yeast *n* : levadura *f*
yell[1] *v* : gritar : chillar
yell[2] *n* : grito *m* : alarido *m*
yellow[1] *v* : ponerse amarillo : volverse amarillo
yellow[2] *adj* : amarillo : cobarde
yellow[3] *n* : amarillo *m*
yellow fever *n* : fiebre *f* amarilla
yellowish *adj* : amarillento
yellow jacket *n* : avispa *f*
yelp[1] *v* : dar un gañido : dar un grito
yelp[2] *n* : gañido *m* : grito *m*
yen *n* : deseo *m* : ganas *fpl* : yen *m*
yeoman *n, pl* **-men** : suboficial *mf* de marina
yes[1] *adv* : sí
yes[2] *n* : sí *m*
yesterday[1] *adv* : ayer
yesterday[2] *n* : ayer *m*
yesteryear *n* **of ~** : de antaño
yet[1] *adv* : aún : todavía : ya : algún día : sin embargo
yet[2] *conj* : pero
yew *n* : tejo *m*
Yiddish *n* : yiddish *m* : yidis *m* — **Yiddish** *adj*
yield[1] *v* : ceder : producir : dar : rendir : rendirse : entregarse
yield[2] *n* : rendimiento *m* : rédito *m*
yin *n* : yin *m*
yoga *n* : yoga *m*
yogurt *n* : yogur *m* : yogurt *m*
yoke[1] *v* **yoked; yoking** : uncir
yoke[2] *n* : yugo *m* : yunta *f*
yokel *n* : palurdo *m*, -da *f*
yolk *n* : yema *f*
Yom Kippur *n* : el Día *m* del Perdón : Yom Kippur
yon → yonder
yonder[1] *adv* : allá
yonder[2] *adj* : aquel
yore *n* **in days of yore** : antaño
you *pron* : tú : vos *pl* : vosotros *pl* : vosotras *pl* : usted : ustedes *pl* : te : les *pl* : os *pl* : lo : ti : vos *pl* : vosotros *pl* : ustedes *pl*
you'd → have, will
you'll → will
young[1] *adj* **younger; youngest** : joven : pequeño : menor : tierno : juvenil
young[2] *npl* : jóvenes *mfpl* : crías *fpl*
youngster *n* : joven *mf* : chico *m*, -ca *f* : niño *m*, -ña *f*
your *adj* : tu : su : vuestro : el : la : los : las
you're → be
yours *pron* : (el) tuyo : (la) tuya : (los) tuyos : (las) tuyas : (el) suyo : (la) suya : (los) suyos : (las) suyas : (el) vuestro : (la) vuestra : (los) vuestros : (las) vuestras
yourself *pron, pl* **yourselves** : te : se *pl* : os *pl* : se : tú mismo : tú misma : usted mismo : usted misma : ustedes mismos *pl* : ustedes mismas *pl* : vosotros mismos *pl* : vosotras mismas *pl*
youth *n, pl* **youths** : juventud *f* : joven *m* : jóvenes *mfpl*
youthful *adj* : de juventud : joven : juvenil
youthfulness *n* : juventud *f*
youth hostel → hostel
you've → have
yowl[1] *v* : aullar
yowl[2] *n* : aullido *m*
yo–yo *n, pl* **-yos** : yoyo *m* : yoyó *m*
yucca *n* : yuca *f*
Yugoslavian *n* : yugoslavo *m*, -va *f* — **Yugoslavian** *adj*
yule *n* : Navidad *f*
yuletide *n* : Navidades *fpl*
yup *adv* **→ yes**[1]
yuppie *n* : yuppy *mf*

Z

zany[1] *adj* **zanier; -est** : alocado : disparatado
zany[2] *n, pl* **-nies** : bufón *m*, -fona *f*
zap[1] *v* **zapped; zapping** : eliminar : enviar o transportar rápidamente : ir rápidamente
zap[2] *n* : sabor *m* : sazón *f* : golpe *m* fuerte
zeal *n* : fervor *m* : celo *m* : entusiasmo *m*
zealot *n* : fanático *m*, -ca *f*
zealous *adj* : celoso — **zealously** *adv*
zebra *n* : cebra *f*
zebu *n* : cebú *m*
zenith *n* : cenit *m* : apogeo *m*
zeppelin *n* : zepelín *m*
zero[1] *v* **to zero in on** : apuntar hacia : centrarse en
zero[2] *adj* : cero : nulo
zero[3] *n, pl* **-ros** : cero *m*
zest *n* : entusiasmo *m* : brío *m* : sabor *m* : sazón *f*
zestful *adj* : brioso
zesty *adj* **zestier; -est** : sabroso : gustoso : picante : brioso
zigzag[1] *v* **-zagged; -zagging** : zigzaguear
zigzag[2] *adv & adj* : en zigzag
zigzag[3] *n* : zigzag *m*
Zimbabwean *n* : zimbabuense *mf* — **Zimbabwean** *adj*
zinc *n* : cinc *m* : zinc *m*
zing *n* : zumbido *m* : silbido *m* : brío *m*
zinnia *n* : zinnia *f*
Zionism *n* : sionismo *m*
Zionist *n* : sionista *mf*
zip[1] *v* **zipped; zipping** *or* **to zip up** : cerrar el cierre de : pasarse volando : silbar : zumbar
zip[2] *n* : zumbido *m* : silbido *m* : brío *m*
zip code *n* : código *m* postal
zipper *n* : cierre *m* : cremallera *f* : zíper *m*
zippy *adj* **zippier; -est** : brioso
zit *n* : grano *m*
zodiac *n* : zodíaco *m*
zombie *n* : zombi *mf* : zombie *mf*
zone[1] *v* **zoned; zoning** : dividir en zonas : declarar
zone[2] *n* : zona *f*
zoo *n, pl* **zoos** : zoológico *m* : zoo *m*
zoological *adj* : zoológico
zoologist *n* : zoólogo *m*, -ga *f*
zoology *n* : zoología *f*
zoom[1] *v* : zumbar : ir volando : elevarse
zoom[2] *n* : zumbido *m* : subida *f* vertical
zucchini *n, pl* **-ni** *or* **-nis** : calabacín *m* : calabacita *f*
Zulu *n* : zulú *mf* : zulú *m* — **Zulu** *adj*
zygote *n* : zigoto *m* : cigoto *m*

Spanish-English Dictionary

a *prep* : to : at : in the manner of : on : by means of : per : each
a- *pref* : a-
ábaco *nm* : abacus
abad *nm* : abbot
abadesa *nf* : abbess
abadía *nf* : abbey
abajo *adv* : down : downstairs : under : beneath : down with
abalanzarse *vr* : to hurl oneself : to rush
abalorio *nm* : glass bead
abanderado, -da *n* : standard-bearer
abandonado, -da *adj* : abandoned : deserted : neglected : slovenly : unkempt
abandonar *v* : to abandon : to leave : to give up : to quit — **abandonarse** *vr* : to neglect oneself
abandono *nm* : abandonment : neglect : withdrawal
abanicar *v* : to fan — **abanicarse** *vr*
abanico *nm* : fan : range : gamut
abaratamiento *nm* : price reduction
abaratar *v* : to lower the price of — **abaratarse** *vr* : to go down in price
abarcar *v* : to cover : to include : to embrace : to undertake : to monopolize
abaritonado, -da *adj* : baritone
abarrotado, -da *adj* : packed : crammed
abarrotar *v* : to fill up : to pack
abarrotería *nf* : grocery store
abarrotero, -ra *n* : grocer
abarrotes *nmpl* : groceries : supplies
abastecedor, -dora *n* : supplier
abastecer *v* : to supply : to stock — **abastecerse** *vr* : to stock up
abastecimiento → **abasto**
abasto *nm* : supply : supplying
abatible *adj* : reclining : folding
abatido, -da *adj* : dejected : depressed
abatimiento *nm* : drop : reduction : dejection : depression
abatir *v* : to demolish : to knock down : to shoot down : to depress : to bring low — **abatirse** *vr* : to get depressed
abdicación *nf, pl* **-ciones** : abdication
abdicar *v* : to relinquish : to abdicate
abdomen *nm, pl* **-dómenes** : abdomen
abdominal *adj* : abdominal
abecé *nm* : ABC's *pl*
abecedario *nm* : alphabet
abedul *nm* : birch
abeja *nf* : bee
abejorro *nm* : bumblebee
aberración *nf, pl* **-ciones** : aberration
aberrante *adj* : aberrant : perverse
abertura *nf* : aperture : opening : hole : slit : crack
abeto *nm* : fir
abierto[1] *pp* → **abrir**
abierto[2], **-ta** *adj* : open : undone : unlocked : on : running : overt : frank : receptive — **abiertamente** *adv*
abigarrado, -da *adj* : multicolored : variegated
abigeato *nm* : rustling
abismal *adj* : abysmal : vast
abismo *nm* : abyss : chasm
abjurar *v* ~ **de** : to abjure — **abjuración** *nf*
ablandamiento *nm* : softening : moderation
ablandar *v* : to soften : to soothe : to appease : to moderate : to get milder — **ablandarse** *vr* : to become soft : to yield : to relent
-able *suf* : -able
ablución *nf, pl* **-ciones** : ablution
abnegación *nf, pl* **-ciones** : self-denial
abnegado, -da *adj* : self-sacrificing : selfless
abnegarse *vr* : to deny oneself
abobado, -da *adj* : silly : stupid : bewildered
abocado, -da *adj* ~ **a** : headed for : committed to
abocarse *vr* : to head : to direct oneself : to dedicate oneself
abochornar *v* : to embarrass : to shame — **abochornarse** *vr*
abofetear *v* : to slap
abogacía *nf* : law : legal profession
abogado, -da *n* : lawyer : attorney
abogar *v* ~ **por** : to plead for : to defend : to advocate
abolengo *nm* : lineage : ancestry
abolición *nf, pl* **-ciones** : abolition
abolir *v* : to abolish : to repeal
abolladura *nf* : dent
abollar *v* : to dent
abombar *v* : to warp : to cause to bulge — **abombarse** *vr* : to decompose : to go bad
abominable *adj* : abominable
abominación *nf, pl* **-ciones** : abomination
abominar *v* : to abominate : to abhor
abonado, -da *n* : subscriber
abonar *v* : to pay : to fertilize — **abonarse** *vr* : to subscribe
abono *nm* : payment : installment : fertilizer : season ticket
abordaje *nm* : boarding
abordar *v* : to address : to broach : to accost : to waylay : to come on board
aborigen[1] *adj, pl* **-rígenes** : aboriginal : native
aborigen[2] *nmf, pl* **-rígenes** : aborigine : indigenous inhabitant
aborrecer *v* : to abhor : to detest : to hate
aborrecible *adj* : abominable : detestable
aborrecimiento *nm* : abhorrence : loathing
abortar *v* : to have an abortion : to abort : to quash : to suppress

abortivo, -va *adj* : abortive
aborto *nm* : abortion : miscarriage
abotonar *v* : to button — **abotonarse** *vr* : to button up
abovedado, -da *adj* : vaulted
abrasador, -dora *adj* : burning : scorching
abrasar *v* : to burn : to sear : to scorch
abrasivo[1], **-va** *adj* : abrasive
abrasivo[2] *nm* : abrasive
abrazadera *nf* : clamp : brace
abrazar *v* : to hug : to embrace — **abrazarse** *vr*
abrazo *nm* : hug : embrace
abrebotellas *nms & pl* : bottle opener
abrecartas *nms & pl* : letter opener
abrelatas *nms & pl* : can opener
abrevadero *nm* : watering trough
abreviación *nf, pl* **-ciones** : abbreviation
abreviar *v* : to abbreviate : to shorten : to cut short
abreviatura → abreviación
abridor *nm* : bottle opener : can opener
abrigadero *nm* : shelter : windbreak
abrigado, -da *adj* : sheltered : warm : wrapped up
abrigar *v* : to shelter : to protect : to keep warm : to dress warmly : to cherish : to harbor — **abrigarse** *vr* : to dress warmly
abrigo *nm* : coat : overcoat : shelter : refuge
abril *nm* : April
abrillantador *nm* : polish
abrillantar *v* : to polish : to shine
abrir *v* : to open : to clear : to unlock : to undo : to turn on : to start : to open up — **abrirse** *vr* : to clear
abrochar *v* : to button : to fasten — **abrocharse** *vr* : to hook up
abrogación *nf, pl* **-ciones** : annulment : repeal
abrogar *v* : to abrogate : to annul : to repeal
abrojo *nm* : bur
abrumador, -dora *adj* : crushing : overwhelming
abrumar *v* : to overwhelm : to oppress : to burden
abrupto, -ta *adj* : abrupt : steep — **abruptamente** *adv*
absceso *nm* : abscess
absolución *nf, pl* **-ciones** : absolution : acquittal
absolutismo *nm* : absolutism
absoluto, -ta *adj* : absolute : unconditional — **absolutamente** *adv*
absolver *v* : to absolve : to acquit
absorbencia *nf* : absorbency
absorbente *adj* : absorbent : absorbing : engrossing
absorber *v* : to absorb : to soak up : to occupy : to take up : to engross
absorción *nf, pl* **-ciones** : absorption
absorto, -ta *adj* : absorbed : engrossed
abstemio[1], **-mia** *adj* : abstemious : teetotal
abstemio[2], **-mia** *n* : teetotaler
abstención *nf, pl* **-ciones** : abstention — **abstencionismo** *nm*
abstenerse *vr* : to abstain : to refrain
abstinencia *nf* : abstinence
abstracción *nf, pl* **-ciones** : abstraction
abstracto, -ta *adj* : abstract
abstraer *v* : to abstract — **abstraerse** *vr* : to lose oneself in thought
abstraído, -da *adj* : preoccupied : withdrawn
abstruso, -sa *adj* : abstruse
abstuvo, etc. → abstenerse
absuelto *pp* **→ absolver**
absurdo[1], **-da** *adj* : absurd : ridiculous — **absurdamente** *adv*
absurdo[2] *nm* : absurdity
abuchear *v* : to boo : to jeer
abucheo *nm* : booing : jeering
abuela *nf* : grandmother : old woman
abuelita *nf* : grandma
abuelito *nm* : grandpa
abuelo *nm* : grandfather : old man; **abuelos** *nmpl* : grandparents : ancestors
abulia *nf* : apathy : lethargy
abúlico, -ca *adj* : lethargic : apathetic
abultado, -da *adj* : bulging : bulky
abultar *v* : to bulge : to enlarge : to expand
abundancia *nf* : abundance
abundante *adj* : abundant : plentiful — **abundantemente** *adv*
abundar *v* : to abound : to be plentiful
aburrido, -da *adj* : bored : tired : fed up : boring : tedious
aburrimiento *nm* : boredom : weariness
aburrir *v* : to bore : to tire — **aburrirse** *vr* : to get bored
abusado, -da *adj* : sharp : on the ball
abusador, -dora *n* : abuser
abusar *v* : to go too far : to do something to excess
abusivo, -va *adj* : abusive : outrageous : excessive
abuso *nm* : abuse : injustice : outrage
abyecto, -ta *adj* : despicable : contemptible
acá *adv* : here : over here
acabado[1], **-da** *adj* : finished : done : completed : old : worn-out
acabado[2] *nm* : finish
acabar *v* : to finish : to end — **acabarse** *vr* : to come to an end : to run out
acabose *or* **acabóse** *nm* : extreme : limit
acacia *nf* : acacia
academia *nf* : academy
académico[1], **-ca** *adj* : academic : scholastic — **académicamente** *adv*
académico[2], **-ca** *n* : academic : academician

acaecer *v* : to happen : to take place
acalambrarse *vr* : to cramp up : to get a cramp
acallar *v* : to quiet : to silence
acalorado, -da *adj* : emotional : heated
acaloramiento *nm* : heat : ardor : passion
acalorar *v* : to heat up : to inflame — **acalorarse** *vr* : to get upset : to get worked up
acampada *nf* : camp : camping
acampar *v* : to camp
acanalar *v* : to groove : to furrow : to corrugate
acantilado *nm* : cliff
acanto *nm* : acanthus
acantonar *v* : to station : to quarter
acaparador, -dora *adj* : greedy : selfish
acaparar *v* : to stockpile : to hoard : to monopolize
acápite *nm* : paragraph
acaramelado, -da *adj* : caramel-coated : caramel-colored : sugary : very affectionate
acariciar *v* : to caress : to stroke : to pet
ácaro *nm* : mite
acarrear *v* : to haul : to carry : to bring : to give rise to
acarreo *nm* : transport : haulage
acartonarse *vr* : to stiffen : to become wizened
acaso *adv* : perhaps : by any chance
acatamiento *nm* : compliance : observance
acatar *v* : to comply with : to respect
acatarrarse *vr* : to catch a cold
acaudalado, -da *adj* : wealthy : rich
acaudillar *v* : to lead : to command
acceder *v* ~ **a** : to accede to : to agree to : to assume : to gain access to
accesar *v* : to access
accesibilidad *nf* : accessibility
accesible *adj* : accessible : attainable
acceso *nm* : access : admittance : entrance
accesorio[1], **-ria** *adj* : accessory : incidental
accesorio[2] *nm* : accessory : prop
accidentado[1], **-da** *adj* : eventful : turbulent : rough : uneven : injured
accidentado[2], **-da** *n* : accident victim
accidental *adj* : accidental : unintentional — **accidentalmente** *adv*
accidentarse *vr* : to have an accident
accidente *nm* : accident : unevenness
acción *nf, pl* **acciones** : action : act : deed : share : stock
accionamiento *nm* : activation
accionar *v* : to put into motion : to activate : to gesticulate
accionario, -ria *adj* : stock
accionista *nmf* : stockholder : shareholder
acebo *nm* : holly
acechar *v* : to watch : to spy on : to stalk : to lie in wait for
acecho *nm* **al acecho** : lying in wait
acedera *nf* : sorrel
aceitar *v* : to oil
aceite *nm* : oil
aceitera *nf* : cruet : oilcan : oil refinery
aceitoso, -sa *adj* : oily
aceituna *nf* : olive
aceituno *nm* : olive tree
aceleración *nf, pl* **-ciones** : acceleration : speeding up
acelerado, -da *adj* : accelerated : speedy
acelerador *nm* : accelerator
aceleramiento *nm* → **aceleración**
acelerar *v* : to accelerate : to speed up : to expedite — **acelerarse** *vr* : to hasten : to hurry up
acelga *nf* : chard : Swiss chard
acendrar *v* : to purify : to refine
acento *nm* : accent : stress : emphasis
acentuado, -da *adj* : marked : pronounced
acentuar *v* : to accent : to emphasize : to stress — **acentuarse** *vr* : to become more pronounced
acepción *nf, pl* **-ciones** : sense : meaning
aceptabilidad *nf* : acceptability
aceptable *adj* : acceptable
aceptación *nf, pl* **-ciones** : acceptance : approval
aceptar *v* : to accept : to approve
acequia *nf* : irrigation ditch : sewer
acera *nf* : sidewalk
acerado, -da *adj* : made of steel : steely : tough
acerbo, -ba *adj* : harsh : cutting : bitter — **acerbamente** *adv*
acerca *prep* ~ **de** : about : concerning
acercamiento *nm* : rapprochement : reconciliation
acercar *v* : to bring near : to bring closer — **acercarse** *vr* : to approach : to draw near
acería *nf* : steel mill
acerico *nm* : pincushion
acero *nm* : steel
acérrimo, -ma *adj* : staunch : steadfast : bitter
acertado, -da *adj* : accurate : correct : on target — **acertadamente** *adv*
acertante[1] *adj* : winning
acertante[2] *nmf* : winner
acertar *v* : to guess correctly : to be correct : to be on target
acertijo *nm* : riddle
acervo *nm* : pile : heap : wealth : heritage
acetato *nm* : acetate
acetileno *nm* : acetylene
acetona *nf* : acetone : nail-polish remover

achacar *v* : to attribute : to impute
achacoso, -sa *adj* : frail : sickly
achaparrado, -da *adj* : stunted : scrubby
achaque *nm* : ailment
achaques *nmpl* : aches and pains
achatar *v* : to flatten
achicar *v* : to make smaller : to reduce : to intimidate : to bail out — **achicarse** *vr* : to become intimidated
achicharrar *v* : to scorch : to burn to a crisp
achicoria *nf* : chicory
achiote *or* **achote** *nm* : annatto
achispado, -da *adj* : tipsy
achuchón *nm, pl* **-chones** : push : shove : squeeze : hug : mild illness
aciago, -ga *adj* : fateful : unlucky
acicalar *v* : to polish : to dress up : to adorn — **acicalarse** *vr* : to get dressed up
acicate *nm* : spur : incentive : stimulus
acidez *nf, pl* **-deces** : acidity : sourness
ácido[1], **-da** *adj* : acid : sour
ácido[2] *nm* : acid
acierto *nm* : correct answer : right choice : accuracy : skill
acimut *nm* : azimuth
acitronar *v* : to fry until crisp
aclamación *nf, pl* **-ciones** : acclaim : acclamation
aclamar *v* : to acclaim : to cheer : to applaud
aclaración *nf, pl* **-ciones** : clarification : explanation
aclarar *v* : to clarify : to explain : to resolve : to lighten : to get light : to dawn : to clear up — **aclararse** *vr* : to become clear
aclaratorio, -ria *adj* : explanatory
aclimatar *v* : to acclimatize — **aclimatarse** *vr* ~ **a** : to get used to — **aclimatación** *nf*
acné *nm* : acne
acobardar *v* : to frighten : to intimidate — **acobardarse** *vr* : to get frightened : to chicken out : to cower
acodarse *vr* ~ **en** : to lean on
acogedor, -dora *adj* : cozy : warm : friendly
acoger *v* : to take in : to shelter : to receive : to welcome — **acogerse** *vr* : to take refuge
acogida *nf* : refuge : protection : reception : welcome
acolchar *v* : to pad : to quilt
acólito *nm* : altar boy : follower : helper : acolyte
acomedido, -da *adj* : helpful : obliging
acometer *v* : to attack : to assail : to undertake : to begin ~ **contra** : to rush against
acometida *nf* : attack : assault
acomodado, -da *adj* : suitable : appropriate : well-to-do : prosperous
acomodador, -dora *n* : usher : usherette *f*
acomodar *v* : to accommodate : to make room for : to adjust : to adapt — **acomodarse** *vr* : to settle in
acomodaticio, -cia *adj* : accommodating : obliging
acomodo *nm* : job : position : arrangement : placement : accommodation : lodging
acompañamiento *nm* : accompaniment
acompañante *nmf* : companion : accompanist
acompañar *v* : to accompany : to go with
acompasado, -da *adj* : rhythmic : regular : measured
acompasar *v* : to synchronize
acomplejado, -da *adj* : full of complexes : neurotic
acomplejar *v* : to give a complex : to make neurotic
acondicionado, -da *adj* : equipped
acondicionador *nm* : conditioner
acondicionar *v* : to condition : to fit out : to furnish
acongojado, -da *adj* : distressed : upset
acongojarse *vr* : to grieve : to become distressed
aconsejable *adj* : advisable
aconsejar *v* : to advise : to counsel
acontecer *v* : to occur : to happen
acontecimiento *nm* : event
acopiar *v* : to gather : to collect : to stockpile
acopio *nm* : collection : stock
acoplamiento *nm* : connection : coupling
acoplar *v* : to couple : to connect — **acoplarse** *vr* : to fit together
acoquinar *v* : to intimidate
acorazado[1], **-da** *adj* : armored
acorazado[2] *nm* : battleship
acordado, -da *adj* : agreed upon
acordar *v* : to agree on : to award : to bestow — **acordarse** *vr* : to remember : to recall
acorde[1] *adj* : in agreement : in accordance
acorde[2] *nm* : chord
acordeón *nm, pl* **-deones** : accordion — **acordeonista** *nmf*
acordonar *v* : to cordon off : to lace up : to mill
acorralar *v* : to corner : to hem in : to corral
acortar *v* : to shorten : to cut short — **acortarse** *vr* : to become shorter : to end early
acosar *v* : to pursue : to hound : to harass
acoso *nm* : harassment
acostar *v* : to lay down : to put to bed — **acostarse** *vr* : to lie down : to go to bed

acostumbrado, -da *adj* : accustomed : usual : customary
acostumbrar *v* : to accustom : to be accustomed : to be in the habit — **acostumbrarse** *vr*
acotación *nf, pl* **-ciones** : marginal note : stage direction
acotado, -da *adj* : enclosed
acotamiento *nm* : shoulder
acotar *v* : to note : to annotate : to mark off : to demarcate
acre[1] *adj* : acrid : pungent : caustic : biting
acre[2] *nm* : acre
acrecentamiento *nm* : growth : increase
acrecentar *v* : to increase : to augment
acreditación *nf, pl* **-ciones** : accreditation
acreditado, -da *adj* : accredited : authorized : reputable
acreditar *v* : to accredit : to authorize : to credit : to prove : to verify — **acreditarse** *vr* : to gain a reputation
acreedor[1], **-dora** *adj* : deserving : worthy
acreedor[2], **-dora** *n* : creditor
acribillar *v* : to riddle : to pepper : to hound : to harass
acrílico *nm* : acrylic
acrimonia *nf* : pungency : acrimony
acrimonioso, -sa *adj* : acrimonious
acriollarse *vr* : to adopt local customs : to go native
acristalamiento *nm* : glazing : windows *pl*
acritud *nf* : pungency : bitterness : intensity : sharpness : harshness : asperity
acrobacia *nf* : acrobatics
acróbata *nmf* : acrobat
acrobático, -ca *adj* : acrobatic
acrónimo *nm* : acronym
acta *nf* : document : certificate; **actas** *nfpl* : minutes
actitud *nf* : attitude : posture : position
activación *nf, pl* **-ciones** : activation : stimulation : acceleration : speeding up
activar *v* : to activate : to stimulate : to energize : to speed up
actividad *nf* : activity
activista *nmf* : activist — **activismo** *nm*
activo[1], **-va** *adj* : active — **activamente** *adv*
activo[2] *nm* : assets *pl*
acto *nm* : act : deed
actor *nm* : actor
actriz *nf, pl* **actrices** : actress
actuación *nf, pl* **-ciones** : performance; **actuaciones** *nfpl* : proceedings
actual *adj* : present : current
actualidad *nf* : present time; **actualidades** *nfpl* : current affairs
actualización *nf, pl* **-ciones** : updating : modernization
actualizar *v* : to modernize : to bring up to date
actualmente *adv* : at present : nowadays
actuar *v* : to act : to perform
actuarial *adj* : actuarial
actuario, -ria *n* : actuary
acuarela *nf* : watercolor
acuario *nm* : aquarium
Acuario[1] *nm* : Aquarius
Acuario[2] *nmf* : Aquarius
acuartelar *v* : to quarter
acuático, -ca *adj* : aquatic : water
acuchillar *v* : to knife : to stab
acuciante *adj* : pressing : urgent
acucioso, -sa → **acuciante**
acudir *v* : to go : to come : to be present : to show up
acueducto *nm* : aqueduct
acuerdo *nm* : agreement
acullá *adv* : yonder : over there
acumulación *nf, pl* **-ciones** : accumulation
acumulador *nm* : storage battery
acumular *v* : to accumulate : to amass — **acumularse** *vr* : to build up : to pile up
acumulativo, -va *adj* : cumulative — **acumulativamente** *adv*
acunar *v* : to rock : to cradle
acuñar *v* : to coin : to mint
acuoso, -sa *adj* : aqueous : watery
acupuntura *nf* : acupuncture
acurrucarse *vr* : to cuddle : to nestle : to curl up
acusación *nf, pl* **-ciones** : accusation : charge
acusado[1], **-da** *adj* : prominent : marked
acusado[2], **-da** *n* : defendant
acusador, -dora *n* : accuser : prosecutor
acusar *v* : to accuse : to charge : to reveal : to betray — **acusarse** *vr* : to confess
acusativo *nm* : objective
acusatorio, -ria *adj* : accusatory
acuse *nm* **acuse de recibo** : acknowledgment of receipt
acústica *nf* : acoustics
acústico, -ca *adj* : acoustic
adagio *nm* : adage : proverb
adalid *nm* : leader : champion
adaptable *adj* : adaptable — **adaptabilidad** *nf*
adaptación *nf, pl* **-ciones** : adaptation : adjustment
adaptado, -da *adj* : suited : adapted
adaptador *nm* : adapter
adaptar *v* : to adapt : to adjust : to fit — **adaptarse** *vr* : to adapt oneself : to conform
adecentar *v* : to tidy up
adecuación *nf, pl* **-ciones** : adaptation
adecuadamente *adv* : adequately

adecuado, -da *adj* : suitable : appropriate : adequate
adecuar *v* : to adapt : to make suitable — **adecuarse** *vr* ~ **a** : to be appropriate for : to fit in with
adefesio *nm* : eyesore : monstrosity
adelantado, -da *adj* : advanced : ahead : fast
adelantamiento *nm* : advancement : speeding up
adelantar *v* : to advance : to move forward : to pass : to overtake : to reveal in advance : to lend — **adelantarse** *vr* : to go ahead : to run fast : to get ahead
adelante *adv* : forward : ahead : in front
adelanto *nm* : advance : progress : advance payment : earliness
adelfa *nf* : oleander
adelgazar *v* : to thin : to reduce : to lose weight
ademán *nm, pl* **-manes** : gesture; **ademanes** *nmpl* : manners
además *adv* : besides : furthermore
adenoides *nfpl* : adenoids
adentrarse *vr* ~ **en** : to go into : to penetrate
adentro *adv* : in : inside
adentros *nmpl* **decirse para sus adentros** : to say to oneself
adepto[1], **-ta** *adj* : supportive
adepto[2], **-ta** *n* : follower : supporter
aderezar *v* : to season : to dress : to embellish : to adorn
aderezo *nm* : dressing : seasoning : adornment : embellishment
adeudar *v* : to debit : to owe
adeudo *nm* : debit : debt : indebtedness
adherencia *nf* : adherence : adhesion
adherente *adj* : adhesive : sticky
adherir *v* : to stick to — **adherirse** *vr* : to adhere : to stick
adhesión *nf, pl* **-siones** : adhesion : attachment : commitment
adhesivo[1], **-va** *adj* : adhesive
adhesivo[2] *nm* : adhesive
adicción *nf, pl* **-ciones** : addiction
adición *nf, pl* **-ciones** : addition
adicional *adj* : additional — **adicionalmente** *adv*
adicionar *v* : to add
adictivo, -va *adj* : addictive
adicto[1], **-ta** *adj* : addicted : devoted : dedicated
adicto[2], **-ta** *n* : addict : supporter : advocate
adiestrador, -dora *n* : trainer
adiestramiento *nm* : training
adiestrar *v* : to train
adinerado, -da *adj* : moneyed : wealthy
adiós *nm, pl* **adioses** : farewell : goodbye
aditamento *nm* : attachment : accessory
aditivo *nm* : additive
adivinación *nf, pl* **-ciones** : guess : divination : prediction
adivinanza *nf* : riddle
adivinar *v* : to guess : to foretell : to predict
adivino, -na *n* : fortune-teller
adjetivo[1], **-va** *adj* : adjectival
adjetivo[2] *nm* : adjective
adjudicación *nf, pl* **-ciones** : adjudication : allocation : awarding : granting
adjudicar *v* : to judge : to adjudicate : to assign : to allocate : to award : to grant
adjuntar *v* : to enclose : to attach
adjunto[1], **-ta** *adj* : enclosed : attached
adjunto[2], **-ta** *n* : deputy : assistant
adjunto[3] *nm* : adjunct : attachment
administración *nf, pl* **-ciones** : administration : management
administrador, -dora *n* : administrator : manager
administrar *v* : to administer : to manage : to run
administrativo, -va *adj* : administrative — **administrativamente** *adv*
admirable *adj* : admirable : impressive — **admirablemente** *adv*
admiración *nf, pl* **-ciones** : admiration
admirador, -dora *n* : admirer
admirar *v* : to admire : to amaze : to astonish — **admirarse** *vr* : to be amazed
admirativo, -va *adj* : admiring
admisible *adj* : admissible : allowable
admisión *nf, pl* **-siones** : admission : admittance
admitir *v* : to admit : to let in : to acknowledge : to concede : to allow : to make room for
admonición *nf, pl* **-ciones** : admonition : warning
admonitorio, -ria *adj* : admonishing
ADN *nm* : DNA
adobar *v* : to marinate
adobe *nm* : adobe
adobo *nm* : marinade : seasoning : spicy marinade used for cooking pork
adoctrinamiento *nm* : indoctrination
adoctrinar *v* : to indoctrinate
adolecer *v* : to suffer
adolescencia *nf* : adolescence
adolescente[1] *adj* : adolescent : teenage
adolescente[2] *nmf* : adolescent : teenager
adonde *conj* : where
adónde *adv* : where
adondequiera *adv* : wherever : anywhere
adopción *nf, pl* **-ciones** : adoption
adoptar *v* : to adopt : to take
adoptivo, -va *adj* : adopted : adoptive
adoquín *nm, pl* **-quines** : paving stone : cobblestone

-ador, -adora *suf* : -er
adorable *adj* : adorable : lovable
adoración *nf, pl* **-ciones** : adoration : worship
adorador[1], **-dora** *adj* : adoring : worshipping
adorador[2], **-dora** *n* : worshipper
adorar *v* : to adore : to worship
adormecer *v* : to make sleepy : to lull to sleep : to numb — **adormecerse** *vr* : to doze off : to go numb
adormecimiento *nm* : drowsiness : sleepiness : numbness
adormilarse *vr* : to doze : to drowse
adornar *v* : to decorate : to adorn
adorno *nm* : ornament : decoration
adosado, -da *adj* : attached
adosar *v* : to place against : to affix : to enclose : to attach
adquirido, -da *adj* : acquired
adquirir *v* : to acquire : to gain : to purchase
adquisición *nf, pl* **-ciones** : acquisition : purchase
adquisitivo, -va *adj* **poder adquisitivo** : purchasing power
adrede *adv* : intentionally : on purpose
adrenalina *nf* : adrenaline
adscribir *v* : to assign : to appoint — **adscribirse** *vr* ~ **a** : to become a member of
adscripción *nf, pl* **-ciones** : assignment : appointment
adscrito *pp* → **adscribir**
aduana *nf* : customs : customs office
aduanero[1], **-ra** *adj* : customs
aduanero[2], **-ra** *n* : customs officer
aducir *v* : to adduce : to offer as proof
adueñarse *vr* ~ **de** : to take possession of : to take over
adulación *nf, pl* **-ciones** : adulation : flattery
adulador[1], **-dora** *adj* : flattering
adulador[2], **-dora** *n* : flatterer : toady
adular *v* : to flatter
adulteración *nf, pl* **-ciones** : adulteration
adulterar *v* : to adulterate
adulterio *nm* : adultery
adúltero[1], **-ra** *adj* : adulterous
adúltero[2], **-ra** *n* : adulterer
adultez *nf* : adulthood
adulto, -ta *adj & n* : adult
adusto, -ta *adj* : harsh : severe
advenedizo, -za *n* : upstart : parvenu : newcomer
advenimiento *nm* : advent
adverbio *nm* : adverb — **adverbial** *adj*
adversario[1], **-ria** *adj* : opposing : contrary
adversario[2], **-ria** *n* : adversary : opponent
adversidad *nf* : adversity
adverso, -sa *adj* : adverse : unfavorable — **adversamente** *adv*
advertencia *nf* : warning
advertir *v* : to warn : to notice : to tell
Adviento *nm* : Advent
adyacente *adj* : adjacent
aéreo, -rea *adj* : aerial : air
aeróbic *nm* : aerobics
aeróbico, -ca *adj* : aerobic
aerobio, -bia *adj* : aerobic
aerodeslizador *nm* : hovercraft
aerodinámica *nf* : aerodynamics
aerodinámico, -ca *adj* : aerodynamic : streamlined
aeródromo *nm* : airfield
aeroespacial *adj* : aerospace
aerogenerador *nm* : wind-powered generator
aerolínea *nf* : airline
aeromozo, -za *n* : flight attendant : steward *m* : stewardess *f*
aeronáutica *nf* : aeronautics
aeronáutico, -ca *adj* : aeronautical
aeronave *nf* : aircraft
aeropostal *adj* : airmail
aeropuerto *nm* : airport
aerosol *nm* : aerosol : aerosol spray
aeróstata *nmf* : balloonist
aerotransportado, -da *adj* : airborne
aerotransportar *v* : to airlift
afabilidad *nf* : affability
afable *adj* : affable — **afablemente** *adv*
afamado, -da *adj* : well-known : famous
afán *nm, pl* **afanes** : eagerness : desire : effort : determination
afanador, -dora *n* : cleaning person : cleaner
afanarse *vr* : to toil : to strive
afanosamente *adv* : zealously : industriously : busily
afanoso, -sa *adj* : eager : industrious : arduous : hard
afear *v* : to make ugly : to disfigure
afección *nf, pl* **-ciones** : fondness : affection : illness : complaint
afectación *nf, pl* **-ciones** : affectation
afectado, -da *adj* : affected : mannered : influenced : afflicted : feigned
afectar *v* : to affect : to upset : to feign : to pretend
afectísimo, -ma *adj* **suyo afectísimo** : yours truly
afectivo, -va *adj* : emotional
afecto[1], **-ta** *adj* : affected : afflicted : fond : affectionate
afecto[2] *nm* : affection
afectuoso, -sa *adj* : affectionate — **afectuosamente** *adv*
afeitadora *nf* : shaver : electric razor
afeitar *v* : to shave — **afeitarse** *vr*
afelpado, -da *adj* : plush
afeminado, -da *adj* : effeminate
aferrado, -da *adj* : obstinate : stubborn
aferrarse *vr* : to cling : to hold on
affidávit *nm, pl* **-dávits** : affidavit
afgano, -na *adj & n* : Afghan

AFI *nm* : IPA
afianzar *v* : to secure : to strengthen : to guarantee : to vouch for — **afianzarse** *vr* : to establish oneself — **afianzamiento** *nm*
afiche *nm* : poster
afición *nf, pl* **-ciones** : enthusiasm : penchant : fondness : hobby
aficionado[1], **-da** *adj* : enthusiastic : keen
aficionado[2], **-da** *n* : enthusiast : fan : amateur
aficionar *v* : to interest — **aficionarse** *vr*
áfido *nm* : aphid
afiebrado, -da *adj* : feverish
afilado, -da *adj* : sharp : long : pointed
afilador *nm* : sharpener
afilalápices *nms & pl* : pencil sharpener
afilar *v* : to sharpen
afiliación *nf, pl* **-ciones** : affiliation
afiliado[1], **-da** *adj* : affiliated
afiliado[2], **-da** *n* : member
afiliarse *vr* ~ **a** : to become a member of : to join
afín *adj, pl* **afines** : related : similar : adjacent : nearby
afinación *nf, pl* **-ciones** : tune-up : tuning
afinador, -dora *n* : tuner
afinar *v* : to perfect : to refine : to tune : to sing or play in tune
afincarse *vr* : to establish oneself : to settle in
afinidad *nf* : affinity : similarity
afirmación *nf, pl* **-ciones** : statement : affirmation
afirmar *v* : to state : to affirm : to make firm : to strengthen
afirmativo, -va *adj* : affirmative — **afirmativamente** *adj*
aflicción *nf, pl* **-ciones** : grief : sorrow
afligido, -da *adj* : grief-stricken : sorrowful
afligir *v* : to distress : to upset : to afflict — **afligirse** *vr* : to grieve
aflojar *v* : to loosen : to slacken : to pay up : to fork over : to ease up — **aflojarse** *vr* : to become loose : to slacken
aflorar *v* : to come to the surface : to emerge
afluencia *nf* : flow : influx : abundance : plenty
afluente *nm* : tributary
afluir *v* : to flock : to flow
afónico, -ca *adj* **quedarse afónico** : to lose one's voice : to get laryngitis
aforismo *nm* : aphorism
aforo *nm* : appraisal : assessment : maximum capacity
afortunado, -da *adj* : fortunate : lucky — **afortunadamente** *adv*
afrecho *nm* : bran : mash
afrenta *nf* : affront : insult
afrentar *v* : to affront : to dishonor : to insult
africano, -na *adj & n* : African
afroamericano, -na *adj & n* : Afro-American
afrodisiaco *or* **afrodisíaco** *nm* : aphrodisiac
afrontamiento *nm* : confrontation
afrontar *v* : to confront : to face up to
afrutado, -da *adj* : fruity
aftershave *nm* : aftershave
afuera *adv* : out : outside
afueras *nfpl* : outskirts
agachadiza *nf* : snipe
agachar *v* : to lower — **agacharse** *vr* : to crouch : to stoop : to bend down
agalla *nf* : gill
agarradera *nf* : handle : grip
agarrado, -da *adj* : cheap : stingy
agarrar *v* : to grab : to grasp : to catch : to take **agarrar y** : to do abruptly — **agarrarse** *vr* : to hold on : to cling : to — get into a fight
agarre *nm* : grip : grasp
agarrotarse *vr* : to stiffen up : to seize up
agasajar *v* : to fête : to wine and dine
agasajo *nm* : lavish attention
ágata *nf* : agate
agazaparse *vr* : to crouch : to hide
agencia *nf* : agency : office
agenciar *v* : to obtain : to procure — **agenciarse** *vr* : to manage : to get by
agenda *nf* : agenda : appointment book
agénero *adj* : agender
agente *nmf* : agent
agigantado, -da *adj* : gigantic
agigantar *v* : to increase greatly : to enlarge : to exaggerate
ágil *adj* : agile : nimble : sharp : lively — **ágilmente** *adv*
agilidad *nf* : agility : nimbleness
agilizar *v* : to expedite : to speed up
agitación *nf, pl* **-ciones** : agitation : nervousness
agitado, -da *adj* : agitated : excited : choppy : rough : turbulent
agitador, -dora *n* : agitator
agitar *v* : to agitate : to shake : to wave : to flap : to stir up — **agitarse** *vr* : to toss about : to flap around : to get upset
aglomeración *nf, pl* **-ciones** : conglomeration : mass : crowd
aglomerar *v* : to cluster : to amass — **aglomerarse** *vr* : to crowd together
aglutinar *v* : to bring together : to bind
agnóstico, -ca *adj & n* : agnostic
agobiado, -da *adj* : weary : worn-out : weighted down
agobiante *adj* : exhausting : overwhelming : stifling : oppressive
agobiar *v* : to oppress : to burden : to overwhelm : to wear out : to exhaust

agobio *nm* : burden : pressure
agolparse *vr* : to crowd together
agonía *nf* : agony : death throes
agonizante *adj* : dying
agonizar *v* : to be dying : to be in agony : to dim : to fade
agorero, -ra *adj* : ominous
agostar *v* : to parch : to wither — **agostarse** *vr*
agosto *nm* : August
agotado, -da *adj* : exhausted : used up : sold out : worn-out : tired
agotador, -dora *adj* : exhausting
agotamiento *nm* : exhaustion
agotar *v* : to exhaust : to use up : to weary : to wear out — **agotarse** *vr*
agraciado[1], **-da** *adj* : attractive : fortunate
agraciado[2], **-da** *n* : winner
agradable *adj* : pleasant : agreeable — **agradablemente** *adv*
agradar *v* : to be pleasing
agradecer *v* : to be grateful for : to thank
agradecido, -da *adj* : grateful : thankful
agradecimiento *nm* : gratitude : thankfulness
agrado *nm* : taste : liking : graciousness : helpfulness
agrandar *v* : to exaggerate : to enlarge — **agrandarse** *vr*
agrario, -ria *adj* : agrarian : agricultural
agravación *nf, pl* **-ciones** : aggravation : worsening
agravante *adj* : aggravating
agravar *v* : to increase : to make heavier : to aggravate : to worsen — **agravarse** *vr*
agraviar *v* : to offend : to insult
agravio *nm* : affront : offense : insult
agredir *v* : to assail : to attack
agregado[1], **-da** *n* : attaché : assistant professor
agregado[2] *nm* : aggregate : addition : something added
agregar *v* : to add : to attach : to appoint — **agregarse** *vr* : to join
agresión *nf, pl* **-siones** : aggression : attack
agresividad *nf* : aggressiveness : aggression
agresivo, -va *adj* : aggressive — **agresivamente** *adv*
agresor[1], **-sora** *adj* : hostile : attacking
agresor[2], **-sora** *n* : aggressor : assailant : attacker
agreste *adj* : rural : wild : untamed
agriar *v* : to sour : to make sour : to embitter — **agriarse** *vr* : to turn sour
agrícola *adj* : agricultural
agricultor, -tora *n* : farmer : grower
agricultura *nf* : agriculture : farming
agridulce *adj* : bittersweet : sweet-and-sour
agrietar *v* : to crack — **agrietarse** *vr* : to become chapped
agrimensor, -sora *n* : surveyor
agrimensura *nf* : surveying
agrio, agria *adj* : sour : caustic : acrimonious
agriparse *vr* : to catch the flu
agroindustria *nf* : agribusiness
agrupación *nf, pl* **-ciones** : group : association
agrupamiento *nm* : grouping : concentration
agrupar *v* : to group together
agua *nf* : water; **aguas** *nfpl* : waters
aguacate *nm* : avocado
aguacero *nm* : shower : downpour
aguado, -da *adj* : diluted : soft : flabby : dull : boring
aguafiestas *nmfs & pl* : killjoy : stick-in-the-mud : spoilsport
aguafuerte *nm* : etching
aguamarina *nf* : aquamarine
aguanieve *nf* : sleet
aguantar *v* : to bear : to tolerate : to hold : to take : to withstand : to last : to hold out — **aguantarse** *vr* : to resign oneself : to restrain oneself
aguante *nm* : tolerance : patience : endurance : strength
aguar *v* : to water down : to dilute
aguardar *v* : to wait for : to await : to be in store
aguardiente *nm* : clear brandy
aguarrás *nm* : turpentine
agudeza *nf* : keenness : sharpness : witticism
agudizar *v* : to intensify : to heighten
agudo, -da *adj* : sharp : acute : severe : shrill : clever : shrewd — **agudamente** *adv*
agüero *nm* : augury : omen
aguijón *nm, pl* **-jones** : stinger : goad
aguijonear *v* : to goad
águila *nf* : eagle
aguileño, -ña *adj* : aquiline
aguilera *nf* : aerie : eagle's nest
aguilón *nm, pl* **-lones** : gable
aguinaldo *nm* : Christmas bonus : year-end bonus : Christmas carol
agüitarse *vr* : to have the blues : to feel discouraged
aguja *nf* : needle : steeple : spire
agujerear *v* : to make a hole in : to pierce
agujero *nm* : hole
agujeta *nf* : shoelace; **agujetas** *nfpl* : muscular soreness or stiffness
agusanado, -da *adj* : wormy
aguzar *v* : to sharpen
ah *interj* : oh!
ahí *adv* : there : then
ahijado, -da *n* : godchild : godson *m* : goddaughter *f*
ahijar *v* : to adopt
ahínco *nm* : eagerness : zeal
ahogar *v* : to drown : to smother : to choke back : to stifle — **ahogarse** *vr*

ahogo *nm* : breathlessness : suffocation
ahondar *v* : to deepen : to elaborate : to go into detail
ahora *adv* : now : just
ahorcar *v* : to hang : to kill by hanging — **ahorcarse** *vr*
ahorita *adv* : right now : right away
ahorquillado, -da *adj* : forked
ahorrador, -dora *adj* : thrifty
ahorrante *nmf* : investor
ahorrar *v* : to save : to spare : to conserve : to save up — **ahorrarse** *vr* : to spare oneself
ahorrativo, -va *adj* : thrifty : frugal
ahorrista *nmf* : investor
ahorro *nm* : saving
ahuecar *v* : to hollow out : to cup : to plump up : to fluff up
ahuizote *nm* : annoying person : pain in the neck
ahumado, -da *adj* : smoked
ahumar *v* : to smoke : to cure
ahuyentar *v* : to scare away : to chase away : to banish : to dispel
airado, -da *adj* : angry : irate
airar *v* : to make angry : to anger
airbag *nm, pl* **airbags** *or* **airbag** : airbag
aire *nm* : air
airear *v* : to air : to air out — **airearse** *vr* : to get some fresh air
airoso, -sa *adj* : elegant : graceful
aislado, -da *adj* : isolated : alone
aislador *nm* : insulator
aislamiento *nm* : isolation : insulation
aislante *nm* : insulator : nonconductor
aislar *v* : to isolate : to insulate
ajado, -da *adj* : worn : shabby : wrinkled : crumpled
ajar *v* : to wear out : to spoil
ajardinar *v* : to landscape
ajedrecista *nmf* : chess player
ajedrez *nm, pl* **-dreces** : chess : chess set
ajeno, -na *adj* : alien : of another : of others
ajetreado, -da *adj* : hectic : busy
ajetrearse *vr* : to bustle about : to rush around
ajetreo *nm* : hustle and bustle : fuss
ají *nm, pl* **ajíes** : chili pepper
ajillo *nm* **al ajillo** : in a garlic sauce
ajo *nm* : garlic
ajonjolí *nm, pl* **-líes** : sesame
ajuar *nm* : trousseau
ajustable *adj* : adjustable
ajustado, -da *adj* : tight : tight-fitting : close
ajustar *v* : to adjust : to adapt : to tighten : to fit : to take in : to fix : to set : to settle — **ajustarse** *vr* : to conform
ajuste *nm* : adjustment : tightening
ajusticiar *v* : to execute : to put to death
al *prep* → **a**[2]
ala *nf* : wing : brim : end
Alá *nm* : Allah
alabanza *nf* : praise
alabar *v* : to praise — **alabarse** *vr* : to boast
alabastro *nm* : alabaster
alabear *v* : to warp — **alabearse** *vr*
alabeo *nm* : warp : warping
alacena *nf* : cupboard : larder
alacrán *nm, pl* **-cranes** : scorpion
ala delta *nf* : hang glider
aladeltismo *nm* : hang gliding
alado, -da *adj* : winged
alambique *nm* : still
alambrada *nf* : wire fence
alambre *nm* : wire
alameda *nf* : poplar grove : tree-lined avenue
álamo *nm* : poplar
alar *nm* : eaves *pl*
alarde *nm* : show : display
alardear *v* : to boast : to brag
alargado, -da *adj* : elongated : slender
alargador *nm* : extension cord
alargamiento *nm* : lengthening : extension : elongation
alargar *v* : to extend : to lengthen : to prolong — **alargarse** *vr*
alargue *nm* : overtime : extension cord
alarido *nm* : howl : shriek
alarma *nf* : alarm
alarmante *adj* : alarming — **alarmantemente** *adv*
alarmar *v* : to alarm
alazán *nm, pl* **-zanes** : sorrel
alba *nf* : dawn : daybreak
albacea *nmf* : executor : executrix *f*
albahaca *nf* : basil
albanés, -nesa *adj & n, mpl* **-neses** : Albanian
albañil *nmf* : bricklayer : mason
albañilería *nf* : bricklaying : masonry
albaricoque *nm* : apricot
albatros *nm* : albatross
albedrío *nm* : will
alberca *nf* : reservoir : tank : swimming pool
albergar *v* : to house : to lodge : to shelter
albergue *nm* : shelter : refuge : hostel
albino, -na *adj & n* : albino — **albinismo** *nm*
albóndiga *nf* : meatball
albor *nm* : dawning : beginning : whiteness
alborada *nf* : dawn
alborear *v impers* : to dawn
alborotado, -da *adj* : excited : agitated : rowdy : unruly
alborotador[1], **-dora** *adj* : noisy : boisterous : rowdy : unruly
alborotador[2], **-dora** *n* : agitator : troublemaker : rioter
alborotar *v* : to excite : to agitate : to incite : to stir up — **alborotarse** *vr* : to get excited : to riot

alboroto *nm* : disturbance : ruckus : riot
alborozado, -da *adj* : jubilant
alborozar *v* : to gladden : to cheer
alborozo *nm* : joy : elation
álbum *nm* : album
albúmina *nf* : albumin
albur *nm* : chance : risk : pun
alca *nf* : auk
alcachofa *nf* : artichoke
alcahuete, -ta *n* : gossip
alcaide *nm* : warden
alcalde, -desa *n* : mayor
alcaldía *nf* : mayor's office : city hall
álcali *nm* : alkali
alcalino, -na *adj* : alkaline — **alcalinidad** *nf*
alcance *nm* : reach : range : scope
alcancía *nf* : piggy bank : money box : collection box
alcanfor *nm* : camphor
alcantarilla *nf* : sewer : drain
alcantarillado *nm* : sewer system
alcanzar *v* : to reach : to catch up with : to achieve : to attain : to suffice : to be enough
alcaparra *nf* : caper
alcaravea *nf* : caraway
alcayata *nf* : hook
alcázar *nm* : fortress : castle
alce[1], **etc.** → **alzar**
alce[2] *nm* : moose : European elk
alcista *adj* : upward : bullish
alcoba *nf* : bedroom
alcohol *nm* : alcohol
alcoholemia *nf* **prueba de alcoholemia** : sobriety test
alcohólico, -ca *adj & n* : alcoholic
alcoholismo *nm* : alcoholism
alcoholizarse *vr* : to become an alcoholic
alcornoque *nm* : cork oak : idiot : fool
alcurnia *nf* : ancestry : lineage
aldaba *nf* : door knocker
aldea *nf* : village
aldeano[1], **-na** *adj* : village : rustic
aldeano[2], **-na** *n* : villager
aleación *nf, pl* **-ciones** : alloy
alear *v* : to alloy
aleatorio, -ria *adj* : random : fortuitous — **aleatoriamente** *adv*
alebrestar *v* : to excite : to make nervous — **alebrestarse** *vr*
aleccionar *v* : to lecture : to teach
aledaño, -ña *adj* : bordering : neighboring
aledaños *nmpl* : outskirts : surrounding area
alegación *nf, pl* **-ciones** : allegation : statement
alegar *v* : to assert : to allege : to argue
alegato *nm* : allegation : claim : argument : summation : dispute
alegoría *nf* : allegory
alegórico, -ca *adj* : allegorical
alegrar *v* : to make happy : to cheer up — **alegrarse** *vr* : to be glad : to be happy
alegre *adj* : glad : cheerful : colorful : bright : tipsy
alegremente *adv* : happily : cheerfully
alegría *nf* : joy : cheer : happiness
alejado, -da *adj* : remote
alejamiento *nm* : removal : separation : estrangement
alejar *v* : to remove : to move away : to estrange : to alienate — **alejarse** *vr* : to stray : to drift apart
alelado, -da *adj* : bewildered : stupefied : foolish : stupid
aleluya *interj* : hallelujah! : alleluia!
alemán[1], **-mana** *adj & n, mpl* **-manes** : German
alemán[2] *nm* : German
alentador, -dora *adj* : encouraging
alentar *v* : to encourage : to inspire : to breathe
alerce *nm* : larch
alérgeno *nm* : allergen
alergia *nf* : allergy
alérgico, -ca *adj* : allergic
alero *nm* : eaves *pl* : forward
alerón *nm, pl* **-rones** : aileron
alerta[1] *adv* : on the alert
alerta[2] *adj & nf* : alert
alertar *v* : to alert
aleta *nf* : fin : flipper : small wing
aletargado, -da *adj* : lethargic : sluggish : torpid
aletargarse *vr* : to feel drowsy : to become lethargic
aletear *v* : to flutter : to flap one's wings
aleteo *nm* : flapping : flutter
alevín *nm, pl* **-vines** : fry : young fish : beginner
alevosía *nf* : treachery : premeditation
alevoso, -sa *adj* : treacherous
alfabético, -ca *adj* : alphabetical — **alfabéticamente** *adv*
alfabetismo *nm* : literacy
alfabetizado, -da *adj* : literate
alfabetizar *v* : to alphabetize — **alfabetización** *nf*
alfabeto *nm* : alphabet
alfalfa *nf* : alfalfa
alfanje *nm* : cutlass
alfarería *nf* : pottery
alfarero, -ra *n* : potter
alféizar *nm* : sill : windowsill
alfeñique *nm* : wimp : weakling
alférez *nmf, pl* **-reces** : second lieutenant : ensign
alfil *nm* : bishop
alfiler *nm* : pin : brooch
alfiletero *nm* : pincushion
alfombra *nf* : carpet : rug
alfombrado *nm* : carpeting
alfombrar *v* : to carpet
alfombrilla *nf* : small rug : mat

alforfón *nm, pl* **-fones** : buckwheat
alforja *nf* : saddlebag
alforza *nf* : pleat : tuck
alga *nf* : aquatic plant : alga : seaweed
algarabía *nf* : gibberish : babble : hubbub : uproar
álgebra *nf* : algebra
algebraico, -ca *adj* : algebraic
álgido, -da *adj* : critical : decisive : icy cold
algo[1] *adv* : somewhat : rather
algo[2] *pron* : something : anything
algodón *nm, pl* **-dones** : cotton
algodoncillo *nm* : milkweed
algodón de azúcar *nm* : cotton candy
algodonero[1], **-ra** *adj* : cotton
algodonero[2], **-ra** *n* : cotton farmer
algoritmo *nm* : algorithm
alguacil *nm* : constable
alguien *pron* : somebody : someone : anybody : anyone
alguno[1], **-na** *adj* : some : any : not any : not at all
alguno[2], **-na** *pron* : one : any; **algunos, -nas** *pl* : some : a few
alhaja *nf* : jewel : gem
alhajar *v* : to adorn with jewels
alhajero *nm* : jewelry box
alharaca *nf* : fuss
alhelí *nm, pl* **alhelíes** : wallflower
aliado[1], **-da** *adj* : allied
aliado[2], **-da** *n* : ally
alianza *nf* : alliance
aliar *v* : to ally — **aliarse** *vr* : to form an alliance : to ally oneself
alias *adv & nm* : alias
alicaído, -da *adj* : depressed : discouraged
alicates *nmpl* : pliers
aliciente *nm* : incentive : attraction
alienación *nf, pl* **-ciones** : alienation : derangement
alienar *v* : to alienate
aliento *nm* : breath : courage : strength
aligerar *v* : to lighten : to hasten : to quicken
alijo *nm* : cache : consignment
alimaña *nf* : pest : vermin
alimentación *nf, pl* **-ciones** : nutrition : nourishment : feed
alimentar *v* : to feed : to nourish : to support : to nurture : to foster — **alimentarse** *vr* ~ **con** : to live on
alimentario, -ria → **alimenticio**
alimenticio, -cia *adj* : nutritional : food : dietary : nutritious : nourishing
alimento *nm* : food : nourishment
alineación *nf, pl* **-ciones** : alignment : lineup
alineamiento *nm* : alignment
alinear *v* : to align : to line up — **alinearse** *vr* : to fall in : to line up
aliñar *v* : to dress : to season
aliño *nm* : seasoning : dressing
alipús *nm, pl* **-puses** : booze : drink
alisar *v* : to smooth
aliscafo *or* **alíscafo** *nm* : hydrofoil
alistamiento *nm* : enlistment : recruitment
alistar *v* : to recruit : to make ready — **alistarse** *vr* : to join up : to enlist
aliteración *nf, pl* **-ciones** : alliteration
aliviar *v* : to relieve : to alleviate : to soothe — **aliviarse** *vr* : to recover : to get better
alivio *nm* : relief
aljaba *nf* : quiver
aljibe *nm* : cistern : well
allá *adv* : there : over there
allanamiento *nm* : (police) raid
allanar *v* : to raid : to search : to resolve : to solve : to smooth : to level off/out — **allanarse** *vr* : to even out : to level off/out
allegado[1], **-da** *adj* : close : intimate
allegado[2], **-da** *n* : close friend : relation
allegar *v* : to gather : to collect
allende[1] *adv* : beyond : on the other side
allende[2] *prep* : beyond
allí *adv* : there : over there
alma *nf* : soul : person : human being
almacén *nm, pl* **-cenes** : warehouse : storehouse : shop : store
almacenaje → **almacenamiento**
almacenamiento *nm* : storage
almacenar *v* : to store : to put in storage
almacenero, -ra *n* : shopkeeper
almacenista *nm* : wholesaler
almádena *nf* : sledgehammer
almanaque *nm* : almanac
almeja *nf* : clam
almendra *nf* : almond : kernel
almendro *nm* : almond tree
almiar *nm* : haystack
almíbar *nm* : syrup
almidón *nm, pl* **-dones** : starch
almidonar *v* : to starch
alminar *nm* : minaret
almirantazgo *nm* : admiralty
almirante *nm* : admiral
almizcle *nm* : musk
almohada *nf* : pillow
almohadilla *nf* : small pillow : cushion : bag : base
almohadón *nm, pl* **-dones** : bolster : cushion
almohazar *v* : to curry
almoneda *nf* : auction
almorranas *nfpl* : hemorrhoids : piles
almorzar *v* : to have lunch : to have for lunch
almuerzo *nm* : lunch
alocado, -da *adj* : crazy : wild : reckless : silly : scatterbrained
alocución *nf, pl* **-ciones** : speech : address
áloe *or* **aloe** *nm* : aloe

alojamiento *nm* : lodging : accommodations *pl*
alojar *v* : to house : to lodge — **alojarse** *vr* : to room
alondra *nf* : lark : skylark
alpaca *nf* : alpaca
alpargata *nf* : espadrille
alpinismo *nm* : mountain climbing : mountaineering
alpinista *nmf* : mountain climber
alpino, -na *adj* : Alpine : alpine
alpiste *nm* : birdseed
alquilar *v* : to rent : to lease
alquiler *nm* : rent : rental
alquimia *nf* : alchemy
alquimista *nmf* : alchemist
alquitrán *nm, pl* **-tranes** : tar
alquitranar *v* : to tar : to cover with tar
alrededor *adv* : around
alrededores *nmpl* : surroundings : outskirts
alta *nf* : admission : entry : enrollment
altanería *nf* : arrogance : haughtiness
altanero, -ra *adj* : arrogant : haughty — **altaneramente** *adv*
altar *nm* : altar
altavoz *nm, pl* **-voces** : loudspeaker
alteración *nf, pl* **-ciones** : alteration : modification : disturbance : disruption
alterado, -da *adj* : upset
alterar *v* : to alter : to modify : to disturb : to disrupt — **alterarse** *vr* : to get upset : to get worked up
altercado *nm* : altercation : argument : dispute
altercar *v* : to argue
alternador *nm* : alternator
alternancia *nf* : alternation : rotation
alternar *v* : to alternate : to mix : to socialize — **alternarse** *vr* : to take turns
alternativa *nf* : alternative : option
alternativo, -va *adj* : alternating : alternative — **alternativamente** *adv*
alterno, -na *adj* : alternate
alteza *nf* : loftiness : lofty height
altibajos *nmpl* : unevenness : ups and downs
altiplanicie *nf* → **altiplano**
altiplano *nm* : high plateau : upland
altisonante *adj* : pompous : affected : rude : obscene
altitud *nf* : altitude
altivez *nf, pl* **-veces** : arrogance : haughtiness
altivo, -va *adj* : arrogant : haughty
alto[1] *adv* : high : loud : loudly — **altamente** *adv*
alto[2], **-ta** *adj* : tall : high : upper : loud
alto[3] *nm* : height : elevation : stop : halt; **altos** *nmpl* : upper floors
alto[4] *interj* : halt! : stop!
alto el fuego *nm, pl* **altos el fuego** : cease-fire
altoparlante *nm* : loudspeaker
altozano *nm* : hillock
altruismo *nm* : altruism
altruista *adj* : altruistic
altura *nf* : height : altitude : loftiness : nobleness
alubia *nf* : kidney bean
alucinación *nf, pl* **-ciones** : hallucination
alucinante *adj* : hallucinatory
alucinar *v* : to hallucinate
alucinógeno[1], **-na** *adj* : hallucinogenic
alucinógeno[2] *nm* : hallucinogen
alud *nm* : avalanche : landslide
aludido, -da *n* : person in question
aludir *v* : to allude : to refer
alumbrado *nm* : lighting
alumbramiento *nm* : lighting : childbirth
alumbrar *v* : to light : to illuminate : to give birth to
alumbre *nm* : alum
aluminio *nm* : aluminum
alumnado *nm* : student body
alumno, -na *n* : pupil : student
alusión *nf, pl* **-siones** : allusion : reference
alusivo, -va *adj* ~ **a** : in reference to : regarding
aluvión *nm, pl* **-viones** : flood : barrage
alza *nf* : rise
alzacuello *nm* : clerical collar
alzamiento *nm* : uprising : insurrection
alzar *v* : to lift : to raise : to erect — **alzarse** *vr* : to rise up
Alzheimer *nm* : Alzheimer's : Alzheimer's disease
ama *nf* → **amo**
amabilidad *nf* : kindness
amable *adj* : kind : nice — **amablemente** *adv*
amado[1], **-da** *adj* : beloved : darling
amado[2], **-da** *n* : sweetheart : loved one
amaestrar *v* : to train
amafiarse *vr* : to conspire : to be in cahoots
amagar *v* : to show signs of : to threaten : to be imminent : to feint : to dissemble
amago *nm* : threat : sign : hint
amainar *v* : to abate : to ease up : to die down
amalgama *nf* : amalgam
amalgamar *v* : to amalgamate : to unite
amamantar *v* : to breast-feed : to nurse : to suckle
amanecer[1] *v impers* : to dawn : to begin to show : to appear : to wake up
amanecer[2] *nm* : dawn : daybreak
amanerado, -da *adj* : affected : mannered
amansar *v* : to tame : to soothe : to calm down — **amansarse** *vr*
amante[1] *adj* : loving : fond
amante[2] *nmf* : lover
amañar *v* : to rig : to fix : to tamper with — **amañarse** *vr* **amañárselas** : to manage

amaño *nm* : skill : dexterity : trick : ruse
amapola *nf* : poppy
amar *v* : to love — **amarse** *vr*
amargado, -da *adj* : embittered : bitter
amargar *v* : to make bitter : to embitter : to taste bitter
amargo[1], **-ga** *adj* : bitter — **amargamente** *adv*
amargo[2] *nm* : bitterness : tartness
amargura *nf* : bitterness : grief : sorrow
amarilis *nf* : amaryllis
amarillear *v* : to yellow : to turn yellow
amarillento, -ta *adj* : yellowish
amarillismo *nm* : sensationalism
amarillo[1], **-lla** *adj* : yellow
amarillo[2] *nm* : yellow
amarra *nf* : mooring : mooring line
amarrar *v* : to moor : to fasten : to tie up : to tie down
amartillar *v* : to cock
amasar *v* : to amass : to knead : to mix : to prepare
amasijo *nm* : jumble : hodgepodge
amasio, -sia *n* : lover
amateur *adj & nmf* : amateur — **amateurismo** *nm*
amatista *nf* : amethyst
amazona *nf* : Amazon : horsewoman
amazónico, -ca *adj* : amazonian
ambages *nmpl* **sin ~** : without hesitation : straight to the point
ámbar *nm* : amber
ambición *nf, pl* **-ciones** : ambition
ambicionar *v* : to aspire to : to seek
ambicioso, -sa *adj* : ambitious — **ambiciosamente** *adv*
ambidextro, -tra *adj* : ambidextrous
ambientación *nf, pl* **-ciones** : setting : atmosphere
ambiental *adj* : environmental — **ambientalmente** *adv*
ambientalista *nmf* : environmentalist
ambientar *v* : to give atmosphere to : to set — **ambientarse** *vr* : to adjust : to get one's bearings
ambiente *nm* : atmosphere : environment : surroundings *pl*
ambigüedad *nf* : ambiguity
ambiguo, -gua *adj* : ambiguous
ámbito *nm* : domain : field : area
ambivalencia *nf* : ambivalence
ambivalente *adj* : ambivalent
ambos, -bas *adj & pron* : both
ambulancia *nf* : ambulance
ambulante *adj* : traveling : itinerant
ambulatorio[1], **-ria** *adj* : outpatient
ambulatorio[2] *nm* : clinic
ameba *nf* : amoeba — **amébico** *adj*
amedrentar *v* : to frighten : to intimidate — **amedrentarse** *vr*
amén *nm, pl* **amenes** : amen
amenaza *nf* : threat
amenazador, -dora *adj* : threatening : menacing
amenazante → amenazador
amenazar *v* : to threaten
amenguar *v* : to diminish : to belittle : to dishonor
amenidad *nf* : pleasantness : amenity
amenizar *v* : to make pleasant : to brighten up : to add life to
ameno, -na *adj* : agreeable : pleasant
americano, -na *adj & n* : American
amerindio, -dia *adj & n* **→ nativo americano**
ameritar *v* : to deserve
ametralladora *nf* : machine gun
amianto *nm* : asbestos
amiba → ameba
amienemigo, -ga *n* : frenemy
amigable *adj* : friendly : amicable — **amigablemente** *adv*
amígdala *nf* : tonsil
amigdalitis *nf* : tonsillitis
amigo[1], **-ga** *adj* : friendly : close
amigo[2], **-ga** *n* : friend
amigote *nm* : crony : pal
amilanar *v* : to frighten : to daunt : to discourage — **amilanarse** *vr* : to lose heart
aminoácido *nm* : amino acid
aminorar *v* : to reduce : to lessen : to diminish
amistad *nf* : friendship
amistoso, -sa *adj* : friendly — **amistosamente** *adv*
amnesia *nf* : amnesia
amnésico, -ca *adj & n* : amnesiac
amnistía *nf* : amnesty
amnistiar *v* : to grant amnesty to
amo, ama *n* : master *m* : mistress *f* : owner : keeper
amodorrado, -da *adj* : drowsy
amolar *v* : to grind : to sharpen : to pester : to annoy
amoldable *adj* : adaptable
amoldar *v* : to mold : to adapt : to adjust — **amoldarse** *vr*
amonestación *nf, pl* **-ciones** : admonition : warning; **amonestaciones** *nfpl* : banns
amonestar *v* : to admonish : to warn
amoníaco *or* **amoniaco** *nm* : ammonia
amontonamiento *nm* : accumulation : piling up
amontonar *v* : to pile up : to heap up : to collect : to gather : to hoard — **amontonarse** *vr*
amor *nm* : love : loved one : beloved
amoral *adj* : amoral
amoratado, -da *adj* : black-and-blue : bruised : livid
amordazar *v* : to gag : to muzzle : to silence
amorfo, -fa *adj* : shapeless : amorphous
amorío *nm* : love affair : fling
amoroso, -sa *adj* : loving : affectionate : amorous : charming : cute — **amorosamente** *adv*

amortiguación *nf* : cushioning : absorption
amortiguador *nm* : shock absorber
amortiguar *v* : to soften
amortizar *v* : to amortize : to pay off — **amortización** *nf*
amotinado[1], **-da** *adj* : rebellious : insurgent : mutinous
amotinado[2], **-da** *n* : rebel : insurgent : mutineer
amotinamiento *nm* : uprising : rebellion
amotinar *v* : to incite : to agitate — **amotinarse** *vr* : to riot : to rebel : to mutiny
amparar *v* : to safeguard : to protect
amparo *nm* : protection : refuge
amperímetro *nm* : ammeter
amperio *nm* : ampere
ampliación *nf, pl* **-ciones** : expansion : extension
ampliar *v* : to expand : to extend : to widen : to enlarge : to elaborate on : to develop
amplificador *nm* : amplifier
amplificar *v* : to amplify — **amplificación** *nf*
amplio, -plia *adj* : broad : wide : spacious : full : comprehensive : loose — **ampliamente** *adj*
amplitud *nf* : breadth : extent : space : spacious quality
ampolla *nf* : blister : vial
ampollar *v* : to blister — **ampollarse** *vr*
ampolleta *nf* : small vial : hourglass : light bulb
ampulosidad *nf* : pomposity : bombast
ampuloso, -sa *adj* : pompous : bombastic — **ampulosamente** *adv*
amputar *v* : to amputate — **amputación** *nf*
amueblar *v* : to furnish
amuleto *nm* : amulet : charm
amurallar *v* : to wall in : to fortify
anacardo *nm* : cashew nut
anaconda *nf* : anaconda
anacrónico, -ca *adj* : anachronistic
anacronismo *nm* : anachronism
ánade *nmf* : duck
anagrama *nm* : anagram
anal *adj* : anal
anales *nmpl* : annals
analfabetismo *nm* : illiteracy
analfabeto, -ta *adj & n* : illiterate
analgésico[1], **-ca** *adj* : analgesic
analgésico[2] *nm* : painkiller : analgesic
análisis *nm* : analysis
analista *nmf* : analyst
analítico, -ca *adj* : analytical : analytic — **analíticamente** *adv*
analizar *v* : to analyze
analogía *nf* : analogy
analógico, -ca *adj* : analogical : analog
análogo, -ga *adj* : analogous : similar
ananá *or* **ananás** *nm, pl* **-nás** : pineapple
anaquel *nm* : shelf
anaranjado[1], **-da** *adj* : orange-colored
anaranjado[2] *nm* : orange
anarquía *nf* : anarchy
anárquico, -ca *adj* : anarchic
anarquismo *nm* : anarchism
anarquista *adj & nmf* : anarchist
anatema *nm* : anathema
anatomía *nf* : anatomy — **anatomista** *nmf*
anatómico, -ca *adj* : anatomical — **anatómicamente** *adv*
ancas *nfpl* : haunches : hindquarters
ancestral *adj* : ancient : traditional : ancestral
ancestro *nm* : ancestor : forefather *m*
ancho[1], **-cha** *adj* : wide : broad : full : loose-fitting
ancho[2] *nm* : width : breadth
anchoa *nf* : anchovy
anchura *nf* : width : breadth
ancianidad *nf* : old age
anciano[1], **-na** *adj* : aged : old : elderly
anciano[2], **-na** *n* : elderly person
ancla *nf* : anchor
ancladero → **anclaje**
anclaje *nm* : anchorage
anclar *v* : to anchor
andadas *nfpl* : tracks
andador[1] *nm* : walker : baby walker : walkway
andador[2], **-dora** *n* : walker : one who walks
andadura *nf* : course : journey
ándale → **andar**
andaluz, -luza *adj & n, mpl* **-luces** : Andalusian
andamiaje *nm* : scaffolding : structure : framework
andamio *nm* : scaffold
andanada *nf* : volley : broadside
andanzas *nfpl* : adventures
andar[1] *v* : to walk : to go : to travel : to run : to function : to ride : to be — **andarse** *vr* : to leave : to go
andar[2] *nm* : walk : gait
andas *nfpl* : stand : bier
andén *nm, pl* **andenes** : (train) platform : sidewalk
andino, -na *adj* : Andean
andorrano, -na *adj & n* : Andorran
andrajos *nmpl* : rags : tatters
andrajoso, -sa *adj* : ragged : tattered
andrógino, -na *adj* : androgynous
andurriales *nmpl* : remote place
anea *nf* : cattail
anduvo, etc. → **andar**
anécdota *nf* : anecdote
anecdótico, -ca *adj* : anecdotal
anegar *v* : to flood : to drown : to overwhelm — **anegarse** *vr* : to be flooded
anejo *nm* → **anexo**[2]
anemia *nf* : anemia

anémico, -ca *adj* : anemic
anémona *nf* : anemone
anestesia *nf* : anesthesia
anestesiar *v* : to anesthetize
anestésico[1], **-ca** *adj* : anesthetic
anestésico[2] *nm* : anesthetic
anestesista *nmf* : anesthetist
aneurisma *nmf* : aneurysm
anexar *v* : to annex : to attach
anexión *nf, pl* **-xiones** : annexation
anexo[1], **-xa** *adj* : attached : joined : annexed
anexo[2] *nm* : annex : supplement : appendix
anfetamina *nf* : amphetamine
anfibio[1], **-bia** *adj* : amphibious
anfibio[2] *nm* : amphibian
anfiteatro *nm* : amphitheater : lecture hall
anfitrión, -triona *n, mpl* **-triones** : host : hostess *f*
ánfora *nf* : urn : jar : ballot box
ángel *nm* : angel
angelical *adj* : angelic : angelical
angélico, -ca *adj* → **angelical**
angina *nf* : tonsil
anglicano, -na *adj & n* : Anglican
angloparlante[1] *adj* : English-speaking
angloparlante[2] *nmf* : English speaker
anglosajón, -jona *adj & n, mpl* **-jones** : Anglo-Saxon
angoleño, -ña *adj & n* : Angolan
angora *nf* : angora
angostar *v* : to narrow — **angostarse** *vr*
angosto, -ta *adj* : narrow
angostura *nf* : narrowness
anguila *nf* : eel
angular *adj* : angular — **angularidad** *nf*
ángulo *nm* : angle : corner
anguloso, -sa *adj* : angular : sharp — **angulosidad** *nf*
angustia *nf* : anguish : distress : anxiety : worry
angustiar *v* : to anguish : to distress : to worry — **angustiarse** *vr*
angustioso, -sa *adj* : anguished : distressed : distressing : worrisome
anhelante *adj* : yearning : longing
anhelar *v* : to yearn for : to crave
anhelo *nm* : longing : yearning
anidar *v* : to nest : to make one's home : to dwell : to shelter
anilla *nf* : ring
anillo *nm* : ring
ánima *n* : soul
animación *nf, pl* **-ciones** : animation : liveliness
animado, -da *adj* : animated : lively : cheerful — **animadamente** *adv*
animador, -dora *n* : (television) host : cheerleader
animadversión *nf, pl* **-siones** : animosity : antagonism
animal[1] *adj* : animal : stupid : idiotic : rough : brutish
animal[2] *nm* : animal
animal[3] *nmf* : idiot : fool : brute : beastly person
animar *v* : to encourage : to inspire : to animate : to enliven : to brighten up : to cheer up — **animarse** *vr*
anímico, -ca *adj* : mental
ánimo *nm* : spirit : soul : mood : spirits *pl* : encouragement : intention : purpose : energy : vitality
animosidad *nf* : animosity : ill will
animoso, -sa *adj* : brave : spirited — **animosamente** *adv*
aniñado, -da *adj* : childlike
aniquilación *nf* → **aniquilamiento**
aniquilamiento *nm* : annihilation : extermination
aniquilar *v* : to annihilate : to wipe out : to overwhelm : to bring to one's knees — **aniquilarse** *vr*
anís *nm* : anise
aniversario *nm* : anniversary
ano *nm* : anus
anoche *adv* : last night
anochecer[1] *v impers* : to get dark
anochecer[2] *nm* : dusk : nightfall
anodino, -na *adj* : insipid : dull
ánodo *nm* : anode
anomalía *nf* : anomaly
anómalo, -la *adj* : anomalous
anonadado, -da *adj* : dumbfounded : speechless
anonadar *v* : to dumbfound : to stun
anonimato *nm* : anonymity
anónimo, -ma *adj* : anonymous — **anónimamente** *adv*
anorak *nm, pl* **-raks** : anorak
anorexia *nf* : anorexia
anoréxico, -ca *adj* : anorexic
anormal *adj* : abnormal — **anormalmente** *adv*
anormalidad *nf* : abnormality
anotación *nf, pl* **-ciones** : annotation : note : scoring
anotador, -dora *n* : scorer
anotar *v* : to annotate : to write down : to jot down : to score
anquilosado, -da *adj* : stiff : stagnated : stale
anquilosamiento *nm* : stiffness : stagnation : paralysis
anquilosarse *vr* : to stagnate : to become stiff or paralyzed
anquilostoma *nm* : hookworm
ánsar *nm* : goose
ansarino *nm* : gosling
ansia *nf* : anxiety : uneasiness : anguish : distress : longing : yearning
ansiar *v* : to long for : to yearn for
ansiedad *nf* : anxiety
ansioso, -sa *adj* : anxious : worried : eager — **ansiosamente** *adv*
antagónico, -ca *adj* : conflicting : opposing

antagonismo *nm* : antagonism
antagonista[1] *adj* : antagonistic
antagonista[2] *nmf* : antagonist : opponent
antagonizar *v* : to antagonize
antaño *adv* : yesteryear : long ago
antártico, -ca *adj* : antarctic
ante[1] *nm* : elk : moose : suede
ante[2] *prep* : before : in front of : considering : in view of
anteanoche *adv* : the night before last
anteayer *adv* : the day before yesterday
antebrazo *nm* : forearm
antecedente[1] *adj* : previous : prior
antecedente[2] *nm* : precedent; **antecedentes** *nmpl* : record : background
anteceder *v* : to precede
antecesor, -sora *n* : ancestor : predecessor
antedicho, -cha *adj* : aforesaid : above
antelación *nf, pl* **-ciones** : advance notice
antemano *adv* **de ~** : in advance
antena *nf* : antenna
antenoche → **anteanoche**
anteojera *nf* : glasses case; **anteojeras** *nfpl* : blinders
anteojos *nmpl* : glasses : eyeglasses
antepasado[1], **-da** *adj* : before last
antepasado[2], **-da** *n* : ancestor
antepecho *nm* : guardrail : ledge : sill
antepenúltimo, -ma *adj* : third from last
anteponer *v* : to place before : to prefer
anteproyecto *nm* : draft : proposal
antera *nf* : anther
anterior *adj* : previous : earlier : anterior : forward : front
anterioridad *nf* : priority
anteriormente *adv* : previously : beforehand
antes *adv* : before : rather : sooner
antesala *nf* : lobby : waiting room : prelude : prologue
anti- *pref* : anti- : against : opposing
antiaborto, -ta *adj* : antiabortion
antiácido *nm* : antacid
antiadherente *adj* : nonstick
antiaéreo, -rea *adj* : antiaircraft
antiamericano, -na *adj* : anti-American
antibalas *adj* : bulletproof
antibiótico[1], **-ca** *adj* : antibiotic
antibiótico[2] *nm* : antibiotic
anticipación *nf, pl* **-ciones** : expectation : anticipation
anticipado, -da *adj* : advance : early
anticipar *v* : to anticipate : to forestall : to deal with in advance : to pay in advance — **anticiparse** *vr* : to be early : to get ahead
anticipo *nm* : advance : foretaste : preview
anticlimático, -ca *adj* : anticlimactic
anticlímax *nm* : anticlimax
anticomunismo *nm* : anticommunism
anticomunista *adj & nmf* : anticommunist
anticoncepción *nf, pl* **-ciones** : birth control : contraception
anticonceptivo *nm* : contraceptive — **anticonceptivo, -va** *adj*
anticongelante *nm* : antifreeze
anticonstitucional *adj* : not constitutional
anticuado, -da *adj* : antiquated : outdated
anticuario[1], **-ria** *adj* : antique : antiquarian
anticuario[2], **-ria** *n* : antiquarian : antiquary
anticuario[3] *nm* : antique shop
anticuerpo *nm* : antibody
antidemocrático, -ca *adj* : antidemocratic
antidepresivo *nm* : antidepressant
antidisturbios[1] *adj* : riot
antidisturbios[2] *nmpl* : riot police
antídoto *nm* : antidote
antidrogas *adj* : antidrug
antier → **anteayer**
antiestético, -ca *adj* : unsightly : unattractive
antifascista *adj & nmf* : antifascist
antifaz *nm, pl* **-faces** : mask
antifeminista *adj & nmf* : antifeminist
antífona *nf* : anthem
antígeno *nm* : antigen
antigualla *nf* : antique : relic : old thing
antiguamente *adv* : formerly : once : long ago
antigüedad *nf* : antiquity : seniority : age; **antigüedades** *nfpl* : antiques
antiguo, -gua *adj* : ancient : old : former : old-fashioned
antihigiénico, -ca *adj* : unhygienic : unsanitary
antihistamínico *nm* : antihistamine
antiimperialismo *nm* : anti-imperialism
antiimperialista *adj & nmf* : anti-imperialist
antiinflacionario, -ria *adj* : anti-inflationary
antiinflamatorio, -ria *adj* : anti-inflammatory
antillano[1], **-na** *adj* : Caribbean : West Indian
antillano[2], **-na** *n* : West Indian
antílope *nm* : antelope
antimonio *nm* : antimony
antimonopolista *adj* : antitrust
antinatural *adj* : unnatural : perverse
antipatía *nf* : aversion : dislike
antipático, -ca *adj* : obnoxious : unpleasant
antipatriótico, -ca *adj* : unpatriotic
antirrábico, -ca *adj* : rabies
antirreglamentario, -ria *adj* : unlawful : illegal : foul

antirrevolucionario, -ria *adj & n* : antirevolutionary
antirrobo, -ba *adj* : antitheft
antisemita *adj* : anti-Semitic
antisemitismo *nm* : anti-Semitism
antiséptico[1]**, -ca** *adj* : antiseptic
antiséptico[2] *nm* : antiseptic
antisocial *adj* : antisocial
antitabaco *adj* : antismoking
antiterrorista *adj* : antiterrorist
antítesis *nf* : antithesis
antitoxina *nf* : antitoxin
antitranspirante *nm* : antiperspirant
antiviral *adj* : antiviral
antivirus *nm, pl* **antivirus** : antivirus software
antojadizo, -za *adj* : capricious
antojarse *vr* : to be appealing : to be desirable : to seem : to appear
antojo *nm* : whim : craving
antología *nf* : anthology
antónimo *nm* : antonym
antonomasia *nf* **por ~** : par excellence
antorcha *nf* : torch
antracita *nf* : anthracite
antro *nm* : cave : den : dive : seedy nightclub
antropofagia *nf* : cannibalism
antropófago[1]**, -ga** *adj* : cannibalistic
antropófago[2]**, -ga** *n* : cannibal
antropoide *adj & nmf* : anthropoid
antropología *nf* : anthropology
antropológico, -ca *adj* : anthropological
antropólogo, -ga *n* : anthropologist
anual *adj* : annual : yearly — **anualmente** *adv*
anualidad *nf* : annuity
anuario *nm* : yearbook : annual
anudar *v* : to knot : to tie in a knot — **anudarse** *vr*
anuencia *nf* : consent
anulación *nf, pl* **-ciones** : annulment : cancellation
anular *v* : to annul : to cancel
anunciador, -dora *n* → **anunciante**
anunciante *nmf* : advertiser
anunciar *v* : to announce : to advertise
anuncio *nm* : announcement : advertisement : commercial
anzuelo *nm* : fishhook
añadido *nm* : addition
añadidura *nf* : additive : addition
añadir *v* : to add : to increase
añejar *v* : to age : to ripen
añejo, -ja *adj* : aged : vintage : ancient : musty : stale
añicos *nmpl* : smithereens : bits
añil *nm* : indigo : bluing
año *nm* : year : grade
añoranza *nf* : longing : yearning
añorar *v* : to long for : to grieve for : to miss : to mourn : to grieve
añoso, -sa *adj* : aged : old
añublo *nm* : blight
aorta *nf* : aorta
apa *interj* : wow!
apabullante *adj* : overwhelming : crushing
apabullar *v* : to overwhelm
apacentar *v* : to pasture : to put to pasture
apache *adj & nmf* : Apache
apachurrado, -da *adj* : depressed : down
apachurrar *v* : to crush : to squash
apacible *adj* : gentle : mild : calm — **apaciblemente** *adv*
apaciguador, -dora *adj* : calming
apaciguamiento *nm* : appeasement
apaciguar *v* : to appease : to pacify — **apaciguarse** *vr* : to calm down
apadrinar *v* : to be a godparent to : to sponsor : to support
apagado, -da *adj* : off : out : dull : subdued
apagador *nm* : switch
apagar *v* : to turn off : to shut off : to put out : to extinguish — **apagarse** *vr* : to go out : to wane : to die down
apagón *nm, pl* **-gones** : blackout : power failure
apalabrar *v* : to arrange with : to arrange for
apalancamiento *nm* : leverage
apalancar *v* : to jack up : to pry open
apalear *v* : to beat up : to thrash
apanar → **empanar**
apantallar *v* : to dazzle : to impress
apañar *v* : to seize : to grasp : to repair : to mend — **apañarse** *vr* : to manage : to get along
apaño *nm* : patch : skill : knack
apapachar *v* : to cuddle : to caress — **apapacharse** *vr*
apapacho *nm* : cuddle : caress
aparador *nm* : sideboard : cupboard : shop window
aparato *nm* : machine : appliance : apparatus : system : display : ostentation; **aparatos** *nmpl* : braces : ride
aparatoso, -sa *adj* : ostentatious : spectacular
aparcamiento *nm* : parking : parking lot
aparcar *v* : to park
aparcero, -ra *n* : sharecropper
aparear *v* : to mate : to match up — **aparearse** *vr* : to mate
aparecer *v* : to appear : to show up : to turn up : to be found — **aparecerse** *vr* : to appear
aparejar *v* : to prepare : to make ready : to harness : to fit out
aparejo *nm* : equipment : gear : harness : saddle : rig : rigging
aparentar *v* : to seem : to appear : to feign : to pretend
aparente *adj* : apparent : showy : striking — **aparentemente** *adv*

aparición *nf, pl* **-ciones** : appearance : publication : release : apparition : vision
apariencia *nf* : appearance : look
apartado *nm* : section : paragraph
apartamento *nm* : apartment
apartar *v* : to move away : to put at a distance : to put aside : to set aside : to separate — **apartarse** *vr* : to step aside : to stray
aparte[1] *adv* : apart : aside : separately
aparte[2] *adj* : separate : special
aparte[3] *nm* : aside
apartheid *nm* : apartheid
apasionado, -da *adj* : passionate : enthusiastic — **apasionadamente** *adv*
apasionante *adj* : fascinating : exciting
apasionar *v* : to enthuse : to excite — **apasionarse** *vr*
apatía *nf* : apathy
apático, -ca *adj* : apathetic
apátrida *adj* : without nationality : unpatriotic
apearse *vr* : to dismount : to get out of or off
apechugar *v* : to put up with the situation
apedrear *v* : to stone : to throw stones at
apegado, -da *adj* : attached : close : devoted
apegarse *vr* ~ **a** : to become attached to : to grow fond of
apego *nm* : attachment : fondness : inclination
apelación *nf, pl* **-ciones** : appeal
apelar *v* : to appeal
apelativo *nm* : last name : surname
apellidarse *vr* : to have for a last name
apellido *nm* : last name : surname
apelotonar *v* : to roll into a ball : to bundle up
apenar *v* : to sadden — **apenarse** *vr* : to be saddened : to become embarrassed
apenas[1] *adv* : hardly : scarcely
apenas[2] *conj* : as soon as
apéndice *nm* : appendix : appendage
apendicectomía *nf* : appendectomy
apendicitis *nf* : appendicitis
apercibimiento *nm* : preparation : warning
apercibir *v* : to prepare : to make ready : to warn : to observe : to perceive — **apercibirse** *vr* : to get ready
aperitivo *nm* : appetizer : aperitif
apero *nm* : tool : implement
apersonarse *vr* : to appear : to show up
apertura *nf* : opening : aperture : commencement : beginning : openness
apesadumbrar *v* : to distress : to sadden — **apesadumbrarse** *vr* : to be weighed down
apestar *v* : to infect with the plague : to corrupt : to stink
apestoso, -sa *adj* : stinking : foul
apetecer *v* : to crave : to long for : to appeal to : to be appealing
apetecible *adj* : appetizing : appealing
apetito *nm* : appetite
apetitoso, -sa *adj* : appetizing
apiadarse *vr* ~ **de** : to take pity on
apiario *nm* : apiary
ápice *nm* : apex : summit : bit : smidgen
apicultor, -tora *n* : beekeeper
apicultura *nf* : beekeeping
apilar *v* : to heap up : to pile up — **apilarse** *vr*
apiñado, -da *adj* : jammed : crowded
apiñar *v* : to pack : to cram — **apiñarse** *vr* : to crowd together : to huddle
apio *nm* : celery
apisonadora *nf* : steamroller
apisonar *v* : to pack down : to tamp
aplacamiento *nm* : appeasement
aplacar *v* : to appease : to placate — **aplacarse** *vr* : to calm down
aplanadora *nf* : steamroller
aplanar *v* : to flatten : to level
aplastante *adj* : crushing : overwhelming
aplastar *v* : to crush : to squash
aplaudir *v* : to applaud
aplauso *nm* : applause : clapping : praise : acclaim
aplazamiento *nm* : postponement
aplazar *v* : to postpone : to defer
aplicable *adj* : applicable — **aplicabilidad** *nf*
aplicación *nf, pl* **-ciones** : application : diligence : dedication
aplicado, -da *adj* : diligent : industrious
aplicador *nm* : applicator
aplicar *v* : to apply — **aplicarse** *vr* : to apply oneself
aplique *or* **apliqué** *nm* : appliqué
aplomar *v* : to plumb : to make vertical
aplomo *nm* : aplomb : composure
apocado, -da *adj* : timid
apocalipsis *nms & pl* : apocalypse
apocalíptico, -ca *adj* : apocalyptic
apocamiento *nm* : timidity
apocarse *vr* : to shy away : to be intimidated : to humble oneself : to sell oneself short
apócrifo, -fa *adj* : apocryphal
apodar *v* : to nickname : to call — **apodarse** *vr*
apoderado, -da *n* : proxy : agent
apoderar *v* : to authorize : to empower — **apoderarse** *vr* ~ **de** : to seize : to take over
apodo *nm* : nickname
apogeo *nm* : acme : peak : zenith
apolillado, -da *adj* : moth-eaten : worm-eaten : old-fashioned
apolítico, -ca *adj* : apolitical
apología *nf* : defense : apology
apoplejía *nf* : apoplexy : stroke

apoplético, -ca *adj* : apoplectic
aporrear *v* : to bang on : to beat : to bludgeon
aportación *nf, pl* **-ciones** : contribution
aportar *v* : to contribute : to provide
aporte *nm* → **aportación**
aposento *nm* : chamber : room
apósito *nm* : dressing
apostador, -dora *n* : bettor : better
apostar *v* : to bet : to wager
apostasía *nf* : apostasy
apóstata *nmf* : apostate
apostilla *nf* : note
apostillar *v* : to annotate
apóstol *nm* : apostle
apostólico, -ca *adj* : apostolic
apóstrofe *nmf* → **apóstrofo**
apóstrofo *nm* : apostrophe
apostura *nf* : elegance : gracefulness
apoteósico, -ca *adj* : tremendous
apoyabrazos *nms & pl* : armrest
apoyacabezas *nms & pl* : headrest
apoyapiés *nms & pl* : footrest
apoyar *v* : to support : to back : to lean : to rest
apoyo *nm* : support : backing
app *nf, pl* **apps** : app : application
apreciable *adj* : appreciable : substantial : considerable
apreciación *nf, pl* **-ciones** : appreciation : appraisal : evaluation
apreciar *v* : to appreciate : to value : to appraise : to assess — **apreciarse** *vr* : to increase in value
apreciativo, -va *adj* : appreciative
aprecio *nm* : esteem : appreciation : appraisal : assessment
aprehender *v* : to apprehend : to capture : to conceive of : to grasp
aprehensión *nf, pl* **-siones** : apprehension : capture : arrest
apremiante *adj* : pressing : urgent
apremiar *v* : to pressure : to urge : to be urgent
apremio *nm* : pressure : urgency
aprender *v* : to learn — **aprenderse** *vr*
aprendiz, -diza *n, mpl* **-dices** : apprentice : trainee
aprendizaje *nm* : apprenticeship : learning
aprensión *nf, pl* **-siones** : apprehension : dread
aprensivo, -va *adj* : apprehensive : worried
apresamiento *nm* : seizure : capture
apresar *v* : to capture : to seize
aprestar *v* : to make ready : to prepare — **aprestarse** *vr* : to get ready
apresuradamente *adv* : hurriedly : hastily : too fast
apresurado, -da *adj* : hurried : in a rush
apresuramiento *nm* : hurry : haste
apresurar *v* : to quicken : to speed up — **apresurarse** *vr* : to hurry up : to make haste
apretado, -da *adj* : tight : cheap — **apretadamente** *adv*
apretar *v* : to press : to push : to tighten : to squeeze : to clasp : to press together : to fit tightly : to be too tight — **apretarse** *vr*
apretón *nm, pl* **-tones** : squeeze
apretujado, -da *adj* : cramped : squeezed together
apretujar *v* : to squash : to squeeze — **apretujarse** *vr*
aprieto *nm* : predicament : difficulty
aprisa *adv* : quickly : hurriedly
aprisionar *v* : to imprison : to trap : to box in
aprobación *nf, pl* **-ciones** : approval : endorsement
aprobar *v* : to approve of : to pass
aprobatorio, -ria *adj* : approving
aprontar *v* : to prepare : to ready — **aprontarse** *vr* : to get ready
apropiación *nf, pl* **-ciones** : appropriation
apropiado, -da *adj* : appropriate : proper : suitable — **apropiadamente** *adv*
apropiarse *vr* ~ **de** : to take possession of : to appropriate
aprovechable *adj* : usable
aprovechado[1], **-da** *adj* : diligent : hardworking : pushy : opportunistic
aprovechado[2], **-da** *n* : pushy person : opportunist
aprovechamiento *nm* : use : exploitation
aprovechar *v* : to take advantage of : to make good use of : to make the most of it — **aprovecharse** *vr* ~ **de** : to exploit
aprovisionamiento *nm* : provisions *pl* : supplies *pl*
aprovisionar *v* : to provide : to supply
aproximación *nf, pl* **-ciones** : approximation : estimate : rapprochement
aproximado, -da *adj* : approximate : estimated — **aproximadamente** *adv*
aproximar *v* : to approximate : to bring closer — **aproximarse** *vr* : to approach : to move closer
aptitud *nf* : aptitude : capability
apto, -ta *adj* : suitable : suited : fit : capable : competent
apuesta *nf* : bet : wager
apuesto, -ta *adj* : elegant : good-looking
apuntador, -dora *n* : prompter
apuntalar *v* : to prop up : to shore up
apuntar *v* : to point : to point at : to write down : to sign up : to point out : to prompt : to aim — **apuntarse** *vr* : to enroll : to score
apunte *nm* : note
apuñalar *v* : to stab
apuradamente *adv* : with difficulty : hurriedly : hastily

apurado, -da *adj* : rushed : pressured : poor : needy : difficult : awkward : embarrassed
apurar *v* : to hurry : to rush : to use up : to exhaust : to trouble — **apurarse** *vr* : to hurry up : to worry
apuro *nm* : predicament : jam : rush : hurry : embarrassment
aquejado, -da *adj* ~ **de** : suffering from
aquejar *v* : to afflict
aquel[1], **aquella** *adj, mpl* **aquellos** : that : those
aquel[2], **aquella** *or* **aquél, aquélla** *pron, mpl* **aquellos** *or* **aquéllos** : that : those : the former
aquello *pron* : that : that matter : that business
aquí *adv* : here : now
aquiescente *adj* : acquiescent
aquiescencia *nf* : acquiescence : approval
aquietar *v* : to allay : to calm — **aquietarse** *vr* : to calm down
aquilatar *v* : to assay : to assess : to size up
ara *nf* : altar
árabe[1] *adj & nmf* : Arab : Arabian
árabe[2] *nm* : Arabic
arabesco *nm* : arabesque — **arabesco, -ca** *adj*
arábigo, -ga *adj* : Arabic : Arabian
arable *adj* : arable
arado *nm* : plow
aragonés[1], **-nesa** *adj, mpl* **-neses** : of or from Aragón
aragonés[2], **-nesa** *n, mpl* **-neses** : person from Aragón
arancel *nm* : tariff : duty
arancelario, -ria *adj* : tariff : duty
arándano *nm* : blueberry
arandela *nf* : washer
araña *nf* : spider : chandelier
arañar *v* : to scratch : to claw
arañazo *nm* : scratch
arar *v* : to plow
arbitraje *nm* : arbitration : refereeing
arbitrar *v* : to arbitrate : to referee : to umpire
arbitrariedad *nf* : arbitrariness : injustice : wrong
arbitrario, -ria *adj* : arbitrary : unfair : unjust — **arbitrariamente** *adv*
arbitrio *nm* : will : judgment
árbitro, -tra *n* : arbitrator : arbiter : referee : umpire
árbol *nm* : tree
arbolado[1], **-da** *adj* : wooded
arbolado[2] *nm* : woodland
arboleda *nf* : grove : wood
arbóreo, -rea *adj* : arboreal
arbusto *nm* : shrub : bush : hedge
arca *nf* : ark : coffer : chest
arcada *nf* : arcade : series of arches; **arcadas** *nfpl* : retching
arcaico, -ca *adj* : archaic
arcángel *nm* : archangel
arcano, -na *adj* : arcane
arce *nm* : maple tree
arcén *nm, pl* **arcenes** : hard shoulder : berm
archiconocido, -da *adj* : well-known : famous
archidiócesis *nfs & pl* → **arquidiócesis**
archipiélago *nm* : archipelago
archivador *nm* : filing cabinet
archivar *v* : to file : to archive
archivero, -ra *n* : archivist
archivista *nmf* : archivist
archivo *nm* : file : archive : archives *pl*
arcilla *nf* : clay
arco *nm* : arch : archway : bow : arc : wicket : goal : goalposts *pl*
arcón *nm, pl* **-cones** : large chest
arder *v* : to burn : to smart : to sting
ardid *nm* : scheme : ruse
ardiente *adj* : burning : ardent : passionate — **ardientemente** *adv*
ardilla *nf* : squirrel
ardor *nm* : heat : passion : ardor
ardoroso, -sa *adj* : heated : impassioned
arduo, -dua *adj* : arduous : grueling — **arduamente** *adv*
área *nf* : area
arena *nf* : sand : arena
arenal *nm* : sandy area
arenga *nf* : harangue : lecture
arengar *v* : to harangue : to lecture
arenilla *nf* : fine sand; **arenillas** *nfpl* : kidney stones
arenisca *nf* : sandstone
arenoso, -sa *adj* : sandy : gritty
arenque *nm* : herring
arepa *nf* : cornmeal bread
arete *nm* : earring
argamasa *nf* : mortar
argelino, -na *adj & n* : Algerian
argentino, -na *adj & n* : Argentinian : Argentine
argolla *nf* : hoop : ring
argón *nm* : argon
argot *nm* : slang
argucia *nf* : sophistry : subtlety
argüir *v* : to argue : to contend : to deduce : to prove
argumentación *nf, pl* **-ciones** : line of reasoning : argument
argumentar *v* : to argue : to contend
argumento *nm* : argument : reasoning : plot : story line
aria *nf* : aria
aridez *nf, pl* **-deces** : aridity : dryness
árido, -da *adj* : arid : dry
Aries[1] *nm* : Aries
Aries[2] *nmf* : Aries
ariete *nm* : battering ram
arisco, -ca *adj* : surly : sullen : unsociable

arista *nf* : ridge : edge : beard; **aristas** *nfpl* : rough edges : complications : problems
aristocracia *nf* : aristocracy
aristócrata *nmf* : aristocrat
aristocrático, -ca *adj* : aristocratic
aritmética *nf* : arithmetic
aritmético, -ca *adj* : arithmetic : arithmetical — **aritméticamente** *adv*
arlequín *nm, pl* **-quines** : harlequin
arma *nf* : weapon; **armas** *nfpl* : armed forces
armada *nf* : navy : fleet
armadillo *nm* : armadillo
armado, -da *adj* : armed : assembled : put together : obstinate : stubborn
armador, -dora *n* : owner of a ship
armadura *nf* : armor : skeleton : framework
armamento *nm* : armament : arms *pl* : weaponry
armar *v* : to assemble : to put together : to create : to cause : to arm — **armarse** *vr* ~ **de** : to arm oneself with
armario *nm* : closet : cupboard
armatoste *nm* : monstrosity : contraption
armazón *nmf, pl* **-zones** : framework : skeleton : frames *pl*
armenio, -nia *adj & n* : Armenian
armería *nf* : armory : arms museum : gunsmith's shop : gunsmith's craft
armero, -ra *n* : gunsmith
armiño *nm* : ermine
armisticio *nm* : armistice
armonía *nf* : harmony
armónica *nf* : harmonica
armónico, -ca *adj* : harmonic : harmonious — **armónicamente** *adv*
armonioso, -sa *adj* : harmonious — **armoniosamente** *adv*
armonizar *v* : to harmonize : to reconcile : to blend together
arnés *nm, pl* **arneses** : harness
aro *nm* : hoop : napkin ring : earring
aroma *nm* : aroma : scent
aromático, -ca *adj* : aromatic
arpa *nf* : harp
arpillera *nf* : burlap
arpista *nmf* : harpist
arpón *nm, pl* **arpones** : harpoon — **arponear** *v*
arquear *v* : to arch : to bend — **arquearse** *vr* : to bow
arqueología *nf* : archaeology
arqueológico, -ca *adj* : archaeological
arqueólogo, -ga *n* : archaeologist
arquero, -ra *n* : archer : goalkeeper : goalie
arquetípico, -ca *adj* : archetypal
arquetipo *nm* : archetype
arquidiócesis *nfs & pl* : archdiocese
arquitecto, -ta *n* : architect
arquitectónico, -ca *adj* : architectural — **aquitectónicamente** *adv*
arquitectura *nf* : architecture
arrabal *nm* : slum; **arrabales** *nmpl* : outskirts : outlying area
arracada *nf* : hoop earring
arracimarse *vr* : to cluster together
arraigado, -da *adj* : deep-seated : ingrained
arraigar *v* : to take root : to become established — **arraigarse** *vr*
arraigo *nm* : roots *pl*
arrancar *v* : to pull out : to tear out : to pull up : to pull off : to pick : to draw : to start : to boot : to snatch : to get going — **arrancarse** *vr* : to pull off
arrancón *nm, pl* **-cones** : sudden loud start
arranque *nm* : starter : outburst : fit
arrasar *v* : to level : to smooth : to devastate : to destroy : to fill to the brim
arrastrar *v* : to drag : to tow : to draw : to attract : to hang down : to trail — **arrastrarse** *vr* : to crawl : to grovel
arrastre *nm* : dragging : pull : attraction
arrayán *nm, pl* **-yanes** : myrtle
arrear *v* : to urge on : to drive : to hurry along
arrebatado, -da *adj* : impetuous : hotheaded : rash : flushed : blushing
arrebatador, -dora *adj* : breathtaking : impressive
arrebatar *v* : to snatch : to seize : to captivate — **arrebatarse** *vr* : to get carried away
arrebato *nm* : fit : outburst
arreciar *v* : to intensify : to worsen
arrecife *nm* : reef
arreglado, -da *adj* : fixed : repaired : settled : sorted out : neat : tidy : smart : dressed-up
arreglar *v* : to repair : to fix : to tidy : to straighten : to arrange : to solve : to work out — **arreglarse** *vr* : to get ready : to get dressed : to do : to have/get done
arreglo *nm* : repair : arrangement : agreement : understanding
arrellanarse *vr* : to settle
arremangarse *vr* : to roll up one's sleeves
arremeter *v* : to attack : to charge
arremetida *nf* : attack : onslaught
arremolinarse *vr* : to crowd around : to mill about : to swirl
arrendador, -dora *n* : landlord : landlady *f* : tenant : lessee
arrendajo *nm* : jay
arrendamiento *nm* : rental : leasing
arrendar *v* : to rent : to lease
arrendatario, -ria *n* : tenant : lessee : renter
arreos *nmpl* : tack : harness : trappings
arrepentido, -da *adj* : repentant : remorseful
arrepentimiento *nm* : regret : remorse : repentance

arrepentirse *vr* : to regret : to be sorry : to repent
arrestar *v* : to arrest : to detain
arresto *nm* : arrest; **arrestos** *nmpl* : boldness : daring
arriar *v* : to lower : to slacken
arriate *nm* : bed : border
arriba *adv* : up : upwards : above : overhead : upstairs : up with
arribar *v* : to arrive : to dock : to put into port
arribista *nmf* : parvenu : upstart
arribo *nm* : arrival
arriendo *nm* : rent : rental
arriero, -ra *n* : mule driver
arriesgado, -da *adj* : risky : bold : daring
arriesgar *v* : to risk : to venture — **arriesgarse** *vr* : to take a chance
arrimado, -da *n* : sponger : freeloader
arrimar *v* : to bring closer : to draw near — **arrimarse** *vr* : to approach : to get close
arrinconar *v* : to corner : to box in : to push aside : to abandon
arroba *nf* : at sign : former unit of measurement
arrobamiento *nm* : rapture : ecstasy
arrobar *v* : to enrapture : to enchant — **arrobarse** *vr*
arrocero[1], **-ra** *adj* : rice
arrocero[2], **-ra** *n* : rice grower
arrodillarse *vr* : to kneel
arrogancia *nf* : arrogance : haughtiness
arrogante *adj* : arrogant : haughty
arrogarse *vr* : to usurp : to arrogate
arrojado, -da *adj* : daring : fearless
arrojar *v* : to hurl : to cast : to throw : to give off : to spew out : to yield : to produce : to vomit — **arrojarse** *vr* : to throw oneself : to leap
arrojo *nm* : boldness : fearlessness
arrollador, -dora *adj* : sweeping : overwhelming
arrollar *v* : to sweep away : to carry away : to crush : to overwhelm : to run over
arropar *v* : to clothe : to cover — **arroparse** *vr*
arrostrar *v* : to confront : to face
arroyo *nm* : brook : creek : stream : gutter
arroz *nm, pl* **arroces** : rice
arrozal *nm* : rice field : rice paddy
arruga *nf* : wrinkle : fold : crease
arrugado, -da *adj* : wrinkled : creased : lined
arrugar *v* : to wrinkle : to crease : to pucker — **arrugarse** *vr*
arruinar *v* : to ruin : to wreck — **arruinarse** *vr* : to be ruined : to fall into ruin : to go bankrupt
arrullar *v* : to lull to sleep : to coo
arrullo *nm* : lullaby : coo
arrumaco *nm* : kissing : cuddling
arrumbar *v* : to lay aside : to put away : to floor : to leave speechless
arsenal *nm* : arsenal
arsénico *nm* : arsenic
arte *nmf* : art : skill; **artes** *nfpl* : cunning : guile
artefacto *nm* : artifact : device
artemisa *nf* : sagebrush
arteria *nf* : artery — **arterial** *adj*
arteriosclerosis *nf* : arteriosclerosis : hardening of the arteries
artero, -ra *adj* : wily : crafty
artesanal *adj* : pertaining to crafts or craftsmanship : handmade
artesanía *nf* : craftsmanship : handicrafts *pl*
artesano, -na *n* : artisan : craftsman
ártico, -ca *adj* : arctic
articulación *nf, pl* **-ciones** : articulation : pronunciation : joint
articular *v* : to articulate : to utter : to connect with a joint : to coordinate : to orchestrate
articulista *nmf* : columnist
artículo *nm* : article : thing : item : feature : report
artífice *nmf* : artisan : mastermind : architect
artificial *adj* : artificial : man-made : feigned : false — **artificialmente** *adv*
artificio *nm* : skill : device : appliance : artifice : ruse
artificioso, -sa *adj* : skillful : cunning : deceptive
artillería *nf* : artillery
artillero, -ra *n* : gunner
artilugio *nm* : gadget : contraption
artimaña *nf* : ruse : trick
artista *nmf* : artist : actor : actress *f*
artístico, -ca *adj* : artistic — **artísticamente** *adv*
artrítico, -ca *adj* : arthritic
artritis *nfs & pl* : arthritis
artrópodo *nm* : arthropod
arveja *nf* : pea
arzobispado *nm* : archbishopric
arzobispo *nm* : archbishop
as *nm* : ace
asa *nf* : handle : grip
asado[1], **-da** *adj* : roasted : grilled : broiled
asado[2] *nm* : roast : barbecued meat : barbecue : cookout
asador *nm* : spit : rotisserie
asaduras *nfpl* : entrails : offal
asalariado[1], **-da** *adj* : wage-earning : salaried
asalariado[2], **-da** *n* : wage earner
asaltante *nmf* : mugger : robber : assailant
asaltar *v* : to assault : to mug : to rob
asalto *nm* : assault : mugging : robbery : round

asamblea *nf* : assembly : meeting
asambleísta *nmf* : assemblyman *m* : assemblywoman *f*
asar *v* : to roast : to grill — **asarse** *vr* : to be dying from heat
asbesto *nm* : asbestos
ascendencia *nf* : ancestry : descent
ascendente *adj* : ascending : upward
ascender *v* : to ascend : to rise up : to be promoted : to promote
ascendiente[1] *nmf* : ancestor
ascendiente[2] *nm* : influence : ascendancy
ascensión *nf, pl* **-siones** : ascent : rise
ascenso *nm* : ascent : rise : promotion
ascensor *nm* : elevator
asceta *nmf* : ascetic
ascético, -ca *adj* : ascetic
ascetismo *nm* : asceticism
asco *nm* : disgust
ascua *nf* : ember
aseado, -da *adj* : clean : neat
asear *v* : to wash : to clean : to tidy up — **asearse** *vr*
asechanza *nf* : snare : trap
asechar *v* : to set a trap for
asediar *v* : to besiege : to harass
asedio *nm* : siege : harassment
asegurador[1], **-dora** *adj* : insuring : assuring : pertaining to insurance
asegurador[2], **-dora** *n* : insurer : underwriter
aseguradora *nf* : insurance company
asegurar *v* : to assure : to secure : to insure — **asegurarse** *vr* : to make sure : to take out insurance : to insure oneself
asemejar *v* : to make similar : to be similar to : to resemble — **asemejarse** *vr* ~ **a** : to look like : to resemble
asentaderas *nfpl* : bottom : buttocks *pl*
asentado, -da *adj* : settled : established
asentamiento *nm* : settlement
asentar *v* : to lay down : to set down : to place : to settle : to establish : to state : to affirm — **asentarse** *vr* : to settle down : to establish oneself
asentimiento *nm* : assent : consent
asentir *v* : to consent : to agree
aseo *nm* : cleanliness
aséptico, -ca *adj* : aseptic
asequible *adj* : accessible : attainable
aserción *nf, pl* **-ciones** → **aserto**
aserradero *nm* : sawmill
aserrar *v* : to saw
aserrín *nm, pl* **-rrines** : sawdust
aserto *nm* : assertion : affirmation
asesinar *v* : to murder : to assassinate
asesinato *nm* : murder : assassination
asesino[1], **-na** *adj* : murderous : homicidal
asesino[2], **-na** *n* : murderer : killer : assassin
asesor, -sora *n* : advisor : consultant
asesoramiento *nm* : advice : counsel
asesorar *v* : to advise : to counsel — **asesorarse** *vr* ~ **de** : to consult
asesoría *nf* : consulting : advising : consultant's office
asestar *v* : to aim : to point : to deliver : to deal
aseveración *nf, pl* **-ciones** : assertion : statement
aseverar *v* : to assert : to state
asexual *adj* : asexual — **asexualmente** *adv*
asfaltado[1], **-da** *adj* : paved
asfaltado[2] *nm* : pavement : asphalt
asfaltar *v* : to pave : to blacktop
asfalto *nm* : asphalt
asfixia *nf* : asphyxia : asphyxiation : suffocation
asfixiante *adj* : asphyxiating : oppressive
asfixiar *v* : to asphyxiate : to suffocate : to smother — **asfixiarse** *vr*
asga, etc. → **asir**
así[1] *adv* : like this : like that : so
así[2] *adj* : such : such a : like that
así[3] *conj* : even if : even though
asiático[1], **-ca** *adj* : Asian
asiático[2], **-ca** *n* : Asian
asidero *nm* : grip : handle : hold
asiduamente *adv* : regularly : frequently
asiduidad *nf* **con** ~ : regularly : frequently
asiduo, -dua *adj* : assiduous : frequent : regular
asiento *nm* : seat : chair : location : site
asignación *nf, pl* **-ciones** : allocation : appointment : designation : allowance : pay : homework : assignment
asignar *v* : to assign : to allocate : to appoint
asignatura *nf* : subject : course
asilado, -da *n* : exile : refugee
asilo *nm* : asylum : refuge : shelter
asimetría *nf* : asymmetry
asimétrico, -ca *adj* : asymmetrical : asymmetric
asimilación *nf, pl* **-ciones** : assimilation
asimilar *v* : to assimilate — **asimilarse** *vr* ~ **a** : to be similar to : to resemble
asimismo *adv* : similarly : likewise : as well : also
asir *v* : to seize : to grasp — **asirse** *vr* ~ **a** : to cling to
asistencia *nf* : attendance : assistance : assist
asistente[1] *adj* : attending : in attendance
asistente[2] *nmf* : assistant
asistido, -da *adj* : assisted
asistir *v* : to attend : to be present : to aid : to assist
asma *nf* : asthma
asmático, -ca *adj* : asthmatic
asno *nm* : ass : donkey
asociación *nf, pl* **-ciones** : association : relationship : society : group

asociado[1], **-da** *adj* : associate : associated
asociado[2], **-da** *n* : associate : partner
asociar *v* : to associate : to connect : to pool : to take into partnership — **asociarse** *vr* : to become partners
asolar *v* : to devastate : to destroy
asoleado, -da *adj* : sunny
asolear *v* : to put in the sun — **asolearse** *vr* : to sunbathe
asomar *v* : to show : to stick out : to appear : to become visible — **asomarse** *vr* : to lean out : to look out
asombrar *v* : to amaze : to astonish — **asombrarse** *vr* : to marvel : to be amazed
asombro *nm* : amazement : astonishment
asombroso, -sa *adj* : amazing : astonishing — **asombrosamente** *adv*
asomo *nm* : hint : trace
aspa *nf* : blade
aspaviento *nm* : exaggerated movement : fuss : flounce
aspecto *nm* : aspect : appearance : look
aspereza *nf* : roughness : coarseness
áspero, -ra *adj* : rough : coarse : abrasive — **ásperamente** *adv*
aspersión *nf, pl* **-siones** : sprinkling
aspersor *nm* : sprinkler
aspiración *nf, pl* **-ciones** : inhalation : breathing in : aspiration : desire
aspiradora *nf* : vacuum cleaner
aspirante *nmf* : applicant : candidate
aspirar *v* ~ **a** : to aspire to : to inhale : to breathe in
aspirina *nf* : aspirin
asqueante *adj* : sickening : disgusting
asquear *v* : to sicken : to disgust
asquerosidad *nf* : filth : foulness
asqueroso, -sa *adj* : disgusting : sickening : repulsive — **asquerosamente** *adv*
asta *nf* : flagpole : horn : antler : shaft
ástaco *nm* : crayfish
astado, -da *adj* : horned
aster *nm* : aster
asterisco *nm* : asterisk
asteroide *nm* : asteroid
astigmatismo *nm* : astigmatism
astil *nm* : shaft
astilla *nf* : splinter : chip
astillar *v* : to splinter — **astillarse** *vr*
astillero *nm* : dry dock : shipyard
astral *adj* : astral
astringente *adj & nm* : astringent — **astringencia** *nf*
astro *nm* : heavenly body : star
astrología *nf* : astrology
astrológico, -ca *adj* : astrological
astrólogo, -ga *n* : astrologer
astronauta *nmf* : astronaut
astronáutica *nf* : astronautics
astronáutico, -ca *adj* : astronautic : astronautical
astronave *nf* : spaceship
astronomía *nf* : astronomy
astronómico, -ca *adj* : astronomical — **astronómicamente** *adv*
astrónomo, -ma *n* : astronomer
astroso, -sa *adj* : slovenly : untidy
astucia *nf* : astuteness : shrewdness : cunning : guile
astuto, -ta *adj* : astute : shrewd : crafty : tricky — **astutamente** *adv*
asueto *nm* : time off : break
asumir *v* : to assume : to take on : to suppose
asunción *nf, pl* **-ciones** : assumption
asunto *nm* : affair : matter : subject; **asuntos** *nmpl* : affairs : business
asustadizo, -za *adj* : nervous : jumpy : skittish
asustado, -da *adj* : frightened : afraid
asustar *v* : to scare : to frighten — **asustarse** *vr*
atacante *nmf* : assailant : attacker
atacar *v* : to attack
atado[1], **-da** *adj* : shy : inhibited
atado[2] *nm* : bundle : bunch : pack
atadura *nf* : tie : bond
atajada *nf* : save
atajar *v* : to block : to stop : to interrupt : to cut off : to hold back : to restrain ~ **por** : to take a shortcut through
atajo *nm* : shortcut
atalaya *nf* : watchtower : vantage point
atañer *v* ~ **a** : to concern : to have to do with
ataque *nm* : attack : assault : fit
atar *v* : to tie : to tie up : to tie down — **atarse** *vr*
atarantado, -da *adj* : restless : dazed : stunned
atarantar *v* : to daze : to stun
atarazana *nf* : shipyard
atardecer[1] *v impers* : to get dark
atardecer[2] *nm* : late afternoon : dusk
atareado, -da *adj* : busy : overworked
atascar *v* : to block : to clog : to stop up : to hinder — **atascarse** *vr* : to become obstructed : to get bogged down : to stall
atasco *nm* : blockage : traffic jam
ataúd *nm* : coffin : casket
ataviar *v* : to dress : to clothe — **ataviarse** *vr* : to dress up
atavío *nm* : dress : attire
ateísmo *nm* : atheism
atemorizar *v* : to frighten : to intimidate — **atemorizarse** *vr*
atemperar *v* : to temper : to moderate
atención[1] *nf, pl* **-ciones** : attention
atención[2] *interj* : attention! : watch out!
atender *v* : to help : to wait on : to look after : to take care of : to heed : to listen to : to pay attention
atenerse *vr* : to abide
atentado *nm* : attack : assault

atentamente *adv* : attentively : carefully : sincerely : sincerely yours
atentar *v* ~ **contra** : to make an attempt on : to threaten
atento, -ta *adj* : attentive : mindful : courteous
atenuación *nf, pl* **-ciones** : lessening : understatement
atenuante[1] *adj* : extenuating : mitigating
atenuante[2] *nmf* : extenuating circumstance : excuse
atenuar *v* : to extenuate : to mitigate : to dim : to tone down : to minimize : to lessen
ateo[1], **atea** *adj* : atheistic
ateo[2], **atea** *n* : atheist
aterciopelado, -da *adj* : velvety : downy
aterido, -da *adj* : freezing : frozen
aterrador, -dora *adj* : terrifying
aterrar *v* : to terrify : to frighten
aterrizaje *nm* : landing
aterrizar *v* : to land : to touch down
aterrorizar *v* : to terrify : to terrorize — **aterrorizarse** *vr* : to be terrified
atesorar *v* : to hoard : to amass
atestado, -da *adj* : crowded : packed
atestar *v* : to crowd : to pack : to witness : to testify to : to testify
atestiguar *v* : to testify to : to bear witness to : to testify
atiborrar *v* : to pack : to crowd — **atiborrarse** *vr* : to stuff oneself
ático *nm* : penthouse : attic
atigrado, -da *adj* : tabby : striped
atildado, -da *adj* : smart : neat : dapper
atildar *v* : to put a tilde over : to clean up : to smarten up — **atildarse** *vr* : to get spruced up
atinar *v* : to be accurate : to be on target
atingencia *nf* : bearing : relevance
atípico, -ca *adj* : atypical
atiplado, -da *adj* : shrill : high-pitched
atirantar *v* : to make taut : to tighten
atisbar *v* : to spy on : to watch : to catch a glimpse of : to make out
atisbo *nm* : glimpse : sign : hint
atizador *nm* : poker
atizar *v* : to poke : to stir : to stoke : to stir up : to rouse : to give : to land
atlántico, -ca *adj* : Atlantic
atlas *nm* : atlas
atleta *nmf* : athlete
atlético, -ca *adj* : athletic
atletismo *nm* : athletics
atmósfera *nf* : atmosphere
atmosférico, -ca *adj* : atmospheric
atolladero *nm* : predicament : fix
atollarse *vr* : to get stuck : to get bogged down
atolón *nm, pl* **-lones** : atoll
atolondrado, -da *adj* : bewildered : dazed : scatterbrained : absentminded
atómico, -ca *adj* : atomic
atomizador *nm* : atomizer
atomizar *v* : to fragment : to break into bits
átomo *nm* : atom
atónito, -ta *adj* : astonished : amazed
atontar *v* : to stupefy : to bewilder : to confuse
atorar *v* : to block : to clog — **atorarse** *vr* : to get stuck : to choke
atormentador, -dora *n* : tormentor
atormentar *v* : to torment : to torture — **atormentarse** *vr* : to torment oneself : to agonize
atornillar *v* : to screw
atorrante *nmf* : bum : loafer
atosigar *v* : to harass : to annoy
atracadero *nm* : dock : pier
atracador, -dora *n* : robber : mugger
atracar *v* : to dock : to land : to hold up : to rob : to mug — **atracarse** *vr* ~ **de** : to gorge oneself with
atracción *nf, pl* **-ciones** : attraction
atraco *nm* : holdup : robbery
atracón *nm, pl* **-cones darse un atracón (de)** : to pig out
atractivo[1], **-va** *adj* : attractive — **atractivamente** *adv*
atractivo[2] *nm* : attraction : appeal : charm
atraer *v* : to attract — **atraerse** *vr* : to gain : to win
atragantarse *vr* : to choke
atrancar *v* : to block : to bar — **atrancarse** *vr*
atrapada *nf* : catch
atrapar *v* : to trap : to capture
atrás *adv* : back : behind : ago
atrasado, -da *adj* : late : overdue : backward : old-fashioned : slow
atrasar *v* : to delay : to put off : to lose time — **atrasarse** *vr* : to fall behind
atraso *nm* : lateness : delay : backwardness; **atrasos** *nmpl* : arrears
atravesar *v* : to cross : to go across : to pierce : to lay across : to go through — **atravesarse** *vr* : to be in the way : to interfere : to meddle
atrayente *adj* : attractive
atreverse *vr* : to dare : to be insolent
atrevido, -da *adj* : bold : daring : insolent
atrevimiento *nm* : daring : boldness : insolence
atribución *nf, pl* **-ciones** : attribution
atribuible *adj* : attributable : ascribable
atribuir *v* : to attribute : to ascribe : to grant : to confer — **atribuirse** *vr* : to take credit for
atribular *v* : to afflict : to trouble — **atribularse** *vr*
atributo *nm* : attribute
atril *nm* : lectern : stand
atrincherar *v* : to entrench — **atrincherarse** *vr* : to dig in : to entrench oneself

atrio *nm* : atrium : portico
atrocidad *nf* : atrocity
atrofia *nf* : atrophy
atrofiar *v* : to atrophy
atronador, -dora *adj* : thunderous : deafening
atropellado, -da *adj* : rash : hasty : brusque : abrupt — **atropelladamente** *adv*
atropellamiento → atropello
atropellar *v* : to knock down : to run over : to violate : to abuse — **atropellarse** *vr* : to rush through : to trip over one's words
atropello *nm* : abuse : violation : outrage
atroz *adj, pl* **atroces** : atrocious : appalling — **atrozmente** *adv*
atuendo *nm* : attire : costume
atufar *v* : to vex : to irritate — **atufarse** *vr* : to get angry : to smell bad : to stink
atún *nm, pl* **atunes** : tuna fish : tuna
aturdimiento *nm* : bewilderment : confusion
aturdir *v* : to stun : to shock : to bewilder : to confuse : to stupefy — **aturdido, -da** *adj*
atuvo, etc. → atenerse
audacia *nf* : boldness : audacity
audaz *adj, pl* **audaces** : bold : audacious : daring — **audazmente** *adv*
audible *adj* : audible
audición *nf, pl* **-ciones** : hearing : audition
audiencia *nf* : audience
audífono *nm* : hearing aid; **audífonos** *nmpl* : headphones : earphones
audio *nm* : audio
audiolibro *nm* : audiobook
audiovisual *adj* : audiovisual
auditar *v* : to audit
auditivo, -va *adj* : auditory : hearing : aural
auditor, -tora *n* : auditor
auditoría *nf* : audit
auditorio *nm* : auditorium : audience
auge *nm* : peak : height : boom : upturn
augur *nm* : augur
augurar *v* : to predict : to foretell
augurio *nm* : augury : omen
augusto, -ta *adj* : august
aula *nf* : classroom
aullar *v* : to howl : to wail
aullido *nm* : howl : wail
aumentar *v* : to increase : to raise : to rise : to grow
aumento *nm* : increase : rise
aun *adv* : even
aún *adv* : still : yet
aunar *v* : to join : to combine — **aunarse** *vr* : to unite
aunque *conj* : though : although : even if : even though
aura *nf* : aura : turkey buzzard
áureo, -rea *adj* : golden
aureola *nf* : halo : aura
aurícula *nf* : auricle
auricular *nm* : telephone receiver; **auriculares** *nmpl* : headphones : earphones
aurora *nf* : dawn
ausencia *nf* : absence
ausentarse *vr* : to leave : to go away
ausente[1] *adj* : absent : missing
ausente[2] *nmf* : absentee : missing person
auspiciar *v* : to sponsor : to foster : to promote
auspicios *nmpl* : sponsorship : auspices
austeridad *nf* : austerity
austero, -ra *adj* : austere
austral *adj* : southern
australiano, -na *adj & n* : Australian
austríaco *or* **austríaco, -ca** *adj & n* : Austrian
autenticar *v* : to authenticate — **autenticación** *nf*
autenticidad *nf* : authenticity
auténtico, -ca *adj* : authentic — **auténticamente** *adv*
autentificar *v* : to authenticate — **autentificación** *nf*
autismo *nm* : autism
autista *adj* : autistic
auto *nm* : auto : car
auto- *pref* : self-
autoabastecerse *vr* : to be self-sufficient
autoayuda *nf* : self-help
autobiografía *nf* : autobiography
autobiográfico, -ca *adj* : autobiographical
autobomba *nf* : fire truck
auto bomba *nm* : car bomb
autobús *nm, pl* **-buses** : bus
autocar → autobús
autocine *nm* : drive-in
autocompasión *nf* : self-pity
autocontrol *nm* : self-control
autocorrector *nm* : autocorrect
autocracia *nf* : autocracy
autócrata *nmf* : autocrat
autocrático, -ca *adj* : autocratic
autóctono, -na *adj* : indigenous : native
autodefensa *nf* : self-defense
autodenominarse *vr* : to call oneself
autodestrucción *nf* : self-destruction — **autodestructivo, -va** *adj*
autodeterminación *nf* : self-determination
autodidacta[1] *adj* : self-taught
autodidacta[2] *nmf* : self-taught person
autodidacto[1], **-ta** *adj* → **autodidacta**[1]
autodidacto[2], **-ta** *n* → **autodidacta**[2]
autodisciplina *nf* : self-discipline
autoedición *nf* : desktop publishing
autoescuela *nf* : driving school

autoestima *nf* : self-esteem
autofoto *nf* : selfie
autogobierno *nm* : self-government
autografiar *v* : to autograph
autógrafo *nm* : autograph
autoinfligido, -da *adj* : self-inflicted
automación → automatización
autómata *nm* : automaton
automático, -ca *adj* : automatic — **automáticamente** *adv*
automatización *nf* : automation
automatizar *v* : to automate
automercado *nm* : supermarket
automotor, -tora *adj* : self-propelled : automotive : car
automotriz[1] *adj, pl* **-trices** : automotive : car
automotriz[2] *nf, pl* **-trices** : automaker
automóvil *nm* : automobile
automovilista *nmf* : motorist
automovilístico, -ca *adj* : automobile : car
autonombrado, -da *adj* : self-appointed
autonomía *nf* : autonomy
autonómico, -ca *adj* : autonomous
autónomo, -ma *adj* : autonomous — **autónomamente** *adv*
autopista *nf* : expressway : highway
autoproclamado, -da *adj* : self-proclaimed : self-appointed
autopropulsado, -da *adj* : self-propelled
autopsia *nf* : autopsy
autor, -tora *n* : author : perpetrator
autoría *nf* : authorship
autoridad *nf* : authority
autoritario, -ria *adj* : authoritarian
autorización *nf, pl* **-ciones** : authorization
autorizado, -da *adj* : authorized : authoritative
autorizar *v* : to authorize : to approve
autorretrato *nm* : self-portrait
autoservicio *nm* : self-service restaurant : supermarket
autostop *nm* : hitchhiking
autostopista *nmf* : hitchhiker
autosuficiencia *nf* : self-sufficiency — **autosuficiente** *adj*
autovía *nf* : divided highway
auxiliar[1] *v* : to aid : to assist
auxiliar[2] *adj* : assistant : auxiliary
auxiliar[3] *nmf* : assistant : helper
auxilio *nm* : aid : assistance
aval *nm* : guarantee : endorsement
avalancha *nf* : avalanche
avalar *v* : to guarantee : to endorse
avaluar *v* : to evaluate : to appraise
avalúo *nm* : appraisal : evaluation
avance *nm* : advance
avanzado, -da *adj* : advanced : progressive
avanzar *v* : to advance : to move forward : to make progress : to put forward
avaricia *nf* : greed : avarice
avaricioso, -sa *adj* : avaricious : greedy
avaro[1], **-ra** *adj* : miserly : greedy
avaro[2], **-ra** *n* : miser
avasallador, -dora *adj* : overwhelming
avasallamiento *nm* : domination
avasallar *v* : to overpower : to subjugate
avatar *nm* : avatar; **avatares** *nmpl* : vagaries : vicissitudes
ave *nf* : bird
avecinarse *vr* : to approach : to come near
avecindarse *vr* : to settle : to take up residence
avellana *nf* : hazelnut : filbert
avellano *nm* : hazel
avena *nf* : oat : oats *pl* : oatmeal
avenencia *nf* : agreement : pact
avenida *nf* : avenue
avenir *v* : to reconcile : to harmonize — **avenirse** *vr* : to agree : to come to terms : to get along
aventajado, -da *adj* : outstanding
aventajar *v* : to be ahead of : to lead : to surpass : to outdo
aventar *v* : to fan : to winnow : to throw : to toss — **aventarse** *vr* : to hurl oneself : to dare : to take a chance
aventón *nm, pl* **-tones** : ride : lift
aventura *nf* : adventure : venture : risk : love affair
aventurado, -da *adj* : hazardous : risky
aventurar *v* : to venture : to risk — **aventurarse** *vr* : to take a risk
aventurero[1], **-ra** *adj* : adventurous
aventurero[2], **-ra** *n* : adventurer
avergonzado, -da *adj* : ashamed : embarrassed
avergonzar *v* : to shame : to embarrass — **avergonzarse** *vr* : to be ashamed : to be embarrassed
avería *nf* : damage : breakdown : malfunction
averiado, -da *adj* : damaged : faulty : broken down
averiar *v* : to damage — **averiarse** *vr* : to break down
averiguación *nf, pl* **-ciones** : investigation : inquiry
averiguar *v* : to find out : to ascertain : to investigate
aversión *nf, pl* **-siones** : aversion : dislike
avestruz *nm, pl* **-truces** : ostrich
avezado, -da *adj* : seasoned : experienced
aviación *nf, pl* **-ciones** : aviation
aviador, -dora *n* : aviator : flyer
aviar *v* : to prepare : to make ready : to tidy up : to equip : to supply
avícola *adj* : poultry
avicultor, -tora *n* : poultry farmer
avicultura *nf* : poultry farming
avidez *nf, pl* **-deces** : eagerness
ávido, -da *adj* : eager : avid — **ávidamente** *adv*
avieso, -sa *adj* : twisted : distorted : wicked : depraved

avinagrado, -da *adj* : vinegary : sour
avío *nm* : preparation : provision : loan; **avíos** *nmpl* : gear : equipment
avión *nm, pl* **aviones** : airplane
avionazo *nm* : plane crash
avioneta *nf* : light airplane
avisar *v* : to notify : to inform : to advise : to warn
aviso *nm* : notice : advertisement : ad : warning
avispa *nf* : wasp
avispado, -da *adj* : clever : sharp
avispero *nm* : wasps' nest
avispón *nm, pl* **-pones** : hornet
avistamiento *nm* : sighting
avistar *v* : to sight : to catch sight of
avituallar *v* : to supply with food : to provision
avivar *v* : to enliven : to brighten : to strengthen : to intensify
avizorar *v* : to spy on : to watch : to observe : to perceive
axila *nf* : armpit
axioma *nm* : axiom
axiomático, -ca *adj* : axiomatic
ay *interj* : oh! : ouch! : ow!
ayer[1] *adv* : yesterday
ayer[2] *nm* : yesteryear : days gone by
ayote *nm* : squash : pumpkin
ayuda *nf* : help : assistance
ayudante *nmf* : helper : assistant
ayudar *v* : to help : to assist — **ayudarse** *vr* ~ **de** : to make use of
ayunar *v* : to fast
ayunas *nfpl* **en ~** : fasting
ayuno *nm* : fast
ayuntamiento *nm* : town hall : city hall : town or city council
azabache *nm* : jet
azada *nf* : hoe
azafata *nf* : stewardess *f* : hostess *f*
azafrán *nm, pl* **-franes** : saffron : crocus
azahar *nm* : orange blossom
azalea *nf* : azalea
azar *nm* : chance : accident : misfortune
azaroso, -sa *adj* : perilous : hazardous : turbulent : eventful
azimut *nm* : azimuth
azogue *nm* : mercury
azorado, -da *adj* : embarrassed : flustered : amazed : stunned
azorar *v* : to alarm : to startle : to fluster : to embarrass — **azorarse** *vr* : to get embarrassed
azotar *v* : to whip : to flog : to lash : to batter : to devastate : to afflict
azote *nm* : whip : lash : spanking : licking : calamity : scourge
azotea *nf* : flat roof : terraced roof
azteca *adj & nmf* : Aztec
azúcar *nmf* : sugar — **azucarar** *v*
azucarado, -da *adj* : sweetened : sugary
azucarera *nf* : sugar bowl
azucarero, -ra *adj* : sugar
azucena *nf* : white lily
azuela *nf* : adze
azufre *nm* : sulfur — **azufroso, -sa** *adj*
azul *adj & nm* : blue
azulado, -da *adj* : bluish
azulejo *nm* : ceramic tile : floor tile
azuloso, -sa *adj* : bluish
azulete *nm* : bluing
azur[1] *adj* : azure
azur[2] *n* : azure : sky blue
azuzar *v* : to incite : to egg on
baba *nf* : spittle : saliva : dribble : drool : slime : ooze
babear *v* : to drool : to slobber : to ooze
babero *nm* : bib
babor *nm* : port : port side
babosa *nf* : slug
babosada *nf* : silly act or remark
baboso, -sa *adj* : drooling : slobbering : slimy : silly : dumb
babucha *nf* : slipper
babuino *nm* : baboon
baca *nf* : luggage/roof rack
bacalao *nm* : cod
bacán[1] *adj, pl* **bacanes** : posh : classy : rich : cool : neat : great
bacán[2] *n, pl* **bacanes** : rich person
bacano, -na *adj* : cool : great
bache *nm* : pothole : air pocket : bad period : rough time : slump
bachiller *nmf* : high school graduate
bachillerato *nm* : high school diploma
bacinica *nf* : chamber pot : potty
bacon *nm* : bacon
bacteria *nf* : bacterium
bacteriano, -na *adj* : bacterial
báculo *nm* : staff : stick
badajo *nm* : clapper
badén *nm, pl* **badenes** : ford : dip : ditch : speed bump
bádminton *nm* : badminton
bafle *or* **baffle** *nm* : speaker : loudspeaker
bagaje *nm* : background : knowledge
bagre *nm* : catfish
baguette *nf* : baguette
bah *interj* : huh!
bahía *nf* : bay
bailar *v* : to dance : to spin : to be loose : to be too big
bailarín[1], **-rina** *adj, mpl* **-rines** : dancing : fond of dancing
bailarín[2], **-rina** *n, mpl* **-rines** : dancer : ballet dancer : ballerina *f*
baile *nm* : dance : dance party : ball
baja *nf* : fall : drop : slump : recession : loss : casualty
bajada *nf* : descent : dip : slope : decrease : drop
bajar *v* : to lower : to let down : to bring/take/carry down : to get/lift down : to bow : to go/come down : to download : to drop : to fall : to ebb — **bajarse** *vr* ~ **de** : to get off : to get out of

bajeza *nf* : low or despicable act : baseness
bajío *nm* : lowland : shoal : sandbank : shallows
bajista *nmf* : bass player : bassist
bajo[1] *adv* : low : softly : quietly
bajo[2], **-ja** *adj* : low : short : soft : faint : deep : lower : lowered : base : vile
bajo[3] *nm* : bass : double bass : bass guitar : first floor : ground floor : hemline
bajo[4] *prep* : under : beneath : below
bajón *nm, pl* **bajones** : sharp drop : slump
bajorrelieve *nm* : bas-relief
bala *nf* : bullet : bale
balacear → **balear**
balacera *nf* → **baleo**
balada *nf* : ballad
balance *nm* : balance : balance sheet : outcome : result
balancear *v* : to balance : to swing : to rock — **balancearse** *vr* : to sway : to rock
balanceo *nm* : swaying : rocking : swinging
balancín *nm, pl* **-cines** : rocking chair : seesaw
balandra *nf* : sloop
balanza *nf* : scales *pl* : balance
balar *v* : to bleat
balaustrada *nf* : balustrade
balazo *nm* : shot : gunshot : bullet wound
balboa *nf* : balboa
balbucear *v* : to mutter : to stammer : to babble
balbuceo *nm* : mumbling : stammering : babbling
balbucir → **balbucear**
balcánico, -ca *adj* : Balkan
balcón *nm, pl* **balcones** : balcony
balde *nm* : bucket : pail
baldío[1], **-día** *adj* : fallow : useless : vain
baldío[2] *nm* : wasteland : vacant lot
baldosa *nf* : floor tile : paving tile/stone : paving block
balear *v* : to shoot : to shoot at
baleo *nm* : shooting : shoot-out
balero *nm* : ball bearing : cup-and-ball toy
balido *nm* : bleat
balín *nm, pl* **balines** : pellet
balística *nf* : ballistics
balístico, -ca *adj* : ballistic
baliza *nf* : buoy : beacon
ballena *nf* : whale
ballenero[1], **-ra** *adj* : whaling
ballenero[2], **-ra** *n* : whaler
ballenero[3] *nm* : whaleboat : whaler
ballesta *nf* : crossbow : spring
ballet *nm* : ballet
balneario *nm* : spa : bathing resort
balompié *nm* : soccer
balón *nm, pl* **balones** : ball : tank
baloncelista → **basquetbolista**
baloncesto *nm* : basketball
balonmano *nm* : handball
balsa *nf* : raft : balsa : pond : pool
balsámico, -ca *adj* : soothing
bálsamo *nm* : balsam : balm
balsero, -ra *n* : boat person : refugee
báltico, -ca *adj* : Baltic
baluarte *nm* : bulwark : bastion
bambalina *nf* **tras/entre bambalinas** : behind the scenes
bambolear *v* : to sway : to swing : to wobble — **bambolearse** *vr*
bamboleo *nm* : swaying : swinging : wobbling
bambú *nm, pl* **bambúes** *or* **bambús** : bamboo
banal *adj* : banal — **banalidad** *nf*
banana *nf* : banana
bananero[1], **-ra** *adj* : banana
bananero[2] *nm* : banana tree
banano *nm* : banana tree : banana
banca *nf* : banking : banks : bank : bench
bancada *nf* : group : faction : workbench
bancal *nm* : terrace : plot
bancario, -ria *adj* : bank : banking
bancarrota *nf* : bankruptcy
banco *nm* : bank : bar : stool : bench : pew : school
banda *nf* : band : strip : sash : belt : (frequency) band : gang : flock : side : touchline
bandada *nf* : flock : school
bandazo *nm* **dar bandazos** : to move from side to side
bandearse *vr* : to look after oneself : to cope
bandeja *nf* : tray : platter
bandera *nf* : flag : banner
banderazo *nm* : starting signal
banderilla *nf* : dart
banderín *nm, pl* **-rines** : pennant : small flag
bandido, -da *n* : bandit : outlaw
bando *nm* : faction : side : proclamation
bandolero, -ra *n* : bandit : outlaw
banjo *nm* : banjo
banquero, -ra *n* : banker
banqueta *nf* : footstool : stool : bench : sidewalk
banquete *nm* : banquet
banquetear *v* : to feast
banquillo *nm* : bench : dock : defendant's seat
banquina *nf* : shoulder
bañadera → **bañera**
bañador *nm* : swimsuit : bathing suit
bañar *v* : to bathe : to wash : to immerse : to dip : to coat : to cover — **bañarse** *vr* : to take a bath : to swim : to go swimming
bañera *nf* : bathtub
bañero, -ra *n* : lifeguard

bañista *nmf* : bather
baño *nm* : bath : swim : dip : bathroom : bathtub : icing : frosting
baptista → bautista
baqueta *nf* : ramrod; **baquetas** *nfpl* : drumsticks
bar *nm* : bar
baraja *nf* : deck of cards
barajar *v* : to shuffle : to consider
baranda *nf* **→ barandal**
barandal *nm* : rail : railing : banister : handrail
barandilla *nf* **→ barandal**
barata *nf* : sale : bargain : cockroach
baratija *nf* : bauble : trinket
baratillo *nm* : rummage sale : flea market
barato[1] *adv* : cheap : cheaply
barato[2], **-ta** *adj* : cheap : inexpensive
barba *nf* : beard : stubble : chin
barbacoa *nf* : barbecue : barbecued meat
bárbaramente *adv* : barbarously
barbaridad *nf* : barbarity : atrocity : stupid act or remark : ton : load
barbarie *nf* : savagery
bárbaro[1] *adv* **pasarlo bárbaro** : to have a great time
bárbaro[2], **-ra** *adj* : barbarian : cruel : rude : crass : great : fantastic
bárbaro[3], **-ra** *n* : barbarian
barbecho *nm* : fallow land
barbería *nf* : barbershop
barbero *nm* : barber
barbilla *nf* : chin
barbitúrico *nm* : barbiturate
barbudo[1], **-da** *adj* : bearded
barbudo[2] *nm* : bearded man
barca *nf* : boat
barcaza *nf* : barge
barcia *nf* : chaff
barco *nm* : boat : ship
barda *nf* : wall : fence
bardo *nm* : bard
baremo *nm* : scale
barítono *nm* : baritone
barman *nm* : bartender
barniz *nm, pl* **barnices** : varnish
barnizar *v* : to varnish
barómetro *nm* : barometer — **barométrico, -ca** *adj*
barón *nm, pl* **barones** : baron
baronesa *nf* : baroness
barquero, -ra *n* : boatman *m*, boatwoman *f*
barquillo *nm* : wafer : ice-cream cone
barra *nf* : bar : rod : block : counter : gang : slash : bank
barraca *nf* : shack : booth : stall
barracuda *nf* : barracuda
barranca *nf* : hillside : slope
barranco *nm* : ravine : gorge
barredora *nf* : street sweeper
barrena *nf* : drill : auger : gimlet : tailspin
barrenar *v* : to drill
barrendero, -ra *n* : sweeper : street cleaner
barrer *v* : to sweep : to sweep away : to crush : to defeat : to make a clean sweep — **barrerse** *vr* : to slide
barrera *nf* : barrier : obstacle
barreta *nf* : crowbar
barriada *nf* : district : quarter : shantytown : slums *pl*
barrica *nf* : barrel : cask : keg
barricada *nf* : barricade
barrida *nf* : sweep : slide : clean sweep
barrido *nm* : sweeping
barriga *nf* : belly
barrigón, -gona *adj, mpl* **-gones** : potbellied
barril *nm* : barrel : keg
barrio *nm* : neighborhood : district
barrizal *nm* : quagmire
barro *nm* : mud : clay : pimple : blackhead
barroco, -ca *adj* : baroque — **barroco** *nm*
barroso, -sa *adj* : muddy
barrote *nm* : bar
bártulos *nmpl* : things : belongings
barullo *nm* : racket : ruckus : mess : confusion
basa *nf* : base : pedestal
basalto *nm* : basalt
basar *v* : to base
báscula *nf* : balance : scales *pl*
base *nf* : base : bottom : basis : foundation : rules *pl*
básico, -ca *adj* : basic — **básicamente** *adv*
basílica *nf* : basilica
basket *or* **básquet → basquetbol**
basquetbol *or* **básquetbol** *nm* : basketball
basquetbolista *nmf* : basketball player
basset *nm* : basset hound
bastante[1] *adv* : enough : sufficiently : fairly : rather : quite
bastante[2] *adj* : enough : sufficient : plenty of : a lot of
bastante[3] *pron* : enough
bastar *v* : to be enough : to suffice — **bastarse** *vr* : to be able to manage on one's own
bastardilla *nf* : italic type : italics *pl*
bastardo, -da *adj* : bastard : base
bastidor *nm* : framework : frame : wing
bastión *nf, pl* **bastiones** : bastion : bulwark
basto[1], **-ta** *adj* : coarse : rough
basto[2] *nm* : club
bastón *nm, pl* **bastones** : cane : walking stick : baton
basura *nf* : garbage : trash
basural → basurero[2]
basurero[1], **-ra** *n* : garbage collector
basurero[2] *nm* : garbage can : garbage dump

bata *nf* : bathrobe : housecoat : smock : coveralls : lab coat
batacazo *nm* : wallop
batalla *nf* : battle : fight : struggle
batallar *v* : to battle : to fight
batallón *nm, pl* **-llones** : battalion
batata *nf* : yam : sweet potato
batazo *nm* : hit
bate *nm* : baseball bat
batea *nf* : tray : pan : punt
bateador, -dora *n* : batter : hitter
batear *v* : to bat : to hit
bateo *nm* : batting
batería *nf* : battery : drum kit : drums *pl*
baterista *nmf* : drummer
batida *nf* : raid
batido *nm* : milk shake
batidor *nm* : eggbeater : whisk : mixer
batidora *nf* : (electric) mixer
batir *v* : to beat : to hit : to defeat : to whisk : to whip : to cream : to flap : to comb : to search : to break — **batirse** *vr* : to fight
batuta *nf* : baton
baúl *nm* : trunk : chest
bautismal *adj* : baptismal
bautismo *nm* : baptism : christening
bautista *adj & nmf* : Baptist
bautizar *v* : to baptize : to christen
bautizo → **bautismo**
bávaro, -ra *adj & n* : Bavarian
baya *nf* : berry
bayeta *nf* : cleaning cloth
bayoneta *nf* : bayonet
baza *nf* : trick
bazar *nm* : bazaar
bazo *nm* : spleen
bazofia *nf* : table scraps *pl* : slop : swill : rubbish
bazuca *nf* : bazooka
beagle *nm* : beagle
beatífico, -ca *adj* : beatific
beato, -ta *adj* : blessed : devout : overly devout
bebe, -ba *n* : baby
bebé *nm* : baby
bebedero *nm* : watering trough : drinking fountain
bebedor, -dora *n* : (heavy) drinker
beber *v* : to drink
bebida *nf* : drink : beverage
bebido, -da *adj* : drunk
beca *nf* : grant : scholarship
becado, -da *n* : grant recipient : scholarship holder
becar *v* : to award a grant or scholarship to
becario, -ria → **becado**
becerro, -rra *n* : calf
bedel *nmf* : janitor
begonia *nf* : begonia
beige *adj & nm* : beige
beisbol *or* **béisbol** *nm* : baseball
beisbolista *nmf* : baseball player
beldad *nf* : beauty
belén *nf, pl* **belenes** : Nativity scene
belga *adj & nmf* : Belgian
belicista[1] *adj* : militaristic
belicista[2] *nmf* : warmonger
bélico, -ca *adj* : war : fighting : military
belicoso, -sa *adj* : warlike : martial : aggressive : belligerent
beligerancia *nf* : belligerence
beligerante *adj & nmf* : belligerent
bellaco[1], **-ca** *adj* : sly : cunning
bellaco[2], **-ca** *n* : rogue : scoundrel
belleza *nf* : beauty
bello, -lla *adj* : beautiful — **bellamente** *adv*
bellota *nf* : acorn
bemol *nm* : flat — **bemol** *adj*
bencina *nf* : gas : gasoline
bencinera *nf* : gas station
bendecir *v* : to bless
bendición *nf, pl* **-ciones** : benediction : blessing
bendiga, bendijo, etc. → **bendecir**
bendito[1], **-ta** *adj* : blessed : holy : fortunate
bendito[2], **-ta** *n* : simple person
benefactor[1], **-tora** *adj* : charitable
benefactor[2], **-tora** *n* : benefactor : benefactress *f*
beneficencia *nf* : charity
beneficiar *v* : to benefit — **beneficiarse** *vr* : to benefit
beneficiario, -ria *n* : beneficiary : payee
beneficio *nm* : profit : benefit
beneficioso, -sa *adj* : beneficial
benéfico, -ca *adj* : charitable
benemérito, -ta *adj* : meritorious : worthy
beneplácito *nm* : approval : consent
benevolencia *nf* : benevolence : kindness
benevolente → **benévolo**
benévolo, -la *adj* : benevolent : kind : good
bengala *nf* **luz de bengala** : flare : sparkler
benigno, -na *adj* : benign : mild
benjamín, -mina *n, mpl* **-mines** : youngest child
beodo, -da *adj & n* : drunk
berberecho *nm* : cockle
berenjena *nf* : eggplant
bergantín *nm, pl* **-tines** : brig
berlinés[1], **-nesa** *adj* : of or from Berlin
berlinés[2], **-nesa** *n* : person from Berlin
berma *nf* : shoulder
bermudas *nfpl* : Bermuda shorts
berrear *v* : to bellow : to low : to bawl : to howl
berrido *nm* : bellowing : howl : scream
berrinche *nm* : tantrum
berro *nm* : watercress
besar *v* : to kiss — **besarse** *vr* : to kiss
beso *nm* : kiss

bestia[1] *adj* : ignorant : stupid : boorish : rude
bestia[2] *nf* : beast : brute
bestia[3] *nmf* : ignoramus : brute
bestial *adj* : bestial : beastly : huge : enormous : great : fantastic
bestialidad *nf* : brutality : stupid act or remark : load : ton
best–seller *nm, pl* **-sellers** : best seller
beta *nf* : beta
besuquear *v* : to cover with kisses — **besuquearse** *vr* : to neck : to smooch
betabel *nm* : beet
betún *nm, pl* **betunes** : shoe polish : icing
bi- *pref* : bi-
bianual *adj* : biannual
biberón *nm, pl* **-rones** : baby's bottle
biblia *nf* : bible
bíblico, -ca *adj* : biblical
bibliografía *nf* : bibliography — **bibliográfico, -ca** *adj*
bibliógrafo, -fa *n* : bibliographer
biblioteca *nf* : library : bookcase : bookshelves
bibliotecario, -ria *n* : librarian
bicameral *adj* : bicameral
bicarbonato *nm* : bicarbonate
bicentenario *nm* : bicentennial
bíceps *nms & pl* : biceps
bicho *nm* : small animal : bug
bici *nf* : bike
bicicleta *nf* : bicycle
bicolor *adj* : two-tone
bidé *or* **bidet** *nm* : bidet
bidireccional *adj* : two-way
bidón *nm, pl* **bidones** : large can : drum
bien[1] *adv* : well : right : properly : skillfully : thoroughly : very : quite : easily
bien[2] *adj* : well : OK : all right : good : nice : pleasant : fine : right : correct : proper
bien[3] *nm* : good : sake; **bienes** *nmpl* : property : goods : possessions
bien[4] *conj* **(o) bien ... (o) bien ...** : either ... or ...
bien[5] *interj* : well : so
bienal *adj & nf* : biennial — **bienalmente** *adv*
bienaventurado, -da *adj* : blessed : fortunate : happy
bienestar *nm* : welfare : well-being : comfort
bienintencionado, -da *adj* : well-meaning
bienvenida *nf* : welcome
bienvenido, -da *adj* : welcome
bies *nm* : bias
bife *nm* : steak
bífido, -da *adj* : forked
bifocales *nmpl* : bifocals — **bifocal** *adj*
bifurcación *nf, pl* **-ciones** : fork
bifurcarse *vr* : to fork
bigamia *nf* : bigamy
bígamo, -ma *n* : bigamist
bigote *nm* : mustache : whisker
bigotón, -tona *adj, mpl* **-tones** : having a big mustache
bikini *nm* : bikini
bilateral *adj* : bilateral — **bilateralmente** *adv*
biliar *adj* : bile
bilingüe *adj* : bilingual
bilis *nf* : bile
billar *nm* : pool : billiards
billete *nm* : bill → **boleto**
billetera *nf* : billfold : wallet
billetero, -ra *n* : lottery ticket vendor
billón *nm, pl* **billones** : billion : trillion
bimensual *adj* : bimonthly : semimonthly
bimestral *adj* : bimonthly — **bimestralmente** *adv*
bimestre *nm* : two-month period
bimotor *adj* : twin-engine
binacional *adj* : binational
binario, -ria *adj* : binary
bingo *nm* : bingo
binocular *adj* : binocular
binoculares *nmpl* : binoculars
bio- *pref* : bio-
biodegradable *adj* : biodegradable
biodiversidad *nf* : biodiversity
biografía *nf* : biography
biográfico, -ca *adj* : biographical
biógrafo, -fa *n* : biographer
biología *nf* : biology
biológico, -ca *adj* : biological : biologic — **biológicamente** *adv*
biólogo, -ga *n* : biologist
biombo *nm* : folding screen : room divider
biopsia *nf* : biopsy
bioquímica *nf* : biochemistry
bioquímico[1], **-ca** *adj* : biochemical
bioquímico[2], **-ca** *n* : biochemist
biosfera *or* **biósfera** *nf* : biosphere
biotecnología *nf* : biotechnology — **biotecnológico, -ca** *adj*
bip *nm* : beep
bipartidismo *nm* : two-party system
bipartidista *adj* : bipartisan
bípedo *nm* : biped
biquini → **bikini**
birlar *v* : to swipe : to pinch
birmano, -na *adj & n* : Burmese
birrete *nm* : mortarboard : biretta
bis[1] *adv* : twice : again : a : A
bis[2] *nm* : encore
bis- *pref* : great
bisabuelo, -la *n* : great-grandfather *m* : great-grandmother *f* : great-grandparent
bisagra *nf* : hinge
bisecar *v* : bisect
bisel *nm* : bevel
biselar *v* : to bevel

bisexual *adj* : bisexual — **bisexualidad** *nf*
bisiesto *adj* **año bisiesto** : leap year
bisnieto, -ta *n* : great-grandson *m* : great-granddaughter *f* : great-grandchild
bisonte *nm* : bison : buffalo
bisoñé *nm* : hairpiece : toupee
bisoño[1], **-ña** *adj* : inexperienced
bisoño[2], **-ña** *n* : rookie
bistec *nm* : steak : beefsteak
bisturí *nm, pl* **-ríes** : scalpel
bisutería *nf* : costume jewelry
bit *nm* : bit
bitácora *nf* : ship's log : blog
bitcoin *nm, pl* **bitcoins** : Bitcoin
bizco, -ca *adj* : cross-eyed
bizcocho *nm* : sponge cake : biscuit
blanca *nf* : half note
blanco[1], **-ca** *adj* : white
blanco[2], **-ca** *n* : white person
blanco[3] *nm* : white : target : bull's-eye
blancura *nf* : whiteness
blancuzco, -ca *adj* : whitish : off-white : pale
blandir *v* : to wave : to brandish
blando, -da *adj* : soft : tender : weak : lenient
blandura *nf* : softness : tenderness : leniency
blanqueador *nm* : bleach : whitener
blanquear *v* : to bleach : to whitewash : to shut out : to launder : to turn white
blanqueo *nm* : bleaching : whitewashing : money laundering
blanquillo *nm* : egg
blasfemar *v* : to blaspheme
blasfemia *nf* : blasphemy
blasfemo, -ma *adj* : blasphemous
blazer *nm* : blazer
bledo *nm* **(no) me importa un bledo** : I don't give a damn
blindado, -da *adj* : armored
blindaje *nm* : armor : armor plating : shield
bloc *nm, pl* **blocs** : notepad : pad
blof *nm* : bluff
blofear *v* : to bluff
blog *nm, pl* **blogs** : blog
blondo, -da *adj* : blond : flaxen
bloque *nm* : block : bloc
bloquear *v* : to block : to blockade : to jam : to freeze — **bloquearse** *vr* : to stick : to lock
bloqueo *nm* : blocking : blockade
blues *nm* : blues
blusa *nf* : blouse
blusón *nm, pl* **blusones** : loose shirt : smock
boa *nf* : boa
boato *nm* : ostentation : show
bobada *nf* : stupid remark or action
bobalicón, -cona *adj, mpl* **-cones** : silly : stupid
bobina *nf* : roll : spool : bobbin : (electrical) coil
bobo[1], **-ba** *adj* : silly : stupid
bobo[2], **-ba** *n* : fool
bobsleigh *nm* : bobsled
boca *nf* : mouth : entrance : muzzle
bocacalle *nf* : entrance to a street
bocadillo *nm* : sandwich
bocado *nm* : bite : mouthful : bit
bocajarro *nm* **a ~** : point-blank
bocallave *nf* : keyhole
bocanada *nf* : mouthful : gust
boceto *nm* : sketch : outline
bochinche *nm* : ruckus : uproar
bochorno *nm* : embarrassment : hot and humid weather : hot flash
bochornoso, -sa *adj* : embarrassing : hot and muggy
bocina *nf* : horn : trumpet : automobile horn : mouthpiece : loudspeaker
bocinazo *nm* : honk
bocio *nm* : goiter
bocón, -cona *n, mpl* **bocones** : blabbermouth : loudmouth
boda *nf* : wedding
bodega *nf* : wine cellar : wine shop : wine bar : winery : wine producer : cellar : (ship's) hold : storeroom : warehouse : grocery store
bodegón *nm, pl* **-gones** : still life
bofetada *nf* : slap on the face
bofetear *v* : to slap
bofetón *nm, pl* **-tones → bofetada**
boga *nf* : fashion : vogue
bogey *nm* : bogey
bogotano[1], **-na** *adj* : of or from Bogotá
bogotano[2], **-na** *n* : person from Bogotá
bohemio, -mia *adj & n* : bohemian : Bohemian
bohío *nm* : hut
boicot *nm, pl* **boicots** : boycott
boicotear *v* : to boycott
bóiler *nm* : water heater
boina *nf* : beret
bol *nm* : bowl
bola *nf* : ball : marble : scoop : lie : fib : bunch : uproar : tumult
bolchevique *adj & nmf* : Bolshevik
bolear *v* : to polish
bolera *nf* : bowling alley
bolero[1] *nm* : bolero
bolero[2], **-ra** *n* : shoeshine boy/man *m* : shoeshine girl/woman *f*
boleta *nf* : receipt : ticket : slip : (traffic/parking) ticket : bill
boletaje *nm* : tickets *pl*
boletería *nf* : box office : ticket office
boletín *nm, pl* **-tines** : bulletin : journal : review
boleto *nm* : ticket : fare
boli *nm* **→ bolígrafo**
boliche *nm* : bowling : bowling alley : bar : nightclub : small store
bólido *nm* : race car : meteor

bolígrafo *nm* : ballpoint pen
bolillo *nm* : bobbin : roll : bun
bolita *nf* : marble
bolívar *nm* : bolivar
boliviano[1], **-na** *adj & n* : Bolivian
boliviano[2] *nm* : boliviano
bollo *nm* : bun : sweet roll : ball
bolo *nm* : bowling pin
bolos *nmpl* : bowling
bolsa *nf* : bag : sack : pocketbook : purse : pocket : pouch
bolsear *v* : to pick pocket
bolsillo *nm* : pocket
bolsita *nf* : small bag
bolso *nm* : pocketbook : handbag
bomba *nf* : bomb : bubble : pump : gas station : bombshell : shocker
bombacha *nf* : panties
bombachos *nmpl* : baggy pants : bloomers
bombardear *v* : to bomb : to bombard
bombardeo *nm* : bombing : shelling : bombardment
bombardero *nm* : bomber
bombástico, -ca *adj* : bombastic
bombazo *nm* : bombshell : shocker : (bomb) explosion
bombear *v* : to pump
bombero, -ra *n* : firefighter : fireman *m*
bombilla *nf* : lightbulb : tube : straw
bombillo *nm* : lightbulb
bombín *nm, pl* **-bines** : derby
bombita → bombilla
bombo *nm* : bass drum : fanfare : hype
bombón *nm, pl* **bombones** : bonbon : chocolate : marshmallow
bombona *nf* : tank
bonachón[1], **-chona** *adj, mpl* **-chones** : good-natured : kindhearted
bonachón[2], **-chona** *n, mpl* **-chones** : kindhearted person
bonaerense[1] *adj* : of or from Buenos Aires
bonaerense[2] *nmf* : person from Buenos Aires
bonanza *nf* : prosperity : calm weather : rich ore deposit : bonanza
bondad *nf* : goodness : kindness
bondadoso, -sa *adj* : kind : kindly : good — **bondadosamente** *adv*
bonete *nm* : cap : mortarboard
bongo *or* **bongó** *nm, pl* **bongos** *or* **bongóes** : bongo
boniato *nm* : sweet potato
bonificación *nf, pl* **-ciones** : discount : bonus : extra
bonito[1] *adv* : nicely : well
bonito[2], **-ta** *adj* : pretty : lovely
bonito[3] *nm* : bonito
bono *nm* : bond : voucher
boqueada *nf* : gasp
boquear *v* : to gasp : to be dying
boquerón *nm, pl* **-rones** : anchovy
boquete *nm* : hole : opening
boquiabierto, -ta *adj* : open-mouthed : speechless : agape
boquilla *nf* : mouthpiece : stem : cigarette holder : nozzle
borbotar *or* **borbotear** *v* : to bubble
borboteo *nm* : bubbling
borda *nf* : gunwale
bordado *nm* : embroidery
bordar *v* : to embroider
borde *nm* : edge : rim : side
bordear *v* : to border : to line : to skirt : to follow : to border on
bordillo *nm* : curb
bordo *nm* **a ~** : aboard : on board
bordón *nm, pl* **-dones** : bass string : snare : staff
boreal *adj* : northern
borgoña *nf* : burgundy
boricua *adj & nmf* : Puerto Rican
borinqueño, -ña → boricua
borla *nf* : pom-pom : tassel : powder puff
borrachera *nf* : drunkenness
borrachín, -china *n, mpl* **-chines** : lush : drunk
borracho[1], **-cha** *adj* : drunk
borracho[2], **-cha** *n* : drunk : drunkard
borrador *nm* : rough copy : first draft : sketch : (blackboard) eraser
borrar *v* : to erase : to delete : to wipe : to wipe off : to blot out — **borrarse** *vr* : to fade : to fade away : to resign : to drop out : to split : to leave
borrasca *nf* : area of low pressure : squall : storm
borrascoso, -sa *adj* : blustery : stormy
borrego, -ga *n* : lamb : sheep
borrico → burro
borrón *nm, pl* **borrones** : smudge : blot
borronear *v* : to smudge : to blot
borroso, -sa *adj* : blurry : fuzzy
boscoso, -sa *adj* : wooded
bosnio, -nia *adj & n* : Bosnian
bosque *nm* : woods : forest
bosquecillo *nm* : grove : copse : thicket
bosquejar *v* : to outline : to sketch
bosquejo *nm* : outline : sketch : draft
bostezar *v* : to yawn
bostezo *nm* : yawn
bot *nm, pl* **bots** : bot
bota *nf* : boot : wineskin
botadero *nm* : garbage dump
botana *nf* : snack : appetizer
botánica *nf* : botany
botánico[1], **-ca** *adj* : botanical
botánico[2], **-ca** *n* : botanist
botar *v* : to throw : to fling : to hurl : to throw out : to throw away : to bounce : to launch : to jump
bote *nm* : small boat : can : jar : jump : bounce : jail
botella *nf* : bottle
botica *nf* : drugstore : pharmacy
boticario, -ria *n* : pharmacist : druggist

botín *nm, pl* **botines** : baby's bootee : ankle boot : booty : plunder
botiquín *nm, pl* **-quines** : medicine cabinet : first aid kit
botón *nm, pl* **botones** : button : bud : badge
botones *nmfs & pl* : bellhop
botulismo *nm* : botulism
boulevard → bulevar
bouquet *nm, pl* **-quets** : bouquet : aroma
bourbon *nm* : bourbon
boutique *nf* : boutique
bóveda *nf* : vault : dome : crypt
bovino, -na *adj* : bovine
box *nm, pl* **boxes** : pit : boxing
boxeador, -dora *n* : boxer
boxear *v* : to box
boxeo *nm* : boxing
boxers *nmpl* : boxer shorts
boya *nf* : buoy
boyante *adj* : buoyant
bozal *nm* : muzzle : halter
bracear *v* : to wave one's arms : to make strokes
bracero, -ra *n* : migrant worker : day laborer
bragas *nfpl* : panties
braguero *nm* : truss
bragueta *nf* : fly : pants zipper
braille *adj & nm* : braille
bramante *nm* : twine : string
bramar *v* : to roar : to bellow : to howl
bramido *nm* : bellowing : roar
brandy *nm* : brandy
branquia *nf* : gill
brasa *nf* : ember
brasero *nm* : brazier
brasier *or* **brassiere** *nm* : brassiere : bra
brasileño, -ña *adj & n* : Brazilian
brasilero, -ra → brasileño
bravata *nf* : boast : threat
bravío, -vía *adj* : wild : fierce
bravo, -va *adj* : ferocious : fierce : angry : rough
bravucón, -cona *n, mpl* **-cones** : bully
bravuconadas *nfpl* : bravado
bravura *nf* : fierceness : ferocity : bravery
braza *nf* : fathom
brazada *nf* : stroke
brazalete *nm* : bracelet : bangle : armband
brazo *nm* : arm : limb : branch : inlet; **brazos** *nmpl* : hands : laborers
brea *nf* : tar : pitch
brebaje *nm* : potion : brew
brecha *nf* : gap : breach : opening : difference : gash
brega *nf* : struggle : hard work
bregar *v* : to struggle : to toil
breve *adj* : brief : short — **brevemente** *adv*
brevedad *nf* : brevity : shortness
brezo *nm* : heather
bribón, -bona *n, mpl* **bribones** : rascal : scamp
bricolaje *or* **bricolage** *nm* : do-it-yourself : DIY
brida *nf* : bridle
bridge *nm* : bridge
brigada *nf* : brigade : team : squad
brigadier *nm* : brigadier
brillante[1] *adj* : bright : shiny : glossy : sparkling : brilliant — **brillantemente** *adv*
brillante[2] *nm* : diamond
brillantez *nf* : brilliance : brightness
brillar *v* : to shine : to sparkle
brillo *nm* : brilliance : luster : shine : gloss : splendor
brilloso, -sa *adj* : lustrous : shiny
brincar *v* : to jump : to hop : to gambol
brinco *nm* : jump : leap : skip
brindar *v* : to drink a toast : to offer : to provide — **brindarse** *vr* **brindarse a hacer algo** : to volunteer to do something
brindis *nm* : toast : drink
brinque, etc. → brincar
brío *nm* : force : determination : spirit : verve
brioso, -sa *adj* : spirited
brisa *nf* : breeze
británico[1], **-ca** *adj* : British
británico[2], **-ca** *n* : British person
brizna *nf* : strand : blade
broca *nf* : drill bit
brocado *nm* : brocade
brocha *nf* : paintbrush
broche *nm* : brooch : fastener : clasp : clip : barrette : hair clip : staple
brocheta *nf* : skewer
brócoli *nm* : broccoli
broma *nf* : joke : prank
bromear *v* : to joke
bromista[1] *adj* : joking : playful
bromista[2] *nmf* : joker : prankster
bromo *nm* : bromine
bronca *nf* : fight : quarrel : fuss : anger : scolding
bronce *nm* : bronze
bronceado[1], **-da** *adj* : tanned : suntanned : bronze
bronceado[2] *nm* : suntan : tan : bronzing
bronceador *nm* : suntan lotion
broncear *v* : to tan — **broncearse** *vr* : to get a suntan
bronco, -ca *adj* : harsh : rough : untamed : wild
bronquial *adj* : bronchial
bronquio *nm* : bronchial tube
bronquitis *nf* : bronchitis
broqueta *nf* : skewer
brotar *v* : to bud : to sprout : to spring up : to stream : to gush forth : to appear
brote *nm* : outbreak : sprout : bud : shoot

broza *nf* : brushwood : scrub : undergrowth
bruces → de bruces
brujería *nf* : witchcraft : sorcery
brujo[1], **-ja** *adj* : bewitching
brujo[2], **-ja** *n* : witch *f* sorcerer
brújula *nf* : compass
bruma *nf* : haze : mist
brumoso, -sa *adj* : hazy : misty
bruñir *v* : to burnish : to polish
brusco, -ca *adj* : sudden : abrupt : curt : brusque — **bruscamente** *adv*
brusquedad *nf* : abruptness : suddenness : brusqueness
brutal *adj* : brutal : incredible : terrific — **brutalmente** *adv*
brutalidad *nf* : brutality
brutalizar *v* : to brutalize : to maltreat
bruto[1], **-ta** *adj* : gross : raw : unrefined : brutish : stupid
bruto[2], **-ta** *n* : brute : dunce : blockhead
bubónico, -ca *adj* : bubonic
bucal *adj* : oral
bucanero *nm* : buccaneer
buceador, -dora *n* : diver : scuba diver
bucear *v* : to dive : to swim underwater : to explore : to delve
buceo *nm* : diving : scuba diving
buche *nm* : crop : belly
bucle *nm* : curl : ringlet : loop
bucólico, -ca *adj* : bucolic
budín *nm, pl* **budines** : pudding
budismo *nm* : Buddhism
budista *adj & nmf* : Buddhist
buen *adj* → **bueno**[1]
buenamente *adv* : easily : willingly
buenaventura *nf* : good luck : fortune : future
buenazo, -za *n* : kindhearted person
bueno[1], **-na** *adj* : good : kind : proper : pleasant : tasty : fresh : healthy : sexy : hot : competent : considerable : goodly
bueno[2] *interj* : OK! : all right! : hello!
bueno[3], **-na** *n* : good guy
buey *nm* : ox : steer
búfalo *nm* : buffalo
bufanda *nf* : scarf
bufar *v* : to snort
bufet *or* **bufé** *nm* : buffet
bufete *nm* : law firm : law office
bufido *nm* : snort
bufo, -fa *adj* : comic
bufón, -fona *n, mpl* **bufones** : jester : clown : buffoon
bufonada *nf* : antic
buhardilla *nf* : attic : dormer window
búho *nm* : owl : hermit : recluse
buhonero, -ra *n* : peddler
buitre *nm* : vulture
bujía *nf* : spark plug
bula *nf* : papal bull
bulbo *nm* : bulb
bulboso, -sa *adj* : bulbous
bulevar *nm* : boulevard
búlgaro, -ra *adj & n* : Bulgarian
bulla *nf* : racket : rowdiness
bulldog *nm, pl* **bulldogs** : bulldog
bulldozer *nm, pl* **-zers** : bulldozer
bullicio *nm* : ruckus : uproar : hustle and bustle
bullicioso, -sa *adj* : noisy : busy : turbulent
bullir *v* : to boil : to stir : to bustle about
bullying *nm* : bullying
bulto *nm* : package : bundle : piece of luggage : bag : size : bulk : volume : form : shape : lump : swelling : bulge
bumerán *nm, pl* **-ranes** : boomerang
búnker *nm, pl* **búnkers** : bunker
búnquer → búnker
buñuelo *nm* : doughnut : fried pastry
buque *nm* : ship : vessel
burbuja *nf* : bubble
burbujeante *adj* : bubbly
burbujear *v* : to bubble : to fizz
burdel *nm* : brothel
burdo, -da *adj* : coarse : rough : crude : clumsy — **burdamente** *adj*
burgués, -guesa *adj & n, mpl* **burgueses** : bourgeois
burguesía *nf* : bourgeoisie : middle class
burla *nf* : mockery : ridicule : joke : trick
burlar *v* : to trick : to deceive : to evade — **burlarse** *vr* ~ **de** : to make fun of
burlesco, -ca *adj* : burlesque : comic
burlón[1], **-lona** *adj, mpl* **burlones** : joking : mocking
burlón[2], **-lona** *n, mpl* **burlones** : joker
burocracia *nf* : bureaucracy
burócrata *nmf* : bureaucrat
burocrático, -ca *adj* : bureaucratic
burrada *nf* : stupid act or remark : nonsense
burrito *nm* : burrito
burro[1], **-rra** *adj* : dumb : stupid
burro[2], **-rra** *n* : donkey : ass : idiot : dunce
burro[3] *nm* : sawhorse : ironing board : stepladder
bursátil *adj* : stock-market
bus *nm* : bus
busca[1] *nf* : search
busca[2] *nm* → **buscapersonas**
buscador[1] *nm* : search engine
buscador[2], **-dora** *n* : hunter : prospector
buscapersonas *nms & pl* : beeper : pager
buscapleitos *nmfs & pl* : troublemaker
buscar *v* : to look for : to seek : to fetch : to get : to look up : to search : to look — **buscarse** *vr* : to ask for : to look for
buscavidas *nmfs & pl* : go-getter
busero, -ra *n* : bus driver
buseta *nf* : minibus
busque, etc. → buscar
búsqueda *nf* : search

busto *nm* : bust
butaca *nf* : armchair : easy chair : seat : pupil's desk
buzo[1]**, -za** *adj* : smart : astute
buzo[2] *nm* : diver : sweatshirt : hoodie : sweater : tracksuit
buzón *nm, pl* **buzones** : mailbox
byte *nm* : byte
cabal *adj* : exact : correct : complete : upright : honest
cabales *nmpl* **no estar en sus cabales** : not to be in one's right mind
cabalgar *v* : to ride
cabalgata *nf* : cavalcade : procession
cabalidad *nf* **a ~** : thoroughly : conscientiously
caballa *nf* : mackerel
caballar *adj* : horse : equine
caballeresco, -ca *adj* : gallant : chivalrous
caballería *nf* : cavalry : horse : mount : knighthood : chivalry
caballeriza *nf* : stable
caballero[1] → **caballeroso**
caballero[2] *nm* : gentleman : knight
caballerosidad *nf* : chivalry : gallantry
caballeroso, -sa *adj* : gentlemanly : chivalrous
caballete *nm* : ridge : easel : trestle : bridge : sawhorse
caballista *nmf* : horseman *m* : horsewoman *f*
caballito *nm* : rocking horse; **caballitos** *nmpl* : merry-go-round
caballo *nm* : horse : knight
cabalmente *adv* : fully : exactly
cabaña *nf* : cabin : hut
cabaret *nm, pl* **-rets** : nightclub : cabaret
cabecear *v* : to head : to nod one's head : to lurch : to pitch
cabeceo *nm* : pitch
cabecera *nf* : headboard : head : heading : headline : headwaters *pl*
cabecilla *nmf* : ringleader
cabellera *nf* : head of hair : mane
cabello *nm* : hair
cabelludo, -da *adj* : hairy
caber *v* : to fit : to go : to be possible
cabestrillo *nm* : sling
cabestro *nm* : halter
cabeza *nf* : head : mind : hair : leader : front : top
cabezada *nf* : head butt : nod
cabezal *nm* : bolster
cabeza rapada *nmf* : skinhead
cabezazo *nm* : head butt
cabezón, -zona *adj, mpl* **-zones** : having a big head : pigheaded : stubborn
cabida *nf* : room : space : capacity
cabildear *v* : to lobby
cabildeo *nm* : lobbying
cabildero, -ra *n* : lobbyist
cabildo *nm* : town or city hall : town or city council
cabina *nf* : cabin : booth : cab : cockpit
cabizbajo, -ja *adj* : dejected : downcast
cable *nm* : cable : cable television
cableado *nm* : wiring
cabo *nm* : end : stub : end piece : corporal : cape : headland
cabrá, etc. → **caber**
cabra *nf* : goat
cabrío, -ría *adj* : goat
cabriola *nf* : skip : jump
cabriolar *v* : to prance
cabrito *nm* : kid : baby goat
cabro, cabra *n* : kid : youth
cabús *nm, pl* **cabuses** : caboose
caca *nf* : poop
cacahuate *nm* : peanut
cacahuete *nm* : peanut
cacalote *nm* : crow
cacao *nm* : cacao : cocoa bean : hot chocolate : cocoa
cacarear *v* : to crow : to cackle : to cluck : to boast about : to crow about
cacareo *nm* : clucking : crowing : boasting
cacatúa *nf* : cockatoo
cace, etc. → **cazar**
cacería *nf* : hunt : hunting : hunting party
cacerola *nf* : pan : saucepan
cacha *nf* : butt
cachalote *nm* : sperm whale
cachar *v* : to catch
cacharro *nm* : thing : piece of junk : jalopy; **cacharros** *nmpl* : pots and pans
cache *nm* : cache : cache memory
caché *nm* : cachet
cachear *v* : to search : to frisk
cachemir *nm* : cashmere
cachemira *nf* → **cachemir**
cacheo *nm* : frisking : body search
cachetada *nf* : slap on the face
cachete *nm* : cheek
cachetear *v* : to slap
cachiporra *nf* : bludgeon : club : blackjack
cachirul *nm* : cheating
cachivache *nm* : thing : piece of junk
cacho *nm* : piece : bit
cachondo, -da *adj* : horny : lustful
cachorro, -rra *n* : cub : puppy
cachucha *nf* : cap : baseball cap
cacique *nm* : chief : boss
caco *nm* : thief
cacofonía *nf* : cacophony
cacto *nm* : cactus
cactus → **cacto**
cada *adj* : each : every : such : some
cadalso *nm* : scaffold : gallows
cadáver *nm* : corpse : cadaver
cadavérico, -ca *adj* : cadaverous : cadaveric
caddie *or* **caddy** *nmf, pl* **caddies** : caddy

cadena *nf* : chain : network : channel
cadencia *nf* : cadence : rhythm
cadencioso, -sa *adj* : rhythmic : rhythmical
cadera *nf* : hip
cadete *nmf* : cadet
cadmio *nm* : cadmium
caducar *v* : to expire
caducidad *nf* : expiration
caduco, -ca *adj* : outdated : obsolete : deciduous
caer *v* : to fall : to drop away : to slope : to collapse : to hang : to realize : to understand — **caerse** *vr* : to fall
café[1] *adj* : brown
café[2] *nm* : coffee : café
cafeína *nf* : caffeine
cafetal *nm* : coffee plantation
cafetalero[1], **-ra** *adj* : coffee
cafetalero[2], **-ra** *n* : coffee grower
cafetera *nf* : coffeepot : coffeemaker
cafetería *nf* : coffee shop : café : lunchroom : cafeteria
cafetero[1], **-ra** *adj* : coffee-producing
cafetero[2], **-ra** *n* : coffee grower
cafeticultura → caficultura
caficultor, -tora *n* : coffee grower
caficultura *nf* : coffee industry
caída *nf* : fall : drop : collapse : downfall
caído, -da *adj* : fallen : drooping : sagging
caiga, etc. → caer
caimán *nm, pl* **caimanes** : alligator
caimito *nm* : star apple
caja *nf* : box : case : bed : coffin
cajero, -ra *n* : cashier : teller
cajetilla *nf* : pack
cajón *nm, pl* **cajones** : drawer : till : crate : case : coffin : casket
cajuela *nf* : trunk
cal *nf* : lime
cala *nf* : cove : inlet
calabacín *nm, pl* **-cines** : zucchini
calabacita *nf* : zucchini
calabaza *nf* : pumpkin : squash : gourd
calabozo *nm* : prison : jail cell
calado[1], **-da** *adj* : drenched
calado[2] *nm* : draft
calamar *nm* : squid; **calamares** *nmpl* : calamari
calambre *nm* : cramp : electric shock : jolt
calamidad *nf* : calamity : disaster
calamina *nf* : calamine
calamitoso, -sa *adj* : calamitous : disastrous
calaña *nf* : ilk : kind : sort
calar *v* : to soak through : to pierce : to penetrate : to catch on — **calarse** *vr* : to get drenched
calavera[1] *nf* : skull : taillight
calavera[2] *nm* : rake : rogue
calcar *v* : to trace : to copy : to imitate
calce, etc. → calzar
calceta *nf* : knee-high stocking
calcetería *nf* : hosiery
calcetín *nm, pl* **-tines** : sock
calcinar *v* : to char : to burn
calcio *nm* : calcium
calco *nm* : transfer : tracing : copy : image
calcomanía *nf* : decal : transfer
calculador, -dora *adj* : calculating
calculadora *nf* : calculator
calcular *v* : to calculate : to estimate : to plan : to scheme
cálculo *nm* : calculation : estimation : calculus : plan : scheme
caldear *v* : to heat : to warm — **caldearse** *vr* : to heat up : to become heated : to get tense
caldera *nf* : cauldron : boiler
caldero *nm* : cauldron
caldo *nm* : broth : stock
caldoso, -sa *adj* : watery
calefacción *nf, pl* **-ciones** : heating : heat
calefactor *nm* : heater
caleidoscopio → calidoscopio
calendario *nm* : calendar : timetable : schedule
caléndula *nf* : marigold
calentador *nm* : heater
calentamiento *nm* : heating : warming : warm-up
calentar *v* : to heat : to warm : to annoy : to anger : to excite : to turn on — **calentarse** *vr* : to get warm : to heat up : to warm up : to become sexually aroused : to get mad
calentura *nf* : temperature : fever : cold sore
calesa *nf* : buggy
calibrador *nm* : gauge : calipers *pl*
calibrar *v* : to calibrate — **calibración** *nf*
calibre *nm* : caliber : gauge : importance : excellence : kind : sort
calicó *nm* : calico
calidad *nf* : quality : grade : position : status
cálido, -da *adj* : hot : warm
calidoscopio *nm* : kaleidoscope
caliente *adj* : hot : warm : heated : fiery : sexually excited : horny
califa *nm* : caliph
calificación *nf, pl* **-ciones** : grade : rating : score : qualification : qualifying
calificar *v* : to grade : to describe : to rate : to qualify : to modify
calificativo[1], **-va** *adj* : qualifying
calificativo[2] *nm* : qualifier : epithet
caligrafía *nf* : handwriting : calligraphy
calipso *nm* : calypso
calistenia *nf* : calisthenics
cáliz *nm, pl* **cálices** : chalice : goblet : calyx
caliza *nf* : limestone

calizo, -za *adj* : chalky : limy
callado, -da *adj* : quiet : silent — **calladamente** *adv*
callampa *nf* : mushroom; **callampas** *pl* : slums : shantytown
callar *v* : to keep quiet : to be silent : to silence : to hush : to keep secret — **callarse** *vr* : to remain silent
calle *nf* : street : road
callejear *v* : to wander about the streets : to hang out
callejero, -ra *adj* : street
callejón *nm, pl* **-jones** : alley
callejuela *nf* : alley : narrow street : side street
callo *nm* : callus : corn; **callos** *nmpl* : tripe
calloso, -sa *adj* : callous
calma *nf* : calm : quiet
calmante[1] *adj* : calming : soothing
calmante[2] *nm* : tranquilizer : sedative
calmar *v* : to calm : to soothe — **calmarse** *vr* : to calm down : to ease
calmo, -ma *adj* : calm : tranquil
calmoso, -sa *adj* : calm : quiet : slow
caló *nm* : Gypsy slang
calor *nm* : heat : warmth : affection : ardor : passion
caloría *nf* : calorie
calórico, -ca *adj* : caloric
calorífico, -ca *adj* : caloric
calque, etc. → **calcar**
calumnia *nf* : slander : libel — **calumnioso, -sa** *adj*
calumniar *v* : to slander : to libel
caluroso, -sa *adj* : hot : warm : enthusiastic — **calurosamente** *adv*
calva *nf* : bald spot : bald head
calvario *nm* : ordeal : misery
calvicie *nf* : baldness
calvo[1], **-va** *adj* : bald
calvo[2], **-va** *n* : bald person
calza *nf* : block : wedge
calzada *nf* : roadway : avenue
calzado *nm* : footwear
calzador *nm* : shoehorn
calzar *v* : to wear : to provide with shoes
calzoncillos *nmpl* : underpants : briefs
calzones *nmpl* : underpants : panties
cama *nf* : bed
camada *nf* : litter : brood
camafeo *nm* : cameo
camaleón *nm, pl* **-leones** : chameleon
cámara *nf* : camera : chamber : room : house : inner tube
camarada *nmf* : comrade : companion : colleague
camaradería *nf* : camaraderie
camarero, -ra *n* : waiter : waitress *f* : bartender : bellhop *m* : chambermaid *f* : steward *m* : stewardess *f*
camarilla *nf* : political clique
camarín *nm, pl* **-rines** : locker room : dressing room
camarógrafo, -fa *n* : cameraman *m* : camerawoman *f*
camarón *nm, pl* **-rones** : shrimp : prawn
camarote *nm* : cabin : stateroom
camastro *nm* : small hard bed : pallet
cambalache *nm* : swap
cambiable *adj* : changeable
cambiante *adj* : changing : changeable : variable
cambiar *v* : to change : to exchange : to trade : to replace — **cambiarse** *vr* : to move
cambio *nm* : change : alteration : exchange : currency exchange : gear
cambista *nmf* : exchange broker : money changer
camboyano, -na *adj & n* : Cambodian
cambur *nm* : banana
camello *nm* : camel : drug dealer : pusher
camellón *nm, pl* **-llones** : traffic island
camerino *nm* : dressing room
camilla *nf* : stretcher
camillero, -ra *n* : orderly
caminante *nmf* : wayfarer : walker
caminar *v* : to walk : to move : to progress : to work : to run : to cover
caminata *nf* : hike : long walk
camino *nm* : path : road : journey : way
camión *nm, pl* **camiones** : truck : bus
camionero, -ra *n* : truck driver : bus driver
camioneta *nf* : light truck : van
camisa *nf* : shirt
camiseta *nf* : T-shirt : undershirt
camisón *nm, pl* **-sones** : nightshirt : nightgown
camomila *nf* : chamomile
camorra *nf* : fight : trouble
campal *adj* : pitched : fierce
campamento *nm* : camp
campana *nf* : bell
campanada *nf* : stroke : peal
campanario *nm* : bell tower : belfry
campanilla *nf* : bluebell : uvula
campante *adj* : nonchalant : smug
campaña *nf* : countryside : country : campaign
campañol *nm* : vole
campechana *nf* : puff pastry
campechano, -na *adj* : friendly and down-to-earth
campeón, -peona *n, mpl* **-peones** : champion
campeonato *nm* : championship
cámper *nm* : camper
campera *nf* : jacket
campero, -ra *adj* : country : rural
campesino, -na *n* : peasant : farm laborer
campestre *adj* : rural : rustic
camping *nm* : camping : campsite
campiña *nf* : countryside : country
campista *nmf* : camper

campo *nm* : countryside : country : field : course : area : camp
camposanto *nm* : graveyard : cemetery
campus *nms & pl* : campus
camuflaje *nm* : camouflage
camuflajear *v* : to camouflage
camuflar → camuflajear
can *nm* : hound : dog
cana *nf* : gray hair
canadiense *adj & nmf* : Canadian
canal[1] *nm* : canal : channel : feed
canal[2] *nmf* : gutter : groove
canalé *nm* : rib : ribbing
canaleta *nf* : gutter
canalete *nm* : paddle
canalizar *v* : to channel
canalla[1] *adj* : low : rotten
canalla[2] *nmf* : bastard : swine
canapé *nm* : canapé : couch : sofa
canario[1], **-ria** *adj* : of or from the Canary Islands
canario[2], **-ria** *n* : Canary Islander
canario[3] *nm* : canary
canasta *nf* : basket
canasto *nm* : (large) basket
cancel *nm* : sliding door : partition
cancelación *nf, pl* **-ciones** : cancellation : payment in full
cancelar *v* : to cancel : to pay off : to settle
cáncer *nm* : cancer
Cáncer[1] *nm* : Cancer
Cáncer[2] *nmf* : Cancer
cancerígeno[1], **-na** *adj* : carcinogenic
cancerígeno[2] *nm* : carcinogen
canceroso, -sa *adj* : cancerous
cancha *nf* : court : field
canciller *nm* : chancellor
cancillería *nf* : ministry of foreign affairs
canción *nf, pl* **canciones** : song
cancionero[1] *nm* : songbook
cancionero[2], **-ra** *n* : singer
candado *nm* : padlock
candela *nf* : flame : fire : candle
candelabro *nm* : candelabra
candelero *nm* : candlestick
candente *adj* : red-hot : white-hot
candidato, -ta *n* : candidate : applicant
candidatura *nf* : candidacy
candidez *nf* : simplicity : naïveté : ingenuousness
cándido, -da *adj* : simple : unassuming : naive : ingenuous
candil *nm* : oil lamp
candilejas *nfpl* : footlights
candor *nm* : naïveté : innocence
caneca *nf* : garbage can : wastebasket : drum
canela *nf* : cinnamon
canelones *nmpl* : cannelloni
cangrejo *nm* : crab
canguro[1] *nm* : kangaroo
canguro[2] *nmf* : baby-sitter
caníbal[1] *adj* : cannibalistic
caníbal[2] *nmf* : cannibal
canibalismo *nm* : cannibalism
canica *nf* : marble
caniche *nm* : poodle
canijo, -ja *adj* : puny : weak : tough : hard
canilla *nf* : shin : faucet
canillita *nmf* : newspaper vendor
canino[1], **-na** *adj* : canine
canino[2] *nm* : canine : dog
canje *nm* : exchange : trade
canjeable *adj* : exchangeable
canjear *v* : to exchange : to trade
cannabis *nm* : cannabis
cano, -na *adj* : gray
canoa *nf* : canoe
canon *nm, pl* **cánones** : canon
canónico, -ca *adj* : canonical
canónigo *nm* : canon
canonizar *v* : to canonize — **canonización** *nf*
canoso, -sa → cano
cansado, -da *adj* : tired : tiresome
cansancio *nm* : tiredness
cansar *v* : to tire : to be tiresome — **cansarse** *vr* : to tire oneself out : to get bored
cansino, -na *adj* : slow : weary : lethargic
cantaleta *nf* : nagging
cantalupo *nm* : cantaloupe
cantante[1] *adj* : singing
cantante[2] *nmf* : singer
cantar[1] *v* : to sing : to crow : to chirp : to call out : to recite
cantar[2] *nm* : song : ballad
cántaro *nm* : pitcher : jug
cantata *nf* : cantata
cantautor, -tora *n* : singer-songwriter
cantera *nf* : quarry
cantero *nm* : mason : stonemason : bed
cántico *nm* : chant
cantidad[1] *adv* : a lot
cantidad[2] *nf* : quantity : sum : amount : a lot : a great many
cantillos *nmpl* : jacks *pl*
cantimplora *nf* : canteen : water bottle
cantina *nf* : tavern : bar : canteen : mess : dining quarters *pl*
cantinero, -ra *n* : bartender
canto *nm* : singing : chant : song : edge : end
cantón *nm, pl* **cantones** : canton : place : home
cantonés[1], **-nesa** *adj & n, mpl* **-neses** : Cantonese
cantonés[2] *nm, pl* **-neses** : Cantonese
cantor[1], **-tora** *adj* : singing
cantor[2], **-tora** *n* : singer : cantor
canturrear *v* : to sing softly
caña *nf* : cane : reed
cañada *nf* : ravine : gully
cáñamo *nm* : hemp
cañaveral *nm* : sugarcane field

cañería *nf* : pipes *pl* : piping
cañero[1], **-ra** *adj* : sugar cane
cañero[2], **-ra** *n* : sugar cane grower : sugar cane worker
caño *nm* : pipe : spout : channel
cañón *nm, pl* **cañones** : cannon : barrel : canyon
cañonazo *nm* : firing
cañonear *v* : to shell : to bombard
cañonero *nm* : gunboat
caoba *nf* : mahogany
caos *nm* : chaos
caótico, -ca *adj* : chaotic
capa *nf* : cape : cloak : coating : layer : stratum : (social) class
capacidad *nf* : capacity : capability : ability
capacitación *nf, pl* **-ciones** : training
capacitar *v* : to train : to qualify
capar *v* : to castrate
caparazón *nm, pl* **-zones** : shell
capataz[1] *nmf, pl* **-taces** : foreman *m* : forewoman *f*
capataz[2], **-taza** *n* → **capataz**[1]
capaz *adj, pl* **capaces** : capable : able : competent : spacious
capcioso, -sa *adj* : cunning : deceptive
capellán *nm, pl* **-llanes** : chaplain
capilar[1] *adj* : capillary : hair
capilar[2] *nm* : capillary
capilla *nf* : chapel
capirotazo *nm* : flip : flick
capital[1] *adj* : capital : chief : principal
capital[2] *nm* : capital
capital[3] *nf* : capital : capital city
capitalino[1], **-na** *adj* : of or from a capital city
capitalino[2], **-na** *n* : inhabitant of a capital city
capitalismo *nm* : capitalism
capitalista *adj & nmf* : capitalist
capitalizar *v* : to capitalize — **capitalización** *nf*
capitán, -tana *n, mpl* **-tanes** : captain
capitanear *v* : to captain : to command
capitel *nm* : capital
capitolio *nm* : capitol
capitulación *nf, pl* **-ciones** : capitulation
capitular *v* : to capitulate : to surrender
capítulo *nm* : chapter : section : matter : subject
capo, capa *n* : boss
capó *nm* : hood
capón *nm, pl* **capones** : capon
caporal *nm* : chief : leader : foreman
capot → **capó**
capota *nf* : top
capote *nm* : cloak : overcoat : bullfighter's cape : hood
capricho *nm* : whim : caprice
caprichoso, -sa *adj* : capricious : fickle
Capricornio[1] *nm* : Capricorn
Capricornio[2] *nmf* : Capricorn
cápsula *nf* : capsule
captar *v* : to catch : to grasp : to gain : to attract : to harness : to collect
captor, -tora *n* : captor
captura *nf* : capture : seizure
capturar *v* : to capture : to seize
capucha *nf* : hood : cowl
capuchino *nm* : cappuccino
capullo *nm* : cocoon : bud
caqui *adj & nm* : khaki
cara *nf* : face : look : appearance : nerve : gall
carabina *nf* : carbine
carabinero, -ra *n* : police officer
caracol *nm* : snail : conch : seashell : ringlet
caracola *nf* : conch
carácter *nm, pl* **caracteres** : character : kind : nature : temperament
característica *nf* : trait : feature : characteristic
característico, -ca *adj* : characteristic — **característicamente** *adv*
caracterizar *v* : to characterize — **caracterización** *nf*
caradura *adj* : cheeky : impudent
caramba *interj* : darn! : heck! : wow! : good Lord!
carámbano *nm* : icicle
carambola *nf* : carom : ruse : trick
caramelo *nm* : caramel : candy
caramillo *nm* : pipe : small flute : heap : pile
caraqueño[1], **-ña** *adj* : of or from Caracas
caraqueño[2], **-ña** *n* : person from Caracas
carátula *nf* : title page : cover : dust jacket : mask : face : dial
caravana *nf* : caravan : convoy : trailer
caray → **caramba**
carbohidrato *nm* : carbohydrate
carbón *nm, pl* **carbones** : coal : charcoal
carbonatado, -da *adj* : carbonated
carboncillo *nm* : charcoal
carbonera *nf* : coal cellar : coal bunker
carbonero, -ra *adj* : coal
carbonizar *v* : to char — **carbonizarse** *vr*
carbono *nm* : carbon
carburador *nm* : carburetor
carburante *nm* : fuel
carca *nmf* : old fogy
carcacha *nf* : jalopy : wreck
carcaj *nm* : quiver
carcajada *nf* : loud laugh : guffaw
carcajearse *vr* : to roar with laughter : to be in stitches
cárcel *nf* : jail : prison
carcelario, -ria *adj* : prison
carcelero, -ra *n* : jailer
carcinogénico, -ca *adj* → **cancerígeno**
carcinógeno *nm* → **cancerígeno**
carcinoma *nm* : carcinoma
carcomer *v* : to eat away at : to consume

carcomido, -da *adj* : worm-eaten : decayed : rotten
cardar *v* : to card : to comb
cardenal *nm* : cardinal : bruise
cardíaco *or* **cardiaco, -ca** *adj* : cardiac : heart
cárdigan *nm, pl* **-gans** : cardigan
cardinal *adj* : cardinal
cardiología *nf* : cardiology
cardiólogo, -ga *n* : cardiologist
cardiovascular *adj* : cardiovascular
cardo *nm* : thistle
cardumen *nm* : school of fish
carecer *v* ~ **de** : to lack
carencia *nf* : lack : shortage : deficiency
carente *adj* ~ **de** : lacking
careo *nm* : confrontation : face-off
carero, -ra *adj* : pricey
carestía *nf* : rise in cost : dearth : scarcity
careta *nf* : mask
carey *nm* : sea turtle : tortoiseshell
carga *nf* : loading : freight : load : cargo : burden : responsibility : charge : attack
cargada *nf* : joke
cargado, -da *adj* : loaded : bogged down : weighted down : close : stuffy : full : fraught : strong
cargador[1], **-dora** *n* : longshoreman *m* : longshorewoman *f*
cargador[2] *nm* : magazine : charger
cargamento *nm* : cargo : load
cargar *v* : to carry : to load : to fill : to charge : to burden : to upload : to rest
cargo *nm* : burden : load : charge : cost : position : office
cargue[1], **etc.** → **cargar**
cargue[2] *nm* : loading
carguero[1], **-ra** *adj* : freight : cargo
carguero[2] *nm* : freighter : cargo ship
cariarse *vr* : to decay
caribe *adj* : Caribbean
caribeño, -ña *adj* : Caribbean
caribú *nm, pl* **caribúes** : caribou
caricatura *nf* : caricature : cartoon
caricaturista *nmf* : caricaturist : cartoonist
caricaturizar *v* : to caricature
caricia *nf* : caress
caridad *nf* : charity
caries *nfs & pl* : cavity
cariño[1] *nm* : affection : love
cariño[2], **-ña** *n* : darling : sweetheart
cariñoso, -sa *adj* : affectionate : loving — **cariñosamente** *adv*
carioca[1] *adj* : of or from Rio de Janeiro
carioca[2] *nmf* : person from Rio de Janeiro
carisma *nf* : charisma
carismático, -ca *adj* : charismatic
carita *adj* : cute
carita sonriente *nf* : smiley face
caritativo, -va *adj* : charitable
cariz *nm, pl* **carices** : appearance : aspect
carmesí *adj & nm* : crimson
carmín *nm, pl* **carmines** : carmine : lipstick
carnada *nf* : bait
carnal *adj* : carnal
carnaval *nm* : carnival
carne *nf* : meat : flesh
carné → **carnet**
carnero *nm* : ram : sheep : mutton
carnet *nm* : identification card : ID : membership card
carnicería *nf* : butcher shop : slaughter : carnage
carnicero, -ra *n* : butcher
carnitas *nfpl* : small chunks of cooked pork
carnívoro[1], **-ra** *adj* : carnivorous
carnívoro[2] *nm* : carnivore
carnoso, -sa *adj* : fleshy : meaty
caro[1] *adv* : a lot
caro[2], **-ra** *adj* : expensive : dear : beloved
carpa *nf* : carp : big top : tent
carpeta *nf* : folder : binder : portfolio
carpetazo *nm* **dar carpetazo a** : to shelve : to defer
carpintería *nf* : carpentry : carpenter's workshop
carpintero, -ra *n* : carpenter
carraspear *v* : to clear one's throat
carraspera *nf* : hoarseness
carrera *nf* : run : running : race : course of study : career : profession
carreta *nf* : cart : wagon
carrete *nm* : spool : bobbin : reel : roll of film : (electrical) coil
carretear *v* : to taxi
carretel → **carrete**
carretera *nf* : highway : road
carretero, -ra *adj* : highway
carretilla *nf* : wheelbarrow
carril *nm* : lane : rail
carrillo *nm* : cheek : jowl
carrito *nm* : cart
carrizo *nm* : reed
carro *nm* : car : cart : coach
carrocería *nf* : bodywork : body
carroña *nf* : carrion
carroñero, -ra *n* : scavenger
carroza *nf* : carriage : float
carruaje *nm* : carriage
carrusel *nm* : merry-go-round : carousel
carta *nf* : letter : playing card : charter : constitution : menu : map : chart
carta blanca *nf* : carte blanche
carta bomba *nf* : letter bomb
cartearse *vr* : to write to one another : to correspond
cartel *nm* : sign : poster
cártel *or* **cartel** *nm* : cartel
cartelera *nf* : billboard : marquee
cartera *nf* : wallet : billfold : pocketbook : purse : portfolio

carterista *nmf* : pickpocket
cartero, -ra *n* : letter carrier : mailman *m*
cartílago *nm* : cartilage
cartilla *nf* : primer : reader : booklet
cartografía *nf* : cartography
cartógrafo, -fa *n* : cartographer
cartón *nm, pl* **cartones** : cardboard : carton
cartucho *nm* : cartridge
cartulina *nf* : poster board : cardboard
casa *nf* : house : home : household : family : company : firm
casaca *nf* : jacket
casado[1]**, -da** *adj* : married
casado[2]**, -da** *n* : married person
casamentero, -ra *n* : matchmaker
casamiento *nm* : marriage : wedding
casar *v* : to marry : to go together : to match up — **casarse** *vr* : to get married
casateniente *nmf* : landlord : landlady *f*
cascabel[1] *nm* : small bell
cascabel[2] *nf* : rattlesnake
cascada *nf* : waterfall : cascade
cascajo *nm* : pebble : rock fragment : piece of junk
cascanueces *nms & pl* : nutcracker
cascar *v* : to crack — **cascarse** *vr* : to chip
cáscara *nf* : skin : peel : rind : husk : shell
cascarrabias *nmfs & pl* : grouch : crab
casco *nm* : helmet : hull : hoof : fragment : shard : center : empty bottle; **cascos** *nmpl* : headphones
caserío *nm* : country house : hamlet
casero[1]**, -ra** *adj* : domestic : household : homemade
casero[2]**, -ra** *n* : landlord *m* : landlady *f*
caseta *nf* : booth : stand : stall : doghouse : dugout
casete → cassette
casi *adv* : almost : nearly : hardly
casilla *nf* : booth : pigeonhole : box
casillero *nm* : pigeonhole : set of pigeonholes
casino *nm* : casino : (social) club
caso *nm* : case
caspa *nf* : dandruff
casque, etc. → cascar
casquete *nm* : skullcap
casquillo *nm* : case : casing
cassette *nmf* : cassette
casta *nf* : caste : lineage : stock
castaña *nf* : chestnut
castañetear *v* : to chatter
castañeteo *nm* : chatter : chattering
castaño[1]**, -ña** *adj* : chestnut : brown
castaño[2] *nm* : chestnut tree : chestnut : brown
castañuela *nf* : castanet
castellano[1]**, -na** *adj & n* : Castilian
castellano[2] *nm* : Spanish : Castilian
castidad *nf* : chastity
castigar *v* : to punish
castigo *nm* : punishment
castillo *nm* : castle
castizo, -za *adj* : authentic : genuine : pure : traditional
casto, -ta *adj* : chaste : pure — **castamente** *adv*
castor *nm* : beaver
castración *nf, pl* **-ciones** : castration
castrar *v* : to castrate : to spay : to neuter : to weaken : to debilitate
castrense *adj* : military
casual *adj* : chance : casual
casualidad *nf* : chance
casualmente *adv* : accidentally : by chance
casucha *or* **casuca** *nf* : shanty : hovel
cataclismo *nm* : cataclysm
catacumbas *nfpl* : catacombs
catador, -dora *n* : wine taster
catalán[1]**, -lana** *adj & n, mpl* **-lanes** : Catalan
catalán[2] *nm* : Catalan
catalizador *nm* : catalyst : catalytic converter
catalogar *v* : to catalog : to classify
catálogo *nm* : catalog
catamarán *nm, pl* **-ranes** : catamaran
cataplasma *nf* : poultice
catapulta *nf* : catapult
catapultar *v* : to catapult
catar *v* : to taste : to sample : to look at : to examine
catarata *nf* : waterfall : cataract
catarro *nm* : cold : catarrh
catarsis *nf* : catharsis — **catártico, -ca** *adj*
catastro *nm* : property registry
catástrofe *nf* : catastrophe : disaster
catastrófico, -ca *adj* : catastrophic : disastrous
catcher *nmf* : catcher
catecismo *nm* : catechism
cátedra *nf* : (tenured) professorship : department chair : subject : class
catedral *nf* : cathedral
catedrático, -ca *n* : (tenured) professor : department chair
categoría *nf* : category : rank : standing
categórico, -ca *adj* : categorical : unequivocal — **categóricamente** *adv*
categorizar *v* : categorize
cateo → cacheo
catering *or* **cátering** *nm* : catering : food service
catéter *nm* : catheter
cátodo *nm* : cathode
catolicismo *nm* : Catholicism
católico, -ca *adj & n* : Catholic
catorce *adj & nm* : fourteen — **catorce** *pron*
catorceavo[1]**, -va** *adj* : fourteenth
catorceavo[2] *nm* : fourteenth

catre *nm* : cot
catsup *nm* : ketchup
caucásico, -ca *adj & n* : Caucasian
cauce *nm* : riverbed : means *pl* : channel
caucho *nm* : rubber : rubber tree : tire
caución *nf, pl* **cauciones** : bail : security
caudal *nm* : volume of water : capital : wealth : abundance
caudaloso, -sa *adj* : large : mighty : rich : wealthy
caudillo *nm* : leader : commander
causa *nf* : cause : reason : motive : lawsuit
causal[1] *adj* : causal — **causalidad** *nf*
causal[2] *nm* : cause : grounds *pl*
causante[1] *adj* ~ **de** : causing : responsible for
causante[2] *nmf* : taxpayer
causar *v* : to cause : to provoke : to arouse
cáustico, -ca *adj* : caustic
cautela *nf* : caution : prudence
cautelar *adj* : precautionary : preventive
cauteloso, -sa *adj* : cautious : prudent — **cautelosamente** *adv*
cauterizar *v* : to cauterize
cautivador, -dora *adj* : captivating
cautivar *v* : to captivate : to charm
cautiverio *nm* : captivity
cautivo, -va *adj & n* : captive
cauto, -ta *adj* : cautious : careful
cava *nm* : a Spanish sparkling wine
cavar *v* : to dig ~ **en** : to delve into : to probe
caverna *nf* : cavern : cave
cavernícola *nmf* : caveman *m* : cavewoman *f*
cavernoso, -sa *adj* : cavernous : deep : resounding
caviar *nm* : caviar
cavidad *nf* : cavity
cavilar *v* : to ponder : to deliberate
cayado *nm* : crook : staff
cayena *nf* : cayenne pepper
cayo *nm* : key : islet
cayó, etc. → **caer**
caza[1] *nf* : hunt : hunting : game
caza[2] *nm* : fighter plane
cazador, -dora *n* : hunter
cazadora *nf* : jacket : bomber jacket
cazar *v* : to hunt : to catch : to bag : to land : to go hunting
cazatalentos *nmfs & pl* : talent scout
cazo *nm* : saucepan : pot : ladle
cazuela *nf* : pan : saucepan : casserole
cazurro, -ra *adj* : sullen : surly
CD *nm* : CD : compact disk
CD–ROM *nm* : CD-ROM
cebada *nf* : barley
cebar *v* : to bait : to feed : to fatten : to prime — **cebarse** *vr* ~ **en** : to take it out on
cebo *nm* : bait : feed : primer
cebolla *nf* : onion
cebolleta *nf* : scallion : green onion
cebollino *nm* : chive : scallion
cebra *nf* : zebra
cebú *nm, pl* **cebús** *or* **cebúes** : zebu
cecear *v* : to lisp : to pronounce the Spanish letter s as ⊠
ceceo *nm* : lisp : pronunciation of the Spanish letter s as ⊠
cecina *nf* : dried beef : beef jerky
cedazo *nm* : sieve
ceder *v* : to yield : to give way : to diminish : to abate : to give in : to relent : to cede : to hand over
cedro *nm* : cedar
cédula *nf* : document : certificate
cegador, -dora *adj* : blinding
cegar *v* : to blind : to block : to stop up : to be blinded : to go blind
ceguera *nf* : blindness
ceiba *nf* : silk-cotton tree
ceja *nf* : eyebrow : flange : rim
cejar *v* : to give in : to back down
celada *nf* : trap : ambush
celador, -dora *n* : guard : warden
celda *nf* : cell
celebración *nf, pl* **-ciones** : celebration
celebrado, -da *adj* → **célebre**
celebrante *nmf* : celebrant
celebrar *v* : to celebrate : to hold : to say : to welcome : to be happy about : to be glad — **celebrarse** *vr* : to be celebrated : to fall : to be held : to take place
célebre *adj* : celebrated : famous
celebridad *nf* : celebrity : fame
celeridad *nf* : swiftness
celeste[1] *adj* : celestial : sky blue : azure
celeste[2] *nm* : sky blue
celestial *adj* : heavenly : celestial
celibato *nm* : celibacy
célibe *adj & nmf* : celibate
cello → **chelo**
celo *nm* : zeal : fervor : heat : rut; **celos** *nmpl* : jealousy
celofán *nm, pl* **-fanes** : cellophane
celosía *nf* : lattice window : lattice : trellis
celoso, -sa *adj* : jealous : zealous — **celosamente** *adv*
celta[1] *adj* : Celtic
celta[2] *nmf* : Celt
célula *nf* : cell
celular[1] *adj* : cellular
celular[2] *nm* : cell phone
celulitis *nf* : cellulite
celuloide *nm* : celluloid : film : cinema
celulosa *nf* : cellulose
cementar *v* : to cement
cementerio *nm* : cemetery
cemento *nm* : cement
cena *nf* : supper : dinner
cenador *nm* : arbor : gazebo
cenagal *nm* : bog : quagmire

cenagoso, -sa *adj* : swampy
cenar *v* : to have dinner : to have supper : to have for dinner or supper
cencerro *nm* : cowbell
cenicero *nm* : ashtray
ceniciento, -ta *adj* : ashen
cenit *nm* : zenith : peak
ceniza *nf* : ash; **cenizas** *nfpl* : ashes
cenizo *nm* : jinx
censar *v* : to take a census of
censo *nm* : census
censor, -sora *n* : censor : critic
censura *nf* : censorship : censure : criticism
censurable *adj* : reprehensible : blameworthy
censurar *v* : to censor : to censure : to criticize
centauro *nm* : centaur
centavo *nm* : cent : centavo
centella *nf* : lightning flash : spark
centellear *v* : to twinkle : to gleam : to sparkle
centelleo *nm* : twinkling : sparkle
centena *nf* : hundred
centenar *nm* : hundred
centenario[1], **-ria** *adj & n* : hundred-year-old
centenario[2] *nm* : centennial
centeno *nm* : rye
centésima *nf* : hundredth
centésimo[1], **-ma** *adj* : hundredth
centésimo[2] *nm* : hundredth : centesimo
centi- *pref* : centi-
centígrado *adj* : centigrade : Celsius
centigramo *nm* : centigram
centímetro *nm* : centimeter
céntimo *nm* : centimo : cent : centime
centinela *nmf* : sentinel : sentry
centrado, -da *adj* : stable : centered
central[1] *adj* : central : main : principal
central[2] *nf* : main office : headquarters : power plant : power station
centralista *adj & nmf* : centralist
centralita *nf* : switchboard
centralizar *v* : to centralize — **centralización** *nf*
centrar *v* : to center : to focus — **centrarse** *vr* ~ **en** : to focus on : to concentrate on
céntrico, -ca *adj* : central
centrifugar *v* : to spin
centrista *adj & nmf* : centrist
centro[1] *nmf* : center
centro[2] *nm* : center : downtown
centroamericano, -na *adj & n* : Central American
centrocampista *nmf* : midfielder
ceñido, -da *adj* : tight : tight-fitting
ceñir *v* : to encircle : to surround : to hug : to cling to — **ceñirse** *vr* ~ **a** : to restrict oneself to : to stick to
ceño *nm* : frown : scowl
cepa *nf* : stump : stock : ancestry
cepillar *v* : to brush : to plane — **cepillarse** *vr*
cepillo *nm* : brush : plane
cepo *nm* : trap
cera *nf* : wax : polish
cerámica *nf* : ceramics *pl* : pottery
cerámico, -ca *adj* : ceramic
ceramista *nmf* : potter
cerca[1] *adv* : nearby : close by : close : near
cerca[2] *nf* : fence : (stone) wall
cercado *nm* : enclosure
cercanía *nf* : proximity : closeness; **cercanías** *nfpl* : outskirts : suburbs
cercano, -na *adj* : near : close
cercar *v* : to fence in : to enclose : to surround
cercenar *v* : to cut off : to amputate : to sever : to diminish : to curtail
cerceta *nf* : teal
cerciorarse *vr* ~ **de** : to make sure of : to verify
cerco *nm* : siege : cordon : circle : fence
cerda *nf* : bristle : sow
cerdo *nm* : pig : hog
cereal *nm* : cereal — **cereal** *adj*
cerebelo *nm* : cerebellum
cerebral *adj* : cerebral
cerebro *nm* : brain
ceremonia *nf* : ceremony — **ceremonial** *adj*
ceremonioso, -sa *adj* : ceremonious
cereza *nf* : cherry
cerezo *nm* : cherry tree
cerilla *nf* : match : earwax
cerillo *nm* : match
cerner *v* : to sift — **cernerse** *vr* : to hover
cernidor *nm* : sieve
cernir → cerner
cero *nm* : zero
ceroso, -sa *adj* : waxy
cerque, etc. → cercar
cerquillo *nm* : bangs *pl*
cerquita *adv* : very close : very near
cerrado, -da *adj* : closed : shut : thick : broad : cloudy : overcast : quiet : reserved : dense : stupid
cerradura *nf* : lock
cerrajería *nf* : locksmith's shop
cerrajero, -ra *n* : locksmith
cerrar *v* : to close : to shut : to turn off : to put the top on : to fasten : to button up : to zip up : to bring to an end : to close off : to close up : to lock up : to close down — **cerrarse** *vr* : to conclude : to end
cerrazón *nf, pl* **-zones** : obstinacy : stubbornness
cerro *nm* : hill
cerrojo *nm* : bolt : latch
certamen *nm, pl* **-támenes** : competition : contest
certero, -ra *adj* : accurate : precise — **certeramente** *adv*

certeza *nf* : certainty
certidumbre *nf* : certainty
certificable *adj* : certifiable
certificación *nf, pl* **-ciones** : certification
certificado[1], **-da** *adj* : certified : registered
certificado[2] *nm* : certificate : registered letter
certificar *v* : to certify : to register
cerumen *nm* : earwax
cervato *nm* : fawn
cervecera *nf* : brewery
cervecero, -ra *n* : brewer
cervecería *nf* : brewery : beer hall : bar
cerveza *nf* : beer
cervical *adj* : cervical
cerviz *nf, pl* **cervices** : nape of the neck
cesación *nf, pl* **-ciones** : cessation : suspension
cesante *adj* : laid off : unemployed
cesantía *nf* : unemployment
cesar *v* : to cease : to stop : to dismiss : to lay off
cesárea *nf* : cesarean
cesáreo, -rea *adj* : cesarean
cese *nm* : cessation : stop : dismissal
cesio *nm* : cesium
cesión *nf, pl* **cesiones** : transfer : assignment
césped *nm* : lawn : grass
cesta *nf* : basket : jai alai racket
cesto *nm* : hamper : basket
cetro *nm* : scepter
chabacano[1], **-na** *adj* : tacky : tasteless
chabacano[2] *nm* : apricot
chabola *nf* : shack : shanty
chacal *nm* : jackal
cháchara *nf* : small talk : chatter; **chácharas** *nfpl* : trinkets : junk
chacharear *v* : to chatter : to gab
chacra *nf* : small farm
chal *nm* : shawl
chalado[1], **-da** *adj* : crazy : nuts
chalado[2], **-da** *n* : nut : crazy person
chalán *nm, pl* **chalanes** : barge
chalé → chalet
chaleco *nm* : vest
chalet *nm* : house
chamaco, -ca *n* : kid : boy *m* : girl *f*
chamarra *nf* : sheepskin jacket : poncho : blanket
chamba *nf* : job : work
chambear *v* : to work
chamo, -ma *n* : kid : boy *m* : girl *f* : buddy : pal
champaña *or* **champán** *nm* : champagne
champiñón *nm, pl* **-ñones** : mushroom
champú *nm, pl* **-pus** *or* **-púes** : shampoo
chamuco *nm* : devil
chamuscar *v* : to singe : to scorch — **chamuscarse** *vr*
chamusquina *nf* : scorch
chance *nm* : chance : opportunity
chancho[1], **-cha** *adj* : dirty : filthy : gross
chancho[2], **-cha** *n* : pig : hog : slob
chanchullero, -ra *adj* : shady : crooked
chanchullo *nm* : shady deal : scam
chancla *nf* : thong sandal : slipper : old shoe
chancleta → chancla
chanclo *nm* : clog; **chanclos** *nmpl* : overshoes : galoshes : rubbers
chándal *nm, pl* **chándals** : sweatsuit : tracksuit
changarro *nm* : small shop : stall
chango, -ga *n* : monkey
chantaje *nm* : blackmail
chantajear *v* : to blackmail
chantajista *nmf* : blackmailer
chanza *nf* : joke : jest : chance : opportunity
chao *interj* : bye!
chapa *nf* : license plate : sheet : panel : veneer : lock : badge : cap : bottle cap
chapado, -da *adj* : plated
chapar *v* : to add a veneer to : to plate
chaparro[1], **-rra** *adj* : short and squat : stocky
chaparro[2], **-rra** *n* : short : stocky person
chaparrón *nm, pl* **-rrones** : downpour : great quantity : torrent
chapeado, -da *adj* : flushed
chaperón, -rona *n, mpl* **-rones** : chaperon : chaperone
chapín, chapina *adj & n* : Guatemalan
chapopote *nm* : tar : blacktop
chapotear *v* : to splash about
chapucero[1], **-ra** *adj* : crude : shoddy : dishonest
chapucero[2], **-ra** *n* : sloppy worker : bungler : cheat : swindler
chapulín *nm, pl* **-lines** : grasshopper : locust
chapurrear *or* **chapurrar** *v* **chapurrear el inglés/español (etc.)** : to speak broken English/Spanish
chapuza *nf* : botched job : fraud : trick
chapuzón *nm, pl* **-zones** : dip : swim
chaqueta *nf* : jacket
chara *nf* : jay
charada *nf* : charades
charca *nf* : pond : pool
charco *nm* : puddle : pool
charcutería *nf* : delicatessen
charla *nf* : chat : talk
charlar *v* : to chat : to talk
charlatán[1], **-tana** *adj* : talkative : chatty
charlatán[2], **-tana** *n, mpl* **-tanes** : chatterbox : charlatan : phony
charol *nm* : lacquer : varnish : patent leather : tray
charola *nf* : tray
charqui *nm* : dried beef : beef jerky
charreada *nf* : rodeo
charretera *nf* : epaulet

charro[1], **-rra** *adj* : gaudy : tacky : pertaining to charros
charro[2], **-rra** *n* : charro
charrúa *adj & nmf* : Uruguayan
chárter *adj* : charter
chascarrillo *nm* : joke : funny story
chasco *nm* : trick : joke : disappointment
chasis *or* **chasís** *nm* : chassis
chasquear *v* : to snap : to click
chasquido *nm* : snap : click : crack
chat *nm, pl* **chats** : chat room
chatarra *nf* : scrap metal
chato, -ta *adj* : pug-nosed : flat
chauvinismo *nm* : chauvinism
chauvinista[1] *adj* : chauvinistic
chauvinista[2] *nmf* : chauvinist
chaval, -vala *n* : kid : boy *m* : girl *f*
chavalo, -vala → chaval
chavo[1], **-va** *adj* : young
chavo[2], **-va** *n* : kid : boy *m* : girl *f*
chavo[3] *nm* : cent : buck
checar *v* : to check : to verify
checo[1], **-ca** *adj & n* : Czech
checo[2] *nm* : Czech
checoslovaco, -ca *adj & n* : Czechoslovakian
cheddar *nm* : cheddar
chef *nm* : chef
chelín *nm, pl* **chelines** : shilling
chelo *nm* : cello : violoncello
cheque[1], **etc. → checar**
cheque[2] *nm* : check
chequear *v* : to check : to verify : to check in
chequeo *nm* : check : inspection : checkup : examination
chequera *nf* : checkbook
chévere *adj* : great : fantastic
chic *adj & nm* : chic
chica → chico
chicano, -na *adj & n* : Chicano *m* Chicana *f*
chícharo *nm* : pea
chicharra *nf* : cicada : buzzer
chicharrón *nm, pl* **-rrones** : pork rind
chiche *nm* : toy
chichón *nm, pl* **chichones** : bump : swelling
chicle *nm* : chewing gum
chicloso *nm* : taffy
chico[1], **-ca** *adj* : little : small : young
chico[2], **-ca** *n* : child : boy *m* : girl *f* : young man *m* : young woman *f*
chicote *nm* : whip : lash
chido, -da *adj* : cool : great
chiffon → chifón
chiflado[1], **-da** *adj* : nuts : crazy
chiflado[2], **-da** *n* : crazy person : lunatic
chiflar *v* : to whistle : to whistle at : to boo — **chiflarse** *vr* ~ **por** : to be crazy about
chiflido *nm* : whistle : whistling
chiflón *nm, pl* **chiflones** : draft
chifón *nm, pl* **chifones** : chiffon
chií[1] *adj* : Shiite
chií[2] *nmf* : Shia : Shiite
chiismo *or* **chiísmo** *nm* : Shia
chiita[1] *or* **chiíta** *adj* **→ chií**[1]
chiita[2] *or* **chiíta** *nmf* **→ chií**[2]
chilango[1], **-ga** *adj* : of or from Mexico City
chilango[2], **-ga** *n* : person from Mexico City
chile *nm* : chili pepper
chileno, -na *adj & n* : Chilean
chillar *v* : to squeal : to screech : to scream : to yell : to be gaudy : to clash
chillido *nm* : scream : shout : squeal : screech : cry
chillo *nm* : red snapper
chillón, -llona *adj, mpl* **chillones** : piercing : shrill : loud : gaudy
chilpayate *nmf* : child : little kid
chimbo[1], **-ba** *adj* : fake : false : crummy : lousy
chimbo[2] *nm* : tank
chimenea *nf* : chimney : fireplace
chimpancé *nm* : chimpanzee
china *nf* : pebble : small stone : orange
chinchar *v* : to annoy : to pester — **chincharse** *vr* : to put up with something
chinche[1] *nf* : bedbug : ladybug : thumbtack
chinche[2] *nmf* : nuisance : pain in the neck
chinchilla *nf* : chinchilla
chino[1], **-na** *adj* : Chinese : curly : kinky
chino[2], **-na** *n* : Chinese person
chino[3] *nm* : Chinese
chintz *or* **chinz** *nm* : chintz
chip *nm, pl* **chips** : chip
chipote *nm* : bump
chiquear *v* : to spoil : to indulge
chiquero *nm* : pigpen : pigsty
chiquillada *nf* : childish prank
chiquillo[1], **-lla** *adj* : very young : little
chiquillo[2], **-lla** *n* : kid : youngster
chiquito[1], **-ta** *adj* : tiny
chiquito[2], **-ta** *n* : little one : baby
chiribita *nf* : spark; **chiribitas** *nfpl* : spots before the eyes
chiribitil *nm* : attic : garret : cubbyhole
chirigota *nf* : joke
chiripa *nf* : fluke
chirivía *nf* : parsnip
chirona *nf* : jail
chirriar *v* : to squeak : to creak : to screech — **chirriante** *adj*
chirrido *nm* : squeak : squeaking : screech : screeching
chirrión *nm, pl* **chirriones** : whip : lash
chis *or* **chist** *interj* : sh! : hey!
chisme *nm* : gossip : tale : gadget : thingamajig
chismear *v* : to gossip
chismorrear → chismear

chismoso[1], **-sa** *adj* : gossipy : gossiping
chismoso[2], **-sa** *n* : gossiper : gossip : tattletale
chispa[1] *adj* : lively : vivacious : tipsy
chispa[2] *nf* : spark
chispeante *adj* : sparkling : scintillating
chispear *v* : to give off sparks : to sparkle
chisporrotear *v* : to crackle : to sizzle
chistar *v* **sin chistar** : without a word
chiste *nm* : joke : funny story
chistera *nf* : top hat
chistoso[1], **-sa** *adj* : funny : humorous : witty
chistoso[2], **-sa** *n* : wit : joker
chiva *nf* : rural bus; **chivas** *nfpl* : stuff : odds and ends
chivato, -ta *n* : informant : snitch : tattletale
chivo[1], **-va** *n* : kid : young goat
chivo[2] *nm* : billy goat : fit of anger
chocante *adj* : shocking : unpleasant : rude
chocar *v* : to crash : to collide : to clash : to conflict : to be shocking : to be unpleasant or obnoxious : to shake : to clink glasses
chochear *v* : to be senile
chochín *nm, pl* **-chines** : wren
chocho, -cha *adj* : senile : doting
choclo *nm* : ear of corn : corncob : corn
chocolate *nm* : chocolate : hot chocolate : cocoa
chocolatín *nm, pl* **-tines** → **chocolatina**
chocolatina *nf* : chocolate bar
chofer *or* **chófer** *nm* : chauffeur : driver
choke *nm* : choke
chole *interj* **¡ya chole!** : enough! : cut it out!
cholo, -la *adj & n* : mestizo
cholla *nf* : head
chollo *nm* : bargain
chongo *nm* : bun; **chongos** *nmpl* : dessert made with fried bread
choque[1], **etc.** → **chocar**
choque[2] *nm* : crash : collision : clash : conflict : shock
chorizo *nm* : chorizo : pork sausage
choro *nm* : mussel : crook : criminal
chorrear *v* : to drip : to pour out : to gush out
chorrito *nm* : squirt : splash
chorro *nm* : flow : stream : jet : heap : ton
choteado, -da *adj* : worn-out : stale
chotear *v* : to make fun of
choteo *nm* : joking around : kidding
chovinismo, chovinista → **chauvinismo, chauvinista**
chow–chow *nmf* : chow
choza *nf* : hut : shack
christmas *or* **crismas** *nm* : Christmas card
chubasco *nm* : downpour : storm
chuchería *nf* : knickknack : trinket
chucho, -cha *n* : mongrel : mutt
chueco, -ca *adj* : crooked : bent : dishonest : shady
chulada *nf* : cute or pretty thing
chulear *v* : to compliment
chuleta *nf* : cutlet : chop
chulla *nmf* : person from Quito : Ecuador
chulo[1], **-la** *adj* : cute : pretty : cocky : arrogant
chulo[2] *nm* : pimp
chupada *nf* : suck : sucking : puff : drag
chupado, -da *adj* : gaunt : skinny : plastered : drunk
chupaflor *nm* : hummingbird
chupamirto *nm* : hummingbird
chupar *v* : to suck : to absorb : to puff on : to drink : to guzzle : to suckle — **chuparse** *vr* : to waste away : to put up with
chupete *nm* : pacifier : lollipop
chupetear *v* : to suck
chupón *nm, pl* **chupones** : sucker : baby bottle : pacifier
churrasco *nm* : steak : barbecued meat
churro *nm* : fried dough : attractive person
chusco, -ca *adj* : funny : amusing
chusma *nf* : riffraff : rabble
chutar *v* : to shoot
chute *nm* : shot
chutney *nm* : chutney
CI *or* **coeficiente intelectual** *nm* : IQ : intelligence quotient
cianotipo *nm* : blueprint
cianuro *nm* : cyanide
ciber- *pref* : cyber-
ciberacoso *nm* : cyberbullying
cibercafé *nm* : Internet café
cibernético, -ca *adj* : cybernetic : cyber-
cicatriz *nf, pl* **-trices** : scar
cicatrizar *v* : to form a scar : to heal
cicatrizarse *vr* → **cicatrizar**
cíclico, -ca *adj* : cyclical
ciclismo *nm* : bicycling
ciclista *nmf* : bicyclist
ciclo *nm* : cycle
ciclomotor *nm* : moped
ciclón *nm, pl* **ciclones** : cyclone
cicuta *nf* : hemlock
ciega, ciegue, etc. → **cegar**
ciego[1], **-ga** *adj* : blind — **ciegamente** *adv*
ciego[2], **-ga** *n* : blind person
cielo *nm* : sky : heaven : ceiling
ciempiés *nms & pl* : centipede
cien[1] *adj* : a hundred : hundred — **cien** *pron*
cien[2] *nm* : one hundred
ciénaga *nf* : swamp : bog
ciencia *nf* : science : learning : knowledge
cieno *nm* : mire : mud : silt

científico[1], **-ca** *adj* : scientific — **científicamente** *adv*
científico[2], **-ca** *n* : scientist
ciento[1] *adj* : one hundred
ciento[2] *nm* : hundred
cierne, etc. → **cerner**
cierra, etc. → **cerrar**
cierre *nm* : closing : closure : fastener : clasp : zipper
cierto, -ta *adj* : true : certain : definite : one — **ciertamente** *adv*
ciervo, -va *n* : deer : stag *m* : hind *f*
cifra *nf* : figure : number : quantity : amount : code : cipher
cifrar *v* : to write in code : to place : to pin : to encrypt — **cifrarse** *vr* : to amount
cigarra *nf* : cicada
cigarrera *nf* : cigarette case
cigarrillo *nm* : cigarette
cigarro *nm* : cigarette : cigar
cigoto *nm* : zygote
cigüeña *nf* : stork
cilantro *nm* : cilantro : coriander
cilindrada *nf* : cubic capacity
cilíndrico, -ca *adj* : cylindrical
cilindro *nm* : cylinder
cima *nf* : peak : summit : top
cimarrón, -rrona *adj, mpl* **-rrones** : untamed : wild
címbalo *nm* : cymbal
cimbrar *v* : to shake : to rock — **cimbrarse** *vr* : to sway : to swing
cimentar *v* : to lay the foundation of : to establish : to strengthen : to cement
cimientos *nmpl* : base : foundation(s)
cinc *nm* : zinc
cincel *nm* : chisel
cincelar *v* : to chisel : to engrave
cincha *nf* : cinch : girth
cinchar *v* : to cinch
cinco[1] *adj & nm* : five
cinco[2] *pron* : five
cincuenta *adj & nm* : fifty — **cincuenta** *pron*
cincuentavo[1], **-va** *adj* : fiftieth
cincuentavo[2] *nm* : fiftieth
cine *nm* : cinema : movies *pl* : movie theater
cineasta *nmf* : filmmaker
cinéfilo, -la *n* : cinephile : movie buff
cinematografía *nf* : cinematography
cinematográfico, -ca *adj* : movie : film : cinematic
cínico[1], **-ca** *adj* : cynical : shameless : brazen — **cínicamente** *adv*
cínico[2], **-ca** *n* : cynic
cinismo *nm* : cynicism
cinta *nf* : ribbon : tape : strap : belt
cinto *nm* : strap : belt
cintura *nf* : waist : waistline
cinturilla *nf* : waistband
cinturón *nm, pl* **-rones** : belt
ciñe, etc. → **ceñir**
ciprés *nm, pl* **cipreses** : cypress
circo *nm* : circus
circuitería *nf* : circuitry
circuito *nm* : circuit
circulación *nf, pl* **-ciones** : circulation : movement : traffic
circular[1] *v* : to circulate : to move along : to drive
circular[2] *adj* : circular
circular[3] *nf* : circular : flier
circulatorio, -ria *adj* : circulatory
círculo *nm* : circle : club : group
circuncidar *v* : to circumcise
circuncisión *nf, pl* **-siones** : circumcision
circundar *v* : to surround — **circundante** *adj*
circunferencia *nf* : circumference
circunflejo, -ja *adj* **acento circunflejo** : circumflex
circunlocución *nf, pl* **-ciones** : circumlocution
circunloquio *nm* → **circunlocución**
circunnavegar *v* : to circumnavigate — **circunnavegación** *nf*
circunscribir *v* : to circumscribe : to constrict : to limit — **circunscribirse** *vr*
circunscripción *nf, pl* **-ciones** : limitation : restriction : constituency
circunscrito *pp* → **circunscribir**
circunspecto, -ta *adj* : circumspect : prudent
circunstancia *nf* : circumstance
circunstancial *adj* : circumstantial : incidental
circunstante *nmf* : onlooker : bystander
circunvalación *nf, pl* **-ciones** : surrounding : encircling
circunvecino, -na *adj* : surrounding : neighboring
cirio *nm* : large candle
cirrosis *nf* : cirrhosis
ciruela *nf* : plum
cirugía *nf* : surgery
cirujano, -na *n* : surgeon
cisgénero *adj* : cisgender : cis
cisma *nm* : schism : rift
cisne *nm* : swan
cisterna *nf* : cistern : tank
cita *nf* : quote : quotation : appointment : date
citable *adj* : quotable
citación *nf, pl* **-ciones** : summons : subpoena
citadino[1], **-na** *adj* : of the city : urban
citadino[2], **-na** *n* : city dweller
citado, -da *adj* : said : aforementioned
citar *v* : to quote : to cite : to make an appointment with : to summon : to subpoena — **citarse** *vr* ~ **con** : to arrange to meet
citatorio *nm* : subpoena
-cito *suf* → **-ito**
cítrico *nm* : citrus

ciudad *nf* : city : town
ciudadanía *nf* : citizenship : citizenry : citizens *pl*
ciudadano[1], **-na** *adj* : civic : city
ciudadano[2], **-na** *n* : citizen : resident : city dweller
ciudadela *nf* : citadel : fortress
cívico, -ca *adj* : civic : civic-minded
civil[1] *adj* : civil : civilian
civil[2] *nmf* : civilian
civilidad *nf* : civility : courtesy
civilización *nf, pl* **-ciones** : civilization
civilizado, -da *adj* : civilized
civilizar *v* : to civilize
civismo *nm* : community spirit : civics
cizaña *nf* **sembrar cizaña** : to sow discord
clamar *v* : to clamor : to raise a protest : to cry out for
clamor *nm* : clamor : outcry
clamoroso, -sa *adj* : clamorous : resounding : thunderous
clan *nm* : clan
clandestinidad *nf* : secrecy
clandestino, -na *adj* : clandestine : secret — **clandestinamente** *adv*
clara *nf* : egg white
claraboya *nf* : skylight
claramente *adv* : clearly
clarear *v impers* : to clear : to clear up : to get light : to dawn : to go gray : to turn white
claridad *nf* : clarity : brightness : light
clarificación *nf, pl* **-ciones** : clarification : explanation
clarificar *v* : to clarify : to explain
clarín *nm, pl* **clarines** : bugle
clarinete *nm* : clarinet
clarividencia *nf* : clairvoyance : perspicacity : discernment
clarividente[1] *adj* : clairvoyant : perspicacious : discerning
clarividente[2] *nmf* : clairvoyant
claro[1] *adv* : clearly : of course : surely
claro[2], **-ra** *adj* : bright : clear : pale : fair : light : evident
claro[3] *nm* : clearing
clase *nf* : class : sort : kind : type
clasicismo *nm* : classicism
clásico[1], **-ca** *adj* : classic : classical
clásico[2] *nm* : classic
clasificación *nf, pl* **-ciones** : classification : sorting out : rating : qualification
clasificado, -da *adj* : classified
clasificar *v* : to classify : to sort out : to rate : to rank : to qualify — **clasificarse** *vr*
clasificatorio, -ria *adj* : qualifying
claudicación *nf, pl* **-ciones** : surrender : abandonment of one's principles
claudicar *v* : to back down : to abandon one's principles
claustro *nm* : cloister
claustrofobia *nf* : claustrophobia
claustrofóbico, -ca *adj* : claustrophobic
cláusula *nf* : clause
clausura *nf* : closure : closing : closing ceremony : cloister
clausurar *v* : to close : to bring to a close : to close down
clavada *nf* : slam dunk
clavadista *nmf* : diver
clavado[1], **-da** *adj* : nailed : fixed : stuck : punctual : on the dot : identical
clavado[2] *nm* : dive
clavar *v* : to nail : to hammer : to plunge : to stick : to fix on — **clavarse** *vr* : to stick oneself
clave[1] *adj* : key : essential
clave[2] *nf* : code : key : clef
clavel *nm* : carnation
clavelito *nm* : pink
clavicémbalo *nm* : harpsichord
clavícula *nf* : collarbone
clavija *nf* : plug : peg : pin
clavo *nm* : nail : clove
claxon *nm, pl* **cláxones** : horn
clemencia *nf* : clemency : mercy
clemente *adj* : merciful
cleptomanía *nf* : kleptomania
cleptómano, -na *n* : kleptomaniac
clerecía *nf* : ministry : ministers *pl*
clerical *adj* : clerical
clérigo, -ga *n* : cleric : member of the clergy
clero *nm* : clergy
clic *or* **click** *nm, pl* **clics** *or* **clicks** : click
cliché *nm* : cliché : stencil : negative
cliente, -ta *n* : customer : client
clientela *nf* : clientele : customers *pl*
clima *nm* : climate : atmosphere : ambience
climático, -ca *adj* : climatic
climatización *nf, pl* **-ciones** : air-conditioning
climatizar *v* : to air-condition — **climatizado, -da** *adj*
clímax *nm* : climax
clinch *nm* : clinch
clínica *nf* : clinic
clínico, -ca *adj* : clinical — **clínicamente** *adv*
clip *nm, pl* **clips** : clip : paper clip
clíper *nm* : clipper
clítoris *nms & pl* : clitoris
cloaca *nf* : sewer
clocar *v* : to cluck
cloche *nm* : clutch
clon *nm* : clone
clonar *v* : to clone
cloqué, etc. → **clocar**
cloquear *v* : to cluck
cloqueo *nm* : cluck : clucking
clorar *v* : to chlorinate — **cloración** *nf*
clorhídrico, -ca *adj* **ácido clorhídrico** → **ácido**[2]
cloro *nm* : chlorine

clorofila *nf* : chlorophyll
cloroformo *nm* : chloroform
cloruro *nm* : chloride
clóset *nm, pl* **clósets** : closet : cupboard
club *nm* : club
clueca, clueque, etc. → **clocar**
clutch *nm* : clutch
coa *nf* : hoe
coacción *nf, pl* **-ciones** : coercion : duress
coaccionar *v* : to coerce
coactivo, -va *adj* : coercive
coagular *v* : to clot : to coagulate — **coagulación** *nf*
coágulo *nm* : clot
coalición *nf, pl* **-ciones** : coalition
coartada *nf* : alibi
coartar *v* : to restrict : to limit
coba *nf* : flattery : lie
cobalto *nm* : cobalt
cobarde[1] *adj* : cowardly
cobarde[2] *nmf* : coward
cobardía *nf* : cowardice
cobaya *nf* : guinea pig
cobertizo *nm* : shed : shelter
cobertor *nm* : bedspread : quilt
cobertura *nf* : coverage : cover : collateral
cobija *nf* : blanket
cobijar *v* : to shelter — **cobijarse** *vr* : to take shelter
cobijo *nm* : shelter
cobra *nf* : cobra
cobrador, -dora *n* : collector : conductor
cobrar *v* : to charge : to collect : to draw : to earn : to acquire : to gain : to recover : to retrieve : to cash : to claim : to take : to shoot : to bag : to be paid
cobre *nm* : copper
cobrizo, -za *adj* : coppery
cobro *nm* : collection : cashing
coca *nf* : coca : coke : cocaine
Coca *nf* : Coke™ : Coca-Cola™
cocaína *nf* : cocaine
cocal *nm* : coca plantation
cocción *nf, pl* **cocciones** : cooking
cocear *v* : to kick
cocer *v* : to cook : to boil
cochambre *nmf* : filth : grime
cochambroso, -sa *adj* : filthy : grimy
coche *nm* : car : automobile : coach : carriage
cochecito *nm* : baby carriage : stroller
cochera *nf* : garage : carport
cochinada *nf* : filthy language : disgusting behavior : dirty trick
cochinillo *nm* : suckling pig : piglet
cochino[1], **-na** *adj* : dirty : filthy : disgusting : rotten : lousy
cochino[2], **-na** *n* : pig : hog
cocido[1], **-da** *adj* : boiled : cooked
cocido[2] *nm* : stew
cociente *nm* : quotient
cocimiento *nm* : cooking : baking
cocina *nf* : kitchen : stove : cuisine : cooking
cocinar *v* : to cook
cocinero, -ra *n* : cook : chef
cocineta *nf* : kitchenette
coco *nm* : coconut : head : bogeyman
cocoa *nf* : cocoa : hot chocolate
cocodrilo *nm* : crocodile
cocotero *nm* : coconut palm
coctel *or* **cóctel** *nm* : cocktail : cocktail party
coctelera *nf* : cocktail shaker
codear *v* : to elbow : to jog : to nudge — **codearse** *vr* : to rub elbows : to hobnob
codeína *nf* : codeine
códice *nm* : codex : manuscript
codicia *nf* : avarice
codiciar *v* : to covet
codicioso, -sa *adj* : avaricious : covetous
codificar *v* : to codify : to code : to encode
código *nm* : code
codo[1], **-da** *adj* : cheap : stingy
codo[2], **-da** *n* : tightwad : cheapskate
codo[3] *nm* : elbow
codorniz *nf, pl* **-nices** : quail
coeficiente *nm* : coefficient
coexistir *v* : to coexist — **coexistencia** *nf*
cofradía *nf* : (religious) brotherhood : guild
cofre *nm* : trunk : chest : hood
coger *v* : to seize : to take hold of : to catch : to pick up : to gather : to pick : to gore — **cogerse** *vr* : to hold on
cogida *nf* : gathering : harvest : goring
cognición *nf, pl* **-ciones** : cognition
cognitivo, -va *adj* : cognitive
cogollo *nm* : heart : bud : bulb : core : crux
cogote *nm* : scruff : nape
cohabitar *v* : to cohabit — **cohabitación** *nf*
cohechar *v* : to bribe
cohecho *nm* : bribe : bribery
coherencia *nf* : coherence — **coherente** *adj*
cohesión *nf, pl* **-siones** : cohesion
cohesivo, -va *adj* : cohesive
cohete *nm* : rocket
cohibición *nf, pl* **-ciones** : (legal) restraint : inhibition
cohibido, -da *adj* : inhibited : shy
cohibir *v* : to inhibit : to make self-conscious — **cohibirse** *vr* : to feel shy or embarrassed
cohorte *nf* : cohort
coima *nf* : bribe
coimear *v* : to bribe
coincidencia *nf* : coincidence : agreement
coincidente *adj* : coincident : coinciding

coincidir *v* : to coincide : to agree
coito *nm* : sexual intercourse : coitus
coja, etc. → **coger**
cojear *v* : to limp : to wobble : to rock
cojera *nf* : limp
cojín *nm, pl* **cojines** : cushion : throw pillow
cojinete *nm* : bearing : bushing
cojo[1], **-ja** *adj* : limping : lame : wobbly : weak : ineffectual
cojo[2], **-ja** *n* : lame person
col *nf* : cabbage
cola *nf* : tail : line : cola : drink : train : tails *pl* : glue : buttocks *pl* : rear end
colaboracionista *nmf* : collaborator : traitor
colaborador, -dora *n* : contributor : collaborator
colaborar *v* : to collaborate — **colaboración** *nf*
colación *nf, pl* **-ciones** : light meal : conferring
colada *nf* : laundry : wash : washing
coladera *nf* : drain
colador *nm* : colander : strainer : small coffeepot
colapsar *v* : to collapse : to paralyze : to bring to a standstill
colapso *nm* : collapse : standstill
colar *v* : to strain : to filter — **colarse** *vr* : to sneak in : to cut in line : to slip up : to make a mistake
colateral[1] *adj* : collateral — **colateralmente** *adv*
colateral[2] *nm* : collateral
colcha *nf* : bedspread : quilt
colchón *nm, pl* **colchones** : mattress : cushion : padding : buffer
colchoneta *nf* : mat
colear *v* : to wag its tail
colección *nf, pl* **-ciones** : collection
coleccionable *adj* : collectible
coleccionar *v* : to collect : to keep a collection of
coleccionista *nmf* : collector
colecta *nf* : collection
colectar *v* : to collect
colectivero, -ra *n* : bus driver : taxi driver
colectividad *nf* : community : group
colectivo[1], **-va** *adj* : collective — **colectivamente** *adv*
colectivo[2] *nm* : collective : city bus : fixed-route taxi
colector[1], **-tora** *n* : collector
colector[2] *nm* : sewer : manifold
colega *nmf* : colleague : counterpart : buddy
colegiado, -da *n* : referee : member
colegial[1], **-giala** *adj* : school : green : inexperienced
colegial[2], **-giala** *n* : schoolboy *m* : schoolgirl *f*
colegiatura *nf* : tuition
colegio *nm* : school : college : professional association
colegir *v* : to collect : to gather : to infer : to deduce
cólera[1] *nm* : cholera
cólera[2] *nf* : anger : rage
colérico, -ca *adj* : angry : irritable
colesterol *nm* : cholesterol
coleta *nf* : ponytail : pigtail
coletazo *nm* : lash : flick
colgado, -da *adj* : hanging : hanged : pending
colgante[1] *adj* : hanging : dangling
colgante[2] *nm* : pendant : charm
colgar *v* : to hang : to put up : to hang up : to fail — **colgarse** *vr* : to be suspended : to hang oneself : to hang up a telephone
colibrí *nm* : hummingbird
cólico *nm* : colic
coliflor *nf* : cauliflower
colilla *nf* : butt
colín *nm, pl* **colines** : breadstick
colina *nf* : hill
colindante *adj* : adjacent : neighboring
colindar *v* : to adjoin : to be adjacent
colirio *nm* : eyedrops *pl*
coliseo *nm* : coliseum
colisión *nf, pl* **-siones** : collision
colisionar *v* : to collide
collage *nm* : collage
collar *nm* : collar : necklace
collie *nmf* : collie
colmado, -da *adj* : heaping
colmar *v* : to fill to the brim : to fulfill : to satisfy : to heap : to shower
colmena *nf* : beehive
colmenar *nm* : apiary
colmillo *nm* : canine : fang : tusk
colmilludo, -da *adj* : astute : shrewd : crafty
colmo *nm* : height : extreme : limit
colocación *nf, pl* **-ciones** : placement : placing : position : job : investment
colocar *v* : to place : to put : to find a job for : to invest — **colocarse** *vr* : to position oneself : to get a job
colofonia *nf* : rosin
colombiano, -na *adj & n* : Colombian
colon *nm* : (intestinal) colon
colón *nm, pl* **colones** : colón
colonia *nf* : colony : cologne : residential area : neighborhood
colonial *adj* : colonial
colonización *nf, pl* **-ciones** : colonization
colonizador[1], **-dora** *adj* : colonizing
colonizador[2], **-dora** *n* : colonist
colonizar *v* : to colonize : to settle
colono, -na *n* : settler : colonist : tenant farmer
coloquial *adj* : colloquial
coloquio *nm* : discussion : talk : conference : symposium

color *nm* : color : paint : dye; **colores** *nmpl* : colored pencils
coloración *nf, pl* **-ciones** : coloring : coloration
colorado[1], **-da** *adj* : red
colorado[2] *nm* : red
colorante *nm* : coloring
colorear *v* : to color : to redden : to ripen
colorete *nm* : blush : rouge
colorido *nm* : color : coloring
colorín *nm, pl* **-rines** : bright color : goldfinch
colosal *adj* : colossal
coloso *nm* : colossus
coludir *v* : to conspire
columna *nf* : column
columnata *nf* : colonnade
columnista *nmf* : columnist
columpiar *v* : to push — **columpiarse** *vr* : to swing
columpio *nm* : swing
colusión *nf, pl* **-siones** : collusion
colza *nf* : rape
coma[1] *nm* : coma
coma[2] *nf* : comma
comadre *nf* : godmother of one's child : mother of one's godchild : neighbor : female friend : gossip
comadrear *v* : to gossip
comadreja *nf* : weasel
comadrona *nf* : midwife
comal *nm* : tortilla griddle
comanche *nmf* : Comanche
comandancia *nf* : command headquarters : command
comandante *nmf* : commander : commanding officer : major
comandar *v* : to command : to lead
comando *nm* : commando : command
comarca *nf* : region
comarcal *adj* : regional : local
comatoso, -sa *adj* : comatose
comba *nf* : bend : sag : jump rope
combar *v* : to bend : to curve — **combarse** *vr* : to buckle : to warp : to bulge : to sag
combate *nm* : combat : fight : boxing match
combatiente *nmf* : combatant : fighter
combatir *v* : to combat : to fight against : to fight
combatividad *nf* : fighting spirit
combativo, -va *adj* : combative : spirited
combi *nf* : minibus
combinación *nf, pl* **-ciones** : combination : connection
combinado *nm* : cocktail : team
combinar *v* : to combine : to mix together : to match : to put together — **combinarse** *vr* : to get together : to conspire
combo *nm* : (musical) band : sledgehammer : punch
combustible[1] *adj* : combustible
combustible[2] *nm* : fuel
combustión *nf, pl* **-tiones** : combustion
comedero *nm* : trough : feeder
comedia *nf* : comedy
comediante *nmf* : actor : actress *f* : fraud
comedido, -da *adj* : moderate : restrained
comediógrafo, -fa *n* : playwright
comedor *nm* : dining room
comején *nm, pl* **-jenes** : termite
comelón[1], **-lona** *adj, mpl* **-lones** : gluttonous
comelón[2], **-lona** *n, pl* **-lones** : big eater : glutton
comensal *nmf* : dinner guest
comentador, -dora *n* → **comentarista**
comentar *v* : to comment on : to discuss : to mention : to remark
comentario *nm* : comment : remark : commentary
comentarista *nmf* : commentator
comenzar *v* : to begin : to start
comer[1] *v* : to eat : to consume : to eat up : to eat into : to have a meal — **comerse** *vr* : to eat up
comer[2] *nm* : eating : dining
comercial *adj & nm* : commercial — **comercialmente** *adv*
comercializar *v* : to commercialize : to market — **comercialización** *nf*
comerciante *nmf* : merchant : dealer
comerciar *v* : to do business : to trade
comercio *nm* : commerce : trade : business : place of business
comestible[1] *adj* : edible
comestible[2] *nm* : foodstuff : food; **comestibles** *nmpl* : groceries
cometa[1] *nm* : comet
cometa[2] *nf* : kite
cometer *v* : to commit
cometido *nm* : assignment : task
comezón *nf, pl* **-zones** : itchiness : itching
comible *adj* : eatable : edible
comic *or* **cómic** *nm* : comic strip : comic book
comicidad *nf* : humor : wit
comicios *nmpl* : elections : voting
cómico[1], **-ca** *adj* : comic : comical
cómico[2], **-ca** *n* : comic : comedian : comedienne *f*
comida *nf* : food : meal : dinner : lunch
comidilla *nf* : talk : gossip
comienzo *nm* : start : beginning
comillas *nfpl* : quotation marks
comilón, -lona → **comelón, -lona**
comilona *nf* : feast
comino *nm* : cumin
comisaría *nf* : police station
comisario, -ria *n* : commissioner
comisión *nf, pl* **-siones** : commission : committing : committee : percentage
comisionado[1], **-da** *adj* : commissioned : entrusted

comisionado[2], **-da** *n* → **comisario**
comisionar *v* : to commission
comisura *nf* **comisura de los labios** : corner of the mouth
comité *nm* : committee
comitiva *nf* : retinue : entourage
como[1] *adv* : around : about : kind of : like
como[2] *conj* : how : as : since : given that : if
como[3] *prep* : like : as
cómo *adv* : how
cómoda *nf* : bureau : chest of drawers
comodidad *nf* : comfort : convenience
comodín *nm, pl* **-dines** : joker : wild card : wildcard : all-purpose word or thing : pretext : excuse
cómodo, -da *adj* : comfortable : convenient — **cómodamente** *adv*
comodoro *nm* : commodore
comoquiera *adv* : in any way
compa *nm* : buddy : pal
compactar *v* : to compact : to compress
compact disc *nm, pl* **compact discs** : compact disc : CD
compacto, -ta *adj* : compact
compadecer *v* : to sympathize with : to feel sorry for
compadre *nm* : godfather of one's child : father of one's godchild : buddy : pal
compaginar *v* : to combine : to coordinate : to collate
compañerismo *nm* : camaraderie
compañero, -ra *n* : companion : mate : partner
compañía *nf* : company : firm
comparable *adj* : comparable
comparación *nf, pl* **-ciones** : comparison
comparado, -da *adj* : comparative
comparar *v* : to compare
comparativo[1], **-va** *adj* : comparative : relative — **comparativamente** *adv*
comparativo[2] *nm* : comparative degree or form
comparecencia *nf* : appearance
comparecer *v* : to appear
comparsa *nmf* : extra
compartimiento *or* **compartimento** *nm* : compartment
compartir *v* : to share
compás *nm, pl* **-pases** : beat : rhythm : time : compass
compasión *nf, pl* **-siones** : compassion : pity
compasivo, -va *adj* : compassionate
compatibilidad *nf* : compatibility
compatible *adj* : compatible
compatriota *nmf* : compatriot : fellow countryman
compeler *v* : to compel
compendiar *v* : to summarize : to condense
compendio *nm* : summary
compenetración *nf, pl* **-ciones** : rapport : mutual understanding
compenetrarse *vr* : to understand each other
compensación *nf, pl* **-ciones** : compensation
compensar *v* : to compensate for : to make up for : to be worth one's while
compensatorio, -ria *adj* : compensatory
competencia *nf* : competition : rivalry : competence
competente *adj* : competent : able — **competentemente** *adv*
competición *nf, pl* **-ciones** : competition
competidor[1], **-dora** *adj* : competing : rival
competidor[2], **-dora** *n* : competitor : rival
competir *v* : to compete
competitividad *nf* : competitiveness
competitivo, -va *adj* : competitive — **competitivamente** *adv*
compilar *v* : to compile — **compilación** *nf*
compinche *nmf* : buddy : pal : partner in crime : accomplice
complacencia *nf* : pleasure : satisfaction
complacer *v* : to please — **complacerse** *vr* ~ **en** : to take pleasure in
complaciente *adj* : obliging : eager to please
complejidad *nf* : complexity
complejo[1], **-ja** *adj* : complex
complejo[2] *nm* : complex
complementar *v* : to complement : to supplement — **complementarse** *vr*
complementario, -ria *adj* : complementary
complemento *nm* : complement : supplement : supplementary pay : allowance
completamente *adv* : completely : totally
completar *v* : to complete : to finish
completo, -ta *adj* : complete : full : whole : absolute : detailed : well-rounded : versatile
complexión *nf, pl* **-xiones** : (physical) constitution
complicación *nf, pl* **-ciones** : complication
complicado, -da *adj* : complicated
complicar *v* : to complicate : to involve — **complicarse** *vr*
cómplice *nmf* : accomplice
complicidad *nf* : complicity
complot *nm, pl* **complots** : conspiracy : plot
componenda *nf* : shady deal : scam
componente *adj* & *nm* : component : constituent
componer *v* : to fix : to repair : to make up : to compose : to write : to set —

componerse *vr* : to improve : to get better
comportamiento *nm* : behavior : conduct
comportarse *vr* : to behave : to conduct oneself
composición *nf, pl* **-ciones** : composition : work : makeup : arrangement
compositor, -tora *n* : composer : songwriter
compostura *nf* : composure : mending : repair
compota *nf* : compote
compra *nf* : purchase
comprador, -dora *n* : buyer : shopper
comprar *v* : to buy : to purchase
compraventa *nf* : buying and selling
comprender *v* : to comprehend : to understand : to cover : to include
comprensible *adj* : understandable — **comprensiblemente** *adv*
comprensión *nf, pl* **-siones** : comprehension : understanding : sympathy
comprensivo, -va *adj* : understanding
compresa *nf* : compress
compresión *nf, pl* **-siones** : compression
compresor *nm* : compressor
comprimido *nm* : pill : tablet
comprimir *v* : to compress
comprobable *adj* : provable
comprobación *nf, pl* **-ciones** : verification : confirmation
comprobante *nm* : proof : voucher : receipt
comprobar *v* : to verify : to check : to prove
comprometedor, -dora *adj* : compromising
comprometer *v* : to compromise : to jeopardize : to commit : to put under obligation — **comprometerse** *vr* : to commit oneself
comprometido, -da *adj* : compromising : awkward : committed : obliged : engaged
compromiso *nm* : obligation : commitment : engagement : agreement : awkward situation : fix
compuerta *nf* : floodgate
compuesto[1] *pp* → **componer**
compuesto[2], **-ta** *adj* : fixed : repaired : compound : composite : decked out : spruced up
compuesto[3] *nm* : compound
compulsión *nf, pl* **-siones** : compulsion
compulsivo, -va *adj* : compelling : urgent : compulsive — **compulsivamente** *adv*
compungido, -da *adj* : contrite : remorseful
compungirse *vr* : to feel remorse
compuso, etc. → **componer**
computable *adj* : countable
computación *nf, pl* **-ciones** : computing : computers *pl*
computador *nm* → **computadora**
computadora *nf* : computer
computar *v* : to compute : to calculate
computarizar *v* : to computerize
cómputo *nm* : computation : calculation
comulgar *v* : to receive communion
común *adj, pl* **comunes** : common
comuna *nf* : commune
comunal *adj* : communal
comunicación *nf, pl* **-ciones** : communication : access : link : message : report
comunicado *nm* : communiqué
comunicador, -dora *n* : commentator : analyst
comunicar *v* : to communicate : to convey : to notify — **comunicarse** *vr* ~ **con** : to contact : to get in touch with : to be connected to
comunicativo, -va *adj* : communicative : talkative
comunidad *nf* : community
comunión *nf, pl* **-niones** : communion : sharing Communion
comunismo *nm* : communism : Communism
comunista *adj & nmf* : communist
comunitario, -ria *adj* : community : communal
comúnmente *adv* : commonly
con *prep* : with : in spite of : to : towards : by
conato *nm* : attempt : effort
cóncavo, -va *adj* : concave
concebible *adj* : conceivable
concebir *v* : to conceive : to conceive of : to imagine : to become pregnant
conceder *v* : to grant : to bestow : to concede : to admit
concejal, -jala *n* : councilman *m* : councilwoman *f* : alderman *mf*
concejo *nm* : council
concentración *nf, pl* **-ciones** : concentration
concentrado *nm* : concentrate
concentrar *v* : to concentrate — **concentrarse** *vr*
concéntrico, -ca *adj* : concentric
concepción *nf, pl* **-ciones** : conception
concepto *nm* : concept : idea : opinion
conceptual *adj* : conceptual — **conceptualmente** *adv*
conceptualizar *v* : conceptualize — **conceptualización** *nf*
conceptuar *v* : to regard : to judge
concernir *v* : to be of concern
concertar *v* : to arrange : to set up : to agree on : to settle : to harmonize : to be in harmony
concesión *nf, pl* **-siones** : concession : awarding : granting

concesionario, -ria *n* : franchisee
concha *nf* : conch : seashell
concho *nm* : fixed-route taxi
conciencia *nf* : conscience : consciousness : awareness
concienciar → concientizar
concientización *nf, pl* **-ciones** : awareness : awareness-raising
concientizar *v* : to make aware — **concientizarse** *vr* ~ **de** : to realize : to become aware of
concienzudo, -da *adj* : conscientious
concierto *nm* : concert : agreement : concerto
conciliador[1], **-dora** *adj* : conciliatory
conciliador[2], **-dora** *n* : arbitrator : peacemaker
conciliar *v* : to reconcile — **conciliación** *nf*
conciliatorio, -ria *adj* **→ conciliador**[1]
concilio *nm* : (church) council
conciso, -sa *adj* : concise — **concisamente** *adv* — **concisión** *nf*
concitar *v* : to arouse
conciudadano, -na *n* : fellow citizen
cónclave *nm* : conclave : private meeting
concluir *v* : to conclude : to finish : to deduce : to end
conclusión *nf, pl* **-siones** : conclusion
concluyente *adj* : conclusive
concomitante *adj* : accompanying : attendant
concordancia *nf* : agreement : accordance
concordar *v* : to agree : to coincide : to reconcile
concordia *nf* : concord : harmony
concretar *v* : to pinpoint : to specify : to fulfill : to realize — **concretarse** *vr* : to become real : to take shape
concretizar → concretar
concreto[1], **-ta** *adj* : concrete : actual : definite : specific — **concretamente** *adv*
concreto[2] *nm* : concrete
concurrencia *nf* : audience : turnout : concurrence
concurrente *adj* : concurrent — **concurrentemente** *adv*
concurrido, -da *adj* : busy : crowded
concurrir *v* : to converge : to come together : to concur : to agree : to take part : to participate : to attend : to be present
concursante *nmf* : contestant : competitor
concursar *v* : to compete in : to compete : to participate
concurso *nm* : contest : competition : concurrence : coincidence : crowd : gathering : cooperation : assistance
condado *nm* : county : earldom
conde, -desa *n* : count *m* : earl *m* : countess *f*
condecoración *nf, pl* **-ciones** : decoration : medal
condecorar *v* : to decorate : to award
condena *nf* : condemnation : sentence
condenable *adj* : reprehensible
condenación *nf, pl* **-ciones** : condemnation : damnation
condenado[1], **-da** *adj* : fated : doomed : convicted : sentenced : darn : damned
condenado[2], **-da** *n* : convict
condenar *v* : to condemn : to sentence : to board up : to wall up — **condenarse** *vr* : to be damned
condenatorio, -ria *adj* : condemning
condensación *nf, pl* **-ciones** : condensation
condensar *v* : to condense
condesa *nf* **→ conde**
condescendencia *nf* : condescension
condescender *v* : to condescend : to agree : to acquiesce
condescendiente *adj* : condescending : accommodating : obliging
condición *nf, pl* **-ciones** : condition : state : capacity : position : stipulation; **condiciones** *nfpl* : conditions : circumstances
condicional *adj* : conditional — **condicionalmente** *adv*
condicionamiento *nm* : conditioning
condicionar *v* : to condition : to determine
condimentar *v* : to season : to spice
condimento *nm* : condiment : seasoning : spice
condolencia *nf* : condolence : sympathy
condolerse *vr* : to sympathize
condominio *nm* : condominium : condo
condón *nm, pl* **condones** : condom
cóndor *nm* : condor
conducción *nf, pl* **-ciones** : conduction : management : direction
conducir *v* : to direct : to lead : to drive : to drive a vehicle — **conducirse** *vr* : to behave : to conduct oneself
conducta *nf* : conduct : behavior
conductividad *nf* : conductivity
conducto *nm* : conduit : channel : duct
conductor[1], **-tora** *adj* : conducting : leading
conductor[2], **-tora** *n* : driver
conductor[3] *nm* : conductor
conectar *v* : to connect ~ **con** : to link up with : to communicate with
conectivo, -va *adj* : connective — **conectividad** *nf*
conector *nm* : connector
conejera *nf* : rabbit hutch
conejillo *nm* **conejillo de Indias** : guinea pig
conejo, -ja *n* : rabbit
conexión *nf, pl* **-xiones** : connection
confabulación *nf, pl* **-ciones** : plot : conspiracy

confabularse *vr* : to plot : to conspire
confección *nf, pl* **-ciones** : preparation : tailoring : dressmaking
confeccionar *v* : to make : to produce : to prepare
confederación *nf, pl* **-ciones** : confederation
confederarse *vr* : to confederate : to form a confederation
conferencia *nf* : conference : meeting : lecture
conferenciante *nmf* : lecturer
conferencista → **conferenciante**
conferir *v* : to confer : to bestow
confesar *v* : to confess — **confesarse** *vr* : to go to confession
confesión *nf, pl* **-siones** : confession : creed : denomination
confesionario *nm* : confessional
confesor *nm* : confessor
confeti *nm* : confetti
confiable *adj* : trustworthy : reliable
confiado, -da *adj* : confident : self-confident : trusting — **confiadamente** *adv*
confianza *nf* : trust : confidence : self-confidence
confianzudo, -da *adj* : forward : presumptuous
confiar *v* : to confide : to entrust ~ **en** : to trust : to have faith/confidence in — **confiarse** *vr* : to be overconfident
confidencia *nf* : confidence : secret
confidencial *adj* : confidential — **confidencialmente** *adv*
confidencialidad *nf* : confidentiality
confidente *nmf* : confidant : confidante *f* : informer
configuración *nf, pl* **-ciones** : configuration : shape
configurar *v* : to shape : to form : to configure
confín *nm, pl* **confines** : boundary : limit
confinamiento *nm* : confinement
confinar *v* : to confine : to limit : to exile ~ **con** : to border on
confirmación *nf, pl* **-ciones** : confirmation
confirmar *v* : to confirm : to substantiate
confiscación *nf, pl* **-ciones** : confiscation
confiscar *v* : to confiscate : to seize
confitado, -da *adj* : candied
confite *nm* : sugar-coated candy
confitería *nf* : candy store : confectionery : tearoom : café
confitero, -ra *n* : confectioner
confitura *nf* : preserves : jam
conflagración *nf, pl* **-ciones** : conflagration : fire : war
conflictivo, -va *adj* : troubled : controversial
conflicto *nm* : conflict
confluencia *nf* : junction : confluence
confluir *v* : to converge : to join : to gather : to assemble
conformación *nf, pl* **-ciones** : makeup : composition
conformar *v* : to form : to create : to constitute : to make up — **conformarse** *vr* : to resign oneself : to comply : to conform
conforme[1] *adj* : content : satisfied
conforme[2] *conj* : as
conformidad *nf* : agreement : consent : resignation
confort *nm* : comfort
confortable *adj* : comfortable
confortar *v* : to comfort : to console
confraternidad *nf* : brotherhood : fraternity
confraternizar *v* : to fraternize — **confraternización** *nf*
confrontación *nf, pl* **-ciones** : confrontation
confrontar *v* : to confront : to compare : to bring face-to-face : to border — **confrontarse** *vr* ~ **con** : to face up to
confundir *v* : to confuse : to mix up — **confundirse** *vr* : to make a mistake : to be confused
confusión *nf, pl* **-siones** : confusion
confuso, -sa *adj* : confused : confusing : flustered : embarrassed : hazy : indistinct
congelación *nf, pl* **-ciones** : freezing : frostbite : exposure
congelado, -da *adj* : frozen
congelador *nm* : freezer
congelamiento *nm* → **congelación**
congelar *v* : to freeze — **congelarse** *vr*
congeniar *v* : to get along
congénito, -ta *adj* : congenital
congestión *nf, pl* **-tiones** : congestion
congestionado, -da *adj* : congested
congestionamiento *nm* → **congestión**
congestionarse *vr* : to become flushed : to become congested
conglomerado[1], **-da** *adj* : conglomerate : mixed
conglomerado[2] *nm* : conglomerate : conglomeration
congoja *nf* : anguish : grief
congoleño, -ña *adj* & *n* : Congolese
congraciarse *vr* : to ingratiate oneself
congratular *v* : to congratulate
congregación *nf, pl* **-ciones** : congregation : gathering
congregar *v* : to bring together — **congregarse** *vr* : to congregate : to assemble
congresista *nmf* : congressman *m* : congresswoman *f*
congreso *nm* : congress : conference
congruencia *nf* : congruence : coherence — **congruente** *adj*
cónico, -ca *adj* : conical : conic
conífera *nf* : conifer

conífero, -ra *adj* : coniferous
conjetura *nf* : conjecture : guess
conjeturar *v* : to guess : to conjecture
conjugación *nf, pl* **-ciones** : conjugation
conjugar *v* : to conjugate : to combine
conjunción *nf, pl* **-ciones** : conjunction
conjuntivitis *nf* : conjunctivitis
conjuntivo, -va *adj* : connective
conjunto[1], **-ta** *adj* : joint — **conjuntamente** *adv*
conjunto[2] *nm* : collection : group : ensemble : outfit : musical group : whole : entirety
conjurar *v* : to exorcise : to avert : to ward off : to conspire : to plot
conjuro *nm* : exorcism : spell
conllevar *v* : to bear : to suffer : to entail : to involve
conmemorar *v* : to commemorate — **conmemoración** *nf*
conmemorativo, -va *adj* : commemorative : memorial
conmigo *pron* : with me
conminar *v* : to threaten : to warn
conmiseración *nf, pl* **-ciones** : pity : commiseration
conmoción *nf, pl* **-ciones** : shock : upheaval
conmocionar *v* : to shake : to shock
conmovedor, -dora *adj* : moving : touching
conmover *v* : to move : to touch : to shake up — **conmoverse** *vr*
conmutador *nm* : switch : switchboard
conmutar *v* : to commute : to switch : to exchange
connivencia *nf* : connivance
connotación *nf, pl* **-ciones** : connotation
connotar *v* : to connote : to imply
cono *nm* : cone
conocedor[1], **-dora** *adj* : knowledgeable
conocedor[2], **-dora** *n* : connoisseur : expert
conocer *v* : to know : to be acquainted with : to meet : to be familiar with : to get to know : to experience : to recognize — **conocerse** *vr* : to know each other : to know oneself
conocible *adj* : knowable
conocido[1], **-da** *adj* : familiar : well-known : famous
conocido[2], **-da** *n* : acquaintance
conocimiento *nm* : knowledge : consciousness
conque *conj* : so : so then : and so
conquista *nf* : conquest
conquistador[1], **-dora** *adj* : conquering
conquistador[2], **-dora** *n* : conqueror
conquistar *v* : to conquer
consabido, -da *adj* : usual : typical
consagración *nf, pl* **-ciones** : consecration
consagrar *v* : to consecrate : to dedicate : to devote
consciencia → conciencia
consciente *adj* : conscious : aware — **conscientemente** *adv*
conscripción *nf, pl* **-ciones** : conscription : draft
conscripto, -ta *n* : conscript : inductee
consecución *nf, pl* **-ciones** : attainment
consecuencia *nf* : consequence : result
consecuente *adj* : consistent — **consecuentemente** *adv*
consecutivo, -va *adj* : consecutive : successive — **consecutivamente** *adv*
conseguir *v* : to get : to obtain : to achieve : to attain : to manage to
consejero, -ra *n* : adviser : counselor
consejo *nm* : piece of advice : council
consenso *nm* : consensus
consensuar *v* : to reach a consensus on
consentido, -da *adj* : spoiled : pampered
consentimiento *nm* : consent : permission
consentir *v* : to consent to : to allow : to pamper : to spoil ~ **en** : to agree to : to approve of
conserje *nmf* : custodian : janitor : caretaker
conserva *nf* : preserve(s) : jam; **conservas** *nfpl* : canned goods
conservación *nf, pl* **-ciones** : conservation : preservation
conservacionista *nmf* : conservationist
conservador[1], **-dora** *adj & n* : conservative
conservador[2] *nm* : preservative
conservadurismo *nf* : conservatism
conservante *nm* : preservative
conservar *v* : to preserve : to keep : to conserve
conservatorio *nm* : conservatory
considerable *adj* : considerable — **considerablemente** *adv*
consideración *nf, pl* **-ciones** : consideration : respect
considerado, -da *adj* : considerate : thoughtful : respected
considerar *v* : to consider : to think about : to regard as : to treat with consideration — **considerarse** *vr* : to consider oneself
consigna *nf* : slogan : assignment : orders *pl* : luggage storage
consignación *nf, pl* **-ciones** : consignment : allocation
consignar *v* : to consign : to record : to write down : to assign : to allocate
consigo *pron* : with her : with him : with you : with oneself
consiguiente *adj* : resulting : consequent
consistencia *nf* : consistency
consistente *adj* : firm : strong : sound : consistent — **consistentemente** *adv*

consola *nf* : console
consolación *nf, pl* **-ciones** : consolation
consolar *v* : to console : to comfort
consolidar *v* : to consolidate — **consolidación** *nf*
consomé *nm* : consommé : clear soup
consonancia *nf* : harmony
consonante[1] *adj* : consonant : harmonious
consonante[2] *nf* : consonant
consorcio *nm* : consortium
consorte *nmf* : consort : spouse
conspicuo, -cua *adj* : eminent : famous
conspiración *nf, pl* **-ciones** : conspiracy : plot
conspirador, -dora *n* : conspirator
conspirar *v* : to conspire : to plot
constancia *nf* : proof : certainty : record : evidence : perseverance : constancy
constante[1] *adj* : constant — **constantemente** *adv*
constante[2] *nf* : constant
constar *v* : to be evident : to be on record
constatación *nf, pl* **-ciones** : confirmation : proof
constatar *v* : to verify : to state
constelación *nf, pl* **-ciones** : constellation
consternación *nf, pl* **-ciones** : consternation : dismay
consternar *v* : to dismay : to appall
constipación *nf, pl* **-ciones** : constipation
constipado[1], **-da** *adj* **estar constipado** : to have a cold
constipado[2] *nm* : cold
constiparse *vr* : to catch a cold
constitución *nf, pl* **-ciones** : constitution — **constitucional** *adj* — **constitucionalmente** *adv*
constitucionalidad *nf* : constitutionality
constituir *v* : to constitute : to make up : to form : to establish : to set up — **constituirse** *vr* ~ **en** : to set oneself up as : to become
constitutivo, -va *adj* : constituent : component
constituyente *adj & nmf* : constituent
constreñir *v* : to constrain : to oblige : to restrict : to limit
construcción *nf, pl* **-ciones** : construction : building
constructivo, -va *adj* : constructive — **constructivamente** *adv*
constructor, -tora *n* : builder
constructora *nf* : construction company
construir *v* : to build : to construct
consuelo *nm* : consolation : comfort
consuetudinario, -ria *adj* : customary : habitual
cónsul *nmf* : consul — **consular** *adj*
consulado *nm* : consulate
consulta *nf* : consultation : inquiry
consultar *v* : to consult
consultivo, -va *adj* : advisory
consultor[1], **-tora** *adj* : consulting
consultor[2], **-tora** *n* : consultant
consultoría *nf* : consultancy
consultorio *nm* : office
consumación *nf, pl* **-ciones** : consummation
consumado, -da *adj* : consummate : perfect
consumar *v* : to consummate : to complete : to commit : to carry out
consumible *adj* : consumable
consumición *nf, pl* **-ciones** : consumption : drink
consumido, -da *adj* : thin : emaciated
consumidor, -dora *n* : consumer
consumir *v* : to consume — **consumirse** *vr* : to waste away
consumismo *nm* : consumerism
consumo *nm* : consumption
contabilidad *nf* : accounting : bookkeeping : accountancy
contabilizar *v* : to enter : to record
contable[1] *adj* : countable
contable[2] *nmf* : accountant : bookkeeper
contactar *v* : to contact ~ **con** : to get in touch with
contacto *nm* : contact
contado[1], **-da** *adj* : counted : rare : scarce
contado[2] *nm* **al contado** : cash
contador[1], **-dora** *n* : accountant
contador[2] *nm* : meter
contaduría *nf* : accounting office : accountancy
contagiar *v* : to infect : to transmit — **contagiarse** *vr* : to be contagious : to become infected
contagio *nm* : contagion : infection
contagioso, -sa *adj* : contagious : catching
contaminación *nf, pl* **-ciones** : contamination : pollution
contaminante *nm* : pollutant : contaminant
contaminar *v* : to contaminate : to pollute
contante *adj* **dinero contante y sonante → dinero**
contar *v* : to count : to tell : to include : to matter — **contarse** *vr* ~ **entre** : to be numbered among
contemplación *nf, pl* **-ciones** : contemplation — **contemplativo, -va** *adj*
contemplar *v* : to contemplate : to ponder : to gaze at : to look at
contemporáneo, -nea *adj & n* : contemporary
contención *nf, pl* **-ciones** : containment : holding
contencioso, -sa *adj* : contentious

contender *v* : to contend : to compete : to fight
contendiente *nmf* : contender
contenedor *nm* : container : receptacle : Dumpster™
contener *v* : to contain : to hold : to restrain : to hold back — **contenerse** *vr* : to restrain oneself
contenido[1], **-da** *adj* : restrained : reserved
contenido[2] *nm* : contents *pl* : content
contentar *v* : to please : to make happy — **contentarse** *vr* : to be satisfied : to be pleased
contento[1], **-ta** *adj* : contented : glad : happy
contento[2] *nm* : joy : happiness
conteo *nm* : count
contestación *nf, pl* **-ciones** : answer : reply : protest
contestador *nm or* **contestador automático** : answering machine
contestadora *nf* → **contestador**
contestar *v* : to answer : to reply : to talk back : to be disrespectful
contexto *nm* : context
contienda *nf* : dispute : conflict : contest : competition
contigo *pron* : with you
contiguo, -gua *adj* : contiguous : adjacent
continente *nm* : continent — **continental** *adj*
contingencia *nf* : contingency : eventuality
contingente *adj & nm* : contingent
continuación *nf, pl* **-ciones** : continuation
continuar *v* : to continue
continuidad *nf* : continuity
continuo, -nua *adj* : continuous : steady : constant — **continuamente** *adv*
contonearse *vr* : to sway one's hips
contoneo *nm* : swaying : wiggling
contorno *nm* : outline; **contornos** *nmpl* : outskirts
contorsión *nf, pl* **-siones** : contortion
contra[1] *nf* : difficulty : snag
contra[2] *nm* : con
contra[3] *prep* : against
contra- *pref* : counter-
contraalmirante *nm* : rear admiral
contraatacar *v* : to counterattack — **contraataque** *nm*
contrabajo *nm* : double bass
contrabalancear *v* : to counterbalance — **contrabalanza** *nf*
contrabandear *v* : to smuggle
contrabandista *nmf* : smuggler : black market dealer
contrabando *nm* : smuggling : contraband
contracción *nf, pl* **-ciones** : contraction
contracepción *nf, pl* **-ciones** : contraception
contraceptivo *nm* : contraceptive
contrachapado *nm* : plywood
contracorriente *nf* : crosscurrent
contractual *adj* : contractual
contradecir *v* : to contradict — **contradecirse** *vr* : to contradict oneself
contradicción *nf, pl* **-ciones** : contradiction
contradictorio, -ria *adj* : contradictory
contraer *v* : to contract : to establish by contract : to tighten — **contraerse** *vr* : to tighten up
contrafuerte *nm* : buttress
contragolpe *nm* : counterattack : backlash
contrahuella *nf* : riser
contralor, -lora *n* : comptroller
contraloría *nf* : office of the comptroller
contralto *nmf* : contralto
contraluz *nm, pl* **-luces a contraluz** : against the light
contramandar *v* : to countermand
contramano *nm* **a ~** : the wrong way
contramedida *nf* : countermeasure
contraparte *nf* : counterpart
contrapartida *nf* : compensation
contrapelo *nm* **a ~** : in the wrong direction : against the grain
contrapesar *v* : to counterbalance
contrapeso *nm* : counterbalance
contraponer *v* : to counter : to oppose : to contrast : to compare
contraportada *nf* : back cover : back page
contraposición *nf, pl* **-ciones** : comparison
contraproducente *adj* : counterproductive
contrapunto *nm* : counterpoint
contrariar *v* : to contradict : to oppose : to vex : to annoy
contrariedad *nf* : setback : obstacle : vexation : annoyance
contrario, -ria *adj* : contrary : opposite : conflicting : opposed
contrarreloj *adj* : timed
contrarrestar *v* : to counteract
contrarrevolución *nf, pl* **-ciones** : counterrevolution — **contrarrevolucionario, -ria** *adj & n*
contrasentido *nm* : contradiction
contraseña *nf* : password
contrastante *adj* : contrasting
contrastar *v* : to resist : to check : to confirm : to contrast
contraste *nm* : contrast
contratar *v* : to contract for : to hire : to engage
contratiempo *nm* : mishap : accident : setback : difficulty
contratista *nmf* : contractor
contrato *nm* : contract
contravenir *v* : to contravene : to infringe

contraventana *nf* : shutter
contravía *nf* **ir en contravía** : to drive the wrong way
contribución *nf, pl* **-ciones** : contribution
contribuidor, -dora *n* : contributor
contribuir *v* : to contribute : to pay : contribute : to help out : to pay taxes
contribuyente[1] *adj* : contributing
contribuyente[2] *nmf* : taxpayer
contrición *nf, pl* **-ciones** : contrition
contrincante *nmf* : rival : opponent
contrito, -ta *adj* : contrite : repentant
control *nm* : control : inspection : check : checkpoint : roadblock
controlable *adj* : controllable
controlador, -dora *n* : controller
controlar *v* : to control : to monitor : to check
controversia *nf* : controversy
controversial → **controvertido**
controvertido, -da *adj* : controversial
controvertir *v* : to dispute : to argue about : to argue : to debate
contubernio *nm* : conspiracy
contundencia *nf* : forcefulness : weight : severity
contundente *adj* : blunt : forceful : convincing — **contundentemente** *adv*
contusión *nf, pl* **-siones** : bruise : contusion
contusionar *v* : to bruise
contuvo, etc. → **contener**
conurbano *nm* : suburbs *pl*
convalecencia *nf* : convalescence
convalecer *v* : to convalesce : to recover
convaleciente *adj & nmf* : convalescent
convalidar *v* : to recognize : to validate
convección *nf, pl* **-ciones** : convection
convencer *v* : to convince : to persuade — **convencerse** *vr*
convencimiento *nm* : belief : conviction
convención *nf, pl* **-ciones** : convention : conference : pact : agreement : custom
convencional *adj* : conventional — **convencionalmente** *adv*
conveniencia *nf* : convenience : fitness : suitability : advisability
conveniente *adj* : convenient : suitable : advisable
convenio *nm* : agreement : pact
convenir *v* : to be suitable : to be advisable : to agree
conventillo *nm* : tenement
convento *nm* : convent : monastery
convergencia *nf* : convergence
convergente *adj* : convergent : converging
converger *or* **convergir** *v* : to converge
conversación *nf, pl* **-ciones** : conversation
conversador, -dora *n* : conversationalist : talker
conversar *v* : to converse : to talk
conversatorio *nm* : talk : discussion
conversión *nf, pl* **-siones** : conversion
converso, -sa *n* : convert
convertible *adj & nm* : convertible
convertidor *nm* : converter
convertir *v* : to convert — **convertirse** *vr* : to convert
convexo, -xa *adj* : convex
convicción *nf, pl* **-ciones** : conviction
convicto[1], **-ta** *adj* : convicted
convicto[2], **-ta** *n* : convict : prisoner
convidado, -da *n* : guest
convidar *v* : to invite : to offer
convincente *adj* : convincing — **convincentemente** *adv*
convivir *v* : to coexist : to live together
convocar *v* : to convoke : to call together
convocatoria *nf* : summons : call
convoy *nm* : convoy
convulsión *nf, pl* **-siones** : convulsion : agitation : upheaval
convulsionar *v* : to shake : to convulse — **convulsionarse** *vr*
convulsivo, -va *adj* : convulsive
conyugal *adj* : conjugal
cónyuge *nmf* : spouse : partner
coñac *nm* : cognac : brandy
cooperación *nf, pl* **-ciones** : cooperation
cooperador, -dora *adj* : cooperative
cooperar *v* : to cooperate
cooperativa *nf* : cooperative : co-op
cooperativo, -va *adj* : cooperative
cooptar *v* : to co-opt
coordenada *nf* : coordinate
coordinación *nf, pl* **-ciones** : coordination
coordinador, -dora *n* : coordinator
coordinar *v* : to coordinate : to combine
copa *nf* : wineglass : goblet : drink : cup : trophy : top : crown; **copas** *nfpl* : cups
copar *v* : to take : to fill : to crowd
copartícipe *nmf* : joint partner
copero, -ra *adj* : cup
copete *nm* : tuft
copia *nf* : copy : imitation : replica
copiadora *nf* : photocopier
copiar *v* : to copy
copiloto *nmf* : copilot
copión, -piona *n, pl* **copiones** : copycat
copioso, -sa *adj* : copious : abundant
copla *nf* : popular song or ballad : stanza
copo *nm* : snowflake
coprotagonista *nmf* : co-star
cópula *nf* : copulation
copular *v* : to copulate
coque *nm* : coke
coqueta *nf* : dressing table
coquetear *v* : to flirt
coqueteo *nm* : flirting
coqueto[1], **-ta** *adj* : flirtatious

coqueto[2], **-ta** *n* : flirt
coraje *nm* : valor : courage : anger
corajudo, -da *adj* : brave
coral[1] *adj* : choral
coral[2] *nm* : coral : chorale
coral[3] *nf* : choir
Corán *nm* **el Corán** : the Koran
coraza *nf* : armor : armor plating : shell
corazón *nm, pl* **-zones** : heart : core : darling : sweetheart
corazonada *nf* : hunch : impulse
corbata *nf* : tie : necktie
corcel *nm* : steed : charger
corchete *nm* : hook and eye : clasp : square bracket
corcho *nm* : cork
corcholata *nf* : cap : bottle top
corcovear *v* : to buck
cordel *nm* : cord : string
cordero *nm* : lamb
cordial[1] *adj* : cordial : affable — **cordialmente** *adv*
cordial[2] *nm* : cordial
cordialidad *nf* : cordiality : warmth
cordillera *nf* : mountain range
cordón *nm, pl* **cordones** : cord : cordon
cordoncillo *nm* : piping
cordura *nf* : sanity : prudence : good judgment
coreano[1], **-na** *adj & n* : Korean
coreano[2] *nm* : Korean
corear *v* : to chant : to chorus
coreografía *nf* : choreography
coreografiar *v* : to choreograph
coreográfico, -ca *adj* : choreographic
coreógrafo, -fa *n* : choreographer
corista *nmf* : chorister : chorus girl *f*
cormorán *nm, pl* **-ranes** : cormorant
cornada *nf* : goring : butt
córnea *nf* : cornea
cornear *v* : to gore
cornejo *nm* : dogwood
córner *nm* : corner kick
corneta *nf* : bugle : horn : cornet
cornisa *nf* : cornice
cornucopia *nf* : cornucopia
cornudo, -da *adj* : horned
coro *nm* : choir : chorus
corola *nf* : corolla
corolario *nm* : corollary
corona *nf* : crown : wreath : garland : corona
coronación *nf, pl* **-ciones** : coronation
coronar *v* : to crown : to reach the top of : to culminate
coronario, -ria *adj* : coronary
coronel, -nela *n* : colonel
coronilla *nf* : crown
corpiño *nm* : bodice : brassiere : bra
corporación *nf, pl* **-ciones** : corporation
corporal *adj* : corporal : bodily
corporativo, -va *adj* : corporate
corpóreo, -rea *adj* : corporeal : physical
corpulencia *nf* : stoutness : sturdiness
corpulento, -ta *adj* : robust : stout : sturdy
corpúsculo *nm* : corpuscle
corral *nm* : farmyard : corral : pen : stockyard
correa *nf* : strap : belt : leash
correcaminos *nms & pl* : roadrunner
corrección *nf, pl* **-ciones** : correction : correctness : propriety : rebuke : reprimand
correccional *nm* : reform school
correctivo, -va *adj* : corrective
correcto, -ta *adj* : correct : right : courteous : polite — **correctamente** *adv*
corrector, -tora *n* : proofreader
corrector automático *nm* : autocorrect
corrector ortográfico *nm* : spellchecker
corredizo, -za *adj* : sliding
corredor[1], **-dora** *n* : runner : racer : agent : broker
corredor[2] *nm* : corridor : hallway
correduría *nf* → **corretaje**
corregir *v* : to correct : to edit : to grade : to reprimand — **corregirse** *vr* : to reform : to mend one's ways
correlación *nf, pl* **-ciones** : correlation
correo *nm* : mail : post office
correoso, -sa *adj* : leathery : rough
correr *v* : to run : to race : to rush : to flow : to race in : to move : to slide : to roll : to draw — **correrse** *vr* : to move along : to spill over
correspondencia *nf* : correspondence : mail : equivalence : connection : interchange
corresponder *v* : to correspond : to belong : to be the responsibility of : to be appropriate : to be fitting : to reciprocate — **corresponderse** *vr* : to write to each other
correspondiente *adj* : corresponding : respective
corresponsal *nmf* : correspondent
corretaje *nm* : brokerage
corretear *v* : to loiter : to wander about : to run around : to scamper about : to pursue : to chase
correteo *nm* : running around
corrida *nf* : run : dash : bullfight
corrido, -da *adj* : straight : continuous : worldly : experienced
corriente[1] *adj* : common : everyday : current : present : cheap : trashy
corriente[2] *nf* : current : draft : tendency : trend
corrillo *nm* : small group : clique
corro *nm* : ring : circle
corroboración *nf, pl* **-ciones** : corroboration
corroborar *v* : to corroborate
corroer *v* : to corrode : to erode : to wear away
corromper *v* : to corrupt : to rot — **corromperse** *vr*

corrompido, -da *adj* : corrupt : rotten
corrosión *nf, pl* **-siones** : corrosion
corrosivo, -va *adj* : corrosive
corrugar *v* : to corrugate — **corrugación** *nf*
corrupción *nf, pl* **-ciones** : decay : corruption
corruptela *nf* : corruption : abuse of power
corruptible *adj* : corruptible
corrupto, -ta *adj* : corrupt
corsé *nm* : corset
cortacésped *nm* : lawn mower
cortada *nf* : cut : gash
cortador, -dora *n* : cutter
cortadora *nf* : cutter : slicer
cortadura *nf* : cut : slash
cortafuegos *nms & pl* : firebreak : firewall
cortante *adj* : cutting : sharp
cortar *v* : to cut : to cut off : to sever : to cut down : to chop down : to cut out : to clip : to edit : to interrupt : to block : to close : to curdle : to break up : to hang up — **cortarse** *vr* : to cut oneself : to be cut off : to sour : to separate
cortaúñas *nms & pl* : nail clippers
corte[1] *nm* : cut : cutting : cutoff : interruption
corte[2] *nf* : court
cortejar *v* : to court : to woo
cortejo *nm* : courtship : retinue : entourage
cortés *adj* : courteous : polite — **cortésmente** *adv*
cortesano[1], **-na** *adj* : courtly
cortesano[2], **-na** *n* : courtier
cortesía *nf* : courtesy : politeness
corteza *nf* : bark : crust : peel : rind : cortex
cortijo *nm* : farmhouse
cortina *nf* : curtain
cortisona *nf* : cortisone
corto[1], **-ta** *adj* : short : scarce : timid : shy
corto[2] *nm* → **cortometraje**
cortocircuito *nm* : short circuit
cortometraje *nm* : short
corvejón *nm, pl* **-jones** : hock
corvo, -va *adj* : curved : bent
cosa *nf* : thing : object : matter : affair
cosecha *nf* : harvest : crop
cosechador, -dora *n* : harvester : reaper
cosechadora *nf* : harvester
cosechar *v* : to harvest : to reap : to win : to earn : to garner
coser *v* : to sew : to stitch up
cosmético[1], **-ca** *adj* : cosmetic
cosmético[2] *nm* : cosmetic
cósmico, -ca *adj* : cosmic
cosmonauta *nmf* : cosmonaut
cosmopolita *adj & nmf* : cosmopolitan
cosmos *nm* : cosmos
cosquillas *nfpl* : tickling
cosquilleo *nm* : tickling sensation : tingle
cosquilloso, -sa *adj* : ticklish
costa *nf* : coast : shore : cost
costado *nm* : side
costal *nm* : sack
costanera *nf* : boardwalk : waterfront path
costar *v* : to cost
costarricense *adj & nmf* : Costa Rican
costarriqueño, -ña → **costarricense**
coste → **costo**
costear *v* : to pay for : to finance
costero, -ra *adj* : coastal : coast
costilla *nf* : rib : chop : cutlet : better half : wife
costo *nm* : cost : price
costoso, -sa *adj* : costly : expensive
costra *nf* : crust : scab
costumbre *nf* : custom : habit
costura *nf* : seam : sewing : dressmaking
costurera *nf* : seamstress *f*
costurero *nm* : sewing box
cota *nf* : altitude : level
cotejar *v* : to compare : to collate
cotejo *nm* : comparison : match : game
cotidiano, -na *adj* : daily : everyday
cotilla *nmf* : gossip : gossiper
cotización *nf, pl* **-ciones** : market price : quote : estimate
cotizado, -da *adj* : in demand : sought after
cotizar *v* : to quote : to value — **cotizarse** *vr* : to be worth
coto *nm* : enclosure : reserve
cotonete *nf* : (cotton) swab
cotorra *nf* : small parrot : chatterbox
cotorrear *v* : to chatter : to gab : to blab
cotorreo *nm* : chatter : prattle
cowboy *nm, pl* **-boys** : cowboy
coyote *nm* : coyote : smuggler
coyuntura *nf* : joint : occasion : moment
coz *nf, pl* **coces** : kick
CPU *nmf* : CPU
crac *nm, pl* **cracs** : crash
crack *nm* : crack
cozamos, etc. → **cocer**
craneal *adj* : cranial
craneano, -na *adj* : cranial
cráneo *nf* : cranium : skull — **craneano, -na** *adj*
cráter *nm* : crater
crayón *nm, pl* **-yones** : crayon
creación *nf, pl* **-ciones** : creation
creador[1], **-dora** *adj* : creative : creating
creador[2], **-dora** *n* : creator
crear *v* : to create : to cause : to originate
creatividad *nf* : creativity
creativo, -va *adj* : creative — **creativamente** *adv*

crecer *v* : to grow : to increase
crecida *nf* : flooding : floodwater
crecido, -da *adj* : grown : grown-up : large
creciente *adj* : growing : increasing
crecimiento *nm* : growth : increase
credencial *adj* **cartas credenciales** : credentials
credenciales *nfpl* : documents : documentation : credentials
credibilidad *nf* : credibility
crediticio, -cia *adj* : credit
crédito *nm* : credit
credo *nm* : creed : credo
credulidad *nf* : credulity
crédulo, -la *adj* : credulous : gullible
creencia *nf* : belief
creer *v* : to believe : to think : to suppose — **creerse** *vr* : to regard oneself as
creíble *adj* : believable : credible
creído, -da *adj* : conceited : confident : sure
crema *nf* : cream
cremación *nf, pl* **-ciones** : cremation
cremallera *nf* : zipper
cremar *v* : to cremate
crematorio *nm* : crematorium
cremoso, -sa *adj* : creamy
crepa *nf* : crepe
crepe *or* **crep** *nmf* : crepe
crepúsculo *nm* : twilight
crescendo *nm* : crescendo
crespo, -pa *adj* : curly : frizzy
crespón *nm, pl* **crespones** : crepe
cresta *nf* : crest : comb
creta *nf* : chalk
cretino, -na *n* : idiot : moron : cretin
creyente[1] *adj* : faithful
creyente[2] *nmf* : believer
creyó, etc. → creer
crezca, etc. → crecer
cría *nf* : breeding : rearing : young : litter
criadero *nm* : hatchery
criado[1], **-da** *adj* : raised : brought up
criado[2], **-da** *n* : servant : maid *f*
criador, -dora *n* : breeder
crianza *nf* : upbringing : rearing
criar *v* : to breed : to bring up : to raise — **criarse** *vr* : to grow up
criatura *nf* : baby : child : creature
criba *nf* : sieve : screen
cribar *v* : to sift
cric *nm, pl* **crics** : jack
cricket *nm* : cricket
crimen *nm, pl* **crímenes** : crime
criminal *adj & nmf* : criminal
criminalidad *nf* : crime
crin *nf* : mane : horsehair
crío, cría *n* : kid
criollo[1], **-lla** *adj* : Creole : native : national
criollo[2], **-lla** *n* : Creole
criollo[3] *nm* : Creole
cripta *nf* : crypt
críptico, -ca *adj* : cryptic : coded : enigmatic
criptodivisa → criptomoneda
criptomoneda *nf* : cryptocurrency
criptón *nm* : krypton
críquet *nm* : cricket
crisálida *nf* : chrysalis : pupa
crisantemo *nm* : chrysanthemum
crisis *nf* : crisis
crisma *nf* : head
crismas → christmas
crisol *nm* : crucible : melting pot
crispar *v* : to cause to contract : to irritate : to set on edge — **crisparse** *vr* : to tense up
cristal *nm* : glass : piece of glass : crystal
cristalería *nf* : glassware shop : glassware : crystal
cristalino[1], **-na** *adj* : crystalline : clear
cristalino[2] *nm* : lens
cristalizar *v* : to crystallize — **cristalización** *nf*
cristiandad *nf* : Christendom
cristianismo *nm* : Christianity
cristiano, -na *adj & n* : Christian
Cristo *nm* : Christ
criterio *nm* : criterion : judgment : sense
crítica *nf* : criticism : review : critique
criticar *v* : to criticize
crítico[1], **-ca** *adj* : critical — **críticamente** *adv*
crítico[2], **-ca** *n* : critic
criticón[1], **-cona** *adj, mpl* **-cones** : hypercritical
criticón[2], **-cona** *n, mpl* **-cones** : faultfinder : critic
croar *v* : to croak
croata *adj & nmf* : Croatian
crocante *adj* : crunchy
croché *or* **crochet** *nm* : crochet
croissant *nm, pl* **croissants** : croissant
crol *nm* : crawl
cromático, -ca *adj* : chromatic
cromo *nm* : chromium : chrome : picture card : sports card
cromosoma *nm* : chromosome
crónica *nf* : news report : chronicle : history
crónico, -ca *adj* : chronic
cronista *nmf* : reporter : newscaster : chronicler : historian
cronograma *nm* : schedule : timetable
cronología *nf* : chronology
cronológico, -ca *adj* : chronological — **cronológicamente** *adv*
cronometrador, -dora *n* : timekeeper
cronometrar *v* : to time : to clock
cronómetro *nm* : chronometer
croquet *nm* : croquet
croqueta *nf* : croquette
croquis *nm* : rough sketch
cruasán *nm, pl* **cruasanes → croissant**
cruce[1], **etc. → cruzar**

cruce[2] *nm* : crossing : cross : crossroads : intersection
crucero *nm* : cruise : cruiser : warship : intersection
crucial *adj* : crucial — **crucialmente** *adv*
crucificar *v* : to crucify
crucifijo *nm* : crucifix
crucifixión *nf, pl* **-fixiones** : crucifixion
crucigrama *nm* : crossword puzzle
cruda *nf* : hangover
crudeza *nf* : harshness
crudo[1], **-da** *adj* : raw : crude : harsh
crudo[2] *nm* : crude oil
cruel *adj* : cruel — **cruelmente** *adv*
crueldad *nf* : cruelty
cruento, -ta *adj* : bloody
crujido *nm* : rustling : creaking : crackling : crunching
crujiente *adj* : crunchy : crisp
crujir *v* : to rustle : to creak : to crack : to crunch
crup *nm* : croup
crustáceo *nm* : crustacean
crutón *nm, pl* **crutones** : crouton
cruz *nf, pl* **cruces** : cross
cruza *nf* : cross
cruzada *nf* : crusade
cruzado, -da *adj* : crossed
cruzar *v* : to cross : to exchange : to interbreed — **cruzarse** *vr* : to intersect : to meet : to pass each other
cuaderno *nm* : notebook
cuadra *nf* : city block : stable
cuadrado[1], **-da** *adj* : square
cuadrado[2] *nm* : square
cuadragésimo[1], **-ma** *adj* : fortieth : forty-
cuadragésimo[2], **-ma** *n* : fortieth : forty-
cuadrante *nm* : quadrant : dial
cuadrar *v* : to conform : to agree : to square — **cuadrarse** *vr* : to stand at attention
cuadriculado *nm* : grid
cuadrilátero *nm* : quadrilateral : ring
cuadrilla *nf* : gang : team : group
cuadro *nm* : square : painting : picture : baseball diamond : infield : panel : board : cadre
cuádruple *adj* : quadruple
cuadruplicar *v* : to quadruple — **cuadruplicarse** *vr*
cuajada *nf* : curd
cuajar *v* : to curdle : to clot : to coagulate : to set : to jell : to be accepted
cual *prep* : like : as
cuál[1] *adj* : which : what
cuál[2] *pron* : which : what
cualidad *nf* : quality : trait
cualificado, -da *adj* : qualified : trained
cualitativo, -va *adj* : qualitative — **cualitativamente** *adv*
cualquier *adj* → **cualquiera**[1]
cualquiera[1] *adj, pl* **cualesquiera** : any : whichever : everyday : ordinary
cualquiera[2] *pron, pl* **cualesquiera** : anyone : anybody : whoever : whatever : whichever
cuán *adv* : how
cuando[1] *conj* : when : since : if
cuando[2] *prep* : during : at the time of
cuándo *adv & conj* : when
cuantía *nf* : quantity : extent : significance : import
cuántico, -ca *adj* : quantum
cuantificar *v* : to quantify
cuantioso, -sa *adj* : abundant : considerable : heavy : grave
cuantitativo, -va *adj* : quantitative — **cuantitativamente** *adv*
cuanto[1] *adv* : as much as
cuanto[2], **-ta** *adj* : as many : whatever
cuanto[3], **-ta** *pron* : as much as : all that : everything
cuánto[1] *adv* : how much : how many
cuánto[2], **-ta** *adj* : how much : how many
cuánto[3], **-ta** *pron* : how much : how many
cuáquero, -ra *adj & n* : Quaker
cuarenta *adj & nm* : forty — **cuarenta** *pron*
cuarentavo[1], **-va** *adj* : fortieth
cuarentavo[2] *adj & nm* : fortieth
cuarentena *nf* : group of forty : quarantine
Cuaresma *nf* : Lent
cuarta *nf* : fourth
cuartear *v* : to quarter : to divide up — **cuartearse** *vr* : to crack : to split
cuartel *nm* : barracks : headquarters : mercy
cuartelazo *nm* : coup d'état
cuarteto *nm* : quartet
cuartilla *nf* : sheet
cuarto[1], **-ta** *adj & n* : fourth
cuarto[2] *nm* : quarter : fourth : room
cuarto oscuro *nm* : darkroom
cuarzo *nm* : quartz
cuasi- *pref* : quasi-
cuate, -ta *n* : twin : buddy : pal
cuatrero, -ra *n* : rustler
cuatrillizo, -za *n* : quadruplet
cuatro[1] *adj & nm* : four
cuatro[2] *pron* : four
cuatrocientos, -tas *adj & nm* : four hundred — **cuatrocientos** *pron*
cuba *nf* : cask : barrel
cubano, -na *adj & n* : Cuban
cubertería *nf* : flatware : silverware
cubeta *nf* : keg : cask : bulb : bucket : pail
cúbico, -ca *adj* : cubic : cubed
cubículo *nm* : cubicle
cubierta *nf* : covering : cover : jacket : deck
cubierto[1] *pp* → **cubrir**
cubierto[2] *nm* : cover : shelter : table setting : utensil : piece of silverware

cubil *nm* : den : lair
cúbito *nm* : ulna
cubo *nm* : cube : pail : bucket : can : hub
cubrecama *nm* : bedspread
cubrir *v* : to cover — **cubrirse** *vr*
cucaracha *nf* : cockroach : roach
cuchara *nf* : spoon
cucharada *nf* : spoonful
cucharadita *nf* : teaspoon : teaspoonful
cucharilla *or* **cucharita** *nf* : teaspoon
cucharón *nm, pl* **-rones** : ladle
cuchichear *v* : to whisper
cuchicheo *nm* : whisper
cuchilla *nf* : kitchen knife : cleaver : blade : crest : ridge
cuchillada *nf* : stab : knife wound
cuchillo *nm* : knife
cuclillas *nfpl* **en ~** : squatting : crouching
cuclillo *nm* : cuckoo
cuco[1], **-ca** *adj* : pretty : cute
cuco[2] *nm* : cuckoo : bogeyman
cucurucho *nm* : ice-cream cone
cuece, cueza, etc. → cocer
cuela, etc. → colar
cuelga, cuelgue, etc. → colgar
cuello *nm* : neck : collar
cuenca *nf* : river basin : eye socket
cuenco *nm* : bowl : basin
cuenta[1], **etc. → contar**
cuenta[2] *nf* : calculation : count : account : responsibility : liability : check : bill
cuentagotas *nfs & pl* : dropper
cuentakilómetros *nm* : odometer : speedometer
cuentista *nmf* : short story writer : liar : fibber
cuento *nm* : story : tale
cuerda *nf* : cord : rope : string
cuerdo, -da *adj* : sane : sensible
cuerno *nm* : horn : antler : cusp
cuero *nm* : leather : hide
cuerpo *nm* : body : corps
cuervo *nm* : crow : raven
cuesta[1], **etc. → costar**
cuesta[2] *nf* : slope
cuestión *nf, pl* **-tiones** : matter : affair
cuestionable *adj* : questionable : dubious
cuestionamiento *nm* : question : doubt : questioning
cuestionar *v* : to question
cuestionario *nm* : questionnaire : quiz
cueva *nf* : cave
cuidado *nm* : care : worry : concern
cuidador, -dora *n* : caretaker
cuidadoso, -sa *adj* : careful : attentive — **cuidadosamente** *adv*
cuidar *v* : to take care of : to look after : to pay attention to — **cuidarse** *vr* : to take care of oneself
culata *nf* : butt
culatazo *nf* : kick : recoil
culebra *nf* : snake
culebrón *nm, pl* **-brones** : soap : soap opera
culinario, -ria *adj* : culinary
culminante *adj* **punto culminante** : peak : high point : climax
culminar *v* : to culminate — **culminación** *nf*
culo *nm* : backside : behind : bottom
culpa *nf* : fault : blame : sin
culpabilidad *nf* : guilt
culpable[1] *adj* : guilty
culpable[2] *nmf* : culprit : guilty party
culpar *v* : to blame
culposo, -sa *adj* : culpable : negligent
cultivable *adj* : arable
cultivado, -da *adj* : cultivated : farmed : cultured
cultivador, -dora *n* : grower
cultivar *v* : to cultivate : to foster
cultivo *nm* : cultivation : farming : crop
culto[1], **-ta** *adj* : cultured : educated
culto[2] *nm* : worship : cult
cultura *nf* : culture
cultural *adj* : cultural — **culturalmente** *adv*
culturismo *nm* : bodybuilding
cumbre *nf* : top : peak : summit
cumpleañero, -ra *n* : birthday boy *m* : birthday girl *f*
cumpleaños *nms & pl* : birthday
cumplido[1], **-da** *adj* : complete : full : courteous : correct
cumplido[2] *nm* : compliment : courtesy
cumplidor, -dora *adj* : reliable
cumplimentar *v* : to congratulate : to carry out : to perform
cumplimiento *nm* : completion : fulfillment : performance
cumplir *v* : to accomplish : to carry out : to comply with : to fulfill : to attain : to reach : to expire : to fall due : to fulfill one's obligations — **cumplirse** *vr* : to come true : to be fulfilled : to run out : to expire
cúmulo *nm* : heap : pile : cumulus
cuna *nf* : cradle : birthplace : origin
cundir *v* : to spread : to propagate : to progress : to make headway
cuneta *nf* : ditch : gutter
cuña *nf* : wedge
cuñado, -da *n* : brother-in-law *m* : sister-in-law *f*
cuño *nm* : die
cuota *nf* : fee : dues : quota : share : installment : payment
cupé *nm* : coupe
cupo[1], **etc. → caber**
cupo[2] *nm* : quota : share : capacity : room
cupón *nm, pl* **cupones** : coupon : voucher
cúpula *nf* : dome : cupola
cura[1] *nm* : priest

cura[2] *nf* : cure : treatment : dressing : bandage
curación *nf, pl* **-ciones** : cure : treatment
curador, -dora *n* : healer : curator
curandero, -ra *nm* : witch doctor : quack : charlatan
curar *v* : to cure : to heal : to treat : to dress : to tan : to get well : to recover — **curarse** *vr*
curativo, -va *adj* : healing
curiosear *v* : to snoop : to pry : to browse : to look over : to check
curiosidad *nf* : curiosity : curio
curioso, -sa *adj* : curious : inquisitive : strange : unusual : odd — **curiosamente** *adv*
curita *nf* : bandage : Band-Aid™
currículo → currículum
currículum *nm, pl* **-lums** : résumé : curriculum vitae : curriculum : course of study
curruca *nf* : warbler
curry *nm, pl* **-rries** : curry powder : curry
cursar *v* : to attend : to take : to dispatch : to pass on
cursi *adj* : affected : pretentious
cursilería *nf* : vulgarity : poor taste : pretentiousness
cursillo *nm* : short course
cursiva *nf* : italic type : italics pl
cursivo, -va *adj* : italic
curso *nm* : course : direction : school year : subject
cursor *nm* : cursor
curtido, -da *adj* : weather-beaten : leathery
curtidor, -dora *n* : tanner
curtiduría *nf* : tannery
curtir *v* : to tan : to harden : to weather — **curtirse** *vr*
curul *nf* : seat
curva *nf* : curve : bend
curvar *v* : to bend
curvatura *nf* : curvature
curvilíneo, -nea *adj* : shapely
curvo, -va *adj* : curved : bent
cúspide *nf* : zenith : apex : peak
custodia *nf* : custody
custodiar *v* : to guard : to look after
custodio, -dia *n* : keeper : guardian
cutáneo, -nea *adj* : skin : cutaneous
cúter *nm* : cutter
cutícula *nf* : cuticle
cutis *nms & pl* : skin : complexion
cuyo, -ya *adj* : whose : of whom : of which
dactilar *adj* **huellas dactilares** : fingerprints
dádiva *nf* : gift : handout
dadivoso, -sa *adj* : generous
dado, -da *adj* : given
dados *nmpl* : dice
daga *nf* : dagger
dalia *nf* : dahlia
dálmata *nm* : dalmatian
daltónico, -ca *adj* : color-blind
daltonismo *nm* : color blindness
dama *nf* : lady; **damas** *nfpl* : checkers
damasco *nm* : damask
damisela *nf* : damsel
damnificado, -da *n* : victim
dance, etc. → danzar
dandi *nm* : dandy
danés[1]**, -nesa** *adj* : Danish
danés[2]**, -nesa** *n, mpl* **daneses** : Dane : Danish person
danza *nf* : dance : dancing
danzante, -ta *n* : dancer
danzar *v* : to dance
dañar *v* : to damage : to spoil : to harm : to hurt — **dañarse** *vr*
dañino, -na *adj* : harmful
daño *nm* : damage : harm : injury
dar *v* : to give : to hand : to express : to hit : to strike : to yield : to produce : to show : to do : to sell : to cause : to apply : to impart : to provide : to hand something over : to deal : to give a result — **darse** *vr* : to consider oneself : to occur : to arise : to grow : to come up
dardo *nm* : dart
dársena *nf* : dock
data *nf* : byline
datar *v* : to date ~ **de** : to date from : to date back to
dátil *nm* : date
dato *nm* : fact : piece of information; **datos** *nmpl* : data : information
dé → dar
de *prep* : of : from : in : at : than : about : for : as : if
deambular *v* : to wander : to roam
deán *nm, pl* **deanes** : dean
debacle *nf* : debacle
debajo *adv* : underneath : below : on the bottom
debate *nm* : debate
debatir *v* : to debate : to discuss — **debatirse** *vr* : to struggle
debe *nm* : debit column : debit
deber[1] *v* : to owe : must : have to : should : ought to
deber[2] *nm* : duty : obligation; **deberes** *nmpl* : homework
debidamente *adv* : properly : duly
debido, -da *adj* : right : proper : due
débil *adj* : weak : feeble — **débilmente** *adv*
debilidad *nf* : weakness : debility : feebleness
debilitamiento *nm* : weakening
debilitar *v* : to debilitate : to weaken — **debilitarse** *vr*
debilucho[1]**, -cha** *adj* : weak : frail
debilucho[2]**, -cha** *n* : weakling
debitar *v* : to debit
débito *nm* : debt : debit
de bruces *adv* : facedown : face-first

debut *nm, pl* **debuts** : debut
debutante[1] *nmf* : beginner : newcomer
debutante[2] *nf* : debutante *f*
debutar *v* : to debut : to make a debut
década *nf* : decade
decadencia *nf* : decadence : decline
decadente *adj* : decadent : declining
decaer *v* : to decline : to decay : to deteriorate : to weaken : to flag
decaído, -da *adj* : depressed : sad
decaiga, etc. → **decaer**
decano, -na *n* : dean : senior member
decapitar *v* : to decapitate : to behead
decayó, etc. → **decaer**
decena *nf* : group of ten
decencia *nf* : decency
decenio *nm* : decade
decente *adj* : decent — **decentemente** *adv*
decepción *nf, pl* **-ciones** : disappointment : letdown
decepcionante *adj* : disappointing
decepcionar *v* : to disappoint : to let down — **decepcionarse** *vr*
deceso *nm* : death : passing
dechado *nm* : sampler : model : paragon
decibelio *or* **decibel** *nm* : decibel
decidido, -da *adj* : decisive : determined : resolute — **decididamente** *adv*
decidir *v* : to decide : to make decide : to persuade — **decidirse** *vr* : to make up one's mind
décima *nf* : tenth
decimal *adj* : decimal
décimo[1], **-ma** *adj & n* : tenth
décimo[2] *nm* → **décima**
decimoctavo[1], **-va** *adj* : eighteenth
decimoctavo[2], **-va** *n* : eighteenth
decimocuarto[1], **-ta** *adj* : fourteenth
decimocuarto[2], **-ta** *n* : fourteenth
decimonoveno[1], **-na** *or* **decimonono, -na** *adj* : nineteenth
decimonoveno[2], **-na** *or* **decimonono, -na** *n* : nineteenth
decimoquinto[1], **-ta** *adj* : fifteenth
decimoquinto[2], **-ta** *n* : fifteenth
decimoséptimo[1], **-ma** *adj* : seventeenth
decimoséptimo[2], **-ma** *n* : seventeenth
decimosexto[1], **-ta** *adj* : sixteenth
decimosexto[2], **-ta** *n* : sixteenth
decimotercero[1], **-ra** *adj* : thirteenth
decimotercero[2], **-ra** *n* : thirteenth
decir[1] *v* : to say : to tell : to speak : to talk : to call — **decirse** *vr* : to say to oneself : to be said
decir[2] *nm* : saying : expression
decisión *nf, pl* **-siones** : decision : choice : decisiveness
decisivo, -va *adj* : decisive : conclusive — **decisivamente** *adv*
declamar *v* : to declaim : to recite
declaración *nf, pl* **-ciones** : declaration : statement : deposition : testimony
declarado, -da *adj* : professed : open — **declaradamente** *adv*
declarar *v* : to declare : to state : to testify — **declararse** *vr* : to declare oneself : to confess one's love : to plead : to break out
declinar *v* : to decline : to turn down : to draw to a close : to diminish
declive *nm* : decline : slope : incline
decodificador *nm* : decoder
decolar *v* : to take off
decolorar *v* : to bleach — **decolorarse** *vr* : to fade
decomisar *v* : to seize : to confiscate
decomiso *nm* : seizure : confiscation
decoración *nf, pl* **-ciones** : decoration : decor : stage set : scenery
decorado *nm* : stage set : scenery
decorador, -dora *n* : decorator
decorar *v* : to decorate : to adorn
decorativo, -va *adj* : decorative : ornamental
decoro *nm* : decorum : propriety
decoroso, -sa *adj* : decent : proper : respectable
decrecer *v* : to decrease : to wane : to diminish — **decreciente** *adj*
decrecimiento *nm* : decrease : decline
decrépito, -ta *adj* : decrepit
decretar *v* : to decree : to order
decreto *nm* : decree
decúbito *nm* : horizontal position
dedal *nm* : thimble
dedalera *nf* : foxglove
dedicación *nf, pl* **-ciones** : dedication : devotion
dedicar *v* : to dedicate : to devote — **dedicarse** *vr* ~ **a** : to devote oneself to : to engage in
dedicatoria *nf* : dedication
dedillo *nm* **conocer algo al dedillo** : to know something backward and forward
dedo *nm* : finger
deducción *nf, pl* **-ciones** : deduction
deducible *adj* : deductible
deducir *v* : to deduce : to deduct
defecar *v* : to defecate — **defecación** *nf*
defecto *nm* : defect : flaw : shortcoming
defectuoso, -sa *adj* : defective : faulty
defender *v* : to defend : to protect — **defenderse** *vr* : to defend oneself : to get by : to know the basics
defendible *adj* : tenable
defensa[1] *nf* : defense
defensa[2] *nmf* : defender : back
defensiva *nf* : defensive : defense
defensivo, -va *adj* : defensive — **defensivamente** *adv*
defensor[1], **-sora** *adj* : defending : defense
defensor[2], **-sora** *n* : defender : advocate : defense counsel
defeño, -ña *n* : person from the Federal District

deferencia *nf* : deference
deferir *v* **deferir a** : to defer to
deficiencia *nf* : deficiency : flaw
deficiente *adj* : deficient
déficit *nm, pl* **-cits** : deficit : shortage : lack
deficitario, -ria *adj* : with a deficit : negative
definición *nf, pl* **-ciones** : definition
definido, -da *adj* : definite : well-defined
definir *v* : to define : to determine
definitivamente *adv* : finally : permanently : for good : definitely : absolutely
definitivo, -va *adj* : definitive : conclusive
deflación *nf, pl* **-ciones** : deflation
deforestación *nf, pl* **-ciones** : deforestation
deformación *nf, pl* **-ciones** : deformation : distortion
deformar *v* : to deform : to disfigure : to distort — **deformarse** *vr*
deforme *adj* : deformed : misshapen
deformidad *nf* : deformity
defraudación *nf, pl* **-ciones** : fraud
defraudar *v* : to defraud : to cheat : to disappoint
defunción *nf, pl* **-ciones** : death : passing
degeneración *nf, pl* **-ciones** : degeneration : depravity
degenerado, -da *adj* : degenerate
degenerar *v* : to degenerate
degenerativo, -va *adj* : degenerative
degollar *v* : to slit the throat of : to slaughter : to behead : to ruin : to destroy
degradación *nf, pl* **-ciones** : degradation : demotion
degradante *adj* : degrading
degradar *v* : to degrade : to debase : to demote
degustación *nf, pl* **-ciones** : tasting : sampling
degustador, -dora *n* : taster
degustar *v* : to taste
dehesa *nf* : meadow
deidad *nf* : deity
deificar *v* : to idolize : to deify
dejadez *nf* : neglect : slovenliness
dejado, -da *adj* : slovenly : careless : lazy
dejar *v* : to leave : to drop off : to bequeath : to give up : to leave alone : to let be : to drop : to put off : to set aside : to let : to allow — **dejarse** *vr* : to let oneself be : to forget : to neglect oneself : to let oneself go : to grow
dejo *nm* : aftertaste : touch : hint : (regional) accent
del → de
delación *nf, pl* **-ciones** : denunciation : betrayal
delantal *nm* : apron : pinafore
delante *adv* : ahead : in front
delantera *nf* : front : front part : front row : forward line
delantero[1]**, -ra** *adj* : front : forward
delantero[2]**, -ra** *n* : forward
delatar *v* : to betray : to reveal : to denounce : to inform against
delator, -tora *adj* : incriminating
delegación *nf, pl* **-ciones** : delegation
delegado, -da *n* : delegate : representative
delegar *v* : to delegate
deleitar *v* : to delight : to please — **deleitarse** *vr*
deleite *nm* : delight : pleasure
deletrear *v* : to spell
deleznable *adj* : brittle : crumbly : slippery : weak : fragile
delfín *nm, pl* **delfines** : dolphin
delgadez *nf* : thinness
delgado, -da *adj* : thin : skinny : slender : slim : delicate : fine : sharp : clever
deliberado, -da *adj* : deliberate : intentional — **deliberadamente** *adv*
deliberar *v* : to deliberate — **deliberación** *nf*
delicadamente *adv* : delicately
delicadeza *nf* : delicacy : fineness : gentleness : softness : tact : discretion : consideration
delicado, -da *adj* : delicate : fine : sensitive : frail : tricky : fussy : tactful : considerate
delicia *nf* : delight
delicioso, -sa *adj* : delicious : delightful
delictivo, -va *adj* : criminal
delictuoso, -sa → delictivo
delimitación *nf, pl* **-ciones** : demarcation : defining : specifying
delimitar *v* : to demarcate : to define : to specify
delincuencia *nf* : delinquency : crime
delincuente[1] *adj* : delinquent
delincuente[2] *nmf* : delinquent : criminal
delineador *nm* : eyeliner
delinear *v* : to delineate : to outline : to draft : to draw up
delinquir *v* : to break the law
delirante *adj* : delirious
delirar *v* : to be delirious : to rave : to talk nonsense
delirio *nm* : delirium : mania : frenzy; **delirios** *pl* : nonsense : ravings *pl*
delito *nm* : crime : offense
delta *nm* : delta
demacrado, -da *adj* : emaciated : gaunt
demagogo, -ga *n* : demagogue
demanda *nf* : demand : petition : request : lawsuit
demandado, -da *n* : defendant
demandante *nmf* : plaintiff
demandar *v* : to demand : to call for : to require : to sue : to file a lawsuit against

demarcar *v* : to demarcate — **demarcación** *nf*
demás *adj* : remaining
demasía *nf* **en ~** : excessively : in excess
demasiado[1] *adv* : too : too much
demasiado[2]**, -da** *adj* : too much : too many : excessive
demencia *nf* : dementia : madness : insanity
demencial *adj* : crazy : insane
demente[1] *adj* : insane : mad
demente[2] *nmf* : insane person
demeritar *v* : to detract from : to discredit
demérito *nm* : fault : discredit : disrepute
demo *nf* : demo : demo product/version : demo tape
democracia *nf* : democracy
demócrata[1] *adj* : democratic
demócrata[2] *nmf* : democrat
democrático, -ca *adj* : democratic — **democráticamente** *adv*
democratizar *v* : to democratize : to make democratic — **democratización** *nf*
demografía *nf* : demography : demographics *pl*
demográfico, -ca *adj* : demographic
demoledor, -dora *adj* : devastating
demoler *v* : to demolish : to destroy
demolición *nf, pl* **-ciones** : demolition
demoníaco, -ca *adj* : demonic : demoniac
demonio *nm* : devil : demon
demora *nf* : delay
demorar *v* : to delay : to take : to last : to linger — **demorarse** *vr* : to be slow : to take a long time : to take too long
demostración *nf, pl* **-ciones** : demonstration
demostrar *v* : to demonstrate : to prove : to show
demostrativo, -va *adj* : demonstrative
demudar *v* : to change : to alter — **demudarse** *vr* : to change one's expression
denegación *nf, pl* **-ciones** : denial : refusal
denegar *v* : to deny : to turn down
dengue *nm* : dengue
denigrante *adj* : degrading : humiliating
denigrar *v* : to denigrate : to disparage : to degrade : to humiliate
denominación *nf, pl* **-ciones** : name : designation : denomination
denominador *nm* : denominator
denominar *v* : to designate : to name : to call
denostar *v* : to revile
denotar *v* : to denote : to show
densidad *nf* : density : thickness
denso, -sa *adj* : dense : thick — **densamente** *adv*
dentado, -da *adj* : serrated : jagged
dentadura *nf* : teeth *pl*
dental *adj* : dental
dentellada *nf* : bite : tooth mark
dentera *nf* : envy : jealousy
dentífrico *nm* : toothpaste
dentista *nmf* : dentist
dentro *adv* : in : inside
denuncia *nf* : denunciation : condemnation : police report
denunciante *nmf* : accuser
denunciar *v* : to denounce : to condemn : to report
deparar *v* : to have in store for : to provide with
departamental *adj* : departmental
departamento *nm* : department : apartment
departir *v* : to converse
dependencia *nf* : dependence : dependency : agency : branch office
depender *v* : to depend
dependiente[1] *adj* : dependent
dependiente[2]**, -ta** *n* : clerk : salesperson
depilar *v* : to wax : to shave
deplorable *adj* : deplorable
deplorar *v* : to deplore : to regret
deponer *v* : to depose : to overthrow : to abandon : to testify : to make a statement : to defecate
deportación *nf, pl* **-ciones** : deportation
deportar *v* : to deport
deporte *nm* : sport : sports *pl*
deportista[1] *adj* : fond of sports : sporty
deportista[2] *nmf* : sports fan : athlete : sportsman *m* : sportswoman *f*
deportividad *nf* : sportsmanship
deportivo, -va *adj* : sports : sporting : sporty
deposición *nf, pl* **-ciones** : statement : testimony : removal from office
depositar *v* : to deposit : to place : to store — **depositarse** *vr* : to settle
depósito *nm* : deposit : warehouse : storehouse : tank
depravación *nf, pl* **-ciones** : depravity
depravado, -da *adj* : depraved : degenerate
depravar *v* : to deprave : to corrupt
depreciación *nf, pl* **-ciones** : depreciation
depreciar *v* : to depreciate : to reduce the value of — **depreciarse** *vr* : to lose value
depredador[1]**, -dora** *adj* : predatory
depredador[2] *nm* : predator : plunderer
depresión *nf, pl* **-siones** : depression : hollow : recess : drop : fall : slump : recession
depresivo *nm* : depressant
deprimente *adj* : depressing
deprimir *v* : to depress : to lower — **deprimirse** *vr* : to get depressed
deprisa *adv* : fast

depuesto *pp* → **deponer**
depuración *nf, pl* **-ciones** : purification : purge : refinement : polish
depurar *v* : to purify : to purge
depuso, etc. → **deponer**
derby *nm, pl* **derbies** *or* **derbys** : derby : local game
derecha *nf* : right : right hand : right side : right wing
derechazo *nm* : pass with the cape on the right hand : right : forehand
derechista[1] *adj* : rightist : right-wing
derechista[2] *nmf* : right-winger : rightist
derecho[1] *adv* : straight : upright : directly
derecho[2], **-cha** *adj* : right : right-hand : straight : upright : erect
derecho[3] *nm* : right : law : right side
de refilón *adv* : sidelong : obliquely : briefly
deriva *nf* : drift
derivación *nf, pl* **-ciones** : derivation : ramification : consequence
derivar *v* : to drift : to steer : to direct — **derivarse** *vr* : to be derived from : to arise from
dermatología *nf* : dermatology
dermatólogo, -ga *n* : dermatologist
derogación *nf, pl* **-ciones** : abolition : repeal
derogar *v* : to abolish : to repeal
derramamiento *nm* : spilling : overflowing
derramar *v* : to spill : to shed — **derramarse** *vr* : to spill over : to scatter
derrame *nm* : spilling : shedding : leakage : overflow : discharge : hemorrhage
derrapar *v* : to skid
derrape *nm* : skid
derredor *nm* **al derredor** *or* **en derredor** : around : round about
derrengado, -da *adj* : bent : twisted : exhausted
derretir *v* : to melt : to thaw — **derretirse** *vr* : to thaw
derribar *v* : to demolish : to knock down : to shoot down : to bring down : to overthrow
derribo *nm* : demolition : razing : shooting down : overthrow
derrocamiento *nm* : overthrow
derrocar *v* : to overthrow : to topple
derrochador[1], **-dora** *adj* : extravagant : wasteful
derrochador[2], **-dora** *n* : spendthrift
derrochar *v* : to waste : to squander
derroche *nm* : extravagance : waste
derrota *nf* : defeat : rout : course
derrotar *v* : to defeat
derrotero *nm* : course
derrotista *adj & nmf* : defeatist
derruir *v* : to demolish : to tear down
derrumbamiento *nm* : collapse
derrumbar *v* : to demolish : to knock down : to cast down : to topple — **derrumbarse** *vr* : to collapse : to break down
derrumbe *nm* : collapse : fall : landslide
des- *pref* : de- : dis- : un-
desabastecimiento *nm* : shortage : scarcity
desabasto *nm* : shortage : scarcity
desabotonar *v* : to unbutton : to undo — **desabotonarse** *vr* : to come undone
desabrido, -da *adj* : tasteless : bland
desabrigar *v* : to undress : to uncover : to deprive of shelter
desabrochar *v* : to unbutton : to undo — **desabrocharse** *vr* : to come undone
desacato *nm* : disrespect : contempt
desacelerar *v* : to decelerate : to slow down
desacertado, -da *adj* : mistaken : unwise
desacertar *v* : to err : to be mistaken
desacierto *nm* : error : mistake
desaconsejable *adj* : inadvisable
desaconsejado, -da *adj* : ill-advised : unwise
desaconsejar *v* : to advise against
desacostumbrado, -da *adj* : unaccustomed : unusual
desacreditar *v* : to discredit : to disgrace
desactivar *v* : to deactivate : to defuse
desacuerdo *nm* : disagreement
desafiante *adj* : defiant
desafiar *v* : to defy : to challenge
desafilado, -da *adj* : blunt
desafilar *v* : to dull : to blunt
desafinado, -da *adj* : out-of-tune : off-key
desafinarse *vr* : to go out of tune
desafío *nm* : challenge : defiance
desaforado, -da *adj* : wild : unrestrained
desafortunado, -da *adj* : unfortunate : unlucky — **desafortunadamente** *adv*
desafuero *nm* : injustice : outrage
desagradable *adj* : unpleasant : disagreeable — **desagradablemente** *adv*
desagradar *v* : to be unpleasant : to be disagreeable
desagradecido, -da *adj* : ungrateful
desagrado *nm* : displeasure
desagravio *nm* : apology : amends : reparation
desagregarse *vr* : to break up : to disintegrate
desaguar *v* : to drain : to empty
desagüe *nm* : drain : drainage
desaguisado *nm* : mess
desahogado, -da *adj* : well-off : comfortable : spacious : roomy
desahogar *v* : to relieve : to ease : to give vent to — **desahogarse** *vr* : to recover : to feel better : to unburden oneself : to let off steam

desahogo *nm* : relief : outlet
desahuciar *v* : to deprive of hope : to evict — **desahuciarse** *vr* : to lose all hope
desahucio *nm* : eviction
desairar *v* : to snub : to rebuff
desaire *nm* : rebuff : snub : slight
desajustar *v* : to disarrange : to put out of order : to upset
desajuste *nm* : maladjustment : imbalance : upset : disruption
desalentador, -dora *adj* : discouraging : disheartening
desalentar *v* : to discourage : to dishearten — **desalentarse** *vr*
desaliento *nm* : discouragement
desaliñado, -da *adj* : sloppy : untidy — **desaliñadamente** *adv*
desaliño *nm* : sloppiness : untidiness
desalmado, -da *adj* : heartless : callous
desalojar *v* : to remove : to clear : to evacuate : to vacate : to evict
desalojo *nm* : removal : expulsion : evacuation : eviction
desamarrar *v* : to cast off : to untie
desamor *nm* : indifference : dislike : enmity
desamparado, -da *adj* : helpless : destitute
desamparar *v* : to abandon : to forsake
desamparo *nm* : abandonment : neglect : helplessness
desamueblado, -da *adj* : unfurnished
desandar *v* : to go back : to return to the starting point
desangelado, -da *adj* : dull : lifeless
desangrar *v* : to bleed : to bleed dry — **desangrarse** *vr* : to be bleeding : to bleed to death
desanimar *v* : to discourage : to dishearten — **desanimarse** *vr*
desánimo *nm* : discouragement : dejection
desapacible *adj* : unpleasant : disagreeable
desaparecer *v* : to cause to disappear : to disappear : to vanish
desaparecido[1], **-da** *adj* : late : deceased : missing
desaparecido[2], **-da** *n* : missing person
desaparición *nf, pl* **-ciones** : disappearance
desapasionado, -da *adj* : dispassionate : impartial — **desapasionadamente** *adv*
desapego *nm* : coolness : indifference
desapercibido, -da *adj* : unnoticed : unprepared : off guard
desaprobación *nf, pl* **-ciones** : disapproval
desaprobar *v* : to disapprove of
desaprovechar *v* : to waste : to misuse : to lose ground : to slip back
desarmador *nm* : screwdriver
desarmar *v* : to disarm : to disassemble : to take apart
desarme *nm* : disarmament
desarraigado, -da *adj* : rootless
desarraigar *v* : to uproot : to root out
desarregladamente *adv* : untidily : messily
desarreglado, -da *adj* : untidy : disorganized
desarreglar *v* : to mess up : to upset : to disrupt
desarreglo *nm* : untidiness : disorder : confusion
desarrollar *v* : to develop : to carry out : to explain — **desarrollarse** *vr* : to take place : to unfold
desarrollo *nm* : development
desarticulación *nf, pl* **-ciones** : dislocation : breaking up : dismantling
desarticular *v* : to dislocate : to break up : to dismantle
desasosiego *nm* : sense of unease
desastre *nm* : disaster
desastroso, -sa *adj* : disastrous : catastrophic — **desastrosamente** *adv*
desatar *v* : to undo : to untie : to unleash : to trigger : to precipitate — **desatarse** *vr* : to come undone : to break out : to erupt
desatascador *nm* : plunger
desatascar *v* : to unblock : to clear
desatención *nf, pl* **-ciones** : absentmindedness : distraction : discourtesy
desatender *v* : to disregard : to neglect : to leave unattended
desatento, -ta *adj* : absentminded : discourteous : rude
desatinado, -da *adj* : foolish : silly
desatino *nm* : folly : mistake
desatorador *nm* : plunger : drain cleaner
desatornillar → **destornillar**
desautorizar *v* : to deprive of authority : to discredit
desavenencia *nf* : disagreement : dispute
desayunar *v* : to have breakfast : to have for breakfast
desayuno *nm* : breakfast
desazón *nf, pl* **-zones** : uneasiness : anxiety
desbalance *nm* : imbalance
desbancar *v* : to displace : to oust
desbandada *nf* : scattering : dispersal
desbarajuste *nm* : disarray : disorder : mess
desbaratar *v* : to destroy : to ruin : to break : to break down — **desbaratarse** *vr* : to fall apart
desbloquear *v* : to open up : to clear : to break through : to free : to release
desbocado, -da *adj* : unbridled : rampant

desbocarse *vr* : to run away : to bolt
desbordamiento *nm* : overflowing
desbordante *adj* : overflowing : bursting
desbordar *v* : to overflow : to spill over : to surpass : to exceed — **desbordarse** *vr*
descabellado, -da *adj* : outlandish : ridiculous
descafeinado, -da *adj* : decaffeinated
descalabrar *v* : to hit on the head — **descalabrarse** *vr*
descalabro *nm* : setback : misfortune : loss
descalificación *nf, pl* **-ciones** : disqualification : disparaging remark
descalificar *v* : to disqualify : to discredit — **descalificarse** *vr*
descalzarse *vr* : take off one's shoes
descalzo, -za *adj* : barefoot
descampado *nm* : open area
descansado, -da *adj* : rested : refreshed : restful : peaceful
descansar *v* : to rest : to relax
descansillo *nm* : landing
descanso *nm* : rest : relaxation : break : landing : intermission : halftime
descapotable *adj & nm* : convertible
descarado, -da *adj* : brazen : impudent — **descaradamente** *adv*
descarga *nf* : discharge : unloading
descargable *adj* : downloadable
descargar *v* : to discharge : to unload : to release : to free : to take out : to vent : to download — **descargarse** *vr* : to unburden oneself : to quit : to lose power
descargo *nm* : unloading : defense
descarnado, -da *adj* : scrawny : gaunt
descaro *nm* : audacity : nerve
descarriado, -da *adj* : lost : gone astray
descarriarse *vr* : to go astray
descarrilar *v* : to derail — **descarrilarse** *vr* — **descarrilamiento** *n*
descartar *v* : to rule out : to reject — **descartarse** *vr* : to discard
descascarar *v* : to peel : to shell : to husk — **descascararse** *vr* : to peel off : to chip
descendencia *nf* : descendants *pl* : descent : lineage
descendente *adj* : downward : descending
descender *v* : to descend : to go down : to lower : to take down : to let down : to come down : to drop : to fall
descendiente *adj & nm* : descendant
descenso *nm* : descent : drop : fall
descentralizar *v* : to decentralize — **descentralizarse** *vr* — **descentralización** *nf*
descifrar *v* : to decipher : to decode — **descifrable** *adj*
desclasificar *v* : to declassify
descodificador → **decodificador**
descodificar *v* : to decode
descolgar *v* : to take down : to let down : to pick up : to answer
descollar *v* : to stand out : to be outstanding : to excel
descolorido, -da *adj* : discolored : faded
descomponer *v* : to rot : to decompose : to break : to break down : to damage : to mess up — **descomponerse** *vr* : to decompose
descomposición *nf, pl* **-ciones** : breakdown : decomposition : decay
descompuesto[1] *pp* → **descomponer**
descompuesto[2]**, -ta** *adj* : broken down : out of order : rotten : decomposed
descomunal *adj* : enormous : huge : extraordinary
desconcentrar *v* : to distract
desconcertante *adj* : disconcerting
desconcertar *v* : to disconcert — **desconcertarse** *vr*
desconchar *v* : to chip — **desconcharse** *vr* : to chip off : to peel
desconcierto *nm* : uncertainty : confusion
desconectar *v* : to disconnect : to switch off : to unplug
desconfiado, -da *adj* : distrustful : suspicious
desconfianza *nf* : distrust : suspicion
desconfiar *v* ~ **de** : to distrust : to be suspicious of
descongelar *v* : to thaw : to defrost : to unfreeze — **descongelarse** *vr*
descongestionante *adj & nm* : decongestant
descongestionar *v* : to clear : to unclog
desconocer *v* : to be unaware of : to fail to recognize
desconocido[1]**, -da** *adj* : unknown : unfamiliar
desconocido[2]**, -da** *n* : stranger
desconocimiento *nm* : ignorance
desconsiderado, -da *adj* : inconsiderate : thoughtless — **desconsideradamente** *adj*
desconsolado, -da *adj* : disconsolate : heartbroken : despondent
desconsuelo *nm* : grief : distress : despair
descontaminar *v* : to decontaminate — **descontaminación** *nf*
descontar *v* : to discount : to deduct : to except : to exclude
descontento[1]**, -ta** *adj* : discontented : dissatisfied
descontento[2] *nm* : discontent : dissatisfaction
descontinuar *v* : to discontinue
descontrol *nm* : lack of control : disorder : chaos
descontrolarse *vr* : to get out of control : to be out of hand
desconvocar *v* : to cancel

descorazonado, -da *adj* : disheartened : discouraged
descorchar *v* : to uncork
descorrer *v* : to draw back
descortés *adj, pl* **-teses** : discourteous : rude
descortesía *nf* : discourtesy : rudeness
descrédito *nm* : discredit
descremado, -da *adj* : nonfat : skim
describir *v* : to describe
descripción *nf, pl* **-ciones** : description
descriptivo, -va *adj* : descriptive
descrito *pp* → **describir**
descuartizar *v* : to cut up : to quarter : to tear to pieces
descubierto[1] *pp* → **descubrir**
descubierto[2], **-ta** *adj* : exposed : revealed
descubridor, -dora *n* : discoverer : explorer
descubrimiento *nm* : discovery
descubrir *v* : to discover : to find out : to uncover : to reveal : to unveil : to give away — **descubrirse** *vr*
descuento *nm* : discount
descuidado, -da *adj* : neglectful : careless : neglected : unkempt
descuidar *v* : to neglect : to overlook : to be careless — **descuidarse** *vr* : to drop one's guard : to let oneself go
descuido *nm* : carelessness : negligence : slip : oversight
desde *prep* : from : since
desdecir *v* — **desdecirse** *vr* : to contradict oneself : to go back on one's word
desdén *nm, pl* **desdenes** : disdain : scorn
desdentado, -da *adj* : toothless
desdeñar *v* : to disdain : to scorn : to despise
desdeñoso, -sa *adj* : disdainful : scornful — **desdeñosamente** *adv*
desdibujar *v* : to blur — **desdibujarse** *vr*
desdicha *nf* : misery : misfortune
desdichado[1], **-da** *adj* : unfortunate : miserable : unhappy
desdichado[2], **-da** *n* : wretch
desdicho *pp* → **desdecir**
desdiga, desdijo, etc. → **desdecir**
desdoblar *v* : to unfold
deseable *adj* : desirable
desear *v* : to wish : to want : to desire
desecar *v* : to dry
desechable *adj* : disposable
desechar *v* : to discard : to throw away : to reject
desecho *nm* : reject; **desechos** *nmpl* : rubbish : waste
desembarazarse *vr* ~ **de** : to get rid of
desembarcar *v* : to disembark : to unload
desembarco *nm* : landing : arrival : unloading
desembarque → **desembarco**
desembocadura *nf* : mouth : opening : end
desembocar *v* ~ **en** *or* ~ **a** : to flow into : to join : to lead to : to result in
desembolsar *v* : to disburse : to pay out
desembolso *nm* : disbursement : payment
desempacar *v* : to unpack
desempatar *v* : to break a tie
desempate *nm* : tiebreaker : play-off
desempeñar *v* : to play : to fulfill : to carry out : to redeem — **desempeñarse** *vr* : to function : to act
desempeño *nm* : fulfillment : carrying out : performance
desempleado[1], **-da** *adj* : unemployed
desempleado[2], **-da** *n* : unemployed person
desempleo *nm* : unemployment
desempolvar *v* : to dust off : to resurrect : to revive
desencadenar *v* : to unchain : to trigger : to unleash — **desencadenarse** *vr*
desencajar *v* : to dislocate : to pop out of place : to disengage — **desencajarse** *vr*
desencantar *v* : to disenchant : to disillusion — **desencantarse** *vr*
desencanto *nm* : disenchantment : disillusionment
desenchufar *v* : to disconnect : to unplug
desenfadado, -da *adj* : uninhibited : carefree : confident : self-assured
desenfado *nm* : self-assurance : confidence : naturalness : ease
desenfocado, -da *adj* : unfocused : blurry
desenfrenadamente *adv* : wildly : with abandon
desenfrenado, -da *adj* : unbridled : unrestrained
desenfreno *nm* : abandon : lack of restraint
desenfundar *v* : to draw
desenganchar *v* : to unhitch : to uncouple
desengañar *v* : to disillusion : to disenchant — **desengañarse** *vr*
desengaño *nm* : disenchantment : disillusionment
desenlace *nm* : ending : outcome
desenmarañar *v* : to disentangle : to unravel
desenmascarar *v* : to unmask : to expose
desenredar *v* : to untangle : to disentangle : to straighten out : to sort out
desenrollar *v* : to unroll : to unwind
desenroscar *v* : to unscrew : to unroll — **desenroscarse** *vr*
desenterrar *v* : to exhume : to unearth : to dig up

desentonar *v* : to clash : to conflict : to be out of tune : to sing off-key
desentrañar *v* : to get to the bottom of : to unravel
desenvainar *v* : to draw : to unsheathe
desenvoltura *nf* : confidence : self-assurance : eloquence : fluency
desenvolver *v* : to unwrap : to open — **desenvolverse** *vr* : to unfold : to develop : to manage : to cope
desenvuelto[1] *pp* → **desenvolver**
desenvuelto[2], **-ta** *adj* : confident : relaxed : self-assured
deseo *nm* : wish : desire
deseoso, -sa *adj* : eager : anxious
desequilibrado, -da *adj* : off-balance : insane
desequilibrar *v* : to unbalance : to throw off balance — **desequilibrarse** *vr*
desequilibrio *nm* : imbalance
deserción *nf, pl* **-ciones** : desertion : defection
desertar *v* : to desert : to defect
desértico, -ca *adj* : desert : uninhabited
desertor, -tora *n* : deserter : defector
desesperación *nf, pl* **-ciones** : desperation : despair
desesperado, -da *adj* : desperate : despairing : hopeless — **desesperadamente** *adv*
desesperante *adj* : exasperating : agonizing : excruciating
desesperanza *nf* : despair : hopelessness
desesperar *v* : to exasperate : to despair : to lose hope — **desesperarse** *vr* : to become exasperated
desestabilizar *v* : to make unstable
desestimar *v* : to reject : to disallow : to have a low opinion of
desfachatez *nf, pl* **-teces** : audacity : nerve : cheek
desfalcador, -dora *n* : embezzler
desfalcar *v* : to embezzle
desfalco *nm* : embezzlement
desfallecer *v* : to weaken : to faint
desfallecimiento *nm* : weakness : fainting
desfasado, -da *adj* : out of sync : out of step : behind the times
desfase *nm* : gap : lag
desfavorable *adj* : unfavorable : adverse — **desfavorablemente** *adv*
desfavorecido, -da *adj* : underprivileged
desfigurar *v* : to disfigure : to mar : to distort : to misrepresent
desfiladero *nm* : narrow gorge : defile
desfilar *v* : to parade : to march
desfile *nm* : parade : procession
desfogar *v* : to vent : to unclog : to unblock — **desfogarse** *vr* : to vent one's feelings : to let off steam
desgajar *v* : to tear off : to break apart — **desgajarse** *vr* : to come apart
desgana *nf* : lack of appetite : apathy : unwillingness : reluctance
desgano *nm* → **desgana**
desgarbado, -da *adj* : ungainly
desgarrador, -dora *adj* : heartbreaking
desgarradura *nf* : tear : rip
desgarrar *v* : to tear : to rip : to break — **desgarrarse** *vr*
desgarre → **desgarro**
desgarro *nm* : tear
desgarrón *nm, pl* **-rrones** : rip : tear
desgastar *v* : to use up : to wear away : to wear down
desgaste *nm* : deterioration : wear and tear
desglosar *v* : to break down : to itemize
desglose *nm* : breakdown : itemization
desgobierno *nm* : anarchy : disorder
desgracia *nf* : misfortune : disgrace
desgraciadamente *adv* : unfortunately
desgraciado[1], **-da** *adj* : unfortunate : unlucky : vile : wretched
desgraciado[2], **-da** *n* : unfortunate person : wretch
desgranar *v* : to shuck : to shell
desgravar *v* : to deduct : to exempt — **desgravación** *n*
desguazar *v* : to scrap
deshabitado, -da *adj* : unoccupied : uninhabited
deshacer *v* : to destroy : to ruin : to undo : to untie : to break apart : to crumble : to dissolve : to melt : to break : to cancel — **deshacerse** *vr* : to fall apart : to come undone
deshecho[1] *pp* → **deshacer**
deshecho[2], **-cha** *adj* : destroyed : ruined : devastated : shattered : undone : untied
deshelar *v* : to thaw : to deice : to defrost — **deshelarse** *vr* : to defrost
desherbar *v* : to weed
desheredado, -da *adj* : dispossessed : destitute
desheredar *v* : to disinherit
deshicieron, etc. → **deshacer**
deshidratar *v* : to dehydrate — **deshidratación** *nf*
deshielo *nm* : thaw : thawing
deshierbar → **desherbar**
deshilachar *v* : to fray — **deshilacharse** *vr*
deshizo → **deshacer**
deshojar *v* : to remove petals from : to remove pages from
deshollinador, -dora *n* : chimney sweep
deshonestidad *nf* : dishonesty
deshonesto, -ta *adj* : dishonest
deshonor *nm* : dishonor : disgrace
deshonra *nf* : dishonor : disgrace
deshonrar *v* : to dishonor : to disgrace
deshonroso, -sa *adj* : dishonorable : disgraceful
deshora *nf* **a deshoras** : at odd times

deshuesadero *nm* : dump
deshuesar *v* : to pit : to bone
desidia *nf* : apathy : indolence : negligence : sloppiness
desierto[1], **-ta** *adj* : deserted : uninhabited
desierto[2] *nm* : desert
designación *nf, pl* **-ciones** : appointment : naming
designar *v* : to designate : to appoint : to name
designio *nm* : plan
desigual *adj* : unequal : uneven : variable : changeable — **desigualmente** *adv*
desigualdad *nf* : inequality : unevenness
desilusión *nf, pl* **-siones** : disillusionment : disenchantment
desilusionar *v* : to disillusion : to disenchant — **desilusionarse** *vr*
desinfectante *adj & nm* : disinfectant
desinfectar *v* : to disinfect — **desinfección** *nf*
desinflar *v* : to deflate — **desinflarse** *vr*
desinformar *v* : to misinform
desinhibido, -da *adj* : uninhibited : unrestrained
desintegración *nf, pl* **-ciones** : disintegration
desintegrar *v* : to disintegrate : to break up — **desintegrarse** *vr*
desinterés *nm* : lack of interest : indifference : unselfishness
desinteresado, -da *adj* : unselfish
desintoxicación *nf, pl* **-ciones** : detoxification : detox
desintoxicar *v* : to detoxify : to detox — **desintoxicarse** *vr*
desistir *v* : to desist : to stop
deslave *nm* : landslide
desleal *adj* : disloyal — **deslealmente** *adv*
deslealtad *nf* : disloyalty
desligar *v* : to separate : to undo : to free — **desligarse** *vr* ~ **de** : to extricate oneself from
deslindar *v* : to mark the limits of : to demarcate : to define : to clarify
deslinde *nm* : demarcation
desliz *nm, pl* **deslices** : error : mistake : slip
deslizador *nm* : speedboat : hang glider
deslizamiento *nm* : slip : slide
deslizar *v* : to slide : to slip : to slip in — **deslizarse** *vr* : to glide : to slip away
deslomarse *vr* : to wear oneself out : to work oneself to death
deslucido, -da *adj* : lackluster : dull : faded : dingy : tarnished
deslucir *v* : to spoil : to fade : to dull : to tarnish : to discredit
deslumbrar *v* : to dazzle — **deslumbrante** *adj*
deslustrado, -da *adj* : dull : lusterless
deslustrar *v* : to tarnish : to dull
deslustre *nm* : tarnish
desmadrarse *vr* : to get out of hand
desmadre *nm* : chaos
desmán *nm, pl* **desmanes** : outrage : abuse : misfortune
desmandarse *vr* : to behave badly : to get out of hand
desmantelar *v* : to dismantle
desmañado, -da *adj* : clumsy : awkward
desmarcarse *vr* : to distance oneself
desmayado, -da *adj* : fainting : weak : dull : pale
desmayar *v* : to lose heart : to falter — **desmayarse** *vr* : to faint : to swoon
desmayo *nm* : faint : fainting
desmedido, -da *adj* : excessive : undue
desmejorar *v* : to weaken : to make worse : to decline : to get worse
desmembrar *v* : to dismember : to break up
desmemoriado, -da *adj* : absentminded : forgetful
desmentido *nm* : denial
desmentir *v* : to deny : to refute : to contradict
desmenuzar *v* : to break down : to scrutinize : to crumble : to shred — **desmenuzarse** *vr*
desmerecer *v* : to be unworthy of : to decline in value
desmesurado, -da *adj* : excessive : inordinate — **desmesuradamente** *adv*
desmigajar *v* : to crumble — **desmigajarse** *vr*
desmilitarizar *v* : to demilitarize
desmitificar *v* : to demystify : to dispel the myths surrounding
desmontable *adj* : removable
desmontar *v* : to clear : to level off : to dismantle : to take apart : to dismount
desmonte *nm* : clearing : leveling
desmoralizador, -dora *adj* : demoralizing
desmoralizante → desmoralizador
desmoralizar *v* : to demoralize : to discourage
desmoronamiento *nm* : crumbling : falling apart
desmoronar *v* : to wear away : to erode — **desmoronarse** *vr* : to crumble : to deteriorate : to fall apart
desmovilizar *v* : to demobilize — **desmovilización** *nf*
desnatado, -da → descremado
desnaturalizar *v* : to denature : to distort : to alter
desnivel *nm* : disparity : difference : unevenness
desnivelado, -da *adj* : uneven : unbalanced
desnivelar *v* : to make uneven : to tip

desnucar *v* : to break the neck of — **desnucarse** *vr* : to break one's neck
desnudar *v* : to undress : to strip : to lay bare — **desnudarse** *vr* : to strip off one's clothing
desnudez *nf, pl* **-deces** : nudity : nakedness
desnudo[1], **-da** *adj* : nude : naked : bare
desnudo[2] *nm* : nude
desnutrición *nf, pl* **-ciones** : malnutrition
desnutrido, -da *adj* : malnourished : undernourished
desobedecer *v* : to disobey
desobediencia *nf* : disobedience — **desobediente** *adj*
desocupación *nf, pl* **-ciones** : unemployment
desocupado, -da *adj* : vacant : empty : free : unoccupied : unemployed
desocupar *v* : to empty : to vacate : to move out of — **desocuparse** *vr* : to leave : to quit
desodorante *adj & nm* : deodorant
desolación *nf, pl* **-ciones** : desolation
desolado, -da *adj* : desolate : devastated : distressed
desolador, -dora *adj* : devastating : bleak : desolate
desolar *v* : to devastate
desollar *v* : to skin : to flay
desorbitado, -da *adj* : excessive : exorbitant
desorden *nm, pl* **desórdenes** : disorder : mess : disturbance : upset
desordenadamente *adv* : messily : in a disorderly way
desordenado, -da *adj* : untidy : messy : disorderly : unruly
desordenar *v* : to mess up — **desordenarse** *vr* : to get messed up
desorganización *nf, pl* **-ciones** : disorganization
desorganizar *v* : to disrupt : to disorganize
desorientar *v* : to disorient : to mislead : to confuse — **desorientarse** *vr* : to become disoriented : to lose one's way
desovar *v* : to spawn
despachar *v* : to complete : to conclude : to deal with : to take care of : to handle : to dispatch : to send off : to finish off : to kill : to serve — **despacharse** *vr* : to gulp down : to polish off
despacho *nm* : dispatch : shipment : office : study
despacio *adv* : slowly : slow
despampanante *adj* : breathtaking : stunning
desparasitar *v* : to worm : to rid of fleas/ticks/lice
desparpajo *nm* : self-confidence : nerve : confusion : muddle
desparramar *v* : to spill : to splatter : to spread : to scatter
despatarrarse *vr* : to sprawl
despavorido, -da *adj* : terrified : horrified
despecho *nm* : spite
despectivo, -va *adj* : contemptuous : disparaging : derogatory : pejorative — **despectivamente** *adv*
despedazar *v* : to cut to pieces : to tear apart
despedida *nf* : farewell : good-bye
despedir *v* : to see off : to show out : to dismiss : to fire : to give off : to emit — **despedirse** *vr* : to take one's leave : to say good-bye
despegado, -da *adj* : separated : detached : cold : distant
despegar *v* : to remove : to detach : to take off : to lift off : to blast off
despegue *nm* : takeoff : liftoff
despeinar *v* **despeinar a alguien** : to mess up someone's hair
despejado, -da *adj* : clear : fair : alert : uncluttered : unobstructed
despejar *v* : to clear : to free : to clarify : to clear up : to punt
despeje *nm* : clearing : punt
despellejar *v* : to skin
despelote *nm* : mess : disaster
despenalizar *v* : to legalize — **despenalización** *nf*
despensa *nf* : pantry : larder : provisions *pl* : supplies *pl*
despeñadero *nm* : cliff : precipice
despeñar *v* : to hurl down
desperdiciar *v* : to waste : to miss : to miss out on
desperdicio *nm* : waste; **desperdicios** *nmpl* : refuse : scraps : rubbish
desperdigar *v* : to disperse : to scatter
desperezarse *vr* : to stretch
desperfecto *nm* : flaw : defect : damage
despertador *nm* : alarm clock
despertar *v* : to awaken : to wake up : to arouse : to wake : to elicit : to evoke — **despertarse** *vr* : to wake up
despiadado, -da *adj* : cruel : merciless : pitiless — **despiadadamente** *adv*
despido *nm* : dismissal : layoff
despierto, -ta *adj* : awake : alert : clever : sharp
despilfarrador[1], **-dora** *adj* : extravagant : wasteful
despilfarrador[2], **-dora** *n* : spendthrift : prodigal
despilfarrar *v* : to squander : to waste
despilfarro *nm* : extravagance : wastefulness
despintar *v* : to strip the paint from — **despintarse** *vr* : to fade : to wash off : to peel off
despistado[1], **-da** *adj* : absentminded : forgetful : scatterbrained : confused : bewildered

despistado[2], **-da** *n* : absentminded person
despistar *v* : to throw off the track : to confuse — **despistarse** *vr*
despiste *nm* : absentmindedness : mistake : slip
desplantador *nm* : garden trowel
desplante *nm* : insolence : rudeness
desplazamiento *nm* : movement : displacement : journey
desplazar *v* : to replace : to displace : to move : to shift : to scroll — **desplazarse** *vr*
desplegar *v* : to display : to show : to manifest : to unfold : to unfurl : to spread : to deploy
despliegue *nm* : display : deployment
desplomarse *vr* : to plummet : to fall : to collapse : to break down
desplome *nm* : fall : drop : collapse
desplumar *v* : to pluck
despoblación *nf, pl* **-ciones** : large population decrease
despoblado[1], **-da** *adj* : uninhabited : deserted
despoblado[2] *nm* : open country : deserted area
despoblar *v* : to reduce the population of
despojar *v* : to strip : to clear : to divest : to deprive
despojos *nmpl* : remains : scraps : plunder : spoils
desportillar *v* : to chip — **desportillarse** *vr*
desposar *v* : to marry — **desposarse** *vr*
desposeer *v* : to dispossess
déspota *nmf* : despot : tyrant
despotismo *nm* : despotism — **despótico, -ca** *adj*
despotricar *v* : to rant and rave : to complain excessively
despreciable *adj* : despicable : contemptible : negligible
despreciar *v* : to despise : to scorn : to disdain
despreciativo, -va *adj* : scornful : disdainful
desprecio *nm* : disdain : contempt : scorn
desprender *v* : to detach : to loosen : to unfasten : to emit : to give off — **desprenderse** *vr* : to come off : to come undone : to be inferred : to follow
desprendido, -da *adj* : generous : unselfish : disinterested
desprendimiento *nm* : detachment : generosity
despreocupación *nf, pl* **-ciones** : indifference : lack of concern
despreocupadamente *adv* : in a carefree, easygoing, or unconcerned way
despreocupado, -da *adj* : carefree : easygoing : unconcerned
desprestigiar *v* : to discredit : to disgrace — **desprestigiarse** *vr* : to lose prestige
desprestigio *nm* : discredit : disrepute
desprevenido, -da *adj* : unprepared : off guard : unsuspecting
desprolijo, -ja *adj* : untidy : messy
desproporción *nf, pl* **-ciones** : disproportion : disparity
desproporcionado, -da *adj* : out of proportion
despropósito *nm* : piece of nonsense : absurdity
desprotegido, -da *adj* : unprotected : vulnerable
desprovisto, -ta *adj* ~ **de** : devoid of : lacking in
después *adv* : afterward : later : then : next
despuntado, -da *adj* : blunt : dull
despuntar *v* : to blunt : to dawn : to sprout : to excel : to stand out
desquiciado, -da *adj* : crazy
desquiciar *v* : to unhinge : to drive crazy — **desquiciarse** *vr* : to go crazy
desquitarse *vr* : to get even : to retaliate
desquite *nm* : revenge
desregulación *nf, pl* **-ciones** : deregulation
desregular *v* : to deregulate
desregularización *nf, pl* **-ciones** → **desregulación**
destacadamente *adv* : outstandingly : prominently
destacado, -da *adj* : outstanding : prominent : stationed : posted
destacamento *nm* : detachment
destacar *v* : to emphasize : to highlight : to stress ; to bring out : to station : to post : to stand out — **destacarse** *vr* : to stand out
destajo *nm* : piecework
destapacaños *nm* : plunger
destapador *nm* : bottle opener
destapar *v* : to open : to take the top off : to reveal : to uncover : to unblock : to unclog
destape *nm* : uncovering : revealing
destartalado, -da *adj* : dilapidated : tumbledown
destellar *v* : to sparkle : to flash : to glint : to twinkle
destello *nm* : flash : sparkle : twinkle : glimmer : hint
destemplado, -da *adj* : out of tune : irritable : out of sorts : unpleasant
desteñir *v* : to run : to fade — **desteñirse** *vr* : to fade
desterrado[1], **-da** *adj* : banished : exiled
desterrado[2], **-da** *n* : exile
desterrar *v* : to banish : to exile : to eradicate : to do away with
destetar *v* : to wean
destiempo *adv* **a ~** : at the wrong time

destierro *nm* : exile
destilación *nf, pl* **-ciones** : distillation
destilador, -dora *n* : distiller
destilar *v* : to exude : to distill
destilería *nf* : distillery
destinación *nf, pl* **-ciones** : destination
destinado, -da *adj* : destined : bound
destinar *v* : to appoint : to assign : to earmark : to allot
destinatario, -ria *n* : addressee : payee
destino *nm* : destiny : fate : destination : use : assignment : post
destitución *nf, pl* **-ciones** : dismissal : removal from office
destituir *v* : to dismiss : to remove from office
destornillador *nm* : screwdriver
destornillar *v* : to unscrew
destrabar *v* : to untie : to undo : to ease up : to separate
destreza *nf* : dexterity : skill
destronar *v* : to depose : to dethrone
destrozado, -da *adj* : ruined : destroyed : devastated : brokenhearted
destrozar *v* : to smash : to shatter : to destroy : to wreck — **destrozarse** *vr*
destrozo *nm* : damage : havoc : destruction
destrucción *nf, pl* **-ciones** : destruction
destructivo, -va *adj* : destructive
destructor[1], **-tora** *adj* : destructive
destructor[2] *nm* : destroyer
destruir *v* : to destroy — **destruirse** *vr*
desubicado, -da *adj* : out of place : confused : disoriented
desunión *nf, pl* **-niones** : lack of unity
desunir *v* : to split : to divide
desusado, -da *adj* : unusual : obsolete : disused : antiquated
desuso *nm* : disuse : obsolescence
desvaído, -da *adj* : pale : washed-out : vague : blurred
desvalido, -da *adj* : destitute : helpless
desvalijar *v* : to ransack : to rob
desvalorización *nf, pl* **-ciones** : devaluation : depreciation
desvalorizar *v* : to devalue
desván *nm, pl* **desvanes** : attic
desvanecer *v* : to make disappear : to dispel : to fade : to blur — **desvanecerse** *vr* : to vanish : to disappear : to faint : to swoon
desvanecimiento *nm* : disappearance : faint : fading
desvariar *v* : to be delirious : to rave : to talk nonsense
desvarío *nm* : delirium; **desvaríos** *nmpl* : ravings *pl*
desvelado, -da *adj* : sleepless
desvelar *v* : to keep awake : to reveal : to disclose — **desvelarse** *vr* : to stay awake : to do one's utmost
desvelo *nm* : insomnia; **desvelos** *nmpl* : efforts : pains
desvencijado, -da *adj* : dilapidated : rickety
desventaja *nf* : disadvantage : drawback
desventajoso, -sa *adj* : disadvantageous : unfavorable
desventura *nf* : misfortune
desventurado, -da *adj* : unfortunate : ill-fated
desvergonzado, -da *adj* : shameless : impudent
desvergüenza *nf* : audacity : impudence
desvestir *v* : to undress — **desvestirse** *vr* : to get undressed
desviación *nf, pl* **-ciones** : deviation : departure : detour : diversion
desviar *v* : to change the course of : to divert : to turn away : to deflect — **desviarse** *vr* : to branch off : to stray
desvinculación *nf, pl* **-ciones** : dissociation
desvincular *v* ~ **de** : to separate from : to dissociate from — **desvincularse** *vr*
desvío *nm* : diversion : detour : deviation
desvirtuar *v* : to impair : to spoil : to detract from : to distort : to misrepresent
desvivirse *vr* : to be devoted to
detalladamente *adv* : in detail : at great length
detallar *v* : to detail
detalle *nm* : detail : thoughtful gesture
detallista[1] *adj* : meticulous : retail
detallista[2] *nmf* : perfectionist : retailer
detección *nf, pl* **-ciones** : detection
detectar *v* : to detect — **detectable** *adj*
detective *nmf* : detective
detector *nm* : detector
detención *nf, pl* **-ciones** : detention : arrest : stop : halt : delay : holdup
detener *v* : to arrest : to detain : to stop : to halt : to keep : to hold back — **detenerse** *vr* : to delay : to linger
detenidamente *adv* : thoroughly : at length
detenimiento *nm* **con** ~ : carefully : in detail
detentar *v* : to hold : to retain
detergente *nm* : detergent
deteriorado, -da *adj* : damaged : worn
deteriorar *v* : to damage : to spoil — **deteriorarse** *vr* : to get damaged : to wear out : to deteriorate : to worsen
deterioro *nm* : deterioration : wear : worsening : decline
determinación *nf, pl* **-ciones** : determination : resolve
determinado, -da *adj* : certain : particular : determined : resolute
determinante[1] *adj* : determining : deciding
determinante[2] *nm* : determinant
determinar *v* : to determine : to cause : to bring about — **determinarse** *vr* : to make up one's mind : to decide

detestar *v* : to detest — **detestable** *adj*
detonación *nf, pl* **-ciones** : detonation
detonador *nm* : detonator
detonante[1] *adj* : detonating : explosive
detonante[2] *nm* : catalyst : cause
detonar *v* : to detonate : to explode
detractor, -tora *n* : detractor : critic
detrás *adv* : behind
detrimento *nm* : detriment
detuvo, etc. → **detener**
deuda *nf* : debt
deudo, -da *n* : relative
deudor[1], **-dora** *adj* : indebted
deudor[2], **-dora** *n* : debtor
devaluación *nf, pl* **-ciones** : devaluation
devaluar *v* : to devalue — **devaluarse** *vr* : to depreciate
devanarse *vr* **devanarse los sesos** : to rack one's brains
devaneo *nm* : flirtation : fling : idle pursuit
devastador, -dora *adj* : devastating
devastar *v* : to devastate — **devastación** *nf*
develar *v* : to reveal : to uncover : to unveil
devenir *v* : to come about
devoción *nf, pl* **-ciones** : devotion
devolución *nf, pl* **-ciones** : return : refund
devolver *v* : to return : to give back : to refund : to pay back : to vomit : to bring up : to throw up — **devolverse** *vr* : to come back : to go back
devorar *v* : to devour : to consume
devoto[1], **-ta** *adj* : devout — **devotamente** *adv*
devoto[2], **-ta** *n* : devotee : admirer
di → **dar, decir**
día *nm* : day : daytime : daylight
diabetes *nf* : diabetes
diabético, -ca *adj & n* : diabetic
diablillo *nm* : little devil : imp
diablo *nm* : devil
diablura *nf* : prank; **diabluras** *nfpl* : mischief
diabólico, -ca *adj* : diabolical : diabolic : devilish
diaconisa *nf* : deaconess
diácono *nm* : deacon
diacrítico, -ca *adj* : diacritic : diacritical
diadema *nf* : diadem : crown
diáfano, -na *adj* : clear : sheer : translucent : bright
diafragma *nm* : diaphragm
diagnosticar *v* : to diagnose
diagnóstico[1], **-ca** *adj* : diagnostic
diagnóstico[2] *nm* : diagnosis
diagonal[1] *adj* : diagonal — **diagonalmente** *adv*
diagonal[2] *nf* : diagonal : slash
diagrama *nm* : diagram
dial *nm* : dial
dialecto *nm* : dialect
dialogar *v* : to have a talk : to converse
diálogo *nm* : dialogue
diamante *nm* : diamond
diámetro *nm* : diameter
diana *nf* : target : bull's-eye
diapasón *nm, pl* **-sones** : tuning fork
diapositiva *nf* : slide : transparency
diariamente *adv* : daily : every day
diario[1] *adv* : every day : daily
diario[2], **-ria** *adj* : daily : everyday
diario[3] *nm* : diary : newspaper
diarrea *nf* : diarrhea
diatriba *nf* : diatribe : tirade
dibujante *nmf* : draftsman *m* : draftswoman *f* : cartoonist
dibujar *v* : to draw : to sketch : to portray : to depict
dibujo *nm* : drawing : design : pattern
dicción *nf, pl* **-ciones** : diction
diccionario *nm* : dictionary
dícese → **decir**
dicha *nf* : good luck : happiness : joy
dicho[1] *pp* → **decir**
dicho[2], **-cha** *adj* : said : aforementioned
dicho[3] *nm* : saying : proverb
dichoso, -sa *adj* : blessed : happy : fortunate : lucky
diciembre *nm* : December
diciendo → **decir**
dictado *nm* : dictation
dictador, -dora *n* : dictator
dictadura *nf* : dictatorship
dictamen *nm, pl* **dictámenes** : report : judgment : opinion
dictaminar *v* : to report : to give an opinion : to pass judgment
dictar *v* : to dictate : to pronounce : to give : to deliver
dictatorial *adj* : dictatorial
didáctico, -ca *adj* : didactic
diecinueve *adj & nm* : nineteen — **diecinueve** *pron*
diecinueveavo[1], **-va** *adj* : nineteenth
diecinueveavo[2] *nm* : nineteenth
dieciocho *adj & nm* : eighteen — **dieciocho** *pron*
dieciochoavo[1], **-va** *or* **dieciochavo, -va** *adj* : eighteenth
dieciochoavo[2] *or* **dieciochavo** *nm* : eighteenth
dieciséis *adj & nm* : sixteen — **dieciséis** *pron*
dieciseisavo[1], **-va** *adj* : sixteenth
dieciseisavo[2] *nm* : sixteenth
diecisiete *adj & nm* : seventeen — **diecisiete** *pron*
diecisieteavo[1], **-va** *adj* : seventeenth
diecisieteavo[2] *nm* : seventeenth
diente *nm* : tooth : tusk : fang : prong : tine : clove
dieron, etc. → **dar**
diesel *nm* : diesel
diestra *nf* : right hand
diestro[1], **-tra** *adj* : right : skillful : accomplished

diestro[2] *nm* : bullfighter : matador
dieta *nf* : diet
dietético, -ca *adj* : dietary : diet
dietista *nmf* : dietitian
diez[1] *nm, pl* **dieces** : ten
diez[2] *adj* : ten
diez[3] *pron* : ten
difamación *nf, pl* **-ciones** : defamation : slander
difamar *v* : to defame : to slander
difamatorio, -ria *adj* : slanderous : defamatory : libelous
diferencia *nf* : difference
diferenciación *nf, pl* **-ciones** : differentiation
diferencial *adj & nm* : differential
diferenciar *v* : to differentiate between : to distinguish — **diferenciarse** *vr* : to differ
diferendo *nm* : dispute : conflict
diferente *adj* : different — **diferentemente** *adv*
diferir *v* : to postpone : to put off : to differ
difícil *adj* : difficult : hard
difícilmente *adv* : with difficulty : hardly
dificultad *nf* : difficulty
dificultar *v* : to make difficult : to obstruct
dificultoso, -sa *adj* : difficult : hard
difteria *nf* : diphtheria
difuminar *v* : to blur
difundir *v* : to diffuse : to spread out : to broadcast : to spread
difunto, -ta *adj & n* : deceased
difusión *nf, pl* **-siones** : spreading : diffusion : broadcast : broadcasting
difuso, -sa *adj* : diffuse : widespread
diga, etc. → **decir**
digerir *v* : to digest — **digerible** *adj*
digestión *nf, pl* **-tiones** : digestion
digestivo, -va *adj* : digestive
digital[1] *adj* : digital — **digitalmente** *adv*
digital[2] *nf* : foxglove
digitalizar *v* : to digitalize
digitaria *nf* : crabgrass
dígito *nm* : digit
dignarse *vr* : to deign : to condescend
dignatario, -ria *n* : dignitary
dignidad *nf* : dignity : dignitary
dignificar *v* : to dignify
digno, -na *adj* : honorable : worthy : decent — **dignamente** *adv*
digresión *nf, pl* **-ciones** : digression
dije *nm* : charm
dijo, etc. → **decir**
dilación *nf, pl* **-ciones** : delay
dilapidar *v* : to waste : to squander
dilatar *v* : to dilate : to widen : to expand : to put off : to postpone — **dilatarse** *vr* : to take long : to be long
dilatorio, -ria *adj* : delaying
dilema *nm* : dilemma
diletante *nmf* : dilettante
diligencia *nf* : diligence : care : promptness : speed : action : step : task : errand : stagecoach; **diligencias** *nfpl* : judicial procedures : formalities
diligente *adj* : diligent — **diligentemente** *adv*
dilucidar *v* : to elucidate : to clarify
dilución *nf, pl* **-ciones** : dilution
diluir *v* : to dilute
diluviar *v impers* : to pour : to pour down
diluvio *nm* : flood : downpour
dimensión *nf, pl* **-siones** : dimension — **dimensional** *adj*
dimensionar *v* : to measure : to gauge
diminutivo[1], **-va** *adj* : diminutive
diminutivo[2] *nm* : diminutive
diminuto, -ta *adj* : minute : tiny
dimisión *nf, pl* **-siones** : resignation
dimitir *v* : to resign : to step down
dimos → **dar**
dinámica *nf* : dynamics
dinámico, -ca *adj* : dynamic — **dinámicamente** *adv*
dinamismo *nm* : energy : vigor
dinamita *nf* : dynamite
dinamitar *v* : to dynamite
dínamo *or* **dinamo** *nm* : dynamo
dinastía *nf* : dynasty
dineral *nm* : fortune : large sum of money
dinero *nm* : money
dinosaurio *nm* : dinosaur
dintel *nm* : lintel
dio, etc. → **dar**
diócesis *nfs & pl* : diocese
dios, diosa *n* : god : goddess *f*
Dios *nm* : God
dióxido de carbono *nm* : carbon dioxide
diploma *nm* : diploma
diplomacia *nf* : diplomacy
diplomado[1], **-da** *adj* : qualified : trained
diplomado[2] *nm* : seminar
diplomático[1], **-ca** *adj* : diplomatic — **diplomáticamente** *adv*
diplomático[2], **-ca** *n* : diplomat
diptongo *nm* : diphthong
diputación *nf, pl* **-ciones** : deputation : delegation
diputado, -da *n* : delegate : representative
dique *nm* : dike
dirá, etc. → **decir**
dirección *nf, pl* **-ciones** : address : direction : management : leadership : steering
direccional[1] *adj* : directional
direccional[2] *nf* : directional : turn signal
directa *nf* : high gear
directamente *adv* : straight : directly
directiva *nf* : directive : board of directors

directivo[1], **-va** *adj* : executive : managerial
directivo[2], **-va** *n* : executive : director
directo, -ta *adj* : direct : straight : immediate
director, -tora *n* : director : manager : head : conductor
directorial → **directivo**[1]
directorio *nm* : directory : board of directors
directriz *nf, pl* **-trices** : guideline
dirigencia *nf* : leaders *pl* : leadership
dirigente[1] *adj* : directing : leading
dirigente[2] *nmf* : director : leader
dirigible *nm* : dirigible : blimp
dirigir *v* : to run : to manage : to lead : to conduct : to direct : to address : to aim : to point — **dirigirse** *vr* ~ **a** : to go towards : to speak to : to address
dirimir *v* : to resolve : to settle : to annul : to dissolve
discapacidad *nf* : disability
discapacitado[1], **-da** *adj* : disabled
discapacitado[2], **-da** *n* : disabled person
discar *v* : to dial
discernimiento *nm* : discernment
discernir *v* : to discern : to distinguish
disciplina *nf* : discipline
disciplinar *v* : to discipline — **disciplinario, -ria** *adj*
discípulo, -la *n* : disciple : follower
disc jockey *nmf* : disc jockey
disco *nm* : record : disc : disk : discus
disco duro *nm* : hard disk
discografía *nf* : list of records
díscolo, -la *adj* : unruly : disobedient
disconforme *adj* : in disagreement
discontinuidad *nf* : discontinuity
discontinuo, -nua *adj* : discontinuous
discordancia *nf* : conflict : disagreement
discordante *adj* : discordant : conflicting
discordia *nf* : discord
discoteca *nf* : disco : discotheque : record store
discreción *nf, pl* **-ciones** : discretion
discrecional *adj* : discretionary
discrepancia *nf* : discrepancy
discrepar *v* : to disagree : to differ
discreto, -ta *adj* : discreet — **discretamente** *adv*
discriminación *nf, pl* **-ciones** : discrimination
discriminar *v* : to discriminate against : to distinguish : to differentiate
discriminatorio, -ria *adj* : discriminatory
disculpa *nf* : apology : excuse
disculpable *adj* : excusable
disculpar *v* : to excuse : to pardon — **disculparse** *vr* : to apologize
discurrir *v* : to flow : to pass : to go by : to ponder : to reflect
discurso *nm* : speech : address : discourse : treatise
discusión *nf, pl* **-siones** : discussion : argument
discutible *adj* : arguable : debatable
discutidor, -dora *adj* : argumentative
discutir *v* : to discuss : to dispute : to argue : to quarrel
disecar *v* : to dissect : to stuff
disección *nf, pl* **-ciones** : dissection
diseminación *nf, pl* **-ciones** : dissemination : spreading
diseminar *v* : to disseminate : to spread
disensión *nf, pl* **-siones** : dissension : disagreement
disenso *nm* : dissent : disagreement
disentería *nf* : dysentery
disentimiento → **disenso**
disentir *v* : to dissent : to disagree
diseñador, -dora *n* : designer
diseñar *v* : to design : to plan : to lay out : to outline
diseño *nm* : design
disertación *nf, pl* **-ciones** : lecture : talk : dissertation
disertar *v* : to lecture : to give a talk
disfraz *nm, pl* **disfraces** : disguise : costume : front : pretense
disfrazar *v* : to disguise : to mask : to conceal — **disfrazarse** *vr* : to wear a costume : to be in disguise
disfrutar *v* : to enjoy : to enjoy oneself : to have a good time
disfrute *nm* : enjoyment
disfunción *nf, pl* **-ciones** : dysfunction — **disfuncional** *adj*
disgregar *v* : to break up : to disintegrate — **disgregarse** *vr*
disgustar *v* : to upset : to displease : to make angry — **disgustarse** *vr*
disgusto *nm* : annoyance : displeasure : argument : quarrel : trouble : misfortune
disidencia *nf* : dissent
disidente *adj & nmf* : dissident
disímbolo, -la *adj* : dissimilar
disímil *adj* : dissimilar
disimuladamente *adv* : furtively : slyly
disimulado, -da *adj* : concealed : disguised : furtive : sly
disimular *v* : to dissemble : to pretend : to conceal : to hide
disimulo *nm* : dissembling : pretense : slyness : furtiveness : tolerance
disipar *v* : to dissipate : to dispel : to squander — **disiparse** *vr*
diskette *nm* : floppy disk : diskette
dislexia *nf* : dyslexia — **disléxico, -ca** *adj*
dislocar *v* : to dislocate — **dislocación** *nf*
disminución *nf, pl* **-ciones** : decrease : drop : fall
disminuir *v* : to reduce : to decrease : to lower : to drop : to fall
disociar *v* : to dissociate : to separate — **disociación** *nf*
disolución *nf, pl* **-ciones** : dissolution : dissolving : breaking up : dissipation

disoluto, -ta *adj* : dissolute : dissipated
disolvente *nm* : solvent
disolver *v* : to dissolve : to break up — **disolverse** *vr*
disonancia *nf* : dissonance — **disonante** *adj*
dispar *adj* : different : disparate : diverse : inconsistent
disparado, -da *adj* **salir disparado** : to take off in a hurry : to rush away
disparar *v* : to shoot : to fire : to pay : to treat to : to buy — **dispararse** *vr* : to shoot up : to skyrocket
disparatado, -da *adj* : absurd : ridiculous : crazy
disparate *nm* : silliness : stupidity
disparejo, -ja *adj* : uneven
disparidad *nf* : disparity
disparo *nm* : shot
dispendio *nm* : wastefulness : extravagance
dispendioso, -sa *adj* : wasteful : extravagant
dispensa *nf* : dispensation
dispensador *nm* : dispenser
dispensar *v* : to dispense : to give : to grant : to excuse : to forgive : to exempt
dispensario *nm* : dispensary : clinic : dispenser
dispersar *v* : to disperse : to scatter
dispersión *nf, pl* **-siones** : dispersion
disperso, -sa *adj* : dispersed : scattered
displicencia *nf* : indifference : coldness : disdain
displicente *adj* : indifferent : cold : disdainful
disponer *v* : to arrange : to lay out : to stipulate : to order : to prepare ~ **de** : to have at one's disposal — **disponerse** *vr* ~ **a** : to prepare to : to be about to
disponibilidad *nf* : availability
disponible *adj* : available
disposición *nf, pl* **-ciones** : disposition : aptitude : talent : order : arrangement : willingness : readiness
dispositivo *nm* : device : mechanism : force : detachment
dispositivo intrauterino *nm* : intrauterine device : IUD
dispuesto[1] *pp* → **disponer**
dispuesto[2], **-ta** *adj* : ready : prepared : disposed
dispuso, etc. → **disponer**
disputa *nf* : dispute : argument
disputar *v* : to argue : to contend : to vie : to dispute : to question — **disputarse** *vr* : to compete for
disquera *nf* : record label : recording company
disquete → **diskette**
disquisición *nf, pl* **-ciones** : formal discourse; **disquisiciones** *nfpl* : digressions
distancia *nf* : distance : (emotional) distance
distanciamiento *nm* : distancing : rift : estrangement
distanciar *v* : to space out : to draw apart — **distanciarse** *vr* : to grow apart : to become estranged
distante *adj* : distant : far-off : aloof
distar *v* ~ **de** : to be far from
diste → **dar**
distender *v* : to distend : to stretch
distendido, -da *adj* : relaxed
distensión *nf, pl* **-siones** : easing of relations
distinción *nf, pl* **-ciones** : distinction
distinguible *adj* : distinguishable
distinguido, -da *adj* : distinguished : refined
distinguir *v* : to distinguish : to honor : to characterize — **distinguirse** *vr*
distintivo, -va *adj* : distinctive — **distintivamente** *adv*
distinto, -ta *adj* : different : distinct : clear : evident; **distintos, -tas** *pl* : various
distorsión *nf, pl* **-siones** : distortion
distorsionar *v* : to distort
distracción *nf, pl* **-ciones** : distraction : amusement : forgetfulness : oversight
distraer *v* : to distract : to entertain : to amuse — **distraerse** *vr* : to get distracted : to amuse oneself
distraídamente *adv* : absentmindedly
distraído[1] *pp* → **distraer**
distraído[2], **-da** *adj* : distracted : preoccupied : absentminded
distribución *nf, pl* **-ciones** : distribution
distribuidor, -dora *n* : distributor
distribuir *v* : to distribute
distributivo, -va *adj* : distributive
distrital *adj* : district : of the district
distrito *nm* : district
distrofia *nf* : dystrophy
disturbio *nm* : disturbance
disuadir *v* : to dissuade : to discourage
disuasión *nf, pl* **-siones** : deterrence
disuasivo, -va *adj* : deterrent : discouraging
disuasorio, -ria *adj* : discouraging
disuelto *pp* → **disolver**
disyuntiva *nf* : dilemma
DIU *nm* : IUD : intrauterine device
diurno, -na *adj* : day : daytime
diva *nf* → **divo**
divagar *v* : to digress
diván *nm, pl* **divanes** : divan
divergencia *nf* : divergence : difference
divergente *adj* : divergent : differing
divergir *v* : to diverge : to differ : to disagree
diversidad *nf* : diversity : variety
diversificación *nf, pl* **-ciones** : diversification
diversificar *v* : to diversify
diversión *nf, pl* **-siones** : fun : amusement : diversion

diverso, -sa *adj* : diverse : various
divertido, -da *adj* : amusing : funny : entertaining : enjoyable
divertir *v* : to amuse : to entertain — **divertirse** *vr* : to have fun : to have a good time
dividendo *nm* : dividend
dividir *v* : to divide : to split : to distribute : to share out — **dividirse** *vr*
divinidad *nf* : divinity
divino, -na *adj* : divine
divisa *nf* : currency : motto : emblem : insignia
divisar *v* : to discern : to make out
divisible *adj* : divisible
división *nf, pl* **-siones** : division
divisivo, -va *adj* : divisive
divisor *nm* : denominator
divisorio, -ria *adj* : dividing
divo, -va *n* : prima donna : celebrity : star
divorciado[1], **-da** *adj* : divorced : split : divided
divorciado[2], **-da** *n* : divorcé *m* : divorcée *f*
divorciar *v* : to divorce — **divorciarse** *vr* : to get a divorce
divorcio *nm* : divorce
divulgación *nf, pl* **-ciones** : spreading : dissemination : popularizing
divulgar *v* : to spread : to circulate : to divulge : to reveal : to popularize — **divulgarse** *vr*
dizque *adv* : supposedly : apparently
do *nm* : C : do
dobladillo *nm* : hem
doblado, -da *adj* : folded : dubbed
doblaje *nm* : dubbing
doblar *v* : to double : to fold : to bend : to turn : to dub : to toll : to ring — **doblarse** *vr* : to fold up : to double over : to give in : to yield
doble[1] *adj* : double — **doblemente** *adv*
doble[2] *nm* : double : toll : knell
doble[3] *nmf* : stand-in : double
doblegar *v* : to fold : to crease : to force to yield — **doblegarse** *vr* : to yield : to bow
doblez[1] *nm, pl* **dobleces** : fold : crease
doblez[2] *nmf* : duplicity : deceitfulness
doce *adj & nm* : twelve — **doce** *pron*
doceavo[1], **-va** *adj* : twelfth
doceavo[2] *nm* : twelfth
docena *nf* : dozen
docencia *nf* : teaching
docente[1] *adj* : educational : teaching
docente[2] *n* : teacher : lecturer
dócil *adj* : docile — **dócilmente** *adv*
docilidad *nf* : meekness
docto, -ta *adj* : learned : erudite
doctor, -tora *n* : doctor
doctorado *nm* : doctorate
doctorarse *vr* : to earn one's doctorate
doctrina *nf* : doctrine — **doctrinal** *adj*
documentación *nf, pl* **-ciones** : documentation
documental *adj & nm* : documentary
documentar *v* : to document
documento *nm* : document
dogma *nm* : dogma
dogmático, -ca *adj* : dogmatic
dogmatismo *nm* : dogmatism
doguillo *nm* : pug
dólar *nm* : dollar
dolencia *nf* : ailment : malaise
doler *v* : to hurt : to ache : to grieve — **dolerse** *vr* : to be distressed : to complain
doliente *nmf* : mourner : bereaved
dolor *nm* : pain : ache : grief : sorrow
dolorido, -da *adj* : sore : aching : hurt : upset
doloroso, -sa *adj* : painful : distressing — **dolorosamente** *adv*
doloso, -sa *adj* : fraudulent — **dolosamente** *adv*
domador, -dora *n* : tamer
domar *v* : to tame : to break in
domesticado, -da *adj* : domesticated : tame
domésticamente *adv* : domestically
domesticar *v* : to domesticate : to tame
doméstico, -ca *adj* : domestic : household
domiciliado, -da *adj* : residing
domiciliario, -ria *adj* : home
domiciliarse *vr* : to reside
domicilio *nm* : home : residence
dominación *nf, pl* **-ciones** : domination
dominante *adj* : dominant : domineering
dominar *v* : to dominate : to master : to be proficient at : to overlook : to offer a view of : to predominate : to prevail — **dominarse** *vr* : to control oneself
domingo *nm* : Sunday
dominical *adj* : Sunday
dominicano, -na *adj & n* : Dominican
dominico, -ca *adj & n* : Dominican
dominio *nm* : dominion : power : mastery : domain : field
dominó *nm, pl* **-nós** : domino : dominoes *pl*
domo *nm* : dome
don *nm* : gift : present : talent
dona *nf* : doughnut : donut
donación *nf, pl* **-ciones** : donation
donador, -dora *n* : donor
donaire *nm* : grace : poise : witticism
donante *nf* → **donador**
donar *v* : to donate
donativo *nm* : donation
doncella *nf* : maiden : damsel
donde[1] *conj* : where
donde[2] *prep* : over by
dónde *adv* : where
dondequiera *adv* : anywhere : no matter where
donqueo *nm* : slam dunk
dopado, -da *adj* : drugged
dopar *v* : to drug : to dope — **doparse** *vr*

doping *nm* : doping
doquier *adv* **por ~** : everywhere : all over
dorado[1], **-da** *adj* : gold : golden
dorado[2], **-da** *nm* : gilt
dorar *v* : to gild : to brown
dormido, -da *adj* : asleep : numb
dormilón, -lona *n, mpl* **-lones** : late riser
dormir *v* : to sleep : to put to sleep/bed : to put to sleep : to anesthetize — **dormirse** *vr* : to fall asleep
dormitar *v* : to snooze : to doze
dormitorio *nm* : bedroom : dormitory
dorsal[1] *adj* : dorsal
dorsal[2] *nm* : number
dorso *nm* : back
dos[1] *adj & nm* : two
dos[2] *pron* : two
doscientos[1], **-tas** *adj & pron* : two hundred
doscientos[2] *nms & pl* : two hundred
dosel *nm* : canopy
dosificación *nf, pl* **-ciones** : dosage
dosificar *v* : to dose : to use sparingly
dosis *nfs & pl* : dose : amount : quantity
dossier *nm* : dossier
dotación *nf, pl* **-ciones** : endowment : funding : staff : personnel
dotado, -da *adj* : gifted
dotar *v* : to provide : to equip : to endow
dote *nf* : dowry; **dotes** *nfpl* : talent : gift
doy → dar
draga *nf* : dredge
dragado *nm* : dredging
dragar *v* : to dredge
dragón *nm, pl* **dragones** : dragon : snapdragon
drague, etc. → dragar
drama *nm* : drama
dramático, -ca *adj* : dramatic — **dramáticamente** *adv*
dramatizar *v* : to dramatize — **dramatización** *nf*
dramaturgo, -ga *n* : dramatist : playwright
drástico, -ca *adj* : drastic — **drásticamente** *adv*
drenaje *nm* : drainage
drenar *v* : to drain
drene *nm* : drain
driblar *v* : to dribble
drible *nm* : dribble
droga *nf* : drug
drogadicción *nf, pl* **-ciones** : drug addiction
drogadicto, -ta *n* : drug addict
drogar *v* : to drug — **drogarse** *vr* : to take drugs
drogodependiente *nmf* : drug addict
drogue, etc. → drogar
droguería *nf* : drugstore
dromedario *nm* : dromedary
dual *adj* : dual
dualidad *nf* : duality
dualismo *nm* : dualism
ducha *nf* : shower
ducharse *vr* : to take a shower
ducho, -cha *adj* : experienced : skilled : expert
ducto *nm* : duct : shaft : pipeline
duda *nf* : doubt
dudar *v* : to doubt ~ **en** : to hesitate to
dudoso, -sa *adj* : doubtful : dubious : questionable — **dudosamente** *adv*
duela *nf* : floorboard
duele, etc. → doler
duelo *nm* : duel : mourning
duende *nm* : elf : goblin : magic : charm
dueño, -ña *n* : owner : proprietor : landlord : landlady *f*
duerme, etc. → dormir
dueto *nm* : duet
dulce[1] *adv* : sweetly : softly
dulce[2] *adj* : sweet : mild : gentle : mellow — **dulcemente** *adv*
dulce[3] *nm* : candy : sweet
dulcería *nf* : candy store
dulcificar *v* : to sweeten
dulzura *nf* : sweetness : gentleness : mellowness
duna *nf* : dune
dúo *nm* : duo : duet
duodécimo[1], **-ma** *adj* : twelfth
duodécimo[2], **-ma** *nm* : twelfth
dúplex *nms & pl* : duplex apartment
duplicación *nf, pl* **-ciones** : duplication : copying
duplicado *nm* : duplicate : copy
duplicar *v* : to double : to duplicate : to copy
duplicidad *nf* : duplicity
duque *nm* : duke
duquesa *nf* : duchess
durabilidad *nf* : durability
durable → duradero
duración *nf, pl* **-ciones** : duration : length
duradero, -ra *adj* : durable : lasting
duramente *adv* : harshly : severely : hard
durante *prep* : during
durar *v* : to last
durazno *nm* : peach : peach tree
dureza *nf* : hardness : toughness : severity : harshness
durmiente[1] *adj* : sleeping
durmiente[2] *nmf* : sleeper
durmió, etc. → dormir
duro[1] *adv* : hard
duro[2], **-ra** *adj* : hard : tough : harsh : severe
DVD *nm* : DVD
e *conj* : and
ebanista *nmf* : cabinetmaker
ébano *nm* : ebony
e–book *nm, pl* **e–books** : e-book : electronic book
ebriedad *nf* : inebriation : drunkenness

ebrio, -bria *adj* : inebriated : drunk
ebullición *nf, pl* **-ciones** : boiling
eccema → eczema
eccéntrico → excéntrico
echar *v* : to throw : to toss : to cast : to throw out : to expel : to fire : to dismiss : to emit : to give off : to sprout : to put in : to add : to take : to have : to mail : to pour : to give : to put on : to turn : to slide : to start off — **echarse** *vr* : to throw oneself : to lie down : to put on
ecléctico, -ca *adj* : eclectic
eclesiástico[1], **-ca** *adj* : ecclesiastical : ecclesiastic
eclesiástico[2] *nm* : cleric : clergyman
eclipsar *v* : to eclipse : to outshine : to surpass
eclipse *nm* : eclipse
eco *nm* : echo
eco- *pref* : eco-
ecografía *nf* : ultrasound scanning
ecología *nf* : ecology
ecológico, -ca *adj* : ecological — **ecológicamente** *adv*
ecologismo *nm* : environmentalism
ecologista *nmf* : ecologist : environmentalist
ecólogo, -ga *n* : ecologist
economía *nf* : economy : economics
económicamente *adv* : financially
económico, -ca *adj* : economic : economical
economista *nmf* : economist
economizar *v* : to save : to economize on : to save money : to be frugal
ecosistema *nm* : ecosystem
ecoturismo *nm* : ecotourism — **ecoturístico, -ca** *adj*
ecuación *nf, pl* **-ciones** : equation
ecuador *nm* : equator
ecuánime *adj* : even-tempered : impartial
ecuanimidad *nf* : equanimity : impartiality
ecuatorial *adj* : equatorial
ecuatoriano, -na *adj & n* : Ecuadorian
ecuestre *adj* : equestrian
ecuménico, -ca *adj* : ecumenical
eczema *nm* : eczema
edad *nf* : age : epoch : era
edamame *nm* : edamame
edecán *nm, pl* **-canes** : aide : assistant
edema *nm* : edema
Edén *nm, pl* **Edenes** : Eden : paradise
edición *nf, pl* **-ciones** : edition : publication : publishing
edicto *nm* : edict : proclamation
edificación *nf, pl* **-ciones** : edification : construction : building
edificar *v* : to edify : to build : to construct
edificio *nm* : building : edifice
edil, edila *n* : councillor : councilman *m* : councilwoman *f*
editar *v* : to edit : to publish
editor[1], **-tora** *adj* : publishing
editor[2], **-tora** *n* : editor : publisher
editor[3] *nm* : editor
editora *nf* : publisher : publishing company
editorial[1] *adj* : publishing : editorial
editorial[2] *nm* : editorial
editorial[3] *nf* : publishing house
edredón *nm, pl* **-dones** : comforter : eiderdown : quilt
educación *nf, pl* **-ciones** : education : manners *pl* — **educacional** *adj*
educado, -da *adj* : polite : well-mannered
educador, -dora *n* : educator
educando, -da *n* : pupil : student
educar *v* : to educate : to bring up : to raise : to train — **educarse** *vr* : to be educated
educativo, -va *adj* : educational
efectista *adj* : dramatic : sensational
efectivamente *adv* : really : actually
efectividad *nf* : effectiveness
efectivo[1], **-va** *adj* : effective : real : actual : permanent : regular
efectivo[2] *nm* : cash
efecto *nm* : effect; **efectos** *nmpl* : goods : property; **efectos** *nmpl* : effects
efeméride *nf* : major event
efectuar *v* : to carry out : to bring about
efervescencia *nf* : effervescence — **efervescente** *adj*
eficacia *nf* : effectiveness : efficacy : efficiency
eficaz *adj, pl* **-caces** : effective : efficient — **eficazmente** *adv*
eficiencia *nf* : efficiency
eficiente *adj* : efficient — **eficientemente** *adv*
eficientizar *v* : to streamline : to make more efficient
efigie *nf* : effigy
efímera *nf* : mayfly
efímero, -ra *adj* : ephemeral
efluentes *nmpl* : effluent(s) : (liquid) waste
efusión *nf, pl* **-siones** : warmth : effusiveness
efusivo, -va *adj* : effusive — **efusivamente** *adv*
egipcio, -cia *adj & n* : Egyptian
eglefino *nm* : haddock
ego *nm* : ego
egocéntrico, -ca *adj* : egocentric : self-centered
egoísmo *nm* : selfishness : egoism
egoísta[1] *adj* : selfish : egoistic
egoísta[2] *nmf* : egoist : selfish person
egotismo *nm* : egotism : conceit
egotista[1] *adj* : egotistic : egotistical : conceited
egotista[2] *nmf* : egotist : conceited person

egresado, -da *n* : graduate
egresar *v* : to graduate
egreso *nm* : graduation
eh *interj* : hey! : eh? : huh?
eje *nm* : axle : axis
ejecución *nf, pl* **-ciones** : execution
ejecutante *nmf* : performer
ejecutar *v* : to execute : to put to death : to carry out : to perform
ejecutivo, -va *adj & n* : executive
ejecutor, -tora *n* : executor
ejem *interj* : ahem!
ejemplar[1] *adj* : exemplary : model
ejemplar[2] *nm* : copy : specimen : example
ejemplificar *v* : to exemplify : to illustrate
ejemplo *nm* : example
ejercer *v* ~ **de** : to practice as : to work as : to practice : exercise : to exert
ejercicio *nm* : exercise : practice
ejercitar *v* : to exercise : to drill : to train
ejército *nm* : army
ejidal *adj* : cooperative
ejidatario, -ria *n* : member of a cooperative
ejido *nm* : common land : cooperative
ejote *nm* : green bean
el[1] *pron* : the one
el[2], **la** *art, pl* **los; las** : the
él *pron* : he : him
elaboración *nf, pl* **-ciones** : production : making : preparation : devising
elaborado, -da *adj* : elaborate
elaborar *v* : to make : to produce : to devise : to draw up
elasticidad *nf* : elasticity
elástico[1], **-ca** *adj* : flexible : elastic
elástico[2] *nm* : elastic : rubber band
elastizado, -da *adj* : elastic
elección *nf, pl* **-ciones** : choice : selection : election
electivo, -va *adj* : elective
electo, -ta *adj* : elect
elector, -tora *n* : voter
electorado *nm* : electorate
electoral *adj* : electoral : election
electricidad *nf* : electricity
electricista *nmf* : electrician
eléctrico, -ca *adj* : electric : electrical
electrificar *v* : to electrify — **electrificación** *nf*
electrizar *v* : to electrify : to thrill — **electrizante** *adj*
electrocardiógrafo *nm* : electrocardiograph
electrocardiograma *nm* : electrocardiogram
electrocutar *v* : to electrocute — **electrocución** *nf*
electrodo *nm* : electrode
electrodoméstico *nm* : electric appliance
electroimán *nm, pl* **-manes** : electromagnet
electrólisis *nfs & pl* : electrolysis
electrolito *nm* : electrolyte
electromagnético, -ca *adj* : electromagnetic
electromagnetismo *nm* : electromagnetism
electrón *nm, pl* **-trones** : electron
electrónica *nf* : electronics
electrónico, -ca *adj* : electronic : electronics — **electrónicamente** *adv*
elefante, -ta *n* : elephant
elegancia *nf* : elegance
elegante *adj* : elegant : smart — **elegantemente** *adv*
elegía *nf* : elegy
elegíaco, -ca *adj* : elegiac
elegible *adj* : eligible — **elegibilidad** *nf*
elegido, -da *adj* : chosen : selected : elected
elegir *v* : to choose : to select : to elect
elemental *adj* : elementary : basic : fundamental : essential
elemento *nm* : element
elenco *nm* : cast
elevación *nf, pl* **-ciones** : elevation : height
elevado, -da *adj* : elevated : lofty : high
elevador *nm* : elevator
elevar *v* : to raise : to lift : to increase : to elevate : to promote : to present : to submit — **elevarse** *vr* : to rise
elfo *nm* : elf
eliminación *nf, pl* **-ciones** : elimination : removal
eliminar *v* : to eliminate : to remove : to do in : to kill
eliminatoria *nf* : qualifying round
eliminatorio, -ria *adj* : qualifying
elipse *nf* : ellipse
elipsis *nf* : ellipsis
elíptico, -ca *adj* : elliptical : elliptic
elite *or* **élite** *nf* : elite
elitista *adj & nmf* : elitist
elixir *or* **elíxir** *nm* : elixir
ella *pron* : she : her
ello *pron* : it
ellos, ellas *pron pl* : they : them
elocución *nf, pl* **-ciones** : elocution
elocuencia *nf* : eloquence
elocuente *adj* : eloquent — **elocuentemente** *adv*
elogiar *v* : to praise
elogio *nm* : praise
elote *nm* : corn : maize : corncob
elucidación *nf, pl* **-ciones** : elucidation
elucidar *v* : to elucidate
eludir *v* : to evade : to avoid : to elude
em- → **en-**
email *nm, pl* **emails** : e-mail
emanación *nf, pl* **-ciones** : emanation
emanar *v* ~ **de** : to emanate from : to exude
emancipar *v* : to emancipate — **emancipación** *nf*

embadurnar *v* : to smear : to daub
embajada *nf* : embassy
embajador, -dora *n* : ambassador
embalaje *nm* : packing : packaging
embalar *v* : to pack
embaldosar *v* : to tile : to pave with tiles
embalsamar *v* : to embalm
embalse *nm* : dam : reservoir
embarazada[1] *adj* : pregnant : expecting
embarazada[2] *nf* : pregnant woman
embarazar *v* : to obstruct : to hamper : to make pregnant
embarazo *nm* : pregnancy : obstacle : obstruction : embarrassment
embarazoso, -sa *adj* : embarrassing : awkward
embarcación *nf, pl* **-ciones** : boat : craft
embarcadero *nm* : wharf : pier : jetty
embarcar *v* : to embark : to board : to load
embarco *nm* : embarkation
embargar *v* : to seize : to impound : to overwhelm
embargo *nm* : seizure : embargo
embarque *nm* : embarkation : shipment
embarrancar *v* : to run aground : to get bogged down
embarrar *v* : to cover with mud : to smear
embate *nm* : onslaught : battering
embaucador, -dora *n* : swindler : deceiver
embaucar *v* : to trick : to swindle
embeber *v* : to absorb : to soak up : to shrink
embelesado, -da *adj* : spellbound
embelesar *v* : to enchant : to captivate
embellecer *v* : to embellish : to beautify
embellecimiento *nm* : beautification : embellishment
embestida *nf* : charge : attack : onslaught
embestir *v* : to hit : to run into : to charge at : to charge : to attack
emblanquecer *v* : to bleach : to whiten — **emblanquecerse** *vr* : to turn white
emblema *nm* : emblem
emblemático, -ca *adj* : emblematic
embobado, -da *adj* : captivated : spellbound : dazed
embolar *v* : to polish
embolia *nf* : embolism
émbolo *nm* : piston
embolsarse *vr* : to pocket : to collect
embonar *v* : to fit
emborracharse *vr* : to get drunk
emborronar *v* : to blot : to smudge : to scribble
emboscada *nf* : ambush
emboscar *v* : to ambush — **emboscarse** *vr* : to lie in ambush
embotar *v* : to dull : to blunt : to weaken : to enervate
embotellamiento *nm* : traffic jam
embotellar *v* : to bottle — **embotellado, -da** *adj*
embragar *v* : to engage the clutch
embrague *nm* : clutch
embriagado, -da *adj* : inebriated : drunk
embriagador, -dora *adj* : intoxicating
embriagar *v* : to intoxicate : to make drunk — **embriagarse** *vr* : to get drunk
embriaguez *nf* : drunkenness : inebriation
embridar *v* : to bridle
embrión *nm, pl* **embriones** : embryo
embrionario, -ria *adj* : embryonic
embrollo *nm* : confusion : mess : tangle
embrujado *adj* : bewitched : haunted
embrujar *v* : to bewitch
embrujo *nm* : spell : curse
embrutecer *v* : to make dull : to stupefy
embudo *nm* : funnel
embuste *nm* : lie : fib : trick : hoax
embustero[1], **-ra** *adj* : lying : deceitful
embustero[2], **-ra** *n* : liar : cheat
embutido *nm* : sausage : inlaid work
embutir *v* : to cram : to stuff : to jam : to inlay
emergencia *nf* : emergency : emergence
emergente *adj* : emergent : consequent : resultant
emerger *v* : to emerge : to surface
emigración *nf, pl* **-ciones** : emigration : migration
emigrante *adj & nmf* : emigrant
emigrar *v* : to emigrate : to migrate
eminencia *nf* : eminence
eminente *adj* : eminent : distinguished
eminentemente *adv* : basically : essentially
emisario[1], **-ria** *n* : emissary
emisario[2] *nm* : outlet
emisión *nf, pl* **-siones** : emission : broadcast : issue
emisor *nm* : television or radio transmitter
emisora *nf* : radio station
emitir *v* : to emit : to give off : to broadcast : to issue : to cast
emoción *nf, pl* **-ciones** : emotion — **emocional** *adj* — **emocionalmente** *adv*
emocionado, -da *adj* : moved : affected by emotion : excited
emocionante *adj* : moving : touching : exciting : thrilling
emocionar *v* : to move : to touch : to excite : to thrill — **emocionarse** *vr*
emoji *nm, pl* **emojis** *or* **emoji** : emoji
emoticón *or* **emoticono** *nm, pl* **-cones** *or* **-conos** : emoticon
emotivo, -va *adj* : emotional : moving
empacador, -dora *n* : packer
empacar *v* : to pack : to bale — **empacarse** *vr* : to balk : to refuse to budge : to eat ravenously : to devour

empachar *v* : to obstruct : to give indigestion to : to disguise : to mask — **empacharse** *vr* : to get indigestion : to be embarrassed
empacho *nm* : indigestion : embarrassment
empadronarse *vr* : to register to vote
empalagar *v* : to seem cloying to : to annoy : to bother
empalagoso, -sa *adj* : cloying
empalar *v* : to impale
empalizada *nf* : palisade
empalmar *v* : to splice : to link : to combine : to meet : to converge
empalme *nm* : connection : link : junction
empanada *nf* : pie : turnover
empanar *v* : to bread
empantanar *v* : to swamp : to bog down : to delay — **empantanarse** *vr*
empañar *v* : to steam up : to tarnish : to sully
empapado, -da *adj* : soggy : sodden
empapar *v* : to soak : to drench — **empaparse** *vr* : to get soaking wet
empapelar *v* : to wallpaper
empaque *nm* : presence : bearing : pomposity : impudence : nerve
empaquetar *v* : to pack : to package — **empaquetarse** *vr* : to dress up
emparedado *nm* : sandwich
emparedar *v* : to wall in : to confine
emparejar *v* : to pair : to match up : to make even : to even out : to catch up — **emparejarse** *vr* : to pair up : to become even : to even out
emparentado, -da *adj* : related
emparentar *v* : to become related by marriage
emparrillado *nm* : gridiron
empastar *v* : to fill : to bind
empaste *nm* : filling
empatar *v* : to tie : to connect : to result in a draw : to be tied — **empatarse** *vr* : to hook up : to link together
empate *nm* : draw : tie
empatía *nf* : empathy
empecinado, -da *adj* : stubborn
empecinarse *vr* : to be stubborn : to persist
empedernido, -da *adj* : hardened : inveterate
empedrado *nm* : paving : pavement
empedrar *v* : to pave
empeine *nm* : instep
empellón *nm, pl* **-llones** : shove : push
empelotado, -da *adj* : madly in love : stark naked
empeñado, -da *adj* : determined : committed
empeñar *v* : to pawn : to pledge : to give — **empeñarse** *vr* : to insist stubbornly : to make an effort
empeño *nm* : pledge : commitment : insistence : effort : determination : pawning
empeoramiento *nm* : worsening : deterioration
empeorar *v* : to deteriorate : to get worse : to make worse
empequeñecer *v* : to diminish : to become smaller : to minimize : to make smaller
emperador *nm* : emperor
emperatriz *nf, pl* **-trices** : empress
empero *conj* : however : nevertheless
empezar *v* : to start : to begin
empinado, -da *adj* : steep
empinar *v* : to lift : to raise — **empinarse** *vr* : to stand on tiptoe
empírico, -ca *adj* : empirical — **empíricamente** *adv*
emplasto *nm* : poultice : dressing
emplazamiento *nm* : location : site : summons : subpoena
emplazar *v* : to convene : to summon : to subpoena : to place : to position
empleado, -da *n* : employee
empleador, -dora *n* : employer
emplear *v* : to employ : to use — **emplearse** *vr* : to get a job : to occupy oneself
empleo *nm* : employment : occupation : job : use : usage
emplomadura *nm* : filling
emplumar *v* : to feather
empobrecer *v* : to impoverish : to become poor — **empobrecerse** *vr*
empobrecimiento *nm* : impoverishment
empollar *v* : to brood eggs : to incubate
empolvar *v* : to cover with dust : to powder — **empolvarse** *vr* : to gather dust : to powder one's face
emporio *nm* : center : capital : empire : department store
empotrado, -da *adj* : built-in
empotrar *v* : to build into : to embed
emprendedor, -dora *adj* : enterprising
emprender *v* : to undertake : to begin
empresa *nf* : company : corporation : firm : undertaking : venture
empresariado *nm* : business world : management : managers *pl*
empresarial *adj* : business : managerial : corporate
empresario, -ria *n* : manager : businessman *m* : businesswoman *f* : impresario
empréstito *nm* : loan
empujar *v* : to push : to shove : to spur on : to press
empuje *nm* : impetus : drive
empujón *nm, pl* **-jones** : push : shove
empuñadura *nf* : hilt : handle
empuñar *v* : to grasp
emú *nm, pl* **emú** *or* **emús** *or* **emúes** : emu
emular *v* : to emulate — **emulación** *nf*
emulsión *nf, pl* **-siones** : emulsion
emulsionante *nm* : emulsifier

emulsionar *v* : to emulsify
en *prep* : in : on : at : as part of : by : within : during : made of
en- *or* **em-** *pref* : en- : em-
enagua *nf* : petticoat : slip
enajenación *nf, pl* **-ciones** : transfer : alienation : absentmindedness
enajenado, -da *adj* : out of one's mind
enajenar *v* : to transfer : to alienate : to enrapture — **enajenarse** *vr* : to become estranged : to go mad
enaltecer *v* : to praise : to extol
enamorado[1], **-da** *adj* : in love
enamorado[2], **-da** *n* : lover : sweetheart
enamoramiento *nm* : infatuation : crush
enamorar *v* : to enamor : to win the love of — **enamorarse** *vr* : to fall in love
enamorizado, -da *adj* : amorous : passionate
enano[1], **-na** *adj* : tiny : minute
enano[2], **-na** *n* : dwarf
enarbolar *v* : to hoist : to raise : to brandish
enardecer *v* : to arouse : to stir up : to excite — **enardecerse** *vr*
encabezado *nm* : headline
encabezamiento *nm* : heading : salutation : opening
encabezar *v* : to head : to lead : to put a heading on
encabritarse *vr* : to rear up : to get angry
encadenar *v* : to chain : to connect : to link : to immobilize
encajar *v* : to fit : to fit together : to fit in : to insert : to stick : to take : to cope with
encaje *nm* : lace : financial reserve
encajonar *v* : to box : to crate : to cram in
encalar *v* : to whitewash
encallar *v* : to run aground : to get stuck
encallecido, -da *adj* : callused
encamar *v* : to confine to a bed
encaminado, -da *adj* : on the right track
encaminar *v* : to direct : to channel : to head in the right direction — **encaminarse** *vr* ~ **a** : to head for : to aim at
encandilar *v* : to dazzle
encanecer *v* : to gray : to go gray
encantado, -da *adj* : charmed : bewitched : delighted : haunted
encantador[1], **-dora** *adj* : charming : delightful
encantador[2], **-dora** *n* : magician
encantamiento *nm* : enchantment : spell
encantar *v* : to enchant : to bewitch : to charm : to delight
encanto *nm* : charm : fascination : spell : delightful person or thing
encañonar *v* : to point at : to hold up
encapotado, -da *adj* : cloudy : overcast
encaprichado, -da *adj* : infatuated
encaprichamiento *nm* : infatuation
encapuchado, -da *adj* : hooded
encarado, -da *adj* **estar mal encarado** : to be ugly-looking : to look mean
encaramar *v* : to raise : to lift up — **encaramarse** *vr* : to perch
encarar *v* : to face : to confront
encarcelación *nf, pl* **-ciones** → **encarcelamiento**
encarcelamiento *nm* : incarceration : imprisonment
encarcelar *v* : to incarcerate : to imprison
encarecer *v* : to increase : to raise : to beseech : to entreat — **encarecerse** *vr* : to become more expensive
encarecidamente *adv* : insistently : urgently
encarecimiento *nm* : increase : rise
encargado[1], **-da** *adj* : in charge
encargado[2], **-da** *n* : manager : person in charge
encargar *v* : to put in charge of : to recommend : to advise : to order : to request — **encargarse** *vr* ~ **de** : to take charge of
encargo *nm* : errand : job assignment : order
encariñarse *vr* ~ **con** : to become fond of : to grow attached to
encarnación *nf, pl* **-ciones** : incarnation : embodiment
encarnado[1], **-da** *adj* : incarnate : flesh-colored : red : ingrown
encarnado[2] *nm* : red
encarnar *v* : to incarnate : to embody — **encarnarse** *vr* **encarnarse una uña** : to have an ingrown nail
encarnizado, -da *adj* : bloodshot : inflamed : fierce : bloody
encarnizar *v* : to enrage : to infuriate — **encarnizarse** *vr* : to be brutal : to attack viciously
encarrilar *v* : to guide : to put on the right track
encasillar *v* : to classify : to pigeonhole : to categorize
encausar *v* : to prosecute : to charge
encauzar *v* : to channel : to guide — **encauzarse** *vr*
encebollado, -da *adj* : cooked with onions
encefalitis *nms & pl* : encephalitis
enceguecedor, -dora *n* : blinding
encendedor *nm* : lighter
encender *v* : to light : to set fire to : to switch on : to start : to arouse : to kindle — **encenderse** *vr* : to get excited : to blush
encendido[1], **-da** *adj* : burning : flushed : fiery : passionate
encendido[2] *nm* : ignition
encerado *nm* : waxing : polishing : blackboard

encerar *v* : to wax : to polish
encerrar *v* : to lock : to shut away/up : to contain : to include : to involve : to entail
encerrona *nf* : trap : setup
encestar *v* : to make a basket
enchapado *nm* : plating : coating
encharcamiento *nm* : flood : flooding
encharcar *v* : to flood — **encharcarse** *vr* : to get flooded : to pool
enchilada *nf* : enchilada
enchilar *v* : to season with chili
enchuecar *v* : to make crooked : to twist
enchufar *v* : to plug in : to connect : to fit together
enchufe *nm* : connection : plug : socket
encía *nf* : gum
-encia *suf* : -ence
enciclopedia *nf* : encyclopedia — **enciclopédico, -ca** *adj*
encierro *nm* : confinement : enclosure
encima *adv* : on : on top : as well : besides
encina *nf* : evergreen oak
encinta *adj* : pregnant : expecting
enclaustrado, -da *adj* : cloistered : shut away
enclavado, -da *adj* : buried
enclenque *adj* : weak : sickly
encoger *v* : to shrink : to make smaller : to intimidate : to contract — **encogerse** *vr* : to be intimidated : to cower : to cringe
encogido, -da *adj* : shriveled : shrunken : shy : inhibited
encogimiento *nm* : shrinking : shrinkage : shrug : shyness
encolerizar *v* : to enrage : to infuriate — **encolerizarse** *vr*
encomendar *v* : to entrust : to commend — **encomendarse** *vr*
encomiable *adj* : commendable : praiseworthy
encomiar *v* : to praise : to pay tribute to
encomienda *nf* : charge : mission : royal land grant : parcel
encomio *nm* : praise : eulogy
enconar *v* : to irritate : to anger : to inflame — **enconarse** *vr* : to become heated : to fester
encono *nm* : animosity : rancor : inflammation : infection
encontrado, -da *adj* : contrary : opposing
encontrar *v* : to find : to encounter : to meet — **encontrarse** *vr* : to clash : to conflict : to be : to feel
encorvar *v* : to bend : to curve — **encorvarse** *vr* : to hunch over : to stoop
encrespar *v* : to curl : to ruffle : to ripple : to annoy : to irritate — **encresparse** *vr* : to curl one's hair : to become choppy : to get annoyed
encriptar *v* : to encrypt
encrucijada *nf* : crossroads
encuadernación *nf, pl* **-ciones** : binding
encuadernar *v* : to bind — **encuadernador, -dora** *n*
encuadrar *v* : to frame : to fit : to insert : to contain : to include
encubierto *pp* → **encubrir**
encubrimiento *nm* : cover-up
encubrir *v* : to cover up : to conceal
encuentro *nm* : meeting : encounter : conference : congress
encuerado, -da *adj* : naked
encuerar *v* : to undress
encuesta *nf* : inquiry : investigation : survey
encuestador, -dora *n* : pollster
encuestar *v* : to poll : to take a survey of
encumbrado, -da *adj* : lofty : high : eminent : distinguished
encumbrar *v* : to exalt : to elevate : to extol — **encumbrarse** *vr* : to reach the top
encurtir *v* : to pickle
ende *adv* **por ~** : therefore : consequently
endeble *adj* : feeble : weak
endemoniado, -da *adj* : fiendish : diabolical
enderezar *v* : to straighten : to stand on end : to put upright — **enderezarse** *vr* : to straighten up : to sit/stand straight : to straighten out : to improve
endeudado, -da *adj* : in debt : indebted
endeudamiento *nm* : indebtedness : debt
endeudarse *vr* : to go into debt : to feel obliged
endiablado, -da *adj* : devilish : diabolical : complicated : difficult
endibia *or* **endivia** *nf* : endive
endilgar *v* : to spring : to foist
endocrino, -na *adj* : endocrine
endogamia *nf* : inbreeding
endosar *v* : to endorse
endoso *nm* : endorsement
endulzante *nm* : sweetener
endulzar *v* : to sweeten : to soften : to mellow — **endulzarse** *vr*
endurecer *v* : to harden : to toughen — **endurecerse** *vr*
enebro *nm* : juniper
eneldo *nm* : dill
enema *nm* : enema
enemigo, -ga *adj & n* : enemy
enemistad *nf* : enmity : hostility
enemistar *v* : to make enemies of — **enemistarse** *vr* **~ con** : to fall out with
energético, -ca *adj* : energy : lively : spirited
energía *nf* : energy
enérgico, -ca *adj* : energetic : vigorous : forceful : emphatic — **enérgicamente** *adv*

energúmeno, -na *n* : lunatic : crazy person
enero *nm* : January
enervar *v* : to enervate : to annoy : to get on one's nerves — **enervante** *adj*
enésimo, -ma *adj* : umpteenth : nth
enfadado, -da *adj* : angry : annoyed
enfadar *v* : to annoy : to make angry — **enfadarse** *vr* : to get angry : to get annoyed
enfado *nm* : anger : annoyance
enfardar *v* : to bale
énfasis *nms & pl* : emphasis
enfático, -ca *adj* : emphatic — **enfáticamente** *adv*
enfatizar *v* : to emphasize
enfermar *v* : to make sick : to fall ill : to get sick — **enfermarse** *vr*
enfermedad *nf* : illness : sickness : disease
enfermería *nf* : infirmary
enfermero, -ra *n* : nurse
enfermizo, -za *adj* : sickly
enfermo[1]**, -ma** *adj* : sick : ill
enfermo[2]**, -ma** *n* : sick person : invalid : patient
enfilar *v* : to take : to go along : to line up : to put in a row : to string : to thread : to aim : to direct : to make one's way
enflaquecer *v* : to lose weight : to become thin : to emaciate
enfocar *v* : to focus : to consider : to look at
enfoque *nm* : focus
enfrascarse *vr* ~ **en** : to immerse oneself in : to get caught up in
enfrentamiento *nm* : clash : confrontation
enfrentar *v* : to confront : to face
enfrente *adv* : in front : opposite
enfriamiento *nm* : chill : cold : cooling off : damper
enfriar *v* : to chill : to cool : to cool down : to dampen : to get cold — **enfriarse** *vr* : to get chilled : to catch a cold
enfundar *v* : to sheathe : to encase
enfurecer *v* : to infuriate — **enfurecerse** *vr* : to fly into a rage
enfurecido, -da *adj* : furious : raging
enfurruñarse *vr* : to sulk
engalanar *v* : to decorate : to deck out — **engalanarse** *vr* : to dress up
enganchar *v* : to hook : to snag : to attach : to hitch up — **engancharse** *vr* : to get snagged : to get hooked : to enlist
enganche *nm* : hook : coupling : hitch : down payment
engañar *v* : to trick : to deceive : to mislead : to cheat on : to be unfaithful to — **engañarse** *vr* : to be mistaken : to deceive oneself
engaño *nm* : deception : trick : fake : feint
engañoso, -sa *adj* : deceitful : misleading : deceptive
engarzar *v* : to set : to string : to string together — **engarzarse** *vr* ~ **en** : to get involved in : to get caught up in
engatusar *v* : to coax : to cajole
engendrar *v* : to beget : to father : to give rise to : to engender
engendro *nm* : fetus : monstrosity : freak
engentarse *vr* : to become confused and overwhelmed
englobar *v* : to include : to embrace
engomado *nm* : sticker
engomar *v* : to glue : to coat with glue
engordar *v* : to fatten : to fatten up : to gain weight
engorroso, -sa *adj* : bothersome
engranaje *nm* : gears *pl* : cogs *pl*
engranar *v* : to mesh : to engage : to mesh gears
engrandecer *v* : to enlarge : to exaggerate : to exalt
engrandecimiento *nm* : enlargement : exaggeration : exaltation
engrane *nm* : cogwheel
engrapadora *nf* : stapler
engrapar *v* : to staple
engrasar *v* : to grease : to lubricate
engrase *nm* : greasing : lubrication
engreído, -da *adj* : vain : conceited : stuck-up
engreimiento *nm* : arrogance : conceit
engreír *v* : to make vain — **engreírse** *vr* : to become conceited
engrosar *v* : to enlarge : to increase : to swell : to gain weight
engrudo *nm* : paste
engullir *v* : to gulp down : to gobble up — **engullirse** *vr*
enharinar *v* : to flour
enhebrar *v* : to string : to thread
enhilar *v* : to thread
enhorabuena *nf* : congratulations *pl*
enigma *nm* : enigma : mystery
enigmático, -ca *adj* : enigmatic — **enigmáticamente** *adv*
enjabonar *v* : to soap up : to lather — **enjabonarse** *vr*
enjaezar *v* : to harness
enjalbegar *v* : to whitewash
enjambrar *v* : to swarm
enjambre *nm* : swarm : crowd : mob
enjaular *v* : to cage : to jail : to lock up
enjuagar *v* : to rinse — **enjuagarse** *vr* : to rinse out
enjuague *nm* : rinse
enjugar *v* : to wipe away
enjuiciar *v* : to indict : to prosecute : to try
enlace *nm* : bond : link : connection : liaison
enlatar *v* : to can — **enlatado, -da** *adj*
enlazar *v* : to join : to link : to fit together

enlistar *v* : to list — **enlistarse** *vr* : to enlist
enlodado, -da *adj* : muddy
enlodar *v* : to cover with mud : to stain : to sully — **enlodarse** *vr*
enlodazar → **enlodar**
enloquecedor, -dora *adj* : maddening
enloquecer *v* : to drive crazy — **enloquecerse** *vr* : to go crazy
enlutarse *vr* : to go into mourning
enmarañar *v* : to tangle : to complicate : to confuse : to mix up — **enmarañarse** *vr*
enmarcar *v* : to frame : to provide the setting for
enmascarar *v* : to mask : to disguise — **enmascarado, -da** *adj*
enmasillar *v* : to putty : to caulk
enmendar *v* : to amend : to emend : to correct : to compensate for — **enmendarse** *vr* : to mend one's ways
enmienda *nf* : amendment : correction : emendation
enmohecerse *vr* : to become moldy : to rust : to become rusty
enmudecer *v* : to mute : to silence : to fall silent
ennegrecer *v* : to blacken : to darken — **ennegrecerse** *vr*
ennoblecer *v* : to ennoble : to embellish
enojadizo, -za *adj* : irritable : cranky
enojado, -da *adj* : annoyed : angry : mad
enojar *v* : to anger : to annoy : to upset — **enojarse** *vr*
enojo *nm* : anger : annoyance
enojón, -jona *adj, mpl* **-jones** : irritable : cranky
enojoso, -sa *adj* : annoying : irritating
enorgullecer *v* : to make proud — **enorgullecerse** *vr* : to pride oneself
enorme *adj* : enormous : huge — **enormemente** *adv*
enormidad *nf* : enormity : seriousness : immensity : hugeness
enraizado, -da *adj* : deep-seated : deeply rooted
enraizar *v* : to take root
enramada *nf* : arbor : bower
enramar *v* : to cover with branches
enrarecer *v* : to rarefy — **enrarecerse** *vr*
enredadera *nf* : climbing plant : vine
enredar *v* : to tangle up : to entangle : to confuse : to complicate : to involve : to implicate — **enredarse** *vr*
enredo *nm* : muddle : confusion : tangle
enrejado *nm* : railing : grating : grille : trellis : lattice
enrevesado, -da *adj* : complicated : involved
enriquecer *v* : to enrich — **enriquecerse** *vr* : to get rich
enriquecido, -da *adj* : enriched
enriquecimiento *nm* : enrichment
enrojecer *v* : to make red : to redden — **enrojecerse** *vr* : to blush
enrolar *v* : to recruit — **enrolarse** *vr* : to enlist : to sign up
enrollado, -da *adj* : rolled up : coiled
enrollar *v* : to roll up : to coil — **enrollarse** *vr*
enronquecerse *vr* : to become hoarse
enroscar *v* : to twist — **enroscarse** *vr* : to coil : to twine
ensacar *v* : to bag
ensalada *nf* : salad
ensaladera *nf* : salad bowl
ensalmo *nm* : incantation : spell
ensalzar *v* : to praise : to extol : to exalt
ensamblaje *nm* : assembly
ensamblar *v* : to assemble : to join : to fit together
ensanchar *v* : to widen : to expand : to extend — **ensancharse** *vr*
ensanche *nm* : widening : expansion : development
ensangrentado, -da *adj* : bloody : bloodstained
ensangrentar *v* : to cover or stain with blood
ensañarse *vr* : to act cruelly : to be merciless
ensartar *v* : to string : to thread : to skewer : to pierce
ensayar *v* : to rehearse : to try out : to test : to assay
ensayista *nmf* : essayist
ensayo *nm* : essay : trial : test : rehearsal : assay
enseguida *adv* : right away : immediately : at once
ensenada *nf* : cove : inlet
enseña *nf* : emblem : insignia : standard : banner
enseñanza *nf* : education : teaching
enseñar *v* : to teach : to show : to display — **enseñarse** *vr* ~ **a** : to learn to : to get used to
enseres *nmpl* : equipment : furnishings *pl*
ensillar *v* : to saddle
ensimismado, -da *adj* : absorbed : engrossed
ensimismarse *vr* : to lose oneself in thought
ensombrecer *v* : to cast a shadow over : to darken — **ensombrecerse** *vr*
ensoñación *nf, pl* **-ciones** : fantasy
ensopar *v* : to drench : to dunk : to dip
ensordecedor, -dora *adj* : deafening : thunderous
ensordecer *v* : to deafen : to go deaf
ensuciar *v* : to soil : to dirty — **ensuciarse** *vr*
ensueño *nm* : daydream : reverie : illusion : fantasy
entablar *v* : to cover with boards : to initiate : to enter into : to start

entallar *v* : to tailor : to fit : to take in
entarimado *nm* : flooring : floorboards *pl*
ente *nm* : being : entity : body : organization : eccentric : crackpot
entenado, -da *n* : stepchild : stepson *m* : stepdaughter *f*
entender[1] *v* : to understand : to think : to believe : to know : to get : to infer — **entenderse** *vr* : to be understood : to get along well
entender[2] *nm* **a mi entender** : in my opinion
entendible *adj* : understandable
entendido[1], **-da** *adj* : skilled : expert : knowledgeable
entendido[2] *nm* : expert : authority : connoisseur
entendimiento *nm* : intellect : mind : understanding : agreement
enterado, -da *adj* : aware : well-informed
enteramente *adv* : entirely : completely
enterar *v* : to inform — **enterarse** *vr* : to find out : to learn
entereza *nf* : integrity : fortitude : resolve
enternecedor, -dora *adj* : touching : moving
enternecer *v* : to move : to touch
entero[1], **-ra** *adj* : entire : whole : complete : absolute : intact — **enteramente** *adv*
entero[2] *nm* : integer : whole number : point
enterramiento *nm* : burial
enterrar *v* : to bury
entibiar *v* : to cool — **entibiarse** *vr* : to become lukewarm
entidad *nf* : entity : body : organization : firm : company : importance : significance
entierro *nm* : burial : funeral
entintar *v* : to ink
entoldado *nm* : awning
entomología *nf* : entomology
entomólogo, -ga *n* : entomologist
entonación *nf, pl* **-ciones** : intonation
entonar *v* : to be in tune : to intone : to tone up
entonces *adv* : then
entornado, -da *adj* : half-closed : ajar
entornar *v* : to leave ajar
entorno *nm* : surroundings *pl* : environment
entorpecer *v* : to hinder : to obstruct : to dull — **entorpecerse** *vr* : to dull the senses
entrada *nf* : entrance : entry : ticket : admission : beginning : onset : entrée : cue; **entradas** *nfpl* : income
entrado, -da *adj* **entrado en años** : elderly
entramado *nm* : framework
entrampar *v* : to entrap : to ensnare : to deceive : to trick
entrante *adj* : next : upcoming : incoming : new
entraña *nf* : core : heart : crux; **entrañas** *nfpl* : entrails
entrañable *adj* : close : intimate
entrañar *v* : to entail : to involve
entrar *v* : to enter : to go in : to come in : to fit : to begin : to affect : to bring in : to introduce : to access
entre *prep* : between : among
entreabierto[1] *pp* → **entreabrir**
entreabierto[2], **-ta** *adj* : half-open : ajar
entreabrir *v* : to leave ajar
entreacto *nm* : intermission : interval
entrecano, -na *adj* : grayish : graying
entrecejo *nm* **fruncir el entrecejo** : to knit one's brows
entrecomillar *v* : to place in quotation marks
entrecortadamente *adv* : breathlessly : falteringly
entrecortado, -da *adj* : labored : difficult : faltering : hesitant
entrecortarse *vr* : to falter
entrecruzar *v* : to interweave : to intertwine — **entrecruzarse** *vr*
entredicho *nm* : doubt : question : prohibition
entrega *nf* : delivery : handing over : surrender : installment
entregar *v* : to deliver : to give : to present : to hand in : to hand over — **entregarse** *vr* : to surrender : to give in : to devote oneself
entrelazar *v* : to interweave : to intertwine
entremedias *adv* : in between : halfway : in the meantime
entremés *nm, pl* **-meses** : appetizer : hors d'oeuvre : interlude : short play
entremeterse → **entrometerse**
entremetido *nm* → **entrometido**
entremezclar *v* : to intermingle
entrenador, -dora *n* : trainer : coach
entrenamiento *nm* : training : drill : practice
entrenar *v* : to train : to drill : to practice — **entrenarse** *vr* : to spar
entrepierna *nf* : inner thigh : crotch : inseam
entrepiso *nm* : mezzanine
entretanto[1] *adv* : meanwhile
entretanto[2] *nm* **en el entretanto** : in the meantime
entretejer *v* : to interweave
entretela *nf* : facing
entretelones *nmpl* : inside details
entretención *nf, pl* **-ciones** : entertainment
entretener *v* : to entertain : to amuse : to distract : to delay : to hold up — **entretenerse** *vr* : to amuse oneself : to dally
entretenido, -da *adj* : entertaining : amusing

entretenimiento *nm* : entertainment : pastime : fun : amusement
entretiempo *nm* : period between seasons
entrever *v* : to catch a glimpse of : to make out : to see indistinctly
entreverar *v* : to mix : to intermingle
entrevero *nm* : confusion : disorder
entrevista *nf* : interview
entrevistador, -dora *n* : interviewer
entrevistar *v* : to interview — **entrevistarse** *vr* ~ **con** : to meet with
entristecer *v* : to sadden
entrometerse *vr* : to interfere : to meddle
entrometido, -da *n* : meddler : busybody
entroncar *v* : to establish a relationship between : to connect : to be related : to link up : to be connected
entronque *nm* : kinship : link : connection
entuerto *nm* : wrong : injustice
entumecer *v* : to make numb : to be numb — **entumecerse** *vr* : to go numb : to fall asleep
entumecido, -da *adj* : numb : stiff
entumecimiento *nm* : numbness
enturbiar *v* : to cloud : to confuse — **enturbiarse** *vr*
entusiasmar *v* : to excite : to fill with enthusiasm — **entusiasmarse** *vr* : to get excited
entusiasmo *nm* : enthusiasm
entusiasta[1] *adj* : enthusiastic
entusiasta[2] *nmf* : enthusiast
enumerar *v* : to enumerate — **enumeración** *nf*
enunciación *nf, pl* **-ciones** : enunciation : statement
enunciado *nm* : statement
enunciar *v* : to enunciate : to state
envainar *v* : to sheathe
envalentonar *v* : to make bold : to encourage — **envalentonarse** *vr*
envanecer *v* : to make vain — **envanecerse** *vr*
envasar *v* : to bottle : to can : to pack in a container
envase *nm* : packaging : packing : container : can : empty bottle
envejecer *v* : to age : to make look old : to grow old
envejecido, -da *adj* : aged : old-looking
envejecimiento *nm* : aging
envenenamiento *nm* : poisoning
envenenar *v* : to poison : to embitter
envergadura *nf* : span : breadth : spread : importance : scope
envés *nm, pl* **enveses** : reverse : opposite side
enviado, -da *n* : envoy : correspondent
enviar *v* : to send : to ship
envidia *nf* : envy : jealousy
envidiar *v* : to envy — **envidiable** *adj*
envidioso, -sa *adj* : envious : jealous
envilecer *v* : to degrade : to debase
envío *nm* : shipment : remittance
enviudar *v* : to be widowed : to become a widower
envoltorio *nm* : bundle : package : wrapping : wrapper
envoltura *nf* : wrapper : wrapping
envolver *v* : to wrap : to envelop : to surround : to entangle : to involve — **envolverse** *vr* : to become involved : to wrap oneself
envuelto *pp* → **envolver**
enyerbar *v* : to bewitch
enyesar *v* : to plaster : to put in a cast
enzima *nf* : enzyme
eón *nm, pl* **eones** : aeon
eperlano *nm* : smelt
epicentro *nm* : epicenter
épico, -ca *adj* : epic
epicúreo[1], **-rea** *adj* : epicurean
epicúreo[2], **-rea** *n* : epicure
epidemia *nf* : epidemic
epidémico, -ca *adj* : epidemic
epidemiología *nf* : epidemiology — **epidemiológico, -ca** *adj*
epifanía *nf* : feast of the Epiphany
epigrama *nm* : epigram
epilepsia *nf* : epilepsy
epiléptico, -ca *adj & n* : epileptic
epílogo *nm* : epilogue
episcopal *adj* : episcopal
episcopaliano, -na *adj & n* : Episcopalian
episódico, -ca *adj* : episodic
episodio *nm* : episode
epístola *nf* : epistle
epitafio *nm* : epitaph
epíteto *nm* : epithet : name
epítome *nm* : summary : abstract
época *nf* : epoch : age : period : time of year : season
epopeya *nf* : epic poem
equidad *nf* : equity : justice : fairness
equilátero, -ra *adj* : equilateral
equilibrado, -da *adj* : well-balanced
equilibrar *v* : to balance — **equilibrarse** *vr*
equilibrio *nm* : balance : equilibrium : poise : aplomb
equilibrista *nmf* : acrobat : tightrope walker
equino, -na *adj* : equine
equinoccio *nm* : equinox
equipaje *nm* : baggage : luggage
equipamiento *nm* : equipping : equipment
equipar *v* : to equip — **equiparse** *vr*
equiparable *adj* : comparable
equiparar *v* : to compare
equipo *nm* : team : crew : gear : equipment
equitación *nf, pl* **-ciones** : horseback riding : horsemanship

equitativo, -va *adj* : equitable : fair : just — **equitativamente** *adv*
equivalencia *nf* : equivalence
equivalente *adj & nm* : equivalent
equivaler *v* : to be equivalent
equivocación *nf, pl* **-ciones** : error : mistake
equivocado, -da *adj* : mistaken : wrong — **equivocadamente** *adv*
equivocar *v* : to confuse : to make mess up : to choose badly — **equivocarse** *vr* : to make a mistake : to be wrong
equívoco[1], **-ca** *adj* : ambiguous : equivocal
equívoco[2] *nm* : misunderstanding
era[1], **etc.** → **ser**
era[2] *nf* : era : age
erario *nm* : public treasury
erección *nf, pl* **-ciones** : erection : raising
erecto, -ta *adj* : erect
eremita *nmf* : hermit
ergonomía *nf* : ergonomics
erguido, -da *adj* : erect : upright
erguir *v* : to raise : to lift up — **erguirse** *vr* : to straighten up
erigir *v* : to build : to erect — **erigirse** *vr* ~ **en** : to set oneself up as
erizado, -da *adj* : bristly
erizar *v* : to make stand on end : to irritate : to grate on — **erizarse** *vr* : to stand on end
erizo *nm* : hedgehog
ermitaño[1], **-ña** *n* : hermit : recluse
ermitaño[2] *nm* : hermit crab
erogación *nf, pl* **-ciones** : expenditure
erogar *v* : to pay out : to distribute
erosión *nf, pl* **-siones** : erosion
erosionar *v* : to erode
erótico, -ca *adj* : erotic
erotismo *nm* : eroticism
erradicar *v* : to eradicate — **erradicación** *nf*
errado, -da *adj* : wrong : mistaken
errante *adj* : errant : wandering
errar *v* : to miss : to be wrong : to be mistaken : to wander
errata *nf* : misprint : error
errático, -ca *adj* : erratic — **erráticamente** *adv*
erróneo, -nea *adj* : erroneous : wrong — **erróneamente** *adv*
error *nm* : error : mistake
eructar *v* : to belch : to burp
eructo *nm* : belch : burp
erudición *nf, pl* **-ciones** : erudition : learning
erudito[1], **-ta** *adj* : erudite : learned
erudito[2], **-ta** *n* : scholar
erupción *nf, pl* **-ciones** : eruption : rash
eruptivo, -va *adj* : eruptive
es → **ser**
esbelto, -ta *adj* : slender : slim
esbirro *nm* : henchman
esbozar *v* : to sketch : to outline
esbozo *nm* : sketch : rough draft
escabechar *v* : to pickle : to kill : to rub out
escabeche *nm* : brine
escabel *nm* : footstool
escabroso, -sa *adj* : rugged : rough : difficult : tough : risqué
escabullirse *vr* : to slip away : to escape
escafandra *nf* : (protective) suit
escala *nf* : scale : ladder : stopover : layover
escalada *nf* : ascent : climb
escalador, -dora *n* : mountain climber
escalafón *nm, pl* **-fones** : list of personnel : salary scale : rank
escalar *v* : to climb : to scale : to go climbing : to escalate
escaldar *v* : to scald
escalera *nf* : ladder : stairs *pl* : staircase
escalfar *v* : to poach
escalinata *nf* : flight of stairs
escalofriante *adj* : horrifying : bloodcurdling
escalofrío *nm* : shiver : chill : shudder
escalón *nm, pl* **-lones** : echelon : step : rung
escalonado, -da *adj* : gradual : staggered
escalonar *v* : to terrace : to stagger : to alternate
escalpelo *nm* : scalpel
escama *nf* : scale : flake
escamar *v* : to scale : to make suspicious
escamocha *nf* : fruit salad
escamoso, -sa *adj* : scaly
escamotear *v* : to palm : to conceal : to lift : to swipe : to hide : to cover up
escampar *v impers* : to stop raining
escandalizar *v* : to shock : to scandalize : to make a fuss — **escandalizarse** *vr* : to be shocked
escándalo *nm* : scandal : scene : commotion
escandaloso, -sa *adj* : shocking : scandalous : noisy : rowdy : flagrant : outrageous — **escandalosamente** *adv*
escandinavo, -va *adj & n* : Scandinavian
escandir *v* : to scan
escanear *v* : to scan
escáner *nm* : scan : scanner
escaño *nm* : seat : bench
escapada *nf* : flight : escape
escapar *v* : to escape : to flee : to run away — **escaparse** *vr* : to escape notice : to leak out
escaparate *nm* : shop window : showcase
escapatoria *nf* : loophole : excuse : pretext : escape : flight
escape *nm* : escape : exhaust

escapismo *nm* : escapism — **escapista** *adj*
escápula *nf* : scapula : shoulder blade
escarabajo *nm* : beetle
escaramuza *nf* : skirmish : scrimmage
escaramuzar *v* : to skirmish
escarapela *nf* : rosette
escarbar *v* : to dig : to scratch up : to poke : to pick
escarcha *nf* : frost : glitter
escarchar *v* : to frost : to sugar : to candy
escardar *v* : to weed : to hoe : to weed out
escarlata *adj & nf* : scarlet
escarlatina *nf* : scarlet fever
escarmentar *v* : to punish : to teach a lesson to : to learn one's lesson
escarmiento *nm* : lesson : warning : punishment
escarnio *nm* : ridicule : mockery
escarola *nf* : escarole
escarpa *nf* : escarpment : steep slope
escarpado, -da *adj* : steep : sheer
escasamente *adv* : scarcely : barely
escasear *v* : to be scarce : to run short
escasez *nf, pl* **-seces** : shortage : scarcity
escaso, -sa *adj* : scarce : scant
escatimar *v* : to skimp on : to be sparing with
escayola *nf* : plaster : cast
escayolar *v* : to put in a cast
escena *nf* : scene : stage
escenario *nm* : stage : setting : scene
escénico, -ca *adj* : scenic : stage
escenificar *v* : to stage : to dramatize
escenografía *nf* : set design
escepticismo *nm* : skepticism
escéptico[1]**, -ca** *adj* : skeptical
escéptico[2]**, -ca** *n* : skeptic
escindirse *vr* : to split : to break away
escisión *nf, pl* **-siones** : split : division
esclarecer *v* : to elucidate : to clarify : to illuminate : to light up
esclarecimiento *nm* : elucidation : clarification
esclavitud *nf* : slavery
esclavización *nf, pl* **-ciones** : enslavement
esclavizar *v* : to enslave
esclavo, -va *n* : slave
esclerosis *nf* **esclerosis múltiple** : multiple sclerosis
esclusa *nf* : floodgate : lock
escoba *nf* : broom
escobilla *nf* : small broom : brush : whisk broom
escocer *v* : to smart : to sting — **escocerse** *vr* : to be sore
escocés[1]**, -cesa** *adj, mpl* **-ceses** : Scottish : tartan : plaid
escocés[2]**, -cesa** *n, mpl* **-ceses** : Scottish person : Scot
escocés[3] *nm* : Scottish : Scots; *pl* **-ceses** : Scotch
escofina *nf* : file : rasp
escoger *v* : to choose : to select
escogido, -da *adj* : choice : select
escolar[1] *adj* : school
escolar[2] *nmf* : student : pupil
escolaridad *nf* : schooling
escolarización *nf, pl* **-ciones** : education : schooling
escolarizar *v* : to educate
escollo *nm* : reef : obstacle
escolta *nmf* : escort
escoltar *v* : to escort : to accompany
escombro *nm* : debris : rubbish; **escombros** *nmpl* : ruins : rubble
esconder *v* : to hide : to conceal
escondidas *nfpl* : hide-and-seek
escondite *nm* : hiding place : hide-and-seek
escondrijo *nm* : hiding place
escopeta *nf* : shotgun
escoplo *nm* : chisel
escorar *v* : to list : to heel
escorbuto *nm* : scurvy
escoria *nf* : slag : dross : dregs *pl* : scum
Escorpio[1] *or* **Escorpión** *nm* : Scorpio
Escorpio[2] *or* **Escorpión** *nmf* : Scorpio
escorpión *nm, pl* **-piones** : scorpion
escotado, -da *adj* : low-cut
escote *nm* : (low) neckline
escotilla *nf* : hatch : hatchway
escozor *nm* : smarting : stinging
escriba *nm* : scribe
escribanía *nf* : office of a notary public
escribano, -na *n* : court clerk : notary public
escribir *v* : to write : to spell — **escribirse** *vr* : to write to one another : to correspond
escrito[1] *pp* → **escribir**
escrito[2]**, -ta** *adj* : written
escrito[3] *nm* : written document; **escritos** *nmpl* : writings : works
escritor, -tora *n* : writer
escritorio *nm* : desk
escritorzuelo, -la *n* : hack
escritura *nf* : writing : handwriting : deed
escroto *nm* : scrotum
escrúpulo *nm* : scruple
escrupuloso, -sa *adj* : scrupulous : exact : meticulous — **escrupulosamente** *adv*
escrutador, -dora *adj* : penetrating : searching
escrutar *v* : to scrutinize : to examine closely
escrutinio *nm* : scrutiny
escuadra *nf* : square : fleet : squadron
escuadrilla *nf* : squadron : formation : flight
escuadrón *nm, pl* **-drones** : squadron

escuálido, -da *adj* : skinny : scrawny : filthy : squalid
escuchar *v* : to listen to : to hear : to listen — **escucharse** *vr*
escudar *v* : to shield — **escudarse** *vr* ~ **en** : to hide behind
escudería *nf* : team
escudero *nm* : squire
escudo *nm* : shield
escudriñar *v* : to scrutinize : to inquire into : to investigate
escuela *nf* : school : department
escueto, -ta *adj* : plain : simple : succinct : concise — **escuetamente** *adv*
escuincle, -cla *n* : child : kid
esculcar *v* : to search
esculpir *v* : to sculpt : to carve : to engrave
escultor, -tora *n* : sculptor
escultórico, -ca *adj* : sculptural
escultura *nf* : sculpture
escultural *adj* : statuesque
escupir *v* : to spit
escupitajo *nm* : spit : gob of spit
escurridizo, -za *adj* : slippery : elusive
escurridor *nm* : dish rack : colander
escurrir *v* : to wring out : to drain : to drip : to drip-dry — **escurrirse** *vr* : to slip away
ese[1], **esa** *adj, mpl* **esos** : that : those
ese[2], **esa** *or* **ése, ésa** *pron, mpl* **esos** *or* **ésos** : that : those *pl*
esencia *nf* : essence
esencial *adj* : essential — **esencialmente** *adv*
esfera *nf* : sphere : face : dial
esférico[1], **-ca** *adj* : spherical
esférico[2] *nm* : ball
esfinge *nf* : sphinx
esforzado, -da *adj* : energetic : vigorous : courageous : brave
esforzar *v* : to strain — **esforzarse** *vr* : to make an effort
esfuerzo *nm* : effort : spirit : vigor
esfumar *v* : to tone down : to soften — **esfumarse** *vr* : to fade away : to vanish : to take off : to leave
esgrima *nf* : fencing
esgrimir *v* : to brandish : to wield : to use : to resort to : to fence
esgrimista *nmf* : fencer
esguince *nm* : sprain : strain
eslabón *nm, pl* **-bones** : link
eslavo[1], **-va** *adj* : Slavic
eslavo[2], **-va** *n* : Slav
eslogan *nm, pl* **-lóganes** : slogan
eslora *nf* : length
eslovaco, -ca *adj & n* : Slovakian : Slovak
esloveno, -na *adj & nm* : Slovene : Slovenian
esmaltar *v* : to enamel
esmalte *nm* : enamel
esmerado, -da *adj* : careful : painstaking
esmeralda *nf* : emerald
esmerarse *vr* : to take great pains : to do one's utmost
esmeril *nm* : emery
esmero *nm* : meticulousness : great care
esmoquin *nm, pl* **-quins** : tuxedo : tuxedo jacket : dinner jacket
esnob[1] *adj, pl* **esnobs** : snobbish
esnob[2] *nmf, pl* **esnobs** : snob
esnobismo *nm* : snobbery : snobbishness
esnórquel *nm* : snorkel
eso *pron* : that
esófago *nm* : esophagus
esos → ese
ésos → ese
esotérico, -ca *adj* : esoteric — **esotéricamente** *adv*
espabilado, -da *adj* : bright : smart
espabilarse *vr* : to awaken : to get a move on : to get smart : to wise up
espacial *adj* : space : spatial
espaciar *v* : to space out : to spread out
espacio *nm* : space : room : period : length : time slot : program
espacioso, -sa *adj* : spacious : roomy
espada[1] *nf* : sword; **espadas** *nfpl* : swords
espada[2] *nm* : bullfighter : matador
espadaña *nf* : belfry : cattail
espagueti *nm, or* **espaguetis** *nmpl* : spaghetti
espalda *nf* : back; **espaldas** *nfpl* : shoulders
espaldarazo *nm* : recognition : support : slap on the back
espantajo *nm* : scarecrow
espantapájaros *nms & pl* : scarecrow
espantar *v* : to scare : to frighten — **espantarse** *vr*
espanto *nm* : fright : fear : horror
espantoso, -sa *adj* : frightening : terrifying : frightful : dreadful — **espantosamente** *adv*
español[1], **-ñola** *adj* : Spanish
español[2], **-ñola** *n* : Spaniard
español[3] *nm* : Spanish
esparadrapo *nm* : adhesive bandage : Band-Aid™
esparcimiento *nm* : entertainment : recreation : relaxation : dissemination : spreading
esparcir *v* : to scatter : to spread — **esparcirse** *vr* : to spread out : to take it easy : to amuse oneself
espárrago *nm* : asparagus
espartano, -na *adj* : severe : austere
espasmo *nm* : spasm
espasmódico, -ca *adj* : spasmodic — **espasmódicamente** *adv*
espástico, -ca *adj* : spastic

espátula *nf* : spatula
especia *nf* : spice
especial *adj & nm* : special
especialidad *nf* : specialty
especialista *nmf* : specialist : expert
especialización *nf, pl* **-ciones** : specialization
especializarse *vr* : to specialize
especialmente *adv* : especially : particularly
especie *nf* : species : type : kind : sort
especificación *nf, pl* **-ciones** : specification
especificar *v* : to specify
específico, -ca *adj* : specific — **específicamente** *adv*
espécimen *nm, pl* **especímenes** : specimen
espectacular *adj* : spectacular — **espectacularmente** *adv*
espectáculo *nm* : spectacle : sight : show : performance
espectador, -dora *n* : spectator : onlooker
espectro *nm* : ghost : specter : spectrum
especulación *nf, pl* **-ciones** : speculation
especulador, -dora *n* : speculator
especular *v* : to speculate
especulativo, -va *adj* : speculative
espejismo *nm* : mirage : illusion
espejo *nm* : mirror
espejuelos *nmpl* : spectacles : glasses
espeluznante *adj* : hair-raising : terrifying
espera *nf* : wait
esperado, -da *adj* : anticipated
esperanza *nf* : hope : expectation
esperanzado, -da *adj* : hopeful
esperanzador, -dora *adj* : encouraging : promising
esperanzar *v* : to give hope to
esperar *v* : to wait for : to expect : to hope : to wait — **esperarse** *vr* : to be hoped : to hold on : to hang on
esperma *nmf* : sperm
esperpéntico, -ca *adj* : grotesque
esperpento *nm* : sight : fright
espesante *nm* : thickener
espesar *v* : to thicken — **espesarse** *vr*
espeso, -sa *adj* : thick : heavy : dense
espesor *nm* : thickness : density
espesura *nf* : thickness : thicket
espetar *v* : to blurt out : to skewer
espía *nmf* : spy
espiar *v* : to spy on : to observe : to spy
espiga *nf* : ear : spike
espigado, -da *adj* : willowy : slender
espigar *v* : to glean : to gather — **espigarse** *vr* : to grow quickly : to shoot up
espigón *nm, pl* **-gones** : breakwater
espina *nf* : thorn : spine : fish bone
espinaca *nf* : spinach
espinal *adj* : spinal
espinazo *nm* : backbone
espinilla *nf* : pimple : shin
espino *nm* : hawthorn
espinoso, -sa *adj* : thorny : prickly : bony : knotty : difficult
espionaje *nm* : espionage
espiración *nf, pl* **-ciones** : exhalation
espiral *adj & nf* : spiral
espirar *v* : to breathe out : to give off : to exhale
espiritismo *nm* : spiritualism
espiritista *nmf* : spiritualist
espíritu *nm* : spirit : state of mind : spirits *pl*
espiritual *adj* : spiritual — **espiritualmente** *adv*
espiritualidad *nf* : spirituality
espita *nf* : spigot : tap
esplendidez *nf, pl* **-deces** : magnificence : splendor
espléndido, -da *adj* : splendid : magnificent : generous : lavish — **espléndidamente** *adv*
esplendor *nm* : splendor
esplendoroso, -sa *adj* : magnificent : grand
espliego *nm* : lavender
espolear *v* : to spur on
espoleta *nf* : detonator : fuse : wishbone
espolón *nm, pl* **-lones** : spur : fetlock
espolvorear *v* : to sprinkle : to dust
esponja *nf* : sponge
esponjado, -da *adj* : spongy
esponjoso, -sa *adj* : spongy : soft : fluffy
esponsales *nmpl* : betrothal : engagement
espontaneidad *nf* : spontaneity
espontáneo, -nea *adj* : spontaneous — **espontáneamente** *adv*
espora *nf* : spore
esporádico, -ca *adj* : sporadic — **esporádicamente** *adv*
esposar *v* : to handcuff
esposas *nfpl* : handcuffs
esposo, -sa *n* : spouse : wife *f* : husband *m*
espray *nm, pl* **esprays** : spray
esprint *nm* : sprint
esprintar *v* : to sprint
esprínter *nmf* : sprinter
espuela *nf* : spur
espuma *nf* : foam : lather : froth : head
espumadera *nf* : slotted spoon
espumar *v* : to foam : to froth : to skim off
espumoso, -sa *adj* : foamy : frothy
espurio, -ria *adj* : spurious
esqueje *nm* : cutting
esquela *nf* : note : notice : announcement
esquelético, -ca *adj* : emaciated : skeletal

esqueleto *nm* : skeleton : framework
esquema *nm* : outline : sketch : plan
esquemático, -ca *adj* : schematic
esquí *nm, pl* **esquíes** : ski
esquiador, -dora *n* : skier
esquiar *v* : to ski
esquilar *v* : to shear
esquina *nf* : corner
esquinazo *nm* : corner
esquirla *nf* : splinter
esquirol *nm* : strikebreaker : scab
esquisto *nm* : shale
esquivar *v* : to dodge : to evade : to avoid
esquivo, -va *adj* : aloof : unsociable : shy : elusive : evasive
esquizofrenia *nf* : schizophrenia
esquizofrénico, -ca *adj & n* : schizophrenic
esta *adj* → **este**[1]
ésta → **este**[4]
estabilidad *nf* : stability
estabilizar *v* : to stabilize — **estabilizarse** *vr* — **estabilización** *nf* — **estabilizador** *nm*
estable *adj* : stable : steady
establecer *v* : to establish : to found : to set up : to set : to show : to prove — **establecerse** *vr* : to settle : to establish oneself : to prove
establecimiento *nm* : establishing : establishment : institution : office
establo *nm* : stable
estaca *nf* : stake : picket : post
estacada *nf* : picket fence : stockade
estacar *v* : to stake out : to fasten down with stakes — **estacarse** *vr* : to remain rigid
estación *nf, pl* **-ciones** : station : season
estacional *adj* : seasonal
estacionamiento *nm* : parking : parking lot
estacionar *v* : to place : to station : to park — **estacionarse** *vr* : to remain stationary
estacionario, -ria *adj* : stationary : stable
estada *nf* → **estadía**
estadía *nf* : stay : sojourn
estadio *nm* : stadium : phase : stage
estadista *nmf* : statesman
estadística *nf* : statistic : figure : statistics
estadístico[1], **-ca** *adj* : statistical — **estadísticamente** *adv*
estadístico[2], **-ca** *n* : statistician
estado *nm* : state : condition : government : status
estadounidense *adj & nmf* : American
estafa *nf* : swindle : fraud
estafador, -dora *n* : cheat : swindler
estafar *v* : to swindle : to defraud
estafeta *nf* : baton : post office
estalactita *nf* : stalactite
estalagmita *nf* : stalagmite
estallar *v* : to burst : to explode : to erupt : to break out
estallido *nm* : explosion : report : outbreak : outburst
estambre *nm* : worsted : stamen
estamento *nm* : stratum : class
estampa *nf* : printed image : illustration : appearance : demeanor
estampado[1], **-da** *adj* : patterned : printed
estampado[2] *nm* : print : pattern
estampar *v* : to stamp : to print : to engrave
estampida *nf* : stampede
estampido *nm* : bang
estampilla *nf* : rubber stamp : postage stamp
estancado, -da *adj* : stagnant
estancamiento *nm* : stagnation
estancar *v* : to dam up : to hold back : to bring to a halt : to deadlock — **estancarse** *vr* : to stagnate : to be brought to a standstill : to be deadlocked
estancia *nf* : stay : sojourn : ranch : farm
estanciero, -ra *n* : rancher : farmer
estanco, -ca *adj* : watertight
estándar *adj & nm* : standard
estandarización *nf, pl* **-ciones** : standardization
estandarizar *v* : to standardize
estandarte *nm* : standard : banner
estanque *nm* : pool : pond : tank : reservoir
estanquillo *nm* : general store
estante *nm* : shelf
estantería *nf* : shelves *pl* : bookcase
estaño *nm* : tin
estaquilla *nf* : peg : spike
estar *v aux* : to be : to be at home : to remain : to be ready : to be done : to agree — **estarse** *vr* : to stay : to remain
estarcir *v* : to stencil
estárter *nm* : choke
estatal *adj* : state : national
estática *nf* : static
estático, -ca *adj* : static
estatizar *v* : to nationalize — **estatización** *nf*
estatua *nf* : statue
estatuilla *nf* : statuette : figurine
estatura *nf* : height : stature
estatus *nm* : status : prestige
estatutario, -ria *adj* : statutory
estatuto *nm* : statute
este[1], **esta** *adj, mpl* **estos** : this : these
este[2] *adj* : eastern : east
este[3] *nm* : east : east wind
este[4], **esta** *or* **éste, ésta** *pron, mpl* **estos** *or* **éstos** : this : these *pl* : the latter
estela *nf* : wake : trail
estelar *adj* : stellar

estelarizar *v* : to star in : to be the star of
esténcil *nm* : stencil
estepa *nf* : steppe
estera *nf* : mat
estéreo *adj & nm* : stereo
estereofónico, -ca *adj* : stereophonic
estereotipado, -da *adj* : stereotyped
estereotipar *v* : to stereotype
estereotipo *nm* : stereotype
estéril *adj* : sterile : infertile : barren : futile : vain
esterilidad *nf* : sterility : infertility
esterilizar *v* : to sterilize : to disinfect : to spay — **esterilización** *nf*
esterlina *adj* : sterling
esternón *nm, pl* **-nones** : sternum
estero *nm* : estuary
esteroide *nm* : steroid
estertor *nm* : death rattle
estética *nf* : aesthetics
esteticista *nmf* : beautician
estético, -ca *adj* : aesthetic — **estéticamente** *adv*
estetoscopio *nm* : stethoscope
estibador, -dora *n* : longshoreman : stevedore
estiércol *nm* : dung : manure
estigma *nm* : stigma
estigmatizar *v* : to stigmatize : to brand
estilarse *vr* : to be in fashion
estilete *nm* : stiletto
estilista *nmf* : stylist
estilizar *v* : to stylize
estilo *nm* : style : fashion : manner : stylus
estilográfica *nf* : fountain pen
estima *nf* : esteem : regard
estimable *adj* : considerable : estimable : esteemed
estimación *nf, pl* **-ciones** : esteem : regard : estimate
estimado, -da *adj* : esteemed : dear
estimar *v* : to esteem : to respect : to estimate : to appraise : to consider : to deem
estimulación *nf, pl* **-ciones** : stimulation
estimulante[1] *adj* : stimulating
estimulante[2] *nm* : stimulant
estimular *v* : to stimulate : to encourage
estímulo *nm* : stimulus : incentive : encouragement
estío *nm* : summertime
estipendio *nm* : salary : stipend : remuneration
estipular *v* : to stipulate — **estipulación** *nf*
estirado, -da *adj* : stretched : extended : stuck-up : conceited
estiramiento *nm* : stretching
estirar *v* : to stretch : to extend — **estirarse** *vr*
estirón *nm, pl* **-rones** : pull : tug
estirpe *nf* : lineage : stock
estival *adj* : summer
esto *pron* : this
estocada *nf* : final thrust : thrust : lunge
estofa *nf* : class : quality
estofado *nm* : stew
estofar *v* : to stew
estoicismo *nm* : stoicism
estoico[1], **-ca** *adj* : stoic : stoical
estoico[2], **-ca** *n* : stoic
estola *nf* : stole
estolón *nm, pl* **-lones** : runner
estomacal *adj* : stomach : gastric
estómago *nm* : stomach
estoniano, -na *adj & n* : Estonian
estonio, -nia *adj & n* : Estonian
estopa *nf* : tow : burlap
estopilla *nf* : cheesecloth
estoque *nm* : rapier : sword
estorbar *v* : to obstruct : to hinder : to get in the way
estorbo *nm* : obstacle : hindrance : nuisance
estornino *nm* : starling
estornudar *v* : to sneeze
estornudo *nm* : sneeze
estos *adj* → **este**[1]
éstos → **este**[4]
estoy → **estar**
estrabismo *nm* : squint
estrado *nm* : dais : platform : bench : witness stand; **estrados** *nmpl* : courts of law
estrafalario, -ria *adj* : eccentric : bizarre
estragar *v* : to ruin : to devastate
estragón *nm* : tarragon
estragos *nmpl* : ravages : destruction : devastation
estrambótico, -ca *adj* : eccentric : bizarre
estrangulador, -dora *n* : strangler
estrangulamiento *nm* : strangling : strangulation
estrangular *v* : to strangle — **estrangulación** *nf*
estratagema *nf* : stratagem : ruse
estratega *nmf* : strategist
estrategia *nf* : strategy
estratégico, -ca *adj* : strategic : tactical — **estratégicamente** *adv*
estratificado, -da *adj* : stratified
estrato *nm* : stratum : layer
estratosfera *nf* : stratosphere
estratosférico, -ca *adj* : stratospheric : astronomical : exorbitant
estrechamiento *nm* : narrowing : narrow point : tightening : strengthening
estrechar *v* : to narrow : to tighten : to strengthen : to hug : to embrace — **estrecharse** *vr*
estrechez *nf, pl* **-checes** : tightness : narrowness; **estrecheces** *nfpl* : financial problems
estrecho[1], **-cha** *adj* : tight : narrow : close — **estrechamente** *adv*

estrecho[2] *nm* : strait : narrows
estrella *nf* : star : destiny : movie star
estrellado, -da *adj* : starry : star-shaped
estrellamiento *nm* : crash : collision
estrellar *v* : to smash : to crash — **estrellarse** *vr* : to collide
estrellato *nm* : stardom
estremecedor, -dora *adj* : horrifying
estremecer *v* : to cause to shake : to tremble : to shake — **estremecerse** *vr* : to shudder : to shiver
estremecimiento *nm* : trembling : shaking : shivering
estrenar *v* : to use for the first time : to premiere : to open — **estrenarse** *vr* : to make one's debut
estreno *nm* : debut : premiere
estreñido, -da *adj* : constipated
estreñimiento *nm* : constipation
estreñir *v* : to constipate : to make constipated : to cause constipation — **estreñirse** *vr* : to get constipated
estrépito *nm* : clamor : din
estrepitoso, -sa *adj* : clamorous : noisy — **estrepitosamente** *adv*
estrés *nm, pl* **estreses** : stress
estresante *adj* : stressful
estresar *v* : to stress : to stress out — **estresado, -da** *adj*
estría *nf* : fluting : groove
estribación *nf, pl* **-ciones** : spur : ridge; **estribaciones** *nfpl* : foothills
estribar *v* ~ **en** : to be due to : to stem from
estribillo *nm* : refrain : chorus
estribo *nm* : stirrup : abutment : buttress
estribor *nm* : starboard
estricto, -ta *adj* : strict : severe — **estrictamente** *adv*
estridente *adj* : strident : shrill : loud — **estridentemente** *adv*
estrofa *nf* : stanza : verse
estrógeno *nm* : estrogen
estropajo *nm* : scouring pad
estropear *v* : to ruin : to spoil : to break : to damage — **estropearse** *vr* : to go bad : to break down — **estropeado, -da** *adj*
estropicio *nm* : damage : breakage
estructura *nf* : structure : framework
estructuración *nf, pl* **-ciones** : structuring : structure
estructural *adj* : structural — **estructuralmente** *adv*
estructurar *v* : to structure : to organize
estruendo *nm* : racket : din : roar
estruendoso, -sa *adj* : resounding : thunderous
estrujar *v* : to press : to squeeze
estuario *nm* : estuary
estuche *nm* : kit : case
estuco *nm* : stucco
estudiado, -da *adj* : affected : mannered
estudiantado *nm* : student body : students *pl*
estudiante *nmf* : student
estudiantil *adj* : student
estudiar *v* : to study
estudio *nm* : study : studio; **estudios** *nmpl* : studies : education
estudioso, -sa *adj* : studious
estufa *nf* : stove : heater : cooking stove : range
estupefacción *nf, pl* **-ciones** : astonishment
estupefaciente[1] *adj* : narcotic
estupefaciente[2] *nm* : drug : narcotic
estupefacto, -ta *adj* : astonished : stunned
estupendo, -da *adj* : stupendous : marvelous — **estupendamente** *adv*
estupidez *nf, pl* **-deces** : stupidity : nonsense
estúpido[1], **-da** *adj* : stupid — **estúpidamente** *adj*
estúpido[2], **-da** *n* : idiot : fool
estupor *nm* : stupor : amazement
esturión *nm, pl* **-riones** : sturgeon
estuvo, etc. → **estar**
esvástica *nf* : swastika
etanol *nm* : ethanol
etapa *nf* : stage : phase
etcétera[1] : et cetera : and so on
etcétera[2] *nmf* : etcetera
éter *nm* : ether
etéreo, -rea *adj* : ethereal : heavenly
eternidad *nf* : eternity
eternizar *v* : to make eternal : to perpetuate — **eternizarse** *vr* : to take forever
eterno, -na *adj* : eternal : endless — **eternamente** *adv*
ética *nf* : ethics
ético, -ca *adj* : ethical — **éticamente** *adv*
etílico, -ca *adj* : alcohol : alcoholic : inebriated : drunken
etimología *nf* : etymology
etimológico, -ca *adj* : etymological
etíope *adj & nmf* : Ethiopian
etiqueta *nf* : etiquette : tag : label : hashtag
etiquetar *v* : to label
etnia *nf* : ethnic group
étnico, -ca *adj* : ethnic
eucalipto *nm* : eucalyptus
Eucaristía *nf* : Eucharist : communion
eufemismo *nm* : euphemism
eufemístico, -ca *adj* : euphemistic
euforia *nf* : euphoria : joyousness
eufórico, -ca *adj* : euphoric : exuberant : joyous — **eufóricamente** *adv*
eunuco *nm* : eunuch
euro *nm* : euro
europeo, -pea *adj & n* : European
euskera *nm* : Basque
eutanasia *nf* : euthanasia
evacuación *nf, pl* **-ciones** : evacuation
evacuar *v* : to evacuate : to vacate : to carry out : to have a bowel movement : to move one's bowels

evadir *v* : to evade : to avoid — **evadirse** *vr* : to escape : to slip away
evaluación *nf, pl* **-ciones** : assessment : evaluation
evaluador, -dora *n* : assessor
evaluar *v* : to evaluate : to assess : to appraise
evangélico, -ca *adj* : evangelical — **evangélicamente** *adv*
evangelio *nm* : gospel
evangelismo *nm* : evangelism
evangelista *nm* : evangelist
evangelizador, -dora *n* : evangelist : missionary
evaporación *nf, pl* **-ciones** : evaporation
evaporar *v* : to evaporate — **evaporarse** *vr* : to disappear : to vanish
evasión *nf, pl* **-siones** : escape : flight : evasion : dodge
evasiva *nf* : excuse : pretext
evasivo, -va *adj* : evasive
evento *nm* : event
eventual *adj* : possible : temporary — **eventualmente** *adv*
eventualidad *nf* : possibility : eventuality
evidencia *nf* : evidence : proof
evidenciar *v* : to demonstrate : to show — **evidenciarse** *vr* : to be evident
evidente *adj* : evident : obvious : clear — **evidentemente** *adv*
eviscerar *v* : to eviscerate
evitable *adj* : avoidable : preventable
evitar *v* : to avoid : to prevent : to escape : to elude
evocación *nf, pl* **-ciones** : evocation
evocador, -dora *adj* : evocative
evocar *v* : to evoke : to recall
evolución *nf, pl* **-ciones** : evolution : development : progress
evolucionar *v* : to evolve : to change : to develop
evolutivo, -va *adj* : evolutionary
ex *nmf* : ex
ex- *or* **ex** *pref* : ex- : former
exabrupto *nm* : pointed remark
exacerbar *v* : to exacerbate : to aggravate : to irritate : to exasperate
exactamente *adv* : exactly
exactitud *nf* : accuracy : precision : exactitude
exacto, -ta *adj* : accurate : precise : exact
exageración *nf, pl* **-ciones** : exaggeration
exagerado, -da *adj* : exaggerated : excessive — **exageradamente** *adv*
exagerar *v* : to exaggerate
exaltación *nf, pl* **-ciones** : exaltation : excitement : agitation
exaltado[1], **-da** *adj* : excitable : hotheaded
exaltado[2], **-da** *n* : hothead
exaltar *v* : to exalt : to extol : to excite : to agitate — **exaltarse** *vr* : to get overexcited
ex–alumno → alumno
examen *nm, pl* **exámenes** : examination : test : consideration : investigation
examinar *v* : to examine : to inspect — **examinarse** *vr* : to take an exam
exánime *adj* : lifeless : exhausted
exasperante *adj* : exasperating
exasperar *v* : to exasperate : to irritate — **exasperación** *nf*
excavación *nf, pl* **-ciones** : excavation
excavadora *nf* : excavator
excavar *v* : to excavate : to dig
excedente[1] *adj* : excessive : excess : surplus
excedente[2] *nm* : surplus : excess
exceder *v* : to exceed : to surpass — **excederse** *vr* : to go too far
excelencia *nf* : excellence : excellency
excelente *adj* : excellent — **excelentemente** *adv*
excelso, -sa *adj* : lofty : sublime
excentricidad *nf* : eccentricity
excéntrico, -ca *adj & n* : eccentric
excepción *nf, pl* **-ciones** : exception
excepcional *adj* : exceptional : extraordinary : rare — **excepcionalmente** *adv*
excepto *prep* : except
exceptuar *v* : to except : to exclude
excesivo, -va *adj* : excessive — **excesivamente** *adv*
exceso *nm* : excess; **excesos** *nmpl* : excesses : abuses
excitabilidad *nf* : excitability
excitación *nf, pl* **-ciones** : excitement
excitante *adj* : exciting
excitar *v* : to excite : to arouse — **excitarse** *vr*
exclamación *nf, pl* **-ciones** : exclamation
exclamar *v* : to exclaim
excluir *v* : to exclude : to leave out
exclusión *nf, pl* **-siones** : exclusion
exclusividad *nf* : exclusiveness : exclusive rights *pl*
exclusivo, -va *adj* : exclusive — **exclusivamente** *adv*
excombatiente *nmf* : war veteran
excomulgar *v* : to excommunicate
excomunión *nf, pl* **-niones** : excommunication
excreción *nf, pl* **-ciones** : excretion
excremento *nm* : excrement
excretar *v* : to excrete
exculpar *v* : to exonerate : to exculpate — **exculpación** *nf*
excursión *nf, pl* **-siones** : excursion : outing
excursionista *nmf* : sightseer : tourist : hiker
excusa *nf* : excuse : apology
excusado *nm* : toilet
excusar *v* : to excuse : to exempt — **excusarse** *vr* : to apologize : to send one's regrets

execrable *adj* : detestable : abominable
exención *nf, pl* **-ciones** : exemption
exento, -ta *adj* : exempt : free
exequias *nfpl* : funeral rites
exesposa *or* **ex esposa** *nf* : ex-wife
exhalación *nf, pl* **-ciones** : exhalation : shooting star
exhalar *v* : to exhale : to give off
exhaustivo, -va *adj* : exhaustive — **exhaustivamente** *adv*
exhausto, -ta *adj* : exhausted : worn-out
exhibición *nf, pl* **-ciones** : exhibition : show : showing
exhibir *v* : to exhibit : to show : to display — **exhibirse** *vr*
exhortación *nf, pl* **-ciones** : exhortation
exhortar *v* : to exhort
exhumar *v* : to exhume — **exhumación** *nf*
exigencia *nf* : demand : requirement
exigente *adj* : demanding : exacting
exigir *v* : to demand : to require : to exact : to levy
exiguo, -gua *adj* : meager
exiliado[1], **-da** *adj* : exiled : in exile
exiliado[2], **-da** *n* : exile
exiliar *v* : to exile : to banish — **exiliarse** *vr* : to go into exile
exilio *nm* : exile
eximio, -mia *adj* : distinguished : eminent
eximir *v* : to exempt
existencia *nf* : existence; **existencias** *nfpl* : goods : stock
existente *adj* : existing : in existence : in stock
existir *v* : to exist
exitazo *nm* : big/huge success : big/huge hit : smash
éxito *nm* : success : hit
exitoso, -sa *adj* : successful — **exitosamente** *adv*
exmarido *or* **ex marido** *nm* : ex-husband
éxodo *nm* : exodus
exoneración *nf, pl* **-ciones** : exoneration : exemption
exonerar *v* : to exempt : to exonerate : to dismiss
exorbitante *adj* : exorbitant
exorcismo *nm* : exorcism — **exorcista** *nmf*
exorcizar *v* : to exorcise
exótico, -ca *adj* : exotic
expandir *v* : to expand — **expandirse** *vr* : to spread
expansión *nf, pl* **-siones** : expansion : spread : recreation : relaxation
expansionar *v* : to expand — **expansionarse** *vr* : to amuse oneself : to relax
expansivo, -va *adj* : expansive
expatriado, -da *adj & n* : expatriate
expatriar *v* : to expatriate : to exile — **expatriarse** *vr* : to emigrate : to go into exile
expectación *nf, pl* **-ciones** : expectation : anticipation
expectante *adj* : expectant
expectativa *nf* : expectation : hope; **expectativas** *nfpl* : prospects
expedición *nf, pl* **-ciones** : expedition
expediente *nm* : expedient : means : file : dossier : record
expedir *v* : to issue : to dispatch : to send
expedito, -ta *adj* : free : clear : quick : easy
expeler *v* : to expel : to eject
expendedor, -dora *n* : dealer : seller
expendio *nm* : store : shop
expensas *nfpl* : expenses : costs
experiencia *nf* : experience : experiment
experimentación *nf, pl* **-ciones** : experimentation
experimentado, -da *adj* : experienced
experimental *adj* : experimental
experimentar *v* : to experiment : to experiment with : to test out : to experience
experimento *nm* : experiment
experto, -ta *adj & n* : expert
expiación *nf, pl* **-ciones** : expiation : atonement
expiar *v* : to expiate : to atone for
expiración *nf, pl* **-ciones** : expiration
expirar *v* : to pass away : to die : to expire
explanada *nf* : terrace : courtyard : patio : seaside walk : boardwalk
explayar *v* : to extend — **explayarse** *vr* : to expound : to speak at length
explicable *adj* : explicable : explainable
explicación *nf, pl* **-ciones** : explanation
explicar *v* : to explain — **explicarse** *vr* : to understand : to explain oneself
explicativo, -va *adj* : explanatory
explicitar *v* : to state explicitly : to specify
explícito, -ta *adj* : explicit — **explícitamente** *adv*
exploración *nf, pl* **-ciones** : exploration
explorador, -dora *n* : explorer : scout
explorar *v* : to explore — **exploratorio, -ria** *adj*
explosión *nf, pl* **-siones** : explosion : outburst
explosionar *v* : to explode
explosivo, -va *adj* : explosive
explotación *nf, pl* **-ciones** : exploitation : operation : running
explotar *v* : to exploit : to operate : to run : to explode — **explotable** *adj*
exponencial *adj* : exponential — **exponencialmente** *adv*
exponente *nm* : exponent
exponer *v* : to exhibit : to show : to display : to explain : to present : to set forth : to expose : to risk
exportación *nf, pl* **-ciones** : exportation; **exportaciones** *nfpl* : exports

exportador, -dora *n* : exporter
exportar *v* : to export — **exportable** *adj*
exposición *nf, pl* **-ciones** : exposition : exhibition : exposure : presentation : statement
expósito, -ta *n* : foundling
expositor, -tora *n* : exhibitor : exponent
exprés[1] *adj* : express
exprés[2] *nms & pl* : express : express train : espresso
expresamente *adv* : expressly : on purpose
expresar *v* : to express — **expresarse** *vr*
expresión *nf, pl* **-siones** : expression
expresivo, -va *adj* : expressive : affectionate — **expresivamente** *adv*
expreso[1], **-sa** *adj* : express : specific
expreso[2] *nm* : express train : express : express mail
express → **exprés**
exprimidor *nm* : juicer
exprimir *v* : to squeeze : to exploit
expropiar *v* : to expropriate : to commandeer — **expropiación** *nf*
expuesto[1] *pp* → **exponer**
expuesto[2], **-ta** *adj* : exposed : hazardous : risky
expulsar *v* : to expel : to eject — **expulsarse** *vr*
expulsión *nf, pl* **-siones** : expulsion
expurgar *v* : to expurgate
expuso, etc. → **exponer**
exquisitez *nf, pl* **-teces** : exquisiteness : refinement : delicacy : special dish
exquisito, -ta *adj* : exquisite : delicious
extasiarse *vr* : to be in ecstasy : to be enraptured
éxtasis *nms & pl* : ecstasy : rapture : Ecstasy
extático, -ca *adj* : ecstatic
extemporáneo, -nea *adj* : unseasonable : untimely
extender *v* : to spread out : to stretch out : to broaden : to expand : to draw up : to write out — **extenderse** *vr* : to spread : to last
extendido, -da *adj* : outstretched : widespread : extended
extensamente *adv* : extensively : at length
extensible *adj* : extendable
extensión *nf, pl* **-siones** : extension : stretching : expanse : spread : extent : range : length : duration : extension cord
extensivamente *adv* : widely : broadly
extensivo, -va *adj* : extensive
extenso, -sa *adj* : extensive : detailed : spacious : vast
extenuar *v* : to exhaust : to tire out — **extenuarse** *vr* — **extenuante** *adj*
exterior[1] *adj* : exterior : external : foreign
exterior[2] *nm* : outside : abroad
exteriorizar *v* : to express : to reveal
exteriormente *adv* : outwardly
exterminador[1], **-dora** *adj* → **ángel**
exterminador[2], **-dora** *n* **exterminador, -dora de plagas** : exterminator
exterminar *v* : to exterminate — **exterminación** *nf*
exterminio *nm* : extermination
externalización *nf, pl* **-ciones** : outsourcing
externalizar *v* : to outsource
externar *v* : to express : to display
externo, -na *adj* : external : outward
extinción *nf, pl* **-ciones** : extinction
extinguidor *nm* : fire extinguisher
extinguir *v* : to extinguish : to put out : to wipe out — **extinguirse** *vr* : to go out : to fade out : to die out : to become extinct
extinto, -ta *adj* : extinct
extintor *nm* : extinguisher
extirpación *n, pl* **-ciones** : removal
extirpar *v* : to eradicate : to remove : to excise — **extirparse** *vr*
extorsión *nf, pl* **-siones** : extortion : harm : trouble
extorsionar *v* : to extort
extra[1] *adv* : extra
extra[2] *adj* : additional : extra : superior : top-quality
extra[3] *nmf* : extra
extra[4] *nm* : extra expense
extra- *pref* : extra-
extracción *nf, pl* **-ciones** : extraction
extracto *nm* : extract : abstract : summary
extractor *nm* : extractor
extracurricular *adj* : extracurricular
extradición *nf, pl* **-ciones** : extradition
extraditar *v* : to extradite
extraer *v* : to extract
extraído *pp* → **extraer**
extrajudicial *adj* : out-of-court
extrajudicialmente *adv* : out of court
extralimitarse *vr* : to go too far : to overstep one's bounds
extramatrimonial *adj* : extramarital
extranjero[1], **-ra** *adj* : foreign
extranjero[2], **-ra** *n* : foreigner
extranjero[3] *nm* : foreign countries *pl*
extrañamente *adv* : strangely : oddly
extrañamiento *nm* : amazement : surprise : wonder
extrañar *v* : to miss — **extrañarse** *vr* : to be surprised
extrañeza *nf* : strangeness : oddness : surprise
extraño[1], **-ña** *adj* : strange : odd : foreign
extraño[2], **-ña** *n* : stranger
extraoficial *adj* : unofficial — **extraoficialmente** *adv*
extraordinario, -ria *adj* : extraordinary — **extraordinariamente** *adv*

extrapolar *v* : to extrapolate — **extrapolación** *nf*
extrarradio *nm* : outskirts *pl*
extrasensorial *adj* : extrasensory
extraterrestre *adj & nmf* : extraterrestrial : alien
extravagancia *nf* : extravagance : flamboyance : outrageous or outlandish thing
extravagante *adj* : extravagant : flamboyant : outrageous : outlandish
extraviado, -da *adj* : lost : stray
extraviar *v* : to mislead : to lead astray : to misplace : to lose — **extraviarse** *vr* : to get lost : to go astray
extravío *nm* : loss : misconduct
extremado, -da *adj* : extreme — **extremadamente** *adv*
extremar *v* : to carry to extremes — **extremarse** *vr* : to do one's utmost
extremidad *nf* : extremity : tip : edge; **extremidades** *nfpl* : extremities
extremista *adj & nmf* : extremist
extremo[1], **-ma** *adj* : extreme : great : severe
extremo[2] *nm* : extreme : end
extrovertido[1], **-da** *adj* : extroverted : outgoing
extrovertido[2], **-da** *n* : extrovert
extrudir *v* : to extrude
exuberancia *nf* : exuberance : luxuriance : lushness
exuberante *adj* : exuberant : luxuriant — **exuberantemente** *adv*
exudar *v* : to exude
exultación *nf, pl* **-ciones** : exultation : elation
exultante *adj* : exultant : elated — **exultantemente** *adv*
exultar *v* : to exult : to rejoice
eyacular *v* : to ejaculate — **eyaculación** *nf*
eyección *nf, pl* **-ciones** : ejection : expulsion
eyectar *v* : to eject : to expel — **eyectarse** *vr*
fa *nm* : F : fa
fábrica *nf* : factory
fabricación *nf, pl* **-ciones** : manufacture
fabricante *nmf* : manufacturer
fabricar *v* : to manufacture : to make
fabril *adj* : industrial : manufacturing
fábula *nf* : fable : fabrication : fib
fabuloso, -sa *adj* : fabulous : fantastic : mythical : fabled
facción *nf, pl* **facciones** : faction; **facciones** *nfpl* : features
faceta *nf* : facet
facha *nf* : appearance : look
fachada *nf* : facade
facial *adj* : facial
fácil *adj* : easy : likely : probable
facilidad *nf* : facility : ease; **facilidades** *nfpl* : facilities : services; **facilidades** *nfpl* : opportunities
facilitar *v* : to make easier : to facilitate : to provide : to supply — **facilitador, -dora** *n*
fácilmente *adv* : easily : readily
facsímil *nm* : facsimile : copy : fax
factibilidad *nf* : feasibility
factible *adj* : feasible : practicable
factor[1], **-tora** *n* : agent : factor : baggage clerk
factor[2] *nm* : factor : element
factoría *nf* : factory
factura *nf* : making : manufacturing : bill : invoice
facturación *nf, pl* **-ciones** : invoicing : billing : check-in
facturar *v* : to bill : to invoice : to register : to check in
facultad *nf* : faculty : ability : authority : power : school
facultar *v* : to authorize : to empower
facultativo, -va *adj* : voluntary : optional : medical
faena *nf* : task : job : work
faenar *v* : to work : to labor : to fish
fagot *nm* : bassoon
Fahrenheit *adj* : Fahrenheit
faisán *nm, pl* **faisanes** : pheasant
faja *nf* : sash : belt : girdle : strip
fajar *v* : to wrap around : to hit : to thrash — **fajarse** *vr* : to put on a sash or girdle : to come to blows
fajín *nm, pl* **-jines** : sash : belt
fajo *nm* : bundle : sheaf
falacia *nf* : fallacy
falaz, -laza *adj, mpl* **falaces** : fallacious : false
falda *nf* : skirt : lap : side : slope
faldón *nm, pl* **-dones** : tail : full skirt : christening gown
falible *adj* : fallible
fálico, -ca *adj* : phallic
falla *nf* : flaw : defect : (geological) fault : fault : failing
fallar *v* : to fail : to go wrong : to rule : to miss : to pronounce judgment on
fallecer *v* : to pass away : to die
fallecido, -da *adj & n* : deceased
fallecimiento *nm* : demise : death
fallido, -da *adj* : failed : unsuccessful
fallo *nm* : sentence : judgment : verdict : error : fault
falo *nm* : phallus : penis
falsamente *adv* : falsely
falsear *v* : to falsify : to fake : to distort : to give way : to be out of tune
falsedad *nf* : falseness : hypocrisy : falsehood : lie
falsete *nm* : falsetto
falsificación *nf, pl* **-ciones** : counterfeit : forgery : falsification
falsificador, -dora *n* : counterfeiter : forger
falsificar *v* : to counterfeit : to forge : to falsify

falso, -sa *adj* : false : untrue : counterfeit : forged
falta *nf* : lack : defect : fault : error : absence : offense : misdemeanor : foul
faltar *v* : to be lacking : to be needed : to be absent : to be missing : to remain : to be left
faltante *nm* : shortage
falto, -ta *adj* ~ **de** : lacking : short of
fama *nf* : fame : reputation
famélico, -ca *adj* : starving : famished
familia *nf* : family
familiar[1] *adj* : familiar : familial : family : informal
familiar[2] *nmf* : relation : relative
familiaridad *nf* : familiarity : informality
familiarizar *v* : to familiarize — **familiarizarse** *vr*
famoso[1], **-sa** *adj* : famous
famoso[2], **-sa** *n* : celebrity
fan *nmf, pl* **fans** : fan
fanal *nm* : beacon : signal light : headlight
fanático, -ca *adj & n* : fanatic
fanatismo *nm* : fanaticism
fandango *nm* : fandango
fanfarria *nf* : (musical) fanfare : pomp : ceremony
fanfarrón[1], **-rrona** *adj, mpl* **-rrones** : bragging : boastful
fanfarrón[2], **-rrona** *n, mpl* **-rrones** : braggart
fanfarronada *nf* : boast : bluster
fanfarronear *v* : to brag : to boast
fango *nm* : mud : mire
fangoso, -sa *adj* : muddy
fantasear *v* : to fantasize : to daydream
fantasía *nf* : fantasy : imagination
fantasioso, -sa *adj* : fanciful
fantasma *nm* : ghost : phantom
fantasmagórico, -ca *adj* : ghostly : eerie
fantasmal *adj* : ghostly
fantástico, -ca *adj* : fantastic : imaginary : unreal : great
FAQ *nm, pl* **FAQs** : FAQ
farándula *nf* : show business : theater
faraón *nm, pl* **faraones** : pharaoh
fardo *nm* : bale : bundle
farfullar *v* : to jabber
faringe *nf* : pharynx
fariña *nf* : coarse manioc flour
farmacéutico[1], **-ca** *adj* : pharmaceutical
farmacéutico[2], **-ca** *n* : pharmacist
farmacia *nf* : drugstore : pharmacy
fármaco *nm* : medicine : drug
farmacología *nf* : pharmacology
faro *nm* : lighthouse : headlight
farol *nm* : streetlight : lantern : lamp : bluff : headlight
farola *nf* : lamppost : streetlight
farra *nf* : spree : revelry
fárrago *nm* : hodgepodge : jumble
farsa *nf* : farce : fake : sham
farsante *nmf* : charlatan : fraud : phony
fascículo *nm* : part
fascinación *nf, pl* **-ciones** : fascination
fascinante *adj* : fascinating
fascinar *v* : to fascinate : to charm : to captivate
fascismo *nm* : fascism
fascista *adj & nmf* : fascist
fase *nf* : phase : stage
fastidiar *v* : to annoy : to bother : to hassle : to bore : to be annoying or bothersome — **fastidiarse** *vr* : to put up with something
fastidio *nm* : annoyance : nuisance : hassle : boredom
fastidioso, -sa *adj* : annoying : bothersome : boring — **fastidiosamente** *adv*
fastuoso, -sa *adj* : lavish : luxurious
fatal *adj* : fatal : awful : terrible : fateful : unavoidable
fatalidad *nf* : fatality : misfortune : bad luck
fatalismo *nm* : fatalism
fatalista[1] *adj* : fatalistic
fatalista[2] *nmf* : fatalist
fatalmente *adv* : unavoidably : unfortunately
fatídico, -ca *adj* : fateful : momentous
fatiga *nf* : fatigue
fatigado, -da *adj* : weary : tired
fatigar *v* : to fatigue : to tire — **fatigarse** *vr* : to wear oneself out
fatigoso, -sa *adj* : fatiguing : tiring
fatuo, -tua *adj* : fatuous : vain
fauces *nfpl* : jaws *pl* : maw
faul *nm, pl* **fauls** : foul : foul ball
fauna *nf* : fauna
fausto *nm* : splendor : magnificence
favor *nm* : favor
favorable *adj* : favorable — **favorablemente** *adv*
favorecedor, -dora *adj* : becoming : flattering
favorecer *v* : to favor : to look well on : to suit
favorecido, -da *adj* : flattering : fortunate
favoritismo *nm* : favoritism
favorito, -ta *adj & n* : favorite
fax *nm* : fax : facsimile
fayuca *nf* : contraband : black market
faz *nf* : face : countenance : side
fe *nf* : faith : assurance : testimony : intention : will
fealdad *nf* : ugliness
febrero *nm* : February
febril *adj* : feverish — **febrilmente** *adv*
fecal *adj* : fecal
fecha *nf* : date
fechar *v* : to date : to put a date on
fechoría *nf* : misdeed
fécula *nf* : starch
fecundar *v* : to fertilize — **fecundación** *nf*

fecundidad *nf* : fecundity : fertility : productivity
fecundo, -da *adj* : fertile : fecund
federación *nf, pl* **-ciones** : federation
federal *adj* : federal
federalismo *nm* : federalism — **federalista** *adj & nmf*
federar *v* : to federate
fehaciente *adj* : reliable : irrefutable — **fehacientemente** *adv*
felicidad *nf* : happiness
felicitación *nf, pl* **-ciones** : congratulation : greeting card
felicitar *v* : to congratulate — **felicitarse** *vr* ~ **de** : to be glad about
feligrés, -gresa *n, mpl* **-greses** : parishioner
feligresía *nf* : parish
felino, -na *adj & n* : feline
feliz *adj, pl* **felices** : happy
felizmente *adv* : happily : fortunately : luckily
felonía *nf* : felony
felpa *nf* : terry cloth : plush
felpudo *nm* : doormat
femenil *adj* : women's : girls'
femenino, -na *adj* : feminine : women's : female
fémina *nf* : woman
femineidad *or* **feminidad** *nf* : femininity
feminismo *nm* : feminism
feminista *adj & nmf* : feminist
femoral *adj* : femoral
fémur *nm* : femur : thighbone
fenecer *v* : to die : to pass away : to come to an end : to cease
fénix *nm* : phoenix
fenomenal *adj* : phenomenal : fantastic : terrific — **fenomenalmente** *adv*
fenómeno *nm* : phenomenon : prodigy : genius
feo[1] *adv* : badly : bad
feo[2], **fea** *adj* : ugly : unpleasant : nasty
féretro *nm* : coffin : casket
feria *nf* : fair : market : festival : holiday : change
feriado, -da *adj* **día feriado** : public holiday
ferial *nm* : fairground
fermentar *v* : to ferment — **fermentación** *nf*
fermento *nm* : ferment
ferocidad *nf* : ferocity : fierceness
feroz *adj, pl* **feroces** : ferocious : fierce — **ferozmente** *adv*
férreo, -rrea *adj* : iron : strong : steely : strict : severe
ferretería *nf* : hardware store : hardware : foundry : ironworks
ferrocarril *nm* : railroad : railway
ferrocarrilero → ferroviario
ferroviario, -ria *adj* : rail : railroad
ferry *nm, pl* **ferrys** : ferry
fértil *adj* : fertile : fruitful
fertilidad *nf* : fertility
fertilizante[1] *adj* : fertilizing
fertilizante[2] *nm* : fertilizer
fertilizar *v* : to fertilize — **fertilización** *nf*
ferviente *adj* : fervent — **fervientemente** *adv*
fervor *nm* : fervor : zeal
fervoroso, -sa *adj* : fervent : zealous
festejar *v* : to celebrate : to entertain : to wine and dine : to thrash : to beat
festejo *nm* : celebration : festivity
festín *nm, pl* **festines** : banquet : feast
festinar *v* : to hasten : to hurry up
festival *nm* : festival
festividad *nf* : festivity : (religious) feast : holiday
festivo, -va *adj* : festive — **festivamente** *adv*
festón *nm, pl* **-tones** : scallop
fetal *adj* : fetal
fetiche *nm* : fetish
fétido, -da *adj* : fetid : foul
feto *nm* : fetus
feudal *adj* : feudal — **feudalismo** *nm*
fiabilidad *nf* : reliability : trustworthiness
fiable *adj* : trustworthy : reliable
fiado, -da *adj* : on credit
fiador, -dora *n* : bondsman : guarantor
fiambrería *nf* : delicatessen
fiambres *nmpl* : cold cuts
fianza *nf* : bail : bond : surety : deposit
fiar *v* : to sell on credit : to guarantee — **fiarse** *vr* ~ **de** : to place trust in
fiasco *nm* : fiasco : failure
fibra *nf* : fiber
fibroso, -sa *adj* : fibrous
ficción *nf, pl* **ficciones** : fiction : fabrication : lie
ficha *nf* : index card : file : record : token : domino : checker : counter : poker chip
fichaje *nm* : signing
fichar *v* : to open a file on : to sign up : to punch in : to punch out
fichero *nm* : card file : filing cabinet
ficticio, -cia *adj* : fictitious
fidedigno, -na *adj* : reliable : trustworthy
fideicomisario, -ria *n* : trustee
fideicomiso *nm* : trust
fidelidad *nf* : fidelity : faithfulness
fideo *nm* : noodle
fiduciario[1], **-ria** *adj* : fiduciary
fiduciario[2], **-ria** *n* : trustee
fiebre *nf* : fever : temperature : excitement
fiel[1] *adj* : faithful : loyal : accurate — **fielmente** *adv*
fiel[2] *nm* : pointer
fieltro *nm* : felt
fiera *nf* : wild animal : beast : fiend : demon
fiereza *nf* : fierceness : ferocity
fiero, -ra *adj* : fierce : ferocious
fierro *nm* : iron

fiesta *nf* : party : fiesta : holiday : feast day
figura *nf* : figure : shape : form : body shape
figuración *nf, pl* **-ciones** : imagining
figurado, -da *adj* : figurative — **figuradamente** *adv*
figurar *v* : to figure : to be included : to be prominent : to stand out : to represent — **figurarse** *vr* : to imagine : to think
fijación *nf, pl* **-ciones** : fixation : obsession : fixing : establishing : fastening : securing
fijador *nm* : hair spray
fijamente *adv* : fixedly
fijar *v* : to fasten : to affix : to establish : to set up : to set : to fix — **fijarse** *vr* : to settle : to become fixed : to notice
fijeza *nf* : firmness : persistence : constancy
fijo, -ja *adj* : fixed : firm : steady : permanent
fila *nf* : line : file : rank : row; **filas** *nfpl* : ranks
filamento *nm* : filament
filantropía *nf* : philanthropy
filantrópico, -ca *adj* : philanthropic
filántropo, -pa *n* : philanthropist
filarmónica *nf* : philharmonic
filatelia *nf* : philately : stamp collecting
fildeador, -dora *n* : fielder
filete *nm* : fillet : sirloin : thread
filiación *nf, pl* **-ciones** : affiliation : connection : particulars *pl* : description
filial[1] *adj* : filial
filial[2] *nf* : affiliate : subsidiary
filigrana *nf* : filigree : watermark
filipino, -na *adj & n* : Filipino
filmación *nf, pl* **-ciones** : filming : shooting
filmar *v* : to film : to shoot
filme *or* **film** *nm* : film : movie
filmoteca *nf* : film library
filo *nm* : cutting edge : blade : edge
filón *nm, pl* **filones** : seam : vein : successful business : gold mine
filoso, -sa *adj* : sharp
filosofar *v* : to philosophize
filosofía *nf* : philosophy
filosófico, -ca *adj* : philosophic : philosophical — **filosóficamente** *adv*
filósofo, -fa *n* : philosopher
filtración *nf, pl* **-ciones** : seeping : leaking
filtrar *v* : to filter — **filtrarse** *vr* : to seep through : to leak
filtro *nm* : filter
fin *nm* : end : purpose : aim : objective
finado, -da *adj & n* : deceased
final[1] *adj* : final : ultimate — **finalmente** *adv*
final[2] *nm* : end
final[3] *nf* : final : play-off
finalidad *nf* : purpose : aim : finality
finalista *nmf* : finalist
finalización *nf, pl* **-ciones** : completion : end
finalizar *v* : to finish : to end
financiación *nf, pl* **-ciones** : financing : funding
financiamiento *nm* → **financiación**
financiar *v* : to finance : to fund
financiero[1], **-ra** *adj* : financial
financiero[2], **-ra** *n* : financier
financista *nmf* : financier
finanzas *nfpl* : finances : finance
finca *nf* : farm : ranch : country house
fineza *nf* : refinement
fingido, -da *adj* : false : feigned
fingimiento *nm* : pretense
fingir *v* : to feign : to pretend
finiquitar *v* : to settle : to conclude : to bring to an end
finiquito *nm* : settlement
finito, -ta *adj* : finite
finja, etc. → **fingir**
finlandés, -desa *adj & n* : Finnish
fino[1], **-na** *adj* : fine : excellent : delicate : slender : refined : sharp : acute : subtle
fino[2] *nm* : dry sherry
finta *nf* : feint
fintar *or* **fintear** *v* : to feint
finura *nf* : fineness : high quality : refinement
fiordo *nm* : fjord
firma *nf* : signature : signing : firm : company
firmamento *nm* : firmament : sky
firmante *nmf* : signer : signatory
firmar *v* : to sign
firme *adj* : firm : resolute : steady : stable
firmemente *adv* : firmly
firmeza *nf* : firmness : stability : strength : resolve
fiscal[1] *adj* : fiscal — **fiscalmente** *adv*
fiscal[2] *nmf* : district attorney : prosecutor
fiscalizar *v* : to audit : to inspect : to oversee : to criticize
fisco *nm* : Treasury : Exchequer
fisgar *v* : to pry into : to snoop on
fisgón, -gona *n, mpl* **fisgones** : snoop : busybody
fisgonear *v* : to snoop : to pry
fisgue, etc. → **fisgar**
física *nf* : physics
físico[1], **-ca** *adj* : physical — **físicamente** *adv*
físico[2], **-ca** *n* : physicist
físico[3] *nm* : physique : figure
fisiología *nf* : physiology
fisiológico, -ca *adj* : physiological : physiologic
fisiólogo, -ga *n* : physiologist
fisión *nf, pl* **fisiones** : fission — **fisionable** *adj*

fisionomía → fisonomía
fisioterapeuta *nmf* : physical therapist
fisioterapia *nf* : physical therapy
fisonomía *nf* : physiognomy : features *pl*
fistol *nm* : tie clip
fisura *nf* : fissure : crevasse
flaccidez *nf* : limpness
fláccido, -da *or* **flácido, -da** *adj* : flaccid : flabby
flaco, -ca *adj* : thin : skinny : feeble : weak
flagelo *nm* : scourge : whip : calamity
flagrante *adj* : flagrant : glaring : blatant — **flagrantemente** *adv*
flama *nf* : flame
flamable *adj* : flammable
flamante *adj* : bright : brilliant : brand-new
flamear *v* : to flame : to blaze : to flap : to flutter
flamenco[1], **-ca** *adj* : flamenco : Flemish
flamenco[2], **-ca** *n* : Fleming : Flemish person
flamenco[3] *nm* : Flemish : flamingo : flamenco
flan *nm* : flan
flanco *nm* : flank : side
flanquear *v* : to flank
flaquear *v* : to flag : to weaken
flaqueza *nf* : frailty : feebleness : thinness : weakness : failing
flash *nm* : flash
flashback *nm, pl* **flashbacks** : flashback
flatulento, -ta *adj* : flatulent — **flatulencia** *nf*
flauta *nf* : flute
flautín *nm, pl* **flautines** : piccolo
flautista *nmf* : flute player : flutist
flecha *nf* : arrow
flechazo *nm* : love at first sight
fleco *nm* : bangs *pl* : fringe
flema *nf* : phlegm
flemático, -ca *adj* : phlegmatic : stolid : impassive
flequillo *nm* : bangs *pl*
fletar *v* : to charter : to hire : to load
flete *nm* : charter fee : shipping cost : freight : cargo
fletero *nm* : shipper : carrier
flexibilidad *nf* : flexibility
flexibilizar *v* : to make more flexible
flexible[1] *adj* : flexible
flexible[2] *nm* : flexible electrical cord : soft hat
flexión *nf, pl* **flexiones** : push-up : squat
flexionar *v* : to bend
flirtear *v* : to flirt
flojear *v* : to weaken : to flag : to idle : to loaf around
flojedad *nf* : weakness
flojera *nf* : lethargy : feeling of weakness : laziness
flojo, -ja *adj* : loose : slack : weak : poor : lazy
flor *nf* : flower
flora *nf* : flora
floración *nf, pl* **-ciones** : flowering
floral *adj* : floral
floreado, -da *adj* : flowered : flowery
florear *v* : to flower : to bloom : to adorn with flowers : to flatter : to compliment
florecer *v* : to bloom : to blossom : to flourish : to thrive
floreciente *adj* : flowering : flourishing : thriving
florecimiento *nm* : flowering
floreo *nm* : flourish
florería *nf* : flower shop : florist's
florero[1], **-ra** *n* : florist
florero[2] *nm* : vase
florete *nm* : foil
florido, -da *adj* : full of flowers : florid : flowery
florista *nmf* : florist
floristería → florería
floritura *nf* : frill : embellishment
flota *nf* : fleet
flotabilidad *nf* : buoyancy
flotación *nf, pl* **-ciones** : flotation
flotador *nm* : float : life preserver
flotante *adj* : floating : buoyant
flotar *v* : to float
flote *nm* **a ~** : afloat
flotilla *nf* : flotilla : fleet
fluctuar *v* : to fluctuate : to vacillate — **fluctuación** *nf* — **fluctuante** *adj*
fluidez *nf* : fluency : fluidity
fluido[1], **-da** *adj* : flowing : fluent : fluid
fluido[2] *nm* : fluid
fluir *v* : to flow
flujo *nm* : flow : discharge
flúor *nm* : fluorine
fluorescencia *nf* : fluorescence — **fluorescente** *adj*
fluorescente *nm* : fluorescent light — **fluorescente** *adj*
fluoruro *nm* : fluoride
fluye, etc. → fluir
fobia *nf* : phobia
foca *nf* : seal
focal *adj* : focal
foco *nm* : focus : center : pocket : lightbulb : spotlight : headlight
fofo, -fa *adj* : soft : spongy : flabby
fogata *nf* : campfire : bonfire
fogón *nm, pl* **fogones** : bonfire : campfire : burner : stove : fireplace
fogonazo *nm* : flash : explosion
fogoso, -sa *adj* : ardent
foguear *v* : to inure : to accustom
foja *nf* : sheet
folículo *nm* : follicle
folio *nm* : folio : leaf
folk *nm* : folk — **folk** *adj*
folklore *nm* : folklore
folklórico, -ca *adj* : folk : traditional
follaje *nm* : foliage
folleto *nm* : pamphlet : leaflet : circular

follón *nm, pl* **follones** : commotion : fuss : mess
fomentar *v* : to foment : to stir up : to promote : to foster
fomento *nm* : promotion : encouragement
fonda *nf* : inn : small restaurant
fondeado, -da *adj* : rich : in the money
fondear *v* : to sound : to sound out : to examine : to fund : to finance : to anchor — **fondearse** *vr* : to get rich
fondeo *nm* : anchoring : funding : financing
fondillos *mpl* : seat : bottom
fondista *nmf* : long-distance runner
fondo *nm* : bottom : rear : back : end : depth : background : content : slip : petticoat : fund; **fondos** *nmpl* : funds : resources
fondue *nf* : fondue
fonema *nm* : phoneme
fonética *nf* : phonetics
fonético, -ca *adj* : phonetic
fontanería *nf* : plumbing
fontanero, -ra *n* : plumber
footing *nm* : jogging
forajido, -da *n* : bandit : fugitive : outlaw
foráneo, -nea *adj* : foreign : strange
forastero, -ra *n* : stranger : outsider
forcejear *v* : to struggle
forcejeo *nm* : struggle
fórceps *nms & pl* : forceps *pl*
forense[1] *adj* : forensic : legal
forense[2] *nmf* : forensic scientist
forestal *adj* : forest
forja *nf* : forge
forjar *v* : to forge : to shape : to create : to invent : to concoct
forma *nf* : form : shape : manner : way : fitness; **formas** *nfpl* : appearances : conventions
formación *nf, pl* **-ciones** : formation : training
formal *adj* : formal : serious : dignified : dependable : reliable
formaldehído *nm* : formaldehyde
formalidad *nf* : formality : seriousness : dignity : reliability
formalizar *v* : to formalize : to make official
formalmente *adv* : formally
formar *v* : to form : to make : to make up : to constitute : to train : to educate — **formarse** *vr* : to develop : to take shape : to be educated
formatear *v* : to format
formativo, -va *adj* : formative
formato *nm* : format
formidable *adj* : formidable : tremendous : fantastic : terrific
formón *nm, pl* **formones** : chisel
fórmula *nf* : formula
formulación *nf, pl* **-ciones** : formulation
formular *v* : to formulate : to draw up : to make : to lodge
formulario *nm* : form
fornicar *v* : to fornicate — **fornicación** *nf*
fornido, -da *adj* : well-built : burly : hefty
foro *nm* : forum : public assembly : open discussion
forraje *nm* : fodder : foraging : hodgepodge
forrajear *v* : to forage
forrar *v* : to line : to cover
forro *nm* : lining : book cover
forsitia *nf* : forsythia
fortalecer *v* : to strengthen : to fortify — **fortalecerse** *vr*
fortalecimiento *nm* : strengthening : fortifying : fortifications
fortaleza *nf* : fortress : strength : resolution : fortitude
fortificación *nf, pl* **-ciones** : fortification
fortificar *v* : to fortify : to strengthen
fortín *nm, pl* **fortines** : small fort
fortuito, -ta *adj* : fortuitous
fortuna *nf* : fortune : luck : wealth
forúnculo *nm* : boil
forzado, -da *adj* : forced
forzar *v* : to force : to compel : to force open : to strain
forzosamente *adv* : forcibly : by force : necessarily : inevitably
forzoso, -sa *adj* : forced : compulsory : necessary : inevitable
fosa *nf* : ditch : pit : grave : cavity
fosfato *nm* : phosphate
fosforescencia *nf* : phosphorescence — **fosforescente** *adj*
fósforo *nm* : match : phosphorus
fósil[1] *adj* : fossilized : fossil
fósil[2] *nm* : fossil
fosilizar *v* : to fossilize — **fosilizarse** *vr*
foso *nm* : ditch : pit : moat
foto *nf* : photo : picture
fotocopia *nf* : photocopy — **fotocopiar** *v*
fotocopiadora *nf* : photocopier
fotoeléctrico, -ca *adj* : photoelectric
fotogénico, -ca *adj* : photogenic
fotografía *nf* : photograph : photography
fotografiar *v* : to photograph
fotográfico, -ca *adj* : photographic — **fotográficamente** *adv*
fotógrafo, -fa *n* : photographer
fotosíntesis *nf* : photosynthesis
foul *nm, pl* **fouls** : foul
frac *nm, pl* **fracs** : tailcoat : tails *pl*
fracasado[1], **-da** *adj* : unsuccessful : failed
fracasado[2], **-da** *n* : failure
fracasar *v* : to fail : to fall through
fracaso *nm* : failure
fracción *nf, pl* **fracciones** : fraction : part : fragment : faction : splinter group
fraccionamiento *nm* : division : breaking up : residential area : housing development
fraccionar *v* : to divide : to break up

fraccionario, -ria *adj* : fractional
fracking *nm* : fracking
fractura *nf* : fracture
fracturación hidráulica *nf* → **fracking**
fracturar *v* : to fracture — **fracturarse** *vr*
fragancia *nf* : fragrance : scent
fragante *adj* : fragrant
fragata *nf* : frigate
frágil *adj* : fragile : frail : delicate
fragilidad *nf* : fragility : frailty : delicacy
fragmentar *v* : to fragment — **fragmentación** *nf*
fragmentario, -ria *adj* : fragmentary
fragmento *nm* : fragment : shard : bit : snippet : excerpt : passage
fragor *nm* : clamor : din : roar
fragua *nf* : forge
fraguar *v* : to forge : to conceive : to concoct : to hatch : to set : to solidify
fraile *nm* : friar : monk
frambuesa *nf* : raspberry
francamente *adv* : frankly : candidly : really
francés[1], **-cesa** *adj, mpl* **franceses** : French
francés[2], **-cesa** *n, mpl* **franceses** : French person : Frenchman *m* : Frenchwoman *f*
francés[3] *nm* : French
franciscano, -na *adj & n* : Franciscan
francmasón, -sona *n, mpl* **-sones** : Freemason — **francmasonería** *nf*
franco[1], **-ca** *adj* : frank : candid : clear : obvious : free
franco[2] *nm* : franc
francotirador, -dora *n* : sniper
franela *nf* : flannel
franja *nf* : stripe : band : border : fringe
franquear *v* : to clear : to cross : to go through : to pay the postage on
franqueo *nm* : postage
franqueza *nf* : frankness
franquicia *nf* : exemption : franchise
frasco *nm* : small bottle : flask : vial
frase *nf* : phrase : sentence
frasear *v* : to phrase
fraternal *adj* : fraternal : brotherly
fraternidad *nf* : brotherhood : fraternity
fraternizar *v* : to fraternize — **fraternización** *nf*
fraterno, -na *adj* : fraternal : brotherly
fraude *nm* : fraud
fraudulento, -ta *adj* : fraudulent — **fraudulentamente** *adv*
fray *nm* : brother
frazada *nf* : blanket
frecuencia *nf* : frequency
frecuentar *v* : to frequent : to haunt
frecuente *adj* : frequent — **frecuentemente** *adv*
freelance[1] *adj, pl* **freelance** : freelance
freelance[2] *nmf* : freelancer
fregadero *nm* : kitchen sink
fregado[1], **-da** *adj* : annoying : bothersome
fregado[2] *nm* : scrubbing : scouring : mess : muddle
fregar *v* : to scrub : to scour : to wash : to annoy : to wash the dishes : to clean : to be annoying
fregona *nf* : mop
freidera *nf* : frying pan
freír *v* : to fry — **freírse** *vr*
fréjol → **frijol**
frenado *nm* : braking
frenar *v* : to brake : to curb : to check : to apply the brakes — **frenarse** *vr* : to restrain oneself
frenazo *nm* : sudden stop
frenesí *nm, pl* **-síes** : frenzy
frenético, -ca *adj* : frantic : frenzied — **frenéticamente** *adv*
freno *nm* : brake : bit : check : restraint; **frenos** *nmpl* : braces
frente[1] *nm* : front : facade : front line
frente[2] *nf* : forehead : brow
fresa *nf* : strawberry : drill
fresco[1], **-ca** *adj* : fresh : cool : insolent : nervy
fresco[2] *nm* : coolness : fresh air : fresco
frescor *nm* : cool air
frescura *nf* : freshness : coolness : calmness : nerve : audacity
fresno *nm* : ash
frialdad *nf* : coldness : indifference
fríamente *adv* : coldly : indifferently
fricción *nf, pl* **fricciones** : friction : rubbing : massage : discord : disagreement
friccionar *v* : to rub : to massage
friega[1], **friegue, etc.** → **fregar**
friega[2] *nf* : massage : annoyance : bother
frigidez *nf* : (sexual) frigidity
frigorífico *nm* : refrigerator
frijol *nm* : bean
frío[1], **fría** *adj* : cold : cool : indifferent : shocked : stunned
frío[2] *nm* : cold : coldness : indifference
friolento, -ta *adj* : sensitive to cold
friolera *nf* : trifling amount
friolero, -ra → **friolento**
friso *nm* : frieze
fritar *v* : to fry
frito[1] *pp* → **freír**
frito[2], **-ta** *adj* : fried : worn-out : fed up : fast asleep : done for : in trouble
fritura *nf* : frying : fried food
frivolidad *nf* : frivolity
frívolo, -la *adj* : frivolous — **frívolamente** *adv*
fronda *nf* : frond; **frondas** *nfpl* : foliage
frondoso, -sa *adj* : leafy : luxuriant
frontal *adj* : frontal : head-on
frontalmente *adv* : head-on
frontera *nf* : border : frontier
fronterizo, -za *adj* : border : on the border
frontón *nm, pl* **frontones** : jai alai : jai alai court

frotar *v* : to rub : to strike — **frotarse** *vr* : to rub
frote *nm* : rubbing : rub
fructífero, -ra *adj* : fruitful : productive
fructificar *v* : to bear or produce fruit : to be productive
fructuoso, -sa *adj* : fruitful
frugal *adj* : frugal : thrifty — **frugalmente** *adv*
frugalidad *adj* : frugality
fruncido *nm* : gathering
fruncir *v* : to gather
frunza, etc. → **fruncir**
frustración *nf, pl* **-ciones** : frustration
frustrado, -da *adj* : frustrated : failed : unsuccessful
frustrante *adj* : frustrating
frustrar *v* : to frustrate : to thwart — **frustrarse** *vr* : to fail : to come to nothing
fruta *nf* : fruit
frutal[1] *adj* : fruit : fruit-bearing
frutal[2] *nm* : fruit tree
frutería *nf* : fruit store
frutero[1], **-ra** *n* : fruit seller
frutero[2] *nm* : fruit bowl
frutilla *nf* : South American strawberry
fruto *nm* : fruit : result
fucsia *adj & nm* : fuchsia
fue, etc. → **ir, ser**
fuego *nm* : fire : light : flame : burner : ardor : passion : skin eruption : cold sore
fuelle *nm* : bellows
fuente *nf* : spring : fountain : source : platter : serving dish
fuera *adv* : outside : out : abroad : away
fuerce, fuerza, etc. → **forzar**
fuero *nm* : jurisdiction : privilege : exemption
fuerte[1] *adv* : strongly : tightly : hard : loudly : abundantly
fuerte[2] *adj* : strong : sturdy : intense : powerful : heavy : sharp : marked : loud : extreme : excessive — **fuertemente** *adv*
fuerte[3] *nm* : fort : stronghold : forte : strong point
fuerza *nf* : strength : force : power : (natural) force
fuerza centrífuga *nf* : centrifugal force
fuete *nm* : riding crop
fuga *nf* : flight : escape : fugue : leak
fugarse *vr* : to escape : to flee : to run away : to elope
fugaz *adj, pl* **fugaces** : brief : fleeting
fugitivo, -va *adj & n* : fugitive
fulano, -na *n* : so-and-so : what's-his-name : what's-her-name
fulcro *nm* : fulcrum
fulgor *nm* : brilliance : splendor
fulminante *adj* : devastating : terrible
fulminar *v* : to strike down
fumador, -dora *n* : smoker
fumar *v* : to smoke
fumble *nm* : fumble
fumblear *v* : to fumble
fumigar *v* : to fumigate — **fumigación** *nf* — **fumigador, -dora** *n*
función *nf, pl* **funciones** : function : duty : performance : show
funcional *adj* : functional — **funcionalmente** *adv*
funcionamiento *nm* : functioning
funcionar *v* : to function : to run : to work
funcionario, -ria *n* : civil servant : official
funda *nf* : case : cover : sheath : pillowcase
fundación *nf, pl* **-ciones** : foundation : establishment
fundado, -da *adj* : well-founded : justified
fundador, -dora *n* : founder
fundamental *adj* : fundamental : basic — **fundamentalmente** *adv*
fundamentalismo *nm* : fundamentalism — **fundamentalista** *nmf*
fundamentar *v* : to lay the foundations for : to support : to back up : to base : to found
fundamento *nm* : basis : foundation : groundwork
fundar *v* : to found : to establish : to base — **fundarse** *vr* ~ **en** : to be based on : to stem from
fundición *nf, pl* **-ciones** : founding : smelting : foundry
fundir *v* : to melt down : to smelt : to fuse : to merge : to burn out — **fundirse** *vr* : to fuse together : to blend : to melt : to thaw : to fade
fúnebre *adj* : funeral : funereal : gloomy : mournful
funeral[1] *adj* : funeral
funeral[2] *nm* : funeral; **funerales** *nmpl* : funeral rites
funeraria *nf* : funeral home : funeral parlor
funerario, -ria *adj* : funeral
funesto, -ta *adj* : terrible : disastrous
fungicida *nm* : fungicide
fungir *v* : to act : to function
funicular *nm* : cable car
funja, etc. → **fungir**
furgón *nm, pl* **furgones** : van : truck : freight car : boxcar
furgoneta *nf* : van
furia *nf* : fury : rage : violence
furibundo, -da *adj* : furious
furiosamente *adv* : furiously : frantically
furioso, -sa *adj* : furious : irate : intense : violent
furor *nm* : fury : rage : violence : passion : frenzy : enthusiasm
furtivo, -va *adj* : furtive — **furtivamente** *adv*
fuselaje *nm* : fuselage

fusible *nm* : (electrical) fuse
fusil *nm* : rifle
fusilar *v* : to shoot : to execute : to plagiarize : to pirate
fusilería *nf* : rifles *pl* : rifle fire
fusión *nf, pl* **fusiones** : fusion : union : merger
fusionar *v* : to fuse : to merge : to amalgamate — **fusionarse** *vr*
fusta *nf* : riding crop
fuste *nm* : shaft
fustigar *v* : to whip : to lash : to upbraid : to berate
futbol *or* **fútbol** *nm* : soccer
futbolista *nmf* : soccer player
fútbol sala *nm* : indoor soccer
futesa *nf* : small thing : trifle; **futesas** *nfpl* : small talk
fútil *adj* : trifling : trivial
futón *nm, pl* **-tones** : futon
futurista *adj* : futuristic
futuro[1], **-ra** *adj* : future
futuro[2] *nm* : future
gabán *nm, pl* **gabanes** : topcoat : overcoat
gabardina *nf* : gabardine : trench coat : raincoat
gabarra *nf* : barge
gabinete *nm* : cabinet : study : office : (professional) office
gablete *nm* : gable
gabonés, -nesa *adj & n, mpl* **-neses** : Gabonese
gacela *nf* : gazelle
gaceta *nf* : gazette : newspaper
gachas *nfpl* : porridge
gacho, -cha *adj* : drooping : turned downward : nasty : awful
gaélico[1], **-ca** *adj* : Gaelic
gaélico[2] *nm* : Gaelic
gafas *nfpl* : eyeglasses : glasses
gafe *nm* : jinx : bad luck
gaita *nf* : bagpipes *pl*
gajes *nmpl* **gajes del oficio** : occupational hazards
gajo *nm* : broken branch : cluster : bunch : segment
gala *nf* : gala; **galas** *nfpl* : finery : attire
galáctico, -ca *adj* : galactic
galán *nm, pl* **galanes** : ladies' man : gallant : leading man : hero : boyfriend : suitor
galano, -na *adj* : elegant : mottled
galante *adj* : gallant : attentive — **galantemente** *adv*
galantear *v* : to court : to woo : to flirt with
galanteo *nm* : courtship : flirtation : flirting
galantería *nf* : gallantry : attentiveness : compliment
galápago *nm* : aquatic turtle
galardón *nm, pl* **-dones** : award : prize
galardonado, -da *adj* : prizewinning
galardonar *v* : to give an award to
galaxia *nf* : galaxy
galeno *nm* : physician : doctor
galeón *nm, pl* **galeones** : galleon
galera *nf* : galley
galería *nf* : gallery : balcony : corridor : passage
galerón *nm, pl* **-rones** : large hall
galés[1], **-lesa** *adj* : Welsh
galés[2], **-lesa** *n, mpl* **galeses** : Welshman *m* : Welshwoman *f*
galés[3] *nm* : Welsh
galgo *nm* : greyhound
galimatías *nms & pl* : gibberish : nonsense
galio *nm* : gallium
gallardete *nm* : pennant : streamer
gallardía *nf* : bravery : elegance : gracefulness
gallardo, -da *adj* : brave : elegant : graceful
gallear *v* : to show off : to strut around
gallego[1], **-ga** *adj* : Galician : Spanish
gallego[2], **-ga** *n* : Galician : Spaniard
galleta *nf* : cookie : cracker
gallina *nf* : hen
gallinazo *nm* : vulture : buzzard
gallinero *nm* : chicken coop
gallito, -ta *adj* : cocky : belligerent
gallo *nm* : rooster : cock : squeak or crack in the voice : serenade
galochas *nfpl* : galoshes
galón *nm, pl* **galones** : gallon : stripe
galopada *nf* : gallop
galopante *adj* : galloping
galopar *v* : to gallop
galope *nm* : gallop
galpón *nm, pl* **galpones** : shed : storehouse
galvanizar *v* : to galvanize — **galvanización** *nf*
gama *nf* : range : spectrum : gamut
gamba *nf* : large shrimp : prawn
gamberrada *nf* : act of vandalism : crude thing
gamberro, -rra *n* : hooligan : troublemaker
gambiano, -na *adj & n* : Gambian
gambito *nm* : gambit
gamo, -ma *n* : fallow deer
gamuza *nf* : suede : chamois
gana *nf* : desire : inclination
ganadería *nf* : cattle raising : cattle ranch : cattle *pl* : livestock
ganadero[1], **-ra** *adj* : cattle : ranching
ganadero[2], **-ra** *n* : rancher
ganado *nm* : cattle *pl* : livestock
ganador[1], **-dora** *adj* : winning
ganador[2], **-dora** *n* : winner
ganancia *nf* : profit; **ganancias** *nfpl* : winnings : gains
ganancioso, -sa *adj* : profitable
ganar *v* : to win : to gain : to earn : to acquire : to obtain : to profit — **ganarse** *vr* : to deserve

ganchillo *nm* : crochet hook
gancho *nm* : hook : clothes hanger : hairpin : bobby pin : safety pin
gandul[1] *nm* : pigeon pea
gandul[2], **-dula** *n* : idler : lazybones
gandulear *v* : to idle : to loaf : to lounge about
ganga *nf* : bargain
ganglio *nm* : ganglion : gland
gangrena *nf* : gangrene — **gangrenoso, -sa** *adj*
gángster *nmf, pl* **gángsters** : gangster
gansada *nf* : silly thing : nonsense
ganso, -sa *n* : goose : gander *m* : idiot : fool
gañido *nm* : yelp
gañir *v* : to yelp
garabatear *v* : to scribble : to scrawl : to doodle
garabato *nm* : doodle; **garabatos** *nmpl* : scribble : scrawl
garaje *nm* : garage
garante *nmf* : guarantor
garantía *nf* : guarantee : warranty : security
garantizar *v* : to guarantee
garapiña *nf* : pineapple drink
garapiñar *v* : to candy
garbanzo *nm* : chickpea
garbo *nm* : grace : poise : jauntiness
garboso, -sa *adj* : graceful : elegant : stylish
garceta *nf* : egret
gardenia *nf* : gardenia
garfio *nm* : hook : gaff
gargajo *nm* : phlegm
garganta *nf* : throat : neck : ravine : narrow pass
gargantilla *nf* : choker : necklace
gárgara *nf* : gargle : gargling
gargarizar *v* : to gargle
gárgola *nf* : gargoyle
garita *nf* : cabin : hut : sentry box : lookout post
garito *nm* : gambling hall
garoso, -sa *adj* : gluttonous : greedy
garra *nf* : claw : hand : paw; **garras** *nfpl* : claws : clutches
garrafa *nf* : decanter : carafe
garrafal *adj* : terrible : monstrous
garrafón *nm, pl* **-fones** : large decanter : large bottle
garrapata *nf* : tick
garrobo *nm* : large lizard : iguana
garrocha *nf* : lance : pike : pole
garrotazo *nm* : blow
garrote *nm* : club : stick : brake
garúa *nf* : drizzle
garuar *v impers* : to drizzle
garza *nf* : heron
garzón, -zona *n, mpl* **-zones** : waiter *m* : waitress *f*
gas *nm* : gas : vapor : fumes *pl*
gasa *nf* : gauze
gasear *v* : to gas : to aerate
gaseosa *nf* : soda : soft drink
gaseoso, -sa *adj* : gaseous : carbonated : fizzy
gasfitería *nf* : plumbing
gasfitero, -ra *n* : plumber
gasoducto *nm* : gas pipeline
gasoil *nm* : diesel oil : fuel oil
gasóleo → gasoil
gasolina *nf* : gasoline : gas
gasolinera *nf* : gas station : service station
gastado, -da *adj* : spent : worn : worn-out
gastador[1], **-dora** *adj* : extravagant : spendthrift
gastador[2], **-dora** *n* : spendthrift
gastar *v* : to spend : to consume : to use up : to squander : to waste : to wear — **gastarse** *vr* : to expend : to run down : to wear out
gasto *nm* : expense : expenditure : wear
gástrico, -ca *adj* : gastric
gastronomía *nf* : gastronomy
gastronómico, -ca *adj* : gastronomic
gastrónomo, -ma *n* : gourmet
gatas *adv* **andar a gatas** : to crawl : to go on all fours
gatear *v* : to crawl : to climb : to clamber
gatillero *nm* : gunman
gatillo *nm* : trigger
gatito, -ta *n* : kitten
gato[1], **-ta** *n* : cat
gato[2] *nm* : jack
gauchada *nf* : favor : kindness
gaucho *nm* : gaucho
gaveta *nf* : drawer : till
gavilán *nm, pl* **-lanes** : sparrow hawk
gavilla *nf* : gang : band : sheaf
gaviota *nf* : gull : seagull
gay *adj* : gay
gaza *nf* : loop
gazapo *nm* : young rabbit : misprint : error
gazmoñería *nf* : prudery : primness
gazmoño[1], **-ña** *adj* : prudish : prim
gazmoño[2], **-ña** *n* : prude : prig
gaznate *nm* : throat : gullet
gazpacho *nm* : gazpacho
géiser *or* **géyser** *nm* : geyser
gel *nm* : gel
gelatina *nf* : gelatin
gélido, -da *adj* : icy : freezing cold
gelificarse *vr* : to jell
gema *nf* : gem
gemelo[1], **-la** *adj & n* : twin
gemelo[2] *nm* : cuff link; **gemelos** *nmpl* : binoculars
gemido *nm* : moan : groan : wail
Géminis[1] *nm* : Gemini
Géminis[2] *nmf* : Gemini
gemir *v* : to moan : to groan : to wail
gen *or* **gene** *nm* : gene
gendarme *nmf* : police officer : policeman *m* : policewoman *f*

gendarmería *nf* : police
genealogía *nf* : genealogy
genealógico, -ca *adj* : genealogical
generación *nf, pl* **-ciones** : generation : generating : creating : class
generacional *adj* : generation : generational
generador *nm* : generator
general[1] *adj* : general
general[2] *nmf* : general
generalidad *nf* : generality : generalization : majority
generalización *nf, pl* **-ciones** : generalization : escalation : spread
generalizado, -da *adj* : generalized : widespread
generalizar *v* : to generalize : to spread : to spread out — **generalizarse** *vr* : to become widespread
generalmente *adv* : usually : generally
generar *v* : to generate — **generarse** *vr*
genérico, -ca *adj* : generic
género *nm* : genre : class : kind : gender; **géneros** *nmpl* : goods : commodities
generosidad *nf* : generosity
generoso, -sa *adj* : generous : unselfish : ample — **generosamente** *adv*
genética *nf* : genetics
genético, -ca *adj* : genetic — **genéticamente** *adv*
genetista *nmf* : geneticist
genial *adj* : genial : pleasant : brilliant : fantastic : terrific
genialidad *nf* : genius : stroke of genius : eccentricity
genio *nm* : genius : temper : disposition : genie
genital *adj* : genital
genitales *nmpl* : genitals
genocidio *nm* : genocide
gente *nf* : people : relatives *pl* : folks *pl*
gentil[1] *adj* : kind : gentile
gentil[2] *nmf* : gentile
gentileza *nf* : kindness : courtesy
gentilicio, -cia *adj* : national : tribal : family
gentilmente *adv* : kindly
gentío *nm* : crowd : mob
gentuza *nf* : riffraff : rabble
genuflexión *nf, pl* **-xiones** : genuflection
genuino, -na *adj* : genuine — **genuinamente** *adv*
geografía *nf* : geography
geográfico, -ca *adj* : geographic : geographical — **geográficamente** *adv*
geógrafo, -fa *n* : geographer
geología *nf* : geology
geológico, -ca *adj* : geologic : geological — **geológicamente** *adv*
geólogo, -ga *n* : geologist
geometría *nf* : geometry
geométrico, -ca *adj* : geometric : geometrical — **geométricamente** *adv*
geopolítico, -ca *adj* : geopolitical
georgiano, -na *adj & n* : Georgian
geranio *nm* : geranium
gerbo *nm* : gerbil
gerencia *nf* : management : administration
gerencial *adj* : managerial
gerente *nmf* : manager : director
geriatría *nf* : geriatrics
geriátrico, -ca *adj* : geriatric
germanio *nm* : germanium
germano, -na *adj* : Germanic : German
germen *nm, pl* **gérmenes** : germ
germicida *nf* : germicide
germinación *nf, pl* **-ciones** : germination
germinar *v* : to germinate : to sprout
gerundio *nm* : gerund
gesta *nf* : deed : exploit
gestación *nf, pl* **-ciones** : gestation
gesticular *v* : to gesticulate — **gesticulación** *nf*
gestión *nf, pl* **gestiones** : procedure : step : management; **gestiones** *nfpl* : negotiations
gestionar *v* : to negotiate : to work towards : to manage : to handle
gesto *nm* : gesture : facial expression : grimace
gestor[1], **-tora** *adj* : facilitating : negotiating : managing
gestor[2], **-tora** *n* : facilitator : manager
géyser → géiser
ghanés, -nesa *adj & n, mpl* **ghaneses** : Ghanaian
ghetto → gueto
giba *nf* : hump
gibón *nm, pl* **gibones** : gibbon
giboso, -sa *adj* : hunchbacked : humpbacked
giga[1] *nf* : jig
giga[2] *nmf* : gig : gigabyte
gigabyte *nm* : gigabyte
gigante[1] *adj* : giant : gigantic
gigante[2], **-ta** *n* : giant
gigantesco, -ca *adj* : gigantic : huge
gime, etc. → gemir
gimnasia *nf* : gymnastics
gimnasio *nm* : gymnasium : gym
gimnasta *nmf* : gymnast
gimnástico, -ca *adj* : gymnastic
gimotear *v* : to whine : to whimper
gimoteo *nm* : whimpering
ginebra *nf* : gin
ginecología *nf* : gynecology
ginecológico, -ca *adj* : gynecologic : gynecological
ginecólogo, -ga *n* : gynecologist
ginseng *nm* : ginseng
gira *nf* : tour
giralda *nf* : weather vane
girar *v* : to turn around : to revolve : to swing around : to swivel : to turn : to twist : to rotate : to draft : to transfer

girasol *nm* : sunflower
giratorio, -ria *adj* : revolving
giro *nm* : turn : rotation : change of direction
giroscopio *or* **giróscopo** *nm* : gyroscope
gis *nm* : chalk
glacial *adj* : glacial : icy — **glacialmente** *adv*
glaciar *nm* : glacier
gladiador *nm* : gladiator
gladiolo *or* **gladíolo** *nm* : gladiolus
glamping *nm* : glamping
glándula *nf* : gland — **glandular** *adj*
glaseado *nm* : glaze : icing
glasear *v* : to glaze
glaucoma *nm* : glaucoma
glena *nf* : socket
glicerina *nf* : glycerin
glicinia *nf* : wisteria
global *adj* : global : worldwide : full : comprehensive : total : overall
globalizar *v* : to include : to encompass : to extend worldwide — **globalización** *nf*
globalmente *adv* : globally : as a whole
globo *nm* : globe : sphere : balloon
glóbulo *nm* : globule : blood cell : corpuscle
gloria *nf* : glory : fame : renown : delight : enjoyment : star : legend
glorieta *nf* : rotary : traffic circle : bower : arbor : gazebo
glorificar *v* : to glorify — **glorificación** *nf*
glorioso, -sa *adj* : glorious — **gloriosamente** *adv*
glosa *nf* : gloss : annotation : commentary
glosar *v* : to gloss : to annotate : to comment on
glosario *nm* : glossary
glotón[1], **-tona** *adj, mpl* **glotones** : gluttonous
glotón[2], **-tona** *n, mpl* **glotones** : glutton
glotón[3] *nm, pl* **glotones** : wolverine
glotonería *nf* : gluttony
glucosa *nf* : glucose
glutinoso, -sa *adj* : glutinous
gnomo *nm* : gnome
gobernación *nf, pl* **-ciones** : governing : government
gobernador, -dora *n* : governor
gobernante[1] *adj* : ruling : governing
gobernante[2] *nmf* : ruler : leader : governor
gobernar *v* : to govern : to rule : to steer : to sail
gobierno *nm* : government
goce[1], **etc.** → **gozar**
goce[2] *nm* : enjoyment : pleasure : use : possession
gol *nm* : goal
goleada *nf* : rout : defeat
goleador, -dora *n* : scorer
golear *v* : to rout : to score many goals against
goleta *nf* : schooner
golf *nm* : golf
golfista *nmf* : golfer
golfo *nm* : gulf : bay
golondrina *nf* : swallow
golosina *nf* : sweet : snack
goloso, -sa *adj* : fond of sweets
golpazo *nm* : heavy blow : bang : thump
golpe *nm* : blow : knock : job : heist
golpeado, -da *adj* : beaten : hit : bruised : dented
golpear *v* : to beat : to hit : to slam : to bang : to strike : to knock — **golpearse** *vr*
golpetear *v* : to knock : to rattle : to tap
golpeteo *nm* : banging : knocking : tapping
golpista[1] *adj* : coup : coup-related : pro-coup
golpista[2] *nmf* : coup supporter : military insurgent
golpiza *nf* : beating : pummeling
goma *nf* : gum : rubber : glue : rubber band : tire : hangover
gomina *nf* : hair gel
gomita *nf* : rubber band
gomoso, -sa *adj* : gummy : sticky
góndola *nf* : gondola
gong *nm* : gong
gonorrea *nf* : gonorrhea
googlear *v* : to google
gorda *nf* : thick corn tortilla
gordinflón[1], **-flona** *adj, mpl* **-flones** : chubby : pudgy
gordinflón[2], **-flona** *n, mpl* **-flones** : chubby person
gordo[1], **-da** *adj* : fat : thick : fatty : greasy : oily : unpleasant
gordo[2], **-da** *n* : fat person
gordo[3] *nm* : fat : jackpot
gordura *nf* : fatness : flab
gorgojo *nm* : weevil
gorgorito *nm* : trill
gorgotear *v* : to gurgle : to bubble
gorgoteo *nm* : gurgle
gorila *nm* : gorilla : bouncer
gorjear *v* : to chirp : to tweet : to warble : to gurgle
gorjeo *nm* : chirping : warbling : gurgling
gorra *nf* : bonnet : cap
gorrear *v* : to bum : to scrounge : to freeload
gorrero, -ra *n* : freeloader : sponger
gorrión *nm, pl* **gorriones** : sparrow
gorro *nm* : cap
gorrón, -rrona *n, mpl* **gorrones** : freeloader : scrounger
gorronear *v* : to bum : to scrounge : to freeload
gota *nf* : drop : gout
gotear *v* : to drip : to leak : to drizzle

goteo *nm* : drip : dripping
gotera *nf* : leak : stain
gotero *nm* : (medicine) dropper
gótico, -ca *adj* : Gothic
gourmet *nmf* : gourmet
gozar *v* : to enjoy oneself : to have a good time
gozne *nm* : hinge
gozo *nm* : joy : enjoyment : pleasure
gozoso, -sa *adj* : joyful
GPS *nm, pl* **GPS** : GPS
grabación *nf, pl* **-ciones** : recording
grabado *nm* : engraving
grabador, -dora *n* : engraver
grabadora *nf* : recorder : tape recorder
grabar *v* : to engrave : to record : to tape **grabar al aguafuerte** : to etch — **grabarse** *vr* **grabársele a alguien en la memoria** : to become engraved on someone's mind
gracia *nf* : grace : favor : kindness : humor : wit : respite; **gracias** *nfpl* : thanks
grácil *adj* : graceful : delicate : slender : fine
gracilidad *nm* : gracefulness
gracioso, -sa *adj* : funny : amusing : cute : attractive
grada *nf* : harrow : step : stair; **gradas** *nfpl* : bleachers : grandstand
gradación *nf, pl* **-ciones** : gradation : scale
gradar *v* : to harrow : to hoe
gradería *nf* : tiers *pl* : stands *pl* : rows *pl*
gradiente *nf* : gradient : slope
grado *nm* : degree : extent : level : rank : year : class
graduable *adj* : adjustable
graduación *nf, pl* **-ciones** : graduation : rank : alcohol content : proof
graduado[1], **-da** *adj* : graduated
graduado[2], **-da** *n* : graduate
gradual *adj* : gradual — **gradualmente** *adv*
graduar *v* : to regulate : to adjust : to calibrate : to gauge — **graduarse** *vr* : to graduate
graffiti *or* **grafiti** *nmpl* : graffiti *pl*
gráfica *nf* → **gráfico**[2]
gráfico[1], **-ca** *adj* : graphic — **gráficamente** *adv*
gráfico[2] *nm* : graph : chart : graphic
grafismo *nm* : graphics *pl*
grafito *nm* : graphite
gragea *nf* : coated pill or tablet; **grageas** *nfpl* : sprinkles : jimmies
grajo *nm* : rook
grama *nf* : grass
gramática *nf* : grammar
gramatical *adj* : grammatical — **gramaticalmente** *adv*
gramilla *f* : crabgrass
gramo *nm* : gram
gran → **grande**
grana *nf* : scarlet : deep red
granada *nf* : pomegranate : grenade
granaderos *nmpl* : riot squad
granadino, -na *adj & n* : Grenadian
granado, -da *adj* : distinguished : choice : select
granate *nm* : garnet : deep red : maroon
grande *adj* : large : big : tall : great : old : grown-up
grandeza *nf* : greatness : size : nobility : generosity : graciousness : grandeur : magnificence
grandilocuencia *nf* : bombast
grandilocuente *adj* : bombastic
grandiosidad *nf* : grandeur
grandioso, -sa *adj* : grand : magnificent : grandiose
granero *nm* : barn : granary
granito *nm* : granite
granizada *nf* : hailstorm
granizado *nm* : drink made with crushed ice
granizar *v impers* : to hail
granizo *nm* : hail
granja *nf* : farm
granjear *v* : to earn : to win — **granjearse** *vr* : to gain : to earn
granjero, -ra *n* : farmer
grano *nm* : grain : particle : bean : seed : pimple
granoso, -sa *adj* : grainy
granuja *nmf* : rascal : urchin
granular *adj* : granular : grainy
granularse *vr* : to break out in spots
granuloso, -sa → **granular**
granza *nf* : chaff
grapa *nf* : staple : clamp
grapadora *nf* : stapler
grapar *v* : to staple
grasa *nf* : grease : fat : shoe polish
grasiento, -ta *adj* : greasy : oily
graso, -sa *adj* : fatty : greasy : oily
grasoso, -sa *adj* : greasy : oily
gratificación *nf, pl* **-ciones** : gratification : bonus : recompense : reward
gratificante *adj* : satisfying : gratifying
gratificar *v* : to satisfy : to gratify : to reward : to give a bonus to
gratinado, -da *adj* : au gratin
gratis[1] *adv* : free : for free : gratis
gratis[2] *adj* : free : gratis
gratitud *nf* : gratitude
grato, -ta *adj* : pleasant : agreeable — **gratamente** *adv*
gratuitamente *adv* : gratuitously : free : for free : gratis
gratuito, -ta *adj* : gratuitous : unwarranted : free : gratis
grava *nf* : gravel
gravamen *nm, pl* **-vámenes** : burden : obligation : (property) tax
gravar *v* : to burden : to encumber : to levy
grave *adj* : grave : important : serious : somber

gravedad *nf* : gravity : seriousness : severity
gravemente *adv* : gravely : seriously
gravilla *nf* : (fine) gravel
gravitación *nf, pl* **-ciones** : gravitation
gravitacional *adj* : gravitational
gravitar *v* : to gravitate
gravoso, -sa *adj* : burdensome : onerous : costly
graznar *v* : to caw : to honk : to quack : to squawk
graznido *nm* : cawing : honking : quacking : squawking
gregario, -ria *adj* : gregarious
gremial *adj* : union : labor
gremialista *nmf* : union supporter
gremio *nm* : union : guild
greña *nf* : mat : tangle; **greñas** *nfpl* : shaggy hair : mop
greñudo, -da *n* : hippie
gresca *nf* : fight : ruckus
grey *nf* : congregation : flock
griego[1], **-ga** *adj & n* : Greek
griego[2] *nm* : Greek
grieta *nf* : crack : crevice
grifo *nm* : faucet : gas station
grillete *nm* : shackle
grillo *nm* : cricket; **grillos** *nmpl* : fetters : shackles
grima *nf* : disgust : uneasiness
gripa *nf* : flu
gripe *nf* : flu
gris *adj* : gray : overcast : cloudy
grisáceo, -cea *adj* : grayish
grisín *nm, pl* **grisines** : breadstick
gritar *v* : to shout : to scream : to cry
gritería *nf* : shouting : clamor
grito *nm* : shout : scream : cry
groenlandés, -desa *adj & n* : Greenlander
grogui *adj* : dazed : groggy
grosella *nf* : currant
grosería *nf* : insult : coarse language : rudeness : discourtesy
grosero[1], **-ra** *adj* : rude : fresh : coarse : vulgar — **groseramente** *adv*
grosero[2], **-ra** *n* : rude person
grosor *nm* : thickness
grosso *adj* **a grosso modo** : roughly : broadly : approximately
grotesco, -ca *adj* : grotesque : hideous
grúa *nf* : crane : tow truck
gruesa *nf* : gross
grueso[1], **-sa** *adj* : thick : bulky : heavy : big : stout
grueso[2] *nm* : thickness : main body : mass
grulla *nf* : crane
grumo *nm* : lump : glob
gruñido *nm* : growl : grunt
gruñir *v* : to growl : to grunt : to grumble
gruñón[1], **-ñona** *adj, mpl* **gruñones** : grumpy : crabby
gruñón[2], **-ñona** *n, mpl* **gruñones** : grumpy person : nag
grupa *nf* : rump : hindquarters *pl*
grupo *nm* : group
gruta *nf* : grotto : cave
guacal *nm* : crate
guacamayo *nm* : macaw
guacamole *or* **guacamol** *nm* : guacamole
guacamote *nm* : manioc : cassava
guachimán *nm, pl* **-manes** : watchman
guachinango → huachinango
guacho, -cha *adj* : orphaned : odd
guadaña *nf* : scythe
guagua *nf* : baby : bus
guaira *nf* : traditional flute : smelting furnace
guajiro, -ra *n* : peasant
guajolote *nm* : turkey
guanábana *nf* : soursop
guanaco *nm* : guanaco
guandú *nm, pl* **guandú** *or* **guandúes** : pigeon pea
guango, -ga *adj* : loose-fitting : baggy : slack : loose
guano *nm* : guano
guante *nm* : glove
guantelete *nm* : gauntlet
guantera *nf* : glove compartment
guapo, -pa *adj* : handsome : good-looking : attractive : elegant : smart : bold : dashing
guarache → huarache
guarachear *v* : to go on a spree : to go out on the town
guarangada *nf* : rude or insulting remark
guaraní[1] *nmf, pl* **-níes** : Guarani — **guaraní** *adj*
guaraní[2] *nm* : Guarani : guarani
guarda *nmf* : security guard : keeper : custodian
guardabarros *nms & pl* : fender : mudguard
guardabosque *nmf* : forest ranger : gamekeeper
guardacostas[1] *nmfs & pl* : member of the coast guard
guardacostas[2] *nms & pl* : coast guard vessel
guardaespaldas *nmfs & pl* : bodyguard
guardafangos *nms & pl* : fender
guardameta *nmf* : goalkeeper : goalie
guardapelo *nm* : locket
guardapolvo *nm* : dustcover : duster : housecoat
guardar *v* : to guard : to maintain : to preserve : to put away : to save : to keep
guardarropa *nm* : coat check : closet : wardrobe
guardavallas *nmf* : goalkeeper
guardería *nf* : nursery : day-care center

guardia[1] *nf* : guard : defense : guard duty : watch
guardia[2] *nmf* : sentry : guard : police officer : policeman *m* : policewoman *f*
guardiamarina *nmf* : midshipman
guardián, -diana *n, mpl* **guardianes** : security guard : watchman : guardian : keeper
guarecer *v* : to shelter : to protect — **guarecerse** *vr* : to take shelter
guarida *nf* : den : lair : hideout
guarismo *nm* : figure : numeral
guarnecer *v* : to adorn : to garnish : to garrison
guarnición *nf, pl* **-ciones** : garnish : garrison : decoration : trimming : setting
guarrada *nf* : filthy mess : dirty trick
guarro[1], **-ra** *adj* : dirty : filthy
guarro[2], **-ra** *n* : filthy, disgusting, or vulgar person
guarura *nm* : bodyguard
guasa *nf* : joking : fooling around
guasón[1], **-sona** *adj, mpl* **guasones** : funny : witty
guasón[2], **-sona** *n, mpl* **guasones** : joker : clown
guatemalteco, -ca *adj & n* : Guatemalan
guau *interj* : wow!
guay *adj* : cool : neat : great
guayaba *nf* : guava
guayín *nm, pl* **guayines** : station wagon
gubernamental *adj* : governmental
gubernativo, -va → gubernamental
gubernatura *nf* : governing body
guepardo *nm* : cheetah
güero, -ra *adj* : blond : fair
guerra *nf* : war : warfare : conflict : struggle
guerrear *v* : to wage war
guerrero[1], **-ra** *adj* : war : fighting : warlike
guerrero[2], **-ra** *n* : warrior
guerrilla *nf* : guerrilla warfare
guerrillero, -ra *adj & n* : guerrilla
gueto *nm* : ghetto
guía[1] *nf* : directory : guidebook : guidance : direction
guía[2] *nmf* : guide : leader
guiar *v* : to guide : to lead : to manage — **guiarse** *vr* : to be guided by : to go by
guija *nf* : pebble
guijarro *nm* : pebble
guillotina *nf* : guillotine — **guillotinar** *v*
guinda[1] *adj & nm* : maroon
guinda[2] *nf* : morello
guindilla *nf* : chili
guineo *nm* : banana
guinga *nf* : gingham
guiñada → guiño
guiñar *v* : to wink
guiño *nm* : wink
guiñol *nm* : puppet theater
guión *nm, pl* **guiones** : script : screenplay : hyphen : dash : standard : banner
guionista *nmf* : scriptwriter
guirnalda *nf* : garland
guisa *nf* : manner : fashion
guisado *nm* : stew
guisante *nm* : pea
guisar *v* : to stew : to cook
guiso *nm* : stew : casserole
güisqui → whisky
guita *nf* : string : twine
guitarra *nf* : guitar
guitarrista *nmf* : guitarist
gula *nf* : gluttony : greed
guppy *nm* : guppy
gusano *nm* : worm : earthworm : caterpillar : maggot : grub
gustar *v* : to taste : to like : to be pleasing
gustativo, -va *adj* : taste
gusto *nm* : flavor : taste : style : pleasure : liking : whim : fancy
gustosamente *adv* : gladly
gustoso, -sa *adj* : willing : glad : zesty : tasty
gutural *adj* : guttural
ha → haber
haba *nf* : broad bean
habanero[1], **-ra** *adj* : of or from Havana
habanero[2], **-ra** *n* : native or resident of Havana
habano, -na *n* : cigar from Havana
haber[1] *v aux* : have : has; **hay** *v imper* : there is : there are
haber[2] *nm* : assets *pl* : credit : credit side; **haberes** *nmpl* : salary : income : remuneration
habichuela *nf* : bean : kidney bean : green bean
hábil *adj* : able : skillful : work : working
habilidad *nf* : ability : skill
habilidoso, -sa *adj* : skillful : clever
habilitación *nf, pl* **-ciones** : authorization : furnishing : equipping
habilitar *v* : to enable : to authorize : to empower : to equip : to furnish
hábilmente *adv* : skillfully : expertly
habiloso, -sa *adj* : bright : smart : clever
habitable *adj* : habitable : inhabitable
habitación *nf, pl* **-ciones** : room : bedroom : habitation : occupancy
habitante *nmf* : inhabitant : resident
habitar *v* : to inhabit : to reside : to dwell
hábitat *nm, pl* **-tats** : habitat
hábito *nm* : habit : custom
habitual *adj* : habitual : customary — **habitualmente** *adv*
habituar *v* : to accustom : to habituate — **habituarse** *vr* ~ **a** : to get used to : to grow accustomed to
habla *nf* : speech : language : dialect
hablado, -da *adj* : spoken
hablador[1], **-dora** *adj* : talkative

hablador[2], **-dora** *n* : chatterbox
habladuría *nf* : rumor; **habladurías** *nfpl* : gossip : scandal
hablante *nmf* : speaker
hablar *v* : to speak : to talk : to talk about : to discuss — **hablarse** *vr* : to speak to each other : to be on speaking terms
habrá, etc. → **haber**
hacedor, -dora *n* : creator : maker : doer
hacendado, -da *n* : landowner
hacendoso, -sa *adj* : hardworking : industrious
hacer *v* : to make : to build : to write : to do : to pay : to cause : to produce : to voice : to ask : to force : to oblige : to provoke : to cause to : to pack : to fix : to act : to serve as : to function as — **hacerse** *vr* : to become : to pretend : to play : to seem : to get : to grow
hacha *nf* : hatchet : ax
hachazo *nm* : blow : chop
hachís *nm* : hashish
hacia *prep* : toward : towards : near : around : about
hacienda *nf* : estate : ranch : farm : property : livestock
hacinamiento *nm* : overcrowding
hacinar *v* : to pile up : to stack : to crowd : to cram — **hacinarse** *vr* : to crowd together
hackear *v* : to hack : to hack into
hacker *nmf, pl* **hackers** : hacker
hada *nf* : fairy
hado *nm* : destiny : fate
haga, etc. → **hacer**
haitiano, -na *adj & n* : Haitian
hala *interj* : come on! : wow! : hey!
halagador[1], **-dora** *adj* : flattering
halagador[2], **-dora** *n* : flatterer
halagar *v* : to flatter : to compliment
halago *nm* : flattery : praise
halagüeño, -ña *adj* : flattering : encouraging : promising
halar *v* → **jalar**
halcón *nm, pl* **halcones** : hawk : falcon
halibut *nm, pl* **-buts** : halibut
hálito *nm* : breath : gentle breeze
hallar *v* : to find : to discover : to find out — **hallarse** *vr* : to be situated : to find oneself : to feel
hallazgo *nm* : discovery : find
halo *nm* : halo : aura
halterofilia *nf* : weight lifting
hamaca *nf* : hammock
hambre *nf* : hunger : starvation
hambriento, -ta *adj* : hungry : starving
hambruna *nf* : famine
hamburguesa *nf* : hamburger : burger : patty
hampa *nf* : criminal underworld
hampón, -pona *n, mpl* **hampones** : criminal : thug
hámster *nm, pl* **hámsters** : hamster
han → **haber**
handicap *or* **hándicap** *nm, pl* **-caps** : handicap
hangar *nm* : hangar
Hanukkah → **Janucá**
hará, etc. → **hacer**
haragán[1], **-gana** *adj, mpl* **-ganes** : lazy : idle
haragán[2], **-gana** *n, mpl* **-ganes** : slacker : good-for-nothing
haraganear *v* : to be lazy : to waste one's time
haraganería *nf* : laziness
harapiento, -ta *adj* : ragged : tattered
harapos *nmpl* : rags : tatters
hardware *nm* : computer hardware
harén *nm, pl* **harenes** : harem
harina *nf* : flour
hartar *v* : to glut : to satiate : to tire : to irritate : to annoy — **hartarse** *vr* : to be weary : to get fed up
harto[1] *adv* : most : extremely : very
harto[2], **-ta** *adj* : full : satiated : fed up : a lot of : much
hartura *nf* : surfeit : abundance : plenty
has → **haber**
hashtag *nm, pl* **hashtags** : hashtag
hasta[1] *adv* : even
hasta[2] *prep* : until : up until : as far as : to : up/down to
hastiar *v* : to make weary : to bore : to disgust : to sicken — **hastiarse** *vr* ~ **de** : to get tired of
hastío *nm* : tedium : disgust
hatchback *nm* : hatchback
hatillo *nm* : bundle
hato *nm* : flock : herd : bundle
hawaiano, -na *adj & n* : Hawaiian
hay → **haber**[1]
haya[1], **etc.** → **haber**
haya[2] *nf* : beech
hayuco *nm* : beechnut
haz[1] → **hacer**
haz[2] *nm, pl* **haces** : bundle : beam
haz[3] *nf, pl* **haces** : face
hazaña *nf* : feat : exploit
hazmerreír *nm* : laughingstock
he[1] → **haber**
he[2] *v impers* **he aquí** : here is : here are : behold
hebilla *nf* : buckle : clasp
hebra *nf* : strand : thread
hebreo[1], **-brea** *adj & n* : Hebrew
hebreo[2] *nm* : Hebrew
hecatombe *nf* : massacre : disaster
heces → **hez**
hechicería *nf* : sorcery : witchcraft : curse : spell
hechicero[1], **-ra** *adj* : bewitching : enchanting
hechicero[2], **-ra** *n* : sorcerer : sorceress *f*
hechizar *v* : to bewitch : to charm
hechizo *nm* : spell : enchantment : charm : fascination

hecho[1] *pp* → **hacer**
hecho[2], **-cha** *adj* : made : done : complete : finished
hecho[3] *nm* : fact : event : act : action
hechura *nf* : style : craftsmanship : workmanship : product : creation
hectárea *nf* : hectare
heder *v* : to stink : to reek
hediondez *nf, pl* **-deces** : stink : stench
hediondo, -da *adj* : foul-smelling : stinking
hedor *nm* : stench : stink
hegemonía *nf* : dominance : hegemony
helada *nf* : frost
heladería *nf* : ice-cream parlor : ice-cream stand
helado[1], **-da** *adj* : icy : freezing cold : frozen
helado[2] *nm* : ice cream
heladora *nf* : freezer
helar *v* : to freeze : to produce frost — **helarse** *vr*
helecho *nm* : fern : bracken
hélice *nf* : spiral : helix : propeller
helicóptero *nm* : helicopter
helio *nm* : helium
helipuerto *nm* : heliport
hematoma *nm* : hematoma : bruise
hembra *adj & nf* : female
hemisférico, -ca *adj* : hemispheric : hemispherical
hemisferio *nm* : hemisphere
hemofilia *nf* : hemophilia
hemofílico, -ca *adj & n* : hemophiliac
hemoglobina *nf* : hemoglobin
hemorragia *nf* : hemorrhage
hemorroides *nfpl* : hemorrhoids : piles
hemos → **haber**
henchido, -da *adj* : swollen : bloated
henchir *v* : to stuff : to fill : to swell : to swell up — **henchirse** *vr* : to stuff oneself : to fill up : to be full
hender *v* : to cleave : to split
hendidura *nf* : crack : crevice : fissure
heno *nm* : hay
hepatitis *nf* : hepatitis
heráldica *nf* : heraldry
heráldico, -ca *adj* : heraldic
heraldo *nm* : herald
herbario, -ria *adj* : herbal
herbicida *nm* : herbicide : weed killer
herbívoro[1], **-ra** *adj* : herbivorous
herbívoro[2] *nm* : herbivore
hercio *nm* : hertz
hercúleo, -lea *adj* : herculean
heredar *v* : to inherit
heredero, -ra *n* : heir : heiress *f*
hereditario, -ria *adj* : hereditary
hereje *nmf* : heretic
herejía *nf* : heresy
herencia *nf* : inheritance : heritage : heredity
herético, -ca *adj* : heretical
herida *nf* : injury : wound
herido[1], **-da** *adj* : injured : wounded : hurt : offended
herido[2], **-da** *n* : injured person : casualty
herir *v* : to injure : to wound : to hurt : to offend
hermafrodita *nmf* : hermaphrodite
hermanar *v* : to unite : to bring together : to match up : to twin
hermanastro, -tra *n* : half brother *m* : half sister *f* : stepbrother *m* : stepsister *f*
hermandad *nf* : brotherhood : association
hermano, -na *n* : sibling : brother *m* : sister *f*
hermético, -ca *adj* : hermetic : watertight — **herméticamente** *adv*
hermoso, -sa *adj* : beautiful : lovely — **hermosamente** *adv*
hermosura *nf* : beauty : loveliness
hernia *nf* : hernia
herniarse *vr* : to get a hernia : to rupture oneself
héroe *nm* : hero
heroicidad *nf* : heroism : heroic deed
heroico, -ca *adj* : heroic — **heroicamente** *adv*
heroína *nf* : heroine : heroin
heroinómano, -na *n* : heroin addict
heroísmo *nm* : heroism
herpes *nms & pl* : herpes : shingles
herradura *nf* : horseshoe
herraje *nm* : ironwork
herramienta *nf* : tool
herrar *v* : to shoe
herrería *nf* : blacksmith's shop
herrero, -ra *n* : blacksmith
herrumbre *nf* : rust
herrumbroso, -sa *adj* : rusty
hertzio → **hercio**
hervidero *nm* : mass : swarm : hotbed
hervidor *nm* : kettle
hervir *v* : to boil : to bubble
hervor *nm* : boiling : fervor : ardor
heterogéneo, -nea *adj* : heterogeneous
heterosexual *adj & nmf* : heterosexual
heterosexualidad *nf* : heterosexuality
hexágono *nm* : hexagon — **hexagonal** *adj*
hez *nf, pl* **heces** : scum : dregs *pl* : sediment : lees *pl*; **heces** *nfpl* : feces : excrement
hiato *nm* : hiatus
hibernar *v* : to hibernate — **hibernación** *nf*
híbrido[1], **-da** *adj* : hybrid
híbrido[2] *nm* : hybrid
hicieron, etc. → **hacer**
hidalgo, -ga *n* : nobleman *m* : noblewoman *f*
hidrante *nm* : hydrant
hidratar *v* : to moisturize — **hidratante** *adj*
hidrato de carbono *nm* : carbohydrate
hidráulico, -ca *adj* : hydraulic
hidroala *nm* : hydrofoil
hidroavión *nm, pl* **-viones** : seaplane

hidrocarburo *nm* : hydrocarbon
hidroeléctrico, -ca *adj* : hydroelectric
hidrofobia *nf* : hydrophobia : rabies
hidrófugo, -ga *adj* : water-repellent
hidrógeno *nm* : hydrogen
hidromasaje *nm* **bañera de hidromasaje → bañera**
hidroplano *nm* : hydroplane
hiede, etc. → heder
hiedra *nf* : ivy
hiel *nf* : bile : bitterness
hiela, etc. → helar
hielo *nm* : ice : coldness : reserve
hiena *nf* : hyena
hiende, etc. → hender
hierba *nf* : herb : grass
hierbabuena *nf* : mint : spearmint
hiere, etc. → herir
hierra, etc. → herrar
hierro *nm* : iron : branding iron
hierve, etc. → hervir
hígado *nm* : liver
higiene *nf* : hygiene
higiénico, -ca *adj* : hygienic — **higiénicamente** *adv*
higienista *nmf* : hygienist
higo *nm* : fig
higrómetro *nm* : hygrometer
higuera *nf* : fig tree
hijab → hiyab
hijastro, -tra *n* : stepson *m* : stepdaughter *f*
hijo, -ja *n* : son *m* : daughter *f*
híjole *interj* : wow! : good grief!
hilacha *nf* : ravel : loose thread
hilado *nm* : spinning : yarn : thread
hilar *v* : to spin : to consider : to string together
hilarante *adj* : humorous : hilarious
hilaridad *nf* : hilarity
hilera *nf* : file : row : line
hilo *nm* : thread : linen : (electric) wire : theme : trickle
hilvanar *v* : to baste : to tack : to piece together
himnario *nm* : hymnal
himno *nm* : hymn
hincapié *nm* **hacer hincapié en** : to emphasize : to stress
hincar *v* : to stick : to plunge — **hincarse** *vr* **hincarse de rodillas** : to kneel down : to fall to one's knees
hincha *nmf* : fan : supporter
hinchado, -da *adj* : swollen : inflated : pompous : overblown
hinchar *v* : to inflate : to exaggerate — **hincharse** *vr* : to swell up : to become conceited : to swell with pride
hinchazón *nf, pl* **-zones** : swelling
hinche, etc. → henchir
hindi *nm* : Hindi
hindú *adj & nmf* : Hindu
hinduismo *nm* : Hinduism
hiniesta *nf* : broom
hinojo *nm* : fennel
hinque, etc. → hincar
hipar *v* : to hiccup
hiperactividad *nf* : hyperactivity
hiperactivo, -va *adj* : hyperactive : overactive
hipérbole *nf* : hyperbole
hiperbólico, -ca *adj* : hyperbolic : exaggerated
hipercrítico, -ca *adj* : hypercritical
hiperenlace *nm* : hyperlink
hipermercado *nm* : large supermarket : hypermarket
hipermétrope *adj* : farsighted
hipermetropía *nf* : farsightedness
hipersensibilidad *nf* : hypersensitivity
hipertensión *nf, pl* **-siones** : hypertension : high blood pressure
hip–hop *nm* : hip-hop
hípico, -ca *adj* : equestrian
hipil → huipil
hipnosis *nfs & pl* : hypnosis
hipnótico, -ca *adj* : hypnotic
hipnotismo *nm* : hypnotism
hipnotizador[1], **-dora** *adj* : hypnotic : spellbinding : mesmerizing
hipnotizador[2], **-dora** *n* : hypnotist
hipnotizar *v* : to hypnotize
hipo *nm* : hiccup : hiccups *pl*
hipocampo *nm* : sea horse
hipocondría *nf* : hypochondria
hipocondríaco, -ca *adj & n* : hypochondriac
hipocresía *nf* : hypocrisy
hipócrita[1] *adj* : hypocritical — **hipócritamente** *adv*
hipócrita[2] *nmf* : hypocrite
hipodérmico, -ca *adj* **aguja hipodérmica** : hypodermic needle
hipódromo *nm* : racetrack
hipopótamo *nm* : hippopotamus
hipoteca *nf* : mortgage
hipotecar *v* : to mortgage : to compromise : to jeopardize
hipotecario, -ria *adj* : mortgage
hipotensión *nf, pl* **-siones** : low blood pressure
hipotenusa *nf* : hypotenuse
hipotermia *nf* : hypothermia
hipótesis *nfs & pl* : hypothesis
hipotético, -ca *adj* : hypothetical — **hipotéticamente** *adv*
hippie *or* **hippy** *nmf, pl* **hippies** : hippie
hiriente *adj* : hurtful : offensive
hirió, etc. → herir
hirsuto, -ta *adj* : hairy : bristly : wiry
hirviente *adj* : boiling
hirvió, etc. → hervir
hisopo *nm* : cotton swab
hispánico, -ca *adj & n* : Hispanic
hispano[1], **-na** *adj* : Hispanic
hispano[2], **-na** *n* : Hispanic
hispanoamericano[1], **-na** *adj* : Latin-American

hispanoamericano[2], **-na** *n* : Latin American
hispanohablante[1] *adj* : Spanish-speaking
hispanohablante[2] *nmf* : Spanish speaker
histerectomía *nf* : hysterectomy
histeria *nf* : hysteria : hysterics
histérico, -ca *adj* : hysterical — **histéricamente** *adv*
histerismo *nm* : hysteria : hysterics
historia *nf* : history : story
historiador, -dora *n* : historian
historial *nm* : record : document : résumé : curriculum vitae
histórico, -ca *adj* : historical : historic : important — **históricamente** *adv*
historieta *nf* : comic strip
histrionismo *nm* : histrionics : acting
hit *nm, pl* **hits** : hit : popular song
hito *nm* : milestone : landmark
hiyab *nm, pl* **hiyabs** : hijab
hizo → hacer
hobby *nm, pl* **hobbies** : hobby
hocico *nm* : snout : muzzle
hockey *nm* : hockey
hogar *nm* : home : hearth : fireplace
hogareño, -ña *adj* : domestic : homey
hogaza *nf* : large loaf
hoguera *nf* : bonfire : campfire
hoja *nf* : leaf : petal : blade : sheet : page : form
hojalata *nf* : tinplate
hojaldre *nm* : puff pastry
hojarasca *nf* : fallen leaves *pl*
hojear *v* : to leaf through
hojuela *nf* : leaflet : young leaf : flake
hola *interj* : hello! : hi!
holandés[1], **-desa** *adj, mpl* **-deses** : Dutch
holandés[2], **-desa** *n, mpl* **-deses** : Dutch person
holandés[3] *nm* : Dutch
holgadamente *adv* : comfortably : easily
holgado, -da *adj* : loose : baggy : at ease : comfortable
holganza *nf* : leisure : idleness
holgar *v* : to be unnecessary
holgazán[1], **-zana** *adj, mpl* **-zanes** : lazy
holgazán[2], **-zana** *n, mpl* **-zanes** : slacker : idler
holgazanear *v* : to laze around : to loaf
holgazanería *nf* : idleness : laziness
holgura *nf* : looseness : comfort : ease
holístico, -ca *adj* : holistic
hollar *v* : to tread on : to trample
hollín *nm, pl* **hollines** : soot
holocausto *nm* : holocaust
holograma *nm* : hologram
hombre[1] *nm* : man
hombre[2] *interj* : well : hey : of course! : you bet! : come on!
hombrera *nf* : shoulder pad : epaulet
hombría *nf* : manliness
hombro *nm* : shoulder
hombruno, -na *adj* : mannish
homenaje *nm* : homage : tribute
homenajeado, -da *n* : guest of honor
homenajear *v* : to pay homage to : to honor
homeopatía *nf* : homeopathy — **homeopático, -ca** *adj*
homicida[1] *adj* : homicidal : murderous
homicida[2] *nmf* : murderer
homicidio *nm* : homicide : murder
homilía *nf* : homily : sermon
homófono *nm* : homophone
homogeneidad *nf* : homogeneity
homogeneizar *v* : to homogenize
homogéneo, -nea *adj* : homogeneous — **homogéneamente** *adv*
homógrafo *nm* : homograph
homologación *nf, pl* **-ciones** : sanctioning : approval : parity
homologar *v* : to sanction : to bring into line
homólogo[1], **-ga** *adj* : homologous : equivalent
homólogo[2], **-ga** *n* : counterpart
homónimo[1], **-ma** *n* : namesake
homónimo[2] *nm* : homonym
homosexual *adj & nmf* : homosexual
homosexualidad *nf* : homosexuality
honda *nf* : sling
hondo[1] *adv* : deeply
hondo[2], **-da** *adj* : deep — **hondamente** *adv*
hondonada *nf* : hollow : depression : ravine : gorge
hondura *nf* : depth
hondureño, -ña *adj & n* : Honduran
honestidad *nf* : decency : modesty : honesty
honesto, -ta *adj* : decent : virtuous : honest : honorable — **honestamente** *adv*
hongo *nm* : fungus : mushroom
honor *nm* : honor; **honores** *nmpl* : honors
honorable *adj* : honorable — **honorablemente** *adv*
honorario, -ria *adj* : honorary
honorarios *nmpl* : payment : fees
honorífico, -ca *adj* : honorary
honra *nf* : dignity : self-respect : good name : reputation
honradamente *adv* : honestly : decently
honradez *nf, pl* **-deces** : honesty : integrity : probity
honrado, -da *adj* : honest : upright : honored
honrar *v* : to honor : to be a credit to
honroso, -sa *adj* : honorable — **honrosamente** *adv*
hora *nf* : hour : time : appointment
horadar *v* : to drill a hole in
horario *nm* : schedule : timetable : hours *pl*

horca *nf* : gallows *pl* : pitchfork
horcajadas *nfpl* **a ~** : astride : astraddle
horchata *nf* : cold sweet drink usually made with a kind of tuber
horcón *nm, pl* **horcones** : wooden post : prop
horda *nf* : horde
horizontal *adj* : horizontal — **horizontalmente** *adv*
horizonte *nm* : horizon : skyline
horma *nf* : shoe tree : shoemaker's last
hormiga *nf* : ant
hormigón *nm, pl* **-gones** : concrete
hormigonera *nf* : cement mixer
hormigueo *nm* : tingling : pins and needles *pl* : uneasiness
hormiguero *nm* : anthill : swarm
hormona *nf* : hormone — **hormonal** *adj*
hornacina *nf* : niche : recess
hornada *nf* : batch
hornear *v* : to bake
hornilla *nf* : burner
hornillo *nm* : portable stove
horno *nm* : oven : kiln
horóscopo *nm* : horoscope
horqueta *nf* : fork : crotch : small pitchfork
horquilla *nf* : hairpin : bobby pin : pitchfork
horrendo, -da *adj* : horrendous : horrible
horrible *adj* : horrible : dreadful — **horriblemente** *adv*
horripilante *adj* : horrifying : hair-raising
horripilar *v* : to horrify : to terrify
horror *nm* : horror : dread
horrorizado, -da *adj* : terrified
horrorizar *v* : to horrify : to terrify — **horrorizarse** *vr*
horroroso, -sa *adj* : horrifying : terrifying : dreadful : bad
hortaliza *nf* : vegetable; **hortalizas** *nfpl* : garden produce
hortera *adj* : tacky : gaudy
hortícola *adj* : horticultural
horticultura *nf* : horticulture
hosco, -ca *adj* : sullen : gloomy — **hoscamente** *adv*
hospedaje *nm* : lodging : accommodations *pl*
hospedar *v* : to provide with lodging : to put up — **hospedarse** *vr* : to stay : to lodge
hospicio *nm* : orphanage
hospital *nm* : hospital
hospitalario, -ria *adj* : hospitable
hospitalidad *nf* : hospitality
hospitalización *nf, pl* **-ciones** : hospitalization
hospitalizar *v* : to hospitalize — **hospitalizarse** *vr*
hostal *nm* : cheap hotel
hostelería *nf* : the hotel industry
hostería *nf* : inn
hostia *nf* : host : Eucharist
hostigamiento *nm* : harassment
hostigar *v* : to harass : to pester
hostil *adj* : hostile
hostilidad *nf* : hostility : antagonism; **hostilidades** *nfpl* : (military) hostilities
hostilizar *v* : to harass
hotel *nm* : hotel
hotelero[1], **-ra** *adj* : hotel
hotelero[2], **-ra** *n* : hotel manager : hotelier
hoy *adv* : today : now : nowadays
hoyo *nm* : hole
hoyuelo *nm* : dimple
hoz *nf, pl* **hoces** : sickle
hozar *v* : to root
huachinango *nm* : red snapper
huarache *nm* : sandal
hubo, etc. → **haber**
hueco[1], **-ca** *adj* : hollow : empty : soft : spongy : resonant : proud : conceited : superficial
hueco[2] *nm* : hole : hollow : cavity : gap : space : recess : alcove
huele, etc. → **oler**
huelga *nf* : strike
huelguista *nmf* : striker
huella[1], **etc.** → **hollar**
huella[2] *nf* : footprint : mark : impact
huérfano[1], **-na** *adj* : orphan : orphaned : defenseless
huérfano[2], **-na** *n* : orphan
huerta *nf* : large vegetable garden : truck farm : orchard : irrigated land
huerto *nm* : vegetable garden : orchard
hueso *nm* : bone : pit : stone
huésped[1], **-peda** *n* : guest
huésped[2] *nm* : host
huestes *nfpl* : followers : troops : army
huesudo, -da *adj* : bony
hueva *nf* : roe : spawn
huevo *nm* : egg
huida *nf* : flight : escape
huidizo, -za *adj* : elusive : slippery : shy : evasive
huir *v* : to escape : to flee
huiro *nm* : seaweed
huizache *nm* : acacia
hule *nm* : oilcloth : oilskin : rubber
hulera *nf* : slingshot
humanidad *nf* : humanity : mankind : compassion; **humanidades** *nfpl* : humanities *pl*
humanismo *nm* : humanism
humanista *nmf* : humanist
humanístico, -ca *adj* : humanistic
humanitario, -ria *adj* & *n* : humanitarian
humanizar *v* : to humanize
humano[1], **-na** *adj* : human : humane : benevolent — **humanamente** *adv*
humano[2] *nm* : human being : human
humareda *nf* : cloud of smoke
humeante *adj* : smoky : smoking : steaming
humear *v* : to smoke : to steam

humectante[1] *adj* : moisturizing
humectante[2] *nm* : moisturizer
humedad *nf* : humidity : dampness : moistness
humedecer *v* : to humidify : to moisten : to dampen
húmedo, -da *adj* : humid : moist : damp
humidificador *nm* : humidifier
humidificar *v* : to humidify
humildad *nf* : humility : lowliness
humilde *adj* : humble : lowly
humildemente *adv* : meekly : humbly
humillación *nf, pl* **-ciones** : humiliation
humillante *adj* : humiliating
humillar *v* : to humiliate — **humillarse** *vr* : to humble oneself
humo *nm* : smoke : steam : fumes; **humos** *nmpl* : airs *pl* : conceit
humor *nm* : humor : mood : temper
humorada *nf* : joke : witticism : whim : caprice
humorismo *nm* : humor : wit
humorista *nmf* : humorist : comedian : comedienne *f*
humorístico, -ca *adj* : humorous — **humorísticamente** *adv*
humoso, -sa *adj* : smoky : steamy
humus *nm* : humus
hundido, -da *adj* : sunken : depressed
hundimiento *nm* : sinking : collapse : ruin
hundir *v* : to sink : to destroy : to ruin — **hundirse** *vr* : to sink down : to cave in : to break down : to go to pieces
húngaro[1], **-ra** *adj & n* : Hungarian
húngaro[2] *nm* : Hungarian
huracán *nm, pl* **-canes** : hurricane
huraño, -ña *adj* : unsociable : aloof : timid : skittish
hurgar *v* : to poke : to jab : to rake ~ **en** : to rummage in : to poke through
hurgue, etc. → **hurgar**
hurón *nm, pl* **hurones** : ferret
huronear *v* : to pry : to snoop
hurra *interj* : hurrah! : hooray!
hurtadillas *nfpl* **a** ~ : stealthily : on the sly
hurtar *v* : to steal
hurto *nm* : theft : robbery : stolen property : loot
husmear *v* : to follow the scent of : to track : to sniff out : to pry into : to pry : to snoop : to sniff around
huso *nm* : spindle
huy *interj* : ow! : ouch!
huye, etc. → **huir**
i- → **in-**
iba, etc. → **ir**
ibérico, -ca *adj* : Iberian
ibero, -ra *or* **íbero, -ra** *adj & n* : Iberian
iberoamericano, -na *adj* : Latin-American
-ible *suf* : -ible
ice, etc. → **izar**
iceberg *nm, pl* **icebergs** : iceberg
icono *nm* : icon
iconoclasia *nf* : iconoclasm
iconoclasta *nmf* : iconoclast
ictericia *nf* : jaundice
ictérico, -ca *adj* : jaundiced
id *nm* : id
ida *nf* : going : departure
idea *nf* : idea : notion : opinion : belief : intention
ideal *adj & nm* : ideal — **idealmente** *adv*
idealismo *nm* : idealism
idealista[1] *adj* : idealistic
idealista[2] *nmf* : idealist
idealizar *v* : to idealize — **idealización** *nf*
idear *v* : to devise : to think up
ideario *nm* : ideology
ídem *nm* : the same : ditto
idéntico, -ca *adj* : identical : alike — **idénticamente** *adv*
identidad *nf* : identity
identificable *adj* : identifiable
identificación *nf, pl* **-ciones** : identification : identifying : identification document : ID
identificar *v* : to identify — **identificarse** *vr* : to identify oneself
ideología *nf* : ideology — **ideológicamente** *adv*
ideológico, -ca *adj* : ideological
ideólogo, -ga *n* : ideologue
idílico, -ca *adj* : idyllic
idilio *nm* : idyll : love affair : romance
idioma *nm* : language
idiomático, -ca *adj* : idiomatic — **idiomáticamente** *adv*
idiosincrasia *nf* : idiosyncrasy
idiosincrásico, -ca *adj* : idiosyncratic
idiota[1] *adj* : idiotic : stupid : foolish
idiota[2] *nmf* : foolish person
idiotez *nf, pl* **-teces** : idiotic act or remark
ido[1], **ida** *adj* : crazy : nutty
ido[2] *pp* → **ir**
idólatra[1] *adj* : idolatrous
idólatra[2] *nmf* : idolater
idolatrar *v* : to idolize
idolatría *nf* : idolatry
ídolo *nm* : idol
idoneidad *nf* : suitability
idóneo, -nea *adj* : suitable : fitting
iglesia *nf* : church
iglú *nm, pl* **iglús** *or* **iglúes** : igloo
ignición *nf, pl* **-ciones** : ignition
ignífugo, -ga *adj* : fireproof
ignominia *nf* : ignominy : disgrace
ignominioso, -sa *adj* : ignominious : shameful
ignorancia *nf* : ignorance
ignorante[1] *adj* : ignorant — **ignorantemente** *adv*
ignorante[2] *nmf* : ignorant person : ignoramus

ignorar *v* : to ignore : to be unaware of
ignoto, -ta *adj* : unknown
igual[1] *adv* : in the same way : perhaps : anyway
igual[2] *adj* : equal : the same : alike : even : smooth : similar : constant
igual[3] *nmf* : equal : peer
igualado, -da *adj* : even : level : disrespectful
igualar *v* : to equalize : to level : to flatten : to straighten : to tie — **igualarse** *vr* ~ **a/con** : to equal : to be equal to : to be a match for
igualdad *nf* : equality : evenness : uniformity
igualitario, -ria *adj* : egalitarian
igualmente *adv* : equally : likewise
iguana *nf* : iguana
ijada *nf* : flank : loin : side
ijar *nm* → **ijada**
ilegal[1] *adj* : illegal : unlawful — **ilegalmente** *adv*
ilegal[2] *nmf* : illegal alien
ilegalidad *nf* : illegality
ilegibilidad *nf* : illegibility
ilegible *adj* : illegible — **ilegiblemente** *adv*
ilegitimidad *nf* : illegitimacy
ilegítimo, -ma *adj* : illegitimate : unlawful
ileso, -sa *adj* : uninjured : unharmed
ilícito, -ta *adj* : illicit — **ilícitamente** *adv*
ilimitado, -da *adj* : unlimited
ilógico, -ca *adj* : illogical — **ilógicamente** *adv*
iluminación *nf, pl* **-ciones** : illumination : lighting
iluminado, -da *adj* : illuminated : lighted
iluminar *v* : to illuminate : to light : to enlighten
ilusión *nf, pl* **-siones** : illusion : delusion : hope : happiness : excitement : enthusiasm
ilusionado, -da *adj* : hopeful : eager
ilusionar *v* : to build up hope : to excite — **ilusionarse** *vr* : to get one's hopes up
iluso[1], **-sa** *adj* : naive : gullible
iluso[2], **-sa** *n* : dreamer : visionary
ilusorio, -ria *adj* : illusory : misleading
ilustración *nf, pl* **-ciones** : illustration : erudition : learning
ilustrado, -da *adj* : illustrated : learned : erudite
ilustrador, -dora *n* : illustrator
ilustrar *v* : to illustrate : to explain
ilustrativo, -va *adj* : illustrative
ilustre *adj* : illustrious : eminent
im- → **in-**
imagen *nf, pl* **imágenes** : image : picture
imaginable *adj* : imaginable : conceivable
imaginación *nf, pl* **-ciones** : imagination
imaginar *v* : to imagine — **imaginarse** *vr* : to suppose : to picture
imaginario, -ria *adj* : imaginary
imaginativo, -va *adj* : imaginative — **imaginativamente** *adv*
imaginería *nf* : imagery : image making
imán *nm, pl* **imanes** : magnet
imantar *v* : to magnetize
imbatible *adj* : unbeatable
imbécil[1] *adj* : stupid : idiotic
imbécil[2] *nmf* : foolish person
imbecilidad *nf* : stupid thing to say or do
imborrable *adj* : indelible
imbuir *v* : to imbue — **imbuirse** *vr*
imitación *nf, pl* **-ciones** : imitation : mimicry : impersonation
imitador[1], **-dora** *adj* : imitative
imitador[2], **-dora** *n* : imitator : mimic
imitar *v* : to imitate : to copy : to mimic : to impersonate
imitativo, -va *adj* → **imitador**[1]
impaciencia *nf* : impatience
impacientar *v* : to make impatient : to exasperate — **impacientarse** *vr*
impaciente *adj* : impatient — **impacientemente** *adv*
impactado, -da *adj* : shocked : stunned
impactante *adj* : shocking : impressive : powerful
impactar *v* : to hit : to impact : to affect — **impactarse** *vr*
impacto *nm* : impact : effect : shock : collision
impagable *adj* : unpayable : priceless
impago[1] *adj* : outstanding : unpaid
impago[2] *nm* : nonpayment
impala *nm* : impala
impalpable *adj* : impalpable : intangible
impar[1] *adj* : odd
impar[2] *nm* : odd number
imparable *adj* : unstoppable
imparcial *adj* : impartial — **imparcialmente** *adv*
imparcialidad *nf* : impartiality
impartir *v* : to impart : to give
impasible *adj* : impassive : unmoved — **impasiblemente** *adv*
impasse *nm* : impasse
impavidez *nf* : fearlessness
impávido, -da *adj* : undaunted
impecable *adj* : impeccable : faultless — **impecablemente** *adv*
impedido[1], **-da** *adj* : disabled : crippled
impedido[2], **-da** *n* : disabled person : handicapped person *sometimes offensive*
impedimento *nm* : impediment : obstacle : disability
impedir *v* : to prevent : to block : to impede : to hinder
impeler *v* : to drive : to propel : to impel
impenetrable *adj* : impenetrable — **impenetrabilidad** *nf*
impenitente *adj* : unrepentant
impensable *adj* : unthinkable
impensado, -da *adj* : unforeseen : unexpected

imperante *adj* : prevailing
imperar *v* : to reign : to rule : to prevail
imperativo[1], **-va** *adj* : imperative : authoritative : commanding
imperativo[2] *nm* : imperative
imperceptible *adj* : imperceptible — **imperceptiblemente** *adv*
imperdible *nm* : safety pin
imperdonable *adj* : unforgivable
imperecedero, -ra *adj* : imperishable : immortal : everlasting
imperfección *nf, pl* **-ciones** : imperfection : defect : flaw
imperfecto[1], **-ta** *adj* : imperfect : flawed
imperfecto[2] *nm* : imperfect tense
imperial *adj* : imperial
imperialismo *nm* : imperialism
imperialista *adj & nmf* : imperialist
impericia *nf* : lack of skill : incompetence
imperio *nm* : empire : authority : rule
imperioso, -sa *adj* : imperious : pressing : urgent — **imperiosamente** *adv*
impermeabilizante *nm* : water repellent : waterproofing
impermeabilizar *v* : to waterproof
impermeable[1] *adj* : impervious : impermeable : waterproof
impermeable[2] *nm* : raincoat
impersonal *adj* : impersonal — **impersonalmente** *adv*
impersonar *v* : to impersonate
impertinencia *nf* : impertinence : insolence
impertinente *adj* : impertinent : insolent : inappropriate : uncalled-for : irrelevant
impertinentemente *adv* : impertinently
imperturbable *adj* : imperturbable : impassive : stolid
ímpetu *nm* : impetus : momentum : vigor : energy : force : violence
impetuoso, -sa *adj* : impetuous : impulsive — **impetuosamente** *adv*
impiedad *nf* : impiety
impío, -pía *adj* : impious : ungodly
implacable *adj* : implacable : relentless — **implacablemente** *adv*
implantación *nf, pl* **-ciones** : implantation : establishment : introduction
implantado, -da *adj* : well-established
implantar *v* : to implant : to establish : to introduce — **implantarse** *vr*
implante *nm* : implant
implementar *v* : to implement — **implementarse** *vr* — **implementación** *nf*
implemento *nm* : implement : tool
implicación *nf, pl* **-ciones** : implication
implicancia *nf* : implication
implicar *v* : to involve : to implicate : to imply
implícito, -ta *adj* : implied : implicit — **implícitamente** *adv*
implorar *v* : to implore
implosión *nf, pl* **-siones** : implosion — **implosivo, -va** *adj*
implosionar *v* : to implode
imponderable *adj & nm* : imponderable
imponente *adj* : imposing : impressive
imponer *v* : to impose : to confer : to introduce : to establish : to set : to be impressive : to command respect — **imponerse** *vr* : to take on : to assert oneself : to prevail
imponible *adj* : taxable
impopular *adj* : unpopular — **impopularidad** *nf*
importación *nf, pl* **-ciones** : importation; **importaciones** *nfpl* : imports
importado, -da *adj* : imported
importador[1], **-dora** *adj* : importing
importador[2], **-dora** *n* : importer
importancia *nf* : importance
importante *adj* : important : significant — **importantemente** *adv*
importar *v* : to matter : to be important : to bother : to import
importe *nm* : price : cost : sum : amount
importunar *v* : to bother : to inconvenience : to be inconvenient
importuno, -na *adj* : inopportune : inconvenient : bothersome : annoying
imposibilidad *nf* : impossibility
imposibilitado, -da *adj* : disabled : crippled
imposibilitar *v* : to make impossible : to disable : to incapacitate — **imposibilitarse** *vr* : to become disabled
imposible *adj* : impossible — **imposiblemente** *adv*
imposición *nf, pl* **-ciones** : imposition : demand : requirement : tax : deposit
impositivo, -va *adj* : tax
impostor, -tora *n* : impostor
impostura *nf* : fraud : slander
impotencia *nf* : impotence : helplessness : powerlessness
impotente *adj* : helpless : powerless : impotent
impracticable *adj* : impracticable
imprecisión *nf, pl* **-siones** : imprecision : vagueness : inaccuracy
impreciso, -sa *adj* : imprecise : vague : inaccurate
impredecible *adj* : unpredictable
impregnar *v* : to impregnate
imprenta *nf* : printing : printing shop : press
imprescindible *adj* : essential : indispensable
impresión *nf, pl* **-siones** : print : printing : impression : feeling
impresionable *adj* : impressionable
impresionante *adj* : impressive : incredible : amazing : shocking : horrific — **impresionantemente** *adv*
impresionar *v* : to impress : to strike : to affect : to move : to shock : to expose

to light : to make an impression — **impresionarse** *vr* : to be affected : to be moved
impresionismo *nm* : impressionism
impresionista[1] *adj* : impressionist
impresionista[2] *nmf* : impressionist
impreso[1] *pp* → **imprimir**
impreso[2], **-sa** *adj* : printed
impreso[3] *nm* : printed matter : publication : form
impresor, -sora *n* : printer
impresora *nf* : (computer) printer
imprevisible *adj* : unforeseeable : unpredictable
imprevisión *nf, pl* **-siones** : lack of foresight : thoughtlessness
imprevisto[1], **-ta** *adj* : unexpected : unforeseen
imprevisto[2] *nm* : unexpected occurrence : contingency
imprimir *v* : to print : to imprint : to stamp : to impress
improbabilidad *nf* : improbability
improbable *adj* : improbable : unlikely
improcedente *adj* : inadmissible : inappropriate : improper
improductivo, -va *adj* : unproductive
impronta *nf* : mark : stamp
improperio *nm* : affront : insult
impropiedad *nf* : impropriety
impropio, -pia *adj* : improper : incorrect : unsuitable : inappropriate
improvisación *nf, pl* **-ciones** : improvisation : ad-lib
improvisado, -da *adj* : improvised : ad-lib
improvisar *v* : to improvise : to ad-lib
improviso *adj* **de ~** : all of a sudden : unexpectedly
imprudencia *nf* : mistake : indiscretion : carelessness : recklessness
imprudente *adj* : imprudent : unwise : indiscreet : careless : reckless — **imprudentemente** *adv*
impúdico, -ca *adj* : shameless : indecent
impuesto[1] *pp* → **imponer**
impuesto[2] *nm* : tax
impugnar *v* : to challenge : to contest
impulsar *v* : to propel : to drive : to boost : to promote
impulsividad *nf* : impulsiveness
impulsivo, -va *adj* : impulsive — **impulsivamente** *adv*
impulso *nm* : drive : thrust : impulse : urge
impulsor, -sora *n* : force : impetus
impune *adj* : unpunished
impunemente *adv* : with impunity
impunidad *nf* : impunity
impuntualidad *nf* : lack of punctuality
impureza *nf* : impurity
impuro, -ra *adj* : impure
impuso, etc. → **imponer**
imputable *adj* : attributable
imputación *nf, pl* **-ciones** : attribution : accusation
imputar *v* : to impute : to attribute
in- *or* **im-** *or* **i-** *or* **ir-** *pref* : in- : im- : il- : un-
inacabable *adj* : endless
inacabado, -da *adj* : unfinished
inaccesibilidad *nf* : inaccessibility
inaccesible *adj* : inaccessible : unattainable
inacción *nf, pl* **-ciones** : inactivity : inaction
inaceptable *adj* : unacceptable
inactividad *nf* : inactivity : idleness
inactivo, -va *adj* : inactive : idle
inadaptado[1], **-da** *adj* : maladjusted
inadaptado[2], **-da** *n* : misfit
inadecuación *nf, pl* **-ciones** : inadequacy
inadecuado, -da *adj* : inadequate : inappropriate — **inadecuadamente** *adv*
inadmisible *adj* : inadmissible : unacceptable
inadvertencia *nf* : oversight
inadvertidamente *adv* : inadvertently
inadvertido, -da *adj* : unnoticed : inattentive : distracted
inagotable *adj* : inexhaustible
inaguantable *adj* : insufferable : unbearable
inalámbrico, -ca *adj* : wireless : cordless
inalcanzable *adj* : unreachable : unattainable
inalienable *adj* : inalienable
inalterable *adj* : unalterable : unchangeable : impassive : colorfast
inamovible *adj* : immovable : fixed
inanición *nf, pl* **-ciones** : starvation
inanimado, -da *adj* : inanimate
inapelable *adj* : indisputable
inapetencia *nf* : lack of appetite
inaplicable *adj* : inapplicable
inapreciable *adj* : imperceptible : negligible : invaluable
inapropiado, -da *adj* : inappropriate : unsuitable — **inapropiadamente** *adv*
inarticulado, -da *adj* : inarticulate : unintelligible — **inarticuladamente** *adv*
inasequible *adj* : unattainable : inaccessible
inasistencia *nf* : absence
inatacable *adj* : unassailable : indisputable
inaudible *adj* : inaudible
inaudito, -ta *adj* : unheard-of : unprecedented
inauguración *nf, pl* **-ciones** : inauguration : opening : beginning
inaugural *adj* : inaugural : opening
inaugurar *v* : to inaugurate : to open

inauténtico, -ca *adj* : counterfeit : inauthentic
inca *adj & nmf* : Inca
incaico, -ca *adj* : Inca : Incan
incalculable *adj* : incalculable
incalificable *adj* : indescribable
incandescencia *nf* : incandescence — **incandescente** *adj*
incansable *adj* : tireless — **incansablemente** *adv*
incapacidad *nf* : inability : incapacity : disability : handicap *sometimes offensive* : incompetence : sick leave
incapacitado, -da *adj* : disqualified : disabled : handicapped
incapacitar *v* : to incapacitate : to disable : to disqualify
incapaz *adj, pl* **-paces** : incapable : unable : incompetent : inept
incautación *nf, pl* **-ciones** : seizure : confiscation
incautar *v* : to confiscate : to seize — **incautarse** *vr*
incauto, -ta *adj* : unwary : unsuspecting
incendiar *v* : to set fire to : to burn — **incendiarse** *vr* : to catch fire : to burn down
incendiario[1], **-ria** *adj* : incendiary : inflammatory
incendiario[2], **-ria** *n* : arsonist
incendio *nm* : fire
incensario *nm* : censer
incentivar *v* : to encourage : to stimulate
incentivo *nm* : incentive
incertidumbre *nf* : uncertainty : suspense
incesante *adj* : incessant — **incesantemente** *adv*
incesto *nm* : incest
incestuoso, -sa *adj* : incestuous
incidencia *nf* : incident : effect : impact
incidental *adj* : incidental
incidentalmente *adv* : by chance
incidente *nm* : incident : occurrence
incienso *nm* : incense
incierto, -ta *adj* : uncertain : untrue : unsteady : insecure
incinerador *nm* : incinerator
incinerar *v* : to incinerate : to cremate
incipiente *adj* : incipient
incisión *nf, pl* **-siones** : incision
incisivo[1], **-va** *adj* : incisive
incisivo[2] *nm* : incisor
inciso *nm* : digression : aside : paragraph : subsection
incitación *nf, pl* **-ciones** : incitement
incitador[1], **-dora** *n* : instigator : agitator
incitador[2], **-dora** *adj* : provocative
incitante *adj* : provocative
incitar *v* : to incite : to rouse
incivilizado, -da *adj* : uncivilized
inclemencia *nf* : inclemency : severity
inclemente *adj* : inclement
inclinación *nf, pl* **-ciones** : inclination : tendency : incline : slope : bow
inclinado, -da *adj* : sloping : tilted : inclined : apt
inclinar *v* : to tilt : to lean : to incline — **inclinarse** *vr* : to lean over : to bow
incluir *v* : to include
inclusión *nf, pl* **-siones** : inclusion
inclusive *adv* : inclusive
inclusivo, -va *adj* : inclusive : open
incluso *adv* : even : in fact
incógnita *nf* : unknown quantity : mystery
incógnito, -ta *adj* : unknown
incoherencia *nf* : incoherence
incoherente *adj* : incoherent — **incoherentemente** *adv*
incoloro, -ra *adj* : colorless
incombustible *adj* : fireproof
incomible *adj* : inedible
incomodar *v* : to make uncomfortable : to inconvenience — **incomodarse** *vr* : to put oneself out : to take the trouble
incomodidad *nf* : discomfort : awkwardness : inconvenience : bother
incómodo, -da *adj* : uncomfortable : awkward : inconvenient — **incómodamente** *adv*
incomparable *adj* : incomparable
incompatibilidad *nf* : incompatibility
incompatible *adj* : incompatible
incompetencia *nf* : incompetence
incompetente *adj & nmf* : incompetent
incompleto, -ta *adj* : incomplete
incomprendido, -da *adj* : misunderstood
incomprensible *adj* : incomprehensible
incomprensión *nf, pl* **-siones** : lack of understanding : incomprehension
incomunicación *nf, pl* **-ciones** : lack of communication
incomunicado, -da *adj* : cut off : isolated : in solitary confinement
inconcebible *adj* : inconceivable : unthinkable — **inconcebiblemente** *adv*
inconcluso, -sa *adj* : unfinished
incondicional *adj* : unconditional — **incondicionalmente** *adv*
inconexo, -xa *adj* : unrelated : unconnected : disjointed
inconfesable *adj* : unspeakable : shameful
inconforme *adj & nmf* : nonconformist
inconformidad *nf* : nonconformity
inconformista *adj & nmf* : nonconformist
inconfundible *adj* : unmistakable : obvious — **inconfundiblemente** *adv*
incongruencia *nf* : incongruity
incongruente *adj* : incongruous
inconmensurable *adj* : vast : immeasurable
inconquistable *adj* : unyielding
inconsciencia *nf* : unconsciousness : lack of awareness : irresponsibility

inconsciente[1] *adj* : unconscious : unaware : reckless : needless — **inconscientemente** *adv*
inconsciente[2] *nm* **el inconsciente** : the unconscious
inconsecuente *adj* : inconsistent — **inconsecuencia** *nf*
inconsiderado, -da *adj* : inconsiderate : thoughtless
inconsistencia *nf* : inconsistency
inconsistente *adj* : weak : flimsy : inconsistent
inconsolable *adj* : inconsolable — **inconsolablemente** *adv*
inconstancia *nf* : fickleness
inconstante *adj* : fickle : changeable
inconstitucional *adj* : unconstitutional — **inconstitucionalidad** *nf*
incontable *adj* : countless : innumerable
incontenible *adj* : uncontrollable : unstoppable
incontestable *adj* : irrefutable : indisputable
incontinencia *nf* : incontinence — **incontinente** *adj*
incontrolable *adj* : uncontrollable
incontrolado, -da *adj* : uncontrolled : out of control
incontrovertible *adj* : indisputable
inconveniencia *nf* : inconvenience : trouble : inappropriateness : tactless remark
inconveniente[1] *adj* : inconvenient : improper : unsuitable
inconveniente[2] *nm* : obstacle : problem : snag : objection : disadvantage : drawback
incordiar *v* : to annoy : to pester
incorporación *nf, pl* **-ciones** : incorporation
incorporado *adj* : built-in
incorporar *v* : to incorporate : to add : to include — **incorporarse** *vr* : to sit up
incorpóreo, -rea *adj* : incorporeal : bodiless
incorrección *n, pl* **-ciones** : impropriety : improper word or action
incorrecto, -ta *adj* : incorrect : impolite : rude — **incorrectamente** *adv*
incorregible *adj* : incorrigible — **incorregibilidad** *nf*
incorruptible *adj* : incorruptible
incredulidad *nf* : incredulity : skepticism
incrédulo[1], **-la** *adj* : incredulous : skeptical
incrédulo[2], **-la** *n* : skeptic
increíble *adj* : incredible : unbelievable — **increíblemente** *adv*
incrementar *v* : to increase — **incrementarse** *vr*
incremento *nm* : increase
increpar *v* : to tell off : to yell at : to rebuke
incriminar *v* : to incriminate — **incriminación** *nf*
incriminatorio, -ria *adj* : incriminating : incriminatory
incruento, -ta *adj* : bloodless
incrustación *nf, pl* **-ciones** : inlay
incrustar *v* : to embed : to inlay — **incrustarse** *vr* : to become embedded
incubación *nf, pl* **-ciones** : incubation
incubadora *nf* : incubator
incubar *v* : to incubate
incuestionable *adj* : unquestionable : indisputable — **incuestionablemente** *adv*
inculcar *v* : to inculcate : to instill
inculpado, -da *n* : defendant
inculpar *v* : to accuse : to charge
inculto, -ta *adj* : uncultured : ignorant : uncultivated : fallow
incultura *nf* : ignorance : lack of culture
incumbencia *nf* : obligation : responsibility
incumbir *v* ~ **a** : to be incumbent upon : to be of concern to
incumplido, -da *adj* : irresponsible : unreliable
incumplimiento *nm* : failure to fulfill
incumplir *v* : to fail to carry out : to break
incurable *adj* : incurable
incursión *nf, pl* **-siones** : incursion : raid
incursionar *v* : to raid
indagación *nf, pl* **-ciones** : investigation : inquiry
indagar *v* : to inquire into : to investigate
indagatoria *nf* : statement : deposition : investigation : inquiry : inquest
indebido, -da *adj* : improper : undue — **indebidamente** *adv*
indecencia *nf* : indecency : obscenity
indecente *adj* : indecent : obscene
indecible *adj* : indescribable : inexpressible
indecisión *nf, pl* **-siones** : indecision
indeciso, -sa *adj* : indecisive : undecided
indeclinable *adj* : unavoidable
indecoro *nm* : impropriety : indecorousness
indecoroso, -sa *adj* : indecorous : unseemly
indefectible *adj* : unfailing : sure
indefendible *adj* : indefensible
indefensión *nf* : defenselessness
indefenso, -sa *adj* : defenseless : helpless
indefinible *adj* : indefinable
indefinido, -da *adj* : undefined : vague : indefinite — **indefinidamente** *adv*
indeleble *adj* : indelible — **indeleblemente** *adv*
indelicado, -da *adj* : indelicate : tactless
indemne *adj* : unharmed : unhurt
indemnidad *nf* : indemnity
indemnización *nf, pl* **-ciones** : indemnity

indemnizar *v* : to indemnify : to compensate
independencia *nf* : independence
independiente *adj* : independent — **independientemente** *adv*
independista[1] *adj* : pro-independence
independista[2] *nmf* : independence supporter
independizar *v* : to make independent — **independizarse** *vr*
indescifrable *adj* : indecipherable
indescriptible *adj* : indescribable — **indescriptiblemente** *adv*
indeseable *adj & nmf* : undesirable
indestructible *adj* : indestructible
indeterminado, -da *adj* : indefinite : indeterminate
indexar *v* : to index
indicación *nf, pl* **-ciones** : sign : signal : direction : instruction : suggestion : hint
indicado, -da *adj* : appropriate : suitable : specified : indicated
indicador *nm* : gauge : dial : meter : indicator
indicar *v* : to indicate : to show
indicativo[1], **-va** *adj* : indicative
indicativo[2] *nm* : indicative
índice *nm* : index : contents *pl* : table of contents : index finger : forefinger : indication
indiciar *v* : to index
indicio *nm* : indication : sign; **indicios** *nmpl* : evidence
indiferencia *nf* : indifference
indiferente *adj* : indifferent : unconcerned
indiferentemente *adv* : indifferently
indígena[1] *adj* : indigenous : native
indígena[2] *nmf* : native
indigencia *nf* : poverty : destitution
indigente *adj & nmf* : indigent
indigestarse *vr* : to have indigestion : to nauseate : to disgust
indigestión *nf, pl* **-tiones** : indigestion
indigesto, -ta *adj* : indigestible : difficult to digest
indignación *nf, pl* **-ciones** : indignation
indignado, -da *adj* : indignant
indignante *adj* : outrageous : infuriating
indignar *v* : to outrage : to infuriate — **indignarse** *vr*
indignidad *nf* : indignity
indigno, -na *adj* : unworthy : contemptible : despicable
índigo *nm* : indigo
indio, -dia *adj & n* : Indian
indio–americano, india–americana → **nativo americano**
indirecta *nf* : hint : innuendo
indirecto, -ta *adj* : indirect — **indirectamente** *adv*
indisciplina *nf* : lack of discipline : unruliness
indisciplinado, -da *adj* : undisciplined : unruly
indiscreción *nf, pl* **-ciones** : indiscretion : tactless remark
indiscreto, -ta *adj* : indiscreet : imprudent — **indiscretamente** *adv*
indiscriminado, -da *adj* : indiscriminate — **indiscriminadamente** *adv*
indiscutible *adj* : indisputable : unquestionable : undisputed — **indiscutiblemente** *adv*
indiscutido, -da *adj* : undisputed
indispensable *adj* : indispensable — **indispensablemente** *adv*
indisponer *v* : to spoil : to upset : to make ill — **indisponerse** *vr* : to become ill
indisposición *nf, pl* **-ciones** : illness
indispuesto, -ta *adj* : unwell : indisposed
indistinguible *adj* : indistinguishable
indistintamente *adv* : indistinctly : indiscriminately
indistinto, -ta *adj* : indistinct : vague : faint
individual[1] *adj* : individual — **individualmente** *adv*
individual[2] *nm* : place mat; **individuales** *nmpl* : singles
individualidad *nf* : individuality
individualismo *nm* : individualism
individualista[1] *adj* : individualistic
individualista[2] *nmf* : individualist
individualizar *v* : to individualize
individuo *nm* : individual : person
indivisible *adj* : indivisible — **indivisibilidad** *nf*
indocumentado, -da *n* : illegal immigrant
índole *nf* : nature : character : sort : kind
indolencia *nf* : indolence : laziness
indolente *adj* : indolent : lazy
indoloro, -ra *adj* : painless
indomable *adj* : indomitable : unruly : unmanageable
indómito, -ta *adj* : indomitable : untamed
indonesio, -sia *adj & n* : Indonesian
inducción *nf, pl* **-ciones** : induction
inducir *v* : to induce : to cause : to infer : to deduce
inductivo, -va *adj* : inductive
indudable *adj* : unquestionable : beyond doubt
indudablemente *adv* : undoubtedly : unquestionably
indulgencia *nf* : indulgence : leniency
indulgente *adj* : indulgent : lenient
indultar *v* : to pardon : to reprieve
indulto *nm* : pardon : reprieve
indumentaria *nf* : clothing : attire
industria *nf* : industry
industrial[1] *adj* : industrial
industrial[2] *nmf* : industrialist : manufacturer

industrialización *nf, pl* **-ciones** : industrialization
industrializar *v* : to industrialize
industrioso, -sa *adj* : industrious
inédito, -ta *adj* : unpublished : unprecedented
inefable *adj* : ineffable
ineficacia *nf* : inefficiency : lack of effectiveness
ineficaz *adj, pl* **-caces** : inefficient : ineffective — **ineficazmente** *adv*
ineficiencia *nf* : inefficiency
ineficiente *adj* : inefficient — **ineficientemente** *adv*
inelegancia *nf* : inelegance — **inelegante** *adj*
inelegible *adj* : ineligible — **inelegibilidad** *nf*
ineludible *adj* : inescapable : unavoidable — **ineludiblemente** *adv*
ineptitud *nf* : ineptitude : incompetence
inepto[1], **-ta** *adj* : inept : incompetent
inepto[2], **-ta** *n* : incompetent
inequidad *nf* : inequity
inequitativo, -va *adj* : inequitable
inequívoco, -ca *adj* : unequivocal : unmistakable — **inequívocamente** *adv*
inercia *nf* : inertia : apathy
inerme *adj* : unarmed : defenseless
inerte *adj* : inert
inescrupuloso, -sa *adj* : unscrupulous
inescrutable *adj* : inscrutable
inesperado, -da *adj* : unexpected — **inesperadamente** *adv*
inestabilidad *nf* : instability : unsteadiness
inestable *adj* : unstable : unsteady : changeable
inestimable *adj* : inestimable : invaluable
inevitabilidad *nf* : inevitability
inevitable *adj* : inevitable : unavoidable — **inevitablemente** *adv*
inexactitud *nf* : inaccuracy
inexacto, -ta *adj* : inexact : inaccurate
inexcusable *adj* : inexcusable : unforgivable : unavoidable
inexistencia *nf* : lack : nonexistence
inexistente *adj* : nonexistent
inexorable *adj* : inexorable — **inexorablemente** *adv*
inexperiencia *nf* : inexperience
inexperto, -ta *adj* : inexperienced : unskilled
inexplicable *adj* : inexplicable — **inexplicablemente** *adv*
inexplorado, -da *adj* : unexplored
inexpresable *adj* : inexpressible
inexpresivo, -va *adj* : expressionless
inexpugnable *adj* : impregnable
inextricable *adj* : inextricable — **inextricablemente** *adv*
infalibilidad *nf* : infallibility
infalible *adj* : infallible — **infaliblemente** *adv*
infame *adj* : infamous : loathsome : vile
infamia *nf* : infamy : disgrace
infancia *nf* : infancy : childhood : children *pl* : beginnings *pl*
infante[1], **-ta** *n* : prince *m* : princess *f*
infante[2] *nm* : infantry soldier
infantería *nf* : infantry
infantil *adj* : childish : infantile : child's : children's
infarto *nm* : heart attack
infatigable *adj* : indefatigable : tireless — **infatigablemente** *adv*
infección *nf, pl* **-ciones** : infection
infeccioso, -sa *adj* : infectious
infectar *v* : to infect — **infectarse** *vr*
infecto, -ta *adj* : infected : repulsive : sickening
infecundidad *nf* : infertility
infecundo, -da *adj* : infertile : barren
infelicidad *nf* : unhappiness
infeliz[1] *adj, pl* **-lices** : unhappy : hapless : unfortunate : wretched
infeliz[2] *nmf, pl* **-lices** : wretch
inferencia *nf* : inference
inferior[1] *adj* : inferior : lower
inferior[2] *nmf* : inferior : underling
inferioridad *nf* : inferiority
inferir *v* : to infer : to deduce : to cause : to inflict
infernal *adj* : infernal : hellish
infertilidad *nf* : infertility
infestación *n, pl* **-ciones** : infestation
infestar *v* : to infest : to overrun : to invade
infición *nf, pl* **-ciones** : pollution
infidelidad *nf* : unfaithfulness : infidelity
infiel[1] *adj* : unfaithful : disloyal
infiel[2] *nmf* : infidel : heathen *often offensive*
infierno *nm* : hell : bedlam : madness : hellhole : hellish place
infiltrado, -da *n* : infiltrator
infiltrar *v* : to infiltrate — **infiltrarse** *vr* — **infiltración** *nf*
ínfimo, -ma *adj* : minuscule : negligible : lousy : very poor
infinidad *nf* : infinity : great number : huge quantity
infinitesimal *adj* : infinitesimal
infinitivo *nm* : infinitive
infinito[1] *adv* : infinitely : vastly
infinito[2], **-ta** *adj* : infinite : limitless : endless — **infinitamente** *adv*
infinito[3] *nm* : infinity
inflable *adj* : inflatable
inflación *nf, pl* **-ciones** : inflation
inflacionario, -ria *adj* : inflationary
inflacionista → **inflacionario**
inflamable *adj* : flammable
inflamación *nf, pl* **-ciones** : inflammation : ignition : combustion
inflamar *v* : to inflame : to ignite

inflamatorio, -ria *adj* : inflammatory
inflar *v* : to inflate : to exaggerate — **inflarse** *vr* : to swell : to become conceited
inflexibilidad *nf* : inflexibility
inflexible *adj* : inflexible : unyielding
inflexión *nf, pl* **-xiones** : inflection
infligir *v* : to inflict
influencia *nf* : influence; **influencias** *nfpl* : contacts *pl*
influenciable *adj* : easily influenced : suggestible
influenciar *v* : to influence
influenza *nf* : influenza
influir *v* : to influence ~ **en** *or* ~ **sobre** : to have an influence on : to affect
influjo *nm* : influence
influyente *adj* : influential
infografía *nf* : computer graphics *pl*
información *nf, pl* **-ciones** : information : directory assistance : report : inquiry : news
informado, -da *adj* : informed
informador, -dora *n* : informer : informant
informal *adj* : unreliable : informal : casual : unofficial — **informalmente** *adv*
informalidad *nf* : informality
informante *nmf* : informant
informar *v* : to inform : to report — **informarse** *vr* : to get information : to find out
informática *nf* : computer science : computing
informático[1], **-ca** *adj* : computer
informático[2], **-ca** *n* : computer specialist
informativo[1], **-va** *adj* : informative : informational
informativo[2] *nm* : news program : news
informatización *nf, pl* **-ciones** : computerization
informatizar *v* : to computerize
informe[1] *adj* : shapeless : formless
informe[2] *nm* : report : reference; **informes** *nmpl* : information : data
infortunado, -da *adj* : unfortunate : unlucky
infortunio *nm* : misfortune : mishap
infracción *nf, pl* **-ciones** : violation : offense : infraction
infractor, -tora *n* : offender
infraestructura *nf* : infrastructure
in fraganti *adv* : red-handed
infrahumano, -na *adj* : subhuman
infranqueable *adj* : impassable : insurmountable
infrarrojo, -ja *adj* : infrared
infrecuente *adj* : infrequent
infringir *v* : to infringe : to breach
infructuoso, -sa *adj* : fruitless — **infructuosamente** *adv*
ínfulas *nfpl* : conceit
infundado, -da *adj* : unfounded : baseless
infundio *nm* : false story : lie : tall tale
infundir *v* : to instill : to arouse
infusión *nf, pl* **-siones** : infusion : tea
ingeniar *v* : to devise : to think up — **ingeniarse** *vr* : to manage : to find a way
ingeniería *nf* : engineering
ingeniero, -ra *n* : engineer
ingenio *nm* : ingenuity : wit : wits : device : apparatus
ingenioso, -sa *adj* : ingenious : clever : witty — **ingeniosamente** *adv*
ingente *adj* : huge : enormous
ingenuidad *nf* : naïveté : ingenuousness
ingenuo[1], **-nua** *adj* : naive — **ingenuamente** *adv*
ingenuo[2], **-nua** *n* : naive person
ingerencia → **injerencia**
ingerir *v* : to ingest : to consume
ingesta *nf* : consumption : ingestion
ingestión *nf, pl* **-tiones** : ingestion
ingle *nf* : groin
inglés[1], **-glesa** *adj, mpl* **ingleses** : English
inglés[2], **-glesa** *n, mpl* **ingleses** : Englishman *m* : Englishwoman *f*
inglés[3] *nm* : English
inglete *nm* : miter joint
ingobernable *adj* : ungovernable : lawless
ingratitud *nf* : ingratitude
ingrato[1], **-ta** *adj* : ungrateful : thankless : difficult
ingrato[2], **-ta** *n* : ingrate
ingrávido, -da *adj* : weightless
ingrediente *nm* : ingredient
ingresar *v* : to admit : to deposit : to enter : to go in
ingreso *nm* : entrance : entry : admission : deposit; **ingresos** *nmpl* : income : earnings *pl*
íngrimo, -ma *adj* : all alone : all by oneself
inhábil *adj* : clumsy
inhabilidad *nf* : lack of skill : lack of suitability
inhabilitar *v* : to disqualify : to bar : to disable
inhabitable *adj* : uninhabitable
inhabitado, -da → **deshabitado**
inhabituado, -da *adj* ~ **a** : unaccustomed to
inhalador *nm* : inhaler
inhalante *nm* : inhalant
inhalar *v* : to inhale — **inhalación** *nf*
inherente *adj* : inherent
inhibición *nf, pl* **-ciones** : inhibition
inhibir *v* : to inhibit — **inhibirse** *vr*
inhóspito, -ta *adj* : inhospitable
inhumación *nf, pl* **-ciones** : interment : burial
inhumanidad *nf* : inhumanity
inhumano, -na *adj* : inhuman : cruel : inhumane

inhumar *v* : to inter : to bury
iniciación *nf, pl* **-ciones** : initiation : introduction
iniciado, -da *n* : initiate
iniciador[1], **-dora** *adj* : initiatory
iniciador[2], **-dora** *n* : originator
inicial[1] *adj* : initial : original — **inicialmente** *adv*
inicial[2] *nf* : initial
iniciar *v* : to initiate : to begin — **iniciarse** *vr*
iniciativa *nf* : initiative
inicio *nm* : beginning
inicuo, -cua *adj* : iniquitous : wicked
inigualable *adj* : incomparable : unrivaled : unbeatable
inigualado, -da *adj* : unequaled
inimaginable *adj* : unimaginable
inimitable *adj* : inimitable
ininteligible *adj* : unintelligible
ininterrumpido, -da *adj* : uninterrupted : continuous — **ininterrumpidamente** *adv*
iniquidad *nf* : iniquity : wickedness
injerencia *nf* : interference
injerirse *vr* : to meddle : to interfere
injertar *v* : to graft
injerto *nm* : graft
injuria *nf* : affront : insult
injuriar *v* : to insult : to revile
injurioso, -sa *adj* : insulting : abusive
injusticia *nf* : injustice : unfairness
injustificable *adj* : unjustifiable
injustificadamente *adv* : unjustifiably : unfairly
injustificado, -da *adj* : unjustified : unwarranted
injusto, -ta *adj* : unfair : unjust — **injustamente** *adv*
inmaculado, -da *adj* : immaculate : spotless
inmadurez *nf, pl* **-reces** : immaturity
inmaduro, -ra *adj* : immature : unripe
inmediaciones *nfpl* : environs : surrounding area
inmediatamente *adv* : immediately
inmediatez *nf, pl* **-teces** : immediacy
inmediato, -ta *adj* : immediate : adjoining
inmejorable *adj* : excellent : unbeatable
inmemorial *adj* : immemorial
inmensidad *nf* : immensity : vastness
inmenso, -sa *adj* : immense : huge : vast — **inmensamente** *adv*
inmensurable *adj* : boundless : immeasurable
inmerecido, -da *adj* : undeserved — **inmerecidamente** *adv*
inmersión *nf, pl* **-siones** : immersion
inmerso, -sa *adj* : immersed : involved : absorbed
inmigración *nf, pl* **-ciones** : immigration
inmigrado, -da *adj & n* : immigrant
inmigrante *adj & nmf* : immigrant
inmigrar *v* : to immigrate
inminencia *nf* : imminence
inminente *adj* : imminent — **inminentemente** *adv*
inmiscuirse *vr* : to meddle : to interfere
inmobiliaria *nf* : real estate agency : developer
inmobiliario, -ria *adj* : real estate : property
inmoderación *n, pl* **-ciones** : intemperance : lack of moderation
inmoderado, -da *adj* : immoderate : excessive — **inmoderamente** *adv*
inmodestia *nf* : immodesty — **inmodesto, -ta** *adj*
inmoral *adj* : immoral
inmoralidad *nf* : immorality
inmortal *adj & nmf* : immortal
inmortalidad *nf* : immortality
inmortalizar *v* : to immortalize
inmotivado, -da *adj* : unmotivated : groundless
inmovible *adj* : immovable : fixed
inmóvil *adj* : still : motionless : steadfast
inmovilidad *nf* : immobility
inmovilizar *v* : to immobilize — **inmovilización** *nf*
inmueble *nm* : building : property
inmundicia *nf* : dirt : filth : trash
inmundo, -da *adj* : dirty : filthy : nasty
inmune *adj* : immune
inmunidad *nf* : immunity
inmunizar *v* : to immunize — **inmunización** *nf*
inmunología *nf* : immunology
inmunológico, -ca *adj* : immune
inmutable *adj* : immutable : unchangeable
inmutar *v* : to upset — **inmutarse** *vr* : to get upset : to look upset
innato, -ta *adj* : innate : inborn
innecesario, -ria *adj* : unnecessary — **innecesariamente** *adv*
innegable *adj* : undeniable
innoble *adj* : ignoble — **innoblemente** *adv*
innovación *nf, pl* **-ciones** : innovation
innovador[1], **-dora** *adj* : innovative
innovador[2], **-dora** *n* : innovator
innovar *v* : to introduce : to innovate
innumerable *adj* : innumerable : countless
inobjetable *adj* : indisputable : unobjectionable
inocencia *nf* : innocence
inocentada *nf* : practical joke
inocente[1] *adj* : innocent : naive — **inocentemente** *adv*
inocente[2] *nmf* : innocent person
inocentón[1], **-tona** *adj, mpl* **-tones** : naive : gullible
inocentón[2], **-tona** *n, mpl* **-tones** : simpleton : dupe
inocuidad *nf* : harmlessness

inocular *v* : to inoculate : to vaccinate — **inoculación** *nf*
inocuo, -cua *adj* : innocuous : harmless
inodoro[1], **-ra** *adj* : odorless
inodoro[2] *nm* : toilet
inofensivo, -va *adj* : inoffensive : harmless
inolvidable *adj* : unforgettable
inoperable *adj* : inoperable
inoperante *adj* : ineffective : inoperative
inopinado, -da *adj* : unexpected — **inopinadamente** *adv*
inoportuno, -na *adj* : untimely : inopportune : inappropriate
inorgánico, -ca *adj* : inorganic
inoxidable *adj* : rustproof
inquebrantable *adj* : unshakable : unwavering
inquietamente *adv* : anxiously : uneasily : restlessly
inquietante *adj* : disturbing : worrisome
inquietar *v* : to disturb : to upset : to worry — **inquietarse** *vr*
inquieto, -ta *adj* : anxious : uneasy : worried : restless
inquietud *nf* : anxiety : uneasiness : worry : restlessness
inquilinato *nm* : tenancy
inquilino, -na *n* : tenant : occupant
inquina *nf* : aversion : dislike : ill will
inquirir *v* : to make inquiries : to investigate
inquisición *nf, pl* **-ciones** : investigation : inquiry
inquisidor[1], **-dora** *adj* : inquisitive
inquisidor[2] *nm* : inquisitor
inquisitivo, -va *adj* : inquisitive : curious — **inquisitivamente** *adv*
insaciable *adj* : insatiable
insalubre *adj* : unhealthy : unsanitary
insalvable *adj* : insurmountable
insano, -na *adj* : insane : mad : unhealthy
insatisfacción *nf, pl* **-ciones** : dissatisfaction
insatisfactorio *nm* : unsatisfactory
insatisfecho, -cha *adj* : dissatisfied : unsatisfied
inscribir *v* : to enroll : to register : to engrave — **inscribirse** *vr* : to sign up
inscripción *nf, pl* **-ciones** : enrollment : registration : inscription
inscrito *pp* → **inscribir**
insecticida[1] *adj* : insecticidal
insecticida[2] *nm* : insecticide
insecto *nm* : insect
inseguridad *nf* : insecurity : lack of safety : uncertainty
inseguro, -ra *adj* : insecure : unsafe : uncertain — **inseguramente** *adv*
inseminar *v* : to inseminate — **inseminación** *nf*
insensatez *nf, pl* **-teces** : foolishness : stupidity
insensato[1], **-ta** *adj* : foolish : senseless — **insensatamente** *adv*
insensato[2], **-ta** *n* : fool
insensibilidad *nf* : insensitivity
insensible *adj* : insensitive : unfeeling — **insensiblemente** *adv*
inseparable *adj* : inseparable — **inseparablemente** *adv*
inserción *nf, pl* **-ciones** : insertion
insertar *v* : to insert
inservible *adj* : useless : unusable
insidia *nf* : snare : trap : malice
insidioso, -sa *adj* : insidious
insigne *adj* : noted : famous
insignia *nf* : insignia : emblem : badge
insignificancia *nf* : insignificance : trifle : triviality
insignificante *adj* : insignificant
insincero, -ra *adj* : insincere — **insinceramente** *adv* — **insinceridad** *nf*
insinuación *nf, pl* **-ciones** : insinuation : hint
insinuante *adj* : suggestive
insinuar *v* : to insinuate : to hint at
insípido, -da *adj* : insipid : bland
insistencia *nf* : insistence
insistente *adj* : insistent — **insistentemente** *adv*
insistir *v* : to insist
insociable *adj* : unsociable
insolación *nf, pl* **-ciones** : sunstroke
insolencia *nf* : insolence
insolente *adj* : insolent — **insolentemente** *adv*
insólito, -ta *adj* : rare : unusual
insoluble *adj* : insoluble — **insolubilidad** *nf*
insolvencia *nf* : insolvency : bankruptcy
insolvente *adj* : insolvent : bankrupt
insomne *adj & nmf* : insomniac
insomnio *nm* : insomnia
insonorizado, -da *adj* : soundproof
insoportable *adj* : unbearable : intolerable
insoslayable *adj* : unavoidable : inescapable
insospechado, -da *adj* : unexpected : unforeseen
insostenible *adj* : not sustainable : untenable
inspección *nf, pl* **-ciones** : inspection
inspeccionar *v* : to inspect
inspector, -tora *n* : inspector
inspiración *nf, pl* **-ciones** : inspiration : inhalation
inspirador, -dora *adj* : inspiring
inspirar *v* : to inspire : to inhale — **inspirarse** *vr*
instalación *nf, pl* **-ciones** : installation
instalar *v* : to install : to induct — **instalarse** *vr* : to settle : to establish oneself
instancia *nf* : petition : request

instantánea *nf* : snapshot
instantáneo, -nea *adj* : instantaneous : instant — **instantáneamente** *adv*
instante *nm* : instant : moment
instar *v* : to urge : to press : to be urgent or pressing
instauración *nf, pl* **-ciones** : establishment
instaurar *v* : to establish
instigador, -dora *n* : instigator
instigar *v* : to instigate : to incite
instintivo, -va *adj* : instinctive — **instintivamente** *adv*
instinto *nm* : instinct
institución *nf, pl* **-ciones** : institution
institucional *adj* : institutional — **institucionalmente** *adv*
institucionalizar *v* : to institutionalize
instituir *v* : to institute : to establish : to found
instituto *nm* : institute
institutriz *nf, pl* **-trices** : governess *f*
instrucción *nf, pl* **-ciones** : education : training; **instrucciones** *nfpl* : instructions : directions
instructivo, -va *adj* : instructive : educational
instructor, -tora *n* : instructor
instruir *v* : to instruct : to train : to educate : to teach
instrumentación *nf, pl* **-ciones** : orchestration
instrumental[1] *adj* : instrumental
instrumental[2] *nm* : instruments *pl*
instrumentar *v* : to orchestrate
instrumentista *nmf* : instrumentalist
instrumento *nm* : (musical) instrument : instrument : means *pl*
insubordinado, -da *adj* : insubordinate — **insubordinación** *nf*
insubordinarse *vr* : to rebel
insuficiencia *nf* : insufficiency : inadequacy
insuficiente[1] *adj* : insufficient : inadequate : poor : unsatisfactory — **insuficientemente** *adv*
insuficiente[2] *nm* : F : failing grade
insufrible *adj* : insufferable
insular *adj* : insular
insularidad *nf* : insularity
insulina *nf* : insulin
insulso, -sa *adj* : insipid : bland : dull
insultante *adj* : insulting
insultar *v* : to insult
insulto *nm* : insult
insumos *nmpl* : supplies
insuperable *adj* : insurmountable : unbeatable
insurgente *adj & nmf* : insurgent — **insurgencia** *nf*
insurrección *nf, pl* **-ciones** : insurrection : uprising
insustancial *adj* : insubstantial : flimsy
insustituible *adj* : irreplaceable
intachable *adj* : irreproachable : faultless
intacto, -ta *adj* : intact
intangible *adj* : intangible : impalpable
integración *nf, pl* **-ciones** : integration
integral *adj* : integral : essential
integrante[1] *adj* : integrating : integral
integrante[2] *nmf* : member
integrar *v* : to make up : to compose — **integrarse** *vr* : to integrate : to fit in
integridad *nf* : integrity : honesty : soundness
integrismo *nm* : fundamentalism
integrista *adj & nmf* : fundamentalist
íntegro, -gra *adj* : honest : upright : whole : complete : unabridged
intelecto *nm* : intellect
intelectual *adj & nmf* : intellectual — **intelectualmente** *adv*
intelectualidad *nf* : intelligentsia
inteligencia *nf* : intelligence
inteligente *adj* : intelligent — **inteligentemente** *adv*
inteligible *adj* : intelligible — **inteligibilidad** *nf*
intemperancia *adj* : intemperance : excess
intemperie *nf* : bad weather : elements *pl*
intempestivo, -va *adj* : inopportune : untimely — **intempestivamente** *adv*
intención *nf, pl* **-ciones** : intention : plan
intencionadamente → **intencionalmente**
intencionado, -da → **intencional**
intencional *adj* : intentional
intencionalmente *adv* : intentionally
intendencia *nf* : management : administration : city council : town council : governorship
intendente *nmf* : quartermaster : mayor : governor
intensidad *nf* : intensity
intensificación *nf, pl* **-ciones** : intensification
intensificador *nm* : intensifier
intensificar *v* : to intensify — **intensificarse** *vr*
intensivo, -va *adj* : intensive — **intensivamente** *adv*
intenso, -sa *adj* : intense — **intensamente** *adv*
intentar *v* : to attempt : to try
intento *nm* : intent : intention : attempt : try
intentona *nf* : attempt
inter- *pref* : inter-
interacción *nf, pl* **-ciones** : interaction
interactivo, -va *adj* : interactive
interactuar *v* : to interact
intercalar *v* : to intersperse : to insert
intercambiable *adj* : interchangeable
intercambiar *v* : to exchange : to trade
intercambio *nm* : exchange : trade

interceder *v* : to intercede
intercepción → **interceptación**
interceptación *nf, pl* **-ciones** : interception
interceptar *v* : to intercept : to block
intercesión *nf, pl* **-siones** : intercession
interconectar *v* : to connect : to interconnect
interconfesional *adj* : interdenominational
intercontinental *adj* : intercontinental
interdepartamental *adj* : interdepartmental
interdependencia *nf* : interdependence — **interdependiente** *adj*
interdicción *nf, pl* **-ciones** : prohibition
interdisciplinario, -ria *adj* : interdisciplinary
interés *nm, pl* **-reses** : interest : interest rate
interesado[1], **-da** *adj* : interested : selfish : self-seeking
interesado[2], **-da** *n* : interested party : self-centered person
interesante *adj* : interesting
interesar *v* : to interest : to be of interest : to be interesting — **interesarse** *vr*
interestatal *adj* : interstate
interestelar *adj* : interstellar
interfase → **interfaz**
interfaz *nf, pl* **-faces** : interface
interferencia *nf* : interference : static
interferir *v* : to interfere : to meddle : to interfere with : to obstruct
interfón *nm, pl* **-fones** : intercom
interfono *nm* : intercom
intergaláctico, -ca *adj* : intergalactic
intergubernamental *adj* : intergovernmental
interín[1] *or* **ínterin** *adv* : meanwhile
interín[2] *or* **ínterin** *nm, pl* **-rines** : meantime : interim
interinamente *adv* : temporarily
interinato *nm* : temporary position
interino[1], **-na** *adj* : acting : temporary : interim
interino[2], **-na** *n* : substitute : temp
interior[1] *adj* : interior : inside : inner : domestic : internal
interior[2] *nm* : interior : inside : inland region
interiormente *adv* : inwardly
interjección *nf, pl* **-ciones** : interjection
interlocutor, -tora *n* : speaker
interludio *nm* : interlude
intermediario, -ria *adj & n* : intermediary : go-between
intermedio[1], **-dia** *adj* : intermediate
intermedio[2] *nm* : intermission
interminable *adj* : interminable : endless — **interminablemente** *adv*
intermisión *nf, pl* **-siones** : intermission : pause
intermitente[1] *adj* : intermittent : flashing : blinking — **intermitentemente** *adv*
intermitente[2] *nm* : blinker : turn signal
internacional *adj* : international — **internacionalmente** *adv*
internacionalizar *v* : to internationalize — **internacionalización** *nf*
internado *nm* : boarding school
internamiento *nm* : internment : confinement : admission
internar *v* : to admit : to commit — **internarse** *vr* : to penetrate : to advance into
internauta *nmf* : Internet user
Internet *or* **internet** *nmf* : Internet
internista *nmf* : internist
interno[1], **-na** *adj* : internal — **internamente** *adv*
interno[2], **-na** *n* : intern : inmate
interpelación *nf, pl* **-ciones** : appeal : plea
interpelar *v* : to question
interpersonal *adj* : interpersonal
interpolar *v* : to insert : to interpolate
interponer *v* : to interpose — **interponerse** *vr* : to intervene
interpretación *nf, pl* **-ciones** : interpretation
interpretar *v* : to interpret : to play : to perform
interpretativo, -va *adj* : interpretive
intérprete *nmf* : interpreter : performer
interpuesto *pp* → **interponer**
interracial *adj* : interracial
interrelación *nf, pl* **-ciones** : interrelationship
interrelacionar *v* : to interrelate
interrogación *nf, pl* **-ciones** : interrogation : questioning
interrogador, -dora *n* : interrogator : questioner
interrogante[1] *adj* : questioning
interrogante[2] *nm* : question mark
interrogante[3] *nmf* : question
interrogar *v* : to interrogate : to question
interrogativo, -va *adj* : interrogative
interrogatorio *nm* : interrogation : questioning
interrumpir *v* : to interrupt
interrupción *nf, pl* **-ciones** : interruption
interruptor *nm* : (electrical) switch : circuit breaker
intersecarse *vr* → **intersectarse**
intersección *nf, pl* **-ciones** : intersection
intersectarse *vr* : to intersect
intersticio *nm* : interstice — **intersticial** *adj*
interuniversitario, -ria *adj* : intercollegiate
interurbano, -na *adj* : intercity : long-distance
intervalo *nm* : interval
intervención *nf, pl* **-ciones** : intervention : audit : intercepting : tapping
intervenir *v* : to take part : to intervene : to intercede : to control : to supervise

: to audit : to operate on : to tap : to wiretap
interventor, -tora *n* : inspector : auditor : comptroller
intestado, -da *adj* : intestate
intestinal *adj* : intestinal
intestino[1], **-na** *adj* : internal : internecine
intestino[2] *nm* : intestine
intimar *v* ~ **con** : to become friendly with : to require : to call on
intimidación *nf, pl* **-ciones** : intimidation
intimidad *nf* : intimacy : privacy : private life
intimidante *adj* : intimidating
intimidar *v* : to intimidate
intimidatorio, -ria *adj* : intimidating
íntimo, -ma *adj* : intimate : close : private — **íntimamente** *adv*
intitular *v* : to entitle : to title
intocable *adj* : untouchable
intolerable *adj* : intolerable : unbearable
intolerancia *nf* : intolerance
intolerante[1] *adj* : intolerant
intolerante[2] *nmf* : intolerant person : bigot
intoxicación *nf, pl* **-ciones** : poisoning
intoxicante *nm* : poison
intoxicar *v* : to poison
intranquilidad *nf* : worry : anxiety
intranquilizar *v* : to upset : to make uneasy — **intranquilizarse** *vr* : to get worried : to be anxious
intranquilo, -la *adj* : uneasy : worried
intransferible *adj* : nontransferable
intransigencia *nf* : intransigence
intransigente *adj* : intransigent : unyielding
intransitable *adj* : impassable
intransitivo, -va *adj* : intransitive
intrascendente *adj* : unimportant : insignificant
intratable *adj* : intractable : awkward : unsociable
intravenoso, -sa *adj* : intravenous
intrepidez *nf* : fearlessness
intrépido, -da *adj* : intrepid : fearless
intriga *nf* : intrigue
intrigante *nmf* : schemer
intrigar *v* : to intrigue — **intrigante** *adj*
intrincado, -da *adj* : intricate : involved
intrínseco, -ca *adj* : intrinsic — **intrínsecamente** *adv*
introducción *nf, pl* **-ciones** : introduction
introducir *v* : to introduce : to bring in : to insert : to input : to enter — **introducirse** *vr* : to penetrate : to get into
introductorio, -ria *adj* : introductory
intromisión *nf, pl* **-siones** : interference : meddling
introspección *nf, pl* **-ciones** : introspection
introspectivo, -va *adj* : introspective
introvertido[1], **-da** *adj* : introverted
introvertido[2], **-da** *n* : introvert
intrusión *nf, pl* **-siones** : intrusion
intruso[1], **-sa** *adj* : intrusive
intruso[2], **-sa** *n* : intruder
intuición *nf, pl* **-ciones** : intuition
intuir *v* : to intuit : to sense
intuitivo, -va *adj* : intuitive — **intuitivamente** *adv*
inundación *nf, pl* **-ciones** : flood : inundation
inundar *v* : to flood : to inundate — **inundarse** *vr*
inusitado, -da *adj* : unusual : uncommon — **inusitadamente** *adv*
inusual *adj* : unusual : uncommon — **inusualmente** *adv*
inútil[1] *adj* : useless — **inútilmente** *adv*
inútil[2] *nmf* : good-for-nothing
inutilidad *nf* : uselessness
inutilizar *v* : to make useless : to disable : to put out of commission
invadir *v* : to invade
invalidar *v* : to nullify : to invalidate
invalidez *nf, pl* **-deces** : invalidity : disability
inválido, -da *adj* & *n* : invalid
invalorable *adj* : invaluable
invaluable *adj* : invaluable
invariable *adj* : invariable — **invariablemente** *adv*
invasión *nf, pl* **-siones** : invasion
invasivo, -va *adj* : invasive
invasor[1], **-sora** *adj* : invading
invasor[2], **-sora** *n* : invader
invectiva *nf* : invective : abuse
invencibilidad *nf* : invincibility
invencible *adj* : invincible : insurmountable
invención *nf, pl* **-ciones** : invention : fabrication : lie
inventar *v* : to invent : to fabricate : to make up — **inventarse** *vr* : to make up
inventariar *v* : to inventory
inventario *nm* : inventory
inventiva *nf* : ingenuity : inventiveness
inventivo, -va *adj* : inventive
invento *nm* : invention
inventor, -tora *n* : inventor
invernadero *nm* : greenhouse : hothouse
invernal *adj* : winter : wintry
invernar *v* : to spend the winter : to hibernate
inverosímil *adj* : unlikely : far-fetched
inverosimilitud *nf* : implausibility : improbability
inversión *nf, pl* **-siones** : inversion : investment
inversionista *nmf* : investor
inverso[1], **-sa** *adj* : inverse : inverted : opposite — **inversamente** *adv*
inverso[2] *n* : inverse
inversor, -sora *n* : investor

invertebrado[1], **-da** *adj* : invertebrate
invertebrado[2] *nm* : invertebrate
invertir *v* : to invert : to reverse : to invest : to make an investment — **invertirse** *vr* : to be reversed
investidura *nf* : investiture : inauguration
investigación *nf, pl* **-ciones** : investigation : inquiry : research
investigador[1], **-dora** *adj* : investigative
investigador[2], **-dora** *n* : investigator : researcher
investigar *v* : to investigate : to research~ **sobre** : to do research into
investigativo, -va *adj* : investigative
investir *v* : to empower : to swear in : to inaugurate
inveterado, -da *adj* : inveterate : deep-seated
inviable *adj* : not viable : not feasible
invicto, -ta *adj* : undefeated
invidente[1] *adj* : blind : sightless
invidente[2] *nmf* : blind person
invierno *nm* : winter : wintertime
inviolable *adj* : inviolable — **inviolabilidad** *nf*
inviolado, -da *adj* : inviolate : pure
invisibilidad *nf* : invisibility
invisible *adj* : invisible — **invisiblemente** *adv*
invitación *nf, pl* **-ciones** : invitation
invitado, -da *n* : guest
invitar *v* : to invite : to pay for
invocación *nf, pl* **-ciones** : invocation
invocar *v* : to invoke : to call on
involucramiento *nm* : involvement
involucrar *v* : to implicate : to involve — **involucrarse** *vr* : to get involved
involuntario, -ria *adj* : involuntary — **involuntariamente** *adv*
invulnerable *adj* : invulnerable
inyección *nf, pl* **-ciones** : injection : shot
inyectado, -da *adj* **ojos inyectados** : bloodshot eyes
inyectar *v* : to inject — **inyectarse** *vr*
ion *nm* : ion
iónico, -ca *adj* : ionic
ionizar *v* : to ionize — **ionización** *nf*
ionosfera *nf* : ionosphere
ir *v* : to go : to lead : to extend : to stretch : to work : to function : to get on : to get along : to suit — **irse** *vr* : to leave : to leak : to be used up : to be gone
ira *nf* : wrath : anger
iracundo, -da *adj* : irate : angry : irascible
iraní *adj & nmf* : Iranian
iraquí *adj & nmf* : Iraqi
irascible *adj* : irascible : irritable — **irascibilidad** *nf*
irga, irgue, etc. → **erguir**
iridio *nm* : iridium
iridiscencia *nf* : iridescence — **iridiscente** *adj*
iris *nms & pl* : iris
irlandés[1], **-desa** *adj, mpl* **-deses** : Irish
irlandés[2], **-desa** *n, pl* **-deses** : Irish person : Irishman *m* : Irishwoman *f*
irlandés[3] *nm* : Irish
ironía *nf* : irony
irónico, -ca *adj* : ironic : ironical — **irónicamente** *adv*
ironizar *v* : to speak ironically : to say ironically
irracional *adj* : irrational — **irracionalmente** *adv*
irracionalidad *nf* : irrationality
irradiación *nf, pl* **-ciones** : irradiation
irradiar *v* : to radiate : to irradiate
irrazonable *adj* : unreasonable
irreal *adj* : unreal
irrebatible *adj* : unanswerable : irrefutable
irreconciliable *adj* : irreconcilable
irreconocible *adj* : unrecognizable
irrecuperable *adj* : irrecoverable : irretrievable
irredimible *adj* : irredeemable
irreductible *adj* : unyielding
irreemplazable *adj* : irreplaceable
irreflexión *nf, pl* **-xiones** : thoughtlessness
irreflexivo, -va *adj* : rash : unthinking — **irreflexivamente** *adv*
irrefrenable *adj* : uncontrollable : unstoppable
irrefutable *adj* : irrefutable
irregular *adj* : irregular — **irregularmente** *adv*
irregularidad *nf* : irregularity
irrelevante *adj* : irrelevant — **irrelevancia** *nf*
irreligioso, -sa *adj* : irreligious
irremediable *adj* : incurable — **irremediablemente** *adv*
irreparable *adj* : irreparable
irrepetible *adj* : unrepeatable : unique
irreprimible *adj* : irrepressible
irreprochable *adj* : irreproachable
irresistible *adj* : irresistible — **irresistiblemente** *adv*
irresolución *nf, pl* **-ciones** : indecision : hesitation
irresoluto, -ta *adj* : undecided
irrespetar *v* : to disrespect : to be disrespectful to
irrespeto *nm* : disrespect
irrespetuoso, -sa *adj* : disrespectful — **irrespetuosamente** *adv*
irrespirable *adj* : unbreathable
irresponsabilidad *nf* : irresponsibility
irresponsable *adj* : irresponsible — **irresponsablemente** *adv*
irrestricto, -ta *adj* : unrestricted : unconditional
irreverencia *nf* : disrespect
irreverente *adj* : irreverent : disrespectful

irreversible *adj* : irreversible
irrevocable *adj* : irrevocable — **irrevocablemente** *adv*
irrigar *v* : to irrigate — **irrigación** *nf*
irrisible *adj* : laughable
irrisión *nf, pl* **-siones** : derision : ridicule
irrisorio, -ria *adj* : ridiculous : ludicrous
irritabilidad *nf* : irritability
irritable *adj* : irritable
irritación *nf, pl* **-ciones** : irritation
irritante *adj* : irritating
irritar *v* : to irritate
irrompible *adj* : unbreakable
irrumpir *v* ~ **en** : to burst into
irrupción *nf, pl* **-ciones** : emergence : invasion
-ísimo, -ma *suf* : very : extremely
isla *nf* : island
Islam *nm* : Islam
islámico, -ca *adj* : Islamic : Muslim
islamismo *nm* : Islam : Islamism — **islamista** *adj & nmf*
islandés[1], **-desa** *adj, mpl* **-deses** : Icelandic
islandés[2], **-desa** *n, mpl* **-deses** : Icelander
islandés[3] *nm* : Icelandic
isleño[1], **-ña** *adj* : island
isleño[2], **-ña** *n* : islander
islote *nm* : islet
isometría *nfs & pl* : isometrics
isométrico, -ca *adj* : isometric
isósceles *adj* : isosceles
isótopo *nm* : isotope
israelí *adj & nmf* : Israeli
istmo *nm* : isthmus
itacate *nm* : pack : provisions *pl*
italiano[1], **-na** *adj & n* : Italian
italiano[2] *nm* : Italian
ítem *nm* : item
itinerante *adj* : traveling : itinerant
itinerario *nm* : itinerary : route
-ito *or* **-cito** *suf* : little
izar *v* : to hoist : to raise
izquierda *nf* : left
izquierdista *adj & nmf* : leftist
izquierdo, -da *adj* : left
ja *interj* : ha!
jaba *nf* : bag : sack : crate : box
jabalí *nm, pl* **-líes** : wild boar
jabalina *nf* : javelin
jabón *nm, pl* **jabones** : soap
jabonar *v* : to soap up : to lather — **jabonarse** *vr*
jabonera *nf* : soap dish
jabonoso, -sa *adj* : soapy
jaca *nf* : pony : mare
jacal *nm* : shack : hut
jacinto *nm* : hyacinth
jactancia *nf* : boastfulness : boasting : bragging
jactancioso[1], **-sa** *adj* : boastful
jactancioso[2], **-sa** *n* : boaster : braggart
jactarse *vr* : to boast : to brag
jade *nm* : jade
jadear *v* : to pant : to gasp : to puff — **jadeante** *adj*
jadeo *nm* : panting : gasping : puffing
jaez *nm, pl* **jaeces** : harness : kind : sort : ilk; **jaeces** *nmpl* : trappings
jaguar *nm* : jaguar
jai alai *nm* : jai alai
jaiba *nf* : crab
jalapeño *nm* : jalapeño pepper
jalar *v* : to pull : to tug : to attract : to draw in : to pull together : to hurry up : to get going : to be in working order
jalbegue *nm* : whitewash
jalea *nf* : jelly
jalear *v* : to encourage : to urge on
jaleo *nm* : uproar : ruckus : racket : confusion : mess : hassle : cheering and clapping
jalón *nm, pl* **jalones** : milestone : landmark : pull : tug
jalonar *v* : to mark : to stake out
jalonear *v* : to tug at : to pull : to tug : to haggle
jamaicano, -na → **jamaiquino**
jamaiquino, -na *adj & n* : Jamaican
jamás *adv* : never
jamba *nf* : jamb
jamelgo *nm* : nag
jamón *nm, pl* **jamones** : ham
Janucá *or* **Januká** *nmf* : Hanukkah
japonés[1], **-nesa** *adj & n, mpl* **-neses** : Japanese
japonés[2] *nm, pl* **-neses** : Japanese
jaque *nm* : check
jaquear *v* : to check
jaqueca *nf* : headache : migraine
jarabe *nm* : syrup : Mexican folk dance
jarana *nf* : revelry : partying : spree : joking : fooling around : small guitar
jaranear *v* : to go on a spree : to party
jarcia *nf* : rigging : fishing tackle
jardín *nm, pl* **jardines** : garden : yard; **los jardines** : the outfield
jardinera *nf* : planter : plant stand
jardinería *nf* : gardening
jardinero, -ra *n* : gardener : outfielder
jarra *nf* : pitcher : jug : stein : mug
jarrete *nm* : back of the knee : hock
jarro *nm* : pitcher : jug : mug
jarrón *nm, pl* **jarrones** : vase
jaspe *nm* : jasper
jaspeado, -da *adj* : streaked : veined : speckled : mottled
jaula *nf* : cage
jauría *nf* : pack of hounds
javanés, -nesa *adj & n* : Javanese
jazmín *nm, pl* **jazmines** : jasmine
jazz *nm* : jazz
je *interj* → **ja**
jeans *nmpl* : jeans
jeep *nm, pl* **jeeps** : jeep
jefatura *nf* : leadership : headquarters
jefe, -fa *n* : chief : head : leader : boss

Jehová *nm* : Jehovah
jején *nm, pl* **jejenes** : gnat : small mosquito
jengibre *nm* : ginger
jeque *nm* : sheikh : sheik
jerarca *nmf* : leader : chief
jerarquía *nf* : hierarchy : rank
jerárquico, -ca *adj* : hierarchical
jerbo *nm* : gerbil
jerez *nm, pl* **jereces** : sherry
jerga *nf* : jargon : slang : coarse cloth
jerigonza *nf* : mumbo jumbo : gibberish
jeringa *nf* : syringe
jeringar *v* : to inject : to annoy : to pester : to be annoying : to be a nuisance
jeringuear → jeringar
jeringuilla → jeringa
jeroglífico *nm* : hieroglyphic
jersey *nm, pl* **jerseys** : jersey : sweater
Jesucristo *nm* : Jesus Christ
jesuita *adj & nm* : Jesuit
Jesús *nm* : Jesus
jet *nm* : jet
jeta *nf* : snout : face : mug
jíbaro, -ra *adj* : Jíbaro : rustic : rural
jibia *nf* : cuttlefish
jícama *nf* : jicama
jícara *nf* : calabash
jicotea *nf* : turtle
jihad *nmf* **→ yihad**
jilguero *nm* : European goldfinch
jinete *nmf* : horseman : horsewoman *f* : rider
jinetear *v* : to ride : to perform : to break in : to ride horseback
jingoísmo *nm* : jingoism
jingoísta *adj* : jingoist : jingoistic
jiote *nm* : rash
jira *nf* : outing : picnic
jirafa *nf* : giraffe : boom microphone
jirón *nm, pl* **jirones** : shred : rag : street
jitomate *nm* : tomato
jockey *nmf, pl* **jockeys** : jockey
jocosidad *nf* : humor : jocularity
jocoso, -sa *adj* : playful : jocular — **jocosamente** *adv*
jofaina *nf* : washbowl
jogging *nm* : jogging : sweatpants : sweatsuit : tracksuit
jolgorio *nm* : merrymaking : fun
jonrón *nm, pl* **jonrones** : home run
jordano, -na *adj & n* : Jordanian
jornada *nf* : expedition : day's journey; **jornadas** *nfpl* : conference : congress
jornal *nm* : day's pay
jornalero, -ra *n* : day laborer
joroba *nf* : hump : nuisance : pain in the neck
jorobado[1]**, -da** *adj* : hunchbacked : humpbacked
jorobado[2]**, -da** *n* : person with a hump : hunchback *offensive* : humpback *offensive*
jorobar *v* : to bother : to annoy : to be annoying : to be a nuisance
jorongo *nm* : full-length poncho
jota *nf* : jot : bit : jack
joven[1] *adj, pl* **jóvenes** : young : youthful
joven[2] *nmf, pl* **jóvenes** : young man *m* : young woman *f* : young person
jovial *adj* : jovial : cheerful — **jovialmente** *adv*
jovialidad *nf* : joviality : cheerfulness
joya *nf* : jewel : piece of jewelry : treasure : gem
joyería *nf* : jewelry store : jewelry
joyero, -ra *n* : jeweler : jewelry box
joystick *nm, pl* **joysticks** : joystick
juanete *nm* : bunion
jubilación *nf, pl* **-ciones** : retirement : pension
jubilado[1]**, -da** *adj* : retired : in retirement
jubilado[2]**, -da** *nmf* : retired person : retiree
jubilar *v* : to retire : to pension off : to get rid of : to discard — **jubilarse** *vr* : to retire
jubileo *nm* : jubilee
júbilo *nm* : jubilation : joy
jubiloso, -sa *adj* : jubilant : joyous
judaico, -ca *adj* : Judaic : Jewish
judaísmo *nm* : Judaism
judía *nf* : bean
judicatura *nf* : judiciary : judges *pl* : office of judge
judicial *adj* : judicial — **judicialmente** *adv*
judío[1]**, -día** *adj* : Jewish
judío[2]**, -día** *n* : Jewish person : Jew
judo *nm* : judo
juega, juegue, etc. → jugar
juego *nm* : play : playing : game : sport : gaming : gambling : ride : set : slack
juerga *nf* : partying : binge
juerguista *nmf* : reveler : carouser
jueves *nms & pl* : Thursday
juez[1] *nmf, pl* **jueces** : judge : umpire : referee
juez[2]**, jueza** *n* **→ juez**[1]
jugada *nf* : play : move : trick
jugador, -dora *n* : player : gambler
jugar *v* : to play : to gamble : to bet : to joke : to kid — **jugarse** *vr* : to risk : to gamble away
jugarreta *nf* : prank : dirty trick
juglar *nm* : minstrel
jugo *nm* : juice : substance : essence
jugosidad *nf* : juiciness
jugoso, -sa *adj* : juicy : lucrative : profitable
juguete *nm* : toy
juguetear *v* : to play : to cavort : to frolic : to toy : to fiddle
juguetería *nf* : toy store
juguetón, -tona *adj, mpl* **-tones** : playful — **juguetonamente** *adv*
juicio *nm* : good judgment : reason : sense : opinion : trial
juicioso, -sa *adj* : judicious : wise — **juiciosamente** *adv*

julio *nm* : July
jumper *nm, pl* **jumpers** : jumper : pinafore
juncia *nf* : sedge
junco *nm* : reed : rush : junk
jungla *nf* : jungle
junio *nm* : June
junquillo *nm* : jonquil
junta *nf* : board : committee : meeting : session : junta : regional government : joint : gasket
juntamente *adv* : jointly : together : at the same time
juntar *v* : to unite : to combine : to put together : to collect : to gather together : to assemble : to close partially — **juntarse** *vr* : to join together : to move closer together : to get together
junto, -ta *adj* : joined : united : close : adjacent : together
juntura *nf* : joint : coupling
Júpiter *nm* : Jupiter
jura *nf* : oath : pledge
jurado[1] *nm* : jury : panel of judges
jurado[2] *nmf* : juror : judge
juramentación *nf, pl* **-ciones** : swearing in
juramentar *v* : to swear in
juramento *nm* : oath : swearword
jurar *v* : to swear : to take an oath : to curse
jurídico, -ca *adj* : legal
jurisdicción *nf, pl* **-ciones** : jurisdiction — **jurisdiccional** *adj*
jurisprudencia *nf* : jurisprudence : law
jurista *nmf* : jurist
justa *nf* : joust : tournament : competition
justamente *adv* : precisely : exactly : justly : fairly
justar *v* : to joust
justicia *nf* : justice : fairness
justiciero, -ra *adj* : righteous : avenging
justificable *adj* : justifiable
justificación *nf, pl* **-ciones** : justification
justificante *nm* : justification : proof : voucher
justificar *v* : to justify : to excuse : to vindicate — **justificarse** *vr*
justo[1] *adv* : justly : right : exactly : tightly
justo[2], **-ta** *adj* : just : fair : right : exact : tight
justo[3], **-ta** *n* : just person
juvenil *adj* : juvenile : youth : young : youthful : teenage : junior
juventud *nf* : youth : young people
juzgado *nm* : court : tribunal
juzgar *v* : to try : to judge : to pass judgment on : to consider : to deem
juzgue, etc. → **juzgar**
káiser *nm* : kaiser
kaki → **caqui**
kaleidoscopio → **caleidoscopio**
kamikaze *adj & nm* : kamikaze
kan *nm* : khan
karaoke *nm* : karaoke
karate *or* **kárate** *nm* : karate
kayac *or* **kayak** *nm, pl* **kayacs** *or* **kayaks** : kayak
kebab *nm, pl* **kebabs** : kebab
keniano, -na *adj & n* : Kenyan
kermesse *or* **kermés** *nf, pl* **kermesses** *or* **kermeses** : charity fair : bazaar
kerosene *or* **kerosén** *or* **keroseno** *nm* : kerosene : paraffin
ketchup *nm* : ketchup : catsup
kibutz *or* **kibbutz** *nms & pl* : kibbutz
kilo *nm* : kilo : kilogram : large amount
kilobyte *nm* : kilobyte
kilociclo *nm* : kilocycle
kilogramo *nm* : kilogram
kilohertzio *nm* : kilohertz
kilometraje *nm* : distance in kilometers : mileage
kilométrico, -ca *adj* : endless : very long
kilómetro *nm* : kilometer
kilovatio *nm* : kilowatt
kimono *nm* : kimono
kinder → **kindergarten**
kindergarten *nm, pl* **kindergartens** : kindergarten : nursery school
kinesiología *nf* : physical therapy
kinesiólogo, -ga *n* : physical therapist
kiosco, kiosko → **quiosco**
kiosquero, -ra → **quiosquero**
kit *nm, pl* **kits** : kit
kiwi *nm* : kiwi : kiwifruit
klaxon → **claxon**
knockout → **nocaut**
koala *nm* : koala bear
kriptón *nm* : krypton
kurdo[1], **-da** *adj* : Kurdish
kurdo[2], **-da** *n* : Kurd
kuwaití *adj & nmf* : Kuwaiti
la[1] *nm* : A : la
la[2] *pron* : her : it : you : the one
la[3] *art* → **el**[2]
laberíntico, -ca *adj* : labyrinthine
laberinto *nm* : labyrinth : maze
labia *nf* : gift of gab
labial *adj* : labial : lip
labio *nm* : lip
labor *nf* : work : labor
laborable *adj* : arable : work : working
laboral *adj* : work : labor
laborar *v* : to work
laboratorio *nm* : laboratory : lab
laboriosamente *adv* : laboriously : industriously : diligently
laboriosidad *nf* : industriousness : diligence
laborioso, -sa *adj* : laborious : hard : industrious : hardworking
labrado[1], **-da** *adj* : cultivated : tilled : carved : wrought
labrado[2] *nm* : cultivated field
labrador, -dora *n* : farmer

labranza *nf* : farming
labrar *v* : to carve : to work : to cultivate : to till : to cause : to bring about
labriego, -ga *n* : farm worker
laburar *v* : to work
laburo *nm* : work : job
laca *nf* : lacquer : shellac : hair spray
lacayo *nm* : lackey
lace, etc. → **lazar**
lacear *v* : to lasso
laceración *nf, pl* **-ciones** : laceration
lacerante *adj* : hurtful : wounding
lacerar *v* : to lacerate : to cut : to hurt : to wound
lacio, -cia *adj* : limp : lank
lacónico, -ca *adj* : laconic — **lacónicamente** *adv*
lacra *nf* : scar : mark : stigma : blemish
lacrar *v* : to seal
lacrimógeno, -na *adj* **gas lacrimógeno** : tear gas
lacrimoso, -sa *adj* : tearful : moving
lacrosse *nm* : lacrosse
lactancia *nf* : breast-feeding
lactante *nmf* : nursing infant : suckling
lactar *v* : to breast-feed
lácteo[1], **-tea** *adj* : dairy
lácteo[2] *nm* : dairy product
ladeado, -da *adj* : crooked : tilted : lopsided
ladear *v* : to tilt : to tip — **ladearse** *vr* : to bend
ladera *nf* : slope : hillside
ladino[1], **-na** *adj* : cunning : shrewd : mestizo
ladino[2], **-na** *n* : trickster : Spanish-speaking person of indigenous descent : mestizo
lado *nm* : side : place
ladrar *v* : to bark
ladrido *nm* : bark : barking
ladrillo *nm* : brick : tile
ladrón, -drona *n, mpl* **ladrones** : robber : thief : burglar
lagartija *nf* : small lizard
lagarto *nm* : lizard
lago *nm* : lake
lágrima *nf* : tear : teardrop
lagrimal *nm* : corner of the eye
lagrimear *v* : to water : to weep easily
laguna *nf* : lagoon : gap
laicado *nm* : laity
laico[1], **-ca** *adj* : lay : secular
laico[2], **-ca** *n* : layman *m* : laywoman *f*
laja *nf* : slab
lama[1] *nf* : slime : ooze
lama[2] *nm* : lama
lamber *v* : to lick
lamentable *adj* : unfortunate : lamentable : pitiful : sad
lamentablemente *adv* : unfortunately : regrettably
lamentación *nf, pl* **-ciones** : lamentation : groaning : moaning
lamentar *v* : to lament : to regret — **lamentarse** *vr* : to grumble : to complain
lamento *nm* : lament : groan : cry
lamer *v* : to lick : to lap against
lamida *nf* : lick
lámina *nf* : sheet : plate : illustration
laminado[1], **-da** *adj* : laminated
laminado[2] *nm* : laminate
laminar *v* : to laminate — **laminación** *nf*
lámpara *nf* : lamp
lampiño, -ña *adj* : hairless
lamprea *nf* : lamprey
lana *nf* : wool : money : dough
lance[1], **etc.** → **lanzar**
lance[2] *nm* : event : incident : quarrel : throw : cast : move : play
lancear *v* : to spear
lancha *nf* : small boat : launch
langosta *nf* : lobster : locust
langostino *nm* : prawn : crayfish
languidecer *v* : to languish
languidez *nf, pl* **-deces** : languor : listlessness
lánguido, -da *adj* : languid : listless — **lánguidamente** *adv*
lanolina *nf* : lanolin
lanudo, -da *adj* : woolly
lanza *nf* : spear : lance
lanzadera *nf* : shuttle
lanzado, -da *adj* : impulsive : brazen : forward : determined
lanzador, -dora *n* : thrower : pitcher
lanzallamas *nms & pl* : flamethrower
lanzamiento *nm* : throw : pitch : launching : launch
lanzar *v* : to throw : to hurl : to pitch : to launch — **lanzarse** *vr* : to throw oneself
laosiano, -na *adj & n* : Laotian
lapa *nf* : limpet
lapicera *nf* : pen
lapicero *nm* : mechanical pencil : ballpoint pen
lápida *nf* : marker : tombstone
lapidar *v* : to stone
lápiz *nm, pl* **lápices** : pencil
lapón, -pona *adj & n, mpl* **lapones** : Lapp
lapso *nm* : lapse : space
lapsus *nms & pl* : error : slip
laptop *nm, pl* **laptops** : laptop
laquear *v* : to lacquer : to varnish : to shellac
largamente *adv* : at length : extensively : easily : comfortably : generously
largar *v* : to let loose : to release : to loosen : to slacken : to give : to hand over : to hurl : to let fly — **largarse** *vr* : to scram : to beat it
largo[1], **-ga** *adj* : long
largo[2] *nm* : length
largometraje *nm* : feature film
largue, etc. → **largar**
largueza *nf* : generosity : largesse

larguirucho, -cha *adj* : lanky
largura *nf* : length
laringe *nf* : larynx
laringitis *nfs & pl* : laryngitis
larva *nf* : larva — **larval** *adj*
las → el[2], **los**[1]
lasaña *nf* : lasagna
lasca *nf* : chip : chipping
lascivia *nf* : lasciviousness : lewdness
lascivo, -va *adj* : lascivious : lewd — **lascivamente** *adv*
láser *nm* : laser
lasitud *nf* : weariness
laso, -sa *adj* : languid : weary
lástima *nf* : compassion : pity : shame
lastimadura *nf* : injury : wound
lastimar *v* : to hurt : to injure : to offend — **lastimarse** *vr* : to hurt oneself
lastimero, -ra *adj* : pitiful : wretched
lastimoso, -sa *adj* : shameful : pitiful : terrible
lastrar *v* : to ballast : to burden : to encumber
lastre *nm* : burden : ballast
lata *nf* : tin : tin can : pest : bother : nuisance
latente *adj* : latent
lateral[1] *adj* : lateral : side : indirect — **lateralmente** *adv*
lateral[2] *nm* : end piece : side
látex *nms & pl* : latex
latido *nm* : beat : throb
latifundio *nm* : large estate
latigazo *nm* : lash
látigo *nm* : whip
latín *nm* : Latin
latino[1], **-na** *adj* : Latin : Latin-American
latino[2], **-na** *n* : Latin American
latinoamericano[1], **-na** *adj* : Latin–American
latinoamericano[2], **-na** *n* : Latin American
latir *v* : to beat : to throb
latitud *nf* : latitude : breadth
lato, -ta *adj* : extended : lengthy : broad
latón *nm, pl* **latones** : brass
latoso[1], **-sa** *adj* : annoying : bothersome
latoso[2], **-sa** *n* : pest : nuisance
latrocinio *nm* : larceny
laúd *nm* : lute
laudable *adj* : laudable : praiseworthy
laudo *nm* : findings : decision
laureado, -da *adj & n* : laureate
laurear *v* : to award : to honor
laurel *nm* : laurel : bay
lava *nf* : lava
lavable *adj* : washable
lavabo *nm* : sink : washbowl : lavatory : toilet
lavadero *nm* : laundry room
lavado *nm* : laundry : wash : laundering
lavadora *nf* : washing machine
lavamanos *nms & pl* : sink : washbowl
lavanda *nf* : lavender
lavandería *nf* : laundry
lavandero, -ra *n* : launderer : laundress *f*
lavaplatos *nms & pl* : dishwasher : kitchen sink
lavar *v* : to wash : to clean : to launder — **lavarse** *vr* : to wash oneself
lavarropas *nms & pl* : washing machine
lavativa *nf* : enema
lavatorio *nm* : lavatory : washroom
lavavajillas *nms & pl* : dishwasher
laxante *adj & nm* : laxative
laxitud *nf* : laxity : slackness
laxo, -xa *adj* : lax : slack
lazada *nf* : bow : loop
lazar *v* : to rope : to lasso
lazo *nm* : link : bond : bow : ribbon : lasso : lariat
LCD *nm* : LCD : liquid crystal display
le *pron* : to her : to him : to it : from her : from him : from it : for her : for him : for it : to you : for you
leal *adj* : loyal : faithful — **lealmente** *adv*
lealtad *nf* : loyalty : allegiance
lebrel *nm* : hound
lección *nf, pl* **lecciones** : lesson
lechada *nf* : whitewash : grout
lechal *adj* : suckling
leche *nf* : milk
lechera *nf* : milk jug : dairymaid *f*
lechería *nf* : dairy store
lechero[1], **-ra** *adj* : dairy
lechero[2], **-ra** *n* : milkman *m* : milk dealer
lecho *nm* : bed : riverbed : layer : stratum
lechón, -chona *n, mpl* **lechones** : suckling pig
lechoso, -sa *adj* : milky
lechuga *nf* : lettuce
lechuza *nf* : owl : barn owl
lectivo, -va *adj* : school
lector[1], **-tora** *adj* : reading
lector[2], **-tora** *n* : reader
lector[3] *nm* : scanner : reader
lectura *nf* : reading : reading matter
LED *or* **led** *nm* : LED
leer *v* : to read
legación *nf, pl* **-ciones** : legation
legado *nm* : legacy : bequest : legate : emissary
legajo *nm* : dossier : file
legal *adj* : legal : lawful — **legalmente** *adv*
legalidad *nf* : legality
legalista *adj* : legalistic
legalizar *v* : to legalize — **legalización** *nf*
legañas *nfpl* : sleep
legar *v* : to bequeath : to hand down : to delegate
legendario, -ria *adj* : legendary
legible *adj* : legible — **legibilidad** *nf*
legión *nf, pl* **legiones** : legion
legionario, -ria *n* : legionnaire
legislación *nf, pl* **-ciones** : legislation : laws *pl*

legislador[1], **-dora** *adj* : legislative
legislador[2], **-dora** *n* : legislator
legislar *v* : to legislate
legislativo, -va *adj* : legislative
legislatura *nf* : legislature : term of office
legitimar *v* : to legitimize : to authenticate — **legitimación** *nf*
legitimidad *nf* : legitimacy
legítimo, -ma *adj* : legitimate : genuine : authentic — **legítimamente** *adv*
lego[1], **-ga** *adj* : secular : lay : uninformed : ignorant
lego[2], **-ga** *n* : layperson : layman *m* : laywoman *f*
legua *nf* : league
legue, etc. → **legar**
legumbre *nf* : vegetable : legume
leíble *adj* : readable
leída *nf* : reading : read
leído[1] *pp* → **leer**
leído[2], **-da** *adj* : well-read
lejanía *nf* : remoteness : distance
lejano, -na *adj* : remote : distant : far away
lejía *nf* : lye : bleach
lejos *adv* : far away : distant : long ago : a long way off
lelo, -la *adj* : silly : stupid
lema *nm* : motto : slogan
lemming *nm* : lemming
lempira *nf* : lempira
lencería *nf* : lingerie
lengua *nf* : tongue : language : spit
lenguado *nm* : sole : flounder
lenguaje *nm* : language : speech
lengüeta *nf* : tongue : tab : flap : reed : barb : point
lengüetada *nf* **beber a lengüetadas** : to lap
lenidad *nf* : leniency
lenitivo, -va *adj* : soothing
lente *nmf* : lens; **lentes** *nmpl* : eyeglasses
lenteja *nf* : lentil
lentejuela *nf* : sequin : spangle
lentilla *nf* : contact lens
lentitud *nf* : slowness
lento[1] *adv* : slowly
lento[2], **-ta** *adj* : slow : slow-witted : dull — **lentamente** *adv*
leña *nf* : wood : firewood
leñador, -dora *n* : lumberjack : woodcutter
leñera *nf* : woodshed
leño *nm* : log
leñoso, -sa *adj* : woody
Leo[1] *nm* : Leo
Leo[2] *nmf* : Leo
león, -ona *n, mpl* **leones** : lion : lioness *f* : puma : cougar
leonado, -da *adj* : tawny
leonino, -na *adj* : lion-like : one-sided : unfair
leopardo *nm* : leopard
leotardo *nm* : leotard : tights *pl*
leperada *nf* : obscenity
lépero, -ra *adj* : vulgar : coarse
lepra *nf* : leprosy
leproso[1], **-sa** *adj* : leprous
leproso[2], **-sa** *n* : leper
lerdo, -da *adj* : clumsy : dull : oafish : slow-witted
les *pron* : to them : from them : for them : to you *pl* : for you *pl*
lesbiana *nf* : lesbian — **lesbiano, -na** *adj*
lesbianismo *nm* : lesbianism
lesera *nf* : stupid thing
lesión *nf, pl* **lesiones** : lesion : wound : injury
lesionado, -da *adj* : injured : wounded
lesionar *v* : to injure : to wound — **lesionarse** *vr* : to hurt oneself
lesivo, -va *adj* : harmful : damaging
letal *adj* : deadly : lethal — **letalmente** *adv*
letanía *nf* : litany : spiel : song and dance
letárgico, -ca *adj* : lethargic
letargo *nm* : lethargy : torpor
letón[1], **-tona** *adj & n, mpl* **letones** : Latvian
letón[2] *nm* : Latvian
letra *nf* : letter : handwriting : lettering : lyrics *pl*; **letras** *nfpl* : arts
letrado[1], **-da** *adj* : learned : erudite
letrado[2], **-da** *n* : attorney : lawyer
letrero *nm* : sign : notice
letrina *nf* : latrine
letrista *nmf* : lyricist : songwriter
leucemia *nf* : leukemia
leva *nf* : cam
levadura *nf* : yeast : leavening
levantado, -da *adj* : awake : up
levantamiento *nm* : uprising : raising : lifting
levantar *v* : to lift : to raise : to put up : to erect : to give a boost to : to call off : to adjourn : to give rise to : to arouse — **levantarse** *vr* : to rise : to stand up : to get out of bed : to get up
levante *nm* : east : east wind
levar *v* **levar anclas** : to weigh anchor
leve *adj* : light : slight : trivial : unimportant — **levemente** *adv*
levedad *nf* : lightness
levemente *adv* : lightly : softly
leviatán *nm, pl* **-tanes** : leviathan
levitar *v* : to levitate
léxico[1], **-ca** *adj* : lexical
léxico[2] *nm* : lexicon : glossary
lexicografía *nf* : lexicography
lexicográfico, -ca *adj* : lexicographical : lexicographic
lexicógrafo, -fa *n* : lexicographer
ley *nf* : law : purity
leyenda *nf* : legend : caption : inscription
leyó, etc. → **leer**

liar *v* : to bind : to tie : to roll : to confuse — **liarse** *vr* : to get mixed up
libanés, -nesa *adj & n, mpl* **-neses** : Lebanese
libar *v* : to suck : to sip : to swig
libelo *nm* : libel : lampoon : petition
libélula *nf* : dragonfly
liberación *nf, pl* **-ciones** : liberation : deliverance
liberado, -da *adj* : liberated : freed : delivered
liberal *adj & nmf* : liberal
liberalidad *nf* : generosity : liberality
liberalismo *nm* : liberalism
liberalizar *v* : to liberalize — **liberalización** *nf*
liberar *v* : to liberate : to free — **liberarse** *vr* : to get free of
liberiano, -na *adj & n* : Liberian
libertad *nf* : freedom : liberty
libertador[1], **-dora** *adj* : liberating
libertador[2], **-dora** *n* : liberator
libertar *v* : to set free
libertario, -ria *adj & n* : libertarian
libertinaje *nm* : licentiousness : dissipation
libertino[1], **-na** *adj* : licentious : dissolute
libertino[2], **-na** *n* : libertine
libidinoso, -sa *adj* : lustful : lewd
libido *nf* : libido
libio, -bia *adj & n* : Libyan
libra *nf* : pound
Libra[1] *nm* : Libra
Libra[2] *nmf* : Libra
libramiento *nm* : liberating : freeing : order of payment : beltway
libranza *nf* : order of payment
librar *v* : to free : to save : to wage : to issue — **librarse** *vr* ~ **de** : to free oneself from : to get out of
libre[1] *adj* : free : vacant
libre[2] *nm* : taxi
librea *nf* : livery
librecambio *nm* : free trade
libremente *adv* : freely
librería *nf* : bookstore
librero[1], **-ra** *n* : bookseller
librero[2] *nm* : bookcase
libresco, -ca *adj* : bookish
libreta *nf* : notebook
libretista *nmf* : librettist : scriptwriter
libreto *nm* : libretto : script
libro *nm* : book; **libros** *nmpl* : books : accounts
liceal *nmf* : high school student
liceano, -na *n* → **liceal**
liceísta *nmf* → **liceal**
licencia *nf* : permission : leave : leave of absence : permit : license
licenciado, -da *n* : university graduate : lawyer
licenciar *v* : to license : to permit : to allow : to discharge : to grant a university degree to — **licenciarse** *vr* : to graduate
licenciatura *nf* : college degree : course of study
licencioso, -sa *adj* : licentious : lewd
liceo *nm* : secondary school : high school
licitación *nf, pl* **-ciones** : bid : bidding
licitar *v* : to bid on
lícito, -ta *adj* : lawful : licit : just : fair
licor *nm* : liquor : liqueur
licorera *nf* : decanter
licuado *nm* : milk shake
licuadora *nf* : blender
licuar *v* : to liquefy — **licuarse** *vr*
lid *nf* : fight : combat : argument : dispute; **lides** *nfpl* : matters : affairs
líder[1] *adj* : leading : foremost
líder[2] *nmf* : leader
liderar *v* : to lead : to head
liderato *nm* : leadership : leading
liderazgo → **liderato**
lidia *nf* : bullfighting : bullfight
lidiar *v* : to fight : to struggle : to battle : to wrestle
liebre *nf* : hare
liendre *nf* : nit
lienzo *nm* : linen : canvas : painting : stretch of wall or fencing
liga *nf* : league : rubber band : garter
ligado, -da *adj* : linked : connected
ligadura *nf* : tie : bond : ligature
ligamento *nm* : ligament
ligar *v* : to bind : to tie
ligeramente *adv* : slightly : lightly : gently : casually
ligereza *nf* : lightness : flippancy : agility
ligero, -ra *adj* : light : lightweight : slight : minor : agile : quick : lighthearted : superficial
light *adj* : light : low-calorie
ligue, etc. → **ligar**
liguero, -ra *adj* : league
lija *nf or* **papel de lija** : sandpaper
lijar *v* : to sand
lila[1] *adj* : lilac : light purple
lila[2] *nf* : lilac
lima *nf* : lime : file
limar *v* : to file : to polish : to put the final touch on : to smooth over
limbo *nm* : limbo : limb
limeño[1], **-ña** *adj* : of or from Lima, Peru
limeño[2], **-ña** *n* : person from Lima, Peru
limero *nm* : lime tree
limitación *nf, pl* **-ciones** : limitation : limit : restriction
limitado, -da *adj* : limited : dull : slow-witted
limitar *v* : to limit : to restrict ~ **con** : to border on — **limitarse** *vr* ~ **a** : to limit oneself to
límite *nm* : boundary : border : limit
limítrofe *adj* : bordering : adjoining
limo *nm* : slime : mud
limón *nm, pl* **limones** : lemon : lemon tree
limonada *nf* : lemonade

limonero *nm* : lemon tree
limosna *nf* : alms : charity
limosnear *v* : to beg
limosnero, -ra *n* : beggar
limoso, -sa *adj* : slimy
limpiabotas *nmfs & pl* : shoeshine boy/man *m* : shoeshine girl/woman *f*
limpiacristales *nms & pl* : glass cleaner : window washer
limpiador[1], **-dora** *adj* : cleaning
limpiador[2], **-dora** *n* : cleaning person : cleaner
limpiamente *adv* : cleanly : honestly : fairly
limpiaparabrisas *nms & pl* : windshield wiper
limpiar *v* : to clean : to cleanse : to clean up : to remove defects : to clean out : to swipe : to pinch — **limpiarse** *vr*
limpiavidrios *nmfs & pl* : windshield wiper : glass cleaner : window washer
límpido, -da *adj* : limpid
limpieza *nf* : cleanliness : tidiness : cleaning : integrity : honesty : skill : dexterity
limpio[1] *adv* : fairly
limpio[2], **-pia** *adj* : clean : neat : honest : free : clear : net
limusina *nf* : limousine
linaje *nm* : lineage : ancestry
lince *nm* : lynx
linchamiento *nm* : lynching
linchar *v* : to lynch
lindante *adj* : bordering : adjoining
linde *nmf* : boundary : limit
lindero[1], **-ra** *adj* : bordering : adjoining
lindero[2] *nm* : boundary : limit
lindeza *nf* : prettiness : clever remark; **lindezas** *nfpl* : insults
lindo[1] *adv* : beautifully : wonderfully
lindo[2], **-da** *adj* : pretty : lovely : cute
línea *nf* : line : course : position : range : side : service : figure
línea de crédito *nf* : line of credit
lineal *adj* : linear
lineamientos *nmpl* : guidelines
linfa *nf* : lymph
linfático, -ca *adj* : lymphatic
lingote *nm* : ingot
lingüista *nmf* : linguist
lingüística *nf* : linguistics
lingüístico, -ca *adj* : linguistic
linimento *nm* : liniment
lino *nm* : linen : flax
linóleo *nm* : linoleum
linterna *nf* : lantern : flashlight
lío *nm* : confusion : mess : hassle : trouble : jam : affair : liaison
liofilizar *v* : to freeze-dry
lioso, -sa *adj* : confusing : muddled
liquen *nm* : lichen
liquidación *nf, pl* **-ciones** : liquidation : clearance sale : settlement : payment
liquidar *v* : to liquefy : to liquidate : to settle : to pay off : to rub out : to kill
liquidez *nf, pl* **-deces** : liquidity
líquido[1], **-da** *adj* : liquid : fluid : net
líquido[2] *nm* : liquid : fluid : ready cash : liquid assets
lira *nf* : lyre
lírica *nf* : lyric poetry
lírico, -ca *adj* : lyric : lyrical
lirio *nm* : iris
lirón *nm, pl* **lirones** : dormouse
lisiado, -da *adj* : disabled : crippled
lisiar *v* : to cripple : to disable — **lisiarse** *vr*
liso, -sa *adj* : smooth : flat : straight : plain : unadorned
lisonja *nf* : flattery
lisonjear *v* : to flatter
lista *nf* : list : roster : roll : stripe : strip : menu
listado[1], **-da** *adj* : striped
listado[2] *nm* : listing
listar *v* : to list
listeza *nf* : smartness : alertness
listo, -ta *adj* : ready : clever : smart
listón *nm, pl* **listones** : ribbon : strip : lath : high bar
lisura *nf* : smoothness
litera *nf* : bunk bed : berth
literal *adj* : literal — **literalmente** *adv*
literario, -ria *adj* : literary
literato, -ta *n* : writer : author
literatura *nf* : literature
litigante *adj & nmf* : litigant
litigar *v* : to litigate : to be in litigation
litigio *nm* : litigation : lawsuit
litio *nm* : lithium
litografía *nf* : lithography : lithograph
litógrafo, -fa *n* : lithographer
litoral[1] *adj* : coastal
litoral[2] *nm* : shore : seaboard
litosfera *nf* : lithosphere
litro *nm* : liter
lituano[1], **-na** *adj & n* : Lithuanian
lituano[2] *nm* : Lithuanian
liturgia *nf* : liturgy
litúrgico, -ca *adj* : liturgical — **litúrgicamente** *adv*
liviandad *nf* : lightness
liviano, -na *adj* : light : slight : fickle
lividez *nf* : pallor
lívido, -da *adj* : livid : pallid : extremely pale
living *nm* : living room
llaga *nf* : sore : wound
llama *nf* : flame : llama
llamada *nf* : call
llamado[1], **-da** *adj* : named : called
llamado[2] → **llamamiento**
llamador *nm* : door knocker
llamamiento *nm* : call : appeal
llamar *v* : to call : to name : to summon : to phone : to knock : to ring a doorbell — **llamarse** *vr* : to be called : to be named
llamarada *nf* : flare-up : sudden blaze : flushing

llamativo, -va *adj* : flashy : showy : striking
llameante *adj* : flaming : blazing
llamear *v* : to flame : to blaze
llana *nf* : trowel
llanamente *adv* : simply : plainly
llaneza *nf* : simplicity : naturalness
llano[1], **-na** *adj* : even : flat : frank : open : plain : simple
llano[2] *nm* : plain
llanta *nf* : tire : rim
llantén *nm, pl* **llantenes** : plantain
llanto *nm* : crying : weeping
llanura *nf* : plain : prairie
llave *nf* : key : faucet : valve : switch : (curly) brace : curly bracket : wrench
llavero *nm* : key chain : key ring
llegada *nf* : arrival
llegar *v* : to arrive : to be enough
llegue, etc. → **llegar**
llenar *v* : to fill : to fill up : to fill in : to meet : to fulfill — **llenarse** *vr* : to become full
llenito, -ta *adj* : chubby : plump
lleno[1], **-na** *adj* : full : filled
lleno[2] *nm* : plenty : abundance : full house
llevadero, -ra *adj* : bearable
llevar *v* : to carry : to take : to wear : to lead : to run : to be in charge of : to keep : to require : to have … more than : to have — **llevarse** *vr* : to take away : to carry off/away : to get along
llorar *v* : to cry : to weep : to mourn : to bewail
lloriquear *v* : to whimper : to whine
lloriqueo *nm* : whimpering : whining
lloro *nm* : crying
llorón, -rona *n, mpl* **llorones** : crybaby : whiner
lloroso, -sa *adj* : tearful : sad
llovedizo, -za *adj* : rain
llover *v impers* : to rain : to rain down : to shower
llovizna *nf* : drizzle : sprinkle
lloviznar *v impers* : to drizzle : to sprinkle
llueve, etc. → **llover**
lluvia *nf* : rain : rainfall : barrage : shower
lluvioso, -sa *adj* : rainy
lo[1] *pron* : him : it : you
lo[2] *art* : the : how
loa *nf* : praise
loable *adj* : laudable : praiseworthy — **loablemente** *adv*
loar *v* : to praise : to laud
lobato, -ta *n* : wolf cub
lobby *nm* : lobby : pressure group
lobo, -ba *n* : wolf
lobotomía *nf* : lobotomy
lóbrego, -ga *adj* : gloomy : dark
lobulado, -da *adj* : lobed
lóbulo *nm* : lobe
locación *nf, pl* **-ciones** : location : place
local[1] *adj* : local — **localmente** *adv*
local[2] *nm* : premises *pl*
localidad *nf* : town : locality
localización *nf, pl* **-ciones** : locating : localization : location
localizar *v* : to locate : to find : to localize — **localizarse** *vr* : to be located
locamente *adv* : madly : wildly : recklessly
locatario, -ria *n* : tenant
loción *nf, pl* **lociones** : lotion
lócker *nm, pl* **lóckers** : locker
loco[1], **-ca** *adj* : crazy : insane : mad
loco[2], **-ca** *n* : crazy person : lunatic
locomoción *nf, pl* **-ciones** : locomotion
locomotor, -tora *adj* : locomotive
locomotora *nf* : locomotive : driving force
locuaz *adj, pl* **locuaces** : loquacious : talkative
locución *nf, pl* **-ciones** : locution : phrase
locura *nf* : insanity : madness : crazy thing : folly
locutor, -tora *n* : announcer
lodazal *nm* : bog : quagmire
lodo *nm* : mud : mire
lodoso, -sa *adj* : muddy
logarítmo *nm* : logarithm
logia *nf* : lodge
lógica *nf* : logic
lógico, -ca *adj* : logical — **lógicamente** *adv*
login *nm* : login : logon
logística *nf* : logistics *pl*
logístico, -ca *adj* : logistic
logo → **logotipo**
logotipo *nm* : logo
logrado, -da *adj* : successful : skillfully done
lograr *v* : to get : to obtain : to achieve : to attain — **lograrse** *vr* : to be successful
logro *nm* : achievement : attainment
loma *nf* : hill : hillock
lombriz *nf, pl* **lombrices** : worm
lomo *nm* : back : loin : spine : blunt edge
lona *nf* : canvas
loncha *nf* : slice
lonche *nm* : lunch : submarine sandwich : afternoon snack : tea
lonchería *nf* : snack bar
londinense[1] *adj* : of or from London
londinense[2] *nmf* : Londoner
longaniza *nf* : spicy pork sausage
longevidad *nf* : longevity
longevo, -va *adj* : long-lived
longitud *nf* : length : longitude
longitudinal *adj* : longitudinal — **longitudinalmente** *adv*
lonja *nf* : slice

lontananza *nf* : background
lord *nm, pl* **lores** : lord
loro *nm* : parrot
los[1], **las** *pron* : them : you : the ones
los[2] *art* → **el**[2]
losa *nf* : flagstone : paving stone
loseta *nf* : floor tile
lote *nm* : part : share : batch : lot : plot of land
lotería *nf* : lottery
loto *nm* : lotus
loza *nf* : crockery : earthenware : china
lozanía *nf* : healthiness : robustness : luxuriance : lushness
lozano, -na *adj* : robust : healthy-looking : lush : luxuriant
LSD *nm* : LSD
lubina *nf* : sea bass
lubricante[1] *adj* : lubricating
lubricante[2] *nm* : lubricant
lubricar *v* : to lubricate : to oil — **lubricación** *nf*
lucero *nm* : bright star
lucha *nf* : struggle : fight : wrestling
luchador, -dora *n* : fighter : wrestler
luchar *v* : to fight : to struggle : to wrestle
luchón, -chona *adj, mpl* **luchones** : industrious : hardworking
lucidez *nf, pl* **-deces** : lucidity : clarity
lucido, -da *adj* : magnificent : splendid
lúcido, -da *adj* : lucid
luciente *adj* : bright : shining
luciérnaga *nf* : firefly : glowworm
lucimiento *nm* : brilliance : splendor : sparkle : triumph : success
lucio *nm* : pike
lucir *v* : to shine : to look good : to stand out : to seem : to appear : to wear : to sport : to flaunt : to show off — **lucirse** *vr* : to distinguish oneself : to excel : to show off
lucrarse *vr* : to make a profit
lucrativo, -va *adj* : lucrative : profitable — **lucrativamente** *adv*
lucro *nm* : profit : gain
luctuoso, -sa *adj* : mournful : tragic
lúdico, -ca *adj* : play : playful
luego[1] *adv* : then : afterwards : later
luego[2] *conj* : therefore
lugar *nm* : place : position : space : room
lugareño[1], **-ña** *adj* : village : rural
lugareño[2], **-ña** *n* : villager
lugarteniente *nmf* : lieutenant : deputy
lúgubre *adj* : gloomy : lugubrious
lujo *nm* : luxury
lujoso, -sa *adj* : luxurious
lujuria *nf* : lust : lechery
lujurioso, -sa *adj* : lustful : lecherous
lumbago *nm* : lumbago
lumbar *adj* : lumbar
lumbre *nf* : fire : brilliance : splendor
lumbrera *nf* : skylight : vent : port : brilliant person : luminary
luminaria *nf* : altar lamp : luminary : celebrity
luminiscencia *nf* : luminescence — **luminiscente** *adj*
luminosidad *nf* : luminosity : brightness
luminoso, -sa *adj* : shining : luminous
luna *nf* : moon
lunar[1] *adj* : lunar
lunar[2] *nm* : mole : beauty spot : defect : blemish : polka dot
lunático, -ca *adj* & *n* : lunatic
lunes *nms* & *pl* : Monday
luneta *nf* : lens : windshield : crescent
lupa *nf* : magnifying glass
lúpulo *nm* : hops
lustrabotas → **limpiabotas**
lustrar *v* : to shine : to polish
lustre *nm* : luster : shine : glory : distinction
lustro *nm* : five-year period
lustroso, -sa *adj* : lustrous : shiny
luto *nm* : mourning
luxación *nf, pl* **-ciones** : dislocation
luz *nf, pl* **luces** : light : power : electricity : lamp : span : spread
luzca, etc. → **lucir**
macabro, -bra *adj* : macabre
macadán *nm, pl* **-danes** : macadam
macana *nf* : club : cudgel : nonsense : silliness : lie : fib
macanear *v* : to talk nonsense : to beat
macanudo, -da *adj* : great : fantastic
macarrón *nm, pl* **-rrones** : macaroon; **macarrones** *nmpl* : macaroni
macerar *v* : to soak
maceta *nf* : flowerpot : mallet : head
macetero *nm* : plant stand : flowerpot : planter
machacar *v* : to crush : to grind : to beat : to pound : to insist : to go on
machacón, -cona *adj, mpl* **-cones** : insistent : tiresome
machete *nm* : machete
machetear *v* : to hack with a machete : to plod : to work tirelessly
machismo *nm* : machismo : male chauvinism
machista *nm* : male chauvinist
macho[1] *adj* : male : macho : virile : tough
macho[2] *nm* : male : he-man
machote *nm* : tough guy : he-man : rough draft : model : blank form
machucar *v* : to pound : to beat : to crush : to bruise
machucón *nm, pl* **-cones** : bruise : smashing : pounding
macilento, -ta *adj* : gaunt : wan
macis *nm* : mace
macizo, -za *adj* : solid : strong : strapping : massive
mácula *nf* : blemish : stain
macuto *nm* : backpack
madeja *nf* : skein : hank : tangle

madera *nf* : wood : lumber : timber
maderero, -ra *adj* : timber : lumber
madero *nm* : piece of lumber : plank
madrastra *nf* : stepmother
madrazo *nm* : punch : blow
madre *nf* : mother
madrear *v* : to beat up
madreperla *nf* : mother-of-pearl
madreselva *nf* : honeysuckle
madriguera *nf* : burrow : den : lair
madrileño[1], **-ña** *adj* : of or from Madrid
madrileño[2], **-ña** *n* : person from Madrid
madrina *nf* : godmother : mother of the groom : matron of honor : sponsor
madrugada *nf* : early morning : wee hours : dawn : daybreak
madrugador, -dora *n* : early riser
madrugar *v* : to get up early : to get a head start
madurar *v* : to ripen : to mature
madurez *nf, pl* **-reces** : maturity : ripeness
maduro, -ra *adj* : mature : ripe
maestría *nf* : mastery : skill : master's degree
maestro[1], **-tra** *adj* : masterly : skilled : chief : main : trained
maestro[2], **-tra** *n* : teacher : expert : master : maestro
Mafia *nf* : Mafia
mafioso, -sa *n* : mafioso : gangster
magdalena *nf* : bun : muffin
magenta *adj & n* : magenta
magia *nf* : magic
mágico, -ca *adj* : magic : magical — **mágicamente** *adv*
magisterio *nm* : teaching : teachers *pl* : teaching profession
magistrado, -da *n* : magistrate : judge
magistral *adj* : masterful : skillful
magistralmente *adv* : masterfully : brilliantly
magistratura *nf* : office of judge/magistrate
magma *nm* : magma
magnanimidad *nf* : magnanimity
magnánimo, -ma *adj* : magnanimous — **magnánimamente** *adv*
magnate *nmf* : magnate : tycoon
magnesio *nm* : magnesium
magnético, -ca *adj* : magnetic
magnetismo *nm* : magnetism
magnetizar *v* : to magnetize
magnetofónico, -ca *adj* **cinta magnetofónica** : magnetic tape
magnificar *v* : to magnify : to exaggerate : to exalt : to extol : to praise highly
magnificencia *nf* : magnificence : splendor
magnífico, -ca *adj* : magnificent : splendid — **magníficamente** *adv*
magnitud *nf* : magnitude
magnolia *nf* : magnolia
magnolio *nm* : magnolia
mago, -ga *n* : magician : wizard
magro, -gra *adj* : lean : meager
maguey *nm* : maguey
magulladura *nf* : bruise
magullar *v* : to bruise — **magullarse** *vr*
mahometano[1], **-na** *adj* : Islamic : Muslim
mahometano[2], **-na** *n* : Muslim
mahonesa → mayonesa
maicena *nf* : cornstarch
mainframe *nm* : mainframe
maíz *nm* : corn : maize
maizal *nm* : cornfield
maja *nf* : pestle
majadería *nf* : stupidity : foolishness : insult : obscenity
majadero[1], **-ra** *adj* : foolish : silly : crude : vulgar
majadero[2], **-ra** *n* : fool : rude person : boor
majar *v* : to crush : to mash
majestad *nf* : majesty
majestuosamente *adv* : majestically
majestuosidad *nf* : majesty : grandeur
majestuoso, -sa *adj* : majestic : stately
majo, -ja *adj* : nice : likeable : attractive : good-looking
mal[1] *adv* : badly : poorly : wrong : incorrectly : hardly : with difficulty
mal[2] *adj* **→ malo**
mal[3] *nm* : evil : wrong : harm : damage : misfortune : illness : sickness
malabar *adj* **juegos malabares** : juggling
malabares *nmpl* : juggling
malabarismos → malabares
malabarista *nmf* : juggler
malaconsejado, -da *adj* : ill-advised
malacostumbrado, -da *adj* : spoiled : pampered
malacostumbrar *v* : to spoil
malagradecido, -da *adj* : ungrateful
malaisio → malasio
malanga *nf* : taro
malaria *nf* : malaria
malasio, -sia *adj & n* : Malaysian
malauiano, -na *adj & n* : Malawian
malaventura *nf* : misadventure : misfortune
malaventurado, -da *adj* : ill-fated : unfortunate
malayo, -ya *adj & n* : Malay : Malayan
malbaratar *v* : to squander : to undersell
malcriado[1], **-da** *adj* : ill-bred : ill-mannered : spoiled : pampered
malcriado[2], **-da** *n* : spoiled brat
malcriar *v* : to spoil : to raise badly
maldad *nf* : evil : wickedness : evil deed
maldecir *v* : to curse : to damn : to swear
maldición *nf, pl* **-ciones** : curse
maldiga, maldijo, etc. → maldecir
maldito, -ta *adj* : cursed : damned : wicked

maldoso, -sa *adj* : mischievous
maleable *adj* : malleable
maleante *nmf* : crook : thug
malecón *nm, pl* **-cones** : jetty : breakwater
maleducado, -da *adj* : ill-mannered : rude
maleficio *nm* : curse : hex
maléfico, -ca *adj* : evil : harmful
malentender *v* : to misunderstand
malentendido *nm* : misunderstanding
malestar *nm* : discomfort : annoyance : uneasiness : unrest
maleta *nf* : suitcase : bag
maletera *nf* → **maletero**[2]
maletero[1], **-ra** *n* : porter
maletero[2] *nm* : trunk
maletín *nm, pl* **-tines** : briefcase : overnight bag : satchel
malevolencia *nf* : malevolence : wickedness
malévolo, -la *adj* : malevolent : wicked
maleza *nf* : thicket : underbrush : weeds *pl*
malformación *nf, pl* **-ciones** : malformation
malgache *adj & nmf* : Madagascan
malgastar *v* : to squander : to waste
mal habido, -da *adj* : ill-gotten : dirty
malhablado, -da *adj* : foulmouthed
malhadado, -da *adj* : ill-fated
malhechor, -chora *n* : criminal : delinquent : wrongdoer
malherir *v* : to injure seriously
malhumor *nm* : bad mood
malhumorado, -da *adj* : bad-tempered : cross
malicia *nf* : wickedness : malice : mischief : naughtiness : cunning : craftiness
malicioso, -sa *adj* : malicious : mischievous
malignidad *nf* : malignancy : evil
maligno, -na *adj* : malignant : evil : harmful : malign
malinchismo *nm* : preference for foreign goods or people — **malinchista** *adj*
malintencionado, -da *adj* : malicious : spiteful
malinterpretar *v* : to misinterpret
mall *nm, pl* **malls** : (shopping) mall
malla *nf* : mesh : leotard : tights *pl*
mallorquín, -quina *adj & n* : Majorcan
malnutrición *nf, pl* **-ciones** : malnutrition
malnutrido, -da *adj* : malnourished : undernourished
malo[1], **-la** *adj* : bad : poor : wicked : naughty : improper : harmful : sick : ill : unwell : spoiled
malo[2], **-la** *n* : villain : bad guy
malogrado, -da *adj* : failed : unsuccessful
malograr *v* : to spoil : to ruin : to waste — **malograrse** *vr* : to fail : to die young
malogro *nm* : untimely death : failure
maloliente *adj* : foul-smelling : smelly
malparado, -da *adj* **salir malparado** *or* **quedar malparado** : to come out of badly : to end up in a bad state
malpensado, -da *adj* : distrustful : suspicious
malquerencia *nf* : ill will : dislike
malquerer *v* : to dislike
malquiso, etc. → **malquerer**
malsano, -na *adj* : unhealthy
malsonante *adj* : rude : offensive
malta *nf* : malt
malteada *nf* : malted milk
maltratar *v* : to mistreat : to abuse : to damage : to spoil
maltrato *nm* : mistreatment : abuse
maltrecho, -cha *adj* : battered : damaged
malucho, -cha *adj* : sick : under the weather
malva *adj & nm* : mauve
malvado[1], **-da** *adj* : evil : wicked
malvado[2], **-da** *n* : evildoer : wicked person
malvavisco *nm* : marshmallow
malvender *v* : to sell at a loss
malversación *nf, pl* **-ciones** : misappropriation : embezzlement
malversador, -dora *n* : embezzler
malversar *v* : to embezzle
malvivir *v* : to live badly : to just scrape by
malware *nm* : malware
mamá *nf* : mom : mama
mamadera *nf* : baby bottle
mamar *v* : to suckle : to nurse : to learn from childhood : to grow up with — **mamarse** *vr* : to get drunk
mamario, -ria *adj* : mammary
mamarracho *nm* : mess : sight : laughingstock : fool : rubbish : junk
mambo *nm* : mambo
mameluco *nm* : overalls *pl*
mami *nf* : mommy
mamífero[1], **-ra** *adj* : mammalian
mamífero[2] *nm* : mammal
mamila *nf* : nipple : baby bottle : pacifier
mamografía *nf* : mammogram
mamola *nf* : pat : chuck under the chin
mamotreto *nm* : huge book : tome : hulk : monstrosity
mampara *nf* : screen : room divider
mamparo *nm* : bulkhead
mampostería *nf* : masonry : stonemasonry
mampostero *nm* : mason : stonemason
mamut *nm, pl* **mamuts** : mammoth
maná *nm* : manna
manada *nf* : flock : herd : pack : horde : mob
manager *or* **mánager** *nmf, pl* **-gers** : manager
manantial *nm* : spring : source

manar *v* : to flow : to abound
manaza *nf* : hand : mitt
manazas *nmfs & pl* : clumsy person : klutz : oaf
manatí *nm, pl* **-tíes** : manatee
mancha *nf* : stain : spot : mark : blemish : blot : patch
manchado, -da *adj* : stained
manchar *v* : to stain : to soil : to sully : to tarnish — **mancharse** *vr* : to get dirty
mancillar *v* : to sully : to besmirch
manco, -ca *adj* : one-armed : with one arm/hand
mancomunar *v* : to combine : to pool — **mancomunarse** *vr* : to unite : to join together
mancomunidad *nf* : commonwealth : association : confederation
mancuernas *nfpl* : cuff links
mancuernillas *nfpl* : cuff links
mandadero, -ra *n* : errand boy *m* : errand girl *f* : messenger
mandado *nm* : order : command : errand
mandamás *nmf, pl* **-mases** : boss : bigwig : honcho
mandamiento *nm* : commandment : command : order : warrant
mandar *v* : to command : to order : to send : to hurl : to throw : to be the boss : to be in charge — **mandarse** *vr* : to take liberties : to take advantage
mandarín *nm* : Mandarin
mandarina *nf* : mandarin orange : tangerine
mandatario, -ria *n* : leader : agent
mandato *nm* : term of office : mandate
mandíbula *nf* : jaw : mandible
mandil *nm* : apron : horse blanket
mandilón *nm, pl* **-lones** : wimp : coward
mandioca *nf* : manioc : cassava : tapioca
mando *nm* : command : leadership : control
mandolina *nf* : mandolin
mandón, -dona *adj, mpl* **mandones** : bossy : domineering
mandonear *v* : to boss around
manecilla *nf* : hand : pointer
manejable *adj* : manageable : docile : easily led
manejar *v* : to drive : to handle : to operate : to manage : to manipulate — **manejarse** *vr* : to behave : to get along : to manage
manejo *nm* : handling : operation : management
manera *nf* : way : manner : fashion; **maneras** *nfpl* : manners
manga *nf* : sleeve : hose
manganeso *nm* : manganese
manglar *nm* : mangrove swamp
mangle *nm* : mangrove
mango *nm* : hilt : handle : mango
mangonear *v* : to boss around : to bully : to be bossy : to loaf : to fool around
mangosta *nf* : mongoose
manguera *nf* : hose
manguito *nm* : muff : sleeve : hose
maní *nm, pl* **maníes** : peanut
manía *nf* : mania : obsession : craze : fad : odd habit : peculiarity : dislike : aversion
maníaco[1], **-ca** *or* **maniaco, -ca** *adj* : manic : maniacal
maníaco[2], **-ca** *or* **maniaco, -ca** *n* : maniac
maniatar *v* : to tie the hands of
maniático[1], **-ca** *adj* : maniacal : obsessive : fussy : finicky
maniático[2], **-ca** *n* : maniac : lunatic : obsessive person : fanatic : eccentric : crank
manicomio *nm* : madhouse
manicura *nf* : manicure
manicuro, -ra *n* : manicurist
manido, -da *adj* : hackneyed : stale : trite
manifestación *nf, pl* **-ciones** : manifestation : sign : demonstration : rally
manifestante *nmf* : demonstrator
manifestar *v* : to demonstrate : to show : to declare — **manifestarse** *vr* : to be or become evident : to state one's position : to rally
manifiesto[1], **-ta** *adj* : manifest : evident : clear — **manifiestamente** *adv*
manifiesto[2] *nm* : manifesto
manija *nf* : handle
manilla → manecilla
manillar *nm* : handlebars *pl*
maniobra *nf* : maneuver : stratagem
maniobrar *v* : to maneuver
manipulación *nf, pl* **-ciones** : manipulation
manipulador[1], **-dora** *adj* : manipulating : manipulative
manipulador[2], **-dora** *n* : manipulator
manipular *v* : to manipulate : to handle
maniquí[1] *nmf, pl* **-quíes** : mannequin : model
maniquí[2] *nm, pl* **-quíes** : mannequin : dummy
manirroto[1], **-ta** *adj* : extravagant
manirroto[2], **-ta** *n* : spendthrift
manitas *nmfs & pl* : handyman *m* : handywoman *f*
manito, -ta → mano[2]
manivela *nf* : crank
manjar *nm* : delicacy : special dish
mano[1] *nf* : hand : coat
mano[2], **-na** *n* : buddy : pal
manojo *nm* : handful : bunch
manómetro *nm* : pressure gauge
manopla *nf* : mitten : mitt : brass knuckles *pl*

manosear *v* : to handle or touch excessively : to fondle : to caress
manoseo *nm* : touching : handling : groping : fondling
manotazo *nm* : slap : smack : swipe
manotear *v* : to wave one's hands : to gesticulate
mansalva *adv* **a ~** : at close range
mansarda *nf* : attic
mansedumbre *nf* : gentleness : meekness
mansión *nf, pl* **-siones** : mansion
manso, -sa *adj* : gentle : meek : tame — **mansamente** *adv*
manta *nf* : blanket : poncho : coarse cotton fabric
manteca *nf* : lard : fat : butter
mantecado *nm* : ice cream : unflavored ice cream : shortbread
mantecoso, -sa *adj* : buttery
mantel *nm* : tablecloth : altar cloth
mantelería *nf* : table linen
mantener *v* : to support : to feed : to keep : to preserve : to keep up : to sustain : to maintain : to affirm — **mantenerse** *vr* : to support oneself : to subsist
mantenimiento *nm* : maintenance : upkeep : sustenance : food : preservation
mantequera *nf* : churn : butter dish
mantequería *nf* : creamery : dairy : grocery store
mantequilla *nf* : butter
mantilla *nf* : scarf
mantis *nf* **mantis religiosa** : praying mantis
manto *nm* : cloak : mantle
mantón *nm, pl* **-tones** : shawl
mantuvo, etc. → **mantener**
manual[1] *adj* : manual : handy : manageable — **manualmente** *adv*
manual[2] *nm* : manual : handbook
manualidades *nfpl* : handicrafts
manubrio *nm* : handle : crank : handlebars *pl*
manufactura *nf* : manufacture : manufactured item : product : factory
manufacturar *v* : to manufacture
manufacturero[1], **-ra** *adj* : manufacturing
manufacturero[2], **-ra** *n* : manufacturer
manuscrito[1], **-ta** *adj* : handwritten
manuscrito[2] *nm* : manuscript
manutención *nf, pl* **-ciones** : maintenance : support
manzana *nf* : apple : block
manzanal *nm* : apple orchard : apple tree
manzanar *nm* : apple orchard
manzanilla *nf* : chamomile : chamomile tea
manzano *nm* : apple tree
maña *nf* : dexterity : skill : cunning : guile; **mañas** *or* **malas mañas** *nfpl* : bad habits : vices
mañana *nf* : morning : tomorrow
mañanero, -ra *adj* : morning
mañanitas *nfpl* : birthday serenade
mañoso, -sa *adj* : skillful : cunning : crafty : fussy : finicky
mapa *nm* : map
mapache *nm* : raccoon
mapamundi *nm* : map of the world
maqueta *nf* : model
maquila *nf* : production : manufacture
maquiladora *nf* : foreign-owned factory
maquillador, -dora *n* : makeup artist
maquillaje *nm* : makeup
maquillarse *vr* : to put on makeup : to make oneself up
máquina *nf* : machine : engine : locomotive
maquinación *nf, pl* **-ciones** : machination : scheme : plot
maquinal *adj* : mechanical : automatic — **maquinalmente** *adv*
maquinar *v* : to plot : to scheme
maquinaria *nf* : machinery : mechanism : works *pl*
maquinilla *nf* : small machine or device : typewriter
maquinista *nmf* : machinist : railroad engineer
mar *nmf* : sea
maraca *nf* : maraca
maraña *nf* : thicket : tangle : mess
marasmo *nm* : paralysis : stagnation
maratón *nm, pl* **-tones** : marathon
maravilla *nf* : wonder : marvel : marigold
maravillar *v* : to astonish : to amaze — **maravillarse** *vr* : to be amazed : to marvel
maravilloso, -sa *adj* : wonderful : marvelous — **maravillosamente** *adv*
marbete *nm* : label : tag : registration sticker
marca *nf* : mark : brand : make : trademark : record
marcado, -da *adj* : marked — **marcadamente** *adv*
marcador *nm* : scoreboard : marker : felt-tip pen
marcaje *nm* : scoring : guarding
marcapasos *nms & pl* : pacemaker
marcar *v* : to mark : to brand : to indicate : to show : to emphasize : to dial : to guard : to score
marcha *nf* : march : hike : walk : pace : speed : gear : departure : course
marchar *v* : to go : to travel : to walk : to work : to march — **marcharse** *vr* : to leave
marchitar *v* : to make wither : to wilt — **marchitarse** *vr* : to wither : to shrivel up : to languish : to fade away
marchito, -ta *adj* : withered : faded
marcial *adj* : martial : military
marciano, -na *adj & n* : Martian

marco *nm* : frame : framework : goalposts *pl* : setting : atmosphere : mark
marea *nf* : tide
mareado, -da *adj* : dizzy : light-headed : queasy : nauseous : seasick : airsick : carsick
marear *v* : to make sick : to bother : to annoy — **marearse** *vr* : to get sick : to become nauseated : to feel dizzy : to get tipsy
marejada *nf* : surge : swell : undercurrent : ferment : unrest
maremoto *nm* : tidal wave
mareo *nm* : dizzy spell : nausea : seasickness : motion sickness : annoyance : vexation
marfil *nm* : ivory
margarina *nf* : margarine
margarita *nf* : daisy : margarita
margen[1] *nf, pl* **márgenes** : bank : side
margen[2] *nm, pl* **márgenes** : edge : border : margin
marginación *nf, pl* **-ciones** : marginalization : exclusion
marginado[1], **-da** *adj* : outcast : alienated : dispossessed
marginado[2], **-da** *n* : outcast : misfit
marginal *adj* : marginal : fringe
marginar *v* : to ostracize : to exclude
mariachi *nm* : mariachi band : mariachi musician : mariachi music
maridaje *nm* : marriage : union
maridar *v* : to marry : to unite
marido *nm* : husband
marihuana *or* **mariguana** *or* **marijuana** *nf* : marihuana
marimacho *nmf* : mannish woman : tomboy
marimba *nf* : marimba
marina *nf* : coast : coastal area : navy : fleet
marinada *nf* : marinade
marinar *v* : to marinate
marinero[1], **-ra** *adj* : seaworthy : sea : marine
marinero[2] *nm* : sailor
marino[1], **-na** *adj* : marine : sea
marino[2] *nm* : sailor : seaman
marioneta *nf* : puppet : marionette
mariposa *nf* : butterfly
mariquita[1] *nf* : ladybug
mariquita[2] *nm* disparaging : sissy *disparaging* : wimp
mariscal *nm* : marshal
marisco *nm* : shellfish; **mariscos** *nmpl* : seafood
marisma *nf* : marsh : salt marsh
marital *adj* : marital : married
marítimo, -ma *adj* : maritime : shipping
marketing *nm* : marketing
marmita *nf* : (cooking) pot
mármol *nm* : marble
marmóreo, -rea *adj* : marble
marmota *nf* : marmot
maroma *nf* : rope : acrobatic stunt : somersault
marque, etc. → **marcar**
marqués, -quesa *n, pl* **marqueses** : marquis *m* : marquess *m* : marquise *f* : marchioness *f*
marquesina *nf* : marquee : canopy : shelter
marqueta *nf* : block : lump
marranada *nf* : disgusting thing : dirty trick
marrano[1], **-na** *adj* : filthy : disgusting
marrano[2], **-na** *n* : pig : hog : dirty pig : slob
marrar *v* : to miss : to fail : to go wrong
marras *adv* : long ago
marrasquino *nm* : maraschino
marrón *adj & nm, pl* **marrones** : brown
marroquí *adj & nmf, pl* **-quíes** : Moroccan
marsopa *nf* : porpoise
marsupial *nm* : marsupial
marta *nf* : marten
Marte *nm* : Mars
martes *nms & pl* : Tuesday
martillar *or* **martillear** *v* : to hammer
martillazo *nm* : blow with a hammer
martillo *nm* : hammer
martín pescador *nm, pl* **martines pescadores** : kingfisher
martinete *nm* : heron : pile driver
mártir *nmf* : martyr
martirio *nm* : martyrdom : ordeal : torment
martirizar *v* : to martyr : to torment
marxismo *nm* : Marxism
marxista *adj & nmf* : Marxist
marzo *nm* : March
mas *conj* : but
más[1] *adv* : more : most : rather
más[2] *adj* : more : most : else
más[3] *n* : plus sign
más[4] *prep* : plus
más[5] *pron* : more
masa *nf* : mass : volume : dough : batter; **masas** *nfpl* : people : masses
masacrar *v* : to massacre
masacre *nf* : massacre
masaje *nm* : massage
masajear *v* : to massage
masajista *nmf* : masseur *m* : masseuse *f*
mascar *v* : to chew
máscara *nf* : mask : appearance : pretense
mascarada *nf* : masquerade
mascarilla *nf* : mask : facial mask
mascota *nf* : mascot : pet
masculinidad *nf* : masculinity
masculino, -na *adj* : masculine : male : manly
mascullar *v* : to mumble : to mutter
masificación *nf, pl* **-ciones** : mass adoption : propagation : overcrowding

masificado, -da *adj* : overcrowded
masilla *nf* : putty
masivamente *adv* : en masse
masivo, -va *adj* : mass
masón *nm, pl* **masones** : Mason : Freemason
masonería *nf* : Masonry : Freemasonry
masónico, -ca *adj* : Masonic
masoquismo *nm* : masochism
masoquista[1] *adj* : masochistic
masoquista[2] *nmf* : masochist
masque, etc. → **mascar**
Máster *nm* : Master's degree
masticar *v* : to chew : to masticate
mástil *nm* : mast : flagpole : neck
mastín *nm, pl* **mastines** : mastiff
mástique *nm* : putty : filler
mastodonte *nm* : mastodon
masturbación *nf, pl* **-ciones** : masturbation
masturbarse *vr* : to masturbate
mata *nf* : bush : shrub : plant : sprig : tuft
matadero *nm* : slaughterhouse : abattoir
matado, -da *adj* : strenuous : exhausting
matador *nm* : matador : bullfighter
matamoscas *nms & pl* : flyswatter
matanza *nf* : slaughter : butchering
matar *v* : to kill : to slaughter : to butcher : to extinguish : to put out : to tone down : to pass : to waste : to trump — **matarse** *vr* : to be killed : to commit suicide : to exhaust oneself
matasanos *nms & pl* : quack
matasellar *v* : to cancel : to postmark
matasellos *nms & pl* : postmark
matatena *nf* : jacks
mate[1] *adj* : matte : dull
mate[2] *nm* : maté : slam dunk
matemática → **matemáticas**
matemáticas *nfpl* : mathematics : math
matemático[1], **-ca** *adj* : mathematical — **matemáticamente** *adv*
matemático[2], **-ca** *n* : mathematician
materia *nf* : matter : material : (academic) subject
material[1] *adj* : material : physical : real
material[2] *nm* : material : equipment : gear
materialismo *nm* : materialism
materialista[1] *adj* : materialistic
materialista[2] *nmf* : materialist : truck driver
materializar *v* : to bring to fruition : to realize — **materializarse** *vr* : to materialize : to come into being
materialmente *adv* : physically : really : absolutely
maternal *adj* : maternal : motherly
maternidad *nf* : maternity : motherhood : maternity hospital : maternity ward
materno, -na *adj* : maternal
matinal *adj* : morning
matinée *or* **matiné** *nf* : matinee
matiz *nm, pl* **matices** : hue : shade : nuance
matización *nf, pl* **-ciones** : tinting : toning : shading : clarification
matizar *v* : to tinge : to tint : to vary : to modulate : to qualify
matón *nm, pl* **matones** : thug : bully
matorral *nm* : thicket : scrub
matraca *nf* : rattle : noisemaker
matriarca *nf* : matriarch
matriarcado *nm* : matriarchy
matrícula *nf* : list : roll : register : registration : enrollment : registration number
matriculación *nf, pl* **-ciones** : matriculation : registration
matricular *v* : to enroll : to register — **matricularse** *vr* : to matriculate
matrimonial *adj* : marital : matrimonial
matrimonio *nm* : marriage : matrimony : married couple
matriz *nf, pl* **matrices** : uterus : womb : original : master copy : main office : headquarters : stub : matrix
matrona *nf* : matron
matronal *adj* : matronly
matutino[1], **-na** *adj* : morning
matutino[2] *nm* : morning paper
maullar *v* : to meow
maullido *nm* : meow
mauritano, -na *adj & n* : Mauritanian
mausoleo *nm* : mausoleum
maxilar *nm* : jaw : jawbone
máxima *nf* : maxim
máxime *adv* : especially : principally
maximizar *v* : to maximize
máximo[1], **-ma** *adj* : maximum : greatest : highest
máximo[2] *nm* : maximum
maya[1] *adj & nmf* : Mayan
maya[2] *nmf* : Maya : Mayan
mayo *nm* : May
mayonesa *nf* : mayonnaise
mayor[1] *adj* : bigger : larger : greater : elder : older : biggest : largest : greatest : eldest : oldest : grown-up : mature : main : major : elderly
mayor[2] *nmf* : major : adult : grown-up
mayoral *nm* : foreman : overseer
mayordomo *nm* : butler
mayoreo *nm* : wholesale
mayoría *nf* : majority
mayorista[1] *adj* : wholesale
mayorista[2] *nmf* : wholesaler
mayoritariamente *adv* : primarily : chiefly
mayoritario, -ria *adj & n* : majority
mayormente *adv* : primarily : chiefly
mayúscula *nf* : capital letter
mayúsculo, -la *adj* : capital : uppercase : huge : terrible
maza *nf* : mace : drumstick : bore : pest
mazacote *nm* : concrete : lumpy mess : eyesore : crude work of art

mazapán *nm, pl* **-panes** : marzipan
mazmorra *nf* : dungeon
mazo *nm* : mallet : pestle : handful : bunch
mazorca *nf* : cob : ear of corn
me *pron* : me : to me : for me : from me : myself : to myself : for myself : from myself
mecánica *nf* : mechanics
mecánico[1], **-ca** *adj* : mechanical — **mecánicamente** *adv*
mecánico[2], **-ca** *n* : mechanic : technician
mecanismo *nm* : mechanism
mecanización *nf, pl* **-ciones** : mechanization
mecanizar *v* : to mechanize
mecanografía *nf* : typing
mecanografiar *v* : to type
mecanógrafo, -fa *n* : typist
mecate *nm* : rope : twine : cord
mecedor *nm* : glider
mecedora *nf* : rocking chair
mecenas *nmfs & pl* : patron : sponsor
mecenazgo *nm* : sponsorship : patronage
mecer *v* : to rock : to push — **mecerse** *vr* : to swing : to sway
mecha *nf* : fuse : wick; **mechas** *nfpl* : highlights
mechero *nm* : burner : lighter
mechón *nm, pl* **mechones** : lock
medalla *nf* : medal : medallion
medallista *nmf* : medalist
medallón *nm, pl* **-llones** : medallion : locket
media *nf* : sock : average : mean; **medias** *nfpl* : stockings : hose : tights
mediación *nf, pl* **-ciones** : mediation
mediado, -da *adj* : half full : half empty : half over : halfway through
mediador, -dora *n* : mediator
mediados *nmpl* **a mediados de** : halfway through : in the middle of
medialuna *nf* : crescent : croissant : crescent roll
medianamente *adv* : fairly : moderately
medianero, -ra *adj* : dividing : mediating
medianía *nf* : middle position : mediocre person : mediocrity
mediano, -na *adj* : medium : average : mediocre
medianoche *nf* : midnight
mediante *prep* : through : by means of
mediar *v* : to mediate : to be in the middle : to be halfway through : to elapse : to pass : to be a consideration : to come up : to happen
mediatizar *v* : to influence : to interfere with
medicación *nf, pl* **-ciones** : medication : treatment
medicamento *nm* : medication : medicine : drug
medicar *v* : to medicate — **medicarse** *vr* : to take medicine
medicatura *nf* : first aid clinic
medicina *nf* : medicine
medicinal *adj* : medicinal : medicated
medicinar *v* : to give medication to : to dose
medición *nf, pl* **-ciones** : measuring : measurement
médico[1], **-ca** *adj* : medical
médico[2], **-ca** *n* : doctor : physician
medida *nf* : measurement : measure : step : moderation : prudence : extent : degree
medidor *nm* : meter : gauge
medieval *adj* : medieval — **medievalista** *nmf*
medievo → **medioevo**
medio[1] *adv* : half : rather : kind of
medio[2], **-dia** *adj* : half : midway : halfway : middle : average
medio[3] *nm* : middle : center : milieu : environment : medium : spiritualist : means *pl* : way; **medios** *nmpl* : means : resources
medioambiental *adj* : environmental
medio ambiente *nm* : environment
mediocampista *nmf* : midfielder
mediocre *adj* : mediocre : average
mediocridad *nf* : mediocrity
mediodía *nm* : noon : midday
medioevo *nm* : Middle Ages
medio tiempo *nm* : halftime
medir *v* : to measure : to weigh : to consider — **medirse** *vr* : to be moderate : to exercise restraint
meditabundo, -da *adj* : pensive : thoughtful
meditación *nf, pl* **-ciones** : meditation : thought
meditar *v* : to meditate : to think : to think over : to consider : to plan : to work out
meditativo, -va *adj* : pensive
mediterráneo, -nea *adj* : Mediterranean
médium *nmf, pl* **médiums** : medium
medrar *v* : to prosper : to thrive : to increase : to grow
medro *nm* : prosperity : growth
medroso, -sa *adj* : fainthearted : fearful
médula *nf* : marrow : pith
medular *adj* : fundamental : core
medusa *nf* : jellyfish
megabyte *nm* : megabyte
megáfono *nm* : megaphone
megahercio *nm* : megahertz
megahertzio *nm* : megahertz
megatón *nm, pl* **-tones** : megaton
megavatio *nm* : megawatt
mejicano → **mexicano**
mejilla *nf* : cheek
mejillón *nm, pl* **-llones** : mussel
mejor[1] *adv* : better : best : rather : it's better that …

mejor[2] *adj* : better : best : the better : preferable
mejor[3] *nmf* : the better : the best
mejora *nf* : improvement
mejoramiento *nm* : improvement
mejorana *nf* : marjoram
mejorar *v* : to improve : to make better : to get better — **mejorarse** *vr*
mejoría *nf* : improvement : betterment
mejunje *nm* : concoction : brew
melancolía *nf* : melancholy : sadness
melancólico, -ca *adj* : melancholy : sad
melanoma *nm* : melanoma
melaza *nf* : molasses
melena *nf* : mane : long hair; **melenas** *nfpl* : shaggy hair : mop
melenudo, -da *adj* : long-haired
melindroso[1], **-sa** *adj* : affected : fussy : finicky
melindroso[2], **-sa** *n* : finicky person : fussbudget
melisa *nf* : lemon balm
mella *nf* : dent : nick
mellado, -da *adj* : chipped : dented : gap-toothed
mellar *v* : to dent : to nick
mellizo, -za *adj & n* : twin
melocotón *nm, pl* **-tones** : peach
melodía *nf* : melody : tune
melódico, -ca *adj* : melodic
melodioso, -sa *adj* : melodious
melodrama *nm* : melodrama
melodramático, -ca *adj* : melodramatic
melón *nm, pl* **melones** : melon : cantaloupe
meloso, -sa *adj* : sweet : cloying : saccharine
membrana *nf* : membrane — **membranoso, -sa** *adj*
membresía *nf* : membership : members *pl*
membrete *nm* : letterhead : heading
membrillo *nm* : quince
membrudo, -da *adj* : muscular : well-built
memez *nf, pl* **memeces** : stupid thing
memo, -ma *adj* : silly : stupid
memorabilia *nf* : memorabilia
memorable *adj* : memorable
memorándum *or* **memorando** *nm, pl* **-dums** *or* **-dos** : memorandum : memo : memo book : appointment book
memoria *nf* : memory : remembrance : report; **memorias** *nfpl* : memoirs *pl*
memorizar *v* : to memorize — **memorización** *nf*
mena *nf* : ore
menaje *nm* : household goods *pl* : furnishings *pl*
mención *nf, pl* **-ciones** : mention
mencionar *v* : to mention : to refer to
mendaz *adj, pl* **mendaces** : false : untruthful : dishonest
mendicidad *nf* : begging
mendigar *v* : to beg : to beg for
mendigo, -ga *n* : beggar
mendrugo *nm* : crust
menear *v* : to shake : to sway : to wiggle : to wag : to stir — **menearse** *vr* : to wiggle one's hips : to fidget
meneo *nm* : movement : shake : toss : swaying : wagging : wiggling : stir : stirring
menester *nm* : activity : occupation : duties *pl*
menestra *nf* : legume stew : legume : mixed cooked vegetables
mengano, -na → fulano
mengua *nf* : decrease : decline : lack : want : discredit : dishonor
menguar *v* : to diminish : to lessen : to decline : to decrease : to wane — **menguante** *adj*
meningitis *nf* : meningitis
menisco *nm* : cartilage
menjurje → mejunje
menopausia *nf* : menopause
menopáusico, -ca *nf* : menopausal
menor[1] *adj* : smaller : lesser : younger : smallest : least : youngest : minor
menor[2] *nmf* : minor : juvenile
menos[1] *adv* : less : least
menos[2] *adj* : less : fewer : least : fewest
menos[3] *prep* : except : minus
menos[4] *pron* : less : fewer
menoscabar *v* : to lessen : to diminish : to disgrace : to discredit : to harm : to damage
menoscabo *nm* : lessening : diminishing : disgrace : discredit : harm : damage
menospreciar *v* : to scorn : to look down on : to underestimate : to undervalue
menosprecio *nm* : contempt : scorn
mensaje *nm* : message
mensajear *v* : to message : to text
mensajería *nf* : messaging
mensajero, -ra *n* : messenger
menso, -sa *adj* : foolish : stupid
menstrual *adj* : menstrual
menstruar *v* : to menstruate — **menstruación** *nf*
mensual *adj* : monthly
mensualidad *nf* : monthly payment : installment : monthly salary
mensualmente *adv* : every month : monthly
mensurable *adj* : measurable
menta *nf* : mint : peppermint
mentado, -da *adj* : aforementioned : renowned : famous
mental *adj* : mental : intellectual — **mentalmente** *adv*
mentalidad *nf* : mentality
mentalizar *v* : to prepare mentally — **mentalizarse** *vr*
mentar *v* : to mention : to name

mente *nf* : mind
-mente *suf* : -ly
mentecato[1], **-ta** *adj* : foolish : simple
mentecato[2], **-ta** *n* : fool : idiot
mentir *v* : to lie
mentira *nf* : lie
mentirijillas *nfpl* **de ~** : as a joke : in fun
mentiroso[1], **-sa** *adj* : lying : untruthful
mentiroso[2], **-sa** *n* : liar
mentís *nm, pl* **mentises** : denial : repudiation
mentol *nm* : menthol — **mentolado, -da** *adj*
mentón *nm, pl* **mentones** : chin
mentor *nm* : mentor : counselor
menú *nm, pl* **menús** : menu
menudear *v* : to occur frequently : to do repeatedly
menudencia *nf* : trifle; **menudencias** *nfpl* : giblets
menudeo *nm* : retail : retailing
menudillos *nmpl* : giblets
menudo[1], **-da** *adj* : minute : small
menudo[2] *nm* : tripe stew; **menudos** *nmpl* : giblets
meñique *nm or* **dedo meñique** : little finger : pinkie
meollo *nm* : marrow : brains *pl* : essence : core
mequetrefe *nm* : good-for-nothing
meramente *adv* : merely : purely
mercachifle *nm* : peddler : hawker
mercadeo *nm* : marketing
mercader *nmf* : merchant
mercadería *nf* : merchandise : goods *pl*
mercadillo *nm* : flea market
mercado *nm* : market
mercadotecnia *nf* : marketing
mercancía *nf* : merchandise : goods *pl*
mercante *nmf* : merchant : dealer
mercantil *adj* : commercial : mercantile
merced *nf* : favor
mercenario, -ria *adj & n* : mercenary
mercería *nf* : notions store
Mercosur *nm* : economic community consisting of Argentina, Brazil, Paraguay, and Uruguay
mercurio *nm* : mercury
Mercurio *nm* : Mercury
merecedor, -dora *adj* : deserving : worthy
merecer *v* : to deserve : to merit : to be worthy
merecidamente *adv* : rightfully : deservedly
merecido *nm* : something merited : due
merecimiento *nm* : merit : worth
merendar *v* : to have an afternoon snack : to have as an afternoon snack
merendero *nm* : lunchroom : snack bar : picnic area
merengue *nm* : meringue : merengue
meridiano[1], **-na** *adj* : midday : crystal clear
meridiano[2] *nm* : meridian
meridional *adj* : southern
merienda *nf* : afternoon snack : tea
mérito *nm* : merit
meritorio[1], **-ria** *adj* : deserving : meritorious
meritorio[2], **-ria** *n* : intern : trainee
merluza *nf* : hake
merma *nf* : decrease : cut : waste : loss
mermar *v* : to decrease : to diminish : to reduce : to cut down
mermelada *nf* : marmalade : jam
mero[1], **-ra** *adv* : nearly : almost : just : exactly
mero[2], **-ra** *adj* : mere : simple : very
mero[3] *nm* : grouper
merodeador, -dora *n* : marauder : prowler
merodear *v* : to maraud : to pillage : to prowl around : to skulk
mes *nm* : month
mesa *nf* : table : committee : board
mesada *nf* : allowance : pocket money
mesarse *vr* : to pull at
mesero, -ra *n* : waiter : waitress *f*
meseta *nf* : plateau
Mesías *nm* : Messiah
mesita *or Spain* **mesilla** *nf* : small table
mesón *nm, pl* **mesones** : inn
mesonero, -ra *nm* : innkeeper
mesteño, -ña *adj* **caballo mesteño** : wild horse : mustang
mestizo[1], **-za** *adj* : of mixed ancestry : mestizo : hybrid
mestizo[2], **-za** *n* : person of mixed ancestry : mestizo
mesura *nf* : moderation : discretion : courtesy : seriousness : dignity
mesurado, -da *adj* : moderate : restrained
mesurar *v* : to moderate : to restrain : to temper — **mesurarse** *vr* : to restrain oneself
meta *nf* : goal : objective
metabólico, -ca *adj* : metabolic
metabolismo *nm* : metabolism
metabolizar *v* : to metabolize
metafísica *nf* : metaphysics
metafísico, -ca *adj* : metaphysical
metáfora *nf* : metaphor
metafórico, -ca *adj* : metaphoric : metaphorical
metal *nm* : metal
metálico, -ca *adj* : metallic : metal
metalistería *nf* : metalworking
metalizado, -da *adj* : metallic
metalurgia *nf* : metallurgy
metalúrgico[1], **-ca** *adj* : metallurgical
metalúrgico[2], **-ca** *n* : metalworker
metamorfosis *nfs & pl* : metamorphosis
metano *nm* : methane
metedura *nf* **metedura de pata** : blunder : faux pas
meteórico, -ca *adj* : meteoric

meteorito *nm* : meteorite
meteoro *nm* : meteor
meteorología *nf* : meteorology
meteorológico, -ca *adj* : meteorologic : meteorological
meteorólogo, -ga *n* : meteorologist
meter *v* : to put : to shut : to fit : to squeeze : to place : to involve : to make : to cause : to spread : to strike : to score : to take up : to take in — **meterse** *vr* : to get : to enter : to stick : to meddle
metiche[1] *adj* : nosy
metiche[2] *nmf* : busybody
meticulosidad *nf* : thoroughness : meticulousness
meticuloso, -sa *adj* : meticulous : thorough — **meticulosamente** *adv*
metida *nf* **metida de pata** : blunder : gaffe : blooper
metódico, -ca *adj* : methodical — **metódicamente** *adv*
metodista *adj & nmf* : Methodist
método *nm* : method
metodología *nf* : methodology
metomentodo *nmf* : busybody
metraje *nm* : length
metralla *nf* : shrapnel
metralleta *nf* : submachine gun
métrico, -ca *adj* : metric
metro *nm* : meter : subway
metrónomo *nm* : metronome
metrópoli *nf or* **metrópolis** *nfs & pl* : metropolis
metropolitano, -na *adj* : metropolitan
mexicanismo *nm* : Mexican word or expression
mexicano, -na *adj & n* : Mexican
mexicoamericano, -na *adj & n* : Mexican-American
mexiquense[1] *adj* : of or from Mexico City
mexiquense[2] *nmf* : person from Mexico City
meza, etc. → mecer
mezcla *nf* : mixing : mixture : blend : mortar
mezclar *v* : to mix : to blend : to mix up : to muddle : to involve — **mezclarse** *vr* : to get mixed up : to mingle
mezclilla *nf* : denim
mezcolanza *nf* : jumble : hodgepodge
mezquindad *nf* : meanness : stinginess : petty deed : mean action
mezquino[1], **-na** *adj* : mean : petty : stingy : paltry
mezquino[2] *nm* : wart
mezquita *nf* : mosque
mi[1] *adj* : my
mi[2] *nm* : E : mi
mí *pron* : me
miasma *nm* : miasma
miau *nm* : meow
mica *nf* : mica
mico *nm* : monkey : long-tailed monkey
micro *nm* : minibus : microphone
micro- *pref* : micro-
microbio *nm* : microbe : germ
microbiología *nf* : microbiology
microbús *nm, pl* **-buses** : minibus
microchip *nm, pl* **microchips** : microchip
microcomputadora *nf* : microcomputer
microcosmos *nms & pl* : microcosm
microfilm *nm, pl* **-films** : microfilm
micrófono *nm* : microphone
micrómetro *nm* : micrometer
microonda *nf* : microwave
microondas *nms & pl* : microwave : microwave oven
microordenador *nm* : microcomputer
microorganismo *nm* : microorganism
microprocesador *nm* : microprocessor
microscópico, -ca *adj* : microscopic
microscopio *nm* : microscope
mide, etc. → medir
miedo *nm* : fear
miedoso, -sa *adj* : fearful
miel *nf* : honey
miembro *nm* : member : limb : extremity
mienta, etc. → mentar
miente, etc. → mentir
-miento *suf* : -ment
mientras *conj* : while : as : as long as
miércoles *nms & pl* : Wednesday
miga *nf* : crumb
migaja *nf* : crumb; **migajas** *nfpl* : leftovers : scraps
migra *nf* **la migra** : the immigration police
migración *nf, pl* **-ciones** : migration
migrante *nmf* : migrant
migraña *nf* : migraine
migrar *v* : to migrate
migratorio, -ria *adj* : migratory
mijo *nm* : millet
mil[1] *adj & pron* : thousand
mil[2] *nm* : one thousand : a thousand
milagro *nm* : miracle
milagroso, -sa *adj* : miraculous : marvelous — **milagrosamente** *adv*
milenario[1], **-ria** *adj* : millennial
milenario[2], **-ria** *n* : millennial
milenial → milenario[2]
milenio *nm* : millennium
milésima *nf* **→ milésimo**[2]
milésimo[1], **-ma** *adj* : thousandth
milésimo[2] *nm* : thousandth
mili *nf* : military service
milicia *nf* : militia : military service
miligramo *nm* : milligram
mililitro *nm* : milliliter
milímetro *nm* : millimeter
militancia *nf* : militancy
militante[1] *adj* : militant
militante[2] *nmf* : militant : activist
militar[1] *v* : to serve : to be active
militar[2] *adj* : military

militar[3] *nmf* : soldier
militarismo *nm* : militarism
militarista *adj* : militaristic
militarizar *v* : to militarize
milla *nf* : mile
millar *nm* : thousand
millón *nm, pl* **millones** : million
millonario, -ria *n* : millionaire
millonésima *nf* → **millonésimo**[2]
millonésimo[1], **-ma** *adj* : millionth
millonésimo[2] *nm* : millionth
mil millones *nms & pl* : billion
milmillonésimo[1], **-ma** *adj* : billionth
milmillonésimo[2] *nm* : billionth
milpa *nf* : cornfield
milpiés *nms & pl* : millipede
mimar *v* : to pamper : to spoil
mimbre *nm* : wicker
mimeógrafo *nm* : mimeograph
mímica *nf* : mime : sign language : mimicry
mimo *nm* : pampering : indulgence : mime
mimoso, -sa *adj* : fussy : finicky : affectionate : clinging
mina *nf* : mine : lead
minar *v* : to mine : to undermine
minarete *nm* : minaret
mineral *adj & nm* : mineral
mineralogía *nf* : mineralogy
minería *nf* : mining
minero[1], **-ra** *adj* : mining
minero[2], **-ra** *n* : miner : mine worker
mini- *pref* : mini-
miniatura *nf* : miniature
minicomputadora *nf* : minicomputer
minifalda *nf* : miniskirt
minifundio *nm* : small farm
minimizar *v* : to minimize
mínimo[1], **-ma** *adj* : minimum : least : smallest : very small : minute
mínimo[2] *nm* : minimum : least amount : modicum : small amount
minino, -na *n* : kitty : pussy
miniserie *nf* : miniseries
ministerial *adj* : ministerial
ministerio *nm* : ministry : department
ministro, -tra *n* : minister : secretary
minivan *nf, pl* **-vanes** : minivan
minoría *nf* : minority
minorista[1] *adj* : retail
minorista[2] *nmf* : retailer
minoritario, -ria *adj* : minority
mintió, etc. → **mentir**
minucia *nf* : (minor) detail : trifle : triviality
minuciosamente *adv* : minutely : in great detail : thoroughly : meticulously
minucioso, -sa *adj* : minute : detailed : thorough : meticulous
minué *nm* : minuet
minúsculo, -la *adj* : tiny : miniscule
minusvalía *nf* : disability : handicap *sometimes offensive*
minusválido[1], **-da** *adj* : handicapped : disabled
minusválido[2], **-da** *n* : handicapped person
minuta *nf* : rough draft : bill : fee
minutero *nm* : minute hand
minuto *nm* : minute
mío[1], **mía** *adj* : my : of mine : mine
mío[2], **mía** *pron* : mine : my own
miope *adj* : nearsighted : myopic
miopía *nf* : myopia : nearsightedness
mira *nf* : sight : aim : objective
mirada *nf* : look : glance : gaze : expression
mirado, -da *adj* : cautious : careful : considerate
mirador *nm* : balcony : lookout : vantage point
miramiento *nm* : consideration : respect
mirar *v* : to look at : to watch : to consider : to think over : to look : to face : to overlook — **mirarse** *vr* : to look at oneself : to look at each other
mirasol *nm* : sunflower
miríada *nf* : myriad
mirlo *nm* : blackbird
mirón, rona *n, mpl* **-rones** : gawker : onlooker : voyeur
mirra *nf* : myrrh
mirto *nm* : myrtle
misa *nf* : Mass
misantropía *nf* : misanthropy
misantrópico, -ca *adj* : misanthropic
misántropo, -pa *n* : misanthrope
miscelánea *nf* : miscellany
misceláneo, -nea *adj* : miscellaneous
miserable *adj* : miserable : wretched : paltry : meager : stingy : miserly : despicable : vile
miserablemente *adv* : miserably : wretchedly : shamefully : disgracefully
miseria *nf* : poverty : misery : suffering : pittance : meager amount
misericordia *nf* : mercy : compassion
misericordioso, -sa *adj* : merciful
mísero, -ra *adj* : wretched : miserable : stingy : paltry : meager
misil *nm* : missile
misión *nf, pl* **misiones** : mission
misionero, -ra *adj & n* : missionary
misiva *nf* : missive : letter
mismísimo, -ma *adj* : very : selfsame
mismo[1] *adv* : right : exactly
mismo[2], **-ma** *adj* : same : very : oneself
misoginia *nf* : misogyny
misógino *nm* : misogynist
miss *nf* : miss
misterio *nm* : mystery
misterioso, -sa *adj* : mysterious — **misteriosamente** *adv*
misticismo *nm* : mysticism
místico[1], **-ca** *adj* : mystic : mystical
místico[2], **-ca** *n* : mystic
mitad *nf* : half : middle

mítico, -ca *adj* : mythical : mythic
mitigar *v* : to mitigate : to alleviate — **mitigación** *nf*
mitin *nm, pl* **mítines** : (political) meeting : rally
mito *nm* : myth : legend
mitología *nf* : mythology
mitológico, -ca *adj* : mythological
mitosis *nfs & pl* : mitosis
mitra *nf* : miter
mixto, -ta *adj* : mixed : joint : coeducational
mixtura *nf* : mixture : blend
mnemónico, -ca *adj* : mnemonic
mobbing *nm* : workplace bullying
mobiliario *nm* : furniture
mocasín *nm, pl* **-sines** : moccasin
mocedad *nf* : youth : youthful prank
mochila *nf* : backpack : knapsack
moción *nf, pl* **-ciones** : motion : movement
moco *nm* : mucus : snot
mocoso, -sa *n* disparaging : kid : brat *disparaging*
moda *nf* : fashion : style
modales *nmpl* : manners
modalidad *nf* : kind : type : way : manner
modelaje *nm* : modeling
modelar *v* : to model : to mold — **modelarse** *vr* : to model oneself after : to emulate
modelo[1] *adj* : model
modelo[2] *nm* : model : example : pattern
modelo[3] *nmf* : model : mannequin
módem *or* **modem** *nm* : modem
moderación *nf, pl* **-ciones** : moderation
moderado, -da *adj & n* : moderate — **moderadamente** *adv*
moderador, -dora *n* : moderator : chair
moderar *v* : to temper : to moderate : to curb : to reduce : to chair — **moderarse** *vr* : to restrain oneself : to diminish : to calm down
modernidad *nf* : modernity : modern age
modernismo *nm* : modernism
modernista[1] *adj* : modernist
modernista[2] *nmf* : modernist
modernizar *v* : to modernize — **modernización** *nf*
moderno, -na *adj* : modern : up-to-date
modestia *nf* : modesty
modesto, -ta *adj* : modest — **modestamente** *adv*
módico, -ca *adj* : modest : reasonable
modificación *nf, pl* **-ciones** : alteration
modificador[1], **-dora** *adj* : modifying : moderating
modificador[2] → **modificante**
modificante *nm* : modifier
modificar *v* : to modify : to alter : to adapt
modismo *nm* : idiom
modista *nmf* : dressmaker : fashion designer
modisto *nm* : fashion designer
modo *nm* : way : manner : mode : mood
modorra *nf* : drowsiness : lethargy
modular[1] *v* : to modulate — **modulación** *nf*
modular[2] *adj* : modular
módulo *nm* : module : unit
mofa *nf* : mockery : ridicule
mofarse *vr* ~ **de** : to scoff at : to make fun of
mofeta *nf* : skunk
mofle *nm* : muffler
moflete *nm* : fat cheek
mofletudo, -da *adj* : chubby-cheeked : chubby
mohín *nm, pl* **mohines** : grimace : face
mohino, -na *adj* : gloomy : melancholy
moho *nm* : mold : mildew : rust
mohoso, -sa *adj* : moldy : rusty
moisés *nm, pl* **moiseses** : bassinet : cradle
mojado[1], **-da** *adj* : wet
mojado[2], **-da** *n* : illegal immigrant
mojar *v* : to wet : to moisten : to dunk — **mojarse** *vr* : to get wet
mojigatería *nf* : hypocrisy : primness : prudery
mojigato[1], **-ta** *adj* : prudish : prim — **mojigatamente** *adv*
mojigato[2], **-ta** *n* : prude : prig
mojón *nm, pl* **mojones** : boundary stone : marker
molar *nm* : molar
molcajete *nm* : mortar
molde *nm* : mold : form
moldear *v* : to mold : to shape : to cast
moldura *nf* : molding
mole *nf* : mass : bulk
molécula *nf* : molecule — **molecular** *adj*
moler *v* : to grind : to crush : to exhaust : to wear out
molestar *v* : to annoy : to bother : to disturb : to disrupt : to be a nuisance — **molestarse** *vr* : to get annoyed : to be offended
molestia *nf* : annoyance : bother : nuisance : trouble : discomfort
molesto, -ta *adj* : bothered : annoyed : bothersome : annoying
molestoso, -sa *adj* : bothersome : annoying
molido, -da *adj* : ground : crushed
molienda *nf* : milling : grinding
molinero, -ra *n* : miller
molinillo *nm* : grinder : mill
molino *nm* : mill
molla *nf* : soft fleshy part : flesh : lean part
molleja *nf* : gizzard
molusco *nm* : mollusk
momentáneamente *adv* : momentarily

momentáneo, -nea *adj* : momentary : temporary
momento *nm* : moment : instant : time : period of time : present : momentum
momia *nf* : mummy
monada *nf* : attractive person : cute or pretty thing
monaguillo *nm* : altar boy
monarca *nmf* : monarch
monarquía *nf* : monarchy
monárquico, -ca *n* : monarchist
monasterio *nm* : monastery
monástico, -ca *adj* : monastic
monda *nf* : peel
mondadientes *nms & pl* : toothpick
mondar *v* : to peel
mondongo *nm* : innards *pl* : insides *pl* : guts *pl*
moneda *nf* : coin : money : currency
monedero *nm* : change purse
monetario, -ria *adj* : monetary : financial
mongol, -gola *adj & n* : Mongol : Mongolian
monigote *nm* : rag doll : paper doll
monitor[1]**, -tora** *n* : instructor
monitor[2] *nm* : monitor
monitorear *v* : to monitor
monja *nf* : nun
monje *nm* : monk
mono[1]**, -na** *adj* : lovely : pretty : cute : darling
mono[2]**, -na** *n* : monkey
monóculo *nm* : monocle
monogamia *nf* : monogamy
monógamo, -ma *adj* : monogamous
monografía *nf* : monograph
monograma *nm* : monogram
monolingüe *adj* : monolingual
monolítico, -ca *adj* : monolithic
monolito *nm* : monolith
monólogo *nm* : monologue
monomanía *nf* : obsession
monopatín *nm, pl* **-tines** : scooter : skateboard
monopatinaje *nm* : skateboarding
monopolio *nm* : monopoly
monopolizar *v* : to monopolize — **monopolización** *nf*
monosilábico, -ca *adj* : monosyllabic
monosílabo *nm* : monosyllable
monoteísmo *nm* : monotheism
monoteísta[1] *adj* : monotheistic
monoteísta[2] *nmf* : monotheist
monotonía *nf* : monotony : monotone
monótono, -na *adj* : monotonous — **monótonamente** *adv*
monóxido *nm* **monóxido de carbono** : carbon monoxide
monovolumen *nm, pl* **-lúmenes** : minivan
monseñor *nm* : monsignor
monserga *nf* : gibberish : drivel
monstruo *nm* : monster
monstruosidad *nf* : monstrosity
monstruoso, -sa *adj* : monstrous — **monstruosamente** *adv*
monta *nf* : sum : total : importance : value
montacargas *nms & pl* : freight elevator
montaje *nm* : assembling : assembly : montage
montante *nm* : transom : fanlight
montaña *nf* : mountain
montañero, -ra *n* : mountaineer : mountain climber
montañismo *nm* : mountaineering : climbing
montañoso, -sa *adj* : mountainous
montar *v* : to mount : to get on : to ride : to set up : to establish : to assemble : to put together : to set : to edit : to stage : to put on : to cock : to get in : to mount — **montarse** *vr* : to mount
monte *nm* : mountain : mount : woodland : outskirts : surrounding country
montés *adj, pl* **monteses** : wild
montículo *nm* : mound : heap : hillock : knoll
monto *nm* : amount : total
montón *nm, pl* **-tones** : heap : pile : ton : load
montonero, -ra *n* : guerrilla
montura *nf* : mount : saddle : tack : setting : mounting : frame
monumental *adj* : tremendous : terrific : massive : huge
monumento *nm* : monument
monzón *nm, pl* **monzones** : monsoon
moño *nm* : bun : bow : knot
moquear *v* : to snivel
moqueta *nf* : wall-to-wall carpet
moquette *nf* : wall-to-wall carpet
moquillo *nm* : distemper
mora *nf* : blackberry : mulberry
morada *nf* : dwelling : abode
morado[1]**, -da** *adj* : purple
morado[2] *nm* : purple
morador, -dora *n* : dweller : inhabitant
moral[1] *adj* : moral — **moralmente** *adv*
moral[2] *nf* : ethics : morality : morals *pl* : morale : spirits *pl*
moraleja *nf* : moral
moralidad *nf* : morality
moralista[1] *adj* : moralistic
moralista[2] *nmf* : moralist
morar *v* : to dwell : to reside
moratón *nm, pl* **-tones** : bruise
moratoria *nf* : moratorium
mórbido, -da *adj* : morbid
morbo *nm* : morbid fascination
morboso, -sa *adj* : morbid — **morbosidad** *nf*
morcilla *nf* : blood sausage : blood pudding
mordacidad *nf* : bite : sharpness
mordaz *adj* : caustic : scathing
mordaza *nf* : gag : clamp

mordedura *nf* : bite
morder *v* : to bite — **morderse** *vr* : to bite
mordida *nf* : bite : bribe : payoff
mordisco *nm* : bite : nibble
mordisquear *v* : to nibble : to bite
morena *nf* : moraine : moray
moreno[1], **-na** *adj* : brunette : dark : dark-skinned
moreno[2], **-na** *n* : brunette : dark-skinned person
morera *nf* : mulberry
moretón *nm, pl* **-tones** : bruise
morfina *nf* : morphine
morfología *nf* : morphology
morgue *nf* : morgue
moribundo[1], **-da** *adj* : dying : moribund
moribundo[2], **-da** *n* : dying person
morillo *nm* : andiron
morir *v* : to die : to die out : to go out — **morirse** *vr* : to die
mormón, -mona *adj & n, pl* **mormones** : Mormon
moro[1], **-ra** *adj* : Moorish
moro[2], **-ra** *n* : Moor : Muslim
morocho[1], **-cha** *adj* : dark-haired
morocho[2], **-cha** *n* : dark-haired person
morosidad *nf* : delinquency : slowness
moroso, -sa *adj* : delinquent : in arrears : slow : sluggish
morral *nm* : backpack : knapsack
morralla *nf* : small fish : trash : riffraff : small change
morriña *nf* : homesickness
morro *nm* : snout
morsa *nf* : walrus
morse *nm* : Morse code
mortadela *nf* : mortadella
mortaja *nf* : shroud
mortal[1] *adj* : mortal : fatal : deadly — **mortalmente** *adv*
mortal[2] *nmf* : mortal
mortalidad *nf* : mortality
mortandad *nf* : loss of life : death toll : carnage : slaughter
mortero *nm* : mortar
mortífero, -ra *adj* : deadly : fatal
mortificación *nf, pl* **-ciones** : mortification : anguish : torment
mortificar *v* : to mortify : to trouble : to torment — **mortificarse** *vr* : to be mortified : to feel embarrassed
mosaico *nm* : mosaic
mosca *nf* : fly
moscada *adj* **nuez moscada** : nutmeg
mosquearse *vr* : to become suspicious : to take offense
mosquete *nm* : musket
mosquetero *nm* : musketeer
mosquitero *nm* : mosquito net
mosquito *nm* : mosquito
mostachón *nm, pl* **-chones** : macaroon
mostaza *nf* : mustard
mosto *nm* : must
mostrador *nm* : counter
mostrar *v* : to show : to exhibit : to display — **mostrarse** *vr* : to show oneself : to appear
mota *nf* : fleck : speck : defect : blemish
mote *nm* : nickname
moteado, -da *adj* : dotted : spotted : dappled
motel *nm* : motel
motín *nm, pl* **motines** : riot : rebellion : mutiny
motivación *nf, pl* **-ciones** : motivation — **motivacional** *adj*
motivar *v* : to cause : to motivate
motivo *nm* : motive : cause : reason : theme : motif
moto *nf* : motorcycle : motorbike
motocicleta *nf* : motorcycle
motociclismo *nm* : motorcycling
motociclista *nmf* : motorcyclist
motoneta *nf* : scooter
motor[1], **-ra** *adj* : motor
motor[2] *nm* : motor : engine : driving force : cause
motora *nf* : motorboat
motorismo *nm* : motorcycle riding : motorcycling
motorista *nmf* : motorist
motorizado, -da *adj* : motorized
motriz *adj, pl* **motrices** : driving
motu proprio *adv* **de motu proprio** : voluntarily : of one's own accord
mousse *nmf* : mousse
movedizo, -za *adj* : movable : moving : restless
mover *v* : to move : to shift : to shake : to power : to drive — **moverse** *vr* : to hurry : to get a move on : to get moving : to make an effort
movible *adj* : movable
movida *nf* : move
móvil[1] *adj* : mobile
móvil[2] *nm* : motive : mobile
movilidad *nf* : mobility
movilizar *v* : to mobilize — **movilización** *nf*
movimiento *nm* : movement : motion
mozo[1], **-za** *adj* : young : youthful
mozo[2], **-za** *n* : young man *m* : young woman *f* : youth : helper : servant : waiter *m* : waitress *f*
MP3 *nm, pl* **MP3** : MP3
mucamo, -ma *n* : servant : maid *f*
muchacha *nf* : maid
muchacho, -cha *n* : kid : boy *m* : girl *f* : young man *m* : young woman *f*
muchedumbre *nf* : crowd : multitude
mucho[1] *adv* : (very) much : a lot
mucho[2], **-cha** *adj* : a lot of : many : much
mucho[3], **-cha** *pron* : a lot : many : much; **mucho** : long : a long time
mucílago *nm* : mucilage
mucosidad *nf* : mucus

mucoso, -sa *adj* : mucous : slimy
muda *nf* : change : molt : molting
mudanza *nf* : change : move : moving
mudar *v* : to change : to molt : to shed — **mudarse** *vr* : to move : to change
mudo[1], **-da** *adj* : silent : mute : dumb *now often offensive*
mudo[2], **-da** *n* : mute *sometimes offensive*
mueble *nm* : piece of furniture; **muebles** *nmpl* : furniture : furnishings
mueblería *nf* : furniture store
mueca *nf* : grimace : face
muela *nf* : tooth : molar : millstone : whetstone
muele, etc. → moler
muelle[1] *adj* : soft : comfortable : easy
muelle[2] *nm* : wharf : dock : spring
muérdago *nm* : mistletoe
muerde, etc. → morder
muere, etc. → morir
muerte *nf* : death
muerto[1] *pp* **→ morir**
muerto[2], **-ta** *adj* : dead : lifeless : flat : dull
muerto[3], **-ta** *nm* : dead person : deceased
muesca *nf* : nick : notch
muestra[1], **etc. → mostrar**
muestra[2] *nf* : sample : sign : show : exhibition : exposition : pattern : model
muestreo *nm* : sample
mueve, etc. → mover
mugido *nm* : moo : lowing : bellow
mugir *v* : to moo : to low : to bellow
mugre *nf* : grime : filth
mugriento, -ta *adj* : filthy
muguete *nm* : lily of the valley
muja, etc. → mugir
mujer *nf* : woman : wife
mújol *nm* : mullet
mulato, -ta *adj & n* : mulatto *now sometimes offensive*
muleta *nf* : crutch
muletilla *nf* : favorite word or phrase
mullido, -da *adj* : soft : fluffy : spongy : springy
mulo, -la *n* : mule
multa *nf* : fine
multar *v* : to fine
multi- *pref* : multi-
multicine *nm* : multiplex
multicolor *adj* : multicolored
multicultural *adj* : multicultural
multidisciplinario, -ria *adj* : multidisciplinary
multifacético, -ca *adj* : multifaceted
multifamiliar *adj* : multifamily
multilateral *adj* : multilateral
multimedia *nf* : multimedia
multimillonario, -ria *n* : multimillionaire
multinacional *adj* : multinational
múltiple *adj* : multiple
multiplicación *nf, pl* **-ciones** : multiplication
multiplicar *v* : to multiply : to increase — **multiplicarse** *vr* : to reproduce : to multiply
multiplicidad *nf* : multiplicity
múltiplo *nm* : multiple
multipropiedad *nf* : time share
multitarea *nf* : multitasking
multitud *nf* : crowd : multitude
multitudinario, -ria *adj* : well-attended
multiuso, -sa *adj* : multipurpose
multivitamínico, -ca *adj* : multivitamin
mundano, -na *adj* : worldly : earthly
mundial *adj* : world : worldwide
mundialmente *adv* : worldwide : all over the world
mundo *nm* : world : life : planet
municiones *nfpl* : ammunition : munitions
municipal *adj* : municipal
municipio *nm* : municipality : town council
muñeca *nf* : doll : mannequin : wrist
muñeco *nm* : doll : boy doll : puppet
muñequera *nf* : wristband
muñón *nm, pl* **muñones** : stump
mural *adj & nm* : mural
muralla *nf* : rampart : wall
murciélago *nm* : bat
murga *nf* : band of street musicians
murió, etc. → morir
murmullo *nm* : murmur : murmuring : rustling : rustle
murmuraciones *nfpl* : gossip
murmurar *v* : to murmur : to mutter : to whisper : to gossip
muro *nm* : wall
musa *nf* : muse
musaraña *nf* : shrew
muscular *adj* : muscular
musculatura *nf* : muscles *pl* : musculature
músculo *nm* : muscle
musculoso, -sa *adj* : muscular : brawny
muselina *nf* : muslin
museo *nm* : museum
musgo *nm* : moss
musgoso, -sa *adj* : mossy
música *nf* : music
musical *adj* : musical — **musicalmente** *adv*
músico[1], **-ca** *adj* : musical
músico[2], **-ca** *n* : musician
musitar *v* : to mumble : to murmur
muslo *nm* : thigh
mustio, -tia *adj* : withered
musulmán, -mana *adj & n, mpl* **-manes** : Muslim
mutación *nf, pl* **-ciones** : mutation
mutante *adj & nm* : mutant
mutar *v* : to mutate
mutilar *v* : to mutilate — **mutilación** *nf*
mutis *nm* : exit : silence

mutismo *nm* : silence
mutual *adj* : mutual
mutuo, -tua *adj* : mutual : reciprocal — **mutuamente** *adv*
muy *adv* : very : quite : too
nabo *nm* : turnip
nácar *nm* : mother-of-pearl
nacarado, -da *adj* : pearly
nacer *v* : to be born : to hatch : to bud : to sprout : to rise : to originate
nacido, -da *adj* : born
naciente *adj* : newfound : growing : rising
nacimiento *nm* : birth : source : beginning : origin : Nativity scene : crèche
nación *nf, pl* **naciones** : nation : country : people
nacional[1] *adj* : national
nacional[2] *nmf* : national : citizen
nacionalidad *nf* : nationality
nacionalismo *nm* : nationalism
nacionalista[1] *adj* : nationalist : nationalistic
nacionalista[2] *nmf* : nationalist
nacionalización *nf, pl* **-ciones** : nationalization : naturalization
nacionalizar *v* : to nationalize : to naturalize — **nacionalizarse** *vr*
naco, -ca *adj* : trashy : vulgar : common
nada[1] *adv* : not at all : not in the least
nada[2] *nf* : nothingness : smidgen : bit
nada[3] *pron* : nothing
nadador, -dora *n* : swimmer
nadar *v* : to swim
nadería *nf* : small thing : trifle
nadie *pron* : nobody : no one
nadir *nm* : nadir
nado *nm* : swimming
nafta *nf* : naphtha : gasoline
naftalina *nf* : mothballs *pl*
náhuatl[1] *adj & nmf, pl* **nahuas** : Nahuatl
náhuatl[2] *nm* : Nahuatl
nailon → nilón
naipe *nm* : playing card
nalga *nf* : buttock; **nalgas** *nfpl* : buttocks : bottom
nalgada *nf* : smack on the bottom : spanking
namibio, -bia *adj & n* : Namibian
nana *nf* : lullaby : grandma : nanny
nanay *interj* : no way! : not likely!
nanotecnología *nf* : nanotechnology
naranja[1] *adj & nm* : orange
naranja[2] *nf* : orange
naranjada *nf* : orangeade
naranjal *nm* : orange grove
naranjo *nm* : orange tree
narcisismo *nm* : narcissism
narcisista[1] *adj* : narcissistic
narcisista[2] *nmf* : narcissist
narciso *nm* : narcissus : daffodil
narco → narcotraficante
narcótico[1], **-ca** *adj* : narcotic
narcótico[2] *nm* : narcotic
narcotizar *v* : to drug : to dope
narcotraficante *nmf* : drug trafficker
narcotráfico *nm* : drug trafficking
narigón, -gona *adj, mpl* **-gones** : big-nosed
narigudo → narigón
nariz *nf, pl* **narices** : nose : sense of smell
narración *nf, pl* **-ciones** : narration : account
narrador, -dora *n* : narrator
narrar *v* : to narrate : to tell
narrativa *nf* : narrative : story
narrativo, -va *adj* : narrative
nasa *nf* : creel
nasal *adj* : nasal
nata *nf* : cream : skin
natación *nf, pl* **-ciones** : swimming
natal *adj* : native : natal
natalicio *nm* : birthday
natalidad *nf* : birthrate
natillas *nfpl* : custard
natividad *nf* : birth : nativity
nativo, -va *adj & n* : native
nativo americano, nativa americana *adj & n* : Native American
nato, -ta *adj* : born : natural
natural[1] *adj* : natural : normal
natural[2] *nm* : disposition : temperament : native
naturaleza *nf* : nature : disposition : constitution
naturalidad *nf* : simplicity : naturalness
naturalismo *nm* : naturalism
naturalista[1] *adj* : naturalistic
naturalista[2] *nmf* : naturalist
naturalización *nf, pl* **-ciones** : naturalization
naturalizar *v* : to naturalize — **naturalizarse** *vr* : to become naturalized
naturalmente *adv* : naturally : inherently : of course
naufragar *v* : to be shipwrecked : to fail : to collapse
naufragio *nm* : shipwreck : failure : collapse
náufrago[1], **-ga** *adj* : shipwrecked : castaway
náufrago[2], **-ga** *n* : shipwrecked person : castaway
náusea *nf* : nausea
nauseabundo, -da *adj* : nauseating : sickening
náutica *nf* : navigation
náutico, -ca *adj* : nautical
nautilo *nm* : nautilus
navaja *nf* : pocketknife : penknife
navajazo *nm* : knife wound
navajo, -ja *adj & n* : Navajo
naval *adj* : naval
nave *nf* : ship : nave
navegabilidad *nf* : navigability

navegable *adj* : navigable
navegación *nf, pl* **-ciones** : navigation
navegador *nm* : browser
navegante[1] *adj* : sailing : seafaring
navegante[2] *nmf* : navigator
navegar *v* : to navigate : to sail
Navidad *nf* : Christmas
navideño, -ña *adj* : Christmas
naviero, -ra *adj* : shipping
navío *nm* : (large) ship
nazca, etc. → **nacer**
nazi *adj & nmf* : Nazi
nazismo *nm* : Nazism
neandertal *or* **neanderthal** *nm* : Neanderthal
nébeda *nf* : catnip
neblina *nf* : light fog : mist
neblinoso, -sa *adj* : misty : foggy
nebulosa *nf* : nebula
nebulosidad *nf* : mistiness : haziness
nebuloso, -sa *adj* : hazy : misty : nebulous : vague
necedad *nf* : stupidity : foolishness
necesariamente *adv* : necessarily
necesario, -ria *adj* : necessary
neceser *nm* : toilet kit : vanity case
necesidad *nf* : need : necessity : poverty : want; **necesidades** *nfpl* : hardships
necesitado, -da *adj* : needy
necesitar *v* : to need : to necessitate : to require ~ **de** : to have need of
necio[1], **-cia** *adj* : foolish : silly : dumb : naughty : stubborn
necio[2], **-cia** *n* : fool : idiot : stubborn person
necrología *nf* : obituary
necrópolis *nfs & pl* : cemetery
néctar *nm* : nectar
nectarina *nf* : nectarine
neerlandés[1], **-desa** *adj, mpl* **-deses** : Dutch
neerlandés[2], **-desa** *n, mpl* **-deses** : Dutch person
nefando, -da *adj* : unspeakable : heinous
nefario, -ria *adj* : nefarious
nefasto, -ta *adj* : ill-fated : unlucky : disastrous : terrible
negación *nf, pl* **-ciones** : negation : denial : negative
negado, -da *adj* : useless
negar *v* : to deny : to refuse : to disown — **negarse** *vr* : to deny oneself
negativa *nf* : denial : refusal
negativo[1], **-va** *adj* : negative — **negativamente** *adv*
negativo[2] *nm* : negative
negligé *nm* : negligee
negligencia *nf* : negligence
negligente *adj* : neglectful : negligent — **negligentemente** *adv*
negociable *adj* : negotiable
negociación *nf, pl* **-ciones** : negotiation
negociador, -dora *n* : negotiator
negociante *nmf* : businessman *m* : businesswoman *f*
negociar *v* : to negotiate : to deal : to do business
negocio *nm* : business : place of business : deal : transaction; **negocios** *nmpl* : commerce : trade
negra *nf* : quarter note
negrero, -ra *n* : slave trader : slave driver : brutal boss
negrita *or* **negrilla** *nf* : boldface
negro[1], **-gra** *adj* : black : dark : suntanned : gloomy : awful : desperate
negro[2], **-gra** *n* : dark-skinned person : black person : darling : dear
negro[3] *nm* : black
negrura *nf* : blackness
negruzco, -ca *adj* : blackish
nene, -na *n* : baby : small child
nenúfar *nm* : water lily
neocelandés → **neozelandés**
neófito, -ta *n* : neophyte : novice
neologismo *nm* : neologism
neón *nm, pl* **neones** : neon
neoyorquino[1], **-na** *adj* : of or from New York
neoyorquino[2], **-na** *n* : New Yorker
neozelandés[1], **-desa** *adj, mpl* **-deses** : of or from New Zealand
neozelandés[2], **-desa** *n, mpl* **-deses** : New Zealander
nepalés, -lesa *adj & n, mpl* **-leses** : Nepali
nepotismo *nm* : nepotism
Neptuno *nm* : Neptune
nervio *nm* : nerve : tendon : sinew : gristle : energy : drive : rib; **nervios** *nmpl* : nerves
nerviosamente *adv* : nervously
nerviosidad → **nerviosismo**
nerviosismo *nf* : nervousness : anxiety
nervioso, -sa *adj* : nervous : nerve : high-strung : restless : anxious : vigorous : energetic
nervudo, -da *adj* : sinewy : wiry
neta *nf* : truth
netamente *adv* : clearly : obviously
neto, -ta *adj* : net : clear : distinct
neumático[1], **-ca** *adj* : pneumatic
neumático[2] *nm* : tire
neumonía *nf* : pneumonia
neural *adj* : neural
neuralgia *nf* : neuralgia
neuritis *nf* : neuritis
neurología *nf* : neurology
neurológico, -ca *adj* : neurological : neurologic
neurólogo, -ga *n* : neurologist
neurosis *nfs & pl* : neurosis
neurótico, -ca *adj & n* : neurotic
neutral *adj* : neutral
neutralidad *nf* : neutrality

neutralizar *v* : to neutralize — **neutralización** *nf*
neutro, -tra *adj* : neutral : neuter
neutrón *nm, pl* **neutrones** : neutron
nevada *nf* : snowfall
nevado, -da *adj* : snowcapped : snow-white
nevar *v impers* : to snow
nevasca *nf* : snowstorm : blizzard
nevera *nf* : refrigerator
nevería *nf* : ice cream parlor
nevisca *nf* : light snowfall : flurry
nevoso, -sa *adj* : snowy
nexo *nm* : link : connection : nexus
ni *conj* : neither : nor
nicaragüense *adj & nmf* : Nicaraguan
nicho *nm* : niche
nicotina *nf* : nicotine
nidada *nf* : brood
nido *nm* : nest : hiding place : den
niebla *nf* : fog : mist
niega, niegue, etc. → **negar**
nieto, -ta *n* : grandson *m* : granddaughter *f*; **nietos** *nmpl* : grandchildren
nieva, etc. → **nevar**
nieve *nf* : snow : sherbet
nigeriano, -na *adj & n* : Nigerian
nigua *nf* : sand flea : chigger
nihilismo *nm* : nihilism
nilón *or* **nilon** *nm, pl* **nilones** : nylon
nimbo *nm* : halo
nimiedad *nf* : trifle : triviality
nimio, -mia *adj* : insignificant : trivial
ninfa *nf* : nymph
ningunear *v* : to disrespect
ninguno[1], **-na** *adj, mpl* **ningunos** : no : none
ninguno[2], **-na** *pron* : neither : none : no one : no other
niña *nf* : pupil
niñada *nf* : childishness : trifle : silly thing
niñería → **niñada**
niñero, -ra *n* : baby-sitter : nanny
niñez *nf, pl* **niñeces** : childhood
niño, -ña *n* : child : boy *m* : girl *f*
nipón, -pona *adj & n, mpl* **nipones** : Japanese
níquel *nm* : nickel
nitidez *nf, pl* **-deces** : clarity : vividness : sharpness
nítido, -da *adj* : clear : vivid : sharp
nitrato *nm* : nitrate
nítrico, -ca *adj* **ácido nítrico** → **ácido**[2]
nitrógeno *nm* : nitrogen
nitroglicerina *nf* : nitroglycerin
nivel *nm* : level : height : standard
nivelador, -dora *n* : leveler
nivelar *v* : to level : to even — **nivelarse** *vr*
nixtamal *nm* : corn cooked with lime
no[1] *adv* : no : not : non-
no[2] *nm, pl* **noes** : no
noble[1] *adj* : noble — **noblemente** *adv*
noble[2] *nmf* : nobleman *m* : noblewoman *f*
nobleza *nf* : nobility : honesty : integrity
nocaut *nm* : knockout : KO
noche *nf* : night : nighttime : evening
Nochebuena *nf* : Christmas Eve
nochecita *nf* : dusk
Nochevieja *nf* : New Year's Eve
noción *nf, pl* **nociones** : notion : concept; **nociones** *nfpl* : smattering : rudiments *pl*
nocivo, -va *adj* : harmful : noxious
noctámbulo, -la *n* : sleepwalker : night owl
nocturno[1], **-na** *adj* : night : nocturnal
nocturno[2] *nm* : nocturne
nodriza *nf* : wet nurse
nódulo *nm* : nodule
nogal *nm* : walnut tree : pecan tree
nómada[1] *adj* : nomadic
nómada[2] *nmf* : nomad
nomás *adv* : only : just
nombradía *nf* : fame : renown
nombrado, -da *adj* : famous : well-known
nombramiento *nm* : appointment : nomination
nombrar *v* : to appoint : to mention : to name
nombre *nm* : name : noun : fame : renown
nomenclatura *nf* : nomenclature
nomeolvides *nmfs & pl* : forget-me-not
nómina *nf* : payroll
nominación *nf, pl* **-ciones** : nomination
nominal *adj* : nominal — **nominalmente** *adv*
nominar *v* : to nominate
nominativo[1], **-va** *adj* : nominative
nominativo[2] *nm* : nominative
nomo *nm* : gnome
non[1] *adj* : odd : not even
non[2] *nm* : odd number
nonagésimo[1], **-ma** *adj* : ninetieth : ninety-
nonagésimo[2], **-ma** *n* : ninetieth : ninety-
nono, -na *adj* : ninth — **nono** *nm*
nopal *nm* : prickly pear
nopalitos *nmpl* : pickled prickly pear leaves
noquear *v* : to knock out : to KO
norcoreano, -na *adj & n* : North Korean
nordeste[1] *or* **noreste** *adj* : northeastern : northeasterly
nordeste[2] *or* **noreste** *nm* : northeast
nórdico, -ca *adj & n* : Scandinavian : Norse
noreste → **nordeste**
noria *nf* : waterwheel : Ferris wheel
norirlandés[1], **-desa** *adj, mpl* **-deses** : Northern Irish
norirlandés[2], **-desa** *n, mpl* **-deses** : person from Northern Ireland
norma *nf* : rule : regulation : norm : standard

normal *adj* : normal : usual : standard
normalidad *nf* : normality : normalcy
normalización *nf, pl* **-ciones** *nf* : normalization : standardization
normalizar *v* : to normalize : to standardize — **normalizarse** *vr* : to return to normal
normalmente *adv* : ordinarily : generally
noroeste[1] *adj* : northwestern : northwesterly
noroeste[2] *nm* : northwest
norte[1] *adj* : north : northern
norte[2] *nm* : north : north wind : aim : objective
norteamericano, -na *adj & n* : North American : American : native or inhabitant of the United States
norteño[1], **-ña** *adj* : northern
norteño[2], **-ña** *n* : Northerner
noruego[1], **-ga** *adj & n* : Norwegian
noruego[2] *nm* : Norwegian
nos *pron pl* : us : ourselves : each other : one another : to us : for us : from us
nosotros, -tras *pron pl* : we : us
nostalgia *nf* : nostalgia : longing : homesickness
nostálgico, -ca *adj* : nostalgic : homesick
nota *nf* : note : message : announcement : grade : mark : characteristic : feature : touch : bill : check
notable *adj* : notable : noteworthy : outstanding
notablemente *adv* : notably : markedly : outstandingly
notación *nf, pl* **-ciones** : notation
notar *v* : to notice : to tell — **notarse** *vr* : to be evident : to show : to feel : to seem
notaría *nf* : notary's office
notario, -ria *n* : notary : notary public
notebook *nf* : notebook
noticia *nf* : news item : piece of news; **noticias** *nfpl* : news
noticiero *or* **noticiario** *nm* : news : news program : newscast
noticioso, -sa *adj* : news
notificación *nf, pl* **-ciones** : notification
notificar *v* : to notify : to inform
notoriedad *nf* : knowledge : fame : notoriety
notorio, -ria *adj* : obvious : evident : well-known
novato[1], **-ta** *adj* : inexperienced : new
novato[2], **-ta** *n* : beginner : novice
novecientos[1], **-tas** *adj & pron* : nine hundred
novecientos[2] *nms & pl* : nine hundred
novedad *nf* : newness : novelty : innovation : news : development
novedoso, -sa *adj* : original : novel
novel *adj* : inexperienced : new
novela *nf* : novel : soap opera
novelar *v* : to make a novel out of
novelesco, -ca *adj* : fictional : fantastic : fabulous
novelista *nmf* : novelist
novena *nf* : novena
noveno, -na *adj & n* : ninth
noventa *adj & nm* : ninety — **noventa** *pron*
noventavo[1], **-va** *adj* : ninetieth
noventavo[2] *nm* : ninetieth
noviar *v* : to date : to go out
noviazgo *nm* : courtship : relationship : engagement : betrothal
novicio, -cia *n* : novice : beginner
noviembre *nm* : November
novilla *nf* : heifer
novillada *nf* : bullfight featuring young bulls
novillero, -ra *n* : apprentice bullfighter
novillo *nm* : young bull
novio, -via *n* : boyfriend *m* : girlfriend *f* : fiancé *m* : fiancée *f* : bridegroom *m* : bride *f*
novocaína *nf* : novocaine
nubarrón *nm, pl* **-rrones** : storm cloud
nube *nf* : cloud : swarm
nublado[1], **-da** *adj* : cloudy : overcast : clouded : dim
nublado[2] *nm* : storm cloud : menace : threat
nublar *v* : to cloud : to obscure — **nublarse** *vr* : to get cloudy
nubosidad *nf* : cloudiness
nuboso, -sa *adj* : cloudy
nuca *nf* : nape : back of the neck
nuclear *adj* : nuclear
núcleo *nm* : nucleus : center : heart : core
nudillo *nm* : knuckle
nudismo *nm* : nudism
nudista *adj & nmf* : nudist
nudo *nm* : knot : node : junction : hub : crux : heart
nudoso, -sa *adj* : knotty : gnarled
nuera *nf* : daughter-in-law
nuestro[1], **-tra** *adj* : our
nuestro[2], **-tra** *pron* : ours : our own
nuevamente *adv* : again : anew
nuevas *nfpl* : tidings *pl*
nueve[1] *adj & nm* : nine
nueve[2] *pron* : nine
nuevecito, -ta *adj* : brand-new
nuevo, -va *adj* : new
nuez *nf, pl* **nueces** : nut : walnut : pecan
nulidad *nf* : nullity : incompetent person
nulo, -la *adj* : null : null and void : useless : inept
numen *nm* : poetic muse : inspiration
numerable *adj* : countable
numeración *nf, pl* **-ciones** : numbering : numbers *pl* : numerals *pl*
numerador *nm* : numerator
numeral *adj* : numeral
numerar *v* : to number

numerario, -ria *adj* : long-standing : permanent
numérico, -ca *adj* : numerical — **numéricamente** *adv*
número *nm* : number : issue : size : lottery ticket : act : routine
numeroso, -sa *adj* : numerous
numismática *nf* : numismatics
nunca *adv* : never : ever
nuncio *nm* : harbinger : herald
nupcial *adj* : nuptial : wedding
nupcias *nfpl* : nuptials *pl* : wedding
nutria *nf* : otter : nutria
nutrición *nf, pl* **-ciones** : nutrition : nourishment
nutricionista *nmf* : nutritionist
nutrido, -da *adj* : nourished : considerable : abundant
nutriente *nm* : nutrient
nutrimento *nm* : nutriment
nutrir *v* : to feed : to nourish : to foster : to provide
nutritivo, -va *adj* : nourishing : nutritious
nylon → nilón
ñame *nm* : yam
ñandú *nm, pl* **ñandú** *or* **ñandúes** : rhea
ñapa *nf* : extra amount
ñato, -ta *adj* : snub-nosed
ñoñear *v* : to whine
ñoñería *nf* : inanity
ñoño, -ña *adj* : whiny : fussy
ñu *nm* : gnu
o *conj* : or : either
oasis *nms & pl* : oasis
obcecado, -da *adj* : blinded : stubborn : obstinate
obcecar *v* : to blind — **obcecarse** *vr* : to become stubborn
obedecer *v* : to obey
obediencia *nf* : obedience
obediente *adj* : obedient — **obedientemente** *adv*
obelisco *nm* : obelisk
obertura *nf* : overture
obesidad *nf* : obesity
obeso, -sa *adj* : obese
óbice *nm* : obstacle : impediment
obispado *nm* : bishopric : diocese
obispo *nm* : bishop
obituario *nm* : obituary
objeción *nf, pl* **-ciones** : objection
objetar *v* : to object
objetividad *nf* : objectivity
objetivo[1], **-va** *adj* : objective — **objetivamente** *adv*
objetivo[2] *nm* : objective : goal : target : lens
objeto *nm* : object : thing : objective : purpose
objetor, -tora *n* : objector
oblea *nf* : wafer
oblicuo, -cua *adj* : oblique — **oblicuamente** *adv*
obligación *nf, pl* **-ciones** : obligation : duty : bond
obligado, -da *adj* : obliged : obligatory : compulsory : customary
obligar *v* : to force : to require : to oblige — **obligarse** *vr* : to commit oneself : to undertake
obligatorio, -ria *adj* : mandatory : required : compulsory
obliterar *v* : to obliterate : to destroy — **obliteración** *nf*
oblongo, -ga *adj* : oblong
obnubilación *nf, pl* **-ciones** : bewilderment : confusion
obnubilar *v* : to daze : to bewilder
oboe[1] *nm* : oboe
oboe[2] *nmf* : oboist
obra *nf* : work : deed : construction work : construction site : building site
obrar *v* : to work : to produce : to act : to behave
obrero[1], **-ra** *adj* : working
obrero[2], **-ra** *n* : worker : laborer
obscenidad *nf* : obscenity
obsceno, -na *adj* : obscene
obscurecer, obscuridad, obscuro → oscurecer, oscuridad, oscuro
obsequiar *v* : to give : to present
obsequio *nm* : gift : present
obsequiosidad *nf* : attentiveness : deference
obsequioso, -sa *adj* : obliging : attentive
observable *adj* : observable
observación *nf, pl* **-ciones** : observation : watching : remark : comment
observador[1], **-dora** *adj* : observant
observador[2], **-dora** *n* : observer : watcher
observancia *nf* : observance
observante *adj* : observant
observar *v* : to observe : to watch : to notice : to obey : to abide by : to remark : to comment
observatorio *nm* : observatory
obsesión *nf, pl* **-siones** : obsession
obsesionar *v* : to obsess : to preoccupy excessively — **obsesionarse** *vr*
obsesivo, -va *adj* : obsessive
obseso, -sa *adj* : obsessed
obsolescencia *nf* : obsolescence — **obsolescente** *adj*
obsoleto, -ta *adj* : obsolete
obstaculizar *v* : to obstruct : to hinder
obstáculo *nm* : obstacle
obstante[1] *conj* **no obstante** : nevertheless : however
obstante[2] *prep* **no obstante** : in spite of : despite
obstar *v impers* **~ a** *or* **~ para** : to hinder : to prevent
obstetra *nmf* : obstetrician
obstetricia *nf* : obstetrics
obstétrico, -ca *adj* : obstetric : obstetrical
obstinación *nf, pl* **-ciones** : obstinacy : stubbornness : perseverance : tenacity

obstinado, -da *adj* : obstinate : stubborn : persistent — **obstinadamente** *adv*
obstinarse *vr* : to be obstinate : to be stubborn
obstrucción *nf, pl* **-ciones** : obstruction : blockage
obstruccionismo *nm* : filibustering
obstruccionista *adj* : filibustering
obstructor, -tora *adj* : obstructive
obstruir *v* : to obstruct : to block : to clog — **obstruirse** *vr*
obtención *nf, pl* **-ciones** : obtaining : procurement
obtener *v* : to obtain : to secure : to get — **obtenible** *adj*
obturador *nm* : shutter
obturar *v* : to block
obtuso, -sa *adj* : obtuse
obtuvo, etc. → **obtener**
obús *nm, pl* **obuses** : mortar : mortar shell
obviar *v* : to get around : to avoid
obvio, -via *adj* : obvious — **obviamente** *adv*
oca *nf* : goose
ocasión *nf, pl* **-siones** : occasion : time : opportunity : chance : bargain
ocasional *adj* : occasional : chance : fortuitous
ocasionalmente *adv* : occasionally : by chance
ocasionar *v* : to cause : to occasion
ocaso *nm* : sunset : sundown : decline : fall
occidental *adj* : western
occidente *nm* : west
oceánico, -ca *adj* : oceanic
océano *nm* : ocean
oceanografía *nf* : oceanography — **oceanográfico, -ca** *adj*
ocelote *nm* : ocelot
ochenta *adj & nm* : eighty — **ochenta** *pron*
ochentavo[1]**, -va** *adj* : eightieth
ochentavo[2] *nm* : eightieth
ocho[1] *adj & nm* : eight
ocho[2] *pron* : eight
ochocientos[1]**, -tas** *adj & pron* : eight hundred
ochocientos[2] *nms & pl* : eight hundred
ocio *nm* : free time : leisure : idleness
ociosamente *adv* : idly
ociosidad *nf* : idleness : inactivity
ocioso, -sa *adj* : idle : inactive : pointless : useless
ocre *nm* : ocher
octágono *nm* : octagon — **octagonal** *adj*
octava *nf* : octave
octavilla *nf* : pamphlet
octavo, -va *adj & n* : eighth
octeto *nm* : byte
octogésimo[1]**, -ma** *adj* : eightieth : eighty-
octogésimo[2]**, -ma** *n* : eightieth : eighty-
octubre *nm* : October
ocular *adj* : ocular : eye
oculista *nmf* : oculist : ophthalmologist
ocultación *nf, pl* **-ciones** : concealment
ocultar *v* : to conceal : to hide — **ocultarse** *vr*
oculto, -ta *adj* : hidden : concealed : occult
ocupación *nf, pl* **-ciones** : occupation : activity : occupancy : employment : job
ocupacional *adj* : occupational : job-related
ocupado, -da *adj* : busy : taken : occupied
ocupante *nmf* : occupant
ocupar *v* : to occupy : to take possession of : to hold : to employ : to keep busy : to fill : to inhabit : to bother : to concern — **ocuparse** *vr* ~ **de** : to be concerned with : to take care of
ocurrencia *nf* : occurrence : event : witticism : bright idea
ocurrente *adj* : witty : clever : sharp
ocurrir *v* : to occur : to happen — **ocurrirse** *vr* ~ **a** : to occur to : to strike
oda *nf* : ode
odiar *v* : to hate
odio *nm* : hate : hatred
odioso, -sa *adj* : hateful : detestable
odisea *nf* : odyssey
odómetro *nm* : odometer
odontología *nf* : dentistry : dental surgery
odontólogo, -ga *n* : dentist : dental surgeon
odre *nm* : wineskin
oeste[1] *adj* : west : western : westerly
oeste[2] *nm* : west : West : west wind
ofender *v* : to offend : to insult : to be insulting — **ofenderse** *vr* : to take offense
ofensa *nf* : offense : insult
ofensiva *nf* : offensive
ofensivo, -va *adj* : offensive : insulting — **ofensivamente** *adv*
ofensor, -sora *n* : offender
oferente *nmf* : supplier : source
oferta *nf* : offer : sale : bargain
ofertar *v* : to offer
oficial[1] *adj* : official — **oficialmente** *adv*
oficial[2] *nmf* : officer : police officer : commissioned officer : skilled worker
oficializar *v* : to make official
oficiante *nmf* : celebrant
oficiar *v* : to inform officially : to officiate at : to celebrate ~ **de** : to act as
oficina *nf* : office
oficinista *nmf* : office worker
oficio *nm* : trade : profession : function : role : official communication : experience : religious ceremony
oficioso, -sa *adj* : unofficial : officious — **oficiosamente** *adv*

ofimática *nf* : office automation : office computing
ofrecer *v* : to offer : to provide : to give : to present — **ofrecerse** *vr* : to offer oneself : to volunteer : to open up : to present itself
ofrecimiento *nm* : offer : offering
ofrenda *nf* : offering
oftalmología *nf* : ophthalmology
oftalmólogo, -ga *n* : ophthalmologist
ofuscación *nf, pl* **-ciones** : blindness : confusion
ofuscar *v* : to blind : to dazzle : to bewilder : to confuse — **ofuscarse** *vr* ~ **con** : to be blinded by
ogro *nm* : ogre
oh *interj* : oh
ohm *nm, pl* **ohms** : ohm
ohmio → ohm
oídas *nfpl* **de ~** : by hearsay
oído *nm* : ear : hearing
oiga, etc. → oír
oír *v* : to hear : to listen to : to pay attention to : to heed
ojal *nm* : buttonhole
ojalá *interj* : I hope so! : if only! : God willing! : I hope : I wish : hopefully
ojeada *nf* : glimpse : glance
ojear *v* : to eye : to have a look at
ojeras *nfpl* : bags/circles under one's eyes
ojeriza *nf* : grudge
ojeroso, -sa *adj* : with bags/circles under one's eyes
ojete *nm* : eyelet
ojiva *nf* : warhead
ojo *nm* : eye : judgment : sharpness : hole : center : span
okupa *nf* : squatter
ola *nf* : wave
oleada *nf* : swell : wave
oleaje *nm* : waves *pl* : surf
óleo *nm* : oil : oil painting
oleoducto *nm* : oil pipeline
oleoso, -sa *adj* : oily
oler *v* : to smell : to pry into : to investigate : to smell out : to uncover — **olerse** *vr* : to have a hunch : to suspect
olfatear *v* : to sniff : to sense : to sniff out
olfativo, -va *adj* : olfactory
olfato *nm* : sense of smell : nose : instinct
oligarquía *nf* : oligarchy
olimpiada *or* **olimpíada** *nf* : Olympiad
olímpico, -ca *adj* : Olympic
olisquear *v* : to sniff at
oliva *nf* : olive
olivar *nm* : olive grove
olivo *nm* : olive tree
olla *nf* : pot
olmeca *adj & nmf* : Olmec
olmo *nm* : elm
olor *nm* : smell : odor
oloroso, -sa *adj* : scented : fragrant
olote *nm* : cob : corncob
olvidadizo, -za *adj* : forgetful : absentminded
olvidar *v* : to forget : to forget about : to leave behind — **olvidarse** *vr* : to forget
olvido *nm* : forgetfulness : oblivion : oversight
omaní *adj & nmf* : Omani
ombligo *nm* : navel : belly button
ombudsman *nmfs & pl* : ombudsman
omelette *nmf* : omelet
ominoso, -sa *adj* : ominous — **ominosamente** *adv*
omisión *nf, pl* **-siones** : omission : neglect
omiso, -sa *adj* : neglectful
omitir *v* : to omit : to leave out : to fail to
ómnibus *n, pl* **-bus** *or* **-buses** : bus : coach
omnipotencia *nf* : omnipotence
omnipotente *adj* : omnipotent : almighty
omnipresencia *nf* : omnipresence
omnipresente *adj* : ubiquitous : omnipresent
omnisciente *adj* : omniscient — **omnisciencia** *nf*
omnívoro, -ra *adj* : omnivorous
omóplato *or* **omoplato** *nm* : shoulder blade
once[1] *adj & nm* : eleven
once[2] *pron* : eleven
onceavo[1], **-va** *adj* : eleventh
onceavo[2] *nm* : eleventh
onda *nf* : wave : ripple : undulation : scallop : wavelength : understanding
ondear *v* : to ripple : to undulate : to flutter
ondulación *nf, pl* **-ciones** : undulation
ondulado, -da *adj* : wavy : undulating
ondulante *adj* : undulating
ondular *v* : to wave : to undulate : to ripple
oneroso, -sa *adj* : onerous : burdensome
ónix *nm* : onyx
online *adj & adv* : online
onza *nf* : ounce
opacar *v* : to make opaque or dull : to outshine : to overshadow
opacidad *nf* : opacity : dullness
opaco, -ca *adj* : opaque : dull
ópalo *nm* : opal
opción *nf, pl* **opciones** : option : choice : right : chance
opcional *adj* : optional — **opcionalmente** *adv*
ópera *nf* : opera
operación *nf, pl* **-ciones** : operation : transaction : deal
operacional *adj* : operational
operador, -dora *n* : operator : projectionist : camera operator
operante *adj* : operating : working

operar *v* : to produce : to bring about : to operate on : to operate : to run : to function : to deal : to do business — **operarse** *vr* : to come about : to take place : to have an operation : to have surgery
operario, -ria *n* : laborer : worker
operático, -ca → operístico
operativo[1], **-va** *adj* : operating : operative
operativo[2] *nm* : operation
opereta *nf* : operetta
operístico, -ca *adj* : operatic
opiato *nm* : opiate
opinable *adj* : arguable
opinar *v* : to think : to have an opinion : to express an opinion
opinión *nf, pl* **-niones** : opinion : belief
opio *nm* : opium
oponente *nmf* : opponent
oponer *v* : to oppose : to place against — **oponerse** *vr* ~ **a** : to object to : to be against
oporto *nm* : port
oportunamente *adv* : at the right time : opportunely : appropriately
oportunidad *nf* : opportunity : chance
oportunismo *nm* : opportunism
oportunista[1] *adj* : opportunistic
oportunista[2] *nmf* : opportunist
oportuno, -na *adj* : opportune : timely : suitable : appropriate
oposición *nf, pl* **-ciones** : opposition
opositor, -tora *n* : opponent
oposum *nm* : opossum
opresión *nf, pl* **-siones** : oppression
opresivo, -va *adj* : oppressive
opresor[1], **-sora** *adj* : oppressive
opresor[2], **-sora** *n* : oppressor
oprimir *v* : to oppress : to press : to squeeze
oprobio *nm* : opprobrium : shame
optativo, -va *adj* : optional
óptica *nf* : optics : optician's shop : viewpoint
óptico[1], **-ca** *adj* : optical : optic
óptico[2], **-ca** *n* : optician
optimismo *nm* : optimism
optimista[1] *adj* : optimistic
optimista[2] *nmf* : optimist
óptimo, -ma *adj* : optimum : optimal
optometría *nf* : optometry — **optometrista** *nmf*
opuesto[1] *pp* **→ oponer**
opuesto[2] *adj* : opposite : contrary : opposed
opulencia *nf* : opulence — **opulento, -ta** *adj*
opus *nm* : opus
opuso, etc. → oponer
ora *conj* : now
oración *nf, pl* **-ciones** : oration : speech : prayer : sentence : clause
oráculo *nm* : oracle
orador, -dora *n* : speaker : orator
oral *adj* : oral — **oralmente** *adv*
órale *interj* : sure! : OK! : come on!
orangután *nm, pl* **-tanes** : orangutan
orar *v* : to pray
oratoria *nf* : oratory
oratorio *nm* : oratory : chapel : oratorio
orbe *nm* : orb : sphere : globe : world
órbita *nf* : orbit : eye socket : sphere : field
orbital *adj* : orbital
orbitar *v* : to orbit
orca *nf* : orca : killer whale
orden[1] *nm, pl* **órdenes** : order
orden[2] *nf, pl* **órdenes** : order
ordenación *nf, pl* **-ciones** : ordination : ordering : organizing
ordenadamente *adv* : in an orderly fashion : neatly
ordenado, -da *adj* : orderly : neat
ordenador *nm* : computer
ordenamiento *nm* : ordering : organizing : code
ordenanza[1] *nf* : ordinance : regulation
ordenanza[2] *nm* : orderly
ordenar *v* : to order : to command : to put in order : to arrange : to ordain — **ordenarse** *vr* : to be ordained
ordeñar *v* : to milk
ordeño *nm* : milking
ordinal *nm* : ordinal
ordinariamente *adv* : usually : coarsely
ordinariez *nf* : coarseness : vulgarity
ordinario, -ria *adj* : ordinary : coarse : common : vulgar
orear *v* : to air
orégano *nm* : oregano
oreja *nf* : ear
orfanato *nm* : orphanage
orfanatorio *nm* : orphanage
orfandad *nf* : state of being an orphan
orfebre *nmf* : goldsmith : silversmith
orfebrería *nf* : articles of gold or silver
orfelinato *nm* : orphanage
orgánico, -ca *adj* : organic — **orgánicamente** *adv*
organigrama *nm* : organization chart : flow chart
organismo *nm* : organism : agency : organization
organista *nmf* : organist
organización *nf, pl* **-ciones** : organization
organizador[1], **-dora** *adj* : organizing
organizador[2], **-dora** *n* : organizer
organizar *v* : to organize : to arrange — **organizarse** *vr* : to get organized
organizativo, -va *adj* : organizational
órgano *nm* : organ
orgasmo *nm* : orgasm
orgía *nf* : orgy
orgullo *nm* : pride
orgulloso, -sa *adj* : proud — **orgullosamente** *adv*

orientación *nf, pl* **-ciones** : orientation : direction : course : guidance
oriental[1] *adj* : eastern : Uruguayan
oriental[2] *nmf* : Easterner : Uruguayan
orientar *v* : to orient : to position : to guide : to direct — **orientarse** *vr* : to orient oneself : to get one's bearings
oriente *nm* : east : East
orífice *nmf* : goldsmith
orificio *nm* : orifice : opening
origen *nm, pl* **orígenes** : origin : lineage : birth
original *adj & nm* : original — **originalmente** *adv*
originalidad *nf* : originality
originar *v* : to originate : to give rise to — **originarse** *vr* : to begin
originario, -ria *adj* ~ **de** : native of
originariamente *adv* : originally
orilla *nf* : border : edge : bank : shore
orillar *v* : to skirt : to go around : to trim : to edge : to settle : to wind up : to pull over
orín *nm* : rust; **orines** *nmpl* : urine
orina *nf* : urine
orinación *nf* : urination
orinal *nm* : urinal
orinar *v* : to urinate — **orinarse** *vr* : to wet oneself
oriol *nm* : oriole
oriundo, -da *adj* ~ **de** : native of
orla *nf* : border : edging
orlar *v* : to edge : to trim
ornamentación *nf, pl* **-ciones** : ornamentation
ornamental *adj* : ornamental
ornamentar *v* : to ornament : to adorn
ornamento *nm* : ornament : adornment
ornar *v* : to adorn : to decorate
ornitología *nf* : ornithology
ornitólogo, -ga *n* : ornithologist
ornitorrinco *nm* : platypus
oro *nm* : gold; **oros** *nmpl* : gold coins
orondo, -da *adj* : rounded : potbellied : smug : self-satisfied
oropel *nm* : glitz : glitter : tinsel
oropéndola *nf* : oriole
orquesta *nf* : orchestra — **orquestal** *adj*
orquestar *v* : to orchestrate — **orquestación** *nf*
orquídea *nf* : orchid
ortiga *nf* : nettle
ortodoncia *nf* : orthodontics
ortodoncista *nmf* : orthodontist
ortodoxia *nf* : orthodoxy
ortodoxo, -xa *adj* : orthodox
ortografía *nf* : orthography : spelling
ortográfico, -ca *adj* : orthographic : spelling
ortopedia *nf* : orthopedics
ortopédico, -ca *adj* : orthopedic
ortopedista *nmf* : orthopedist
oruga *nf* : caterpillar : track
orzuelo *nm* : sty : stye
os *pron pl* : you : to you : yourselves : to yourselves : each other : to each other
osa *nf* → **oso**
osadía *nf* : boldness : daring : audacity : nerve
osado, -da *adj* : bold : daring : audacious : impudent — **osadamente** *adv*
osamenta *nf* : skeletal remains *pl* : bones *pl*
osar *v* : to dare
oscilación *nf, pl* **-ciones** : oscillation : fluctuation : vacillation : wavering
oscilar *v* : to swing : to sway : to oscillate : to fluctuate : to vacillate : to waver
oscuramente *adv* : obscurely
oscurecer *v* : to darken : to obscure : to confuse : to cloud : to grow dark : to get dark — **oscurecerse** *vr* : to dim
oscuridad *nf* : darkness : obscurity
oscuro, -ra *adj* : dark : obscure
óseo, ósea *adj* : skeletal : bony
ósmosis *or* **osmosis** *nf* : osmosis
oso, osa *n* : bear
ostensible *adj* : ostensible : apparent — **ostensiblemente** *adv*
ostentación *nf, pl* **-ciones** : ostentation : display
ostentar *v* : to display : to flaunt : to have : to hold
ostentoso, -sa *adj* : ostentatious : showy — **ostentosamente** *adv*
osteópata *nmf* : osteopath
osteopatía *n* : osteopathy
osteoporosis *nf* : osteoporosis
ostión *nm, pl* **ostiones** : oyster : scallop
ostra *nf* : oyster
ostracismo *nm* : ostracism
otear *v* : to scan : to survey : to look over
otero *nm* : knoll : hillock
otitis *nf* : otitis : inflammation of the ear
otomana *nf* : ottoman
otomano, -na *adj & n* : Ottoman
otoñal *adj* : autumn : autumnal
otoño *nm* : autumn : fall
otorgamiento *nm* : granting : awarding
otorgar *v* : to grant : to award : to draw up : to frame
otorrino, -na *n* : ear, nose, and throat doctor
otro[1], **otra** *adj* : other : another
otro[2], **otra** *pron* : another one : other one
ovación *nf, pl* **-ciones** : ovation
ovacionar *v* : to cheer : to applaud
oval → **ovalado**
ovalado, -da *adj* : oval
óvalo *nm* : oval
ovárico, -ca *adj* : ovarian
ovario *nm* : ovary
oveja *nf* : sheep : ewe
overol *nm* : overalls *pl*

ovillar *v* : to roll into a ball
ovillo *nm* : ball : tangle
ovni *or* **OVNI** *nm* : UFO
ovoide *adj* : ovoid : ovoidal
ovulación *nf, pl* **-ciones** : ovulation
ovular *v* : to ovulate
óvulo *nm* : ovum
oxidación *nf, pl* **-ciones** : oxidation : rusting
oxidado, -da *adj* : rusty
oxidar *v* : to cause to rust : to oxidize — **oxidarse** *vr* : to rust : to become rusty
óxido *nm* : rust : oxide
oxigenar *v* : to oxygenate : to bleach
oxígeno *nm* : oxygen
oxiuro *nm* : pinworm
oye, etc. → **oír**
oyente *nmf* : listener : auditor : auditing student
ozono *nm* : ozone
pabellón *nm, pl* **-llones** : pavilion : gazebo : building : flag
pabilo *nm* : wick
paca *nf* : bale
pacana *nf* : pecan
pacer *v* : to graze : to pasture
paces → **paz**
pachanga *nf* : party : bash
paciencia *nf* : patience
paciente *adj & nmf* : patient — **pacientemente** *adv*
pacíficamente *adv* : peacefully : peaceably
pacificar *v* : to pacify : to calm — **pacificarse** *vr* : to calm down : to abate — **pacificación** *nf*
pacífico, -ca *adj* : peaceful : pacific
pacifismo *nm* : pacifism
pacifista *adj & nmf* : pacifist
pacotilla *nf* **de ~** : shoddy : trashy
pactar *v* : to agree on : to come to an agreement
pacto *nm* : pact : agreement
paddock *nm* : paddock
padecer *v* : to suffer : to suffer from
padecimiento *nm* : suffering : ailment : condition
padrastro *nm* : stepfather : hangnail
padre[1] *adj* : fantastic : great
padre[2] *nm* : father : Father; **padres** *nmpl* : parents
padrenuestro *nm* : Lord's Prayer
padrino *nm* : godfather : father of the bride : sponsor : patron; **padrinos** *nmpl* : godparents
padrón *nm, pl* **padrones** : register : roll
paella *nf* : paella
paga *nf* : payment : pay : wages *pl* : allowance
pagadero, -ra *adj* : payable
pagado, -da *adj* : paid
pagador, -dora *n* : payer
paganismo *nm* : paganism
pagano, -na *adj & n* : pagan
pagar *v* : to pay : to pay for : to pay off : to repay
pagaré *nm* : promissory note : IOU
página *nf* : page
pago *nm* : payment
pagoda *nf* : pagoda
pague, etc. → **pagar**
paila *nf* : large shallow dish or pan : cargo area
país *nm* : country : nation : region : territory
paisaje *nm* : scenery : landscape
paisajismo *nm* : landscaping
paisajista *nmf* : landscaper
paisano, -na *n* : compatriot : fellow countryman
paja *nf* : straw : trash : tripe
pajar *nm* : hayloft : haystack
pajarera *nf* : aviary
pajarita *nf* : bow tie
pájaro *nm* : bird
paje *nm* : page
pajita *or* **pajilla** *nf* : (drinking) straw
pajote *nm* : straw : mulch
pakistaní *adj & nmf, pl* **-níes** : Pakistani
pala *nf* : shovel : spade : blade : paddle : racket : spatula
palabra *nf* : word : promise : speech : right to speak
palabrería *nf* : empty talk
palabrota *nf* : swearword
palacio *nm* : palace : mansion
paladar *nm* : palate : taste
paladear *v* : to savor
paladín *nm, pl* **-dines** : champion : defender
palanca *nf* : lever : crowbar : leverage : influence
palangana *nf* : washbowl
palanqueta *nf* : jimmy : small crowbar
palapa *nf* : shelter
palco *nm* : box
palear *v* : to shovel : to paddle
palenque *nm* : stockade : palisade : arena : ring
paleontología *nf* : paleontology
paleontólogo, -ga *n* : paleontologist
palestino, -na *adj & n* : Palestinian
palestra *nf* : arena
paleta *nf* : palette : trowel : spatula : blade : vane : paddle : lollipop : Popsicle
paletilla *nf* : shoulder blade
paliacate *nm* : bandanna : scarf
paliar *v* : to alleviate
paliativo[1], **-va** *adj* : palliative
paliativo[2] *nm* : palliative
palidecer *v* : to turn pale
palidez *nf, pl* **-deces** : paleness : pallor
pálido, -da *adj* : pale
palillo *nm* **palillos** *nmpl* : chopsticks
paliza *nf* : beating : pummeling : rout : defeat
palma *nf* : palm

palmada *nf* : pat : slap : clap
palmarés *nm* : record
palmario, -ria *adj* : clear : manifest
palmeado, -da *adj* : webbed
palmear *v* : to slap on the back : to clap : to applaud
palmera *nf* : palm tree
palmito *nm* : heart of palm
palmo *nm* : span : small amount
palmotear *v* : to applaud
palmoteo *nm* : clapping : applause
palo *nm* : stick : pole : post : shaft : handle : mast : spar : wood : blow : suit
paloma *nf* : pigeon : dove
palomilla *nf* : moth
palomitas *nfpl* : popcorn
palpable *adj* : palpable : tangible
palpar *v* : to feel : to touch
palpitación *nf, pl* **-ciones** : palpitation
palpitar *v* : to palpitate : to throb — **palpitante** *adj*
pálpito *nm* : feeling : hunch
palta *nf* : avocado
paludismo *nm* : malaria
palurdo, -da *n* : boor : yokel : bumpkin
pampa *nf* : pampas *pl*
pampeano, -na *adj* : pampas
pampero → pampeano
pan *nm* : bread : loaf of bread : cake : bar
pan- *pref* : pan-
pana[1] *nf* : corduroy
pana[2] *nmf* : buddy : friend
panacea *nf* : panacea
panadería *nf* : bakery : bread shop
panadero, -ra *n* : baker
panal *nm* : honeycomb
panameño, -ña *adj & n* : Panamanian
pancarta *nf* : placard : sign : banner
panceta *nf* : bacon
pancho *nm* : hot dog
pancita *nf* : tripe
páncreas *nms & pl* : pancreas
panda *nmf* : panda
pandeado, -da *adj* : warped
pandearse *vr* : to warp : to bulge : to sag
pandemonio *or* **pandemónium** *nm* : pandemonium
pandereta *nf* : tambourine
pandero *nm* : tambourine
pandilla *nf* : group : clique : gang
panecillo → panecito
panecito *nm* : roll : bun
panegírico *nm* : eulogy
panel *nm* : panel : board — **panelista** *nmf*
panela *nf* : unrefined sugar
panera *nf* : bread box : bread basket
panfleto *nm* : pamphlet
pánico *nm* : panic
panificadora *nf* : bakery
panini *nm, pl* **panini** *or* **paninis** : panini
panorama *nm* : panorama : view : scene : situation : outlook
panorámico, -ca *adj* : panoramic
panqueque *nm* : pancake
pansexual *adj* : pansexual
pantaletas *nfpl* : panties
pantalla *nf* : screen : monitor : lampshade : fan
pantalón *nm, pl* **-lones** : pants *pl* : trousers *pl*
pantano *nm* : swamp : marsh : bayou : reservoir : obstacle : difficulty
pantanoso, -sa *adj* : marshy : swampy : difficult : thorny
panteón *nm, pl* **-teones** : cemetery : pantheon : mausoleum
pantera *nf* : panther
panties *or* **pantys** *or* **pantis** *nmfpl* : panties *pl* : panty hose
pantimedias *nfpl* : panty hose
pantomima *nf* : pantomime
pantorrilla *nf* : calf
pants *nms & pl* : sweatpants : sweatsuit : tracksuit
pantufla *nf* : slipper
panty *or* **panti** *nmf, pl* **-tys** *or* **-ties** *or* **-tis → panties**
panza *nf* : belly : paunch
panzón, -zona *adj, mpl* **panzones** : potbellied
pañal *nm* : diaper
pañería *nf* : cloth : material : fabric store
pañito *nm* : doily
paño *nm* : cloth : rag : dust cloth
pañoleta *nf* : head scarf : kerchief : scarf : shawl
pañuelo *nm* : handkerchief : head scarf : scarf
papa[1] *nm* : pope
papa[2] *nf* : potato
papá *nm* : dad : pop; **papás** *nmpl* : parents : folks
papada *nf* : double chin : jowl : dewlap
papagayo *nm* : parrot
papal *adj* : papal
papalote *nm* : kite
Papanicolau *nm* : Pap smear
Papá Noel *nm* : Santa Claus
papaya *nf* : papaya
papel *nm* : paper : piece of paper : role : part
papeleo *nm* : paperwork : red tape
papelera *nf* : wastebasket : trash can : paper mill
papelería *nf* : stationery store
papelero, -ra *adj* : paper
papeleta *nf* : ballot : ticket : slip
paperas *nfpl* : mumps
papi *nm* : daddy : papa
papila gustativa *nf* : taste bud
papilla *nf* : pap : baby food
papiro *nm* : papyrus
paprika *nf* : paprika
paquete *nm* : package : parcel : pack : bundle

paquistaní *adj & nmf* : Pakistani
par[1] *adj* : even
par[2] *nm* : pair : couple : equal : peer : par : rafter
par[3] *nf* : par
para *prep* : for : to : around : by : towards : in order to
parabién *nm, pl* **-bienes** : congratulations *pl*
parábola *nf* : parable : parabola
parabrisas *nms & pl* : windshield
paracaídas *nms & pl* : parachute
paracaidista *nmf* : parachutist : paratrooper
parachoques *nms & pl* : bumper
parada *nf* : stop : catch : save : parry : parade
paradero *nm* : whereabouts : bus stop
paradigma *nm* : paradigm
paradisíaco, -ca *or* **paradisiaco, -ca** *adj* : heavenly
parado[1]**, -da** *adj* : motionless : idle : stopped : standing : confused : bewildered
parado[2]**, -da** *n* : unemployed person
paradoja *nf* : paradox
paradójico, -ca *adj* : paradoxical
parador *nm* : roadside inn : state-run hotel
parafernalia *nf* : paraphernalia
parafina *nf* : paraffin : kerosene
parafrasear *v* : to paraphrase
paráfrasis *nfs & pl* : paraphrase
paragolpes *nms & pl* : bumper
paraguas *nms & pl* : umbrella
paraguayo, -ya *adj & n* : Paraguayan
paraíso *nm* : paradise : heaven
paraje *nm* : spot : place
paralelismo *nm* : parallel : similarity
paralelo[1]**, -la** *adj* : parallel
paralelo[2] *nm* : parallel
paralelogramo *nm* : parallelogram
parálisis *nfs & pl* : paralysis : standstill
paralizar *v* : to paralyze : to bring to a standstill — **paralizarse** *vr*
paramédico, -ca *n* : paramedic
parámetro *nm* : parameter
páramo *nm* : barren plateau : moor
parangón *nm, pl* **-gones** : comparison
paraninfo *nm* : auditorium : assembly hall
paranoia *nf* : paranoia
paranoico, -ca *adj & n* : paranoid
paranormal *adj* : paranormal
parapente *nm* : paragliding
parapetarse *vr* : to take cover
parapeto *nm* : parapet : rampart
parapléjico, -ca *adj & n* : paraplegic
parar *v* : to stop : to stand : to prop : to block : to stay : to put up : to go on strike — **pararse** *vr* : to stall : to stand up : to get up
pararrayos *nms & pl* : lightning rod
parasitario, -ria *adj* : parasitic
parásito *nm* : parasite
parasol *nm* : parasol
parcela *nf* : parcel : tract of land
parcelar *v* : to parcel
parchar *v* : to patch : to patch up
parche *nm* : patch
parcial[1] *adj* : partial : biased — **parcialmente** *adv*
parcial[2] *nm* : exam
parcialidad *nf* : partiality : bias
parco, -ca *adj* : sparing : frugal : moderate : temperate : laconic : concise
pardo, -da *adj* : brownish grey
pardusco → pardo
parecer[1] *v* : to seem : to look : to appear to be : to like : to be in agreement — **parecerse** *vr* ~ **a** : to resemble
parecer[2] *nm* : opinion : appearance
parecido[1]**, -da** *adj* : similar : alike
parecido[2] *nm* : resemblance : similarity
pared *nf* : wall : face
paredón *nm, pl* **-dones** : rock face : wall
pareja *nf* : couple : pair : partner : mate
parejo, -ja *adj* : even : smooth : level : equal : similar
parentela *nf* : relations *pl* : kinfolk
parentesco *nm* : relationship : kinship
paréntesis *nms & pl* : parenthesis : digression
parentético, -ca *adj* : parenthetic : parenthetical
pargo *nm* : red snapper
paria *nmf* : pariah : outcast
paridad *nf* : parity : equality
pariente *nmf* : relative : relation
parir *v* : to give birth : to give birth to : to bear
paritario, -ria *adj* : equal : of peers/equals
parka *nf* : parka
parking *nm* : parking lot
parkour *nm* : parkour
parlamentar *v* : to talk : to parley
parlamentario[1]**, -ria** *adj* : parliamentary
parlamentario[2]**, -ria** *n* : member of parliament
parlamento *nm* : parliament : negotiations *pl* : talks *pl*
parlanchín[1]**, -china** *adj, mpl* **-chines** : chatty : talkative
parlanchín[2]**, -china** *n, mpl* **-chines** : chatterbox
parlante *nm* : loudspeaker
parlotear *v* : to gab : to chat : to prattle
parloteo *nm* : prattle : chatter
paro *nm* : strike : stoppage : stopping : unemployment : unemployment benefits
parodia *nf* : parody
parodiar *v* : to parody
paroxismo *nm* : fit : paroxysm : peak : height
parpadear *v* : to blink : to flicker
parpadeo *nm* : blink : blinking : flickering

párpado *nm* : eyelid
parque *nm* : park : playpen
parqueadero *nm* : parking lot
parquear *v* : to park — **parquearse** *vr*
parqueo *nm* : parking
parquet *or* **parqué** *nm* : parquet
parquímetro *nm* : parking meter
parra *nf* : vine : grapevine
párrafo *nm* : paragraph
parranda *nf* : party : spree
parrilla *nf* : broiler : grill : grate : luggage rack : roof rack
parrillada *nf* : barbecue : grill
párroco *nm* : parish priest
parroquia *nf* : parish : parish church : customers *pl* : clientele
parroquial *adj* : parochial
parroquiano, -na *nm* : parishioner : customer : patron
parsimonia *nf* : calm : thrift
parsimonioso, -sa *adj* : calm : unhurried : parsimonious : thrifty
parte[1] *nm* : report : dispatch
parte[2] *nf* : part : place : party
partero, -ra *n* : midwife
partición *nf, pl* **-ciones** : division : sharing
participación *nf, pl* **-ciones** : participation : share : interest : announcement : notice
participante *nmf* : participant : competitor : entrant
participar *v* : to participate : to take part : to announce : to notify
partícipe *nmf* : participant
participio *nm* : participle
partícula *nf* : particle
particular[1] *adj* : particular : specific : private : special : unique
particular[2] *nm* : matter : detail : individual
particularidad *nf* : characteristic : peculiarity
particularizar *v* : to distinguish : to characterize : to specify
particularmente *adv* : particularly : especially : personally
partida *nf* : departure : item : entry : certificate : game : match : hand : party : group
partidario, -ria *n* : follower : supporter
partido *nm* : (political) party : game : match : support : following : profit : advantage
partir *v* : to cut : to split : to break : to crack : to share : to divide : to leave : to depart — **partirse** *vr* : to smash : to split open : to become chapped
partisano, -na *adj & n* : partisan
partitura *nf* : (musical) score
parto *nm* : childbirth : delivery : labor : product : creation : brainchild
parvulario *nm* : nursery school : kindergarten
párvulo, -la *n* : toddler : preschooler
pasa *nf* : raisin
pasable *adj* : passable : tolerable — **pasablemente** *adv*
pasada *nf* : passage : passing : pass : wipe : coat
pasadizo *nm* : passageway : corridor
pasado[1]**, -da** *adj* : past : overripe : slightly spoiled : well done : overcooked : past tense
pasado[2] *nm* : past
pasador *nm* : bolt : latch : barrette : bobby pin : quarterback
pasaje *nm* : ticket : fare : passageway : passengers *pl* : passage
pasajero[1]**, -ra** *adj* : passing : fleeting
pasajero[2]**, -ra** *n* : passenger
pasamanos *nms & pl* : banister : handrail
pasamontañas *nms & pl* : balaclava : ski mask
pasante *nmf* : assistant
pasapalos *nmpl* : snacks : hors d'oeuvres
pasaporte *nm* : passport
pasar *v* : to pass : to go : to pass down : to move : to drop by/in : to stop by : to come in : to enter : to go through : to fit : to happen : to manage : to get by : to be acceptable : to be over : to end : to give : to cross : to spend : to tolerate : to suffer : to show : to overtake : to surpass — **pasarse** *vr* : to go away : to slip one's mind : to slip by : to go too far : to go bad : to spoil
pasarela *nf* : gangplank : footbridge : runway : catwalk
pasatiempo *nm* : pastime : hobby
Pascua *nf* : Easter : Passover : Christmas; **Pascuas** *nfpl* : Christmas season
pase *nm* : pass : permit
paseante *nmf* : walker
pasear *v* : to take a walk : to go for a ride : to take for a walk : to parade around : to show off — **pasearse** *vr* : to walk around : to go for a ride
paseo *nm* : walk : stroll : ride : outing : trip : avenue
pasiflora *nf* : passionflower
pasillo *nm* : hallway : corridor : aisle
pasión *nf, pl* **pasiones** : passion
pasional *adj* : passionate
pasionaria → pasiflora
pasivo[1]**, -va** *adj* : passive — **pasivamente** *adv*
pasivo[2] *nm* : liability : debit side
pasmado, -da *adj* : stunned : flabbergasted
pasmar *v* : to amaze : to stun — **pasmarse** *vr*
pasmo *nm* : shock : astonishment : wonder : marvel
pasmoso, -sa *adj* : incredible : amazing — **pasmosamente** *adv*

paso[1], **-sa** *adj* : dried
paso[2] *nm* : passage : passing : way : path : crossing : pass : step : pace : gait
pasta *nf* : paste : pasta : pastry dough
pastar *v* : to graze : to put to pasture
pastel[1] *adj* : pastel
pastel[2] *nm* : cake : pie : turnover : pastel
pastelería *nf* : bakery : pastry shop : baking : pastry making
pasteurización *nf, pl* **-ciones** : pasteurization
pasteurizar *v* : to pasteurize
pastilla *nf* : pill : tablet : lozenge : cake : bar
pastizal *nm* : pasture : grazing land
pasto *nm* : pasture : grass : lawn
pastor, -tora *n* : shepherd : shepherdess *f* : minister : pastor
pastoral *adj & nf* : pastoral
pastorear *v* : to shepherd : to tend
pastoso, -sa *adj* : pasty : doughy : smooth : mellow
pata[1] *nf* : paw : leg : foot
pata[2] *nm* : pal : buddy
patada *nf* : kick : stamp
patalear *v* : to kick : to stamp one's feet
pataleta *nf* : tantrum
patán[1] *adj, pl* **patanes** : boorish : crude
patán[2] *nm, pl* **patanes** : boor : lout
patata *nf* : potato
paté *nm* : pâté
pateador, -dora *n* : kicker
patear *v* : to kick : to stamp one's foot
patentar *v* : to patent
patente[1] *adj* : obvious : patent — **patentemente** *adv*
patente[2] *nf* : patent : license plate
paternal *adj* : fatherly : paternal
paternidad *nf* : fatherhood : paternity : parenthood : authorship
paterno, -na *adj* : paternal
patético, -ca *adj* : pathetic : moving
patetismo *nm* : pathos
patíbulo *nm* : gallows : scaffold
patilla *nf* : arm : watermelon; **patillas** *nfpl* : sideburns
patín *nm, pl* **patines** : skate
pátina *nf* : patina
patinador, -dora *n* : skater
patinaje *nm* : skating
patinar *v* : to skate : to skid : to slip : to slip up : to blunder
patinazo *nm* : skid : blunder : slipup
patineta *nf* : scooter : skateboard
patinete *nm* : scooter
patio *nm* : courtyard : patio
patito, -ta *n* : duckling
patizambo, -ba *adj* : knock-kneed
pato, -ta *n* : duck
patología *nf* : pathology
patológico, -ca *adj* : pathological
patólogo, -ga *n* : pathologist
patoso, -sa *adj* : clumsy
patovica *nm* : bouncer
patraña *nf* : tall tale : humbug : nonsense
patria *nf* : native land
patriarca *nm* : patriarch — **patriarcal** *adj*
patriarcado *nm* : patriarchy
patrimonio *nm* : patrimony : legacy
patrio, -tria *adj* : native : home : paternal
patriota[1] *adj* : patriotic
patriota[2] *nmf* : patriot
patriotería *nf* : jingoism : chauvinism
patriotero[1], **-ra** *adj* : jingoistic : chauvinistic
patriotero[2], **-ra** *n* : jingoist : chauvinist
patriótico, -ca *adj* : patriotic
patriotismo *nm* : patriotism
patrocinador, -dora *n* : sponsor : patron
patrocinar *v* : to sponsor
patrocinio *nm* : sponsorship : patronage
patrón[1], **-trona** *n, mpl* **patrones** : boss : skipper : landlord *m* : landlady *f* : patron saint
patrón[2] *nm, pl* **patrones** : standard : pattern
patronal *adj* : management : employers' : pertaining to a patron saint
patronato *nm* : board : council : foundation : trust
patrono, -na *n* : employer : patron saint
patrulla *nf* : patrol : police car : cruiser
patrullar *v* : to patrol
patrullero *nm* : police car : patrol boat : patrol plane
paulatino, -na *adj* : gradual
paupérrimo, -ma *adj* : destitute : poverty-stricken
pausa *nf* : pause : break
pausado[1] *adv* : slowly : deliberately
pausado[2], **-da** *adj* : slow : deliberate — **pausadamente** *adv*
pauta *nf* : rule : guideline : lines *pl*
pava *nf* : kettle
pavimentar *v* : pave
pavimento *nm* : pavement
pavo, -va *n* : turkey
pavón *nm, pl* **pavones** : peacock
pavonearse *vr* : to strut : to swagger
pavoneo *nm* : strut : swagger
pavor *nm* : dread : terror
pavoroso, -sa *adj* : dreadful : terrifying
paya *nf* → **payada**
payada *nf* : song with improvised lyrics
payasada *nf* : antic : foolish thing : joke : farce
payasear *v* : to clown around
payaso, -sa *n* : clown : funny person
paz *nf, pl* **paces** : peace
pazca, etc. → **pacer**
PC *nmf* : PC : personal computer
PDA *nm* : PDA
peaje *nm* : toll
peatón *nm, pl* **-tones** : pedestrian

peatonal *adj* : pedestrian
peca *nf* : freckle
pecado *nm* : sin
pecador[1], **-dora** *adj* : sinful : sinning
pecador[2], **-dora** *n* : sinner
pecaminoso, -sa *adj* : sinful
pecar *v* : to sin
pécari *or* **pecarí** *nm* : peccary
pececillo *nm* : small fish
pecera *nf* : fishbowl : fish tank
pecho *nm* : chest : breast : bosom : heart : courage
pechuga *nf* : breast
pecoso, -sa *adj* : freckled
pectoral *adj* : pectoral
peculado *nm* : embezzlement
peculiar *adj* : particular : characteristic : peculiar : uncommon
peculiaridad *nf* : peculiarity
pecuniario, -ria *adj* : pecuniary
pedagogía *nf* : pedagogy
pedagógico, -ca *adj* : pedagogic : pedagogical
pedagogo, -ga *n* : educator
pedal *nm* : pedal
pedalear *v* : to pedal
pedante[1] *adj* : pedantic
pedante[2] *nmf* : pedant
pedantería *nf* : pedantry
pedazo *nm* : piece : bit : chunk
pedernal *nm* : flint
pedestal *nm* : pedestal
pedestre *adj* : commonplace : pedestrian
pediatra *nmf* : pediatrician
pediatría *nf* : pediatrics
pediátrico, -ca *adj* : pediatric
pedido *nm* : order : request
pedigrí *nm, pl* **-gríes** : pedigree
pedir *v* : to ask for : to request : to order : to beg
pedo *nm* : fart *often vulgar*
pedrada *nf* : blow : cutting remark : dig
pedregal *nm* : rocky ground
pedregoso, -sa *adj* : rocky : stony
pedrera *nf* : quarry
pedrería *nf* : precious stones *pl* : gems *pl*
pega *nf* : work
pegadizo, -za *adj* : catchy
pegado, -da *adj* : glued : stuck : stuck together
pegajoso, -sa *adj* : sticky : gluey : catchy : clingy
pegamento *nm* : adhesive : glue
pegar *v* : to stick : to glue : to paste : to attach : to sew on : to infect with : to give : to deal : to put against : to put near : to adhere : to hit — **pegarse** *vr* : to hit oneself : to hit each other : to take hold : to be contagious
pegote *nm* : sticky mess : sticker : adhesive label
pegue, etc. → **pegar**
peinado *nm* : hairstyle : hairdo
peinador, -dora *n* : hairdresser
peinar *v* : to comb : to style : to do : to search — **peinarse** *vr* : to comb one's hair : to get one's hair done
peine *nm* : comb
peineta *nf* : ornamental comb
peladez *nf, pl* **-deces** : obscenity : bad language
pelado, -da *adj* : bald : hairless : peeled : bare : barren : broke : penniless : coarse : crude
pelador *nm* : peeler
pelagra *nf* : pellagra
pelaje *nm* : coat : fur
pelapapas *nm* : (potato) peeler
pelar *v* : to peel : to shell : to skin : to pluck : to remove hair from : to clean out — **pelarse** *vr* : to get a haircut : to split : to leave
peldaño *nm* : step : stair : rung
pelea *nf* : fight : quarrel
pelear *v* : to fight : to quarrel — **pelearse** *vr*
pelele *nm* : puppet
peleón, -ona *adj, mpl* **-ones** : quarrelsome : argumentative
peleonero, -ra *adj* : quarrelsome
peletería *nf* : fur shop : fur trade
peletero, -ra *n* : furrier
peliagudo, -da *adj* : tricky : difficult : ticklish
pelícano *nm* : pelican
película *nf* : movie : film : (photographic) film : thin covering : layer
peligrar *v* : to be in danger
peligro *nm* : danger : peril : risk
peligroso, -sa *adj* : dangerous : hazardous
pelirrojo[1], **-ja** *adj* : red-haired : redheaded
pelirrojo[2], **-ja** *n* : redhead
pellejo *nm* : hide : skin
pellizcar *v* : to pinch : to nibble on
pellizco *nm* : pinch
pelmazo[1], **-za** *adj* : boring
pelmazo[2], **-za** *n* : bore
pelo *nm* : hair : fur : pile : nap
pelón[1], **-lona** *adj, mpl* **pelones** : bald : broke : tough : difficult
pelón[2], **-lona** *n, mpl* **pelones** : bald person
pelota *nf* : ball : head
pelotera *nf* : fight : ruckus : row
pelotón *nm, pl* **-tones** : squad : detachment
peltre *nm* : pewter
peluca *nf* : wig
peluche *nm* : plush
peludo, -da *adj* : hairy : shaggy : bushy
peluquería *nf* : hairdresser's : barbershop : hairdressing
peluquero, -ra *n* : barber : hairdresser
peluquín *nm, pl* **-quines** : hairpiece : toupee

pelusa *nf* : down : lint
pélvico, -ca *adj* : pelvic
pelvis *nfs & pl* : pelvis
pena *nf* : sentence : penalty : sorrow : grief : shame : embarrassment; **penas** *nfpl* : problems : troubles; **penas** *nfpl* : difficulty : trouble
penacho *nm* : crest : tuft : plume
penal[1] *adj* : criminal : penal
penal[2] *nm* : prison : penitentiary
penalidad *nf* : hardship : penalty : punishment
penalizar *v* : to penalize
penalty *nm* : penalty
penar *v* : to punish : to penalize : to suffer : to grieve
pendenciero, -ra *adj* : argumentative : quarrelsome
pender *v* : to hang : to be pending
pendiente[1] *adj* : pending
pendiente[2] *nm* : earring
pendiente[3] *nf* : slope : incline
pendón *nm, pl* **pendones** : banner
péndulo *nm* : pendulum
pene *nm* : penis
penetración *nf, pl* **-ciones** : penetration : insight
penetrante *adj* : penetrating : bitter : pungent : piercing : shrill
penetrar *v* : to penetrate : to sink in : to permeate : to pierce : to fathom : to understand
penicilina *nf* : penicillin
península *nf* : peninsula — **peninsular** *adj*
penique *nm* : penny
penitencia *nf* : penance : penitence
penitenciaría *nf* : penitentiary
penitente *adj & nmf* : penitent
penol *nm* : yardarm
penosamente *adv* : with difficulty
penoso, -sa *adj* : painful : distressing : difficult : arduous : shy : bashful
pensador, -dora *n* : thinker
pensamiento *nm* : thought : thinking : pansy
pensar *v* : to think : to think about : to intend : to plan on — **pensarse** *vr* : to think over
pensativo, -va *adj* : pensive : thoughtful
pensión *nf, pl* **pensiones** : pension : boarding house
pensionado, -da *n* → **pensionista**
pensionista *nmf* : pensioner : retiree : boarder : lodger
pentágono *nm* : pentagon — **pentagonal** *adj*
pentagrama *nm* : staff
penthouse *nm* : penthouse
penúltimo, -ma *adj* : next to last : penultimate
penumbra *nf* : partial darkness : shadow
penuria *nf* : shortage : scarcity : poverty
peña *nf* : rock : crag
peñasco *nm* : crag : large rock
peñascoso, -sa *adj* : craggy
peñón → **peñasco**
peón *nm, pl* **peones** : laborer : peon : pawn
peonía *nf* : peony
peor[1] *adv* : worse : worst
peor[2] *adj* : worse : worst
pepa *nf* : seed : pit
pepenador, -dora *n* : scavenger
pepenar *v* : to scavenge : to scrounge
pepinillo *nm* : pickle : gherkin
pepino *nm* : cucumber
pepita *nf* : seed : pip : nugget : dried pumpkin seed
peque, etc. → **pecar**
pequeñez *nf, pl* **-ñeces** : smallness : trifle : triviality
pequeño[1], **-ña** *adj* : small : little : young : short : slight
pequeño[2], **-ña** *n* : child : little one
pera *nf* : pear : chin : goatee : rubber bulb
peral *nm* : pear tree
peraltar *v* : to bank
peralte *nm* : bank
perca *nf* : perch
percal *nm* : percale
percance *nm* : mishap : misfortune
per cápita *adv & adj* : per capita
percatarse *vr* ~ **de** : to notice : to become aware of
percebe *nm* : barnacle
percepción *nf, pl* **-ciones** : perception : idea : notion : receipt : collection
perceptible *adj* : perceptible : noticeable — **perceptiblemente** *adv*
percha *nf* : perch : coat hanger : coatrack : coat hook
perchero *nm* : coatrack
percibir *v* : to perceive : to notice : to sense : to earn : to draw
percudido, -da *adj* : grimy
percudir *v* : to make grimy — **percudirse** *vr*
percusión *nf, pl* **-siones** : percussion
percusor *or* **percutor** *nm* : hammer
perdedor[1], **-dora** *adj* : losing
perdedor[2], **-dora** *n* : loser
perder *v* : to lose : to miss : to waste — **perderse** *vr* : to get lost : to disappear
perdición *nf, pl* **-ciones** : ruin
pérdida *nf* : loss : waste : leak
perdidamente *adv* : hopelessly
perdido, -da *adj* : lost : inveterate : incorrigible
perdigón *nm, pl* **-gones** : shot : pellet
perdiz *nf, pl* **perdices** : partridge
perdón[1] *nm, pl* **perdones** : forgiveness : pardon
perdón[2] *interj* : excuse me! : sorry!
perdonable *adj* : forgivable
perdonar *v* : to forgive : to pardon : to excuse from : to write off : to excuse

perdurable *adj* : lasting
perdurar *v* : to last : to endure : to survive
perecedero, -ra *adj* : perishable
perecer *v* : to perish : to die
peregrinación *nf, pl* **-ciones** : pilgrimage
peregrinaje *nm* → **peregrinación**
peregrino[1], **-na** *adj* : unusual : odd : migratory
peregrino[2], **-na** *n* : pilgrim
perejil *nm* : parsley
perenne *adj* : perennial
perentorio, -ria *adj* : peremptory : urgent : fixed : set
pereza *nf* : laziness : idleness
perezoso[1], **-sa** *adj* : lazy
perezoso[2] *nm* : sloth
perfección *nf, pl* **-ciones** : perfection
perfeccionamiento *nm* : perfecting : refinement
perfeccionar *v* : to perfect : to improve : to refine
perfeccionismo *nm* : perfectionism
perfeccionista *nmf* : perfectionist
perfecto, -ta *adj* : perfect — **perfectamente** *adv*
perfidia *nf* : treachery
pérfido, -da *adj* : perfidious
perfil *nm* : profile : outline; **perfiles** *nmpl* : features : characteristics
perfilar *v* : to outline : to define — **perfilarse** *vr* : to be outlined : to be silhouetted : to take shape
perforación *nf, pl* **-ciones** : perforation : drilling
perforadora *nf* : hole punch : drill
perforar *v* : to perforate : to pierce : to drill : to bore
perfumar *v* : to perfume : to scent — **perfumarse** *vr* : to put on perfume
perfume *nm* : perfume : scent
perfumería *nf* : perfume shop : perfumes *pl* : perfume industry
pergamino *nm* : parchment
pérgola *nf* : arbor
pericia *nf* : skill : expertise
pericial *adj* : expert
perico *nm* : small parrot
periferia *nf* : periphery : outskirts
periférico[1], **-ca** *adj* : outlying : peripheral
periférico[2] *nm* : beltway : peripheral
perilla *nf* : goatee : pommel : knob : handle
perímetro *nm* : perimeter
periódico[1], **-ca** *adj* : periodic — **periódicamente** *adv*
periódico[2] *nm* : newspaper
periodismo *nm* : journalism
periodista *nmf* : journalist
periodístico, -ca *adj* : journalistic : news
período *or* **periodo** *nm* : period
peripecia *nf* : vicissitude : reversal
periquera *nf* : high chair
periquito *nm* : parakeet
periscopio *nm* : periscope
perito, -ta *adj & n* : expert
perjudicar *v* : to harm : to be detrimental to
perjudicial *adj* : harmful : detrimental
perjuicio *nm* : harm : damage
perjurar *v* : to perjure oneself
perjurio *nm* : perjury
perla *nf* : pearl
permanecer *v* : to remain : to stay : to continue to be
permanencia *nf* : permanence : continuance : stay
permanente[1] *adj* : permanent : constant — **permanentemente** *adv*
permanente[2] *nf* : perm : permanent
permeabilidad *nf* : permeability
permeable *adj* : permeable
permisible *adj* : permissible : allowable
permisividad *nf* : permissiveness
permisivo, -va *adv* : permissive
permiso *nm* : permission : permit : license : leave : furlough
permitir *v* : to permit : to allow : to enable — **permitirse** *vr* : to allow oneself
permuta *nf* : exchange
permutación *nf, pl* **-ciones** : permutation
permutar *v* : to exchange
pernera *nf* : leg
pernicioso, -sa *adj* : pernicious : destructive
pernil *nm* : haunch : leg : ham : trouser leg
perno *nm* : bolt : pin
pernoctar *v* : to stay overnight : to spend the night
pero[1] *nm* : fault : defect : objection
pero[2] *conj* : but
perogrullada *nf* : truism : platitude : cliché
peroné *nm* : fibula
perorar *v* : to deliver a speech
perorata *nf* : oration : long-winded speech
peróxido *nm* : peroxide
perpendicular *adj & nf* : perpendicular
perpetrar *v* : to perpetrate
perpetuar *v* : to perpetuate
perpetuidad *nf* : perpetuity
perpetuo, -tua *adj* : perpetual — **perpetuamente** *adv*
perplejidad *nf* : perplexity
perplejo, -ja *adj* : perplexed : puzzled
perrada *nf* : dirty trick
perrera *nf* : kennel : dog pound
perrero, -ra *n* : dogcatcher
perrito, -ta *n* : puppy : small dog
perro, -rra *n* : dog : bitch *f*
persa[1] *adj & nmf* : Persian
persa[2] *nm* : Persian
per se *adv* : per se

persecución *nf, pl* **-ciones** : pursuit : chase : persecution
perseguible *adj* : chargeable
perseguidor, -dora *n* : pursuer : persecutor
perseguir *v* : to pursue : to chase : to persecute : to pester : to annoy
perseverancia *nf* : perseverance
perseverante *adj* : persistent
perseverar *v* : to persevere
persiana *nf* : blind : venetian blind
persignarse *vr* : to cross oneself : to make the sign of the cross
persistir *v* : to persist — **persistencia** *nf* — **persistente** *adj*
persona *nf* : person
personaje *nm* : character : personage : celebrity
personal[1] *adj* : personal — **personalmente** *adv*
personal[2] *nm* : personnel : staff
personalidad *nf* : personality : personage : celebrity
personalizar *v* : to personalize : to name names
personero, -ra *n* : representative : spokesperson : spokesman *m* : spokeswoman *f*
personificar *v* : to personify — **personificación** *nf*
perspectiva *nf* : perspective : view : prospect : outlook : point of view
perspicacia *nf* : shrewdness : perspicacity : insight
perspicaz *adj, pl* **-caces** : shrewd : perspicacious
persuadir *v* : to persuade — **persuadirse** *vr* : to become convinced
persuasión *nf, pl* **-siones** : persuasion
persuasivo, -va *adj* : persuasive
pertenecer *v* : to belong
perteneciente *adj* ~ **a** : belonging to
pertenencia *nf* : membership : ownership; **pertenencias** *nfpl* : belongings : possessions
pértiga *nf* : pole
pertinaz *adj, pl* **-naces** : obstinate : persistent
pertinencia *nf* : pertinence : relevance
pertinente *adj* : pertinent : relevant : appropriate
pertrechos *nmpl* : equipment : gear
perturbación *nf, pl* **-ciones** : disturbance : disruption
perturbador, -dora *adj* : disturbing : troubling : disruptive
perturbar *v* : to disturb : to trouble : to disrupt
peruano, -na *adj & n* : Peruvian
perversidad *nf* : perversity : depravity
perversión *nf, pl* **-siones** : perversion
perverso, -sa *adj* : wicked : depraved
pervertido[1], **-da** *adj* : perverted : depraved
pervertido[2], **-da** *n* : pervert
pervertir *v* : to pervert : to corrupt
pesa *nf* : weight
pesadamente *adv* : heavily : slowly : clumsily
pesadez *nf, pl* **-deces** : heaviness : tediousness : drag : bore
pesadilla *nf* : nightmare
pesado[1], **-da** *adj* : heavy : slow : irritating : annoying : tedious : boring : tough : difficult
pesado[2], **-da** *n* : bore : pest
pesadumbre *nf* : grief : sorrow : sadness
pésame *nm* : condolences *pl*
pesar[1] *v* : to weigh : to consider : to think over : to be heavy : to weigh heavily : to be a burden : to carry weight : to have bearing : to grieve : to sadden
pesar[2] *nm* : sorrow : grief : remorse
pesaroso, -sa *adj* : sad : mournful : sorry : regretful
pesca *nf* : fishing : catch
pescadería *nf* : fish market
pescado *nm* : fish
pescador, -dora *n* : fisherman *m* : fisherwoman *f*
pescar *v* : to fish for : to catch : to get a hold of : to land : to fish : to go fishing
pescuezo *nm* : neck
pesebre *nm* : manger : Nativity scene
pesebrera *nf* : stable
pesera *nf* → **pesero**
pesero *nm* : minibus
peseta *nf* : peseta
pesimismo *nm* : pessimism
pesimista[1] *adj* : pessimistic
pesimista[2] *nmf* : pessimist
pésimo, -ma *adj* : dreadful : abominable
peso *nm* : weight : heaviness : burden : responsibility : scale : peso
pesque, etc. → **pescar**
pesquería *nf* : fishery
pesquero[1], **-ra** *adj* : fishing
pesquero[2] *nm* : fishing boat
pesquisa *nf* : inquiry : investigation
pestaña *nf* : eyelash : flange : rim : tab
pestañear *v* : to blink
pestañeo *nm* : blink
peste *nf* : plague : pestilence : stench : stink : nuisance : pest
pesticida *nm* : pesticide
pestilencia *nf* : stench : foul odor : pestilence
pestillo *nm* : bolt : latch
petaca *nf* : suitcase; **petacas** *nfpl* : bottom : behind
pétalo *nm* : petal
petardear *v* : to backfire
petardeo *nm* : backfiring
petardo *nm* : firecracker
petate *nm* : mat
petición *nf, pl* **-ciones** : petition : request

peticionar *v* : to petition
peticionario, -ria *n* : petitioner
petirrojo *nm* : robin
petiso, -sa *or* **petizo, -za** *n* : shorty
peto *nm* : bib
pétreo, -trea *adj* : stone : stony
petrificar *v* : to petrify
petróleo *nm* : oil : petroleum
petrolero[1], **-ra** *adj* : oil
petrolero[2] *nm* : oil tanker
petrolífero, -ra *adj* → **petrolero**[1]
petulancia *nf* : insolence : petulance
petulante *adj* : insolent : petulant — **petulantemente** *adv*
petunia *nf* : petunia
peyorativo, -va *adj* : pejorative
pez[1] *nm, pl* **peces** : fish
pez[2] *nf, pl* **peces** : pitch : tar
pezón *nm, pl* **pezones** : nipple
pezuña *nf* : hoof
pH *nm* : pH
phishing *nm* : phishing
phylum *nm* : phylum
pi *nf* : pi
piadoso, -sa *adj* : compassionate : merciful : pious : devout — **piadosamente** *adv*
pianista *nmf* : pianist : piano player
piano *nm* : piano
piar *v* : to chirp : to cheep : to tweet
pibe, -ba *n* : kid : child
pica *nf* : pike : lance : goad : spade
picada *nf* : bite : sting : sharp descent
picadero *nm* : exercise ring : riding school
picadillo *nm* : minced meat : hash
picado, -da *adj* : perforated : ground : chopped : decayed : choppy : rough : annoyed : miffed
picador *nm* : picador
picadura *nf* : sting : bite : prick : puncture : decay : cavity
picaflor *nm* : hummingbird : womanizer
picana *nf* : goad : prod
picante[1] *adj* : hot : spicy : sharp : cutting : racy : risqué
picante[2] *nm* : spiciness : hot spices *pl* : hot sauce
picaporte *nm* : latch : door handle : door knocker
picar *v* : to sting : to bite : to peck at : to nibble on : to prick : to punch : to break : to chip : to grind : to chop : to goad : to incite : to pique : to provoke : to itch : to be spicy : to be hot : to nibble : to take the bait — **picarse** *vr* : to get a cavity : to decay : to go bad : to get annoyed : to take offense : to become choppy
picardía *nf* : cunning : craftiness : prank : dirty trick
picaresco, -ca *adj* : picaresque : mischievous : naughty
pícaro[1], **-ra** *adj* : mischievous : cunning : sly : off-color : risqué
pícaro[2], **-ra** *n* : rogue : scoundrel : rascal
picazón *nf, pl* **-zones** : itch
picea *nf* : spruce
pichel *nm* : pitcher : jug
pichón, -chona *n, mpl* **pichones** : young pigeon : squab : novice : greenhorn
picnic *nm* : picnic
pico *nm* : peak : point : corner : beak : bill : mouth : pick : pickax
picor *nm* : itch : irritation
picoso, -sa *adj* : very hot : spicy
picota *nf* : pillory : stock
picotada *nf* → **picotazo**
picotazo *nm* : peck
picotear *v* : to peck : to nibble : to pick
pictórico, -ca *adj* : pictorial
picudo, -da *adj* : pointy : sharp
pide, etc. → **pedir**
pie *nm* : foot : base : bottom : stem : cue
piedad *nf* : mercy : pity : piety : devotion
piedra *nf* : stone : flint : hailstone
piel *nf* : skin : leather : hide : fur : pelt : peel
piélago *nm* **el piélago** : the deep : the ocean
piensa, etc. → **pensar**
pienso *nm* : feed : fodder
pierde, etc. → **perder**
pierna *nf* : leg
pieza *nf* : piece : part : component : work : room : bedroom
pífano *nm* : fife
pifia *nf* : goof : blunder
pifiar *v* : to mess up : to bungle
pigargo *nm* : osprey
pigmentación *nf, pl* **-ciones** : pigmentation
pigmento *nm* : pigment
pigmeo, -mea *adj & n* : pygmy : Pygmy
pijama *nm* : pajamas *pl*
pila *nf* : battery : pile : heap : sink : basin : font
pilar *nm* : pillar : column : support : mainstay
píldora *nf* : pill
pileta *nf* : sink : swimming pool
pillaje *nm* : pillage : plunder
pillar *v* : to catch : to grasp : to catch on — **pillarse** *vr* : to catch
pillo[1], **-lla** *adj* : cunning : crafty
pillo[2], **-lla** *n* : rascal : brat : rogue : scoundrel
pilluelo, -la *n* : urchin
pilón *nm, pl* **pilones** : basin : pillar : tower : pylon : extra : free gift
pilotar *v* : to pilot : to steer : to drive
pilote *nm* : pile
pilotear → **pilotar**
piloto[1] *nm* : pilot light : raincoat
piloto[2] *nmf* : pilot : driver
piltrafa *nf* : poor quality meat : wretch; **piltrafas** *nfpl* : food scraps
pimentero *nm* : pepper shaker

pimentón *nm, pl* **-tones** : paprika : cayenne pepper
pimienta *nf* : pepper
pimiento *nm* : pepper
pináculo *nm* : pinnacle : peak : acme
pinar *nm* : pine forest
pinball *nm* : pinball
pincel *nm* : paintbrush : makeup brush
pincelada *nf* : brushstroke
pinchar *v* : to puncture : to prick : to stick : to jab : to goad : to tease : to needle : to give an injection : to click on : to tap : to wiretap : to be prickly : to get a flat tire : to get beaten : to lose out — **pincharse** *vr* : to shoot up : to go flat
pinchazo *nm* : prick : jab : puncture : flat tire
pinche[1] *adj* : damned
pinche[2] *nmf* : kitchen assistant
pincho *nm* : thorn : spine : bar snack
pingüe *adj* : rich : huge : lucrative
pingüino *nm* : penguin
pininos *or* **pinitos** *nmpl* : first steps
pino *nm* : pine : pine tree
pinta *nf* : dot : spot : pint : aspect : appearance; **pintas** *nfpl* : graffiti
pintadas *nfpl* : graffiti
pintado, -da *adj* : spotted
pintalabios *nms & pl* : lipstick
pintar *v* : to paint : to draw : to mark : to describe : to depict : to look : to count — **pintarse** *vr* : to put on makeup
pintarrajear *v* : to daub
pinto, -ta *adj* : speckled : spotted
pintor, -tora *n* : painter
pintoresco, -ca *adj* : picturesque : quaint
pintura *nf* : paint : painting
pinza *nf* : clothespin : bobby pin : claw : pincer : pleat : dart; **pinzas** *nfpl* : tweezers; **pinzas** *nfpl* : pliers : pincers; **pinzas** *nfpl* : tongs
pinzón *nm, pl* **pinzones** : finch
piña *nf* : pineapple : pine cone
piñata *nf* : piñata
piñón *nm, pl* **piñones** : pine nut : pinion : sprocket
pío[1], **pía** *adj* : pious : devout : pied : dappled
pío[2] *nm* : peep : tweet : cheep
piocha *nf* : pickax : goatee
piojo *nm* : louse
piojoso, -sa *adj* : lousy : filthy
piola[1] *adj* : cool : good
piola[2] *nf* : cord
pionero[1], **-ra** *adj* : pioneering
pionero[2], **-ra** *n* : pioneer
pipa *nf* : pipe : tanker truck : seed
pipí *nm* : pee
pipiolo, -la *n* : greenhorn : novice : kid : youngster
pique[1], **etc.** → **picar**
pique[2] *nm* : pique : resentment : rivalry : competition
piqueta *nf* : pickax
piquete *nm* : picketers *pl* : picket line : squad : detachment : prick : jab : insect bite
piquetear *v* : to picket : to prick : to jab
pira *nf* : pyre
piragua *nf* : canoe
piragüismo *nm* : canoeing
piragüista *nmf* : canoeist : canoer
pirámide *nf* : pyramid
piraña *nf* : piranha
pirata[1] *adj* : bootleg : pirated : pirate
pirata[2] *nmf* : pirate : bootlegger
piratear *v* : to hijack : to commandeer : to bootleg : to pirate
piratería *nf* : piracy : bootlegging
piromanía *nf* : pyromania
pirómano, -na *n* : pyromaniac
piropo *nm* : flirtatious compliment
pirotecnia *nf* : fireworks *pl* : pyrotechnics *pl*
pirotécnico, -ca *adj* : fireworks : pyrotechnic
pírrico, -ca *adj* : Pyrrhic
pirueta *nf* : pirouette
pis → **pipí**
pisada *nf* : footstep : footprint
pisapapeles *nms & pl* : paperweight
pisar *v* : to step on/in : to set foot in : to walk all over : to mistreat : to step : to walk : to tread
piscina *nf* : swimming pool : fish pond
Piscis[1] *nm* : Pisces
Piscis[2] *nmf* : Pisces
piso *nm* : floor : story : surface : layer : apartment
pisotear *v* : to stamp on : to trample : to walk all over : to flout : to disregard
pisotón *nm, pl* **-tones** : stamp : step
pista *nf* : trail : track : clue : road : racetrack : lane : ring : arena : rink
pistacho *nm* : pistachio
pistilo *nm* : pistil
pistola *nf* : pistol : handgun : spray gun
pistolera *nf* : holster
pistolero *nm* : gunman
pistón *nm, pl* **pistones** : piston : key : valve
pita *nf* : twine : pita
pitar *v* : to blow a whistle : to whistle : to boo : to beep : to honk : to toot : to whistle at : to call : to signal
pitido *nm* : whistle : whistling : beep : honk : toot
pitillo *nm* : cigarette
pito *nm* : whistle : horn
pitón *nm, pl* **pitones** : python : point of a bull's horn
pitonisa *nf* : fortune-teller
pituitario, -ria *adj* : pituitary
pívot *nmf, pl* **pívots** : center
pivote *nm* : pivot
piyama *nmf* : pajamas *pl*
pizarra *nf* : slate : blackboard : scoreboard

pizarrón *nm, pl* **-rrones** : blackboard : chalkboard
pizca *nf* : pinch : speck : trace : harvest
pizcar *v* : to harvest
pizque, etc. → **pizcar**
pizza *nf* : pizza
pizzería *nf* : pizzeria : pizza parlor
placa *nf* : sheet : plate : plaque : badge : insignia
placard *nm, pl* **-cards** : built-in closet
placebo *nm* : placebo
placenta *nf* : placenta
placentero, -ra *adj* : pleasant : agreeable — **placenteramente** *adv*
placer[1] *v* : to be pleasing
placer[2] *nm* : pleasure : enjoyment
plácido, -da *adj* : placid : calm
plaga *nf* : plague : infestation : blight : disaster : scourge
plagado, -da *adj* ~ **de** : filled with : covered with
plagar *v* : to plague
plagiar *v* : to plagiarize : to kidnap : to abduct
plagiario, -ria *n* : plagiarist : kidnapper : abductor
plagio *nm* : plagiarism : kidnapping : abduction
plague, etc. → **plagar**
plan *nm* : plan : strategy : program : diagram : attitude : intent : purpose
plana *nf* : page
plancha *nf* : iron : ironing : grill : griddle : sheet : plate : blunder : blooper
planchada *nf* : ironing : pressing
planchado *nm* → **planchada**
planchar *v* : to iron
planchazo *nm* : goof : blunder
plancton *nm* : plankton
planeación *nf, pl* **-ciones** → **planeamiento**
planeador *nm* : glider
planeamiento *nm* : plan : planning
planear *v* : to plan : to glide
planeo *nm* : gliding : soaring
planeta *nm* : planet
planetario[1], **-ria** *adj* : planetary : global : worldwide
planetario[2] *nm* : planetarium
planicie *nf* : plain
planificación *nf, pl* **-ciones** : planning
planificador, -dora *n* : planner
planificar *v* : to plan
planilla *nf* : list : payroll : chart : table : slate : ticket
plano[1], **-na** *adj* : flat : level : plane
plano[2] *nm* : map : plan : plane : level : shot
planta *nf* : plant : factory : floor : story : staff : employees *pl* : sole
plantación *nf, pl* **-ciones** : plantation : planting
plantado, -da *adj* : planted
plantar *v* : to plant : to sow : to put in : to place : to land : to leave : to jilt — **plantarse** *vr* : to stand firm : to arrive : to show up : to balk
planteamiento *nm* : approach : position : explanation : exposition : proposal : suggestion : plan
plantear *v* : to set forth : to bring up : to suggest : to establish : to set up : to create : to pose — **plantearse** *vr* : to think about : to arise
plantel *nm* : educational institution : staff : team
planteo → **planteamiento**
plantilla *nf* : insole : pattern : template : stencil : staff : roster of employees
plantío *nm* : field
plantón *nm, pl* **plantones** : seedling : long wait
plañidero[1], **-ra** *adj* : mournful
plañidero[2], **-ra** *nf* : hired mourner
plañir *v* : to mourn : to lament
plasma *nm* : plasma
plasmar *v* : to express : to give form to — **plasmarse** *vr*
plasta *nf* : soft mass : lump
plástica *nf* : modeling : sculpture
plasticidad *nf* : plasticity
plástico[1], **-ca** *adj* : plastic
plástico[2] *nm* : plastic
plastificar *v* : to laminate
plata *nf* : silver : silverware : money
plataforma *nf* : platform : dais : springboard : stepping stone
platal *nm* : large sum of money : fortune
platanal *or* **platanar** *nm* : banana plantation
platanero[1], **-ra** *adj* : banana : banana-producing
platanero[2], **-ra** *n* : banana grower
plátano *nm* : banana : plantain : plane tree
platea *nf* : orchestra seats *pl*
plateado, -da *adj* : silver : silvery : silver-plated
platería *nf* : silver : silverware : silver shop
plática *nf* : talk : lecture : chat : conversation
platicar *v* : to talk : to chat : to tell : to say
platija *nf* : flatfish : flounder
platillo *nm* : saucer : cymbal : pan : dish
platino *nm* : platinum
plato *nm* : plate : dish : serving : helping : course : home plate
plató *nm* : set
platónico, -ca *adj* : platonic
playa *nf* : beach : seashore
playera *nf* : canvas sneaker : T-shirt
playboy *nm, pl* **playboys** : playboy
plaza *nf* : square : plaza : marketplace : space : seat : post : position : place : spot
plazca, etc. → **placer**
plazo *nm* : period : term : installment
plazoleta *nf* : small square

plazuela → plazoleta
pleamar *nf* : high tide
plebe *nf* : common people : masses *pl*
plebeyo[1], **-ya** *adj* : plebeian
plebeyo[2], **-ya** *n* : plebeian : commoner
plegable *adj* : folding : collapsible
plegadizo → plegable
plegar *v* : to fold : to bend — **plegarse** *vr* : to give in : to yield
plegaria *nf* : prayer
pleito *nm* : lawsuit : fight : argument : dispute
plenamente *adv* : fully : completely
plenario, -ria *adj* : full
plenilunio *nm* : full moon
plenitud *nf* : fullness : abundance
pleno, -na *adj* : full : complete
plétora *nf* : plethora
pleuresía *nf* : pleurisy
plexiglás *nm* : plexiglass
pliega, pliegue, etc. → plegar
pliego *nm* : sheet of paper : sealed document
pliegue *nm* : crease : fold : pleat
plisar *v* : to pleat
plomada *nf* : plumb line : weight : sinker
plomería *nf* : plumbing
plomero, -ra *n* : plumber
plomizo, -za *adj* : leaden
plomo *nm* : lead : plumb line : weight : sinker : fuse : bore : drag
plugo, etc. → placer
pluma *nf* : feather : quill : pen : faucet
plumaje *nm* : plumage
plumero *nm* : feather duster
plumilla *nf* : nib
plumón *nm, pl* **plumones** : down : marker : felt-tip pen
plumoso, -sa *adj* : feathery : downy
plural *adj & nm* : plural
pluralidad *nf* : plurality
pluralizar *v* : to pluralize : to expand : to multiply
pluriempleado, -da *adj* : holding more than one job
pluriempleo *nm* : moonlighting
plus *nm* : bonus
pluscuamperfecto *nm* : pluperfect — **pluscuamperfecto, -ta** *adj*
plusvalía *nf* : appreciation : capital gain
Plutón *nm* : Pluto
plutocracia *nf* : plutocracy
plutonio *nm* : plutonium
población *nf, pl* **-ciones** : population : city : town : village
poblado[1], **-da** *adj* : inhabited : populated : full : thick
poblado[2] *nm* : village : settlement
poblador, -dora *n* : settler
poblar *v* : to populate : to inhabit : to settle : to colonize — **poblarse** *vr* : to fill up : to become crowded
pobre[1] *adj* : poor : impoverished : unfortunate : bad : deficient
pobre[2] *nmf* : poor person
pobremente *adv* : poorly
pobreza *nf* : poverty
pocilga *nf* : pigsty : pigpen
pocillo *nm* : small coffee cup : demitasse
poción *or* **pócima** *nf, pl* **pociones** *or* **pócimas** : potion
poco[1] *adv* : little : not much : a short time : a while
poco[2], **-ca** *adj* : little : not much : few
poco[3], **-ca** *pron* : little : few
podar *v* : to prune : to trim
podcast *nm, pl* **podcasts** : podcast
poder[1] *v aux* : to be able to : can : might : may : to beat : to defeat : to be possible
poder[2] *nm* : power : control : influence : ability : authority : branch : force : possession : power of attorney
poderío *nm* : power : wealth : influence
poderosamente *adv* : powerfully
poderoso, -sa *adj* : powerful : wealthy : influential : effective
podiatría *nf* : podiatry
podio *nm* : podium
pódium → podio
podología *nf* : podiatry : chiropody
podólogo, -ga *n* : podiatrist : chiropodist
podrá, etc. → poder
podredumbre *nf* : decay : rottenness : corruption
podrido, -da *adj* : rotten : decayed : corrupt : fed up
podrir → pudrir
poema *nm* : poem
poesía *nf* : poetry : poem
poeta *nmf* : poet
poético, -ca *adj* : poetic : poetical
poetisa *nf* : poetess *f* : poet
pogrom *nm* : pogrom
póker *or* **poker** *nm* : poker
polaco[1], **-ca** *adj* : Polish
polaco[2], **-ca** *n* : Pole : Polish person
polaco[3] *nm* : Polish
polar *adj* : polar
polarizar *v* : to polarize — **polarizarse** *vr* — **polarización** *nf*
polea *nf* : pulley
polémica *nf* : controversy : polemics
polémico, -ca *adj* : controversial : polemical
polemizar *v* : to argue : to debate
polemonio *nm* : phlox
polen *nm, pl* **pólenes** : pollen
polera *nf* : T-shirt
polerón *nm, pl* **-rones** : sweatshirt
policía[1] *nf* : police
policía[2] *nmf* : police officer : policeman *m* : policewoman *f*
policíaco, -ca *or* **policiaco, -ca** *adj* : police
policial *adj* : police
polideportivo *nm* : sports center

poliéster *nm* : polyester
polifacético, -ca *adj* : versatile : multifaceted
poligamia *nf* : polygamy
polígamo[1], **-ma** *adj* : polygamous
polígamo[2], **-ma** *n* : polygamist
poligonal *adj* : polygonal
polígono *nm* : polygon : zone
poliinsaturado, -da *adj* : polyunsaturated
polilla *nf* : moth
polímero *nm* : polymer
polinesio, -sia *adj & n* : Polynesian
polinizar *v* : to pollinate — **polinización** *nf*
polio *nf* : polio
poliomielitis *nf* : poliomyelitis : polio
polisón *nm, pl* **-sones** : bustle
politeísmo *nm* : polytheism — **politeísta** *adj & nmf*
política *nf* : politics : policy
políticamente *adv* : politically
político[1], **-ca** *adj* : political : tactful : politic : by marriage
político[2], **-ca** *n* : politician
póliza *nf* : policy
polizón *nm, pl* **-zones** : stowaway
polka *nf* : polka
polla *nf* : bet : lottery
pollera *nf* : chicken coop : skirt
pollero, -ra *n* : poultry farmer : poultry farm : smuggler of illegal immigrants
pollito, -ta *n* : chick : young bird : fledgling
pollo, -lla *n* : chicken : chick : young man *m* : young lady *f*
polluelo *nm* → **pollito**
polo *nm* : pole : polo : polo shirt : focal point : center
pololo, -la *n* : boyfriend *m* : girlfriend *f*
poltrona *nf* : armchair : easy chair
polución *nf, pl* **-ciones** : pollution
polvareda *nf* : cloud of dust : uproar : fuss
polvera *nf* : compact
polvo *nm* : dust : powder; **polvos** *nmpl* : face powder
pólvora *nf* : gunpowder : fireworks *pl*
polvoriento, -ta *adj* : dusty : powdery
polvorín *nm, pl* **-rines** : magazine : ammunition dump
pomada *nf* : ointment : cream
pomelo *nm* : grapefruit
pómez *nf or* **piedra pómez** : pumice
pomo *nm* : pommel : knob : handle : perfume bottle
pompa *nf* : bubble : pomp : splendor
pompón *nm, pl* **pompones** : pom-pom
pomposidad *nf* : pomp : splendor : pomposity : ostentation
pomposo, -sa *adj* : pompous — **pomposamente** *adv*
pómulo *nm* : cheekbone
pon → **poner**
ponchadura *nf* : puncture : flat
ponchar *v* : to strike out : to puncture — **poncharse** *vr* : to blow out
ponche *nm* : punch
poncho *nm* : poncho
ponderación *nf, pl* **-ciones** : consideration : deliberation : high praise
ponderar *v* : to weigh : to consider : to speak highly of
pondrá, etc. → **poner**
ponedora *nf* : layer
ponencia *nf* : paper : presentation : address : report
ponente *nmf* : speaker : presenter
poner *v* : to put : to place : to put in : to add : to put on : to contribute : to put in writing : to give : to impose : to prepare : to arrange : to name : to set up : to establish : to install : to make : to turn on : to switch on : to set : to suppose : to raise : to create : to lay : to lay eggs — **ponerse** *vr* : to move : to wear : to become : to turn : to start : to set
poni *or* **poney** *nm* : pony
ponga, etc. → **poner**
poniente *nm* : west : west wind
ponqué *nm* : cake
pontificar *v* : to pontificate
pontífice *nm* : pontiff : pope
pontón *nm, pl* **pontones** : pontoon
ponzoña *nf* : poison — **ponzoñoso, -sa** *adj*
pop *adj & nm* : pop
popa *nf* : stern
popelín *nm, pl* **-lines** : poplin
popelina *nf* : poplin
popó *nm* : poop
popote *nm* : straw : drinking straw
populachero, -ra *adj* : common : popular : vulgar
populacho *nm* : rabble : masses *pl*
popular *adj* : popular : traditional : colloquial — **popularmente** *adv*
popularidad *nf* : popularity
popularizar *v* : to popularize — **popularizarse** *vr*
populista *adj & nmf* : populist — **populismo** *nm*
populoso, -sa *adj* : populous
popurrí *nm* : potpourri
por *prep* : for : during : around : by : through : along : for the sake of : because of : on account of : per : in exchange for : instead of : by means of : as for : times : from : according to : as : in order to
porcelana *nf* : china : porcelain
porcentaje *nm* : percentage
porche *nm* : porch
porción *nf, pl* **porciones** : portion : part : share : serving : helping
pordiosear *v* : beg
pordiosero, -ra *n* : beggar

porfiado, -da *adj* : obstinate : stubborn — **porfiadamente** *adv*
porfiar *v* : to insist : to persist
pormenor *nm* : detail
pormenorizar *v* : to go into detail : to tell in detail
pornografía *nf* : pornography
pornográfico, -ca *adj* : pornographic
poro *nm* : pore
poroso, -sa *adj* : porous — **porosidad** *nf*
poroto *nm* : bean
porque *conj* : because
porqué *nm* : reason : cause
porquería *nf* : dirt : filth : nastiness : vulgarity : worthless thing : trifle : junk food
porra *nf* : nightstick : club : fans *pl* : cheer : yell
porrazo *nm* : blow : whack
porrista *nmf* : cheerleader : fan : supporter
porro *nm* : joint : marijuana cigarette
portaaviones *nms & pl* : aircraft carrier
portada *nf* : title page : cover : facade : front
portador, -dora *n* : carrier : bearer
portaequipajes *nms & pl* : luggage rack : roof rack : trunk
portafolio *or* **portafolios** *nm, pl* **-lios** : briefcase : portfolio
portal *nm* : portal : doorway : vestibule : hall
portar *v* : to carry : to bear : to wear — **portarse** *vr* : to behave
portátil[1] *adj* : portable
portátil[2] *nmf* : laptop computer
portaviandas *nms & pl* : lunch box
portaviones *nm* → **portaaviones**
portavoz *nmf, pl* **-voces** : spokesperson : spokesman *m* : spokeswoman *f*
portazo *nm* : slam
porte *nm* : bearing : demeanor : transport : carrying : size
portento *nm* : marvel : wonder
portentoso, -sa *adj* : marvelous : wonderful
porteño, -ña *adj* : of or from Buenos Aires
portería *nf* : goal : goalposts *pl* : superintendent's office
portero, -ra *n* : goalkeeper : goalie : doorman *m* : bouncer : janitor : superintendent
pórtico *nm* : portico
portilla *nf* : porthole
portón *nm, pl* **portones** : main door : gate
portorriqueño, -ña → **puertorriqueño**
portugués[1], **-guesa** *adj & n, mpl* **-gueses** : Portuguese
portugués[2] *nm* : Portuguese
porvenir *nm* : future
pos *adv* **en pos de** : in pursuit of
pos- *or* **post-** *pref* : post-
posada *nf* : inn : Advent celebration
posaderas *nfpl* : bottom : backside
posadero, -ra *n* : innkeeper
posar *v* : to pose : to place : to lay — **posarse** *vr* : to land : to light : to perch : to settle : to rest
posavasos *nms & pl* : coaster
posdata → **postdata**
pose *nf* : pose
poseedor, -dora *n* : possessor : holder
poseer *v* : to possess : to hold : to have
poseído, -da *adj* : possessed
posesión *nf, pl* **-siones** : possession
posesionarse *vr* ~ **de** : to take possession of : to take over
posesivo[1], **-va** *adj* : possessive
posesivo[2] *nm* : possessive case
posfechar *v* : to postdate
posguerra *nf* : postwar period
posibilidad *nf* : possibility; **posibilidades** *nfpl* : means : income
posibilitar *v* : to make possible : to permit
posible *adj* : possible — **posiblemente** *adv*
posición *nf, pl* **-ciones** : position : place : status : standing : attitude : stance
posicionar *v* : to position : to place : to establish — **posicionarse** *vr*
positivo[1], **-va** *adj* : positive — **positivamente** *adv*
positivo[2] *nm* : print
posmoderno, -na *adj* : postmodern
poso *nm* : sediment : dregs *pl* : grounds *pl*
posoperatorio, -ria *adj* : postoperative
posparto *adj* : postnatal
posponer *v* : to postpone : to put behind : to subordinate
pospuso, etc. → **posponer**
post *nm, pl* **post** *or* **posts** : post
posta *nf* : relay race : post : station : emergency medical center
postal[1] *adj* : postal
postal[2] *nf* : postcard
postdata *nf* : postscript
poste *nm* : post : pole : goalpost
postear *v* : to post
posteo *nm* → **post**
póster *or* **poster** *nm, pl* **pósters** *or* **posters** : poster : placard
postergación *nf, pl* **-ciones** : postponement : deferring
postergar *v* : to delay : to postpone : to pass over
posteridad *nf* : posterity
posterior *adj* : later : subsequent : back : rear
posterioridad *nf* **con** ~ : subsequently : later
posteriormente *adv* : subsequently
postgrado *nm* : graduate course
postgraduado, -da *n* : graduate student : postgraduate

postguerra → posguerra
postigo *nm* : shutter : small door : wicket gate
postilla *nf* : scab
postizo, -za *adj* : artificial : false
postnatal *adj* : postnatal
postor, -tora *n* : bidder
postración *nf, pl* **-ciones** : prostration : depression
postrado, -da *adj* : prostrate
potranco, -ca *n* → **potro**[1]
postrar *v* : to debilitate : to weaken — **postrarse** *vr* : to prostrate oneself
postre[1] *nm* : dessert
postre[2] *nf* **a la postre** : in the end
postrero, -ra *adj* : last
postulación *nf, pl* **-ciones** : collection : nomination
postulado *nm* : postulate : assumption
postulante, -ta *n* : candidate : applicant
postular *v* : to postulate : to nominate : to propose — **postularse** *vr* : to run : to be a candidate
póstumo, -ma *adj* : posthumous — **póstumamente** *adv*
postura *nf* : posture : position : stance
potable *adj* : drinkable : potable
potaje *nm* : thick vegetable soup
potasa *nf* : potash
potasio *nm* : potassium
pote *nm* : pot : jar : container
potencia *nf* : power : capacity : potency
potencial *adj* & *nm* : potential
potenciar *v* : to promote : to foster
potenciómetro *nm* : dimmer : dimmer switch
potentado, -da *n* : sovereign : ruler : tycoon : magnate
potente *adj* : powerful : strong : potent : virile
potestad *nf* : authority : jurisdiction
potrero *nm* : field : pasture : cattle ranch
potro[1], **-tra** *n* : colt *m* : filly *f*
potro[2] *nm* : rack : horse
pozo *nm* : well : deep pool : mine shaft : pothole
práctica *nf* : practice : experience; **prácticas** *nfpl* : training
practicable *adj* : practicable : feasible
prácticamente *adv* : practically
practicante[1] *adj* : practicing
practicante[2] *nmf* : practitioner
practicar *v* : to practice : to perform : to carry out : to exercise : to play
práctico, -ca *adj* : practical
pradera *nf* : grassland : prairie
prado *nm* : field : meadow : park
pragmático, -ca *adj* : pragmatic — **pragmáticamente** *adv*
pragmatismo *nm* : pragmatism
pre- *pref* : pre-
preadolescente *nmf* : preteen
preámbulo *nm* : preamble : introduction : evasion
prebélico, -ca *adj* : antebellum
prebenda *nf* : privilege
precalentar *v* : to preheat
precariedad *nf* : precariousness
precario, -ria *adj* : precarious — **precariamente** *adv*
precaución *nf, pl* **-ciones** : precaution : caution : care
precautorio, -ria *adj* : precautionary
precaver *v* : to prevent : to guard against — **precaverse** *vr* : to take precautions : to be on guard
precavido, -da *adj* : cautious : prudent
precedencia *nf* : precedence : priority
precedente[1] *adj* : preceding : previous
precedente[2] *nm* : precedent
preceder *v* : to precede
precepto *nm* : rule : precept
preciado, -da *adj* : esteemed : prized : valuable
preciarse *vr* : to boast : to brag
precintar *v* : to seal : to shut down : to seal off
precinto *nm* : seal
precio *nm* : price : cost : sacrifice
preciosidad *nf* : beautiful thing
precioso, -sa *adj* : beautiful : exquisite : precious : valuable
precipicio *nm* : precipice : ruin
precipitación *nf, pl* **-ciones** : haste : hurry : rush : precipitation : rain : snow
precipitado, -da *adj* : hasty : sudden : rash — **precipitadamente** *adv*
precipitar *v* : to hasten : to speed up : to hurl : to throw — **precipitarse** *vr* : to rush : to act rashly : to throw oneself
precisamente *adv* : precisely : exactly
precisar *v* : to specify : to determine exactly : to need : to require : to be necessary
precisión *nf, pl* **-siones** : precision : accuracy : clarity : necessity
preciso, -sa *adj* : precise : very : exact : necessary
precocidad *nf* : precocity
precocinar *v* : to precook
preconcebido, -da *adj* : preconceived
precondición *nf, pl* **-ciones** : precondition
preconizar *v* : to recommend : to advocate : to extol
precoz *adj, pl* **precoces** : precocious : early : premature — **precozmente** *adv*
precursor, -sora *n* : forerunner : precursor
predecesor, -sora *n* : predecessor
predecir *v* : to foretell : to predict
predestinado, -da *adj* : predestined : fated
predestinar *v* : to predestine — **predestinación** *nf*
predeterminar *v* : to predetermine

prédica *nf* : sermon
predicado *nm* : predicate
predicador, -dora *n* : preacher
predicar *v* : to preach
predicción *nf, pl* **-ciones** : prediction : forecast
prediga, predijo, etc. → **predecir**
predilección *nf, pl* **-ciones** : predilection : preference
predilecto, -ta *adj* : favorite
predio *nm* : property : piece of land
predisponer *v* : to predispose : to incline : to prejudice : to bias
predisposición *nf, pl* **-ciones** : predisposition : tendency : prejudice : bias
predispuesto, -ta *adj* ~ **a** : prone to
predominante *adj* : predominant — **predominantemente** *adv*
predominar *v* : to predominate : to prevail
predominio *nm* : predominance : prevalence
preeminente *adj* : preeminent — **preeminencia** *nf*
preescolar *adj & nm* : preschool
preestreno *nm* : preview
prefabricado, -da *adj* : prefabricated
prefacio *nm* : preface
prefecto *nm* : prefect
preferencia *nf* : preference : priority : right-of-way
preferencial *adj* : preferential
preferente *adj* : preferential : special
preferentemente *adv* : preferably
preferible *adj* : preferable
preferido, -da *adj & n* : favorite
preferir *v* : to prefer
prefigurar *v* : foreshadow : prefigure
prefijo *nm* : prefix : area code
pregonar *v* : to proclaim : to announce : to hawk : to extol : to reveal : to disclose
pregrabado, -da *adj* : prerecorded
pregunta *nf* : question
preguntar *v* : to ask : to question : to inquire — **preguntarse** *vr* : to wonder
preguntón, -tona *adj, mpl* **-tones** : inquisitive
prehistórico, -ca *adj* : prehistoric
prejuiciado, -da *adj* : prejudiced
prejuicio *nm* : prejudice
prejuzgar *v* : to prejudge
prelado *nm* : prelate
preliminar *adj & nm* : preliminary
preludio *nm* : prelude
prematrimonial *adj* : premarital
prematuro, -ra *adj* : premature
premeditación *nf, pl* **-ciones** : premeditation
premeditar *v* : to premeditate : to plan
premenstrual *adj* : premenstrual
premiado[1], **-da** *adj* : winning : prizewinning
premiado[2], **-da** *n* : prizewinner
premiar *v* : to award a prize to : to reward
premier *nmf* : premier : prime minister
premio *nm* : prize : reward : premium
premisa *nf* : premise : basis
premolar *nm* : bicuspid
premonición *nf, pl* **-ciones** : premonition
premura *nf* : haste : urgency
prenatal *adj* : prenatal
prenda *nf* : piece of clothing : security : pledge : forfeit
prendar *v* : to charm : to captivate : to pawn : to pledge — **prendarse** *vr* ~ **de** : to fall in love with
prendedor *nm* : brooch : pin
prender *v* : to pin : to fasten : to catch : to apprehend : to light : to turn on : to take root : to catch fire : to catch on — **prenderse** *vr* : to catch fire
prensa *nf* : printing press : press
prensar *v* : to press
prensil *adj* : prehensile
preñado, -da *adj* : pregnant
preñar *v* : to make pregnant
preñez *nf, pl* **preñeces** : pregnancy
preocupación *nf, pl* **-ciones** : worry : concern
preocupado, -da *adj* : worried
preocupante *adj* : worrisome
preocupar *v* : to worry : to concern — **preocuparse** *vr* : to be concerned
preparación *nf, pl* **-ciones** : preparation : readiness : education : training : (medicinal) preparation
preparado[1], **-da** *adj* : ready : prepared : trained
preparado[2] *nm* : preparation : mixture
preparar *v* : to prepare : to teach : to train : to coach — **prepararse** *vr* : to get ready : to prepare
preparativos *nmpl* : preparations
preparatoria *nf* : high school
preparatorio, -ria *adj* : preparatory
preponderante *adj* : preponderant : predominant — **preponderancia** *nf* — **preponderantemente** *adv*
preposición *nf, pl* **-ciones** : preposition — **preposicional** *adj*
prepotente *adj* : arrogant : domineering : overbearing — **prepotencia** *nf*
prerrogativa *nf* : prerogative : privilege
presa *nf* : capture : seizure : catch : prey : claw : fang : dam : morsel : piece
presagiar *v* : to presage : to portend
presagio *nm* : omen : portent
presbiterio *nm* : sanctuary
prescindible *adj* : expendable : dispensable
prescindir *v* ~ **de** : to do without : to dispense with : to ignore : to disregard : to omit : to skip
prescribir *v* : to prescribe

prescripción *nf, pl* **-ciones** : prescription
prescrito *pp* → **prescribir**
presencia *nf* : presence : appearance
presenciar *v* : to witness : to be present at : to attend
presentable *adj* : presentable
presentación *nf, pl* **-ciones** : presentation : introduction : appearance
presentador, -dora *n* : host : anchor
presentar *v* : to present : to show : to have : to offer : to give : to submit : to file : to launch : to introduce : to host : to anchor — **presentarse** *vr* : to show up : to appear : to arise : to come up : to introduce oneself
presente[1] *adj* : present : in attendance : current
presente[2] *nf* **por la presente** : hereby
presente[3] *nm* : present
presente[4] *nmf* : one present
presentimiento *nm* : premonition : hunch : feeling
presentir *v* : to sense : to intuit
preservación *nf, pl* **-ciones** : preservation
preservar *v* : to preserve : to protect
preservativo *nm* : condom
presidencia *nf* : presidency : chairmanship
presidencial *adj* : presidential
presidente[1] *nmf* → **presidente**[2]
presidente[2], **-ta** *n* : president : chair : chairperson : presiding judge
presidiario, -ria *n* : convict : prisoner
presidio *nm* : prison : penitentiary
presidir *v* : to preside over : to chair : to dominate : to rule over
presilla *nf* : eye : loop : fastener
presión *nf, pl* **presiones** : pressure
presionar *v* : to pressure : to press : to push : to put on the pressure
preso[1], **-sa** *adj* : imprisoned
preso[2], **-sa** *n* : prisoner
prestación *nf, pl* **-ciones** : providing : provision : benefit : feature
prestado, -da *adj* : borrowed : on loan
prestamista *nmf* : moneylender : pawnbroker
préstamo *nm* : loan : lending : borrowing : loanword
prestar *v* : to lend : to loan : to render : to give — **prestarse** *vr* ~ **a/para** : to lend oneself to : to agree to : to participate in
prestatario, -ria *n* : borrower
presteza *nf* : promptness : speed
prestidigitación *nf, pl* **-ciones** : sleight of hand
prestidigitador, -dora *n* : conjurer : magician
prestigio *nm* : prestige — **prestigioso, -sa** *adj*
presto[1] *adv* : promptly : at once
presto[2], **-ta** *adj* : quick : prompt : ready
presumido, -da *adj* : conceited : vain
presumir *v* : to presume : to suppose : to boast : to show off
presunción *nf, pl* **-ciones** : presumption : supposition : conceit : vanity
presunto, -ta *adj* : presumed : supposed : alleged — **presuntamente** *adv*
presuntuoso, -sa *adj* : conceited
presuponer *v* : to presuppose
presupuestal *adj* : budget : budgetary
presupuestar *v* : to budget : to budget for
presupuestario, -ria *adj* : budget : budgetary
presupuesto *nm* : budget : estimate : assumption : supposition
presurizar *v* : to pressurize
presuroso, -sa *adj* : hasty : quick
pretencioso, -sa *adj* : pretentious — **pretenciosamente** *adv*
pretender *v* : to attempt : to try : to claim : to seek : to aspire to : to court
pretendido, -da *adj* : supposed : so-called : feigned : false
pretendiente[1] *nmf* : candidate : applicant : pretender : claimant
pretendiente[2] *nm* : suitor
pretensión *nf, pl* **-siones** : intention : hope : plan : claim : pretension
pretérito *nm* : preterit : past
pretextar *v* : to claim : to feign
pretexto *nm* : pretext : excuse
pretil *nm* : parapet : railing
prevalecer *v* : to prevail : to triumph
prevaleciente *adj* : prevailing : prevalent
prevalerse *vr* ~ **de** : to avail oneself of : to take advantage of
prevención *nf, pl* **-ciones** : prevention : preparation : readiness : precautionary measure : prejudice : bias
prevenido, -da *adj* : prepared : ready : forewarned : cautious
prevenir *v* : to prevent : to warn — **prevenirse** *vr* ~ **contra** *or* ~ **de** : to take precautions against
preventivo, -va *adj* : preventive : precautionary
prever *v* : to foresee : to anticipate : to plan
previo[1], **-via** *adj* : previous : prior : preliminary
previo[2], **-via** *prep* : after : upon
previsible *adj* : foreseeable
previsión *nf, pl* **-siones** : foresight : prediction : forecast : precaution
previsor, -sora *adj* : farsighted : prudent
prieto, -ta *adj* : dark : dark-skinned : tight : compressed
prima *nf* : premium : bonus
primacía *nf* : precedence : priority : superiority : supremacy
primado *nm* : primate

primario, -ria *adj* : primary
primate *nm* : primate
primavera *nf* : spring : primrose
primaveral *adj* : spring
primera *nf* : first : first class
primeramente *adv* : firstly : first of all
primero[1] *adv* : first : rather : sooner
primero[2], **-ra** *adj* : first : top : leading : main : basic
primero[3], **-ra** *n* : first
primicia *nf* : first fruits : scoop : exclusive
primigenio, -nia *adj* : original : primary
primitivo, -va *adj* : primitive : original
primo[1] *adj* : prime : raw
primo[2], **-ma** *n* : cousin : sucker
primogénito, -ta *adj* & *n* : firstborn
primor *nm* : skill : care : beauty : elegance
primordial *adj* : primordial : basic : fundamental
primoroso, -sa *adj* : exquisite : fine : delicate : skillful
prímula *nf* : primrose
princesa *nf* : princess
principado *nm* : principality
principal[1] *adj* : main : principal : foremost : leading
principal[2] *nm* : capital : principal
principalmente *adv* : mainly : chiefly
príncipe *nm* : prince
principesco, -ca *adj* : princely
principiante[1] *adj* : beginning
principiante[2] *nmf* : beginner : novice
principiar *v* : to begin
principio *nm* : beginning : principle
pringar *v* : to dip : to soil : to spatter — **pringarse** *vr*
pringoso, -sa *adj* : greasy
pringue[1], **etc.** → **pringar**
pringue[2] *nm* : grease : drippings *pl*
prior, priora *n* : prior *m* : prioress *f*
priorato *nm* : priory
prioridad *nf* : priority : precedence
prisa *nf* : hurry : rush
prisión *nf, pl* **prisiones** : prison : jail : imprisonment
prisionero, -ra *n* : prisoner
prisma *nm* : prism
prismáticos *nmpl* : binoculars
prístino, -na *adj* : pristine
privacidad *nf* : privacy
privación *nf, pl* **-ciones** : deprivation : privation : want
privado, -da *adj* : private — **privadamente** *adv*
privar *v* : to deprive : to stun : to knock out — **privarse** *vr* : to deprive oneself
privativo, -va *adj* : exclusive : particular
privatizar *v* : to privatize
privilegiado, -da *adj* : privileged : exceptional
privilegiar *v* : to grant a privilege to : to favor
privilegio *nm* : privilege
pro[1] *nm* : pro : advantage
pro[2] *prep* : for : in favor of
pro- *pref* : pro-
proa *nf* : bow : prow
probabilidad *nf* : probability
probable *adj* : probable : likely
probablemente *adv* : probably
probador[1] *nm* : fitting room : dressing room
probador[2], **-dora** *n* : tester
probar *v* : to demonstrate : to prove : to test : to try out : to try on : to taste : to sample : to try — **probarse** *vr* : to try on
probeta *nf* : test tube
probidad *nf* : probity
problema *nm* : problem
problemática *nf* : set of problems
probóscide *nf* : proboscis
problemático, -ca *adj* : problematic
procaz *adj, pl* **procaces** : insolent : impudent : indecent
procedencia *nf* : origin : source
procedente *adj* : proper : fitting
proceder *v* : to proceed : to act : to behave : to be appropriate : to be fitting
procedimiento *nm* : procedure : process : proceedings *pl*
prócer *nmf* : eminent person : leader
procesado, -da *n* : accused : defendant
procesador *nm* : processor
procesamiento *nm* : processing
procesar *v* : to prosecute : to try : to process
procesión *nf, pl* **-siones** : procession
proceso *nm* : process : trial : proceedings *pl*
proclama *nf* : proclamation
proclamación *nf, pl* **-ciones** : proclamation
proclamar *v* : to proclaim — **proclamarse** *vr*
proclive *adj* ~ **a** : inclined to : prone to
proclividad *nf* : proclivity : inclination
procrear *v* : to procreate — **procreación** *nf*
procurador, -dora *n* : attorney
procurar *v* : to try : to endeavor : to obtain : to procure
prodigar *v* : to lavish : to be generous with
prodigio *nm* : wonder : marvel
prodigioso, -sa *adj* : prodigious : marvelous
pródigo[1], **-ga** *adj* : generous : lavish : wasteful : prodigal
pródigo[2], **-ga** *n* : spendthrift : prodigal
producción *nf, pl* **-ciones** : production
producir *v* : to produce : to make : to manufacture : to cause : to bring about : to bear — **producirse** *vr* : to take place : to occur
productividad *nf* : productivity

productivo, -va *adj* : productive : profitable
producto *nm* : product : proceeds *pl* : yield
productor[1], **-tora** *adj* : producing
productor[2], **-tora** *n* : producer
productora *nf* : production company
proeza *nf* : feat : exploit
profanar *v* : to profane : to desecrate — **profanación** *nf*
profano[1], **-na** *adj* : profane : worldly : secular : lay
profano[2], **-na** *n* : layman *mf* : layperson *mf* : layman *m* : laywoman *f*
profecía *nf* : prophecy
proferir *v* : to utter : to hurl
profesar *v* : to profess : to declare : to practice : to exercise
profesión *nf, pl* **-siones** : profession : occupation
profesional *adj & nmf* : professional — **profesionalmente** *adv*
profesionalismo *nm* : professionalism
profesionalizar *v* : to make professional
profesionista *nmf* : professional
profesor, -sora *n* : teacher : professor : instructor : tutor
profesorado *nm* : faculty : teaching profession
profeta *nm* : prophet
profético, -ca *adj* : prophetic
profetizar *v* : to prophesy
prófugo, -ga *adj & n* : fugitive
profundidad *nf* : depth : profundity
profundizar *v* : to deepen : to study in depth ~ **en** : to go deeply into
profundo, -da *adj* : deep : profound — **profundamente** *adv*
profusión *nf, pl* **-siones** : abundance : profusion
profuso, -sa *adj* : profuse : abundant : extensive
progenie *nf* : progeny : offspring
progenitor, -tora *n* : father *m* : mother *f* : ancestor : progenitor
progesterona *nf* : progesterone
prognóstico *nm* : prognosis
programa *nm* : program : plan : schedule
programable *adj* : programmable
programación *nf, pl* **-ciones** : programming : planning
programador, -dora *n* : programmer
programar *v* : to schedule : to plan : to program
progresar *v* : to progress : to make progress
progresista *adj & nmf* : progressive
progresivo, -va *adj* : progressive : gradual — **progresivamente** *adv*
progreso *nm* : progress
prohibición *nf, pl* **-ciones** : ban : prohibition
prohibir *v* : to prohibit : to ban : to forbid
prohibitivo, -va *adj* : prohibitive
prohijar *v* : to adopt
prójimo *nm* : neighbor : fellow man
prole *nf* : offspring : progeny
proletariado *nm* : proletariat : working class
proletario, -ria *adj & n* : proletarian
proliferar *v* : to proliferate — **proliferación** *nf*
prolífico, -ca *adj* : prolific
prolijo, -ja *adj* : wordy : long-winded
prólogo *nm* : prologue : preface : foreword
prolongación *nf, pl* **-ciones** : extension : lengthening
prolongar *v* : to prolong : to extend : to lengthen — **prolongarse** *vr* : to last : to continue
promediar *v* : to average : to divide in half : to be half over
promedio *nm* : average : middle : midpoint
promesa *nf* : promise
prometedor, -dora *adj* : promising : hopeful
prometer *v* : to promise : to show promise — **prometerse** *vr* : to get engaged
prometido[1], **-da** *adj* : engaged
prometido[2], **-da** *n* : fiancé *m* : fiancée *f*
prominente *adj* : prominent — **prominencia** *nf* — **prominentemente** *adv*
promiscuo, -cua *adj* : promiscuous — **promiscuidad** *nf*
promisorio, -ria *adj* : promising : promissory
promoción *nf, pl* **-ciones** : promotion : class : year : play-off
promocionar *v* : to promote — **promocional** *adj*
promontorio *nm* : promontory : headland
promotor, -tora *n* : promoter : instigator : developer
promover *v* : to promote : to encourage : to provoke : to cause
promulgación *nf, pl* **-ciones** : enactment : proclamation
promulgar *v* : to promulgate : to proclaim : to enact
prono, -na *adj* : prone
pronombre *nm* : pronoun
pronosticar *v* : to predict : to forecast
pronóstico *nm* : forecast : prediction : prognosis
prontitud *nf* : promptness : speed
pronto[1] *adv* : quickly : promptly : soon
pronto[2], **-ta** *adj* : quick : speedy : prompt : ready
pronunciación *nf, pl* **-ciones** : pronunciation
pronunciado, -da *adj* : pronounced : sharp : steep : marked : noticeable

pronunciamiento *nm* : pronouncement : military uprising
pronunciar *v* : to pronounce : to say : to give : to deliver — **pronunciarse** *vr* : to declare oneself : to make a statement
propagación *nf, pl* **-ciones** : propagation : spreading
propaganda *nf* : propaganda : advertising
propagar *v* : to propagate : to spread : to disseminate — **propagarse** *vr*
propalar *v* : to divulge : to spread
propano *nm* : propane
propasarse *vr* : to go too far : to overstep one's bounds
propensión *nf, pl* **-siones** : inclination : propensity
propenso, -sa *adj* ~ **a** : prone to : susceptible to
propiamente *adv* : properly : correctly : exactly : precisely
propiciar *v* : to propitiate : to favor : to foster
propicio, -cia *adj* : favorable : propitious
propiedad *nf* : property : ownership : quality : suitability : appropriateness
propietario[1], **-ria** *adj* : proprietary
propietario[2], **-ria** *n* : proprietor : owner
propina *nf* : tip : gratuity
propinar *v* : to give : to strike
propio, -pia *adj* : own : appropriate : suitable : characteristic : typical : oneself
proponer *v* : to propose : to suggest : to nominate — **proponerse** *vr* : to intend : to plan : to set out
proporción *nf, pl* **-ciones** : proportion : ratio; **proporciones** *nfpl* : proportions : size
proporcionado, -da *adj* : proportionate : proportioned — **proporcionadamente** *adv*
proporcional *adj* : proportional — **proporcionalmente** *adv*
proporcionar *v* : to provide : to give : to proportion : to adapt
proposición *nf, pl* **-ciones** : proposal : proposition
propósito *nm* : purpose : intention
propuesta *nf* : proposal
propulsar *v* : to propel : to drive : to promote : to encourage
propulsión *nf, pl* **-siones** : propulsion
propulsor[1] *nm* : propellant
propulsor[2], **-sora** *n* : promoter : proponent
propulsor[3], **-sora** *adj* : propellant
propuso, etc. → **proponer**
prórroga *nf* : extension : deferment : overtime
prorrogar *v* : to extend : to postpone
prorrumpir *v* : to burst forth : to break out
prosa *nf* : prose
prosaico, -ca *adj* : prosaic : mundane
proscribir *v* : to prohibit : to ban : to proscribe : to banish : to exile
proscripción *nf, pl* **-ciones** : ban : banishment
proscrito[1] *pp* → **proscribir**
proscrito[2], **-ta** *n* : exile : outlaw
prosecución *nf, pl* **-ciones** : continuation : pursuit
proseguir *v* : to continue : to pursue : to go on
prospección *nf, pl* **-ciones** : prospecting : exploration
prospectar *v* : to prospect
prospecto *nm* : leaflet : brochure : prospectus
prospector, -tora *n* : prospector
prosperar *v* : to prosper : to thrive
prosperidad *nf* : prosperity
próspero, -ra *adj* : prosperous : flourishing
próstata *nf* : prostate
prostíbulo *nm* : brothel
prostitución *nf, pl* **-ciones** : prostitution
prostituir *v* : to prostitute — **prostituirse** *vr* : to prostitute oneself
prostituto, -ta *n* : prostitute
protagonista *nmf* : protagonist : main character : star : leader : central figure
protagonizar *v* : to star in : to cause : to carry out
protección *nf, pl* **-ciones** : protection
protector[1], **-tora** *adj* : protective
protector[2], **-tora** *n* : protector : guardian : patron
protector[3] *nm* : protector : guard
protectorado *nm* : protectorate
proteger *v* : to protect : to defend — **protegerse** *vr*
protegido, -da *n* : protégé
proteína *nf* : protein
prótesis *nfs & pl* : prosthesis
protesta *nf* : protest : promise : oath
protestante *adj & nmf* : Protestant
protestantismo *nm* : Protestantism
protestar *v* : to protest : to object : to object to
protocolo *nm* : protocol
protón *nm, pl* **protones** : proton
protoplasma *nm* : protoplasm
prototipo *nm* : prototype
protuberancia *nf* : protuberance — **protuberante** *adj*
provecho *nm* : benefit : advantage
provechoso, -sa *adj* : beneficial : profitable : useful — **provechosamente** *adv*
proveedor, -dora *n* : provider : supplier
proveedor de servicios de Internet *or* **PSI** *nm* : Internet service provider : ISP
proveer *v* : to provide : to supply — **proveerse** *vr* ~ **de** : to obtain : to supply oneself with
provenir *v* ~ **de** : to come from

rovenzal[1] *adj* : Provençal
rovenzal[2] *nmf* : Provençal
rovenzal[3] *nm* : Provençal
roverbio *nm* : proverb — **proverbial** *adj*
rovidencia *nf* : providence : foresight : Providence : God; **providencias** *nfpl* : steps : measures
rovidencial *adj* : providential
rovincia *nf* : province — **provincial** *adj*
rovinciano, -na *adj* : provincial : unsophisticated
rovisión *nf, pl* **-siones** : provision : providing; **provisiones** *nfpl* : provisions : supplies
rovisional *adj* : provisional : temporary
rovisionalmente *adv* : provisionally : tentatively
rovisorio, -ria *adj* : provisional : temporary
rovisto *pp* → **proveer**
rovocación *nf, pl* **-ciones** : provocation
rovocador[1], **-dora** *adj* : provocative : provoking
rovocador[2], **-dora** *n* : agitator
rovocar *v* : to provoke : to cause : to pique : to arouse : to appeal to
rovocativo, -va *adj* : provocative
roxeneta *nmf* : pimp *m*
róximamente *adv* : shortly : soon
roximidad *nf* : nearness : proximity; **proximidades** *nfpl* : vicinity
róximo, -ma *adj* : near : close : next : following — **próximo, -ma** *pron*
royección *nf, pl* **-ciones** : projection : showing : screening : range : influence : diffusion
royeccionista *nmf* : projectionist
royectar *v* : to plan : to throw : to hurl : to project : to cast : to show : to screen
royectil *nm* : projectile : missile
royecto *nm* : plan : project
royector *nm* : projector : spotlight
rudencia *nf* : prudence : care : discretion
rudencial *adj* : prudent : sensible : cautious
rudente *adj* : prudent : sensible : cautious
rueba[1], **etc.** → **probar**
rueba[2] *nf* : proof : evidence : trial : test : event : qualifying round
rurito *nm* : itching : desire : urge
PSI → **proveedor de servicios de Internet**
sicoanálisis *nm* : psychoanalysis — **psicoanalista** *nmf*
sicoanalítico, -ca *adj* : psychoanalytic
sicoanalizar *v* : to psychoanalyze
sicodélico, -ca *adj* : psychedelic
sicología *nf* : psychology
sicológico, -ca *adj* : psychological — **psicológicamente** *adv*
psicólogo, -ga *n* : psychologist
psicópata *nmf* : psychopath
psicopático, -ca *adj* : psychopathic
psicosis *nfs & pl* : psychosis
psicosomático, -ca *adj* : psychosomatic
psicoterapeuta *nmf* : psychotherapist
psicoterapia *nf* : psychotherapy
psicótico, -ca *adj & n* : psychotic
psique *nf* : psyche
psiquiatra *nmf* : psychiatrist
psiquiatría *nf* : psychiatry
psiquiátrico[1], **-ca** *adj* : psychiatric
psiquiátrico[2] *nm* : mental hospital
psíquico, -ca *adj* : psychic
psiquis *nfs & pl* : psyche
psoriasis *nf* : psoriasis
púa *nf* : barb : tooth : quill : spine : thorn : pick
pub *nm, pl* **pubs** : bar : nightclub
pubertad *nf* : puberty
pubiano → **púbico**
púbico, -ca *adj* : pubic
publicación *nf, pl* **-ciones** : publication
publicar *v* : to publish : to divulge : to disclose
publicidad *nf* : publicity : advertising
publicista *nmf* : publicist
publicitar *v* : to publicize : to advertise
publicitario, -ria *adj* : advertising : publicity
público[1], **-ca** *adj* : public — **públicamente** *adv*
público[2] *nm* : public : audience : spectators *pl*
puchero *nm* : pot : stew : pout
pucho *nm* : waste : residue : cigarette : cigarette butt
púdico, -ca *adj* : chaste : modest
pudiente *adj* : powerful : rich : wealthy
pudín *nm, pl* **pudines** : pudding
pudo, etc. → **poder**
pudor *nm* : modesty : reserve
pudoroso, -sa *adj* : modest : reserved : shy
pudrir *v* : to rot : to annoy : to upset — **pudrirse** *vr* : to languish
puebla, etc. → **poblar**
pueblerino, -na *adj* : provincial
pueblo *nm* : people : common people : town : village
puede, etc. → **poder**
puente *nm* : bridge
puerco[1], **-ca** *adj* : dirty : filthy
puerco[2], **-ca** *n* : pig : hog : dirty or greedy person
puericultura *nf* : infant care : childcare
pueril *adj* : childish : puerile
puerro *nm* : leek
puerta *nf* : door : entrance : gate
puerto *nm* : port : harbor : mountain pass
puertorriqueño, -ña *adj & n* : Puerto Rican
pues *conj* : since : because : for : well : then

puesta *nf* : setting : laying
puestero, -ra *n* : seller : vendor
puesto[1] *pp* → **poner**
puesto[2], **-ta** *adj* : dressed : set
puesto[3] *nm* : place : position : kiosk : stand : stall : post : station
púgil → **pugilista**
pugilato *nm* : boxing
pugilista *nmf* : boxer
pugna *nf* : conflict : struggle
pugnar *v* ~ **por** : to strive to : to strive for
pugnaz *adj* : pugnacious
pujante *adj* : mighty : powerful
pujanza *nf* : strength : vigor
pujar *v* : to push : to strain
pulcritud *nf* : neatness : tidiness : meticulousness
pulcro, -cra *adj* : clean : neat : exquisite : delicate : refined
pulga *nf* : flea
pulgada *nf* : inch
pulgar *nm* : thumb : big toe
pulir *v* : to polish : to shine : to refine : to perfect
pulla *nf* : cutting remark : dig : gibe : obscenity
pulmón *nm, pl* **pulmones** : lung
pulmonar *adj* : pulmonary
pulmonía *nf* : pneumonia
pulóver *nm, pl* **-veres** : pullover : sweater
pulpa *nf* : pulp : flesh
pulpería *nf* : small grocery store
púlpito *nm* : pulpit
pulpo *nm* : octopus
pulque *nm* : Mexican alcoholic drink made from maguey sap
pulsación *nf, pl* **-ciones** : beat : pulsation : throb : keystroke
pulsar *v* : to press : to push : to strike : to pluck : to assess : to beat : to throb
pulsera *nf* : bracelet
pulso *nm* : pulse : steady hand
pulular *v* : to abound : to swarm
pulverizador *nm* : atomizer : spray : spray gun
pulverizar *v* : to pulverize : to crush : to spray
pum *interj* : bang!
puma *nf* : cougar : puma
puna *nf* : Andean plateau : altitude sickness
punción *nf, pl* **punciones** : puncture
punible *adj* : punishable
punitivo, -va *adj* : punitive
punce, etc. → **punzar**
punk[1] *adj* : punk
punk[2] *nm* : punk : punk rock
punk[3] *nmf* : punk : punk rocker
punta *nf* : tip : end : point : headland : bunch : lot
puntada *nf* : stitch : sharp pain : twinge : witticism : quip
puntal *nm* : prop : support
puntapié *nm* : kick
puntazo *nm* : wound
puntear *v* : to pluck : to lead
puntería *nf* : aim : marksmanship
puntero *nm* : pointer : leader
puntiagudo, -da *adj* : sharp : pointed
puntilla *nf* : lace edging : dagger
puntilloso, -sa *adj* : punctilious
punto *nm* : dot : point : period : item : question : spot : place : moment : stage : extent : stitch
puntocom *nm, pl* **puntocom** : dot-com
puntuación *nf, pl* **-ciones** : punctuation : scoring : score : grade
puntual *adj* : prompt : punctual : exact : accurate — **puntualmente** *adv*
puntualidad *nf* : promptness : punctuality
puntualizar *v* : to specify : to state : to point out
puntuar *v* : to punctuate : to score points
punzada *nf* : sharp pain : twinge : stitch
punzante *adj* : sharp : biting : caustic
punzar *v* : to pierce : to puncture
punzón *nm, pl* **punzones** : awl : hole punch
puñado *nm* : handful
puñal *nm* : dagger
puñalada *nf* : stab : stab wound
puñetazo *nm* : punch
puño *nm* : fist : handful : fistful : cuff : handle : hilt
pupa *nf* : pupa : chrysalis
pupila *nf* : pupil
pupilente *nm* : contact lens
pupilo, -la *n* : pupil : student : ward : charge
pupitre *nm* : writing desk
puramente *adv* : purely
puré *nm* : puree
pureza *nf* : purity
purga *nf* : laxative : purge
purgante *adj & nm* : laxative : purgative
purgar *v* : to purge : to cleanse : to liquidate : to give a laxative to — **purgarse** *vr* : to take a laxative
purgatorio *nm* : purgatory
purgue, etc. → **purgar**
purificador *nm* : purifier
purificar *v* : to purify — **purificación** *nf*
puritano[1], **-na** *adj* : puritanical : puritan
puritano[2], **-na** *n* : Puritan : puritan
puro[1] *adv* : sheer : much
puro[2], **-ra** *adj* : pure : plain : simple : sheer : only : just
puro[3] *nm* : cigar
púrpura *nf* : purple
purpúreo, -rea *adj* : purple
purpurina *nf* : glitter
pus *nm* : pus
pusilánime *adj* : cowardly
puso, etc. → **poner**
pústula *nf* : pustule : pimple

putrefacción *nf, pl* **-ciones** : putrefying : rotting
putrefacto, -ta *adj* : putrid : rotten : decayed
pútrido, -da *adj* : putrid : rotten
puya *nf* : point
que[1] *conj* : that : than
que[2] *pron* : who : that : whom : which
qué[1] *adv* : how : what
qué[2] *adj* : what : which
qué[3] *pron* : what
quebracho *nm* : quebracho
quebrada *nf* : ravine : gorge
quebradero *nm* **quebradero de cabeza** : headache : problem
quebradizo, -za *adj* : breakable : delicate : fragile
quebrado[1], **-da** *adj* : bankrupt : rough : uneven : broken
quebrado[2] *nm* : fraction
quebrantamiento *nm* : breaking : deterioration : weakening
quebrantar *v* : to break : to split : to crack : to weaken : to violate
quebranto *nm* : break : breaking : affliction : grief : loss
quebrar *v* : to break : to bend : to twist : to go bankrupt : to fall out : to break up — **quebrarse** *vr*
queda *nf* : curfew
quedar *v* : to remain : to stay : to be : to end up being : to be situated : to be left : to fit : to suit : to agree to meet — **quedarse** *vr* : to keep on
quedo[1] *adv* : softly : quietly
quedo[2], **-da** *adj* : quiet : still
quehacer *nm* : work; **quehaceres** *nmpl* : chores
queja *nf* : complaint
quejarse *vr* : to complain : to groan : to moan
quejica[1] *adj* : whiny
quejica[2] *nmf* : whiny person
quejido *nm* : groan : moan : whine : whimper
quejoso, -sa *adj* : complaining : whining
quema *nf* : fire : burning
quemado, -da *adj* : burned : burnt : annoyed : burned out : sunburned
quemador *nm* : burner
quemadura *nf* : burn
quemar *v* : to burn : to burn down : to overcook : to squander : to burn out : to blow : to be burning hot — **quemarse** *vr* : to burn oneself : to get sunburned : to blow
quemarropa *nf* **a ~** : point-blank
quemazón *nf, pl* **-zones** : burning : intense heat : itch : cutting remark
quena *nf* : Peruvian reed flute
quepa, etc. → caber
querella *nf* : complaint : lawsuit
querellante *nmf* : plaintiff
querellarse *vr* **~ contra** : to bring suit against : to sue
querer[1] *v* : to want : to desire : to love : to like : to be fond of
querer[2] *nm* : love : affection
querido[1], **-da** *adj* : dear : beloved
querido[2], **-da** *n* : dear : sweetheart
queroseno *nm* : kerosene
querrá, etc. → querer
querúbico, -ca *adj* : cherubic
querubín *nm, pl* **-bines** : cherub
quesadilla *nf* : quesadilla
quesería *nf* : cheese shop
queso *nm* : cheese
quetzal *nm* : quetzal
quiche *nf* : quiche
quid *nm* : crux : gist
quiebra[1], **etc. → quebrar**
quiebra[2] *nf* : break : crack : failure : bankruptcy
quien *pron, pl* **quienes** : who : whom : whoever : whomever : anyone : some people
quién *pron, pl* **quiénes** : who : whom
quienquiera *pron, pl* **quienesquiera** : whoever : whomever
quiere, etc. → querer
quieto, -ta *adj* : calm : quiet : still
quietud *nf* : calm : tranquility : stillness
quijada *nf* : jaw : jawbone
quijotesco, -ca *adj* : quixotic
quilate *nm* : karat
quilla *nf* : keel
quimera *nf* : chimera : illusion
quimérico, -ca *adj* : fanciful
química *nf* : chemistry
químico[1], **-ca** *adj* : chemical
químico[2], **-ca** *n* : chemist
quimioterapia *nf* : chemotherapy
quimono *nm* : kimono
quincalla *nf* : trinkets *pl*
quince *adj & nm* : fifteen — **quince** *pron*
quinceañero, -ra *n* : fifteen-year-old : teenager
quinceavo[1], **-va** *adj* : fifteenth
quinceavo[2] *nm* : fifteenth
quincena *nf* : two week period : fortnight
quincenal *adj* : bimonthly : semimonthly
quincuagésimo[1], **-ma** *adj* : fiftieth : fifty-
quincuagésimo[2], **-ma** *n* : fiftieth : fifty-
quingombó *nm* : okra
quiniela *nf* : sports lottery
quinientos[1], **-tas** *adj & pron* : five hundred
quinientos[2] *nms & pl* : five hundred
quinina *nf* : quinine
quino *nm* : cinchona
quinqué *nm* : oil lamp
quinquenal *adj* : five-year
quinta *nf* : country house : villa
quintaesencia *nf* : quintessence — **quintaesencial** *adj*
quintal *nm* : hundredweight
quinteto *nm* : quintet
quintillizo, -za *n* : quintuplet
quinto, -ta *adj & n* : fifth

quíntuplo, -la *adj* : quintuple : five-fold
quiosco *nm* : kiosk : newsstand
quiosquero, -ra *n* : kiosk vendor
quirófano *nm* : operating room
quiromancia *nf* : palmistry
quiropráctica *nf* : chiropractic
quiropráctico, -ca *n* : chiropractor
quirúrgico, -ca *adj* : surgical — **quirúrgicamente** *adv*
quiso, etc. → **querer**
quisquilloso[1], **-sa** *adj* : fastidious : fussy
quisquilloso[2], **-sa** *n* : fussy person : fussbudget
quiste *nm* : cyst
quitaesmalte *nm* : nail polish remover
quitamanchas *nms & pl* : stain remover
quitanieves *nms & pl* : snowplow
quitar *v* : to remove : to take away/off/out : to take : to take away : to take off : to get rid of : to relieve : to take up — **quitarse** *vr* : to withdraw : to leave : to go away : to take off
quitasol *nm* : parasol
quiteño[1], **-ña** *adj* : of or from Quito
quiteño[2], **-ña** *n* : person from Quito
quizá *or* **quizás** *adv* : maybe : perhaps
quórum *nm, pl* **quórums** : quorum
rábano *nm* : radish
rabí *nmf, pl* **rabíes** : rabbi
rabia *nf* : rabies : hydrophobia : rage : anger
rabiar *v* : to rage : to be furious : to be in great pain
rabieta *nf* : tantrum
rabillo *nm* : corner
rabino, -na *n* : rabbi
rabioso, -sa *adj* : enraged : furious : rabid
rabo *nm* : tail
rácano, -na *adj* : stingy
racha *nf* : gust of wind : run : series : string
racheado, -da *adj* : gusty : windy
racial *adj* : racial
racimo *nm* : bunch : cluster
raciocinio *nm* : reason : reasoning
ración *nf, pl* **raciones** : share : ration : portion : helping
racional *adj* : rational : reasonable — **racionalmente** *adv*
racionalidad *nf* : rationality
racionalización *nf, pl* **-ciones** : rationalization
racionalizar *v* : to rationalize : to streamline
racionamiento *nm* : rationing
racionar *v* : to ration
racismo *nm* : racism
racista *adj & nmf* : racist
radar *nm* : radar
radiación *nf, pl* **-ciones** : radiation : irradiation
radiactividad *nf* : radioactivity
radiactivo, -va *adj* : radioactive
radiador *nm* : radiator
radial *adj* : radial : radio : broadcasting
radiante *adj* : radiant — **radiantemente** *adv*
radiar *v* : to radiate : to irradiate : to broadcast
radical[1] *adj* : radical : extreme — **radicalmente** *adv*
radical[2] *nmf* : radical
radicalismo *nm* : radicalism
radicar *v* : to be found : to lie : to take root — **radicarse** *vr* : to settle : to establish oneself
radio[1] *nm* : radius : radium
radio[2] *nmf* : radio
radioactividad *nf* : radioactivity
radioactivo, -va *adj* : radioactive
radioaficionado, -da *n* : ham radio operator
radiodifusión *nf, pl* **-siones** : radio broadcasting
radiodifusora *nf* : radio station
radioemisora *nf* : radio station
radiofaro *nm* : radio beacon
radiofónico, -ca *adj* : radio
radiofrecuencia *nf* : radio frequency
radiografía *nf* : X ray
radiografiar *v* : to x-ray
radiología *nf* : radiology
radiólogo, -ga *n* : radiologist
radionovela *nf* : radio soap opera
radioterapia *nf* : radiation therapy
radioyente *nmf* : radio listener
radón *nm* : radon
raer *v* : to scrape : to scrape off
ráfaga *nf* : gust : flash : burst
rafting *nm* : rafting
ragtime *nm* : ragtime
raid *nm* : lift : ride
raído, -da *adj* : worn : shabby
raiga, etc. → **raer**
raíz *nf, pl* **raíces** : root : origin : source
raja *nf* : crack : slit : slice : wedge
rajá *nm* : raja
rajadura *nf* : crack : split
rajar *v* : to crack : to split : to chatter : to boast : to brag — **rajarse** *vr* : to split open : to back out
rajatabla *adv* **a ~** : strictly : to the letter
ralea *nf* : kind : sort : ilk
ralentí *nm* **dejar al ralentí** : to leave idling
rallado, -da *adj* : grated
rallador *nm* : grater
rallar *v* : to grate
ralo, -la *adj* : sparse : thin
RAM *nf* : RAM : random-access memory
rama *nf* : branch
Ramadán *nm, pl* **-danes** : Ramadan
ramaje *nm* : branches *pl*
ramal *nm* : spur : halter : strap
rambla *nf* : avenue : boulevard : seaside walk : boardwalk
ramera *nf* : harlot : prostitute

ramificación *nf, pl* **-ciones** : ramification
ramificarse *vr* : to branch out : to divide into branches
ramillete *nm* : bouquet : select group : cluster
ramo *nm* : branch : bouquet : division
rampa *nf* : ramp : incline
rana *nf* : frog
ranchera *nf* : traditional folk song
ranchería *nf* : settlement
ranchero, -ra *n* : rancher : farmer
rancho *nm* : ranch : farm : hut : settlement : camp : food : mess
rancio, -cia *adj* : aged : mellow : ancient : old : rancid
rango *nm* : rank : status : high social standing : pomp : splendor
ransomware *nm* : ransomware
ranúnculo *nm* : buttercup
ranura *nf* : groove : slot
rap *nm* : rap
rapar *v* : to crop : to shave
rapaz[1] *adj, pl* **rapaces** : rapacious : predatory
rapaz[2], **-paza** *n, mpl* **rapaces** : youngster : child
rape *nm* : close haircut
rapé *nm* : snuff
rapero, -ra *n* : rapper : rap artist
rapidez *nf* : rapidity : speed
rápido[1] *adv* : quickly : fast
rápido[2], **-da** *adj* : rapid : quick — **rápidamente** *adv*
rápido[3] *nm* : express train; **rápidos** *nmpl* : rapids
rapiña *nf* : plunder : pillage
raposa *nf* : vixen
rapsodia *nf* : rhapsody
raptar *v* : to abduct : to kidnap
rapto *nm* : kidnapping : abduction : fit : outburst
raptor, -tora *n* : kidnapper
raquero, -ra *n* : beachcomber
raqueta *nf* : racket : snowshoe
raquítico, -ca *adj* : scrawny : weak : measly : skimpy
raquitismo *nm* : rickets
raramente *adv* : seldom : rarely
rareza *nf* : rarity : peculiarity : oddity
raro, -ra *adj* : odd : strange : peculiar : unusual : rare : exceptional
ras *nm* **a ras de** : level with
rasar *v* : to skim : to graze : to level
rascacielos *nms & pl* : skyscraper
rascar *v* : to scratch : to scrape — **rascarse** *vr* : to scratch an itch
rasgadura *nf* : tear : rip
rasgar *v* : to rip : to tear — **rasgarse** *vr*
rasgo *nm* : stroke : trait : characteristic : gesture : deed; **rasgos** *nmpl* : features
rasgón *nm, pl* **rasgones** : rip : tear
rasgue, etc. → **rasgar**
rasguear *v* : to strum
rasguñar *v* : to scratch : to sketch : to outline
rasguño *nm* : scratch : sketch
raso[1], **-sa** *adj* : level : flat
raso[2] *nm* : satin
raspadura *nf* : scratching : scraping; **raspaduras** *nfpl* : scrapings
raspar *v* : to scrape : to file down : to smooth : to be rough
rasposo, -sa *adj* : rough : scratchy
rasque, etc. → **rascar**
rastra *nf* : harrow
rastrear *v* : to track : to trace : to comb : to search : to trawl
rastrero, -ra *adj* : creeping : crawling : vile : despicable
rastrillar *v* : to rake : to harrow
rastrillo *nm* : rake : razor
rastro *nm* : trail : track : trace : sign
rastrojo *nm* : stubble
rasuradora *nf* : electric razor : shaver
rasurar *v* : to shave — **rasurarse** *vr*
rata[1] *nm* : pickpocket : thief
rata[2] *nf* : rat : rate : percentage
rata almizclera *nf* : muskrat
ratear *v* : to pilfer : to steal
ratero, -ra *n* : petty thief
ratificación *nf, pl* **-ciones** : ratification
ratificar *v* : to ratify : to confirm
rato *nm* : while
ratón[1], **-tona** *n, mpl* **ratones** : mouse
ratón[2] *nm, pl* **ratones** : (computer) mouse : biceps
ratonera *nf* : mousetrap
raudal *nm* : torrent
raviolis *or* **ravioles** *nmpl* : ravioli
raya[1], **etc.** → **raer**
raya[2] *nf* : line : stripe : skate : ray : part : crease
rayado, -da *adj* : striped : lined
rayar *v* : to scratch : to scrawl on : to mark up : to dawn : to break — **rayarse** *vr*
rayo *nm* : ray : beam : lightning bolt
rayón *nm, pl* **rayones** : rayon
rayuela *nf* : hopscotch
raza *nf* : race : breed : strain
razón *nf, pl* **razones** : reason : motive : reasoning : sense
razonable *adj* : reasonable — **razonablemente** *adv*
razonado, -da *adj* : itemized : detailed
razonamiento *nm* : reasoning
razonar *v* : to reason : to think
re *nm* : D : re
re- *pref* : re-
reabastecimiento *nm* : replenishment
reabierto *pp* → **reabrir**
reabrir *v* : to reopen — **reabrirse** *vr*
reacción *nf, pl* **-ciones** : reaction
reaccionar *v* : to react : to respond
reaccionario, -ria *adj & n* : reactionary
reacio, -cia *adj* : resistant : opposed
reacondicionar *v* : to recondition

reactivación *nf, pl* **-ciones** : reactivation : revival
reactivar *v* : reactivate : revive
reactor *nm* : reactor : jet engine : jet airplane : jet
reafirmar *v* : to reaffirm : to assert : to strengthen
reagruparse *vr* : to regroup
reajustar *v* : to readjust : to adjust
reajuste *nm* : readjustment
real[1] *adj* : real : true : royal
real[2] *nm* : real
realce *nm* : embossing : relief
realeza *nf* : royalty
realidad *nf* : reality
realinear *v* : to realign — **realineamiento** *nm*
realismo *nm* : realism : royalism
realista[1] *adj* : realistic : realist : royalist
realista[2] *nmf* : realist : royalist
realizable *adj* : feasible : attainable : workable
realización *nf, pl* **-ciones** : execution : realization
realizador, -dora *n* : (television or movie) producer
realizar *v* : to carry out : to execute : to produce : to direct : to fulfill : to achieve : to realize — **realizarse** *vr* : to come true : to fulfill oneself
realmente *adv* : really : in reality
realzar *v* : to heighten : to raise : to highlight : to enhance
reanimación *nf, pl* **-ciones** : revival : resuscitation
reanimar *v* : to revive : to restore : to resuscitate — **reanimarse** *vr* : to come around : to recover
reanudación *nf, pl* **-ciones** : resumption : renewal
reanudar *v* : to resume : to renew — **reanudarse** *vr* : to continue
reaparecer *v* : to reappear : to make a comeback
reaparición *nf, pl* **-ciones** : reappearance
reapertura *nf* : reopening
reata *nf* : rope : lasso : lariat
reavivar *v* : to revive : to reawaken
rebaja *nf* : reduction : discount; **rebajas** *nfpl* : sale
rebajar *v* : to reduce : to lower : to lessen : to diminish : to humiliate — **rebajarse** *vr* : to humble oneself
rebanada *nf* : slice
rebanadora *nf* : slicer
rebañar *v* : to mop up : to sop up
rebaño *nm* : flock : herd
rebasar *v* : to surpass : to exceed : to pass : to overtake
rebatiña *nf* : scramble : fight
rebatir *v* : to refute
rebato *nm* : surprise attack
rebeca *nf* : cardigan
rebelarse *vr* : to rebel
rebelde[1] *adj* : rebellious : unruly
rebelde[2] *nmf* : rebel : defaulter
rebeldía *nf* : rebelliousness
rebelión *nf, pl* **-liones** : rebellion
reblandecer *v* : to soften
rebobinar *v* : to rewind
reborde *nm* : border : flange : rim
rebosante *adj* : brimming : overflowing
rebosar *v* : to overflow : to radiate
rebotar *v* : to bounce : to ricochet : to rebound
rebote *nm* : bounce : rebound : ricochet
rebozar *v* : to coat in batter
rebozo *nm* : shawl : wrap
rebullir *v* : to move : to stir — **rebullirse** *vr*
rebuscado, -da *adj* : affected : pretentious
rebuscar *v* : to search thoroughly
rebuznar *v* : to bray
rebuzno *nm* : bray : braying
recabar *v* : to gather : to obtain : to collect
recado *nm* : message : errand
recaer *v* : to relapse
recaída *nf* : relapse
recaiga, etc. → **recaer**
recalar *v* : to arrive
recalcar *v* : to emphasize : to stress
recalcitrante *adj* : recalcitrant
recalentar *v* : to reheat : to warm up : to overheat
recámara *nf* : bedroom : chamber
recamarera *nf* : chambermaid
recambio *nm* : spare part : refill
recapacitar *v* : to reconsider
recapitular *v* : to recapitulate — **recapitulación** *nf*
recargable *adj* : rechargeable
recargado, -da *adj* : overly elaborate or ornate
recargar *v* : to recharge : to reload : to overload — **recargarse** *vr* ~ **contra** : to lean against
recargo *nm* : surcharge
recatado, -da *adj* : modest : demure
recato *nm* : modesty
recaudación *nf, pl* **-ciones** : collection : earnings *pl* : takings *pl*
recaudador, -dora *n* **recaudador de impuestos** : tax collector
recaudar *v* : to collect
recaudo *nm* : safe place
recayó, etc. → **recaer**
rece, etc. → **rezar**
recelar *v* ~ **de** : to distrust : to be suspicious of
recelo *nm* : distrust : suspicion
receloso, -sa *adj* : distrustful : suspicious
recepción *nf, pl* **-ciones** : reception
recepcionista *nmf* : receptionist
receptáculo *nm* : receptacle

receptividad *nf* : receptiveness
receptivo, -va *adj* : receptive
receptor[1]**, -tora** *adj* : receiving
receptor[2]**, -tora** *n* : recipient : catcher : receiver
receptor[3] *nm* : receiver
recesión *nf, pl* **-siones** : recession
recesivo, -va *adj* : recessive
receso *nm* : recess : adjournment
receta *nf* : recipe : prescription
recetar *v* : to prescribe
rechazar *v* : to reject : to turn down : to refuse
rechazo *nm* : rejection : refusal
rechifla *nf* : booing : jeering
rechinar *v* : to squeak : to grind : to gnash
rechistar *v* : to complain : to answer back
rechoncho, -cha *adj* : chubby : squat
rechupete *adj* **de ~** : delicious : scrumptious
recibidor *nm* : vestibule : entrance hall
recibimiento *nm* : reception : welcome
recibir *v* : to receive : to get : to greet : to receive visitors — **recibirse** *vr* : to graduate
recibo *nm* : receipt
reciclable *adj* : recyclable
reciclado → reciclaje
reciclaje *nm* : recycling : retraining
reciclar *v* : to recycle : to retrain
recién *adv* : newly : recently : just : only just
reciente *adj* : recent — **recientemente** *adv*
recinto *nm* : enclosure : site : premises *pl*
recio[1] *adv* : strongly : hard : loudly : loud
recio[2]**, -cia** *adj* : severe : harsh : tough : strong
recipiente[1] *nm* : container : receptacle
recipiente[2] *nmf* : recipient
reciprocar *v* : to reciprocate
reciprocidad *nf* : reciprocity
recíproco, -ca *adj* : reciprocal : mutual — **recíprocamente** *adv*
recitación *nf, pl* **-ciones** : recitation : recital
recital *nm* : recital
recitar *v* : to recite
reclamación *nf, pl* **-ciones** : claim : demand : complaint
reclamar *v* : to demand : to require : to claim : to complain
reclamo *nm* : bird call : lure : decoy : inducement : attraction : advertisement : complaint
reclinable *adj* : reclining
reclinar *v* : to rest : to lean — **reclinarse** *vr* : to recline : to lean back
recluir *v* : to confine : to lock up — **recluirse** *vr* : to shut oneself up : to withdraw
reclusión *nf, pl* **-siones** : imprisonment
recluso, -sa *n* : inmate : prisoner : recluse
recluta *nmf* : recruit : draftee
reclutamiento *nm* : recruitment : recruiting
reclutar *v* : to recruit : to enlist
recobrar *v* : to recover : to regain — **recobrarse** *vr* : to recuperate
recocer *v* : to overcook : to cook again
recodo *nm* : bend
recogedor *nm* : dustpan
recogepelotas *nmfs & pl* : ball boy *m* : ball girl *f*
recoger *v* : to collect : to gather : to get : to pick up : to retrieve : to clean up : to tidy
recogido, -da *adj* : quiet : secluded
recogimiento *nm* : collecting : gathering : withdrawal : absorption : concentration
recolección *nf, pl* **-ciones** : collection : harvest
recolectar *v* : to gather : to collect : to harvest : to pick
recomendable *adj* : advisable : recommended
recomendación *nf, pl* **-ciones** : recommendation
recomendar *v* : to recommend : to advise
recompensa *nf* : reward : recompense
recompensar *v* : to reward : to compensate
reconciliación *nf, pl* **-ciones** : reconciliation
reconciliar *v* : to reconcile — **reconciliarse** *vr*
recóndito, -ta *adj* : remote : isolated : hidden
reconfortar *v* : to comfort — **reconfortante** *adj*
reconocer *v* : to recognize : to admit : to examine
reconocible *adj* : recognizable
reconocido, -da *adj* : recognized : accepted : grateful
reconocimiento *nm* : acknowledgment : recognition : avowal : (medical) examination : reconnaissance
reconquista *nf* : reconquest
reconquistar *v* : to reconquer : to recapture : to regain : to recover
reconsiderar *v* : to reconsider — **reconsideración** *nf*
reconstrucción *nf, pl* **-ciones** : reconstruction
reconstructivo, -va *adj* : reconstructive
reconstruir *v* : to rebuild : to reconstruct
reconversión *nf, pl* **-siones** : restructuring
reconvertir *v* : to restructure : to retrain
recopilación *nf, pl* **-ciones** : summary : collection : compilation

recopilar *v* : to compile : to collect
récord *or* **record** *nm, pl* **récords** *or* **records** : record — **récord** *or* **record** *adj*
recordar *v* : to recall : to remember : to remind : to wake up
recordatorio[1], **-ria** *adj* : commemorative
recordatorio[2] *nm* : reminder
recorrer *v* : to travel through : to tour : to cover : to go over : to look over
recorrido *nm* : journey : trip : path : route : course : round
recortar *v* : to cut : to reduce : to cut out : to trim : to cut off : to outline — **recortarse** *vr* : to stand out
recorte *nm* : cut : reduction : clipping
recostar *v* : to lean : to rest — **recostarse** *vr* : to lie down : recline
recoveco *nm* : bend : turn : nook : corner; **recovecos** *nmpl* : intricacies : ins and outs
recreación *nf, pl* **-ciones** : re-creation : recreation : entertainment
recrear *v* : to re-create : to entertain : to amuse — **recrearse** *vr* : to enjoy oneself
recreativo, -va *adj* : recreational
recreo *nm* : entertainment : amusement : recess : break
recriminación *nf, pl* **-ciones** : reproach : recrimination
recriminar *v* : to reproach — **recriminarse** *vr*
recrudecer *v* : to intensify : to worsen — **recrudecerse** *vr*
recta *nf* : straight line
rectal *adj* : rectal
rectangular *adj* : rectangular
rectángulo *nm* : rectangle
rectificación *nf, pl* **-ciones** : rectification : correction
rectificar *v* : to rectify : to correct : to straighten
rectitud *nf* : honesty : rectitude
recto[1] *adv* : straight
recto[2], **-ta** *adj* : straight : upright : honorable : sound
recto[3] *nm* : rectum
rector[1], **-tora** *adj* : governing : managing
rector[2], **-tora** *n* : rector
rectoría *nf* : rectory
recuadro *nm* : box
recubierto *pp* → **recubrir**
recubrir *v* : to cover : to coat
recuento *nm* : recount : count
recuerdo *nm* : memory : souvenir : memento; **recuerdos** *nmpl* : regards
recular *v* : to back up : to retreat : to fall back : to back down
recuperación *nf, pl* **-ciones** : recovery : recuperation
recuperar *v* : to recover : to get back : to retrieve : to recuperate : to make up for — **recuperarse** *vr* ~ **de** : to recover from : to get over
recurrente *adj* : recurrent : recurring
recurrir *v* : to appeal
recurso *nm* : recourse : appeal; **recursos** *nmpl* : resources : means
red *nf* : net : mesh : network : system : chain : trap : snare
redacción *nf, pl* **-ciones** : writing : composition : editing
redactar *v* : to write : to draft : to edit
redactor, -tora *n* : editor
redada *nf* : raid : catch : haul
redecorar *v* : to redecorate
redefinir *v* : to redefine — **redefinición** *nf*
redención *nf, pl* **-ciones** : redemption
redentor[1], **-tora** *adj* : redeeming
redentor[2], **-tora** *n* : redeemer
redescubierto *pp* → **redescubrir**
redescubrir *v* : to rediscover
redicho, -cha *adj* : affected : pretentious
redil *nm* : sheepfold
redimir *v* : to redeem : to deliver
rediseñar *v* : to redesign
redistribuir *v* : to redistribute — **redistribución** *nf*
rédito *nm* : return : yield
redituar *v* : to produce : to yield
redoblar *v* : to redouble : to strengthen — **redoblado, -da** *adj*
redoble *nm* : drum roll
redomado, -da *adj* : sly : crafty : utter : out-and-out
redonda *nf* : region : surrounding area : whole note
redondear *v* : to round off : to round out
redondel *nm* : ring : circle : bullring : arena
redondez *nf* : roundness
redondo, -da *adj* : round : great : perfect : straightforward : flat : round-trip
reducción *nf, pl* **-ciones** : reduction : decrease
reducido, -da *adj* : reduced : limited : small
reducir *v* : to reduce : to decrease : to cut : to subdue : to boil down — **reducirse** *vr* ~ **a** : to come down to : to be nothing more than
redundancia *nf* : redundancy
redundante *adj* : redundant
reedición *nf, pl* **-ciones** : reprint
reeditar *v* : to reprint
reelegir *v* : to reelect — **reelección** *nf*
reembolsable *adj* : refundable
reembolsar *v* : to refund : to reimburse : to repay
reembolso *nm* : refund : reimbursement
reemplazable *adj* : replaceable
reemplazar *v* : to replace : to substitute
reemplazo *nm* : replacement : substitution
reencarnación *nf, pl* **-ciones** : reincarnation
reencuentro *nm* : reunion

eestablecer *v* : to reestablish
eestructurar *v* : to restructure
eexaminar *v* : to reexamine
efacción *nf, pl* **-ciones** : spare part : replacement part : repair : renovation
efaccionar *v* : to repair : to renovate
efaccionaria *nf* : repair shop
eferencia *nf* : reference
eferendo → referéndum
eferéndum *nm, pl* **-dums** : referendum
eferente *adj* ~ **a** : concerning
éferi *or* **referi** *nmf* : referee
eferir *v* : to relate : to tell : to refer — **referirse** *vr* ~ **a** : to refer to : to be concerned : to be in reference to
efilón → de refilón
efinado[1], **-da** *adj* : refined
efinado[2] *nm* : refining
efinamiento *nm* : refining : refinement
efinanciar *v* : to refinance
efinar *v* : to refine
efinería *nf* : refinery
eflectante *adj* : reflective : reflecting
eflector[1], **-tora** *adj* : reflecting
eflector[2] *nm* : spotlight : searchlight : reflector
eflejar *v* : to reflect — **reflejarse** *vr* : to be reflected
eflejo *nm* : reflection : reflex; **reflejos** *nmpl* : highlights : streaks
eflexión *nf, pl* **-xiones** : reflection : thought
eflexionar *v* : to reflect : to think
eflexivo, -va *adj* : reflective : thoughtful : reflexive
eflujo *nm* : ebb : ebb tide
eforma *nf* : reform : alteration : renovation
eformador, -dora *n* : reformer
eformar *v* : to reform : to change : to alter : to renovate : to repair — **reformarse** *vr* : to mend one's ways
eformatorio *nm* : reform school
eforzar *v* : to reinforce : to strengthen : to encourage : to support
efracción *nf, pl* **-ciones** : refraction
efractar *v* : to refract — **refractarse** *vr*
efrán *nm, pl* **refranes** : proverb : saying
efregar *v* : to scrub
efrenar *v* : to rein in : to restrain : to check — **refrenarse** *vr* : to restrain oneself
efrendar *v* : to countersign : to endorse : to stamp
efrescante *adj* : refreshing
efrescar *v* : to refresh : to cool : to brush up : to turn cooler
efresco *nm* : refreshment : soft drink
efriega *nf* : skirmish : scuffle
efrigeración *nf, pl* **-ciones** : refrigeration : air-conditioning
efrigerador *nmf* : refrigerator
efrigeradora *nf* : refrigerator
efrigerante *nm* : coolant
refrigerar *v* : to refrigerate : to air-condition
refrigerio *nm* : snack : refreshments *pl*
refrito[1], **-ta** *adj* : refried
refrito[2] *nm* : fried dish
refuerzo *nm* : reinforcement : support
refugiado, -da *n* : refugee
refugiar *v* : to shelter — **refugiarse** *vr* : to take refuge
refugio *nm* : refuge : shelter
refulgencia *nf* : brilliance : splendor
refulgir *v* : to shine brightly
refundir *v* : to recast : to revise : to rewrite
refunfuñar *v* : to grumble : to groan
refutar *v* : to refute — **refutación** *nf*
regadera *nf* : watering can : shower head : shower : sprinkler
regaderazo *nm* : shower
regadío *nm* **tierra de** ~ : irrigated land
regalado, -da *adj* : dirt cheap : comfortable : easy
regalar *v* : to present : to give away : to regale : to entertain : to flatter : to make a fuss over — **regalarse** *vr* : to pamper oneself
regalía *nf* : royalty : payment
regaliz *nm, pl* **-lices** : licorice
regalo *nm* : gift : present : pleasure : comfort : treat
regalón, -lona *adj, mpl* **-lones** : spoiled
regañadientes *mpl* **a** ~ : reluctantly : unwillingly
regañar *v* : to scold : to give a talking to : to grumble : to complain : to quarrel : to argue
regañina *nf* : scolding
regaño *nm* : scolding
regañón, -ñona *adj, mpl* **-ñones** : grumpy : irritable
regar *v* : to irrigate : to water : to wash : to hose down : to spill : to scatter
regata *nf* : regatta : yacht race
regate *nm* : dodge : feint
regatear *v* : to haggle over : to skimp on : to be sparing with : to bargain : to haggle
regateo *nm* : bargaining : haggling
regatón *nm, pl* **-tones** : cap : tip
regazo *nm* : lap
regencia *nf* : regency
regenerar *v* : to regenerate — **regenerarse** *vr* — **regeneración** *nf*
regentar *v* : to run : to manage
regente *nmf* : regent
reggae *nm* : reggae
regidor, -dora *n* : town councillor
régimen *nm, pl* **regímenes** : regime : diet : regimen : rules *pl*
regimiento *nm* : regiment
regio, -gia *adj* : great : magnificent : regal : royal
región *nf, pl* **regiones** : region : area
regional *adj* : regional — **regionalmente** *adv*

regir *v* : to rule : to manage : to run : to control : to govern : to apply : to be in force — **regirse** *vr* ~ **por** : to go by : to be guided by
registrador[1], **-dora** *adj* **caja registradora** : cash register
registrador[2], **-dora** *n* : registrar : recorder
registrar *v* : to register : to record : to tape : to search : to examine — **registrarse** *vr* : to happen : to occur
registro *nm* : register : registration : registry : record office : range : search
regla *nf* : rule : regulation : ruler : period : menstruation
reglamentación *nf, pl* **-ciones** : regulation : rules *pl*
reglamentar *v* : to regulate : to set rules for
reglamentario, -ria *adj* : regulation : official
reglamento *nm* : regulations *pl* : rules *pl*
regocijar *v* : to gladden : to delight — **regocijarse** *vr* : to rejoice
regocijo *nm* : delight : rejoicing
regodearse *vr* : to delight : to gloat
regordete, -ta *adj* : chubby
regresar *v* : to give back : to return : to come back : to go back
regresión *nf, pl* **-siones** : regression : return
regresivo, -va *adj* : regressive
regreso *nm* : return
reguero *nm* : irrigation ditch : trail : trace
regulable *adj* : adjustable
regulación *nf, pl* **-ciones** : regulation : control
regulador[1], **-dora** *adj* : regulating : regulatory
regulador[2] *nm* : regulator : governor
regular[1] *v* : to regulate : to control
regular[2] *adj* : regular : fair : OK : so-so : medium : average
regularidad *nf* : regularity
regularización *nf, pl* **-ciones** : normalization
regularizar *v* : to normalize : to make regular
regularmente *adv* : regularly
regurgitar *v* : to regurgitate
regusto *nm* : aftertaste
rehabilitar *v* : to rehabilitate : to reinstate : renovate : to restore — **rehabilitación** *nf*
rehacer *v* : to redo : to remake : to repair : to renew — **rehacerse** *vr* : to recover
rehecho *pp* → **rehacer**
rehén *nm, pl* **rehenes** : hostage
rehicieron, etc. → **rehacer**
rehizo → **rehacer**
rehuir *v* : to avoid : to shun
rehusar *v* : to refuse
reimprimir *v* : to reprint
reina *nf* : queen
reinado *nm* : reign
reinante *adj* : reigning : prevailing : current
reinar *v* : to reign : to prevail
reincidencia *nf* : recidivism
reincidente *adj & nmf* : recidivist
reincidir *v* : to backslide : to relapse
reincorporar *v* : to reinstate — **reincorporarse** *vr* ~ **a** : to return to : to rejoin
reiniciar *v* : to resume : to restart : to reboot
reino *nm* : kingdom : realm
reinstalar *v* : to reinstall : to reinstate
reintegración *nf, pl* **-ciones** : reinstatement : reintegration : refund : reimbursement
reintegrar *v* : to reintegrate : reinstate : to refund : to reimburse — **reintegrarse** *vr* ~ **a** : to return to : to rejoin
reintegro *nm* : refund : reimbursement
reintroducir *v* : to reintroduce
reír *v* : to laugh : to laugh at — **reírse** *vr*
reiteración *nf, pl* **-ciones** : reiteration : repetition
reiterado, -da *adj* : repeated — **reiteradamente** *adv*
reiterar *v* : to reiterate : to repeat
reiterativo, -va *adj* : repetitive : repetitious
reivindicación *nf, pl* **-ciones** : demand : claim : vindication
reivindicar *v* : to vindicate : to demand : to claim : to restore
reja *nf* : grille : grating : plowshare
rejego, -ga *adj* : stubborn
rejilla *nf* : grille : grate : screen
rejuvenecer *v* : to rejuvenate : to be rejuvenated — **rejuvenecerse** *vr*
rejuvenecimiento *nm* : rejuvenation
relación *nf, pl* **-ciones** : relation : connection : relevance : relationship : account : list : ratio
relacionar *v* : to relate : to connect — **relacionarse** *vr* ~ **con** : to be connected to : to be linked with
relajación *nf, pl* **-ciones** : relaxation
relajado, -da *adj* : relaxed : loose : dissolute : depraved
relajante *adj* : relaxing
relajar *v* : to relax : to slacken : to be relaxing — **relajarse** *vr*
relajo *nm* : commotion : ruckus : joke : laugh
relamerse *vr* : to smack one's lips : to lick one's chops
relámpago *nm* : flash of lightning
relampaguear *v* : to flash
relanzar *v* : to relaunch
relatar *v* : to relate : to tell
relatividad *nf* : relativity
relativismo *nm* : relativism
relativo, -va *adj* : relative — **relativamente** *adv*

relato *nm* : story : tale : account
relax *nm* : relaxation
releer *v* : to reread
relegar *v* : to relegate
relevante *adj* : outstanding : important
relevar *v* : to relieve : to take over from — **relevarse** *vr* : to take turns
relevo *nm* : relief : replacement : relay
relicario *nm* : shrine : container : locket
relieve *nm* : relief : projection : prominence : importance
religión *nf, pl* **-giones** : religion
religiosamente *adv* : religiously : faithfully
religioso[1]**, -sa** *adj* : religious
religioso[2]**, -sa** *n* : monk *m* : nun *f*
relinchar *v* : to neigh : to whinny
relincho *nm* : neigh : whinny
reliquia *nf* : relic
rellano *nm* : landing
rellenar *v* : to refill : to stuff : to fill : to fill out
relleno[1]**, -na** *adj* : stuffed : filled
relleno[2] *nm* : stuffing : filling
reloj *nm* : clock : watch
relojería *nf* : watchmaker's shop : watchmaking : clockmaking
relojero, -ra *n* : watchmaker : clockmaker
reluciente *adj* : brilliant : shining
relucir *v* : to glitter : to shine
relumbrante *adj* : dazzling
relumbrar *v* : to shine brightly
relumbrón *nm, pl* **-brones** : flash : glare
remachar *v* : to rivet : to clinch : to stress : to drive home : to smash : to spike
remache *nm* : rivet : smash : spike
remanente *nm* : remainder : balance : surplus
remangar *v* : to roll up — **remangarse** *vr* : to roll up one's sleeves
remanso *nm* : pool
remar *v* : to row : to paddle : to struggle : to toil
remarcar *v* : to emphasize : to stress
rematado, -da *adj* : utter : complete
rematador, -dora *n* : auctioneer
rematar *v* : to finish off : to auction : to shoot : to end
remate *nm* : shot : auction : end : conclusion
remecer *v* : to sway : to swing
remedar *v* : to imitate : to copy : to mimic : to ape
remediar *v* : to remedy : to repair : to help out : to assist : to prevent : to avoid
remedio *nm* : remedy : cure : solution : option
remedo *nm* : imitation
rememorar *v* : to recall
remendar *v* : to mend : to patch : to darn : to correct
remera *nf* : T-shirt
remero, -ra *n* : rower
remesa *nf* : remittance : shipment
remezón *nm, pl* **-zones** : mild earthquake : tremor
remiendo *nm* : patch : correction
remilgado, -da *adj* : prim : prudish : affected
remilgo *nm* : primness : affectation
reminiscencia *nf* : reminiscence
remisión *nf, pl* **-siones** : sending : delivery : remission : reference : cross-reference
remiso, -sa *adj* : lax : remiss : reluctant
remite *nm* : return address
remitente[1] *nm* : return address
remitente[2] *nmf* : sender
remitir *v* : to send : to remit : to subside : to let up — **remitirse** *vr* ~ **a** : to refer to
remo *nm* : paddle : oar : rowing
remoción *nf, pl* **-ciones** : removal : dismissal
remodelación *nf, pl* **-ciones** : remodeling : reorganization : restructuring
remodelar *v* : to remodel : to restructure
remojar *v* : to soak : to steep : to dip : to dunk : to celebrate with a drink
remojo *nm* : soaking : steeping
remolacha *nf* : beet
remolcador *nm* : tugboat
remolcar *v* : to tow : to haul
remolino *nm* : whirlwind : eddy : whirlpool : crowd : throng : cowlick
remolón, -lona *adj, mpl* **-lones** : lazy
remolque *nm* : towing : tow : trailer
remontar *v* : to overcome : to go up — **remontarse** *vr* : to soar
rémora *nf* : obstacle : hindrance
remorder *v* : to trouble : to distress
remordimiento *nm* : remorse
remotamente *adv* : remotely : vaguely
remoto, -ta *adj* : remote : unlikely : distant : far-off
remover *v* : to stir : to move around : to turn over : to stir up : to remove : to dismiss
removible *adj* : removable
remozamiento *nm* : renovation
remozar *v* : to renew : to brighten up : to redo : to renovate
remuneración *nf, pl* **-ciones** : remuneration : pay
remunerar *v* : to pay : to remunerate
renacer *v* : to be reborn : to revive
renacimiento *nm* : rebirth : revival
renacuajo *nm* : tadpole : pollywog
renal *adj* : renal : kidney
rencilla *nf* : quarrel
renco, -ca *adj* : lame
rencor *nm* : rancor : enmity : hostility
rencoroso, -sa *adj* : resentful : bitter : rancorous

rendición *nf, pl* **-ciones** : surrender : submission : yield : return
rendido, -da *adj* : submissive : worn-out : exhausted : devoted
rendija *nf* : crack : split
rendimiento *nm* : performance : yield : efficiency
rendir *v* : to render : to give : to yield : to exhaust : to progress : to make headway : to last : to go a long way — **rendirse** *vr* : to surrender : to give up
renegado, -da *n* : renegade
renegar *v* : to deny vigorously : to abhor : to hate
renglón *nm, pl* **renglones** : line : merchandise
rengo, -ga *adj* : lame
renguear *v* : to limp
reno *nm* : reindeer
renombrado, -da *adj* : renowned : famous
renombre *nm* : renown : fame
renovable *adj* : renewable
renovación *nf, pl* **-ciones** : renewal : change : renovation
renovar *v* : to renew : to restore : to renovate
renquear *v* : to limp : to hobble
renquera *nf* : limp : lameness
renta *nf* : income : rent
rentable *adj* : profitable — **rentabilidad** *nf*
rentar *v* : to produce : to yield : to rent
renuencia *nf* : reluctance : unwillingness
renuente *adj* : reluctant : unwilling
renuncia *nf* : resignation : renunciation : waiver
renunciar *v* : to resign
reñido, -da *adj* : tough : hard-fought : at odds : on bad terms
reñir *v* : to argue : to scold : to reprimand
reo, rea *n* : accused : defendant : offender : culprit
reojo *nm* **de ~** : out of the corner of one's eye
reorganizar *v* : to reorganize — **reorganización** *nf*
repantigarse *vr* : to slouch : to loll about
reparación *nf, pl* **-ciones** : reparation : amends : repair
reparador, -dora *adj* : refreshing
reparar *v* : to repair : to fix : to mend : to make amends for : to correct : to restore : to refresh
reparo *nm* : repair : restoration : reservation : qualm
repartición *nf, pl* **-ciones** : distribution : department : division
repartidor[1], **-dora** *adj* : delivery
repartidor[2], **-dora** *n* : delivery person : distributor
repartimiento *nm* → **repartición**
repartir *v* : to allocate : to distribute : to hand out : to spread
reparto *nm* : allocation : distribution : cast
repasador *nm* : dish towel
repasar *v* : to pass by again : to review : to go over : to mend
repaso *nm* : review : mending : checkup : overhaul
repatriar *v* : to repatriate — **repatriación** *nf*
repavimentar *v* : to resurface
repelente[1] *adj* : repellent : repulsive
repelente[2] *nm* : repellent
repeler *v* : to repel : to resist : to repulse : to reject : to disgust
repensar *v* : to rethink : to reconsider
repente *nm* : sudden movement : start : fit : outburst
repentino, -na *adj* : sudden — **repentinamente** *adv*
repercusión *nf, pl* **-siones** : repercussion
repercutir *v* : to reverberate : to echo
repertorio *nm* : repertoire
repetición *nf, pl* **-ciones** : repetition : rerun : repeat
repetidamente *adv* : repeatedly
repetido, -da *adj* : repeated : numerous
repetir *v* : to repeat : to have a second helping of : to repeat a year : to have a second helping : to give indigestion — **repetirse** *vr* : to repeat oneself : to recur
repetitivo, -va *adj* : repetitive : repetitious
repicar *v* : to ring : to ring out : to peal
repique *nm* : ringing : pealing
repiqueteo *nm* : ringing : pealing : drumming
repisa *nf* : shelf : ledge
replantear *v* : to redefine : to restate — **replantearse** *vr* : to reconsider
replegar *v* : to fold — **replegarse** *vr* : to retreat : to withdraw
repleto, -ta *adj* : replete : full
réplica *nf* : reply : replica : reproduction : aftershock
replicación *nf, pl* **-ciones** : replication
replicar *v* : to reply : to retort : to argue : to answer back
repliegue *nm* : fold : retreat : withdrawal
repollo *nm* : cabbage
reponer *v* : to replace : to put back : to reinstate : to reply — **reponerse** *vr* : to recover
reportaje *nm* : article : story : report
reportar *v* : to check : to restrain : to bring : to carry : to yield : to report — **reportarse** *vr* : to control oneself : to show up
reporte *nm* : report
reportear *v* : to report on : to cover
reportero, -ra *n* : reporter

reposado, -da *adj* : calm
reposapiés *nm, pl* **reposapiés** : footrest
reposar *v* : to rest : to repose : to stand : to settle : to lie : to be buried — **reposarse** *vr* : to settle
reposición *nf, pl* **-ciones** : replacement : reinstatement : revival
repositorio *nm* : repository
reposo *nm* : repose : rest
repostar *v* : to stock up : to refuel
repostear *v* : to repost
repostería *nf* : confectioner's shop : pastry-making
repostero, -ra *n* : confectioner
repreguntar *v* : to cross-examine
repreguntas *nfpl* : cross-examination
reprender *v* : to reprimand : to scold
reprensible *adj* : reprehensible
represa *nf* : dam
represalia *nf* : reprisal : retaliation
represar *v* : to dam
representación *nf, pl* **-ciones** : representation : performance
representante *nmf* : representative : performer
representar *v* : to represent : to act for : to perform : to look : to appear as : to symbolize : to stand for : to signify : to mean — **representarse** *vr* : to imagine : to picture
representativo, -va *adj* : representative
represión *nf, pl* **-siones** : repression
represivo, -va *adj* : repressive
reprimenda *nf* : reprimand
reprimir *v* : to repress : to suppress : to stifle
reprobable *adj* : reprehensible : culpable
reprobación *nf, pl* **-ciones** : disapproval
reprobar *v* : to condemn : to disapprove of : to fail
reprobatorio, -ria *adj* : disapproving : admonishing
reprochable *adj* : reprehensible
reprochar *v* : to reproach — **reprocharse** *vr*
reproche *nm* : reproach
reproducción *nf, pl* **-ciones** : reproduction
reproducir *v* : to reproduce — **reproducirse** *vr* : to breed : to recur
reproductor[1]**, -tora** *adj* : reproductive
reproductor[2] *nm* : player
reptar *v* : to crawl : to slither
reptil[1] *adj* : reptilian
reptil[2] *nm* : reptile
república *nf* : republic
republicano, -na *adj & n* : republican — **republicanismo** *nm*
repudiar *v* : to repudiate — **repudiación** *nf*
repudio *nm* : repudiation
repuesto[1] *pp* → **reponer**
repuesto[2] *nm* : spare part
repugnancia *nf* : repugnance
repugnante *adj* : repulsive : repugnant : revolting
repugnar *v* : to cause repugnance : to disgust — **repugnarse** *vr*
repujar *v* : to emboss
repulsa *nf* : rejection : condemnation
repulsivo, -va *adj* : repulsive
repuntar *v* : to round up : to begin to appear — **repuntarse** *vr* : to fall out : to quarrel
repuso, etc. → **reponer**
reputación *nf, pl* **-ciones** : reputation
reputar *v* : to consider : to deem
requerir *v* : to require : to call for : to summon : to send for
requesón *nm, pl* **-sones** : curd cheese : cottage cheese
réquiem *nm* : requiem
requisa *nf* : requisition : seizure : inspection
requisar *v* : to requisition : to seize : to inspect
requisito *nm* : requirement
res *nf* : beast : animal : beef; **reses** *nfpl* : cattle
resabio *nm* : bad habit : vice : aftertaste
resaca *nf* : undertow : hangover
resaltar *v* : to stand out : to stress : to emphasize
resarcimiento *nm* : compensation : reimbursement
resarcir *v* : to compensate : to indemnify — **resarcirse** *vr* ~ **de** : to make up for
resbalada *nf* : slip
resbaladizo, -za *adj* : slippery : tricky : ticklish : delicate
resbalar *v* : to slip : to slide : to slip up : to make a mistake : to skid — **resbalarse** *vr*
resbalón *nm, pl* **-lones** : slip
resbaloso, -sa *adj* : slippery
rescatar *v* : to rescue : to save : to recover : to get back
rescate *nm* : rescue : recovery : ransom
rescindir *v* : to rescind : to annul : to cancel
rescisión *nf, pl* **-siones** : annulment : cancellation
rescoldo *nm* : embers *pl*
resecar *v* : to make dry : to dry up — **resecarse** *vr* : to dry up
reseco, -ca *adj* : dry
resentido, -da *adj* : resentful
resentimiento *nm* : resentment
resentirse *vr* : to suffer : to be weakened : to be/get upset — **resentir** *v* : to feel : to resent
reseña *nf* : report : summary : review : description
reseñar *v* : to review : to describe
reserva *nf* : reservation : reserve : confidence : privacy; **reservas** *nfpl* : reservations : doubts

reservación *nf, pl* **-ciones** : reservation
reservado, -da *adj* : reserved : reticent : confidential
reservar *v* : to reserve — **reservarse** *vr* : to save oneself : to conceal : to keep to oneself
reservorio *nm* : reservoir : reserve
resfriado *nm* : cold
resfriar *v* : to cool — **resfriarse** *vr* : to cool off : to catch a cold
resfrío *nm* : cold
resguardar *v* : to safeguard : to protect — **resguardarse** *vr*
resguardo *nm* : safeguard : protection : receipt : voucher : border guard : coast guard
residencia *nf* : residence : boarding house
residencial *adj* : residential
residente *adj & nmf* : resident
residir *v* : to reside : to dwell
residual *adj* : residual
residuo *nm* : residue : remainder; **residuos** *nmpl* : waste
resignación *nf, pl* **-ciones** : resignation
resignar *v* : to resign — **resignarse** *vr* ~ **a** : to resign oneself to
resina *nf* : resin
resistencia *nf* : resistance : endurance : strength : stamina : heating element
resistente *adj* : resistant : strong : tough
resistir *v* : to stand : to bear : to tolerate : to withstand : to resist — **resistirse** *vr* ~ **a** : to be resistant to : to be reluctant
resma *nf* : ream
resollar *v* : to breathe heavily : to wheeze
resolución *nf, pl* **-ciones** : resolution : settlement : decision : determination : resolve
resolver *v* : to resolve : to settle : to decide — **resolverse** *vr* : to make up one's mind
resonancia *nf* : resonance : impact : repercussions *pl*
resonante *adj* : resonant : tremendous : resounding
resonar *v* : to resound : to ring
resoplar *v* : to puff : to pant : to snort
resoplo *nm* : puffing : panting : snort
resorte *nm* : spring : elasticity : influence : means *pl*
resortera *nf* : slingshot
respaldar *v* : to back : to support : to endorse — **respaldarse** *vr* : to lean back
respaldo *nm* : back : support : backing
respectar *v* : to concern : to relate to
respectivo, -va *adj* : respective — **respectivamente** *adv*
respetable *adj* : respectable — **respetabilidad** *nf*
respetar *v* : to respect
respeto *nm* : respect : consideration; **respetos** *nmpl* : respects
respetuosidad *nf* : respectfulness
respetuoso, -sa *adj* : respectful — **respetuosamente** *adv*
respingado, -da *adj* : snub-nosed
respingo *nm* : start : jump
respiración *nf, pl* **-ciones** : respiration : breathing
respiradero *nm* : vent : ventilation shaft
respirador *nm* : respirator
respirar *v* : to breathe
respiratorio, -ria *adj* : respiratory
respiro *nm* : breath : respite : break
resplandecer *v* : to shine : to stand out
resplandeciente *adj* : resplendent : shining : radiant
resplandor *nm* : brightness : brilliance : radiance : flash
responder *v* : to answer : to reply : to respond
respondón, -dona *adj, mpl* **-dones** : sassy : fresh : impertinent
responsabilidad *nf* : responsibility
responsabilizarse *vr* : to accept responsibility
responsable[1] *adj* : responsible — **responsablemente** *adv*
responsable[2] *nmf* : person responsible
respuesta *nf* : answer : response
resquebrajar *v* : to split : to crack — **resquebrajarse** *vr*
resquemor *nm* : resentment : bitterness
resquicio *nm* : crack : opportunity : chance : trace
resta *nf* : subtraction
restablecer *v* : to reestablish : to restore — **restablecerse** *vr* : to recover
restablecimiento *nm* : reestablishment : restoration : recovery
restallar *v* : to crack : to crackle : to click
restallido *nm* : crack : crackle
restante *adj* : remaining
restañar *v* : to stanch
restar *v* : to deduct : to subtract : to minimize : to play down : to remain : to be left
restauración *nf, pl* **-ciones** : restoration : catering : food service
restaurante *nm* : restaurant
restaurar *v* : to restore
restitución *nf, pl* **-ciones** : restitution : return
restituir *v* : to return : to restore : to reinstate
resto *nm* : rest : remainder; **restos** *nmpl* : remains
restorán *nm, pl* **-ranes** : restaurant
restregadura *nf* : scrub : scrubbing
restregar *v* : to rub : to scrub — **restregarse** *vr*
restricción *nf, pl* **-ciones** : restriction : limitation
restrictivo, -va *adj* : restrictive
restringido, -da *adj* : limited : restricted
restringir *v* : to restrict : to limit

restructuración *nf, pl* **-ciones** : restructuring
restructurar *v* : to restructure
resucitación *nf, pl* **-ciones** : resuscitation
resucitar *v* : to resuscitate : to revive : to resurrect : to revitalize
resuello *nm* : puffing : heavy breathing : wheezing : break : breather
resueltamente *adv* : resolutely
resuelto[1] *pp* → **resolver**
resuelto[2], **-ta** *adj* : determined : resolved : resolute
resulta *nf* : consequence : result
resultado *nm* : result : outcome
resultante *adj & nf* : resultant
resultar *v* : to work : to work out : to be : to turn out to be : to end up being
resumen *nm, pl* **-súmenes** : summary : summation
resumidero *nm* : drain
resumir *v* : to summarize : to sum up
resurgimiento *nm* : resurgence
resurgir *v* : to reappear : to revive
resurrección *nf, pl* **-ciones** : resurrection
retablo *nm* : tableau
retador, -dora *n* : challenger
retaguardia *nf* : rear guard
retahíla *nf* : string : series
retaliación *nf, pl* **-ciones** : retaliation
retama *nf* : broom
retar *v* : to challenge : to defy
retardar *v* : to delay : to retard : to postpone
retazo *nm* : remnant : scrap : fragment : piece
retén *nm, pl* **retenes** : squad : patrol : checkpoint : roadblock : reform school
retención *nf, pl* **-ciones** : retention : deduction : withholding
retener *v* : to retain : to keep : to withhold : to detain
retentivo, -va *adj* : retentive
reticencia *nf* : reluctance : reticence : insinuation
reticente *adj* : reluctant : reticent : insinuating : misleading
retina *nf* : retina
retintín *nm, pl* **-tines** : jingle : jangle
retirada *nf* : retreat : withdrawal : retirement : refuge : haven
retirado, -da *adj* : remote : distant : far off : secluded : quiet
retirar *v* : to remove : to take away : to recall : to withdraw : to take out — **retirarse** *vr* : to retreat : to retire
retiro *nm* : retirement : withdrawal : retreat : seclusion
reto *nm* : challenge : dare
retocar *v* : to touch up
retomar *v* : to pick up : to resume
retoñar *v* : to sprout
retoño *nm* : sprout : shoot
retoque *nm* : touch-up : finishing touch
retorcer *v* : to twist : to wring — **retorcerse** *vr* : to get twisted : to get tangled up : to squirm : to writhe : to wiggle about
retorcido, -da *adj* : twisted : complicated
retorcijón *nm, pl* **-jones** : cramp : sharp pain
retórica *nf* : rhetoric
retórico, -ca *adj* : rhetorical — **retóricamente** *adv*
retornar *v* : to return
retorno *nm* : return
retozar *v* : to frolic : to romp
retozo *nm* : frolicking
retozón, -zona *adj, mpl* **-zones** : playful
retracción *nf, pl* **-ciones** : retraction : withdrawal
retractable *adj* : retractable
retractación *nf, pl* **-ciones** : retraction
retractarse *vr* : to withdraw : to back down
retraer *v* : to bring back : to dissuade — **retraerse** *vr* : to withdraw : to retire : to take refuge
retraído, -da *adj* : withdrawn : retiring : shy
retraimiento *nm* : shyness : timidity : withdrawal
retransmisión *nf, pl* **-siones** : broadcast
retransmitir *v* : to broadcast
retrasado, -da *adj* : mentally slow : behind : in arrears : backward : slow
retrasar *v* : to delay : to hold up : to put off : to postpone : to turn back — **retrasarse** *vr* : to be late : to fall behind : to lose time
retraso *nm* : delay : lateness
retratar *v* : to portray : to depict : to photograph : to paint a portrait of
retrato *nm* : depiction : portrayal : portrait : photograph
retrete *nm* : restroom : toilet
retribución *nf, pl* **-ciones** : pay : payment : reward
retribuir *v* : to pay : to reward
retroactivo, -va *adj* : retroactive — **retroactivamente** *adv*
retroalimentación *nf, pl* **-ciones** : feedback
retroceder *v* : to move back : to turn back : to back off : to back down : to recoil
retroceso *nm* : backward movement : backing down : setback : relapse : recoil
retrógrado, -da *adj* : reactionary : retrograde
retropropulsión *nf* : jet propulsion
retroproyector *nm* : overhead projector
retrospectiva *nf* : retrospective : hindsight
retrospectivamente *adv* : in retrospect

retrospectivo, -va *adj* : retrospective
retrovisor *nm* : rearview mirror
retruécano *nm* : pun : play on words
retuitear *v* : to retweet
retumbar *v* : to boom : to thunder : to resound : to reverberate
retumbo *nm* : booming : thundering : roll
retuvo, etc. → **retener**
reubicar *v* : to relocate — **reubicación** *nf*
reuma *or* **reúma** *nmf* → **reumatismo**
reumático, -ca *adj* : rheumatic
reumatismo *nm* : rheumatism
reunión *nf, pl* **-niones** : meeting : gathering : reunion
reunir *v* : to unite : to join : to bring together : to have : to possess : to gather : to collect : to raise — **reunirse** *vr* : to meet
reutilizable *adj* : reusable
reutilizar *v* : to recycle : to reuse
revalidar *v* : to confirm : to ratify : to defend
revalorizar *v* : to reevaluate : to reassess
revaluar *v* : to reevaluate — **revaluación** *n*
revancha *nf* : revenge : rematch
revelación *nf, pl* **-ciones** : revelation
revelado *nm* : developing
revelador[1], **-dora** *adj* : revealing
revelador[2] *nm* : developer
revelar *v* : to reveal : to disclose : to develop
revendedor, -dora *n* : scalper : retailer
revender *v* : to resell : to scalp
reventa *nf* : resale : scalping
reventar *v* : to burst : to blow up : to annoy : to rile — **reventarse** *vr* : to burst
reventón *nm, pl* **-tones** : burst : bursting : blowout : flat tire : bash : party
reverberar *v* : to reverberate — **reverberación** *nf*
reverdecer *v* : to grow green again : to revive
reverencia *nf* : reverence : bow : curtsy
reverenciar *v* : to revere : to venerate
reverendo[1], **-da** *adj* : reverend : total : absolute
reverendo[2], **-da** *n* : reverend
reverente *adj* : reverent
reversa *nf* : reverse
reversible *adj* : reversible
reversión *nf, pl* **-siones** : reversion
reverso *nm* : back : other side
revertir *v* : to revert : to go back : to reverse
revés *nm, pl* **reveses** : back : wrong side : setback : reversal : backhand
revestimiento *nm* : covering : facing
revestir *v* : to coat : to cover : to surface : to conceal : to disguise : to take on : to assume
revisar *v* : to examine : to inspect : to check : to check over : to overhaul : to revise
revisión *nf, pl* **-siones** : revision : inspection : check
revisor, -sora *n* : inspector : conductor
revista *nf* : magazine : journal : revue
revistar *v* : to review : to inspect
revistero *nm* : magazine rack
revitalizar *v* : to revitalize — **revitalización** *nf*
revivir *v* : to revive : to come alive again : to relive
revocación *nf, pl* **-ciones** : revocation : repeal : reversal
revocar *v* : to revoke : to repeal : to plaster
revolcar *v* : to knock over : to knock down — **revolcarse** *vr* : to roll around : to wallow
revolcón *nm, pl* **-cones** : tumble : fall
revolotear *v* : to flutter around : to flit
revoloteo *nm* : fluttering : flitting
revoltoso, -sa *adj* : unruly : rebellious
revolución *nf, pl* **-ciones** : revolution
revolucionar *v* : to revolutionize
revolucionario, -ria *adj & n* : revolutionary
revolver *v* : to move about : to mix : to shake : to stir : to upset : to mess up : to rummage through — **revolverse** *vr* : to toss and turn : to turn around
revólver *nm* : revolver
revoque *nm* : plaster
revuelo *nm* : fluttering : commotion : stir
revuelta *nf* : uprising : revolt
revuelto[1] *pp* → **revolver**
revuelto[2], **-ta** *adj* : choppy : rough : untidy
rey *nm* : king
reyerta *nf* : brawl : fight
rezagado, -da *n* : straggler : latecomer
rezagar *v* : to leave behind : to postpone — **rezagarse** *vr* : to fall behind : to lag
rezar *v* : to pray : to say : to recite
rezo *nm* : prayer : praying
rezongar *v* : to gripe : to grumble
rezumar *v* : to ooze : to leak
ría, etc. → **reír**
riachuelo *nm* : brook : stream
riada *nf* : flood
ribera *nf* : bank : shore
ribete *nm* : border : trim : frill : adornment; **ribetes** *nmpl* : hint : touch
ribetear *v* : to border : to edge : to trim
ricachón[1], **-chona** *adj, mpl* **-chones** : rich : wealthy
ricachón[2], **-chona** *n, mpl* **-chones** : rich person
ricamente *adv* : richly : splendidly
rice, etc. → **rizar**
rickshaw *nm* : rickshaw
rico[1], **-ca** *adj* : rich : wealthy : fertile : luxurious : valuable : delicious : adorable : lovely : great : wonderful

rico[2]**, -ca** *n* : rich person
ridiculez *nf, pl* **-leces** : absurdity
ridiculizar *v* : to ridicule
ridículo, -la *adj* : ridiculous : ludicrous — **ridículamente** *adv*
ríe, etc. → **reír**
riega, riegue, etc. → **regar**
riego *nm* : irrigation
riel *nm* : rail : track
rienda *nf* : rein
riesgo *nm* : risk
riesgoso, -sa *adj* : risky
rifa *nf* : raffle
rifar *v* : to raffle : to quarrel : to fight
rifle *nm* : rifle
rige, rija, etc. → **regir**
rigidez *nf, pl* **-deces** : rigidity : stiffness : inflexibility
rígido, -da *adj* : rigid : stiff : strict — **rígidamente** *adv*
rigor *nm* : rigor : harshness : precision : meticulousness
riguroso, -sa *adj* : rigorous — **rigurosamente** *adv*
rima *nf* : rhyme; **rimas** *nfpl* : verse : poetry
rimar *v* : to rhyme
rimbombante *adj* : grandiose : showy : bombastic : pompous
rímel *or* **rimel** *or* **rimmel** *nm* : mascara
rin *nm* : wheel : rim
rincón *nm, pl* **rincones** : corner : nook
rinde, etc. → **rendir**
ring *nm, pl* **rings** : (boxing) ring
ringtone *nm* : ringtone
rinoceronte *nm* : rhinoceros
riña *nf* : fight : brawl : dispute : quarrel
riñe, etc. → **reñir**
riñón *nm, pl* **riñones** : kidney
río[1] → **reír**
río[2] *nm* : river : torrent : stream
ripio *nm* : debris : rubble : gravel
riqueza *nf* : wealth : riches *pl* : richness
risa *nf* : laughter : laugh
risco *nm* : crag : cliff
risible *adj* : ludicrous : laughable
risita *nf* : giggle : titter : snicker
risotada *nf* : guffaw
ristra *nf* : string : series *pl*
risueño, -ña *adj* : cheerful : pleasant : promising
rítmico, -ca *adj* : rhythmical : rhythmic — **rítmicamente** *adv*
ritmo *nm* : rhythm : pace : tempo
rito *nm* : rite : ritual
ritual *adj & nm* : ritual — **ritualmente** *adv*
rival *adj & nmf* : rival
rivalidad *nf* : rivalry : competition
rivalizar *v* ~ **con** : to rival : to compete with
rizado, -da *adj* : curly : ridged : rippled : undulating
rizar *v* : to curl : to ripple : to ruffle : to crumple : to fold — **rizarse** *vr* : to frizz : to ripple
rizo *nm* : curl : loop
robalo *or* **róbalo** *nm* : sea bass
robar *v* : to steal : to rob : to burglarize : to abduct : to kidnap : to captivate ~ **en** : to break into
roble *nm* : oak
robo *nm* : robbery : theft
robot *nm, pl* **robots** : robot — **robótico, -ca** *adj*
robótica *nf* : robotics
robustecer *v* : to grow stronger : to strengthen
robustez *nf* : sturdiness : robustness
robusto, -ta *adj* : robust : sturdy
roca *nf* : rock : boulder
roce[1]**, etc.** → **rozar**
roce[2] *nm* : rubbing : chafing : brush : graze : touch : close contact : familiarity : friction : disagreement
rociador *nm* : sprinkler
rociar *v* : to spray : to sprinkle
rocío *nm* : dew : shower : light rain
rock *or* **rock and roll** *nm* : rock : rock and roll
rocola *nf* : jukebox
rocoso, -sa *adj* : rocky
rodada *nf* : track : rut
rodado, -da *adj* : wheeled : dappled
rodadura *nf* : rolling : taxiing
rodaja *nf* : round : slice
rodaje *nm* : filming : shooting : breaking in
rodamiento *nm* : bearing : rolling
rodante *adj* : rolling
rodar *v* : to roll : to roll down : to roll along : to turn : to go around : to move about : to travel : to film : to shoot : to break in
rodear *v* : to surround : to round up : to go around : to beat around the bush — **rodearse** *vr* ~ **de** : to surround oneself with
rodeo *nm* : rodeo : roundup : detour : evasion
rodilla *nf* : knee
rodillera *nf* : knee pad
rodillo *nm* : roller : rolling pin
rododendro *nm* : rhododendron
roedor[1]**, -dora** *adj* : gnawing
roedor[2] *nm* : rodent
roer *v* : to gnaw : to eat away at : to torment
rogar *v* : to beg : to request : to plead : to pray
roiga, etc. → **roer**
rojez *nf* : redness
rojizo, -za *adj* : reddish
rojo[1]**, -ja** *adj* : red
rojo[2] *nm* : red
rol *nm* : role : list : roll
rollizo, -za *adj* : chubby : plump
rollo *nm* : roll : coil : roll of fat : boring speech : lecture
ROM *nf, pl* **ROM** *or* **ROMs** : ROM

romance *nm* : Romance language : ballad : romance
romano, -na *adj & n* : Roman
romanticismo *nm* : romanticism
romántico, -ca *adj* : romantic — **romántico, -ca** *n* — **románticamente** *adv*
rombo *nm* : rhombus
romería *nf* : pilgrimage : procession : crowd : gathering
romero[1], **-ra** *n* : pilgrim
romero[2] *nm* : rosemary
romo, -ma *adj* : blunt : dull
rompecabezas *nms & pl* : puzzle : riddle
rompecorazones *nmfs & pl* : heartbreaker
rompehielos *nms & pl* : icebreaker
rompehuelgas *nmfs & pl* : strikebreaker : scab
rompenueces *nms & pl* : nutcracker
rompeolas *ns & pl* : breakwater : jetty
romper *v* : to break : to rip : to tear : to break off : to break through/down : to wear out — **romperse** *vr*
ron *nm* : rum
roncar *v* : to snore : to roar
roncha *nf* : rash
ronco, -ca *adj* : hoarse : husky — **roncamente** *adv*
ronda *nf* : beat : patrol : round
rondar *v* : to patrol : to hang around : to be approximately : to be on patrol : to prowl around : to roam about
ronque, etc. → roncar
ronquera *nf* : hoarseness
ronquido *nm* : snore : roar
ronronear *v* : to purr
ronroneo *nm* : purr : purring
ronzal *nm* : halter
ronzar *v* : to munch : to crunch
roña *nf* : mange : dirt : filth : stinginess
roñoso, -sa *adj* : mangy : dirty : stingy
ropa *nf* : clothes *pl* : clothing
ropaje *nm* : apparel : garments *pl* : regalia
ropero *nm* : wardrobe : closet
rosa[1] *adj* : rose-colored : pink
rosa[2] *nm* : rose : pink
rosa[3] *nf* : rose
rosáceo, -cea *adj* : pinkish
rosado[1], **-da** *adj* : pink
rosado[2] *nm* : pink
rosal *nm* : rosebush
rosario *nm* : rosary : series
rosbif *nm* : roast beef
rosca *nf* : thread : ring : coil
roscón *nm, pl* **roscones** : ring-shaped cake
roseta *nf* : rosette
rosetón *nm, pl* **-tones** : rose window
rosquilla *nf* : ring-shaped pastry : doughnut
rostro *nm* : face : countenance
rotación *nf, pl* **-ciones** : rotation
rotar *v* : to rotate : to turn : to spin
rotativo[1], **-va** *adj* : rotary
rotativo[2] *nm* : newspaper
rotatorio, -ria *adj* → **rotativo**[1]
roto[1] *pp* → **romper**
roto[2], **-ta** *adj* : broken : ripped : torn
rotonda *nf* : traffic circle : rotary : rotunda
rotor *nm* : rotor
rotoso, -sa *adj* : ragged : scruffy
rótula *nf* : kneecap
rotulador *nm* : felt-tip pen : highlighter
rotular *v* : to head : to entitle : to label
rótulo *nm* : heading : title : label : sign
rotundo, -da *adj* : round : categorical : absolute — **rotundamente** *adv*
rotura *nf* : break : tear : fracture
rough *nm* **el rough** : the rough
router *nm, pl* **routers** : router
roya[1] *nf* : plant rust
roya[2], **etc. → roer**
rozado, -da *adj* : worn
rozadura *nf* : scratch : abrasion : rubbed spot : sore
rozamiento *nf* : rubbing : friction
rozar *v* : to chafe : to rub against : to border on : to touch on : to graze : to touch lightly — **rozarse** *vr* ~ **con** : to rub shoulders with
ruandés, -desa *adj & n* : Rwandan
rubéola *nf* : German measles : rubella
rubí *nm, pl* **rubíes** : ruby
rubicundo, -da *adj* : ruddy
rubio, -bia *adj & n* : blond
rublo *nm* : ruble
rubor *nm* : flush : blush : rouge
ruborizarse *vr* : to blush
rúbrica *nf* : title : heading
rubricar *v* : sign with a flourish : to endorse : to sanction
rubro *nm* : heading : title : line : area
rucio, rucia *adj* : gray
rudeza *nf* : roughness : coarseness
rudimentario, -ria *adj* : rudimentary — **rudimentariamente** *adv*
rudimento *nm* : rudiment : basics *pl*
rudo, -da *adj* : rough : harsh : coarse : unpolished — **rudamente** *adv*
rueda[1], **etc. → rodar**
rueda[2] *nf* : wheel : round slice : circle : ring
ruedita *nf* : caster
ruedo *nm* : bullring : arena : rotation : turn : hem
ruega, ruegue, etc. → rogar
ruego *nm* : request : appeal : plea
rufián *nf, pl* **rufianes** : villain : scoundrel : ruffian
rugby *nm* : rugby
rugido *nm* : roar
rugir *v* : to roar
rugoso, -sa *adj* : rough : bumpy : wrinkled

ruibarbo *nm* : rhubarb
ruido *nm* : noise : sound
ruidoso, -sa *adj* : loud : noisy — **ruidosamente** *adv*
ruin *adj* : base : despicable : mean : stingy
ruina *nf* : ruin : destruction : downfall : collapse; **ruinas** *nfpl* : ruins : remains
ruinoso, -sa *adj* : run-down : dilapidated : ruinous : disastrous
ruiseñor *nm* : nightingale
ruja, etc. → **rugir**
rulero *nm* : curler : roller
ruleta *nf* : roulette
ruletero, -ra *n* : taxi driver
rulo *nm* : curler : roller
ruma *nf* : pile : heap
rumano, -na *n* : Romanian : Rumanian
rumba *nf* : rumba
rumbo *nm* : direction : course : ostentation : pomp : lavishness : generosity
rumiante *adj & nm* : ruminant
rumiar *v* : to ponder : to mull over : to chew the cud : to ruminate
rummy *nm* : rummy
rumor *nm* : rumor : murmur
rumorearse *or* **rumorarse** *vr* : to be rumored — **rumoreado, -da** *adj*
rumoroso, -sa *adj* : murmuring : babbling
rupestre *adj* : cave
rupia *nf* : rupee
ruptura *nf* : break : breaking : breach : breaking off : breakup
rural *adj* : rural
ruso[1], **-sa** *adj & n* : Russian
ruso[2] *nm* : Russian
rústico[1], **-ca** *adj* : rural : rustic
rústico[2], **-ca** *n* : rustic : country dweller
ruta *nf* : route
rutina *nf* : routine : habit
rutinario, -ria *adj* : routine : ordinary — **rutinariamente** *adv*
sábado *nm* : Saturday : Sabbath
sábalo *nm* : shad
sabana *nf* : savanna
sábana *nf* : sheet : bedsheet
sabandija *nf* : bug : small reptile : pesky creature
sabático, -ca *adj* : sabbatical
sabedor, -dora *adj* : aware : informed
sabelotodo *nmf* : know-it-all
saber[1] *v* : to know : to know how to : to be able to : to learn : to find out : to suppose : to be informed : to taste — **saberse** *vr* : to know
saber[2] *nm* : knowledge : learning
sabiamente *adv* : wisely
sabido, -da *adj* : well-known
sabiduría *nf* : wisdom : learning : knowledge
sabihondo, -da *n* : know-it-all
sabio[1], **-bia** *adj* : wise : sensible : learned
sabio[2], **-bia** *n* : wise person : learned person
sable *nm* : saber : cutlass
sablear *v* : to bum : to scrounge : to sponge : to scrounge off : to sponge off
sabor *nm* : flavor : taste
saborear *v* : to taste : to savor : to enjoy : to relish
saborizante *nm* : flavor : flavoring
sabotaje *nm* : sabotage
saboteador, -dora *n* : saboteur
sabotear *v* : to sabotage
sabrá, etc. → **saber**
sabroso, -sa *adj* : delicious : tasty : pleasant : nice : lovely
sabueso *nm* : bloodhound : detective : sleuth
sacacorchos *nms & pl* : corkscrew
sacapuntas *nms & pl* : pencil sharpener
sacar *v* : to pull out : to take out : to get : to obtain : to get out : to extract : to stick out : to bring out : to introduce : to take : to make : to withdraw : to draw : to reach : to work out : to tally up : to kick off : to serve
sacarina *nf* : saccharin
sacarosa *nf* : sucrose
sacerdocio *nm* : priesthood
sacerdotal *adj* : priestly
sacerdote, -tisa *n* : priest *m* : priestess *f*
saciar *v* : to sate : to satiate : to satisfy
saciedad *nf* : fullness
saco *nm* : bag : sack : sac : jacket : sport coat
sacramento *nm* : sacrament — **sacramental** *adj*
sacrificar *v* : to sacrifice : to euthanize : to put down — **sacrificarse** *vr* : to sacrifice oneself : to make sacrifices
sacrificio *nm* : sacrifice
sacrilegio *nm* : sacrilege
sacrílego, -ga *adj* : sacrilegious
sacristán *nm, pl* **-tanes** : sexton
sacristía *nf* : vestry
sacro, -cra *adj* : sacred
sacrosanto, -ta *adj* : sacrosanct
sacudida *nf* : shaking : jerk : jolt : shock : shake-up : upheaval
sacudir *v* : to shake : to beat : to jerk : to jolt : to dust off : to shake up : to shock — **sacudirse** *vr* : to shake off
sacudón *nm, pl* **-dones** : intense jolt or shake-up
sádico[1], **-ca** *adj* : sadistic
sádico[2], **-ca** *n* : sadist
sadismo *nm* : sadism
safari *nm* : safari
saga *nf* : saga
sagacidad *nf* : shrewdness
sagaz *adj, pl* **sagaces** : shrewd : discerning : sagacious
sagazmente *adv* : shrewdly
Sagitario[1] *nm* : Sagittarius
Sagitario[2] *nmf* : Sagittarius

sagrado, -da *adj* : sacred : holy
sainete *nm* : comedy sketch : one-act farce
sajar *v* : to lance : to cut open
sal[1] → **salir**
sal[2] *nf* : salt : misfortune : bad luck
sala *nf* : living room : room : hall
salado, -da *adj* : salty
salamandra *nf* : salamander
salami *nm* : salami
salar *v* : to salt : to spoil : to ruin : to jinx : to bring bad luck
salarial *adj* : salary : salary-related
salario *nm* : salary
salaz *adj, pl* **salaces** : salacious : lecherous
salchicha *nf* : sausage : frankfurter : wiener
salchichonería *nf* : delicatessen : cold cuts *pl*
saldar *v* : to settle : to pay off
saldo *nm* : settlement : payment : balance : remainder : leftover merchandise
saldrá, etc. → **salir**
salero *nm* : salt shaker : wit : charm
salga, etc. → **salir**
salida *nf* : exit : leaving : departure : way out : solution : start : wisecrack : joke
salido *adj* : protuding
saliente[1] *adj* : departing : outgoing : projecting : salient : prominent
saliente[2] *nm* : projection : protrusion
salinidad *nf* : salinity : saltiness
salino, -na *adj* : saline
salir *v* : to go out : to come out : to get out : to leave : to depart : to appear : to become available : to rise : to come up : to project : to stick out : to cost : to come to : to turn out : to prove : to occur — **salirse** *vr* : to escape : to leak out : to come loose : to come off
saliva *nf* : saliva
salival *adj* : salivary
salivar *v* : to salivate
salmo *nm* : psalm
salmodia *nf* : chant
salmodiar *v* : to chant
salmón[1] *adj* : salmon-colored
salmón[2] *nm, pl* **salmones** : salmon
salmuera *nf* : brine
salobre *adj* : brackish : briny
salón *nm, pl* **salones** : hall : large room : salon : parlor : sitting room
salpicadera *nf* : fender
salpicadero *nm* : dashboard
salpicadura *nf* : spatter : splash
salpicar *v* : to spatter : to splash : to sprinkle : to scatter about
salpimentar *v* : to season : to spice up
salpullido → **sarpullido**
salsa *nf* : sauce : gravy : salsa
salsero, -ra *n* : salsa musician
saltador, -dora *n* : jumper
saltamontes *nms & pl* : grasshopper
saltar *v* : to jump : to leap : to bounce : to come off : to pop out : to shatter : to break : to explode : to blow up : to increase : to jump over : to skip : to miss — **saltarse** *vr* : to omit : to fall off
saltarín, -rina *adj, mpl* **-rines** : leaping : hopping
salteado, -da *adj* : sautéed : jumbled up
salteador *nm* : highwayman
saltear *v* : to sauté : to skip around : to skip over
saltimbanqui *nmf* : acrobat
salto *nm* : jump : leap : skip : dive : gap : omission
saltón, -tona *adj, mpl* **saltones** : bulging : protruding
salubre *adj* : healthful : salubrious
salubridad *nf* : healthiness : health
salud *nf* : health
saludable *adj* : healthful : healthy : well
saludar *v* : to greet : to say hello to : to salute — **saludarse** *vr*
saludo *nm* : greeting : regards *pl* : salute
salutación *nf, pl* **-ciones** : salutation
salva *nf* : salvo : volley
salvación *nf, pl* **-ciones** : salvation : rescue
salvado *nm* : bran
salvador, -dora *n* : savior : rescuer
salvadoreño, -ña *adj & n* : Salvadoran : El Salvadoran
salvaguardar *v* : to safeguard
salvaguardia *or* **salvaguarda** *nf* : safeguard : defense
salvajada *nf* : atrocity : act of savagery
salvaje[1] *adj* : wild : savage : cruel : primitive : uncivilized
salvaje[2] *nmf* : savage
salvajismo *nm* : savagery
salvamanteles *nms & pl* : trivet
salvamento *nm* : rescuing : lifesaving : salvation : refuge
salvapantallas *nms & pl* : screen saver
salvar *v* : to save : to rescue : to cover : to get around : to overcome : to cross : to jump across — **salvarse** *vr* : to survive : to escape : to save one's soul
salvavidas[1] *nms & pl* : life preserver
salvavidas[2] *nmf* : lifeguard
salvedad *nf* : exception : proviso : stipulation
salvia *nf* : sage
salvo[1], **-va** *adj* : unharmed : sound
salvo[2] *prep* : except : save
salvoconducto *nm* : safe-conduct
samba *nf* : samba
San *adj* → **santo**[1]
sanar *v* : to heal : to cure : to get well : to recover
sanatorio *nm* : sanatorium : clinic : private hospital

sanción *nf, pl* **sanciones** : sanction
sancionar *v* : to penalize : to impose a sanction on : to sanction : to approve
sancochar *v* : to parboil
sandalia *nf* : sandal
sándalo *nm* : sandalwood
sandez *nf, pl* **sandeces** : nonsense : silly thing to say
sandía *nf* : watermelon
sandwich *nm, pl* **sandwiches** : sandwich
saneamiento *nm* : cleaning up : sanitation : reorganizing : streamlining
sanear *v* : to clean up : to sanitize : to reorganize : to streamline
sangrante *adj* : bleeding : flagrant : blatant
sangrar *v* : to bleed : to indent
sangre *nf* : blood
sangría *nf* : bleeding : sangria : drain : draining : indentation : indenting
sangriento, -ta *adj* : bloody : cruel
sanguijuela *nf* : leech : bloodsucker : sponger
sanguinario, -ria *adj* : bloodthirsty
sanguíneo, -nea *adj* : blood : sanguine : ruddy
sanidad *nf* : health : public health : sanitation
sanitario[1], **-ria** *adj* : sanitary : health
sanitario[2], **-ria** *n* : sanitation worker
sanitario[3] *nm* : toilet
sano, -na *adj* : healthy : wholesome : whole : intact
santiaguino, -na *adj* : of or from Santiago, Chile
santiamén *nm* **en un santiamén** : in no time at all
santidad *nf* : holiness : sanctity
santificar *v* : to sanctify : to consecrate : to hallow
santiguarse *vr* : to cross oneself
santo[1], **-ta** *adj* : holy : saintly
santo[2], **-ta** *n* : saint
santo[3] *nm* : saint's day : birthday
santuario *nm* : sanctuary
santurrón, -rrona *adj, mpl* **-rrones** : overly pious : sanctimonious — **santurronamente** *adv*
saña *nf* : fury : rage : viciousness
sapo *nm* : toad
saque[1], **etc.** → **sacar**
saque[2] *nm* : kickoff : serve : service
saqueador, -dora *n* : plunderer : looter
saquear *v* : to sack : to plunder : to loot
saqueo *nm* : sacking : plunder : looting
sarampión *nm* : measles *pl*
sarape *nm* : blanket
sarcasmo *nm* : sarcasm
sarcástico, -ca *adj* : sarcastic
sarcófago *nm* : sarcophagus
sardina *nf* : sardine
sardónico, -ca *adj* : sardonic
sarga *nf* : serge
sargento *nmf* : sergeant
sari *nm* : sari
sarna *nf* : mange
sarnoso, -sa *adj* : mangy
sarpullido *nm* : rash
sarro *nm* : deposit : coating : tartar : plaque
sarta *nf* : string : series
sartén *nmf, pl* **sartenes** : frying pan
sasafrás *nm* : sassafras
sastre, -tra *n* : tailor
sastrería *nf* : tailoring : tailor's shop
Satanás *or* **Satán** *nm* : Satan : the devil
satánico, -ca *adj* : satanic
satélite *nm* : satellite
satín *or* **satén** *nm, pl* **satines** *or* **satenes** : satin
satinado, -da *adj* : satin : glossy
sátira *nf* : satire
satírico, -ca *adj* : satirical : satiric
satirizar *v* : to satirize
sátiro *nm* : satyr
satisfacción *nf, pl* **-ciones** : satisfaction
satisfacer *v* : to satisfy : to fulfill : to meet : to pay : to settle — **satisfacerse** *vr* : to be satisfied : to take revenge
satisfactorio, -ria *adj* : satisfactory — **satisfactoriamente** *adv*
satisfecho, -cha *adj* : satisfied : content : pleased
saturación *nf, pl* **-ciones** : saturation
saturar *v* : to saturate : to fill up : to satiate : to surfeit
saturnismo *nm* : lead poisoning
Saturno *nm* : Saturn
sauce *nm* : willow
saúco *nm* : elder
saudí *or* **saudita** *adj & nmf* : Saudi : Saudi Arabian
sauna *nmf* : sauna
savia *nf* : sap
saxo[1] *nm* : sax : saxophone
saxo[2] *nmf* : sax player : saxophone player
saxofón *nm, pl* **-fones** : saxophone — **saxofonista** *nmf*
sazón[1] *nf, pl* **sazones** : flavor : seasoning : ripeness : maturity
sazón[2] *nmf, pl* **sazones** : flavor : seasoning
sazonar *v* : to season : to spice
scanner → **escáner**
scout *nmf, pl* **scouts** : scout
se *pron* : to him : to her : to you : to them : each other : one another : himself : herself : itself : yourself : yourselves : themselves
sé → **saber, ser**
sea, etc. → **ser**
sebo *nm* : grease : fat : tallow : suet
secado *nm* : drying
secador *nm* : hair dryer
secadora *nf* : dryer : clothes dryer : hair dryer

secamente *adv* : curtly : brusquely
secante *nm* : blotting paper : blotter
secar *v* : to dry — **secarse** *vr* : to get dry : to dry up
sección *nf, pl* **secciones** : section : department : division
seccionar *v* : to section : to divide
seco, -ca *adj* : dry : dried : thin : lean : curt : brusque : sharp : alcohol-free
secoya *nf* : sequoia : redwood
secreción *nf, pl* **-ciones** : secretion
secretar *v* : to secrete
secretaría *nf* : secretariat : administrative department : ministry : cabinet office
secretariado *nm* : secretariat : secretarial profession
secretario, -ria *n* : secretary — **secretarial** *adj*
secreto[1], **-ta** *adj* : secret — **secretamente** *adv*
secreto[2] *nm* : secret : secrecy
secta *nf* : sect
sectario, -ria *adj & n* : sectarian
sector *nm* : sector
secuaz *nmf, pl* **secuaces** : follower : henchman : underling
secuela *nf* : consequence : sequel
secuencia *nf* : sequence
secuestrador, -dora *n* : kidnapper : abductor : hijacker
secuestrar *v* : to kidnap : to abduct : to hijack : to commandeer : to confiscate : to seize
secuestro *nm* : kidnapping : abduction : hijacking : seizure : confiscation
secular *adj* : secular — **secularismo** *nm* — **secularización** *nf*
secundar *v* : to support : to second
secundaria *nf* : secondary education : high school : junior high school : middle school
secundario, -ria *adj* : secondary
secuoya *nf* : sequoia
sed *nf* : thirst
seda *nf* : silk
sedación *nf, pl* **-ciones** : sedation
sedal *nm* : fishing line
sedán *nm, pl* **sedanes** : sedan
sedante *adj & nm* : sedative
sedar *v* : to sedate
sede *nf* : seat : headquarters : venue : site
sedentario, -ria *adj* : sedentary
sedición *nf, pl* **-ciones** : sedition — **sedicioso, -sa** *adj*
sediento, -ta *adj* : thirsty : thirsting
sedimento *nm* : sediment — **sedimentario, -ria** *adj* — **sedimentación** *nf*
sedoso, -sa *adj* : silky : silken
seducción *nf, pl* **-ciones** : seduction
seducir *v* : to seduce : to captivate : to charm
seductivo, -va *adj* : seductive
seductor[1], **-tora** *adj* : seductive : charming : alluring
seductor[2], **-tora** *n* : seducer
segador[1] *nm* : daddy longlegs
segador[2], **-dora** *n* : harvester
segar *v* : to reap : to harvest : to cut : to sever abruptly
seglar[1] *adj* : lay : secular
seglar[2] *nm* : layperson : layman *m* : laywoman *f*
segmentado, -da *adj* : segmented
segmento *nm* : segment
segregación *nf, pl* **-ciones** : segregation
segregar *v* : to segregate : to secrete
seguida *nf* **en ~** : right away : immediately
seguidamente *adv* : next : immediately after : without a break : continuously
seguido[1] *adv* : straight : straight ahead : often : frequently
seguido[2], **-da** *adj* : consecutive : successive : straight : unbroken
seguidor, -dora *n* : follower : supporter
seguimiento *nm* : following : pursuit : continuation : tracking : monitoring
seguir *v* : to follow : to go along : to keep on : to take : to go on : to keep going : to remain : to continue to be : to come after
según[1] *adv* : it depends
según[2] *conj* : as : just as : depending on how
según[3] *prep* : according to : depending on
segundero *nm* : second hand
segundo[1], **-da** *adj* : second
segundo[2], **-da** *n* : second : second in command
segundo[3] *nm* : second
seguramente *adv* : for sure : surely : probably
seguridad *nf* : safety : security : (financial) security : certainty : assurance : confidence : self-confidence
seguro[1] *adv* : certainly : definitely
seguro[2], **-ra** *adj* : safe : secure : sure : certain : reliable : trustworthy : self-assured
seguro[3] *nm* : insurance : fastener : clasp : safety pin
seis[1] *adj & nm* : six
seis[2] *pron* : six
seiscientos[1], **-tas** *adj & pron* : six hundred
seiscientos[2] *nms & pl* : six hundred
seísmo *nm* : earthquake
selección *nf, pl* **-ciones** : selection : choice
seleccionador, -dora *n* : manager
seleccionar *v* : to select : to choose
selectividad *nf* : entrance examination
selectivo, -va *adj* : selective — **selectivamente** *adv*

selecto, -ta *adj* : choice : select : exclusive
selenio *nm* : selenium
selfie *or* **selfi** *nm* : selfie
self–service *nm* : self-service restaurant
sellar *v* : to seal : to stamp
sello *nm* : seal : postage stamp : hallmark : characteristic
selva *nf* : woods *pl* : forest : jungle
selvático, -ca *adj* : forest : jungle : wild
semáforo *nm* : traffic light : stop signal
semana *nf* : week
semanal *adj* : weekly — **semanalmente** *adv*
semanario *nm* : weekly
semántica *nf* : semantics
semántico, -ca *adj* : semantic
semblante *nm* : countenance : face : appearance : look
semblanza *nf* : biographical sketch : profile
sembrado *nm* : cultivated field
sembrar *v* : to plant : to sow : to scatter : to strew
semejante[1] *adj* : similar : alike : such
semejante[2] *nm* : fellowman
semejanza *nf* : similarity : resemblance
semejar *v* : to resemble : to look like — **semejarse** *vr* : to be similar : to look alike
semen *nm* : semen
semental *nm* : stud
semestral *adj* : biannual : semiannual
semestre *nm* : semester
semi- *pref* : semi-
semibreve *nf* : whole note
semicírculo *nm* : semicircle : half circle
semiconductor *nm* : semiconductor
semidiós *nm, pl* **-dioses** : demigod *m*
semifinal *nf* : semifinal
semilla *nf* : seed
semillero *nm* : bed : seed tray : hotbed : breeding ground
seminario *nm* : seminary : seminar : graduate course
semiprecioso, -sa *adj* : semiprecious
semita *nmf* : Semite — **semítico, -ca** *adj*
sémola *nf* : semolina
sempiterno, -na *adj* : eternal : everlasting
senado *nm* : senate
senador, -dora *n* : senator
sencillamente *adv* : simply : plainly
sencillez *nf* : simplicity
sencillo[1], **-lla** *adj* : simple : easy : plain : unaffected : single
sencillo[2] *nm* : single : small change : one-way ticket
senda *nf* : path : way
senderismo *nm* : hiking
sendero *nm* : path : way
sendos, -das *adj pl* : each : both
senectud *nf* : old age
senegalés, -lesa *adj & n, mpl* **-leses** : Senegalese
senil *adj* : senile — **senilidad** *nf*
seno *nm* : breast : bosom : sinus
sensación *nf, pl* **-ciones** : feeling : sensation
sensacional *adj* : sensational
sensacionalismo *nm* : sensationalism — **sensacionalista** *adj*
sensatez *nf* : good sense
sensato, -ta *adj* : sensible : sound — **sensatamente** *adv*
sensibilidad *nf* : sensitivity : sensibility : feeling
sensibilizar *v* : to sensitize
sensible *adj* : sensitive : considerable : significant : sentient : capable of feeling
sensiblemente *adv* : considerably : significantly
sensiblería *nf* : sentimentality : mush
sensiblero, -ra *adj* : mawkish : sentimental : mushy
sensitivo, -va *adj* : sense : sentient : capable of feeling
sensor *nm* : sensor
sensorial *adj* : sensory
sensual *adj* : sensual : sensuous — **sensualmente** *adv*
sensualidad *nf* : sensuality
sentado, -da *adj* : sitting : seated : established : settled : sensible : steady : judicious
sentar *v* : to seat : to sit : to establish : to set : to suit : to agree with : to please — **sentarse** *vr* : to sit down
sentencia *nf* : sentence : judgment : maxim : saying
sentenciar *v* : to sentence
sentido[1], **-da** *adj* : heartfelt : sincere : touchy : sensitive : offended : hurt
sentido[2] *nm* : sense : consciousness : meaning : direction
sentimental *adj* : sentimental : love : romantic
sentimentalismo *nm* : sentimentality
sentimiento *nm* : feeling : emotion : regret : sorrow
sentir *v* : to feel : to experience : to perceive : to sense : to regret : to feel sorry for : to have feeling — **sentirse** *vr* : to take offense
seña *nf* : sign : signal
señal *nf* : signal : sign : indication : mark
señalado, -da *adj* : distinguished : notable
señalador *nm* : marker
señalar *v* : to indicate : to show : to mark : to point out : to stress : to fix : to set — **señalarse** *vr* : to distinguish oneself
señalización *nf, pl* **-ciones** : signs *pl* : signage : installing of signs
señalizar *v* : to mark : to put up signs on/in

señor, -ñora *n* : gentleman *m* : man *m* : lady *f* : woman *f* : wife *f* : Mr. *m* : Mrs. *f* : Sir *m* : Madam *f* : lord *m* : lady *f*
señoría *nf* : lordship
señorial *adj* : stately : regal
señorío *nm* : manor : estate : dominion : power : elegance : class
señorita *nf* : young lady : young woman : Miss
señuelo *nm* : decoy : bait
sepa, etc. → **saber**
separación *nf, pl* **-ciones** : separation : division : gap : space
separadamente *adv* : separately : apart
separado[1], **-da** *adj* : separated : separate
separado[2], **-da** *n* : person who is separated
separador *nm* : divider
separar *v* : to separate : to divide : to split up : to pull apart : to put aside : to set aside — **separarse** *vr* : to split up
separo *nm* : cell
sepelio *nm* : interment : burial
sepia[1] *adj & nm* : sepia
sepia[2] *nf* : cuttlefish
septentrional *adj* : northern
séptico, -ca *adj* : septic
septiembre *nm* : September
séptimo, -ma *adj & n* : seventh
septuagésimo[1], **-ma** *adj* : seventieth
septuagésimo[2] *nm* : seventieth
sepulcral *adj* : deathly : dismal : gloomy
sepulcro *nm* : tomb : sepulchre
sepultar *v* : to bury
sepultura *nf* : burial : grave : tomb
seque, etc. → **secar**
sequedad *nf* : dryness : brusqueness : curtness
sequía *nf* : drought
séquito *nm* : retinue : entourage
ser[1] *v* : to be : to exist : to live : to take place : to occur : to cost : to come to : to equal
ser[2] *nm* : being
seráfico, -ca *adj* : angelic
serbio[1], **-bia** *adj & n* : Serb : Serbian
serbio[2] *nm* : Serbian
serbocroata[1] *adj* : Serbo-Croatian
serbocroata[2] *nm* : Serbo-Croatian
serenar *v* : to calm : to soothe — **serenarse** *vr* : to calm down
serenata *nf* : serenade
serenidad *nf* : serenity : calmness
sereno[1], **-na** *adj* : serene : calm : composed : fair : clear : still — **serenamente** *adv*
sereno[2] *nm* : night watchman
seriado, -da *adj* : serial
serial *nm* : serial
seriamente *adv* : seriously
serie *nf* : series : serial
seriedad *nf* : seriousness : earnestness : gravity : importance
serio, -ria *adj* : serious : earnest : reliable : responsible : important — **seriamente** *adv*
sermón *nm, pl* **sermones** : sermon : harangue : lecture
sermonear *v* : to harangue : to lecture
seropositivo *adj* : positive : HIV positive
serpentear *v* : to twist : to wind — **serpenteante** *adj*
serpentina *nf* : paper streamer
serpiente *nf* : serpent : snake
serrado, -da *adj* : serrated
serranía *nf* : mountainous area
serrano, -na *adj* : from the mountains
serrar *v* : to saw
serrín *nm, pl* **serrines** : sawdust
serruchar *v* : to saw up
serrucho *nm* : saw : handsaw
servicentro *nm* : gas station
servicial *adj* : obliging : helpful
servicio *nm* : service : serve : help : servants *pl*; **servicios** *nmpl* : restrooms
servidor, -dora *n* : servant
servidumbre *nf* : servitude : help : servants *pl*
servil *adj* : servile : subservient : menial
servilismo *nm* : servility
servilleta *nf* : napkin
servir *v* : to work : to be useful : to serve : to fill — **servirse** *vr* : to help oneself to : to be kind enough
sésamo *nm* : sesame : sesame seeds *pl*
sesear *v* : to pronounce the Spanish letter *c* before *i* or *e* or the Spanish letter *z* as /s/
sesenta *adj & nm* : sixty — **sesenta** *pron*
sesentavo[1], **-va** *adj* : sixtieth
sesentavo[2] *n* : sixtieth
seseo *nm* : pronunciation of the Spanish letter *c* before *i* or *e* or the Spanish letter *z* as /s/
sesgado, -da *adj* : inclined : tilted : slanted : biased
sesgar *v* : to cut on the bias : to tilt : to bias : to slant
sesgo *nm* : bias
sesgue, etc. → **sesgar**
sesión *nf, pl* **sesiones** : session : meeting : showing : performance
sesionar *v* : to meet : to be in session
seso *nm* : brains : intelligence
sesudo, -da *adj* : prudent : sensible : brainy
set *nm, pl* **sets** : set
seta *nf* : mushroom
setecientos[1], **-tas** *adj & pron* : seven hundred
setecientos[2] *nms & pl* : seven hundred
setenta *adj & nm* : seventy — **setenta** *pron*
setentavo[1], **-va** *adj* : seventieth

setentavo[2] *nm* : seventieth
setiembre → septiembre
seto *nm* : fence : enclosure
setter *nm, pl* **setter** *or* **setters** : setter
seudónimo *nm* : pseudonym
severidad *nf* : harshness : severity : strictness
severo, -ra *adj* : harsh : severe : strict — **severamente** *adv*
sexagésimo[1], **-ma** *adj* : sixtieth : sixty-
sexagésimo[2], **-ma** *n* : sixtieth : sixty-
sexismo *nm* : sexism — **sexista** *adj & nmf*
sexo *nm* : sex
sextante *nm* : sextant
sexteto *nm* : sextet
sexto, -ta *adj & n* : sixth
sexual *adj* : sexual : sex — **sexualmente** *adv*
sexualidad *nf* : sexuality
sexy *adj, pl* **sexy** *or* **sexys** : sexy
sheriff *nmf, pl* **sheriffs** : sheriff
shock *nm* : shock
short *nm, pl* **shorts** : shorts *pl*
show *nm, pl* **shows** : show
si[1] *nm* : B : ti
si[2] *conj* : if : whether
sí[1] *adv* : yes
sí[2] *nm, pl* **síes** : yes
sí *pron* : oneself : yourself : yourselves *pl* : itself : himself : herself : themselves *pl*
siamés, -mesa *adj & n, mpl* **siameses** : Siamese
sicario, -ria *n* : hired killer : hit man
siciliano, -na *adj & n* : Sicilian
sico- → psico-
sicomoro *or* **sicómoro** *nm* : sycamore
SIDA *or* **sida** *nm* : AIDS
siderurgia *nf* : iron and steel industry
siderúrgico, -ca *adj* : steel : iron
sidra *nf* : hard cider
siega[1], **siegue, etc. → segar**
siega[2] *nf* : harvesting : harvest time : harvested crop
siembra[1], **etc. → sembrar**
siembra[2] *nf* : sowing : sowing season : cultivated field
siempre *adv* : always : still : after all
sien *nf* : temple
sienta, etc. → sentar
siente, etc. → sentir
sierpe *nf* : serpent : snake
sierra[1], **etc. → serrar**
sierra[2] *nf* : saw : mountain range : mountains *pl*
siervo, -va *n* : slave : serf
siesta *nf* : nap : siesta
siete[1] *adj & nm* : seven
siete[2] *pron* : seven
sífilis *nf* : syphilis
sifón *nm, pl* **sifones** : siphon
siga, sigue, etc. → seguir
sigilo *nm* : secrecy : stealth
sigiloso, -sa *adj* : furtive : stealthy — **sigilosamente** *adv*
sigla *nf* : acronym : abbreviation
siglo *nm* : century : age : world : secular life
signar *v* : to sign
signatario, -ria *n* : signatory
significación *nf, pl* **-ciones** : significance : importance : meaning
significado *nm* : sense : meaning : significance
significante *adj* : significant
significar *v* : to mean : to signify : to express : to make known — **significarse** *vr* : to draw attention : to become known : to take a stance
significativo, -va *adj* : significant : important : meaningful — **significativamente** *adv*
signo *nm* : sign : (punctuation) mark
siguiente *adj* : next : following
sílaba *nf* : syllable
silábico, -ca *adj* : syllabic
silbar *v* : to whistle
silbato *nm* : whistle
silbido *nm* : whistle : whistling
silenciador *nm* : muffler : silencer
silenciar *v* : to silence : to muffle
silencio *nm* : silence : quiet : rest
silencioso, -sa *adj* : silent : quiet — **silenciosamente** *adv*
sílice *nf* : silica
silicio *nm* : silicon
silla *nf* : chair
sillín *nm, pl* **sillines** : saddle
sillón *nm, pl* **sillones** : armchair : easy chair
silo *nm* : silo
silueta *nf* : silhouette : figure : shape
silvestre *adj* : wild
silvicultor, -tora *n* : forester
silvicultura *nf* : forestry
sima *nf* : chasm : abyss
simbólico, -ca *adj* : symbolic — **simbólicamente** *adj*
simbolismo *nm* : symbolism
simbolizar *v* : to symbolize
símbolo *nm* : symbol
simetría *nf* : symmetry
simétrico, -ca *adj* : symmetrical : symmetric
simiente *nf* : seed
símil *nm* : simile : analogy : comparison
similar *adj* : similar : alike
similitud *nf* : similarity : resemblance
simio *nm* : ape
simpatía *nf* : liking : affection : warmth : friendliness : support : solidarity
simpático, -ca *adj* : nice : friendly : likeable
simpatizante *nf* : sympathizer : supporter
simpatizar *v* : to get along : to hit it off
simple[1] *adj* : plain : simple : easy : pure : mere : simpleminded : foolish

simple[2] *n* : fool : simpleton
simplemente *adv* : simply : merely : just
simpleza *nf* : foolishness : nonsense
simplicidad *nf* : simplicity
simplificar *v* : to simplify — **simplificación** *nf*
simplista *adj* : simplistic
simposio *or* **simposium** *nm* : symposium
simulación *nf, pl* **-ciones** : simulation
simulacro *nm* : imitation : sham
simular *v* : to simulate : to feign : to pretend
simultáneo, -nea *adj* : simultaneous — **simultáneamente** *adv*
sin *prep* : without
sinagoga *nf* : synagogue
sinceridad *nf* : sincerity
sincero, -ra *adj* : sincere : honest : true — **sinceramente** *adv*
síncopa *nf* : syncopation
sincopar *v* : to syncopate
sincronizar *v* : to synchronize — **sincronización** *nf*
sindical *adj* : union : labor
sindicalismo *nm* : unionism — **sindicalista** *nmf*
sindicalizar *v* : to unionize — **sindicalizarse** *vr* : to form a union : to join a union
sindicar → sindicalizar
sindicato *nm* : union : guild
síndrome *nm* : syndrome
síndrome premenstrual *nm* : premenstrual syndrome : PMS
sinfín *nm* : endless number
sinfonía *nf* : symphony
sinfónica *nf* : symphony orchestra
sinfónico, -ca *adj* : symphonic : symphony
singular[1] *adj* : singular : unique : peculiar : odd — **singularmente** *adv*
singular[2] *nm* : singular
singularidad *nf* : uniqueness : strangeness : peculiarity
singularizar *v* : to make unique or distinct — **singularizarse** *vr* : to stand out : to distinguish oneself
siniestrado, -da *adj* : damaged : wrecked
siniestro[1], **-tra** *adj* : left : left-hand : sinister : evil
siniestro[2] *nm* : accident : disaster
sinnúmero → sinfín
sino *conj* : but : rather : except
sinónimo[1], **-ma** *adj* : synonymous
sinónimo[2] *nm* : synonym
sinopsis *nfs & pl* : synopsis : summary
sinrazón *nf, pl* **-zones** : wrong : injustice
sinsabores *nmpl* : woes : troubles
sinsonte *nm* : mockingbird
sintáctico, -ca *adj* : syntactic
sintaxis *nfs & pl* : syntax
síntesis *nfs & pl* : synthesis : fusion : synopsis : summary
sintético, -ca *adj* : synthetic — **sintéticamente** *adv*
sintetizador *nm* : synthesizer
sintetizar *v* : to synthesize : to summarize
sintió, etc. → sentir
síntoma *nm* : symptom
sintomático, -ca *adj* : symptomatic
sintonía *nf* : tuning in
sintonizador *nm* : tuner : knob for tuning
sintonizar *v* : to tune to : to tune in
sinuoso, -sa *adj* : winding : sinuous : devious
sinvergüenza[1] *adj* : shameless : brazen : impudent : naughty
sinvergüenza[2] *nmf* : rogue : scoundrel : brat : rascal
sionista *adj & nmf* : Zionist — **sionismo** *nm*
siqui- → psiqui-
siquiera *adv* : at least : not even
sir *nm* : sir
sirena *nf* : mermaid : siren
sirio, -ria *adj & n* : Syrian
sirope *nm* : syrup
sirve, etc. → servir
sirviente, -ta *n* : servant : maid *f*
sisear *v* : to hiss
siseo *nm* : hiss
sísmico, -ca *adj* : seismic
sismo *nm* : earthquake : tremor
sismógrafo *nm* : seismograph
sistema *nm* : system : method
sistemático, -ca *adj* : systematic — **sistemáticamente** *adv*
sistematizar *v* : to systematize
sistémico, -ca *adj* : systemic
sitiar *v* : to besiege
sitio *nm* : place : site : room : space : siege : taxi stand
situación *nf, pl* **-ciones** : situation
situado, -da *adj* : situated : placed
situar *v* : to place : to locate — **situarse** *vr* : to be placed : to be located : to make a place for oneself : to do well
skateboard *nm, pl* **skateboards** : skateboard
skateboarding *nm* : skateboarding
sketch *nm* : sketch : skit
slider *nm, pl* **sliders** : slider
slip *nm* : briefs *pl* : underpants *pl*
smartphone *nm* : smartphone
smog *nm* : smog
smoking → esmoquin
SMS *nm, pl* **SMS** : text message
snob → esnob
snorkel → esnórquel
snowboard *nm, pl* **snowboards** : snowboard : snowboarding
so *prep* : under
sobaco *nm* : armpit
sobado, -da *adj* : worn : shabby : well-worn : hackneyed

sobar *v* : to finger : to handle : to knead : to rub : to massage : to beat : to pummel
soberanía *nf* : sovereignty
soberano, -na *adj & n* : sovereign
soberbia *nf* : pride : arrogance : magnificence
soberbio, -bia *adj* : proud : arrogant : grand : magnificent
sobornar *v* : to bribe
soborno *nm* : bribery : bribe
sobra *nf* : excess : surplus; **sobras** *nfpl* : leftovers : scraps
sobrado, -da *adj* : abundant : excessive : more than enough
sobrante[1] *adj* : remaining : superfluous
sobrante[2] *nm* : remainder : surplus
sobrar *v* : to be in excess : to be superfluous
sobre[1] *nm* : envelope : packet
sobre[2] *prep* : on : on top of : over : above : about
sobrealimentar *v* : to overfeed
sobrecalentar *v* : to overheat — **sobrecalentarse** *vr*
sobrecama *nmf* : bedspread
sobrecarga *nf* : excess weight : overload
sobrecargar *v* : to overload : to overburden : to weigh down
sobrecargo *nm* : purser
sobrecogedor, -dora *adj* : shocking
sobrecoger *v* : to surprise : to startle : to scare — **sobrecogerse** *vr*
sobrecubierta *nf* : dust jacket
sobredosis *nfs & pl* : overdose
sobreentender *v* : to infer : to understand
sobreestimar *v* : to overestimate : to overrate
sobreexcitado, -da *adj* : overexcited
sobreexponer *v* : to overexpose
sobregirar *v* : to overdraw
sobregiro *nm* : overdraft
sobrehumano, -na *adj* : superhuman
sobrellevar *v* : to endure : to bear
sobremanera *adv* : exceedingly
sobremesa *nf* : after-dinner conversation
sobrenatural *adj* : supernatural
sobrenombre *nm* : nickname
sobrentender → sobreentender
sobrepasar *v* : to exceed : to surpass — **sobrepasarse** *vr* : to go too far
sobrepeso *nm* : excess weight : overweight : obesity
sobrepoblación, sobrepoblado → superpoblación, superpoblado
sobreponer *v* : to superimpose : to put first : to give priority to — **sobreponerse** *vr* : to pull oneself together
sobreprecio *nm* : surcharge
sobreprotector, -tora *adj* : overprotective
sobresaliente[1] *adj* : protruding : projecting : outstanding : noteworthy : significant : salient
sobresaliente[2] *nmf* : understudy
sobresalir *v* : to protrude : to jut out : to project : to stand out : to excel
sobresaltar *v* : to startle : to frighten — **sobresaltarse** *vr*
sobresalto *nm* : start : fright
sobresueldo *nm* : bonus : additional pay
sobretasa *nf* : surcharge
sobretodo *nm* : overcoat
sobrevalorar *or* **sobrevaluar** *v* : to overrate
sobrevender *v* : to oversell
sobrevenir *v* : to take place : to come about
sobrevivencia → supervivencia
sobreviviente → superviviente
sobrevivir *v* : to survive : to outlive : to outlast
sobrevolar *v* : to fly over : to overfly
sobriedad *nf* : sobriety : moderation
sobrino, -na *n* : nephew *m* : niece *f*
sobrio, -bria *adj* : sober — **sobriamente** *adv*
socarrón, -rrona *adj, mpl* **-rrones** : sly : cunning : sarcastic
socavar *v* : to undermine
socavón *nm, pl* **-vones** : pothole
sociabilidad *nf* : sociability
sociable *adj* : sociable
social *adj* : social — **socialmente** *adv*
socialista *adj & nmf* : socialist — **socialismo** *nm*
socializar *v* : to nationalize : to socialize
sociedad *nf* : society : company : enterprise
socio, -cia *n* : member : partner
socioeconómico, -ca *adj* : socioeconomic
sociología *nf* : sociology
sociológico, -ca *adj* : sociological — **sociológicamente** *adv*
sociólogo, -ga *n* : sociologist
socorrer *v* : to assist : to come to the aid of
socorrido, -da *adj* : handy : practical
socorrismo *nm* : lifesaving
socorrista *nmf* : rescue worker : lifeguard
socorro *nm* : aid : help
soda *nf* : soda : soda water : soda pop
sodio *nf* : sodium
soez *adj, pl* **soeces** : rude : vulgar — **soezmente** *adv*
sofá *nm* : couch : sofa
sofistería *nf* : sophistry — **sofista** *nmf*
sofisticación *nf, pl* **-ciones** : sophistication
sofisticado, -da *adj* : sophisticated
sofocante *adj* : suffocating : stifling
sofocar *v* : to suffocate : to smother : to extinguish : to put out : to crush : to put

down — **sofocarse** *vr* : to get upset : to get mad
sofoco *nm* : hot flash
sofreír *v* : to sauté
sofrito[1], **-ta** *adj* : sautéed
sofrito[2] *nm* : seasoning sauce
softbol *nm* : softball
software *nm* : software
soga *nf* : rope
soja → soya
sojuzgar *v* : to subdue : to conquer : to subjugate
sol[1] *nm* : G : so : sol
sol[2] *nm* : sun : sol
solamente *adv* : only : just
solapa *nf* : lapel : flap
solapado, -da *adj* : secret : underhanded
solapar *v* : to cover up : to keep secret — **solaparse** *vr* : to overlap
solar[1] *v* : to floor : to tile
solar[2] *adj* : solar : sun
solar[3] *nm* : lot : piece of land : site : tenement building
solariego, -ga *adj* : ancestral
solaz *nm, pl* **solaces** : solace : comfort : relaxation : recreation
solazarse *vr* : to relax : to enjoy oneself
soldado *nm* : soldier
soldador[1], **-dora** *n* : welder
soldador[2] *nm* : soldering iron
soldadura *nf* : welding : soldering : solder
soldar *v* : to weld : to solder
soleado, -da *adj* : sunny
soledad *nf* : loneliness : solitude
solemne *adj* : solemn — **solemnemente** *adv*
solemnidad *nf* : solemnity
soler *v* : to be in the habit of : to tend to
solera *nf* : prop : support : tradition
solfeo *nm* : sol-fa
solicitante *nmf* : applicant
solicitar *v* : to request : to solicit : to apply for
solícito, -ta *adj* : solicitous : attentive : obliging
solicitud *nf* : solicitude : concern : request : application
solidaridad *nf* : solidarity
solidario, -ria *adj* : supportive : united in support
solidarizar *v* : to be in solidarity
solidez *nf* : solidity : firmness : soundness
solidificar *v* : to solidify : to make solid — **solidificarse** *vr* — **solidificación** *nf*
sólido[1], **-da** *adj* : solid : firm : sturdy : well-made : sound : well-founded — **sólidamente** *adv*
sólido[2] *nm* : solid
soliloquio *nm* : soliloquy
solista *nmf* : soloist
solitaria *nf* : tapeworm
solitario[1], **-ria** *adj* : lonely : lone : solitary : deserted
solitario[2], **-ria** *n* : recluse : loner
solitario[3] *nm* : solitaire
sollozar *v* : to sob
sollozo *nm* : sob
solo[1], **-la** *adj* : alone : by oneself : lonely : only : sole : unique
solo[2] *nm* : solo
solo[3] *or* **sólo** *adv* : just : only
solomillo *nm* : sirloin : loin
solsticio *nm* : solstice
soltar *v* : to let go of : to drop : to release : to set free : to pay out : to loosen : to slacken : to undo : to untie : to give : to let out : to come out with — **soltarse** *vr* : to get loose : to break free : to come undone
soltería *nf* : state of being single
soltero[1], **-ra** *adj* : single : unmarried
soltero[2], **-ra** *n* : bachelor *m* : single man *m* : single woman *f*
soltura *nf* : looseness : slackness : fluency : agility : ease of movement
soluble *adj* : soluble — **solubilidad** *nf*
solución *nf, pl* **-ciones** : solution : answer
solucionar *v* : to solve : to resolve — **solucionarse** *vr*
solvencia *nf* : solvency : settling : payment : reliability
solvente[1] *adj* : solvent : reliable : trustworthy
solvente[2] *nm* : solvent
sombra *nf* : shadow : shade; **sombras** *nfpl* : darkness : shadows *pl*
sombreado, -da *adj* : shady : shaded : darkened
sombrear *v* : to shade
sombrerero, -ra *n* : milliner : hatter
sombrero *nm* : hat
sombrilla *nf* : parasol : umbrella
sombrío, -bría *adj* : dark : somber : gloomy — **sombríamente** *adv*
somero, -ra *adj* : superficial : cursory : shallow
someter *v* : to subjugate : to conquer : to subordinate : to subject : to submit : to present — **someterse** *vr* : to yield : to undergo
sometimiento *nm* : submission : subjection : presentation
somier *nm, pl* **somieres** *or* **somiers** : box spring
somnífero[1], **-ra** *adj* : soporific
somnífero[2] *nm* : sleeping pill
somnolencia *nf* : drowsiness : sleepiness
somnoliento, -ta *adj* : drowsy : sleepy
somorgujo *or* **somormujo** *nm* : loon : grebe
somos → ser[1]
son[1] **→ ser**
son[2] *nm* : sound : news : rumor

sonado, -da *adj* : celebrated : famous : much-discussed
sonaja *nf* : rattle
sonajero *nm* : rattle
sonambulismo *nm* : sleepwalking
sonámbulo, -la *n* : sleepwalker
sonante *adj* **dinero contante y sonante → dinero**
sonar[1] *v* : to sound : to ring : to go off : to ring out : to play : to be pronounced : to look or sound familiar : to fly : to be talked about : to blow — **sonarse** *vr* : to blow one's nose
sonar[2] *nm* : sonar
sonata *nf* : sonata
sonda *nf* : sounding line : probe : catheter
sondar *v* : to sound : to probe : to explore
sondear *v* : to sound : to probe : to sound out : to test
sondeo *nm* : sounding : probing : drilling : survey : poll
soneto *nm* : sonnet
sónico, -ca *adj* : sonic
sonido *nm* : sound
sonoridad *nf* : resonance
sonoro, -ra *adj* : resonant : sonorous : voiced : resounding : loud
sonreír *v* : to smile
sonriente *adj* : smiling
sonrisa *nf* : smile
sonrojar *v* : to cause to blush — **sonrojarse** *vr* : to blush
sonrojo *nm* : blush
sonrosado, -da *adj* : rosy : pink
sonsacar *v* : to wheedle : to extract
sonsonete *nm* : tapping : drone : mocking tone
soñador[1], **-dora** *adj* : dreamy
soñador[2], **-dora** *n* : dreamer
soñar *v* : to dream
soñoliento, -ta *adj* : sleepy : drowsy
sopa *nf* : soup
sopapa *nm* : plunger
sopapo *nm* : slap
sopera *nf* : soup tureen
sopesar *v* : to weigh : to evaluate
soplar *v* : to blow : to blow on : to blow out : to blow off
soplete *nm* : blowtorch
soplido *nm* : puff
soplo *nm* : puff : gust
soplón, -plona *n, mpl* **soplones** : tattletale : sneak
soponcio *nm* : fainting spell : shock : fit
sopor *nm* : drowsiness : sleepiness
soporífero, -ra *adj* : soporific
soportable *adj* : bearable : tolerable
soportar *v* : to support : to hold up : to withstand : to resist : to bear : to tolerate
soporte *nm* : base : stand : support
soprano *nmf* : soprano
sor *nf* : Sister
sorber *v* : to sip : to suck in : to absorb : to soak up
sorbete *nm* : sherbet
sorbo *nm* : sip : gulp : swallow
sordera *nf* : deafness
sórdido, -da *adj* : sordid : dirty : squalid
sordina *nf* : mute
sordo, -da *adj* : deaf : muted : muffled
sorgo *nm* : sorghum
soriasis *nfs & pl* : psoriasis
sorna *nf* : sarcasm : mocking tone
soroche *nm* : altitude sickness
sorprendente *adj* : surprising — **sorprendentemente** *adv*
sorprender *v* : to surprise — **sorprenderse** *vr*
sorpresa *nf* : surprise
sorpresivo, -va *adj* : surprising : surprise : sudden : unexpected
sortear *v* : to raffle : to draw lots for : to dodge : to avoid
sorteo *nm* : drawing : raffle
sortija *nf* : ring : curl : ringlet
sortilegio *nm* : spell : charm : sorcery
SOS *nm* : SOS
sosegado, -da *adj* : calm : tranquil : serene
sosegar *v* : to calm : to pacify — **sosegarse** *vr*
sosiego *nm* : tranquillity : serenity : calm
soslayar *v* : to dodge : to evade
soslayo *nm* **de ~** : obliquely : sideways
soso, -sa *adj* : bland : flavorless : dull : boring
sospecha *nf* : suspicion
sospechar *v* : to suspect : to be suspicious
sospechosamente *adv* : suspiciously
sospechoso[1], **-sa** *adj* : suspicious : suspect
sospechoso[2], **-sa** *n* : suspect
sostén *nm, pl* **sostenes** : support : sustenance : brassiere : bra
sostener *v* : to support : to hold up : to hold : to sustain : to maintain — **sostenerse** *vr* : to stand : to hold oneself up : to continue : to remain
sostenible *adj* : sustainable : tenable — **sostenibilidad** *nf*
sostenido[1], **-da** *adj* : sustained : prolonged : sharp
sostenido[2] *nm* : sharp
sostuvo, etc. → sostener
sota *nf* : jack
sotana *nf* : cassock
sótano *nm* : basement
sotavento *nm* : lee
soterrar *v* : to bury : to conceal : to hide away
soto *nm* : grove : copse
souvenir *nm, pl* **-nirs** : souvenir : memento

soviético, -ca *adj* : Soviet
soy → ser
soya *nf* : soy : soybean
spaghetti → espagueti
spam *nm, pl* **spams** : spam
spaniel *nm, pl* **spaniels** : spaniel
SPM → síndrome premenstrual
sport *adj* : sport : casual
sprint *nm* : sprint — **sprinter** *nmf*
squash *nm* : squash
Sr. *nm* : Mr.
Sra. *nf* : Mrs. : Ms.
Srta. *or* **Srita.** *nf* : Miss : Ms.
staccato *adj* : staccato
stand *nm, pl* **stands** : stand : kiosk
standard → estándar
statu quo *nm* : status quo
stop *nm* : stop sign
streaming *nm* : streaming
stress → estrés
su *adj* : his : her : its : their : one's : your
suave *adj* : soft : smooth : gentle : mild : great : fantastic
suavemente *adj* : smoothly : gently : softly
suavidad *nf* : softness : smoothness : mellowness
suavizante *nm* : softener : fabric softener
suavizar *v* : to soften : to smooth out : to tone down — **suavizarse** *vr*
sub- *pref* : sub-
subacuático, -ca *adj* : underwater
subalterno[1]**, -na** *adj* : subordinate : secondary
subalterno[2]**, -na** *n* : subordinate
subarrendar *v* : to sublet
subasta *nf* : auction
subastador, -dora *n* : auctioneer
subastar *v* : to auction : to auction off
subcampeón, -peona *n, mpl* **-peones** : runner-up
subcomisión *nf, pl* **-siones** : subcommittee
subcomité *nm* : subcommittee
subconsciente *adj & nm* : subconscious — **subconscientemente** *adv*
subcontratar *v* : to subcontract
subcontratista *nmf* : subcontractor
subcultura *nf* : subculture
subdesarrollado, -da *adj* : underdeveloped
subdesarrollo *nm* : underdevelopment
subdirector, -tora *n* : assistant manager
súbdito, -ta *n* : subject
subdividir *v* : to subdivide
subdivisión *nf, pl* **-siones** : subdivision
subestimar *v* : to underestimate : to undervalue
subexponer *v* : to underexpose
subexposición *nf, pl* **-ciones** : underexposure
subgrupo *nm* : subgroup
subibaja *nm* : seesaw
subida *nf* : ascent : climb : rise : increase : slope : hill
subido, -da *adj* : intense : strong
subir *v* : to bring/take/carry up : to lift up : to climb : to go/come up : to raise : to pull up : to take up : to upload : to rise : to increase : to be promoted — **subirse** *vr* : to pull up
súbito, -ta *adj* : sudden — **súbitamente** *adv*
subjetivo, -va *adj* : subjective — **subjetivamente** *adv* — **subjetividad** *nf*
subjuntivo[1]**, -va** *adj* : subjunctive
subjuntivo[2] *nm* : subjunctive
sublevación *nf, pl* **-ciones** : uprising : rebellion
sublevar *v* : to incite to rebellion — **sublevarse** *vr* : to rebel : to rise up
sublimar *v* : to sublimate — **sublimación** *nf*
sublime *adj* : sublime
submarinismo *nm* : scuba diving
submarinista *nmf* : scuba diver
submarino[1]**, -na** *adj* : submarine : undersea
submarino[2] *nm* : submarine
subnormal[1] *adj* : foolish
subnormal[2] *nmf* : foolish person
suboficial *nmf* : noncommissioned officer : petty officer
subordinado, -da *adj & n* : subordinate
subordinar *v* : to subordinate — **subordinarse** *vr* — **subordinación** *nf*
subproducto *nm* : by-product
subrayar *v* : to underline : to underscore : to highlight : to emphasize
subrepticio, -cia *adj* : surreptitious — **subrepticiamente** *adv*
subsanar *v* : to rectify : to correct : to overlook : to excuse : to make up for
subscribir → suscribir
subsecretario, -ria *n* : undersecretary
subsecuente *adj* : subsequent — **subsecuentemente** *adv*
subsidiar *v* : to subsidize
subsidiaria *nf* : subsidiary
subsidio *nm* : subsidy
subsiguiente *adj* : subsequent
subsistencia *nf* : subsistence : sustenance
subsistir *v* : to subsist : to live : to endure : to survive
substancia → sustancia
subte *nm* : subway
subteniente *nmf* : second lieutenant
subterfugio *nm* : subterfuge
subterráneo[1]**, -nea** *adj* : underground : subterranean
subterráneo[2] *nm* : underground passage : tunnel : subway
subtitular *v* : to subtitle
subtítulo *nm* : subtitle : subheading
subtotal *nm* : subtotal

suburbano, -na *adj* : suburban
suburbio *nm* : suburb : slum
subvención *nf, pl* **-ciones** : subsidy : grant
subvencionar *v* : to subsidize
subversivo, -va *adj* & *n* : subversive — **subversión** *nf*
subvertir *v* : to subvert
subyacente *adj* : underlying
subyacer *v* ~ **en/a** : to underlie
subyugar *v* : to subjugate — **subyugación** *nf*
succión *nf, pl* **succiones** : suction
succionar *v* : to suck up : to draw in
sucedáneo *nm* : substitute
suceder *v* : to happen : to occur : to succeed
sucesión *nf, pl* **-siones** : succession : sequence : series : issue : heirs *pl* : estate : inheritance
sucesivamente *adv* : successively : consecutively
sucesivo, -va *adj* : successive
suceso *nm* : event : happening : occurrence : incident : crime
sucesor, -sora *n* : successor
suciedad *nf* : dirtiness : filthiness : dirt : filth
sucinto, -ta *adj* : succinct : concise — **sucintamente** *adv*
sucio, -cia *adj* : dirty : filthy
sucre *nm* : Ecuadoran unit of currency
suculento, -ta *adj* : succulent
sucumbir *v* : to succumb
sucursal *nf* : branch
sudadera *nf* : sweatshirt : sweatsuit : tracksuit
sudado, -da → sudoroso
sudafricano, -na *adj* & *n* : South African
sudamericano, -na *adj* & *n* : South American
sudanés, -nesa *adj* & *n, mpl* **-neses** : Sudanese
sudar *v* : to sweat : to perspire
sudario *nm* : shroud
sudeste → sureste
sudoeste → suroeste
sudor *nm* : sweat : perspiration
sudoroso, -sa *adj* : sweaty
sueco[1], **-ca** *adj* : Swedish
sueco[2], **-ca** *n* : Swede
sueco[3] *nm* : Swedish
suegro, -gra *n* : father-in-law *m* : mother-in-law *f*; **suegros** *nmpl* : in-laws
suela *nf* : sole
suelda, etc. → soldar
sueldo *nm* : salary : wage
suele, etc. → soler
suelo *nm* : ground : floor : flooring : soil : land
suelta, etc. → soltar
suelto[1], **-ta** *adj* : loose : free : unattached : individual : separate : odd : fluent : fluid
suelto[2] *nm* : loose change
suena, etc. → sonar
sueña, etc. → soñar
sueño *nm* : dream : sleep : sleepiness
suero *nm* : serum : whey
suerte *nf* : luck : fortune : fate : destiny : lot : sort : kind
suertudo[1], **-da** *adj* : lucky
suertudo[2], **-da** *n* : lucky person
suéter *nm* : sweater
suficiencia *nf* : adequacy : competence : fitness : self-satisfaction
suficiente *adj* : enough : sufficient : suitable : fit : smug : complacent
suficientemente *adv* : sufficiently : enough
sufijo *nm* : suffix
suflé *nm* : soufflé
sufragar *v* : to help out : to support : to defray : to vote
sufragio *nm* : suffrage : vote
sufrido, -da *adj* : long-suffering : patient : sturdy : serviceable
sufrimiento *nm* : suffering
sufrir *v* : to suffer : to tolerate : to put up with
sugerencia *nf* : suggestion
sugerente *adj* : suggestive : revealing : intriguing : provocative
sugerir *v* : to suggest : to recommend : to propose : to bring to mind
sugestión *nf, pl* **-tiones** : suggestion : prompting
sugestionable *adj* : suggestible : impressionable
sugestionar *v* : to influence : to sway — **sugestionarse** *vr* ~ **con** : to talk oneself into : to become convinced of
sugestivo, -va *adj* : suggestive : interesting : stimulating
suicida[1] *adj* : suicidal
suicida[2] *nmf* : suicide victim : suicide
suicidarse *vr* : to commit suicide
suicidio *nm* : suicide
suite *nf* : suite
suizo, -za *adj* & *n* : Swiss
sujeción *nf, pl* **-ciones** : holding : fastening : subjection
sujetador *nm* : fastener : holder
sujetalibros *nms* & *pl* : bookend
sujetapapeles *nms* & *pl* : paper clip
sujetar *v* : to hold on to : to steady : to hold down : to fasten : to attach : to subdue : to conquer — **sujetarse** *vr* : to hold on : to hang on
sujeto[1], **-ta** *adj* : secure : fastened
sujeto[2] *nm* : individual : character : subject
sulfúrico, -ca *adj* **ácido sulfúrico → ácido**[2]
sulfuro *nm* : sulfur
sultán *nm, pl* **sultanes** : sultan
suma *nf* : sum : quantity : addition
sumamente *adv* : extremely : exceedingly

sumar *v* : to add : to add up : to add up to : to total — **sumarse** *vr* ~ **a** : to join
sumariamente *adv* : summarily
sumario[1], **-ria** *adj* : succinct : summary
sumario[2] *nm* : summary
sumergible *adj* : waterproof
sumergir *v* : to submerge : to immerse : to plunge — **sumergirse** *vr*
sumersión *nf, pl* **-siones** : submerging : immersion
sumidero *nm* : drain : sewer
suministrar *v* : to supply : to provide
suministro *nm* : supply : provision
sumir *v* : to plunge : to immerse : to sink — **sumirse** *vr*
sumisión *nf, pl* **-siones** : submission : submissiveness
sumiso, -sa *adj* : submissive : acquiescent : docile
sumo, -ma *adj* : extreme : great : high
sunita *nmf* : Sunni
suntuoso, -sa *adj* : sumptuous : lavish — **suntuosamente** *adv*
supeditar *v* : to subordinate — **supeditación** *nf*
super[1] *or* **súper** *adj* : super : great
super[2] *nm* : market : supermarket
super- *pref* : super-
superabundancia *nf* : overabundance — **superabundante** *adj*
superación *nf, pl* **-ciones** : surpassing : overcoming
superar *v* : to surpass : to exceed : to overcome : to surmount — **superarse** *vr* : to improve oneself
superávit *nm, pl* **-vit** *or* **-vits** : surplus
superchería *nf* : trickery : fraud
supercomputadora *nf* : supercomputer
superdotado, -da *n* : a very talented person
superestrella *nf* : superstar
superestructura *nf* : superstructure
superficial *adj* : superficial — **superficialmente** *adv*
superficialidad *nf* : superficiality
superficie *nf* : surface : area
superfluo, -flua *adj* : superfluous — **superfluidad** *nf*
superintendente *nmf* : supervisor : superintendent
superior[1] *adj* : superior : upper : higher
superior[2] *nm* : superior
superioridad *nf* : superiority
superlativo[1], **-va** *adj* : superlative
superlativo[2] *nm* : superlative
supermercado *nm* : supermarket
superpoblación *nf, pl* **-ciones** : overpopulation
superpoblado, -da *adj* : overpopulated
superponer *v* : to superimpose
superpotencia *nf* : superpower
superproducción → sobreproducción
supersónico, -ca *adj* : supersonic
superstición *nf, pl* **-ciones** : superstition
supersticioso, -sa *adj* : superstitious
supervisar *v* : to supervise : to oversee
supervisión *nf, pl* **-siones** : supervision
supervisor, -sora *n* : supervisor : overseer
supervivencia *nf* : survival
superviviente *nmf* : survivor
supino, -na *adj* : supine
suplantación *nf, pl* **-ciones** : supplanting : replacement
suplantar *v* : to supplant : to replace
suplemental → suplementario
suplementario, -ria *adj* : supplementary : additional : extra
suplemento *nm* : supplement
suplencia *nf* : substitution : replacement
suplente *adj & nmf* : substitute
supletorio, -ria *adj* : extra : additional
súplica *nf* : plea : entreaty
suplicar *v* : to entreat : to implore : to supplicate
suplicio *nm* : ordeal : torture
suplir *v* : to make up for : to compensate for : to replace : to substitute
supo, etc. → saber
suponer *v* : to suppose : to assume : to imply : to suggest : to involve : to entail
suposición *nf, pl* **-ciones** : supposition : assumption
supositorio *nm* : suppository
supremacía *nf* : supremacy
supremo, -ma *adj* : supreme
supresión *nf, pl* **-siones** : suppression : elimination : deletion
suprimir *v* : to suppress : to eliminate : to delete
supuestamente *adv* : supposedly : allegedly
supuesto, -ta *adj* : supposed : alleged
supurar *v* : to ooze : to discharge
supuso, etc. → suponer
sur[1] *adj* : southern : southerly : south
sur[2] *nm* : south : South : south wind
surafricano, -na → sudafricano
suramericano, -na → sudamericano
surcar *v* : to plow : to groove : to score : to furrow
surco *nm* : groove : furrow : rut
sureño[1], **-ña** *adj* : southern : Southern
sureño[2], **-ña** *n* : Southerner
sureste[1] *adj* : southeast : southeastern : southeasterly
sureste[2] *nm* : southeast : Southeast
surf *nm* : surfing
surfear *v* : to surf
surfing → surf
surfista *nmf* : surfer
surgimiento *nm* : rise : emergence
surgir *v* : to rise : to arise : to emerge
suroeste[1] *adj* : southwest : southwestern : southwesterly
suroeste[2] *nm* : southwest : Southwest
surrealismo *nm* : surrealism

surrealista[1] *adj* : surreal : surrealistic
surrealista[2] *nmf* : surrealist
surtido[1], **-da** *adj* : assorted : varied : stocked : provisioned
surtido[2] *nm* : assortment : selection
surtidor *nm* : jet : spout : gas pump
surtir *v* : to supply : to provide : to spout : to spurt up — **surtirse** *vr* : to stock up
susceptible *adj* : susceptible : sensitive — **susceptibilidad** *nf*
suscitar *v* : to provoke : to give rise to
suscribir *v* : to sign : to endorse : to sanction — **suscribirse** *vr* ~ **a** : to subscribe to
suscripción *nf, pl* **-ciones** : subscription : endorsement : sanction : signing
suscriptor, -tora *n* : subscriber
susodicho, -cha *adj* : aforementioned : aforesaid
suspender *v* : to suspend : to hang : to discontinue : to dismiss
suspense *nm* → **suspenso**
suspensión *nf, pl* **-siones** : suspension
suspenso *nm* : suspense
suspensores *nmpl* : suspenders
suspicacia *nf* : suspicion : mistrust
suspicaz *adj, pl* **-caces** : suspicious : wary
suspirar *v* : to sigh
suspiro *nm* : sigh
surque, etc. → **surcar**
suscrito *pp* → **suscribir**
sustancia *nf* : substance
sustancial *adj* : substantial : essential : fundamental — **sustancialmente** *adv*
sustancioso, -sa *adj* : hearty : nutritious : substantial : solid
sustantivo *nm* : noun
sustentación *nf, pl* **-ciones** : support
sustentar *v* : to support : to hold up : to sustain : to nourish : to maintain : to hold — **sustentarse** *vr* : to support oneself
sustento *nm* : means of support : livelihood : sustenance : food
sustitución *nf, pl* **-ciones** : replacement : substitution
sustituir *v* : to replace : to substitute for : to stand in for
sustituto, -ta *n* : substitute : stand-in
susto *nm* : fright : scare
sustracción *nf, pl* **-ciones** : subtraction : theft
sustraer *v* : to remove : to take away : to subtract : to steal — **sustraerse** *vr* ~ **a** : to avoid : to evade
susurrar *v* : to whisper : to murmur : to rustle
susurro *nm* : whisper : murmur : rustle : rustling
sutil *adj* : delicate : thin : fine : subtle — **sutilmente** *adv*
sutileza *nf* : delicacy : subtlety
sutura *nf* : suture : stitch
SUV *nm, pl* **SUV** *or* **SUVs** : SUV
suyo[1], **-ya** *adj* : his : her : its : theirs : yours
suyo[2], **-ya** *pron* : his : hers : theirs : yours
switch *nm* : switch
taba *nf* : anklebone
tabacalero[1], **-ra** *adj* : tobacco
tabacalero[2], **-ra** *n* : tobacco grower
tabaco *nm* : tobacco
tábano *nm* : horsefly
tabaquería *nf* : tobacco shop
tabaquismo *nm* **tabaquismo pasivo** : passive smoking
taberna *nf* : tavern : bar
tabernáculo *nm* : tabernacle
tabernero, -ra *n* : bar owner : bartender
tabicar *v* : to wall up
tabique *nm* : thin wall : partition
tabla *nf* : table : list : board : plank : slab : plot : strip : box pleat; **tablas** *nfpl* : stage : boards *pl*
tablado *nm* : floor : platform : scaffold : stage
tablao *nm* : flamenco bar
tablero *nm* : bulletin board : board : blackboard : switchboard
tablet → **tableta**
tableta *nf* : tablet : pill : bar
tabletear *v* : to rattle : to clack
tableteo *nm* : clack : rattling
tablilla *nf* : small board or tablet : bulletin board : splint
tabloide *nm* : tabloid
tablón *nm, pl* **tablones** : plank : beam
tabú[1] *adj* : taboo
tabú[2] *nm, pl* **tabúes** *or* **tabús** : taboo
tabulador *nm* : tabulator : tab : tab key
tabular[1] *v* : to tabulate
tabular[2] *adj* : tabular
taburete *nm* : footstool : stool
tacañería *nf* : stinginess
tacaño[1], **-ña** *adj* : stingy : miserly
tacaño[2], **-ña** *n* : miser : tightwad
tacha *nf* : flaw : blemish : defect
tachadura *nf* : erasure : correction
tachar *v* : to cross out : to delete
tacho *nm* : wastebasket
tachón *nm, pl* **tachones** : stud : hobnail
tachonar *v* : to stud
tachuela *nf* : tack : hobnail : stud
tácito, -ta *adj* : tacit : implicit — **tácitamente** *adv*
taciturno, -na *adj* : taciturn : sullen : gloomy
tacle *nm* : tackle
tacleada *nf* : tackle
taclear *v* : to tackle
taco *nm* : wad : stopper : plug : pad : cleat : heel : cue : light snack : bite : taco
tacón *nm, pl* **tacones** : heel
taconazo *nm* : (heel) kick : stamp : heel tap

táctica *nf* : tactic : tactics *pl*
táctico, -ca *adj* : tactical
táctil *adj* : tactile
tacto *nm* : touch : touching : feel : tact
tafeta *nf* : taffeta
tafetán *nm, pl* **-tanes** : taffeta
tahúr *nm, pl* **tahúres** : gambler
tailandés[1], **-desa** *adj & n, pl* **-deses** : Thai
tailandés[2] *nm* : Thai
taimado, -da *adj* : crafty : sly : sullen : sulky
tajada *nf* : slice
tajante *adj* : cutting : sharp : decisive : categorical
tajantemente *adj* : emphatically : categorically
tajar *v* : to cut : to slice
tajear *v* : to cut : to hack : to slash
tajo *nm* : cut : slash : gash : steep cliff
tal[1] *adv* : so : in such a way
tal[2] *adj* : such : such a
tal[3] *pron* : such a one : someone : such a thing : something
tala *nf* : felling
taladradora *nf* : jackhammer
taladrar *v* : to drill
taladro *nm* : drill : auger
talante *nm* : mood : disposition : will : willingness
talar *v* : to cut down : to fell : to devastate : to destroy
talco *nm* : talc : talcum powder
talego *nm* : sack
talento *nm* : talent : ability
talentoso, -sa *adj* : talented : gifted
talismán *nm, pl* **-manes** : talisman : charm
talla *nf* : height : size : stature : status : sculpture : carving
tallar *v* : to sculpt : to carve : to measure : to deal
tallarín *nf, pl* **-rines** : noodle
talle *nm* : size : waist : waistline : figure : shape
taller *nm* : shop : workshop : studio
tallo *nm* : stalk : stem
talón *nm, pl* **talones** : heel : stub
talonario *nm* : checkbook
taltuza *nf* : gopher
talud *nm* : slope : incline
tamal *nm* : tamale
tamaño[1], **-ña** *adj* : such a big
tamaño[2] *nm* : size
tamarindo *nm* : tamarind
tambaleante *adj* : wobbly : unsteady : teetering : staggering : swaying : tottering
tambalear *v* → **tambalearse**
tambalearse *vr* : to teeter : to stagger : to sway : to totter
tambaleo *nm* : staggering : lurching : swaying
también *adv* : too : as well : also
tambor *nm* : drum
tamborilear *v* : to drum : to tap
tamborileo *nm* : tapping : drumming
tamiz *nm* : sieve
tamizar *v* : to sift
tampoco *adv* : neither : not either
tampón *nm, pl* **tampones** : ink pad : tampon
tam–tam *nm* : tom-tom
tan[1] *adv* : so : so very : as
tan[2] *pron* **tan es así** : so much so
tanda *nf* : turn : shift : batch : lot : series
tándem *nm* : tandem : duo : pair
tangente *adj & nf* : tangent — **tangencial** *adj*
tangerina *nf* : tangerine
tangible *adj* : tangible
tango *nm* : tango
tanino *nm* : tannin
tanque *nm* : tank
tanteador *nm* : scoreboard
tantear *v* : to feel : to grope : to size up : to weigh : to keep score : to feel one's way
tanteo *nm* : estimate : rough calculation : testing : sizing up : scoring
tanto[1] *adv* : so much : so long
tanto[2], **-ta** *adj* : so much : so many : such : as much : as many : odd : however many
tanto[3] *nm* : certain amount : goal : point
tanto[4], **-ta** *pron* : so much : so many
tañer *v* : to ring : to play
tañido *nm* : ring : peal : toll : sound
tapa *nf* : cover : top : lid : bar snack
tapacubos *nms & pl* : hubcap
tapadera *nf* : cover : lid : front
tapar *v* : to cover : to cover up : to block : to obstruct — **taparse** *vr*
taparrabos *nms & pl* : loincloth
tapete *nm* : small rug : mat : table cover
tapia *nf* : (adobe) wall : garden wall
tapiar *v* : to wall in : to enclose : to block off
tapicería *nf* : upholstery : tapestry
tapicero, -ra *n* : upholsterer
tapioca *nf* : tapioca
tapir *nm* : tapir
tapiz *nm, pl* **tapices** : tapestry
tapizado *nm* : upholstery
tapizar *v* : to upholster : to cover : to carpet
tapón *nm, pl* **tapones** : cork : bottle cap : plug : stopper : traffic jam : fuse
taponar *v* : to block : to stop up
tapujo *nm* : deceit : pretension
taquigrafía *nf* : stenography : shorthand
taquigráfico, -ca *adj* : stenographic
taquígrafo, -fa *n* : stenographer
taquilla *nf* : box office : ticket office : earnings *pl* : take
taquillero, -ra *adj* : box-office : popular
tara *nf* : defect
tarántula *nf* : tarantula

tararear *v* : to hum
tardanza *nf* : lateness : delay
tardar *v* : to take time : to delay : to take — **tardarse** *vr*
tarde[1] *adv* : late
tarde[2] *nf* : afternoon : evening
tardío, -día *adj* : late : tardy
tardo, -da *adj* : slow
tarea *nf* : task : job : homework
tarifa *nf* : rate : fare : price list : duty
tarima *nf* : dais : platform : stage
tarjeta *nf* : card
taro *nm* : taro
tarrina *nf* : tub
tarro *nm* : jar : pot : can : tin
tarta *nf* : tart : cake
tartaleta *nf* : tart
tartamudear *v* : to stammer : to stutter
tartamudeo *nm* : stutter : stammer
tartamudo[1], **-da** *adj* : stuttering : stammering
tartamudo[2], **-da** *n* : person who stutters or stammers
tartán *nm, pl* **tartanes** : tartan : plaid
tártaro *nm* : tartar
tartera *nf* : lunch box
tasa *nf* : rate : tax : fee : appraisal : valuation
tasación *nf, pl* **-ciones** : appraisal : assessment
tasador, -dora *n* : assessor : appraiser
tasajo *nm* : dried beef : beef jerky
tasar *v* : to appraise : to value : to set the price of : to ration : to limit
tasca *nf* : cheap bar : dive
tatarabuela *nf* : great-great-grandmother
tatarabuelo *nm* : great-great-grandfather
tatuaje *nm* : tattoo : tattooing
tatuar *v* : to tattoo
taurino, -na *adj* : bull : bullfighting
Tauro[1] *nm* : Taurus
Tauro[2] *nmf* : Taurus
tauromaquia *nf* : (art of) bullfighting
taxi *nm, pl* **taxis** : taxi : taxicab
taxidermia *nf* : taxidermy
taxidermista *nmf* : taxidermist
taxista *nmf* : taxi driver
taza *nf* : cup : cupful : (toilet) bowl : basin
tazón *nm, pl* **tazones** : bowl : large cup : mug
te *pron* : you : for you : to you : from you : yourself : for yourself : to yourself : from yourself : thee
té *nm* : tea : tea party
tea *nf* : torch
teatral *adj* : theatrical — **teatralmente** *adv*
teatro *nm* : theater
teca *nf* : teak
techado *nm* : roof
techar *v* : to roof : to shingle
techo *nm* : roof : ceiling : upper limit
techumbre *nf* : roofing
tecla *nf* : key
teclado *nm* : keyboard
teclear *v* : to type in : to enter
técnica *nf* : technique : skill : technology
técnico[1], **-ca** *adj* : technical — **técnicamente** *adv*
técnico[2], **-ca** *n* : technician : expert : engineer
tecnología *nf* : technology
tecnológico, -ca *adj* : technological — **tecnológicamente** *adv*
tecolote *nm* : owl
tedio *nm* : tedium : boredom
tedioso, -sa *adj* : tedious : boring — **tediosamente** *adv*
tee *nm* : tee
teja *nf* : tile
tejado *nm* : roof
tejanos *nmpl* : jeans
tejar *v* : to tile
tejedor, -dora *n* : weaver
tejemaneje *nm* : intrigue : machination : fuss : commotion
tejer *v* : to knit : to crochet : to weave : to concoct : to make up : to fabricate
tejido *nm* : fabric : cloth : weave : texture : tissue
tejo *nm* : yew : hopscotch
tejón *nm, pl* **tejones** : badger
tela *nf* : fabric : cloth : material
telar *nm* : loom
telaraña *nf* : spiderweb : cobweb
tele *nf* : TV : television
telecomunicación *nf, pl* **-ciones** : telecommunication
teleconferencia *nf* : teleconference
telediario *nm* : news : news program
teledifusión *nf, pl* **-siones** : television broadcasting
teledirigido, -da *adj* : remote-controlled
teleférico *nm* : cable car
telefonazo *nm* : (telephone) call
telefonear *v* : to telephone : to call
telefónico, -ca *adj* : phone : telephone
telefonista *nmf* : telephone operator
teléfono *nm* : telephone
telegrafiar *v* : to telegraph
telégrafo *nm* : telegraph
telegrama *nm* : telegram
telemárketing *nm* : telemarketing
telenovela *nf* : soap opera
telepatía *nf* : telepathy
telepático, -ca *adj* : telepathic — **telepáticamente** *adv*
telerrealidad *nf* : reality TV : reality television
telescópico, -ca *adj* : telescopic
telescopio *nm* : telescope
telesilla *nmf* : ski lift
telespectador, -dora *n* : (television) viewer
telesquí *nm, pl* **-squís** : ski lift
televidente *nmf* : (television) viewer
televisar *v* : to televise

televisión *nf, pl* **-siones** : television : TV
televisivo, -va *adj* : television
televisor *nm* : television set
telón *nm, pl* **telones** : curtain
tema *nm* : theme : topic : subject : motif : central theme
temario *nm* : set of topics : agenda
temática *nf* : subject matter
temático, -ca *adj* : thematic
temblar *v* : to tremble : to shake : to shiver : to shudder : to be afraid
temblor *nm* : shaking : trembling : tremor : earthquake
temblorosamente *adv* : shakily
tembloroso, -sa *adj* : tremulous : trembling : shaking
temer *v* : to fear : to dread : to be afraid — **temerse** *vr*
temerario, -ria *adj* : reckless : rash — **temerariamente** *adv*
temeridad *nf* : temerity : recklessness : rashness : rash act
temeroso, -sa *adj* : fearful : frightened
temible *adj* : fearsome : dreadful
temor *nm* : fear : dread
témpano *nm* : ice floe
temperamento *nm* : temperament — **temperamental** *adj*
temperancia *nf* : temperance
temperar *v* : to temper : to moderate : to have a change of air
temperatura *nf* : temperature
tempestad *nf* : storm : tempest
tempestuoso, -sa *adj* : tempestuous : stormy
templado, -da *adj* : temperate : mild : moderate : restrained : warm : lukewarm : courageous : bold
templanza *nf* : temperance : moderation : mildness
templar *v* : to temper : to restrain : to moderate : to tune : to warm up : to cool down — **templarse** *vr* : to be moderate : to cool down
temple *nm* : temper : mood : tuning : courage
templo *nm* : temple : church : chapel
tempo *nm* : tempo
temporada *nf* : season : time : period : spell
temporal[1] *adj* : temporal : temporary
temporal[2] *nm* : storm
temporalmente *adv* : temporarily
temporario, -ria *adj* : temporary — **temporariamente** *adv*
temporero[1], **-ra** *adj* : temporary : seasonal
temporero[2], **-ra** *n* : temporary or seasonal worker
temporizador *nm* : timer
tempranero, -ra *adj* : early
temprano[1] *adv* : early
temprano[2], **-na** *adj* : early
ten → tener
tenacidad *nf* : tenacity : perseverance
tenacillas *nfpl* : tongs : curling iron
tenaz *adj, pl* **tenaces** : tenacious : persistent : strong : tough
tenaza *nf, or* **tenazas** *nfpl* : pliers : pincers : tongs : claw
tenazmente *adv* : tenaciously
tendedero *nm* : clothesline
tendencia *nf* : tendency : inclination : trend
tendencioso, -sa *adj* : biased
tendente → tendiente
tender *v* : to spread out : to lay out : to extend : to hold out : to hang out : to run : to set : to make ~ **a** : to tend to : to have a tendency towards — **tenderse** *vr* : to stretch out : to lie down
tenderete *nm* : (market) stall
tendero, -ra *n* : shopkeeper : storekeeper
tendido *nm* : laying : seats *pl* : section
tendiente *adj* ~ **a** : aimed at : designed to
tendón *nm, pl* **tendones** : tendon
tenebrosidad *nf* : darkness : gloom
tendrá, etc. → tener
tenebroso, -sa *adj* : gloomy : dark : sinister
tenedor[1], **-dora** *n* : holder
tenedor[2] *nm* : table fork
teneduría *nf* **teneduría de libros** : bookkeeping
tenencia *nf* : possession : holding : tenancy : tenure
tener *v* : to have : to cause : to experience : to receive : to show : to include : to use : to exercise : to hold : to give birth to — **tenerse** *vr* : to stand up
tenería *nf* : tannery
tenga, etc. → tener
tenia *nf* : tapeworm
teniente *nmf* : lieutenant
tenis *nms & pl* : tennis; **tenis** *nmpl* : sneakers *pl*
tenista *nmf* : tennis player
tenor *nm* : tenor : tone : sense
tensar *v* : to tense : to make taut : to draw — **tensarse** *vr* : to become tense
tensión *nf, pl* **tensiones** : tension : tautness : stress : strain : voltage
tenso, -sa *adj* : tense — **tensamente** *adv*
tentación *nf, pl* **-ciones** : temptation
tentáculo *nm* : tentacle : feeler
tentador[1], **-dora** *adj* : tempting
tentador[2], **-dora** *n* : tempter : temptress *f*
tentar *v* : to feel : to touch : to test : to try : to tempt : to entice
tentativa *nf* : attempt : try
tentempié *nm* : snack : bite
tenue *adj* : tenuous : faint : weak : dim : light : fine : thin : slender
teñir *v* : to dye : to stain

teología *nf* : theology
teológico, -ca *adj* : theological
teólogo, -ga *n* : theologian
teorema *nm* : theorem
teoría *nf* : theory
teórico[1], **-ca** *adj* : theoretical — **teóricamente** *adv*
teórico[2], **-ca** *n* : theorist
teorizar *v* : to theorize
tepe *nm* : sod : turf
teponaztle *nm* : traditional drum
tequila *nm* : tequila
terapeuta *nmf* : therapist
terapéutica *nf* : therapeutics
terapéutico, -ca *adj* : therapeutic
terapia *nf* : therapy
tercer → tercero
tercermundista *adj* : third-world
tercero[1], **-ra** *adj* : third
tercero[2], **-ra** *n* : third
terceto *nm* : triplet : trio
terciar *v* : to place diagonally : to divide into three parts : to mediate
terciario, -ria *adj* : tertiary
tercio[1], **-cia → tercero**
tercio[2] *nm* : third
terciopelo *nm* : velvet
terco, -ca *adj* : obstinate : stubborn
tergiversación *nf, pl* **-ciones** : distortion
tergiversar *v* : to distort : to twist
termal *adj* : thermal : hot
termas *nfpl* : hot springs
térmico, -ca *adj* : thermal : heat
terminación *nf, pl* **-ciones** : termination : conclusion
terminal[1] *adj* : terminal — **terminalmente** *adv*
terminal[2] *nm* : (electric or electronic) terminal
terminal[3] *nf* : terminal : station
terminante *adj* : final : definitive : categorical — **terminantemente** *adv*
terminar *v* : to end : to conclude : to complete : to finish off : to finish : to stop — **terminarse** *vr* : to run out : to come to an end
término *nm* : end : conclusion : term : expression : period : term of office : place : position; **términos** *nmpl* : terms : specifications
terminología *nf* : terminology
termita *nf* : termite
termo *nm* : thermos
termodinámica *nf* : thermodynamics
termómetro *nm* : thermometer
termostato *nm* : thermostat
ternera *nf* : veal
ternero, -ra *n* : calf
terno *nm* : set of three : three-piece suit
ternura *nf* : tenderness
terquedad *nf* : obstinacy : stubbornness
terracota *nf* : terra-cotta
terraplén *nm, pl* **-plenes** : terrace : embankment
terráqueo, -quea *adj* : earth
terrateniente *nmf* : landowner
terraza *nf* : terrace : veranda : balcony
terremoto *nm* : earthquake
terrenal *adj* : worldly : earthly
terreno *nm* : terrain : earth : ground : plot : tract of land
terrestre *adj* : terrestrial
terrible *adj* : terrible : horrible — **terriblemente** *adv*
terrier *nmf* : terrier
territorial *adj* : territorial
territorio *nm* : territory
terrón *nm, pl* **terrones** : clod
terror *nm* : terror
terrorífico, -ca *adj* : horrific : terrifying
terrorismo *nm* : terrorism
terrorista *adj & nmf* : terrorist
terroso, -sa *adj* : earthy
terruño *nm* : native land : homeland
terso, -sa *adj* : smooth : glossy : shiny : polished : flowing
tersura *nf* : smoothness : shine
tertulia *nf* : gathering : group
tesauro *nm* : thesaurus
tesis *nfs & pl* : thesis
tesón *nm* : persistence : tenacity
tesonero, -ra *adj* : persistent : tenacious
tesorería *nf* : treasurer's office
tesorero, -ra *n* : treasurer
tesoro *nm* : treasure : thesaurus : treasury
test *nm* : test
testaferro *nm* : figurehead
testamentario, -ria *n* : executor
testamento *nm* : testament : will
testar *v* : to draw up a will
testarudo, -da *adj* : stubborn : pigheaded
testículo *nm* : testicle
testificar *v* : to testify
testigo *nmf* : witness
testimonial *adj* : testimonial : token
testimoniar *v* : to testify
testimonio *nm* : testimony : statement
teta *nf* : teat
tétano *or* **tétanos** *nm* : tetanus : lockjaw
tetera *nf* : teapot : teakettle
tetilla *nf* : teat : nipple
tetina *nf* : nipple
tétrico, -ca *adj* : somber : gloomy
textear *v* : to text
textil *adj & nm* : textile
texto *nm* : text
textual *adj* : literal : exact — **textualmente** *adv*
textura *nf* : texture
tez *nf, pl* **teces** : complexion : coloring
thumbnail *nm, pl* **thumbnails** : thumbnail
ti *pron* : you : thee
tía → tío
tiamina *nf* : thiamine
tianguis *nm* : open-air market

tibetano[1], **-na** *adj & n* : Tibetan
tibetano[2] *nm* : Tibetan
tibia *nf* : tibia
tibieza *nf* : warmth : mildness : lack of enthusiasm : coolness : indifference
tibio, -bia *adj* : lukewarm : tepid : cool : unenthusiastic
tiburón *nm, pl* **-rones** : shark : raider
tic *nm* : click : tick
tico, -ca *adj & n* : Costa Rican
tictac *nm* : ticking : tick-tock
tiembla, etc. → **temblar**
tiempo *nm* : time : period of time : season : moment : weather : tempo : half : tense
tienda *nf* : store : shop
tiende, etc. → **tender**
tiene, etc. → **tener**
tienta[1], **etc.** → **tentar**
tienta[2] *nf* **andar a tientas** : to feel one's way : to grope around
tiernamente *adv* : tenderly
tierno, -na *adj* : affectionate : tender : young
tierra *nf* : land : ground : earth : country : homeland : soil
tieso, -sa *adj* : stiff : rigid : upright : erect
tiesto *nm* : flowerpot
tiesura *nf* : stiffness : rigidity
tifoidea *nf* : typhoid
tifoideo, -dea *adj* : typhoid
tifón *nm, pl* **tifones** : typhoon
tifus *nm* : typhus
tigre, -gresa *n* : tiger : tigress *f* : jaguar
tijereta *nf* : earwig
tijeretada *nf or* **tijeretazo** *nm* : cut : snip
tila *nf* : lime blossom tea
tildar *v* ~ **de** : to brand as : to call
tilde *nf* : accent mark : tilde
tilín *nm, pl* **tilines** : tinkle
tilo *nm* : linden
timador, -dora *n* : swindler
timar *v* : to swindle : to cheat
timbal *nm* : kettledrum; **timbales** *nmpl* : timpani
timbre *nm* : bell : tone : timbre : seal : stamp : postage stamp
timidez *nf* : timidity : shyness
tímido, -da *adj* : timid : shy — **tímidamente** *adv*
timo *nm* : swindle : trick : hoax
timón *nm, pl* **timones** : rudder
timonel *nm* : coxswain
timorato, -ta *adj* : timorous : sanctimonious
tímpano *nm* : eardrum; **tímpanos** *nmpl* : timpani : kettledrums
tina *nf* : tub : bathtub : vat
tinaco *nm* : water tank
tinaja *nf* : large clay pot/jar
tinieblas *nfpl* : darkness : ignorance
tino *nm* : good judgment : sense : tact : sensitivity : insight
tinta *nf* : ink
tinte *nm* : dye : coloring : overtone
tintero *nm* : inkwell
tintinear *v* : to jingle : to clink : to tinkle
tintineo *nm* : clink : jingle : tinkle
tinto, -ta *adj* : dyed : stained : red
tintorería *nf* : dry cleaner
tintura *nf* : dye : tint : tincture
tiña *nf* : ringworm
tiñe, etc. → **teñir**
tío, tía *n* : uncle *m* : aunt *f*
tiovivo *nm* : merry-go-round
tipear *v* : to type
tipi *nm* : tepee
típico, -ca *adj* : typical — **típicamente** *adv*
tipificar *v* : to classify : to categorize : to typify
tiple *nm* : soprano
tipo[1] *nm* : type : kind : sort : figure : build : appearance : rate : (printing) type : typeface : style : model
tipo[2], **-pa** *n* : guy *m* : gal *f* : character
tipografía *nf* : typography : printing
tipográfico, -ca *adj* : typographic : typographical
tipógrafo, -fa *n* : printer : typographer
tique *or* **tiquet** *nm* : ticket : receipt
tira *nf* : strip : strap
tirabuzón *nf, pl* **-zones** : corkscrew
tirachinas *nms & pl* : slingshot
tirada *nf* : throw : distance : stretch : printing : issue
tiradero *nm* : dump : mess : clutter
tirado, -da *adj* : dirt cheap : very easy
tirador[1] *nm* : handle : knob
tirador[2], **-dora** *n* : marksman *m* : markswoman *f*
tiragomas *nms & pl* : slingshot
tiranía *nf* : tyranny
tiránico, -ca *adj* : tyrannical
tiranizar *v* : to tyrannize
tirano[1], **-na** *adj* : tyrannical : despotic
tirano[2], **-na** *n* : tyrant
tirante[1] *adj* : tense : strained : taut
tirante[2] *nm* : shoulder strap; **tirantes** *nmpl* : suspenders
tirantez *nf* : tautness : tension : friction : strain
tirar *v* : to throw : to hurl : to toss : to throw away/out : to waste : to knock down : to shoot : to fire : to launch : to drop : to take : to print : to run off : to pull : to draw : to attract : to get by : to manage — **tirarse** *vr* : to throw oneself : to spend
tiritar *v* : to shiver : to tremble
tiro *nm* : shot : gunshot : kick : flue : team
tiroideo, -dea *adj* : thyroid
tiroides *nmf* : thyroid : thyroid gland — **tiroides** *adj*
tirolés, -lesa *adj* : Tyrolean
tirón *nm, pl* **tirones** : pull : tug : yank

tiroteo *nm* : shooting : gunfight : shoot-out
tirria *nf* **tener tirria a** : to have a grudge against
titánico, -ca *adj* : titanic : huge
titanio *nm* : titanium
títere *nm* : puppet
tití *nm, pl* **tití** *or* **titíes** *or* **titís** : marmoset
titilar *v* : to twinkle : to flicker
titileo *nm* : twinkle : flickering
titiritero, -ra *n* : puppeteer : acrobat
tito, tita *n* : uncle *m* : auntie *f*
titubear *v* : to hesitate : to stutter : to stammer — **titubeante** *adj*
titubeo *nm* : hesitation : stammering
titulado, -da *adj* : titled : entitled : qualified
titular[1] *v* : to title : to entitle — **titularse** *vr* : to be called : to be entitled : to receive a degree
titular[2] *adj* : titular : official
titular[3] *nm* : headline
titular[4] *nmf* : owner : holder : officeholder : incumbent
titularidad *nf* : ownership : title : position : office : starting position
título *nm* : title : degree : qualification : security : bond
tiza *nf* : chalk
tiznar *v* : to blacken
tizne *nm* : soot
tiznón *nm, pl* **tiznones** : stain : smudge
tlapalería *nf* : hardware store
TNT *nm* : TNT
toalla *nf* : towel
toallita *nf* : washcloth
tobillo *nm* : ankle
tobogán *nm, pl* **-ganes** : toboggan : sled : slide : chute
tocadiscos *nms & pl* : record player
tocado[1], **-da** *adj* : bad : bruised : touched : not all there
tocado[2] *nm* : headdress
tocador[1] *nm* : dressing table : vanity table
tocador[2], **-dora** *n* : player
tocante *adj* ~ **a** : with regard to : regarding
tocar *v* : to touch : to feel : to handle : to touch on : to refer to : to concern : to affect : to play : to ring : to sound : to knock : to fall to : to be up to : to be one's turn : to come by chance — **tocarse** *vr* : to touch
tocayo, -ya *n* : namesake
tocineta *nf* : bacon
tocino *nm* : bacon : salt pork
tocología *nf* : obstetrics
tocólogo, -ga *n* : obstetrician
tocón *nm, pl* **tocones** : stump
todavía *adv* : still : yet : even
todo[1], **-da** *adj* : all : whole : entire : every : each : any : maximum
todo[2] *nm* : whole
todo[3], **-da** *pron* : everything : all : every bit; **todos, -das** *pl* : everybody : everyone
todopoderoso, -sa *adj* : almighty
todoterreno *nm* : all-terrain vehicle
toga *nf* : toga : gown : robe
toldo *nm* : awning : canopy
tolerable *adj* : tolerable — **tolerablemente** *adv*
tolerancia *nf* : tolerance : toleration
tolerante *adj* : tolerant — **tolerantemente** *adv*
tolerar *v* : to tolerate
tolete *nm* : oarlock
tolva *nf* : hopper
toma *nf* : taking : seizure : capture : dose : take : shot
tomado *adj* : drunk
tomar *v* : to take : to make : to drink : to have : to capture : to seize : to interpret : to take something — **tomarse** *vr* : to eat : to have
tomate *nm* : tomato
tomillo *nm* : thyme
tomo *nm* : volume : tome
ton *nm* **sin ton ni son** : without rhyme or reason
tonada *nf* : tune : song : accent
tonalidad *nf* : tones *pl* : color scheme
tonel *nm* : barrel : cask
tonelada *nf* : ton
tonelaje *nm* : tonnage
tónica *nf* : tonic : trend : tone
tónico[1], **-ca** *adj* : tonic
tónico[2] *nm* : tonic
tonificar *v* : to tone : to tone up
tono *nm* : tone : shade : key
tontamente *adv* : foolishly : stupidly
tontear *v* : to fool around : to play the fool : to flirt
tontería *nf* : foolishness : stupid remark or action
tonto[1], **-ta** *adj* : dumb : stupid : silly
tonto[2], **-ta** *n* : fool : idiot
topacio *nm* : topaz
toparse *vr* ~ **con** : to bump into : to run into : to come across
tope *nm* : limit : end : stop : check : buffer : bump : collision : speed bump
tópico[1], **-ca** *adj* : topical : external : trite : commonplace
tópico[2] *nm* : topic : subject : cliché : trite expression
topo *nm* : mole : clumsy person
topografía *nf* : topography
topográfico, -ca *adj* : topographic : topographical
toque[1], **etc.** → **tocar**
toque[2] *nm* : touch : ringing : peal : chime : shock : jolt
toquetear *v* : to touch : to handle : to finger
toquilla *nf* : shawl
tórax *nm* : thorax

torbellino *nm* : whirlwind
torcedura *nf* : twisting : buckling : sprain
torcer *v* : to bend : to twist : to sprain : to turn : to wring : to wring out : to distort — **torcerse** *vr*
torcido, -da *adj* : twisted : crooked : devious
tordo *nm* : thrush
torear *v* : to fight : to dodge : to sidestep
toreo *nm* : bullfighting
torero, -ra *n* : bullfighter : matador
tormenta *nf* : storm : turmoil : frenzy
tormento *nm* : torment : anguish : torture
tormentoso, -sa *adj* : stormy : turbulent — **tormentosamente** *adv*
tornado *nm* : tornado
tornamesa *nmf* : turntable
tornar *v* : to return : to give back : to make : to render : to go back — **tornarse** *vr* : to become : to turn into
tornasol *nm* : reflected light : sunflower : litmus
tornear *v* : to turn
torneo *nm* : tournament
tornillo *nm* : screw
torniquete *nm* : tourniquet : turnstile
torno *nm* : lathe : winch
toro *nm* : bull
toronja *nf* : grapefruit
toronjil *nm* : balm : lemon balm
torpe *adj* : clumsy : awkward : stupid : dull — **torpemente** *adv*
torpedear *v* : to torpedo
torpedero, -ra *n* : shortstop
torpedo *nm* : torpedo
torpeza *nf* : clumsiness : awkwardness : stupidity : blunder
torre *nf* : tower : turret : rook : castle
torreja *nf* : French toast
torrencial *adj* : torrential — **torrencialmente** *adv*
torrente *nm* : torrent
torreón *nm, pl* **-rreones** : tower
torreta *nf* : turret
tórrido, -da *adj* : torrid
torrija *nf* → **torreja**
torso *nm* : torso : trunk
torta *nf* : cake : pie : tart : sandwich
tortazo *nm* : blow : wallop
tortícolis *nf* : stiff neck
tortilla *nf* : tortilla
tórtola *nf* : turtledove
tortuga *nf* : turtle : tortoise
tortuoso, -sa *adj* : tortuous : winding
tortura *nf* : torture
torturador, -dora *n* : torturer
torturar *v* : to torture : to torment
torvo, -va *adj* : grim : stern : baleful
torzamos, etc. → **torcer**
tos *nf* : cough
tosco, -ca *adj* : rough : coarse
toser *v* : to cough
tosquedad *nf* : coarseness : roughness
tostada *nf* : piece of toast : fried tortilla
tostador *nm* : toaster : roaster
tostadora *nf* : toaster : roaster
tostar *v* : to toast : to roast : to tan — **tostarse** *vr* : to get a tan
tostón *nm, pl* **tostones** : fried plantain chip
total[1] *adv* : in the end : so
total[2] *adj & nm* : total — **totalmente** *adv*
totalidad *nf* : totality : whole
totalitario, -ria *adj & n* : totalitarian
totalitarismo *nm* : totalitarianism
totalizar *v* : to total : to add up to
tótem *nm, pl* **tótems** : totem
totopo *nm* : tortilla chip
totuma *nf* : calabash
touchdown *nm* : touchdown
tour *nm, pl* **tours** : tour : excursion
toxicidad *nf* : toxicity
tóxico[1], **-ca** *adj* : toxic : poisonous
tóxico[2] *nm* : poison
toxicomanía *nf* : drug addiction
toxicómano, -na *n* : drug addict
toxina *nf* : toxin
tozudez *nf* : stubbornness : obstinacy
tozudo, -da *adj* : stubborn : obstinate — **tozudamente** *adv*
traba *nf* : tie : bond : obstacle : hindrance
trabajador[1], **-dora** *adj* : hardworking
trabajador[2], **-dora** *n* : worker
trabajar *v* : to work : to strive : to act : to perform : to knead : to till : to work on
trabajo *nm* : work : job : labor : task : effort : piece of writing : essay : paper; **trabajos** *nmpl* : hardships : difficulties
trabajoso, -sa *adj* : laborious — **trabajosamente** *adv*
trabalenguas *nms & pl* : tongue twister
trabar *v* : to join : to connect : to impede : to hold back : to strike up : to form : to thicken — **trabarse** *vr* : to jam : to become entangled : to be tongue-tied : to stammer
trabucar *v* : to confuse : to mix up
trabuco *nm* : blunderbuss
tracalero, -ra *adj* : dishonest : tricky
tracción *nf* : traction
trace, etc. → **trazar**
tracto *nm* : tract
tractor *nm* : tractor
tradición *nf, pl* **-ciones** : tradition
tradicional *adj* : traditional — **tradicionalmente** *adv*
traducción *nf, pl* **-ciones** : translation
traducible *adj* : translatable
traducir *v* : to translate : to convey : to express — **traducirse** *vr* ~ **en** : to result in
traductor, -tora *n* : translator
traer *v* : to bring : to cause : to bring about : to carry : to have : to wear — **traerse** *vr* : to bring along

raficante *nmf* : dealer : trafficker
raficar *v* : to trade : to deal
ráfico *nm* : trade : traffic
ragaluz *nf, pl* **-luces** : skylight : fanlight
ragamonedas *nmfs & pl* : slot machine
ragaperras *nmfs & pl* → **tragamonedas**
ragar *v* : to swallow — **tragarse** *vr*
ragedia *nf* : tragedy
rágico, -ca *adj* : tragic — **trágicamente** *adv*
rago *nm* : swallow : swig : drink : liquor
rague, etc. → **tragar**
raición *nf, pl* **traiciones** : treason : betrayal : treachery
raicionar *v* : to betray
raicionero, -ra → **traidor**
raidor[1], **-dora** *adj* : traitorous : treacherous
raidor[2], **-dora** *n* : traitor
raiga, etc. → **traer**
ráiler *or* **trailer** *nm* : trailer
raílla *nf* : leash : harrow
raje *nm* : suit : dress : costume
rajín *nm, pl* **trajines** : transport : hustle and bustle
rajinar *v* : to transport : to carry : to rush around
rajo, etc. → **traer**
trama *nf* : plot : weave : weft
tramar *v* : to plot : to plan : to weave
tramitación *nf, pl* **-ciones** : processing
tramitar *v* : to transact : to negotiate : to handle
trámite *nm* : procedure : step
tramo *nm* : stretch : section : flight
trampa *nf* : trap
trampear *v* : to cheat
trampero, -ra *n* : trapper
trampilla *nf* : trapdoor
trampolín *nm, pl* **-lines** : diving board : trampoline : springboard : ski jump
tramposo[1], **-sa** *adj* : crooked : cheating
tramposo[2], **-sa** *n* : cheat : swindler
tranca *nf* : stick : club : bar : crossbar
trancar *v* : to bar
trancazo *nm* : blow : hit
trance *nm* : critical juncture : tough time : trance
tranco *nm* : stride : threshold
tranque, etc. → **trancar**
tranquilidad *nf* : tranquility : peace
tranquilizador, -dora *adj* : soothing : reassuring
tranquilizante[1] *adj* : reassuring : tranquilizing
tranquilizante[2] *nm* : tranquilizer
tranquilizar *v* : to calm down : to soothe — **tranquilizarse** *vr*
tranquilo, -la *adj* : calm : tranquil — **tranquilamente** *adv*
trans *adj* : trans : transgender : trans : transsexual
transacción *nf, pl* **-ciones** : transaction
transar *v* : to give way : to compromise : to buy and sell
transatlántico[1], **-ca** *adj* : transatlantic
transatlántico[2] *nm* : ocean liner
transbordador *nm* : ferry
transbordar *v* : to transfer
transbordo *nm* : transfer
transcendencia → **trascendencia**
transcender → **trascender**
transcribir *v* : to transcribe
transcrito *pp* → **transcribir**
transcripción *nf, pl* **-ciones** : transcription
transcurrir *v* : to elapse : to pass
transcurso *nm* : course : progression
transeúnte *nmf* : passerby : transient
transexual *adj & nmf* : transsexual
transferencia *nf* : transfer : transference
transferir *v* : to transfer — **transferible** *adj*
transfigurar *v* : to transfigure : to transform — **transfiguración** *nf*
transformación *nf, pl* **-ciones** : transformation : conversion
transformador *nm* : transformer
transformar *v* : to convert : to transform : to change : to alter — **transformarse** *vr*
tránsfuga *nmf* : defector : turncoat
transfusión *nf, pl* **-siones** : transfusion
transgénero *adj* : transgender
transgénico[1], **-ca** *adj* : genetically modified
transgénico[2] *nm* : genetically modified plant or animal
transgredir *v* : to transgress — **transgresión** *nf* — **transgresor, -sora** *n*
transición *nf, pl* **-ciones** : transition
transido, -da *adj* : overcome : beset
transigir *v* : to give in : to compromise
transistor *nm* : transistor
transitable *adj* : passable
transitar *v* : to go : to pass : to travel
transitivo, -va *adj* : transitive
tránsito *nm* : traffic : transit : passage : movement : death : passing
transitorio, -ria *adj* : transitory : provisional : temporary — **transitoriamente** *adv*
translúcido, -da *adj* : translucent
translucir → **traslucir**
transmisible *adj* : transmissible
transmisión *nf, pl* **-siones** : transmission : broadcast : transfer
transmisor *nm* : transmitter
transmitir *v* : to transmit : to broadcast : to pass on : to transfer
transparencia *nf* : transparency
transparentar *v* : to reveal : to betray — **transparentarse** *vr* : to be transparent : to show through
transparente[1] *adj* : transparent — **transparentemente** *adv*
transparente[2] *nm* : shade : blind
transpiración *nf, pl* **-ciones** : perspiration : sweat

transpirado, -da *adj* : sweaty
transpirar *v* : to perspire : to sweat : to transpire
transplantar, transplante → trasplantar, trasplante
transponer *v* : to transpose : to move about : to transplant — **transponerse** *vr* : to hide : to set : to go down : to doze off
transportación *nf, pl* **-ciones** : transportation
transportador *nm* : protractor : conveyor
transportar *v* : to transport : to carry : to transmit : to transpose — **transportarse** *vr* : to get carried away
transporte *nm* : transport : transportation
transportista *nmf* : hauler : carrier : trucker
transpuso, etc. → transponer
transversal *adj* : transverse : cross
transversalmente *adv* : obliquely
transverso, -sa *adj* : transverse
tranvía *nm* : streetcar : trolley
trapeador *nm* : mop
trapear *v* : to mop
trapecio *nm* : trapezoid : trapeze
trapecista *nmf* : trapeze artist
trapezoide *nm* : trapezoid
trapo *nm* : cloth : rag; **trapos** *nmpl* : clothes
tráquea *nf* : trachea : windpipe
traquetear *v* : to clatter : to jolt
traqueteo *nm* : jolting : clattering : clatter
tras *prep* : after : behind
trasbordar, trasbordo → transbordar, transbordo
trascendencia *nf* : importance : significance : transcendence
trascendental *adj* : transcendental : important : momentous
trascendente *adj* : important : significant : transcendent
trascender *v* : to leak out : to become known : to spread : to have a wide effect : to transcend
trasero[1], **-ra** *adj* : rear : back
trasero[2] *nm* : buttocks
trasfondo *nm* : background : backdrop : undertone : undercurrent
trasformación → transformación
trasgo *nm* : goblin : imp
trasgredir → transgredir
trashumante *adj* : seasonally migratory
trasiego *nm* : coming and going : transfer
trasladar *v* : to transfer : to move : to postpone : to translate : to copy : to transcribe — **trasladarse** *vr* : to relocate
traslado *nm* : transfer : move : copy
traslapar *v* : to overlap — **traslaparse** *vr*
traslapo *nm* : overlap
traslúcido, -da → translúcido
traslucir *v* : to reveal : to show — **traslucirse** *vr* : to show through
trasluz *nm, pl* **-luces al trasluz** : against the light
trasmano *nm* **a ~** : out of the way : out of reach
trasmisión, trasmitir → transmisión, transmitir
trasnochar *v* : to stay up all night
traspapelar *v* : to misplace : to mislay
trasparencia, trasparente → transparencia, transparente
traspasar *v* : to pierce : to go through : to go beyond : to cross : to go across : to sell : to transfer
traspaso *nm* : transfer : sale
traspié *nm* : stumble : blunder
traspiración → transpiración
trasplantar *v* : to transplant
trasplante *nm* : transplant
trasponer → transponer
trasportar → transportar
trasquilar *v* : to shear
trastada *nf* : dirty trick
traste *nm* : fret : kitchen utensil
trastero *nm* : junk room
trastienda *nf* : back room
trastornar *v* : to disturb : to upset : to disrupt — **trastornarse** *vr*
trastorno *nm* : disorder : disturbance : upset
trastos *nmpl* : implements : utensils : pieces of junk : stuff
trasunto *nm* : image : likeness
tratable *adj* : friendly : sociable : treatable
tratado *nm* : treatise : treaty
tratamiento *nm* : treatment
tratante *nmf* : dealer : trader
tratar *v* : to treat : to handle — **tratarse** *vr* : to socialize with
trato *nm* : deal : agreement : relationship : dealings *pl* : treatment
trauma *nm* : trauma
traumático, -ca *adj* : traumatic — **traumáticamente** *adv*
traumatismo *nm* : injury
travesaño *nm* : crossbar : transom : crosspiece
travesía *nf* : voyage : crossing
travesti *or* **travestí** *adj & nmf, pl* **-tis** *or* **-tíes** : transvestite
travesura *nf* : prank : mischievous act; **travesuras** *nfpl* : mischief
travieso, -sa *adj* : mischievous : naughty — **traviesamente** *adv*
trayecto *nm* : journey : route : trajectory : path
trayectoria *nf* : course : path : trajectory : history : career
trayendo → traer
traza *nf* : design : plan : appearance
trazado *nm* : outline : sketch : plan : layout

trazar *v* : to trace : to draw up : to devise : to outline : to sketch
trazo *nm* : stroke : line : sketch : outline
trébol *nm* : clover : shamrock : club
trece *adj & nm* : thirteen — **trece** *pron*
treceavo[1], **-va** *adj* : thirteenth
treceavo[2] *nm* : thirteenth
trecho *nm* : stretch : period : distance : space
tregua *nf* : truce : lull : respite
treinta *adj & nm* : thirty — **treinta** *pron*
treintavo[1], **-va** *adj* : thirtieth
treintavo[2] *nm* : thirtieth
tremendamente *adv* : tremendously
tremendo, -da *adj* : tremendous : enormous : terrible : dreadful : great : super
trementina *nf* : turpentine
trémulo, -la *adj* : trembling : shaky : flickering
tren *nm* : train : set : assembly : speed : pace
trenca *nf* : duffle coat
trence, etc. → **trenzar**
trenza *nf* : braid : pigtail
trenzar *v* : to braid — **trenzarse** *vr* : to get involved
trepador, -dora *adj* : climbing
trepadora *nf* : climbing plant : climber : nuthatch
trepar *v* : to climb : to creep : to spread
trepidación *nf, pl* **-ciones** : vibration
trepidante *adj* : vibrating : fast : frantic
trepidar *v* : to shake : to vibrate : to hesitate : to waver
tres[1] *adj & nm* : three
tres[2] *pron* : three
trescientos[1], **-tas** *adj & pron* : three hundred
trescientos[2] *nms & pl* : three hundred
tresillo *nm* : three-piece suit : three-piece furniture set : three-seat sofa
treta *nf* : trick : ruse
tri- *pref* : tri-
tríada *nf* : triad
triángulo *nm* : triangle — **triangular** *adj*
tribal *adj* : tribal
tribu *nf* : tribe
tribulación *nf, pl* **-ciones** : tribulation
tribuna *nf* : dais : platform : stands *pl* : bleachers *pl* : grandstand
tribunal *nm* : court : tribunal
tributar *v* : to pay : to render : to pay taxes
tributario[1], **-ria** *adj* : tax
tributario[2] *nm* : tributary
tributo *nm* : tax : tribute
triciclo *nm* : tricycle
tricolor *adj* : tricolor
tricotar *v* : to knit
tridente *nm* : trident
tridimensional *adj* : three-dimensional : 3-D
trienal *adj* : triennial
trifulca *nf* : row : ruckus
trigal *nm* : wheat field
trigésimo[1], **-ma** *adj* : thirtieth : thirty-
trigésimo[2], **-ma** *n* : thirtieth : thirty-
trigo *nm* : wheat
trigonometría *nf* : trigonometry
trigueño, -ña *adj* : light brown : dark : olive-skinned
trillado, -da *adj* : trite : hackneyed
trilladora *nf* : thresher : threshing machine
trillar *v* : to thresh
trillizo, -za *n* : triplet
trilogía *nf* : trilogy
trimestral *adj* : quarterly — **trimestralmente** *adv*
trimestre *nm* : trimester
trinar *v* : to thrill : to warble
trinchar *v* : to carve : to cut up
trinchera *nf* : trench : ditch : trench coat
trineo *nm* : sled : sleigh
trinidad *nf* **la Trinidad** : the Trinity
trino *nm* : trill : warble
trinquete *nm* : ratchet
trío *nm* : trio
tripa *nf* : gut : intestine; **tripas** *nfpl* : belly : tummy : insides *pl*
tripartito, -ta *adj* : tripartite
triple *adj & nm* : triple
triplicado *nm* : triplicate
triplicar *v* : to triple : to treble
trípode *nm* : tripod
tripulación *nf, pl* **-ciones** : crew
tripulante *nmf* : crew member
tripular *v* : to man
triquiñuela *nf* : trick
tris *nm* **estar en un tris de** : to be within an inch of : to be very close to
triste *adj* : sad : gloomy : desolate : dismal : sorry : sorry-looking
tristemente *adv* : sadly
tristeza *nf* : sadness : grief
tristón, -tona *adj, mpl* **-tones** : melancholy : downhearted
tritón *nm, pl* **tritones** : newt
triturador *nm* → **trituradora**
trituradora *nf* : grinder
triturar *v* : to crush : to grind
triunfador[1], **-dora** *adj* : triumphal : triumphant
triunfador[2], **-dora** *n* : winner
triunfal *adj* : triumphal : triumphant — **triunfalmente** *adv*
triunfante *adj* : triumphant : victorious
triunfar *v* : to triumph : to win
triunfo *nm* : triumph : victory : success : trump
triunvirato *nm* : triumvirate
trivial *adj* : trivial : trite : commonplace
trivialidad *nf* : triviality
triza *nf* : shred : bit
trocar *v* : to exchange : to trade : to change : to alter : to transform : to confuse : to mix up

trocear *v* : to carve : to cut up
trocha *nf* : path : trail
troce, etc. → **trozar**
trofeo *nm* : trophy
tromba *nf* : whirlwind
trombón *nm, pl* **trombones** : trombone : trombonist — **trombonista** *nmf*
trombosis *nf* : thrombosis
trompa *nf* : trunk : proboscis : horn : tube : duct
trompada *nf* : punch : blow : bump : collision
trompazo *nm* : bang : bump : smack
trompear *v* : to punch
trompeta *nf* : trumpet
trompetista *nmf* : trumpet player : trumpeter
trompicón *nm, pl* **-cones** : stumble : lurch
trompo *nm* : spinning top
trona *nf* : high chair
tronada *nf* : thunderstorm
tronado, -da *adj* : nuts : crazy
tronar *v* : to thunder : to roar : to be furious : to rage : to shoot
tronchar *v* : to snap : to break off : to cut off
tronco *nm* : trunk : log : torso
trono *nm* : throne : toilet
tropa *nf* : troop : soldiers *pl* : crowd : mob : herd
tropel *nm* : mob : swarm
tropezar *v* : to trip : to stumble : to slip up : to blunder — **tropezarse** *vr* ~ **con** : to run into : to bump into
tropezón *nm, pl* **-zones** : stumble : mistake : slip
tropical *adj* : tropical
trópico *nm* : tropic
tropiezo *nm* : snag : setback : mistake : slip
troqué, etc. → **trocar**
troquel *nm* : die
trotamundos *nmf* : globe-trotter
trotar *v* : to trot : to jog : to rush about
trote *nm* : trot : rush : bustle
troupe *nf* : troupe
trovador, -dora *n* : troubadour
trozar *v* : to cut up : to dice
trozo *nm* : piece : bit : chunk : passage : extract
trucha *nf* : trout
truco *nm* : trick : knack
truculento, -ta *adj* : horrifying : gruesome
trueca, trueque, etc. → **trocar**
truena, etc. → **tronar**
trueno *nm* : thunder
trueque *nm* : barter : exchange
trufa *nf* : truffle
truhán, truhana *n, pl* **truhanes** : rogue : scoundrel
truncar *v* : to truncate : to cut short : to thwart : to frustrate
trunco, -ca *adj* : truncated : unfinished : incomplete
trunque, etc. → **truncar**
trust *nm* : trust
tu *adj* : your : thy
tú *pron* : you : thou
tuba *nf* : tuba
tubérculo *nm* : tuber
tuberculosis *nf* : tuberculosis
tuberculoso, -sa *adj* : tuberculous : tubercular
tubería *nf* : pipes *pl* : tubing
tuberoso, -sa *adj* : tuberous
tubo *nm* : tube : pipe
tubular *adj* : tubular
tuerca *nf* : nut
tuerce, etc. → **torcer**
tuerto, -ta *adj* : one-eyed : blind in one eye
tuerza, etc. → **torcer**
tuesta, etc. → **tostar**
tuétano *nm* : marrow
tufo *nm* : fume : vapor : stench : stink
tugurio *nm* : hovel
tuit *nm, pl* **tuits** : tweet
tuitear *v* : to tweet
tul *nm* : tulle
tulipán *nm, pl* **-panes** : tulip
tullido[1], **-da** *adj* : disabled : crippled
tullido[2], **-da** *n* : disabled person
tumba *nf* : tomb : grave : felling of trees
tumbar *v* : to knock down : to fell : to cut down : to fall down — **tumbarse** *vr* : to lie down
tumbo *nm* : tumble : fall
tumbona *nf* : deck chair
tumor *nm* : tumor
túmulo *nm* : burial mound
tumulto *nm* : commotion : tumult : riot : crowd
tumultuoso, -sa *adj* : tumultuous
tuna *nf* : prickly pear
tunante, -ta *n* : crook : scoundrel
tundra *nf* : tundra
tunecino, -na *adj & n* : Tunisian
túnel *nm* : tunnel
tungsteno *nm* : tungsten
túnica *nf* : tunic
tupé *nm* : toupee
tupido, -da *adj* : dense : thick : obstructed : blocked up
turba *nf* : peat : mob : throng
turbación *nf, pl* **-ciones** : disturbance : alarm : concern : confusion
turbante *nm* : turban
turbar *v* : to disturb : to disrupt : to worry : to upset : to confuse
turbina *nf* : turbine
turbio, -bia *adj* : cloudy : murky : turbid : dim : blurred : shady : crooked
turbulencia *nf* : turbulence
turbulento, -ta *adj* : turbulent
turco[1], **-ca** *adj* : Turkish
turco[2], **-ca** *n* : Turk

turco[3] *nm* : Turkish
turgente *adj* : turgid : swollen
turismo *nm* : tourism : tourist industry
turista *nmf* : tourist : vacationer
turístico, -ca *adj* : tourist : travel
turnar *v* : to take turns : to alternate
turno *nm* : turn : shift : duty
turón *nm, pl* **turones** : polecat
turquesa *nf* : turquoise
turrón *nm, pl* **turrones** : nougat
tusa *nf* : corn husk
tutear *v* : to address as *tú*
tutela *nf* : guardianship : tutelage : protection
tuteo *nm* : addressing as *tú*
tutor, -tora *n* : tutor : guardian
tutoría *nf* : guardianship
tutorial *nm* : tutorial
tuvo, etc. → **tener**
tuyo[1], **-ya** *adj* : yours : of yours
tuyo[2], **-ya** *pron* : yours
tweed *nm* : tweed
tweet → **tuit**
twittear → **tuitear**
u *conj* : or
uapití *nm, pl* **-tíes** *or* **-tís** *or* **-tí** : American elk : wapiti
ubicación *nf, pl* **-ciones** : location : position
ubicar *v* : to place : to put : to position : to locate : to find — **ubicarse** *vr* : to be placed : to be located : to position oneself
ubicuo, -cua *adj* : ubiquitous
ubre *nf* : udder
UCP → **CPU**
ucraniano[1], **-na** *adj* & *n* : Ukrainian
ucraniano[2] *nm* : Ukrainian
Ud., Uds. → **usted**
uf *interj* : phew!
ufanarse *vr* ~ **de** : to boast about
ufano, -na *adj* : proud : self-satisfied : smug
ugandés, -desa *adj* & *n, mpl* **-deses** : Ugandan
ukelele *nm* : ukulele
úlcera *nf* : ulcer — **ulceroso, -sa** *adj*
ulcerar *v* : to ulcerate — **ulcerarse** *vr*
ulterior *adj* : later : subsequent — **ulteriormente** *adv*
últimamente *adv* : lately : recently
ultimar *v* : to complete : to finish : to finalize : to kill
ultimátum *nm, pl* **-tums** : ultimatum
último[1], **-ma** *adj* : last : final : latest : most recent : farthest
último[2], **-ma** *n* : last one
ultra- *pref* : ultra-
ultrajar *v* : to offend : to outrage : to insult
ultraje *nm* : outrage : insult
ultramar *nm* **de** ~ *or* **en** ~ : overseas : abroad
ultrarrojo, -ja *adj* : infrared
ultrasecreto, -ta *adj* : top secret
ultrasónico, -ca *adj* : ultrasonic
ultrasonido *nm* : ultrasound
ultravioleta *adj* : ultraviolet
ulular *v* : to hoot : to howl : to wail
ululato *nm* : hoot : wail
umbilical *adj* : umbilical
umbral *nm* : threshold : doorstep
un[1] *adj* → **uno**[1]
un[2], **una** *art, mpl* **unos** : a : an; **unos** *or* **unas** *pl* : some : a few; **unos** *or* **unas** *pl* : about : approximately
unánime *adj* : unanimous — **unánimemente** *adv*
unanimidad *nf* : unanimity
uncir *v* : to yoke
undécimo[1], **-ma** *adj* : eleventh
undécimo[2], **-ma** *n* : eleventh
ungir *v* : to anoint
ungüento *nm* : ointment : salve
ungulado, -da *adj* : hoofed
únicamente *adv* : only : solely
único[1], **-ca** *adj* : only : sole : unique : extraordinary
único[2], **-ca** *n* : only one
unicornio *nm* : unicorn
unidad *nf* : unity : unit : drive
unido, -da *adj* : joined : united : close
unificar *v* : to unify — **unificación** *nf*
uniformado, -da *adj* : uniformed
uniformar *v* : to standardize : to make uniform
uniforme[1] *adj* : uniform — **uniformemente** *adv*
uniforme[2] *nm* : uniform
uniformidad *nf* : uniformity
unilateral *adj* : unilateral — **unilateralmente** *adv*
unión *nf, pl* **uniones** : union : joining : joint : coupling
unir *v* : to unite : to join : to link : to connect : to combine : to blend — **unirse** *vr* : to join together : to mix together
unísono *nm* : unison
unitario, -ria *adj* : unitary : unit
universal *adj* : universal — **universalidad** *nf* — **universalmente** *adv*
universidad *nf* : university
universitario[1], **-ria** *adj* : university : college
universitario[2], **-ria** *n* : university student : college student
universo *nm* : universe
unja, etc. → **ungir**
uno[1], **una** *adj* : one
uno[2] *nm* : one : number one
uno[3], **una** *pron* : one; **unos; unas** *pl* : some : some people
untar *v* : to anoint : to smear : to grease : to bribe
unza, etc. → **uncir**
uña *nf* : fingernail : toenail : claw : hoof : stinger

UPC → CPU
uranio *nm* : uranium
Urano *nm* : Uranus
urbanismo *nm* : city planning
urbanización *nf, pl* **-ciones** : housing development : residential area
urbanizar *v* : to develop — **urbanizado, -da** *adj* — **urbanizadora** *nf*
urbano, -na *adj* : urban : urbane : polite
urbe *nf* : large city : metropolis
urdimbre *nf* : warp
urdir *v* : to engineer : to devise
uretra *nf* : urethra
urgencia *nf* : urgency : emergency
urgente *adj* : urgent : express — **urgentemente** *adv*
urgido, -da *adj* **estar urgido de** : to be in urgent need of
urgir *v impers* : to be urgent : to be pressing
urinario, -ria *adj* : urinary
urja, etc. → urgir
urna *nf* : urn : ballot box
urogallo *nm* : grouse
urraca *nf* : magpie
urticaria *nf* : hives
uruguayo, -ya *adj & n* : Uruguayan
usado, -da *adj* : used : secondhand : worn : worn-out
usanza *nf* : custom : usage
usar *v* : to use : to make use of : to consume : to wear — **usarse** *vr* : to be used : to be in fashion
usina *nf* : power plant
uso *nm* : use : wear : custom
usted *pron* : you; **ustedes** *pl* : all of you
usual *adj* : usual : common : normal — **usualmente** *adv*
usuario, -ria *n* : user
usura *nf* : usury
usurpador, -dora *n* : usurper
usurpar *v* : to usurp — **usurpación** *nf*
utensilio *nm* : utensil : tool
uterino, -na *adj* : uterine
útero *nm* : uterus : womb
útil *adj* : useful : handy : helpful
utilería *nf* : props *pl*
útiles *nmpl* : implements : tools
utilidad *nf* : utility : usefulness; **utilidades** *nfpl* : profits
utilitario, -ria *adj* : utilitarian
utilizable *adj* : usable : fit for use
utilización *nf, pl* **-ciones** : utilization : use
utilizar *v* : to use : to utilize
útilmente *adv* : usefully
utopía *nf* : utopia
utópico, -ca *adj* : utopian
uva *nf* : grape
uve *nf* → **ve**[2]
úvula *nf* : uvula
uy *interj* : oh! : ow!
va → ir
vaca *nf* : cow
vacación *nf, pl* **-ciones** : vacation
vacacionar *v* : to vacation
vacacionista *nmf* : vacationer
vacante[1] *adj* : vacant : empty
vacante[2] *nf* : vacancy
vaciar *v* : to empty : to empty out : to drain : to hollow out : to cast ~ **en** : to flow into : to empty into
vacilación *nf, pl* **-ciones** : hesitation : vacillation
vacilante *adj* : hesitant : unsure : shaky : unsteady : flickering
vacilar *v* : to hesitate : to vacillate : to waver : to be unsteady : to wobble : to flicker : to joke : to fool around
vacío[1], **-cía** *adj* : vacant : empty : meaningless
vacío[2] *nm* : emptiness : void : space : gap : vacuum
vacuidad *nf* : vacuousness
vacuna *nf* : vaccine
vacunación *nf, pl* **-ciones** : vaccination : inoculation
vacunar *v* : to vaccinate : to inoculate
vacuno[1], **-na** *adj* : bovine
vacuno[2] *nm* : bovine
vacuo, -cua *adj* : empty : shallow : inane
vadear *v* : to ford : to wade across
vado *nm* : ford
vagabundear *v* : to wander : to roam about
vagabundo[1], **-da** *adj* : wandering : stray
vagabundo[2], **-da** *n* : vagrant : bum : vagabond
vagamente *adv* : vaguely
vagancia *nf* : vagrancy : laziness : idleness
vagar *v* : to roam : to wander
vagina *nf* : vagina — **vaginal** *adj*
vago[1], **-ga** *adj* : vague : lazy : idle
vago[2], **-ga** *n* : idler : loafer : vagrant : bum
vagón *nm, pl* **vagones** : car
vagoneta *nf* : station wagon
vague, etc. → vagar
vaguedad *nf* : vagueness
vahído *nm* : dizzy spell
vaho *nm* : breath : vapor : steam
vaina *nf* : sheath : scabbard : pod : nuisance : bother : thing
vainilla *nf* : vanilla
vaivén *nm, pl* **vaivenes** : swinging : swaying : rocking : change : fluctuation
vajilla *nf* : dishes *pl* : set of dishes
valdrá, etc. → valer
vale *nm* : voucher : promissory note : IOU
valedero, -ra *adj* : valid
valentía *nf* : courage : valor
valer *v* : to be worth : to cost : to earn : to gain : to protect : to aid : to be equal to : to have value : to be valid : to count — **valerse** *vr* : to be fair

aleroso, -sa *adj* : brave : valiant
alet *nm* : jack
alga, etc. → **valer**
alía *nf* : value : worth
alidar *v* : to validate — **validación** *nf*
alidez *nf* : validity
válido, -da *adj* : valid
aliente *adj* : brave : valiant : fine : great — **valientemente** *adv*
alija *nf* : suitcase : valise
alioso, -sa *adj* : valuable : precious
alla *nf* : fence : barricade : hurdle : obstacle : hindrance
allar *v* : to fence : to put a fence around
alle *nm* : valley : vale
alor *nm* : value : worth : importance : courage : valor; **valores** *nmpl* : values : principles; **valores** *nmpl* : securities : bonds
aloración *nf, pl* **-ciones** : valuation : appraisal : assessment : appreciation
alorar *v* : to evaluate : to appraise : to assess : to value : to appreciate
alorizarse *vr* : to appreciate : to increase in value — **valorización** *nf*
als *nm* : waltz
aluación *nf, pl* **-ciones** : valuation : appraisal
aluar *v* : to value : to appraise : to assess
álvula *nf* : valve
amos → **ir**
ampiro *nm* : vampire
an → **ir**
anagloriarse *vr* : to boast : to brag
andalismo *nm* : vandalism
ándalo *nm* : vandal — **vandalismo** *nm*
anguardia *nf* : vanguard : avant-garde
anguardista[1] *adj* : avant-garde
anguardista[2] *nmf* : avant-gardist
anidad *nf* : vanity
anidoso, -sa *adj* : vain : conceited
ano, -na *adj* : vain : useless : worthless — **vanamente** *adv*
apear *v* : to vape
apor *nm* : vapor : steam : steamer : steamship
aporeador *nm* : e-cigarette
aporera *nf* : steamer
aporizador *nm* : vaporizer : e-cigarette
aporizar *v* : to vaporize — **vaporizarse** *vr* — **vaporización** *nf*
aporoso, -sa *adj* : sheer : airy
apulear *v* : to beat : to thrash
aquero[1], **-ra** *adj* : cowboy
aquero[2], **-ra** *n* : cowboy *m* : cowgirl *f*
aqueros *nmpl* : jeans
aquilla *nf* : heifer
vara *nf* : pole : stick : rod : staff : lance : pike : yardstick
varado, -da *adj* : beached : aground : stranded
varar *v* : to beach : to strand : to run aground
variable *adj & nf* : variable — **variabilidad** *nf*
variación *nf, pl* **-ciones** : variation
variado, -da *adj* : varied : diverse
variante *adj & nf* : variant
varianza *nf* : variance
variar *v* : to change : to alter : to diversify : to vary
varicela *nf* : chicken pox
várices *or* **varices** *nfpl* : varicose veins
varicoso, -sa *adj* : varicose
variedad *nf* : variety : diversity
varilla *nf* : rod : bar : spoke : rib
vario, -ria *adj* : varied : diverse : variegated : motley : changeable; **varios; varias** *pl* : various : several
variopinto, -ta *adj* : diverse : assorted : motley
varita *nf* : wand
varón *nm, pl* **varones** : man : male : boy
varonil *adj* : masculine : manly : mannish
vas → **ir**
vasallo, -lla *n* : vassal — **vasallaje** *nm*
vasco[1], **-ca** *adj & n* : Basque
vasco[2] *nm* : Basque
vascular *adj* : vascular
vaselina *nf* : petroleum jelly
vasija *nf* : container : vessel
vaso *nm* : glass : tumbler : glassful : vessel
vástago *nm* : offspring : descendant : shoot
vastedad *nf* : vastness : immensity
vasto, -ta *adj* : vast : immense
vataje *nm* : wattage
váter *nm* : toilet : bathroom
vaticinar *v* : to predict : to foretell
vaticinio *nm* : prediction : prophecy
vatio *nm* : watt
vaya, etc. → **ir**
Vd., Vds. → **usted**
ve, etc. → **ir, ver**
vea, etc. → **ver**
vecinal *adj* : local
vecindad *nf* : neighborhood : vicinity
vecindario *nm* : neighborhood : area : residents *pl*
vecino[1], **-na** *adj* : neighboring
vecino[2], **-na** *n* : neighbor : resident : inhabitant
veda *nf* : prohibition : closed season
vedar *v* : to prohibit : to ban : to impede : to prevent
vegetación *nf, pl* **-ciones** : vegetation; **vegetaciones** *nfpl* : adenoids
vegetal *adj & nm* : vegetable : plant
vegetar *v* : to vegetate
vegetariano, -na *adj & n* : vegetarian — **vegetarianismo** *nm*
vegetativo, -va *adj* : vegetative
vehemente *adj* : vehement — **vehemencia** *nf* — **vehementemente** *adv*

vehículo *nm* : vehicle — **vehicular** *adj*
veía, etc. → **ver**
veinte *adj & nm* : twenty — **veinte** *pron*
veinteavo[1], **-va** *adj* : twentieth
veinteavo[2] *nm* : twentieth
veintena *nf* : group of twenty : score
vejación *nf, pl* **-ciones** : ill-treatment : humiliation
vejete *nm* : old fellow : codger
vejez *nf* : old age
vejiga *nf* : bladder : blister
vela *nf* : watch : vigil : wake : candle : sail : sailing
velada *nf* : evening party
velado, -da *adj* : veiled : hidden : blurred : muffled
velador[1], **-dora** *n* : guard : night watchman
velador[2] *nm* : candlestick : night table
velar *v* : to hold a wake over : to watch over : to sit up with : to blur : to expose : to veil : to conceal : to stay awake
velatorio *nm* : wake
veleidad *nf* : fickleness : whim : caprice
veleidoso, -sa *adj* : fickle : capricious
velero *nm* : sailing ship : sailboat
veleta *nf* : weather vane
vello *nm* : body hair : down : fuzz
vellón *nm, pl* **vellones** : fleece : sheepskin : nickel
vellosidad *nf* : fuzziness : hairiness
velloso, -sa *adj* : downy : fuzzy : hairy
velludo, -da *adj* : hairy
velo *nm* : veil
velocidad *nf* : speed : velocity : gear
velocímetro *nm* : speedometer
velocista *nmf* : sprinter
velorio *nm* : wake
velour *nm* : velour : velours
veloz *adj, pl* **veloces** : fast : quick : swift — **velozmente** *adv*
ven → **venir**
vena *nf* : vein : seam : lode : grain : style : strain : touch : mood
venado *nm* : deer : venison
venal *adj* : venal
vencedor, -dora *n* : winner : victor
vencejo *nm* : swift
vencer *v* : to vanquish : to defeat : to overcome : to surmount : to win : to triumph : to expire : to be due : to mature — **vencerse** *vr* : to control oneself : to break : to collapse
vencido, -da *adj* : defeated : expired : due : payable
vencimiento *nm* : defeat : expiration : maturity
venda *nf* : bandage
vendaje *nm* : bandage : dressing
vendar *v* : to bandage
vendaval *nm* : gale : strong wind
vendedor, -dora *n* : salesperson : salesman *m* : saleswoman *f*
vender *v* : to sell : to sell out : to betray — **venderse** *vr* : to be sold : to sell out
vendetta *nf* : vendetta
vendible *adj* : salable : marketable
vendimia *nf* : grape harvest
vendrá, etc. → **venir**
veneno *nm* : poison : venom
venenoso, -sa *adj* : poisonous : venomous
venerable *adj* : venerable
veneración *nf, pl* **-ciones** : veneration : reverence
venerar *v* : to venerate : to revere
venéreo, -rea *adj* : venereal
venero *nm* : seam : lode : vein : spring : origin : source
venezolano, -na *adj & n* : Venezuelan
venga, etc. → **venir**
venganza *nf* : vengeance : revenge
vengar *v* : to avenge — **vengarse** *vr* : to get even : to revenge oneself
vengativo, -va *adj* : vindictive : vengeful
vengue, etc. → **vengar**
venia *nf* : permission : leave : pardon : bow
venial *adj* : venial
venida *nf* : arrival : coming : return
venidero, -ra *adj* : coming : future
venir *v* : to come : to arrive : to originate : to be available : to come back : to return : to affect : to overcome : to fit : to have been — **venirse** *vr* : to come back
venta *nf* : sale
ventaja *nf* : advantage : lead : head start; **ventajas** *nfpl* : perks : extras
ventajoso, -sa *adj* : advantageous : profitable — **ventajosamente** *adv*
ventana *nf* : window
ventanal *nm* : large window
ventanilla *nf* : window : ticket window : box office
ventero, -ra *n* : innkeeper
ventilación *nf, pl* **-ciones** : ventilation
ventilador *nm* : ventilator : fan
ventilar *v* : to ventilate : to air out : to air : to discuss : to make public : to reveal — **ventilarse** *vr* : to get some air
ventisca *nf* : snowstorm : blizzard
ventisquero *nm* : snowdrift
ventolera *nf* : gust of wind
ventosa *nf* : sucker
ventosear *v* : to break wind
ventosidad *nf* : wind : flatulence
ventoso, -sa *adj* : windy
ventrículo *nm* : ventricle
ventrílocuo, -cua *n* : ventriloquist
ventriloquia *nf* : ventriloquism
ventura *nf* : fortune : luck : chance : happiness
venturoso, -sa *adj* : fortunate : lucky : successful
Venus *nm* : Venus
venza, etc. → **vencer**
ver[1] *v* : to see : to understand : to examine : to look into : to judge : to

meet : to visit : to find out : to learn — **verse** *vr* : to find oneself : to look : to appear : to see each other : to meet
er[2] *nm* : looks *pl* : appearance : opinion
era *nf* : side
eracidad *nf* : truthfulness : veracity
veranda *nf* : veranda
veraneante *nmf* : summer vacationer
veranear *v* : to spend the summer
veraneo *nm* : summer vacation
veraniego, -ga *adj* : summer : summery
verano *nm* : summer
veras *nfpl* **de ~** : really : truly
veraz *adj, pl* **veraces** : truthful
verbal *adj* : verbal — **verbalmente** *adv*
verbalizar *v* : to verbalize : to express
verbena *nf* : festival : fair
verbigracia *adv* : for example
verbo *nm* : verb
verbosidad *nf* : wordiness
verboso, -sa *adj* : verbose : wordy
verdad *nf* : truth
verdaderamente *adv* : really : truly
verdadero, -dera *adj* : true : real : genuine
verde[1] *adj* : green : unripe : inexperienced : dirty : risqué
verde[2] *nm* : green
verdeante *adj* : verdant
verdín *nm, pl* **verdines** : slime : scum
verdor *nm* : greenness
verdoso, -sa *adj* : greenish
verdugo *nm* : executioner : hangman : tyrant
verdugón *nm, pl* **-gones** : welt
verdulería *nf* : greengrocer's store
verdulero, -ra *n* : greengrocer
verdura *nf* : vegetable(s) : green(s)
vereda *nf* : path : trail : sidewalk : pavement
veredicto *nm* : verdict
verga *nf* : spar : yard
vergonzoso, -sa *adj* : disgraceful : shameful : bashful : shy — **vergonzosamente** *adv*
vergüenza *nf* : embarrassment : disgrace : shame : bashfulness : shyness
vericueto *nm* : rough terrain
verídico, -ca *adj* : true : real : truthful
verificación *nf, pl* **-ciones** : verification : testing : checking
verificador, -dora *n* : inspector : tester
verificar *v* : to verify : to confirm : to test : to check : to carry out : to conduct — **verificarse** *vr* : to take place : to occur : to come true
verja *nf* : rails *pl* : grating : grille : gate
vermut *nm, pl* **vermuts** : vermouth
vernáculo, -la *adj* : vernacular
vernal *adj* : vernal : spring
verosímil *adj* : probable : likely : credible : realistic
verosimilitud *nf* : probability : plausibility : realism
verraco *nm* : boar
verruga *nf* : wart
versado, -da *adj* **~ en** : versed in : knowledgeable about
versar *v* **~ sobre** : to deal with : to be about
versátil *adj* : versatile : fickle
versatilidad *nf* : versatility : fickleness
versículo *nm* : verse
versión *nf, pl* **versiones** : version : translation
verso *nm* : verse
versus *prep* : versus : against
vértebra *nf* : vertebra — **vertebral** *adj*
vertebrado[1], **-da** *adj* : vertebrate
vertebrado[2] *nm* : vertebrate
vertedero *nm* : garbage dump : drain : outlet
verter *v* : to pour : to dump : to spill : to shed : to empty out : to express : to voice : to translate : to render : to flow
vertical *adj* & *nf* : vertical — **verticalmente** *adv*
vértice *nm* : vertex : apex
vertido *nm* : spilling : spill
vertiente *nf* : slope : aspect : side : element
vertiginoso, -sa *adj* : dizzying — **vertiginosamente** *adv*
vértigo *nm* : vertigo : dizziness
vesícula *nf* : vesicle
vespertino, -na *adj* : evening
vestíbulo *nm* : vestibule : hall : lobby : foyer
vestido *nm* : dress : costume : clothes *pl*
vestidor *nm* : dressing room
vestiduras *nfpl* : clothing : raiment : regalia : vestments
vestigio *nm* : vestige : sign : trace
vestimenta *nf* : clothing : clothes *pl*
vestir *v* : to dress : to clothe : to wear : to decorate : to dress up : to look good : to suit the occasion — **vestirse** *vr* : to get dressed
vestuario *nm* : wardrobe : dressing room : locker room
veta *nf* : grain : vein : seam : lode : trace : streak
vetar *v* : to veto
veteado, -da *adj* : streaked : veined
veteranía *nf* : experience : seniority
veterano, -na *adj* & *n* : veteran
veterinaria *nf* : veterinary medicine
veterinario[1], **-ria** *adj* : veterinary
veterinario[2], **-ria** *n* : veterinarian
veto *nm* : veto
vetusto, -ta *adj* : ancient : very old
vez *nf, pl* **veces** : time : occasion : turn
vía[1] *nf* : road : route : way : means : track : line : tract
vía[2] *prep* : via
viable *adj* : viable : feasible — **viabilidad** *nf*
viaducto *nm* : viaduct

viajante *mf* : traveling salesman : traveling saleswoman
viajar *v* : to travel : to journey
viaje *nm* : trip : journey
viajero[1], **-ra** *adj* : traveling
viajero[2], **-ra** *n* : traveler : passenger
vial *adj* : road : traffic
viático *nm* : travel allowance : travel expenses *pl*
víbora *nf* : viper
vibración *nf, pl* **-ciones** : vibration
vibrador *nm* : vibrator
vibrante *adj* : vibrant : vibrating
vibrar *v* : to vibrate
vicario, -ria *n* : vicar
vice- *pref* : vice-
vicealmirante *nmf* : vice admiral
vicepresidente, -ta *n* : vice president — **vicepresidencia** *nf*
viceversa *adv* : vice versa : conversely
viciado, -da *adj* : stuffy : close
viciar *v* : to corrupt : to invalidate : to distort : to pollute : to adulterate
vicio *nm* : vice : depravity : bad habit : defect : blemish
vicioso, -sa *adj* : depraved : corrupt
vicisitud *nf* : vicissitude
víctima *nf* : victim
victimario, -ria *n* : killer : murderer
victimizar *v* : to victimize
victoria *nf* : victory — **victorioso, -sa** *adj* — **victoriosamente** *adv*
victoriano, -na *adj* : Victorian
vid *nf* : vine : grapevine
vida *nf* : life : lifetime : biography : living : livelihood : liveliness
vidente *nmf* : psychic : clairvoyant : sighted person
video *or* **video** *nm* : video
videocinta *nf* : videotape
videocasete *or* **videocassette** *nm* : videocassette
videocasetera *or* **videocassettera** *nf* : videocassette recorder : video recorder : VCR
videocámara *nf* : video camera
videoclip *nm, pl* **-clips** : video
videoclub *nm* : video store
videoconferencia *nf* : videoconference
videograbar *v* : to videotape
videojuego *nm* : video game
videojugador, -dora *n* : gamer
videollamada *nf* : video call
vidriado *nm* : glaze
vidriar *v* : to glaze
vidriera *nf* : stained-glass window : glass door or window : store window
vidriero, -ra *n* : glazier
vidrio *nm* : glass : piece of glass : windowpane
vidrioso, -sa *adj* : brittle : fragile : slippery : glassy : glazed : touchy : delicate
vieira *nf* : scallop : scallop shell
viejo[1], **-ja** *adj* : old : elderly : former : long-standing : worn : worn-out
viejo[2], **-ja** *n* : old man *m* : old woman *f*
viene, etc. → **venir**
viento *nm* : wind
vientre *nm* : abdomen : belly : womb : bowels *pl*
viernes *nms & pl* : Friday
vierte, etc. → **verter**
vietnamita[1] *adj & nmf* : Vietnamese
vietnamita[2] *nm* : Vietnamese
viga *nf* : beam : rafter : girder
vigencia *nf* : validity : force : effect
vigente *adj* : valid : in force
vigésimo[1], **-ma** *adj* : twentieth : twenty-
vigésimo[2], **-ma** *n* : twentieth : twenty-
vigía *nmf* : lookout
vigilancia *nf* : vigilance : watchfulness
vigilante[1] *adj* : vigilant : watchful
vigilante[2] *nmf* : watchman : guard
vigilar *v* : to look after : to keep an eye on : to watch over : to guard : to be watchful : to keep watch
vigilia *nf* : wakefulness : night work : vigil
vigor *nm* : vigor : energy : strength : force : effect
vigorizante *adj* : invigorating
vigorizar *v* : to strengthen : to invigorate
vigoroso, -sa *adj* : vigorous — **vigorosamente** *adv*
VIH *nm* : HIV
vikingo, -ga *adj & n* : Viking
vil *adj* : vile : despicable : base
vileza *nf* : vileness : despicable action : villainy
vilipendiar *v* : to vilify : to revile
villa *nf* : town : village : villa
villancico *nm* : carol : Christmas carol
villano, -na *n* : villain : peasant
vilmente *adv* : basely
vinagre *nm* : vinegar
vinagrera *nf* : cruet
vinagreta *nf* : vinaigrette
vinatería *nf* : wine shop
vinculación *nf, pl* **-ciones** : linking : bond : link : connection
vincular *v* : to tie : to link : to connect
vínculo *nm* : tie : link : bond
vindicación *nf, pl* **-ciones** : vindication
vindicar *v* : to vindicate : to avenge
vinilo *nm* : vinyl
vino[1], **etc.** → **venir**
vino[2] *nm* : wine
viña *nf* : vineyard
viñedo *nm* : vineyard
viñeta *nf* : cartoon
vio, etc. → **ver**
viola *nf* : viola
violación *nf, pl* **-ciones** : violation : offense : rape
violador[1], **-dora** *n* : violator : offender
violador[2] *nm* : rapist
violar *v* : to rape : to violate : to desecrate

violencia *nf* : violence
violentamente *adv* : by force : violently
violentar *v* : to break open : to force : to distort — **violentarse** *vr* : to force oneself
violento, -ta *adj* : violent : awkward : embarrassing
violeta[1] *adj & nm* : violet
violeta[2] *nf* : violet
violín *nm, pl* **-lines** : violin
violinista *nmf* : violinist
violonchelista *nmf* : cellist
violonchelo *nm* : cello : violoncello
VIP *nmf, pl* **VIPs** : VIP
viraje *nm* : turn : swerve : change
viral *adj* : viral
virar *v* : to tack : to turn : to veer
virgen[1] *adj* : virgin
virgen[2] *nmf, pl* **vírgenes** : virgin
virginal *adj* : virginal : chaste
virginidad *nf* : virginity
Virgo[1] *nm* : Virgo
Virgo[2] *nmf* : Virgo
vírico, -ca *adj* : viral
viril *adj* : virile — **virilidad** *nf*
virrey, -rreina *n* : viceroy *m*
virtual *adj* : virtual — **virtualmente** *adv*
virtud *nf* : virtue
virtuosismo *nm* : virtuosity
virtuoso[1], **-sa** *adj* : virtuous
virtuoso[2], **-sa** *n* : virtuoso
viruela *nf* : smallpox : pockmark
virulencia *nf* : virulence
virulento, -ta *adj* : virulent
virus *nm* : virus
viruta *nf* : shaving
visa *nf* : visa
visado *nm* : visa
visceral *adj* : visceral
vísceras *nfpl* : viscera : entrails
viscosidad *nf* : viscosity
viscoso, -sa *adj* : viscous
visera *nf* : visor
visibilidad *nf* : visibility
visible *adj* : visible — **visiblemente** *adv*
visillo *nm* : sheer curtain : lace curtain
visión *nf, pl* **visiones** : vision : eyesight : view : perspective : illusion
visionario, -ria *adj & n* : visionary
visita *nf* : visit : call : visitor
visitador, -dora *n* : visitor : frequent caller
visitante[1] *adj* : visiting
visitante[2] *nmf* : visitor
visitar *v* : to visit
vislumbrar *v* : to discern : to make out : to begin to see : to have an inkling of
vislumbre *nf* : glimmer : gleam
viso *nm* : appearance : glint : gleam : sheen : iridescence
visón *nm, pl* **visones** : mink
visor *nm* : viewfinder : sight : scout
víspera *nf* : eve : day before; **vísperas** *nfpl* : vespers
vista *nf* : vision : eyesight : look : gaze : glance : view : vista : panorama : hearing
vistazo *nm* : glance : look
viste, etc. → **ver**[1], **vestir**
visto[1] *pp* → **ver**
visto[2], **-ta** *adj* : obvious : clear : in view of : considering
visto[3] *nm* **visto bueno** : approval
vistoso, -sa *adj* : colorful : bright
visual *adj* : visual — **visualmente** *adv*
visualizador *nm* : display
visualizar *v* : to visualize : to display
vital *adj* : vital : lively : dynamic
vitalicio, -cia *adj* : life : lifetime
vitalidad *nf* : vitality
vitamina *nf* : vitamin
vitamínico, -ca *adj* : vitamin
viticultor, -ra *n* : wine producer
viticultura *nf* : wine producing
vítor *nm* : cheer
vitorear *v* : to cheer
vitral *nm* : stained-glass window
vítreo, -rea *adj* : glass : glassy
vitrina *nf* : showcase : display case : store window
vitriolo *nm* : vitriol
vituperar *v* : to condemn : to lambaste
viudez *nf* : state of being widowed
viudo, -da *n* : widower *m* : widow *f*
viva *nm* : cheer
vivacidad *nf* : vivacity : liveliness
vivamente *adv* : in a lively manner : vividly : strongly : acutely
vivar *v* : to cheer
vivaracho, -cha *adj* : lively : vivacious : bright : sparkling
vivaz *adj, pl* **vivaces** : lively : vivacious : clever : sharp : perennial
vivencia *nf* : experience
víveres *nmpl* : provisions : supplies : food
vivero *nm* : nursery : hatchery : fish farm
viveza *nf* : liveliness : vividness : brightness : cleverness : sharpness
vívidamente *adv* : vividly
vívido, -da *adj* : vivid : lively
vividor, -dora *n* : sponger : parasite
vivienda *nf* : housing : dwelling : home
viviente *adj* : living
vivificar *v* : to revitalize : to give life to
vivir[1] *v* : to live : to be alive : to subsist : to make a living : to reside : to spend one's life : to go through : to experience
vivir[2] *nm* : life : lifestyle
vivisección *nf, pl* **-ciones** : vivisection
vivo, -va *adj* : alive : vivid : bright : intense : lively : vivacious : sharp : clever
vocablo *nm* : word
vocabulario *nm* : vocabulary
vocación *nf, pl* **-ciones** : vocation
vocacional *adj* : vocational

vocal[1] *adj* : vocal
vocal[2] *nmf* : member
vocal[3] *nf* : vowel
vocalista *nmf* : singer : vocalist
vocalizar *v* : to vocalize
vocear *v* : to shout
vocerío *nm* : clamor : shouting
vocero, -ra *n* : spokesperson : spokesman *m* : spokeswoman *f*
vociferante *adj* : vociferous
vociferar *v* : to shout : to yell
vodevil *nm* : vaudeville
vodka *nm* : vodka
voladizo[1], **-za** *adj* : projecting
voladizo[2] *nm* : projection
volador, -dora *adj* : flying
volando *adv* : quickly : in a hurry
volante[1] *adj* : flying
volante[2] *nm* : steering wheel : flier : circular : shuttlecock : flywheel : balance wheel : ruffle : flounce
volantín *nm, pl* **-tines** : kite
volar *v* : to fly : to go quickly : to rush : to disappear : to blow up : to demolish : to irritate
volátil *adj* : volatile — **volatilidad** *nf*
volcán *nm, pl* **volcanes** : volcano
volcánico, -ca *adj* : volcanic
volcar *v* : to upset : to knock over : to turn over : to empty out : to make dizzy : to cause a change of mind in : to irritate : to overturn : to tip over : to capsize — **volcarse** *vr* : to do one's utmost
volea *nf* : volley
volear *v* : to volley
voleibol *nm* : volleyball
voleo *nm* **al voleo** : haphazardly : at random
volframio *nm* : wolfram : tungsten
volibol → voleibol
volición *nf, pl* **-ciones** : volition
volqué, etc. → volcar
voltaje *nm* : voltage
voltear *v* : to turn over : to turn upside down : to reverse : to turn inside out : to turn : to knock down : to roll over : to do somersaults — **voltearse** *vr* : to turn around : to change one's allegiance
voltereta *nf* : somersault : tumble
voltio *nm* : volt
volubilidad *nf* : fickleness
voluble *adj* : fickle : changeable
volumen *nm, pl* **-lúmenes** : volume : book : capacity : size : bulk : amount : loudness
voluminoso, -sa *adj* : voluminous : massive : bulky
voluntad *nf* : will : volition : desire : wish : intention
voluntariado *nm* : volunteer service
voluntario[1], **-ria** *adj* : voluntary — **voluntariamente** *adv*
voluntario[2], **-ria** *n* : volunteer
voluntarioso, -sa *adj* : stubborn : willing : eager
voluptuosidad *nf* : voluptuousness
voluptuoso, -sa *adj* : voluptuous — **voluptuosamente** *adv*
voluta *nf* : spiral : column
volver *v* : to return : to come/go back : to turn : to turn over : to turn inside out : to repay : to restore : to cause : to make — **volverse** *vr* : to become : to turn around
vomitar *v* : to vomit : to spew out
vómito *nm* : vomiting : vomit
voracidad *nf* : voracity
vorágine *nf* : whirlpool : maelstrom
voraz *adj, pl* **voraces** : voracious — **vorazmente** *adv*
vórtice *nm* : whirlpool : vortex : whirlwind
vos *pron* : you
vosear *v* : to address as *vos*
vosotros, -tras *pron pl* : you : yourselves : ye
votación *nf, pl* **-ciones** : vote : voting
votante *nmf* : voter
votar *v* : to vote : to vote for
voto *nm* : vote : vow; **votos** *nmpl* : good wishes
voy → ir
voz *nf, pl* **voces** : voice : opinion : say : shout : yell : sound : word : term : rumor
vudú *nm* : voodoo
vuelco *nm* : upset : overturning : drastic change : reversal
vuela, etc. → volar
vuelca, vuelque, etc. → volcar
vuelo *nm* : flight : flying : flare : fullness
vuelta *nf* : turn : circle : revolution : flip : bend : curve : return : round : lap : walk : drive : ride : back : other side : cuff
vuelto *pp* **→ volver**
vuelve, etc. → volver
vuestro[1], **-stra** *adj* : your : of yours
vuestro[2], **-stra** *pron* : yours
vulgar *adj* : common : vulgar
vulgaridad *nf* : vulgarity
vulgarmente *adv* : vulgarly : popularly
vulgo *nm* **el vulgo** : the masses : common people
vulnerable *adj* : vulnerable — **vulnerabilidad** *nf*
vulnerar *v* : to injure : to damage : to violate : to break
wafle *nm* : waffle
waflera *nf* : waffle iron
wapití *nm, pl* **-tíes** *or* **-tís** *or* **-tí** : wapiti : elk
wáter → váter
web *nmf* : web : World Wide Web
webcam *nf, pl* **webcams** : webcam
webmaster *nmf, pl* **-ters** : Webmaster

western *nm, pl* **westerns** : western
whisky *nm, pl* **whiskys** *or* **whiskies** : whiskey
wicca *nf* : Wicca
wiccano, -na *adj & n* : Wiccan
wigwam *nm* : wigwam
windsurf *nm* : windsurfing
xenofobia *nf* : xenophobia
xenófobo[1], **-ba** *adj* : xenophobic
xenófobo[2], **-ba** *n* : xenophobe
xenón *nm* : xenon
xerografiar *v* : to photocopy : to xerox
xilófono *nm* : xylophone
y *conj* : and : well
ya[1] *adv* : already : now : right now : later : soon : no longer : anymore : yes : right
ya[2] *conj* **ya … ya** : whether … or : first … then
yac *nm* : yak
yacer *v* : to lie
yacimiento *nm* : bed : deposit
yaga, etc. → yacer
yang *nm* : yang
yanqui *adj & nmf* : Yankee
yarda *nf* : yard
yate *nm* : yacht
yayo, yaya *n* : grandpa *m* : grandma *f*
yaz, yazca, yazga, etc. → yacer
yedra *nf* : ivy
yegua *nf* : mare
yelmo *nm* : helmet
yema *nf* : bud : shoot : yolk
yen *nm* : yen
yendo → ir
yerga, yergue, etc. → erguir
yermo[1], **-ma** *adj* : barren : deserted
yermo[2] *nm* : wasteland
yerno *nm* : son-in-law
yerra, etc. → errar
yerro *nm* : blunder : mistake
yesca *nf* : tinder
yeso *nm* : plaster : cast : gypsum
yiddish *or* **yidis** *adj & nm* : Yiddish
yihad *nmf, pl* **yihads** : jihad — **yihadista** *nmf*
yin *nm* : yin
yo[1] *nm* : ego : self
yo[2] *pron* : I : me
yodo *nm* : iodine
yoga *nm* : yoga
yogurt *or* **yogur** *nm* : yogurt
Yom Kippur *n* : Yom Kippur
yoyo *or* **yoyó** *nm* : yo-yo
yuca *nf* : yucca : cassava : manioc
yucateco[1], **-ca** *adj* : of or from the Yucatán
yucateco[2], **-ca** *n* : person from the Yucatán
yudo → judo
yugo *nm* : yoke
yugoslavo, -va *adj & n* : Yugoslavian
yugular *adj* : jugular
yungas *nfpl* : warm tropical valleys
yunque *nm* : anvil
yunta *nf* : yoke : team
yuppy *nmf, pl* **yuppies** : yuppie
yute *nm* : jute
yuxtaponer *v* : to juxtapose — **yuxtaposición** *nf*
yuyo *nm* : weed : herb
zacate *nm* : grass : fodder : hay
zafacón *nm, pl* **-cones** : wastebasket
zafar *v* : to loosen : to untie — **zafarse** *vr* : to loosen up : to come undone : to get free of
zafio, -fia *adj* : coarse : crude
zafiro *nm* : sapphire
zaga *nf* : defense
zagual *nm* : paddle
zaguán *nm, pl* **zaguanes** : front hall : vestibule
zaherir *v* : to criticize sharply : to wound : to mortify
zahones *nmpl* : chaps
zaino, -na *adj* : chestnut
zalamería *nf* : flattery : sweet talk
zalamero[1], **-ra** *adj* : flattering : fawning
zalamero[2], **-ra** *n* : flatterer
zambullida *nf* : dive : plunge
zambullir *v* : to dip : to submerge — **zambullirse** *vr* : to dive : to plunge
zamparse *vr* : to gobble : to wolf down
zanahoria *nf* : carrot
zancada *nf* : stride : step
zancadilla *nf* : trip : stumble : trick : ruse
zanco *nm* : stilt
zancuda *nf* : wading bird
zancudo *nm* : mosquito
zángano *nm* : drone : male bee
zanja *nf* : ditch : trench
zanjar *v* : to settle : to clear up : to resolve
zapallo *nm* : pumpkin
zapapico *nm* : pickax
zapata *nf* : brake shoe
zapatear *v* : to stamp one's feet
zapatería *nf* : shoemaker's : shoe factory : shoe store
zapatero[1], **-ra** *adj* : dry : tough : poorly cooked
zapatero[2], **-ra** *n* : shoemaker : cobbler
zapatilla *nf* : slipper : women's shoe
zapato *nm* : shoe
zapping *nm* : channel surfing
zar, zarina *n* : czar *m* : czarina *f*
zarandear *v* : to sift : to sieve : to shake : to jostle : to jiggle
zarapito *nm* : curlew
zarcillo *nm* : earring : tendril
zarigüeya *nf* : opossum
zarpa *nf* : paw
zarpar *v* : to set sail : to raise anchor
zarpazo *nm* : swipe
zarza *nf* : bramble : blackberry bush
zarzamora *nf* : blackberry : bramble : blackberry bush
zarzaparrilla *nf* : sarsaparilla

zarzuela *nf* : Spanish operetta
zas *interj* : bam! : wham!
zepelín *nm, pl* **-lines** : zeppelin
zigoto *nm* : zygote
zigzag *nm, pl* **zigzags** *or* **zigzagues** : zigzag
zigzaguear *v* : to zigzag
zimbabuense *adj & nmf* : Zimbabwean
zinc *nm* : zinc
zinnia *nf* : zinnia
zíper *nm* : zipper
zócalo *nm* : main square
zodíaco *or* **zodiaco** *nm* : zodiac — **zodíacal** *adj*
zombi *or* **zombie** *nmf* : zombie
zona *nf* : zone : district : area
zonzo[1], **-za** *adj* : stupid : silly
zonzo[2], **-za** *n* : idiot : nitwit
zoo *nm* : zoo
zoología *nf* : zoology
zoológico[1], **-ca** *adj* : zoological
zoológico[2] *nm* : zoo
zoólogo, -ga *n* : zoologist
zoom *nm* : zoom lens
zopilote *nm* : buzzard
zoquete *nmf* : oaf : blockhead
zorrillo *nm* : skunk
zorro[1], **-rra** *adj* : sly : crafty
zorro[2], **-rra** *n* : fox : vixen : sly crafty person
zorzal *nm* : thrush
zozobra *nf* : anxiety : worry
zozobrar *v* : to capsize
zueco *nm* : clog
zulú[1] *adj & nmf, pl* **zulúes** *or* **zulús** *or* **zulú** : Zulu
zulú[2] *nm* : Zulu
zumaque *nm* : sumac
zumbar *v* : to buzz : to hum : to hit : to thrash : to make fun of
zumbido *nm* : buzzing : humming
zumo *nf* : juice
zurcir *v* : to darn : to mend
zurdo[1], **-da** *adj* : left-handed
zurdo[2], **-da** *n* : left-handed person
zurrón *nm, pl* **zurrones** : leather bag
zurza, etc. → **zurcir**
zutano, -na → **fulano**